Heinz-J. Bontrup

Arbeit, Kapital und Staat

Heinz-J. Bontrup

Arbeit, Kapital und Staat
Plädoyer für eine demokratische Wirtschaft

PapyRossa Verlag

Ich widme dieses Buch meinen Eltern Maria und Viktor Bontrup.

5. Auflage 2013
4., verbesserte und erweiterte Auflage 2011
1.-3. Auflage 2005/06

© 2005/2013 by PapyRossa Verlags GmbH & Co. KG, Köln
Luxemburger Str. 202, 50937 Köln
Tel.: +49 (0) 221 – 44 85 45
Fax: +49 (0) 221 – 44 43 05
E-Mail: mail@papyrossa.de
Internet: www.papyrossa.de

Alle Rechte vorbehalten

Druck: Interpress

Die Deutsche Bibliothek verzeichnet diese Publikation in der Deutschen Nationalbibliografie; detaillierte bibliografische Daten sind im Internet über http://dnb.ddb.de abrufbar

ISBN 978-3-89438-326-8

Inhaltsübersicht

Ausführliches Inhaltsverzeichnis 7

Vorwort zur vierten Auflage 13
Vorwort zur ersten Auflage 18
Vorwort zur dritten Auflage 20
Einleitung 21
Zum Inhalt des Buches 25

1. Arbeit unter marktwirtschaftlich-kapitalistischen Verhältnissen 28
1.1 Der Warencharakter von Arbeit 32
1.2 Zur Bedeutung von Arbeit 33
1.3 Arbeit und ihre Wertbestimmung 35
Exkurs: Zum Kapitalverwertungs- und Akkumulationsprozess *41*

2. Materielle Partizipation – eine Frage der Verteilung 51
2.1 Theorie und Politik des neoklassischen Arbeitsmarktes 54
2.2 Produktivitätsorientierte Lohnpolitik und Umverteilung 130
Exkurs: Die Mär von den zu hohen Lohnnebenkosten *137*

3. Stellung und Rolle der Beschäftigten im Unternehmen 171
3.1 Die Transformation der Ware Arbeitskraft 172
3.2 Arbeit und personalwirtschaftliche Managementvorstellungen 176
3.3 Elemente einer demokratisierten
    und partizipativen Unternehmenskultur 206
3.4 Innovationsmanagement 270
Exkurs: Bildung und Qualifikation *276*

4. Wirtschaft und Staat im Sinne einer Wirtschaftsdemokratie 317

4.1 Wettbewerbstheorie und -politik 320
Exkurs: Großunternehmen versus Mittelstand 335
4.2 Bis heute wird die Natur nicht gebührend beachtet 373
4.3 Das Sozialstaatsprinzip wird in Frage gestellt 404
4.4. Staatliche Makropolitik im Sinne einer Wirtschaftsdemokratie 474
Exkurs: Ostdeutschland – eine regionale Dependenzökonomie 499
Exkurs: Auch das Ausland trat für die vermögenden Deutschen
  als Schuldner auf 538
Exkurs: Die Gemeindefinanzen stärken 575

5. Zusammenfassung und Skizze einer Wirtschaftsdemokratie 605

Literaturverzeichnis 612
Anhang: Verzeichnis der Abbildungen und Tabellen 647

Ausführliches Inhaltsverzeichnis

Vorwort zur vierten Auflage	13
Vorwort zur ersten Auflage	18
Vorwort zur dritten Auflage	20
Einleitung	21
Zum Inhalt des Buches	25

1. Arbeit unter marktwirtschaftlich-kapitalistischen Verhältnissen   **28**
   1.1 Der Warencharakter von Arbeit   32
   1.2 Zur Bedeutung von Arbeit   33
   1.3 Arbeit und ihre Wertbestimmung   35
      1.3.1 Merkantilistische Positionen   35
      1.3.2 Arbeitswertbestimmung bei den klassischen Ökonomen   37
      Exkurs: Zum Kapitalverwertungs- und Akkumulationsprozess   **41**
      1.3.3 Arbeit, Lohn und Gewinn heute   43

2. Materielle Partizipation – eine Frage der Verteilung   **51**
   2.1 Theorie und Politik des neoklassischen Arbeitsmarktes   54
      2.1.1 Grundsätzliches zum Austauschverhältnis am Arbeitsmarkt   54
      2.1.2 Gewinn geht vor Beschäftigung   56
      2.1.3 Arbeitslosigkeit schafft Probleme   58
      2.1.4 Neoliberale theoretische und politische Lohngrundlagen   60
         2.1.4.1 Neoklassische Mindestlohnarbeitslosigkeit   61
         2.1.4.2 Die neoliberale G-I-B-Formel oder die Gewinnhypothese   63
         2.1.4.3 Die neoliberale Substitutionshypothese und die Wirklichkeit   66
         2.1.4.4 Löhne und internationale Wettbewerbsfähigkeit   67
         2.1.4.5 Zum Systemwechsel in der Arbeitsmarktpolitik   71
            2.1.4.5.1 Diskriminierung von Arbeitslosen   71
            2.1.4.5.2 Arbeit soll nur noch billig werden   75
            2.1.4.5.3 Zu den Ergebnissen der Hartz-Kommission   81
            2.1.4.5.4 Mindestlöhne   86
            2.1.4.5.5 Grundeinkommen ohne Arbeit   90
            2.1.4.5.6 Ausbau eines öffentlichen Beschäftigungssektors als Alternative zu Hartz IV   92

      2.1.4.5.7 Arbeitszeitverkürzung statt Arbeitszeitverlängerung 100
          2.1.4.5.7.1 Zur Produktions-Produktivitätsschere *100*
          2.1.4.5.7.2 Massive Arbeitszeitverkürzung tut Not *105*
          2.1.4.5.7.3 Kontraproduktive Arbeitszeitverlängerungen *111*
          2.1.4.5.7.4 Arbeitszeitverkürzung mit Lohnausgleich *113*
          2.1.4.5.7.5 Arbeitszeitverkürzung mit Umverteilung *118*
      2.1.4.6 Der Flächentarifvertrag wird in Frage gestellt 120
2.2 Produktivitätsorientierte Lohnpolitik und Umverteilung **130**
   2.2.1 Der verteilungsneutrale Spielraum muss ausgeschöpft werden 130
Exkurs: Die Mär von den zu hohen Lohnnebenkosten **137**
   1. Definition und Entwicklung von Lohnnebenkosten (138); 2. Lohnnebenkosten und Produktivität (142); 3. Lohnnebenkostensenkungen und die Folgen (143)
   2.2.2 Expansive Einkommenspolitik 148
      2.2.2.1 Zum Verbreitungsgrad von
      Gewinn- und Kapitalbeteiligungen 149
      2.2.2.2 Begründungen für Gewinn- und Kapitalbeteiligungen 153
      2.2.2.3 Echte versus unechte Gewinn- und Kapitalbeteiligungen 156
      2.2.2.4 Zur Anwendung von
      echten Gewinn- und Kapitalbeteiligungen 158
         2.2.2.4.1 Gewinnbasis 160
         2.2.2.4.2 Gewinnaufteilung 161
         2.2.2.4.3 Umwandlung in Kapitalbeteiligungen und
         das Problem der Verlustbeteiligungen 163
         2.2.2.4.4 Mitsprache bei Gewinn-
         und Kapitalbeteiligungsmodellen 165
      2.2.2.5 Gesamtwirtschaftliche Beurteilung 166

3. Stellung und Rolle der Beschäftigten im Unternehmen **171**
3.1 Die Transformation der Ware Arbeitskraft **172**
3.2 Arbeit und personalwirtschaftliche Managementvorstellungen **176**
   3.2.1 Arbeitsteilung und Entfremdung 176
   3.2.2 Arbeit und Taylorismus/Fordismus 179
   3.2.3 Menschliche Arbeit als Zwei-Klassen-Modell 181
   3.2.4 Vom Human-Relations-Ansatz
   zum Human-Resources-Management 186

3.2.5 Neuere personalwirtschaftliche Managementansätze	190
3.2.5.1 Mehr Schein als Sein	190
3.2.5.2 Arbeitskraftunternehmer	192
3.2.5.3 Outsourcing und Kerngeschäftsfelder	195
3.2.6 Wir-Gefühl als Unternehmenskultur	197
3.2.6.1 Integration und Ausgrenzung	197
3.2.6.2 Das Normalarbeitsverhältnis wird in Frage gestellt	200
3.3 Elemente einer demokratisierten und partizipativen Unternehmenskultur	**206**
3.3.1 Immaterielle Partizipation	208
3.3.1.1 Mitbestimmung im historischen Kontext – erste Mitbestimmungsregelungen	208
3.3.1.2 Mitbestimmung seit dem Zweiten Weltkrieg	211
3.3.1.3 Betriebliche Mitbestimmung	213
3.3.1.4 Unternehmerische Mitbestimmung im Montan-Bereich	216
3.3.1.5 Unternehmerische Mitbestimmung von 1976	220
3.3.1.6 Mitbestimmung zwischen Ablehnung und Anerkennung	222
3.3.1.7 Mitbestimmung und Europa	229
3.3.1.8 Mitbestimmung und ökonomische Effizienz	231
3.3.1.9 Paritätische Mitbestimmung zwischen Kapital und Arbeit – Voraussetzungen	233
3.3.1.9.1 Unternehmerische Informationspolitik	233
3.3.1.9.1.1 Informationen reichen nicht – Wissen ist gefragt	*234*
3.3.1.9.1.2 Fehlende zusammenhängende Wissensvermittlung	*236*
3.3.1.9.1.3 Holistische Informationspolitik	*240*
3.3.1.9.2 Kommunikation und Führung	241
3.3.1.9.2.1 Es mangelt an einer Streit- und Konfliktkultur	*241*
3.3.1.9.2.2 Zu viel autoritäre Führung	*243*
3.3.1.9.2.3 Paritätische Partizipation ist notwendig	*246*
3.3.1.9.3 Weiterbildung tut Not	247
3.3.1.9.3.1 Es geht aber nicht nur um Fachwissen	*247*
3.3.1.9.3.2 Weiterbildung muss gesetzlich und tariflich abgesichert werden	*249*
3.3.1.10 Notwendige Mitbestimmungsnovellierungen	253
3.3.1.10.1 Für mehr wirtschaftliche Partizipation	253
3.3.1.10.2 Ein neues Mitbestimmungsmodell	255

3.3.2 Faktor Arbeit und bröckelnde gewerkschaftliche Solidarität 262
    3.3.2.1 Arbeitnehmer benötigen starke Gewerkschaften 263
    3.3.2.2 Die Macht der Gewerkschaften ist bedroht 264
    3.3.2.3 Das Problem des kollektiven Handelns 265
    3.3.2.4 Gewerkschaftliche Trittbrettfahrer 267
    3.3.2.5 Bisher nicht ausreichende Strategien 267
    3.3.2.6 Gewerkschaftliche Pflichtmitgliedschaft 268
3.4 Innovationsmanagement **270**
    3.4.1 Begriffliche Bestimmungen und Abgrenzungen von Innovationen 272
Exkurs: Bildung und Qualifikation **276**
Bildungscharakter (276); Bildungschancen (279); Bildungsausgaben (285)
    3.4.2 Innovationen und Management (Unternehmertypen) 291
    3.4.3 Managergehälter 294
        3.4.3.1 Doppelte Moral und verheerende Entwicklung 296
        3.4.3.2 Wie hoch dürfen Managervergütungen sein? 299
    3.4.4 Mitarbeiterzentriertes Innovationsmanagement
    und staatliche Innovationsförderung 303
        3.4.4.1 Betriebliches Vorschlagswesen 304
        3.4.4.2 Total Quality Management 309
        3.4.4.3 Arbeitnehmererfindung und FuE im Innovationsprozess 311

4. Wirtschaft und Staat im Sinne einer Wirtschaftsdemokratie **317**
4.1 Wettbewerbstheorie und -politik **320**
    4.1.1 Keine einheitliche Wettbewerbstheorie 320
        4.1.1.1 Die klassische Position 320
        4.1.1.2 Neoklassische (statische) Wettbewerbstheorie 323
        4.1.1.3 Neoklassische (dynamische) Wettbewerbstheorie 325
Exkurs: Großunternehmen versus Mittelstand **335**
    4.1.2 Zur unrealistischen Modellwelt des Wettbewerbs 340
    4.1.3 Empirische Fakten zur Marktmacht 345
    4.1.4 Allgemeine Folgen wirtschaftlicher Macht 350
    4.1.5 Globalisierung, internationaler Wettbewerb und Marktmacht 353
        4.1.5.1. Globalisierung als kapitalistisches Bewegungsgesetz 353
        4.1.5.2 Durch neoliberale Globalisierung mehr weltweites Elend 357
        4.1.5.3 Profiteure der Globalisierung 359
        4.1.5.4 Für eine staatliche Wettbewerbs- und Regulierungspolitik 369

4.2 Bis heute wird die Natur nicht gebührend beachtet — 373
  4.2.1 Europaweiter Zertifikatehandel nicht zielführend — 375
  4.2.2 Jetzt soll mehr für den Klimaschutz getan werden — 380
  4.2.3 Das Integrierte Energie- und Klimapaket der Bundesregierung — 384
  4.2.4 Energieversorgungsunternehmen sind der größte Hemmschuh — 388
    4.2.4.1 Das alte System hat versagt — 388
    4.2.4.2 Auch das neue System versagt — 391
    4.2.4.3 Ergebnisse der Liberalisierung — 393
    4.2.4.4 Investitionsentwicklung verschlafen — 395
    4.2.4.5 Wettbewerbsparadoxien — 396
    4.2.4.6 Die Bundesnetzagentur erhöht den Druck — 397
    4.2.4.7 Netzenteignungen sind vom Tisch — 399
    4.2.4.8 Bei den Kraftwerken passiert nichts — 400
    4.2.4.9 Alternativen sind gefragt — 401
4.3 Das Sozialstaatsprinzip wird in Frage gestellt — **404**
  4.3.1 Herausbildung zum Sozialstaat — 404
  4.3.2 Ausbau und Krise des Sozialstaats — 407
  4.3.3 Von Riesters Rentenreform zur Rürup- und Herzogreform — 420
    4.3.3.1 Entsolidarisierung und (Teil-)Privatisierung der Rente — 420
    4.3.3.2 Nach der Reform ist vor der Reform — 425
    4.3.3.3 Demagogie statt Demografie — 429
      4.3.3.3.1 Auf den Gesamtquotienten kommt es an — 431
      4.3.3.3.2 Produktivität und Verteilung entscheidend — 433
    4.3.3.4 Rente und gesamtwirtschaftliche Wirkungen — 436
  4.3.4 Zur angeblichen Gesundheitsreform — 440
    4.3.4.1 Nicht die Ausgaben sind das entscheidende Problem — 443
    4.3.4.2 Die Einnahmen in der GKV sind zurückgeblieben — 445
    4.3.4.3 Enttäuschende Reformvorschläge — 447
    4.3.4.4 Von Kopfprämien zum Gesundheitsfonds — 457
  4.3.5 Zur Zukunft des Sozialstaates — 463
    4.3.5.1 Der Staat ist unterfinanziert — 463
    4.3.5.2 Um- und Ausbau des Sozialstaats — 471
4.4. Staatliche Makropolitik im Sinne einer Wirtschaftsdemokratie — **474**
  4.4.1 Vom »Sozialistischen Zeitgeist« zur »Sozialen Marktwirtschaft« — 475
  4.4.2 Wirtschaftsordnung und Verfassung — 478
  4.4.3 Vom Liberalismus zum Ordoliberalismus — 480

4.4.4 Vom Ordoliberalismus zum »Bastard-Keynesianismus«	482
4.4.5 Vom »Bastard-Keynesianismus« zum Neoliberalismus	492
Exkurs: Ostdeutschland – eine regionale Dependenzökonomie	**499**
4.4.6 Finanzmarktgetriebener Shareholder-Kapitalismus	506
4.4.7 Zur schwersten Finanz- und Weltwirtschaftskrise seit 80 Jahren	512
4.4.7.1 Auslöser der Krise – geplatzte Kredite	512
4.4.7.2 Verursacher der Krise – neoliberale Umverteilung und entfesselte Finanzmärkte	516
4.4.7.3 Aus neoliberalen »Brandstiftern« wurden bastard-keynesianische »Feuerwehrleute«	520
4.4.7.4 Aus der Krise nichts gelernt	521
4.4.8 Staatsverschuldung ist kapitalismusimmanent	527
4.4.8.1 Fakten	527
4.4.8.2 Mehr Polemik als Sachargumentation	533
Exkurs: Auch das Ausland trat für die vermögenden Deutschen als Schuldner auf	**538**
4.4.8.3 »Schuldenbremsen« sollen die Staatsverschuldung stoppen	543
4.4.9 Völlig verfehlte Steuerpolitik – Alternativen sind notwendig	550
4.4.9.1 Zur Steuersystematik	550
4.4.9.2 Zu den jüngsten Steuerreformen	554
4.4.9.2.1 Von Waigel zu Lafontaine	554
4.4.9.2.2 Von Lafontaine zu Eichel	557
4.4.9.2.3 Noch mehr Steuersenkungen und Reformen für Reiche und Vermögende	561
4.4.9.2.4 Es hätte noch schlimmer kommen können	567
4.4.9.2.5 Schwarz-rote und schwarz-gelbe Steuerpolitik – noch mehr Steuergeschenke für Unternehmer	570
Exkurs: Die Gemeindefinanzen stärken	**575**
4.4.9.2.6 Vermögenspolitik und Vermögensbesteuerung	582
4.4.9.2.7 Indirekte Steuern (Verbrauchsteuern)	589
4.4.9.3 Skizze eines notwendigen Umbaus des Steuersystems	593
5. Zusammenfassung und Skizze einer Wirtschaftsdemokratie	**605**
Literaturverzeichnis	612
Anhang: Verzeichnis der Abbildungen und Tabellen	647

Vorwort zur vierten Auflage

Seit dem Erscheinen der ersten Auflage im Frühjahr 2005 ist in Wirtschaft und Politik viel passiert. Im September 2005 wurde die zweite Legislaturperiode der »rot-grünen« Bundesregierung unter Bundeskanzler Gerhard Schröder (SPD) vorzeitig beendet und nach der ersten Großen Koalition aus CDU/CSU und SPD von 1966 bis 1969 von einer zweiten Großen Koalition (2005 bis 2009) abgelöst. Zum ersten Mal in der Geschichte Deutschlands wurde mit Angela Merkel (CDU) eine Frau Bundeskanzlerin. Zu einem wirtschaftspolitischen Umdenken und zu einer verbesserten Wohlfahrtsentwicklung für *alle Menschen* in unserem Land ist es damit aber nicht gekommen. Weiter wurde auf einen unheilvollen *Neoliberalismus* gesetzt, der den »freien Markt« geradezu als Heilsbringer für alles preist und den Staat als »Bürokratie- und Steuermonster«, als »Kostgänger« der marktwirtschaftlichen Profitwirtschaft, diskreditiert. Der Koalitionsvertrag von 2005 »Gemeinsam für Deutschland – mit Mut und Menschlichkeit« führte in der Umsetzung zu einer weiteren *Umverteilung von unten nach oben*. Die gesamtwirtschaftliche Lohnquote erreichte 2008 mit nur noch 65 v. H. einen Tiefstand nach der Wiedervereinigung. Von 2004 bis 2008 gingen die Netto-Reallöhne sogar zurück, eine in der Geschichte der Bundesrepublik einmalige Entwicklung. Die Verteilungsverluste bei den Primäreinkommen der Arbeitnehmer betrugen von 2000 bis 2008 insgesamt fast 597 Mrd. Euro. Zusätzlich wurden die Unternehmer und Vermögenden mit Steuergeschenken und Entlastungen bei den Sozialabgaben beglückt. Dies und ein nur schwaches Wirtschaftswachstum bei weiter vorliegender *Massenarbeitslosigkeit* führten zwischen 2000 und 2008 zu *Steuermindereinnahmen* von 247 Mrd. Euro.

Die 1997 von der »schwarz-gelben« Bundesregierung ausgesetzte Vermögensteuer wurde auch von der »schwarz-roten« Bundesregierung nicht wieder eingeführt und die 2009 novellierte Erbschaftsteuerreform spottet jeder Beschreibung. Denn das politische Ziel der Großen Koalition bestand dabei lediglich darin, das Steueraufkommen aus Erbschaften nicht ansteigen zu lassen. Dafür wurde aber 2007 die Mehrwertsteuer auf 19 v. H. angehoben, was insbesondere niedrige Einkommen belastet. Wen wundert da die sich weiter vertiefende *Spaltung der Gesellschaft* in Arm und Reich? Die soziale Kluft wird immer breiter und tiefer. Fast jeder siebte Bundesbürger (15 v. H.

der Bevölkerung) war im Jahr 2007 arm. Ohne Sozialleistungen des Staates hätte die Quote sogar bei 24 v.H. gelegen. Der Grund dafür ist schnell gefunden: Seit Mitte der 1970er Jahre herrscht *Massenarbeitslosigkeit* in Deutschland. Wenn wir auf 60 Nachkriegsjahre zurückblicken, können wir lediglich 12 Jahre der Vollbeschäftigung erkennen. Dies kann man nur als ein *totales Systemversagen* und als *politische Unfähigkeit* im Hinblick auf die Bekämpfung der »Geißel« Arbeitslosigkeit einstufen. Im konjunkturellen Aufschwung von 2006 bis 2008 ist erstmals seit langem die registrierte Arbeitslosigkeit von fast 4,5 Millionen auf knapp 3,3 Millionen, also um rund 1,2 Millionen Erwerbslose, zurückgegangen. »Sieht man genauer hin, bleibt von dieser guten Nachricht aber so gut wie nichts übrig. Verursacht wurde dieser Rückgang nicht durch die Schaffung von normalen Vollzeitstellen. Diese haben sogar dramatisch um zwei Millionen abgenommen. Einen Boom gibt es dafür bei allen möglichen Arten von *schlechter Arbeit*: Teilzeitbeschäftigung, Ein-Euro-Jobs, Mini-Jobs und Leiharbeit wurden kräftig ausgeweitet. (…) Die Zunahme von Beschäftigungsverhältnissen jenseits des Normalarbeitsverhältnisses hat dazu geführt, dass mittlerweile mindestens neun Millionen Menschen im Niedriglohnsektor arbeiten – ein Viertel aller abhängig Beschäftigten« (Arbeitsgruppe Alternative Wirtschaftspolitik 2009: 110f.). Wir haben in der Wirtschaft den Zustand erreicht, dass Menschen trotz voller Arbeit bei einer 40-Stunden-Woche arm sind und deshalb staatlich alimentiert werden müssen. Dies liegt wesentlich an einer von den neoliberalen Kräften im Land politisch gewollten *Ausweitung des Niedriglohnsektors*, der durch das enorme Überschussangebot an Arbeit (in Deutschland fehlen rund 5 Millionen Arbeitsplätze) und einen *verstärkten Strukturwandel* in Richtung Dienstleistungssektor begünstigt wird.

Die Gewerkschaften sind unter diesen Bedingungen kaum noch in der Lage, flächendeckende *Tarifverträge* abzuschließen, geschweige denn, produktivitätsorientierte Reallohnerhöhungen durchzusetzen. Auch dringend benötigte *kollektive Arbeitszeitverkürzungen* bleiben so in den Tarifverhandlungen auf der Strecke. Die Beschäftigten in Wirtschaft und öffentlichen Verwaltungen sollen paradoxerweise bei vorliegender Massenarbeitslosigkeit nicht kürzer, sondern länger arbeiten, und dies zu abgesenkten Löhnen; und die Arbeitslosen werden vielfach in neofeudaler Manier als »faul« und »unwillig« diffamiert, die den Sozialstaat ausnutzen würden. Neoliberale Politik bekämpft lieber die Arbeitslosen als die Arbeitslosigkeit. Anstatt »Hartz IV« abzuschaffen oder zumindest die Regelsätze kräftig anzuheben, verschärfte die »schwarzrote« Bundesregierung zwischen 2005 und 2009 mit drei Änderungs- und Fortentwicklungsgesetzen sogar noch den Druck auf Arbeitslose, jeden auch nur denkbaren Ausbeutungsjob anzunehmen (Segbers 2009: 102ff.).

Auch in der *Sozialpolitik* gab es unter der »schwarz-roten« Bundesregierung keinen Fortschritt. Sechs Jahre hintereinander mussten die Rentner reale Rentenkürzungen hinnehmen. Erstmals 2009 kam es bei nominalen Anhebungen von 2,41 v. H. (West) und 3,38 v. H. (Ost) wieder zu einer realen Rentenerhöhung. Außerdem wurde die Regelaltersgrenze auf 67 Jahre heraufgesetzt, was nicht nur sozial verwerflich, sondern auch vor dem Hintergrund bestehender Massenarbeitslosigkeit völlig kontraproduktiv ist. Die Rentenkürzungen, schon unter »rosarot-grün« beschlossen, werden einen großen Teil der Bevölkerung in die *Altersarmut* führen. Und auch im *Gesundheitswesen* wurde mit dem Konstrukt eines *»Gesundheitsfonds«* keine nachhaltige Finanzierungsgrundlage für die Gesetzliche Krankenversicherung geschaffen. Der Gesundheitsfonds schont die Unternehmen und belastet zusätzlich die Versicherten.

In der *Bildungspolitik* klaffen nach wie vor Anspruch und Wirklichkeit weit auseinander. Kaum noch jemand fordert nicht, mehr für die Bildung zu tun. Zumindest in Sonntagsreden. Auch der damalige Bundespräsident, Horst Köhler (CDU), erkannte endlich, dass das deutsche Bildungswesen chronisch unterfinanziert ist. Um allerdings die Bildungsausgaben auf den Mittelwert aller OECD-Länder anzuheben, müsste Deutschland pro Jahr rund 22 Mrd. € mehr ausgeben, und um Länder wie Norwegen oder Schweden zu erreichen, wären sogar zusätzliche Bildungsausgaben in Höhe von jährlich rund 63 Mrd. € erforderlich. Auch im *Umweltschutz* wird weiter zu wenig getan. Es findet immer noch keine ausreichende Internalisierung der Natur und ihrer knappen Rohstoffe in den Preiskalkulationen der Unternehmen statt. Trotz drohender *Klimakatastrophe* wegen CO_2 Emissionen ist der weltweite Klimagipfel in Kopenhagen kläglich an nationalen Egoismen gescheitert.

Mit dem *Zusammenbruch der internationalen Finanzmärkte* wurde dann allerdings im Herbst 2008 alles in den Schatten gestellt. Die größte Weltwirtschaftskrise seit 1929 brach vollends aus. In Deutschland ging 2009 in Folge der Krise die Wirtschaftsleistung, das reale Bruttoinlandsprodukt, um fast 5 v. H. zurück. Seit 1949 hat es einen derartigen Absturz noch nicht gegeben. Der größte Rückgang des Bruttoinlandsprodukts mit -0,9 v. H. war zuvor im Jahr 1975 eingetreten. Die neoliberalen Kräfte und die sie stützenden Medien waren geschockt. Hektisch suchte man nach Schuldigen. Diese wurden schnell ausfindig gemacht: So bezichtigte man die »über ihre Verhältnisse lebenden Amerikaner« und ihre »expansive Geldpolitik« sowie weltweit auftretende »geldgierige und verantwortungslose Manager«. Damit wurde von den Neoliberalen geschickt von der wahren Krisenursache abgelenkt, die in dem seit Mitte der 1970er Jahre *umverteilenden neoliberalen Klassenprojekt* zu finden ist, das an seine eigenen Ausbeutungsgrenzen gestoßen ist. Die dramatisch gesteigerte, weltweite

Umverteilung des Einkommens und Vermögens von unten nach oben hat zu einer solch großen *Aufblähung hoch spekulativer Finanzmärkte* geführt, denen keine äquivalenten, realen Verwertungsmöglichkeiten mehr gegenüberstanden und die zudem noch von fast jeglichen *staatlichen Kontrollen* befreit wurden. Hinzu kam ein weiterer Ausbau der *Privatisierung von Alterssicherungssystemen*, die über die Ersparnisse zusätzlich Geldkapital an die Finanzmärkte spülten.

Mit dem Ausbruch der Krise entdeckten dann die Neoliberalen den *Keynesianismus*, genauer den »Bastard-Keynesianismus« (Joan Robinson), wieder, der mit *Staatsverschuldung* den Privaten beistehen musste. Auf einmal sollte der *Staat* kein wirtschaftspolitischer »Nachtwächterstaat« mehr sein, sondern er sollte mit »Rettungsschirmen« in Milliardenhöhe in den abstürzenden Bankensektor intervenieren. In vielen Ländern wurden Banken zu ihrer Rettung sogar verstaatlicht. Auch in Deutschland kam es zu einem speziellen »Verstaatlichungsgesetz« für die hier von allen Banken am schlimmsten betroffene Hypo Real Estate (HRE). Außerdem wurden drei *staatliche Konjunkturpakete* gegen den enormen Wachstumseinbruch aufgelegt und eine gesetzliche Erweiterung von *Kurzarbeit* zur Vermeidung eines drohenden massiven Anstiegs der bereits bestehenden Massenarbeitslosigkeit beschlossen. Aus den neoliberalen »Brandstiftern« wurden so über Nacht keynesianische »Feuerwehrleute«. Aber kaum glaubte man, der Neoliberalismus sei am Ende, da trat er auch schon wieder mit einer so genannten staatlichen »*Schuldenbremse*« in Erscheinung. Diese wurde zur Eindämmung der logischerweise durch die Krisenbekämpfung angestiegenen *Staatsverschuldung* mit den Stimmen der Großen Koalition aus CDU/CSU und SPD vom Deutschen Bundestag im Juni 2009 beschlossen und ins Grundgesetz aufgenommen. Demnach dürfen sich zukünftig der Bund nur noch maximal mit 0,35 v. H. des Bruttoinlandsprodukts und die Bundesländer ab 2020 überhaupt nicht mehr verschulden. Die Ergebnisse dieser völlig kontraproduktiven Maßnahme stehen heute schon fest. Zukünftige Politikergenerationen werden zu einer *prozyklischen Konjunkturpolitik* gezwungen sein. Sie werden, wollen sie nicht gegen die Verfassung verstoßen, damit im Ergebnis die marktwirtschaftlich-kapitalistisch immanent auftretenden Krisen nicht entschärfen sondern verschärfen. Die neoliberalen Kräfte im Land können jetzt außerdem endlich richtig die Axt an den *Sozialstaat* anlegen. Es muss halt gespart werden. Wo, ist dabei so ziemlich klar. Bei den eh schon Schwachen im Land. So wird es durch die »Schuldenbremse« zu einer noch größeren Spaltung in Arm und Reich kommen.

Nach der im September 2009 von der CDU/CSU und der FDP gewonnenen Bundestagswahl ist davon auszugehen, dass die politischen Diskussionen und Auseinandersetzungen in Deutschland heftiger werden. Das »bürgerliche Lager« wird in fataler Weise den nur kurzzeitig abgetauchten Neoliberalismus neu auf die politische Bühne heben und weiter dem Marktradikalismus und nicht dem Staatsinterventionismus das Wort reden. Den abhängig Beschäftigten, Arbeitslosen und besonders den sozial Schwachen sowie den Rentnern will man die Krisenlasten aufbürden und die Unternehmer und Vermögenden weiter mit Steuergeschenken bedienen. So fordert die FDP, wenn auch nicht mehr ganz so vehement, in neoliberaler Manier massiv weitere Steuersenkungen – trotz eines krisenbedingten gigantischen Anstiegs der Staatsverschuldung – und eine einkommensunabhängige Kopfpauschale im Gesundheitswesen, die einer endgültigen Entsolidarisierung gleichkäme. Die »Schuldenbremse« wird dabei als willkommenes Instrument zum weiteren Abbau des Sozialstaats eingesetzt.

Um diese Vorgänge transparent zu machen, um weiter aufzuklären sowie um eine grundsätzliche *wirtschaftspolitische Alternative* zum »neoliberalen Einerlei« aufzuzeigen, legen Autor und Verlag die vierte Auflage von »Arbeit, Kapital und Staat« vor. Dazu wurde das Buch in allen Kapiteln überarbeitet. Es wurden, soweit die Statistik das ermöglichte, sämtliche empirischen Daten aktualisiert. Neue politische und ökonomische Entwicklungen seit der 3. Auflage (2006) sind verarbeitet worden, überholte oder für nicht mehr so bedeutend angesehene Erkenntnisse wurden weggelassen. Dafür wurde im vierten Kapitel »Wirtschaft und Staat im Sinne einer Wirtschaftsdemokratie« ein Kapitel »Zur schwersten Finanz- und Weltwirtschaftskrise seit achtzig Jahren« hinzugefügt sowie ein ausführliches Umweltkapitel »Bis heute wird die Natur nicht gebührend beachtet« eingebaut. Auch ist am Ende des Buches, in einem neuen 5. Kapitel, eine Conclusio im Hinblick auf die wesentlichen Bausteine einer dringend notwendigen *wirtschaftsdemokratischen Konzeption* aufgenommen worden.

Heinz-J. Bontrup

Vorwort zur ersten Auflage

In den letzten dreißig Jahren ist es zu einem Paradigmenwechsel in der Wirtschaftswissenschaft gekommen. Der Keynesianismus wurde als wirtschaftspolitischer Mainstream vom Neoliberalismus abgelöst. Hinzu kamen weltweite gravierende politische Veränderungen wie der Zusammenbruch der Sowjetunion, der Deutschland die Wiedervereinigung ermöglichte. Ferner sind zu nennen: die Europäische Wirtschafts- und Währungsunion und nicht zuletzt die Bereitstellung neuer bahnbrechender Informations- und Kommunikationstechnologien. All diese Prozesse kumulierten in den 1990er Jahren. Seitdem spricht man weltweit von einer *Globalisierung*, von einem Zusammenwachsen der Volkswirtschaften.

Globalisierung wird von Politik und Kapital mit einer einseitigen Herrschaft der Märkte gleichgesetzt. Insbesondere die nationalen Regierungen zeigen sich als unfähig, die enger zusammengerückte Weltgemeinschaft im Sinne einer allgemeinen Wohlfahrt zu steuern und sie nicht dem *freien Spiel der Marktkräfte* zu überlassen. Globalisierung, angeheizt durch nationale Privatisierungen, hat temporär zu mehr Wettbewerb, allerdings ohne mehr Wohlfahrt, dafür aber zu gigantischen Konzentrationsprozessen (Fusionen) in der Wirtschaft und dadurch zu noch mehr Macht von weltweit agierenden Konzernen geführt. Insbesondere die *Liberalisierung der Finanzmärkte* ermöglichte es, dass heute – wie noch nie in der Geschichte des Kapitalismus – mit Geld, Währungen, Rohstoffen und Unternehmen spekuliert werden kann. Finanzkrisen mit schwerwiegenden realwirtschaftlichen Auswirkungen waren bisher die Folge. Aber auch allgemein ist der Prozess von Globalisierung und Liberalisierung, wie der US-amerikanische Nobelpreisträger für Wirtschaftswissenschaft Joseph Stiglitz aufzeigt, von noch mehr Reichtum für die eh schon Vermögenden der Welt und gleichzeitig durch Zerstörung und Verelendung gekennzeichnet. Die Zahl der *Menschen ohne Arbeit* oder in *prekären Beschäftigungsverhältnissen* hat weltweit eine bis jetzt nicht gekannte Größenordnung erreicht.

Auch in Deutschland zeigen sich die *Schatten der Globalisierung* in einer ansteigenden Armutsquote. Die neoliberalen Geister verkünden auch hier landauf, landab ihre Heilslehre von der angeblich notwendigen Dominanz und Vorherrschaft der Märkte und ihrer Befreiung von staatlicher Bevormundung. Der *Abbau des Sozialstaats* sei unumgänglich. Es könne keine allumfassende sozialstaatliche Absicherung für den Einzelnen mehr geben, die Menschen müssten mehr private Vorsorge treffen und sich den Bedingungen der Märkte stellen. Das in Demokratien einzig legitimierte *Primat der Politik*, das die Interessen *aller* Bürger wahrzunehmen hat, stellt sich mit dem Verweis auf Globalisierung in den Dienst der Unternehmer und erfüllt damit die Interessen der vermögenden Kapitalschichten, die sich schon immer einen armen und schwachen Staat leisten konnten. Selbst eine sozialdemokratisch geführte Bundesregierung höhlte den Sozialstaat zum Profitvorteil aus. Gleichzeitig werden unter dem Druck von verfestigter (struktureller) Massenarbeitslosigkeit die unternehmerischen Übergriffe und Ausbeutungen der Arbeitskraft immer schärfer. Die damit einhergehende Unterminierung der Gewerkschaften gefährdet nicht nur die Machtbalance zwischen Kapital und Arbeit, sondern sie ist auch in ihrer ökonomischen Wirkung kontraproduktiv.

Gibt es hierzu *Alternativen*? Diese aufzuzeigen, war die wesentliche Motivation für das vorliegende Buch. Im Mittelpunkt der Untersuchungen stand dabei immer der *arbeitende Mensch*. Wirtschaft ist für den Menschen da, nicht umgekehrt! Dies eigentlich selbstverständliche ökonomische Axiom scheint unter den heutigen kapitalistisch-neoliberalen Verhältnissen ungültig geworden zu sein. Damit kann und muss sich die Gesellschaft aber nicht abfinden. Ökonomie ist von Menschen gemacht und kann auch von Menschen verändert werden. In Form einer einzel- und gesamtwirtschaftlichen Analyse und daraus abgeleiteten Alternativen soll dies als ein *Plädoyer für eine demokratische Wirtschaft* aufgezeigt werden. Große Teile der in den letzten Jahren sukzessiv verfassten Niederschrift konnten intensiv mit Kollegen meiner Hochschule und mit Mitgliedern der Arbeitsgruppe Alternative Wirtschaftspolitik diskutiert und auf wissenschaftliche Stichhaltigkeit und politische Umsetzbarkeit überprüft werden. Das Buch verdankt seine endgültige Fertigstellung entscheidend dieser konstruktiven Unterstützung. Während der Endphase des Schreibens hat mich meine Frau Ingrid immer liebevoll unterstützt, so dass ich mich voll auf die Fertigstellung des Buches konzentrieren konnte. Bei ihrer redaktionellen Hilfe hat sie mich auch so manches Mal ermahnt, die »Kirche im Dorf« zu lassen, wenn bei mir die Wut über die Ergebnisse zu groß wurde. Herzlicher Dank gilt meinem Kollegen Prof. Dr. Thomas Korenke, in dem ich immer einen kritischen Diskussionspartner hatte. Ebenso möchte ich mich beim Kollegen Prof. Dr. Ralf-Michael Marquardt bedanken, der sich insbesondere mit dem Punkt »Finanzpolitische (makroökonomische) Notwendigkeiten und Alternativen« auseinander setzte und so manchen Verbesserungsvorschlag unterbreitete.

Heinz-J. Bontrup

Vorwort zur dritten Auflage

Nach dem erfreulich schnellen Verkauf auch der zweiten Auflage legen Verlag und Autor hiermit eine dritte, unveränderte Auflage vor. Das Buch wurde bisher in Fachzeitschriften und Zeitungen überaus positiv rezensiert. So schrieb die *Berliner Zeitung*: »Wer die Gegenseite kennen und Argumente abwägen möchte, wird an diesem Buch nicht vorbeikommen.« Unter der Überschrift »Argumente gegen das neoliberale Einerlei« befand die *Frankfurter Rundschau*: »Auf 424 dicht bedruckten Seiten hat der Ökonom eine umfassende Kritik der neoliberalen Wirtschaftspolitik zusammengetragen. Wer hier durchhält, wird reichlich belohnt. Bontrup begnügt sich nämlich nicht damit, nur an der Oberfläche zu kratzen. Seine wirtschaftspolitische Agenda (...) wird umfassend begründet. Die Stärke liegt nicht nur in der Verknüpfung von theoretischem und empirischem Material, sondern auch in der Doppelperspektive einer sowohl betrieblichen wie gesamtwirtschaftlichen Sichtweise.« Und die Zeitschrift *Arbeit und Arbeitsrecht* urteilt: »Das Buch behandelt einen interessanten ›Dreiklang‹ von Arbeit, Kapital und Staat auf einzel- und gesamtwirtschaftlicher Ebene. Eine solch umfassende Triade hat die Literatur bisher so gut wie nie geboten. Allein im Schließen dieser wissenschaftlichen Lücke liegt ein großes Verdienst von Bontrup.«

»Die zur Wahrheit wandern, wandern allein.«
(Christian Morgenstern)

Einleitung

In der historischen Entwicklung kam es seit der Schaffung eines *Überschussproduktes* zu einer systematischen Ausbeutung von Menschen durch Menschen. Hieran haben auch die Abschaffung der Sklavenhalterordnung sowie die Ablösung der Feudalordnung durch eine marktwirtschaftlich-kapitalistische Ordnung nichts geändert. Mit der Trennung großer Menschengruppen von ihren Produktionsmitteln wurden diese abhängig von der Bereitstellung solcher Mittel durch die jeweiligen Grund- und Kapitalbesitzer. Lebendige Arbeit, einzig *Neuwert schaffend*, wurde unter kapitalistischen Verhältnissen zu einer *Ware*, die ihr Besitzer zu seiner täglichen Reproduktion verkaufen muss. Dabei unterliegt er an den unterschiedlichsten *Arbeitsmärkten* nicht nur einem *strukturellen Machtungleichgewicht*, sondern bei einem heute immer größer werdenden Arbeitskräfteüberschuss fällt selbst der bloße Verkauf der Arbeitskraft zunehmend schwer. Die Unternehmen nutzen dies aus. Sie sind nicht für die Beschäftigten da, sondern für die Befriedigung der Interessen der Unternehmenseigner. Dies wird insbesondere unter Bedingungen von *Massenarbeitslosigkeit* manifest. Hier kommt es zu einer forcierten Lohndrückerei, längeren Arbeitszeiten, zu allgemein verschlechterten Arbeitsbedingungen und schließlich zu prekären Beschäftigungsverhältnissen, die kaum noch eine verlässliche Reproduktionsbasis garantieren. Arbeitslosigkeit übt einen nachhaltigen und disziplinierenden Druck auf die Arbeitnehmer und ihre Gewerkschaften aus. Dies birgt Gefahren. Unternehmen können unter kapitalistischen Bedingungen zwar jederzeit Menschen entlassen, die Gesellschaft als *Ganzes* kann dies aber nicht, so dass Langzeitarbeitslose, die keine Versicherungsleistung mehr beziehen, vom Staat unterstützt werden müssen, was bei zunehmender und lang anhaltender Massenarbeitslosigkeit ein immer größeres *Systemproblem* darstellt.

Bei der grundsätzlichen Frage nach dem *Wert der Arbeit*, die sich letztlich in eine *Verteilungsfrage* von Lohn und Gewinn auflöst, sind die Weichen seit langem in Richtung einer Umverteilung zu Gunsten der Gewinne gestellt. Weder eine materielle noch eine immaterielle Partizipation, eine *Teilhabe* an den Gewinnen und *Teilnahme* an den Entscheidungsprozessen der Unternehmen durch die Beschäftigten stehen auf der Tagesordnung. Im Gegenteil: Der Mensch ist bis heute nicht der *Mittelpunkt* im unternehmerischen Gefüge, sondern er ist nach wie vor nur ein *Mittel*. Er steht trotz aller Humanisierungsbemühungen und einer »vergemeinschaftenden Personalpolitik« (Gertraude Krell) seiner Arbeit und den Produkten seiner Arbeit *entfremdet gegenüber*. Taylorismus und Fordismus sind in der wirtschaftlichen Realität überall noch in Anwendung. Insofern muss heute die zur ideologischen Rechtfertigung erfundene fiktive Person eines so genannten *»Arbeitskraftunternehmers«* als geradezu zynisch empfunden werden. Die dominant gewordene *Shareholder-Value-Ideologie* setzt vielmehr ausschließlich auf eine unternehmerische Profitmaximierung. In den Tarifverhandlungen wird den abhängig Beschäftigten der gesamtwirtschaftliche *verteilungsneutrale Spielraum* nicht mehr zugestanden. Lohnsteigerungen hätten unter den jeweiligen Produktivitäts- und sogar Inflationsraten zu liegen. Die damit einhergehende *Umverteilung* zu Gunsten derjenigen, die über Produktionsmittel und Vermögen verfügen, soll noch vergrößert und die *Macht der Gewerkschaften* weiter geschwächt werden.

Damit aber nicht genug: Noch nie in der bundesdeutschen Geschichte wurde das einzig demokratisch legitimierte *Primat der Politik* durch die Wirtschaft so sehr ausgehöhlt wie heute. Bei der Konstituierung der Bundesrepublik Deutschland stand dem noch ein völlig entgegengesetztes Verständnis vom *Verhältnis von Wirtschaft und Staat* gegenüber. Demnach sollte – auch vor dem Hintergrund der negativen Erfahrungen in der *Weimarer Republik* (1919-1933) – eine marktwirtschaftlich-kapitalistische Ordnung nicht mehr sich selbst überlassen werden. Die Wirtschaft und die ihr immanenten Krisenprozesse wurden auf Basis einer *keynesianischen Wirtschaftspolitik* ausgesteuert. Gleichzeitig wurden damit die Etablierung eines *Sozialstaats* und die Zähmung einer zügellosen egoistischen Wirtschaft umgesetzt. Das Modell einer *Sozialen Marktwirtschaft* führte bis Mitte der 1970er Jahre zwischen Kapital und Arbeit zu einem relativen Konsens in der Verteilungsfrage sowie zu einer übergeordneten staatlichen Gesamtverantwortung. Ausdruck dieses Modells war nicht zuletzt die Etablierung des »Stabilitäts- und Wachstumsgesetzes« von 1967.

Mit dem weltweit vollzogenen *wirtschaftspolitischen Paradigmenwechsel*, der Ablösung des Keynesianismus seit etwa Mitte der 1970er Jahre durch einen heute als »Klassenprojekt« (Harvey 2009: 37) verstandenen und etablierten *Neoliberalismus*,[1] ist es zu einer grundsätzlichen, ja radikalen Veränderung im politischen und ökonomischen Denken gekommen. Heute liegt der Fokus des Wirtschaftens wieder auf den so genannten *Marktkräften*, die aber zu einer immanenten wettbewerblichen Pervertierung geführt haben. Diese geht mit gigantischen *Konzentrationsprozessen* und daraus folgender gesteigerter *Macht des Kapitals* einher. Trotzdem betont man politisch die

---

1   Eine ausführliche historische Ableitung und Kritik zum Neoliberalismus findet sich u. a. bei Butterwegge, Lösch, Ptak 2007.

angeblichen *Selbstheilungskräfte der Märkte* in einem Prozess aus *Globalisierung* und *Liberalisierung*. Das Ergebnis ist allerdings ernüchternd. Es ist zwar für Deutschland auf der einen Seite durch immer größere *Exportüberschüsse* geprägt, auf der anderen Seite aber durch einen *Mangel an Binnennachfrage*. Dieser ist das Ergebnis des Teufelskreises aus einer Umverteilung zu Gunsten der gesamtwirtschaftlichen Gewinnquote, die mit Wachstumsschwäche, steigender Arbeitslosigkeit und Staatsverschuldung einhergeht. Darunter leidet mittlerweile nachhaltig die Umsetzung einer notwendigen Wohlfahrtsfunktion für die *ganze Gesellschaft*.

Für Deutschland – in Summe eines der reichsten Länder der Erde – ist es mehr als beschämend, sich seit fünfunddreißig Jahren mit der *»Geißel« Massenarbeitslosigkeit* und all ihren sozioökonomischen Folgen anscheinend abgefunden zu haben. Die Wirtschaft selbst wie auch die Politik versagen jedenfalls bei der Bekämpfung auf ganzer Linie. Das Problem wird kurzerhand auf eine *Mindestlohnarbeitslosigkeit* und auf die gebetsmühlenhafte Behauptung reduziert, die *Arbeitskosten*, das direkte Arbeitsentgelt und die so genannten Lohnnebenkosten, seien in Deutschland zu hoch. Die neoliberale Therapie lautet hier schlicht und ergreifend: *Senkung der Arbeitseinkommen* zu Gunsten der Gewinn- und Vermögenseinkommen. Außerdem seien die Arbeitsmärkte inflexibel, verrechtlicht, bürokratisiert und die Arbeitslosen zu träge und faul, sich um Arbeit zu bemühen. Hinzu komme noch der viel zu große Einfluss der *Gewerkschaften*. Die neoliberale Therapie verlangt hier nach einer *Deregulierung der Arbeitsmärkte*, nach einer Bekämpfung der Arbeitslosen und Gewerkschaften. Nur so könne das Tor zur Vollbeschäftigung aufgestoßen werden. Zusätzlich müsse man sich von dem überbordenden *Sozialstaat*, der viel zu hohe *Steuersätze* und *Sozialabgaben* nach sich ziehe, verabschieden. Es müsse Druck auf die politischen Akteure ausgeübt werden, um so die Steuern und Sozialabgaben zu senken. Natürlich gilt hier die Senkung in erster Linie für Unternehmer und Vermögende.

Die so auf eine einseitige Einkommens- und Vermögenssteigerung von eh schon reichen Schichten und auf eine Verbesserung der unternehmerischen *Angebotsbedingungen*, insbesondere für Großunternehmen und international agierende Konzerne, setzende neoliberale Wirtschaftspolitik blendet seit Jahren die *Nachfrageseite* des Marktes völlig aus. Mit einem Griff in die ökonomische Mottenkiste beruft man sich auf das realitätsfremde *»Saysche Theorem«*, wonach sich jedes kostenminimierte Angebot seine Nachfrage selbst schaffe und somit Wachstumskräfte und Beschäftigungseffekte auslöse. Selbst ein nun über fünfunddreißig Jahre weitgehend umgesetztes, aber *fehlgeschlagenes neoliberales Experiment* lässt die Verantwortlichen in Politik, Wirtschaft, Wissenschaft und Medien nicht umdenken. Die Antwort lautet lediglich, die Dosis der neoliberalen Medizin sei durch eine weitere Entfesselung der Marktkräfte zu erhöhen und der *Staat* zu verschlanken. Er müsse aus dem privaten Wirtschaftskreislauf heraus gedrängt werden. Antizyklische keynesianische Wirtschaftspolitik habe, da sie nur zu *Staatsverschuldung* und einem Verdrängen privater Investoren, zu einem *Crowding-Out* führe, ausgedient. Staatliche Finanzpolitik sei durch Einsparungen auf einen ausgeglichenen Haushalt hin auszurichten. Dies sogar unabhängig von der konkreten konjunkturellen Situation. Dabei werden selbst negative gesamtwirtschaftliche Wirkungen einer *prozyklischen Finanzpolitik* in Kauf genommen. Auch der *Geldpolitik* ordnet man als wirtschaftspolitisches Instrument zur Entfachung von Wachstum und zur Unterstützung der Finanzpolitik bei der Bekämpfung von Massenarbeitslosigkeit keine Bedeutung mehr zu. Die in der Europäischen Währungsunion auf die EU übertragene nationale Geldpolitik habe sich ausschließlich auf die *Geldwertstabilität* zu konzentrieren, lautet hier das allgemeine politische Credo. Auch die 2008 eingetretene schwerste *Finanz- und Weltwirtschaftskrise* seit dem Zweiten Weltkrieg, so ist zu vermuten, hat nur kurzfristig ein keynesianisches staatliches Denken zurückgebracht. Ist die Krise überwunden, wird man weiter auf die vom Staat befreiten Marktkräfte, auf Lohnsenkungen und staatliche Sparprogramme bei gleichzeitigen Steuersenkungen für Kapitaleigner setzen. Vielleicht sogar noch vehementer als je zuvor. So bleibt uns noch lange die Massenarbeitslosigkeit erhalten und die Ungleichheit und Ausgrenzung wird unser Land zunehmend in Arm und Reich spalten. »Es sind aber inzwischen längst nicht mehr nur die wirtschaftlichen und sozialen Fehlentwicklungen und der Niedergang des Wohlstandes breiter Schichten, die unsere Verfassungswirklichkeit zum Schlechten verändern, sondern die *Demokratie* selbst ist gefährdet. Das zunehmend engmaschigere Netzwerk kapitalorientierter Einflussagenten – von der ›Initiative Neue Soziale Marktwirtschaft‹ bis zur politischen Marketingaktion ›Du bist Deutschland‹ – durchdringt die Substanz des demokratischen Staates, höhlt diese aus wie Holzwürmer die gediegensten Stämme« (Klages 2009). Verlagerung von politischen Entscheidungen aus den Parlamenten in externe Gremien, die von Wirtschaftslobbyisten einschließlich ihrer vermeintlich unabhängigen Experten bestückt sind, der auf die neoliberale Ideologie verengte Wirtschaftsjournalismus, Korruption in Politik, Bürokratie, selbst in Teilen der Wissenschaft (Roth 2006) sind inzwischen keine ärgerlichen Ausnahmen mehr, sondern noch auf dem Vormarsch« (Zinn 2006: 10). »Erst langsam wird uns heute bewusst, dass wir in einer anderen Republik leben – einer anderen, als wir uns das vorgemacht haben. Nur allmählich realisieren wir, dass Deutschland ein *Korruptionsproblem* hat. Inzwischen wissen wir, dass nicht nur die CDU schwarze Kassen führte, sondern auch der Vorzeigekonzern Siemens. Nicht nur im Frankfurter Hochbauamt, sondern auch in der deutschen Bankenaufsicht hielten Beamte die Hand auf. Korruption ist in Deutschland zum Alltagsphänomen geworden« (Tillack 2009: 7).

Zu den verheerenden Auswirkungen der neoliberalen Wirtschaftspolitik gibt es aber *Alternativen*, selbst wenn dies von den vermögenden Schichten wie auch von der herrschenden Politik und neoliberalen Ökonomen immer wieder mit massiver Unterstützung der Medien bestritten wird. Diese Alternativen sollen im vorliegenden Buch im Kontext *einzel- und gesamtwirtschaftlicher Zusammenhänge* herausgearbeitet werden. Dabei stehen immer der *Mensch* und die von ihm *erbrachte Arbeit* und *Wertschöpfung* im Mittelpunkt. Die Wirtschaft ist kein *Selbstzweck*, und ihre Aufgabe besteht auch nicht darin, maximale Profite für eine kleine gesellschaftliche Schicht bereitzustellen. Soll es dabei zu einer wirklichen Veränderung der heute unhaltbaren und Demokratie gefährdenden sozioökonomischen Verhältnisse kommen, so sind sowohl auf *einzelwirtschaftlicher*, d. h. auf unternehmerischer Ebene, als auch auf *gesamtwirtschaftlicher Ebene* ein radikales Umdenken und Handeln notwendig. Auf einzelwirtschaftlicher Ebene muss es zu einer *Partizipation* der in den Unternehmen beschäftigten Menschen kommen. Sie müssen sowohl an den monetären Unternehmensergebnissen beteiligt werden, als auch mehr Mitsprache (Mitbestimmung) an den Unternehmensentscheidungen erhalten. Dies verlangt nach einer grundsätzlichen *Demokratisierung* unternehmerischer Prozesse, nach einer insgesamt partizipativen Unternehmenskultur. Die heute in der Gesellschaft bestehende Asymmetrie zwischen politischer und wirtschaftlicher Demokratie muss beseitigt werden. Daneben muss es aber auch zu einer übergeordneten *staatlichen Steuerung* von grundsätzlich auf Wettbewerb basierenden, mikroökonomischen Prozessen kommen, die ansonsten zu einer noch größeren Selbstauflösung, Machtentstehung und zu Machtmissbrauch führen. Ferner bedarf es einer *makroökonomischen Gesamtplanung*, die sowohl den marktwirtschaftlich-kapitalistischen, immanenten Krisenprozess durch eine entsprechende *antizyklische Finanzpolitik* zu steuern hat, als auch durch eine *kompensatorische Steuerpolitik* für einen Ausgleich zwischen Arbeit, Wirtschaft und Umwelt sorgen muss.

Zum Inhalt des Buches

In den folgenden fünf Kapiteln des Buches wird der ambitionierte Versuch unternommen, eine holistische einzel- und gesamtwirtschaftliche Analyse aufzuzeigen, die nach einer veränderten *demokratisierten Wirtschaft* und *Wirtschaftspolitik* verlangt. Dabei werden – auch in einem historischen Kontext – sowohl die heute herrschenden ökonomischen Paradigmen analysiert, die sich im Wesentlichen als neoklassisch (neoliberal) einordnen lassen, als auch die daraus resultierenden Folgen aufgezeigt. Gleichzeitig werden an den entsprechenden Stellen der einzelnen Kapitel die zu einer neoliberalen Politik möglichen *ökonomischen Alternativen* vorgestellt.

Das *erste Kapitel* beschäftigt sich mit der *Arbeit* und ihrer Entwicklung unter marktwirtschaftlich-kapitalistischen Verhältnissen. Hier stehen der Warencharakter von Arbeit und ihre Wertbestimmung im Mittelpunkt. Dabei werden die unterschiedlichen Positionen zur *Lohn-Gewinnfrage* vom *Merkantilismus* über die Arbeitswertbestimmung bei den *klassischen Ökonomen* bis zur heutigen vorherrschenden Sicht der *Neoklassik* und ihrer neoliberalen Interpretation einer kritischen Analyse und Bewertung unterzogen. So wie sich ein Neuwert nur aus lebendiger Arbeit ableiten lässt, so eindeutig ist auch das Ergebnis eines Kapitalverwertungs- und Akkumulationsprozesses. Arbeit wird von Unternehmen nur dann nachgefragt, solange das »Wertgrenzprodukt der Arbeit« größer ist als der zur Auszahlung kommende Nominallohn. Arbeit muss demnach weniger kosten, als die von ihr geschaffenen Produkte im Verkauf dem Unternehmen am Markt erbringen. Der daraus resultierende Gewinn führt zur grundsätzlichen Frage nach der *Verteilung der Wertschöpfung* zwischen Kapital und Arbeit.

Dem widmet sich das *zweite Kapitel* im Rahmen einer einzelwirtschaftlichen monetären Partizipations- und Verteilungsanalyse der unternehmerisch-wirtschaftlichen Ergebnisse. Dabei wird die Wert und Gewinn schaffende Arbeit in ihrer konkreten *Entlohnung* vor dem Hintergrund einer kollektiven tariflichen Lohnpolitik theoretisch und empirisch analysiert. Gleichzeitig erfolgt hier in Anbetracht des grundsätzlichen Austauschverhältnisses der Ware Arbeitskraft an den Arbeitsmärkten eine theoretische und politische *Bewertung neoklassischer/neoliberaler* und *keynesianischer Lohngrundlagen* bis hin zu einer kritischen Auseinandersetzung mit der Behauptung angeblich zu hoher Arbeitskosten, einschließlich zu hoher sogenannter Lohnnebenkosten. Auch wird hier auf den eingeleiteten *Systemwechsel in der Arbeitsmarktpolitik* (»Hartz«, »Agenda 2010«) eingegangen und deren Alternativen eines öffentlichen Beschäftigungssektors in Verbindung mit Arbeitszeitverkürzungen zur Schließung der Produktions-Produktivitätsschere aufgezeigt. Daneben setzt sich das zweite Kapitel ausführlich mit den Forderungen nach einer »verbetrieblichten« Lohnpolitik auseinander, wonach Arbeit zur Bekämpfung der Massenarbeitslosigkeit nur noch billig werden soll. Dem werden als Alternative mindestens die *Ausschöpfung des verteilungsneutralen Spielraums* in den kollektiven tariflichen Lohnrunden zwischen Gewerkschaften und Arbeitgeberverbänden und eine expansive Einkommenspolitik zur Umverteilung zu Gunsten der Lohnquote durch *Gewinn- und/oder Kapitalpartizipationen* der Arbeitnehmer entgegengehalten.

Das *dritte Kapitel* untersucht die heutige konkrete *Stellung und Rolle der Arbeitnehmer in den Unternehmen*. In einem kurzen historischen Rückblick werden unterschiedliche personalwirtschaftliche Paradigmen vom Taylorismus/Fordismus über Human-Relations- sowie Human-Resources-Ansätze bis zu neueren Management-Ansätzen untersucht und kritisch reflektiert; ebenso wie die Frage nach den unter den Bedingungen vorherrschender Massenarbeitslosigkeit und einer neoliberal intendierten Globalisierung sich ergebenden *Unternehmenskulturen*. Als Alternative zu der vorherrschenden einseitigen Machtkultur der Unternehmenseigner und der angestellten Manager, die man auch als eine destruktive »Nicht-Kultur« bezeichnen könnte, wird hier die Forderung nach einer *demokratisierten und partizipativen Unternehmenskultur* erhoben. Diese setzt u. a. auf eine qualitative paritätische Mitbestimmung zwischen Kapital und Arbeit. Dadurch wird letztlich der beste Nährboden für eine unternehmerische, aber auch gesellschaftlich notwendige Innovationspolitik geschaffen.

Im *vierten Kapitel* werden Wirtschaft und Staat aus *gesamtwirtschaftlicher Sicht* und Verantwortung betrachtet. Hierbei geht es zunächst um die historische, theoretische und empirische Einordnung des *Wettbewerbsprinzips* auf der einen, und des *Sozialstaatsprinzips* auf der anderen Seite. Neoliberales Denken hofiert den Wettbewerb, ohne wettbewerbsimmanente Deformationen zu berücksichtigen. Gleichzeitig wird der verfassungsrechtlich garantierte Sozialstaat unterminiert. Dies hat Folgen nicht nur für den sozialen und politischen Zusammenhalt der Gesellschaft, sondern wirkt auch nachhaltig auf gesamtwirtschaftliche Kreislaufzusammenhänge zurück. Die Renten- und Gesundheitspolitik sind dafür gute Beispiele und werden daher auch explizit dargestellt. Hinzugefügt wurde ein ausführliches Kapitel zum *Umweltschutz*, der bis heute nicht hinreicht. Anschließend folgen noch eine makroökonomische Auseinandersetzung mit der *Finanzpolitik* (Ausgaben- und Steuerpolitik) und eine Darstellung möglicher Alternativen im Sinne einer *kompensatorischen Steuerpolitik* zur Steuerung konjunktureller (kurzfristiger) und struktureller (langfristiger) gesamtwirtschaftlicher Aspekte und Probleme. Hierbei wird auch die Problematik eines heute vom *Finanzmarkt getriebenen Kapitalismus* und seine in der gerade ablaufenden Finanz- und Weltwirtschaftskrise manifest werdenden Krisenhaftigkeit aufgezeigt.

Abschließend soll noch in einem fünften Kapitel eine Conclusio der zuvor insgesamt abgeleiteten und aufgezeigten wirtschaftstheoretischen und -politischen Zusammenhänge im Hinblick auf eine zu *demokratisierende Wirtschaft* dargelegt werden. Welche einzelnen Bausteine sind hier wesentlich und daher bei einer zukünftigen Politikgestaltung zu berücksichtigen?

Erstes Kapitel
1. Arbeit unter marktwirtschaftlich-kapitalistischen Verhältnissen

Mit der vollständigen *Ablösung der Feudalordnung* (Absolutismus und Merkantilismus) setzte sich die marktwirtschaftlich-kapitalistische Ordnung spätestens gegen Ende des 18. Jahrhunderts durch. Ergebnis war ein *liberales Wirtschaftssystem*, das u.a. von Adam Smith und David Ricardo theoretisch analysiert worden ist (Smith 1776, 1978, Ricardo 1821). Die »*industrielle Revolution*« beschleunigte schließlich den gesellschaftlich-ökonomischen Ablösungsprozess vom Feudalismus. Der schon im »Schoß« des überholten Systems durch die aufgekommenen Manufakturen entstandene *Lohnarbeiter* wurde jetzt endgültig zum abhängig Beschäftigten und seine Arbeitskraft zur *Ware*, die er bis heute jeden Tag zu seiner Reproduktion zu Markte tragen muss. Die Arbeiter, die als »neue Klasse« zu Beginn der kapitalistischen Wirtschaftsordnung unter schlimmsten Arbeitsbedingungen in den Fabriken zu Hungerlöhnen arbeiten mussten, bekamen von den Segnungen des *liberalen Wirtschaftssystems* anfangs nur die Schattenseiten zu spüren. Nur wenige haben dabei den »*Manchester-Kapitalismus*« so anschaulich und umfassend beschrieben wie Friedrich Engels (1820-1895) anhand der »Lage der arbeitenden Klasse in England« (Engels 1845, 1976: 224-506). In der Einleitung seines 1845 erschienenen Buches schreibt er:

> »Die Geschichte der arbeitenden Klasse in England beginnt mit der letzten Hälfte des vorigen Jahrhunderts, mit der Erfindung der Dampfmaschine und der Maschinen zur Verarbeitung der Baumwolle. Diese Erfindungen gaben bekanntlich den Anstoß zu einer industriellen Revolution, einer Revolution, die zugleich die ganze bürgerliche Gesellschaft umwandelte und deren weltgeschichtliche Bedeutung erst jetzt anfängt erkannt zu werden. England ist der klassische Boden dieser Umwälzung, die um so gewaltiger war, je geräuschloser sie vor sich ging, und England ist darum auch das klassische Land für die Entwicklung ihres hauptsächlichsten Resultates, des Proletariats. Das Proletariat kann nur in England in allen seinen Verhältnissen und nach allen Seiten hin studiert werden« (Engels 1845, 1976: 237).

Entscheidend für die Herausbildung des Proletariats war dabei die Konstituierung des *Privateigentums an den Produktionsmitteln*. Dies führte zu einer Trennung der unmittelbaren Produzenten von ihren eigenen Arbeitsmitteln. Dadurch waren jene zur Sicherung ihrer Reproduktion gezwungen, ihre Arbeitskraft, ihr Arbeitsvermögen an Unternehmer zu verkaufen, womit bis heute eine nachhaltige *Abhängigkeit* vom jeweiligen *unternehmerischen Verhalten* besteht. Die Schaffung ersten Privateigentums geht in der Geschichte der Menschheit auf die Produktion eines *Mehr- bzw. Überschussprodukts* zurück. Dieses Mehrprodukt machte erstmals eine gesellschaftliche *Klassenbildung* möglich, wobei als Klassen solche gesellschaftlichen Gruppen anzusehen sind, »die durch das Merkmal von *Herrschaft*, das heißt durch das Verhältnis von Arbeit und Aneignung gegeneinander geschieden sind« (Hofmann 1977: 34). Der Philosoph John Locke (1632-1704), einer der Väter des politischen Liberalismus, beschränkte in seiner naturrechtlichen Begründung der modernen Gesellschaft die *Akkumulation von Eigentum* im 17. Jahrhundert noch auf das jeweilige *Arbeitsvermögen des Einzelnen*. »So viel Land ein Mensch bepflügt, bepflanzt, kultiviert und so viel er verwerten kann durch die Nutzung seines Ertrages, so viel ist sein eigen« (Locke 1906, 1966: 30). Ein Überschussprodukt machte aber schließlich die *Aneignung fremder Arbeitsleistung* durch *Nichtarbeitende* möglich. So wie dies schon in der antiken und römischen *Sklavenhalterordnung*[2] in brutalster Weise mit Gewaltanwendung geschah, so zieht sich diese Aneignung wie ein roter Faden auch durch die *Feudalordnung*. Auch hier bestand eine Klassengesellschaft. Die Feudalherren (weltlicher und kirchlicher Adel), Eigentümer von Grund und Boden, eigneten sich das von den bäuerlichen Nichteigentümern geschaffene Überschussprodukt an. Grundherren und Bauern »stehen hier zueinander im Verhältnis von Ausbeutern und Ausgebeuteten, von Herrschenden und Beherrschten, Befehlenden und Gehorchenden. Die Grundherren sind im Besitze des Bodens, des wichtigsten Produktionsmittels. Sie gelangten in seinen Besitz durch Gewalt, durch Unterwerfung von Bauern« (Endres 1952: 39). Der Philosoph Jean-Jacques Rousseau (1712-1788) verurteilte diese aus dem Eigentum am Boden sich ergebende Ausbeutung der Nichteigentümer, als er 1762 schrieb:

> »Der Erste, der, nachdem er ein Stück Land eingezäumt hatte, sich erdreistete auszurufen: ›Das gehört mir‹ und einfältige Leute fand, die es ihm glaubten, war der Erste wahre Gründer der bürgerlichen Gesellschaft. Wie viele Verbrechen, Kriege, Morde, Elend und Schrecken hätte der dem Menschengeschlecht erspart, der die Pfähle niedergerissen, den Graben ausgefüllt und seinen Nächsten zugerufen hätte: ›Hütet Euch, auf diesen Betrüger zu hören; ihr seid verloren, wenn ihr vergesst, dass die Früchte allen und die Erde niemand gehört« (zitiert bei Harlander u. a. 1994: 24).

---

2   Sklaverei lag noch bis zum Ende des Bürgerkriegs 1865 in den Südstaaten der USA vor und existiert auch noch heute in vielen unterentwickelten Ländern.

Gut einhundert Jahre später (1867) wies Karl Marx (1818-1883) der »*sogenannten ursprünglichen Akkumulation*« in der politischen Ökonomie dieselbe Rolle zu wie dem Sündenfall in der Theologie.

»Adam biss in den Apfel, und damit kam über das Menschengeschlecht die Sünde. Ihr Ursprung wird erklärt, indem er als Anekdote der Vergangenheit erzählt wird. In einer längst verflossnen Zeit gab es auf der einen Seite eine fleißige, intelligente und vor allem sparsame Elite und auf der andren faulenzende, ihr alles und mehr verjubelnde Lumpen. Die Legende vom theologischen Sündenfall erzählt uns allerdings, wie der Mensch dazu verdammt worden sei, sein Brot im Schweiß seines Angesichts zu essen; die Historie vom ökonomischen Sündenfall aber enthüllt uns, wieso es Leute gibt, die das keineswegs nötig haben. Einerlei. So kam es, dass die ersten Reichtum akkumulierten und die letzteren schließlich nichts zu verkaufen hatten als ihre eigne Haut. Und von diesem Sündenfall datiert die Armut der großen Masse, die immer noch, aller Arbeit zum Trotz, nichts zu verkaufen hat als sich selbst, und der Reichtum der wenigen, der fortwährend wächst, obgleich sie längst aufgehört haben zu arbeiten. (...) In der wirklichen Geschichte spielen bekanntlich Eroberung, Unterjochung, Raubmord, kurz Gewalt die große Rolle. In der sanften politischen Ökonomie herrschte (...) die Idylle. Recht und ›Arbeit‹ waren von jeher die einzigen Bereicherungsmittel, natürlich mit jedesmaliger Ausnahme von ›diesem Jahr‹. In der Tat sind die Methoden der ursprünglichen Akkumulation alles andre, nur nicht idyllisch« (Marx 1867, 1974a: 741f.).

Für Marx ist die »so genannte ursprüngliche Akkumulation« des Kapitals letztlich »nichts als der *historische Scheidungsprozess* von Produzent und Produktionsmittel« (Marx 1867, 1974a: 742). Sie ist »Expropriation der unmittelbaren Produzenten« und damit »Verwandlung der feudalen in kapitalistische Expropriation« (...). »Und die Geschichte dieser ihrer Expropriation ist in die Annalen der Menschheit eingeschrieben mit Zügen von Blut und Feuer« (Marx 1867, 1974a: 743).

Auch für den »geistigen Vater« der marktwirtschaftlichen Ordnung, Adam Smith (1723-1770), endet der »ursprüngliche Zustand« der Akkumulation, »in welchem der Arbeiter den ganzen Ertrag seiner Arbeit erhielt« (Smith 1776, 1978: 57), in dem Moment, als der Boden nicht mehr frei und das Kapital bereits akkumuliert war. »Er war bereits zu Ende, lange bevor die produktiven Kräfte der Arbeit nachhaltig verbessert worden waren, und es wäre darum zwecklos, wollte man weiter untersuchen, wie sich dieser Anfangszustand wohl auf die Vergütung oder den Lohn der Arbeit ausgewirkt haben könnte. Sobald der *Boden privates Eigentum* wird, verlangt der Grundherr einen Teil von fast allen Erträgnissen, die der Arbeiter durch Anbau oder Sammeln darauf erzielen kann. Die *Rente des Grundbesitzers* schmälert deshalb als erstes den Ertrag der Arbeit, die zur Bestellung des Bodens eingesetzt wird« (Smith 1776, 1978: 57).

Im 16. und 17. Jahrhundert, das bereits vom Verfall des *Feudalismus* geprägt war, und Arbeit in Form eines ausbeuterischen *Fron- und Zinssystems* (vgl. dazu den Kas-

> *Fronwirtschaft mit Leibeigenschaft.* Hier arbeiteten die Bauern auf dem Hof des weltlichen oder geistlichen Feudalherrn, dem Fronhof. Sie waren leibeigen. Von den antiken Sklaven unterschieden sie sich nur dadurch, dass sie nicht gekauft oder verkauft werden konnten, also nicht zur Ware wurden. *Zinswirtschaft mit Grundherrschaft.* Bei der Zinswirtschaft entstand etwa ab dem 13. Jahrhundert ein neues Rechtsverhältnis zwischen Feudalherren und Bauern. Die Bauern konnten nun eigenständig das Land, das aber weiter den Adligen gehörte, bearbeiten und mussten für die Nutzung einen Zins bzw. eine Pacht bezahlen. Das darüber hinaus erarbeitete Mehrprodukt fiel an die Bauern.

ten) zwischen Vasallen und weltlichen sowie geistlichen Feudalherren bestand, wurde Arbeit schließlich durch das verstärkte Aufkommen eines *Manufakturkapitalismus* immer mehr zur abhängigen *Lohnarbeit.*

Der *juristisch befreite Arbeiter* musste jetzt seine Arbeitskraft an den Arbeitsmärkten verkaufen. Hieraus entstanden nicht nur ein neues *Klassenverhältnis* und eine *ökonomische Abhängigkeit* zwischen Unternehmer und Arbeiter; Arbeit erhielt eine neue Dimension. Der Unternehmer verlangte *Disziplin, Arbeitsmoral* und *Unterordnung* von seinen lohnabhängig Beschäftigten, die, da sie nichts anderes zu verkaufen hatten als ihre Arbeitskraft, gleichzeitig einem *Arbeitszwang* unterlagen. Wir wissen, wie brutal die Anfänge der Verinnerlichung des Arbeitszwangs durchgesetzt wurden. »72.000 Menschen, die ihre Handwerksbetriebe und Bauernhöfe verloren hatten, in die ihnen Freiheit versprechende Stadt gezogen waren und das Vagabundendasein der trostlosen Arbeit in den neu entstandenen Manufakturen vorzogen oder auch keine Arbeit fanden, hat Heinrich VIII. (1509-1547)[3] um 1530 aufhängen lassen. Königin Elisabeth I. (1558-1603), Tochter Heinrichs VIII., ordnete um 1572 an, Bettler ohne Lizenz und über vierzehn Jahre sollten hart gepeitscht und am linken Ohrlappen gebrandmarkt werden (mit dem Buchstaben ›S‹ = Sklave), ›falls sie keiner für zwei Jahre in Dienst nehmen will‹; im Wiederholungsfall, wenn über achtzehn Jahre alt, sollten sie hingerichtet werden. (…) Die Schwellenzeit, in der diese mehr oder weniger *gewaltförmige Transformation von Arbeit* in ein spezifisches Berufsethos stattfindet – die Entstehung der Berufsidee als Grundlage der rationalen Lebensführung und damit als

---

3   Heinrich der VIII. ließ ebenfalls 1535 auch den englischen Staatsmann und Humanisten *Thomas More* (1478-1535) hinrichten, weil dieser sich weigerte, einen Eid, den »Suprematseid«, auf den König als Oberhaupt der Kirche von England zu leisten, um sich so zum uneingeschränkten weltlichen und kirchlichen Herrscher zu machen.

konstitutiver Bestandteil des modernen kapitalistischen Geistes und überhaupt der modernen Kultur –, hat vor allem Max Weber (1864-1920) in seinen religionssoziologischen Studien untersucht. In seiner großen Analyse ›Die protestantische Ethik und der Geist des Kapitalismus‹ betrachtet er diese Umbruchszeit von der Subjektseite aus, wohl in der Absicht, jenes Untersuchungsprojekt von Marx zu ergänzen und zu vervollständigen, das die Logik von Markt und Kapital, also die kapitalistischen Akkumulationsgesetze, in den Vordergrund gerückt hatte« (Negt 2002: 297). Erst die Konstituierung einer *liberalen kapitalistischen Ordnung* machte Arbeit juristisch »frei«, ohne sie aber aus den ökonomischen Fesseln der *Marktabhängigkeit* zu entlassen. Unter den Gegebenheiten (Prämissen) des Marktes werden daher heute Arbeit, Bildung und Beruf, und damit gleichzeitig die sozioökonomische Stellung des Menschen, in einer auf Massenproduktion und -konsum beruhenden Gesellschaft, determiniert.

1.1 Der Warencharakter von Arbeit

Mit der Herausbildung einer endgültigen kapitalistischen Produktionsweise und der »Geburt« eines zwar *rechtlich freien* aber *wirtschaftlich abhängigen Lohnarbeiters* wird dieser, da er nichts zu verkaufen hat außer seiner Arbeitskraft, abhängig von der *Bereitstellung der Produktionsmittel durch Unternehmer*. Es kommt zu einem *neuen Klassenverhältnis* (Hofmann 1988). »Das Kapitalverhältnis setzt die Scheidung zwischen den Arbeitern und dem Eigentum an den Verwirklichungsbedingungen der Arbeit voraus. Sobald die kapitalistische Produktion einmal auf eignen Füßen steht, erhält sie nicht nur jene Scheidung, sondern reproduziert sie auf stets wachsender Stufenleiter. Der Prozess, der das Kapitalverhältnis schafft, kann also nichts andres sein als der Scheidungsprozess des Arbeiters vom Eigentum an seinen Arbeitsbedingungen, ein Prozess, der einerseits die gesellschaftlichen Lebens- und Produktionsmittel in Kapital verwandelt, andererseits die unmittelbaren Produzenten in Lohnarbeiter« (Marx 1867, 1974a: 742). Arbeit wird so zur *Ware*. »Die Warenform der Arbeit ist die Kehrseite der kapitalistischen Eigentumsform von Produktionsmitteln; sie ist seitens der Arbeitskräfte nicht strategisch gewählt, sondern als ein *Zwangsverhältnis* über sie verhängt« (Offe 1977: 11). Dieses Zwangsverhältnis zwingt den abhängig Beschäftigten zur Sicherstellung seiner Subsistenz und Reproduktion, seine Ware Arbeitskraft ständig an den Arbeitsmärkten auszutauschen. Geschichtlich erscheint dabei die »freie Lohnarbeit« als das notwendige Komplement des Kapitals selbst. Es sind, wie der Soziologe Max Weber schrieb, »Personen vorhanden, die nicht nur rechtlich in der Lage, sondern auch wirtschaftlich genötigt sind, ihre Arbeitskraft frei auf dem Markt zu verkaufen. Im Widerspruch zum Wesen des Kapitalismus steht es, und seine Entfaltung ist unmöglich, wenn eine solche besitzlose und daher zum Verkauf ihrer Arbeitsleistung genötigte Schicht fehlt, ebenso, wenn nur unfreie Arbeit besteht« (Weber 1924: 239f.). Dieser Grundtatbestand wird von der heutigen Wirtschaftstheorie ignoriert. So ist das *Zwangsverhältnis* der Arbeit in der neoklassischen Arbeitsangebotsfunktion[4] völlig unbekannt oder schlicht nicht existent. Hier wird unterstellt, dass abhängig Beschäftigte im Rahmen eines *rationalen ökonomischen Verhaltens* nur bei *steigenden Reallöhnen* mehr Arbeit anbieten. Demnach wägen die Arbeitnehmer die Kosten von Arbeit (»Grenzleid« der Arbeit in Form eines Verzichts bezüglich alternativer Nutzungen von Zeit (Opportunitätskosten der Arbeit)) *frei* mit deren Nutzen (»Grenznutzen« aus einem zusätzlichen Lohn als gestiegene Kaufkraft) gegeneinander ab. Arbeit wird von den Arbeitnehmern demnach nur dann angeboten, wenn ihr »Grenznutzen« größer ist als das »Grenzleid«. Diese unterstellte *freie Entscheidungsoption* existiert in Wirklichkeit für die große Masse der Arbeitskräfte auf Grund des Zwangsverhältnisses aber nicht. *Ökonomische Freiheit am Arbeitsmarkt ist eine Fiktion.* Auch *Lohnersatzleistungen* (Arbeitslosengeld oder Arbeitslosen- und Sozialhilfe) ändern im Grundsatz daran nichts. Menschen und ihre Familien können über einen längeren Zeitraum von solchen Leistungen, die überdies noch ständigen Kürzungen unterliegen, kein sicheres und planbares Leben führen, während Unternehmer für sich und ihr eingesetztes Kapital eine solche Planbarkeit von der Politik ständig einfordern.

1.2 Zur Bedeutung von Arbeit

Arbeit galt in vorkapitalistischer Zeit noch als *minderwertig* und war verachtet, im Gegensatz zum *Müßiggang der Reichen* und Privilegierten. Thomas More (1478-1535) schrieb 1516 in seinem berühmten Werk »Utopia«:

> »Da gibt es nun eine Unzahl von Edelleuten, die faulenzend wie die Drohnen von der Arbeit anderer leben, indem sie die Pächter auf ihren Gütern um der Steigerung ihrer Einkünfte willen bis aufs lebendige Fleisch schinden – die einzige Art ökonomischen Betriebs, die sie kennen; sonst sind sie bereit, den letzten Heller zum Fenster hinauszuwerfen –, und dann schleifen sie erst noch einen dicken Schwarm ebenfalls faulenzender

---

4 Diese geht ursprünglich auf William Stanley Jevons (1835-1882) zurück. Dieser hatte als erster mit Hilfe der *Grenznutzentheorie* das Angebot an Arbeitskräften zu bestimmen versucht. Demnach muss der einzelne Arbeiter stets zwischen dem durch die angebotene Arbeit verursachten »Arbeitsleid« und dem hierdurch erzielten Nutzen abwägen.

Gefolgsleute mit sich herum, die nie etwas Rechtes gelernt haben, womit sie ihr Brot verdienen könnten. Sobald aber ihr Herr tot ist oder sie krank werden, wirft man sie auf der Stelle hinaus; denn lieber füttert man Faulenzer als Kranke« (More 1516 (1981): 27).

Es brauchte einige Zeit, bis Arbeit als »*Urgrund des Eigentums*«, das die bürgerliche Freiheit des Einzelnen möglich macht (John Locke [1632-1704]), und als »*Vater allen gesellschaftlichen Reichtums*« (William Petty [1623-1687]) anerkannt wurde. »Historisch scheint ziemlich gesichert, dass die Menschen in vorbürgerlichen Gesellschaftsordnungen nicht gerne gearbeitet haben. Man kann nicht direkt sagen, dass sie faul gewesen seien, denn Faulheit setzt eine gesellschaftliche Norm der positiven Arbeitsleistung voraus, aber je näher wir an jene Tätigkeitsform kommen, die wir mit dem heutigen Begriff von Arbeit *(Erwerbsarbeit)* verbinden, desto entschiedener zeigt sich die Abwehr dagegen, und in der Skala des Erstrebenswerten rückt diese Tätigkeitsform vielfach in die Nähe der tierischen Existenzweise. (…) In allen europäischen Sprachen seit der *griechischen Antike* ist der ursprüngliche Bedeutungsgehalt von Arbeit mit *Mühsal, Not* und *Leid* verbunden. (…) Arbeit in diesem engen Sinne ist *Sklavenarbeit*, die Besiegte zu leisten haben oder diejenigen, die keinerlei andere Möglichkeiten der Existenzsicherung besitzen. Alles Lebensnotwendige in diesen vorbürgerlichen Gesellschaftsordnungen wird also von Schichten und Klassen produziert, die im Macht- und Herrschaftsgefüge der Gesellschaft ganz unten stehen. (…) Die Fabel von der Vertreibung aus dem Paradies und der nachgebrüllte Gottesfluch, ›Verflucht sei der Acker um deinetwillen! (…) Dornen und Disteln soll er dir tragen (…) Im Schweiße deines Angesichts sollst du dein Brot essen‹ entsprach über zwei Jahrtausende dem *Interesse der Herrschenden* genauso wie die philosophische Hierarchie der griechisch-römischen Tätigkeitsarten, in der alles, was über dem Lebensnotwendigen lag, politisches Handeln, die Lebensform des Philosophen, selbst die des räuberischen Kriegshelden mit seinen Kampftugenden in der Werteordnung weit oben rangierte« (Negt 2002: 293f.).

Auch der *mittelalterliche Mensch* empfand Arbeit noch als allenfalls notwendiges Übel zur leidvollen Lebenserhaltung (Reproduktion), »aber nicht als etwas, das besonders ehrenvoll und erstrebenswert war. Wer sein Leben nicht anders als durch Arbeit bestreiten kann, gibt damit zu erkennen, dass er weder über Mittel noch Fähigkeiten verfügt, den Herrschaftsständen anzugehören. Arbeit ist unwürdige Mühsal, Strafe, die Folge des Sündenfalls« (Negt 2002: 294). So wird es auch verständlich, dass an der Spitze der mittelalterlichen Gesellschaftshierarchie der Waffentragende stand, dessen Aufgabe die Kriegsführung und keinesfalls Arbeit war. Der Status bäuerlicher Arbeit ist hier, entsprechend der Abhängigkeit des Agrarvolkes von den Waffen tragenden

Rittern, noch niedrig. »Erst Anfang des fünfzehnten Jahrhunderts tauchen vereinzelte positive Bewertungen der Arbeit auf. (...) Martin Luther verankert Arbeit, und sei sie auch reine Qual, in der Natur des Menschen: ›Der Mensch ist zur Arbeit geboren wie der Vogel zum Fliegen‹« (Negt 2002: 294f). Arbeit verliert so im Laufe der Zeit immer mehr ihr Klassenmerkmal. »Sie wird zum unverwechselbaren Baustein der geistigen, seelischen und körperlichen *Subjektbildung* – unabhängig von Stand und Privilegien. Sie wird dem tierischen Dasein entrückt, zu einem prägenden Persönlichkeitsmerkmal« (Negt 2002: 296). Aber erst mit den gesellschaftstheoretischen sowie -praktischen Umbrüchen im 19. Jahrhundert wandelten sich das Bild und die Bedeutung von Arbeit vollständig – insbesondere im ökonomischen Kontext. Hierzu hat nicht zuletzt auch die positive Wesensbestimmung der Arbeit durch Karl Marx nachhaltig beigetragen. Nach dessen *dialektisch-materialistischer Lehre* wird Arbeit als ein *zielorientiertes menschliches Handeln* erklärt. Hierbei entwickeln sich sowohl der Arbeitsgegenstand selbst, als auch der tätige Mensch in einer auf Arbeit abgestellten und auf Arbeit aufgebauten Gesellschaft, und zwar sowohl individuell als auch gattungsmäßig, auf stets höherer Stufe in Form einer ökonomisch-gesellschaftlichen Synthese. Arbeit entfaltet dabei eine *doppelte Dimension*: Zum einen bedeutet sie nach wie vor Mühsal, Last, Leid, Bewältigung des Notwendigen und andererseits aber auch die spezifisch menschliche Art des Umgangs mit der Umwelt, der Selbstkonstitution des Menschen und damit Selbstverwirklichung.

»Es gibt nur einen einzigen realen Wert in der Wirtschaftswelt (...) das ist Arbeit.«
(Friedlaender-Prechtl)

1.3 Arbeit und ihre Wertbestimmung

1.3.1 Merkantilistische Positionen

Im Laufe der Geschichte kam es zu einer zunehmenden Bedeutung der menschlichen Arbeit. Dabei rückte die *Bewertungsfrage der Arbeit* immer mehr in den Mittelpunkt. Spätestens mit der »Geburt« des Kapitalismus war die Frage nach dem Wert (Lohn) der Arbeit zu beantworten. Dieser Frage gingen als erste die *Merkantilisten* zur feudalabsolutistischen Zeit gegen Ende des 17. Jahrhunderts nach, (Blaich 1988: 240ff.) wobei ihre Lehre auch als eine vorklassische Beschäftigung mit der Nationalökonomie bezeichnet werden kann. Hier ging es noch nicht um die Erstellung eines in sich geschlossenen Theoriengebäudes, sondern mehr um polit-ökonomische Handlungsanweisungen zur Niederhaltung der immer mehr aufkommenden *Arbeiterklasse*. Wie den Ökonomen seiner Zeit allgemein, so war es auch Philipp Wilhelm von Hornigk (1640-1714), einem der bedeutendsten Vertreter der merkantilen Wirtschaftspolitik, bewusst, dass die bewegende Kraft der Landesökonomie die *produktive Arbeit* ist. Auf alle Art, so seine Botschaft, ist daher das Volk zur Arbeitsamkeit zu erziehen (Hornigk 1684). Dies war für merkantilistische Ökonomen die zentrale Aufgabe, zumal sich im 17. Jahrhundert Arbeit noch nicht völlig vom Makel befreit hatte und allgemein eine noch starke Abneigung gegen Arbeitsdisziplin und -moral zu beobachten war. So unterstellten Merkantilisten in den Manufakturen einen *Arbeitertyp*, der sich durch eine ausgesprochen hartnäckige Abneigung gegenüber Arbeit auszeichnete und der permanent versuchte, jeglicher Arbeit aus dem Weg zu gehen. Bernhard de Mandeville (1670-1733), wie Hornigk ein bedeutender Ökonom des Merkantilismus, leitete daraus, heute würde man sagen: *arbeitsmarktpolitische Forderungen* ab, wenn er schreibt:

> »Wenn die Menschen einen so außerordentlichen Hang zum Müßiggang und zum Vergnügen haben, aus welchem Grunde sollen wir dann glauben, dass sie arbeiten würden, wären sie nicht durch unmittelbare Notwendigkeit dazu gezwungen? Wenn wir einen Handwerker sehen, der nicht zu bewegen ist, vor Dienstag etwas zu tun, weil er Montag früh noch zwei Shilling von seinem letzten Wochenlohn übrig hat, warum sollten wir dann meinen, er wäre überhaupt dazu zu bringen, falls er fünfzehn oder zwanzig Pfund in der Tasche hat? Was würde bei diesem Lauf der Dinge aus unseren Manufakturen werden?« (Mandeville 1806: 58).

Disziplin und Arbeitsmoral seien daher dem Menschen durch *äußerlichen Zwang und Gewalt* anzuziehen. Dies könne am besten durch eine *rigorose Lohnpolitik* geschehen, die die Höhe des Lohnes nahe dem Existenzminimum definiert (»Existenzminimumlohntheorie« (Schulten 2004: 23ff.)). Hierdurch würden die Arbeitskräfte zur Arbeit erzogen und gemäß dem »Zwangsgesetz der Arbeit« zur ständigen Arbeitsaufnahme gezwungen. Nur der ständige Stachel des niedrigen Lohns würde die Beschäftigten zu Fleiß anhalten und aufgrund der *anormalen Arbeitsangebotsfunktion* (sinkt der Lohn, wird nicht weniger, sondern mehr Arbeit angeboten) ständig neue Kräfte (Frauen und Kinder der Beschäftigten) den Manufakturen zuführen. Außerdem müsse der Lohn für den Arbeiter die einzige Quelle seiner Subsistenzmöglichkeit darstellen. Vom *Staat* verlangte man ebenfalls, Druck auf die Arbeiterklasse auszuüben. Soziale Leistungen in Form von Armenhäusern seien abzuschaffen, um auch so die Arbeiter zur Arbeitsaufnahme bei niedrigen Löhnen zu zwingen. Ebenso sei staatlicherseits das Betteln zu verbieten, die Arbeitsdisziplin müsse behördlich überwacht werden und jede Aufsässigkeit der Arbeiter sei strengstens zu ahnden. Mit Entrüstung gibt Mandeville Berichte von einem »gewerkschaftsähnlichen« Zusammenschluss wieder: »Mir ist glaubhaft versichert worden, dass ein Pack Bediensteter sich zu solcher Unverschämtheit verstiegen hat, einen Verband zu gründen und Vereinbarungen zu treffen, wonach sie sich verpflichten, nicht für weniger als die und die Summe zu dienen, noch irgendwelche Lasten, Bündel oder Pakete über ein gewisses Gewicht hinaus zu tragen – und was der Bestimmungen mehr sind, die den Interessen ihrer Dienstherren gerade ins Gesicht schlagen und die Zwecke untergraben, denen sie dienen sollen« (Mandeville 1806: 65). Solche Formen von *Arbeiterzusammenschlüssen* hätte der Staat unter strengen Strafandrohungen zu verbieten, da sie nur dazu führten, dass die Löhne steigen und sich die Arbeitsmoral verschlechtern würde.

1.3.2 Arbeitswertbestimmung bei den klassischen Ökonomen

Neben dem Warencharakter von Arbeit und trotz aller Demütigung und Diskriminierung der Lohnarbeiter durch die feudal-merkantilistischen Bedingungen und Ideologien setzte sich mit der *Etablierung eines kapitalistischen Wirtschaftssystems* dann allerdings immer mehr das *ökonomische Wertgesetz* durch, das auf dem *Äquivalententauschprinzip* basiert. Dies bedeutet, dass Waren letztlich zu ihren tatsächlichen Werten getauscht werden, d.h. jede Person im Austausch für eine entäußerte Ware ein Wertäquivalent erhält, weil ansonsten einer der Tauschpartner immer übervorteilt würde. Dies ist natürlich im Einzelfall, z.B. durch Machtanwendung oder auch kriminelle Machenschaften, möglich, nicht aber *systematisch* für eine ganze Gesellschaft. »Wo Gleichheit ist, ist kein Gewinn«. Dieser fällt im Wirtschaftsleben jedoch an, ja das ganze Streben von Kapitaleignern ist auf eine maximale Gewinngenerierung ausgerichtet. *Was* ist dann aber Gewinn unter der unumstößlichen Prämisse des *Äquivalententauschprinzips, wie* entsteht er, um den sich in kapitalistischen Ordnungssystemen alles dreht, bzw. *wer* erwirtschaftet ihn und *wer* eignet ihn sich an? Die klassischen Ökonomen Adam Smith (1723-1790) und David Ricardo (1772-1823) sowie nach ihnen vor allem Karl Marx (1818-1883) haben sich als erste mit diesen, für das Verstehen und zur Klärung von ökonomischen Zusammenhängen unerlässlichen, grundsätzlichen und wichtigen Fragen auseinander gesetzt.

Karl Marx schließt zur Erklärung von Gewinn (»Mehrwert«) die Zirkulationssphäre (den Markt) als auch die Verletzung des Äquivalententauschprinzips als systematische Ursache aus. Hieraus zieht er die Schlussfolgerung, dass Gewinn nur in der *Produktionssphäre durch Arbeit* entstehen kann (Marx 1867, 1974a: 192ff.). Vor ihm hatte bereits der Moralphilosoph und Ökonom Adam Smith Arbeit als Ursache und Maß der Wertbildung aufzuzeigen versucht. Arbeit ist für ihn der einzige *Wert schaffende* Produktionsfaktor und die aufgewandte Arbeitsstunde ist der Tauschmaßstab der Arbeit. Alle anderen Produktionsfaktoren (Boden und Kapital) geben bei der Kalkulation von Preisen dagegen nur Wert ab. Damit war grundsätzlich geklärt, dass für die Quelle des Reichtums und als Ursache für die volkswirtschaftliche Wertschöpfung nur die menschliche Arbeit in Frage kommt. Die dazu von den klassischen Ökonomen entwickelte *Arbeitswerttheorie* sah im »Ertrag der Arbeit« die Quelle des Neuwertes (Surplus). Smith schrieb dazu:

> »Der Ertrag der Arbeit ist die natürliche Vergütung oder der Lohn der Arbeit. Ursprünglich, vor der Landnahme und der Ansammlung von Kapital, gehört dem Arbeiter der ganze Ertrag der Arbeit. Er muss weder mit einem Grundbesitzer noch mit einem Unternehmer teilen. Wäre dieser Zustand bestehen geblieben, hätte der Lohn mit jeder Verbesserung der produktiven Kräfte der Arbeit, zu der die Arbeitsteilung Anlass gibt, zugenommen. Alle Dinge wären nach und nach billiger geworden, man hätte alles mit weniger Arbeitsaufwand herstellen können und da natürlich auf dieser Stufe der Entwicklung Güter, welche die gleiche Menge Arbeit enthalten, gegeneinander getauscht werden, hätte man alle Waren auch mit dem Ertrag eines geringeren Arbeitseinsatzes kaufen können« (Smith 1776, 1978: 56).

An anderer Stelle beschreibt Smith in anschaulicher Weise im Hinblick auf den unternehmerischen *Kapitalvorschuss* und die *Bezahlung der Arbeit* die *Entstehung von Gewinn*, wenn er feststellt:

> »Denn auch im gesamten Handwerk und Gewerbe sind fast alle Arbeiter auf einen Unternehmer angewiesen, der ihnen das Rohmaterial und ihren Lohn und Unterhalt so lange vorschießt, bis das Produkt ihrer Arbeit fertig ist. Er teilt sich mit ihnen den Ertrag ihrer Arbeit, anders ausgedrückt, den Wert, den die Arbeiter dem bearbeiteten Rohmaterial hinzufügen. Und in diesem Anteil besteht sein Gewinn. Mitunter kommt es tatsächlich vor, dass ein unabhängiger Handwerker selbst genügend Kapital besitzt, um das Arbeitsmaterial zu kaufen und seinen Lebensunterhalt so lange zu bestreiten, bis das Werkstück fertig ist. Er ist dann Unternehmer und Arbeiter in einer Person, und er bekommt auch den gesamten Ertrag der eigenen Arbeit oder, was das gleiche ist, den ganzen Wert, welchen er dem bearbeiteten Rohmaterial hinzufügt. Dieser Ertrag besteht gewöhnlich aus zwei unterschiedlichen Einnahmen, dem Kapitalgewinn und dem Arbeitslohn, die normalerweise zwei verschiedenen Personen zufließen« (Smith 1776, 1978: 57).

Da in kapitalistischen Ordnungen aufgrund des *Eigentums an den Produktionsmitteln* der Kapitalgewinn aber den Unternehmern zufällt, kommen für Smith die Arbeiter systematisch viel zu kurz: »Der bedauernswerte Arbeiter, der gewissermaßen das ganze Gebäude der menschlichen Gesellschaft auf seinen Schultern trägt, steht in der untersten Schicht dieser Gesellschaft. Er wird von ihrer ganzen Last erdrückt und versinkt gleichsam in den Boden, so dass man ihn auf der Oberfläche gar nicht wahrnimmt« (Smith 1776, 1978: 87). Der beschriebene »Warencharakter der Arbeit« bestimmt sein Schicksal. Er muss sich, da er über keine *Produktionsmittel* verfügt, ständig am Markt verkaufen. Hierbei wird die Frage nach der Gewinnentstehung aufgelöst. Da die Ware Arbeitskraft, wie jede andere Ware aus einem *Gebrauchs- und Tauschwert* besteht, zerfällt auch der Wert in einen »Wert der Arbeit« und einen »Wert der Arbeitskraft«. »Unter Arbeitskraft oder Arbeitsvermögen verstehen wir den Inbegriff der physischen und geistigen Fähigkeiten, die in der Leiblichkeit, der lebendigen Persönlichkeit eines Menschen existieren und die er in Bewegung setzt, sooft er Gebrauchswerte irgendeiner Art produziert« (Marx 1867, 1974a: 181).

Der Austausch der Ware Arbeitskraft impliziert dabei bestimmte Voraussetzungen. Sie kann sich nur dann austauschen, wenn ihr Inhaber, also der Mensch, auch *frei* über sie verfügen kann. Außerdem muss der abhängig Beschäftigte in der Lage sein, seine Arbeitskraft stets nur für *bestimmte Zeit* einem bestimmten Käufer überlassen zu müssen. Ansonsten verkauft er sich selbst, verwandelt sich aus einem Freien in einen Sklaven, aus einem Warenbesitzer in eine Ware. Er als Person muss sich beständig zu seiner Arbeitskraft als seiner eignen Ware verhalten, und das kann er nur, soweit er sie dem Käufer stets nur vorübergehend, für einen bestimmten Zeittermin, zur Verfügung stellt, zum Verbrauch überlässt, also sie nicht veräußert (Marx 1867, 1974a: 182).

Der »Wert der Arbeitskraft« bemisst sich unter diesen Bedingungen nach deren jeweils historisch und kulturell determinierten *Reproduktionskosten* für Nahrung, Kleidung und Wohnung sowie für Kindererziehung und die Ausbildung der Arbeitskraft.

»Die Existenz des Individuums gegeben, besteht die Produktion der Arbeitskraft in seiner eigenen Reproduktion oder Erhaltung. Zu seiner Erhaltung bedarf das lebendige Individuum einer gewissen Summe von Lebensmitteln. (...) Die natürlichen Bedürfnisse selbst, wie Nahrung, Kleidung, Heizung, Wohnung usw., sind verschieden je nach den klimatischen und andren natürlichen Eigentümlichkeiten eines Landes. Andrerseits ist der Umfang sog. notwendiger Bedürfnisse, wie die Art ihrer Befriedigung, selbst ein historisches Produkt und hängt daher großenteils von der Kulturstufe eines Landes, unter andrem auch wesentlich davon ab, unter welchen Bedingungen, und daher mit welchen Gewohnheiten und Lebensansprüchen die Klasse der freien Arbeiter sich gebildet hat. (...) Der Eigentümer der Arbeitskraft ist sterblich. Soll also seine Erscheinung auf dem Markt eine kontinuierliche sein, wie die kontinuierliche Verwandlung von Geld in Kapital voraussetzt, so muss der Verkäufer der Arbeitskraft sich verewigen, (...) durch Fortpflanzung. (...) Die Summe der zur Produktion der Arbeitskraft notwendigen Lebensmittel schließt also die Lebensmittel der Ersatzmänner ein, d.h. der Kinder der Arbeiter (...). Um die allgemein menschliche Natur so zu modifizieren, dass sie Geschick und Fertigkeit in einem bestimmten Arbeitszweig erlangt, entwickelte und spezifische Arbeitskraft wird, bedarf es einer bestimmten Bildung und Erziehung, welche ihrerseits eine größere oder geringere Summe von Warenäquivalenten kostet« (Marx 1867, 1974a: 185f.).

Da der Käufer der Ware Arbeitskraft sowohl am Gebrauchs-, als auch am Tauschwert der Arbeit interessiert ist, gelingt Marx mit Hilfe dieser Unterscheidung zwischen dem »Wert der Arbeit« als Gebrauchswert und dem »Wert der Arbeitskraft« in Form seiner Reproduktionskosten bzw. der ausgezahlten Löhne, dem Tauschwert, auf Basis des Äquivalententauschprinzips die Erklärung des *Gewinns*. Gewinn erscheint hier nicht wie noch bei Adam Smith als ein »Abzug« vom Lohn der Arbeit und damit als eine Verletzung des Äquivalenzprinzips, sondern als ein immanenter Wert der Arbeit selbst. »Ein solcher existiert, wenn sich zwischen dem Wert der im Produktionsprozess verbrauchten Produktionsmittel sowie dem Wert der eingesetzten Arbeitskraft auf der einen und dem Wert der produzierten Waren auf der anderen Seite eine Differenz ergibt. Bezeichnet man den Wert der eingesetzten Produktionsmittel als Vorleistungen, wie dies in der volkswirtschaftlichen Statistik üblich ist, so bedeutet dies, dass die Arbeitskraft über denjenigen Zeitpunkt hinaus konsumiert werden muss, an dem sie den Wert der Vorleistungen kompensiert sowie ihren eigenen Wert reproduziert hat: »Dass ein halber Arbeitstag nötig, um ihn während 24 Stunden am Leben zu erhalten, hindert den Arbeiter keineswegs, einen ganzen Tag zu arbeiten. Der Wert der Arbeitskraft und ihre Verwertung im Arbeitsprozess sind also zwei verschiedene Größen. Diese Wertdifferenz hatte der Kapitalist im Auge, als er die Arbeitskraft kaufte« (Marx 1867, 1974a: 208).

Ein Produktionszeitraum, z. B. ein Arbeitstag, zerfällt damit in zwei Teile. Im ersten Teil wird eine hinreichend große Warenmenge produziert, um die Vorleistungen zu kompensieren und den Wert der eingesetzten Arbeitskraft zu reproduzieren. Man könnte dies auch als *notwendige Arbeit* bezeichnen. Sie stellt insofern eine Notwendigkeit dar, als dass ohne sie ein ökonomischer Substanzverlust eintritt. Der zweite Teil lässt sich demzufolge als *Mehrarbeit* auffassen, da in diesem Zeitraum mehr Arbeit

Abb. 1: Verteilung des Arbeitsertrages (Wert der Arbeit)

Wert der Arbeit			
↓	↓	↓	↓
Lohn = Wert der Arbeitskraft	Gewinn	Zins	Grundrente
↓	↓	↓	↓
Beschäftigte	Unternehmer (Eigenkapitalgeber)	Fremdkapitalgeber	Grundbesitzer
	Surplus = Mehrwert		

geleistet wird, als man zur ökonomischen Substanzerhaltung benötigt. Durch diese Mehrarbeit entsteht *Mehrwert*, d. h. erstere bildet den Inhalt und letzterer die zugehörige soziale Form. John Stuart Mill (1806-1873) schrieb diesbezüglich in seinen 1848 veröffentlichten »Principles of Political Economy«, die über viele Jahrzehnte als die »Bibel der Ökonomen« bezeichnet wurden:

> »Der Grund des Profits ist, dass die Arbeit mehr produziert, als zu ihrem Unterhalt erforderlich ist« (Mill 1848, 1924: 613).

Der »Wert der Arbeit« ist demnach größer als der »Wert der Arbeitskraft« in Form des ausgezahlten Reproduktionslohns. Der dabei anfallende Surplus (Mehrwert) teilt sich auf in den an die Eigenkapitalgeber entfallenden *Gewinn* sowie in *Zinsen* für die Fremdkapitalgeber und *Mieten/Pachten* für die Grundbesitzer (vgl. Abb. 1). Der »Feind« des unternehmerischen Gewinns ist also nicht nur der Lohn, sondern dazu zählen auch die zum Überschussprodukt gehörenden Fremdkapitalzinsen sowie die Mieten und Pachtzahlungen.

Exkurs:
Zum Kapitalverwertungs- und Akkumulationsprozess

Unternehmer (Investoren) schießen unter kapitalistischen Bedingungen das für den Produktionsprozess notwendige Kapital (Betriebsmittel) und die benötigten Werkstoffe vor, bis das Produkt der Arbeit fertig ist und am Absatzmarkt verkauft wurde. Die vollständige Formel des *Kapitalverwertungsprozesses* besteht daher aus einer Einheit, die sich aus *Gewinnproduktion und -realisation* ergibt. Geldkapital (GK) wird dazu vom Unternehmer vorgeschossen (finanziert) und in einen vergegenständlichten Wert (W) verwandelt. Durch den Einkauf und Einsatz der Ware Arbeitskraft (A_K) und andere Produktionsmittel (P_M) erfolgt dann ein Kombinationsprozess (KP) zur Schaffung eines neuen Warenwerts (W'), der neben den Kosten (K) auch die aufgewandten Arbeitskosten (P_K) und einen Neuwert, einen Gewinn (G), enthält. Die *Gewinnentstehung* in der Produktionssphäre ist damit abgeschlossen. Sie basiert teilweise auf einer antizipatorischen Marktbewertung. Danach gilt es, den Warenwert (W') einschließlich des Gewinns in der *Zirkulation am Markt* zu realisieren, wobei die *Wettbewerbs- und Nachfragebedingungen* entscheidend sind (vgl. dazu ausführlich das Kap. 4.2). Durch die Rückverwandlung des Warenwerts (W') in die Form eines erhöhten Geldkapitals (GK') werden schließlich wieder die Ausgangsbedingungen für

Abb. 2: Kapitalverwertungs- und Akkumulationsprozess

$$GK \rightarrow W \begin{matrix} \nearrow A_K \\ \searrow P_M \end{matrix} \rightarrow KP \rightarrow W' (K + P_K + G) \rightarrow GK'$$

Kapitalverwertungsprozess

Akkumulationsprozess

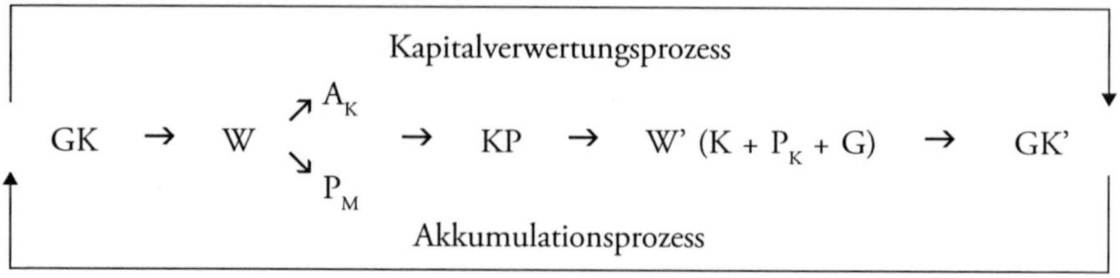

eine erweiterte Reproduktion des Kapitals hergestellt und der Akkumulationsprozess kann erneut vonstatten gehen (vgl. Abb. 2).

Sowohl der Produktionsprozess selbst als auch die Realisierung des Gewinns am Markt sind ein *Risikoprozess*. Er bietet die Chance des Gewinns, aber auch die Gefahr eines Verlustes. Aus der Tatsache, dass Unternehmer (Kapitaleigner) bereit sind, für diesen Risikoprozess Geldkapital vorzuschießen, stehe ihnen, so die allgemeine Vorstellung, auch der Gewinn als Verzinsung des vorgeschossenen Eigenkapitals zu. Schließlich würden sie auch für den Verlust haften. Inwieweit ist eine solche Argumentation aber stichhaltig? Bei genauer Betrachtung nur in Bezug auf den ersten (originären) Geldkapitalvorschuss. Alle danach auf *Gewinnthesaurierungen* zurückzuführenden Kapitalvermehrungen stammen dagegen nicht mehr vom Kapitalgeber allein, sondern sind bereits das Ergebnis des oben beschriebenen Kapitalverwertungs- und Akkumulationsprozesses, der ohne die entscheidende Beteiligung der Arbeitnehmer nicht zustande kommt.

Das Risiko verlagert sich demnach von einem *Unternehmerrisiko* zu einem *Unternehmensrisiko* und damit auch zu mehreren *Risiken für die Beschäftigten*, nämlich zum Risiko des Arbeitsplatz- und Einkommensverlustes, zum Risiko der Dequalifizierung der Arbeitskraft, dem Risiko der Gesundheitsgefährdung und der Gefahr, sogar sein Leben zu verlieren. Jedes Jahr sterben rund 2.000 Menschen in der Bundesrepublik im Arbeits- und Produktionsprozess. Für diese Risiken erhalten die Beschäftigten im ausgezahlten Lohn, der ausschließlich ihre *Arbeitsleistung* vergütet, keinen adäquaten Ausgleich. Im Gegenteil, das Kapitalrisiko wird hier durch die dem Faktor Arbeit einseitig zufallenden Risiken nachhaltig entlastet.

Die Gewinnproduktion ist also in den Kapitalverwertungs- und Akkumulationsprozess eingebunden, der zwingend die Existenz von *Lohnarbeit* voraussetzt. Wichtig ist in diesem Zusammenhang insbesondere, dass sich der Prozess »auf der Basis des *Äquivalententauschprinzips* vollzieht. Alle im Produktionsprozess eingesetzten Leistungen werden zu ihrem Wert bezahlt, d.h. die reine Existenz eines positiven

Mehrwerts – und damit des unternehmerischen Gewinns – ist gerade *kein Beleg* für eine ›ungerechte‹ Bezahlung oder gar für ein ›ausbeuterisches‹ Arbeitsverhältnis. Im Gegenteil: Die Arbeitskraft wird ihrem Wert gemäß bezahlt und damit das Recht (vom Käufer, d. V.) erworben, ihren *Gebrauchswert* in dem Rahmen zu konsumieren, den die gesellschaftlichen Moral- und Kräfteverhältnisse ermöglichen. Sieht man von dieser Ausnahmestellung in der Wertbestimmung ab, ist sie eine Ware wie jede andere auch. Weder ihr Erwerb noch ihr Gebrauch treten daher in einen grundsätzlichen Konflikt mit den üblichen bürgerlichen Tausch- und Moralkriterien. Von einem solchen Standpunkt aus gesehen, geschieht dem Mehrwert produzierenden Arbeitskraftbesitzer durchaus kein Unrecht« (Fröhlich 2003: 71f.).

»Der Geldbesitzer hat den Tageswert der Arbeitskraft bezahlt; ihm gehört daher ihr Gebrauch während des Tages, die tagelange Arbeit. Der Umstand, dass die tägliche Erhaltung nur einen halben Arbeitstag kostet, obgleich die Arbeitskraft einen ganzen Tag wirken, arbeiten kann, dass daher der Wert, den ihr Gebrauchswert während eines Tages schafft, doppelt so groß ist als ihr eigner Tauschwert, ist ein besondres Glück für den Käufer, aber durchaus kein Unrecht gegen den Verkäufer« (Marx 1867, 1974a: 208).

Da der Mehrwert (Gewinn) weder vorenthaltenen Lohn noch einen Aufschlag auf den eigentlichen Wert der Ware darstellt, da er ohne Verletzung des sowohl auf dem Arbeitsmarkt als auch auf dem Produktenmarkt geltenden Äquivalenzprinzips entsteht, so ist über ihn auch nicht zu moralisieren, wie dies noch die *utopischen Sozialisten* (u. a. Owen [1771-1858], Proudhon [1809-1865] oder auch Lassalle [1825 -1864]) taten. Weder den Arbeitern noch den Käufern geschieht, wie Marx feststellt, irgendein Unrecht. – Gerade hierdurch vertieft sich aber die Kritik: Nicht eine Verletzung des ökonomischen Wertgesetzes, sondern vielmehr dieses selbst, nicht ein Unrecht, sondern vielmehr das *Recht des Marktes und der Verwertung*, nicht die Höhe des Arbeitslohns, sondern das Grundverhältnis der *Lohnarbeit* im Kapitalismus bildet seine Basis und wird zu seinem Grundübel.

1.3.3 Arbeit, Lohn und Gewinn heute

Der klassischen ökonomischen Lehre völlig entgegengesetzt geht die *neoklassische Produktionsfaktorentheorie* davon aus,[5] dass jeder Produktionsfaktor (Arbeit, Boden

---

[5] Die neoklassische Theorie hat am Ende des 19. Jahrhundert die klassischen Lohn- und Verteilungstheorien abgelöst. Diese haben noch die wirtschaftliche Rolle der sozialen Klassen und die Interessenkonflikte zwischen ihnen hervorgehoben und untersucht. Aufgrund einer Veränderung im politischen Klima, das die Klassenkonflikte für unerwünscht hielt, sowie einem damit einher gehenden grundlegenden Paradigmenwechsel in der ökonomischen Theorie kam es schließlich zur Herausbildung dieser subjektiven Wertlehre als Gegenpol zur

und Kapital) gemäß seiner jeweiligen *Grenzproduktivität* entlohnt wird. Jeder Faktor schafft damit für sich einen *eigenen* Wert. Der Faktor Arbeit wird damit den anderen Produktionsfaktoren Boden und Kapital gleichgestellt. Der Ökonom Otto Conrad hat diese Sicht als die »Todsünde der Nationalökonomie« bezeichnet und sich gegen eine solche Gleichstellung der Produktionsfaktoren mit dem allein Neuwert schaffenden Menschen verwahrt: Niemand käme auf die Idee, dass eine Geige »geigt« oder ein Fernrohr »sieht«. Produktionsmitteln aber werde zur Verklärung der gesellschaftlichen Wertschöpfung eine eigenständige Leistung zugeordnet (Conrad 1934: 10). Kapital und Boden geben zwar während des Produktionsprozesses einen Wert im Rahmen ihrer jeweiligen *Nutzung* ab, sie schaffen aber nur durch den Einsatz von *lebendiger Arbeit* einen entsprechenden *Neuwert* oder Mehrwert (Gewinn). Denn Geld oder Kapital »arbeiten« nicht, sie »erwirtschaften« auch keine Rendite. »Vielmehr stellen diese vermeintlich selbständigen, scheinbar durch Dinge verursachten Anteile der gesellschaftlichen Wertschöpfung nur unterschiedliche *Erscheinungsformen* des Mehrwerts, also menschlicher Mehrarbeit, dar. Eine ideologisierte Sichtweise der gesellschaftlichen Wertschöpfung qua ›Produktionsfaktoren‹, die neuerdings um den Faktor ›Wissen‹ ergänzt wird, wurde von Marx im dritten Band des Kapitals als ›trinitarische Formel‹ überaus bissig kommentiert« (Fröhlich 2003: 82):

> »Im Kapital-Profit, oder noch besser Kapital-Zins, Boden-Grundrente, Arbeit-Arbeitslohn, in dieser ökonomischen Trinität als dem Zusammenhang der Bestandteile des Werts und des Reichtums überhaupt mit seinen Quellen ist die Mystifikation der kapitalistischen Produktionsweise, die Verdinglichung der gesellschaftlichen Verhältnisse, das unmittelbare Zusammenwachsen der stofflichen Produktionsverhältnisse mit ihrer geschichtlich-sozialen Bestimmtheit vollendet: die verzauberte, verkehrte und auf den Kopf gestellte Welt, wo Monsieur le Capital und Madame la Terre als soziale Charaktere und zugleich unmittelbar als bloße Dinge ihren Spuk treiben« (Marx 1894, 1974b: 838).

Oberflächlich betrachtet scheint es zwar so, als würden die unterschiedlichen konkreten Erscheinungsformen des Mehrwerts, Gewinne, Zinsen, Grundrente oder auch Spekulationsgewinne, aus unterschiedlichen ökonomischen Quellen stammen, aber dem ist nicht so: Sie ergeben sich letztlich alle aus einer *einzigen Quelle*, nämlich der *Mehrarbeit leistenden Lohnarbeit.* »Deshalb kann der gesellschaftliche Reichtum als Ganzes durch Spekulations-, Zins- oder Dividendeneinkommen auch nicht erhöht werden. Hier werden lediglich Rechtsansprüche auf einen bestimmten Anteil des ge-

---

klassischen Arbeitswerttheorie. Der Begriff »neoklassisch« stammt dabei ursprünglich von Torstein Bunde Veblen (1857 – 1929), der diesen zur Charakterisierung der Schriften von Alfred Marshall (1842 – 1924) verwendet hat.

sellschaftlichen Mehrwerts (m) *umverteilt*, ohne dass diesem Vorgang eine reale Wertschöpfung zukommt. Aktien z. B. sind kein ›Kapital‹, sondern lediglich handelbare Rechtstitel auf einen bestimmten Teil von (m). Sie besitzen daher auch keinen Wert, wenngleich ihr Verkauf das Einkommen einer *einzelnen Person* erhöhen kann. Dann ist aber im Gegenzug das Einkommen (mindestens) einer anderen Person um exakt den gleichen Betrag gefallen, d. h. per Saldo haben sich die Einkommen aus selbständiger Tätigkeit und Vermögen nicht erhöht, sondern setzen sich nun lediglich bezüglich der Verteilung ihrer einzelnen Bestandteile anders zusammen. Auch hier gilt: Zirkulationsakte bilden keinen Wert, sie können lediglich bereits bestehende Werte umverteilen« (Fröhlich 2003: 81f.). Aber auch ohne die *Arbeitswerttheorie* der klassischen Ökonomen zu bemühen, kann ebenso mit der *neoklassischen Theorie* die Gewinnproduktion des Faktors Arbeit aufgezeigt werden. Gemäß der von John Bates Clark (1847-1938) systematisierten *Grenzproduktivitätstheorie* (Clark 1889)[6] ergibt sich hier der Gewinn letztlich aus dem Mehrertrag aller Beschäftigten, deren einzelne Produktivitäten jeweils größer sind als die des Grenzarbeiters, der mit seinem Lohnsatz die Bezahlung aller (!) anderen Beschäftigten bestimmt (Gerster 1973: 298). Mit der Erklärung der Lohnhöhe durch die Grenzproduktivitätstheorie verdrängt die Neoklassik aber die von den klassischen Ökonomen hergeleitete und von *Marx* vollendete *Ausbeutungstheorie* der Arbeit. Werner Hofmann (1971: 164) stellt dazu fest: »Hatten die Ausbeutungs-Theorien in der Kategorie des Gewinns einen Abzug vom Arbeitsertrag, also eine Verletzung des Äquivalententausches gesehen, so stellt die Umformulierung des Äquivalententausches selbst (jeder erhält, was seine Ware ›wert‹ ist) wieder das gute soziale Gewissen her.« Wie die Abb.: 3 zeigt, gehört bei einer gegebenen Wertgrenzproduktkurve und einem unterstellten Lohnsatz (L_0) den Arbeitern nicht der gesamte *Ertrag der Arbeit* (Inhalt der Fläche A-B-C-A^X), sondern lediglich die *Lohnsumme*, also das Produkt des jeweiligen Lohnsatzes (L_0) und die gemäß der Wertgrenzproduktkurve entsprechende Arbeitsstundenmenge (A^X) (Inhalt der Fläche A-L_0-C-A^X). Die Differenz zwischen dem *Ertrag (Wert) der Arbeit* und der *Lohnsumme* erhalten die Unternehmer als *Gewinnsumme* (Inhalt der Fläche L_0-B-C).

Für *Oswald von Nell-Breuning* stellt dabei die *Grenzproduktivität der Arbeit* bzw. das Wertgrenzprodukt der Arbeit in marktwirtschaftlich-kapitalistischen Systemen die *obere Grenze für die Höhe des erreichbaren Arbeitslohns* dar. In seinem Buch »Kapitalismus und gerechter Lohn« (1960: 108f.) führt er dazu aus:

---

[6] Zur grundsätzlichen Kritik an der neoklassischen Grenzproduktivitätstheorie vergleiche Schulten 2004: 54ff.

»Nehmen wir den einfachsten Fall: ein Unternehmer, der in seinem Betrieb ein Produkt herstellt. Um seinen Absatz zu erhöhen, wird dieser Unternehmer seinen Verkaufspreis senken müssen; um ausreichende Arbeitskräfte für die gesteigerte Produktion zu bekommen, wird er den Arbeitslohn heraufsetzen müssen. Wo liegt die Grenze? Der Unternehmer wird dem letzten eingestellten Arbeiter höchstens so viel Lohn zahlen, wie er im Verkaufserlös des letzten abgesetzten Stückes seiner Produktion wieder hereinbekommt. Würde er mehr Lohn zahlen, dann müsste er ja zusetzen; das will der Unternehmer nicht, und auf die Dauer kann er es überhaupt nicht. Das ist gemeint, wenn man sagt: der Arbeitslohn kann die Grenzproduktivität der Arbeit nicht übersteigen (›Grenzproduktivität‹ bedeutet also nicht die technische Produktionsleistung, sondern den Geldertrag, den die Verwendung des letzten eingestellten Arbeiters – des ›Grenzarbeiters‹ – dem Unternehmer einbringt).«

Um dies formal zu zeigen, sei von einer allgemeinen Produktionsfunktion ausgegangen.

(1) $x = f(A)$

Wird die Produktionsfunktion nach dem Faktor (A) (Arbeit) differenziert (= erste Ableitung nach A gebildet), so ergibt sich das *physische Grenzprodukt* (x') oder der Margi-

Abb. 3: Wertgrenzprodukt und Ausbeutung

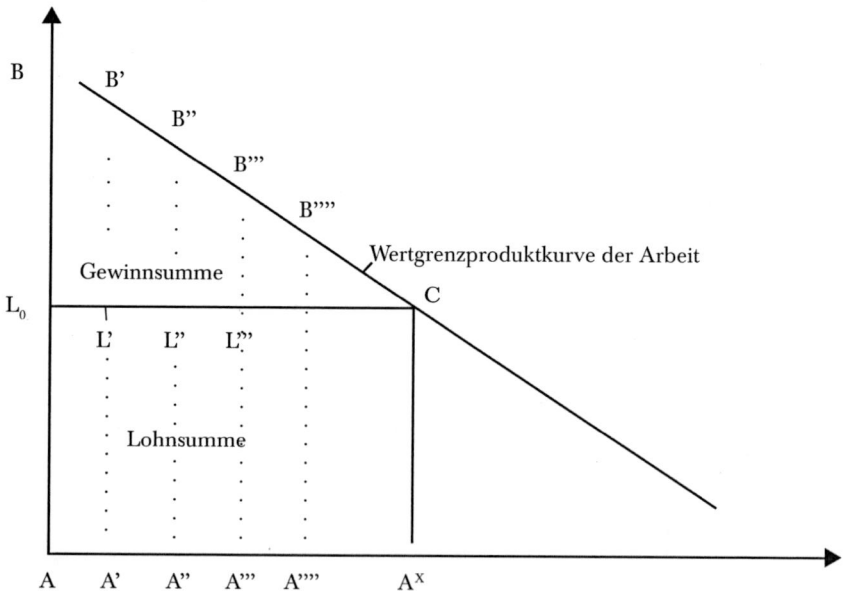

nalertrag des Faktors Arbeit, der die Veränderung der Produktionsmenge (x) anzeigt, wenn ein Arbeiter zusätzlich in der Produktion tätig wird.

(2) x' = dx/dA

Bewertet man nun den Grenzertrag der Arbeit mit dem durch Arbeit hergestellten und am Markt erzielbaren Produktpreis (p), so ergibt sich das *Wertgrenzprodukt der Arbeit* (w'), das die von dem zusätzlich eingestellten Arbeiter produzierte Menge (dx/dA) in Geld ausdrückt.

(3) w' = p * dx/dA

Der Unternehmer vergleicht nun in einem nächsten Schritt das *Wertgrenzprodukt* mit dem *Nominallohn* (L), den ihn der für die zusätzliche Produktion eingestellte Arbeiter kostet. Dabei muss als Entscheidungskriterium für die zusätzliche Einstellung eines Arbeiters das Wertgrenzprodukt mindestens dem Lohnsatz entsprechen.

(4) w' = L

Liegt eine Ungleichung vor, d. h., ist das Wertgrenzprodukt größer als der bezahlte Lohn, so erbringt der zusätzlich eingestellte Arbeiter einen größeren Erlöszuwachs, als er auf der anderen Seite an zusätzlichen (Lohn-)Kosten verursacht. Es entsteht also ein Gewinn für den Unternehmer. Dies gilt vice versa für einen Verlust (Fehl, Oberender 1976: 50f.):

(5) w' = p * dx/dA > L → Gewinn; w' = p * dx/dA < L → Verlust

Auch bei einer von der Betriebswirtschaftslehre beschriebenen *leistungsorientierten individuellen Bezahlung* (Schanz 1993: 470-515, Bontrup 1998a: 136-171) bleibt das kapitalistische Postulat bestehen, dass der abhängig Beschäftigte mehr marktverwertbare Leistung im Produktionsprozess zu erbringen hat, als er in Form seines wie auch immer bestimmten »leistungsorientierten« Lohnes erhält. Lohndifferenzierung hebt dies nicht auf.[7] Die Frage der Bewertung von Arbeit anhand verschiedener *Arbeitsbewer-*

---

7   Dabei ist es der Betriebswirtschaftslehre trotz aller ausgedachten *Leistungsbeurteilungssysteme* bis heute nicht gelungen, eine objektive Methode zur Bestimmung eines leistungsbestimmten Arbeitsentgeltes zu entwickeln.

tungsverfahren vermittelt hierbei zwar »den Eindruck, objektiv zu sein und den Wert der (menschlichen) Arbeit nach objektiven Kriterien zu bemessen und entsprechend zu bezahlen, wie schon der Name Arbeitsbewertung ausdrückt. In Wirklichkeit geht es bei all diesen Verfahren und Regelungen aber immer um das Ergebnis *sozialer Auseinandersetzungen* und um Kompromisse, die in der Verteilungsauseinandersetzung gefunden wurden. Nie steht dabei der tatsächliche ›Wert der Arbeit‹, sondern immer nur der ›Preis der Ware Arbeitskraft‹ auf der Tagesordnung« (Lang/Meine/Ohl 1997: 147f.).

Das folgende *Rechenmodell* soll noch einmal die Zusammenhänge der Wertschöpfungsrechnung und die Verteilung der Wertschöpfung zwischen Arbeit und Kapital bezogen auf ein Unternehmen verdeutlichen. Dabei beträgt das Eigenkapital 22.5 Mio. € und das Fremdkapital 80,0 Mio. €; davon entfallen auf ein langfristiges Darlehen 30 Mio. € und auf Rückstellungen 18 Mio. €. Die Umsatzerlöse beziffern sich auf 204,6 Mio. €. Die Bestandsveränderungen sind mit 4,5 Mio. € negativ und die sonstigen aktivierten Eigenleistungen wurden mit 1,2 Mio. € verbucht. An Zinsaufwendungen waren 4,6 Mio. € abzuführen. Die Löhne und Gehälter (inkl. dem Arbeitgeberanteil zur Sozialversicherung) machen 46,5 Mio. € aus und die Abschreibungen liegen bei 8,6 Mio. €. An Materialaufwand wurden 118,4 Mio. € erfasst und an sonstigen Fremdleistungen 14,9 Mio. €. Die Miete und Pacht lagen bei 0,8 Mio. €. Das Unternehmen beschäftigt 625 Mitarbeiter. Diese haben eine jahresdurchschnittliche Arbeitszeit von 1.694 Std. geleistet. Hieraus entstehen die folgenden Fragen:

a) Wie hoch ist die *Gesamtleistung*, der *Rohertrag* und der *Gewinn*? (Alle Werte in Mio. €)

b) Wie hoch ist die *Wertschöpfung* (Wert der Arbeit) und wie teilt sie sich auf? (Alle Werte in Mio. €)

	Umsatzerlöse	204,6
-	Bestandsveränderungen	4,5
+	aktivierte Eigenleistungen	1,2
=	**Gesamtleistung**	**201,3**
-	Materialaufwand	118,4
=	**Rohertrag**	**82,9**
-	Abschreibungen	8,6
-	sonstige Fremdleistungen	14,9
	(Summe Vorleistungen)	*141,9*
-	Personalaufwand	46,5
-	Zinsaufwand	4,6
-	Miete/Pacht	0,8
=	**Gewinn**	**7,5**

Gesamtleistung	201,3
- Vorleistungen	141,9
= **Wertschöpfung**	**59,4**
Lohn	46,5
Zins	4,6
Grundrente	0,8
Gewinn	7,5

ARBEIT UNTER MARKTWIRTSCHAFTLICH-KAPITALISTISCHEN VERHÄLTNISSEN 49

c) Wie hoch ist die *Wertschöpfungsquote* (W)?

$$W = \frac{Wertschöpfung}{Gesamtleistung} = \frac{59{,}4}{201{,}3} * 100 = 29{,}5\%$$

d) Wie hoch ist die *Summe des Wertes der Arbeitskräfte?*
Diese entspricht dem Tauschwert der Arbeitskräfte in Höhe des Personalaufwandes, demnach 46,5 Mio. €.

e) Wie hoch ist die wertmäßige Arbeitsproduktivität je Mitarbeiter und je Arbeitsstunde?

$$A_{Prod} = \frac{Wertschöpfung}{Beschäftigte} = 95.040 \, € \qquad A_{Prod} = \frac{Wertschöpfung}{Arbeitsstunden} = 56{,}10 \, €$$

f) Wie hoch ist das *Überschussprodukt* (Mehrprodukt = Mehrwert)? (Alle Werte in Mio. €)

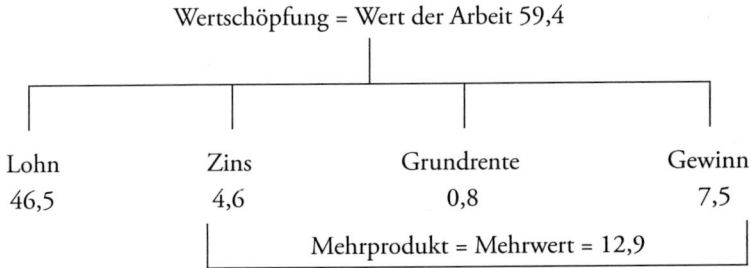

g) Wie hoch ist der ROI als *Gesamtkapitalrendite?*

$$ROI = \frac{Gewinn + Zins}{Umsatz} * \frac{Umsatz}{Gesamtkapital} * 100 = 12{,}6\%$$

h) Wie hoch ist der ROI als *Eigenkapitalrendite?*

$$ROI = \frac{Gewinn}{Umsatz} * \frac{Umsatz}{Eigenkapital} * 100 = 37{,}3\%$$

Aus dem realisierten Gewinn bzw. aus den Kapitalrenditen entsteht ein *konkurrenzbedingter Zwang zur Kapitalakkumulation* (vgl. den Exkurs zum Kapitalverwertungs- und Akkumulationsprozess). Diese beschränkt den Verzehr des Gewinns für *persönliche konsumtive Zwecke der Unternehmer* oder Kapitaleigner. »Der gesamte Inhalt der kapitalistischen Erwerbsweise, das Verhältnis wechselseitiger Konkurrenz zwischen den Unternehmungen, ebenso die gegebene Struktur von Produktion und Einkommensverteilung schließen einen vollständigen Gewinnverzehr durch persönliche Unternehmer von vornherein aus. Ein Kapitalverwerter, der seinen Gewinn konsumieren wollte, würde sehr schnell aufhören, Unternehmer zu sein« (Hofmann 1977: 59). Hierin drückt sich gleichzeitig der Unterschied von *einfacher* vorkapitalistischer Marktwirtschaft und heutigem Kapitalismus aus. »Bei aller äußeren Verwandtschaft einer Gesellschaft des entwickelteren Markt- und Geldverkehrs zur Ordnung des modernen Kapitalismus unterscheidet sie doch von dieser Wesentliches. Was fehlt, ist keineswegs die Gelegenheit und der Trieb zur Bereicherung und zum Gewinnmachen, wohl aber die charakteristische Art *kapitalistischer Gewinnverwendung*. Was vorbürgerlichen Gesellschaften durchaus fremd bleibt, ist die *Kapitalakkumulation*, der *Nichtverzehr des Gewonnenen* und sein systematischer Wiedereinsatz für Zwecke der erweiterten Produktion. Selbst hochentwickelte vorkapitalistische Gesellschaften (wie etwa die des alten Athen und Rom seit dem 7. bzw. 3 Jh. v. u. Z.) kennen nur zwei Arten, von erworbenem Geldreichtum Gebrauch zu machen: Verbrauch oder Schatzbildung – nicht aber: regelmäßige, systematische Rückverwandlung von Gewinn in Produktivvermögen. Es fehlt infolgedessen, wie eine ständig erneuerte Investitionstätigkeit, so auch jene rastlose Fortentwicklung und immer neue *Umwälzung der Produktionstechnik*, welche die jüngsten zwei Jahrhunderte unserer Geschichte auszeichnet. (...) In allen vorkapitalistischen Gesellschaften fehlen infolgedessen auch die beiden typischen Klassen des erwerbswirtschaftlichen Systems: das moderne Unternehmertum wie das industrielle Proletariat« (Hofmann 1977: 49f.). Dies bildete sich dann aber bei fortschreitender Akkumulation des Kapitals heraus.

ZWEITES KAPITEL
2. Materielle Partizipation – eine Frage der Verteilung

Vor dem Hintergrund von Kapitalverwertung und Akkumulation und der darin angelegten Arbeitswertbestimmung sowie der Verteilung der Wertschöpfung auf Lohn und Gewinn soll es im folgenden um die konkrete Entlohnung der Arbeit unter heutigen kapitalistischen Verhältnissen gehen. Im Kontext Wert und Gewinn schaffender Arbeit müssen die Lohnfrage und ihre theoretische und praktische Umsetzung im Rahmen einer gewerkschaftlichen Lohnpolitik und der Alternativen dazu diskutiert werden. Die *Lohn-Gewinn-Frage* stellt gleichzeitig das entscheidende Verbindungsglied zwischen Einzelwirtschaft und gesamtwirtschaftlicher Politik dar. Sie entscheidet im Rahmen der in Deutschland verfassungsrechtlich festgelegten *Tarifautonomie* ohne staatliche Interventionsmöglichkeit über die originäre (primäre) Verteilung der *marktbezogenen* Wertschöpfung. Jede Zeit hat dabei in der Vergangenheit im Hinblick auf die Bezahlung der Arbeit andere Vorstellungen entwickelt und auch umgesetzt. Diese wurden durch staatlich veranlasste *Gesetze* und *Verordnungen* in den vergangenen einhundert Jahren beeinflusst und kanalisiert (Harlander u. a. 1994: 33f.). Wesentlich war dabei aber die Notwendigkeit der *monetären Teilhabe* der Arbeiterklasse an den Wertschöpfungen des kapitalistischen Systems. Dies zeigt sich an der Entwicklung der *Lohnquote*, die in Deutschland im Jahr 1870 noch bei 43,1 v. H. lag und bis 1930 auf 60,2 v. H. angestiegen ist und heute etwa bei 65 v. H. liegt (Siebke 1980: 339, Külp 1994: 238, Schäfer 2008: 587). Auch wenn sich der Kapitalismus wesentlich über den Weltmarkt entwickelt hat, so war er doch immer auch nachhaltig auf binnenwirtschaftliche Kräfte angewiesen. Dies zeigt hoch aktuell die in Deutschland seit Jahren zu schwach ausgeprägte gesamtwirtschaftliche Binnennachfrage. Diese wird wesentlich von der Lohnsumme gespeist. Ist die monetäre Teilhabe der abhängig Beschäftigten an der Wertschöpfung zu gering, fallen die Konsumnachfrage und mit einem Timelag auch die Investitionsnachfrage aus. Wesentlich ist daher die Frage nach der Lohnentwicklung. Diese wiederum ist neben einer womöglich auftretenden Arbeitskräfteknappheit entscheidend das Resultat gewerkschaftlicher Organisation und Kampfkraft. Nur durch eine monetäre

Teilhabe der Arbeitnehmer konnten die in Form von taylorisierter und fordistischer Massenproduktion immer produktiver hergestellten Waren ihre Käufer über einen entsprechenden Massenkonsum finden. Aber trotz einer materiellen Partizipation wurde Arbeit nicht von *Ausbeutung* und *Entfremdung* befreit. Sie ist bis heute uneingeschränkt in den kapitalistischen Verwertungsprozess eingebunden und in ihm gefangen. Dennoch keimte immer wieder die Hoffnung auf, Arbeit zumindest einer *Humanisierung* zu unterziehen und sie aus ihrer *Machtlosigkeit*, aus ihrer *Desorientierung* und *Isolation* im kapitalistischen Arbeitsprozess herauszuholen. Dazu gehörte neben der Forderung nach einer anforderungs- und leistungsgerechten Lohnzahlung auch die Beteiligung der abhängig Beschäftigten an den *Erträgen* (Gewinnen) von Unternehmen (von Thünen 1850). Die Gewerkschaften als kollektives Vertretungsorgan der abhängig Beschäftigten haben sich dabei allerdings im Laufe ihrer Geschichte (Deppe/Fülberth/Harrer 1978, Schneider 1989) nie so recht mit einer *Gewinn- und Kapitalbeteiligung* in Arbeitnehmerhand anfreunden können (Piltz 1974, Tofaute 1998: 371-381). Für sie ging es immer nur um die *Lohnfrage*. Dies mündete in die programmatische Forderung: »Wir wollen keine Vermögen*ein*bildung, wir wollen mehr Lohn«.

Der Lohn bzw. das Arbeitsentgelt galt und gilt auch heute noch als das Instrument, um an den *Unternehmensergebnissen* bzw. an der jeweiligen Wertschöpfung, am Volkseinkommen, zu partizipieren. Damit haben aber die Gewerkschaften gleichzeitig akzeptiert, dass dem Faktor Arbeit nicht der volle »Wert der Arbeit« zufließt, da der ausgezahlte Lohn unter kapitalistischen Bedingungen unterhalb der Höhe des »Wertgrenzproduktes der Arbeit« liegt (Zinn 2002a: 93). Dieser Grundtatbestand deckt sich mit der gesellschaftlich akzeptierten Form einer kapitalistischen Ordnung, die auch von den Gewerkschaften grundsätzlich nicht in Frage gestellt wird. Insofern ist die Bezahlung des Faktors Arbeit in die Bewegungsgesetze einer kapitalistischen Ordnung eingebunden. In einem Vortrag vor dem »Generalrat der Internationalen Arbeiterassoziation« im Jahr 1865 verweist Karl Marx die Gewerkschaften mit ihrem ständigen – aber hoffnungslosen – Kampf um höhere Löhne auf ihre Schranken. Für Marx geht es aufgrund des kapitalistischen Wertgesetzes, das uneingeschränkt auch für den Arbeitsmarkt gilt, nicht um höhere Löhne, sondern letztlich um die Abschaffung des Lohnsystems, wenn er schreibt:

> »Gleichzeitig und ganz unabhängig von der allgemeinen Fron, die das Lohnsystem einschließt, sollte die Arbeiterklasse die endgültige Wirksamkeit dieser tagtäglichen Kämpfe nicht überschätzen. Sie sollte nicht vergessen, dass sie gegen Wirkungen kämpft, nicht aber gegen die Ursachen dieser Wirkungen; dass sie zwar die Abwärtsbewegung verlangsamt, nicht aber ihre Richtung ändert: dass sie Palliativmittel (Linderungsmittel, d. V.) anwendet, die das Übel nicht kurieren. Sie sollte daher nicht aus-

schließlich in diesem unvermeidlichen Kleinkrieg aufgehen, der aus den nie enden wollenden Gewalttaten des Kapitals oder aus den Marktschwankungen unaufhörlich hervorgeht. Sie sollte begreifen, dass das gegenwärtige System bei all dem Elend, das es über sie verhängt, zugleich schwanger geht mit den materiellen Bedingungen und den gesellschaftlichen Formen, die für eine ökonomische Umgestaltung der Gesellschaft notwendig sind. Statt des konservativen Mottos: ›ein gerechter Tagelohn für ein gerechtes Tagewerk!‹ sollte sie auf ihr Banner die revolutionäre Losung schreiben: ›Nieder mit dem Lohnsystem!‹« (Marx 1960: 420).

Gewerkschaftliche Lohnpolitik war im Grunde immer von dieser – wie Marx sie nannte – »revolutionären Losung« weit entfernt. Es ging eigentlich nie um den im Lohn ausgedrückten Charakter von *Ausbeutung*. Allenfalls stellen seit den 1920er und 30er Jahren gewerkschaftlich orientierte Ökonomen die Lohnpolitik in einen *gesamtwirtschaftlichen Zusammenhang*. »Die Fragen, welche Wirkungen die Löhne auf die gesamtwirtschaftliche Nachfrage, die Beschäftigung, die Wettbewerbsfähigkeit, die Inflation und die Verteilung haben, rückten verstärkt in den Blick« (Welzmüller 2001: 5). Aber selbst diese Position wird heute nicht mehr akzeptiert. Man versucht, gewerkschaftliche Lohnpolitik auf eine ausschließlich einzelwirtschaftliche bzw. betriebswirtschaftliche Sicht zu verengen. Der *Flächentarifvertrag* wird unter den gegebenen ökonomischen Verhältnissen immer mehr ausgehöhlt und die Gewerkschaften müssen sich heftigster Angriffe erwehren und geraten zunehmend in die Defensive (Hensche 2003: 903f., Deppe 2003). Lohnpolitik wird in der Regel nur noch »als *abhängige Variable* betrachtet, deren Gestaltungsspielraum im Wesentlichen durch die bestehenden ökonomischen Rahmenbedingungen vorgezeichnet ist. Ob vermeintliche Sachzwänge der Globalisierung, der internationale Standortwettbewerb, die Sicherung der Geldwertstabilität oder die Bekämpfung der Massenarbeitslosigkeit, es existiert kaum ein ökonomisches Problem, bei dem nicht der Lohnpolitik eine hohe Verantwortung zugeschrieben und aus dem heraus eine bestimmte ›problemadäquate‹ Entwicklung der Löhne abgeleitet wird« (Schulten 2002: 286). Demgegenüber wird in der ökonomischen und gesellschaftlichen Debatte der *Gewinn* so gut wie ausgeblendet. Im Gegenteil: Dieser kann gar nicht hoch genug ausfallen. Es wird quasi so getan, als ob der Gewinn allen zugute käme und nicht nur eine kleine gesellschaftliche Schicht bereichert und befriedigt. Gewinnmaximierung und einseitige Verteilung sind aber keine Lösung für die vorhandenen Probleme, sondern ihre wesentliche Ursache. Daher muss über das *Lohn-Gewinn-Verhältnis* gesellschaftlich neu befunden und verhandelt werden. Ansonsten ist es nicht möglich, eine noch im dritten Kapitel ausführlich darzulegende und notwendige *demokratisch-partizipative Unternehmenskultur* umzusetzen. Eine solche »Teilnahme«, ohne gleichzeitig eine »Teilhabe« der

Arbeitnehmer an den *Erträgnissen der Unternehmen* zu ermöglichen (Schröder 2000: 321-327), wäre ein unauflösbarer Widerspruch. Abhängig Beschäftigte auf ihre Lohnfunktion zu beschränken heißt, sie unabhängig von Geschäftsresultaten auf vorab ausgehandelte Löhne zu reduzieren und sie nicht voll teilhaben zu lassen an den durch ihre Arbeit geschaffenen Produktivitäten und Wertschöpfungen. Auch bei leistungsorientierten Lohnformen, die an Produktivitätsentwicklungen gebunden sind, sieht es nicht anders aus. »Sie bleiben Arbeitsentlohnungen und unterscheiden sich daher grundlegend von *Gewinnen*, in denen sich von den Lohnempfängern nicht beeinflussbare Seiten der unternehmerischen Wirtschaftsentwicklung konzentrieren« (Šik 1979: 359). Das bestehende interessenorientierte Lohn-Gewinn-Verhältnis spiegelt sich deshalb auch im *Austauschverhältnis am Arbeitsmarkt* wider, das bis heute einseitig und uneingeschränkt von einer Gewinnproduktion und -aneignung im Interesse der *Kapitaleigentümer* geprägt ist.

2.1 Theorie und Politik des neoklassischen Arbeitsmarktes

2.1.1 Grundsätzliches zum Austauschverhältnis am Arbeitsmarkt

Neben der Tatsache, dass menschliche Arbeit als einziger Produktionsfaktor in der Lage ist, einen Neuwert, also Wertschöpfung, d. h. Gewinn zu produzieren, unterliegt kapitalistische Lohnarbeit verschiedenen *Besonderheiten*. Eine herausragende Besonderheit ist neben dem *Transformationsproblem* des ökonomisch unbestimmten (unvollkommenen) Arbeitsvertrages,[8] dass der Austausch der Ware Arbeitskraft auf den jeweiligen Teilarbeitsmärkten nicht mit den *Austauschprozessen an Güter- und Kapitalmärkten* zu vergleichen ist. Alfred Stobbe führt dazu aus:

> »Auf einem gegebenen Teilarbeitsmarkt stehen sich im Einzelfall ein Unternehmen als Nachfrager nach einer spezialisierten Arbeitsleistung und ihr Anbieter gegenüber. Beide wollen einen Arbeitsvertrag schließen und müssen sich dazu über dessen Bedingungen einigen. Für die entstehende, durch einen fundamentalen Interessengegensatz gekennzeichnete Verhandlungssituation ist die ökonomische Ungleichheit der Partner typisch: Der Arbeitsplatz-Nachfrager ist regelmäßig dringender auf das Zustandekommen des Vertrages angewiesen als der Anbieter und daher in einer schwächeren Position. Er braucht lebensnotwendig ein Einkommen und kann weniger lange warten als der Unternehmer mit seinem laufenden Betrieb; er hat in der Regel eine geringere Auswahl und mehr Konkurrenten als dieser und steht zusätzlich dem Problem seiner räumlichen Mobilität gegenüber. Er ist in Bezug auf seinen Informationsstand unterlegen, da die Aufwendungen zur Beschaffung von Informationen über den Arbeits-

---

8   Vgl. dazu ausführlich den späteren Punkt 3.1 »Die Transformation der Ware Arbeitskraft«.

markt für ihn schwerer wiegen als für das Unternehmen, das sich, wenn es größer ist, hierfür Spezialkräfte halten kann. Ausnahmen von dieser allgemeinen Unterlegenheitssituation liegen vor, wenn auf einem Teilmarkt Mangel an Spezialkräften herrscht oder wenn eine allgemeine Vollbeschäftigungssituation vorliegt. Das ist jedoch, historisch gesehen, nicht die Regel« (Stobbe 1987: 253).

Neben diesen *unternehmerischen Vorteilen* bei der *Beschaffung von Arbeitskräften* kommt für die Anbieter der Ware Arbeitskraft als weiterer Nachteil hinzu, dass sie fast zu jeder Zeit – trotz bestehender *Kündigungsschutzgesetze* – entlassen werden können, dass Arbeitskräfte also in kapitalistischen Ordnungen potenziell immer von *Arbeitslosigkeit* bedroht sind. Hiervon zeugt nachhaltig die langfristige Entwicklung der Arbeitslosigkeit in Deutschland. In 60 Jahren gab es nur 12 Jahre Vollbeschäftigung und insbesondere in den letzten fünfunddreißig Jahren sogar chronische *Massenarbeitslosigkeit*.

Tab. 1: Entwicklung der registrierten Arbeitslosigkeit

Jahre	Arbeitslosenzahlen (Jahresdurchschnittswerte)
1950-1959	1.038.000
1960-1969	223.000
1970-1979	647.000
1980-1989	1.956.000
1990-1999*	3.492.000
2000-2008	4.106.000

* Ab 1991 inkl. Ostdeutschland; Quelle: Statistisches Jahrbuch der Bundesrepublik Deutschland, verschiedene Jahrgänge; eigene Berechnungen

Bei der Beseitigung der Arbeitslosigkeit versagt das marktwirtschaftlich-kapitalistische System einschließlich der herrschenden Politik auf ganzer Linie, wobei sich allerdings die Frage stellt, ob es überhaupt im Interesse des auf die Politik massiven Druck ausübenden *Kapitals* ist, eine *Vollbeschäftigungssituation* zu erreichen (Vobruba 2003: 741-750). Das grundsätzlich bestehende ökonomische Machtungleichgewicht zu Gunsten des Kapitals würde damit unterminiert. Daran haben natürlich Unternehmer und Kapitaleigner kein Interesse. Um Löhne zu senken, verhalten sie sich wie »feindliche Brüder« (Karl Marx). Vollbeschäftigung und Kapitalismus sind deshalb für den polnischen Ökonomen *Michal Kalecki* (1899-1970) unvereinbar (Kalecki 1943, 1976). Auch die englische Ökonomin *Joan Robinson* (1903-1983), die maßgeblich zur Theorie des Marktversagens unter den Zielen Einkommensverteilung und Beschäftigungssicherung beigetragen hat, führt Arbeitslosigkeit auf das Interesse zurück, abhängig Beschäftigte unter dem Regime der Massenarbeitslosigkeit bändigen zu können (Robinson 1949). »Die machtpolitische Dimension bei der Bekämpfung der Arbeitslosigkeit wird damit klar. Die ernsthafte Bekämpfung der Jobkrise geriete in Widerspruch zu den Interessen der Wirtschaft an Lohndisziplin« (Hickel 1998: 54f.). Die meisten, wenn überhaupt noch erzielten beschäftigungspolitischen Erfolge – sieht man einmal von konjunkturbedingten Beschäftigungszuwächsen ab – haben deshalb auch eines gemeinsam: »Sie sind das Resultat der Expansion von Beschäftigungsformen, die deutlich von *Normalarbeit* abweichen: also durch die Ausbreitung unterschiedlicher Formen von atypischer Beschäftigung wie Teilzeitarbeit, Leiharbeit, diskontinuierlicher Beschäftigung. In den USA, in den Niederlanden, in Großbritannien sind solche *atypische Beschäftigungen* mittlerweile längst typisch geworden – zumindest für bestimmte Beschäftigten- oder Altersgruppen« (Vobruba 2003: 748). Auch in Deutschland sind atypische Arbeitsverhältnisse längst zu einer Massenerscheinung geworden. 6,5 Millionen Menschen arbeiteten 2006 im *Niedriglohnbereich;* bei einer Zahl von 39,1 Millionen Erwerbstätigen war das mehr als jeder 5. Erwerbstätige (Bosch, Kalina, Weinkopf 2008, S. 423-430). So spricht die politische Elite heute rhetorisch auch nicht mehr von »Vollbeschäftigung«, sondern von einer »*Neuen Vollbeschäftigung*«, die vielen Menschen ein prekäres Arbeitsverhältnis abverlangt oder sie ins Subproletariat treibt.

2.1.2 Gewinn geht vor Beschäftigung

Unternehmenseigner bestehen aus *betriebswirtschaftlicher (einzelwirtschaftlicher) Sicht* darauf, sich jederzeit von ihren abhängig Beschäftigten trennen zu können. Als betriebsbedingte Entlassungsgründe werden dabei angeführt: Absatzschwierigkeiten, Rationalisierungsmaßnahmen wie auch von außen durch Gewerkschaften in den Tarifverhandlungen oktroyierte Lohnzahlungen, die das »Wertgrenzprodukt der Arbeit« übersteigen. Aber auch in der Person des Beschäftigten liegende Gründe wie bestimmte verhaltensbedingte Fehlleistungen oder chronische Krankheiten führen zum Verlust des Arbeitsplatzes. Die *Interessen der Beschäftigten*, die soziale Dimension von Arbeit als Existenzgrundlage für den Arbeitskraftbesitzer, spielen hierbei keine Rolle. Sie werden eindeutig den *Profitinteressen* des Kapitals untergeordnet, d.h. die Unternehmensverfassung ist in marktwirtschaftlichen Ordnungen auf die Belange der *Kapitaleigner* zugeschnitten und ausgerichtet. So ist es wenig erstaunlich, dass bei der Entlassung von Mitarbeitern die *freie (profitorientierte) Unternehmerentscheidung* durch die *Rechtsprechung des Bundesarbeitsgerichts* erst dann moniert wird, wenn sie als *willkürlich* einzustufen ist oder explizit gegen Rechtsvorschriften wie das Kündigungsschutzgesetz verstößt, das die Arbeitgeberverbände und ihre politischen Parteigänger am liebsten ganz abschaffen würden (Bitter 1999: 1.214ff.). *Gewinn geht in kapitalistischen Ordnungen letztlich vor Beschäftigung* (Groh 2000: 2.153ff.), selbst dann, wenn Unternehmen, trotz bereits erzielter hoher Gewinne, den Gewinn durch *Entlassungen* von Mitarbeitern noch steigern können.[9] Auch das in der Verfassung garantierte *Sozialstaatsprinzip* gemäß Art. 20 Grundgesetz (Meister 1997: 608ff.) gebietet den Unternehmen bei ihren Gewinnmaximierungsstrategien keinen Einhalt.

Dem könnte aber durchaus entgegengehalten werden, dass sich ein »*Recht auf Arbeit*« als ein *Äquivalent zur Eigentumsgarantie* (Art. 14 GG) ergibt. Denn durch die Eigentumsgarantie »wird den Vermögensbesitzern das Recht eingeräumt, ihre Vermögen zur Existenzsicherung zu nutzen. Die Garantie eines ›Rechts auf Existenz sichernden Vermögenseinsatz‹ rechtfertigte nur dann nicht die Garantie eines ›*Rechts auf Existenz sichernden Arbeitseinsatz*‹, wenn das Vermögen gleich verteilt wäre. Gibt es aber eine mehr oder weniger zufällige Schichtung in der Gesellschaft in *Besitzende* und *Nicht-Besitzende*, und ist der marktwirtschaftliche Prozess darauf ausgerichtet, dass sich diese Schichtung stabilisiert und eher akzentuiert, so ist die Eigentumsgarantie für den Nicht-Besitzenden wertlos. Die Garantie eines Existenz sichernden Arbeitseinsatzes, also das Recht auf Arbeit, lässt sich dann folgerichtig als Pendant zur Eigentumsgarantie begreifen« (Glasstetter 1998: 478). Eine derartige Argumentation hat in der Rechtsprechung des Bundesverfassungsgerichts allerdings bisher keinen Niederschlag gefunden. Die *Eigentumsgarantie* ist hier in ihrer konkreten verfassungsrechtlichen Ausgestaltung zum Schutz von Arbeitnehmern ein absolut stumpfes Schwert geblieben.[10] Als Begründung wird immer wieder angeführt, dass ein Unternehmen den *Markt- und Wettbewerbsgesetzen* unterliege und dadurch nicht sichergestellt sei, dass der in der Produktion geschaffene Mehrwert (Gewinn) am Markt auch realisiert werden könne. Mit anderen Worten: Die drohende (potenzielle) *Verlustgefahr* schützt den Kapitaleigner und sie verschafft ihm immer wieder die (moralische) Legitimation, Menschen ihrer Existenzgrundlage zu berauben. Man müsse schließlich sein Unternehmen (Kapital) womöglich vor dem totalen Untergang retten.

---

9   Vgl. dazu die Urteile des Bundesverfassungsgerichts, in: Der Betrieb, Heft 37/1999, S. 1.909ff. und Der Betrieb, Heft 9/2000, S. 476ff.

10   Eine Überraschung löste vor diesem Hintergrund ein rechtskräftig gewordenes Urteil des Arbeitsgerichtes Gelsenkirchen aus, das der Veba Oel AG (Gelsenkirchen) verbot, betriebsbedingte Kündigungen auszusprechen, da das Unternehmen eine gute Ertrags- bzw. Gewinnlage vorzuweisen hatte. Das Gericht sah hierin einen Verstoß gegen das Sozialstaatsgebot gemäß Art. 20 und 28 GG als auch einen Verstoß gegen § 2 Sozialgesetzbuch III, wonach es die Verantwortung des Arbeitgebers ist, Entlassungen möglichst zu vermeiden. Vgl. ausführlich zum Urteil (Bontrup, Dammann 1999a: 114-118, Holler 2000).

> »Arbeitslosigkeit ist ein Gewaltakt, ein Anschlag auf die körperliche und seelisch-geistige Integrität der davon betroffenen Menschen. Das Ringen um eine zukunftsfähige Arbeitsgesellschaft ist deshalb keine bloß akademische Auseinandersetzung, sondern ein Kampf um Herrschaftsinteressen, um die Zukunft der Demokratie.«
> *(Oskar Negt)*

2.1.3 Arbeitslosigkeit schafft Probleme

Im Ergebnis kommt es bei Arbeitslosigkeit zu mehreren Problemen. Dabei ist zunächst einmal auf *einzelwirtschaftlicher Ebene* das bereits angesprochene *Transformationsproblem der Ware Arbeitskraft* zu nennen. Entlassungen, die im nachhaltigen Widerspruch zu den Interessen der abhängig Beschäftigten stehen, erschweren die eh schon schwierige personalwirtschaftliche Forderung nach einer *Motivation im Arbeitsprozess* und einer *Identifikation der Arbeitskräfte* mit dem Unternehmen zur Schaffung und Erhöhung von Arbeitsproduktivitäten. Sollen Arbeitskräfte nicht nur »Objekte«, sondern auch »Subjekte« des unternehmerischen Kapitalverwertungs- und Akkumulationsprozesses sein,[11] so müssen die Bedürfnisse der Beschäftigten berücksichtigt werden. Diese Bedürfnisse werden aber bei *Entlassungen* nachhaltig verletzt, nicht nur bei den von Entlassung betroffenen Mitarbeitern, die um ihre Arbeitsplätze kämpfen und deren Kampf Unternehmen nicht selten polarisiert und den Geschäftsgang lähmt und behindert; sie hinterlassen natürlich auch eine negative Wirkung auf die im Unternehmen *verbleibenden* Mitarbeiter. Sie lösen hier *Ängste* mit entsprechenden *Produktivitätsverlusten* aus. Arbeitslosigkeit bedeutet aus der Sicht der Betroffenen nicht nur eine materielle Einbuße (trotz Einkommensersatzleistungen), die mit steigender Dauer der Arbeitslosigkeit zunimmt (Eintritt in »Hartz IV«) und die physische Existenz bedroht; nicht von ungefähr ist seit Jahren die Rede vom Entstehen einer neuen Armut (vgl. dazu Kap. 4.3.2 u. Tab. 29). Hinzu kommt, dass die Arbeitslosigkeit – vor allem bei längerer Dauer – neben einer beruflichen *De-Qualifizierung* auch eine *Perspektivlosigkeit* für die Betroffenen auslöst und so gravierende *psychische Belastungen* mit erheblichen *gesellschaftspolitischen Folgen* (Suchtgefahren, Radikalisierung, Kriminalisierung,) begründet. All diese Probleme wiegen umso schwerer, als mit der amtlich ausgewiesenen Zahl der Arbeitslosen die Zahl der tatsächlich Betroffenen – mit Blick auf die »Stille Reserve« und Familienangehörige – nicht hinreichend ist. Aber selbst die offiziellen Zahlen spiegeln die *tatsächliche Arbeitslosigkeit* nicht mehr wider. So wies die offizielle Arbeitslosenstatistik

---

11 Vgl. dazu das erste Kapitel »Arbeit unter marktwirtschaftlich-kapitalistischen Verhältnissen«.

Nicht alle Arbeitslosen werden statistisch ausgewiesen

Tatsächliche Arbeitslosigkeit im März 2010	4.773.541
Offizielle Arbeitslosigkeit	3.567.944
Nicht gezählte Arbeitslose	1.205.597
Älter als 58, beziehen Arbeitslosengeld II	ca. 350.000
Älter als 58, beziehen Arbeitslosengeld I (§ 428 SGB III)	1.862
Ein-Euro-Jobs (Arbeitsgelegenheiten)	287.142
Berufliche Weiterbildung	210.651
Eignungsfeststellungs- u. Trainingsmaßnahmen	1.639
Aktivierung und berufliche Eingliederung (z. B. Vermittlung durch Dritte)	271.844
Beschäftigungszuschuss (für schwer vermittelbare Arbeitslose)	41.559
Arbeitsbeschaffungsmaßnahmen	3.538
Kranke Arbeitslose (§ 126 SGB III)	37.362

Quelle: Bundesagentur für Arbeit: Der Arbeits- und Ausbildungsmarkt. Monatsbericht 2010, S. 67.

für den März 2010 insgesamt 3.567.944 Arbeitslose aus. In Wirklichkeit waren aber 4.773.541 Menschen arbeitslos. Die Differenz von 1.205.597 Arbeitslosen wurde nicht mitgezählt (siehe zur Erklärung die oben angeführte Aufstellung).

Die Probleme der Arbeitslosigkeit schlagen natürlich auch auf den *gesamtwirtschaftlichen Sektor* durch: Arbeitslosigkeit bedeutet nicht nur, dass der Einsatz des Produktionsfaktors Arbeit und damit zusätzliche Nachfrage begrenzt und Teile eines möglichen realen Wachstumspotentials vergeudet werden (die Gesamtwirtschaft lebt unter ihren Verhältnissen). Hinzu kommt, dass Arbeitslosigkeit mit einer enormen Belastung der *öffentlichen Haushalte* einhergeht. Sie resultiert sowohl aus *Mehrausgaben* unmittelbar für Einkommensersatzleistungen, mittelbar, um mögliche gesellschaftliche Folgewirkungen zu verhindern und zu korrigieren, als auch aus *Mindereinnahmen* wie Steuerausfällen und dem Rückgang des Sozialbeitragsaufkommens (Glasstetter 1998: 470ff.). Die *gesamtfiskalischen Kosten der Arbeitslosigkeit* lagen dabei im Durchschnitt der Jahre 2001 bis 2007 bei 83 Mrd. € (vgl. Tab 2). Dagegen fallen die Ausgaben für eine *aktive Arbeitsmarktpolitik* geradezu bescheiden aus.

Tab. 2: Gesamtfiskalische Kosten der Arbeitslosigkeit in Deutschland (in Mrd. €)

Jahr	Kosten der Arbeitslosigkeit	Ausgaben für Arbeitsmarktpolitik
2001	77	22
2002	84	22
2003	91	21
2004	92	19
2005	88	17
2006	82	16
2007	68	15

Quelle: Bundesagentur für Arbeit, Berechnungen des IAB

2.1.4 Neoliberale theoretische und politische Lohngrundlagen

Wirtschaftspolitisch besonders schwerwiegend ist der Tatbestand, dass die Bekämpfung der Arbeitslosigkeit heute weitgehend auf *Lohnpolitik* verengt wird, wobei unter Lohnpolitik alle tarifpolitischen Vereinbarungen subsumiert werden, die kostenwirksam sind. Also Löhne und Lohnnebenkosten, aber auch Arbeitszeit und Arbeitsbedingungen wie arbeitsrechtliche Bestimmungen (Kündigungsschutz, Mitbestimmung u. a.). Wirtschaftspolitische Maßnahmen in Form von *Finanz- und Geldpolitik* sind dagegen stark eingeschränkt worden. Eine nationale Geldpolitik gibt es seit der Währungsunion nicht mehr, sie ist auf die Europäische Zentralbank (EZB) übergegangen, und eine womöglich expansive Finanzpolitik wird vom *Europäischen Stabilitäts- und Wachstumspakt (SWP)* wie auch mit der 2009 im Grundgesetz verankerten, so genannten staatlichen »Schuldenbremse« weitgehend verhindert und eher in Richtung eines strikten *staatlichen Konsolidierungskurses* gelenkt.[12] Somit gerät die *Lohnpolitik* verstärkt in den Fokus wirtschaftspolitischer Betrachtungen. In einer globaler gewordenen Welt mit internationaler Wettbewerbsverschärfung wird mit dem theoretischen Konstrukt einer *Mindestlohnarbeitslosigkeit* auf Lohnkürzung und eine verstärkte Lohndifferenzierung gesetzt. Dem steht in keynesianischer Tradition nach wie vor eine *produktivitätsorientierte Lohnpolitik*, also ein Ausschöpfen des verteilungsneutralen Spielraums gegenüber. Gewerkschaftliche Lohnpolitik, im geschichtlichen Duktus betrachtet, geht darüber noch hinaus. Sie will zusätzlich durch eine *expansive Lohnpolitik* den bestehenden Kapital- und Vermögensbestand in der Gesellschaft umverteilen, indem in die flächentariflich geforderte Lohnformel neben der Preis- und Produktivitätsentwicklung zusätzlich eine *Umverteilungskomponente* eingebaut wird. Auf diese unterschiedlichen Bewertungen ist im Folgenden näher einzugehen. Dazu

---
12 Hierauf wird noch ausführlich im vierten Kapitel »Wirtschaft und Staat im Sinne einer Wirtschaftsdemokratie« eingegangen.

ist zunächst einmal eine Auseinandersetzung mit den neoliberalen theoretischen Ableitungen als auch eine Untersuchung der empirischen Ergebnisse in Sachen Lohn, Arbeitsmarkt und Beschäftigung notwendig.

2.1.4.1 Neoklassische Mindestlohnarbeitslosigkeit

Für Neoklassiker und neoliberale Ökonomen ist die Welt des Arbeitsmarktes die gleiche wie an einem jeden anderen Markt. Arbeitsmärkte unterscheiden sich hier in keiner Weise von Güter-, Geld- und Kapitalmärkten. In besonders offensiver Weise vertritt diese These in der Gegenwart der Präsident des Münchener ifo-Instituts Hans-Werner Sinn:

> »Der Markt für die Ware Arbeitskraft unterscheidet sich (…) nicht vom Markt für Äpfel. Das mag man beklagen, aber so ist es. Wird der Marktpreis für Äpfel nicht reguliert, dann findet der Markt ein Preisniveau, bei dem die Käufer so viele Äpfel kaufen können, wie sie wollen, und die Bauern alle Äpfel loswerden, die sie produzieren« (Sinn 2003a: 119).

Kommt es demnach auf den Arbeitsmärkten zu einem Überangebot, sprich *Arbeitslosigkeit*, so muss der Preis – hier der Lohn und die Lohnnebenkosten – entweder zu hoch oder zu wenig ausdifferenziert sein. Die neoliberale Therapie, die demnach verlangt wird, läuft wie auf jedem anderen Markt auf Preissenkung, hier Lohnsenkung und Lohndifferenzierung hinaus und damit verteilungspolitisch auf eine *Umverteilung des Volkseinkommens* von den Arbeits- zu Gunsten der Gewinn- und Vermögenseinkommen. Neoliberale Ökonomen und auch Politiker führen dabei für eine nachhaltige lohnpolitische Zurückhaltung im Wesentlichen drei Hypothesen an: erstens die *Gewinnhypothese*, zweitens die *Substitutionshypothese* und drittens die *Hypothese der internationalen Wettbewerbsfähigkeit*. Vom Grundsatz basieren alle drei Hypothesen auf der Theorie der *»Mindestlohnarbeitslosigkeit«*. Demnach wird ein Unternehmen (vgl. Abb. 3) die Arbeitsnachfrage von (A_1) auf (A^X) senken, wenn das »Wertgrenzprodukt der Arbeit« unter dem Lohn liegt (geometrisch die Strecke (c – d)). Dies ist verständlich, weil bei dieser Situation für die Unternehmen keine Möglichkeit der Gewinnrealisierung besteht. Entspricht die Arbeitsmenge (A_1) einer Vollbeschäftigungssituation, so würde beim Lohn (L) Arbeitslosigkeit bestehen und bei einer Lohnsenkung auf (L_1) Vollbeschäftigung. Damit ist im Grunde für die Neoklassik bewiesen, dass *Lohnsenkungen Arbeitslosigkeit verhindert*. Wenn allerdings die Gewerkschaften auf dem höheren Lohn (L) bestehen und nicht zu Lohnsenkungen nach (L_1) bereit wären, so entstünde halt eine *»freiwillige Mindestlohnarbeitslosigkeit«* in Höhe von (A^X) bis (A_1).

Abb. 4: Grenzproduktivitätstheorie und Beschäftigungseffekte

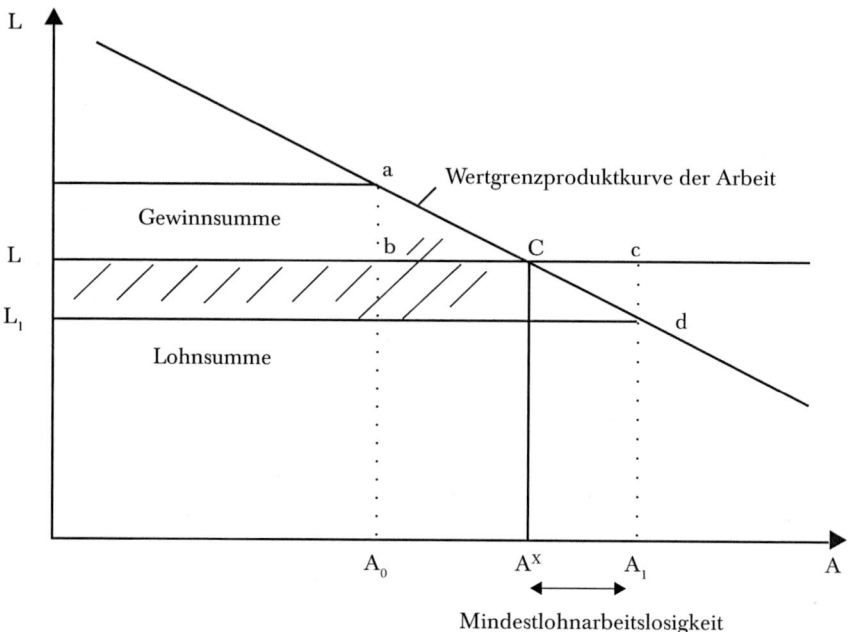

Umgekehrt gilt unter Berücksichtigung einer gegebenen Gewinnproduktion und einer bestehenden Arbeitsnachfrage (A_0), bei der das »Wertgrenzprodukt der Arbeit« größer ist als der ausgezahlte Lohn (L) (geometrisch die Strecke (a – b)), dass durch eine *Ausweitung der Arbeitsnachfrage* der Gewinn noch erhöht werden kann. Steigt demnach die Arbeitsnachfrage von (A_0) nach (A^X), so entstehen ein *zusätzlicher Gewinn* für die Unternehmen (gestrichelte Fläche) und gleichzeitig *mehr Beschäftigung* ($A^X > A_0$). Der zusätzliche Gewinn lässt somit die Unternehmer mehr Arbeitskräfte nachfragen.

Halten wir zunächst für den weiteren Gang der Untersuchungen fest, aber auch für eine kritische Überprüfung der drei oben genannten lohnpolitischen Hypothesen, von welchen Faktoren das Ergebnis neoklassischer *»Mindestlohnarbeitslosigkeit«* abhängig ist und was die Zielsetzungen unternehmerischen Handelns mit Blick auf die Ware Arbeitskraft sind. Hier wird eine Produktionsfunktion unterstellt,[13] bei der gilt, dass mit wachsendem Einsatz an Beschäftigung der zusätzliche Beitrag zur Produktion abnimmt (sinkende Grenzproduktivität). Bei der Bestimmung des »Wertgrenzprodukts der Arbeit« muss auf eine am Markt (Absatzmarkt) des Unternehmens sich ergebende *Preisbestimmung* für die verkauften Produkte zurückgegriffen werden. D. h. eine Bewertung des Faktors Arbeit ist nicht nur abhängig von der in der Produktion eingesetzten Technik und Organisation sowie von personalpolitischen Strategien zur Bestimmung des »physischen Grenzprodukts der Arbeit«, sondern zusätzlich auch von der *Wettbewerbssituation* und der *Nachfrage am Absatzmarkt* der Unternehmen, die auf die Preisbildung wirken. Außerdem ist die am Arbeitsmarkt sich durch kollektive Tarifverhandlungen ergebende Determinierung der Nominallöhne in einer Rückwirkung nachhaltig durch die unternehmerische *Preisbildung* beeinflusst, die letztlich erst über die tatsächliche Kaufkraft und die Reallöhne der abhängig Beschäftigten entscheidet. Insofern ist die Bestimmung des *Reallohns* an den Arbeitsmärkten indeterminiert, d. h. der Preis für die Ware Arbeitskraft kann arbeitsmarktimmanent überhaupt nicht bestimmt werden, obwohl dies die Neoklassik und neoliberale Ökonomen permanent suggerieren.

2.1.4.2 Die neoliberale G-I-B-Formel oder die Gewinnhypothese

Die neoklassische Lohntheorie korrespondiert über die bei der Produktion anfallenden Lohnkosten mit einer *»Gewinnhypothese«*, wonach sinkende Löhne zu steigenden Gewinnen und damit höheren Investitionen und so schließlich auch zu mehr Beschäftigung führen sollen. Dies entspricht der so genannten »G-I-B-Formel«. Diese Argumentationskette beruht aber auf *unternehmerischen Preisreaktionen*. Hierbei sind grundsätzlich zwei Fälle denkbar. Erstens: die Nominallohnzurückhaltung wird über die Absatzpreise des Unternehmens weitergegeben, oder aber – zweitens – die Preise bleiben unverändert oder steigen sogar. »Im ersten Fall bewirkt eine Nominallohnsenkung (bzw. eine Tariflohnanhebung unterhalb des Produktivitätsanstiegs) eine Nachfragereduktion (bzw. eine relative Nachfragereduktion, d. h. die Lohneinkommen und die davon ausgehende Nachfrage nehmen bei gegebener Beschäftigung weniger zu als das gesamtwirtschaftliche Angebot), auf die die Unternehmen aber annahmegemäß nicht mit einer Preissenkung reagieren. Die unterstellte Preisrigidität der Absatzpreise verwandelt die Nominallohnsenkung in einen entsprechenden Reallohnrückgang (entsprechendes gilt für Lohnmindersteigerungen)« (Grunert 2003: 356). Senken darauf die Arbeitnehmer ihre *Sparquote* nicht, wobei die Masse eher über geringe bis überhaupt keine Ersparnisse verfügt, sinkt die *Konsumnachfrage* und es kommt ceteris paribus zu einem entsprechenden Rückgang des Bruttoinlandsprodukts. Gleichzeitig werden hierdurch *Umverteilungen* von den Löhnen zu den Gewinnen ausgelöst. Steigen sogar die Preise, hiervon ist bei einer sich immer mehr konzentrierenden und vermachteten Wirtschaft zumindest bei *marktmächtigen Unternehmen* auszugehen (vgl.

dazu ausführlich das Kap. 4.1), die durch eine Eliminierung womöglich wettbewerblicher Strukturen an den Absatzmärkten versuchen, den Preis der in den Gütern und Dienstleistungen enthaltenen Arbeit in die Höhe zu treiben, so fällt noch mehr Nachfrage aus, und die Umverteilung von der Lohn- zur Gewinnquote ist noch größer als bei nur unterstellter Preisrigidität. Unternehmen können im Grunde nachträglich durch *Preiserhöhungen* jeden nominalen Tarifabschluss wieder entwerten – trotz des Versuchs der Gewerkschaften, eine Inflationsrate in den Tarifabschluss antizipatorisch aufzunehmen. Der Ökonom und Soziologe *Hofmann* bemerkt dazu:

> »An den Märkten der Konsumgüter, wo den geschlossen operierenden taktischen Einheiten des verbündeten Kapitals nichts gegenübersteht als eine zersplitterte, unkundige und ohnmächtige Verbraucherschaft, kann jeder Erfolg der Lohnfront ohne viel Lärm zunichte gemacht werden. – Ohne dass es nötig wäre, mit den Gewerkschaften aufzuräumen, ohne spektakuläre Schritte gelangt das Kapital heute an sein Ziel« (Hofmann 1988: 110).

Akzeptiert dabei die Nationalbank derartige Preissteigerungen durch die Unternehmen nicht und greift mit einer entsprechend *restriktiven Geldpolitik* in den Prozess ein, so zahlen auch hier die Beschäftigten die Zeche, indem sie womöglich aufgrund nachlassenden Wachstums arbeitslos werden. Gegen den Konsumausfall auf Grund der Lohnkürzungen (nominal oder real) könnte man nun aber argumentieren, dass die hierdurch ausgelöste *Umverteilung* zu den Gewinnen die Unternehmen in die Lage versetzt, mehr zu *investieren*, wodurch eine entsprechende Investitionsgüternachfrage die Lücke der Konsumgüternachfrage schließt. Warum, ist hier dann aber zu fragen, sollten die Unternehmen dies tun? Der Rückgang der Konsumgüternachfrage führt zu *nicht ausgelasteten Produktionskapazitäten* in der Konsumgüterindustrie, die es mehr als unwahrscheinlich machen, dass Unternehmen noch zusätzliche Kapazitäten aufbauen oder investieren und so für Nachfrage in der Investitionsgüterindustrie sorgen. Wesentlich und entscheidend ist für unternehmerische Investitionen der Tatbestand, dass diese nach zukünftigen *Absatz- und Gewinnerwartungen* auf den Waren- und Kapitalmärkten ausgerichtet werden. »Ob eine Sachinvestition getätigt wird oder nicht, hängt einerseits von den Absatzchancen ab und andererseits von den Renditen, die bei alternativer Anlage auf den Kapitalmärkten erwartet werden« (Hickel 1998: 51). Hieraus leitet sich die Erkenntnis ab, dass nicht nur der *Kostencharakter* von Löhnen und Gehältern gesehen werden kann, sondern im Zuge ihres »*Doppelcharakters*« auch ihre *Einkommensfunktion* zur Stärkung gesamtwirtschaftlicher Nachfrage zu beachten ist, selbst wenn diese den einzelnen Unternehmer bezogen auf *sein* Unternehmen nicht interessiert und es damit zu einer »*kapitalistischen Systemfalle*« kommt. Senkt nämlich ein Unternehmer die Arbeitskosten, so ist die Auswirkung auf das System unbedeutend, tun es aber alle, hat dies nachhaltige Implikationen für die gesamtwirtschaftliche Nachfrage und Beschäftigung.

Was passiert aber, wenn die Lohnzurückhaltung von den Unternehmen über *Preissenkungen* an den Märkten weitergegeben wird? Dies wird natürlich immer nur dann der Fall sein, wenn ein entsprechender *Wettbewerb* die Unternehmen dazu zwingt. Marktstarke oder marktbeherrschende Unternehmen werden dies wohl kaum tun. Aber unterstellt, der Wettbewerb an den Güter- und Dienstleistungsmärkten sei gegeben, wovon ist dann tatsächlich auszugehen? »Auch hier führt eine Nominallohnsenkung (bzw. eine Anhebung der Tariflöhne unterhalb – statt im Ausmaß – des Produktivitätsfortschritts) zu einem *negativen Nachfrageeffekt*, der dann, anders als im ersten Fall, die Unternehmen bei intensivem Wettbewerb untereinander zwingt, die Kostensenkungen in den Preisen weiterzugeben. Gerade in einer Phase der Unterauslastung ist es für die Unternehmen aus einzelwirtschaftlicher Sicht rational, die Kostenentlastungen für eine Senkung der Absatzpreise zu nutzen, um Marktanteilsgewinne zu realisieren und so die Gewinnsituation zu verbessern. Das einzelne Unternehmen kann – anders ausgedrückt – hoffen, durch seine Preissenkungsstrategie die Absatzmenge so stark zu erhöhen, dass es – trotz der Rückkehr zur niedrigeren (ursprünglichen) Gewinnspanne je Absatzeinheit – einen absoluten Mehrgewinn erzielt. Weil jedoch der Unternehmenssektor *insgesamt* nicht Marktanteile gewinnen und auf diesem Wege höhere Gewinne realisieren kann, sinkt – wenn alle Unternehmen eine Preissenkungsstrategie verfolgen – schließlich nur das gesamtwirtschaftliche Preisniveau, real ändert sich aber nichts und mithin findet auch keine Umverteilung zu Gunsten der Gewinneinkommen statt« (Grunert 2003: 356f.). Beschäftigungseffekte bleiben so aus. Stattdessen besteht aber die Gefahr einer *deflatorischen Spirale* (Bofinger 2003: 330). Werden nämlich aufgrund von Lohnzurückhaltung sinkende Lohnstückkosten über sinkende Preise an die Nachfrager weitergegeben, entsteht durch ein Absinken des gesamten Preisniveaus die Gefahr, dass Produktion und Nachfrage in die Zukunft verlagert werden (Kromphardt 1999: 85-89). Da mit weiter sinkenden Preisen gerechnet wird, besteht für Nachfrager der Anreiz, Konsumwünsche in die Zukunft zu verschieben. Für Unternehmen gilt dies hinsichtlich der Produktion ebenfalls, da die Produktionskosten in der nächsten Periode durch eine Senkung des Preisniveaus geringer wären. Eine derart ausgelöste Nachfrage- und Produktionszurückhaltung würde zu einem weiteren Anstieg der Arbeitslosigkeit führen. Zusammenfassend lässt sich demnach als Ergebnis der *Gewinnhypothese* festhalten, »dass ein positiver Beschäftigungseffekt bei Lohnzurückhaltung zwar nicht gänzlich ausgeschlossen werden kann, aber als unwahrscheinlich anzusehen ist. Insgesamt basiert die Gewinnhypothese auf viel zu unsicheren Annahmen, als dass die aus ihr abgeleitete Forderung nach lohnpolitischer Zurückhaltung zur Entlastung des Arbeitsmarktes überzeugen könnte« (Grunert 2003: 357).

2.1.4.3 Die neoliberale Substitutionshypothese und die Wirklichkeit

Neben der neoliberalen Gewinnhypothese führen neoklassische und neoliberale Ökonomen zusätzlich eine *Substitutionshypothese* ins Feld. Demnach entscheidet der relative Preis von Arbeit und Kapital bei gegebener Produktion über das Einsatzverhältnis der Produktionsfaktoren.»Eine Veränderung im relativen Preis von Arbeit (dem Lohnsatz) in Bezug auf den Preis von Kapital beeinflusst danach die Technikwahl: Steigt der relative Preis von Arbeit, wird von den Unternehmen eine *kapitalintensivere Technik* gewählt (die zu teure Arbeit wird durch relativ billigeres Kapital substituiert) und die Beschäftigung sinkt. Sinkt dagegen der relative Preis von Arbeit, also das Verhältnis des Preises von Arbeit zu Kapital, kommt es zur Wahl einer *arbeitsintensiveren Technik*, d. h. zu einer Substitution von Kapital zu Gunsten von Arbeit, und damit zu einer steigenden Beschäftigung. In dieser Vorstellung erscheint also eine Lohnsenkung als angemessene Strategie zur Erhöhung der Beschäftigung« (Grunert 2003: 353). Da aber das ausschließliche Trachten von Unternehmen darin besteht, einen möglichst maximalen Gewinn und eine *maximale Rentabilität* (Profitrate) zu erzielen, versuchen die Unternehmen in Bezug auf die Arbeitskraft die ständige Steigerung der Arbeitsproduktivität im Sinne des »physischen Grenzprodukts der Arbeit« durchzusetzen, und zwar völlig *unabhängig* von den jeweiligen relativen Preisen zwischen Kapital und Arbeit. »Insbesondere die sog. *Cambridge-Cambridge-Debatte* zur Kapitaltheorie hat (...) logisch unstrittig gezeigt, dass sich makroökonomisch kein eindeutiger Zusammenhang zwischen Lohnhöhe, Technikwahl und Beschäftigungsniveau herleiten lässt. So führen Lohnsenkungen keineswegs zwingend zu einer arbeitsintensiveren Technikwahl und ebenso wenig gehen Lohnsteigerungen notwendigerweise mit dem Einsatz einer kapitalintensiveren Technik einher« (Grunert 2003: 354). Dies wird durch empirische Werte bestätigt. »Seit den 1980er Jahren hat sich (...) das relative Faktorpreisverhältnis zu Ungunsten des Produktionsfaktors Kapital entwickelt. Die Realzinsen sind stärker gestiegen als die realen Lohnstückkosten. Eigentlich hätte sich das Einsatzverhältnis in Richtung Produktionsfaktor Arbeit verschieben und die Kapitalproduktivität hätte sich erhöhen müssen. Stattdessen ist lediglich eine Auswirkung auf die Rate der Veränderung festzustellen. (...) Nicht die Entlohnung des Produktionsfaktors Arbeit ist also aus neoklassischer Sicht zu hoch, sondern die des Produktionsfaktors Kapital« (Weiß 1998: 839f.).

2.1.4.4 Löhne und internationale Wettbewerbsfähigkeit

Weder die neoliberale Gewinn- noch die Substitutionshypothese sind nach den bisherigen Ausführungen im Hinblick auf mehr Beschäftigung durch Lohnzurückhaltung überzeugend. Zusätzlich wird aber noch die *Hypothese der internationalen Wettbewerbsfähigkeit* angeführt. »Hier dient die Strategie lohnpolitischer Zurückhaltung dem Ziel, die internationale Konkurrenzfähigkeit zu erhöhen. Sinkende Lohnstückkosten sollen die preisliche Wettbewerbsfähigkeit des Landes verbessern, so dass die inländischen Unternehmen bei wachsenden Exporten und/oder zurückgewonnenen Teilen des Binnenmarktes ihre Geschäftslage verbessern können und daher mehr Arbeitskräfte einstellen« (Kleinknecht, Naastepad 2002: 353). Auf eine solche Politik setzt Deutschland zunehmend seit Beginn der 1990er Jahre. Der Export deutscher Güter und Dienste nach Abzug aller Importe stärkt das Wachstum des Sozialprodukts (Pfeiffer 1998: 618-629). Betrug der *Anteil der Exporte* am deutschen Bruttoinlandsprodukt 1960 noch 19 v. H., so lag der Wert 2008 bei 48 v. H. Auch der *Außenbeitrag* (Exporte minus Importe) zeigt steil nach oben. Kein anderes Land der Erde erzielt hier solch große Überschüsse wie der »Exportweltmeister« Deutschland. Die Wachstumsimpulse der *Binnennachfrage* waren dagegen zu schwach, um die bestehende Massenarbeitslosigkeit nachhaltig zu verringern. Indem die Politik immer mehr durch den Markt verdrängt wurde,[13] kam es zu einem wirtschaftspolitischen Angriff auf eine *verteilungsneutrale produktivitätsorientierte Lohnpolitik*. Dies muss im Kontext der grundsätzlichen kapitalistischen Wirtschaftsentwicklung gesehen werden, bei der es aufgrund immanenter Gesetzmäßigkeiten zu immer *höherer Produktivität*, aber auch zu einer zunehmenden *Konzentration* kommt. Jörg Huffschmid stellt dazu fest:

> »Unternehmen versuchen ihre Gewinne durch Produktivitätssteigerungen und Lohn- und Sozialkostensenkungen zu erhöhen, die sie nicht in Preissenkungen weitergeben. Dies gelingt ihnen umso eher, je größer ihre Marktmacht ist. Bei steigender Oligopolisierung und Vermachtung der inländischen Märkte entsteht auf diese Weise jedoch ein Nachfrageproblem, das die Umsetzung sinkender Kosten in steigende Profite gefähr-

---

13 Der Soziologe und Philosoph Jürgen Habermas kommt zu dem Ergebnis, dass sich nationale Regierungen in einen kostensenkenden *Deregulierungswettlauf* verstricken lassen, »der zu obszönen Gewinnspannen und drastischen Einkommensdisparitäten, zu steigender Arbeitslosigkeit und zur sozialen Marginalisierung einer wachsenden Armutsbevölkerung führt. Gleichzeitig läßt die Integrationskraft der bestehenden nationalen Lebensformen, die bisher die staatsbürgerliche Solidarität getragen haben, nach. Das führt auf Seiten der Wähler zu Apathie oder Protest, auf Seiten der Politiker zur Abrüstung ihrer Programme. Politik endet so letztlich in Show-time und politischen Leerformeln wie ›It's Time for a Change‹« (Habermas 1998).

det: Die aus den – zurückbleibenden – Löhnen finanzierte Endnachfrage reicht nicht aus, die gestiegene Produktionsmenge zu unveränderten Preisen zu kaufen. Wenn die staatliche Nachfrage nicht steigt – ohne über Steuern aus den Löhnen finanziert zu werden –, entsteht eine binnenwirtschaftliche Endnachfragelücke, die nur begrenzt und zeitweise durch Verkäufe zwischen Unternehmen überbrückt werden kann. Die Lösung für dieses Problem liegt in der internationalen Expansion, also im Verkauf der Waren im Ausland, für die im Inland nicht genügend Nachfrage vorhanden ist. Das ist die Grundlage für die Internationalisierungsstrategie der Unternehmen. Die Lösung hat eine gewisse Eleganz für sich, denn sie bringt zwei sich im Inland widersprechende Ziele – Kostensenkung und Nachfragesteigerung – miteinander in Einklang. Produktivitätssteigerungen sowie Abbau von Löhnen und Sozialleistungen führen zu Kostensenkungen und potentieller Erhöhung der Profitspannen. Der durch die gleichen Maßnahmen bewirkte Ausfall an inländischer Endnachfrage wird durch die zusätzliche Auslandsnachfrage ausgeglichen. Das führt dazu, dass die durch die Kostensenkungen möglich gewordenen Profite auch tatsächlich erzielt werden. Der Doppelcharakter der Löhne als Kostenfaktor (der möglichst gering gehalten werden soll) und als wichtigstes Nachfrageaggregat (das möglichst groß sein soll) wird aufgelöst. Für das exportierende Unternehmen sind Löhne nur noch Kosten, die mit allen Mitteln zu drücken sind« (Huffschmid 1994: 734f.).

Der Staat bzw. die Politik machen sich dabei zum *Verbündeten der Unternehmen* im Konkurrenzkampf um Weltmarktanteile. Sie müssen die Erfolge »ihrer« international agierenden Konzerne sichern. Nicht internationale Arbeitsteilung zur Realisierung *»absoluter oder relativer Kostenvorteile«* (gemäß David Ricardo (1722-1823)) ist demnach noch der Grund für Außenhandel, sondern das Ziel, möglichst große Teile des Weltmarktes mit Unterstützung und durch den Einsatz staatlicher Politik zu besetzen. Geht dies letztlich aber überhaupt und welche Folgen sind damit ökonomisch verbunden?

Soll durch *Lohnzurückhaltung* ein *internationaler Wettbewerbsvorsprung* erzielt werden, so sind zwei Fälle zu unterscheiden: Im ersten Fall sind unterschiedliche Währungen in einem *System flexibler Wechselkurse* zu betrachten und im zweiten Fall eine *einheitliche Währung*, wie sie seit dem 1. Januar 1999 mit dem Euro im Europäischen Binnenmarkt gilt. Geht man zunächst vom System flexibler Wechselkurse aus, so kann eine Auf- oder Abwertung die Wettbewerbsfähigkeit von Unternehmen im Ausland mehr oder weniger stark tangieren. Beträgt beispielsweise der Preis eines Produktes 1.200 €, das ein deutscher Exporteur bei einem Wechselkurs von 1,00 € gleich 1,230 USD in die USA verkaufen will, so ergibt sich der folgende Austauschhandel:

Produktpreis in Euro	Wechselkurs € zu US-$	Produktpreis in US-Dollar
1.200	1 € = 1,230 $	1.476

MATERIELLE PARTIZIPATION – EINE FRAGE DER VERTEILUNG

Unterstellt, die Produktivität in Deutschland erhöht sich nun in Relation zur Produktivität in USA um 5 v. H. und die Löhne bleiben aufgrund einer Politik von Lohnzurückhaltung in Deutschland konstant, dann sinken die Lohnstückkosten ebenfalls um 5 v. H. und der deutsche Exporteur könnte die Preise um 5 v. H. senken und damit seine internationale Wettbewerbsposition verbessern.

Produktpreis in Euro	Wechselkurs € zu US-$	Produktpreis in US-Dollar
1.140	1 € = 1,230 $	1.402

Im Umkehrschluss bedeutet dies aber auch, dass eine höhere preisliche Wettbewerbsfähigkeit nur dann entsteht, wenn die Unternehmen die Kosten- und Lohnentlastung über *Preissenkungen* auch weitergeben. »Je mehr die Preisentwicklung auf die zurückhaltende Lohnentwicklung reagiert, desto stärker ausgeprägt ist tendenziell der Effekt der Verbesserung der internationalen Konkurrenzfähigkeit, desto schwächer muss aber der angenommene *Gewinneffekt* (Verbesserung der Gewinnsituation über höhere Stückgewinne) ausfallen« (Grunert 2003: 357). Wie die Preisreaktion letztlich ausfällt, ist eine Frage nach den *Wettbewerbsverhältnissen*. Konkret reichen die möglichen Effekte vom Extremfall der synchronen und vollständigen Abwälzung bis zum anderen Extrem der einseitigen Übernahme oder Einbehaltung der Kostenreduktion zur Gewinnerhöhung. Unterstellt, der deutsche Exporteur gibt die Stückkostenreduktion im Preis weiter, und es kommt zu einer Absatzausweitung mit absolut steigenden Gewinnen, so wird sich dies letztlich in *Handelsbilanzüberschüssen* Deutschlands niederschlagen und damit eine *Aufwertung* der deutschen bzw. eine Abwertung der US-amerikanischen Währung einleiten.

Produktpreis in Euro	Wechselkurs € zu US-$	Produktpreis in US-Dollar
1.140	1 € = 1,295 $	1.476

Der ursprüngliche Wettbewerbsvorteil aufgrund von Lohnzurückhaltung ist folglich durch den Aufwertungs-/Abwertungsvorgang verschwunden.

Geht man im Gegensatz zu flexiblen Wechselkursen von einem System fester Kurse oder von einer *Währungsunion* aus, dann schlagen die Produktivitäts- und Kostenvorteile ungefiltert durch und der Wettbewerbsvorteil und damit auch eine positive Beschäftigungswirkung können eintreten, vorausgesetzt, die übrigen Mitglieder des Währungsraumes reagieren nicht (sofort) mit Gegenmaßnahmen. In Anbetracht des oben angeführten Beispiels bedeutet dies, dass der deutsche Exporteur zu einem Preis von 1.402 USD anbieten kann, da der Wechselkurs nichts mehr verändert. Allerdings kommt es in dem Land, »das sich durch Lohn- und damit Preiszurückhaltung einen Wettbewerbsvorteil gegenüber den anderen Mitgliedstaaten verschafft, zu entsprechend höheren *Realzinsen*, die dann die inländische Nachfrage, insbesondere die *Investitionen*, und damit die *Beschäftigung* in diesem Land negativ beeinflussen« (Grunert 2003: 357). Außerdem ist die Annahme, dass die anderen Mitgliedsländer bezüglich der Lohn- und Preissenkung keine Gegenmaßnahmen einleiten, nicht sehr plausibel. »Denn der Beschäftigungserfolg des Landes mit Lohnmoderation geht zulasten des Auslands; dort sinkt die Nachfrage nach heimischen Produkten, wodurch die Erwerbseinkommen und die Zahl der Arbeitsplätze zurückgehen. Als Reaktion könnten sich die anderen Mitglieder des Währungsraumes veranlasst sehen, den Vorsprung des mit der Strategie lohnpolitischer Zurückhaltung vorpreschenden Landes durch eine ebensolche Lohnzurückhaltung auszugleichen, so dass überall die Lohnstückkosten und somit die Preise sänken. Damit aber wären nicht nur die ursprünglichen internationalen Preisrelationen rasch wieder hergestellt, sondern es drohte darüber hinaus die Gefahr von Lohnsenkungswettläufen und einer allgemeinen *Deflationstendenz*. (...) Je größer die Volkswirtschaft ist, die den Weg der Lohnzurückhaltung zur Erhöhung der internationalen Wettbewerbsfähigkeit geht, desto wahrscheinlicher ist es, dass sich die andern Mitgliedsstaaten des Währungsraumes genötigt sehen, ihre Lohnkosten entsprechend anzupassen. Für die *Niederlande* als relativ kleine Volkswirtschaft mit einem hohen Grad an Offenheit war eine solche Politik über einen längeren Zeitraum möglich, für Deutschland als großes Land kann dies dagegen keine nachhaltige Strategie zur Überwindung der Arbeitslosigkeit sein. Letztendlich ist der Versuch, über Lohnzurückhaltung und Exportsteigerungen die eigenen Beschäftigungsprobleme auf die übrigen Mitglieder eines Festkursverbundes oder einer Währungsunion abzuwälzen, nichts als eine andere Form von *Beggar-My-Neighbour-Policy*. In der Vergangenheit – in den 1930er Jahren – wurde diese Politik mit Hilfe von *Währungsabwertungen* verfolgt, die dem abwertenden Land einen Vorteil im Außenhandel verschaffen sollten. Es ist viel darüber geschrieben worden, wie solche Maßnahmen zu einer Spirale von ›Vergeltungsabwertungen‹ führen, die schließlich Depressionen im Welthandel nur verschärfen. Wenn, wie dies in den vergangenen Jahren verstärkt geschehen ist, Länder zusammen eine Währungsunion (siehe Europäische Währungsunion) oder auch nur einen Festkursblock bilden, entsteht die Gefahr, dass eine neue Form von destruktivem Wettbewerb (Lohnsenkungswettbewerb) eine alte Form (Abwertungswettbewerb) ersetzt. Zusätzliche Wohlfahrtsgewinne aus dem internationalen Handel können aber nur dann entstehen, wenn eine Vertiefung der internationalen Arbeitsteilung auf der Grundlage komparativer Vorteile stattfindet, nicht jedoch, wenn sich ein Land durch Lohnzurückhaltung oder Währungsabwertung preisliche Vorteile verschafft« (Grunert 2003: 358).

Trotz der theoretischen wie auch empirischen Widerlegung[14] der drei neoliberalen Hypothesen (Gewinne, Faktorsubstitution und internationale Wettbewerbsfähigkeit) wird von der Mehrheit der heute einseitig neoliberal ausgerichteten Wirtschaftswissenschaft sowie der Politik und vom Arbeitgeberlager eine nachhaltige Veränderung in der *Arbeitsmarktpolitik* verlangt, die letztlich auf Lohnsenkung, Arbeitszeitverlängerung, den massiven Ausbau eines Niedriglohnsektors und eine Beschneidung von Arbeitnehmerrechten wie dem Kündigungsschutz und der Mitbestimmungsgesetze hinausläuft. Außerdem werden die verfassungsrechtlich garantierte Tarifautonomie und die darauf basierenden Flächentarifverträge massiv in Frage gestellt.

2.1.4.5 Zum Systemwechsel in der Arbeitsmarktpolitik
2.1.4.5.1 DISKRIMINIERUNG VON ARBEITSLOSEN

Bis heute haben die uneingeschränkten Befürworter und Profiteure des kapitalistischen Systems die Ware Arbeitskraft ausgebeutet. Ihnen ging es immer um Arbeitszeitverlängerungen und gleichzeitig um eine möglichst intensive und flexible Nutzung der Arbeitskraft bei möglichst geringer Bezahlung. Gerade in Krisensituationen, einhergehend mit *Arbeitslosigkeit*, wurde das strukturelle Machtungleichgewicht an den Arbeitsmärkten zusätzlich ausgenutzt. »Die klassische Nationalökonomie ging davon aus, dass der *Marktpreismechanismus* die ganze Wirtschaft ständig in Balance halten würde. In der freien Konkurrenz sollten Kapital und Arbeit trotz mancher Irrwege am Ende doch Beschäftigung finden. Solange der Wirtschaftsliberalismus die Anlage der kapitalistischen Produktionsweise zur Überproduktionskrise übersah und an der Vorstellung von der Gleichgewichtstendenz des ›*freien Spiels der Kräfte*‹ festhielt, konnte die Arbeitslosigkeit nicht als unvermeidliche soziale Folge der privaten Wirtschaftsweise angesehen werden. Man schrieb sie vielmehr dem *persönlichen Versagen* zu. Bis zum Ende des 19. Jahrhunderts herrschte die »manchesterlich« liberale Ansicht vor, dass alle, die keine Arbeit hatten, auch keine Arbeit wollten. Dieses von wenig empirischer Einsicht getrübte Urteil entsprach nicht nur exakt der Wirtschaftstheorie der Zeit, sondern es hatte zudem einen unschätzbaren *sozialpolitischen Vorteil*. Einerseits wurde dadurch der *Staat* der Sorgen um die Arbeitslosen enthoben. Das Gros von ihnen überließ er *privater Mildtätigkeit*. Und andererseits konnte

---

14 Vgl. dazu ausführlich auch den Punkt 2.2 »Produktivitätsorientierte Lohnpolitik und Umverteilung«.

die bürgerliche Gesellschaft die aus ihrer Sicht notorisch Arbeitslosen dazu benutzen, ein Exempel von staatlicher Autorität und Unterdrückung zu statuieren. Indem die Gesellschaft einzelne Arbeitslose allein der mit ihrem sozialen Status verbundenen Miseren wegen, wie *Bettelei* und *Vagabundentum*, entweder ins Arbeitshaus schickte oder sonst wie bestrafte, schreckte sie alle Arbeitslosen davon ab, gegen ihre schlimme Lage aufzubegehren. Die Behauptung, dass in der privaten Erwerbswirtschaft jeder, der nur wolle, Arbeit finden könne, erwies sich als überaus probates Mittel zur Repression der Arbeitslosen. Zu einer Repression, die außerdem nur wenig kostete, da ja die Arbeitslosen unter dem Druck der herrschenden Ideologie immer mehr von ihrem Versagen überzeugt sein mussten und somit unfreiwillig der Unterdrückung ihrer Rechte entgegenkamen« (Niess 1979: 11f.).

Trotz Massenarbeitslosigkeit während der *Weltwirtschaftskrise* von 1929 bis 1933 und einer heute verfestigten Arbeitslosigkeit hat sich das merkantilistisch-neoliberale Vorurteil gehalten, Arbeitslose seien *arbeitsscheu* und würden sich nicht selten asozial gegenüber der Gesellschaft verhalten. Dabei besteht unter kapitalistischen Verwertungsbedingungen, darauf wurde schon hingewiesen, auf der Kapitalseite überhaupt kein Interesse an einer nachhaltigen *Bekämpfung von Arbeitslosigkeit*. Das System verlangt geradezu verteilungsökonomisch nach Arbeitslosigkeit. Denn um Gewinne und Gewinnquote hoch zu halten, müssen Unternehmer darauf achten, dass die Löhne niedrig bleiben und Gewerkschaften nicht mächtig werden. »Es geht um die Sicherung von *Kapitalmacht* im Spannungsverhältnis mit Tarif- und Reformpolitik, also gegenüber den Gewerkschaften und dem Sozialstaat« (Hickel 2001a: 17). Die »*industrielle Reservearme*«, wie Karl Marx das Heer der Arbeitslosen oder Unterbeschäftigten nannte, kommt diesem Zweck natürlich sehr zupass. Wollen die noch beschäftigten Arbeiter nicht das gleiche Schicksal erleiden wie die Arbeitslosen, dann müssen sie wohl oder übel Lohndrückerei und Verschlechterungen ihrer Arbeitsbedingungen bei Arbeitszeiten, Sozialleistungen, Kündigungsfristen u.a. hinnehmen. Und je größer die Masse der Arbeitslosen ist, desto größer wird auch der *soziale Druck auf die noch Beschäftigten*. Dies führt bei vielen zu einer Einkommensarmut, die nach Oskar Negt »primär auf anhaltende Massenarbeitslosigkeit zurückzuführen ist. Auch in diesem Punkt«, so schreibt er, »sind in den vergangenen zwanzig Jahren sprunghafte Entwicklungen festzustellen, die zweifellos mit der *Normalisierung des Kapitalismus* und dem *Abbau des Sozialstaates* verknüpft sind« (Negt 2002: 259). Um diesen Abbau gesellschaftlich durchzusetzen, bedienen sich Kapital und Politik des hinlänglich bekannten zynischen Musters merkantiler Wirtschaftspolitik. Demnach sind, wie bereits ausgeführt, viele Arbeitslose schlicht und ergreifend einfach nur faul. Wie tief dieses

Vorurteil gesellschaftlich sitzt, zeigt der Tatbestand, dass *Faulheit* das erste ist, »was den meisten zum *Thema Arbeitslosigkeit* einfällt. Zwei Drittel der Westdeutschen meinen das, so eine Meinungsumfrage des Allensbach-Instituts. (...) ›Heute haben wir einen riesigen Sockel an Arbeitslosengeld- und Sozialhilfeempfängern, die sich in der sozialen Hängematte ausruhen.‹ So der ehemalige Präsident des Deutschen Industrie- und Handelskammertages (DIHK) Ludwig Braun. (...) Bild fragte 2003 den damaligen Bundeskanzler Schröder: ›Es gibt 4 Millionen Arbeitslose und fast 600.000 offene Stellen. Was stimmt da auf dem Arbeitsmarkt nicht?‹ Er antwortete: ›Wer arbeiten kann, aber nicht will, der kann nicht mit Solidarität rechnen. Es gibt kein Recht auf *Faulheit* in unserer Gesellschaft«« (zitiert bei Roth 2003: 15). Im Bundestagswahlkampf 2009 wiederholte der FDP-Vorsitzende Guido Westerwelle noch einmal den Schröderschen Populismus. Auch er befand: »Es gibt kein Recht auf staatlich bezahlte Faulheit«. Es sei unerträglich, wenn manche Arbeitslosen in Talkshows erklärten, sie lebten von Arbeitslosenunterstützung, und dann Schwarzarbeit nachgingen oder Menschen mit festem Job beschimpften (HAZ vom 5.9.2009). »Wenn sich also sieben Arbeitslose auf eine offene Stelle bewerben und sechs keine bekommen, leuchtet es ein, dass sich die sechs Übriggebliebenen der Faulheit verdächtig machen. Sie müssen sich die Frage gefallen lassen, ob sie überhaupt arbeiten wollen. *Mächtige Medienkonzerne* von Bertelsmann bis Springer verbreiten die Einheitsmeinung auf allen Kanälen (Klages 2009). Sie schüren die Empörung über Faulenzer und verdienen Geld damit« (Roth 2003: 15). Faulenzer müsse man zur Arbeit zwingen, indem ihnen die *staatlichen Alimentierungen* gekürzt werden. Arbeitslose hätten sich auf Grund zu hoher vom Staat entrichteter Lohnersatz- und Sozialleistungen in eine »soziale Hängematte« begeben. »Eigenverantwortung« und »private Vorsorge«, »Fordern« und »Fördern« müssten deshalb wieder hervorgehoben werden. Dabei sieht die Wirklichkeit ganz anders aus: So sind etwa 50 v. H. der registrierten Arbeitslosen vorher gar nicht erwerbstätig gewesen. Sie melden sich also arbeitslos, weil sie arbeiten wollen. Die anderen 50 v. H., die vor ihrer Arbeitslosigkeit erwerbstätig waren, wurden nicht deshalb arbeitslos, weil sie keine »Lust« mehr hatten zu arbeiten, sondern weil das Kapital keine »Lust« mehr hatte, sie zu beschäftigen. 92 v. H. von ihnen sind entlassen worden und nur 8 v. H. haben selbst gekündigt. 61 v. H. der Arbeitslosen waren – Stichtag April 2001 – nach sechs Monaten nicht mehr arbeitslos gemeldet, gingen also wieder arbeiten. Durchschnittlich bleiben Arbeitslose im Westen sieben und im Osten etwa neun Monate arbeitslos. Jährlich melden sich rund sechs bis sieben Millionen Menschen arbeitslos und wechseln aus der Arbeitslosigkeit zurück in ein Beschäftigungsverhältnis. »Angesichts der ungeheuren *Fluktuation*, mit der Menschen arbeitslos werden und Arbeit finden, ist es eine schwere Beleidigung für Arbeitslose, sie allgemein als Faulenzer abzuwerten« (Roth 2003: 16). Dies umso mehr, als man *Reichen* in der Gesellschaft ein *Recht auf Faulheit* ohne weiteres einräumt. Man darf nur nicht in Form von Arbeitslosenhilfe oder Sozialhilfe von der Arbeit anderer leben.»Man muss von den Erträgen seines Kapitals, von Mieten, Zinsen, Dividenden, von Kurssteigerungen oder Werten in den Spielcasinos der Banken leben. Guido Westerwelle (FDP) meint, dass die *reichen Faulenzer* nicht auf Kosten anderer leben. Er bildet sich ein, dass Geld arbeitet. Er glaubt, dass auch ein Haus oder Gebäude für seinen Besitzer arbeitet und dass Kurssteigerungen eben aus der Arbeit der Aktien stammen. Was sich Kapitalbesitzer aneignen, stammt aber genauso aus der *Arbeit* anderer wie Sozialhilfe oder Arbeitslosengeld. Es hat nur eine andere Form. Es gibt Hunderttausende von Menschen, die sich als Kapitalbesitzer der Lohnarbeit bzw. der Arbeit überhaupt entziehen, ohne diskriminiert zu werden. Im Gegenteil, sie verkaufen sich als *Leistungsträger*, nur weil sie *besitzende Faulenzer* sind« (Roth 2003: 35). Die »Faulenzer-Debatten«, stellt das Deutsche Institut für Wirtschaftsforschung (DIW) fest,»haben ohne Zweifel den Effekt, dass das Ausmaß der Arbeitslosigkeit heruntergespielt wird und deren hauptsächliche Ursachen aus dem Blick geraten« (Brenke 2002: 347). Unter der Fragestellung: »Sind die Arbeitslosen arbeitsunwillig?« kommt das DIW 2002 in einem Forschungsbericht zu folgendem abschließenden Ergebnis: »Beim weit überwiegenden Teil der Arbeitslosen sind Vorurteile, dass ihre Arbeitsbereitschaft zu wünschen übrig lasse, völlig unangebracht, denn 80 v. H. von ihnen wollen arbeiten. Trotz hoher gesamtwirtschaftlicher Arbeitslosigkeit schaffen es 40 v. H. derer, die sofort eine Arbeit aufnehmen wollen, dieses Ziel innerhalb eines Jahres zu erreichen. Andererseits gibt es Arbeitslose, die wegen Krankheit, körperlicher Behinderung oder der Teilnahme an einer Bildungsmaßnahme dem Arbeitsmarkt nicht zur Verfügung stehen. Sie als arbeitsunwillig zu bezeichnen wäre ungerecht. Schwer zu beurteilen ist die Rolle der etwa 7 v. H. registrierten Arbeitslosen, die – grundsätzlich legal – einer geringfügigen regelmäßigen Erwerbstätigkeit nachgehen. Allerdings hat sich auch gezeigt, dass ein Fünftel der Arbeitslosen nicht mehr an einen Wechsel auf einen Arbeitsplatz denkt. Dies sind fast ausschließlich ältere Arbeitslose über 50 Jahre. Sie werden vom Sozialversicherungssystem bevorzugt. Sie können relativ lange Arbeitslosengeld beziehen und müssen vom 58. Lebensjahr an nicht mehr für eine Vermittlung zur Verfügung stehen. Das dürfte Arbeitgeber gerade dazu einladen, durch einen Pakt mit älteren Arbeitnehmern, der auf Kosten aller Beitragszahler in die Sozialversicherung vereinbart wird, ihre Belegschaft zu verjüngen und dabei das Risiko von Kündigungsschutzklagen zu minimieren. Unter den jüngeren Arbeitslosen fallen vor allem Frauen mit Kindern auf, die keine Bereitschaft zeigen, kurzfristig auf einen Arbeitsplatz zu wechseln. Diese nehmen – durchaus rational – Leistungen in Anspruch, die ihnen die Sozialversicherungen bieten. So nötig es ist, die lange Zeit sehr vernachlässigte *Familienpolitik* endlich in den Vordergrund zu rücken, sollten dadurch aber nicht die Arbeitsmarktchancen junger Frauen verschlechtert werden. Für eine Unterstützung junger Eltern sehr viel geeigneter als immer mehr monetäre Transfers, die zu einem Verharren in der Arbeitslosigkeit führen können, ist die Verbesserung des Angebots an öffentlich unterstützten Kinderbetreuungseinrichtungen, an denen es vor allem in den alten Bundesländern mangelt« (Brenke 2002: 352f.).

2.1.4.5.2 ARBEIT SOLL NUR NOCH BILLIG WERDEN

Landauf, landab ist zu vernehmen, Arbeit sei in Deutschland zu teuer geworden. Die Unternehmen würden deshalb keine Arbeitskräfte mehr nachfragen und ihre *Produktionsstätten ins billigere Ausland verlagern.* Zumindest wird in abgeschwächter Form die Forderung nach einer größeren *Lohndifferenzierung* für nur gering qualifizierte Arbeitskräfte aufgestellt. Das »Wertgrenzprodukt der Arbeit« sei hier in Relation zu den von Arbeitnehmern geforderten Löhnen zu gering. Die Unternehmen könnten deshalb aus der Nachfrage nach solchen Geringqualifizierten keinen Profit schlagen. Sie würden daher auf eine Arbeitsnachfrage verzichten. Zusätzlich stimme das so genannte *Abstandsgebot* zwischen vom Arbeitsmarkt determinierten Löhnen und vom Staat gewährten Lohnersatzleistungen (Arbeitslosengeld und Sozialhilfesätze) nicht, d.h. die vom Staat gewährte Unterstützung sei zu hoch, weshalb der Arbeitslose, bevor er zu einem *Niedriglohn* arbeiten würde, sich lieber ökonomisch rational verhielte und deshalb die staatliche Alimentierung wähle. Auch hier läuft, wie bei den zuvor beschriebenen drei neoliberalen Hypothesen, die ökonomische Therapie auf Lohnsenkung und/oder einen Abbau an staatlicher Unterstützung für Arbeitslose hinaus. Der tendenzielle *Arbeitskräfteüberschuss* ließe sich eben nur noch durch einen Rückgriff auf im Grunde *merkantilistische* arbeitsmarkt- und lohnpolitische Ideologien beseitigen. Am besten durch die Einrichtung eines *Niedriglohnsektors,* kritisiert Gerhard Bosch (1999). Ein Niedriglohnsektor soll dabei überwiegend im *Dienstleistungsbereich* eingerichtet werden, insbesondere denkt man hier an personenbezogene Dienstleistungen, in denen die aus der Industrie Entlassenen zu Niedriglöhnen arbeiten sollen.[15] Karl Georg Zinn bemerkt dazu:

---

15 Diese geradezu naive Vorstellung übersieht zwei wesentliche Dinge. Erstens den immanenten *Rationalisierungsprozess* im Dienstleistungssektor, der auch hier immer mehr Arbeit, vor allem einfache unqualifizierte Tätigkeiten, überflüssig macht und gleichzeitig die noch angebotenen

»Eine hochentwickelte Wirtschaft, die ihre Beschäftigungsprobleme in steigendem Umfang durch die Ausweitung quasi vorindustrieller Dienstleistungen zu lösen versucht, vergeudet nicht nur menschliche Arbeitskraft – körperliche, vor allem aber geistige –, sondern wird zwangsläufig in einer Art neuem Feudalismus enden« (Zinn 2002b: 161).

Das grundsätzlich auch an »normalen« Arbeitsmärkten bestehende Machtungleichgewicht zu Gunsten der Arbeitgeber in Verbindung mit dem *Zwangsgesetz der Arbeit* soll so zu einem *totalitären (feudalen) Verhältnis* zu Lasten der Arbeitskräfte ausgebaut werden. Dies impliziert eine endgültige *Lohndisziplinierung* in ausschließlich *prekären Arbeitsverhältnissen.* »Niedriglöhne sind ein Massenphänomen« in hochentwickelten Industriestaaten geworden, bilanziert Claus Schäfer vom Wirtschafts- und Sozialwissenschaftlichen Institut (WSI) in der Hans-Böckler-Stiftung (zitiert aus VDI-Nachrichten 2003a: 2). »Die Niedriglohnschwelle lag 2007 bei 9,19 €.[16] Für diesen Stundenlohn oder darunter arbeitet im Westen jeder fünfte, im Osten fast jeder zweite. Besonders auffällig im Osten: Auch bei normalen Vollzeitjobs arbeiten hier 28,1 v. H. zu einem Niedriglohn. Im Westen ›nur‹ 7,7 v. H. im Vollzeitjob zu einem Niedriglohn. Mit der Deregulierung des Arbeitsmarktes (siehe das nächste Kap. 2.1.4.5.3 »Zu den Ergebnissen der Hartz-Kommission«) wurde der Niedriglohnsektor in den letzten Jahren gezielt ausgeweitet. Laut IAQ[17] ist zwischen 1998 und 2007 der Anteil der Beschäftigten, die einen Niedriglohn beziehen, in Deutschland von 14,2 v. H. auf 21,5 v. H. gestiegen. 6,5 Mio. Beschäftigte arbeiten zu Niedriglöhnen. Die Chance, den Niedriglohnbereich zu verlassen, ist in Deutschland besonders gering. Und das, obwohl die Mehrheit der Beschäftigten im Niedriglohnbereich gut qualifiziert ist. Fast 70 v. H. haben einen beruflichen Abschluss« (DGB: Arbeitsmarkt aktuell, 06/2009: 7).

Deutschland ist mittlerweile in Zentraleuropa das Land mit dem größten Niedriglohnsektor. Anstatt eine Wirtschaftspolitik zu betreiben, die den Ausbau eines Niedriglohnsektor verhindert, soll es laut offizieller Politik und Forderungen aus dem Arbeit-

---

Leistungen verschlechtert oder Kosten ganz einfach auf die Nachfrager abwälzt (z. B. im Bankensektor durch Automaten oder auch im Einzelhandel durch Schlange stehen an den Kassen, weil am Personal gespart wird). Zweitens wird der Tatbestand nicht bedacht, dass bestimmte Dienstleistungen im wirtschaftlichen, sozialen, medizinischen und auch kulturellen Bereich anspruchsvolle und nur auf der Grundlage einer *qualifizierten Ausbildung* kompetent zu erfüllende Tätigkeiten implizieren, die von vornherein einen Niedriglohnsektor ausschließen.

16 Laut OECD-Definition liegt die Niedriglohnschwelle bei zwei Dritteln des Medianlohns (mittleres Lohnniveau).
17 Institut Arbeit und Qualifikation, Report 5/2009.

geberlager und von diesem nahestehenden Wirtschaftswissenschaftlern zu einer Ausweitung und Verbreitung niedriger Lohnzahlungen und abgesenkter Arbeitsentgelte kommen. Frei nach dem Motto: Hauptsache Arbeit, welche ist egal und der Lohn allenfalls noch sekundär (»Sozial ist, was Arbeit schafft«). Diese mittlerweile nicht nur in Deutschland weit verbreitete wirtschaftspolitische Sicht wurde in der alten Bundesrepublik im *Arbeitsförderungsgesetz (AFG)* vom 25. Juni 1969 noch ganz anders gesehen. So sollte das Gesetz dazu beitragen, dass »weder *Arbeitslosigkeit*, noch *unterwertige Beschäftigung*, noch ein *Mangel an Arbeitskräften* eintreten oder fortdauern« sollen. Arbeit wurde hier sozialstaatlich flankiert (Oschmiansky/Ebach 2009). »Der gesellschaftlichen Dimension des *Sozialstaatsgebots* war sich dabei auch das *Bundesverfassungsgericht* in seiner (...) Judikatur immer bewusst, denn es hat die verfassungsrechtliche Pflicht des Staates ausgesprochen, ›für einen Ausgleich der sozialen Gegensätze und damit für eine gerechte Sozialordnung zu sorgen‹, und ›das Ideal der sozialen Demokratie in den Formen des Rechtsstaates‹ entwickelt. Der so verstandene Sozialstaat verfolgt nach Ansicht des Gerichts grundsätzlich die ›annähernd gleichmäßige Förderung des Wohles aller Bürger und annähernd gleichmäßige Verteilung der Lasten‹« (Fangmann 1983: 185f.). Der heute praktizierte neoliberale (neomerkantilistische) Angriff auf Arbeitnehmer und Arbeitslose verträgt sich hiermit nicht. Auch nicht mit den massiven Forderungen nach einem Abbau von *Arbeitnehmerschutzrechten* sowie mit der Beschneidung von *Mitbestimmungsmöglichkeiten*. Unternehmer und ihre Claqueure fordern in diesem Kontext außerdem hartnäckig eine grundsätzliche *Verbetrieblichung der Lohnpolitik*, d. h. eine Eliminierung der *Flächentarifverträge* und zusätzlich eine stärkere Lohnstrukturdifferenzierung. Dazu müsse das so genannte »Tarifkartell« der Arbeitnehmer, angelegt in der verfassungsrechtlich abgesicherten Tarifautonomie, aufgebrochen werden. Nur so komme es zu einer nachhaltigen *wettbewerbsorientierten Lohnbildung*, die die Arbeitskosten insgesamt senken würde und die in der Lage wäre, die Arbeitslosen, insbesondere die mit einer schlechten oder geringen Grenzproduktivität, wieder in Arbeit und Brot zu bringen. Sollte es bei der Absenkung der Löhne dazu kommen, dass diese nicht mehr das Existenzminimum sichern, es also zu »*working poor*« kommt, so wäre der ansonsten von den Befürwortern eines Niedriglohnsektors so vehement bekämpfte *Staat* gefordert. Dieser müsste mit Steuergeldern durch Lohnsubventionierungen, z.B. in Form eines *Kombilohns* (Bäcker/Hanesch 1997, Berthold 1998, Welzk 2008), für Abhilfe sorgen. Jedenfalls seien die Unternehmen von einem Teil der Lohn- und Lohnnebenkosten zu entlasten. Auch am Arbeitsmarkt müssten die »dynamischen Marktkräfte« uneingeschränkt entfesselt und der völlig überzogene *soziale Schutz* der Beschäftigten und Arbeitslosen eingeschränkt bis aufgehoben werden. Nur so wähle schließlich – ganz in neomerkantilistischer, neofeudalistischer Manier – der Mensch, vor die Entscheidung gestellt, entweder weiter ohne große Absicherung arbeitslos zu sein oder zu einem niedrigeren Lohnsatz Arbeit aufzunehmen, die Beschäftigung. Das Problem dabei sei nur die *Sozialhilfe*, so Hans-Werner Sinn, Präsident des ifo-Instituts in München.»Der Arbeitsmarkt verlangt strukturelle Reformen (d. h. Lohnsenkungen, d. V.), und die Reform der Sozialhilfe ist davon wahrscheinlich die Wichtigste« (Sinn 2001). Also runter mit der Sozialhilfe, um den »Faulenzern« und »Sozialschmarotzern« einen Arbeitsanreiz zu verschaffen, sonst gibt es Probleme mit den niedrigsten Löhnen (Niedriglohngruppen). Das *Lohnabstandsgebot* würde dadurch bedroht oder könnte nur dann aufrecht erhalten werden, wenn die Sozialhilfe ebenfalls sinke. Der Fußball-Millionär Stefan Effenberg avancierte dabei zum »arbeitsmarktpolitischen Sprecher« des Fußballclubs Bayern München und »gab dazu im April 2002 eine Steilvorlage: ›Ich würde die Stütze auf ein Minimum herabsetzen, so dass jeder arbeiten muss.‹ Der ›arme‹ Effenberg erntete massive Kritik. Stoiber (CSU) kanzelte ihn ab, dass er von Politik nichts verstehe und lieber Fußball spielen solle. Im März 2002 forderte Stoiber dann selbst die Senkung der Sozialhilfe für Arbeitsfähige um 25 v. H.« (Roth 2003: 392f.). Im Juli 2002 legte der Wissenschaftliche Beirat beim Bundeswirtschaftsministerium nach und schlug der rot-grünen Bundesregierung vor, den Sozialhilfebedarf für arbeitsfähige Sozialhilfebezieher von durchschnittlich 624 € auf 312 € zu halbieren, also auf das von Effenberg geforderte Minimum herabzusetzen. Wenn arbeitslose Sozialhilfeempfänger allerdings Billigjobs annehmen würden, sollten im Sinne eines Kombilohns von dem gezahlten Lohn 348 € netto anrechnungsfrei bleiben (Roth 2003: 393).

Das Ganze soll für den Staat und Steuerzahler kostenneutral sein. Die beim Sozialamt eingesparten Mittel würden zu Gunsten der arbeitenden Sozialhilfeempfänger umgeschichtet. »Umschichtung heißt: Wenn einem Arbeitslosen die Sozialhilfe von 624 € auf 312 € gekürzt wird, spart das Sozialamt 312 €. Der Arbeitslose kann seine Miete nicht mehr bezahlen und hat zu wenig zum Essen. Um zu überleben, muss er wie in den USA irgendeinen Job annehmen. Er kann allerdings die 312 € behalten, wenn er für 312 € arbeitet. Vorausgesetzt, er findet Arbeit. Bis zu 348 € sollen anrechnungsfrei bleiben. Der Freibetrag würde gegenüber heute (maximal 147 €) mehr als verdoppelt. Je höher der Freibetrag, also der Kombiteil des Lohns, desto mehr kann die Sozialhilfe gesenkt werden. Arbeit statt Sozialhilfe heißt letztlich: Lohn plus Sozialhilfe. Die Sozialhilfe nimmt eine andere Form an. (…) Es ist Sozialhilfe für das Kapital. Es ist im wahrsten Sinne des Wortes *seine* Sozialhilfe. Denn die

Sozialhilfe, die vorher nur dem Konsum diente, ermöglicht jetzt, weniger Kapital für den Ankauf der Ware Arbeitskraft auszugeben. Die Sozialhilfe wird ›kapitalisiert‹« (Roth 2003: 393).

Bei den klassischen Ökonomen, wie u. a. Adam Smith, galt noch der Grundsatz: »Der Mensch ist darauf angewiesen, von seiner Arbeit zu leben, und sein Lohn muss mindestens so hoch sein, dass er davon existieren kann« (Smith 1776, 1978: 59). Dadurch wurde dem Lohn eine *natürliche untere Grenze* attestiert, »unter die der übliche Lohn selbst für die allereinfachste Tätigkeit für längere Zeit, wie es scheint, nicht gedrückt werden kann« (Smith 1776, 1978: 59). Diese Grenze erblickte man in den *Reproduktionskosten der Arbeiter*, die sie zur Existenzsicherung und Fortpflanzung mindestens benötigen (»Existenzminimumtheorie des Lohnes«). Davon will das Kapital heute offensichtlich nichts mehr wissen. Es verlangt nach *Lohnsubventionen*, wo es nur kann. Neben dem oben angeführten Kombilohn kann man dazu auch das *Kindergeld* zählen, das wohl zurzeit die bedeutendste Lohnsubvention darstellt. Es beträgt seit 2009 für das erste und zweite Kind 164 € und für das dritte Kind 170 € sowie für jedes weitere Kind 195 €. Das Kindergeld wird dabei *unabhängig vom Einkommen und Vermögen der Eltern* gezahlt. Einmal abgesehen von dieser sozialpolitisch nicht gerechten und ökonomisch kontraproduktiven Maßnahme, bedeutet dies, dass das Kapital die auf dem Markt gezahlten Löhne unter die Reproduktionskosten, hier für den Anteil der Fortpflanzung und Erziehung der Nachkommenschaft eines abhängig Beschäftigten, drücken kann. Der eigentlich in den gezahlten Löhnen vorgesehene Anteil, der den Kauf der Ware Arbeitskraft für das Kapital auf unerfreuliche Weise verteuert, wird in Form des Kindergeldes durch den Staat bzw. Steuerzahler übernommen (Roth 2003: 396f.). Eine weitere Form solcher Lohnsubventionierung stellt die *negative Einkommensteuer* dar. Der Sachverständigenrat (SVR) in Deutschland kommt diesbezüglich zu dem Ergebnis, dass die negative Einkommensteuer letztlich auch so etwas sei wie ein »Kindergeld«. Sie dient im Wesentlichen dazu, *Löhne aufzustocken*, die das Kapital nicht (mehr) zu zahlen bereit ist, um so die Reproduktion der Ware Arbeitskraft überhaupt sicherzustellen. In Deutschland kann man das *Arbeitslosengeld II* (»Hartz IV«) als eine solche negative Einkommensteuer sehen. Arbeitnehmer mit einem sehr geringen Einkommen haben hier als sog. »Aufstocker« einen Anspruch auf das Arbeitslosengeld II, da es ihnen trotz einer Vollzeitbeschäftigung nicht möglich ist, den eigenen Lebensunterhalt oder den ihrer Familie zu gewährleisten (Bofinger 2009: 128ff.).

Angesichts der Beifallsbekundungen des neoliberalen Mainstreams aus Politik, Wissenschaft, Medien und selbstverständlich von Seiten der Arbeitgeber in Sachen

Lohnkürzungen und -subventionen scheue man sich fast, so Detlef Hensche, ehemaliger Vorsitzender der Gewerkschaft IG Druck und Medien, an die »Binsenweisheit« zu erinnern, dass Millionen Menschen nicht deshalb unter Arbeitslosigkeit leiden, »weil sie unwillig, anspruchsvoll, faul und schlecht qualifiziert sind, sondern weil Millionen Arbeitsplätze fehlen. Arbeitsplätze aber entstehen vornehmlich durch Wachstum – das die Bundesregierung nach allen Regeln der Sparkunst behindert – und durch Arbeitsumverteilung. Ja, natürlich, wir kennen das Dogma vom kostengünstigen Angebot, das sich seinen Markt selbst schafft. (...) Nur funktioniert es nicht am *Arbeitsmarkt*, kann es auch nicht. Selbst bei einer Halbierung der Metall-Tarife etwa könnte die Produktion von Automobilen oder Maschinen nicht signifikant anspringen – die Konkurrenz im Ausland müsste nachziehen und im Inland fehlte die Kaufkraft. Und private Haushalte, Pflegeeinrichtungen, Kaufhäuser und Fabriken würden auch dann nicht massenhaft Arbeit anbieten, wenn sich – mit Hilfe von Zwang oder Subventionen – der *Niedriglohnsektor* ausbreitet. Ansonsten müsste es in den ostdeutschen Betrieben längst einen Beschäftigungsboom geben, ebenso wie in den westdeutschen Haushalten der besseren Kreise, die bis ins letzte Jahr Küchenhilfen, Raumpflegerin, Kindermädchen und Gärtner von der Steuer absetzen durften – und sich einfach nicht entschließen konnten, davon im erwünschten Umfang Gebrauch zu machen. Damit sind wir bei einem der zentralen Punkte: Den Weg, Arbeitslose unter Druck zu setzen, Arbeitsentgelt vorübergehend zu subventionieren, Lohn und Lohnnebenkosten zu senken, haben alle Regierungskoalitionen seit Mitte der 1980er Jahre beschritten. Die Folgen sind zu besichtigen« (Hensche 2002: 903ff.).

In einer Studie der Europäischen Kommission wurde jüngst lapidar festgehalten, dass ein Erklärungsansatz von Niedriglöhnen »zwar populär« ist, »sich aber empirisch nur schwer nachweisen« lässt (EU-Kommission 2001: 25). »Es ist unbestritten, dass für die weniger Qualifizierten auch Arbeitsplätze zu schaffen sind. Doch es stellt sich die Frage, ob es gesamtwirtschaftlich gesehen sinnvoll ist, lohn- und wirtschaftspolitisch die Weichen so zu stellen, dass die Zahl der geringe Qualifikation erfordernden Niedriglohnarbeitsplätze deutlich steigt. Vor Jahren noch hat selbst der Sachverständigenrat (SVR) dem widersprochen. Er argumentierte, dass sich mit den technischen Neuerungen und Umstrukturierungen die ›Beschäftigungsmöglichkeiten‹ für nicht oder unzureichend ausgebildete Arbeitskräfte‹ verminderten. Das wird übrigens von neueren Untersuchungen bestätigt. Der Sachverständigenrat folgerte: ›Mittelfristig versprechen *Qualifizierungsmaßnahmen*, die die Zahl der Ungelernten vermindern, sicher mehr beschäftigungspolitischen Erfolg‹« (zitiert bei Welzmüller 2001: 15f.). Anstatt demnach auf *Bildung und Qualifikation* zu setzen und die staatlichen sowie die privaten Bildungsausgaben nachhaltig zu steigern, drängt man Menschen immer mehr in prekäre Beschäftigungs- und damit nicht planbare Lebensverhältnisse, die für ein insgesamt reiches Land wie Deutschland mehr als beschämend, unsozial und ökonomisch kontraproduktiv sind. Hierbei ist insbesondere zu beachten, dass davon nachhaltig auch *Kinder* betroffen sind (Butterwegge, Klundt 2002). »Fast jedes fünfte Kind leidet unter der relativen (Einkommens-)Armut seiner Familie. Dies kann zu schweren psychosozialen Belastungen führen, zieht fast zwangsläufig den Ausschluss junger Menschen aus vielen Lebenszusammenhängen nach sich und beeinträchtigt damit auch die Chancengleichheit in der Gesellschaft, vor allem hinsichtlich der Bildung nachhaltig« (Butterwegge 2003a: 975). Bildung und Qualifikation, auch Weiterbildung in den Unternehmen, werden aber in Zukunft allein nicht ausreichend sein, um geringer *Qualifizierten* einen würdigen Arbeitsplatz, der zur eigenen gesellschaftlichen Reproduktion führt, bereitzustellen. Dies belegt bereits ein Blick auf die empirischen Fakten. Gering Qualifizierten fehlt es selbst bei heute schon stark abgesenkten Löhnen schlicht an ausreichender Nachfrage.

2.1.4.5.3 ZU DEN ERGEBNISSEN DER HARTZ-KOMMISSION

Mittlerweile wird – vor dem Hintergrund der Massenarbeitslosigkeit in Deutschland – nicht mehr nur ein Angriff auf die *gering Qualifizierten*, sondern ebenso auf *qualifizierte Arbeitskräfte*, also die Beschäftigten schlechthin, gefahren. Die Forderungen der Hartz-Kommission zum angeblichen Abbau der Arbeitslosigkeit und zur Umstrukturierung der Bundesanstalt für Arbeit sowie die unter dem pathetischen Titel »Agenda 2010 – Mut zum Frieden und Mut zur Veränderung« firmierende Regierungserklärung von Bundeskanzler Schröder vom 14. März 2003 legen dafür Zeugnis ab (Gerntke, Klute, Troost, Trube 2002). Mit den so genannten *Hartz-Gesetzen I bis IV* (siehe den folgenden Kasten »Gesetze für moderne Dienstleistungen am Arbeitsmarkt«) sollte mehr Bewegung in die angeblich zu *inflexiblen Arbeitsmärkte* gebracht werden. Durch niedrig entlohnte Beschäftigung (Mini- und Midi-Jobs) und Leiharbeit, die im Jahr 2001 bereits bei fast 800.000 Betroffenen lag (IG Metall Vorstand 2003c: 4), durch Ich-AGs (zum *Unwort* des Jahres 2002 erklärt!) und die *Ausweitung haushaltsnaher Dienstleistungen* sowie *Leistungskürzungen bei Arbeitslosen* als auch die *Zusammenlegung von Arbeitslosenhilfe und Sozialhilfe* zu einem Arbeitslosengeld II soll nach Hartz – ganz in neoliberaler Manier – Beschäftigung geschaffen werden (WissenTransfer 2003). Nach dem Motto: Sind die Löhne nur niedrig genug, dann wird die Nachfrage nach Arbeit auch steigen. Man unterstellt eine so genannte *»verdeckte Nachfragebereitschaft«*, die erst bei hinreichend niedrigen Löhnen offenkundig werde. Damit auch nach Lohnsenkungen und Flexibilisierungsmaßnahmen[18] an den Arbeitsmärkten genügend Arbeitskräfte ihre Arbeitskraft anbieten, müsse in einem nächsten Schritt der *Druck auf die Arbeitslosen* erhöht werden.

Die Arbeitsgruppe Alternative Wirtschaftspolitik (2002a: 1f.) stellt bezüglich einer solchen Grundposition zur angeblichen Bekämpfung von Arbeitslosigkeit die folgenden Fragen: »Was ist das für ein *Gesellschaftsprojekt*, in dem prekäre Beschäftigung nicht begrenzt, sondern vielmehr ausgeweitet werden soll? Was ist das für ein *Gesellschaftsvertrag*, in dem von den Arbeitslosen gefordert wird, während die Unternehmen gefördert werden? Was ist das für ein *gesellschaftliches Leitbild*, in dem vorgesehen ist, privaten Luxus (Putzfrauen), die sich nur Wohlhabende leisten können, gemeinschaftlich (über steuerliche Begünstigung) zu finanzieren und Arbeitslosen je nach ›Beschäftigungsfähigkeit‹ eine mehr oder weniger marginale Existenzsicherung (Arbeitslosengeld II) zuzubilligen?« Die gesamten Forderungen der »Hartz-Kommission« und die »Agenda 2010« durchziehen die These, dass es den Arbeitslosen an *Eigenaktivität* und *Flexibilität* bei der Arbeitssuche mangele. Deshalb müsse man den Druck auf sie erhöhen, um Arbeitslosigkeit wirksam zu bekämpfen. Kürzung der Bezugsdauer von Arbeitslosengeld, Senkung der Arbeitslosenhilfe auf Sozialhilfeniveau, weitere Verschärfung der Zumutbarkeitskriterien zur Arbeitsaufnahme sowie die schrittweise Aufhebung des Kündigungsschutzes sind die entsprechenden Maßnahmen. In der Agenda 2010 wird arbeitsmarktpolitisch noch zusätzlich auf eine Reduzierung der *gesetzlichen Lohnnebenkosten* (vgl. den Exkurs zu den Lohnnebenkosten) gesetzt, deren gegenwärtige Höhe beschäftigungsfeindlich sei. Deshalb hat man inzwischen das Rentenniveau gesenkt und die Privatisierung des Krankengeldes mit Wirkung zum 1. Juli 2005 gesetzlich beschlossen. Ferner soll die Tarifautonomie durch mehr Optionen für Betriebsvereinbarungen bezüglich der Lohnfrage ausgehöhlt werden (Schuhler 2003). Weitere Absenkungen müssten im Rahmen der »Gesundheitsreform« und der »Reform der Pflegeversicherung« vorgenommen werden und wurden mittlerweile auch weitgehend in Gesetzesform verabschiedet (vgl. Kap. 4.3.4).

Unabhängig von den tatsächlichen Gründen der Arbeitslosigkeit gilt diese als *individuell verschuldetes Problem*, das durch Aktivierung der Betroffenen und Optimierung der Arbeitsvermittlung (Umwandlung der Arbeitsämter in Job-Center) gelöst werden müsse. Dies alles entspricht dem beschriebenen, klassisch *merkantilen Denken* zur Zeit des 18. Jahrhundert,[19] das mit der neoliberalen Politik ins 21. Jahrhundert überführt worden ist. Damals wie heute sollte der Mensch durch eine *rigorose Lohnpolitik*, die die Höhe des Lohnes nahe dem nackten Existenzminimum definierte, zur Arbeitsamkeit erzogen werden. Die materielle Not sollte ihn zur Arbeitsaufnahme zwingen. Auch heute ist jede Arbeit zu niedrigsten Löhnen zumutbar. Langzeitarbeitslosen, als Bezieher von Arbeitslosengeld II, bietet man sogar ernsthaft die Zuverdienstmöglichkeit *von einem Euro pro Arbeitsstunde* (sog. »Ein-Euro-Jobs«) ohne staatliche Kürzungen der Unterstützungsleistung an. Welch eine Menschenverachtung! Das Ergebnis eines durch die Hartz-Gesetze herbeigeführten *»Systemwechsels in der Arbeitsmarktpolitik«* (Steinfeld 2003: 12ff.) ist entgegen der immer wieder vorgetragenen Behauptung kein taugliches Mittel zur Belebung von Wachstum und Beschäftigung.

»Gesetze für moderne Dienstleistungen am Arbeitsmarkt« (Hartz-Gesetze)

Hartz I:
- Ausweitung von vermittlungsorientierter Leiharbeit durch Personal Service Agenturen (PSA)
- Ausweitung befristeter Beschäftigung Älterer (= Umgehung des Kündigungsschutzes)
- Keine Dynamisierung des Arbeitslosengeldes mehr
- Verschärfung der Zumutbarkeit von Arbeit (Einkommensabschläge, Pendelzeiten usw.)
- Kürzung der Ausgaben für Weiterbildung; Voraussetzung für weitere Bewilligung 70 v. H. Vermittlungswahrscheinlichkeit nach Teilnahme an der Maßnahme

Hartz II:
- Ich-AG: Existenzgründungszuschüsse bis Jahreseinkommen von max. 25.000 €
- Mini-Jobs: geringfügige, für AN sozialversicherungsfreie Beschäftigung bis 400 €/Monat
- Midi-Jobs: bis 800 €/Monat
- Kombi-Lohn für ältere AN
- Ergebnisse: Umwandlung bislang sozialversicherungspflichtiger geringfügiger Beschäftigung und Ausweitung von prekärer Selbständigkeit

---

19 Vgl. dazu noch einmal den Punkt 1.3.1 »Merkantilistische Positionen«.

Hartz III:
- Bundesanstalt für Arbeit wird zur »Bundesagentur für Arbeit«, Arbeitsämter werden zu »Job-Centern« umfirmiert;
- Zuständig auch für rund eine Million erwerbsfähige Sozialhilfeempfänger (und 1,3 Millionen Familien-Angehörige)
- Stärkere Ausrichtung auf Vermittlung; Druckausübung auf Arbeitslose

Hartz IV:
- Ersetzen der Arbeitslosenhilfe durch Arbeitslosengeld II: 345 € West/331 € Ost (plus Kosten für Unterkunft und Heizung)
- Zur Förderung von Niedriglohnjobs Einstiegsgeld: »Jede legale Arbeit für Langzeitarbeitslose zumutbar« – sonst Kürzungen um 100 €/Monat
- Kürzung des Bezugs von Arbeitslosengeld auf 12 bzw. für ältere über 55 Jahre auf max. 18 Monate
- Änderung der Arbeitslosenstatistik nach EU-Maßstab. Ziel: Rechnerische Absenkung der Arbeitslosenquote

Mittlerweile hat es drei *Änderungs- und Fortentwicklungsgesetze zu Hartz IV gegeben* – veranlasst durch die »schwarz-rote« Große Koalition. Mit den Änderungen wird zusätzlicher Druck durch *Kürzung des Leistungsumfangs* sowie eine *Verschärfung der Kontrollmaßnahmen* auf die Arbeitslosen ausgeübt. Wer dreimal innerhalb eines Jahres ein Beschäftigungsangebot ablehnt, erhält für drei Monate kein Arbeitslosengeld II mehr. Entfallen können der Neuregelung zufolge grundsätzlich auch die staatlichen Zahlungen für Mietkosten. Das Arbeitslosengeld II wird auch gestrichen, wenn Langzeitarbeitslose für Nachfragen der Agentur für Arbeit mehrfach nicht erreichbar sind. Mit einem sog. »Sofortangebot« soll die Arbeitswilligkeit neuer Antragsteller künftig auf die Probe gestellt werden. Der Datenabgleich zwischen den Behörden zur Ausforschung verschwiegener Vermögenswerte wird erleichtert. Der Freibetrag für die Altersvorsorge wurde dabei von 200 auf 250 € pro Lebensjahr, auf maximal 16.250 €, erhöht;[20] der allgemeine Vermögensfreibetrag wird dafür aber von 200 auf 150 € pro Lebensjahr gesenkt. Kinder, die das 25. Lebensjahr noch nicht vollendet haben, werden zur Bedarfsgemeinschaft ihrer Eltern gerechnet und der Regelsatzbedarf wird für sie auf 80 v. H. reduziert. Wenn junge Langzeitarbeitslose einen eigenen Haushalt

---

20 Der Satz für das so genannte »Schonvermögen« ist im März 2010 von der »schwarz-gelben« Regierung von 250 € auf 750 € pro Lebensjahr erhöht worden.

gründen wollen, müssen sie nun vorher die Zustimmung des kommunalen Leistungsträgers einholen. Ziehen sie ohne dessen Einwilligung bei den Eltern aus, erhalten sie nur 80 v. H. der Regelleistung und keine Unterkunftskosten. Bei den eheähnlichen Gemeinschaften wurde die Beweislast umgekehrt. Eine eheähnliche oder lebenspartnerschaftliche Gemeinschaft wird dann vermutet, wenn die Partner seit mindestens einem Jahr zusammenleben, über Einkommen und Vermögen des anderen Partners verfügen können, gemeinsame Kinder haben oder gemeinsam Kinder bzw. Angehörige versorgen. Flächendeckend soll ein Außendienst prüfen, ob die Anspruchsvoraussetzungen gegeben sind. Zum selben Zweck kann die Bundesagentur für Arbeit künftig Daten aus dem Kfz-Bundesamt, dem Melderegister und dem Ausländerzentralregister abrufen.

Die Bekämpfung der Arbeitslosen spaltet die Gesellschaft immer mehr in *Arm* und *Reich*. Die neoliberalen Rezepturen, die auf einer falschen ökonomischen Diagnose basieren und bereits seit vier Legislaturperioden unter der Regierung Kohl, und auch seit 1998 durch die »rot-grüne« Schröder-Regierung zur Anwendung kamen, haben die wirtschaftliche Entwicklung auch unter der Großen Koalition von 2005 bis 2009 nicht verbessert, sondern im Gegenteil eine wesentliche Verschlechterung gebracht. Trotz des Konjunkturaufschwungs von 2006 bis 2008 hat es weiter eine Umverteilung von unten nach oben und eine Zunahme an prekärer Beschäftigung sowie eine zunehmende öffentliche Verschuldung bei gleichzeitig steigendem privaten Vermögenszuwachs für das obere Drittel der Gesellschaft gegeben. Wenn weiter versucht wird, keine *andere Medizin* zu verabreichen, sondern nur die *Dosis der falschen Medizin* (Agenda 2010) zu erhöhen, dann wird der Patient – die deutsche Volkswirtschaft – noch weiter abmagern. Schwindsucht lässt sich aber nicht mit Sparkost heilen. Im Kern laufen die Maßnahmen der Agenda 2010 und der Hartz-IV-Gesetze sowie die Nachfolgeregelungen auf Einsparungen und auf weitere Kaufkraftbeschränkungen gerade der *einkommensschwächsten Gruppen* hinaus. Betroffen sind vor allem die *Krisenverlierer* – die Arbeitslosen und Armen.

Die Umverteilung von unten nach oben wird so fortgesetzt; weitere Einschnitte in die sozialen Sicherungssysteme sind auch nach der Bundestagswahl 2009 programmiert; »und die ideologische *Diffamierung des Solidaritätsideals* kann wieder einen Sieg verbuchen. Denn was anderes als *Entsolidarisierung* bedeutet es, wenn die Opfer der kapitalistischen Wirtschaftskrise zu Schuldigen gemacht und auch noch ›bestraft‹ werden« (Zinn 2003: 5). Selbst der ehemalige Präsident des Kieler Instituts für Weltwirtschaft, der als neoliberal einzustufende Ökonom Horst Siebert, mahnte eine grundlegende Neuorientierung der Politik an: »Das ›Hartz-Konzept‹ geht an den

Kern des Problems der Arbeitslosigkeit nicht heran. (...) Auf ›Hartz‹ zu setzen, selbst auf einen nicht verwässerten, bedeutet deshalb eine Fehlorientierung der Politik bei der Reform des Arbeitsmarktes. (...) Eine Leitfrage muss sein, wo die Impulse für mehr wirtschaftliche Dynamik herkommen könnten. Zentrale Bedeutung gebührt dabei neben dem Unternehmen dem Humankapital. (...) Die Parteien haben bei der Bundestagswahl nicht um ein Mandat für die große gesellschaftliche Innovation geworben. Nun fehlt eine erkennbare Konzeption« (FAZ 2002: 12). Diese liegt sicher in einer forcierten *Innovationspolitik*.[21] Sie wird aber allein nicht ausreichend sein, um vor allem den nicht so qualifizierten und oftmals gesundheitlich eingeschränkten Menschen, allein vor dem Hintergrund der *Produktions-Produktivitätsschere*,[22] eine Beschäftigungsmöglichkeit zu bieten. Deshalb sind gesetzliche Mindestlöhne notwendig und der *Ausbau eines öffentlichen Beschäftigungssektors*, weil sich der Markt mit seinen Gesetzmäßigkeiten nur auf den gewinnbringenden Einsatz von Arbeit konzentriert.

2.1.4.5.4 MINDESTLÖHNE

Zur Vermeidung von Armutslöhnen sind dringend *gesetzliche Mindestlöhne* notwendig. Sie gehören zum Bereich staatlicher Regulierungen, deren Funktion es ist, beim *Vorliegen eines Marktversagens* für in diesem Fall soziale Mindeststandards bzw. Lohnhöhen zu sorgen. Verfällt der Lohn auf Grund eines *Überschussangebots an Arbeit* immer mehr und sind die Gewerkschaften im Rahmen von *kollektiven Tarifverträgen* – oder weil sie praktisch in den Branchen mit *Lohndumping* nicht präsent sind – nicht mehr in der Lage, einen *armutssicheren Lohn* auszuhandeln, so stellt der Mindestlohn ein *tarifsubsidiäres Instrument* im Rahmen der ansonsten bestehenden Tarifautonomie dar. Der gesetzliche Mindestlohn entzieht damit den Tarifparteien nicht die grundsätzliche Arbeitsentgeltgestaltung. Es wird ihnen allenfalls ein kleiner Teil genommen. Oberhalb des Mindestlohns bleibt ein weiter Gestaltungsspielraum bestehen. Mindestlöhne gibt es schon lange. In England seit 1893 und in Frankreich seit 1950. In der *Europäischen Union* (EU 27) haben 20 Länder einen gesetzlichen Mindestlohn eingeführt (vgl. Tab. 3) und weitere sechs Länder wirkungsähnliche funktionale Äquivalente. In *Deutschland* existiert ein gesetzlicher Mindestlohn bis heute nicht. Obwohl wir in der EU den *größten Niedriglohnsektor* ausweisen. Die Regierungskoalition aus CDU/CSU/SPD hat 2007 lediglich beschlossen das *Entsendegesetz*,[23] das derzeit nur

---

21 Vgl. dazu die Kap. 3.4ff. »Innovationsmanagement«.
22 Hierauf wird noch unter Kap. 2.1.4.5.7 »Arbeitszeitverkürzung statt Arbeitszeitverlängerung« ausführlich eingegangen.
23 Das Gesetz über zwingende Arbeitsbedingungen bei grenzüberschreitenden Dienstleistun-

für die Bau- und Reinigungsbranche gilt, auf weitere Branchen auszuweiten. Und zwar auf alle, in denen 50 v. H. der Beschäftigten tarifgebunden sind. Da beide Tarifparteien die Ausweitung beantragen müssen, können die Arbeitgeber aber die Anwendung selbst des Entsendegesetzes verhindern.

Tab. 3: Mindeststundenlöhne in Europa und den USA 2009 (in Euro)

Bulgarien	0,71		Malta	3,67
Rumänien	0,96		Spanien	3,78
Litauen	1,40		Griechenland	4,05
Lettland	1,48		USA	4,45
Ungarn	1,64		Großbritannien	7,20
Slowakei	1,70		Belgien	8,41
Estland	1,73		Niederlande	8,47
Tschechien	1,93		Irland	8,65
Polen	2,10		Frankreich	8,71
Portugal	2,71		Luxemburg	9,49
Slowenien	3,41			

Quelle: WSI-Tarifarchiv: Mindestlohnbericht 2009, WSI-Mitteilungen 3/2009

Gegen Mindestlöhne wird von den Gegnern vorgebracht, sie würden zu einer »*Mindestlohnarbeitslosigkeit*« führen. Würde der Lohn l_M staatlicherseits oberhalb eines markträumenden Gleichgewichtslohnes l_G festgelegt, so würde bei einer neoklassisch »*normal*« verlaufenden Arbeitsangebotsfunktion (bei steigendem Lohn wird mehr an Arbeit angeboten und vice versa) von den Unternehmern *weniger an Arbeit nachgefragt* $q_1 < q_G$ und gleichzeitig von den abhängig Beschäftigten *mehr an Arbeit angeboten* $q_2 > q_G$. Hierbei ist stillschweigend unterstellt, dass der Gleichgewichtslohn exakt dem »Wertgrenzprodukt der Arbeit entspricht« (vgl. Kap. 1.3.3). In der *wirtschaftlichen Realität* ist aber die Angebotsfunktion eine andere. Hier muss der abhängig Beschäftigte zu fast jedem Lohn auf Grund eines unelastischen Angebots seine Arbeitskraft anbieten. Sinkt der Lohn l_E unter den Gleichgewichtslohn, so wird nicht weniger, sondern sogar mehr an Arbeit q_E angeboten. Genau hierum geht es bei Mindestlöhnen.

---

gen (»*Arbeitnehmer-Entsendegesetz*«) von 1996 schreibt vor, dass die Rechtsnormen eines für allgemein verbindlich erklärten Tarifvertrages auch für solche Arbeitsverhältnisse zwingend angewendet werden müssen, die zwischen einem ausländischen Unternehmen und seinen in Deutschland beschäftigten Arbeitnehmern bestehen. Aufgrund des Entsendegesetzes gibt es Mindestlohntarifverträge für das *Bauhauptgewerbe*, das *Dachdeckerhandwerk*, das *Maler- und Lackiererhandwerk* und das *Abbruch- und Abwrackgewerk* sowie für die *Reinigungsbranche*.

Abb. 5: Mindestlöhne

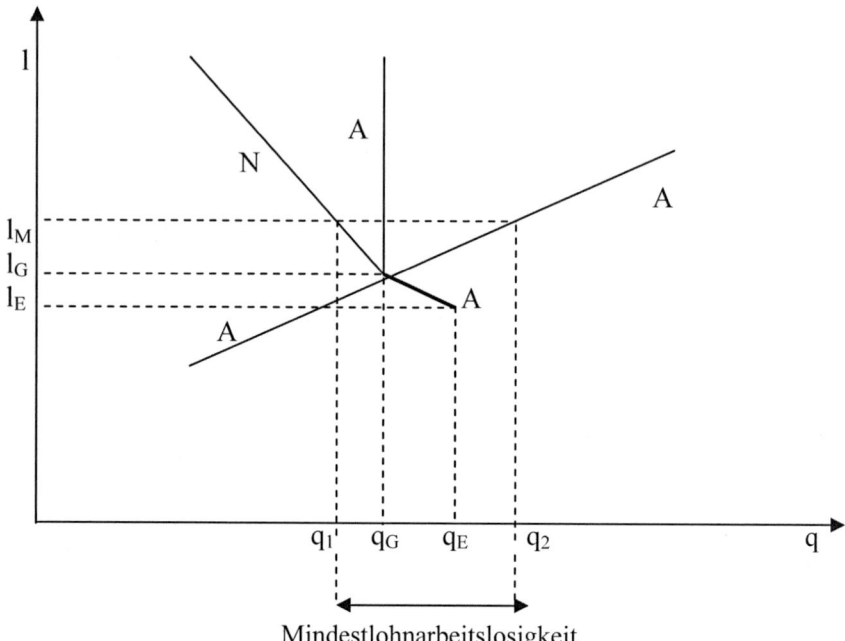

Mindestlohnarbeitslosigkeit

Weil der (l_E) bereits so weit gesunken ist, dass damit die Reproduktionskosten der Arbeitnehmer nicht mehr gewährleistet sind (*Existenzminimum*), muss der Staat dafür sorgen, dass der Lohn wieder das Gleichgewicht $l_G - q_G$ erreicht. Hier wird der Markt geräumt, d. h., das Lohn drückende Überangebot an Arbeit $q_G - q_E$ wird abgebaut. Selbst wenn der Mindestlohn auf (l_M) angehoben würde, käme es nur zu einem *theoretischen Rückgang* der nachgefragten Arbeitsmenge von q_G nach q_1. Dies deshalb, weil realiter die Einführung von Mindestlöhnen nicht – wie hier bisher in der Abb. 5 implizit unterstellt – nur *angebotsseitig* zu betrachten, sondern ebenso die Nachfrage an den Güter- und Dienstleistungsmärkten zu berücksichtigen ist und diese wiederum abhängig von der Entwicklung an den Geld- und Kapitalmärkten ist. Arbeitsmärkte sind *derivative (abgeleitete) Märkte*. »Bei der Arbeitsnachfrage der Unternehmen handelt es sich stets um eine aus dem am Markt absetzbaren Produktions- bzw. Dienstleistungsvolumen abgeleitete Nachfrage. Wenn es nicht zu einer Erhöhung des Produktions- und Dienstleistungsvolumens insgesamt, also zu einer Steigerung des Sozialproduktes kommt, besteht die Gefahr, dass ein Niedriglohnsektor gesamtwirtschaftlich lediglich zu einer *Verdrängung von Arbeitskräften* führt. Vieles spricht dafür, dass die Unternehmen teurere durch verbilligte Arbeit ersetzen, wenn sie Arbeitskräfte preiswerter beschäftigen können, als dass sie über eine Erschließung neuer Produkte und Dienstleistungen zusätzliche Arbeitsplätze schaffen« (Bäcker 2007: 122). Die einseitige Angebotsbetrachtung der Neoklassik greift deshalb zu kurz. Die Einführung eines Mindestlohns verbessert in Deutschland die *Einkommenssituation* von rund sieben Millionen Menschen, die heute im Niedriglohnsektor ihre Ware Arbeitskraft anbieten müssen. Menschen, die in Anbetracht ihrer nur geringen und unzureichenden Einkommen enorme *aufgestaute Konsumwünsche* haben und die auf Grund ihrer marginalen Sparquoten von Null alles zusätzliche Einkommen verausgaben werden. Dies wird die gesamtwirtschaftliche Nachfrage multiplikativ erhöhen und Beschäftigung schaffen. Auch wenn ein Teil der Unternehmen auf die Einführung eines gesetzlichen Mindestlohns mit *Preissteigerungen* reagieren würden, weil insbesondere kleine mittelständische Unternehmen nicht in der Gewinnzone arbeiten, so hätte kein Unternehmen – wie immer wieder von Seiten der Arbeitgeber und ihnen nahestehender Claqueure behauptet wird – einen *Wettbewerbsnachteil*. Alle hätten die gleiche zusätzliche Kostenbelastung. Nach der Einführung eines gesetzlichen Mindestlohns in *Großbritannien* im Jahr 1999 haben die Unternehmen die Mindestlöhne in einem beträchtlichen Maße aus ihren *Gewinnen* gezahlt. Sie sanken um 8 v. H. Dies hat aber nicht die Existenz der Unternehmen infrage gestellt. Die höheren Löhne konnten aus den Gewinnen ohne weiteres bezahlt werden, nachdem sich zuvor viele Unternehmen zu Lasten ihrer Beschäftigten an Armutslöhnen sittenwidrig bereichert hatten. Und auch das immer wieder gegen Mindestlöhne vorgetragene Scheinargument, dass für »einfache Arbeiten« nur ein dem jeweiligen Wertgrenzprodukt der Arbeit entsprechender geringer »Produktivitäts-Lohn« gezahlt werden kann, ansonsten käme es zu einer Vernichtung von Arbeitsplätzen im Niedriglohnsektor, stimmt so nicht. Im Mittelpunkt stehen hier rein kurzfristige *Kostenbetrachtungen,* ohne die positiven Einkommens- und auch Motivationsrückwirkungen auf die bisher zu Armutslöhnen Ausgebeuteten zu berücksichtigen (Hickel 2007). Außerdem kann ein Unternehmen nicht das Wertgrenzprodukt eines *einzelnen Mitarbeiters* ermitteln. Es kommt immer nur *arbeitsteilig* zustande und lässt sich demnach auch nur in Summe einem Unternehmen zuordnen. Dies gilt erst recht für die gesamte Wirtschaft. Auch hier sind alle möglichen Berufe notwendig, nicht nur hochbezahlte Manager, sondern auch Reinigungskräfte, um nur ein Beispiel zu nennen. Alle verrichten arbeitsteilig gesellschaftlich notwendige Arbeit. Daher haben auch diejenigen, die diese Arbeit verrichten, Anspruch auf Respekt und eine adäquate Bezahlung, die allen ein menschenwürdiges Leben möglich machen. Wenn der Arbeitsmarkt dies von sich aus nicht leistet, wenn also ein *Markt-*

versagen vorliegt, so ist der *intervenierende Staat* eben mit der Setzung von *indexierten Mindestlöhnen* gefordert. Damit ist dann auch gewährleistet, dass der Mindestlohn mindestens einmal im Jahr an die aktuelle Entgeltentwicklung angepasst wird.

2.1.4.5.5 GRUNDEINKOMMEN OHNE ARBEIT

Zur Bekämpfung des Niedriglohnsektors und der Massenarbeitslosigkeit wird seit längerem auch ein »*Grundeinkommen ohne Arbeit*« (Wiemeyer 1988, Opielka 2006) oder ein »*Bürgergeld*« (DIW 1996) kontrovers diskutiert. »Jeder Mensch soll die Freiheit haben, nicht arbeiten zu wollen.« Wesentlich ist dabei die Ausgangsthese, dass der Arbeitsgesellschaft die Arbeit ausgehe und das sogenannte »*Normalarbeitsverhältnis*« immer mehr aufgehoben würde. Als Ersatz käme es verstärkt zu prekären Beschäftigungsverhältnissen. *Vollbeschäftigung* könne über *Wachstum* aus Sättigungserscheinungen und Produktivitätsentwicklungen nicht mehr erreicht werden und Wachstum sei auch aus ökologischen Gründen (Umwelt- und Rohstoffproblematik) kein anzustrebendes Ziel mehr. »Zwangsläufig müsse ein wachsender Teil der Bevölkerung im erwerbstätigen Alter seinen Lebensunterhalt aus Sozialleistungen beziehen. Daher sei eine Entkoppelung von Arbeit und Einkommen ebenso notwendig wie die Abkehr von einer an der Erwerbsarbeit anknüpfenden Sozialpolitik. Damit nicht eine wachsende Zahl von Menschen auf Sozialleistungen angewiesen seien, müsste ein staatlich garantiertes Einkommen geschaffen werden« (Wiemeyer 1988: 43). Von den *Befürwortern* eines Grundeinkommens wird auch angeführt, dass damit der *kapitalistische Zwang zur Arbeit* entfallen würde bzw. abhängig Beschäftigte nicht mehr jede Arbeit unter unzureichenden Arbeitsbedingungen aufnehmen müssten. Durch das Grundeinkommen erhielte der Einzelne mehr individuelle Autonomie, sich gegen die kapitalistische Ausbeutung zu wehren und für eine lebenswertere Umwelt einzutreten. Es käme auch unter heutigen Bedingungen von Massenarbeitslosigkeit zu einer *Verknappung* der Ware Arbeitskraft, dies würde die Löhne der weiter Arbeit verrichtenden Beschäftigten erhöhen, was ansonsten nur schwer umsetzbar sei. Die *Gegner* des bedingungslosen Grundeinkommens setzen dagegen weiter auf einen *starken Sozialstaat*, der die ungerechten Ergebnisse des Marktes und Wettbewerbs korrigieren soll. Demnach ist der Sozialstaat zur »Sicherung der Marktmöglichkeiten der Bürger da. Er hat die Bürger zum Markt zurückzuführen, sie marktfähig zu halten. (...) Er bindet seine subsidiären Transferzahlungen an die überprüfbare Bereitschaft zur Beschäftigungsaufnahme und zur Selbstverantwortlichkeit« (Kersting 2003: 107). Auch würde ein bedingungsloses Grundeinkommen von dem Postulat einer *staatlichen Vollbeschäftigungspolitik* ablenken und einen »*Sozialstaat light*« schaffen. Die Kosten, die für ein

Einkommen ohne Arbeit anfallen, würden für die möglichst ersatzlose Streichung aller sozialstaatlichen Transferzahlungen einschließlich der Rente dienen. In Analogie zum Steuerkonzept der »Flat-Tax« könnte es so zu einer Art »Flat-Sozialstaat« kommen (Schäfer 2006).

Die Arbeitsgruppe Alternative Wirtschaftspolitik fordert deshalb eine »bedarfsabhängige Grundsicherung« als Alternative zum »Grundeinkommen ohne Arbeit«. Die Zumutbarkeitsregelungen für die Annahme eines Arbeitsangebotes sollten angemessen angelegt sein und sowohl einen Einkommens- als auch Qualifikationsschutz umfassen. Mit einer solchen Regelung im Rahmen einer bedarfsabhängigen Grundsicherung ist der Zwang, jede Arbeit anzunehmen, aufgehoben. Die Grundsicherung wäre dennoch weiterhin arbeitszentriert: Die Aufnahme einer zumutbaren Arbeit – d. h. sofern ein angemessen entlohntes, sozialversicherungspflichtiges Beschäftigungsverhältnis begründet wird und soziale Gründe (u. a. Kindererziehung) dem nicht im Wege stehen – kann in der Regel nicht verweigert werden. Nur wenn dies dennoch geschieht, sind Kürzungen der Grundsicherung angezeigt« (Arbeitsgruppe Alternative Wirtschaftspolitik 2006: 280f.). Auch wird von den Gegnern des Grundeinkommens das *Arbeitsverständnis* der Befürworter kritisiert. Durch Arbeit (Erwerbsarbeit) wird nicht nur ein Einkommen erzielt, sondern auch das *Selbstwertgefühl* und die *Respektabilität* des eigenen Lebens vermittelt. Die Menschen leben in gesellschaftlichen, arbeitsteiligen Zusammenhängen und gestalten in diesen ihren Lebensgewinnungsprozess miteinander und im Kontext mit der Natur. »Wie der Wilde mit der Natur ringen muss, um seine Bedürfnisse zu befriedigen, um sein Leben zu erhalten und zu reproduzieren, so muss es der Zivilisierte, und er muss es in allen Gesellschaftsformationen und unter allen möglichen Produktionsweisen« (*Karl Marx*). Die Einführung eines bedingungslosen Grundeinkommens wäre auch nicht ein »Kampf« gegen den *Niedriglohnsektor*, sondern würde ihn im Gegenteil ausdehnen und einen erheblichen Druck v. a. auf die unteren Lohngruppen ausüben. »Dann profitieren aber nicht in erster Linie erwerbslose Personengruppen, sondern die Arbeitgeber, die keine auskömmlichen Löhne mehr zahlen müssen, da sie darauf verweisen werden, dass ihre Beschäftigten aufgrund des bedingungslosen Grundeinkommens lediglich eine zusätzliche Verbesserung ihres doch bereits gesicherten Lebensstandards anstreben« (Rünker 2006: 16). Dies erklärt auch das Eintreten vieler Arbeitgeber und neoliberaler Ökonomen wie Politiker für ein Grundeinkommen ohne Arbeit. Götz Werner, Inhaber der DM-Drogeriemärkte sagt: »Nehmen wir an, eine Krankenschwester verdient 2.500 €. Nach Abzug des Bürgergeldes müsste das Krankenhaus ihr dann nur noch 1.200 € bezahlen.« Auch der Präsident des Hamburger Weltwirtschaftsinstituts,

Thomas Straubhaar, sieht vor allen Dingen den Vorteil, dass darüber die Löhne sinken könnten. »Die Löhne werden ins Rutschen kommen« (zitiert bei: Schlecht 2006: 112f.). Und an anderer Stelle schreibt er: Das Grundeinkommen ist »ökonomisch effizient, weil es als Universaltransfer alle anderen Umverteilungsinstrumente und insbesondere alle sozialpolitisch motivierten Eingriffe in den Arbeitsmarkt überflüssig macht« (Straubhaar 2007).

Zwei weitere Argumente der Gegner eines bedingungslosen Grundeinkommens sind zum einen ein *motivationales* und zum anderen die *Nichtfinanzierbarkeit*. Was die Motivation anbelangt, so ist es geradezu naiv zu glauben, die (noch) Beschäftigten würden von ihrem Einkommen (Produktionsergebnis) ganz einfach so viel abgeben, um alle die mitzuernähren, die nicht mehr aus freien Stücken arbeiten wollen. Man sieht bereits beim jetzigen bedarfsorientierten Sozialsystem die Kritik an der sogenannten »*Versorgungsmentalität*« oder der »*sozialen Hängematte*«. Die Gesellschaft als Ganzes würde ein solches »System« von Arbeitenden und Nichtarbeitenden nicht akzeptieren. Auch hätte ein Grundeinkommen verhängnisvolle demotivationale Wirkungen auf die *Jugend*. Warum sollten sich eigentlich Kinder in den Schulen und Studierende an Hochschulen noch anstrengen, wenn sie doch wissen, sie werden mit einem arbeitslosen Grundeinkommen von der Wiege bis zur Bahre versorgt? Angesichts der finanziellen Dimension eines Grundeinkommens ist abschließend, so die Kritik, dessen *Finanzierung* allenfalls theoretisch möglich. Bei einem Grundeinkommen von 1.000 € im Monat wären knapp 1.000 Milliarden € (eine Billion) jährlich aufzubringen. Angesichts dieser Dimensionen, so Ulrich *Busch*, entspräche dies »einem Anteil am Gesamtbudget der *öffentlichen Haushalte* von 95,4 v. H. Bezogen auf sämtliche Steuer- und Beitragseinnahmen des Staates einschließlich der *Sozialversicherungssysteme* wären es 103,3 v. H., gemessen am Umfang der Sozialleistungen sogar 168,2 v. H. Also, selbst wenn durch die Einführung eines Grundeinkommens sämtliche bisherigen Sozialleistungen (Rente, Krankengeld, Arbeitslosengeld I und II, Kindergeld usw.) wegfielen, bleibe eine gewaltige Finanzierungslücke« (Busch 2005: 989f.).

2.1.4.5.6 AUSBAU EINES ÖFFENTLICHEN BESCHÄFTIGUNGSSEKTORS ALS ALTERNATIVE ZU HARTZ IV

Anstatt einen privaten Niedriglohnsektor mit prekären Beschäftigungsverhältnissen und neofeudalistischem Charakter auszubauen, mit allen sich damit verbindenden negativen Aspekten für den einzelnen Menschen, aber auch für die Volkswirtschaft als Ganzes (Schaffung eines Subproletariats und negative Rückwirkungen auf das

Wirtschaftswachstum), sollte der Fokus vielmehr – wie aufgezeigt – auf gesetzliche Mindestlöhne, auf eine *aktive Arbeitsmarktpolitik*, die Einrichtung eines *öffentlichen Beschäftigungssektors (ÖBS)* sowie auf Ausbau statt Privatisierung von *öffentlichen Unternehmen* gelegt werden. Dies lässt sich schon allein – entgegen den Auffassungen neoliberaler Politik und ihrer praktizierten Anwendung – mit dem privatwirtschaftlichen *Markt- und Wettbewerbsversagen* begründen,[24] aber auch mit dem Tatbestand, dass es völlig ausgeschlossen und wegen zu erwartender *Umweltschäden* auch nicht wünschenswert ist, dass die bestehende Massenarbeitslosigkeit allein über ein höheres *Wirtschaftswachstum* abgebaut wird (Zinn 2002a: 38ff.). Außerdem lassen sich öffentliche Leistungen und staatliche Aktivitäten grundsätzlich als eine wesentliche Voraussetzung für die Entwicklung und das Fortbestehen des *sozialen Zusammenhaltes* in einer Gesellschaft begründen – nicht zuletzt auch mit der notwendigen Bereitstellung von öffentlicher Infrastruktur.

Staatliche Interventionen in den Marktmechanismus erfolgen dabei immer in abgestufter Form.

- Erstens durch normative Regelungen individuellen Verhaltens (Gebote, Verbote),
- zweitens durch Steuern/Transferzahlungen/Subventionen (Internalisierung externer Kosten oder Vorteile, Änderung der Verteilungsrelationen) und
- drittens durch eine Funktionsteilung zwischen privater Produktion und öffentlichem Leistungsangebot (die Produktion erfolgt hierbei in privater, die Leistungsabgabe in öffentlicher Regie) sowie
- viertens durch öffentliche Produktion (öffentliche Unternehmen) und öffentliche Leistungsabgabe.

Trotz der marktwirtschaftlich-kapitalistisch immanenten *Deformationen* sowie der in fast allen entwickelten Industriegesellschaften abnehmenden Wachstumsraten und schneller steigenden Produktivitätsraten sind *Interventionen* in den Marktmechanismus und staatliche Aktivitäten zur Beschäftigungssicherung im Weltbild der heute vorherrschenden neoliberalen Ökonomie aber a priori negativ besetzt, schränken sie doch angeblich die *individuelle Dispositionsfreiheit* ein; der Staat steht in Konkurrenz zum Markt und nicht – wie es die Modellierung der ökonomischen Realität geböte – in einer *Komplementations- und Substitutionsbeziehung*. Überall werden das *Individuum* und damit auch der *Egoismus* befürwortet und der Staat, das Soziale, das gesellschaftlich Ganze, in Misskredit gebracht. Der Staat steht hier für Bürokratie, Ineffizienz und Verschwendung. Man müsse ihn zurechtstutzen und verschlanken.

---

24 Siehe dazu speziell die Kap. 4.1ff »Wettbewerbstheorie und -politik«.

Dies ist die allseits populäre Forderung.[25] Dabei ist Deutschland längst nach den Abmagerungskuren durch die »rot-grüne« und dann durch die »schwarz-rote« Große Koalition zu einem schlanken Staat umgebaut (»entstaatlicht«) worden. »Mit einer *Staatsquote* (Staatsausgaben in Relation zum Bruttoinlandsprodukt, d. V.) von 43,9 v. H. im Jahr 2008 liegt Deutschland deutlich unter dem Durchschnitt der Länder des Euroraums (46,3 v. H.). Konkret gibt der deutsche Staat damit rund 60 Milliarden Euro jährlich weniger aus bei einer dem Durchschnitt der Mitgliedsländer des Euroraums entsprechenden Staatsquote. Bemerkenswert ist die Tatsache, dass die deutsche Staatsquote um zwei v. H.-Punkte niedriger ist als die des Vereinigten Königreichs. Wir sind also bereits unterhalb angelsächsischer Verhältnisse angelangt« (Bofinger 2009: 155). Auch bei den *Staatsausgaben pro Bürger* findet sich Deutschland im Vergleich zu allen 24 OECD Staaten auf einer mittleren Position. So stehen beispielsweise in Dänemark pro Bürger fast 70 v. H. mehr öffentliche Mittel zur Verfügung als in Deutschland. Seit der Wiedervereinigung sind in Deutschland rund 1,8 Millionen Vollzeitarbeitsplätze im Staatssektor gestrichen worden – das entspricht einem Personalabbau von 42 %. »Dies hat auf der einen Seite unmittelbar zum *Anstieg der Arbeitslosigkeit* beigetragen und auf der anderen Seite den *Umfang und die Qualität öffentlicher Dienstleistungen* spürbar vermindert und verschlechtert. Mittlerweile gibt es in zentralen Bereichen der öffentlichen Daseinsvorsorge – Schulen, Hochschulen, Kindergärten, Krankenhäusern – *akuten Personalmangel*« (Arbeitsgruppe Alternative Wirtschaftspolitik 2004: 39). Durch den drastischen Personalabbau beliefen sich die *staatlichen Personalausgaben* im Jahr 2008 nur noch auf 6,8 % des Bruttoinlandsprodukts. »Kein anderes vergleichbares Land gibt so wenig Geld für sein Personal im öffentlichen Dienst aus« (Bofinger 2009: 158).

Auch die *aktive Arbeitsmarktpolitik* (Mertens, Kühl 1988: 279ff.) zur Bekämpfung konjunktureller wie struktureller Arbeitslosigkeit ist der neoliberalen Wirtschaftsdoktrin geopfert worden. So wurden von der Bundesregierung im Zuge der Hartz-Gesetze die Abschaffung der *Strukturanpassungsmaßnahmen (SAM)*

---

25 Aber wehe, man stellt nach Unfällen (wie bei Umweltkatastrophen oder wenn Menschen durch die Raffgier des unkontrollierten privaten Kapitals zu Schaden gekommen sind) fest, dass es keine oder zu geringe staatliche Auflagen, Verbote oder Vorschriften gab, dann ertönt als erstes der Ruf nach dem Staat, nach Bürokratie, wobei dann auch der Staat in der Regel für die Schäden aufzukommen hat. Dies bedeutet natürlich nicht, dass es sicherlich so manche unsinnige bürokratische Regelung gibt, auf die wirklich verzichtet werden könnte. Dies aber übrigens nicht nur beim Staat, sondern auch in allen Großorganisationen der privaten Wirtschaft. Außerdem sind viele bürokratische Regeln von der Wirtschaft selbst veranlasst. Man denke hier nur an vielfältige Auflagen der Versicherungswirtschaft, die nicht selten absurde Züge tragen.

und die rigorose Kürzung von *Arbeitsbeschaffungsmaßnahmen (ABM)* als auch die Streichung von *Qualifizierungsmaßnahmen* beschlossen. Dies hat unmittelbar einschneidende Konsequenzen für die Beschäftigung und für die Arbeitslosen. Auch wenn die Maßnahmen »nicht immer den gewünschten Erfolg hatten, Personen aus derartigen Maßnahmen schnell in den ersten Arbeitsmarkt einzugliedern, haben sie diesen Personenkreis doch aufgefangen, zumindest vorübergehend stabilisiert und damit auf jeden Fall ihre zukünftigen Arbeitsmarkt- und Berufschancen verbessert. Die weitgehende Abschaffung dieser Auffangmöglichkeiten wird mehrere zehntausend Betroffene auf die abschüssige Bahn des Qualifikationsverlustes, der sozialen Isolierung und individuellen Destabilisierung stoßen« (Arbeitsgruppe Alternative Wirtschaftspolitik 2004: 39f.).

Die dritte Komponente des neoliberalen staatlichen Abbaus ist die *Privatisierung* (Engartner 2007, Deckwirth 2008). »Sie nimmt verschiedene Formen an: Verkauf staatlicher Unternehmen an private Investoren, Verlagerung der Versorgung mit öffentlichen Dienstleistungen von öffentlichen auf private Unternehmen; Übertragung der sozialen Sicherung vom öffentlichen System auf die Kapitalmärkte und Verwandlung von Gemeineigentum in private Eigentumsrechte« (Huffschmid 2004: 159). Die *Ergebnisse dieser Privatisierungspolitik* sind vielfach der *Verlust von Versorgungssicherheit* und Kontinuität ehemals öffentlicher Dienstleistungen (siehe z. B. den Zusammenbruch der Stromversorgung in Kalifornien oder des Bahnschienennetzes in England).

»In vielen Fällen sind die Preise für Dienstleistungen unmittelbar nach der Privatisierung gefallen, um den Prozess für die Öffentlichkeit akzeptabel zu machen – und auch um Marktanteile zu erobern. Aber sobald die Märkte durch Fusionen, Übernahmen und Kooperationsabkommen ›konsolidiert‹ sind, steigen die Preise oft wieder, wie das gegenwärtig bei Strom, Gas und Wasser der Fall ist. Wo sie niedrig bleiben, befindet sich der Markt oft noch im Formierungsprozess oder es gibt starke Regulierungsbehörden. In der europäischen Telekommunikation ist beides der Fall, aber auch hier fallen die Preissenkungen regelmäßig erheblich geringer aus als die Produktivitätssteigerungen erlauben würden. Privatisierte Unternehmen haben oft auch Methoden der Rechnungslegung und Preiskalkulationen entwickelt, die – wegen der Informationsasymmetrie – schon von den Regulierungsbehörden sehr schwierig zu verfolgen und zu kontrollieren sind, von der breiten Öffentlichkeit ganz zu schweigen. Hinsichtlich der Beschäftigung kann man mit Sicherheit feststellen, dass Privatisierungen (und die anschließenden ›Konsolidierungen‹) in nahezu allen Fällen zu Arbeitsplatzverlusten geführt haben. Das ist nicht verwunderlich, denn der Antrieb für die Privatisierung eines öffentlichen Unternehmens oder Dienstes war für den Investor die Aussicht auf Gewinne, und der schnellste – wenn auch langfristig nicht der gangbarste – Weg zu Gewinnen ist die Senkung von Kosten durch Personalabbau, Lohnsenkung und die Verschlechterung der Arbeitsbedingungen. Sogar hinsichtlich interner Effizienz und

Rentabilität sind die Ergebnisse von Privatisierungen durchaus gemischt. Auf der einen Seite haben drastische Kostensenkungsprogramme und umfangreiches Marketing oft zu einer wesentlich höheren Profitabilität geführt. Auf der anderen Seite haben sich die meisten großen privatisierten Unternehmen und Diensteanbieter während der letzten fünf Jahre an den großen internationalen Fusionswellen beteiligt und Unternehmen in einem Umfang gekauft, der jenseits jeder vernünftigen und soliden Geschäftsperspektive lag. Sie haben Preise für Geschäftslizenzen (z. B. UMTS) bezahlt, für die sie sich in einem letztlich untragbaren Maße verschulden mussten. Beim Zusammenbruch der Aktienmärkte erlitten sie gewaltige Verluste und der anschließende Restrukturierungsprozess kostete Tausende von Arbeitsplätzen und bleibt noch für viele Jahre eine Belastung« (Huffschmid 2004: 162f.).

Soll die Geißel der *Massenarbeitslosigkeit* in Deutschland wirklich, und nicht nur in Sonntagsreden von Politikern oder durch die Ausweitung eines Niedriglohnsektors mit prekären Beschäftigungs- und Ausbeutungsverhältnissen, bekämpft und die Entwicklung auf einen *Vollbeschäftigungspfad* gebracht werden, der auch mit einem Schlage sämtliche Probleme in den *Sozialversicherungshaushalten* lösen würde, so wird dies mit dem eingeschlagenen Weg der »*Entstaatlichung*« und »*Privatisierung*« nicht gelingen (Bofinger 2008: 351-357). Auch das ausschließliche Setzen auf *Wirtschaftswachstum* bei tendenziell relativer Konsumsättigung der einkommensstärkeren Haushalte ist weder hinreichend noch aus Gründen einer weiter stark zunehmenden Umweltverschmutzung akzeptabel.[26] Hinzu kommen weitere säkulare Produktivitätsraten, die sich oberhalb der realen Wachstumsraten des Sozialprodukts bewegen und auch zukünftig das seit Jahren bereits stark rückläufige Arbeitsvolumen noch weiter absenken werden. Diese Entwicklungen verlangen bezüglich der *Beschäftigungsfrage* nach ande-

---

26   Das *Wirtschaftswachstum* nimmt aufgrund von zwei Hauptursachen ab: Erstens führt der technische Fortschritt zu einem steigenden Durchschnittseinkommen, und mit den steigenden Pro-Kopf-Einkommen ergibt sich schließlich eine nachlassende Konsumdynamik, also ein vermindertes Nachfragewachstum. Dies lässt sich durch das Zusammenwirken von zwei psychologischen Gesetzmäßigkeiten erklären: Dem ersten von H. H. Gossen entwickelten »Sättigungsgesetz des abnehmenden Grenznutzens«, dem die meisten, wenn auch nicht alle Bedürfnisse und Güter unterliegen, und zweitens die von J. M. Keynes als »fundamentales psychologisches Gesetz« bezeichnete Neigung des Menschen, zwecks Zukunftsvorsorge Ersparnisse zu bilden, und zwar in dem Sinne, dass dabei die Ersparnisbildung steigt (Sparquote) überproportional zum Einkommen. Infolge der verminderten Konsumneigung verschlechtern sich die Absatzerwartungen der Unternehmen, sodass nicht mehr gewährleistet ist, dass die steigende Ersparnis kontinuierlich für freiwillige Investitionen verwendet wird. Es ergibt sich eine deflatorische Lücke zwischen freiwilliger Ersparnis und freiwilliger Investition. Es kommt daher zu Wachstumsreduktionen, die bei anhaltender, gar verstärkter Rationalisierung zu steigender Arbeitslosigkeit führen und damit unter Einschluss ausbleibender Steuereinnahmen und daraufhin veranlasster Staatsausgabensenkungen das Wachstumsproblem noch vergrößern.

ren Antworten als nach einer *marktradikalen Lösung* im Sinne von Lohnkürzungen, längerer Arbeitszeit und einer Rückführung öffentlicher oder meritorischer Güter zu Gunsten des Ausbaus privater Konsumnachfrage. Im Gegenteil: Die Masseneinkommen mit niedriger marginaler Sparquote sind nachhaltig im Sinne einer zumindest *produktivitätsorientierten Lohnpolitik*[27] zu stärken und gleichzeitig ist die *Arbeitszeit* aufgrund des abgesenkten Arbeitsvolumens nicht kontraproduktiv zu erhöhen, sondern zu senken.[28] Außerdem ist ergänzend der öffentliche Sektor im Namen einer seit Jahren praktizierten Haushaltskonsolidierung, die zu einer Verschlechterung des Angebotes an öffentlichen und meritorischen Gütern geführt hat, nicht ab-, sondern auszubauen. Dazu gehören eine *aktive Arbeitsmarktpolitik* zur Stärkung des »Zweiten Arbeitsmarktes« in Form von ABM und SAM oder auch besondere Qualifizierungsmaßnahmen als Eingliederungshilfen in den »Ersten Arbeitsmarkt« sowie der sofortige Stopp weiterer Entlassungen im öffentlichen Dienst und die Einrichtung eines öffentlichen Beschäftigungssektors (ÖBS) – insbesondere in Ostdeutschland, aber auch in westdeutschen Regionen und Städten mit sehr hoher Arbeitslosigkeit. Die Arbeitsgruppe Alternative Wirtschaftspolitik hat dazu in ihrem Gutachten von 1996 (125ff.) ausführliche Vorschläge, insbesondere hinsichtlich der Einrichtung eines *öffentlichen Beschäftigungssektors* unterbreitet. Dieser setzt nicht auf zeitlich befristete Beschäftigungsverhältnisse, sondern auf Dauerarbeitsplätze unter gesamtwirtschaftlicher Verantwortung. Dabei können Arbeitsplätze analog zu den bisherigen Strukturen des öffentlichen Dienstes, aber auch außerhalb traditionell-staatlicher Strukturen im Rahmen von gemeinnützigen Organisationen angesiedelt werden.

> »Vom traditionellen öffentlichen Dienst würde sich der ÖBS dadurch unterscheiden, dass nur bestimmte Personengruppen hier Beschäftigung fänden. Zu denken wäre insbesondere an Arbeitnehmer, die trotz erfolgreicher Qualifizierungsmaßnahmen, Umschulungsmaßnahmen und nach ABM keinen Arbeitsplatz im ›Ersten Arbeitsmarkt‹ finden konnten. Auch hinsichtlich der Tätigkeitsfelder würde sich der ÖBS vom traditionellen öffentlichen Dienst unterscheiden, da neuartige Tätigkeitsfelder erschlossen werden sollen. Hier sei insbesondere auf neue Formen lokaler, etwa stadtteilorientierter Sozial- und Gesundheitsdienste (Altenarbeit und -betreuung, Pflege, Familienarbeit, Konfliktvorbeugung) verwiesen, auf Tätigkeiten im Rahmen der Stadterneuerung und des Umweltschutzes (Renaturierung, Flächenaktivierung, Bodensanierung, sozialer Wohnungsbau, Waldsanierung, Pflege ungenutzter Flächen, Denkmalpflege), auf die gesamtwirtschaftlich wünschenswerte Erhöhung des Recyclinganteils (stärkere Zerlegungstiefe, Experimente, Erschließung von Nachfragebereichen) sowie auf das notwendige staatliche bzw. kommunale Engagement in Bildung und Kultur (Beratungsstellen etc.). Diese Bereiche werden gerade mit Blick auf

---

27   Siehe dazu den Punkt 2.2 »Produktivitätsorientierte Lohnpolitik und Umverteilung«.
28   Vgl. den Punkt 2.1.4.5.7.2 »Massive Arbeitszeitverkürzung tut Not«.

die gesamtgesellschaftliche Entwicklung weiter an Bedeutung zunehmen. Für viele dieser genannten Felder stellt eine rein ideologisch begründete Privatisierung keine sinnvolle Alternative dar, da auf eine demokratische und soziale Einflussnahme nicht verzichtet werden kann. Eine Kommerzialisierung dieser Bereiche würde die Qualität öffentlicher Leistungen insbesondere im sozialen Bereich und damit das System der sozialen Gerechtigkeit weiter aushöhlen. Die grundsätzliche Bereitschaft des Staates, Mittel für einen solchen ÖBS zur Verfügung zu stellen, wäre durch eine Beteiligungsmöglichkeit der Bevölkerung an der Ausgestaltung der konkreten Beschäftigungsinhalte zu ergänzen, so dass sich der gesellschaftliche Bedarf unmittelbar artikulieren könnte. Aufgrund der vorhandenen gesellschaftlichen Steuerungsmöglichkeiten ließe sich mit Hilfe eines auch als Experimentierfeld verstandenen ÖBS ein ökologischer und gemeinnütziger Umbau von Wirtschaft und Gesellschaft unter Berücksichtigung von Kriterien der Nachhaltigkeit forcieren« (Arbeitsgruppe Alternative Wirtschaftspolitik 1996: 136f.).

Die *Finanzierung* wäre bei einer *kompensatorischen Steuerpolitik*,[29] die eine ausreichende Einnahmenbasis zur Deckung der Ausweitung des öffentlichen Sektors gewährleistet, kein Problem. Dazu müssten die Steuerkonkurrenz in der EU beendet – insbesondere vor dem Hintergrund des Beitritts der zehn neuen osteuropäischen Staaten – und die in Deutschland vor allem im letzten Jahrzehnt vorgenommene Steuerentlastung von Unternehmen und Kapitaleinkommen zu Lasten der Lohneinkommen rückgängig gemacht und im Sinne des finanzwissenschaftlichen Grundsatzes einer Besteuerung nach der *Leistungsfähigkeit* neu konzipiert werden. Außerdem sind die enorm hohen und völlig *disproportional konzentrierten Vermögensbestände* in Deutschland (Geld- und Immobilienvermögen sowie Produktivkapital; dies gesamte Nettovermögen nach Abzug aller Verbindlichkeiten lag 2007 bei 6,6 Billionen €) mit entsprechenden *Vermögen- und Erbschaftsteuern* sowie der *Kapitalverkehr* mit einer *Börsenumsatz- und Spekulationssteuer* zu belasten (Frick/Grabka 2009: 54ff.). Ein Großteil der staatlichen Beschäftigungspolitik würde sich außerdem *selbst finanzieren*. Aufgrund der höheren Beschäftigung und des stärkeren Wachstums fließen den öffentlichen Haushalten – mit zeitlicher Verzögerung – zusätzliche Mittel in Form von Steuern und Sozialabgaben zu. Dass die Höhe dieser *Selbstfinanzierung* beträchtlich ist, ergibt sich schon aus den offiziellen Angaben, die die Bundesagentur für Arbeit über die *fiskalischen Kosten der Arbeitslosigkeit* macht. Sie lagen für 4,1 Millionen registrierter Arbeitslose im Jahr 2004 bei 75 Mrd. € (Arbeitsgruppe Alternative Wirtschaftspolitik 2004: 41). Demnach scheitert heute eine staatliche Beschäftigungspolitik nicht an den Möglichkeiten einer *Finanzierung*, sondern daran, dass sich der *Reichtum der Nation* (Schui, Spoo 1996) und die sich daraus ableitende Macht derart in privater Hand konzentriert hat,

---

29 Vgl. dazu ausführlich im vierten Kapitel den Punkt 4.4.9.3

dass die vorhandenen Vermögen für die öffentliche Finanzierung sinnvoller und notwendiger Arbeit im Bereich einer öffentlichen Daseinsfürsorge nicht zur Verfügung stehen. Die herrschende Politik ist offenbar nicht bereit, diesen Zustand zu ändern. Neben der Ausweitung eines öffentlichen Beschäftigungssektors könnte auch der Ausbau *öffentlicher Unternehmen*[30] (Jobelius/Stache 2008: 12ff.) zu mehr Investitionen und Beschäftigung beitragen. Auch hier ist es zu einer entgegengesetzten Bewegung von Privatisierungen und der Aufhebung von *natürlichen Monopolen* insbesondere im *Bereich netzgebundener Dienste* wie Strom, Gas, Wasser und Schiene gekommen. Beispielsweise betrug 1983 in der Elektrizitätsversorgung der Anteil öffentlicher Unternehmen noch 99 v. H. und im Bereich des öffentlichen Personennahverkehrs 80 v. H. Mit der Privatisierung ging ein gigantischer *Arbeitsplatzabbau* einher. Dies traf insbesondere auf die privatisierten öffentlichen Unternehmen *Bundesbahn und Bundespost* zu, die zuvor noch im Rahmen ihrer Aufgabenerfüllung die Erfordernisse des gesamtwirtschaftlichen Gleichgewichts gemäß *§ 1 Stabilitäts- und Wachstumsgesetz (StWG)* zu erfüllen hatten und demnach auch für einen hohen Beschäftigungsstand mitverantwortlich waren. Die Aktivitäten der öffentlichen Unternehmen liegen in Deutschland traditionell schwerpunktmäßig in den Sektoren Versorgung (Strom, Gas, Wasser), Nachrichtenübermittlung und Verkehr, aber auch im Kreditwesen und der Wohnungswirtschaft. Vorstellbar wäre dagegen auch, in Problemregionen, in denen private Unternehmen kein Angebot und damit keine Arbeitsplätze bereitstellen, öffentliche Unternehmen zur Bekämpfung von Arbeitslosigkeit zu etablieren (z. B. in Ostdeutschland). Diese öffentliche Produktion kann sich sowohl auf öffentliche und meritorische als auch auf private Güter beziehen. Insbesondere in Phasen hoher Arbeitslosigkeit könnte man öffentliche Unternehmen im Gegensatz zu privaten Unternehmen verpflichten, »nicht nur den Bestand an Arbeitsplätzen zu sichern, sondern durch die Schaffung zusätzlicher Beschäftigungsmöglichkeiten den Arbeitsmarkt zu entlasten. Solche Forderungen gewinnen an Gewicht, wenn es um die Bekämpfung der Arbeitslosigkeit in Problemregionen geht« (Vesper 1986: 78). Die dabei entstehenden zusätzlichen Kosten bzw. ihre Finanzierung sind durch Steuern aufzubringen, wobei es, wie schon erwähnt, aufgrund der Entlastungen auch zu beträchtlichen *Selbstfinanzierungseffekten* kommt. Nicht zuletzt muss auch der Gedanke einer *genossenschaftlichen Ökonomie*, als bewusster Widerpart zur privaten Wirtschaft, mehr als bisher in den politischen Vordergrund gerückt werden (Meißner 1997: 73ff., Kramer 1997: 125ff.).

30 *Öffentliche Unternehmen* sind solche, an denen der Staat unmittelbar oder mit mehr als 50 v. H. des Nennkapitals oder des Stimmrechts mittelbar beteiligt ist.

2.1.4.5.7 ARBEITSZEITVERKÜRZUNG STATT ARBEITSZEITVERLÄNGERUNG

2.1.4.5.7.1 Zur Produktions-Produktivitätsschere

Der alleinige Ausbau des öffentlichen Sektors wird vor dem Hintergrund einer *Arbeitsplatzlücke* von rund fünf Millionen fehlender Arbeitsplätze in Deutschland aber nicht ausreichend sein, um die bestehende Massenarbeitslosigkeit zu beseitigen. Auch ein Wirtschaftsaufschwung, der mit deutlich größeren Wachstumsraten als in den letzten 20 Jahren aufwartet, würde die Arbeitslosigkeit nicht ausreichend verringern. Dazu bedarf es eines neuen Weges, der anders als die neoliberale Wirtschaftspolitik nicht auf die Bekämpfung von Arbeitslosen, sondern auf massive *Arbeitszeitverkürzungen* setzt (Hickel 2008: 17ff., Holtrup/Spitzley 2008: 111ff.). Die Ergebnisse der nun seit fünfunddreißig Jahren eingeübten Politik, die immer mehr im Sinne des von Alfred Rappaport 1986 entwickelten und ausschließlich an den *Interessen der Kapitaleigner* orientierten Modells des *Shareholder Value* ausgerichtet wurde, sind neben den sozialen Verwerfungen auch auf *makroökonomischer Seite* erschreckend. Einzig und allein konnten Erfolge bei der *Inflationsbekämpfung* realisiert werden. Der langfristige Trend des realen wirtschaftlichen Wachstums (Bruttoinlandsprodukts, BIP) lag in der EU zwischen 1975 und heute bei nur jahresdurchschnittlich gut 2 v. H. Dieses Wachstum führte lediglich zu mehr Beschäftigung von knapp 0,3 v. H. Dabei ging dieser marginale Zuwachs an Arbeit nicht selten auf die Zunahme prekärer, also ungeschützter und schlecht bezahlter Arbeit zurück. Diese allgemeine EU-Entwicklung gilt auch für die Bundesrepublik Deutschland. Auch hier lagen nur geringe und zudem abnehmende Wachstumsraten des Bruttoinlandsprodukts bei stark steigenden Arbeitslosenzahlen vor. Hinzu kam auch hier die Zunahme der Arbeitnehmer in *prekären Beschäftigungsverhältnissen*. Auf Grund einer gegenüber dem *Wirtschaftswachstum* wesentlich höher gestiegenen *Produktivität* (Produktions-Produktivitätsschere) waren insgesamt weitaus weniger Arbeitskräfte notwendig, um das nur verhaltene reale Wirtschaftswachstum zu erzielen. Dadurch ging das *Arbeitsvolumen* (Erwerbstätige x Jahresarbeitszeit je Erwerbstätigen) zurück (vgl. Abb. 6).

Im Trend konnte seit den 1960er Jahren die Produktionslücke nicht mehr geschlossen werden. »Dies erstaunt zumindest für die 1960er Jahre. Aber selbst hier lag die jahresdurchschnittliche Arbeitsproduktivität (5,2 v. H.) oberhalb der realen Wachstumsraten (4,4 v. H.). Dass es hier trotzdem bei einem rückläufigen Arbeitsvolumen (-0,8 v. H.) zur Vollbeschäftigung kam, lag an der zu dieser Zeit durchgeführten Arbeitszeitverkürzung von einer 48- auf eine 40-Stunden-Woche« (Arbeitsgruppe Alternative Wirtschaftspolitik 2008: 117). Langfristig betrachtet lag das Arbeitsvolumen aller Erwerbstätigen mit knapp 58 Milliarden Stunden im Jahr 2008 auf dem

Abb. 6: Durchschnittliche, jährliche Veränderung von Wirtschaftswachstum, Produktivität und Arbeitsvolumen (Quelle: Bundesamt für Statistik und eigene Berechnungen)

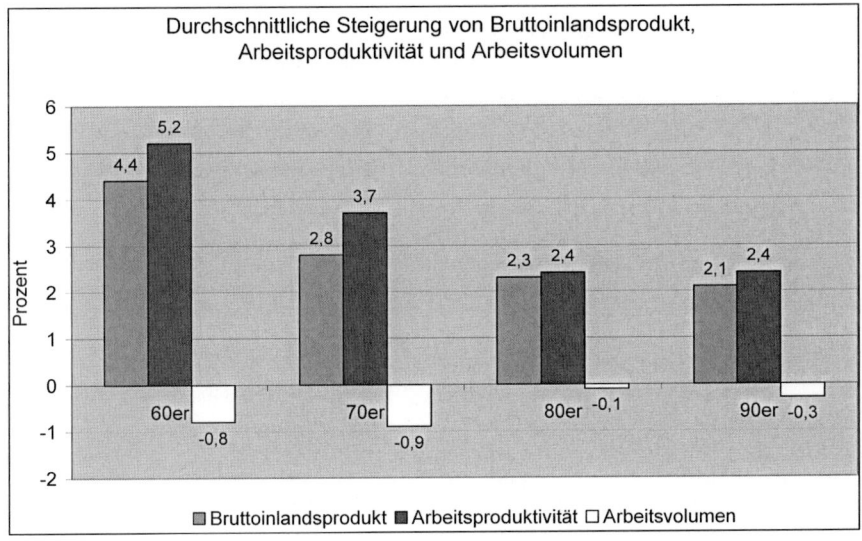

Niveau von 1960, obwohl die Zahl der Erwerbstätigen im selben Zeitraum von fast 27 Millionen auf gut 40 Millionen bzw. um 48 v. H. stieg und das Erwerbspersonenpotenzial (inkl. »Stiller Reserve«) 2008 sogar bei gut 44 Millionen lag. Allein seit der Wiedervereinigung (1991) ist dabei das Arbeitsvolumen bis 2008 von 59,8 Milliarden auf 57,7 Milliarden Stunden um 2,1 Milliarden Stunden oder um 3,5 v. H. zurückgegangen; die Erwerbstätigen sind aber um 1,7 Millionen Menschen bzw. um 4,4 v. H. gestiegen. Dass es unter derartigen Bedingungen ohne kollektive Arbeitszeitverkürzungen zu *Arbeitslosigkeit* bzw. zu einem Anstieg der Arbeitslosigkeit kommen muss, ist nur das logische gesamtwirtschaftliche Ergebnis. So stieg denn auch die Zahl der Arbeitslosen in Deutschland von 2,6 Millionen (1991) auf knapp 3,3 Millionen im Jahr 2008, wobei zwischenzeitlich im Jahr 2005 ein jahresdurchschnittlicher Höchststand mit knapp 4,9 Millionen Arbeitslosen erreicht wurde.

Wie wichtig deshalb *Arbeitszeitverkürzungen* sind, zeigt auch die Tatsache, dass selbst reale Wachstumsraten von (nur) einem v. H. bei einem mittlerweile erreichten Bruttoinlandsprodukt von rund 2,3 Billionen € zu einem Wachstum von absolut rund 23 Mrd. € jährlich führen. Zusätzliche Arbeitsplätze entstehen aber erst aufgrund eines fortwährenden Produktionsanstiegs ab einer *Beschäftigungsschwelle*, die etwa bei 2 v. H. realem Wirtschaftswachstum liegt. Um demnach die ökonomisch erdrückende und sozial destruktiv wirkende Massenarbeitslosigkeit abzubauen, müsste die Wirtschaft über Jahre hinweg mit realen Raten von weit über 2 v. H. wachsen. Dies ist *ökonomisch unrealistisch* und auch *ökologisch* nicht wünschenswert bzw. machbar. Wie wenig realistisch eine Beseitigung der Massenarbeitslosigkeit in Deutschland über Wirtschaftswachstum ist, zeigt auch die jüngere Entwicklung seit der Wiedervereinigung von 1991 bis 2008 (vgl. Tab. 4).

Tab. 4: Wirtschaftswachstum, Produktivität, Arbeitsvolumen und Arbeitslosigkeit

Jahr	Reales Wirtschaftswachstum (BIP) in v. H.	Produktivität je Erwerbstätigenstunde in v. H.	Arbeitsvolumen in v. H.	Registrierte Arbeitslosigkeit – jahresdurchschnittlich in Tsd. in v. H.
1991	-	-	-	2.602
1992	2,2	2,5	- 0,3	2.978
1993	- 0,8	1,6	- 2,4	3.419
1994	2,7	2,9	- 0,2	3.698
1995	1,9	2,6	- 0,7	3.612
1996	1,0	2,3	- 1,3	3.965
1997	1,8	2,5	- 0,7	4.384
1998	2,0	1,2	0,8	4.279
1999	2,0	1,4	0,6	4.099
2000	3,2	2,6	0,6	3.889
2001	1,2	1,8	- 0,6	3.852
2002	0,0	1,5	- 1,5	4.060
2003	- 0,2	1,2	- 1,4	4.376
2004	1,1	0,6	0,5	4.381
2005	0,8	1,4	- 0,6	4.863
2006	3,0	2,5	0,5	4.487
2007	2,5	0,6	1,9	3.776
2008	1,3	- 0,1	1,4	3.268
JD	*1,5*	*1,8*	*- 0,3*	*3.925*

Quelle: Statistisches Bundesamt 2008, Volkswirtschaftliche Gesamtrechnungen, eigene Berechnungen.

Demnach betrug der jahresdurchschnittliche Anstieg des realen Wirtschaftswachstums 1,5 v. H., während die Produktivitätsrate bei 1,8 v. H. lag. Die Differenz von 0,3 Prozent-Punkten entlud sich in einem Rückgang des Arbeitsvolumens. Da es aber nicht zu einer *Reduzierung der Arbeitszeit je Beschäftigten* kam (jedenfalls zu Bedingungen eines *Normalarbeitsverhältnisses* und nicht zu Bedingungen von prekärer Beschäftigung), musste bei einem auch noch demografisch *ansteigenden Arbeitsangebot* die Beschäftigung zurückgehen und damit die Arbeitslosigkeit steigen. »Mit anderen

Worten: Die Entwicklung verdeutlicht, dass mit *immer weniger Arbeitseinsatz* ein *immer höherer Beitrag zum Bruttoinlandsprodukt* erwirtschaftet werden kann, was sicherlich nicht durch die individuelle Aktivierung der vom Arbeitsmarkt Ausgegrenzten zu schaffen ist. Hier liegt eine skurrile Verwechslung von Mikro- und Makroperspektiven vor. Denn letztlich hat dieser Rückgang des Arbeitsvolumens ja weniger mit einer – im Übrigen auch fälschlich unterstellten – allgemeinen Erstarrung der Erwerbslosen zu tun, sondern mehr mit dem rasanten Anstieg der *Kapitalintensität je Arbeitsplatz*. Speziell die Entwicklung der Kapitalintensität macht deutlich, dass ein einmal – z. B. durch Rationalisierung – verlorener Arbeitsplatz in einer nächsten Aufschwungperiode nicht zu denselben Bedingungen und Kosten wieder herzustellen ist.« (Arbeitsgruppe Alternative Wirtschaftspolitik 2004: 189f.).

In Zukunft ist von einem weiteren *Schereneffekt* (Entkopplung) zwischen Produktivitäts- und Wirtschaftswachstum auszugehen. Dabei besteht Grund zur Annahme, dass der *Produktivitätsfortschritt* eine Schaffung von ausreichenden Arbeitsplätzen durch *Wachstum* verhindern wird. Auf jeden Fall werden die als realistisch zu erwartenden Wachstumsraten nicht hinreichend sein, um die bestehende *Massenarbeitslosigkeit* zu beseitigen – selbst unter Berücksichtigung eines demographischen Rückgangs des Arbeitsangebots. Auch die heute von Politikern oft geforderte Ausweitung der *Dienstleistungsgesellschaft* wird kein ausreichendes Auffangbecken für weitere Rationalisierungen im industriellen Bereich und dort freigesetzte Arbeitskräfte bieten. Im Gegenteil, es ist eher damit zu rechnen, dass die heute bereits stattfindende Rationalisierung im Dienstleistungssektor durch einen erhöhten Einsatz von digitalisierter Technik ebenfalls zu einem Rückgang der Nachfrage nach Arbeitskräften führen wird.[31]

Auch wenn die düstere Zukunftsprognose des US-amerikanischen Ökonomen und Wirtschaftsjournalisten Jeremy Rifkin nicht eintreten wird (Rifkin 1998), wonach *Globalisierung* und der *technische Fortschritt* bis zu 80 v. H. der heute noch von Menschen verrichteten Arbeit wegrationalisieren werden,[32] so kommt das marktwirtschaftlich-ka-

---

31 Außerdem kann sich ein möglicher Weg in eine »*Dienstleistungsgesellschaft*« nicht nur auf eine Erhöhung der Zahl der Menschen reduzieren, die Dienstleistungen erbringen. »Es geht auch um die Verbesserung der *Qualität von Dienstleistungsarbeitsplätzen* auf denen mehrheitlich Frauen beschäftigt sind« (Lehndorff 2002: 491).

32 Die 80 zu 20 Prozent-Relation geht auf ein Treffen im Herbst 1995 von rund 500 politischen, wirtschaftlichen und wissenschaftlichen Eliten aus aller Welt in San Francisco, Kalifornien zurück. Übrigens von Michail Gorbatschow ausgerichtet. Als einziger Deutscher hat an dem Treffen der damalige Ministerpräsident von Sachsen, Kurt Biedenkopf (CDU), teilgenommen. Ergebnis der Diskussionsrunde war, dass zukünftig 20 v. H. der arbeitsfähigen Weltbevölkerung ausreichen würden, um alle Waren zu produzieren und die hochwertigen Dienstleistungen zu erbringen, die sich die Weltgesellschaft leisten könne. Diese 20 v. H.

pitalistische System ohne einen *radikalen Umbau* dennoch in größte Probleme (Beck 1996: 140-146, Afheldt 1994). Werden immer mehr Menschen von Erwerbsarbeit ausgeschlossen und damit arbeitslos[33] oder können sie trotz Arbeit kaum ihren Lebensunterhalt sichern und kommt es dadurch zu einem *Social Dumping*, so sind beträchtliche soziale Spannungen und womöglich politische Rechtsradikalisierungen zu befürchten. Die *Arbeitsgruppe Alternative Wirtschaftspolitik* betont deshalb in ihren Gegengutachten zum Sachverständigenrat (SVR) seit 35 Jahren, wie wichtig vor dem Hintergrund von Massenarbeitslosigkeit und einer zunehmenden Schere zwischen realem Wirtschaftswachstum und Produktivitätsentwicklung eine *Verkürzung der Arbeitszeiten* (Wochen- und/oder Lebensarbeitszeiten), aber auch eine bessere und gleichmäßigere Verteilung der Zeiten unter den Beschäftigten ist. Dem steht aber in einer großen politischen Koalition der politische und wirtschaftswissenschaftliche Mainstream entgegen, der mit der »Agenda 2010« und womöglich auf eine weitere Verschärfung neoliberaler Politik setzt. Will man sich dagegen nicht vom Ziel eines *hohen Beschäftigungsstandes*, das auch im »*Stabilitäts- und Wachstumsgesetz*« (StWG) festgelegt ist, wirtschaftspolitisch endgültig verabschieden und die mit Massenarbeitslosigkeit nachhaltig verbundenen negativen ökonomischen und sozialen Folgen nicht akzeptieren, so gibt es zu massiven *Arbeitszeitverkürzungen* keine Alternative (Roth 2003: 367ff.). Mit der Forderung einer Arbeitszeitverkürzung verbindet sich allerdings unter marktwirtschaftlich-kapitalistischen Verhältnissen die *Verteilungs-* und damit letztlich die *Machtfrage* (Negt 2002: 142ff.). Karl Marx beschrieb die Härte der Konflikte, den Kampf um den Normalarbeitstag als eine Art von »Bürgerkrieg«, denn das Kapital habe die Tendenz, Arbeit am liebsten während aller 24 Stunden des Tages anzueignen, also den Arbeitstag so auszuweiten, dass Arbeitstag und Lebenstag praktisch miteinander verschmelzen. »In seinem maßlos blinden Trieb, seinem Werwolfs-Heißhunger nach Mehrarbeit, überrennt das Kapital nicht nur die moralischen, sondern auch die rein physischen Maximalschranken des Arbeitstages. Es usurpiert die Zeit für Wachstum, Entwicklung und gesunde Erhaltung des menschlichen Körpers« (Marx 1867, 1974a: 280).

---

würden aktiv am Leben, Verdienen, Konsumieren teilnehmen – egal, in welchem Land. Von den verbleibenden 80 v. H. müsse man sich wohl oder übel verabschieden oder diese müssten durch ein »*Tittytainment*«, eine Kombination von »entertainment« und »tits«, dem US-amerikanischen umgangssprachlichen Wort für Busen, ruhig gestellt werden. Bei »tits« denkt man weniger an Sex als an die Milch, die aus der Brust einer stillenden Mutter strömt. Mit einer Mischung aus betäubender Unterhaltung und ausreichender Ernährung könne die frustrierte Bevölkerung der Welt schon bei Laune gehalten werden (Martin/Schumann 1997: 9ff.).

33 Der ehemalige Nestlé-Chef Helmut Maucher bezeichnet dabei Arbeitslose als die »Überflüssigen«, die als nicht mehr Verwertbare zum »Wohlstandsmüll« gehörten.

»Zum Abbau der Arbeitslosigkeit sind (…) weitere Schritte auf dem Weg zur 30-Stunden-Woche unbedingt notwendig. Wenn dies nicht wie bei der Einführung der 35-Stunden-Woche über einen Stufenplan in kleinen Schritten über zehn Jahre erfolgt, sondern, was beschäftigungspolitisch wesentlich effektiver wäre, in möglichst einem großen Schritt, ist dies nur mit einem weitgehenden Lohnausgleich möglich.«
(Arbeitsgruppe Alternative Wirtschaftspolitik)

2.1.4.5.7.2 Massive Arbeitszeitverkürzung tut Not

Schon immer, seit dem Bestehen der *Arbeiterbewegung*, hat es den Kampf zwischen Kapital und Arbeit um die Verkürzung der Arbeitszeit gegeben (Hermann 2008). So forderte der Internationale Arbeiterkongress in Genf im Jahr 1866 den Achtstundentag bei sechs Arbeitstagen in der Woche, also die 48-Stundenwoche. Als diese Forderung aufgestellt wurde, war noch nicht einmal der Zwölfstundentag verwirklicht. Erst mit der Novemberrevolution wurde in Deutschland 1918 für Arbeiter die bereits 1866 aufgestellte Forderung zumindest gesetzlich fixiert. Die tatsächliche Arbeitszeit war aber nach wie vor viel länger, und bereits 1923 wurde der gesetzliche Achtstundentag faktisch wieder abgeschafft. »Erst Mitte der 1950er Jahre, etwa hundert Jahre später, nachdem die Forderung zum ersten Mal erhoben worden war, wurde die 48-Stundenwoche in Westdeutschland für 90 v. H. der abhängig Beschäftigten zur Realität« (Roth 2003: 367). Zu ersten Arbeitszeitverkürzungen auf eine 40-Stunden-Woche kam es dann 1965 in der *Druckindustrie* und 1967 in der *Metallindustrie*. Im öffentlichen Dienst wurde die 40-Stunden-Woche 1975 eingeführt. So richtig zum Thema wurde die Arbeitszeitverkürzung in Wissenschaft, Politik und bei den Gewerkschaften aber erst mit der schweren Wirtschaftskrise 1974/75 (Huffschmid, Schui 1976). Fritz Vilmar, Ökonom und Sozialwissenschaftler an der FU Berlin, forderte ein »Konzept systematischer Arbeitszeitverkürzung« als Strategie gegen die damals auf eine Million angestiegene Zahl der Arbeitslosen (Vilmar 1976: 186 ff.). Neben der Steigerung der Lebensqualität (»Samstags gehört Vati mir«, ein Gewerkschaftsmotto von 1955) wurde nun auch Arbeitszeitverkürzung von den Gewerkschaften zum Erhalt sowie zur Schaffung neuer Arbeitsplätze als wirtschaftspolitisches Instrument erkannt. Die *IG Metall* forderte 1977 als erste Einzelgewerkschaft im DGB die Einführung der 35-Stundenwoche (siehe dazu den folgenden Kasten »Der Weg zur 35-Stunden-Woche«). Nach längeren Streiks und heftigsten Auseinandersetzungen mit den Arbeitgebern und diesen nahestehenden Politikern und Wissenschaftlern wurde die 35-Stundenwoche aber erst ab 1995 in der *Metall- und Elektro- sowie in der Druckindustrie Westdeutschlands* und zuvor zum 1. Mai 1994 in der *westdeutschen Stahl-*

industrie tarifvertraglich vereinbart, aber auch mit einer massiven *Flexibilisierung der Arbeit*[34] als Zugeständnis an die Arbeitgeber erkauft. Die nur langsame, sukzessive Einführung erwies sich im Nachhinein als nicht wegweisend, denn »wenn die Arbeitszeitverkürzung nur langsam umgesetzt wird, können die Belastungen durch *zusätzliche Flexibilisierung* höher sein als die Erleichterungen durch Arbeitszeitverkürzung. Und das war der Fall. Es stimmt, dass die Arbeitszeitverkürzung Voraussetzung für die Verdichtung der Arbeitszeit ist. Jeder weiß, dass die heutige Arbeitsintensität von Arbeitern mit einer durchschnittlichen Arbeitszeit von 50 Stunden in der Woche nicht durchzuhalten wäre. *Arbeitszeitverkürzung fördert von daher die Steigerung der Produktivität.* Aber: Flexibilisierung und Verdichtung der Arbeitszeit werden vom Kapital auch unabhängig von der Länge der Arbeitszeit vorangetrieben. Sie sind für das Kapital unverzichtbare Mittel, die Profite zu erhöhen. Das Kapital verzichtet nicht auf die Verdichtung der Arbeitszeit, wenn die Lohnarbeiter den Kampf für Arbeitszeitverkürzung einstellen« (Roth 2003: 372f.).

Trotz der zusätzlichen Flexibilisierung von Arbeit und den Forderungen nach Arbeitszeitverlängerung, die bereits in vielen Bereichen der Wirtschaft und im öffentlichen Dienst umgesetzt wurden, ist aber festzustellen, dass die kollektiv und damit flächendeckend vereinbarte Arbeitszeitverkürzung insgesamt drei Effekte auslöst:

- Sie kann durch Umverteilung des vorhandenen Arbeitsvolumens neue Arbeitsplätze schaffen oder alte erhalten.
- Arbeitszeitverkürzung bietet die Chance, durch eine erhöhte Erwerbsbeteiligung von Frauen und durch die Umverteilung der Reproduktionsarbeit an der traditionellen Arbeitsteilung zwischen Männern und Frauen zu rütteln.
- Sie schafft Möglichkeiten zur Humanisierung der Arbeit.

Die konkreten *Beschäftigungseffekte* von Arbeitszeitverkürzung sind trotz aller

---

34 Flexible Arbeitszeiten werden dabei nicht selten als kluger Ansatz gepriesen, um die Anforderungen von Unternehmen in Produktion und im Verkauf mit den privaten Zeitbedürfnissen der Beschäftigten zu versöhnen. Diese Rechnung, ergab eine empirische Untersuchung, geht aber in der Regel nicht auf. Die flexiblen Arbeitszeiten (wie Gleitzeit, Vertrauensarbeitszeit oder Arbeitszeitkonten) verbessern nicht wesentlich die Chancen, um Erwerbstätigkeit und Privatleben, Beruf und Familie unter einen Hut zu bringen. Die Beschäftigten variieren ihre Arbeitszeiten viel häufiger aus betrieblichen als aus privaten Gründen, und Beschäftigte mit flexiblen Arbeitszeiten leisten öfter Mehrarbeit als ihre Kollegen mit vorgegebenen Anfangs- und Endzeiten – und sie bekommen häufiger keinen Ausgleich dafür (Munz: 2006).

Schwierigkeiten bei der empirischen Messung in einer Reihe von makroökonomischen Untersuchungen aufgezeigt worden.[35] »Aufgrund der objektiven messtechnischen Schwierigkeiten, unterschiedlicher Methodiken, verschiedener Interessenlagen der die Untersuchung Durchführenden und abweichender Untersuchungsgegenstände (Wirtschaftsbereiche, Berufsgruppen, Zeiträume) reichen die Ergebnisse von 35 v. H. bis zu 80 v. H. des maximalen, rein rechnerischen Beschäftigungseffektes. Das Institut für Arbeitsmarkt- und Berufsforschung (IAB) schätzt, dass für den Zeitraum von 1970 bis 1986 rund 980.000 Erwerbstätige ihren Arbeitsplatz der Arbeitszeitverkürzung zu verdanken haben. Aus gewerkschaftlicher Sicht sorgte die Verkürzung der tariflichen Wochenarbeitszeit im Zeitraum von 1985 bis 1990 für die Schaffung oder Sicherung von 385.000 bis 514.000 Arbeitsplätzen. Das Wirtschafts- und Sozialwissenschaftliche Institut (WSI) in der Hans-Böckler-Stiftung nimmt von der Mitte der achtziger Jahre bis 1993 einen Beschäftigungseffekt von rund 700.000 Arbeitsplätzen an. Das Deutsche Institut für Wirtschaftsforschung (DIW) hat zur Feststellung der Beschäftigungseffekte mittels ökonometrischer Simulationsrechnungen für den Zeitraum von 1985 bis 1991 eine Erhöhung der Beschäftigten um eine Million Personen konstatiert; dies bei einem Rückgang der durchschnittlichen Wochenarbeitszeit um 7,1 v. H. (knapp drei Stunden) und induzierter Produktivitätssteigerungen von 50 v. H. des Ausfalls der tariflichen Arbeitszeit« (zitiert bei Arbeitsgruppe Alternative Wirtschaftspolitik 1996: 144f.).

Im Jahr 1983 warnte Fritz Vilmar noch einmal eindringlich davor, die Arbeitszeit nicht drastisch zu verkürzen.

> »Wenn schwerwiegende Gefährdungen unserer Gesellschaft vermieden werden sollen, muss (…) in Zukunft Arbeitszeitverkürzung das wesentliche Mittel sein, um den jetzt und künftig Arbeitslosen die Möglichkeit zu geben, sich wieder in den Arbeitsprozess eingliedern zu können. (…) Denn angesichts weltweit abnehmender Absatzchancen wird meist nicht mehr in die Entwicklung der vorhandenen Produktionsanlagen investiert, sondern in den Ersatz dieser Anlagen durch moderne Maschinen, bei denen ein neuer mehrere alte Arbeitsplätze überflüssig macht. Ersatzinvestitionen (…), die die Arbeitsproduktivität steigern, vergrößern oft zugleich die vorhandenen Produktionskapazitäten und machen dadurch zusätzliche Erweiterungsinvestitionen und die Schaffung neuer Arbeitsplätze überflüssig« (Vilmar 1983: 28ff.).

---

35 Auch auf *einzelwirtschaftlicher Ebene* wurde mit der Einführung der temporären 28,4-Stunden-Woche bei der Volkswagen AG gegen Ende 1993 unter Beweis gestellt, dass Arbeitszeitverkürzung bei Teillohnausgleich, wenn auch unter Anwendung von umfangreichen Flexibilisierungen, zwar nicht zu Neueinstellungen, aber zumindest zum weitest gehenden Erhalt von Arbeitsplätzen führt (Peters 1994).

Der Weg zur 35-Stunden-Woche

September/Oktober 1977: Der Gewerkschaftstag der IG Metall fordert die 35-Stunden-Woche.

28. November 1978 - 10. Januar 1979: Streik in der Stahlindustrie für die 35-Stunden-Woche: Sechswöchiger Urlaub und Freischichten werden erreicht.

14. Mai - 5. Juli 1984: Arbeitskampf in der Metallindustrie von Hessen und Nordwürttemberg/Nordbaden: 57.500 streiken für die 35-Stunden-Woche, 155.000 Menschen werden heiß und 315.000 kalt ausgesperrt.

6. März 1986: Über eine Million Beschäftigte demonstrieren gegen die Einschränkung des Streikrechts.

20. März 1986: Der Bundestag ändert gegen die Stimmen von SPD und Grünen den Paragrafen 116 AFG.

22. April 1987: In einem Spitzengespräch zwischen IG Metall und Gesamtmetall wird die Einführung der 37-Stunden-Woche für 1989 vereinbart.

1. November 1988: In der Eisen- und Stahlindustrie in Nordrhein-Westfalen und für die Peiner-Salzgitter AG tritt die 36,5-Stunden-Woche in Kraft.

16. Dezember 1990: Für die Stahlindustrie wird neben Lohnerhöhungen die 35-Stunden-Woche in einem Stufenplan vereinbart.

1. April 1991: Der Tarifvertrag zur Angleichung der ostdeutschen Einkommen an das Westniveau und zur Einführung der 38-Stunden-Woche tritt in Kraft.

5. Juni 1991: Das Bundessozialgericht erklärt den »Franke-Erlass« (1984) für rechtswidrig: Durch die Verweigerung von Kurzarbeitergeld hat die Bundesanstalt für Arbeit zu Lasten der IG Metall in den Arbeitskampf eingegriffen.

1. April 1993: 36-Stunden-Woche in der Metallverarbeitenden Industrie Westdeutschlands tritt in Kraft.

1. Mai 1994: Die 35-Stunden-Woche wird zur Beschäftigungssicherung in der Stahlindustrie um elf Monate vorgezogen.

1. April 1995: In der Druckindustrie wird die wöchentliche Arbeitszeit auf 35 Stunden verkürzt.

1. Oktober 1995: In der Metallverarbeitung Westdeutschlands ist das Ziel 35-Stunden-Woche verwirklicht.

Juni 2003: Streik in Ostdeutschland: Der Kampf um die stufenweise Einführung der 35-Stunden-Woche in der Metallindustrie Ostdeutschlands scheitert; lediglich in einigen Betrieben werden Haustarifverträge vereinbart. In der ostdeutschen Stahlindustrie wird dagegen die sukzessive Einführung der 35-Stunden-Woche bis 2009 beschlossen.

Quelle: IG Metallvorstand (Hrsg.), *Metall. Das Monatsmagazin*, Heft 5/2004, S. 13.

Bis heute ist es den Gewerkschaften aber – trotz aller Bemühungen – in den Tarifauseinandersetzungen nicht gelungen, in allen Branchen und im öffentlichen Dienst die 35-Stundenwoche durchzusetzen. Zuletzt scheiterte im Frühjahr 2003 der Versuch der IG Metall, für die *Metall- und Elektroindustrie in Ostdeutschland* zumindest schrittweise bis 2009 die Arbeitszeit auf eine 35-Stundenwoche zu verkürzen (Bontrup, Marquardt 2003b: 591ff.). Der Abbruch des Streiks aufgrund letztlich *fehlender gewerkschaftsinterner Solidarität* löste in der IG Metall – obwohl es wenigstens in der *ostdeutschen Stahlindustrie* gelang, bis 2009 eine stufenweise Einführung der 35-Stundenwoche durchzusetzen, – eine heftige interne Organisationskrise aus (Gasse, Neugebauer, Teichmüller 2003: 474ff.). Haben die DGB-Gewerkschaften faktisch den Kampf um weitere Arbeitszeitverkürzungen bereits in den 1990er Jahren aufgegeben, so ist nach dem Scheitern des Streiks in Ostdeutschland in absehbarer Zeit wohl kein wesentliches Engagement in Sachen Arbeitszeitverkürzung von den Gewerkschaften mehr zu erwarten. Arbeitszeitpolitik beschränkt sich heute lediglich auf die Forderung nach einem *Abbau von Überstunden* und die *Einhaltung der tariflichen Arbeitszeit*. Hinzu kommt, dass offensichtlich bei den abhängig Beschäftigten die Bereitschaft, sich für Arbeitszeitverkürzungen einzusetzen, relativ gering ist. Man will – sicher aus Gründen von jahrelangen *Realeinkommensverlusten – Lohnsteigerungen* und keine Arbeitszeitreduzierung. Nur 26 v. H. der in der Zukunftsdebatte der IG Metall befragten Mitglieder traten dafür ein, dass sich die IG Metall mehr für allgemeine Arbeitszeitverkürzungen einsetzen solle. 30 v. H. waren dafür, weniger zu tun, und 37 v. H. waren zufrieden mit dem, was getan wird (IG Metall Vorstand 2001: 84).

Hierbei wird von den Beschäftigten aber übersehen, dass der *Lohn für die Arbeitskraft* maßgeblich auch durch die ökonomische *Angebots- und Nachfragesituation* an den Arbeitsmärkten bestimmt wird. Solange hier bei bestehender Massenarbeitslosigkeit durch Arbeitszeitverkürzungen keine *Verknappung des Arbeitsangebots* herbeigeführt wird, ist es den Gewerkschaften in den Tarifverhandlungen kaum möglich, den Lohn nach oben zu bringen bzw. produktivitätsorientierte Löhne durchzusetzen.

Wie die Tab. 5 zeigt, liegen die Wochen- und die Jahresarbeitszeiten in den einzelnen Branchen beträchtlich auseinander. Hinzu kommen noch wesentlich höhere Arbeitszeiten in Ostdeutschland.

Trotz dieser Befunde werden aber sogar *Arbeitszeitverlängerungen ohne Lohnausgleich* gefordert. Dies verdeutlicht auch an der Frage der Arbeitszeit, genauso wie bei der Frage nach Lohn- und Gehaltserhöhungen, den *Verteilungskonflikt* zwischen Kapital und Arbeit. Tarifpolitik ist eben nicht nur Lohnpolitik. Auch die Arbeitszeitpolitik ist hier als immanenter Faktor zu sehen. Die jeweils *geschaffene Produktivität*

Tab. 5: Tarifliche Wochen- und Jahresarbeitszeit 2009 nach Branchen (West/Ost)

Branchen	Wochenarbeitszeit	
	West	Ost
Landwirtschaft	40	40
Steinkohlebergbau	40	-
Bauhauptgewerbe	40	40
Gebäudereinigerhandwerk	39	39
Banken	39	39
Deutsche Bahn AG (Konzern)	39	39
Öffentlicher Dienst Bund, Länder, Gemeinden	39,2	40
Großhandel	38,5	39
Deutsche Post AG	38,5	38,5
Süßwarenindustrie	38	39
Versicherungen	38	38
Energie NRW (GWE) / Ost (AVEU)	38	38
Chemische Industrie	37,5	40
Einzelhandel	37,5	38,1
Textilindustrie	37	40
Metallhandwerk	36,8	37,9
Holz und Kunststoff verarb. Industrie	35	38,4
Druckindustrie	35	38
Metall- und Elektroindustrie	35	38
Eisen- und Stahlindustrie	35	35
Papier verarbeitende Industrie	35	37
Deutsche Telekom AG	34	34

Quelle: WSI-Tarifhandbuch, Stand 31.12.2009.

kann dabei entweder für Lohn- und Gehaltssteigerungen und/oder für Arbeitszeitverkürzungen bei *vollem Lohnausgleich* verwandt werden. Dies wäre verteilungsneutral. Dabei haben die Erfahrungen der tarifvertraglichen Arbeitszeitverkürzungen in den 1980er Jahren gezeigt, dass ihre Umsetzung neben den realisierten nominalen Lohn- und Gehaltssteigerungen im Ergebnis *verteilungsneutral* waren, d.h. aus dem jeweiligen Produktivitätsfortschritt und den Inflationsraten finanziert worden sind (Lehndorff 2003: 6).

2.1.4.5.7.3 Kontraproduktive Arbeitszeitverlängerungen
Ökonomisch völlig unverständlich sind vor diesem Hintergrund politische Forderungen, die lahmende Wirtschaft durch *Arbeitszeitverlängerungen* zu beleben. So wurde mittlerweile in vielen spektakulären Fällen, wie beispielsweise bei Siemens in der Handyproduktion, die Arbeitszeit von 35 auf 40 Stunden pro Woche ohne Lohnausgleich erhöht. Die Arbeitgeber setzen dabei auf die *Angst der Beschäftigten* ihren Arbeitsplatz zu verlieren. So sind laut einer Infratest-dimap-Umfrage 69 v. H. der befragten bundesdeutschen Berufstätigen bereit, auch längere Arbeitszeiten ohne Bezahlung in Kauf zu nehmen. Mehr Arbeitszeit bedeute mehr Wachstum und mehr Wachstum mehr Beschäftigung. So einfach funktioniert für die ökonomische Laienschar in Deutschland die Wirtschaft. Sie ist fest vereint im Glauben, dass durch *Mehrarbeit* die Wirtschaft wieder gesunden könne. Der ehemalige Staatssekretär im Bundesfinanzministerium, Heiner Flassbeck, schreibt bezüglich dieser »Voodoo-Ökonomie«, d. h. der Hoffnung auf eine Heilung durch die Götter: »Wenn ein Theologe in einem Leitartikel einer großen Zeitung behaupten würde, um eine Rakete von der Erde weg zu schießen, brauche man ›ungefähr genauso‹ viel Kraft, wie eine Rakete vom Weltraum zur Erde zurück zu steuern, dann würden am nächsten Tag Heerscharen von Physikern auf die Barrikaden gehen und die Zeitung auffordern, diesen Menschen nie mehr über solche Fragen schreiben zu lassen. In der Ökonomie ist das anders. Arbeitszeitverlängerung als sinnvolle Alternative zur Arbeitszeitverkürzung gilt nicht als Absurdität, sondern als ernsthafte Politikvariante« (Flassbeck 2003b: 1).

Die Notwendigkeit von Arbeitszeitverlängerungen, also die Ausweitung des potenziellen Arbeitsangebots, mit Wachstumsschwäche zu begründen, ist nur dann eine richtige ökonomische Schlussfolgerung, wenn *Arbeit knapp* ist oder die Arbeitsnachfrage weit über dem Arbeitsangebot liegt und es dadurch zu Wachstumsrestriktionen kommt. So wurde in der Bundesrepublik gegen Ende der 1950er und in den 1960er Jahren unter der *Bedingung von Vollbeschäftigung* mit einer Arbeitsangebotsausweitung durch die Anwerbung von *Gastarbeitern* auf die Verknappung von Arbeit reagiert. Seit Mitte der 1970er Jahre, und insbesondere seit der Wiedervereinigung, haben wir aber *Massenarbeitslosigkeit* und damit ungenutzte Arbeitskraft, also Arbeitszeit im Überfluss – verglichen mit der Nachfrage. Dies mit Arbeitszeitverlängerung zu bekämpfen, ist, wie Flassbeck betont, völlig absurd. Mehr Arbeitszeit allein bringt kein größeres Wachstum, da schließlich die in der längeren individuellen Arbeitszeit *zusätzlich erzeugten Güter* auch abgesetzt werden müssen. Die Unternehmer müssten dazu bereit sein, die Arbeitnehmer mit entsprechender Kaufkraft auszustatten. Dies werden sie aber nicht tun. Die Verteilungsergebnisse zu Lasten der Arbeitnehmer sprechen hier

Bände (vgl. dazu ausführlich das Kap. 2.2). In Deutschland liegt deshalb seit Jahren eine tiefgreifende *binnenwirtschaftliche Nachfrageschwäche* vor. Eine Lösung böte allerdings der Verkauf der Mehrproduktion durch Arbeitszeitverlängerungen im *Ausland*. Die fehlende Kaufkraft der Arbeitnehmer könnte dann hier aus der *ausländischen Nachfrage* kommen (vgl. dazu noch einmal Kap. 2.1.4.4 »Löhne und internationale Wettbewerbsfähigkeit«). Im Ergebnis käme es dann allerdings zu einer noch *aggressiveren Außenhandelspolitik*, die schon heute Deutschland als »Exportweltmeister« ausweist und die Binnenwirtschaft vernachlässigt. Seit 2001 wurde bei uns das Wachstum zu zwei Dritteln vom Exportüberschuss getragen. Unser Problem ist, dass der *Konsum zu schwach* ist, dass aufgrund einer falsch verteilten Kaufkraft die gesamtwirtschaftliche Sparquote zu groß und auch aufgrund einer weitgehend prozyklischen staatlichen Finanzpolitik insgesamt das Wachstum der Binnenwirtschaft zu gering ausgeprägt ist.

Wenn es außerdem so einfach wäre, über mehr Arbeitszeit mehr Wachstum zu schaffen, so müssten die Volkswirtschaften der Franzosen und Italiener, die in Europa mit den kürzesten tatsächlichen Arbeitszeiten aufwarten, eigentlich das geringste Wirtschaftswachstum und die höchsten Arbeitslosenzahlen haben. Dies ist aber bekanntlich nicht der Fall. Und auch zwischen Produktivität und Arbeitszeit gibt es eher den Zusammenhang, dass *kurze Arbeitszeiten* wie eine *Produktivitätspeitsche* wirken, während lange Arbeitszeiten Anlass zu Zeitverschwendung geben. So ist z. B. die Arbeitsproduktivität pro Stunde in Großbritannien, dem Land mit den längsten tatsächlichen Arbeitszeiten in der EU, deutlich niedriger als in den Ländern mit kurzen Arbeitszeiten (Lehndorff 2003: 6).

In Wirklichkeit geht es der arbeitgeberorientierten Interessenpolitik, aber auch neoliberalen Ökonomen, nicht um eine plumpe Anhebung der Arbeitszeiten, sondern um weitere *Umverteilungen durch Lohnkürzungen* zu Gunsten der Gewinn- und Vermögenseinkommen. Das Ziel ist, die Arbeitszeit ohne Lohnausgleich zu verlängern. Obwohl seit rund zwanzig Jahren in Deutschland die Einkommenssteigerungen der abhängig Beschäftigen weit hinter den Produktivitätsraten zurückbleiben und demnach die verteilungsneutralen Spielräume nicht ausgenutzt wurden, obwohl alle bisher vollzogenen Arbeitszeitverkürzungen mit einem zusätzlichen Verzicht auf sonst mögliche Lohnerhöhungen von den Beschäftigten selbst bezahlt worden sind, scheut sich das Kapital jetzt nicht einmal mehr, unter dem Deckmantel der Arbeitszeitverlängerung, weitere Umverteilungsprozesse zu forcieren. Dass aber die nicht ausgeschöpften Produktivitäten für Löhne und Arbeitszeitverkürzung nicht zu mehr Wachstum und Beschäftigung geführt haben, kommt nicht einmal im Ansatz zur Sprache. Dies zeigt in erschreckender Form, auf welchem Niveau die wirtschaftspolitische Debatte in Deutschland angekommen ist.

2.1.4.5.7.4 Arbeitszeitverkürzung mit Lohnausgleich

Soll die »Geißel« der Gesellschaft, die *Massenarbeitslosigkeit*, ernsthaft bekämpft werden, so wird kein Weg an einer *Arbeitszeitverkürzung mit Lohnausgleich* vorbeiführen. Daher muss wirtschaftspolitisch auf *Arbeitszeitverkürzung* ohne Wenn und Aber gesetzt werden. Was heißt aber Arbeitszeitverkürzung mit Lohnausgleich? Unterstellt man vereinfachend eine *Preisniveauneutralität*, so fallen die Angebotssteigerungen mit den Produktivitätszuwächsen zusammen. Dies ist aber makroökonomisch nur dann der Fall, wenn die gesamtwirtschaftlichen Arbeitsstunden bzw. das *Arbeitsvolumen* konstant bleiben. Das Arbeitsvolumen kann aber bekanntlich mit der Zahl der Erwerbstätigen und/oder der Arbeitszeit je Erwerbstätigen variieren. Unterstellen wir einen Rückgang der Arbeitszeit je Erwerbstätigen, also eine *Arbeitszeitverkürzung*, so werden allgemein in der öffentlichen Diskussion diese Verkürzungen als *Substitut für Lohnerhöhungen* angesehen. Eine Produktivitätserhöhung kann nämlich in zweifacher Weise genutzt werden: Entweder dadurch, dass bei gleichbleibendem Faktoreinsatz die Produktionsmenge erhöht, oder aber dadurch, dass bei gleichbleibender Produktionsmenge der Faktoreinsatz reduziert wird. Je mehr Produktivitätszuwächse für Arbeitszeitverkürzungen eingesetzt werden, umso weniger Raum ist für Lohnerhöhungen. So hat es den Anschein, als müssten sich die Lohnsteigerungen und die Arbeitszeitverkürzungen die Produktivitätszuwächse teilen. Dies ist jedoch ein Trugschluss. Auch bei Arbeitszeitverkürzungen können die *Lohnsätze* im Ausmaß der Produktivitätssteigerungen angehoben werden, ohne dass von den Lohnsteigerungen irgendwelche *Inflationsgefahren* ausgehen. Hier muss nur zwischen dem *Lohnsatz pro Arbeitsstunde* und dem *Lohneinkommen je Beschäftigten* (Produkt aus *Lohnsatz* und *Arbeitsmenge*, in Arbeitsstunden gerechnet) unterschieden werden. Da jedoch die Arbeitszeit um den gleichen Prozentsatz wie der Produktivitätszuwachs gesunken ist, muss der *Lohnsatz* notwendigerweise um denselben Prozentsatz steigen, soll das *Lohneinkommen* konstant bleiben. Genau dies ist gemeint, wenn bei Arbeitszeitverkürzungen von einem *vollen Lohnausgleich* die Rede ist. Käme es nicht dazu, so würde eine *Umverteilung* zu Gunsten der Gewinn- und Vermögenseinkommen (Gewinnquote) das Ergebnis sein (Kromphardt 2009: 21ff.).

Scheidet die Umverteilung (Erhöhung der Lohnquote) aus *machtpolitischen Gründen* in Zeiten von Massenarbeitslosigkeit aus und soll auch ein Preisanstieg (Inflation) ausgeschlossen werden, so kann eine *Arbeitszeitverkürzung mit vollem Lohnausgleich* oder eine Kombination aus Arbeitszeitverkürzung und Lohnerhöhung nur im Rahmen des *Produktivitätszuwachses* preis- und verteilungsneutral erfolgen. Das folgende Rechenbeispiel soll dies verdeutlichen. Es wird eine Produktivitätssteigerung A_{Prod} von insgesamt 2 v. H. zu Grunde gelegt. Diese resultiert aus einer Produktionserhöhung von 100 Stück bei einem als konstant unterstellten Arbeitsvolumen (20.000 Stunden), das von 500 Beschäftigten bei einer Wochenarbeitszeit je Beschäftigten von 40 Stunden erbracht wird. Der Lohnsatz beläuft sich auf 15,00 €/Std.

$$A_{Prod} = \frac{Leistung\ (Produktion)}{Arbeitsvolumen} = \frac{5.000}{20.000} = 0{,}25\ Stück/Std$$

$$A_{Prod} = \frac{Leistung\ (Produktion)}{Arbeitsvolumen} = \frac{5.100}{20.000} = 0{,}255\ Stück/Std$$

$$A_K = 15\ €\ /\ Std. * 20.000\ Std = 300.000\ €$$

$$k_L = \frac{A_K}{Produktion} = \frac{300.000}{5.000} = 60\ €\ /\ Stück$$

$$Umsatz = p * x = 80 * 5.000 = 400.000\ €$$

$$Gewinn = Umsatz - Arbeitskosten = 400.000 - 300.000 = 100.000\ €$$

$$Lohnquote = \frac{A_K}{Umsatz} = \frac{300.000}{400.000} * 100 = 75\,\%$$

$$Gewinnquote = \frac{Gewinn}{Umsatz} = \frac{100.000}{400.000} * 100 = 25\,\%$$

Die Lohnstückkosten (k_L) liegen dann bei 60,00 €. Beträgt der Preis der verkauften Ware 80,00 €, so wird insgesamt ein Gewinn in Höhe von 100.000 € erzielt. Die Gewinnquote beträgt somit 25 v. H. und die Lohnquote 75 v. H. (vgl. die Berechnung im Kasten). Die Produktivitätssteigerung um 2 v. H. kann nun entweder auf *Lohnsteigerungen* und/oder auf *Arbeitszeitverkürzungen* kosten- bzw. preis- und verteilungsneutral aufgeteilt werden. Wird die Produktivitätssteigerung *voll* für eine *Lohnerhöhung* verbraucht, so steigt der Wochenverdienst eines Beschäftigten preis- und verteilungsneutral von 600 €/Woche auf 612 €/Woche.

40 Wochenstunden x 15 €/Std. = 600 €/Woche
2 v. H. Produktivitätssteigerung auf 15 €/Std., also + 0,30 €/Std. = 15,30 €/Std.
40 Wochenstunden x 15,30 €/Std. = 612 €/Woche

Die *Lohnsummen* steigen ebenfalls verteilungsneutral entsprechend der Produktivitätserhöhung um 2 v. H. von 300.000 € auf 306.000 €.

500 Mitarbeiter x 600 €/Woche = 300.000 € Lohnsumme

500 Mitarbeiter x 612 €/Woche = 306.000 € Lohnsumme

Soll nun aber die Produktivitätssteigerung für eine *Arbeitszeitverkürzung bei vollem Lohnausgleich* verwandt werden (statt 40 Wochenstunden soll der einzelne Mitarbeiter nur noch 39,2 Wochenstunden arbeiten), so kann der Nominallohnsatz zwar in Höhe der Produktivitätssteigerung um 2 v. H. auf 15,30 €/Std. steigen, der Wochenverdienst des einzelnen Beschäftigten bleibt aber mit 600 €/Woche konstant.

39,2 Wochenstunden x 15,30 €/Std. = 600 €/Woche (Rundungsdifferenz)

Um das gleiche Arbeitsvolumen wie *vor* der Arbeitszeitverkürzung zu bewältigen (20.000 Std.); (die Produktivität wurde für eine Mehrproduktion von 100 Stück verbraucht) bewirkt die Arbeitszeitverkürzung auf 39,2 Std./Woche bei vollem Lohnausgleich eine *Neueinstellung* von 10,2 Arbeitskräften.

$$\text{Mehrbedarf} = \frac{\text{ausgefallene Arbeitszeit} * \text{Beschäftigte}}{\text{Arbeitszeit je Beschäftigtem nach Verkürzung der Arbeitszeit}}$$

$$\text{Mehrbedarf an Arbeitskräften} = \frac{0{,}8 \text{ Std.} * 500}{39{,}2} = 10{,}2 \text{ Arbeitskräfte}$$

Die Lohnsumme liegt dann weiter bei 306.000 € (510 Beschäftigte x 600 €/Woche = 306.000 €). Damit ergibt sich keine Veränderung der *Lohnstückkosten* in Höhe von 60 €, so dass auch keine *Preiserhöhungen* notwendig sind. Die gesamtwirtschaftliche *Lohn-* und *Gewinnquote* bleiben mit 75 v. H. und 25 v. H. konstant. Das gleiche Ergebnis würde sich einstellen, wenn beispielsweise die Produktivitätssteigerung um 2 v. H. je zur Hälfte für eine Lohnsteigerung und für eine Arbeitszeitverkürzung verwandt würde.

Die Arbeitszeitverkürzung ist demnach bei *vollem Lohnausgleich* unter Berücksichtigung einer zusätzlichen Beschäftigung von 10 Arbeitskräften kosten- bzw. preis- und verteilungsneutral. Daher ist es völlig absurd, wenn Arbeitszeitverkürzungen bei vollem Lohnausgleich auf Basis der jeweiligen Produktivitätserhöhung abgelehnt werden. Unternehmer haben keinerlei ökonomische Nachteile. Eher noch Vorteile auf Grund eines *induzierten Produktivitätsanstiegs*, den das *Deutsche Institut für Wirtschaftsforschung* (DIW) und das *Institut für Arbeitsmarkt- und Berufsforschung* (IAB) auf Grund der Arbeitszeitverkürzungen in der zweiten Hälfte der 1980er Jahre auf 50 v. H. eingeschätzt haben. Die Hälfte der Arbeitszeitverkürzungen wären demnach nicht beschäftigungswirksam. »Produktivitätssteigernde Effekte von Arbeitszeitverkürzungen werden u. a. damit begründet, dass das Entfallen der jeweils letzten Arbeitsstunden des Tages, in denen die Arbeitsproduktivität fällt, zu einer Steigerung der gesamtwirtschaftlichen Stundenproduktivität führt. Weitere Effekte können sich dadurch ergeben, dass die betriebliche Arbeitszeitorganisation auf Grund der individuellen Arbeitszeitverkürzung verbessert wird, d. h. Leerzeiten abgebaut werden. Beide Effekte dürften nachgelassen haben bzw. verschwunden sein« (Kirner/Meinhardt 1997: 15). Dennoch soll in den weiteren Berechnungen von arbeitszeitinduzierten Produktivitätssteigerungen ausgegangen werden.

Die bisher gezeigte Arbeitszeitverkürzung bei *vollem Lohnausgleich* bedeutet im Ergebnis, dass die *Arbeitnehmer* bzw. ihre *Gewerkschaften* in den Tarifverhandlungen entscheiden müssen, wie viel sie von den jeweiligen Produktivitätssteigerungen für *Lohnerhöhungen* und/oder *Arbeitszeitverkürzungen* verbrauchen bzw. aufteilen wollen. Zwar kann bei einer 100-prozentigen Verwendung der Produktivitätssteigerung für eine Arbeitszeitverkürzung mit vollem Lohnausgleich der Lohnsatz steigen, nicht aber die *Lohnsumme*. Dennoch erhalten die Arbeitnehmer einen Ausgleich für die *Inflationsrate*, so dass die *Kaufkraft* erhalten bleibt. Sie nimmt nur nicht zu! Dafür arbeiten die Arbeitnehmer gemäß der Arbeitszeitverkürzung auch weniger. Dies wird von Kritikern als eine »*klassenimmanente Verteilung*« innerhalb des »Faktors« Arbeit bezeichnet. Die Arbeitnehmer würden ihre Arbeitszeitverkürzung *selbst mit Lohnverzicht* finanzieren. Diese Kritik ist auf Grund einer Arbeitszeitverkürzung als »Wertäquivalent« im Austausch für das »nur« konstante reale Einkommen (*konstante Kaufkraft*) nicht richtig. Die Beschäftigten arbeiten schließlich auch weniger, gewinnen an persönlicher *Zeitsouveränität*, und die *Massenarbeitslosigkeit* wird bekämpft, wodurch wieder reale Lohnsteigerungen leichter durchsetzbar werden. Richtig ist allerdings, dass die Unternehmer bei einer produktivitätsorientierten Arbeitszeitverkürzung mit vollem Lohnausgleich *keine Abstriche* bei ihren *Gewinnen* machen müssen. Diese steigen weiter proportional zur Produktivitätserhöhung und auch die *Gewinnquote* bleibt konstant, wie in dem zuvor dargelegten Rechenbeispiel gezeigt wurde.

Im Folgenden soll das soeben aufgezeigte Arbeitszeitverkürzungsmodell in eine *Hochrechnung* bis zum Jahr 2020 auf Basis der bundesdeutschen *Ist-Daten* umgesetzt werden. Demnach hatten wird im Jahr 2006 rund 23.159.000 *vollzeitbeschäftigte* Arbeitnehmer, deren durchschnittliche *Wochen-Arbeitszeit* bei 38,28 Std. lag. Unterstellen wir einen realistischen Produktivitätsanstieg von 2 v. H. pro Jahr bis 2020, der voll für eine Arbeitszeitverkürzung verwendet wird, so ergibt sich der in Tab. 6 gezeigte jährliche rechnerische *Beschäftigungseffekt*. Dieser beläuft sich in Summe auf 7.848.000 zusätzlich benötigte Beschäftigte. Zieht man davon 30 v. H. *induzierte Produktivitätszuwächse* ab, so kommt es immer noch zu einem tatsächlichen Beschäftigungseffekt von 5.493.000 Personen. Dieser Effekt wäre *verteilungsneutral*. Die Arbeitnehmer hätten bei einem *Inflationsausgleich* in den jährlichen Tarifverhandlungen keinen *Kaufkraftverlust* und die Unternehmer keine *Gewinneinbußen* zu befürchten.

Tab. 6: Beschäftigungswirkungen einer jährlichen Wochenarbeitszeitverkürzung

Jahr	Anzahl der abhängig Beschäftigten in Vollzeit in Tsd.	Reduzierung der Wochenarbeitszeit von 38,28 Std. (tarifliche AZ) auf	Rechnerischer Beschäftigungseffekt in Tsd.*	Tatsächlicher Beschäftigungseffekt in Tsd.**)
2006	23.159	37,51	475	333
2007	23.492	36,76	479	336
2008	23.828	36,02	490	343
2009	24.171	35,30	493	345
2010	24.516	34,60	496	347
2011	24.863	33,91	506	354
2012	25.217	33,23	516	361
2013	25.578	32,56	526	368
2014	25.946	31,91	529	370
2015	26.316	31,27	539	377
2016	26.693	30,65	540	378
2017	27.071	30,04	550	385
2018	27.456	29,43	569	398
2019	27.854	28,85	560	392
2020	28.246	28,27	580	406
			7.848	5.493

* Der rechnerische Beschäftigungseffekt ergibt sich aus folgender Formel: Ausgefallene Arbeitszeit x abhängig Beschäftigte : Arbeitszeit je Vollzeit-Beschäftigten nach der Arbeitszeitverkürzung = Mehrbedarf an Arbeitskräften; ** Die Arbeitszeitverkürzung wird zu 30 v. H. durch zusätzliche (induzierte) Produktivität aufgefangen.

Als kritisch werden bei Arbeitszeitverkürzungen die durch die Arbeitsumverteilung ausgelösten *Friktionen* bei der Besetzung der offenen Stellen angesehen. Dieser Effekt ist sicher zutreffend. Quantitäten und Qualitäten werden nicht immer deckungsgleich sein und es wird auch zu *regionalen* Disproportionen kommen. Hier sind deshalb verstärkte *Qualifikations-* und *Weiterbildungsmaßnahmen* sowie auch *staatliche Hilfen* notwendig. Die verkürzte Arbeitszeit bietet aber die Möglichkeit, einen Teil oder sogar die gesamte frei werdende Zeit mit Weiterbildungsmaßnahmen zu verbinden und schafft gleichzeitig sowohl einen Druck auf *Arbeitnehmer* als auch auf *Arbeitgeber,* entsprechende *Bildungsmaßnahmen* umzusetzen. Dies kann man als einen positiven Beitrag zur insgesamt notwendigen gesellschaftlichen Weiterentwicklung in Sachen Bildung sehen (vgl. dazu ausführlich den Exkurs: »Bildung und Qualifikation«).

2.1.4.5.7.5 Arbeitszeitverkürzung mit Umverteilung

Man könnte natürlich auch eine andere Rechnung von Arbeitszeitverkürzung aufmachen. Diese setzt auf *Umverteilung* von *oben nach unten.* Gewerkschaften haben dies in der Vergangenheit als eine »*expansive Tarifpolitik*« bezeichnet. Die Lohnquote sollte zu Lasten der Gewinnquote steigen. Unter den seit langem bestehenden ökonomischen (neoliberalen) Verhältnissen, die, wie bereits mehrfach aufgezeigt, u. a. zu einem Absturz der Lohnquote geführt haben, wäre aber wohl eher der Begriff einer »expansiven *Rück*verteilung« richtig. Jedenfalls ist genügend *Umverteilungsmasse* vorhanden. Dies zeigt allein ein Blick auf die *Primärverteilung* des Volkseinkommens für das Jahr 2006. Hierbei sind nicht einmal die völlig disproportional verteilten *Vermögensbestände* (Geld- und Immobilienvermögen, Produktivkapital) berücksichtigt. Bezieht man sich nur auf die Stromgrößen des Jahres 2006, so lag die *Bruttolohnquote* bei 65,6 v. H. und die *Bruttogewinnquote* bei 34,4 v. H. Diese Verteilung ist auch Ausdruck einer hohen gesamtwirtschaftlichen *Sparquote* von gut 10 v. H. Hier wird bereits deutlich, dass genügend monetärer *Umverteilungsspielraum,* auch für Arbeitszeitverkürzungen, in Deutschland vorhanden ist.

Eine Modellrechnung soll dies abschließend konkretisieren (vgl. dazu auch Bontrup/Niggemeyer/Melz 2007). Wir gehen dabei davon aus, dass die im Jahr 2006 jahresdurchschnittlich registrierten 4.487.000 Millionen Arbeitslosen in Beschäftigung gebracht werden sollen. Das auf Vollzeitstellen umgerechnete Arbeitsvolumen AV lag 2006 bei gut 38,977 Mrd. Stunden. Die sich dahinter verbergende Zahl der abhängig *Vollzeit-Beschäftigten* betrug 23.159.000; die jahresdurchschnittliche Arbeitszeit je Beschäftigten demnach 1.683 Stunden und die Wochenarbeitszeit 38,28 Stunden.

MATERIELLE PARTIZIPATION – EINE FRAGE DER VERTEILUNG   119

AV = *abhängig Vollzeit-Beschäftige* * *Arbeitszeit je Beschäftigten*
38,977 Mrd. Std. = 23.159.000 * 1.683

Wollte man nun alle amtlich registrierten Arbeitslosen (4.487.000) auf einen Schlag (als »Schocktherapie«) in Arbeit bringen, so müsste die Wochenarbeitszeit von 38,28 Stunden auf 30 Stunden, d.h. um 8,28 Std. oder um 21,6 v.H. reduziert werden. Dies entspricht dann einem rechnerischen Mehrbedarf an Arbeitskräften in Höhe von 6.392.000 Personen.

$$\textit{Mehrbedarf an Arbeitskräften} = \frac{8{,}28 * 23.159.000}{30} = 6.392.000$$

Zieht man davon für *induzierte Produktivitätssteigerungen* 30 v.H. ab, so läge der Beschäftigungseffekt der Arbeitszeitverkürzung auf eine *30-Stunden-Woche* bei einem Mehrbedarf von 4.474.000 Arbeitskräften, was der Zahl der amtlich registrierten Arbeitslosenzahl aus dem Jahr 2006 entsprechen würde.

Die Verkürzung der Arbeitszeit um 21,6 v.H. kann natürlich nicht in *einem Jahr* durch eine *Produktivitätssteigerung* aufgefangen werden. Deshalb müsste, da die *Teilzeit-Beschäftigten* auf kein Einkommen verzichten können, die Bruttolohn- und -gehaltssumme der *Vollzeit-Beschäftigten* gesenkt werden. Diese betrug 2006 rund 88 v.H. der insgesamt (inkl. der Einkommen der Teilzeit-Beschäftigten) in der volkswirtschaftlichen Gesamtrechnung ausgewiesenen Bruttolohn- u. -gehaltssumme in Höhe von 925,4 Mrd. €, also 814,3 Mrd. €. Dies entspricht gut einem Brutto-Jahreseinkommen von 35.000 € je Vollzeit-Beschäftigten, das gemäß der Arbeitszeitverkürzung von rund 20 v.H., also zum 7.000 €, auf 28.000 € gekürzt werden müsste.

$$\textit{Lohn} = \frac{\textit{Bruttolohn- u. -gehaltssumme}}{\textit{Vollzeit-Beschäftigte}} = \frac{814{,}3 \text{ Mrd. €}}{23.159.000} = 35.161 \text{ €}$$

Rechnet man diesen *Kürzungsbetrag*/Vollzeit-Beschäftigten auf alle Neu-Vollzeit-Beschäftigten (also inkl. der ehemals Arbeitslosen) hoch, so kommen hier rund 193,4 Mrd. € zusammen.

Einkommensverlust = *Vollzeit-Beschäftigte* * *Kürzungsbetrag*
Einkommensverlust = 27.633.000 * 7.000 = 193,4 Mrd. €

Soll das Einkommen der abhängig Beschäftigten nicht um diesen Betrag gesenkt werden, so ginge dies nur über eine entsprechende *Umverteilung* von *oben nach unten*. Der gesamtwirtschaftliche *Bruttogewinn* aus Unternehmens- und Vermögenseinkommen (2006: 601,2 Mrd. €) müsste um den Betrag in Höhe von 193,4 Mrd. €, also auf 407,8 Mrd. € oder um 32,2 v. H. sinken. Die *Bruttogewinnquote* würde demnach von 34,4 v. H. auf 23,3 v. H. zurückgehen und entsprechend die *Bruttolohnquote* von 65,6 v. H. auf 76,7 v. H. ansteigen. Damit würde die Lohnquote etwas über dem Wert von 1981 mit 73,4 v. H. liegen, dem Beginn der ab hier massiv einsetzenden, neoliberal intendierten Umverteilung von *unten nach oben*. Die Arbeitszeitverkürzung ist demnach, wenn man es nur politisch wollte, auch in Form einer einjährigen »Schocktherapie« mit vollem Lohnausgleich durch eine entsprechende Um(Rück-)verteilung finanzierbar. Dadurch würde nicht nur die Arbeitslosigkeit beseitigt, sondern auch durch die *Mehrbeschäftigung* eine zusätzliche *Konsumnachfrage* entfaltet, die ansonsten auf Grund der höheren gesamtwirtschaftlichen Gewinnsumme nicht entsteht, weil die darin vielfach enthaltenen *funktionslosen Gewinne* lediglich in (spekulativen) *Finanzinvestitionen* angelegt werden und nicht in beschäftigungsschaffenden *Realinvestitionen*. Außerdem würden durch eine Bekämpfung der Massenarbeitslosigkeit dem Staat und damit der Gesellschaft jährlich die *Kosten der Arbeitslosigkeit* in Form von Arbeitslosengeldzahlungen, Ausfall an Sozialversicherungsbeiträgen und Steuern (etwa 75 Mrd. € jährlich) erspart bleiben. Es gibt demnach keinen ökonomisch vernünftigen Grund, Arbeitszeitverkürzungen nicht sofort auf die politische Agenda zu setzen. Dagegen steht lediglich der ökonomisch unvernünftige Grund von Bereicherung durch eine gesellschaftliche Minderheit zu Lasten der Mehrheit der abhängig Beschäftigten.

2.1.4.6 Der Flächentarifvertrag wird in Frage gestellt

Die heute in der Gesellschaft vollzogene *arbeitgeberorientierte Interessenpolitik* setzt wie noch nie zuvor im Nachkriegsdeutschland dezidiert auf eine Schwächung der Gewerkschaften und ist damit gegen die Interessen der abhängig Beschäftigten gerichtet. Neben der Forderung nach einer veränderten Arbeitsmarktpolitik, die u. a. auf einer Verlängerung der Arbeitszeiten sogar ohne Lohnausgleich besteht, wird ein grundsätzlicher Angriff auf die *Bezahlung von Arbeit*, auf das gesamte *Flächentarifsystem* geführt. Insbesondere CDU/CSU und FDP wollen den Flächentarifvertrag und damit den Schutz der Arbeitnehmer aushöhlen. Demnach sollen das »*Günstigkeitsprinzip*« und der »*Tarifvorrang*« aufgeweicht und dazu das Tarifvertrags- und Betriebsverfassungsgesetz geändert werden (zu den Begrifflichkeiten vergleiche den folgenden Kasten).

Der Flächentarifvertrag wird aber nicht nur von weiten Teilen der Politik, von Arbeitgebern und auch von Wirtschaftswissenschaftlern in Frage gestellt, auch eine empirisch zu beobachtende »rückläufige *Tarifbindung und Tarifverbindlichkeit* (vgl. Tab. 7) unterminieren mittlerweile die formale und reale Prägekraft der Tarifverträge, ohne dass eine Umkehr dieses Trends in Sicht wäre. (...) Fortschritte im Bereich der ›qualitativen‹ Tarifpolitik (Rahmen- und Manteltarifverträge) beschränken sich auf wenige Themen und Tarifbereiche. Die Gewerkschaften agieren auf ihrem wichtigsten Handlungsfeld seit Jahren aus einer *Position der Defensive* und verfügen über *kein schlüssiges Konzept*, auf dessen Grundlage sie zu einer wirkungsvolleren tarifpolitischen Interessenvertretung gelangen könnten. Insbesondere fällt es ihnen offensichtlich schwer, den Trend zu einer *Dezentralisierung und Verbetrieblichung der Tarifpolitik* angemessen aufzugreifen und tarif- und betriebspolitisch zu verarbeiten. Spätestens seit der Agenda-Rede von Bundeskanzler Schröder am 14. März 2003 eint (nahezu) alle Parteien, Verbände, Institute und Sachverständige die Forderung nach mehr *Flexibilität* in Tarifverträgen. Schröder forderte, dass in den Tarifverträgen ein ›flexibler Rahmen‹ geschaffen werden müsse. ›Ich erwarte, dass sich die Tarifparteien auf betriebliche Bündnisse einigen, wie das in vielen Branchen bereits der Fall ist. Geschieht das nicht, wird der Gesetzgeber handeln« (Bispinck 2003: 395f.).

Tab. 7: Tarifbindung der abhängig Beschäftigten 2009 in v. H.

Branche	Branchentarifvertrag		Haustarifvertrag		Kein Tarifvertrag (davon Orientierung der Löhne an einem Tarifvertrag)	
	West	Ost	West	Ost		
Landwirtschaft u. a.	59	10	2	5	40 (40)	84 (46)
Bergbau/Energie/Wasser	74	47	14	23	12 (66)	31 (45)
Verarbeitendes Gewerbe	58	25	10	15	33 (60)	61 (48)
Baugewerbe	75	51	3	5	22 (54)	44 (61)
Handel/Reparatur	48	24	6	8	47 (57))	68 (51)
Verkehr & Lagerei	39	29	20	20	41 (45)	51 (59)
Information & Kommunikation	23	14	8	29	69 (32)	57 (25)
Kredit/Versicherung	85	59	3	5	12 (42)	36 (50)
Gastgewerbe & Sonstige DL	48	26	4	7	49 (39)	68 (50)
Gesundheit & Erziehung/Unterricht	55	36	12	19	33 (67)	45 (54)
Wirtschaftl., wissenschaftl. und freiberufliche DL	43	47	8	8	49 (39)	45 (37)
Org. oh. Erwerbszweck	54	32	12	18	34 (67)	50 (48)
Gebietskörperschaften Sozialversicherung	88	82	10	15	2 (69)	3 (67)
Insgesamt	**56**	**38**	**9**	**13**	**36 (52)**	**49 (40)**

Quelle: WSI-Tarifhandbuch 2010, S. 114f..

Koalitionsfreiheit (Art. 9 Abs. 3 Grundgesetz)
Die Koalitionsfreiheit ist durch das Grundgesetz geschützt. Sie bedeutet: Arbeitnehmer und Arbeitgeber haben das Recht, sich in Verbänden zusammenzuschließen und ihre Angelegenheiten untereinander vertraglich zu regeln – unabhängig von staatlichen Eingriffen, parteipolitischen Erwägungen und wahltaktischen Überlegungen. Teil der Koalitionsfreiheit ist das Streik- und Aussperrungsrecht.

Tarifautonomie
Die Tarifautonomie ist Ausdruck der Koalitionsfreiheit. Sie bedeutet, dass Gewerkschaften und Arbeitgeberverbände unabhängig vom Einfluss des Staates Tarifverträge miteinander aushandeln können, die für ihre Mitglieder verbindlich sind.

Günstigkeitsprinzip (§ 4 Abs. 3 Tarifvertragsgesetz)
Das Günstigkeitsprinzip ist im Tarifvertragsgesetz verankert. Es bedeutet, dass von den Regelungen des Tarifvertrags, zum Beispiel bei Arbeitszeit und Einkommen, nur dann abgewichen werden darf, wenn es für den Arbeitnehmer günstiger ist. Abweichungen vom Tarifvertrag, die tarifliche Leistungen für die Beschäftigten verschlechtern, sind nur mit ausdrücklicher Zustimmung der beiden Tarifvertragsparteien (Gewerkschaft und Arbeitgeberverband) zulässig.

Tarifvorrang
Der so genannte Tarifvorrang ist im Betriebsverfassungsgesetz (§ 77 Abs. 3 BetrVG) verankert. Er besagt: Was in Tarifverträgen geregelt ist oder üblicherweise geregelt wird, kann nicht Gegenstand von Betriebsvereinbarungen zwischen Betriebsrat und Geschäftsführung sein. Der Tarifvorrang schützt davor, dass Gewerkschaften und Betriebsräte gegeneinander ausgespielt werden.

Gewerkschaftliche Reaktionen auf solche Angriffe auf die *Tarifautonomie* sowie auf das ökonomisch rationale Flächentarifsystem fallen seit Jahren einerseits durch eine in die Öffentlichkeit getragene argumentative *Widersprüchlichkeit* – teils mit neoliberalen Duktus – und andererseits durch wenig *kämpferisch geführte Lohnrunden* aus. Oft genug verkauften in der Vergangenheit die Gewerkschaften das Nichtausschöpfen des »verteilungsneutralen Spielraums«»als Beleg einer intendierten *moderaten (sprich*

›vernünftigen‹) *Lohnpolitik*, mit der auch die Gewerkschaften einen Beitrag zur Überwindung der ökonomischen Krise geleistet hätten. Diese Vorleistung sei jedoch von den Arbeitgebern nicht genutzt und nicht in zusätzliche Beschäftigung umgesetzt worden« (Bispinck 2003: 397). Wer so argumentiert, behauptet allerdings genauso wie neoliberale Ökonomen und Politiker, dass Lohnsenkungen zu mehr Beschäftigung führen. Andererseits wiederum weisen die Gewerkschaften in ihren allgemeinen polit-ökonomischen Verlautbarungen eine solche lohnkosteninduzierte Arbeitslosigkeit regelmäßig zurück. »Ein weiterer Widerspruch steckt in der unterschiedlichen Bewertung von *Lohn- und Lohnnebenkosten*. Während in der Lohnpolitik seitens der Gewerkschaften im Grundsatz nach wie vor *kaufkrafttheoretisch* argumentiert wird, sieht dies bei den *Lohnnebenkosten* (vgl. dazu ausführlich den Exkurs »Die Mär von den zu hohen Lohnnebenkosten«) anders aus. Grundsätzlich haben sich die Gewerkschaften 1998 bei der Einrichtung des »Bündnisses für Arbeit« auf ein Konzept zur Senkung der Lohnnebenkosten verpflichten lassen und auch den Begründungszusammenhang akzeptiert, dass eine dadurch bewirkte Verringerung der Arbeitskosten positive Beschäftigungswirkungen auslöse« (Bispinck 2003: 397). Wenn eine Senkung der Lohnnebenkosten, die immanenter Bestandteil der Arbeitskosten sind, angeblich zu mehr Beschäftigung führt, wieso soll dies dann nicht auch für die *direkten Lohnkosten* gelten?

Neben diesen Widersprüchen ist auf Seiten der Gewerkschaften kaum noch die Bereitschaft zu erkennen, ein Tarifergebnis auch durch einen *längeren Arbeitskampf* durchzusetzen. Viele Tarifkonflikte der Vergangenheit sind fast ohne größere *Streikanwendungen* – nicht selten von Unverständnis an der *Basis* begleitet und durch Gewerkschaftsaustritt quittiert – mit völlig unbefriedigenden Ergebnissen, d. h. mit *Umverteilungsergebnissen* von der *Lohn- zur Gewinnquote* (vgl. Tab.8), zwar schnell, aber enttäuschend beigelegt worden. Selbst wenn es natürlich richtig ist, dass in Zeiten von *Massenarbeitslosigkeit* die Kampfkraft der Gewerkschaften geschwächt ist, darf dies kein Argument sein, nicht alles Mögliche zu unternehmen, um zumindest den verteilungsneutralen Spielraum, schon aus gesamtwirtschaftlicher Verantwortung, auch auszuschöpfen.

Der im Gegensatz dazu – zumindest von einzelnen Gewerkschaften wie z. B. der IG BCE – eingeschlagene Weg, mit einer »kontrollierten Dezentralisierung« und »Flexibilisierung« zur dauerhaften Stabilisierung des Flächentarifvertrages durch verschiedene *Öffnungs- und Härtefallklauseln* beizutragen, ist mit Sicherheit in dieser praktizierten, einseitigen und einzelwirtschaftlichen (betrieblichen) Form der Anpassung nach unten der falsche Weg. Dies bleibt auch dann ein Irrweg, wenn selbst Reinhard

Tab. 8: Verteilungsverluste beim Arbeitnehmerentgelt

Jahr	Volkseinkommen in Mrd. €	Lohnquote LQ in v. H.	Arbeitnehmerentgelt* in Mrd. €	Arbeitnehmerentgelt bei LQ von 2000 in Mrd. €	Verteilungsverluste in Mrd. €
2000	1.524,4	72,2	1.100,1	1.100,1	-
2001	1.560,9	71,8	1.120,6	1.127,0	6,4
2002	1.576,1	71,6	1.128,3	1.137,9	9,6
2003	1.599,6	70,8	1.123,1	1.154,9	22,8
2004	1.672,3	68,0	1.137,1	1.207,4	70,3
2005	1.696,7	66,4	1.130,1	1.225,0	94,9
2006	1.765,6	65,1	1.149,5	1.274,8	125,3
2007	1.827,1	64,8	1.183,6	1.319,2	135,6
2008	1.880,2	65,2	1.225,8	1.357,5	131,7
					Σ 596,6

*Arbeitnehmerentgelt inkl. Arbeitgeberbeiträge zur Sozialversicherung, Quelle: destatis (Fachserie 18, Februar 2009), eigene Berechnungen.

Bispinck vom Wirtschafts- und Sozialwissenschaftlichen Institut (WSI) in der Hans-Böckler-Stiftung betont, dass es nicht mehr – wie noch vor wenigen Jahren – darum gehe, »ob sich die Gewerkschaften überhaupt auf den Trend zur ›Verbetrieblichung‹ der Tarifpolitik einlassen sollten«. Die Frage, so Bispinck, »ist durch die tarif- und betriebspolitische Realität längst überholt« (Bispinck 2003: 399).

Wie konnte es aber zu dieser gesamtwirtschaftlich verhängnisvollen Entwicklung kommen? Die Ursachen liegen tief. Sie haben sicher zunächst einmal ihren Ursprung in der *Ablösung des Keynesianismus* gegen Mitte der 1970er Jahre und der damit eingeleiteten neoliberalen und auch monetaristischen Gegenbewegung (»Konterrevolution«), die fast nur noch die *Angebotsseite der Wirtschaft* (»Supply-Side Economics«) betont, in den Unternehmen auf *Kostensenkungen,* beim Staat auf Steuer- und Ausgabensenkungen zur Reduzierung der Staatsquote bei gleichzeitiger Entfesselung der wettbewerblichen Marktkräfte setzt sowie im monetären Bereich die Preisstabilität *einseitig* in den wirtschaftspolitischen Mittelpunkt rückt. Der bekannte amerikanische Ökonom Paul Krugman stellt dazu lapidar fest:

> Was ›Supply-Side Economics‹ ausmacht, ist weniger das, wofür sie steht, sondern das, was sie ausschließt. Die Vertreter dieses Lagers behaupten einfach, dass nur die Angebotsseite von Belang sei. Wer Verstand hat, dem müsste eigentlich auffallen, dass eine Rezession möglicherweise etwas mit fehlender Nachfrage zu tun hat und dass die Fed (amerikanische Nationalbank, d.V.) mit einer Zinssenkung den Anstoß zu einer Erholung geben kann« (Krugman 2001: 59).

Neben der ökonomischen »Konterrevolution« durch die Angebotsapologeten kam spätestens seit Mitte der 1980er Jahre die weitgehende *Deregulierung der internationalen Finanzmärkte* hinzu, die zu einer verschärften Konkurrenz zwischen beschäftigungsschaffenden Realinvestitionen und nicht selten rein spekulativ angelegten Finanzanlagen geführt hat (vgl. dazu ausführlich das Kap. 4.4.6). Hierdurch wurden an das Industrie-, Handels- und Dienstleistungskapital neue Renditeanforderungen im Sinne einer einseitig angelegten unternehmerischen *Shareholder-Value-Culture* gestellt. Alles was keine hinreichende Profitrate – auch in Konkurrenz zu den Finanzanlagen – abwirft, wird als nicht mehr zum »Kerngeschäft« gehörend aus dem Unternehmensgefüge eliminiert. Eine gleichzeitig zu Beginn der 1990er Jahre zunehmende, von der Politik eingeleitete und zu verantwortende *Globalisierung* und *Liberalisierung* der Märkte – nicht zuletzt auch durch die Europäische Wirtschafts- und Währungsunion beschleunigt – hat zwar das Wachstum des Sozialprodukts minimal gefördert, es blieb aber hinter dem Wachstum der *Produktivität* zurück. Dadurch stiegen die Arbeitslosenzahlen, und es kam aufgrund laufender Überproduktionen zu einer sich *verschärfenden Konkurrenz* auf den Produktmärkten, der man sich – vor dem Hintergrund einer sich zusätzlich intensivierenden *Weltmarktkonkurrenz* – vielfach durch *Unternehmensfusionen* zu entziehen suchte und die letztlich zu noch mehr Arbeitslosen geführt hat. Durch das nur geringe Wirtschaftswachstum und die sich immer mehr verfestigende Massenarbeitslosigkeit kamen schließlich auch der *Staat* und die *Sozialversicherungshaushalte* aufgrund rückläufiger Steuer- und Abgabeneinnahmen, bei gleichzeitig krisenbedingten Ausgabensteigerungen, zunehmend unter Druck, und die *Staatsverschuldung* nahm zu – dies auch durch eine völlig falsch angelegte prozyklisch orientierte Fiskal- und Geldpolitik.

Damit erhöhte sich letztlich immer mehr der Druck auf die abhängig Beschäftigten und Gewerkschaften, sich bei den *Lohnforderungen* zu bescheiden. Diese gaben unter dem Druck weiterer Arbeitsplatzverluste immer mehr nach, und so konnte der verteilungsneutrale Spielraum mit enormen *Einkommensumverteilungen* zu Ungunsten der Lohnabhängigen und daraus entstehenden schwerwiegenden gesamtwirtschaftlichen Folgen für eine Nachfrage- und Beschäftigungsentwicklung nicht mehr ausgeschöpft werden. Verschärft wurde dieser Prozess vor dem Hintergrund der *Wiedervereinigung* durch eine *staatliche Redistributionspolitik* zu Gunsten des Kapitals, so dass letztlich die Masseneinkommen und damit der Massenkonsum nachhaltig geschwächt wurden. Andererseits stiegen aber die *Profite* der Unternehmen beträchtlich, ohne dass diese – aufgrund mangelnder weiterer Gewinn erwartender Nachfrage – in Realinvestitionen und damit in Beschäftigung zurückgeflossen wären.

Im Gegenteil, die vermehrten Gewinne wurden eher in beschäftigungsfeindliche *Finanzanlagen* investiert, wobei allerdings dieser gesamte makroökonomische Prozess über den Unternehmenssektor nicht gleich verteilt war, sondern mehr oder weniger stark von Branche zu Branche und auch innerhalb der Branchen schwankte und es hierdurch zu einer verstärkten *Strukturdifferenzierung* bezogen auf das Gesamtkapital kam. Gewinner waren überwiegend marktstarke (marktbeherrschende) und international agierende Großunternehmen, während die Verlierer im so genannten mehr binnenmarktorientierten *Mittelstand* zu suchen sind (vgl. dazu ausführlich den Exkurs: »Großunternehmen versus Mittelstand«).

Vor diesem gesamtwirtschaftlichen Hintergrund entstand letztlich auf der *Arbeitgeberseite* ein Verlangen nach einer ebensolchen *Strukturdifferenzierung in den Tarifverhandlungen*, die auf die unterschiedlichen ökonomischen Ertragssituationen der Unternehmen zwischen und innerhalb der einzelnen Branchen Rücksicht neben sollte. Es gibt aber auch im Arbeitgeberlager Stimmen, die vor einer Auflösung des Tarifvertragssystems nachdrücklich warnen. Dietrich Kröncke, ehemaliger Hauptgeschäftsführer des Arbeitgeberverbands Niedersachsenmetall, hält nichts davon, immer mehr *tarifrechtliche Regelungskompetenzen* auf Betriebsräte und Belegschaften zu verlagern. »Das Ziel, dass Tarifverträge eigentlich Mindestbedingungen regeln sollen, würde so noch weiter in die Ferne rücken«, betont er und distanziert sich damit von einem Gesetzentwurf, den die CDU/CSU vorgelegt hat (Handelsblatt 2003: 3). Außerdem seien *flexible Tarifverträge* heute längst Realität. In der Tat gibt es kaum noch einen Wirtschaftszweig, dessen Tarifverträge nicht eine oder sogar mehrere *Öffnungsklauseln* enthalten (Bispinck 2002: 371 ff., Bispinck 2004: 237 ff.).

> »Einsteigetarife, Kleinbetriebsklauseln, allgemeine Härteklauseln, gespaltene Entgelttabellen, Öffnungsklauseln zu einzelnen Tarifregelungen, ertragsabhängige Vergütungsbestandteile und vieles andere mehr gehören seit langem zum Regelungsbestand« (Bispinck 2003: 399).

Dennoch wird weiter ideologisch behauptet, das herrschende System des Flächentarifvertrags sei zu starr und müsse deshalb noch mehr *flexibilisiert* und mehr *verbetrieblicht* werden (Bispinck, Schulten 2003: 157-166). Es könne nicht mehr am *»Durchschnittsprinzip«* festgehalten werden, wonach eine gesamtwirtschaftliche oder eine branchenbezogene durchschnittliche Produktivität die Lohn- und Gehaltsforderungen für alle Unternehmen ableitet oder festlegt. Um den Differenzierungsbedarf beim Lohn mittelfristig zurückzuführen, fordert Hans-Werner Busch, Hauptgeschäftsführer der Metall- und Elektroindustrie, dass die tarifpolitische Orientierungsmarke für

Entgelterhöhungen über mehrere Jahre hinweg »unterhalb des Durchschnittsbetriebs« angesiedelt werden müsse (zitiert bei Bispinck 2003: 398). Da hier auf eine operationale Angabe verzichtet wird, wie weit unterhalb der Durchschnittsproduktivität des Durchschnittsbetriebs denn zukünftig noch Lohn- und Gehaltserhöhungen stattfinden sollen, könnte man sich theoretisch auch die Produktivität des *Grenzanbieters* vorstellen, womit dann ein Lohn- und Gehaltszuwachs nahezu ausgeschlossen würde. Einmal abgesehen von diesem absurden theoretischen Ergebnis, ist eine damit einhergehende *Umverteilung* zu den Gewinnen schon längst wirtschaftliche Realität; allerdings mit nachhaltigen *negativen Wachstums- und Beschäftigungseffekten*. Busch müsste sich trotz dieser offensichtlichen Ignoranz die Frage stellen, wohin denn eigentlich sein Vorschlag führt, denkt man ihn gesamtwirtschaftlich konsequent zu Ende. Busch und ähnlich denkende neoliberale Apologeten müssten dann mit einer an Sicherheit grenzenden Wahrscheinlichkeit zu dem Ergebnis kommen, dass ihre einseitig angebotsorientierte Betrachtung die *Nachfrageseite* völlig außer Acht lässt und somit letztlich den Unternehmen, denen man vorgibt helfen zu wollen, mehr schadet als nützt. Wenn nämlich die Löhne und Gehälter in ihrer Entwicklung dauerhaft hinter der durchschnittlichen Produktivitätszunahme zurückbleiben sollen, sinkt automatisch der Anteil der Löhne und Gehälter am Volkseinkommen und in Folge steigt die gesamtwirtschaftliche Gewinn- und Sparquote. Dies führt zwar bei den Unternehmen zunächst zu steigenden Gewinnen, die sie aber aufgrund dann auftretender *Nachfrageausfälle*, unterausgelasteten Kapazitäten und Personalentlassungen nicht auf weitere Gewinnerwartungen hoffen lassen und sie damit nicht zu Realinvestitionen veranlassen. Schließlich kommt es so zu einer allgemeinen Wachstumsschwäche – mit allen hinlänglich bekannten negativen Folgen für die Entwicklung der Staatshaushalte und Versorgung der Gesellschaft mit öffentlichen Gütern. Demnach gibt es in marktwirtschaftlichen Ordnungen keine Alternative zu einer *produktivitätsorientierten Lohnpolitik auf Basis von Flächentarifverträgen*. Wer dies grundsätzlich in Frage stellt, stellt die Ordnung selbst in Frage, weil (Flächen-)Tarifverträge neben ihren gesamtwirtschaftlichen Entwicklungswirkungen außerdem mehrere regulierende Ordnungsfunktionen haben.

Aus *Arbeitnehmersicht* sind hier zu nennen:
- »Eindämmung struktureller Machtungleichgewichte am Arbeitsmarkt,
- Teilhabe an der wirtschaftlichen Entwicklung und sozialem Wohlstand,
- Teilhabe an einer autonomen Regelung der Arbeitsbedingungen,
- Verallgemeinerung der Schutz-, Verteilungs- und Partizipationsfunktion.

Einheitliche Arbeitsbedingungen, relativ unabhängig von der jeweiligen ökonomischen Leistungsfähigkeit des einzelnen Unternehmens und der jeweiligen betrieblichen Stärke gewerkschaftlicher Interessenvertretung bzw. dem Stand betrieblicher Machtbeziehungen.«

Ebenso wichtig sind aus *Arbeitgebersicht* die Ordnungsfunktionen von (Flächen-) Tarifverträgen. Dazu zählen:

- »Der Preis für den Faktor Arbeit wird teilweise dem Wettbewerbsmechanismus entzogen,
- Schaffung relativ einheitlicher Wettbewerbsbedingungen,
- Tarifverhandlungen als ›kollektives Gut‹,
- Reduzierung der Transaktionskosten zur Regelung der Arbeitsbedingungen,
- Stabile Arbeitsbeziehungen und relativ störungsfreier Ablauf,
- Gewerkschaftspräsenz im Betrieb wird ›neutralisiert‹,
- Delegierung der Tarifpolitik an die Verbände, Entlastung der betrieblichen Ebene,
- Begrenzung von Niedriglohnstrategien,
- Fördert primär Innovations- statt Kostenwettbewerb,
- Sicherung eines kooperativen Arbeitsklimas« (Bispinck 2003: 397).

Diese wichtigen Ordnungsfunktionen würden sämtlich bei einer strikten Lohndifferenzierung gemäß der jeweiligen unternehmensbezogenen Produktivität im Rahmen einer dem neoliberalen Leitbild folgenden *wettbewerbsorientierten Lohnpolitik* außer Kraft gesetzt. Zwar könnte dann bei hinreichend starken Machtverhältnissen auf Seiten der betrieblichen Mitbestimmungsträger ein erheblicher Teil der überdurchschnittlichen Produktivität durch *betriebliche Lohnsteigerungen* abgeschöpft werden. Umgekehrt würden die Unternehmen mit einer unterdurchschnittlichen Produktivität geschont, aber eben auch nicht dazu gedrängt, sich durch Strukturanpassung (was in der Regel aber Entlassungen impliziert) effizienter zu machen. Das wäre allenfalls zeitweise von Vorteil, mittel- und langfristig würde die Wettbewerbsfähigkeit der ganzen Volkswirtschaft leiden. Unternehmen, die es daher mittelfristig im Wettbewerb nicht schaffen, eine *Durchschnittsproduktivität* zu erwirtschaften, werden als *Grenzanbieter* ausscheiden müssen. Dies ist insgesamt mit gesellschaftlichen Wohlfahrtsgewinnen verbunden. Damit sich Grenzanbieter aber womöglich dennoch im Wettbewerb behaupten können, sei auf die gerade bei solchen Anbietern in der Regel dringend notwendige Einführung der *»Elemente einer partizipativen und demokra-*

tisierten Unternehmenskultur« hingewiesen, die im dritten Kapitel entwickelt wird. Ohne die betriebliche Umsetzung einer auf *Innovation* setzende Unternehmenspolitik wird auch mit betrieblichen Öffnungsklauseln, die letztlich nur destruktiv auf eine Senkung der Arbeitskosten zielen, ein mittel- oder gar langfristiges Überleben von Unternehmen mit unterdurchschnittlicher Produktivität wohl kaum möglich sein. Nein: Im Sinne einer ökonomisch rational gesteuerten solidarischen Lohnpolitik geht kein Weg an einer auf Flächentarifverträgen aufbauenden produktivitätsorientierten Lohnpolitik vorbei. Das Flächentarifsystem fördert den *Innovationswettbewerb* (Wey 2004: 147ff.).

In Anbetracht der zunehmenden *Internationalisierung* sind dabei zur Vermeidung eines *europaweiten Lohndumpings,* das mit Deflationsgefahren einhergehen kann, unter den europäischen Gewerkschaften allgemeine *Koordinierungsregeln* aufzustellen. Erste Ansätze dazu bieten die mit Unterstützung der IG Metall vom Europäischen Metallgewerkschaftsbund (EMB) am weitesten entwickelten und bisher in drei tarifpolitischen Konferenzen festgelegten »Leitlinien zur Tarifpolitik«. Schon in ihrer tarifpolitischen »Prinzipienerklärung« von 1993 hatten sich die EMB-Gewerkschaften auf verteilungspolitische Grundsätze ihrer Tarifpolitik geeinigt. Dort hieß es: »Die Tarifpolitik der europäischen Metallgewerkschaften will durch eine ›Tarifpolitik im Europa des Wandels‹ zu einer gerechteren Einkommensverteilung beitragen. Sie orientiert sich in ihrer Lohn- und Verteilungspolitik an gesamtwirtschaftlichen Entwicklungsgrößen und strebt *erstens* den regelmäßigen jährlichen Ausgleich der Preissteigerungsraten zur Reallohnsicherung, *zweitens* die Beteiligung der Arbeitnehmereinkommen an den Produktivitätsfortschritten zur gleichgewichtigen Einkommensentwicklung an.« Die Umsetzung dieser Lohnpolitik soll durch eine »gemeinsame Abstimmung und konzertiertes Vorgehen« erfolgen. Lockere politische *Absichtserklärungen* reichen hier allerdings nicht aus. Wenn auch in Zukunft kollektive Lohnverhandlungen nicht auf EU-Ebene stattfinden können, so bedarf es zur Realisierung einer länderbezogenen, aber bisher in keiner Weise durchgesetzten *produktivitätsorientierten Lohnpolitik,* und zur Vermeidung eines internationalen Lohndumpings einer wesentlich konkreteren und vor allen Dingen verbindlicheren Abstimmung der Lohnpolitik in Europa. Wenn es hierbei den Gewerkschaften in den jeweiligen Ländern gelingt, zumindest den verteilungsneutralen Spielraum auch tatsächlich auszuschöpfen, wäre dies sicherlich bereits ein großer Fortschritt. Hierdurch käme es zu einer Trendumkehr der in den letzten zwanzig Jahren nachhaltig vollzogenen Lohnzurückhaltung und der daraus folgenden Umverteilung von der Lohn- zur Gewinnquote. Dies hätte entsprechende positive Wachstums- und Beschäftigungseffekte zur Folge.

2.2 Produktivitätsorientierte Lohnpolitik und Umverteilung

2.2.1 Der verteilungsneutrale Spielraum muss ausgeschöpft werden

Während der neoklassische Mainstream die Gewerkschaften auf eine Politik der permanenten Lohnzurückhaltung und einer »marktgerechten« Differenzierung der Lohneinkommen verpflichten will, empfiehlt die keynesianische Lohntheorie und -politik, die Löhne strikt an die *Produktivitätsentwicklung* zu binden (Schulten 2004: 85ff.). »Das Optimale, was die Lohnpolitik für die *Beschäftigung* und die *Preisstabilität* tun kann, ist, eine Erhöhung der Nominallöhne im Ausmaß des zu erwartenden Produktivitätszuwachses – zuzüglich der Zielinflationsrate der Zentralbank – durchzusetzen. Sollen in Situationen der Unterbeschäftigung zusätzliche Arbeitsplätze geschaffen werden, reicht dies freilich nicht aus, hier sind dann die übrigen Politikbereiche, nämlich die *Finanz- und insbesondere die Geldpolitik*, gefordert« (Grunert 2003: 358).

Der keynesianische Ansatz auf Basis einer strikt produktivitätsorientierten Lohnpolitik schließt auf gesamtwirtschaftlicher Ebene zum einen die Koppelung der Lohnentwicklung an die allgemeine ökonomische Wertschöpfung ein, um dadurch eine gleichgerichtete Entwicklung von Produktion und Konsumtion zu fördern. »Zum anderen soll durch den Verzicht auf lohnpolitische Umverteilungsmaßnahmen die Geldwertstabilität gesichert werden. Verteilungspolitisch führt die keynesianische Variante der Lohnpolitik somit zur Festschreibung einer einmal gegebenen Relation von Arbeits- und Gewinneinkommen« (Schulten 2002: 286). Vergleiche dazu das beispielhafte Rechenmodell auf der nächsten Seite.

Eine solche Lohnpolitik wird aber im ökonomischen (neoliberalen) Mainstream nicht akzeptiert. So fordert der *Sachverständigenrat (SVR)* seit der Beschäftigungskrise 1974/75 mehrheitlich eine neue lohnpolitische Formel: »Es geht um das Problem des *maximalen beschäftigungskonformen Preises für die Arbeit*« (SVR 1974/1975: Ziff. 312). Die produktivitätsorientierte Lohnerhöhung könne nur für Zeiten hoher Beschäftigung gelten, in Phasen hoher Arbeitslosigkeit müsse eine »*beschäftigungskonforme Lohnpolitik*« betrieben werden, zumal die jeweilige Produktivitätsmessung zu hoch ausfalle, weil sie auch die Produktivitätsgewinne durch *Personalabbau* enthalte (SVR 1996/1997: Ziff. 313). Mit anderen Wort: Die Lohnerhöhungen müssten unterhalb des Produktivitätszuwachses liegen. Dem ist entgegenzuhalten, dass die Berücksichtigung einer so genannten »*Entlassungsproduktivität*« nicht nur bedeutet, dass ein Teil der Beschäftigten entlassen wird, sondern dass auch noch die verbliebenen Beschäftigten mit Lohnerhöhungen unterhalb der Produktivitätssteigerungen bestraft werden sollen. Dies kann man sich schnell an der Beispielrechnung im Kasten verdeutlichen.

Beispielhaft wird eine Produktion von 5.000 Fertigungsteilen unterstellt, die von 500 Mitarbeitern in einer 40-Stunden-Woche hergestellt werden.

Hieraus leitet sich eine Arbeitsproduktivität (x') von 0,25 Stück/Std. ab.

(1) $x' = \dfrac{Produktion \ (x)}{Arbeitsvolumen \ (AV)} = \dfrac{5.000 \ \text{Stück}}{20.000 \ \text{Std.}} = 0,25$ Stück/Std.

Hierbei gilt: AV = Arbeitszeit/Beschäftigten * Beschäftigte
AV = 40 Std. * 500 = 20.000 Std.

Bei einem Nominallohnsatz von 20 €/Stunde ergeben sich Arbeitskosten (A_K) in Höhe von

(2) A_K = 20 €/Std. * 20.000 Stunden = 400.000 €.

Die Lohnstückkosten (k_L) belaufen sich demnach auf

(3) $k_L = A_K/x$ = 400.000 : 5.000 = 80 €/Stück.

Bei einem unterstellten Absatzpreis von 100 €/Stück ergeben sich Umsatzerlöse (U) von

(4) U = p * x = 100 * 5.000 = 500.000 €

und ein Gewinn (G) von

(5) G = U - A_K = 500.000 - 400.000 = 100.000 €.

Der Gewinn verteilt sich dabei auf Lohnquote (L_q) und Gewinnquote (G_q) wie folgt:

(6) $L_q = A_K/U$ = 400.000 : 500.000 = 80 %

(7) $G_q = G/U$ = 100.000 : 500.000 = 20 %

Kommt es auf Basis dieser Ausgangssituation zu einer Produktivitätssteigerung, indem statt 5.000 Stück jetzt 5.200 Stück unter sonst gleichen Bedingungen gefertigt werden, so erhöht sich die Arbeitsproduktivität (x') auf 0,26 Stück/Std., also um 4 v. H.

(8) $x' = \dfrac{Produktion\ (x)}{Arbeitsvolumen\ (AV)} = \dfrac{5.200\ Stück}{20.000\ Std.} = 0,26\ Stück/Std.$

Steigt nun der Nominallohnsatz ebenfalls um 4 v. H. auf 20,80 €/Std., so erhöhen sich die Arbeitskosten (A_K) insgesamt auf

(9) $A_K = 20,80$ €/Std. $* 20.000$ Stunden $= 416.000$ €.

Dennoch bleiben die Lohnstückkosten mit 80 €/Stück konstant.

(10) $k_L = A_K/x = 416.000 : 5.200 = 80$ €/Stück.

Der Gewinn erhöht sich wie die Nominallöhne ebenfalls um 4 v. H. auf

(11) $G = U - A_K = 520.000 - 416.000 = 104.000$ €.

An der Verteilung zwischen Lohn- und Gewinnquote ändert sich dagegen nichts.

(12) $L_q = A_K/U = 416.000 : 520.000 = 80\ \%$

(13) $G_q = G/U = 104.000 : 520.000 = 20\ \%$

Bei einer konstanten Produktion von 5.000 Stück und einer 40-Stunden-Woche müsste die Beschäftigtenzahl von 500 auf 480 Mitarbeiter verringert werden, um einen Produktivitätszuwachs von 4 v. H. (0,26 Stück/Std.) zu erzielen. Würden jetzt die verbliebenen Beschäftigten wegen der sogenannten »Entlassungsproduktivität« weniger als 4 v. H. Lohnzuwachs erhalten, so käme es zu einer *Umverteilung zu den Gewinnen*. Die Lohnquote würde dadurch sinken. Das Deutsche Institut für Wirtschaftsforschung (DIW) stellt dazu fest:

MATERIELLE PARTIZIPATION – EINE FRAGE DER VERTEILUNG   133

»Die These einer generellen Reallohnzurückhaltung – denkt man sie zu Ende – hat enorme Konsequenzen. Wenn die Reallöhne bei Unterbeschäftigung, ganz gleich welche Ursachen die Arbeitslosigkeit hat, immer hinter der Produktivitätszunahme zurückbleiben müssen, bei Vollbeschäftigung aber lediglich im ›Ausmaß des Produktivitätsfortschritts‹ zunehmen dürfen, sinkt der Anteil der Arbeitnehmereinkommen am Volkseinkommen permanent. Bei Arbeitslosigkeit muss die Lohnquote nämlich nach dieser These sinken, bei Vollbeschäftigung muss sie konstant bleiben. Eine Empfehlung für die Lohnpolitik, die einen abnehmenden Trend der Lohnquote zur Folge hat, ist aber abwegig, weil am Ende selbst eine Lohnquote von Null nicht mehr ausgeschlossen werden kann. Nur eine ins Absurde gesteigerte Vernachlässigung der Nachfrageseite einer Marktwirtschaft kann zu einer solchen Empfehlung führen« (DIW-Wochenbericht 1998a: 497).

Dennoch hat der SVR seine von der *produktivitätsorientierten Lohnpolitik* abweichende Position noch einmal ausdrücklich bestätigt und die Umsetzung nachhaltig eingefordert (SVR 2003/2004: Ziff. 633ff.). Allerdings mit einer abweichenden Meinung des Ratsmitglieds, *Jürgen Kromphardt*, der weder der Forderung nach einem Zurückbleiben der Entwicklung des Lohnniveaus hinter dem Anstieg des Verteilungsspielraums noch der Berechnungsmethode des Spielraums zustimmte (Kromphardt 2003/2004: Ziff. 659). Seine Argumente decken sich im Wesentlichen mit den gegen die neoklassische Lohntheorie vorgetragenen Kritikpunkten der Arbeitsgruppe Alternative Wirtschaftspolitik (2002b: 62ff.). Kromphardt fasst die Kritik zusammen und spezifiziert sie unter drei Aspekten.

Auf Grund einer Lohnzurückhaltung kommt »es erstens zu falschen Signalen an die Unternehmen der Konsumgüterindustrie. Daher werden diese Unternehmen keinen Anlass haben, zusätzliche Personen zu beschäftigen, selbst wenn die Arbeit relativ zur Situation einer Erhöhung der Reallöhne gemäß der Produktivitätsentwicklung etwas billiger geworden ist. Infolgedessen dürften die Unternehmen keine Einstellungen vornehmen, so dass auch kein bisher Arbeitsloser nun einen Arbeitsplatz findet und deshalb aufgrund seines höheren Einkommens eine höhere Konsumgüternachfrage entfaltet« (Kromphardt 2003/2004: Ziff. 659). Zweitens ist nicht sichergestellt, dass ein Zurückbleiben der Reallöhne hinter der Arbeitsproduktivität auch zu mehr Beschäftigung führt. Werden die Stückkostensenkungen nicht in Preissenkungen transformiert, so kommt es zu einem Anstieg der Gewinnquote zu Lasten der Lohnquote, die auf Grund des höchst wahrscheinlichen Nachfrageausfalls nicht notwendigerweise höhere Investitionen und Beschäftigung nach sich zieht. Drittens kann auch nicht das Argument nachvollzogen werden, Lohnzurückhaltung führe zu einer gestiegenen internationalen Wettbewerbsfähigkeit. Dies gilt allenfalls nur, wenn das geringere Ansteigen der Lohnstückkosten auch in den Preisen weitergegeben wird und somit keine höheren Gewinne erzielt werden. Ist dies der Fall, so steigt zwar temporär die preisliche Wettbewerbsfähigkeit. Mittel- und langfristig werden allerdings die Unternehmen im Ausland aufgrund der schärferen Konkurrenz sich gezwungen sehen, ebenfalls auf eine moderate Lohnpolitik zu drängen, so dass der Wettbewerbsvorteil wieder verschwindet (Kromphardt 2003/2004: Ziff. 659).

Die mangelnde Wettbewerbsfähigkeit Deutschlands als Beleg für zu hohe Lohn (-neben)kosten ins Spiel zu bringen, entbehrt ohnehin jeder Grundlage. Losgelöst von der empirisch differenzierten Betrachtung der Lohnnebenkosten (siehe dazu den folgenden Exkurs: »Die Mär von den zu hohen Lohnnebenkosten«) müssen die angeblich zu hohen *Arbeitskosten* (Direktentgelt plus Lohnnebenkosten) in Deutschland, in Relation zu den von der Arbeitskraft erbrachten *Leistungen* (Produktivitäten) gesetzt und richtigerweise *Lohnstückkosten* international miteinander verglichen werden (Brück 2004: 161ff.). *Wer hier schlicht argumentiert, die Arbeitskosten seien zu hoch, trifft allenfalls eine ökonomische Leeraussage.*

Ein internationaler empirischer Vergleich mit den Haupthandelspartnern zeigt dabei, dass es in Deutschland von 2000 bis 2008 zum geringsten Anstieg der Lohnstückkosten gekommen ist (vgl. Tab. 10). Diese stiegen in den letzten acht Jahren lediglich um 2,3 v. H., während unser größter Handelspartner Frankreich einen Anstieg um 17,2 v. H. zu verzeichnen hatte und in Italien die Lohnstückkosten sogar um 25,9 v. H. zulegten. Auch das Deutsche Institut für Wirtschaftsforschung (DIW) stellte schon 2003 zur Lohnstückkostenentwicklung Deutschlands im internationalen Vergleich fest, dass »überhaupt keine zusätzlichen Kostenbelastungen und damit Renditeschmälerungen für die Unternehmen von den Lohnkosten ausgegangen« sind (DIW-Wochenbericht 2003a: 34). Die Fakten weisen also darauf hin, dass das zentrale Problem Deutschlands nicht in zu hohen Lohn(-neben)kosten liegt, sondern in der im Verhältnis zur Leistung (Produktivität) zu schlecht bezahlten Arbeit. Dies zeigt auch eindeutig die jahresdurchschnittlich um 1,7 Prozentpunkte große Nichtausschöpfung des *verteilungsneutralen Spielraums* von 1991 bis 2008 in Deutschland (vgl. Tab. 9). Trotzdem ist es nicht zum *Abbau der Arbeitslosigkeit* gekommen. Im Gegenteil: Die Zahl der jahresdurchschnittlich registrierten Arbeitslosen stieg zwischen 1991 und 2008 um 666.000. Im Jahresdurchschnitt über alle Jahre lag die Zahl der Arbeitslosen bei gut 3,9 Millionen. Auch die *Beschäftigung* hat trotz großer Lohnzurückhaltung nur minimal zugenommen, wie Thomas von der Vring (2009: 319ff.) in einer Untersuchung für die Jahre 2000 bis 2007 festgestellt hat. »Zwar hat die Lohnzurückhaltung die deutschen *Exporte* deutlich beflügelt. Aber die Kehrseite der Lohnzurückhaltung, die *Schwächung der Binnennachfrage*, hat diese Wirkung konterkariert. Die Zahl der Beschäftigten lag im Jahr 2007 nur um 60.000 über der von 2000. In der vom Exportboom beflügelten Industrie (Produzierendes Gewerbe ohne Baugewerbe), wo die Lohnzurückhaltung inzwischen auf über 16 Prozentpunkte angewachsen ist, ist die Beschäftigung sogar um 640.000 gesunken.«

MATERIELLE PARTIZIPATION – EINE FRAGE DER VERTEILUNG

Tab. 9: Entwicklung des produktivitätsorientierten Verteilungsspielraums und der Arbeitslosigkeit

Jahr	Produktivität[a]	Inflation[b]	Arbeitsentgelt[c]	Verteilungsspielraum	Verteilungsposition	Arbeitslose[d]
1991	-	-	-	-	-	2.602
1992	2,5	5,1	10,3	7,6	2,7	2.978
1993	1,6	4,4	4,3	6,0	- 1,7	3.419
1994	2,9	2,8	1,9	5,7	- 3,8	3.698
1995	2,6	1,8	3,1	4,4	- 1,3	3.612
1996	2,3	1,4	1,4	3,7	- 2,3	3.965
1997	2,5	1,9	0,2	4,4	- 4,2	4.384
1998	1,2	1,0	0,9	2,2	- 1,3	4.279
1999	1,4	0,6	1,4	2,0	- 0,6	4.099
2000	2,6	1,4	1,5	4,0	- 2,5	3.889
2001	1,8	1,9	1,8	3,7	- 1,9	3.852
2002	1,5	1,5	1,4	3,0	- 1,6	4.060
2003	1,2	1,0	1,3	2,2	- 0,9	4.376
2004	0,6	1,7	0,7	2,3	- 1,6	4.381
2005	1,4	1,5	0,3	2,9	- 2,6	4.863
2006	2,5	1,6	0,9	4,1	- 3,2	4.487
2007	0,6	2,3	1,6	2,9	- 1,3	3.776
2008	- 0,1	2,6	2,3	2,5	- 0,2	3.268
JD	*1,8*	*2,0*	*2,1*	*3,8*	*- 1,7*	*3.925*

a) Produktivität je Erwerbstätigenstunde, b) Verbraucherpreisindex, c) Bruttolöhne und -gehälter, d) Jahresdurchschnittlich registrierte Arbeitslose, Quelle: Deutschland in Zahlen 2009, Institut der deutschen Wirtschaft Köln, eigene Berechnungen.

Tab. 10: Entwicklung der Lohnstückkosten im internationalen Vergleich (2000 = 100)

	2008 (Schätzung)	2009 (Prognose)
Deutschland	102,3	103,6
Österreich	108,0	109,5
Belgien	115,4	117,5
Frankreich	117,2	119,3
Niederlande	118,9	122,3
Portugal	120,8	122,7
Malta	121,0	123,2
Spanien	124,7	127,4
Zypern	125,7	127,3
Italien	125,9	128,4
Irland	132,0	134,5
Finnland	134,8	140,9
Griechenland	134,8	140,9
Slowenien	138,0	142,4

Quelle: European Economy: Statistical Annex, Spring 2008: Nach Euro-Memorandum 2008/2009.

Seit langem schon ist Deutschland Weltmeister beim *Exportüberschuss* (Pfeiffer 1998, Huffschmid 2006) und hält diesen Titel mittlerweile auch bei der *absoluten Höhe der Exporte* und hat dabei ab 2003 sogar die USA übertroffen, obwohl dort dreieinhalb Mal so viele Erwerbstätige wie in Deutschland arbeiten. Trotz der aufstrebenden Exportnationen China, Indien und Vietnam konnte Deutschland in den vergangenen Jahren seinen Anteil am gesamten Welthandel auf über 10 v. H. erhöhen – bei einem Bevölkerungsanteil von 1,3 v. H. Der Wert der gesamten deutschen Ausfuhren (Waren und Dienstleistungen) überschritt 2006 erstmals die Billionengrenze: 1.040 Milliarden €. 45 v. H. des Bruttoinlandsprodukts wurden exportiert; 1992 betrug dieser Wert erst 22 v. H. Dieser außenwirtschaftliche Erfolg ist aber bitter und teuer erkauft worden. Und er ist für die Zukunft *kein richtiger strategischer Weg*, weil er die Handelspartner zu Reaktionen zwingt. Die deutsche Exportwirtschaft war der Profiteur der niedrigen Lohnstückkosten, die wiederum nur durch stark gedrückte *Löhne* und *Lohnnebenkosten* in einem ausgebauten Niedriglohnsektor erkauft wurden und so zu einer *stagnierenden Binnennachfrage* und zusätzlicher *Arbeitslosigkeit* in Deutschland geführt haben.»Das Lohndumping in Deutschland verschafft der deutschen Exportindustrie im Euroraum einen beträchtlichen *Preisvorteil*, auf den die anderen Euroländer nicht wie früher durch *Wechselkursanpassungen* reagieren können. Gleichzeitig fehlt den deutschen Verbrauchern wegen verminderter Reallöhne, geschrumpfter Sozialleistungen und Renten das Geld, um mehr einzukaufen. Das mindert die Chancen für ausländische Exporteure, ihre Produkte auf dem deutschen Markt abzusetzen. Diese Strategie der Exportindustrie wird regierungspolitisch auf *merkantilistische* Art und Weise unterstützt. Nach Meinung von *Jean-Paul Fitoussi*, dem Leiter des führenden französischen *Wirtschaftsforschungsinstituts OFCE*, saniert sich Deutschland mit seiner Politik der *Mehrwertsteuererhöhung*[36] und der damit verbundenen Senkung der *Lohnnebenkosten* auf Kosten der Nachbarländer. Denn die höhere Mehrwertsteuer wirke zunächst wie ein Zoll: Sie verteuert die *Importe* der ausländischen Anbieter. Die Senkung der Lohnnebenkosten – teilweise finanziert aus den höheren Mehrwertsteuereinnahmen oder, wie im Falle der *Krankenversicherung* 2005, durch einseitige Beitragserhöhung der Versicherten bei gleichzeitiger Entlastung der Arbeitgeber – verschlimmere diesen Effekt noch. De facto bedeute es eine Subventionierung deutscher Exporteure bei gleichzeitiger Errichtung von Handelsschranken für Importe nach Deutschland, also *Merkantilismus*. Oder wie es Fitoussi formulierte: ›Was die Deutschen praktizieren, ist im Grunde nichts anders als eine *reale Abwertung*.‹ Frankreich

---

36 Zum 1. Januar 2007 wurde die *Mehrwertsteuer* von 16 v. H. auf 19 v. H. erhöht. Der ermäßigte Steuersatz für Lebensmittel u. a. verblieb bei 7 v. H.

ist Deutschlands wichtigster Handelspartner. Mit der Währungsunion sollten unilaterale Auf- und Abwertungen eigentlich vermieden werden. Nominal gibt es auch keine Wechselkursschwankungen mehr, real schon. Eine weitere negative Auswirkung kommt noch hinzu. Durch das *deutsche Lohndumping* und jetzt durch die Mehrwertsteuerbelastung wird in Deutschland die Kaufkraft geschwächt. Deutsche Verbraucher haben damit auch weniger Geld, Importgüter nachzufragen. Fitoussi über die Auswirkungen auf andere EU-Länder: ›Dadurch wird das Wachstum in den nächsten Jahren schwächer ausfallen.' Zudem werde in anderen Ländern, wie z. B. in *Frankreich*, über ähnliche Konzepte diskutiert, was zu einem gefährlichen Lohndumping und Steuersenkungs-Wettlauf führen kann« (ISW 2007: 9).

Bei einer zunehmenden indirekten Besteuerung zur Entlastung der Lohnnebenkosten im *Gesundheitssektor* muss darüber hinaus die weit vorangetriebene *Privatisierung* (Krankenhäuser, Zuzahlungen bei Arzneien u. a.) beachtet werden. Hierdurch entsteht eine zusätzliche Quelle für Steuereinnahmen. Allein durch die Erhöhung der Mehrwertsteuer von 16 auf 19 v. H. sind auch die rund 234 Milliarden Umsatz der Gesundheitswirtschaft betroffen. Diese wird natürlich die Mehrwertsteuererhöhung an die Kunden (Patienten) weiterwälzen und hier zu realen Einkommensverlusten führen. Dies trifft die *sozial Schwachen* besonders hart. Auch dadurch kommt es zu gigantischen Umverteilungen von unten nach oben (Goeschel 2007: 69ff.).

Exkurs: Die Mär von den zu hohen Lohnnebenkosten

Der Begriff der sogenannten Lohnnebenkosten ist in den letzten Jahren verstärkt in die *politische Diskussion* und über die Medien ins Massenbewusstsein vorgedrungen. Die *rot-grüne Bundesregierung* (SPD/Bündnis 90/Die Grünen) erklärte 1998 in ihrem Koalitionsvertrag, dass sie dafür sorgen werde, »dass die Sozialabgaben gesenkt werden. Die Entlastung der Arbeit durch eine Senkung der gesetzlichen Lohnnebenkosten ist der Eckpfeiler unserer Politik für neue Arbeitsplätze. Dazu werden wir (…) Strukturreformen durchführen, um die Zielgenauigkeit und Wirtschaftlichkeit der sozialen Sicherungssysteme zu verbessern.« Auch die *schwarz-rote Bundesregierung* (CDU/CSU/SPD) machte 2005 in ihrem Koalitionsvertrag die Lohnnebenkosten zu einer wichtigen zu reduzierenden Zielgröße ihrer Politik. Die Lohnnebenkosten (Sozialversicherungsbeiträge) sollen demnach »dauerhaft unter 40 v. H. gesenkt werden.« Sowohl für Unternehmen als auch für Arbeitnehmer sei mittlerweile ein »*unerträgliches Niveau*« erreicht. Eine Senkung der Lohnnebenkosten würde nicht nur die

Unternehmen von *Personalkosten* entlasten, sondern auch gleichzeitig den *Nettolohn* der Beschäftigten erhöhen. Durch die Personalkostenreduzierung stiegen die *Gewinne* und damit die Wettbewerbsfähigkeit der Unternehmen und die Beschäftigten verfügten über eine höhere Kaufkraft zur Ankurbelung der Nachfrage. Letztlich sei so mit mehr *Wachstum* und *Beschäftigung* zu rechnen.

Die Lohnnebenkosten werden auch *politisch* zur Beschneidung eines sogenannten »überbordenden« *Sozialstaats* instrumentalisiert. Die Beiträge der Arbeitgeber zur Sozialversicherung seien aus Wettbewerbsgründen für die deutsche Wirtschaft zu hoch. Der »soziale Konsum« an der volkswirtschaftlichen Wertschöpfung müsse reduziert werden. Deshalb wurde eine kaum noch überschaubare Vielzahl an »*Reformkonzepten*« zum Umbau des Sozialstaats entwickelt (Butterwegge 2006). Eine nicht sozialstaatliche, sondern eine *arbeitsmarktpolitische Argumentation* zur Senkung der Lohnnebenkosten zielt auf eine staatliche *Subventionierung für Niedrigverdiener* ab. Hier soll der *Arbeitgeber* ebenfalls bei den Arbeitskosten entlastet und der abhängig Beschäftigte zur Arbeitsaufnahme durch erlassene Sozialabgaben angereizt werden.

1. Definition und Entwicklung von Lohnnebenkosten

Differenziert man die Lohnnebenkosten nach dem »*Verursacherprinzip*«, so lassen sich *gesetzliche, tarifliche und »freiwillig«*[37] gezahlte betriebliche Lohnnebenkosten unterscheiden. Außerdem subsumiert man unter dem Begriff der Lohnnebenkosten die *Vergütung arbeitsfreier Tage*. Mit den *gesetzlichen Lohnnebenkosten*, auch als »*Sozialentgelt*« bezeichnet, wird der Schutz für vier wichtige Bereiche des menschlichen Lebens geschaffen. Dazu zählen *Krankheit* inkl. Lohnfortzahlung im Krankheitsfall (Beiträge zur *Krankenkasse*), *Arbeitslosigkeit* (Beiträge zur *Bundesagentur für Arbeit*), *Alter* (Beiträge an die *Rentenversicherungsträger*) und *Unfall* (Beiträge für *Berufsgenossenschaften*). Neu hinzugekommen ist ein Sozialentgelt für die *Pflege im Alter* (Beiträge zur Pflegeversicherung an die *Krankenkassen*).

Die *empirischen Daten* der Lohnnebenkosten werden von verschiedenen Institutionen erfasst und veröffentlicht.[38] Hierbei sind die Daten alle heftig umstritten. Selbst die amtlichen Zahlen des *Statistischen Bundesamtes* werden kritisiert.

---

37   Bei den angeblich »freiwillig« gezahlten Lohnnebenkosten steht aber nicht das Wohlergehen der Arbeitnehmer im Vordergrund, sondern der ökonomische Gewinnvorteil des Unternehmers.

38   Dazu gehören: Statistisches Bundesamt, Institut der deutschen Wirtschaft (IW), Deutsche Gesellschaft für Personalführung (DGFP), Institut für Mittelstandsforschung (IfM) und außerdem verschiedene Wirtschaftsverbände wie z. B. die Versicherungswirtschaft oder der Zentralverband der elektronischen Industrie.

MATERIELLE PARTIZIPATION — EINE FRAGE DER VERTEILUNG

> »Die Aussagekraft der amtlichen Statistik ist von vornherein insofern deutlich eingeschränkt, als nur ein Teil der Gesamtwirtschaft in die Untersuchung einbezogen wird, darüber hinaus bleibt der Bereich der Kleinbetriebe ausgeblendet« (Schönwälder 2003: 21).

Außerdem differenziert das *Statistische Bundesamt*, auf deren Zahlen alle anderen Lohnnebenkosten-Konzeptionen und Veröffentlichungen aufbauen, das Arbeitsentgelt bzw. die Arbeitskosten in ein »*Entgelt für geleistete Arbeitszeit*« und quasi in Lohnnebenkosten fürs »*Nichtstun*«, als abgeleitete Lohnbestandteile. Damit steht aber die ökonomische Welt auf dem Kopf, wie zu Recht *Rainer Roth* feststellt.

> »Der gesamte Lohn, einschließlich der ›Nebenkosten', beruht doch auf nichts anderem als auf ›geleisteter Arbeit'. Der Lohn ist jedoch nicht das ›Entgelt für geleistete Arbeit'. Er ist der Preis für die Ware Arbeitskraft und muss deren durchschnittliche Lebenshaltungskosten decken. Da Arbeitskräfte auch außerhalb der reinen Arbeitszeit leben, fallen bedauerlicherweise auch hier ›Kosten' an. Der Lohn muss so hoch sein, dass auch diese Zeiten überstanden werden können. Auch wenn ein Teil des Lohns als z. B. ›Arbeitgeberbeitrag' zur Sozialversicherung gezahlt wird, ist er doch ausschließlich ein ›Arbeitnehmerbeitrag'. Die Lohnarbeiter erarbeiten ihren Lohn sowie die Einnahmen der Sozialversicherung in vollem Umfang selbst« (Roth 2003: 413f.).

Auch Thomas Schönwälder stellt zur Definition und Abgrenzung der Lohnnebenkosten kritisch fest:

> »Die Grundlage des Arbeitskostenkonzeptes des Statistischen Bundesamtes, das ›Entgelt für geleistete Arbeitszeit', kann keinerlei theoretische Einordnung beanspruchen. Angeboten wird ein Konstrukt, dem die absurde Vorstellung zugrunde liegt, abgeleiteten Lohnbestandteilen gehe keine Wertschöpfung voraus; diese seien den Unternehmen aufgezwungene oder freiwillig gewährte Zahlungen ohne ökonomischen Zusammenhang. Eine derartige Vorstellung ist nur bei einer Betrachtung ausschließlich aus der einzelwirtschaftlichen Perspektive möglich. Die Gliederung des Lohnes indirekt (individueller Lohn) und in indirekt (kollektiver Lohn) gezahlte Teile resultiert daraus, dass die Erhaltung des Arbeitsvermögens notwendig zu einem in Teilen gesellschaftlich organisierten Prozess wird, der zwangsläufig aus der einzelwirtschaftlichen Perspektive nicht sinnvoll entschlüsselt werden kann. Im amtlichen Konzept wird darüber hinaus die Vergütung arbeitsfreier Tage (Feiertage, Urlaub, Krankheit) den (nicht aus Arbeitsverausgabung erwirtschafteten) Lohnnebenkosten zugerechnet. Ganz abgesehen von den Konsequenzen sozial- und wohlfahrtsstaatlicher Umverteilung für die Struktur des Lohnes wird hier der Lohn letztlich auf den für die unmittelbare physische Subsistenz notwendigen Aufwand reduziert. Damit wird nicht nur ignoriert, dass die Festlegung des Lohnes immer ein gesellschaftliches Verhältnis ist, sondern auch vielfältigen (grund-) gesetzlichen, also demokratisch gesetzten Regeln unterliegt« (Schönwälder 2003: 35).

Das *Institut der deutschen Wirtschaft* (IW) hat auf Grund der Kritik an der Darstellung der Lohnnebenkosten reagiert und entschieden, die Lohnnebenkosten nicht mehr als Einzelgröße hervorzuheben, sondern stattdessen die Arbeitskostenstruktur näher zu dokumentieren. Dabei werden die einzelnen Kostenkomponenten in Prozent der *Bruttolöhne und -gehälter* (jahresbezogen) dargestellt. Anders als nach amtlicher Abgrenzung in der Arbeitskostenerhebung ist in den Bruttolöhnen und -gehältern hier die Lohnfortzahlung im Krankheitsfall enthalten, während die Sachleistungen nicht einbezogen sind. Somit entsprechen die Bruttolöhne und -gehälter dem auf der Verdienstabrechnung ausgewiesenen Jahresverdienst der abhängig Beschäftigten inkl. der *Sozialversicherungen* (Arbeitnehmeranteil). Das *Entgelt für geleistete Arbeitszeit* (Direktentgelt) bildet aber weiter die rechnerische Basis. Es wird einschließlich aller leistungs- und erfolgsabhängigen Sonderzahlungen ausgewiesen.

Tab. 11: Struktur der Arbeitskosten im Jahr 2006 (Produzierendes Gewerbe Deutschlands; Angaben in v. H. des kalenderbereinigten Bruttolohns und -gehalts)

	Entgelt für geleistete Arbeitszeit (Direktentgelt)	76,2
(1)	+ Vergütung arbeitsfreier Tage	16,5
(2)	+ Sonderzahlungen	7,4
	= Bruttolohn und -gehalt	100,0
(3)	+ Aufwendungen für Vorsorgeeinrichtungen	26,1
(4)	+ Sonstige Lohnnebenkosten	4,3
	= Arbeitskosten insgesamt	130,4

Quelle: Statistisches Bundesamt, Institut der deutschen Wirtschaft, IW-Trends 2/2007.

Fürs IW bilden daher weiter die Positionen (1) bis (4) in der Tab. 11 die Lohnnebenkosten. Sie machten 2006 im *Produzierenden Gewerbe* Deutschlands 71,3 v. H. aus. Damit kommt es beim statistischen Ausweis zu einer *unechten Quote*, die ebenfalls einen manipulierenden Charakter hat. Hierbei werden die Lohnnebenkosten im Nenner nicht auf die *gesamten Arbeitskosten* (*echte Quote*), also inkl. der Lohnnebenkosten bezogen, sondern lediglich auf das »*Entgelt für geleistete Arbeitszeit*«. Dadurch fällt die Quotenbildung entsprechend höher aus.

$$\textit{Echte Quote} = \frac{\textit{Lohnnebenkosten}}{\textit{Entgelt für geleistete Arbeitszeit} + \textit{Lohnnebenkosten}}$$

$$\textit{Unechte Quote} = \frac{\textit{Lohnnebenkosten}}{\textit{Entgelt für geleistete Arbeitszeit}}$$

Realiter macht dies im *westdeutschen Produzierenden Gewerbe* um die 30 Prozentpunkte unterschied aus. D. h. die falsche unechte Quote suggeriert einen wesentlich höheren Anteil an Lohnnebenkosten als die richtige echte Quote. Ihr Anteil an den gesamten Arbeitskosten betrug 1978 41,0 v. H. Bis 2008 gab es lediglich einen Anstieg um 0,6 Prozentpunkte auf 41,6 v. H. In Anwendung der unechten Quote ergibt sich dagegen eine Steigerung um 1,7 Prozentpunkte (vgl. Tab. 12).

Tab. 12: Lohnnebenkosten im Produzierenden Gewerbe Westdeutschland

Jahr	Arbeitskosten/ Arbeitnehmer	Davon: Entgelt für geleistete Arbeitszeit v. H.	Lohnnebenkosten	Unechte Quote v. H.	Echte Quote v. H.
1978	19.656	11.588	59,0	8.068	69,6	41,0
1992	38.139	21.500	56,4	16.639	77,4	43,6
1996	43.806	24.714	56,4	19.092	77,3	43,6
2000	46.733	27.054	57,9	19.679	72,7	42,1
2004	51.858	29.922	57,7	21.936	73,3	42,3
2005	52.830	30.600	57,9	22.230	72,6	42,1
2006	53.840	31.260	58,1	22.580	72,2	41,9
2007	54.870	31.950	58,2	22.920	71,7	41,8
2008	56.090	32.750	58,4	23.340	71,3	41,6

Quelle: Institut der deutschen Wirtschaft, IW-Trends, 6/2009

Im *ostdeutschen Produzierenden Gewerbe* (hier liegen empirische Werte erst ab 1992 vor) fällt zunächst einmal auf, dass die Arbeitskosten je abhängig Beschäftigten im Jahr 1992 nur 54,5 v. H. der Arbeitskosten eines Arbeitnehmers im Westen ausmachten. Bis 2008 ist die Relation auf 66,2 v. H. angestiegen.

Es hat also eine Annäherung stattgefunden, allerdings liegt das Arbeitskostenniveau Ostdeutschlands damit immer noch um knapp 34 Prozentpunkte unterhalb Westdeutschlands. Die *echte* Lohnnebenkostenquote liegt dagegen nahe der westdeutschen Quote, während die unechte Quote stark unter der Westdeutschen verläuft. Dies ist darauf zurückzuführen, dass der Anteil des »Entgelts für geleistete Arbeitszeit« an den gesamten Arbeitskosten in Ostdeutschland größer ist als in Westdeutschland. Außerdem ist im produzierenden Gewerbe Ostdeutschlands sowohl bei der unechten (um 5 Prozentpunkte) als auch bei der echten Quote der Lohnnebenkosten (um 1,8 Prozentpunkte) ein Rückgang zwischen 1992 und 2008 festzustellen (vgl. Tab.13).

Tab. 13: Lohnnebenkosten im Produzierenden Gewerbe Ostdeutschland

Jahr	Arbeitskosten / Arbeitnehmer	Davon: Entgelt für geleistete Arbeitszeit v. H.		Lohnnebenkosten	Unechte Quote v. H.	Echte Quote v. H.
1992	20.802	12.600	60,6	8.202	65,1	39,4
1996	27.805	16.996	61,1	10.809	63,6	38,9
2000	29.986	18.536	61,8	11.450	61,8	38,2
2004	33.922	20.967	61,8	12.955	61,8	38,2
2005	34.610	21.470	62,0	13.140	61,2	38,0
2006	35.290	21.930	62,1	13.360	60,9	37,9
2007	36.280	22.590	62,3	13.690	60,6	37,7
2008	37.140	23.190	62,4	13.950	60,1	37,6

Quelle: Institut der deutschen Wirtschaft, IW-Trends, 6/2009

Auch ein *internationaler Vergleich* zeigt (hier wird mit *echten Quoten* gerechnet, wobei aber – wie in Tab. 11 ausgeführt – nur die Aufwendungen für Vorsorgeeinrichtungen (Sozialversicherungen) und sonstige Lohnnebenkosten auf die Bruttolöhne und -gehälter bezogen werden), dass *Deutschland* mit seinen Lohnnebenkosten bzw. echten Quoten nicht zu hoch liegt. Bei uns zahlten die Arbeitgeber in der Privatwirtschaft 2004 (Durchschnitt aller Branchen) auf 100 € Bruttolohn und -gehalt zusätzlich gut 33 € Lohnnebenkosten. In der *Europäischen Union* (EU 27) lag der vergleichbare Wert – berechnet als gewichtetes Mittel – mit 36 € gut 3 € höher. Zwischen den EU-Ländern wurde eine große Spannweite der Lohnnebenkosten ermittelt: Auf 100 € zahlten die Arbeitgeber in *Schweden* mit über 51 € die höchsten Lohnnebenkosten, gefolgt von *Frankreich* mit über 50 €. Vor Deutschland lagen u. a. noch Belgien (46 €), Italien (46 €), Ungarn (44 €), Litauen und Griechenland (je 40 €), Tschechische Republik und Bulgarien (je 39 €), Spanien und die Slowakei (je 36 €) und Rumänien 35 €. Die geringsten Lohnnebenkosten wurden in *Malta* mit knapp 10 € ermittelt.[39]

2. Lohnnebenkosten und Produktivität

Was sagen aber die reinen Lohnnebenkosten-Quoten bezogen auf die *Wettbewerbsfähigkeit* bzw. im Hinblick auf mehr *Beschäftigung* aus? Wer lediglich behauptet, die Lohnnebenkosten-Quoten seien zu hoch, der argumentiert ökonomisch genauso ins Leere wie derjenige, der schlicht behauptet, die Löhne und Gehälter seien zu hoch. Nicht das absolute, sondern das *relative Lohnniveau* ist die ökonomisch relevante Grö-

---

[39] Vgl. Statistisches Bundesamt, Lohnnebenkosten im europäischen Vergleich, Februar 2007.

ße. Dies deshalb, weil bei den absoluten Arbeitskosten inkl. der Lohnnebenkosten nicht die *Leistung*, die diesen Kosten gegenübersteht, berücksichtigt wird. Daher müssen sowohl die direkten Lohnbestandteile als auch die Lohnnebenkosten in Relation zu der erzielten Leistung (Produktivität) gesetzt werden. Für die Unternehmen (Gewinn- und Wettbewerbssituation) zählt nur, wie viel Arbeitskosten für eine produzierte Ware und die sich dahinter verbergende Leistung aufgebracht werden muss, also die Höhe der *Lohnstückkosten*.

$$Lohnstückkosten = \frac{Arbeitskosten\ je\ Stunde}{Leistung\ (Produktivität)}$$

In allen *empirischen Untersuchungen* über die Höhe der Lohnstückkosten sind die Lohnnebenkosten in den jeweiligen Arbeitskosten enthalten. Die Berechnungen des *Ifo-Instituts* und des *Deutschen Instituts für Wirtschaftsforschung* zeigten bereits Mitte der 1990er Jahre, dass die Produktivität bzw. Produktivitätsentwicklung in Deutschland das hohe Lohnniveau rechtfertigten, ja, dass die absoluten Lohnstückkosten in Deutschland deutlich niedriger lagen als in Frankreich, Großbritannien, den USA und Japan.[40] Auch seit Mitte der 1990er Jahre hat sich an dieser Vorteilsposition nichts geändert, wie bereits im Kap. 2.1.1 (Tab. 9) dargelegt worden ist. Selbst unter Berücksichtigung von aufgetretenen *D-Mark-Aufwertungen* in den 1990er Jahren, und *Euro-Aufwertungen* danach, zeigte sich, dass die Höhe der Lohnstückkosten der *internationalen Wettbewerbsfähigkeit* der deutschen Wirtschaft nicht im Wege stand.

3. Lohnnebenkostensenkungen und die Folgen

Die Lohnnebenkostensenkungen versprechen nicht nur vermeintliche Vorteile für die Wirtschaft, sondern auch den *abhängig Beschäftigten* wird suggeriert, sie würden davon profitieren. Schließlich könnten sie dadurch eine höhere *Nettoentgeltposition* realisieren. Bei näherem Hinsehen ist das Ergebnis dann doch nicht so klar und eindeutig, wie man zunächst einmal glauben könnte. Als erstes muss die Frage beantwortet werden, *welche* der Lohnnebenkostenbestandteile konkret gekürzt werden sollen? Die *gesetzlichen* oder die *tarifvertraglich* bzw. die *betrieblich* »*freiwillig*« veranlassten Bestandteile?

---

[40] Vgl. Ifo-Schnelldienst Nr. 20/1996, S. 7f., Deutsches Institut für Wirtschaftsforschung (DIW), Wochenbericht Nr. 22/23/1996, S. 387ff.

Der *Staat* kann aufgrund der verfassungsrechtlich garantierten *Tarifautonomie* nur Einfluss bei den *gesetzlichen Lohnnebenkosten* geltend machen. Vereinbaren die Tarifparteien (Gewerkschaften und Arbeitgeberverbände) eine Absenkung der *tariflichen/ betrieblichen* Lohnnebenkosten (z. B. durch eine Senkung der Urlaubstage oder des Urlaubsgeldes), so müssen erstens *betriebswirtschaftliche Rückwirkungen* beachtet werden. Viele Bestandteile der Lohnnebenkosten sind in eine *Unternehmenskultur* eingebunden und wirken *motivierend* auf den betrieblichen Arbeitsprozess zur Realisierung einer hohen Produktivität und Produktqualität, die wiederum als Faktoren im Wettbewerbsprozess neben den Absatzpreisen entscheidend sind. Senkt man die Lohnnebenkosten ab, so wird dies negative Rückwirkungen auf die Arbeitsproduktivität haben. Zweitens verschlechtert sich durch die Absenkung der tariflich/betrieblich verursachten Lohnnebenkosten gleichzeitig die *Reproduktionsbasis* der abhängig Beschäftigten, ohne dass es zu einer Erhöhung der *Nettoarbeitsentgelte* kommt. Auch ist nicht davon auszugehen, dass die abgebauten Lohnnebenkosten über *niedrigere Produktpreise* von den Unternehmen weitergegeben werden, um so zumindest zu einer realen Aufwertung der Nettoentgelte beizutragen. Im Endergebnis steigen hochwahrscheinlich lediglich die *Gewinne* zu Lasten der Löhne.

Sollten die *gesetzlichen Lohnnebenkosten* gesenkt werden, so muss der Staat bzw. die Politik ebenfalls mehrere Fragen beantworten. Soll eine Absenkung der Beitragssätze zur Sozialversicherung (zur Entwicklung der Beitragssätze und der monatlichen Höchstbeiträge vgl. Tab. 14[41]) mit einer *Verschlechterung der Leistungen* aus den Sozialversicherungssystemen (Rente, Krankheit inkl. Entgeltfortzahlung, Arbeitslosigkeit und Pflege) erkauft werden, oder soll die Absenkung *ohne* Leistungsverschlechterungen durch entsprechende *Steuererhöhungen* und/oder durch eine *Kreditaufnahme des Staates* (Problem der zusätzlichen Staatsverschuldung (vgl. Kap. 4.7.3.3)) gegenfinanziert werden? Im ersten Fall (Leistungseinschränkung) kommt es zwar bei den Gewinn- und Arbeitseinkommen zu einer *Nettoerhöhung,* die abhängig Beschäftigten müssen nun aber im Gegensatz zu den *Unternehmern* die Leistungseinschränkungen als *Versicherte* alleine tragen. Von einer Besserstellung der abhängig Beschäftigten kann hier demnach keine Rede sein.

Im zweiten Fall einer *Steuererhöhung* als Gegenfinanzierung für abgesenkte Lohnnebenkosten – hierbei wird eine zusätzliche Staatsverschuldung ausgeschlossen – stellt sich die Frage, welche Steuern erhöht werden sollen: *indirekte Steuern,* also

---

41 Bei den *Höchstbeiträgen* werden die Einkommen, die darüber liegen, nicht mehr mit Sozialversicherungen belastet. Hier kommt es zu einer Einkommensentsolidarisierung.

MATERIELLE PARTIZIPATION – EINE FRAGE DER VERTEILUNG 145

Tab. 14: Entwicklung der Beiträge zur Sozialversicherung (Arbeitnehmer- und Arbeitgeberanteile)

Jahr	Renten-versicherung	Kranken-versicherung[b]	Pflege-versicherung	Arbeitslosen-versicherung	Insgesamt
1970	17,0 %	8,2 %	-	1,3 %	26,5 %
Höchstbeiträge[a]	156,45 €	50,30 €		11,95 €	218,70 €
1980	18,0 %	11,4 %	-	3,0 %	32,4 %
Höchstbeiträge	386,55 €	183,60 €		64,40 €	634,55 €
1990 (West)	18,7 %	12,6 %	-	4,3 %	35,6 %
Höchstbeiträge	602,35 €	303,45 €		138,50 €	1.044,30 €
1990 (Ost)	18,7 %	12,8 %	-	4,3 %	35,8 %
Höchstbeiträge	258,15 €	132,55 €		59,35 €	450,05 €
2000 (West)	19,3 %	13,5 %	1,7 %	6,5 %	41,0 %
Höchstbeiträge	848,65 €	445,20 €	56,05 €	285,80 €	1.635,70 €
2000 (Ost)	19,3 %	13,8 %	1,7 %	6,5 %	41,3 %
Höchstbeiträge	700,60 €	375,70 €	46,30 €	235,95 €	1.358,55 €
2009 (West)	19,9 %	14,9 %	1,95 %	2,8 %	39,55 %
Höchstbeiträge	1.074,60 €	547,58 €	71,66 €	151,20 €	1.845,04 €
2009 (Ost)	19,9 %	14,9 %	1,95 %	2,8 %	39,55 %
Höchstbeiträge	905,45 €	547,58 €	71,66 €	127,40 €	1.652,09 €

Quelle: Deutschland in Zahlen 2009, S. 76, a)Höchstbeiträge pro Monat, b)Durchschnittlicher Versicherungssatz über alle gesetzlichen Kassenarten.

Verbrauchssteuern, oder *direkte Einkommens-, Gewinn-* und *Vermögenssteuern*?[42] Bei Steuererhöhungen stellt sich zunächst einmal grundsätzlich die Frage, wer diese zahlt bzw. welche *Rück- und Verteilungswirkungen* zwischen und innerhalb der gesamtwirtschaftlichen Gewinn- und Lohnquote zu erwarten sind. Das damit beschriebene Problem der *Steuerinzidenz* ist bis heute wirtschaftswissenschaftlich nur unbefriedigend gelöst. »Einigkeit besteht praktisch nur darüber, dass die Wirkung der Steuern von der Verausgabung durch den Staat, von den Konsum- (bzw. Spar-)Quoten der Belasteten und von der Ausgestaltung der Steuern hinsichtlich Bemessungsgrundlage und Tarif (einschließlich Freibeträgen, Vergünstigungen) abhängen. Die Basis für eine darauf aufbauende Politik ist daher sehr eingeschränkt« (Brümmerhoff 1996: 476). Da es durch eine *Weiterwälzung* der *indirekten Steuer* zu Preiserhöhungen kommt (kommen soll), müsste quasi der Adressatenkreis der Wirtschaftssubjekte, die von einer Absen-

---

42 Zur Steuersystematik vergleiche ausführlich das Kap. 4.4.9

kung der gesetzlichen Lohnnebenkosten profitiert, identisch mit der Gruppe sein, die diese Absenkung über höhere Preise finanziert. Dies ist aber nicht sichergestellt, so dass *Umverteilungswirkungen* hochwahrscheinlich sind. Auf jeden Fall werden bei verbrauchssteuerinduzierten Preiserhöhungen die *Gewinneinkommensbezieher* besser gestellt, weil sie einerseits zu fünfzig Prozent an der Absenkung der Lohnnebenkosten partizipieren und andererseits für sie eine steuerbedingte Preiserhöhung relativ weniger Belastung bedeutet, als dies bei den Lohn- und Gehaltsempfängern der Fall ist; allerdings muss hier natürlich auch innerhalb der Lohn- und Gehaltsempfängereinkommen differenziert werden.

Die Wirkung von *indirekten Steuererhöhungen* konnte bei der vorletzten *Mehrwertsteuererhöhung* empirisch beobachtet werden. Um einen weiteren Anstieg bei den Beiträgen zur *Rentenversicherung* abzuwenden, hatte die damalige rechtsliberale Regierung aus *CDU/CSU/FDP* eine Erhöhung der Mehrwertsteuer zum 1. April 1998 von 15 v. H. auf 16 v. H. beschlossen.[43] Hiermit sollte ein Teil der sozialen Leistungen, und damit Lohnnebenkosten, aus dem allgemeinen Steueraufkommen finanziert werden. Das *Deutsche Institut für Wirtschaftsforschung* (DIW) schätzte *Steuermehreinnahmen* in Höhe von künftig etwa 7,5 Mrd. € jährlich. Das DIW ging in einer Untersuchung davon aus, dass bei einer *vollen Überwälzung* der Mehrwertsteuererhöhung auf die Endverbraucher das *Nettoeinkommen* der privaten Haushalte um rund 0,5 v. H. reduziert wird, bzw. Kaufkraft verloren geht. Dabei fällt allerdings die Inflationsbelastung nach *Haushaltsgruppen* völlig unterschiedlich aus. Die *unteren Einkommensbezieher* werden relativ mehr belastet als die oberen Einkommensbezieher.[44] Insbesondere werden hier die *Rentnerhaushalte* belastet, die einerseits in der Mehrzahl zu den unteren Einkommensbeziehern gezählt werden können und andererseits nicht von der Nichterhöhung der Rentenversicherungsbeiträge profitieren. Dies gilt auch für die *Beamtenhaushalte*, besonders mit einem kleinen und mittleren Einkommen. Auf die allgemeine wirtschaftliche Entwicklung (Wachstum und Beschäftigung) dürfte die steuerfinanzierte Konstanthaltung der Rentenversicherungsbeiträge tendenziell eine kontraktive Wirkung ausüben. Zwar hätte sich die Erhöhung der Rentenversicherungsbeiträge auch negativ auf die wirtschaftliche Entwicklung ausgewirkt; durch den größeren Adressatenkreis der Betroffenen bei der Mehrwertsteuererhöhung und aufgrund von höheren *marginalen Konsumquoten* bei den unteren Einkommensbezie-

---

43 Auf eine Erhöhung des ermäßigten Steuersatzes in Höhe von 7 v. H. auf Nahrungsmittel, Bücher, Zeitungen, Bildung u. a. wurde dagegen aus *sozialpolitischen Erwägungen* verzichtet.
44 Vgl. DIW-Wochenbericht Nr. 14/1998, S. 249-257.

hern ist allerdings davon auszugehen, dass der Effekt der Steuererhöhung im Saldo für *Wachstum* und *Beschäftigung* negativer ist.

Positive Wachstums- und Beschäftigungseffekte könnten dagegen durch eine Erhöhung der *direkten Steuern* (Einkommens-, Gewinn- und Vermögensteuern) erzielt werden. Geht man zunächst einmal davon aus, dass die privaten Haushalte die direkten Steuern nicht *rückwälzen*, d.h., dass sie die Steuern auch tragen, so gilt bei einer staatlichen Verausgabung der zusätzlich erhobenen direkten Steuern in gleicher Höhe das sogenannte »*Haavelmo-Theorem*« mit einer multiplikativen Wirkung auf das Wachstum des Sozialprodukts mit einem Faktor von eins. Wird die Steuererhöhung dagegen nicht zu einer Staatsausgabenausweitung genutzt, sondern zur Gegenfinanzierung abgesenkter *gesetzlicher Lohnnebenkosten*, so dürfte der *Wachstums*- und damit *Beschäftigungseffekt* geringer sein. Fünfzig Prozent der Lohnnebenkostensenkung kommt nämlich den Gewinneinkommensempfängern mit geringeren marginalen Konsumquoten als der der Lohn- und Gehaltsempfänger zugute. Der hieraus resultierende negative Effekt für das Wirtschaftswachstum könnte nur dann überkompensiert werden, wenn die Einkommensteuererhöhung die höheren Einkommen wesentlich mehr als die unteren und mittleren Einkommen belastet oder eine entsprechende Erhöhung der *Vermögensteuer* und der *Erbschaftsteuer* vorgenommen wird.

Auch übersieht die Forderung nach Absenkung der gesetzlichen Lohnnebenkosten die *gesamtwirtschaftlich-sektoralen* Wirkungsmechanismen. Werden beispielsweise Ausgabenkürzungen bei den gesetzlichen Krankenkassen für *Kuren* vorgenommen, fällt in den Kurorten Nachfrage aus. Dieser Nachfrageausfall führt hier zu direkter Arbeitslosigkeit (Personalabbau in den Sanatorien), und zusätzlich – über negative multiplikative Nachfrageeffekte – zu indirekter Arbeitslosigkeit mit einem entsprechenden gesellschaftlichen Aufwand für die Unterstützung der Arbeitslosen (Steigerung der Arbeitslosenversicherungsaufwendungen, die eigentlich als immanenter Bestandteil der Lohnnebenkosten gekürzt werden sollen). Ob dabei das eingesparte Geld bei Arbeitnehmern und Arbeitgebern kreislaufwirksam an anderer Stelle zurückfließt, ist dagegen völlig offen. Wird es *gespart* und nicht über Kredite für Investitionen wieder aktiviert bzw. in den Kreislauf zurückgegeben, vergrößert sich bereits mittelfristig das gesamtwirtschaftliche Angebot gegenüber der Nachfrage und die Arbeitslosigkeit nimmt auch in anderen Bereichen der Wirtschaft zu. Aber selbst bei einer Aktivierung der eingesparten Gelder muss sich die negative Wirkung für die Kurorte nicht durch eine positive Wirkung an anderer Stelle der Wirtschaft ausgleichen. Dies hängt z.B. von der jeweiligen Kapital- bzw. Arbeitsintensität sowie von den marginalen Import- und Exportquoten in den positiv berührten Wirtschaftszweigen ab.

2.2.2 Expansive Einkommenspolitik

Entgegen den Forderungen nach einer Senkung der Arbeitskosten (Löhne und Lohnnebenkosten), die immer auch eine Reduzierung der Einkommen sowie der Sozialentgelte und damit eine Beschneidung der Nachfrage bedeuten, ist vielmehr darüber nachzudenken, wie neben einer Ausschöpfung des gesamtwirtschaftlichen verteilungsneutralen Spielraums eine *Umverteilung hin zur Lohnquote* erfolgen kann. Dies ist eine alte gewerkschaftliche Forderung (Agartz 1953: 245ff.), die neben Lohnsteigerungen auf Basis des Produktivitätsfortschritts und der Preisentwicklung auch nach einer *Umverteilungskomponente* zur gerechteren Vermögensverteilung verlangt. Neben der *immateriellen Partizipation*, die im Wesentlichen auf *Mitbestimmung* in den Unternehmen setzt,[45] ist demnach eine *materielle Partizipation* als Teilhabe der Arbeitnehmer an den Erträgnissen (Gewinnen) des sie beschäftigenden Unternehmens und am Kapital notwendig. Der Gewinn soll zwischen Arbeitgeber und Arbeitnehmern aufgeteilt werden, damit die Arbeitnehmer die Möglichkeit eines größeren Einkommens und der Kapitalbildung erhalten. Alle immateriellen Mitarbeiterbeteiligungskonzeptionen, wozu man auch das betriebliche *Co-Management* durch Betriebsräte zählen kann (Klitzke/Betz/Möreke 2000), zielen mehr oder weniger auf eine mitverantwortungsbezogene Partizipation der Arbeitnehmer an unternehmensrelevanten Entscheidungsprozessen ab, die letztlich und konsequenterweise in eine *monetäre Erfolgs- und Kapitalbeteiligung* der Arbeitnehmer münden (vgl. Abb. 7).

Abb. 7: Allgemeine Formen der Mitarbeiterbeteiligung

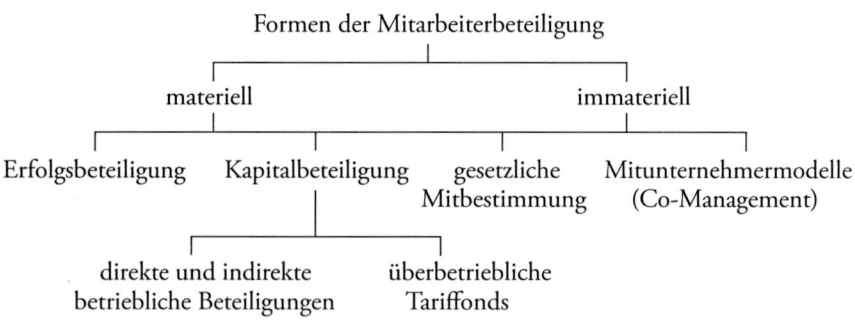

---

45 Vgl. dazu ausführlich das Kap. 3.3.1 »Immaterielle Partizipation«.

Hierbei sind beide Beteiligungsformen, die Beteiligung am *Gewinn* und die Beteiligung am *Kapital*, als eigenständig zu betrachten. Eine Erfolgsbeteiligung impliziert aber nicht zwingend eine direkte oder indirekte sowie eine überbetriebliche Kapitalbeteiligung am Produktivvermögen (vgl. Abb. 7) – sozusagen als »Mittel zum Zweck« bzw. als »Mittelaufbringung zur Finanzierung einer kapitalmäßigen Beteiligung« der Arbeitnehmer. Diese Differenzierung ist bei der Beurteilung von monetären Beteiligungsmodellen immer streng auseinander zu halten.

Im Folgenden sollen nach der Feststellung des Verbreitungsgrades eine Beschreibung der vielfältigen Begründungen für Gewinn- und Kapitalbeteiligungen sowie die konkreten Bedingungen für ein *echtes* Gewinn- und Kapitalbeteiligungsmodell aufgezeigt werden. Ein echtes Modell deshalb, weil unechte Gewinn- und Kapitalbeteiligungen auf *Lohnflexibilisierungsmodellen* basieren, die letztlich auf neoliberal intendierte Lohnkürzungen hinauslaufen. Danach werden praxisnahe Bedingungen für echte Gewinn- und Kapitalbeteiligungen herausgearbeitet und abschließend noch die Wirkungen in einem *gesamtwirtschaftlichen Kontext* – aber auch *einzelwirtschaftliche Probleme* – aufgezeigt.

2.2.2.1 Zum Verbreitungsgrad von Gewinn- und Kapitalbeteiligungen

Die Forderung nach einer *Gewinn- und Kapitalpartizipation* der Arbeitnehmer (auch abschätzig als »Volkskapitalismus« bezeichnet) hat eine lange theoretische Tradition, die bis ins 19. Jahrhundert zurück reicht (Gaugler 2002: 17ff). Weltweit hat aber bis heute nur eine Minderheit von Unternehmen Gewinn- und Kapitalbeteiligungsmodelle umgesetzt (Wilke 2002: 156). Obwohl keine exakten empirischen Daten für Deutschland vorliegen, und auch bei Untersuchungen nicht immer deutlich wird, was überhaupt unter einer Gewinn- und Kapitalbeteiligung verstanden wird und damit letztlich gemessen wurde (nicht selten spricht man in Untersuchungen allgemein von »Erfolgs- oder Mitarbeiterbeteiligungen«), dürfte bezogen auf *echte Gewinnbeteiligungsmodelle* (vgl. Kap. 2.2.2.4) die Zahl der Unternehmen in Deutschland verschwindend klein sein (Bontrup/Springob 2002, Bellmann/Möller 2005). Auch die in einer jüngsten Untersuchung durch das *Wirtschafts- und Sozialwissenschaftliche Institut* (WSI) in der Hans-Böckler-Stiftung festgestellten Ergebnisse bezüglich *gewinnabhängiger Vergütungsmodelle* betrachten lediglich am Unternehmenserfolg festgemachte »Sonderzahlungen« an Mitarbeiter, die als *Personalaufwand* verbucht werden und so *Gewinn mindernde* und damit fürs Unternehmen *Steuer senkende* Wirkungen entfalten. *Echte Gewinnbeteiligungen* wurden hier nicht untersucht. Aber auch unechte Gewinn- bzw. Erfolgsbeteiligungen erhalten nur eine *Minderheit der Arbeit-*

nehmer und vor allem hier nur hoch qualifizierte Angestellte. Gering Qualifizierte sowie Frauen und Beschäftigte in Kleinbetrieben gehen dagegen zumeist leer aus. Auch die Zahlungen schwanken nach der Qualifikation stark, von durchschnittlich 6.600 € jährlich bis knapp 550 €. Gut ein Drittel (36 v. H.) der Unternehmen mit mindestens 20 Beschäftigten und Betriebsrat zahlt Erfolgsbeteiligungen – zumindest einem Teil der Mitarbeiter. Große Unternehmen tun dies öfter als kleine. In den Unternehmen mit mehr als 2.000 Beschäftigten haben laut WSI 75 v. H. der Betriebe »vom Betriebsergebnis abhängige Einkommensbestandteile« im Programm. Auch zwischen den Branchen gibt es erhebliche Unterschiede. Während ein Großteil der *Banken* und *Versicherungen* (67 v. H.) bei guter Ertragslage mehr zahlt, gibt es nur in 20 v. H. der Bauunternehmen eine Erfolgsbeteiligung (Bispinck 2007: 57ff.). Bei den *Kapitalbeteiligungen* schätzt man die Zahl der Unternehmen auf nur etwa 3.600 mit 2 Millionen von insgesamt rund 35 Millionen Arbeitnehmern (5,8 v. H.) und rund 12 Milliarden € Beteiligungskapital. Von diesen 12 Milliarden € entfallen aber allein 9 Milliarden € oder knapp 74 v. H. auf *Belegschaftsaktien*, die von ca. 1,4 Millionen abhängig Beschäftigten gehalten werden (Bundestags-Drucksache 16/2424).

Der nur geringe Verbreitungsgrad ist wenig überraschend. Denn wieso sollen abhängig Beschäftigte am Gewinn und Kapital von Unternehmern beteiligt werden? Dies deutet zutiefst auf ein *nicht systemkonformes kapitalistisches Verhalten* hin. Schließlich gehören in marktwirtschaftlich-kapitalistischen Systemen der Gewinn und das Kapital – auch im allgemeinen *Bewusstsein der Arbeitnehmer* sowie der Gewerkschaften – auf Grund des Eigentums und des unternehmerischen Kapitalrisikos ausschließlich dem Kapitaleigner. Warum sollten Unternehmer Teile des Gewinns und Kapitals auf ihre Beschäftigten verteilen, wenn es doch eher eine unternehmerische (permanente) Zielorientierung ist, die Arbeitseinkommen zu senken, um so ceteris paribus mehr Gewinn und Kapital für sich selbst zu realisieren? In einem Vortrag an der Universität Freiburg über die »*Beteiligung der Arbeiter am Fabrikgewinn*« setzte sich schon 1837 Ritter von Buß mit dieser Frage kritisch auseinander und kam zu dem abschließenden Ergebnis, dass die Gewinnbeteiligung als ein *Widerspruch* zum Grundgedanken kapitalistischer Ordnungssysteme eingestuft werden müsse. Der Unternehmer würde dies als einen »Eingriff in die unternehmerische Freiheit« und in sein »Eigentum« nicht akzeptieren. Schließlich müsse man den Gewinn als »Ersatz für erlittene Verluste« und als »Wagnisprämie« verstehen (Gaugler 2002: 18). Die Ablehnung durch Ritter von Buß beendete aber keineswegs die bis heute geführte Diskussion um eine Gewinn- und Kapitalpartizipation.

In Deutschland setzte sich nach dem Zweiten Weltkrieg ab 1950 die »Arbeitsgemeinschaft Partnerschaft in der Wirtschaft e. V. (AGP)« intensiv für solche Beteiligungen ein (Wagner 2002). In den 1960er Jahren wurde sogar eine leidenschaftliche Debatte um eine *Vermögensbildung in Arbeitnehmerhand* geführt (Pitz 1974). Hierfür gab es zwei wesentliche Gründe: Erstens war das *Privateigentum an Produktionsmitteln* nach dem Zweiten Weltkrieg verfassungs- und gesellschaftsrechtlich fest verankert – dass Produktivkapital aber völlig *ungleich verteilt*. 70 v. H. des Produktivkapitals entfielen auf 1,7 v. H. der privaten Haushalte (Krelle/Schunck/Siebke *1968).* Zweitens war die kurzzeitig von den Gewerkschaften und den Parteien geführte Debatte um eine *Verstaatlichung* (Vergesellschaftung) von Schlüsselindustrien, Verkehrseinrichtungen und Kreditinstituten politisch so gut wie beendet, so dass es neben der *immateriellen Mitbestimmungsfrage* zu einer Ersatzdiskussion in Sachen *materieller Partizipation* (Vermögensbeteiligung) kam. Dabei ging es aber nicht um eine wirkliche Partizipation der Arbeitnehmer. So waren die in den 1960er Jahren zum ersten Mal aufgelegten *staatlichen Vermögensbildungsgesetze* fast ausschließlich der *Eigenheim- und allgemeinen Sparförderung* (neuerdings mit der Riester-Rente auch der Altersvorsorge) und nicht der *Förderung einer Beteiligung am Produktivkapital* gewidmet.

Dies lag auch wohl daran, dass sich bis heute die *Gewerkschaften* erstaunlich schwer mit Gewinn- und Kapitalbeteiligungen tun. Dies gilt aber genauso für das *Arbeitgeberlager*. Dennoch kam es 1999 zum ersten Mal zu einer gemeinsamen Erklärung von BDA und DGB hinsichtlich einer größeren materiellen Partizipation der abhängig Beschäftigten an den jeweiligen Unternehmensergebnissen. In der Erklärung heißt es, dass »auf der Grundlage der Flächentarifverträge (…) auf betrieblicher Ebene eine stärkere Beteiligung der Beschäftigten am Unternehmenserfolg angestrebt und damit der unterschiedlichen Ertrags- und Wettbewerbssituation der Unternehmen Rechnung getragen werden« soll (zitiert bei Putzhammer 2001: 17). Unklar bleibt aufgrund der nicht exakten Definition von »Beteiligung« allerdings, wie dies im Einzelnen konkret aussehen soll. Auch die *EU-Kommission* beschäftigt sich seit 1991 mit Gewinnbeteiligungen von Arbeitnehmern in so genannten *PEPPER-Berichten* (Promotion of Employee Participation in Profits and Enterprise Results) (Kommission der Europäischen Gemeinschaften 1997).[46] Demnach sollen *Gewinnbeteiligungen* als ech-

---

46 Vgl. Kommission der Europäischen Gemeinschaften: Der PEPPER-Bericht, in: Soziales Europa, Beiheft 3/1991, Europäisches Parlament, Bericht über den Bericht der Kommission über die Förderung der Gewinn- und Betriebsergebnisbeteiligung (einschließlich Kapitalbeteiligung) der Arbeitnehmer in den Mitgliedstaaten – PEPPER II – 1996, Sitzungsdokumente vom 30.9.1997. Seit 2008 liegt der PEPPER-IV-Bericht vor. Er gibt erstmalig einen Gesamtüberblick über Mitarbeiterbeteiligungen in allen Mitglieds- und Kandidatenländern der EU, einschließlich der Bedeutung, die ihnen in den verschiedenen Ländern zukommen. Das kommissionsgeförderte Projekt schließt die Lücke zwischen PEPPER I/II und PEPPER III.

te Partizipationen unternehmensbezogen der gesamten Belegschaft, oder wenigstens einem großen Teil zugute kommen und regelmäßig gewährt werden. Hierbei wird zwischen einer geldmäßigen Gewinnbeteiligung und einer so genannten aufgeschobenen Gewinnbeteiligung unterschieden; bei letzterer handelt es sich um eine *Kapitalbeteiligung*. Diese soll in erster Linie im Arbeit gebenden Unternehmen erfolgen, wobei allerdings auch die Verwendung der Gewinnbeteiligung in anderen Unternehmen oder in Fonds nicht ausgeschlossen wird.

Um an der völlig *disproportionalen Einkommens- und Vermögensverteilung* in Deutschland (vgl. Kap. 4.1.2) etwas zu verändern, hat 2009 die Große Koalition aus CDU/CSU und SPD ein *Mitarbeiterkapitalbeteiligungsgesetz* verabschiedet. Im Gesetzentwurf heißt es dazu:

> »Arbeitnehmerinnen und Arbeitnehmer steht ein fairer Anteil am Erfolg der Unternehmen zu, für die sie ihre Arbeitskraft einsetzen. Dazu soll der Ausbau der Mitarbeiterkapitalbeteiligung beitragen. Damit steigen die Möglichkeiten zur Gewinnung und Bindung von Mitarbeiterinnen und Mitarbeitern sowie zur Verbesserung der Eigenkapitalbasis von Unternehmen.«

Im Einzelnen kommt es hier zu den folgenden marginalen Verbesserungen im *fünften Vermögensbildungsgesetz (VermBG)*:
- Anhebung des Fördersatzes für in Beteiligungen angelegte vermögenswirksame Leistungen von 18 v. H. auf 20 v. H. und
- Erhöhung der Einkommensgrenzen von 17.900/35.000 € auf 20.000/40.000 € (Ledige/zusammen veranlagte Ehegatten).

Außerdem wurde zur Stärkung der betrieblichen Mitarbeiterkapitalbeteiligung der § 3 Nr. 39 Einkommensteuergesetz (EStG) eingeführt. Demnach gilt:
- Anhebung des steuer- und sozialversicherungsfreien Höchstbetrags für die Überlassung von Mitarbeiterbeteiligungen am Arbeit gebenden Unternehmen von 135 € auf 360 € und
- Wegfall der Begrenzung auf den halben Wert der Beteiligung.

Die bisherige Regelung in § 19a EStG gilt dabei für laufende Beteiligungen bis Ende 2015 weiter. Zudem wurden auch überbetriebliche *Fonds* in die Förderungen aufgenommen. Damit soll es zu einer Ausdehnung der Fördermöglichkeiten kommen, wenn bei diesen Fonds ein Rückfluss in die beteiligten Unternehmen in Höhe von 75 v. H. garantiert wird. Die steuerlichen Anreize und auch die Einrichtung eines *Beteiligungsfonds* werden aber an der *Verteilungsschieflage* in Deutschland nichts ändern. Hiervon geht paradoxerweise auch die Bundesregierung aus, wenn sie lediglich erwartet, »*dass durch die gesetzliche Neuregelung die Anzahl der Arbeitnehmer mit direkten oder indirekten Beteiligungen am Arbeit gebenden Unternehmen mittelfristig von 2 auf 3 Millionen gesteigert wird*« (Gesetzentwurf 2008, S. 2). Bei rund 35 Millionen abhängig Beschäftigten in Deutschland wären dies mal gerade knapp 8,6 v. H. aller Beschäftigten, die zukünftig mit marginalen Beträgen an Unternehmen beteiligt wären. Dieser nur geringe Beteiligungsgrad impliziert bei voller Jahreswirkung zudem jährliche *Steuermindereinnahmen* in Höhe von 229 Mio. €. Eine solche steuerliche Subventionierung ist abzulehnen. Wenn privatwirtschaftliche, nach dem Profitprinzip arbeitende Unternehmen eine Gewinn- und Kapitalbeteiligung vereinbaren wollen, dann sollten sie dies *ohne staatliche Anreize* tun. Keiner hält die Interessenparteien von Arbeit und Kapital davon ab, Gewinn- und Kapitalbeteiligungen zu vereinbaren. Die wirtschaftliche Realität zeigt hier allerdings, wie bereits oben dargestellt, dass dies nicht passiert. Deshalb ist auch die im Gesetzentwurf verankerte *Freiwilligkeit* einer Mitarbeiterkapitalbeteiligung zu kritisieren. »Es soll weder für die Unternehmen noch für die Beschäftigten einen Zwang zur Teilnahme an Mitarbeiterbeteiligungen geben«. Ohne eine *gesetzliche Verpflichtung* der Unternehmen – wie sie beispielsweise in Frankreich (Strake/Martins u. a. 2007: 100ff., Körner 2009: 8ff.) besteht – wird es aber auf Grund des *antagonistischen Lohn-Gewinn-Verhältnisses* zu keiner substanziellen Gewinn- und Kapitalpartizipation von Arbeitnehmern in Deutschland kommen.

2.2.2.2 Begründungen für Gewinn- und Kapitalbeteiligungen

Bei den Begründungen für Gewinn- und Kapitalbeteiligungen stehen sowohl *einzelwirtschaftliche* als auch *gesamtwirtschaftliche Aspekte* im Mittelpunkt. Stark positiv beeinflusst hat dabei die Debatte der bekannte Ökonom Johann Heinrich von Thünen (1783-1850). Er formulierte 1850 nicht nur drei Ziele einer Gewinn- und Kapitalbeteiligung, sondern setzte diese auch auf seinem Gut Tellow in Mecklenburg konkret in die Praxis um. Erstens wollte er mit einer solchen Beteiligung eine erhöhte *Integration und Identifikation* der Arbeiter mit dem Unternehmer und dem Unternehmen erzielen. Zweitens sollte die *Kaufkraft der Arbeitnehmer* durch Ausbezahlung der Zinsen für die Thesaurierung der Gewinnanteile bis zur Pensionierung gesteigert und drittens eine *Vermögensansammlung* für die nachberufliche Lebensphase der Arbeitnehmer sichergestellt und zur Vererbung an die nachfolgende Generation ermöglicht werden (von Thünen 1850). Ein Gutachten von Plener (1874) im Auftrag des Vereins für Socialpolitik kam genauso wie Untersuchungen von Gilman/Katscher (1891) und Marshall (1892) zu ähnlichen Ergebnissen. Auch andere

Autoren wie Brentano, Schmoller und Wagner befürworteten gegen Ende des 19. Jahrhunderts Gewinn- und Kapitalbeteiligungen (Gaugler 2002: 19). Zielsetzungen waren fast immer einzel- und gesamtwirtschaftliche Aspekte. So wurden der »soziale Friede« in den Unternehmen und der Gesellschaft zur Stützung kapitalistischer Ordnungssysteme genauso betont wie die »Steigerung der Ertragslage der Unternehmen« durch eine höhere Motivation und Identifikation der Arbeitnehmer mit den Unternehmen. Gerade dieser einzelwirtschaftliche Aspekt steht heute im Mittelpunkt der verstärkt angeführten personalwirtschaftlichen Ziele, die sich im Wesentlichen aus dem Transformationsproblem des ökonomisch unbestimmten Arbeitsvertrags ergeben.[47]

Die in der vielfältigen Literatur über Gewinn- und Kapitalbeteiligungsmodelle meist nur schwer auf einen Nenner zu bringenden ordnungs-, sozial- und unternehmenspolitischen Ziele wurden zu Beginn des 20. Jahrhunderts auch von der noch jungen *Betriebswirtschaftslehre* eingefordert. Es entsprach dem Selbstverständnis der ersten betriebswirtschaftlichen Autoren (Schmalenbach, Nicklisch, Dietrich u.a.), dass es nicht die Aufgabe der Betriebswirtschaftslehre sei zuzuschauen, »ob und wie irgendjemand sich ein Einkommen oder Vermögen verschafft. Sinn unserer Lehre«, schrieb Eugen Schmalenbach, »ist lediglich zu erforschen, wie und auf welche Weise der Betrieb seine gemeinwirtschaftliche Produktivität beweist« (Schmalenbach 1931: 94). Für Heinrich Nicklisch ist es die Aufgabe von Unternehmen, eine *wirtschaftliche Bedarfsdeckung* sicherzustellen und nicht dafür Sorge zu tragen, möglichst maximale Gewinne zu erzielen. Gewinn könne auf »anständige oder unanständige Weise (z.B. durch Raubbau an Natur und Menschen) entstehen. *Wirtschaftlichkeit* ist immer anständig« (Nicklisch 1932: 6). Die Verteilung von Gewinn wird hier noch aus der Vorstellung vom Unternehmen als *Gemeinschaft* abgeleitet. So fordert auch Rudolf Dietrich in konsequenter Haltung: Empfänger des Gewinns sei das *Unternehmen* und nicht, wie allgemein angenommen, dessen *Kapitaleigner*. Die Beschäftigten hätten, weil sie ihre Arbeitskraft und ihr geistiges Kapital im Betrieb einsetzten, die gleichen Eigentumsrechte am Ertrag wie der »Betriebsherr« (Dietrich 1914: 402). Deshalb sei dieser auch weder den Beschäftigten noch dem Gewinn gegenüber uneingeschränkter Herrscher (Dietrich 1932: 132). Eine ähnliche Argumentation vertritt Nicklisch: Vom Standpunkt der »Betriebsgemeinschaft«[48] betrachtet, seien Löhne und Gehälter

---

47 Vgl. dazu ausführlich den Punkt 3.1 »Die Transformation der Ware Arbeitskraft«.
48 Der Begriff »Betriebsgemeinschaft« findet sich zuerst bei Rudolf Dietrich. Nicklisch hat ihn betriebswirtschaftlich ausgebaut. Er betont dabei den Wert schaffenden Charakter der Arbeit, lehnt dementsprechend den liberalistischen Lohnmechanismus als Lohnfindungsgrundlage

keine Kosten, sondern *vorgeschossene Ertragsanteile* (Nicklisch 1934: 489). Lohn- und Gehaltszahlungen bildeten deshalb nur den ersten Akt der Ertragsverteilung (Nicklisch 1932: 267 und 276). Den zweiten Akt bildeten »Maßnahmen der Gewinnverteilung« auf die Arbeitnehmer, was Nicklisch als »natürliches Recht« bezeichnet (Nicklisch 1922: 114).

Diese Position wird durch die *Arbeitswerttheorie* der klassischen Nationalökonomen gestützt (Hofmann 1971a, Zinn 1972). Demnach ist, wie im ersten Kapitel ausführlich aufgezeigt wurde, nur die *Arbeitskraft* in der Lage, einen Gewinn zu produzieren, und zwar dadurch, dass das »Wertgrenzprodukt der Arbeit« größer ist als der ausgezahlte Lohn für die erbrachte Arbeit. Oder anders formuliert, der von den Unternehmen angeeignete »Wert der Arbeit« ist größer als der »Tauschwert der Arbeitskraft«. Dies haben von Adam Smith, David Ricardo über Karl Marx bis zu John Stuart Mill alle klassischen Nationalökonomen so gesehen. Gewinn entsteht auch nicht in der *Zirkulation an den Märkten*, sondern in der Produktion. Dies wurde nach dem temporären Höhenflug der sogenannten »New Economy« gegen Ende der 1990er Jahre und dem folgenden Börsencrash 2000 sowie 2008 mit der seit 80 Jahren schwersten Finanz- und Weltwirtschaftskrise mehr als deutlich. Die Finanzmärkte können sich gegenüber der produzierenden Wirtschaft und ihre Entwicklung nur relativ entkoppeln; völlig lösen können sie sich nicht. Die Quelle allen Mehrwerts (Profits, Zinsen sowie Miet- und Pachteinkommen) liegt letztlich in der Wertschöpfung durch menschliche Arbeit. An den Finanzmärkten werden Werte verteilt, aber keine realen Werte geschaffen. »Ich lasse mein Geld für mich arbeiten!«, ist, werttheoretisch betrachtet, ein selten dummer Spruch. Hinter jedem Cent Zinsen und Dividende (Profit) muss schließlich durch *Arbeit* generierter realer Wert stehen. Demnach liegt die Forderung auf der Hand: Die Arbeitnehmer müssen am Gewinn und auch am Kapital beteiligt werden, sonst kommen sie regelmäßig zu kurz. Dies beschrieb Adam Smith schon 1776[49], und dies zeigt sich auch heute an der völlig disproportionalen *Vermögensverteilung* in entwickelten Industriegesellschaften.

---

ab, fordert eine Ertragsbeteiligung der Beschäftigten, bestreitet eine Berechtigung des Kapitalgewinns ohne eigene Arbeit und begrüßt die Mitbestimmungsregelungen des Betriebsrätegesetzes von 1920 und des Artikels 165 der Weimarer Verfassung über die Einrichtung von Arbeiter- und Wirtschaftsräten auf betrieblicher, bezirklicher und volkswirtschaftlicher Ebene. (Hundt 1977: 94, Krell 1994: 57ff.).

49 »Der bedauernswerte Arbeiter, der gewissermaßen das ganze Gebäude der menschlichen Gesellschaft auf seinen Schultern trägt, steht in der untersten Schicht dieser Gesellschaft. Er wird von ihrer ganzen Last erdrückt und versinkt gleichsam in den Boden, so daß man ihn auf der Oberfläche gar nicht wahrnimmt« (Smith 1776: 87).

2.2.2.3 Echte versus unechte Gewinn- und Kapitalbeteiligungen

Nach den Begründungen für Gewinn- und Kapitalbeteiligung muss in einem nächsten Schritt eine exakte Definition und Abgrenzung vorgenommen werden. Dies ist deshalb wichtig, weil in der Literatur und in der betrieblichen Praxis sowohl *echte* als auch *unechte* Modelle zur Anwendung kommen. *Echte Gewinnbeteiligungen* sind dabei nur Vereinbarungen zwischen Arbeitnehmern und Arbeitgebern über gewinnabhängige Zahlungen zusätzlich zum tarifvertraglich vereinbarten (festen) Lohn. Dies impliziert neben einer Lohn- und Gehaltszahlung auf Basis einer produktivitätsorientierten bzw. am verteilungsneutralen Spielraum (Produktivität und Inflation) orientierten Lohnpolitik eine zusätzliche Beteiligung der abhängig Beschäftigten am Gewinn der Unternehmen. Die Verteilung des Gewinns erfolgt nach seiner *Versteuerung*. Daher können *echte* Gewinnbeteiligungen immer nur als eine Form der *Gewinnverwendung* zu Gunsten der Arbeitnehmer interpretiert werden. Alle anderen Formen einer Beteiligung, die neben dem vertraglich abgesicherten (individuellen) Arbeitsentgelt als zusätzliche *Erfolgsbeteiligung* für besondere Leistungen wie mehr *Umsatz, Kosteneinsparungen* oder auch mehr *Wertschöpfung* u. a. gewährt und als *Personalaufwand* verrechnet werden, mindern dagegen den zu versteuernden Gewinn des Unternehmens und stellen deshalb auch in dem hier verstandenen Sinne keine echte Gewinnbeteiligung dar (vgl. Abb. 8).

Abb. 8: Echte versus unechte Gewinnbeteiligungen

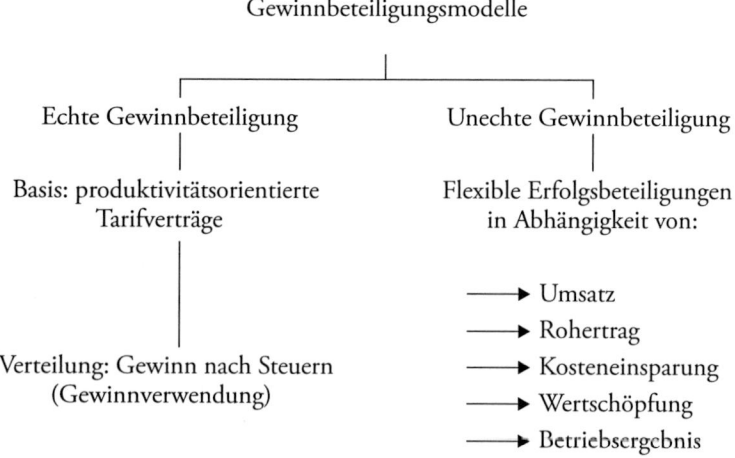

Das unechte Gewinnbeteiligungsmodell bzw. Lohnflexibilisierungsmodell des Sachverständigenrats (SVR)

Beträgt in einem Unternehmen die Lohnsumme 100 Mio. € und die Gewerkschaften verzichten auf 2 v. H. von möglichen 4 v. H. Tariflohnerhöhung, so belaufen sich die »kontraktbestimmte Lohnsumme« und die »risikobestimmte Lohnsumme« jeweils auf 2 Mio. €. Wird ein »Normalgewinn«* in Höhe von 5,5 Mio. € erwirtschaftet und beträgt die Haftungssumme der Kapitalseite in Form des Eigenkapitals 20 Mio. €, so soll es zu einer Aufteilung des Gewinns im Verhältnis von 20 Mio. € zu 2 Mio. € »risikobestimmte Lohnsumme«, also im Verhältnis von 10 : 1 kommen. Die Arbeitnehmer erhalten damit zuzüglich zu ihrer »risikobestimmten Lohnsumme« von 2 Mio. € einen Gewinnanteil in Höhe von 0,55 Mio. €, demnach im Endeffekt 2,55 Mio. €. Die Umverteilungskomponente auf Kosten der Kapitaleigner beträgt damit 0,55 Mio. €. Würde umgekehrt ein Verlust erwirtschaftet, so würden die Arbeitnehmer 0,55 Mio. € ihrer bereitgestellten »risikobestimmten Lohnsumme« verlieren und es kämen nur 1,45 Mio. € der risikobestimmten Lohnsumme zur Auszahlung (vgl. SVR-Gutachten 1972/73).

* Dieser »Normalgewinn« ergibt sich aus dem tatsächlich anfallenden Gewinn minus eines kalkulatorischen Unternehmerlohns und einer Komponente, die eine Mindestverzinsung des Eigen- und Fremdkapitals abdeckt.

Außerdem werden Erfolgsbeteiligungen von Arbeitgebern und ihren Verbänden sowie von zumeist neoliberalen Ökonomen als *lohnpolitische Flexibilisierungsmodelle* gesehen, die als Mittel zur Lohnsenkung propagiert werden (siehe beispielsweise oben das Modell des Sachverständigenrats). Trotz einer bereits dramatischen Zunahme von Öffnungs- und Härtefallklauseln in den Flächentarifverträgen (Bispinck 2004: 237ff.) und trotz eines – wie aufgezeigt – gesamtwirtschaftlich nicht ausgeschöpften Verteilungsspielraums (vgl. Kap. 2.2.1) soll es dennoch zu einer Umsetzung von *erfolgsabhängigen Entgeltgestaltungen* in Firmen- oder auch in Flächentarifverträgen kommen. Aus einzelwirtschaftlicher Sicht wird somit das Kapitalrisiko des Unternehmers mit dem Arbeitnehmer geteilt. Sie müssen Lohneinbußen bei schlechter Absatzlage oder bei einem Preisverfall hinnehmen. Die Unternehmen, so wird argumentiert, könnten durch solche Lohnflexibilisierungen bzw. -kürzungen ihre Position im Wettbewerb variabel anpassen und Arbeitsplätze sicherer machen, weil durch die Übernahme eines *Einkommensrisikos der Arbeitnehmer* das *Beschäftigungsrisiko* in unternehmerisch schlechten Zeiten minimiert würde. In Gewinnzeiten käme es dagegen zu einem Verteilungsvorteil für Arbeitnehmer. Die Einkommen lägen oberhalb der tariflich vereinbarten Entgelte (SVR 1972/1973, SVR 1975/1976, Weitzman 1984, Weitzman 1987, Sinn 1997).

Letzteres entspricht aber lediglich schon immer gewährten *übertariflichen Lohnzahlungen* zur Generierung von Leistungsanreizen in Form von *Effizienzlöhnen*. Eine solche »gewinnabhängige« Entgeltzahlung hat aber nichts mit der oben beschriebenen *echten Gewinnbeteiligung* zu tun. Im Gegensatz dazu handelt es sich hier um pseudonyme (unechte) »Gewinnbeteiligungen«, die neben dem *Arbeitsplatzrisiko* den Arbeitnehmern auch noch ein *Einkommensrisiko* aufbürden wollen und die dazu beitragen, dass sich Flächentarifverträge noch weiter auflösen. Damit wird womöglich sogar eine gesamtwirtschaftliche Deflationsgefahr geschürt.

Mit den Lohnkürzungen oder im positiven Fall mit den zusätzlich zum festen Lohn gewährten Erfolgsanteilen könnten die Arbeitnehmer dann auch *Kapitalanteile* des Arbeit gebenden Unternehmens erwerben. Entweder Eigen- und/oder Fremdkapitalanteile. Hierzu ist eine Vielzahl an so genannten Mitarbeiterbeteiligungsmodellen (Voß/Wilke/Maack 2003) entwickelt worden. Eine *echte Kapitalbeteiligung* liegt dabei aber nicht vor, weil diese nur auf einer *echten Gewinnbeteiligung* basiert und nicht auf einer Finanzierung durch Lohnkürzungen.

2.2.2.4 Zur Anwendung von echten Gewinn- und Kapitalbeteiligungen
2.2.2.4.1 GEWINNBASIS

Bevor es bei einer Gewinnbeteiligung zur Verteilung eines realisierten und versteuerten Gewinns kommt, stellen sich mehrere Fragen. Die erste ist die nach der *Gewinnbasis*. Hier hat sich eine weitgehend objektivierbare Gewinngröße herauskristallisiert, die dem externen Rechnungswesen unter Anwendung des *pagatorischen Kostenbegriffs* entstammt (Kilger 1980: S. 23ff.). Demnach sind Gewinngrößen des internen Rechnungswesens mit seinen kalkulatorischen Kostenarten auf Basis des wertmäßigen Kostenbegriffs untauglich, da sie regelmäßig den tatsächlichen Gewinn zu niedrig ausweisen. Dies ist insbesondere zu beachten, wenn Ergebnis- oder Erfolgsgrößen für die organisatorisch-technische Einheit »Betrieb« ermittelt werden sollen. »Demgegenüber können diese für die rechtliche Einheit ›Unternehmen‹ und für den ›Konzern‹ aus dem *externen Rechnungswesen* – dem auf gesetzlicher Grundlage erstellten Jahres- und Konzernabschluss – ermittelt werden. Nur diese Größen basieren regelmäßig auf

Daten, die vom Wirtschaftsprüfer geprüft werden« (Prangenberg 2003: 62). Hierbei sind heute optionale unterschiedliche *Rechnungslegungsnormen* gemäß Handelsgesetzbuch (HGB) sowie US-amerikanischer bilanzrechtlicher Rahmenbedingungen der International Accounting Standards (IAS/IFRS) und der US-amerikanischen Generally Accepted Accounting Principles (USGAAP) zu beachten (Zdrowomyslaw 2001: 190ff.). Immer mehr Großunternehmen gehen dabei zu einer anlegerorientierten oder shareholderzentrierten Rechnungslegung auf Basis von IAS und US-GAPP über. Als Gründe führt Dieter Ordelheide ganz allgemein die zunehmende *Internationalisierung von Unternehmen* an, außerdem das Streben nach internationaler Vergleichbarkeit ihrer Jahresabschlüsse und die Anpassung an die nach US-GAPP oder IAS bilanzierende Muttergesellschaft. Entscheidend ist auch die stärkere Orientierung am *Marktwert* des Unternehmens, die eine im Gegensatz zum deutschen HGB verbesserte Offenlegung und ein wesentlich klareres Bild über die tatsächliche Vermögens-, Finanz- und Ertragslage eines Unternehmens erlaubt (Ordelheide 1998: 16 und 33).

Aber auch der Gewinnausweis des externen Rechnungswesens – insbesondere der gemäß HGB-Rechnungslegung – unterliegt mehreren rechtlich legalen Manipulationsmöglichkeiten durch eine *Unterbewertung des Vermögens* und eine *Überbewertung des Kapitals* zur Generierung stiller Reserven. Hier sei insbesondere auf das Instrument der Rückstellungen hingewiesen (Arbeitsgruppe Alternative Wirtschaftspolitik 2003: 162ff.). Da jedoch die Bewertungsmanipulationen im deutschen Steuerrecht grundsätzlich enger einzustufen sind als im Handelsrecht, sollte als *Gewinnausgangsbasis* der jeweilige *Steuerbilanzgewinn* herangezogen werden. Dies gilt insbesondere dann, wenn keine Bewertung nach IAS oder US-GAPP vorliegt.

Der ausgewiesene Steuerbilanzgewinn ist aber nicht mit dem *verteilungsfähigen Gewinn* oder ausschüttbaren Gewinn gleichzusetzen. Unternehmen sind im Rahmen eines geplanten langfristigen Fortbestandes in einer adäquaten Form darauf angewiesen eine *Risikorücklage* und zur Finanzierung von *Erweiterungsinvestitionen* eine entsprechende Rücklage zu bilden, d.h. sie müssen Gewinne auch thesaurieren. Dies vermindert den potenziell verteilungsfähigen Gewinn.

Bei der Risikorücklage entsteht die Frage, wem diese Gewinnthesaurierung, die zu einer Erhöhung des Eigenkapitals führt, eigentumsrechtlich gehört? Die Antwort kann hier nur lauten: dem *Unternehmen*, was ausschließt, dass die Kapitaleigner von diesen Thesaurierungen zukünftig Gewinnausschüttungen vornehmen können. Deshalb ist ein eigener »*Eigenkapital-Topf*« aufzumachen, aus dem immer dann zuerst entnommen wird, wenn das haftende Eigenkapital des Unternehmens durch Verluste angegriffen wird. Auch steht dieser »Eigenkapital-Topf« nicht als Finanzierungsmasse

Abb. 9: Gewinnausgangs- und Verteilungsbasis

| Versteuerter Gewinn gemäß Steuerbilanz |

- Risikovorsorge (»Eigenkapital-Topf«)
- Investitionen
- Verzinsung Eigenkapital
- Kalkulatorischer Unternehmerlohn

| = Gewinnverteilungsbasis |

Aufteilung	Kapital : Arbeit (50 : 50)

Verteilung:	Shareholder	Arbeitnehmer

für Investitionen zur Verfügung, sondern ist in Form einer sicheren nicht spekulativen Finanzanlage als »Quasi-Liquidität« vorzuhalten. Zur Selbstfinanzierung von Realinvestitionen ist neben den Abschreibungsbeträgen aber auch ein Teil aus den versteuerten Gewinnen heranzuziehen und insofern ein weiterer Abzugsbetrag, bezogen auf den verteilbaren Gewinn, gegeben. Da aus dem Gewinn nach Steuern im Rahmen der Rechnungslegung bereits vorab die Beschäftigten einen Ertrag aus der Wertschöpfung in Form von Lohn- und Gehaltszahlungen erhalten haben, auch die Fremdkapitalgeber mit Zinsen sowie die Pächter und Vermieter über entsprechende kontraktbestimmte Einkommen abgefunden wurden und auch der Fiskus über Einkommens- und Ertragssteuern zu seinem Recht gekommen ist, sind aber bisher die *Eigenkapitalgeber* (Shareholder) aus der Gewinnbasis nach Steuern noch nicht befriedigt worden. Ein weiterer Korrekturposten des verteilungsfähigen Gewinns ist daher noch eine *angemessene Eigenkapitalverzinsung*. Diese könnte sich aus der jeweils im Unternehmen erzielten Eigenkapitalrentabilität nach Steuern ableiten (Scharf 1981: 94). Einen weiteren Abzug von der Gewinnausgangsbasis stellt auch noch die Entlohnung für die Bereitstellung und den Einsatz der *unternehmerischen Arbeitskraft* (»kalkulatorischer Unternehmerlohn«) dar. Dies gilt aber nur für Unternehmen, die nicht in der Rechtsform einer *Kapitalgesellschaft* mit angestellten Geschäftsführern oder Vorständen fungieren, da diese bereits für den Einsatz ihrer Arbeitskraft ein Gehalt und darüber hinaus in der Regel eine Tantieme, die man eigentlich als eine *Gewinnverwendung* einstufen muss, erhalten haben. Trotzdem wird die Tantieme als »Personalaufwand« Gewinn mindernd und damit auch für das Unternehmen Steuer senkend verbucht. Der vom versteuerten Gewinn dann verbleibende Restgewinn stünde zur Verteilung zwischen Kapital und Arbeit zur Verfügung und könnte im Folgenden auf die einzelnen Arbeitnehmer und Kapitaleigner verteilt werden (vgl. Abb. 9).

2.2.2.4.2 GEWINNAUFTEILUNG

Nachdem so der *verteilungsfähige Gewinn* ermittelt wurde, stellt sich als nächstes die Frage, wie dieser Gewinn zwischen Kapital und Arbeit aufgeteilt werden soll. In Ermangelung eines fehlenden objektiven Aufteilungsinstruments (Knödler 1969) sollte im Einvernehmen mit der Arbeitnehmerinteressenvertretung eine *Verhandlungslösung* gefunden werden. In den Unternehmen, die heute bereits eine echte Gewinnbeteiligung anwenden, hat sich überwiegend eine paritätische 50 : 50 Aufteilung des Gewinns durchgesetzt (Schneider/Zander 1993: 92). Ist auch diese Frage geklärt, muss nur noch entschieden werden, wie *innerhalb des Faktors Arbeit* der Gewinnanteil auf die einzelnen Mitarbeiter verteilt werden sollte, wobei hieraus eine Reihe an weiteren Fragen entsteht. Welche Arbeitnehmer sollen beteiligt werden? Alle, auch die Auszubildenden, oder nur die ab einer bestimmten Betriebszugehörigkeit? Was ist mit den Teilzeitbeschäftigten und womöglich vorhandenen Leiharbeitern? Soll grundsätzlich eine nichtleistungsorientierte Verteilung nach Köpfen ohne Berücksichtigung der Hierarchie- und Einkommensstufen vorgenommen werden, oder sollen individuelle leistungsbezogene Verteilungsschlüssel anhand von *Leistungsbeurteilungssystemen* zur Anwendung kommen? Auch bei der Lösung dieses Verteilungsproblems kann es sich offensichtlich nur um Kompromisslösungen handeln, die letztlich von den jeweiligen unternehmensindividuellen Verhältnissen abhängen und sich in Verhandlungen zwischen Geschäftsführung und Mitbestimmungsträgern ergeben müssen.

Zur Veranschaulichung der Ermittlung einer *Gewinnverteilungsbasis* sei von einer fiktiven Unternehmenssituation ausgegangen. Ein Unternehmen erwirtschaftet mit 450 Beschäftigten einen Umsatz von 90 Mio. €. Die Materialaufwendungen belaufen sich auf 45,5 Mio. €. Bestandsveränderungen liegen nicht vor, auch keine sonstigen aktivierten Eigenleistungen. Abschreibungen auf Sachanlagen sind in Höhe von 7,5 Mio. € angefallen und die sonstigen Vorleistungen betragen 8 Mio. €. Von der Wertschöpfung entfallen auf Löhne und Gehälter 16,2 Mio. €, auf Zinszahlungen 4 Mio. € und auf Miet- und Pachtzahlungen (Leasinggebühren) 0,6 Mio. €. Der Gewinn vor Steuern beträgt 8,2 Mio. € und die Steuerzahlungen (Körperschaft- und Gewerbesteuer) liegen bei 2,4 Mio. €. Der Gesamtkapitaleinsatz beläuft sich auf 75 Mio. €, davon 32,5 Mio. € haftendes Eigenkapital. In dem Eigenkapital sind bereits

2,4 Mio. € aus alten Gewinnthesaurierungen zur Risikovorsorge enthalten. Als neue Risikovorsorge wird ein Satz von 10 v. H. des versteuerten Gewinns festgelegt. Wie hoch ist demnach der *verteilungsfähige Gewinn*? Er beträgt 4,19 Mio. € (siehe die folgende Berechnung).

	in Mio €
Umsatzerlöse	**90,0**
Gesamtleistung	90,0
Materialaufwand	45,5
Rohertrag	**44,5**
Abschreibungen	7,5
Sonstige Vorleistungen	8,0
Wertschöpfung	**29,0**
Löhne/Gehälter	16,2
Zinsaufwand	4,0
Mieten/Pachten/Leasinggebühren	0,6
Gewinn vor Steuern	8,2
Steuern	2,4
Gewinn nach Steuern	**5,8**
Risikovorsorge 10 v. H.	0,58
Eigenkapitalrentabilität = Gewinn nach Steuern : Eigenkapital	
5,8 : 32,5 = 17,8 v. H. von 5,8 Mio. €	1,03
zu verteilender Gewinn	**4,19**

Danach müsste noch der verteilungsfähige Gewinn auf Arbeit und Kapital funktional verteilt werden. Unterstellt man eine paritätische Verteilung von 50 v. H. zu 50 v. H., so

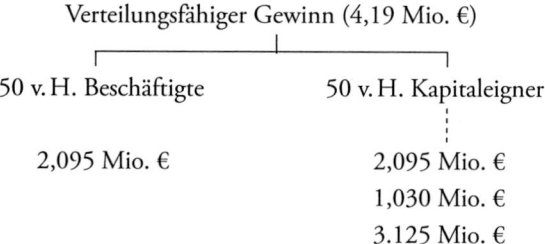

würde sich in unserem Beispiel der verteilungsfähige Gewinn zu jeweils 2,095 Mio. € zwischen Kapital und Arbeit aufteilen. Hinzu kämen aber bei den Kapitaleignern auf Grund der Eigenkapitalrendite noch 1,030 Mio. €, so dass sie insgesamt aus dem versteuerten Gewinn in Höhe von 5,8 Mio. € einen Betrag von 3,125 Mio. € erhalten würden. Haben sich die Arbeitnehmer in der Vergangenheit mit einer *Kapitalbeteiligung* eingebracht, so würden sie natürlich auch hier als Kapitaleigner entsprechend partizipieren.

2.2.2.4.3 UMWANDLUNG IN KAPITALBETEILIGUNGEN UND DAS PROBLEM DER VERLUSTBETEILIGUNGEN

Gewinne in Arbeitnehmerhand auf Basis einer zuvor beschriebenen echten Gewinnbeteiligung können entweder an die Beschäftigten ausgeschüttet und/oder in *Kapitalbeteiligungen* dem Unternehmen wieder zugeführt, aber auch in nicht Arbeit gebenden Unternehmen von den Arbeitnehmern angelegt werden. Werden die Gewinne ausgeschüttet, gehen sie entweder in den Konsum und/oder werden gespart. Kommt es dagegen zu einer Umwandlung der Gewinnbeteiligung in eine Kapitalbeteiligung, sind zwei Arten zu differenzieren. Bei einer *Eigenkapitalbeteiligung* ist der Arbeitnehmer nicht nur lohnabhängiger Beschäftigter, sondern gleichzeitig *Miteigentümer* (Shareholder) des Unternehmens. Hiervon gehen die folgenden Wirkungen aus:

- Das Eigenkapital wird dem Unternehmen *dauerhaft* zur Verfügung gestellt.
- Mit der Zurverfügungstellung von Eigenkapital ist regelmäßig die Beteiligung am *Gewinn* und *Verlust* des Unternehmens verbunden.
- Eigenkapitalgeber *haften* mindestens in Höhe ihrer Einlage für die Verbindlichkeiten des Unternehmens.
- Durch die Beteiligung am Eigenkapital wird eine *juristische Mitgliedschaft* (Mitwirkung oder
- Einflussnahme auf die Geschäftsführung u. a.) begründet. Wird die Gewinnbeteiligung in *Fremdkapital* umgewandelt, mit der keine Eigentümerfunktion, sondern lediglich eine Finanzierungsfunktion für das unternehmerische Vermögen verbunden ist, sind folgende Wirkungen zu beachten:
- Fremdkapital steht dem Unternehmen lediglich *befristet* zur Verfügung. Es besteht somit ein *Rückzahlungsanspruch* des Unternehmens gegenüber dem Kapitalgeber. Die Bindung an das Unternehmen ist mehr »oberflächlich« zu interpretieren.
- Regelmäßig erfolgt eine *gewinnunabhängige Verzinsung des Fremdkapitals*, so dass eine *Verlustbeteiligung* mit der Bereitstellung von Fremdkapital nicht verbunden ist.
- Die Beteiligung am Fremdkapital begründet ein *schuldrechtliches Verhältnis* gemäß §§ 607 ff. BGB.
- Der fehlende Gesellschafterstatus führt dazu, dass eine *Mitgliedschaft* wie beim Eigenkapital nicht begründet wird.

Weiter sind bei der Kapitalbeteiligung eine *betriebliche* und eine *überbetriebliche* Form zu unterscheiden. Bei der betrieblichen Beteiligungsform werden ausschließlich die Beschäftigten am *Kapital* ihres Arbeit gebenden Unternehmens beteiligt. Dies kann durch eine *offene* oder *stille direkte* Beteiligung oder durch eine *indirekte* Mitarbeiter-Beteiligung geschehen, bei der zwischen dem Mitarbeiter und dem Arbeit gebenden Unternehmen eine Beteiligungsinstitution – z. B. in Form einer Mitarbeiter-Beteiligungs-GmbH oder einer BGB-Gesellschaft – geschoben wird, die sich dann wiederum an dem Arbeit gebenden Unternehmen beteiligen kann. Auch an der Mitarbeiter-Beteiligungs-Gesellschaft ist eine *offene* oder *stille* Beteiligung möglich. Im Gegensatz dazu liegt eine von den *Gewerkschaften* favorisierte *überbetriebliche Kapitalbeteiligung* immer dann vor, wenn sich Arbeitnehmer an einem bundesweiten, regionalen oder branchenbezogenen *Tariffonds* beteiligen. Mit dem überbetrieblichen Tariffonds, so wird argumentiert, würden vier wesentliche Einwände gegen eine unternehmensbezogene direkte oder auch indirekte Kapitalbeteiligung ausgeschlossen: Erstens die Reduktion des »*doppelten Risikos*« (Kumulierung von Arbeitsplatz- und Kapitalanlagerisiko) der Arbeitnehmer in ihrem Arbeit gebenden Unternehmen, das immer wieder von den Gewerkschaften betont wird. Zweitens die Sicherstellung der *Handelbarkeit* (Fungibilität) der Kapitalanteile bei z. B. Unternehmenswechsel der Beschäftigten. Drittens eine *offene Beteiligungsmöglichkeit* aller abhängig Beschäftigten, auch der des *öffentlichen Dienstes* und viertens eine Minimierung von *administrativen Kosten* von Mitarbeiterbeteiligungsmodellen aus Sicht der Unternehmen (insbesondere wegen der Teilnahme mittelständischer Unternehmen). Gegen überbetriebliche Fonds wird auf eine Trennung zwischen Beschäftigten und Arbeit gebenden Unternehmen und damit auf *Identifikations- und Motivationsverluste* bei den Beschäftigten verwiesen.

Aus dem jeweiligen *Kapitalbeteiligungscharakter* leitet sich auch die Lösung der immer wieder geforderten *Verlustbeteiligung* von Arbeitnehmern beim Vorliegen einer Gewinnbeteiligung ab. Hier wird in der Regel argumentiert, dass selbstverständlich eine Gewinnbeteiligung auch eine Verlustbeteiligung einschließe. Diese Position ist aber weder betriebswirtschaftlich noch rechtlich haltbar. Hier wird eine Gewinnbeteiligung mit einer *Eigenkapitalbeteiligung* verwechselt. Zur Verlusttragung sind laut Gesellschaftsrecht nur diejenigen verpflichtet, die einem Unternehmen Eigenkapital zur Verfügung stellen, womit sie automatisch auch Beteiligungsrechte an der *unternehmerischen Willensbildung* (Geschäftsführung) erwerben. Beides liegt aber bei einem ausschließlichen Gewinnbeteiligungsmodell nicht vor. Es ist somit völlig paradox, von Verlustbeteiligung der Arbeitnehmer zu reden, ohne dass diese mit *Eigenkapital* und *geschäftsführend* am Unternehmen beteiligt sind. »Übrigens fehlt selbst bei solchen

Vorstandsmitgliedern, deren Gehalt sich aus einem Fixum und einer Gewinnbeteiligung (Tantieme) zusammensetzt, regelmäßig auch die Verlustbeteiligung« (Schultz 1992: 824). Hiervon abgesehen hat Hartmann bereits 1958 in seiner Dissertation zur Verlustbeteiligung der Arbeitnehmer alles Notwendige gesagt.

> »Während (...) zwar ›Verlust‹ das Gegenteil von ›Gewinn‹ ist, so ist doch ›Verlustbeteiligung‹ nicht das Gegenteil von ›Gewinnbeteiligung‹. Ihr Gegenteil ist vielmehr ›keine Gewinnbeteiligung‹, und dies ist nicht gleichbedeutend mit ›Verlustbeteiligung‹. Die logische Verbindung von Gewinnbeteiligung und Verlustbeteiligung ist somit falsch« (Hartmann 1958: 86).

Würde man sich aber hierüber hinwegsetzen (was in der Diskussion nicht selten der Fall ist!) und die Arbeitnehmer dennoch am Verlust beteiligen, so wäre dann allerdings der bereits unter Punkt »Gewinnbasis« beschriebene *Vorwegabzug vom verteilungsfähigen Gewinn* für das bereitgestellte Eigenkapital nicht mehr zu rechtfertigen. Scharf stellt diesbezüglich zu Recht fest. »Es erscheint den Arbeitnehmern gegenüber unbillig, allein den Eigenkapitalgebern im Falle eines positiven finanziellen Ergebnisses eine Risikoprämie zu gewähren, ein negatives finanzielles Ergebnis jedoch auch von den Arbeitnehmern mit tragen zu lassen« (Scharf 1981: 96f.).

2.2.2.4.4 MITSPRACHE BEI GEWINN- UND KAPITALBETEILIGUNGSMODELLEN

In Unternehmen, in denen heute bereits echte oder unechte Beteiligungsmodelle zur Anwendung kommen, sind nicht selten die *Betriebsräte* bei der unternehmerischen Festschreibung solcher Modelle fachlich überfordert oder werden nicht einmal bei der Ausarbeitung beteiligt. Dies ergab eine Studie des Instituts für Angewandte Wirtschaftsforschung (IAW) in Tübingen aus dem Jahr 2002 (Strotmann 2003: 28ff.). Unabhängig von einer fachlichen Kompetenz und Beteiligung der Betriebsräte sind bei der Implementierung von Gewinn- und Kapitalbeteiligungsmodellen aber auf jeden Fall die folgenden Bedingungen zu erfüllen:

- *Verständlichkeit*: Der Arbeitnehmer sollte die zu Grunde gelegte Gewinngröße und ihre Aussage in Bezug auf den unternehmerischen Erfolg verstehen.
- *Nachvollziehbarkeit/Transparenz*: Die Ermittlung der Gewinnbasis muss nachvollziehbar sein. Zu komplexe und zu viele Berechnungsschritte erschweren dies. Lassen sich dennoch aber nicht immer vermeiden.
- *Aussagekraft*: Die Gewinngröße muss Aussagen über den tatsächlichen unternehmerischen Erfolg ermöglichen. Dies ist z. B. bei der ›Dividende‹ nicht der Fall, da sie lediglich die Höhe der Ausschüttung angibt, die sich aus aktuellen und früheren (›thesaurierten‹) Gewinnen sowie aus Entnahmen von Rücklagen ergeben kann.

- *Geringe Beeinflussbarkeit durch bilanzpolitische Maßnahmen*: Die Gewinnbasis darf nicht durch bilanzpolitische Maßnahmen des Unternehmers beeinflusst (manipuliert) sein.
- *Überprüfbarkeit*: Die Berechnung des Gewinnanteils bezogen auf den einzelnen Mitarbeiter muss überprüfbar sein.

2.2.2.5 Gesamtwirtschaftliche Beurteilung

Vorausgesetzt, Gewinn- und Kapitalbeteiligungen könnten politisch, gesetzlich oder tarifvertraglich durchgesetzt werden, so müssen neben den zuvor aufgezeigten Begründungen aber auch die Fragen nach der *ökonomischen Funktion* und nach den *Wirkungen* für die Gesamtwirtschaft beantwortet werden. Diesbezüglich gilt sicher als Ausgangsbedingung die Feststellung von David Bosshart:

> »Das System des Kapitalismus lebt vom Massenkonsum und von einem hohen Kaufkraftniveau der mittleren Schichten, die mit ihrer Neugier immer wieder für die Vermittlung des Neuen (Produkte, Dienstleistungen etc.) von den oberen Segmenten in die großen niedrigstpreisigen Massensegmente sorgen. Wenn die Kaufkraft der unteren und der mittleren Schichten nicht erhalten bleibt und zudem aus Angst immer mehr gespart wird, geht das System – zumindest in den reifen und übernutzten Märkten Europas – sehr rasch auf seine Selbstvernichtung zu« (Bosshart 1997: 27).

Unter Rückgriff auf John Maynard Keynes (1883-1946), Nicholas Kaldor (1906-1986) und Michal Kalecki (1899-1970) spielt daher die *Einkommens- und Vermögensverteilung* eine entscheidende gesamtwirtschaftliche Rolle und beeinflusst maßgeblich Wachstums- und Beschäftigungsprozesse. »Ohne Kaufkraft kann aus einem noch so dringlichen Bedarf keine Marktnachfrage entstehen. Entwickelte Industriegesellschaften sind aber hinsichtlich der Einkommens- und Vermögensverteilung (wie zuvor aufgezeigt, d. V.) durch eine hohe und in der Tendenz zunehmende Polarisierung gekennzeichnet. Konkret bedeutet dies, dass die oberen Einkommens- und Vermögensschichten aufgrund *relativer Sättigungstendenzen* nicht ihren hohen Einkünften entsprechend *kaufen wollen*, während die unteren Einkommensschichten kaufen wollen, aber nicht *kaufen können*. Aus diesem Phänomen resultiert eine niedrigere *gesamtwirtschaftliche Konsumquote* im Vergleich zu einer weniger polarisierten Gesellschaft, was mittlerweile auch die Konsumforschung als Problem reifer Industrieländer erkannt hat« (Reuter 2000a: 415f.). So wird in Volkswirtschaften mit einer wachsenden *Verteilungsungleichheit* ein ökonomisches Gleichgewicht immer unwahrscheinlicher, weil es einerseits in Relation zum Einkommen/Vermögen eine zu geringe Nachfrage in den oberen Einkommensschichten und andererseits im Vergleich zum Einkommen, bei einem hier zumeist gar nicht vorhandenen Vermögen, eine zu hohe (potentielle) Nachfrage in den unteren Einkommensschichten gibt. Niedrige Einkommen implizieren außerdem eine vermehrte Produktion von »Ramschgütern«, die wenig zu einer substanziellen Bedürfnisbefriedigung beitragen, aber hohe ökologische Schäden anrichten.

Im Kern geht es letztlich um den makroökonomischen Zusammenhang, dass aufgrund der Zusammensetzung des Sozialprodukts aus den Aggregaten Lohn- und Gewinneinkommen die Lohneinkommensempfänger selbst bei einer Konsumquote von eins den Produktionswert allein nicht realisieren können. Erst wenn auch die *Gewinneinkommen* voll nachfragewirksam werden, indem sie entweder investiert oder konsumiert werden, wird der Produktionswert realisiert. Anders ausgedrückt: »Die Gewinne entstehen durch die Ausgaben der Gewinnempfänger, geben sie viel aus, so sind die Gewinne entsprechend hoch, und knausern sie, so sind auch die Gewinne mager« (Zinn 1987: 184). Die Unternehmer in Summe – dies gilt natürlich nicht für den Einzelnen – können dabei, wie Keynes feststellte, soviel konsumieren wie sie wollen, ihr Gewinn wird dadurch ceteris paribus nicht gemindert, sondern vermehrt. Keynes fasste diesen Sachverhalt in seinem Theorem vom »Krug der Witwe« wie folgt zusammen:

> »Welchen Teil ihrer Gewinne demnach die Unternehmer auch für den Konsum verwenden, der Vermögenszuwachs zu Gunsten der Unternehmer bleibt der gleiche wie zuvor. Somit sind die Gewinne, als eine Quelle der Kapitalakkumulation bei den Unternehmern, unerschöpflich wie der Krug der Witwe, wie viel davon auch immer einer ausschweifenden Lebensführung dient« (Keynes 1955: 113f).

Sobald aber aus hohen Einkommen eine relativ sinkende gesamtwirtschaftliche, konsumtive Nachfrage resultiert (marginale Konsumquote kleiner eins) und diese – wegen hieraus resultierender zurückgehender Nachfragedynamik – auch nicht durch entsprechend steigende *Investitionen* kompensiert wird (was in Ermangelung einer gewinnträchtigen Nachfrage der Fall sein dürfte), realisiert sich die Wertsumme einer Produktion nicht, so dass letztlich auch Gewinne ausbleiben. Die Folge des *Konsum- und Investitionsattentismus* sind schließlich Lohnkürzungen und Entlassungen, so dass es zu einem weiteren Ausfall an gesamtwirtschaftlicher Nachfrage und noch mehr sich verschlechternden Absatz- und Gewinnmöglichkeiten für die Unternehmen kommt. Das auf diese Weise entstehende neue Gleichgewicht zwischen gesamtwirtschaftlicher Ersparnis und Investition ist das keynesianische *»Gleichgewicht bei Unterbeschäftigung«*, also ein stabiles Gleichgewicht zwischen Angebot und Nachfrage auf Güter-, Geld- sowie Kapitalmärkten bei unterausgelasteten Arbeitsmärkten. Um aus dieser »Falle« zu entkommen, forderte Keynes in erster Linie eine *expansive Geldpolitik* und eine *kreditfinanzierte staatliche Investitionsnachfrage*, um die sich auftuende *deflatorische Lücke* zu schließen. Aber auch eine *Umverteilung* von den höheren zu den niedrigeren Einkommen aufgrund der geringeren Konsumneigung der oberen Einkommens- und Vermögensschichten stand auf seiner Agenda. Dies würde die Gesamtnachfrage und damit Produktion und Beschäftigung erhöhen. Nicht zuletzt wegen dieser geforderten Umverteilung ist Keynes »sozialistischer Umtriebe« bezichtigt worden. Mit dem Umverteilungsargument lässt sich auch begründen, warum Keynes *Nominallohnsenkungen* ablehnt: »Sofern sie nicht vollständig in Preissenkungen weitergegeben werden, führen sinkende Nominallöhne zu Gewinnsteigerungen; daraus folgt eine Umverteilung von den Lohneinkommen zu den Gewinneinkommen und also eine Absenkung der durchschnittlichen Konsumneigung. Lohnsenkungen würden somit (…) nicht zu einer Beseitigung der Arbeitslosigkeit, sondern im Gegenteil zu ihrer Erhöhung führen« (Willke 2002: 54).

Als Umverteilung zur Steigerung der gesamtwirtschaftlichen Nachfrage untauglich ist aber auch eine von den Gewerkschaften geforderte »*expansive Lohnpolitik*« (Agartz 1953: 245ff.), die nicht nur eine nominale Lohnsteigerung auf Basis von Produktivität und Inflation einfordert, sondern als dritte Komponente eine *Umverteilung* zu Gunsten der Arbeitnehmer. Dazu müsste der nominale Lohnabschluss oberhalb des verteilungsneutralen Spielraums liegen. Hierdurch würde die gesamtwirtschaftliche Lohnquote zu Lasten der Gewinnquote steigen. Dies wird aber kaum gelingen. In Zeiten von Arbeitslosigkeit schaffen es die Gewerkschaften nicht, wie aufgezeigt, den *verteilungsneutralen Spielraum* in den Tarifverhandlungen durchzusetzen. Aber selbst unterstellt, es käme zu einer expansiven Lohnpolitik, so würden die Lohnstückkosten steigen und die Unternehmen hierauf mit Preissteigerungen (insbesondere in einer hoch konzentrierten Wirtschaft) reagieren. Dies führt nicht nur zu inflationären Prozessen, sondern in Folge zu einer hochwahrscheinlichen restriktiven Geldpolitik der Zentralbank, die wiederum wachstums- und beschäftigungsmindernd wirkt. Will man dennoch den notwendigen Umverteilungsprozess, ohne staatliche Interventionen in den Marktprozess, in Form einer womöglich *redistributiven Verteilungspolitik*[50] herbeiführen, so bietet sich dafür nur noch eine *Gewinnbeteiligung*, im Sinne der zuvor beschriebenen echten Gewinnbeteiligung, der Arbeitnehmer an. Die in Relation zur

---

50 Es ließe sich mehr Gleichheit der Einkommen und Vermögen dadurch herstellen, dass private Haushalte mit überdurchschnittlichen marktbezogenen Primäreinkommen durch Steuern und Abgaben belastet und das Aufkommen jenen Haushalten durch Transfereinkünfte zur Verfügung gestellt würde, die nur ein unterdurchschnittliches Markteinkommen erzielen.

gesamtwirtschaftlichen Nachfrage zu große (funktionslose) Gewinnquote würde dadurch zur Lohnquote umverteilt, ohne dass es zu negativen Preiseffekten käme. Gleichzeitig würde dadurch eine verringerte gesamtwirtschaftliche Sparquote realisiert. Ein großer Teil der Gewinnbeteiligung – insbesondere bei den Arbeitnehmern mit einem relativ geringen Lohneinkommen und einer marginalen Sparquote von Null – ginge in den Konsum. In Folge würden auch die Investitionen zulegen. Hierdurch könnten Wachstums- und Beschäftigungseffekte ausgelöst und die deflatorische Lücke, wenn auch nicht geschlossen, so aber zumindest verkleinert werden. Der Staat müsste sich im Rahmen eines deficit-spending zur Krisenbekämpfung marktwirtschaftlich endogener Prozesse weniger verschulden. Gleichzeitig wäre auch eine größere *Vermögensbildung* in Arbeitnehmerhand möglich. Mittlere Einkommensschichten wären in der Lage, ihre Gewinnbeteiligung in eine *Kapitalbeteiligung* umzuwandeln. Aufgrund des hieraus resultierenden Zins- und Zinseszinseffektes käme es zusätzlich zu mehr gleich verteilter Kaufkraft und zu einer Auflösung, wenn auch nur langfristig, der ansonsten immer größer werdenden endogenen Tendenz zur Polarisierung von Einkommen und Vermögen in hochentwickelten kapitalistischen Systemen.

Problematisch auf einzelwirtschaftlicher Ebene bei einer Gewinn- und Kapitalbeteiligung ist allerdings die mehr oder weniger zufällige Zuordnung von Arbeitnehmern zu den einzelnen Unternehmen. Hierdurch werden Arbeitnehmer in wirtschaftlich *schwachen Unternehmen*, nicht selten kleine und mittelgroße Unternehmen (KMU), schlechter gestellt. Dies ist aber heute auch ohne Gewinnbeteiligung nicht anders. Da einzelwirtschaftlich ausgerichtete Gewinn- und Kapitalbeteiligungsmodelle außerdem in eine marktwirtschaftlich-kapitalistische Wirtschaft eingebunden sind, liegt noch ein weiteres Problem vor. Nicht alle Gewinne basieren auf leistungskonformen Faktoren, sondern können auch schlicht und ergreifend durch Ausnutzung einer *marktbeherrschenden Stellung* der Unternehmen sowohl an Absatz- als auch an Beschaffungsmärkten durch Ausnutzung von Angebots- und Nachfragemacht entstehen. Hierdurch werden Mitarbeiter von oligopolistischen oder monopolistischen Unternehmen laufend wesentlich höhere Gewinnanteile realisieren als Mitarbeiter in den Unternehmen, die einem Konkurrenzdruck ausgesetzt sind. Deshalb bedarf es hier im Rahmen einer *wirtschaftsdemokratischen Konzeption* einer adäquaten *Mittelstands-, Wettbewerbs- und Kartellrechtspolitik*, die derartige Machtpervertierungen verhindert. Demgegenüber ist das Argument, eine betriebliche Gewinnbeteiligung sei *innovationsfeindlich*, da den guten Unternehmen bzw. Kapitaleignern die Quasi-Renten (Extraprofite) genommen würden, nicht zutreffend, weil gerade durch die Gewinnbeteiligung mitarbeiterzentrierte Innovationspotenziale motivational freigesetzt werden können.

DRITTES KAPITEL

3. Stellung und Rolle der Beschäftigten im Unternehmen

Arbeit soll nur noch billig sein. So das neoliberale Dogma heute herrschender Wirtschaftspolitik. Produktivitätsorientierte Löhne werden dem Faktor Arbeit schon lange nicht mehr zugestanden und an eine zuvor beschriebene Gewinn- und Kapitalpartizipation ist nicht einmal annähernd zu denken. Gewerkschaften sollen weiter geschwächt und die Verteilungsfrage noch mehr zu Gunsten der Gewinnbezieher und Vermögenden entschieden werden. Eine in der Wirtschaft zunehmende Produktions-Produktivitätsschere soll nicht durch Arbeitszeitverkürzungen mit Lohnausgleich geschlossen werden, sondern mit Arbeitszeitverlängerungen ohne Lohnausgleich. Welch ein Paradoxon! Und soziale Unterstützung sei trotz fehlender Arbeitsplätze auf ein Minimum zu beschränken. Kann man auf einer solchen Politik die Zukunft einer Gesellschaft aufbauen, die in unserer Verfassung zur sozialen Gerechtigkeit verpflichtet ist? Und können damit gleichzeitig die ökonomisch dringend benötigten Innovationen geschaffen und entwickelt werden? Hierauf sollen im Folgenden eine einzelwirtschaftliche und eine gesamtwirtschaftliche Analyse Antwort geben und nach möglichen Alternativen suchen.

Im Mittelpunkt des dritten Kapitels steht dabei im Rahmen einer *Wirtschaftsdemokratie* die konkrete *Stellung und Rolle des Menschen im Unternehmen*. Wie schon in den beiden ersten Kapiteln gezeigt, hängen die Höhe der Gewinnproduktion und die Bezahlung der Arbeit u. a. entscheidend von dem »physischen Grenzprodukt der Arbeit« oder der *Arbeitsproduktivität* ab. Diese wird nicht nur vom jeweiligen *Technikeinsatz*, sondern ebenso und entscheidend von der *Fähigkeit* und *Motivation der Menschen* nachhaltig beeinflusst.»Immer wieder wird in diesem Zusammenhang verkündet, die Beschäftigten sollten nicht als *Ware Arbeitskraft*, als bloße Nummern oder Objekte behandelt werden, die Unternehmung solle ihnen mehr bieten als einen Arbeitsplatz und schulde ihnen mehr als ein Entgelt für geleistete Arbeit. Mit solchen Verlautbarungen werden Bedürfnisse und Sehnsüchte der Beschäftigten angesprochen und aufgegriffen, Bedürfnisse nach Aufwertung des eigenen Status, nach Anerkennung der – individuellen und kollektiven – Beiträge zum Erfolg der Unternehmung, nach materieller und emotionaler Sicherheit« (Krell 1994: 282). Was wird hiervon aber in der heutigen betrieblichen Realität umgesetzt? Sind dies nur leere Versprechungen oder müssen Unternehmen die Bedürfnisse ihrer Beschäftigten wirklich ernst nehmen und sie entsprechend berücksichtigen? Sind diese dabei gleichberechtigte Partner oder werden sie nur als Instrumente, als Mittel zur Schaffung von Gewinnen im einseitigen Interesse der Kapitaleigner benutzt? Diesen Fragen gilt es nachzugehen. Dabei spielt zunächst einmal, auch zum besseren Verständnis der folgenden Ableitungen, das *Transformationsproblem der Ware Arbeitskraft* eine wesentliche Rolle.

3.1 Die Transformation der Ware Arbeitskraft

Der heutige Kapitalismus basiert auf einem Produktivitätsgrad der menschlichen Arbeit, der ein mehrfaches *Überschussprodukt* über den reinen Unterhalt der Arbeitenden hinaus ermöglicht, welches als zusätzlicher Wert in Form von Gewinn, Zins und Grundrente (Miete/Pachten) erscheint (vgl. Kap. 1.3.2 und 1.3.3). Im Verhältnis zu lebendiger Arbeit wird immer mehr Technik eingesetzt. Dabei wächst die »organische Zusammensetzung des Kapitals« (Karl Marx), und das ökonomische Wertgesetz der Arbeit zeigt, dass der hochentwickelte industrialisierte Kapitalismus auf immer weniger Menschen, dafür aber zur Erhöhung der Arbeitsproduktivität auf immer mehr Kapitaleinsatz angewiesen ist. Ein Anstieg der arbeitslosen »Reservearmee« ist das Ergebnis. Gleichzeitig wird die Verteilung des aufgrund der größeren Produktivität erzielten Überschussproduktes immer disproportionaler. Dennoch bleibt das System abhängig von menschlicher Arbeit. Nur sie schafft in der Produktion einen Wertzuwachs. Daher fällt den abhängig Beschäftigten auch weiterhin die Hauptrolle zu. »Nicht das Kapital, sondern der Geist der Arbeit ist die Seele der Unternehmung« (1922: 56), konstatiert der bekannte Betriebswirt Heinrich Nicklisch (1876-1946). Guido Fischer (1955: 93) hebt hervor, die maschinelle Ausstattung allein schaffe kein Unternehmen, sondern allenfalls »ein Museum oder eine Ausstellung«. Der Mensch setze »das tote Objekt von außen in Gang« (Fischer: 1949: 175). Wie Bertolt Brecht (1898-1956) in seinem bekannten Gedicht »Fragen eines lesenden Arbeiters« feststellt, haben nicht die Könige die Schlösser erbaut, sondern die Arbeiter. Genauso wenig sind es heute überwiegend die *Unternehmer- oder Managerleistungen*, die den Erfolg von Unternehmen ausmachen, sondern die Arbeit der Beschäftigten. Ohne sie gäbe es gar keine Unternehmen, ohne sie wäre überhaupt keine wesentliche Gewinnproduktion zu erbringen.

Dennoch entstehen bei dieser Gewinnproduktion beträchtliche Probleme, die sich letztlich aus der *Subjektivität der Arbeitskraft* ergeben. Die *Vielfältigkeit der Leistungsträger* und die *Unberechenbarkeit* des menschlichen Handelns zeugen davon. Der Mensch ist nur ungern bloß ein Mittel, ein Instrument in den Händen anderer. Er strebt nach *Selbstverwirklichung* und möchte seine individuellen Bedürfnisse befriedigen. Der Mensch ist ein *soziales Wesen*, wovon u. a. unzählige *Sozialkämpfe* in der Geschichte der Arbeiterbewegung zeugen (Deppe/Fülberth/Harrer 1978, Abendroth 1985, Schneider 1989, Borghoff 2003, Hobsbawm 2003: 80ff., Kittner 2005). Entscheidend ist, dass der Mensch seinen Wert nicht bloß außer sich hat (als Mittel für irgendeinen anderen Zweck), sondern er hat ihn auch in sich selbst. Der Mensch ist kein *Selbstzweck* (Steiner 1999: 46f.). Das heißt als ökonomische Konsequenz: Es existiert kein *homo oeconomicus* und auch keine *genormte* menschliche Arbeitskraft. »Die Zerlegung des gesamten Leistungsprozesses in Teilaufgaben und deren möglichst wirtschaftliche Verteilung auf einzelne menschliche Funktionsträger wäre dann relativ unproblematisch, wenn gewissermaßen ›Norm-Arbeitskräfte‹ zur Verfügung stünden und nicht Individuen mit jeweils verschiedenen seelisch-geistigen Anlagen und beruflichen Fähigkeiten« (Marx 1968: 323). Und auch eine *menschenleere Fabrik* im Sinne einer weitgehenden Eliminierung der lebendigen Arbeitskraft, als so genannter *Stör- und Kostenfaktor*, ist bis heute Utopie geblieben und wird es trotz aller Rationalisierungen und des Einsatzes von Robotern ebenso in Zukunft bleiben. Dennoch gilt im Bewusstsein auch heute bezüglich des Maschineneinsatzes, was der Betriebswirt Rudolf Dietrich schon 1914 konstatierte:

> »Die Maschine, die beseelt scheint und in mancher Fähigkeit den Menschen übertrifft, ist blind, hirn- und willenlos – wiederum ein mächtiger Vorzug dem Menschen gegenüber! Denn er bedeutet, dass ihr alle menschlichen Untugenden fehlen: Sie ist nicht unzuverlässig und träge, verlangt nicht kürzere Arbeitszeit und höheren Lohn, streikt nicht, hat weder sozialdemokratische noch überhaupt eine politische Gesinnung. Und gerade darum auch – nicht allein – zieht sie der Betriebsherr dem Menschen vor« (Dietrich 1914: 328).

Die *Subjektivität des Menschen* – und dies ist für Unternehmen bei der Gewinnproduktion ein Problem – lässt sich auch nicht mit einem *Arbeitsvertrag* auflösen (Pulte 1999: 50ff.).[51]

---

51 Deshalb waren Arbeitgeber auch schon immer gegen *arbeitsrechtliche Schutzrechte*. Trotz der »Subjektivität des Menschen« besteht aber ein *Machtungleichgewicht* zu Gunsten der Arbeit nachfragenden Unternehmen. Stellenbewerber können nur in Ausnahmefällen Einfluss auf die inhaltliche Gestaltung ihrer Arbeitsverträge nehmen, zeigt eine empirische Studie des WSI in der Hans-Böckler-Stiftung: »In der Regel sind sie gezwungen, die ihnen im Vertrag vorgelegten Arbeitsbedingungen zu akzeptieren« (Böckler impuls 12/2007).

»Der Arbeitsvertrag hat den Charakter eines Rahmens: Nicht die konkreten, nach Quantität und Qualität bestimmten Arbeitsverrichtungen sind Gegenstand des Vertrages, sondern lediglich die formalen Bedingungen, zu denen die Arbeitskraft vom Unternehmen in Anspruch genommen und für – vorab niemals vollständig festgelegte – Zwecke genutzt werden kann. (...) Dies hängt damit zusammen, dass der ›Kauf‹ von Arbeitskraft – anders als der Kauf jeder anderen Ware – keineswegs einen Wechsel der faktischen Dispositionssphären erzeugt. Das Unternehmen ist gar nicht in der Lage, ›gekaufte‹ Arbeitskraft nun unumschränkt von sich aus in Bewegung zu setzen, vielmehr bleibt der Gebrauchswert, den das Unternehmen aus der Arbeitskraft zieht, quantitativ an die Subjektivität des Arbeitenden gebunden. Faktisch verfügt auch nach dem Verkauf der Verkäufer über das, was er verkauft hat, nämlich seine Arbeitskraft« (Offe 1977: 19).

Man muss zur Kenntnis nehmen, dass arbeitsvertragliche Regelungen Spielräume lassen, »die ganz unterschiedlich ausgefüllt werden können: Seitens des Personals reicht die Spanne vom ›Dienst nach Vorschrift‹ bis zur ›Leistung aus Leidenschaft‹« (Krell: 1994: 15). Durch die ökonomische *Unbestimmtheit (Unvollkommenheit) der Arbeitsverträge* entsteht eine permanente Auseinandersetzung, ein *Konflikt* mit dem Kapital um eine totale *Instrumentalisierung* und möglichst maximale Ausbeutung des Faktors Arbeit, die Karl Marx anhand seiner *absoluten und relativen Mehrwerttheorie* ausführlich beschrieben hat. Hier gilt: »Die Verlängerung des Arbeitstags über den Punkt hinaus, wo der Arbeiter nur ein Äquivalent für den Wert seiner Arbeitskraft produziert hätte, und die Aneignung dieser Mehrarbeit durch das Kapital – das ist die Produktion des *absoluten Mehrwerts*. Sie bildet die allgemeine Grundlage des kapitalistischen Systems und den Ausgangspunkt der Produktion des *relativen Mehrwerts*. Bei dieser ist der Arbeitstag von vornherein in zwei Stücke geteilt: notwendige Arbeit und Mehrarbeit. Um die Mehrarbeit zu verlängern, wird die notwendige Arbeit verkürzt durch Methoden, vermittelst deren das Äquivalent des Arbeitslohns in weniger Zeit produziert wird. Die Produktion des absoluten Mehrwerts dreht sich nur um die Länge des Arbeitstags; die Produktion des relativen Mehrwerts revolutioniert durch und durch die technischen Prozesse der Arbeit und die gesellschaftlichen Gruppierungen« (Marx 1867, 1974a: 532f.).

In beiden Fällen der Mehrwert- und Gewinnproduktion darf der arbeitende Mensch dennoch nicht »bloß als *Mittel* behandelt werden, um seiner *Leistungsentfaltung* nicht im Wege zu stehen. (...) Erwartet man von ihm volles Arbeitsengagement, muss man ihn motivieren. *Er muss arbeiten wollen, nicht nur arbeiten müssen*« (Steiner 1999: 52f.). Deshalb gilt es für Unternehmen, das Potenzial der Arbeitskraft zu heben und dem arbeitsteiligen und hierarchisch geordneten sowie komplexen Verwertungsprozess eines Unternehmens zielorientiert zur Verfügung zu stellen. Dazu muss das der Arbeitskraft innewohnende *Arbeitsvermögen* permanent in tatsächlich geleistete Arbeit transformiert werden. Dieser Transformationsprozess, der *personalwirtschaftliche Trans-*

aktionskosten einschließt (Drumm 2000: 19ff.), ist heute das eigentliche *Kernproblem betrieblicher Personalpolitik* und personalwirtschaftlicher Maßnahmen.

»Diese Maßnahmen sind aus transaktionstheoretischer Sicht als Tausch von personalwirtschaftlichen Serviceleistungen der Unternehmung gegen diejenigen Leistungen der einzelnen Mitarbeiter interpretierbar, die direkt oder indirekt zu Marktleistungen der Unternehmung führen. Durch diesen Tausch soll das Ziel des Arbeitsvertrags erreicht werden, dass nämlich die einzelnen Mitarbeiter gegen Entgelt angemessene Beiträge zu den ökonomischen Unternehmenszielen leisten. Insbesondere Vorbereitung und Wirkungskontrolle der personalwirtschaftlichen Maßnahmen werden in dieser Sicht zu Transaktionen der Personalwirtschaft, die Transaktionskosten auslösen« (Drumm 2000: 19).

Hierbei gilt es, den besonderen Charakter der menschlichen Arbeitskraft zu berücksichtigen, da das Arbeitsvermögen eben untrennbar (immanent) mit der Person der Arbeitenden verbunden ist. »Wer Arbeitskraft kauft, erwirbt einen Produktionsfaktor bzw. eine Ressource, deren Nutzungsbedingungen grundsätzlich anders sind als die der sachlichen Produktionsfaktoren. Auch wenn im Sinne der Analyse von Erich Gutenberg (1897-1984) intendiert ist, mit dem ›Produktionsfaktor Arbeit‹ so zu wirtschaften, dass dessen optimale Ergiebigkeit erzielt wird, muss dennoch dessen Besonderheit berücksichtigt werden. Dies ist hier nicht als *moralische Forderung* gemeint, sondern als analytische Feststellung. Im Unterschied zu Betriebsmitteln und Werkstoffen haben Menschen Bedürfnisse, Erwartungen, Wünsche, Befürchtungen. Sie artikulieren Interessen – individuell und kollektiv – und versuchen diese, unter anderem in Verhandlungsprozessen, durchzusetzen. Mit der Öffnung der Betriebswirtschaftslehre zu den *Sozialwissenschaften* verbunden ist die Erkenntnis, dass die (Nicht-)Berücksichtigung dieser Bedürfnisse und Interessen maßgeblich dafür ist, in welchem Ausmaß das erworbene Potential tatsächlich genutzt werden kann« (Krell 1994: 16). Dieser Kontext macht im Folgenden eine ausführliche Analyse der *personalwirtschaftlichen und -politischen Managementvorstellungen* und der dazu im Laufe der Zeit entwickelten unterschiedlichen Paradigmen notwendig. Arbeit wird hier zwischen einem Taylorismus/Fordismus und einer Unternehmenskultur angesiedelt, die heute einerseits nach einem »*Arbeitskraftunternehmer*« und andererseits nach Ausgrenzung und einer *Randbelegschaft* verlangt und die das traditionelle Normalarbeitsverhältnis[52] immer mehr in Frage stellt.

---

52 Innerhalb des Normalarbeitsverhältnisses ist es auch zu immer *extremeren Arbeitszeiten* gekommen. Rund 40 v. H. der abhängig Beschäftigten arbeiteten schon 2003 pro Woche 42 Stunden und mehr oder in Arbeitszeiten, die sich an mindestens fünf Wochentagen auf ein 24-Stunden-Schichtsystem verteilten oder aber um 20 Stunden und mehr in der Woche schwankten (Groß/Seifert/Sieglen 2007).

>»Aber allen anderslautenden Verheißungen zum Trotz: Die Vergemeinschafteten bleiben Produktionsfaktoren bzw. Human Ressourcen. Vergemeinschaftung des Personals zielt auf die Optimierung der Ergiebigkeit der menschlichen Arbeit durch die Ausdehnung der Verfügungsgewalt des Betriebes über die Beschäftigten.«
> *(Gertraude Krell)*

3.2 Arbeit und personalwirtschaftliche Managementvorstellungen

3.2.1 Arbeitsteilung und Entfremdung

Parallel zur Herausbildung des kapitalistischen Systems, spätestens nach dem Übergang vom Manufaktur- zum Fabriksystem, hatte sich der Mensch immer mehr der *Maschine* anzupassen. Die Arbeit, die zuvor ausschließlich handwerklich und damit in der Regel holistisch ausgerichtet war[53] und deren manuelle Ausführung im Ermessen und Geschick des jeweiligen Handwerkers lag, musste nun zergliedert und in einzelne mechanisierte Arbeitsprozesse unterteilt werden. Die damit einhergehende Zunahme der *Arbeitsteilung* war für Adam Smith die wesentliche Triebkraft bei der Entwicklung kapitalistischer Produktionsverhältnisse. Sie würde die »produktiven Kräfte der Arbeit mehr als alles andere fördern«, schrieb er 1776 und verdeutlichte dies an seinem berühmten Beispiel der Stecknadelproduktion (Smith 1776, 1978: 9ff.). Gleichzeitig warnte Smith aber auch vor der Arbeitsteilung, wenn er schreibt:

> »Mit fortschreitender Arbeitsteilung wird die Tätigkeit der überwiegenden Mehrheit derjenigen, die von ihrer Arbeit leben, also der Masse des Volkes, nach und nach auf einige wenige Arbeitsgänge eingeengt, oftmals auf nur einen oder zwei. Nun formt aber die Alltagsbeschäftigung ganz zwangsläufig das Verständnis der meisten Menschen. Jemand, der tagtäglich nur wenige einfache Handgriffe ausführt, die zudem immer das gleiche oder ein ähnliches Ergebnis haben, hat keinerlei Gelegenheit, seinen Verstand zu üben. Denn da Hindernisse nicht auftreten, braucht er sich auch über deren Beseitigung keine Gedanken zu machen. So ist es ganz natürlich, dass er verlernt, seinen Verstand zu gebrauchen, und so stumpfsinnig und einfältig wird, wie ein menschliches Wesen nur eben werden kann. Solch geistige Trägheit beraubt ihn nicht nur der Fähigkeit, Gefallen an einer vernünftigen Unterhaltung zu finden oder sich daran zu betei-

---

53 Dies bedeutet natürlich nicht, dass *handwerkliche Arbeitsweisen* keine Rolle mehr spielten. Im Gegenteil, gerade in Deutschland hat sich *Handwerksarbeit* bis heute auf einem hohen Niveau – auch im Zeitalter der Massenproduktion – gehalten, und zwar nicht nur im Handwerk selbst, sondern auch in der industriellen Produktion. Zur volkswirtschaftlichen Bedeutung des Handwerks in Deutschland vergleiche ausführlich (Zdrowomyslaw/Dürig 1999).

ligen, sie stumpft ihn auch gegenüber differenzierten Empfindungen, wie Selbstlosigkeit, Großmut oder Güte ab, so dass er auch vielen Dingen gegenüber, selbst jenen des täglichen Lebens, seine gesunde Urteilsfähigkeit verliert« (Smith 1776, 1978: 662).

Auch Karl Marx ordnete auf Grund der Arbeitsteilung dem kapitalistischen System eine enorme *Entwicklung der Produktivkräfte* zu. Diese fordere aber von den Menschen einen hohen Preis. Sie werden durch die Arbeitsteilung ihrer Arbeit *entfremdet*. Friedrich Engels stellt dazu fest: »Indem die Arbeit geteilt wird, wird auch der Mensch geteilt. Der Ausbildung einer einzigen Tätigkeit werden alle übrigen körperlichen und geistigen Fähigkeiten zum Opfer gebracht. Diese Verkümmerung des Menschen wächst im selben Maße wie die Arbeitsteilung, die ihre höchste Entwicklung in der Manufaktur erreicht. Die Manufaktur zerlegt das Handwerk in seine einzelnen Teiloperationen, weist jede derselben einem einzelnen Arbeiter als Lebensberuf zu und kettet ihn so lebenslänglich an eine bestimmte Teilfunktion und ein bestimmtes Werkzeug (…) Und nicht nur die Arbeiter, auch die die Arbeiter direkt oder indirekt ausbeutenden Klassen werden vermittelst der Teilung der Arbeit geknechtet unter das Werkzeug ihrer Tätigkeit« (Engels 1973: 272). So kommt es schließlich, schrieb Marx, »dass die Arbeit dem Arbeiter äußerlich ist, d. h. nicht zu seinem Wesen gehört, dass er sich daher in seiner Arbeit nicht bejaht, sondern vereint, nicht wohl, sondern unglücklich fühlt, keine freie physische und geistige Energie entwickelt, sondern seine Physis abkasteit und seinen Geist ruiniert. Der Arbeiter fühlt sich daher erst außer der Arbeit bei sich und in der Arbeit außer sich. (…) Seine Arbeit ist daher nicht freiwillig, sondern gezwungen, Zwangsarbeit. Sie ist daher nicht Befriedigung eines *Bedürfnisses*, sondern sie ist nur Mittel, um Bedürfnisse außer ihr zu befriedigen« (Marx 1844, 1974c: 514).

Grundsätzlich hat sich an dieser Analyse von Smith, Marx und Engels nichts geändert, wenn sich auch im Vergleich zur Mitte des 19. Jahrhunderts die Arbeitsbedingungen nachhaltig verbessert haben. Einseitige sowie geistlose und monotone Arbeitsrhythmen sind aber trotzdem im Arbeitsprozess nach wie vor an der Tagesordnung. Dies gilt nicht nur für Fließbandproduktionen. Auch der Grad der *Fremdbestimmung* ist nicht homogen, und die Risiken der Arbeit sind nicht gleich verteilt, sondern von der jeweils ausgeübten Tätigkeit, vom Beruf und von der erreichten Hierarchiestufe im Unternehmen abhängig. Trotz einer hochgradigen Fremdbestimmung schafft es aber das kapitalistische System nicht einmal, für alle *Arbeit suchenden Menschen* zumindest einen *Arbeitsplatz* bereitzustellen, einen konkreten Ort, an dem sie ihr gesellschaftlich gebildetes Arbeitsvermögen anwenden können, um von bezahlter Leistung ohne gesellschaftliche Alimentierung zu leben. Oskar Negt stellt in diesem Kontext fest:

»Es ist dabei zunächst noch keine Rede von Selbstverwirklichung in der Arbeit, sondern nur von der bloßen Möglichkeit, durch gegenständliche Tätigkeit, und sollte sie auch noch so entfremdet sein, die materiellen Grundlagen der Existenz zu sichern und dadurch in den Genuss der einzig verfügbaren öffentlichen Anerkennungsprivilegien zu gelangen. Eine Gesellschaft, die dieses Minimum nicht mehr anzubieten imstande ist, verspielt langfristig ihren moralischen Kredit, der für eine einigermaßen friedliche Konfliktregelung ihrer Interessenwidersprüche unabdingbar ist; unter solchen Verhältnissen wachsen Gewaltpotentiale sehr schnell. Seit Jahren dringt die Angst, durch Arbeitsplatzverlust aus dem gesellschaftlichen Ganzen vertrieben zu werden, in alle Poren unserer Lebenszusammenhänge. Dass der Entzug von Arbeit, ja schon der drohende oder phantasierte Arbeitsplatzverlust sozialpsychologisch eine ›depressive Dynamik‹ in den Individuen auslöst, (…) scheint heute die Gesamtgesellschaft in ihren charakteristischen Merkmalen zu kennzeichnen. Entzug von Arbeit bedeutet, darin sind sich wichtige psychologische Studien zu den Folgen der Arbeitslosigkeit einig, nichts weniger als Realitätsentzug. Angst vor Realitätsentzug erzeugt wiederum erhöhte Bereitschaft zu Anpassung und Überanpassung« (Negt 2002: 15).

Arbeitslos zu sein, führt bei den Betroffenen aber auch zu *Schmach* und *Scham* wie Viviane Forrester (1998) feststellt. Arbeitslosigkeit grenzt Menschen gesellschaftlich aus.

Über die Schmach und Scham der Arbeitslosen (Viviane Forrester)

»Schließlich vollzieht sich die unbarmherzige, passive Verdrängung einer unermesslichen und dazu noch unaufhörlich anwachsenden Zahl von ›Arbeit Suchenden‹ an den Rand der Gesellschaft, die ironischerweise gerade durch die Tatsache, dass sie zu ›Arbeit Suchenden‹ geworden sind, einer Norm unserer Zeit entsprechen: einer Norm, die man als solche nicht akzeptieren will. Selbst die Ausgeschlossenen wollen sie nicht wahrhaben, so dass sie sich als erste als unvereinbar mit der Gesellschaft erweisen, deren ganz natürliches Ergebnis sie doch sind. Sie werden dazu gebracht, sich als der Gesellschaft unwürdig zu betrachten, vor allem aber als verantwortlich für ihre Situation, die sie als erniedrigend und sogar verwerflich ansehen. So beschuldigen sie sich selbst der Sache, deren Opfer sie doch sind. Sie urteilen über sich mit dem Blick derer, die über sie urteilen – ein Blick, den sie übernehmen, der sie als schuldig betrachtet und der dazu führt, dass sie sich fragen, welche Unfähigkeit, welcher Hang zum Scheitern, welcher böse Wille, welche Irrtümer sie in diesem Zustand haben geraten lassen. Die Missbilligung verfolgt sie, eine trotz aller Absurdität dieser

Anschuldigungen allgemeine Missbilligung. Genau wie man es ihnen vorwirft, werfen sie sich selbst vor, im Elend zu leben oder davon bedroht zu sein. Nun ist es für sie häufig ein Leben mit fremder ›Unterstützung‹ (die übrigens unerträglich niedrig ist). Die Vorwürfe (die fremden wie die eigenen) beruhen auf unseren veralteten Vorstellungen von der Konjunktur, auf alten Vorstellungen, die bereits früher unbegründet waren und heute noch aufgeblasener, plumper und absurder sind und keinen Bezug zur Gegenwart mehr haben. All das (und das ist keineswegs harmlos) bewirkt bei Arbeitslosen die Schmach und das Gefühl der Unwürdigkeit, das zu äußerster Unterwerfung führt. Jede andere Reaktion als demütige Resignation wird durch das Gefühl der Schande unmöglich gemacht. Denn nichts schwächt und lähmt derart wie die Schmach. Sie greift an der Wurzel an und untergräbt jede Tatkraft, sie degradiert Menschen zu beliebig beeinflussbaren Objekten und reduziert alle, die unter ihr leiden, zur wehrlosen Beute. Daher ihr Reiz für die Mächtigen, sich ihrer zu bedienen und sie zu verbreiten; sie erlaubt es, Gesetze aufzustellen, ohne auf Gegner zu stoßen, und sie dann zu übertreten, ohne Protest befürchten zu müssen. Die Schmach führt in eine ausweglose Situation, sie verhindert jeglichen Widerstand, führt dazu, dass jegliche Bekämpfung, jegliche rationale Beschäftigung, jegliche Auseinandersetzung mit dem Problem aufgegeben wird. Sie lenkt von allem ab, was es ermöglichen würde, sich der Erniedrigung zu verweigern und eine Analyse der herrschenden politischen Verhältnisse zu fordern. Und sie ermöglicht auch die Ausnutzung der Resignation und der virulenten Panik, ihrem Nebenprodukt. Die Scham sollte an der Börse gehandelt werden: Sie ist ein wichtiger Grundstoff des Profits. Sie ist ein stabiler Wert, genau wie das Leid, das sie hervorruft oder von dem sie hervorgerufen wird« (Forrester 1998: 13f.).

3.2.2 Arbeit und Taylorismus/Fordismus

Zu Beginn des 20. Jahrhunderts wurden *soziale Prozesse* in der betrieblichen Praxis von Unternehmen noch nicht thematisiert. Hier dominierten einseitig *Technik* und *Naturwissenschaft*. Der Mensch als *soziales Wesen* kam im betrieblichen Arbeitsablauf und -prozess nicht vor. Er wurde – wenn überhaupt beachtet – quasi der Maschine gleichgestellt, dabei waren die Arbeitsbedingungen für die Betroffenen katastrophal. Dennoch wäre es nicht richtig zu behaupten, es hätten nicht auch schon damals in der wissenschaftlichen Diskussion Forderungen für eine »*vergemeinschaftende Perso-*

nalpolitik« bestanden, die den Menschen mehr in den Mittelpunkt des betrieblichen Geschehens rückt und ihn nicht nur als *Kosten- und Störfaktor* betrachtet (Krell 1994: 13ff.). Es war der US-amerikanische Ingenieur und Unternehmensberater Frederick W. Taylor (1856-1915), der sich als erster gegen Ende des 19. Jahrhunderts einer systematischen Untersuchung der immer mehr aufkommenden *Massenproduktion* und der ihr immanenten Arbeitsprozesse annahm. Mit seinem später als »*Scientific Management*« (wissenschaftliche Betriebsführung) bezeichneten Ansatz sollten durch wissenschaftliche Methoden die Betriebsabläufe maximal durchrationalisiert und durch Zerlegen (Teilen) eines jeden Arbeitsvorgangs in kleinste Teileelemente die Arbeitsproduktivität gesteigert werden. Wichtig sei dabei eine *Trennung der Hand- von der Kopfarbeit*. Das Management übernimmt die Arbeitsplanung und -kontrolle, die Arbeiter konzentrieren sich ausschließlich auf die vorgeplante Ausführung der Arbeit. Außerdem müssten die äußeren (externen) Arbeitsbedingungen wie Temperatur, Lärm, Beleuchtung, Pausengestaltung usw. durch Arbeitsnormierungen unter Zuhilfenahme von »objektiven« *Arbeits- und Zeitstudien* (heute angewandt durch REFA-Methoden, MTM und WF-Verfahren u.a.) optimiert werden (Bühner 1996: 27ff.). Unter Anwendung des Instruments der *Leistungsentlohnung* (Akkord-, Prämien-, Pensumlohn [Jung 1995: 580ff.]) könnten dann, so Taylor, maximale Produktionsergebnisse erzielt werden. Diese auch als rein technologisch geltende Betrachtung der Arbeit sah den Menschen als eine gelenkte und instrumentalisierte Maschine. Taylor wollte den Rhythmus des Arbeiters dem der Maschine unterwerfen, was in der Weimarer Zeit (1919-1933) von den *Gewerkschaften* vehement kritisiert wurde. Die *Repetitivarbeit* bedeute eine *Menschenmechanisierung* und eine Entseelung und Sinnentleerung der Arbeit. Die Arbeiter müssten in den meisten Fällen erleben, dass die *Rationalisierung* ihre Arbeitsfreude immer mehr abtöte (Man 1927, Osthold 1926). So wurde schon damals die Frage aufgeworfen, »ob der ›wissenschaftlichste Betriebsorganisation‹ nicht zum ›toten Apparat‹ werde, zur rationalisierten Fassade, hinter der seitens des Personals ›Spannung‹ und ›Widerstand‹ herrschten«? (Krell 1994: 25f.). Das ganze laufe kontraproduktiv darauf hinaus, aus einem Unternehmen eine Maschine zu machen. Selbst bei Henry Ford (1863-1947), der den Taylorismus bei seiner industriellen Automobilproduktion am *Fließband* in den wesentlichen Punkten in Verbindung mit einer hochgradigen Typisierung der Produkte (nur ein »Modell T« in ausschließlich schwarzer Farbe) ab 1913 umsetzte und dessen Arbeitsparadigma als *Fordismus* bezeichnet wird, finden sich Belege, die gegen eine ausschließliche Taylorisierung von Arbeit sprechen. Nach Ford ist ein Unternehmen keine »seelenlose Maschine«, sondern eine »Arbeitsgemeinschaft von Menschen«. Kapital und Arbeit seien nicht als getrennte Parteien zu betrachten, sondern als »Partner« oder als »Gesellschafter«. Dabei definierte aber Ford einseitig, was er unter einer »Partnerschaft« verstand. Auf jeden Fall keine Mitbestimmung. Die »Partnerschaft« mit den Arbeitern hatte letztlich ausschließlich seinen Profitinteressen dienlich zu sein. Gewerkschaften wurden bekämpft und unliebsame Arbeiter entlassen, wozu Ford mit seiner »Werkspolizei« ein umfassendes Bespitzelungssystem aufbaute (Biermann/Klönne 2005: 126ff.). Ford trennte wie Taylor Arbeit in *Leitung* und *Ausführung* und »zerlegte den Arbeitsprozess noch rigoroser in kleinste Abschnitte. Aber abweichend von Taylor gab es weder Akkordarbeit noch Prämienlohn, da die Arbeiter durch den *Takt des Fließbandes* zu einer bestimmten Arbeitsleistung gezwungen wurden. Die Fließfertigung führte nicht nur zu einer erheblichen *Produktivitätssteigerung*, sondern auch zu einer Reduktion des hohen Aufwands zur *Kontrolle der Arbeiter*, der im System von Taylor erforderlich ist. So konnte Ford durch Einführung der neuen Fertigungsmethoden im Jahre 1913 die Endmontagezeit eines Autos von 12,5 Stunden auf 90 Minuten verkürzen« (Schulte-Zurhausen 1999: 12). Die Fließfertigung verband Ford mit einem *Bonussystem*[54], um die hohe Fluktuation bei den Arbeitskräften zu senken. »Vor dem Bonussystem hatte man jährlich 35.000 Mann einstellen und entlassen müssen, um einen Stamm von 14.000 Arbeitern zu halten. (...) Ford machte aus seinem eigentlichen Ziel, das er mit dem Bonussystem erreichen wollte, keinen Hehl; er bezeichnete es schlichtweg als ›efficiency engineering, mit dem nun überhaupt keine Wohltat verbunden ist.‹ Später, als das System Ertragsfrüchte trug, sprach er von ›einer der gelungensten Kostensenkungsmaßnahmen, die wir jemals gemacht haben‹. (...) 1919 wurde das System wieder abgeschafft. Danach galt ein Mindestlohn von sechs Dollar am Tag. Berücksichtigt man allerdings die kriegsbedingt hohe Inflationsrate, dann war diese Maßnahme gleichbedeutend mit einem erheblichen Reallohnabbau« (Biermann/Klönne 2005: 115).

3.2.3 Menschliche Arbeit als Zwei-Klassen-Modell

Die in Taylorismus und Fordismus angelegte Trennung von Kopf- und Handarbeit wurde nach dem Zweiten Weltkrieg durch Erich Gutenberg (1976: 11ff.) als soge-

---

54 »Am 5. Januar 1914 verkündete Henry Ford, dass sein Unternehmen von nun an jedes Jahr einen Bonus von zehn Millionen Dollar unter seine Arbeiter verteilen würde, und zwar so, dass der niedrigstbezahlte Arbeiter des Werkes auf mindestens 5 Dollar pro Tag käme. Diese Ausschüttung betrug etwa die Hälfte des im nächsten Jahr erwarteten Gewinnes. (...) Übrigens waren weibliche Arbeiter vom Bonus ausgeschlossen; denn, so Henry Ford: ›Ich betrachte Frauen nur als einen vorübergehenden Faktor in der Industrie‹ und ›Wir erwarten von den jungen Damen, dass sie heiraten‹« (Biermann/Klönne 2005: 113).

nannter *produktionsfaktororientierter Ansatz* in die Betriebswirtschaftslehre integriert. Er differenziert Arbeit in *dispositive Arbeit* (Leitung, Lenkung, Führung des Betriebsprozesses) und *objektbezogene (ausführende) Arbeit*. Dabei bezeichnet Gutenberg die Produktionsfaktoren Arbeit, Betriebsmittel und Werkstoffe als »Elementarfaktoren«, wobei der »Elementarfaktor menschliche Arbeitsleistungen im Betrieb« in »zwei grundsätzlich voneinander verschiedene Arbeitsleistungen aufzugliedern« sei, »und zwar einmal in die objektbezogenen und zum anderen in die dispositiven Arbeitsleistungen. Unter *objektbezogenen Arbeitsleistungen* werden alle diejenigen Tätigkeiten verstanden, die unmittelbar mit der Leistungserstellung, der Leistungsverwertung und mit finanziellen Aufgaben in Zusammenhang stehen, ohne dispositiv-anordnender Natur zu sein. So stellt die Arbeit an einer Drehbank oder an einem Webstuhl oder an einem Siemens-Martin-Ofen sowie die Arbeit der Buchhalter, Konstrukteure, Chemiker, auch die Durchführung von Verhandlungen zum Zwecke einer Anleihe objektbezogene Arbeit dar. *Dispositive Arbeitsleistungen* liegen dagegen vor, wenn es sich um Arbeiten handelt, die mit der *Leitung* und *Lenkung* der betrieblichen Vorgänge in Zusammenhang stehen. Die Befugnis, Betriebsangehörigen Anweisungen zu geben, resultiert aus dem *Direktionsrecht*, das der Geschäftsleitung zusteht. Die betriebliche Bedeutung und der Umfang der Befugnisse nehmen in dem Maße ab, in dem man sich den unteren organisatorischen Einheiten eines Betriebes nähert« (Gutenberg 1976: 3). Gegen die Führungskräfte, die partiell dispositive Tätigkeiten verrichten und der obersten Leitung eines Betriebes hierarchisch unterstellt sind, grenzt Gutenberg zusätzlich den *Unternehmer* ab.[55] Er bildet für ihn quasi einen *vierten Produktionsfaktor*, der bei den anderen drei Elementarfaktoren für eine »produktive Kombination« sorgt.

Insgesamt leitet sich hieraus eine unternehmerische *Hierarchie* (Leitungsfunktion) mit den unterschiedlichen folgenden Interessengruppen ab:
- *Anteilseigner* (Eigentümer-Unternehmer mit Leitungsfunktion),
- *Manager* mit Leitungsfunktion als *Top-Manager* (Vorstands- oder Geschäftsführungsmitglieder),
- *Leitende Angestellte* gemäß § 5 Abs. 3 und 4 Betriebsverfassungsgesetz i.V.m. dem Sprecherausschussgesetz sowie dem Arbeitszeitgesetz § 18 Abs. 1 Nr. 1 und dem Kündigungsschutzgesetz § 14 Abs. 2,
- *mittlere und untere Manager* (Abteilungs- und Gruppenleiter) und

---

55 Zu den unterschiedlichen *Unternehmertypen* und ihrer Rolle im Innovations- und Wettbewerbsprozess vergleiche ausführlich die Kap. 3.4.2 »Innovationen und Management« sowie 4.2.3.3 »Neoklassische (dynamische) Wettbewerbstheorie«.

- *Arbeitnehmer* (Arbeiter, Angestellte) ohne Leitungsfunktion.[56]
- Alle Mitgliedergruppen in einem privatwirtschaftlichen Unternehmen (vgl. Abb. 10) verfolgen als »*Anspruchs-Mitglieder*« gegenüber dem »*Organisationsgefüge Unternehmen*« differierende Interessen. Daher sind neben den antagonistischen Gruppeninteressen zwischen *Kapital und Arbeit* auch die *individuell* ausgerichteten Interessen innerhalb der heterogen strukturierten Arbeitnehmerschaft zu beachten.

Abb. 10: Mitgliedergruppen der Unternehmung

Faktor \ Funktion	Mit Leitungsfunktion	Ohne Leitungsfunktion
Anteilseigner (»Faktor Eigenkapital«)	Eigentümer - Unternehmer	Eigenkapitalgeber
Abhängig Beschäftigte (»Faktor Arbeit«)	Manager - Top-Manager - Leitende Angestellte - Mittlere und untere Angestellte	Arbeitnehmer - Arbeiter - Angestellte als Tarif- oder AT-Beschäftigte

Die heterogenen Interessen in der Belegschaft lassen sich dabei durch den *gewerkschaftlichen Organisationsgrad* ausdrücken. Dieser manifestiert den *Grad der Belegschaftssolidarität* bzw. den Grad des *Arbeitnehmerbewusstseins*, dass nur eine *Koalition der abhängig Beschäftigten* eine *Gegenmacht* zum strukturellen Machtvorteil der Unternehmer bilden kann.[57] Realiter gilt hier: Je höher der abhängig Beschäftigte in der

---

56 Die Arbeitnehmer werden gemäß *Tarifrecht* auch nach tariflich und außertariflich (AT-)Beschäftigten differenziert.

57 Der starke *Mitgliederschwund* in den Gewerkschaften, aber auch arbeitgeberseitige Verbandsflucht und -abstinenz sowie das verstärkte Auftreten von »*Spezialistengewerkschaften*« haben die *solidarische Gegenmacht* geschwächt. Durch ein »Organizing« soll jetzt wieder mehr gewerkschaftliche Organisationsmacht gewonnen werden. So steht das Organizing bei der IG Metall im Zentrum einer Erneuerung von Organisationsmacht. »Die zentrale These lautet: Die Erweiterung der Mitgliederbasis – gerade auch in den intellektualisierten, feminisierten und prekarisierten Bereichen der Arbeitsgesellschaft, wo Gewerkschaften nicht nur schwach vertreten sind – ist der Revitalisierung aller anderen Machtressourcen vorausgesetzt. Mit dem Primat der Organisationsmacht wird der Betrieb zum zentralen Ort gewerkschaftlichen Handelns erklärt« (Detje 2008: 8).

Unternehmenshierarchie steht, desto geringer ist sein Glaube, er benötige für sich persönlich eine *solidarische Durchsetzung* verbesserter Lohn- und Arbeitsbedingungen.

Unabhängig von der hierarchischen Einstufung teilt Gutenberg die abhängig Beschäftigten in ein betriebliches »*Zwei-Klassen-Modell*« ein (Staehle 1975: 713ff.). Diesem liegt wie im Taylorismus ein bestimmtes, stark simplifiziertes *Menschenbild* zugrunde, das sich unter die X-Y-Theorie des Amerikaners Mc Gregor (1973) subsumieren lässt. Menschenbilder beschreiben danach die *Auffassung des Vorgesetzten* über die Persönlichkeit seiner Untergebenen oder Mitarbeiter und ihr Verhalten. Demnach gibt es bei Durchschnittsmenschen grundsätzlich eine *duale Verhaltensstruktur* (»Dualismus«), die sich durch zwei extreme Theorien X und Y abbilden lässt. Der *Theorie X* liegt ein Durchschnittsmensch zugrunde, der eine angeborene *Abneigung gegen Arbeit* zeigt und versucht, ihr soweit wie möglich aus dem Weg zu gehen. Er ziehe es vor, an die Hand genommen zu werden, er wolle sich vor Verantwortung drücken und besitze verhältnismäßig wenig *Ehrgeiz*. Sicherheitsdenken stünde bei ihm im Vordergrund. Weil dieser Menschentyp durch grundsätzliche Arbeitsunlust gekennzeichnet sei, müsse er meist gezwungen, gelenkt, geführt und mit Strafe bedroht werden, um ihn mit Nachdruck dazu zu bewegen, das jeweils vom Unternehmen gesetzte Arbeitssoll zu realisieren. Gemäß der *Theorie Y* von Mc Gregor gibt es aber auch den Durchschnittsmenschen, der keine angeborene Abneigung gegen Arbeit hat. Bei ihm hängt es allerdings von den Bedingungen ab, ob er Arbeit als Quelle der *Zufriedenheit* oder als *Strafe* erkennt. Hat sich hier der Mensch mit der Organisation, dem Unternehmen und ihren Zielen identifiziert, so unterwirft er sich der *Selbstkontrolle* und entwickelt *Eigeninitiative*. Externe Arbeitsüberwachungen werden hier überflüssig. Die wichtigsten Arbeitsanreize sind das Streben nach Anerkennung und Selbstverwirklichung. Der Durchschnittsmensch der *Theorie Y* sucht auch bei entsprechender Anleitung und unter geeigneten Bedingungen nach eigener Verantwortung, und seine intellektuellen Fähigkeiten werden in industriellen Organisationen nicht einmal vollständig abgerufen, so dass es zu suboptimalen Ergebnissen kommt. Das Menschenbild der *Theorie X* entspricht den grundlegenden Annahmen des *Taylorismus* wie auch weitgehend der objektbezogen (ausführenden) Arbeit von Gutenberg, während die Theorie Y demgegenüber der dispositiven Kopfarbeit zugeordnet werden kann. Ideologisch versteht es sich im Sinne des »Zwei-Klassen-Modells« der Arbeit von selbst, dass das Menschbild der Theorie Y dem geborenen *Managertyp* mit dispositiven Fähigkeiten entspricht. Man könnte auch sagen: Der Taylorismus wird in seiner Anwendung am besten der objektbezogenen (ausführenden) oder repetitiven Arbeit gerecht, weil hier überwiegend das Menschenbild der Theorie X von Mc Gregor anzutreffen sei. Würde dagegen das Arbeitsparadigma des Taylorismus in Bezug auf dispositive Arbeit, die der Theorie Y zugeordnet wird, zur Anwendung kommen, wäre das Ergebnis kontraproduktiv. Hier bedarf es einer anderen, nämlich einer »partnerschaftlichen« oder einer »vergemeinschaftenden Personalpolitik«, die sich nach Gertraude Krell (1994: 32ff.) durch *vier Prinzipien* konstituiert.

- Dazu gehört als erstes Prinzip die *Dauerbeschäftigung*, um so eine gewünschte Bindung des ausgesuchten Mitarbeiterkreises gemäß Theorie Y an das Unternehmen sicherzustellen.
- Zweitens eine *Grenzziehung*, um damit die Betriebsgemeinschaft nach »innen« wie nach »außen« zu limitieren. Nach »innen« im Verhältnis von »ausführender« zu »dispositiver« Arbeit, nach »außen« in Form einer Arbeitsmarktsegmentierung in Stamm- und Randbelegschaft oder in Abgrenzung von internen und externen Arbeitsmärkten. Ausführende Arbeit kann hier weitgehend den Randbelegschaften oder externen Arbeitsmärkten zugeordnet werden, während sich das Unternehmen als Stammbelegschaft leistungsfähige und -willige sowie loyale Mitarbeiter heranzieht, die von einer Dauerbeschäftigung, relativ guter Bezahlung und Aufstiegsoptionen profitieren.
- Drittens soll es bei einer »vergemeinschaftenden Personalpolitik« zu einer *Homogenisierung* innerhalb der Gemeinschaft kommen. »Homogene Gruppen erleichtern die Entstehung einer kollektiven Identität, eines ›Wir-Gefühls‹« (Krell 1994: 35). Dies gilt als besonders wichtig für die Gesamtheit aller Führungsorgane im Bereich des dispositiven Faktors. Diese bestimmen autonom die Unternehmensziele und verfügen über ein Alleinbestimmungsrecht bezüglich sämtlicher Einzelwirtschaftspläne. Hier sind insbesondere der Investitions- und Personalplan, aber auch das Recht auf freie Gestaltung der Preisbildung zu nennen.[58]
- Als viertes und letztes Prinzip einer »vergemeinschaftenden Personalpolitik« sieht Krell eine *emotionenorientierte Führung*. »Dieser Begriff scheint mir geeignet«, schreibt sie, »die Konstrukte ›charismatische Führung‹, ›symbolische Führung‹ sowie die Vorstellung von der Beziehung zwischen Führenden und Geführten als Vater-Kind-Beziehung auf einen Nenner zu bringen. Es sind in jedem Fall primär die Emotionen der Beschäftigten, die angesprochen werden. Führen und geführt werden heißt hier insbesondere: Ergreifen und ergriffen werden, wobei dies im doppelten Sinn der Wörter zu verstehen ist« (Krell 1994: 38f.).

---

58 Die *Preisbildung* findet allerdings da ihre Grenzen, wo Unternehmen gegen das GWB Kartellrecht (z. B. durch Preisabsprachen) oder auch gegen das UWG (Gesetz gegen unlauteren Wettbewerb) verstoßen.

Das Ergebnis des »Zwei-Klassen-Modells« der Arbeit basiert vor diesem Hintergrund auf zwei unterschiedlichen Arbeitsparadigmen, die nebeneinander bestehen – nämlich einerseits auf dem Taylorismus und andererseits auf einer vergemeinschaftenden Personalpolitik –, und zwar bezogen auf unterschiedliche Beschäftigungsgruppen (Krell 1994: 14). Dieser Tatbestand wird uns später noch weiter beschäftigen; vor allem wenn es um heute aktuelle personalwirtschaftliche Ansätze einer *partizipativen Unternehmenskultur* geht.

3.2.4 Vom Human-Relations-Ansatz zum Human-Resources-Management

Kritik am Taylorismus wurde bereits in den 1930er Jahren in den USA durch die *Human-Relations-Bewegung* laut. Dies ist ein weiterer Beleg dafür, dass nicht erst Anfang der 1980er Jahre ein arbeitspolitischer Paradigmenwechsel stattgefunden hat. Die von den Industriesoziologen Horst Kern und Michael Schumann (1984) formulierte These vom »Ende der Arbeitsteilung« war demnach nicht neu. Dass die Substitution lebendiger Arbeit kein Wert an sich sei und eine tayloristische Arbeitsorganisation, gekennzeichnet durch Arbeitsteilung und weitgehende Dequalifizierung der Arbeitskräfte, lediglich dazu führe, dass die betrieblichen Produktivitätspotenziale nicht voll ausgeschöpft würden, darauf hatten bereits Anfang der 1930er Jahre die beiden US-amerikanischen Psychologen Mayo und Roethlisberger von der Harvard University aufmerksam gemacht (zitiert bei Harlander/Heidack/Köpfler/Müller 1994: 30). »Für den Arbeitserfolg – so konnten sie nachweisen – waren nicht nur die technischen Bedingungen und durchdachten Arbeitsabläufe bestimmend, sondern auch und vor allem die *partnerschaftlichen Beziehungen* zwischen Vorgesetzten und Mitarbeitern und die sozialen Bindungen innerhalb und zwischen den Arbeitsgruppen« (Harlander/Heidack/Köpfler/Müller 1994: 30). Durch die *Human-Relations-Bewegung* wurde der technikzentrierte Taylorismus quasi von einer »*verhaltenswissenschaftlichen Lehre*« angegriffen. Krell stellt dazu fest: »Als inhaltliche Begründung für diese Orientierung dient der Verweis auf die ›Besonderheiten‹ des Produktionsfaktors Arbeit, die daraus resultieren, dass es sich um menschliche Leistungsträger handelt, die am Prozess der betrieblichen Leistungserstellung arbeitsteilig und kooperativ zugleich beteiligt sind. Deshalb wird davon ausgegangen, dass eine Personallehre Erkenntnisse über Individual- und Gruppenverhalten berücksichtigen muss« (Krell 1996: 25).

Hinzu kam im Laufe der Zeit immer mehr die Erkenntnis, dass der betriebliche Leistungserstellungsprozess nicht nur von *innen*, sondern auch von *außen* nachhaltig beeinflusst wird. Überschussproduktionen, nachlassendes Wirtschaftswachstum bei zunehmender Kapitalkonzentration sowie eine gleichzeitig auftretende steigende internationale Wettbewerbsintensität, aber auch nachhaltige Technikveränderungen, die es in den Unternehmen umzusetzen galt, und ein gesellschaftlicher Wertewandel forderten schließlich andere Produktions- und Organisationsverhältnisse, als sie noch vom Taylorismus entwickelt worden waren. Der Mensch rückte immer mehr – zumindest ideologisch – in den *Mittelpunkt*. Eine strikte Trennung von ausführender und dispositiver Arbeit genügte den gestiegenen und komplexer gewordenen Innen- und Außenverhältnissen der Unternehmen nicht mehr. Die schlichte *dichotome Betrachtung* des Faktors Arbeit war offensichtlich überholt.

In der »entscheidungsorientierten Betriebswirtschaftslehre« von Edmund Heinen (1919-1996) wurde deshalb seit den 1970er Jahren versucht, das menschliche Arbeitsverhalten in Unternehmen als ein *holistisches Problem* zu begreifen und zu erklären sowie dezidierte Gestaltungsvorschläge zu erarbeiten (Kupsch/Marr 1990). Neben der *»ökonomischen Effizienz«* des Personaleinsatzes, die noch bei Gutenberg ausschließlich im Mittelpunkt stand, wird nun auch die *»soziale Effizienz«* betont, wobei Gutenberg rückblickend auf sein wissenschaftliches Werk selbstkritisch festgestellt hat, dass er »keinen Weg (fand) zu einer Verknüpfung der sozialen Tatbestände mit den betrieblichen Funktionen, deren gemeinsames Ergebnis die Leistungen der Unternehmen sind« (zitiert bei Schanz 1992: 86). Im Human-Relations-Ansatz spielen *soziale Faktoren* wie das Verhalten der unterschiedlichen Menschen am Arbeitsplatz (typ- und qualifikationsbedingt) sowie menschliche Erwartungen und subjektive Zielvorstellungen (Bedürfnisbefriedigungen) eine wesentliche Rolle. Diese Erkenntnisse wurden allerdings immer noch »technokratisch umgesetzt, indem davon ausgegangen wurde, dass über die Verbesserung der Arbeitsbedingungen und sozialen Beziehungen eine Steigerung der Zufriedenheit und Arbeitsmoral und damit insgesamt der Leistung zu erreichen ist« (Oechsler 1994: 12). Soziale Effizienz wird damit durch den *Befriedigungsgrad der Arbeitnehmerinteressen* definiert. Dennoch – und das ist hier entscheidend – werden ökonomische und soziale Effizienz nicht als *gleichgewichtige (gleichberechtigte) unternehmerische Zielgrößen* gesehen oder anerkannt. Die Berücksichtigung der Arbeitnehmerinteressen und -bedürfnisse dient auch hier lediglich als Triebfeder für ein vom Unternehmen, vom obersten Management, *einseitig* definiertes und gewünschtes Arbeitsverhalten zur Steigerung der Arbeitsproduktivität. Es wird also ein rein zweckrationaler Interessenausgleich angestrebt (Marr/Stitzel 1979: 81). Dennoch führte in der Bundesrepublik die Personallehre der Human-Relations-Bewegung – wenn auch erst in den 1960er und 70er Jahren – zu einer anhaltenden Debatte über die *»Humanisierung der Arbeit«*. Arbeit sollte »inhaltsreicher« und weniger »fremdbestimmt« werden. Sie sollte außerdem zu einer verstärkten *Qualifizierung* der Mitarbeiter beitragen und mehr *Mitbestimmung* und *Beteiligung (Partizipation)* am Unternehmen veranlassen (Strauss-Fehlberg 1978, Matthöfer 1980). Zu den personalpolitischen Instrumenten wurden neben dem Arbeitsentgelt die Arbeitsbedingungen (Arbeitsumgebung, Arbeitszeit und Arbeitsorganisation), soziale Beziehungen und Sozialeinrichtungen gezählt. Hieraus entwickelte sich letztlich eine Fülle an verhaltensorientierten *»Anreiz-Beitrags-Theorien«*, die im wesentlichen auf motivationstheoretischen Ansätzen basieren – vergleiche dazu exemplarisch insbesondere die Modelle von Maslow: »Stufentheorie der Bedürfnisse«; Alderfer: »Existence-needs, Relatedness-needs, Growthneeds« (ERG-Theorie); Herzberg: »Zwei-Faktoren-Theorie« und McClelland: »Theorie der gelernten Bedürfnisse«) (Schanz 1993: 55ff., Hopfenbeck 1991: 213ff.).

Um die Bedeutung dieser Motivationstheorien darzulegen, sei hier nur kurz auf die *»Zwei-Faktoren-Theorie«* der Arbeitszufriedenheit von Herzberg (1959) näher eingegangen. Herzberg und seine Mitarbeiter Mausner und Snyderman gehen davon aus, dass der *Arbeitsinhalt* die Motivation der Beschäftigten entscheidend bestimmt. Dabei stellen sie Zufriedenheit und Unzufriedenheit mit der Arbeit als zwei voneinander unabhängige Dimensionen dar. Hierbei gibt es mehrere Faktoren, die das Kontinuum »Zufriedenheit – keine Zufriedenheit« sowie das Kontinuum »keine Unzufriedenheit – Zufriedenheit« beeinflussen. So genannte *»Hygienefaktoren«* wie Entlohnung, Kollegenbeziehungen, Vorgesetztenverhältnis entstammen dabei der Arbeitsumwelt und stehen in keinem direkten Zusammenhang mit der Arbeitsaufgabe. Sie verhindern *Unzufriedenheit*, stellen aber noch keine *Zufriedenheit* her, weil sie von den Beschäftigten als selbstverständlich angesehen werden. Auf der anderen Seite gibt es aber sogenannte *»Motivatoren«*, die wesentlich durch eine gezielte Gestaltung der jeweiligen Arbeitsinhalte bestimmt werden. Nur diese Motivatoren schaffen Arbeitszufriedenheit und sind deshalb geeignet, eine aktivierende Wirkung auf die Beschäftigten auszuüben. Für Herzberg ist es daher eindeutig, »dass zur Motivation der Menschen im Unternehmen nur solche Maßnahmen geeignet sind, die mit der *Arbeit selbst* zusammenhängen. Allein ein befriedigendes Ausmaß an Motivatoren führt zu Arbeitszufriedenheit, während ein befriedigendes Ausmaß an Hygienefaktoren lediglich Unzufriedenheit mit der Arbeit verhindert. Nur durch eine entsprechende *Gestaltung der Arbeitsaufgabe* kann Zufriedenheit erreicht werden; sie muss den Einzelnen herausfordern und ihm die Gelegenheit zur Anerkennung und Bestätigung der eigenen Leistung ermöglichen. Maßnahmen, die dagegen eher die Arbeitsbedingungen berühren (beispielsweise Arbeitszeitverkürzung, Lohn- und Gehaltserhöhungen), zielen lediglich auf Hygienefaktoren« (Schulte-Zurhausen 1999: 20).

Von solchen Motivationstheorien wurde auch das *Human-Resources-Management* beeinflusst. Dieser an US-Business Schools entwickelte Ansatz verfolgt eine ganzheitliche Integration von Personal und Arbeit im Hinblick auf *Entscheidungsprozesse*. Hiermit ist aber nicht gemeint, dass die Mitarbeiter demokratisch bei der Festlegung von übergeordneten strategischen Unternehmenszielen mitbestimmen können. Die Unternehmensziele und die Methoden zu ihrer Realisierung werden auch hier ausschließlich und einseitig von den Unternehmern oder von Managern bestimmt und angewiesen. Eine *paritätische Mitbestimmung* zwischen Kapital und Arbeit existiert in diesen Theorien nicht. »Sobald die Jahresziele der Geschäftsleitung festgelegt sind, werden sie über die verschiedenen Führungsebenen weitergegeben« (Imai 1993: 179). Das entscheidende Postulat bei der Bestimmung der Unternehmensziele ist und bleibt die möglichst maximale Verzinsung des eingesetzten Kapitals (Rentabilität) zur Befriedigung der Kapitaleigner. Diesem Ziel haben sich alle anderen betrieblichen Ziele unterzuordnen. Eine Befriedigung der Mitarbeiter-Interessen (z.B. an einem sicheren Arbeitsplatz und/oder einem hohen Einkommen) ist somit von vornherein in Frage gestellt. Viel mehr als eine Partizipation der Mitarbeiter ist für den Human-Resources-Management-Ansatz charakteristisch, »dass Menschen als *Wettbewerbsfaktoren* betrachtet werden, die geführt, motiviert und entwickelt werden müssen, zusammen mit den übrigen Ressourcen des Unternehmens und zwar so, dass dies direkt zum Erreichen von Unternehmenszielen beiträgt« (Oechsler 1994: 15f.). *Führungs- und Motivationsmanagement* stehen hier – in Verbindung mit einer stringenten *Personalentwicklung* (permanente Qualifizierung der Mitarbeiter; lebenslanges Lernen) – im Vordergrund personalwirtschaftlichen Denkens. Letztlich wird auch hier nur die »*Innovationsfähigkeit der Organisation*« (Unternehmung) in den Mittelpunkt gestellt. Die Unternehmensziele sollen durch eine gleichgerichtete (gleichgeschaltete) Personalpolitik um- und durchsetzt werden. Zur Realisierung einer solchen Politik sind spezielle *Management-Systeme* entwickelt worden, die meist von US-amerikanischen Wissenschaftlern (vgl. die Modelle von Blake und Mouton [1963], Fiedler [1967], Likert [1972], Mc Gregor [1960]) als *Management durch Konzepte* modelliert wurden. Dazu gehören das Management by Exception, Management by Objectives oder Management by Delegation u.a. All diesen Konzepten und Methoden inhärent sind personen- wie aufgabenbezogene *Personalführungsprozesse*, die das Personal *zielorientiert* im Sinne allgemeiner und konkreter Unternehmensziele beeinflussen (manipulieren) sollen. Analog zum gesamten Unternehmensführungsprozess kommt der engeren Personalführung im Interesse der Unternehmenseigner die Aufgabe zu, die Prozessfolge von *Zielsetzung, Planung, Entscheidung, Realisierung* und *Kontrolle* umzusetzen. Die Personalführung dient hier zunächst der Festschreibung von *personenbezogenen Aufgabenzielen*, die sich aus den Unternehmenszielen ableiten lassen. Danach hat sie die Aufgabe, die Planung der maßgeblichen Strategien zur Erreichung dieser Ziele festzulegen, um im Anschluss die Entscheidungen bei der Umsetzung der Planung treffen zu können. Dazu gehören die Delegation von Arbeitsaufträgen sowie die Verteilung von Kompetenzen und Verantwortung. Außerdem hat Personalführung auf die Realisierung der Ziele zu achten und ihre Kontrolle sicherzustellen.

3.2.5 Neuere personalwirtschaftliche Managementansätze
3.2.5.1 Mehr Schein als Sein

Die Mitte der 1970er und Anfang der 1980er Jahre einsetzenden *Wirtschaftskrisen* bei gleichzeitig auftretenden technologischen Veränderungen, die immer mehr zu einem Verdrängen mechanischer Arbeitsmaschinen und Arbeitsweisen durch das massive Vordringen der *Mikroelektronik* und der *IuK-Technologien* führten, leiteten ein weiteres personalwirtschaftliches Paradigma ein. Angeblich war nicht mehr eine standardisierte Massenproduktion, sondern eine mehr und mehr *spezialisierte Qualitätsproduktion* gefragt, die den zunehmend individuelleren *Kundenwünschen* flexibel anzupassen war. »Das System von Produktivitätssteigerungen durch eine immer weiter vorangetriebene Zerlegung und Technisierung von Arbeitsaufgaben im Sinne eines Taylorismus/Fordismus stieß an immanente Grenzen. Die Aufspaltung in ausführende und dispositive Tätigkeiten förderte die Bürokratisierung der großen Unternehmen. Aufwendige Produktionsanlagen ließen sich nicht gewinnbringend von dequalifizierten Arbeitern bedienen. In den Fabriken nahmen Absentismus, Leistungsverweigerung und stille Sabotage zu. Gleichzeitig sorgte die Ausdifferenzierung der Nachfrage auch in Massenproduktionsbereichen für höhere Anforderungen an die Variabilität von Produktion und Produktqualität. Subjektzentrierte Arbeitsorientierungen konfrontierten die Managementseite mit Ansprüchen, die nicht mit routinisierten, abstumpfenden Teilarbeiten in Einklang zu bringen waren. Schließlich setzte die erwachende gesellschaftliche Sensibilität für die *ökologischen Risiken* industrieller Produktion, wie auch die *feministisch* inspirierte Kritik an überkommener geschlechtsspezifischer Arbeitsteilung das produktivistische Management unter Legitimationsdruck« (Dörre 2002: 17). Hierdurch kam es letztlich zu einer endgültigen Krise des Taylorismus/Fordismus, die auf verschiedene Arten auch etwas ganz Entscheidendes mitbewirkt hat, nämlich die Entwicklung zu einer stärkeren *Kapitalmarktorientierung* der Unternehmen; zumindest hat die Krise eine solche begünstigt. »Zum einen führte die Verschlechterung der Verwertungsmöglichkeiten des industriellen Kapitals dazu, dass die Suche nach anderen Anlageformen vor allem im

Finanzsektor erheblich zunahm. Dadurch erhöhte sich der politische Druck zugunsten einer Deregulierung und Liberalisierung des Finanzsektors. Zum anderen führte die zunehmende Wettbewerbsfähigkeit der westdeutschen und japanischen Unternehmen gegenüber den amerikanischen bei tendenziell stagnierender Nachfrage nach den typisch tayloristischen/fordistischen Massenprodukten Anfang der 1970er Jahre zum Zusammenbruch des Systems fester Wechselkurse mit dem Gold-Dollar-Standard. Der Übergang zum *System flexibler Wechselkurse* mit einem Multiwährungsstandard und verschärfter Leitwährungskonkurrenz zwischen Dollar, DM und Yen bewirkte eine enorme *Expansion der Devisenmärkte*. Einerseits erhöhte sich mit der zunehmenden Volatilität der Wechselkurse der Risikoabsicherungsbedarf bei internationalen Transaktionen, andererseits entstanden unter den Bedingungen flexibler Wechselkurse auch neue *Spekulationsmöglichkeiten*. Der Strukturwandel des Devisenmarktes wurde zur Initialzündung für den Strukturwandel der gesamten *Finanzmärkte*. Auf den Übergang zum System flexibler Wechselkurse folgten die schrittweise *Deregulierung der nationalen Finanzmärkte* und der Abbau der *Kapitalverkehrskontrollen*. Zahlreiche neue derivative Finanzinstrumente breiteten sich aus, wobei Risikoabsicherung und Spekulation zwei Seiten derselben Medaille bildeten. Insgesamt wurden die nationalen und internationalen Anlagemöglichkeiten für Geldkapital stark erweitert.

Diese Entwicklung verschärfte einerseits die Konkurrenz zwischen produktiven Investitionen und Finanzanlagen, was zu neuen Rentabilitätsanforderungen an das industrielle Kapital führte (das »Shareholder Value Denken« setzte hierdurch ein, d. V.), andererseits stellte die Deregulierung und Internationalisierung der Finanzmärkte auch ein willkommenes Ventil für die Überakkumulation im industriellen Sektor dar« (Sablowski/Rupp 2001: 50). Es kam zu einer *Bereinigungskrise*, die durch die neoliberale und monetaristische Politikwende Ende der 1970er Jahre eingeleitet wurde. Massive Zinserhöhungen durch die US-Notenbank aufgrund *stagflationärer Tendenzen* in den 1970er Jahren lösten von 1979 bis 1982 eine internationale Rezession aus. Diese bewirkte insbesondere bei industriellen Unternehmen eine *Restrukturierung der Produktionsabläufe* wie auch eine umfangreiche Kapitalvernichtung sowie die Entlassung von Arbeitskräften. »Die Profitabilität des Industriekapitals verbesserte sich wieder – allerdings um den Preis einer stark steigenden *Massenarbeitslosigkeit* und weiterhin niedriger Wachstumsraten des Sozialprodukts. Die zunehmende Einkommensungleichheit, die in den USA besonders ausgeprägt ist, führte dazu, dass der Massenkonsum eher gedämpft wurde, während die Ersparnisse der oberen sozialen Schichten stark anwuchsen. Ein großer Teil dieser Ersparnisse wurde nicht produktiv investiert, sondern in Wertpapieren angelegt« (Sablowski/Rupp 2001: 51).

Der industrielle Restrukturierungsprozess wurde in den 1980er Jahren noch zusätzlich durch eine in *japanischen Unternehmen* praktizierte Personalpolitik forciert. Hier setzte man seit langem nicht einseitig auf Technikentwicklung und Anpassung des Menschen an diese Technik, sondern auf *Arbeitsprozesse und ihre -abfolge* sowie auf eine *partizipative Organisationsstruktur*, die den Beschäftigten auch an den Entscheidungsprozessen teilnehmen lässt, um ihn für anspruchsvollere Tätigkeiten zu motivieren. Die japanische Unternehmenskultur, traditionell auf eine *»vergemeinschaftende Personalpolitik«* im Sinne einer eingeschworenen »Betriebsgemeinschaft« ausgerichtet, war offensichtlich weit überlegen (Krell 1994: 206ff.). Plötzlich sprach man in Europa und den USA von einer *»japanischen Übermacht«* und von einer »japanischen Wettbewerbsbedrohung«, die man nicht zuletzt aus der »besseren Unternehmenskultur« ableitete. Die deutsche Antwort hierauf war eine personalpolitische Bankrotterklärung, da man zunächst versuchte, mit der Strategie einer *vollautomatisierten* und durchrationalisierten, menschenleeren Fabrik die Arbeit quasi wegzudefinieren und obsolet zu machen. Dies ging bekanntlich – mit enormen technischen Fehlinvestitionen und Fehlallokationen behaftet – gründlich schief (Doleschal 1998: 83ff.).

3.2.5.2 Arbeitskraftunternehmer

Die von der Politik globalisierte und liberalisierte Welt hat das Verhältnis von Geld- und Realkapital im originären Kapitalverwertungs- und Akkumulationsprozess (vgl. dazu noch einmal den Exkurs im ersten Kapitel) und damit das Verhältnis zwischen den Unternehmen und den Kapital- und Finanzmärkten, umgewandelt (Huffschmid 2002). »Ausgangspunkt ist nicht mehr das produktive Kapital in den Unternehmen, das sich seine Finanzierung sucht, sondern das *Zins tragende und spekulative Kapital* und dessen Anlagestrategien auf den Finanzmärkten. Unternehmen und Unternehmensbeteiligungen werden zu einem *eigenen Markt* und damit abhängig von den Renditeerwartungen der Finanz- und Kapitalmärkte. Dies verändert auch das Verhältnis von Kapital und Arbeit in den Unternehmen: Hier verkehrt sich tendenziell das Verhältnis von Gewinn und Lohn. Nicht mehr der Gewinn ist die Residualgröße, wie es aus der ökonomischen Theorie bekannt ist, sondern der Lohn wird zur *abhängigen Variablen*, während der Gewinn als Renditemarge zur gesetzten unabhängigen Größe wird« (Sauer 2003: 261). Hieraus ist eine unmittelbare Konfrontation der Beschäftigten mit den Anforderungen des Marktes bzw. den Renditeerwartungen der Shareholder entstanden. Der einzelne Mitarbeiter muss einen nachvollziehbaren (individuellen) Mehrwert generieren. Dies, so personalwirtschaftliche Vorstellungen, sei am besten durch eine *Unternehmenskultur* zu realisieren, die auch auf einzelwirtschaftlicher Ebene eine »*marktwirtschaftliche Internalisierung*« umsetzt. Von den Beschäftigten wurde nun ein stärker integriertes Aufgabenverständnis in Form eines *prozessualen Input-Output-Denkens* erwartet. Der abhängig Beschäftigte wird hier zum *innerbetrieblichen Kunden* und gleichzeitig zum *Lieferanten* von überprüfbaren (individuellen) Arbeitsleistungen. Man spricht vom »*Arbeitskraftunternehmer*«, von Erwerbstätigen als »Unternehmer« ihrer eigenen Arbeitskraft (Voß/Pongratz 1998, Wunderer 1999, Kuda/Strauß 2002).

Dieses neue »Management- und Personalparadigma« entstand Anfang der 1990er Jahre. Ausgehend von der Studie des Massachusetts Institute of Technology (Womack/Jones/Roos 1992) sollte nun das Unternehmen als »*systemhaftes Ganzes*« begriffen werden, das nicht mehr funktional in Zuständigkeiten denkt und stark hierarchisch organisiert ist, sondern *prozess- und zielorientiert* auszurichten sei. Dazu müsse im Unternehmen der Mensch als entscheidender Produktionsfaktor herausgestellt werden. Für Günter Voß und Hans J. Pongratz existieren mittelfristig der für das tayloristisch/fordistische System stehende »verberuflichte Arbeitnehmer« und der »Arbeitskraftunternehmer« weitgehend nebeneinander. Es zeichne sich eine »Pluralität der Arbeitskraft-Typen« in »vielfältigen Mischformen« ab, die zukünftig für die *Gewerkschaften* eine beträchtliche Herausforderung darstellen würden (Voß/Pongratz 2003). Dies zeigte sich zumindest in der Arbeitswelt der *New Economy*, die Ende der 1990er einen kurzfristigen Boom erlebte und im Jahr 2000 jäh zusammenbrach. Hier kam es anfangs zu einer Etablierung des »Arbeitskraftunternehmers«, der durch seine individualisierte (egoistische) Arbeitsweise sowie durch eine vorgetäuschte Selbstbestimmung und Identifikation der Auffassung war, auf Tarifverträge und betriebliche Interessenvertretungen sowie gewerkschaftliche Organisationsformen verzichten zu können. Mit dem Absturz der New Economy (Hickel 2001b), die auf einer völligen Überbewertung der Unternehmen an den Börsen zurückzuführen war, weil man kollektiv glaubte, ohne Arbeit reich werden zu können, kam es aber hier, spätestens mit den ersten Unternehmenszusammenbrüchen und Entlassungen sowie Einkommenskürzungen, zu einem Umdenken. Auf einmal wandten sich auch die Arbeitnehmer der New Economy immer mehr den bislang abgelehnten Institutionen der Old Economy zu. Dabei wuchs das Interesse der Beschäftigten »an sozialer Absicherung, an Möglichkeiten der Gegenwehr und an der wirksameren Vertretung der eigenen Interessen« (Welsch 2003: 986). Heute spricht allerdings keiner mehr über die New Economy, selbst die härtesten neoliberalen Verfechter nicht.

Der Begriff »Unternehmer« ist in Bezug auf ein »Mitunternehmertum« natürlich völlig irreführend. Denn anders als der richtige Unternehmer bezieht der »Arbeitskraftunternehmer« seinen Gewinn nicht aus dem Einsatz fremder Arbeitskraft, sondern aus der Vermarktung der eigenen. Er selbst bleibt abhängig beschäftigt. Dennoch lässt sich der »Arbeitskraftunternehmer« persönlich für ein ihm aufgetragenes Arbeitsergebnis verantwortlich (haftbar) machen. Die *Arbeitszeit* ist hier nicht geregelt. Sie hängt davon ab, zu welchem Termin die Arbeit fertig sein muss: Zeitkontrollen werden durch »*Vertrauensarbeitszeit*« ersetzt (Böhm/Herrmann/Trinczek 2002: 435ff.). Diese suggeriert eine Arbeitszeitfreiheit für den einzelnen »Beschäftigten jenseits des Diktats von Stempeluhr, Kernzeit und Präsenzpflicht; es gebe kaum noch formelle Regelungen, an denen sich Beschäftigte orientieren müssten – im ›schlimmsten‹ Fall habe man sich mit seinen Kollegen zu koordinieren« (Böhm/Herrmann/Trinczek 2002: 435). Ein solches Arbeiten geht aber in der Regel zu Lasten der Erhol- und Freizeit und damit auch zu Lasten der Gesundheit. Vertrauensarbeitszeit ist eine Zumutung für die Beschäftigten, da sie zu einer generellen Verlängerung der Arbeitszeiten, zu einem »Arbeiten ohne Ende« führt (Pickshaus 2002: 1ff.). *Mehrarbeit* wird hierbei nicht einmal vergütet. Institutionelle *Mitbestimmung* sei beim Arbeitskraftunternehmer überflüssig. Jeder Arbeitnehmer vertritt seine Interessen gegenüber dem Arbeitgeber wie zu Zeiten des *Koalitionsverbotes* im 19. Jahrhundert individuell. Flexible, also leistungs- und erfolgsabhängige Bezahlungssysteme komplettieren das Mitunternehmer-Paradigma. Der Wandel des Arbeitnehmers zum sogenannten »Arbeitskraftunternehmer« führt typischerweise zu massiven Steigerungen des *Leistungsdrucks* bei den einzelnen Beschäftigten, so dass dieser »neue Typ« des Beschäftigten den Vorstellungen des Unternehmers entspricht. Mit ihm kann er schnell und flexibel auf Kundenwünsche reagieren und gleichzeitig die Mehrwertrate erhöhen.

Das Paradigma des »Arbeitskraftunternehmers« lässt sich auch nahtlos mit der Organisationsvorstellung einer »*schlanken Produktion*« (Lean Production, Lean Management) vereinbaren (Lang/Ohl 1993, Traeger 1994). Hier stehen ganzheitliche, qualifizierte Arbeit, Gruppenarbeit und Teamorganisation sowie eine ständige Verbesserung der Betriebs- und Arbeitsabläufe innerhalb des Unternehmens sowie eine Integration von Kunden und Lieferanten im Mittelpunkt. Was sind dabei aber letztlich die Ergebnisse? Statt einer mitbestimmten demokratisierten Unternehmenskultur führt diese Strategie zu einer drastischen *Personalreduzierung*. Dies prognostizierte bereits die Studie des Massachusetts Institute of Technology, wenn hier gefordert wird: »Überschüssige Arbeiter müssen vollständig und rasch aus dem Produktionssystem entfernt werden, wenn die Verbesserungsbemühungen nicht ins Stocken geraten sollen« (Womack/Jones/Roos 1992). Dies haben die Unternehmen in den 1990er Jahren mit staatlicher Unterstützung durch großzügige *Vorruhestandsregelungen* umgesetzt. Hierdurch entstand in den Unternehmen geradezu ein *Jugendwahn* (Bontrup/Frey 2002: 400ff., Tietz 2004: 94ff.). Wer heute über 50 ist, hat auf dem Arbeitsmarkt kaum noch eine Chance. Selbst 40-Jährige bekommen in vielen Branchen keinen Job mehr. Die Folgen sind verheerend – für die Betroffenen, die Volkswirtschaft und langfristig auch für die Unternehmen.

Auch die *Hersteller-/Zulieferbeziehungen* basieren im Konzept einer »schlanken Produktion« auf keiner neuen positiven Organisationsqualität. In erster Linie wird hier nur die *Fertigungstiefe* bei den Endproduzenten abgebaut mit dem Ziel einer *Kostensenkung* durch den Abbau von Personal. Dabei kommt es zwar zunächst zu einer Verlagerung der Arbeit auf die Zuliefererindustrie, da die Endproduzenten die Leistung weiter benötigen und deshalb diese zu Lieferbedingungen eines *»just in time«* zurückkaufen. Sie können jetzt aber die Zulieferbetriebe im Wettbewerb gegeneinander ausspielen und durch Anwendung von *Nachfragemacht* knebeln (Bontrup/Marquardt 2008). Der Preis- und Lieferdruck führt so beim Zuliefererbetrieb zu verstärkten *Rationalisierungsprozessen* mit einem zweifachen Effekt: Erstens werden die Zulieferer gezwungen, Personal abzubauen, und zweitens wird der durch Rationalisierung erzielte Gewinn beim Zulieferer auf die nachfragenden Unternehmen (Endproduzenten) umverteilt. Zwar suggeriert das Arbeitsparadigma des Lean Managements durch *Gruppen- und Teamarbeit* eine erhöhte bzw. erweiterte Partizipation der Beschäftigten im Arbeitsprozess, schafft in Wirklichkeit aber keine neue *Arbeitskultur* mit tatsächlich erweiterten Partizipationsmöglichkeiten der Mitarbeiter, sondern führt lediglich zu einem höheren Rationalisierungseffekt zu Gunsten des Unternehmensgewinns. Letztlich soll auch hier ein optimaler Zugriff auf das jeweilige Leistungsvermögen der Arbeitnehmer sichergestellt werden. Die Leistungsstandards und Arbeitsmethoden werden ausschließlich durch das Management festgelegt; selbst wenn hier auch marginale Mitsprachemöglichkeiten der Beschäftigten vorhanden sind.

3.2.5.3 Outsourcing und Kerngeschäftsfelder

Die »Krönung« des Lean-Management-Paradigmas bildet das sogenannte *Business Process Reengineering*, das Michael Hammer und James Champy (1994) beschreiben und nachdrücklich für die unternehmerische Praxis einfordern. Hier besteht das strategische Unternehmensziel in einer offen zur Schau gestellten radikalen Beschleunigung aller Geschäftsprozesse zur einseitigen Steigerung der Profitabilität des Unternehmens, also zur Erhöhung des *Shareholder Values*. Die Mitarbeiter haben sich hier fast in sektenmäßiger Manier bestimmten unternehmenskulturellen und ideologischen *»Glaubenssätzen«* zu unterwerfen. Dies hört sich dann beispielsweise so an:

- »Jede Position im Unternehmen ist wichtig: mein Beitrag bewirkt etwas.
- Bloße Anwesenheit ist keine Leistung: Ich werde für den Wert bezahlt, den ich erzeuge.
- Der Schwarze Peter bleibt bei mir hängen: Ich muss die Verantwortung für Probleme auf mich nehmen und sie lösen.
- Ich bin Mitglied eines Teams: Wir gewinnen oder scheitern gemeinsam.
- Niemand weiß, was der morgige Tag bringen wird: Stetiges Lernen ist Teil meiner Arbeit« (Hammer/Champy 1994: 104).

Um eine solche »personalwirtschaftliche Philosophie« umzusetzen, sollten, so die Vorstellung im Business Reengineering, möglichst *dezentralisierte* und damit *transparente Geschäftseinheiten* (Service-, Cost- und Profit-Center) eingerichtet werden. Erbringen sie nicht die von den Vorständen/Geschäftsführungen geforderten und vorgegebenen Zielverzinsungen des eingesetzten Kapitals, werden sie aus dem Unternehmensverbund ausgeschlossen, d. h. entweder stillgelegt oder im noch »günstigen Fall« verkauft. Im engen Kontext dazu steht das in den Unternehmen immer mehr bevorzugte Denken in *»Kerngeschäftsfeldern«*, »Kernkompetenzen« und »wirtschaftlichen Wertschöpfungsketten«, die nachhaltig zu *Outsourcing-Maßnahmen* und ebenfalls zu *Personalabbau, Tarifunterminierung*, zu schlechteren *Arbeitsbedingungen* sowie zu einer Beschneidung von *Mitbestimmungsrechten* geführt haben (Bleicher/Fischer/Gensior/Steiner 2002: 403ff.). Michael Hammer, früher Professor am Massachusetts Institute of Technology (MIT), betont, dass die Möglichkeiten der Produktivitätssteigerungen durch solche Dezentralisierungen noch längst nicht ausgeschöpft seien und am Ende dieser Umstrukturierungsprozesse eine hohe Arbeitslosenquote stehe. Nicht die Masse der abhängig Beschäftigten könne sich demnach als Gewinner solcher Managementkonzepte fühlen, sondern am Ende siegen im Grunde nur die Kapitaleigner und wenige herausragende Spitzenarbeitnehmer. »Die industriesoziologische Forschung hat gezeigt, dass sich dabei nicht nur die numerische und funktionale *Flexibilität* geändert hat. Durch Zielvorgaben und feinmaschige betriebliche Controllingsysteme wird der Leistungsbeitrag des Einzelnen oder von Arbeitsgruppen zunehmend genauer erfasst. Die Beschäftigten werden unmittelbarer mit dem Markt konfrontiert und kommen immer mehr in eine Situation, sich ihren Arbeitsplatz selbst verdienen zu müssen« (Bosch 2002: 690f.). Das mussten sie zwar schon immer, jetzt wird aber verstärkt das jeweils individuell erbrachte »Wertgrenzprodukt der Arbeit« auf den Prüfstand gestellt. Als Ergebnis bleibt letztlich eine größer gewordene *Marktgesellschaft*, die nicht nur von außen die Unternehmen wettbewerblich fordert und bedroht, sondern auch eine zunehmende *interne Marktgesellschaft* unter den Beschäftigten mit »Ellenbogencharakter« schafft. Der Wirtschaftshistoriker Karl Polanyi bezeichnete eine solche Gesellschaft als »Nicht-Gesellschaft« (Polanyi 1979). Sie fördert *Segmentierung* von Arbeit ebenso wie die totale *Ausgrenzung* Einzelner. Hinzu kommt, dass man von den Arbeitnehmern, die den *Prozess* einer schlanken Produktion »überleben«, also nicht vom Unternehmen »freigesetzt« wurden, ein noch »flexibleres« und »olympiareiferes« Arbeiten zur Steigerung der Profitrate verlangt. Der Soziologe Oskar Negt (1999: 63) stellt in diesem Kontext einer immer lauter werdenden Forderung nach *Arbeits-Flexibilisierung* fest: »Flexibilität ist heute zum Zauberwort von Krisenlösungen geworden, allerdings keineswegs nur im positiven Sinne als größerer Handlungsspielraum, mehr Freiheit, Zeitsouveränität usw., sondern auch als das genaue Gegenteil: Flexibilität, indem Menschen aus ihren Lebenszusammenhängen herausgestoßen werden. Vertreibung ist ein konstitutives Element unserer Gesellschaft, Vertreibung aus dem Erwerbssystem, aus Heimat und Wohnmilieu. In einer solchen Welt wird lernender und wissender Umgang mit bedrohter und gebrochener Identität zur Lebensfrage.«

3.2.6 Wir-Gefühl als Unternehmenskultur

3.2.6.1 Integration und Ausgrenzung

Der vorläufig letzte Akt eines personalwirtschaftlichen Paradigmas setzt auf die Vision eines vom *»Wir-Gefühl«* getragenen Unternehmenskulturansatzes. Unter Unternehmenskultur, die allgemein als »weicher Faktor« (Pascal/Athos 1982) klassifiziert wird, können »das kognitiv entwickelte Wissen und die Fähigkeiten einer Unternehmung sowie die affektiv geprägten Einstellungen ihrer Mitarbeiter zur Aufgabe, zum Produkt, zu Kollegen, zur Führung und zur Unternehmung in ihrer Formung von Perzeptionen (Wahrnehmungen) und Präferenzen (Vorlieben) gegenüber Ereignissen und Entwicklungen verstanden« werden (Bleicher 1992: 2.243). Unternehmenskultur ist »die gewohnte und tradierte Weise des Denkens und Handels im Unternehmen, wie sie in mehr oder minder starkem Maße von allen Mitgliedern geteilt wird« (Jaques 1951: 251). Der Betriebswirt Norbert Thom von der Universität Bern beschreibt Unternehmenskultur in diesem Kontext als die »Gesamtheit von Normen, Wertvorstellungen und Denkhaltungen (...), die das Verhalten der Unternehmensmitglieder prägen. Unternehmenskultur manifestiert sich letztlich in der Art und Weise, wie ein Unternehmen Probleme erkennt, bearbeitet und löst« (Thom 1996: 51). Andere Autoren sprechen von Unternehmenskultur als »der Präsenz und Spürbarkeit von Geist« (Zürn 1985: 219) innerhalb einer Organisation oder von der Summe der Überzeugungen, Regeln und Werte, die das Typische und Einmalige eines Unternehmens ausmachen. In diesem Sinne stellen viele Definitionen das sichtbar gelebte *Wertesystem* in den Mittelpunkt einer Unternehmenskultur (Peters/Waterman 1984: 321). Hieraus kann abgeleitet werden, dass es »die« Unternehmenskultur schlechthin nicht gibt. »Jedes Unternehmen hat seine Kultur, ob ihm das passt oder nicht. Es kann eine gute und es kann eine schlechte Unternehmenskultur geben. Irgendeine gibt es immer« (Staute 1997). Werte, Normen und Einstellungen bilden dabei die Basiselemente, die durch organisatorische Handlungsweisen, Symbole und symbolische Handlungen letztlich manifest werden (Schein 1985). Man spricht von einer »Familie«, der man sich zugehörig fühlt (»IKEA-Familie«, »Kruppianer« u. a.), wobei die koordinierende Wirkung der Unternehmenskultur darauf beruht, »dass die Unternehmensangehörigen weitgehend *übereinstimmende Zielvorstellungen* und *Präferenzen* aufweisen. Sie wissen somit, welche Prioritäten in komplexen Entscheidungssituationen zu setzen sind« (Schulte-Zurhausen 1999: 219). Dadurch soll die Unternehmenskultur zu einer erfolgsentscheidenden Variablen werden, zum Schlüssel zur effizienten Einbindung der Mitarbeiter in die zielorientierten Unternehmensabläufe. Im Vergleich zu diesen theoretischen Ansprüchen zeigten allerdings praktische Erfahrungen auf dem Gebiet des *Kulturmanagements*, dass man Vorstellungen von einer beliebigen Gestaltbarkeit von Unternehmenskultur eine klare Absage erteilen muss. »Es wurde deutlich, dass Unternehmenskultur sich weder *anordnen* noch *konstruieren* (...), sondern nur im Rahmen eines kulturellen Lernprozesses finden und entwickeln lässt (...). Hierbei werden die Menschen im Unternehmen nicht als Objekte, sondern als Träger des kulturellen Wandels einbezogen. Indem neue Werte und Normen, die sich für die Beschäftigten als gut und richtig erwiesen haben, dauerhaft übernommen werden und auch bei wiederholter Prüfung diesem Anspruch noch gerecht werden, entwickelt sich Kultur evolutionär« (Wischerhoff 2001). Für den Journalisten Jörg Staute ist allerdings unter den heutigen realen ökonomischen Bedingungen einer globalisierten und liberalisierten Wirtschaft das *»Ende der Unternehmenskultur«* im Sinne der zuvor aufgezeigten Definitionen längst angezeigt (Staute 1997: 54). In dem immer mehr um sich greifenden Wirtschaftsmodell eines finanzmarktgetriebenen *»Turbokapitalismus«* mit einerseits steigenden Gewinnen und andererseits gleichzeitig dramatisch hohen Arbeitslosenzahlen und fehlenden Arbeitsplätzen (ca. 5 Millionen in Deutschland) sei im Grunde kein Platz mehr für eine auf *Konsens* basierende und ein *»Wir-Gefühl«* einfordernde Unternehmenskultur. Entlassungen von Mitarbeitern, selbst bei komfortablen Gewinnsituationen, Auslagerungen von Unternehmensfunktionen (Outsourcing), Verflachung der Firmenhierarchien (Lean Management), Abbau betrieblicher Sozialleistungen sowie ein beständig zunehmender Arbeitsdruck durch Arbeitsintensivierungen und nicht zuletzt eine Beschneidung von *Mitbestimmungs-*

rechten bis zur Bekämpfung von Gewerkschaften sowie die von Arbeitgebern und ihren Verbänden nachhaltig geforderte Aufweichung, ja sogar Abschaffung des *Flächentarifvertrages* haben in den Unternehmen immer mehr dazu geführt, dass Unternehmenskultur in Frage gestellt wird. Die Menschen wenden sich ab. Nach einer Studie des Meinungsforschungsinstituts Gallup wurde festgestellt, dass 84 v. H. der Arbeitnehmer in Deutschland lediglich »*Dienst nach Vorschrift*« machen, 15 v. H. sogar »aktiv unengagiert« sind. Gallup führt dies vor allem auf schlechtes *Management* zurück. Der gesamtwirtschaftliche Schaden lasse sich mit über 200 Milliarden € pro Jahr veranschlagen (zitiert bei Peters 2003: 17). Letztlich fehlt es bei den Mitarbeitern an einer Identifikation mit dem Unternehmen. Dies ist ein *Widerspruch* zur personalwirtschaftlichen Forderung, das Arbeitsvermögen maximal einzusetzen. Mehr noch: Es ist *kontraproduktiv*, weil hierdurch die Menschen eben nicht bereit sind, sich für »ihr« Unternehmen zu engagieren. Zusätzlich kommt es zu *Demotivationsprozessen* und es macht sich *Angst* breit, die nach einer empirischen Studie der Betriebswirte Panse und Stegmann (1996) mittlerweile unter den realen unternehmerischen Bedingungen zu einem beträchtlichen *Kostenfaktor* geworden ist und einen negativen Einfluss auf die Arbeitsproduktivität ausübt. Neben Demotivation und Angst manifestiert sich heute eine schlechte Unternehmenskultur auch zunehmend in *Mobbing- und Bossingprozessen* (Esser/Wolmerath 1997, Der Mobbing-Report 2002), die nicht selten wiederum ihre Ursache in der Angst und Demotivation der Menschen haben. Ein Teufelskreis!

Nicht zuletzt deshalb hat jetzt der Deutsche Gewerkschaftsbund (DGB) einen »*DGB-Index Gute Arbeit*« entwickelt. Der Index ermittelt die Arbeitsqualität anhand von 15 Kriterien am Urteil der Beschäftigten. Die Kriterien sind dabei: Qualifikations- und Entwicklungsmöglichkeiten, Kreativitätsgegebenheiten, Aufstiegs-, Einfluss- und Gestaltungsmöglichkeiten, Informationsfluss, Führungsstil, Betriebskultur, Kollegialität, Sinngehalt der Arbeit, Arbeitszeitgestaltung, Arbeitsintensität, Gestaltung der emotionalen Anforderungen, Gestaltung der körperlichen Anforderungen, berufliche Zukunftsaussichten und Arbeitsplatzsicherheit sowie Einkommen. Für die Jahre 2007 und 2008 liegen zum ersten Mal Ergebnisse vor. Insgesamt umfasst der Index 80 Punkte. Davon wurden 2008 insgesamt 59 Punkte erreicht, d. h. der Index blieb mit 21 Punkten hinter den Anforderungen an eine »Gute Arbeit« zurück. Bezüglich der Verteilung der Arbeitsplätze nach Qualifikationsstufen gaben nur 13 v. H. an, eine gute Arbeit zu haben. 55 v. H. sprachen von einer mittelmäßigen Arbeitssituation und 32 v. H. der Befragten stuften ihre Arbeit als schlecht ein. (vgl. Scholz/Stuth 2009: 149).

3.2.6.2 Das Normalarbeitsverhältnis wird in Frage gestellt

Als ökonomisch und sozial besonders schwerwiegend ist dabei die bereits im zweiten Kapitel aufgezeigte Unterminierung des *Flächentarifvertrages* einzustufen. Die Arbeitgeber verlangen bei der Lohnfrage eine »*Verbetrieblichung*« der sozialen Beziehungen, um so angeblich stärker auf die Interessen und Bedürfnisse der einzelnen Unternehmen im *Wettbewerb* Rücksicht nehmen zu können. Wolfgang Streeck, Direktor am Max-Planck-Institut für Gesellschaftsforschung in Köln, bemerkt dazu: »Dies kann als Fortschritt in Richtung auf größere ›Flexibilität‹ und ›Wettbewerbsfähigkeit‹ dargestellt werden; ursächlich ist jedoch der Umstand, dass mobiler gewordene Unternehmen sich zunehmend Regeln entziehen können, die ihnen nicht ›passen‹« (Streeck 1996: 54). In letzter Konsequenz setzt deshalb die Infragestellung des Flächentarifvertrages auch auf eine *Schwächung der Gewerkschaften* und damit auf eine Unterminierung der kollektiven Vertretungsmacht der abhängig Beschäftigten. Die *Individualisierung der Arbeitskraft* (durch eine Subjektivierung der Arbeit (Müller 2006: 102ff.)) ist dabei das erklärte Ziel der Arbeitgeber und deren Interessenvertreter in Politik und Wissenschaft. Um die Einschränkung von Arbeitnehmerrechten durchzusetzen, kommt der Kapitalseite schon heute die zunehmende Aufweichung des »*Normalarbeitsverhältnisses*« zur Hilfe (Pfarr 2000: 179ff.). Dessen Kennzeichen ist eine Arbeitsweise, die sich durch eine 5-Tage-Woche, einen regelmäßigen 8-Stunden-Tag sowie durch ein tarifvertraglich und sozialversicherungspflichtig abgesichertes Dauerbeschäftigungsverhältnis ausdrückt, welches auf eine ununterbrochene Lebensarbeitszeit ausgerichtet ist. Dazu hat die »Kommission für Zukunftsfragen der Freistaaten Bayern und Sachsen« (1996) in einer Studie folgendes festgestellt und prognostiziert: »Noch Anfang der siebziger Jahre standen einem Nicht-Normbeschäftigten fünf Normbeschäftigte gegenüber. Anfang der achtziger Jahre lag das Verhältnis bei eins zu vier, Mitte der achtziger Jahre bereits bei eins zu drei. Mitte der neunziger Jahre liegt es bei eins zu zwei. Bei Fortschreibung dieses Trends wird das Verhältnis von Norm- zu Nicht-Normarbeitsverhältnissen in fünfzehn Jahren bei eins zu eins liegen.« In Zukunft muss davon ausgegangen werden, dass ohne einen Politikwechsel die Arbeitsverhältnisse *atypischer* und noch *risikobeladener* werden, als sie es heute schon sind.

> »Im Ergebnis wird diese Entwicklung dazu führen, dass ein erheblich größerer Teil der Erwerbsbevölkerung (...) als Freiberufler und Selbständige (Scheinselbständige) arbeiten wird. Daneben gibt es dann kleinere Stammbelegschaften von großen Netzwerkunternehmen. Erheblich mehr Erwerbstätige als heute werden mit Teilzeitjobs, mit befristeten Arbeitsverhältnissen oder auf Leiharbeitsbasis als Randbelegschaften arbeiten. Und Geringqualifizierte werden mehr noch als heute Gefahr laufen, in Langfristarbeitslosigkeit abgedrängt zu werden« (Welsch 1999: 31).

STELLUNG UND ROLLE DER BESCHÄFTIGTEN IM UNTERNEHMEN   201

Diese von Welsch 1999 vorhergesagte Entwicklung ist voll eingetreten. Das *Prekariat*[59] ist selbst im konjunkturellen Aufschwung von 2006 bis 2008 massiv gewachsen. So hat die Zahl der Selbständigen (zumeist Scheinselbständige als »Solounternehmer«) um 550.000 zugenommen. 2008 hatten von insgesamt gut 35,8 Mio. abhängig Beschäftigten nur 28 Mio. oder 78,2 v. H. eine sozialversicherungspflichtige Arbeit. Über 7 Mio. Beschäftigte wurden gering entlohnt (Niedriglohnsektor) und 710.000 Arbeitnehmer waren Leiharbeiter. Auch die Zahl der Teilzeitbeschäftigten, die eine Vollzeitstelle suchen, hat enorm, auf gut 2,3 Mio., zugenommen (vgl. Tab. 15). Die Zahl der Langzeitarbeitslosen ist dagegen auf Grund des konjunkturellen Aufschwungs von 2006 bis 2008 auf knapp 1,1 Mio. gesunken.

Tab. 15: Erwerbstätige nach Einkommensarten (in 1.000)

	2000	2003	2004	2005	2006	2007	2008
Erwerbstätige	39.144	38.726	38.880	38.851	39.097	39.768	40.330
davon Selbständige	3.915	4.073	4.222	4.360	4.394	4.451	4.465
abhängig Beschäftigte	35.229	34.653	34.658	34.491	34.703	35.317	35.865
darunter sozialversicherungspflichtig	28.285	26.826	26.543	26.195	26.497	27.031	28.007
Geringfügig entlohnte Beschäftigte (insgesamt)	k.A.	5.850	6.565	6.611	6.749	6.843	7.091
Teilzeitbeschäftigte, die Vollstellen suchen	860	1.116	1.264	1.759	1.997	2.026	2.314
Leiharbeiter	314	328	369	422	560	670	710
Langzeitarbeitslose	1.454	1.521	1.681	1.588	1.676	1.386	1.088

Quelle: Statistisches Bundesamt, IAB der Bundesagentur für Arbeit, eigene Berechnungen

Kommt es zu keinem polit-ökonomischen Umdenken, so werden die Zeiten für Arbeitgeber in Zukunft noch paradiesischer werden. Die Unternehmen können sich weitgehend auf eine *Stammbelegschaft* zurückziehen.[60] Auf diese wird der unternehmenskulturelle Ansatz bezogen. Hier wird es zu »*Humankapitalinvestitionen*« kommen, um die Mitarbeiter personalpolitisch langfristig auf die Unternehmen einzu-

---

59 »Prekarier« haben keinen normalen Arbeitsvertrag, können von ihrem Lohn kaum leben, Arbeitnehmerschutzrechte höchstens eingeschränkt in Anspruch nehmen und vor allem ihre Zukunft nicht planen.
60 Daran ändert auch in Zukunft der auf einigen Teilarbeitsmärkten auftretende *Fachkräftemangel* grundsätzlich nichts. Außerdem ist dieser Fachkräftemangel von der Wirtschaft selbst zu verantworten.

stimmen, damit sie sich mit der Unternehmensphilosophie, den Unternehmenszielen und Unternehmensstrategien, der Unternehmenskultur identifizieren können sowie motiviert ihre Arbeit verrichten. Dazu unterliegen die Mitarbeiter der Stammbelegschaft ausgefeilten *Personalentwicklungsplänen*, die auf permanente Qualifizierung und Karriereplanung setzen sowie auf eine entsprechend hohe Bezahlung; womöglich mit Gewinn- und Kapitalbeteiligung einhergehend (vgl. Kap. 2.2.2). Bevor aber ein Mitarbeiter in den »*Kulturkreis*« der Stammbelegschaft aufgenommen wird und aufsteigt, wird er sehr genau ausgewählt und überprüft. »Während die *Personalauswahl* in hierarchisch-tayloristisch geprägten Organisationen eine untergeordnete Rolle spielt(e), wird sie im Zusammenhang mit einer humanressourcen-orientierten Unternehmenspolitik zu einem *strategischen Faktor*. Aufgrund dieses erheblichen Bedeutungszuwachses sind z. B. immer mehr Unternehmen bereit, das teure und aufwendige Auswahlverfahren des ›*Assessment-Centers*‹ einzusetzen, mit dem im Vergleich zu anderen Instrumenten besonders die *Team- und Sozialkompetenzen* von Bewerbern transparent gemacht werden können« (Fischer/Breisig 2000: 35). Dies gilt nicht nur für qualifizierte Angestelltentätigkeit, sondern immer mehr auch für Facharbeiter. Voraussetzung ist aber in beiden Fällen die potenzielle Zugehörigkeit zur Stammbelegschaft. Nach der ersten Auswahl bei einer Einstellung vom externen Arbeitsmarkt folgen weitere ständige Auswahlprozesse im *internen Arbeitsmarkt*. Die Unternehmensleitungen wollen wissen, in welche Mitarbeiter unter Qualifikations-, Führungs- und Aufstiegsaspekten zu investieren lohnt. Dazu werden sogenannte *Potenzialbeurteilungen* herangezogen, mit deren Hilfe gemessen werden kann, »ob und inwieweit einzelne Mitarbeiter die *Fähigkeit* haben und die *Bereitschaft* aufbringen, in Zukunft bestimmte prognostizierte Arbeitsanforderungen zu erfüllen, die über das je aktuelle Anforderungsprofil hinausweisen, oder anders formuliert, wer in welchem Maße fähig oder motiviert ist, höhere Führungsaufgaben als die zu übernehmen, mit denen er oder sie momentan betraut ist« (Thömmes 1996). Um dies herauszufinden, bedienen sich die Unternehmen auch hier immer mehr eines Assessment-Center-Verfahrens.

Die mehr oder weniger ausgegrenzte *Randbelegschaft*, die zwischen dem internen und externen Arbeitsmarkt hin- und herpendelt, bedient dagegen einfache, der technisch-organisatorischen Rationalisierung gut zugängliche Restarbeitsplätze. Außerdem wird sie je nach *Konjunkturlage* zur disponiblen Abfederung von Auftragsspitzen und mit weitgehend über *Zeitfirmen* beschafften *Leiharbeitern* oder geringfügig und nur befristet Beschäftigten abgedeckt. Hier lautet die Personalpolitik: »heuern und feuern«. So haben denn auch in Deutschland die befristeten Beschäftigungsverhältnisse seit dem 1985 eingeführten »Beschäftigungsförderungsgesetz« (BeschFG) und mit seiner Fortführung durch das seit Januar 2001 geltende »Teilzeit- und Beschäftigungsgesetz« (TzBfG) gemessen an allen Erwerbstätigen von ca. 5 v. H. auf gut 12 v. H. zugenommen (Meinel/Heyn/Helms 2002: 5). Schlechtere Qualifikationen und geringere Arbeitsproduktivitäten bei den auf Zeit Beschäftigten werden bewusst in Kauf genommen. Ihre dauernde Beschäftigung käme die Firmen teurer zu stehen. Daher wundert es nicht, dass die schlechtere Arbeitsproduktivität der Randbelegschaft zu einer anhaltenden politischen Forderung nach einer stärkeren *Lohnstrukturdifferenzierung* und nach *abzusenkenden Löhnen* geführt hat. In diesem Zusammenhang steht auch der Ausbau eines *Niedriglohnsektors*. Das unternehmerische Auftragsrisiko wird somit in Form eines entsprechend hohen Arbeitsplatzrisikos und ergänzt durch eine geringere Bezahlung zweifach auf den Arbeitnehmer abgewälzt. Daneben haben die Unternehmen kein Interesse, die Randbelegschaften in den Genuss eines personalwirtschaftlichen *Qualifikations- und Beteiligungsangebots* – wie bei der Stammbelegschaft – kommen zu lassen. Ein solcher Aufwand entfällt zu Gunsten des Gewinns der Kapitaleigner.

Der gesamte Prozess von *Segmentierung* und *Dualisierung* von Arbeit wird durch *Massenarbeitslosigkeit* angeheizt. Erschreckend ist dabei der Tatbestand, »dass im Laufe von elf Jahren 97 v. H. der westdeutschen Erwerbsbevölkerung Arbeitslosigkeitsphasen durchlebt haben, und zwar in 63 v. H. der Fälle sogar mehrfach, lange und/oder kurze. Bloß 32 v. H. der Erwerbsverläufe waren stabil. *Prekarität*, Verunsicherung trifft also nicht nur die ca. 35 v. H. der Erwerbsbevölkerung, die sich augenblicklich in (...) ›Nicht-Normalarbeitsverhältnissen‹ befinden. Sie trifft praktisch alle. Erwerbsarbeit wird immer diskontinuierlicher« (Gorz 2000: 607) und lässt sich in unterschiedlichen *Sicherheitsstufen* abgrenzen (vgl. den folgenden Kasten). Jedenfalls so lange, wie nicht ein einzelwirtschaftliches Umdenken in Richtung einer wirklich *demokratisierten* und auf immaterieller und materieller Partizipation aufbauenden Unternehmenskultur in der wirtschaftlichen Realität umgesetzt ist. Der Neoliberalismus hat das Gegenteil bewirkt.

Verschärfter Klassenkampf ist in den Unternehmen wieder an der Tagesordnung. Das Heer der Arbeitslosen wird so weiter die *Stamm-* und insbesondere die *Randbelegschaften* disziplinieren. Arbeitslosigkeit führt eben dazu, dass der Lohnentwicklung Grenzen auferlegt werden, dass die Arbeitsintensität ansteigt, dass *Dequalifizierungsprozesse* reibungsloser vollzogen und Arbeitsbedingungen verschlechtert werden können, dass die *Absentismusquote* zurückgeht und dass es zu einer *Entsolidarisierung* unter den Arbeitnehmern kommt. »Der Druck der Reservearmee als Anbieter von Arbeitskraft auf dem Arbeitsmarkt ist die Bedingung dafür, dass auch die Ausbeutung

Arbeit: Stufen der Sicherheit

Die Zone der Integration

Die Gesicherten sind Beschäftigte in Voll- oder Teilzeit mit unbefristetem Arbeitsvertrag. Sie verdienen über 2.000 Euro brutto im Monat und spüren kaum Unsicherheit.

Die Selbstmanager haben zwar keinen Normalarbeitsplatz, aber sie erleben die Flexibilität als positiv – denn sie haben ein gutes Einkommen sowie Einfluss- und Entwicklungsmöglichkeiten im Job. Ihre gute Qualifikation reduziert die Beschäftigungsunsicherheit.

Die Verunsicherten stehen objektiv gut da: Sie sind unbefristet beschäftigt, haben ein Monatseinkommen von über 2.000 Euro brutto, erleben ihre Arbeit als positiv. Dennoch plagt sie Sorge um ihren Arbeitsplatz.

Die Abstiegsbedrohten verdienen weniger als 2.000 Euro, ihre nicht befristete Stelle empfinden sie jedoch als gefährdet. Sie haben Angst vor dem sozialen Abstieg. Dies ist die größte Einzelgruppe – jeder dritte Erwerbstätige gehört dazu.

Die Zone der Prekarität

Die Hoffenden arbeiten in atypischen Beschäftigungsverhältnissen für weniger als 2.000 Euro im Monat. Sie erwarten, so den Sprung in eine sichere Beschäftigung zu schaffen.

Die Realistischen sind zwar häufig frustriert, haben sich jedoch damit abgefunden, dass sie die Zone der Prekarität nicht verlassen können. Sie pendeln oft zwischen atypischer Beschäftigung und Arbeitslosigkeit.

Die Zufriedenen jobben als atypische Beschäftigte und bekommen keine 2.000 Euro im Monat. Da sie in einem Haushalt mit weiteren Einkommen leben und sich nicht vorrangig über die Arbeit definieren, stört sie das weniger.

Die Zone der Entkoppelung

Die Veränderungswilligen gehen durch lange Phasen der Arbeitslosigkeit, hin und wieder unterbrochen durch prekäre Jobs. Sie möchten diese Situation jedoch überwinden.

Die Abgehängten haben die Hoffnung aufgegeben und richten sich in einer Subgesellschaft ein.

Quelle: Brinkmann/Dörre/Röbenack/Fuchs 2006

der noch beschäftigten Arbeitskräfte gesteigert werden kann« (Altvater 1997: 53). Will man diesen destruktiven und gesellschaftlich (politisch) gefährlichen wie ökonomisch kontraproduktiven Prozess in Zukunft nicht mehr hinnehmen, muss es zu wesentlichen und grundsätzlichen Veränderungen in der Arbeits- und Erwerbsgesellschaft kommen. Oskar Negt stellt zur Bekämpfung der *Massenarbeitslosigkeit* fest:

> »Die meisten auf diesen Krisenherd bezogenen Analysen und Lösungsvorschläge vermitteln den Eindruck, als bedürfte es nur eines vorurteilslosen Blicks und des guten Willens von allen Seiten, um die gegenwärtig angemessenen Lösungen ins Werk zu setzen. Aber eine pragmatische Verkleinerung des Problems führt bei jedem Schritt, der in Richtung auf Verringerung der Massenarbeitslosigkeit gemacht wird (...), zur wiederholten und sich häufenden Enttäuschung. Ein wesentlicher Grund dafür ist, dass die Bewältigung dieses Krisenherdes nicht anders zu leisten ist als durch schwerwiegende Eingriffe in die bestehenden Macht- und Herrschaftsstrukturen« (Negt 2002: 135).

Dies setzt sowohl Eingriffe durch die Politik auf makroökonomischer und mikrobzw. einzelwirtschaftlicher (unternehmerischer) Ebene voraus. Hier bestehen hohe Interdependenzen. Makroökonomisch muss es zu einer Ablösung des eingeschlagenen, *neoliberalen Politikkurses* kommen, und auf unternehmerischer Ebene geht es nicht nur um personalwirtschaftliche individuelle Motivationsaspekte im Arbeitsprozess, sondern um eine grundsätzliche *holistische Partizipation* der abhängig Beschäftigten und eine *demokratisierte Privatwirtschaft*. Beide Ansätze sind heute weit von einer rationalen Umsetzung entfernt! Davon zeugt das unreflektierte, unkritische Predigen einer marktorientierten *Wettbewerbswirtschaft* genauso wie der Umstand, dass im Unternehmerlager bis heute nur in wenigen Ausnahmefällen die Position anzutreffen und akzeptiert ist, eine Partizipation der Arbeitnehmer sei erforderlich (Dörre 2002: 16ff.). *Humankapitalorientierte Produktionsprozesse* in den Unternehmen werden nicht als die bessere, weil letztlich profitablere, Alternative zum unternehmerischen Direktionsrecht, zum Lohn- und Sozialabbau sowie zur Bekämpfung von Mitbestimmung und Gewerkschaften angesehen, sondern sie werden systematisch bekämpft.

Setzt man zukünftig dennoch auf eine humankapitalorientierte Unternehmenskultur und will man diese zur Verallgemeinerung bringen, so muss sie ohne Wenn und Aber *institutionell* und *gesetzlich* abgesichert werden, weil sie sonst immer nur unter der Prämisse steht, »dass sie dem Arbeitgeber weiterhin als wettbewerbs- und ertragsfähiger erscheint als ihre Alternativen. Damit drohen die soziale Lage der Beschäftigten und die Rolle der *Gewerkschaften* vom guten Willen bzw. der besseren Einsicht der jeweiligen Unternehmensleitung in ihre eigenen langfristigen Interessen abzuhängen – oder gar davon, dass die langfristigen Unternehmensinteressen der Unternehmensleitung weiterhin wichtiger erscheinen als die oder ihre kurzfristigen Interessen. Dass eine auf *Freiwilligkeit* beruhende kooperative Unternehmensstrategie jederzeit revidierbar ist, trägt im übrigen nicht dazu bei, die Verhandlungsmacht von Gewerkschaften und Betriebsräten zu erhöhen« (Streeck 1996: 59f.).

3.3 Elemente einer demokratisierten und partizipativen Unternehmenskultur

Vor dem Hintergrund der bisher mit Blick auf die Arbeit gewonnenen Erkenntnisse muss es im Folgenden um die Ausarbeitung einer *Alternative* gehen, die sich auf eine demokratisierte und partizipative Unternehmenskultur stützt und den Menschen auch tatsächlich in den *Mittelpunkt* des unternehmerischen Geschehens stellt (Bierbaum/Schmidt 1986: 119ff.). »Die Demokratisierung der Wirtschaft«, schrieb Rudolf Hickel schon 1979, »im Mikro-, ebenso wie im Makrobereich, stellt die wichtigste gesellschaftspolitische Aufgabe der Gegenwart, aber vor allem auch der Zukunft dar. Denn erst mit der Demokratisierung der Wirtschaft werden die gesellschaftsstrukturierenden Machtzentren zurückgedrängt und einer direkten Planung und Kontrolle unterzogen. Gleichzeitig wird damit auch eine für die herrschende Staatsauffassung typische Dichotomie überwunden. Während das System der parlamentarischen Demokratie von der Idee lebt, es reiche aus, die politischen Strukturen eines Landes zu demokratisieren, fordert eine radikale – d.h. eine an den gesellschaftlichen Wurzeln ansetzende – Demokratisierung auch und eben die Einbeziehung der Wirtschaft. Die Wirtschaft also einem optimistisch gedachten Selbstlauf des Marktsystems zu überlassen – in dem sich über Gewinn- und Nutzenmaximierung das größte Glück für alle (»Pareto-Optimum«) einpendeln soll – findet mit der Forderung nach Demokratisierung ihr Ende« (Hickel 1979: 150).

Fritz Vilmar hat eine derartige, auf *Demokratisierung* und *Humanisierung* beruhende Unternehmensverfassung konzipiert. Die Umsetzung ist aufgrund der heute verfestigten und nachhaltig bestehenden einseitigen *Herrschafts- und Machtverhältnisse* in den Unternehmen mehr als überfällig. Die abhängig Beschäftigten sind nicht zuletzt auch deshalb ihrer Arbeit entfremdet, weil sie nach wie vor *kein Entscheidungsrecht* über Produktion, Investition und Vermarktung der hergestellten Produkte und Dienste haben. Sie stehen daher den Unternehmen weitgehend desinteressiert gegenüber.

»Natürlich sind die Arbeiter und Angestellten an der Erhaltung ihrer Produktionsstätten als Voraussetzung für Arbeit und Einkommen interessiert. Aber wie das Wachstum des Unternehmens verläuft, wie investiert wird, wie sich die Produktionsstruktur ändert, wie verkauft wird, wie sich die Effektivität entwickelt, wie die Gewinne wachsen, wie sie verwendet und wie die Produkte vom Konsumenten beurteilt werden, dies alles steht für die meisten Mitarbeiter der Unternehmen außerhalb der Verantwortung und damit auch außerhalb des Interesses. Ob es sich um Unternehmen im privaten Familienbesitz, um große Aktiengesellschaften oder verstaatlichte Betriebe (...) handelt, überall fühlen sich die Arbeiter und Angestellten lediglich als Lohnempfänger und sonst nichts« (Šik 1979: 357).

Dies ist aber wider die Natur des Menschen. Er wollte im unternehmerischen Produktions- und Reproduktionsprozess schon immer seine ganze *Persönlichkeit* einbringen und nicht nur seine Arbeitskraft. Dies wurde ihm aber bis heute nur in den seltensten Fällen wie bei bestimmten hochwertigen, anspruchsvollen und in der Hierarchie hoch angesiedelten Arbeitsprozessen gestattet. Konträr dazu wird der Mensch trotz aller technologischer Entwicklungen und als human verkaufter »vergemeinschaftender« Personalpolitik und -strategien immer noch – wie aufgezeigt – auf eine rein *ökonomisch-technische Rolle* im Kapitalverwertungs- und Akkumulationsprozess reduziert. Ziel des Arbeitseinsatzes ist dabei das einseitige Interesse des Kapitals, *maximale Gewinne* zu erzielen. 1964 schrieb der langjährige Vorsitzende der IG-Metall, Otto Brenner (1907-1972):

»Ich habe aus der gewerkschaftlichen Erfahrung den Eindruck gewonnen, dass auch heute noch bei den meisten Unternehmern die Vorstellung dominiert, der Mensch sei zwar für die Wirtschaft da, aber nicht unbedingt die Wirtschaft für den Menschen. Sehr oft wird das Wirtschaften als Selbstzweck und nicht selten als egoistischer Selbstzweck angesehen. Die Wirtschaft darf aber immer nur den Rang eines Mittels haben. Nur sofern sie Helfer und Diener des Menschen ist, erfüllt sie ihre Aufgabe« (Brenner 1966: 14).

Dass dabei Gewinn kein Selbstzweck, sondern allenfalls ein Mittel zum Zweck sein kann, betonte selbst der ehemalige Vorstandsvorsitzende der Deutschen Bank, Hermann Josef Abs[61] (zitiert bei Hasteleiner 1974: 229). Dennoch ist es in der wirtschaftlichen Realität anders. Man könnte es auch so formulieren: *Taylorismus* und *Fordismus* sind in den Unternehmen nie abgeschafft worden, sondern im Kern bis heute überall noch sichtbar und in Anwendung. Wo sie zumindest partiell abgeschafft waren, sind

---

61 Zur stark umstrittenen, aber mächtigen Person Abs (1901-1994) vergleiche Diether Dehm: Der Ehrenbürger, in: Ossietzky. Zweiwochenschrift für Politik/Kultur/Wirtschaft, Heft 17/2009, S. 620ff. Außerdem besonders: Eberhard Czichon: Die Bank und die Macht. Hermann Josef Abs, die Deutsche Bank und die Politik, Köln 1995. Ders.: Deutsche Bank – Macht – Politik. Faschismus, Krieg und Bundesrepublik, Köln 2001.

sie wieder im Kommen (Springer 1999). Gertraude Krell stellt in ihrer personalwirtschaftlichen Habilitationsschrift treffend fest:

> »Die ›Modernisierung der Betriebe als Vergemeinschaftung‹ erweist sich als zutiefst anti-aufklärerisches und antiemanzipatorisches Projekt. (...) Vergemeinschaftende Personalpolitik ist keine menschlichere Alternative zum Scientific Management oder zum Produktionsfaktorenansatz. Ganz im Gegenteil: Sie forciert die steigende organische Zusammensetzung des Menschen« (Krell 1994: 286f.).

Dies beschrieb der Philosoph Theodor W. Adorno (1903-1969) wie folgt: »Es wächst die organische Zusammensetzung des Menschen an. Das, wodurch die Subjekte in sich selber als Produktionsmittel und nicht als lebende Zwecke bestimmt sind, steigt wie der Anteil der Maschinen gegenüber dem variablen Kapital« (1971: 307). In einer 1983 von dem Betriebswirt Günther Schanz (1983: 426ff.) und der *AGP* (Arbeitsgemeinschaft zur Förderung der Partnerschaft in der Wirtschaft e. V.) durchgeführten Studie wurde bezüglich einer *»immateriellen Mitarbeiterbeteiligung«* und einer Partizipation der Beschäftigten am Unternehmensgeschehen lediglich deren »Schattendasein« in deutschen Unternehmen festgestellt. Ohne hellseherische Fähigkeiten an den Tag legen zu wollen, dürfte sich bei einer heute wiederholten empirischen Untersuchung kaum ein anderer Befund ergeben. Der Mensch ist in den Unternehmen nach wie vor nicht Mittelpunkt, sondern er ist nur *Mittel – Punkt!* Kann dies aber zukünftig noch die Richtung einer *einzelwirtschaftlichen Orientierung* sein, oder muss nicht die »Stellung des Menschen im Unternehmen« nachhaltig verändert werden, und wenn ja, wie muss diese Veränderung aussehen? Diesen Fragen soll im Folgenden nachgegangen werden.

> »Der Erfolg eines Unternehmens spiegelt sich nicht allein in hohen wirtschaftlichen Gewinnen wider. Das Herz des Unternehmens schlägt durch die Menschen, die täglich neue Herausforderungen bewältigen und sich mit ihrer Motivation, Identifikation und Kreativität in die Unternehmensprozesse einbringen.« *(Bertelsmann-Stiftung)*

3.3.1 Immaterielle Partizipation
3.3.1.1 Mitbestimmung im historischen Kontext – erste Mitbestimmungsregelungen
Ein zukünftiger moderner, d.h. demokratisierter und partizipativer Personalkulturansatz basiert neben einer *materiellen Teilhabe* der Arbeitnehmer an den Unternehmensergebnissen (vgl. dazu noch einmal das zweite Kapitel; insbesondere Kap. 2.2.2)

auch auf einer *immateriellen Partizipation*. Dazu gehört als wesentliches Element eine gesetzlich festgelegte, betriebliche und unternehmensbezogene *paritätische Mitbestimmung* der abhängig Beschäftigten. Dies ist mehr als nur ein »Mitsprechen am Arbeitsplatz« oder in Arbeitsgruppen als unterste Ebene einer individuellen Arbeitnehmerpartizipation. Mitbestimmung meint hier die klare Erweiterung von *Arbeitnehmermacht* in Richtung einer überfälligen *Demokratisierung der Unternehmen*.

Seit den grundlegenden Veränderungen der ökonomischen Produktions- und Reproduktionsbedingungen in der ersten Hälfte des 19. Jahrhunderts (Ablösung der Agrar- und Handwerksgesellschaft durch eine Industriegesellschaft) sowie einer damit verbundenen Herausbildung der *Arbeiterschaft* als »neuer Klasse« und der daraus folgenden *Konstituierung von Gewerkschaften* zur Behebung kapitalistischer, ökonomisch und sozialer Fehlentwicklungen lassen sich Forderungen nach einer Mitgestaltung an wirtschaftlichen Entscheidungsprozessen der werktätigen Bevölkerung nachweisen (Potthoff/Blume 1962: 1ff.). Bis zu einer ersten zaghaften rechtlichen Absicherung von Mitbestimmung dauerte es allerdings bis 1891. Die damalige Novellierung der *Gewerbeordnung* sah eine fakultative Bildung von Arbeiterausschüssen in Unternehmen vor. Deren Errichtung wurde durch ein Reichsgesetz im Ersten Weltkrieg (1914-1918) ab 1916 kriegsbedingt für alle versorgungswichtigen Unternehmen mit mehr als 50 Beschäftigten und durch Verordnung am Ende des Krieges ab 1918 auf alle Unternehmen mit mehr als 20 Beschäftigten ausgedehnt. Durch die *Weimarer Verfassung* wurde die Mitbestimmung 1919 schließlich im sogenannten »Räte-Artikel 165« verankert und 1920 im *Betriebsrätegesetz* rechtlich umgesetzt und konkretisiert. Heinrich Nicklisch kommentierte das Betriebsrätegesetz von 1920 im Hinblick auf eine »Betriebsgemeinschaft« zwischen Kapital und Arbeit wie folgt: »Auf diese Weise hat die Entwicklung der Gemeinschaft wenigstens grundsätzlich nachgeholt, was sie der Arbeitsteilung gegenüber zurückgeblieben war« (Nicklisch 1922: 56). Die Mitbestimmung solle die durch Arbeits- und Kompetenzverteilung gefährdete »Kraft der Einheit« wiederherstellen. Für Nicklisch bedeutete dabei das Wort »Betriebsgemeinschaft«, »dass Menschen, einheitlich verbunden, das Leben des Betriebes leisten und dass der Mensch auf diese Weise aus dem Betriebsmechanismus einen Organismus macht. Die Menschen stehen mit ihren Rechten und Pflichten in ihm und das Wohlergehen des Betriebs und ihr eigenes hängt davon ab, dass diese erfüllt werden« (Nicklisch 1932: 296).

Die Mitbestimmungsforderungen der Gewerkschaften während der Weimarer Zeit (1919-1933) gingen aber über den Gedanken einer »Betriebsgemeinschaft« hinaus. Sie waren aus der Überzeugung entstanden, dass nicht nur eine *politische Demokratie* im staatlichen Überbau in einer Gesellschaft, sondern ebenso eine *Demokratie in der Wirtschaft*, im Unterbau, umgesetzt werden müsse. Otto Brenner formulierte 1961 noch einmal die gewerkschaftliche Forderung nach einer demokratisierten Wirtschaft wie folgt:

> »Der Gedanke der Mitbestimmung bedeutet im Grund nichts anderes als eine Ausprägung der gewerkschaftlichen Idee der Freiheit. Freiheit ist für uns nicht nur ein politischer Begriff, sondern vor allem auch eine soziale Kategorie. Wir wissen, dass die Freiheit des Menschen außerhalb seines Arbeitslebens nicht vollständig und gesichert ist, solange der Mensch in seinem Arbeitsleben der Herrschaft anderer unterworfen bleibt. Die Demokratisierung des öffentlichen Lebens, das freie Wahl-, Versammlungs-, Rede- und Presserecht bedarf der Ergänzung durch die Demokratisierung der Wirtschaft, durch Mitbestimmung der arbeitenden Menschen über die Verwendung ihrer Arbeitskraft und der von ihnen geschaffenen Werte. Die Forderung nach Mitbestimmung der arbeitenden Menschen ist historisch entstanden in einer Wirtschaftsordnung, die auf dem privaten Besitz an Produktionsmitteln beruht, auf der Trennung des Arbeiters von den Produktionsmitteln und vom Produkt seiner Arbeit und auf der damit gegebenen Bevorzugung der Produktionsmittelbesitzer. Mit anderen Worten: Wir haben es mit einer Wirtschaftsordnung zu tun, in der es keine Freiheit im sozialen Bereich und keine Demokratie im Wirtschaftsleben gibt. Der Gedanke der Mitbestimmung bedeutet nichts anderes als einen Versuch, Freiheit und Demokratie auch im Bereich der Wirtschaft, auch für die Arbeitnehmer zu verwirklichen. Deshalb unterscheiden wir auch zwei Arten von Mitbestimmung, nämlich die betriebliche und die überbetriebliche. In einer Privatwirtschaft wie der unseren erscheint die betriebliche Mitbestimmung als eine Art Abschlagszahlung auf die noch nicht erfolgte demokratische Umgestaltung der ganzen Wirtschaft. Sie ist als ein erster Schritt in Richtung auf eine Wirtschaftsdemokratie zu verstehen« (Brenner 1972: 58).

Bereits im Jahr 1928 hatte Fritz Naphtali (1888-1961) im Auftrag des Allgemeinen Deutschen Gewerkschaftsbundes (ADGB)[62] ein Modell von »Wirtschaftsdemokratie« weitgehend entworfen, das allerdings auf Grund der Machtübertragung an die Nationalsozialisten im Jahr 1933 sowohl wissenschaftlich als auch gesellschaftlich zu wenig diskutiert und damit auch nicht entscheidend weiterentwickelt werden konnte. Mit der *Zerschlagung der Gewerkschaften* im Jahr 1933 wurden außerdem das Betriebsrätegesetz von 1920 und die darin verankerte Institution Betriebsrat wieder beseitigt (Hommelhoff/Mecke 1992: 1.379ff.). Der Entwurf von Naphtali sah neben einer *Demokratisierung der Arbeitsverhältnisse* durch arbeitsrechtliche Bestimmungen und der

---

62 Der ADGB wurde auf dem Nürnberger Gewerkschaftskongress vom 30. Juni bis 5. Juli 1919 gegründet, nachdem es zuvor unter dem nur lockeren Band der »Generalkommission« einen Zusammenschluss der Freien Gewerkschaften gegeben hatte. Vorsitzender des ADGB war bis zu seinem Tod am 26. Dezember 1920 Karl Legien, danach bis zur Zerschlagung des ADGB am 2. Mai 1933 durch die Nationalsozialisten Theodor Leipart.

Schaffung einer Betriebsdemokratie sowie einer arbeitnehmerorientierten *Sozialpolitik* insbesondere eine »Demokratisierung der privaten Wirtschaft« durch die Bildung von *Gegenmacht* in Form *öffentlicher Unternehmen* und den Aufbau einer *Gemeinwirtschaft* (Genossenschaften) vor. Außerdem war eine Demokratisierung von staatlich verfasster *gesamtwirtschaftlicher Planung* durch die aktive Mitarbeit von Gewerkschaftsvertretern im Staatsapparat vorgesehen (Naphtali 1928). Die heute bekannte und umgesetzte Form von »Mitbestimmung kam in dieser Konzeption eigentlich eher nur am Rande vor. Die Wirtschaftsdemokratie war stark auf den *Staat* fixiert, Gewerkschaften und Betriebsräte hatten eine repräsentativ-korporatistische Funktion; allerdings sollten Vertreter der Arbeitnehmerschaft in den Geschäftsführungen *monopolartiger Unternehmen* mitarbeiten. Naphtali war skeptisch hinsichtlich der Mitarbeit von Betriebsräten in den *Aufsichtsräten* von Großunternehmen; im Wesentlichen sah er nur Informationsfunktionen für diese Form der Repräsentanz. Wenngleich hier die Wurzel der heutigen (unternehmerischen) Mitbestimmung liegt, so hatte sie damals im Rahmen der Konzeption der Wirtschaftsdemokratie eine nur untergeordnete Funktion« (Priewe 1991: 29f.).

3.3.1.2 Mitbestimmung seit dem Zweiten Weltkrieg

Als sich 1945 in Deutschland wieder Gewerkschaften gründeten, lautete ihre politische Zielsetzung: »*Nie wieder Faschismus! – Nie wieder Krieg!*« Weitere Lehren waren: Die *Gewerkschaften* sind auf *Demokratie* angewiesen; soziale Rechte und politische Freiheit bleiben untrennbar miteinander verbunden. Die Interessen der abhängig Arbeitenden brauchen eine freie und möglichst solidarisch geschlossene, konfliktfähige gewerkschaftliche Vertretung; nur eine konsequente gewerkschaftliche Politik kann der Demokratie sozialstaatlichen Rückhalt verschaffen. Eine solche Politik ist ohne eine starke *Einheitsgewerkschaft* nicht möglich. Man erinnerte sich an die wesentlichen von Naphtali entwickelten Positionen einer Wirtschaftsdemokratie. Zunächst erarbeitete der Kölner Betriebswirt Erich Potthoff[63] für die noch inoffizielle Gewerkschaftsführung in der britischen Nachkriegsbesatzungszone konzeptionelle Vorschläge, die eine Sozialisierung der großen Unternehmenskomplexe in Form einer *Verstaatlichung* vorsah, wobei diese Maßnahmen in eine globale staatliche Wirtschaftsplanung einzubetten seien (Potthoff 1946: 10ff.). »Indessen unterschied Potthoff zwischen *Sozia-*

---

63 Erich Potthoff war nach seinem Studium der Betriebswirtschaft in Köln von 1937 bis 1940 wissenschaftlicher Assistent des Begründers der modernen Betriebswirtschaftslehre, Eugen Schmalenbach. Von 1946 bis 1949 und von 1952 bis 1956 leitete er das Wirtschaftswissenschaftliche Institut der Gewerkschaften.

lisierung und *Wirtschaftsdemokratie*. Das Wirtschaftsleben würde erst dann wirklich demokratisch, ›wenn der entsprechende Einfluss der Gewerkschaften und der Betriebsräte auf die Verwaltung der einzelnen Unternehmungen gewährleistet (ist), indem diese in den Aufsichtsräten *paritätisch* mit den übrigen Vertretern beteiligt sind. Die paritätische Zusammensetzung der Aufsichtsräte ist zudem eine generelle Forderung der Gewerkschaften für alle privaten Unternehmungen, deren Umfang so groß ist, dass sie besondere Kontroll- und Aufsichtsorgane besitzen‹, führte er aus. Potthoffs Plädoyer für die Unternehmensmitbestimmung überzeugte die Delegierten, die sich schließlich auf eine Entschließung einigten, in der sie die paritätische Beteiligung der Arbeitnehmer in den Aufsichts- und Kontrollorganen der Unternehmen forderten. Von einer Mitwirkung in der *Geschäftsleitung von Unternehmen* war indessen nicht die Rede« (Müller 1991: 129). Potthoffs Überlegungen gingen 1949 in das erste *Grundsatzprogramm* des Deutschen Gewerkschaftsbundes (DGB) als wirtschaftspolitische Forderungen mit ein. Dort heißt es:

> »Eine Wirtschaftspolitik, die unter Wahrung der Würde freier Menschen, die volle Beschäftigung aller Arbeitswilligen, den zweckmäßigen Einsatz aller volkswirtschaftlichen Produktivkräfte und die Deckung des volkswirtschaftlichen Bedarfs sichert. Mitbestimmung der organisierten Arbeitnehmer in allen personellen, wirtschaftlichen und sozialen Fragen, in der Wirtschaftsführung und Wirtschaftsgestaltung. Überführung der Schlüsselindustrien in Gemeineigentum, insbesondere des Bergbaus, der Eisen- und Stahlindustrie, der Großchemie, der Energiewirtschaft, der wichtigsten Verkehrseinrichtungen und der Kreditinstitute. Soziale Gerechtigkeit durch angemessene Beteiligung aller Werktätigen am volkswirtschaftlichen Gesamtertrag und Gewährung eines ausreichenden Lebensunterhaltes für die infolge Alter, Invalidität oder Krankheit nicht Arbeitsfähigen. Eine solche wirtschaftspolitische Willensbildung und Wirtschaftsführung verlangt eine zentrale volkswirtschaftliche Planung, damit nicht private Selbstsucht über die Notwendigkeit der Gesamtwirtschaft triumphiert« (Potthoff 1949: 318f.).

Die Forderungen der Gewerkschaften nach *Demokratisierung* trafen in der Bevölkerung, zumindest in den Jahren zwischen 1945 und 1949, auf Grund der Erfahrungen mit der *nationalsozialistischen Gewaltherrschaft*, die die Glaubwürdigkeit des Kapitalismus als Wirtschafts- und Gesellschaftssystem grundlegend erschüttert hatte, durchaus auf Unterstützung.[64] Die Politikwissenschaftlerin Marianne Welteke stellt dazu fest:

> »Bezeichnenderweise hat es nach dem Zusammenbruch keine Partei oder sonstige Gruppierung in Deutschland gegeben, die sich offen für eine Wiederherstellung ka-

---

64 So formulierte selbst die CDU in ihrem *»Ahlener Parteiprogramm«* vom 3. Februar 1947: »Das kapitalistische Wirtschaftssystem ist den staatlichen und sozialen Lebensverhältnissen des deutschen Volkes nicht gerecht geworden.«

pitalistischer Verhältnisse eingesetzt hätte. Zwischen ›zügellosem Kapitalismus‹ und ›autoritärem Sozialismus‹ wurden von rechten und linken Parteien und von den Gewerkschaften ›dritte‹ Wege gesucht und propagiert. An einem kapitalistischen Wirtschaftssystem interessiert waren jedoch die Kapitalbesitzer sowie diejenigen, für die einzig das marktwirtschaftliche System auf dem Boden des Privateigentums an Produktionsmitteln ein politisches und gesellschaftliches Ordnungssystem darstellte, das Freiheit und Gerechtigkeit garantierte« (Welteke 1976: 34f.).

Eine politische Chance für die Umsetzung des gewerkschaftlichen Rahmen-Konzeptes – in Form von *gesamtwirtschaftlicher Planung*, *Gemeineigentum* und *Mitbestimmung* auf betrieblicher und überbetrieblicher Ebene – hat es allerdings nicht gegeben. Die Wahlergebnisse nach der ersten Bundestagswahl am 14. August 1949 sprachen dagegen.[65] Die Westdeutschen wählten überraschend mehrheitlich ein rechts-liberales bürgerliches Bündnis aus CDU/CSU/FDP und DP. Bei diesem Kräfteverhältnis war das gewerkschaftliche Rahmen-Konzept nicht mehr umzusetzen. Aber auch die SPD, die zwar den gewerkschaftlichen Forderungen vor der Wahl aufgeschlossen gegenüberstand und wegen ihrer moralisch unanfechtbaren Haltung gegenüber den Nationalsozialisten fest mit einem Wahlsieg gerechnet hatte, erwies sich letztlich nicht mehr als großer Unterstützer (Kittner 2005: 566). Hinzu kam der unter der rechts-liberalen Koalition sehr schnell zunehmende *Einfluss der privaten Wirtschaft*, die aus ihrer Ablehnung des gewerkschaftlichen Grundsatzprogramms keinen Hehl machte. So sahen sich die Gewerkschaften – wenn auch widerstrebend – veranlasst, wenigstens den kleinsten Nenner einer demokratisierten Wirtschaft in Form einer *betrieblichen* und *unternehmerischen Mitbestimmung* zu retten. Damit war aber gleichzeitig klar, dass zukünftig die abhängig Beschäftigten den inhärenten Widersprüchen und Konflikten einer Marktgesellschaft sowie einem *Lohn-Gewinn-Verhältnis* unterworfen sein würden (Bontrup 2008).

3.3.1.3 Betriebliche Mitbestimmung

Nach dem Zusammenbruch der nationalsozialistischen Diktatur schaffte 1946 zunächst das »*Alliierte Kontrollratsgesetz Nr. 22*« die Möglichkeit der erneuten Bildung von *Betriebsräten* in den Unternehmen (Peters 1979: 50ff.). Unmittelbar nach Erlass dieses Gesetzes wurden in den einzelnen Bundesländern »Betriebsräte-Ländergesetze« aufgelegt. »Besonders weitreichende Mitbestimmungsrechte enthielt das *hessische Betriebsrätegesetz* vom 25. Mai 1948, insbesondere in wirtschaftlichen Angelegenheiten« (Kittner/Köstler/Zachert 1995: 34). Nach der Gründung der Bundesrepublik

---

65 Nach der ersten deutschen *Bundestagswahl* kam es zu einer Koalition aus CDU/CSU (31,0 %), FDP/DVP/BDV (11,9 %) und der Deutschen Partei (DP) (4,0 %). *Konrad Adenauer* (CDU) wurde mit 73 Jahren erster bundesdeutscher Bundeskanzler.

Deutschland wurde dann am 19. Juli 1952 das *Betriebsverfassungsgesetz* (BetrVG) vom Bundestag für die gesamte Bundesrepublik verabschiedet. SPD und KPD wehrten sich bis zuletzt gegen das von den rechts-liberalen Regierungsparteien geformte und bestimmte Gesetz, das die entscheidende *wirtschaftliche Mitbestimmung* in den Betrieben nicht vorsah und »weit hinter den Betriebsräte-Ländergesetzen und den gewerkschaftlichen Vorstellungen zurück (blieb)« (Kittner/Köstler/Zachert 1995: 36). Erich Ollenhauer (1901-1963), der damalige Vorsitzende der SPD, führte in der Debatte um die Einführung des Gesetzes im Bundestag aus:

> »Für uns geht es um das neue Gesicht der Wirtschaft in der deutschen Demokratie. Für uns Sozialdemokraten ist ein echtes Mitbestimmungsrecht der Arbeitenden in der Wirtschaft die notwendige, gerechte und zeitbedingte Eingliederung der Arbeitenden in die Führung von Betrieb und Wirtschaft in Deutschland« (zitiert in Schriftenreihe der Bundeszentrale für politische Bildung 1977: 322).

Und der DGB wertete das Gesetz wie folgt:

> »Das Entscheidende ist, dass mit dem beschlossenen Gesetz die dringende Neuordnung der Wirtschaft, wie schon einmal in der Weimarer Republik verhindert, an der grundsätzlichen Struktur der kapitalistischen Wirtschaft nichts verändert wird und das alleinige Entscheidungsrecht des Unternehmens aufrechterhalten bleibt« (Die Quelle 1952: 7).

Jahre später kommentierte Otto Brenner noch einmal die Einführung des Betriebsverfassungsgesetzes und seine Folgen:

> »Dahinter steckte schon damals die Absicht, das Wirken der Gewerkschaften in einem Rahmen zu halten, den die Regierung und die Unternehmer absteckten« (zitiert in Schriftenreihe der Bundeszentrale für politische Bildung 1977: 322).

Mit der *ersten Novellierung des Betriebsverfassungsgesetzes* im Jahr 1972 wurden die Mitbestimmungsrechte in sozialen und personellen Angelegenheiten erweitert. Außerdem erhielt der Betriebsrat mehr Informations- und Beratungsrechte sowie eine verbesserte Grundlage zur Gestaltung der Schutzbestimmungen einzelner Arbeitnehmer. Wichtig war auch die Anerkennung der *gewerkschaftlichen Präsenz im Betrieb*, die im Gesetz von 1952 noch nicht explizit vorgesehen war und in der Praxis für erhebliche Probleme sorgte. Auch wurde eine wesentlich größere Basis für die Tätigkeit der *Jugendvertretung* geschaffen. Enttäuschend blieb allerdings die Novellierung der Mitbestimmung in *wirtschaftlichen Angelegenheiten*. Hier kam es zu keiner positiven Entwicklung, wenn man von der Einführung eines nun gesetzlich *erzwingbaren Sozialplans* nach § 112 BetrVG zum Ausgleich wirtschaftlicher Nachteile bei den Arbeitnehmern im Fall von Betriebsveränderungen absieht.

Die *zweite Novellierung* des Betriebsverfassungsgesetzes zum 1. Januar 1989 bezog sich im Wesentlichen auf die rechtliche *Etablierung von Sprecherausschüssen für leitende Angestellte* (dies führte im selben Jahr zur Einrichtung eines Sprecherausschussgesetzes (SprAuG)) und die Änderung des *Wahlverfahrens von Betriebsräten* zum Schutz »betrieblicher Minderheiten und kleiner Gewerkschaften« sowie auf die Festschreibung des Verhältniswahlrechtes für Ausschüsse innerhalb des Betriebsrates (insbesondere beim Betriebsausschuss und der Jugendvertretung). Zusätzlich wurden die *Informations- und Beratungsrechte* der Betriebsräte und Arbeitnehmer bei der Einführung und Anwendung neuer Technologien verbessert (Keller 1998: 36ff.).

Zum 1. August 2001 kam es zur *dritten Novellierung*. Angesichts umfassender Veränderungen im Arbeits- und Wirtschaftsleben der letzten 30 Jahre hielt der Gesetzgeber eine Modernisierung der Betriebsverfassung – gegen den heftig formulierten Widerstand der Arbeitgeber, die wieder mit einer *Verfassungsklage* drohten[66] – für dringend erforderlich. Nach den Worten des ehemaligen Bundesarbeitsministers Walter Riester (SPD) sei das neue Gesetz gut austariert, vermeide unzumutbare Belastungen und würde auf die Besonderheiten kleinerer und mittlerer Betriebe besondere Rücksicht nehmen. *Riester*: »Wer heute in die Motivation der Arbeitnehmer und ihre demokratische Teilhabe in den Betrieben und Unternehmen investiert, ist zukunftsfähig. Wer hier sparen will, spart am falschen Ende.« Doch der ehemalige Vorsitzende der IG Metall, Klaus Zwickel (2001: 3), erklärte: »Wir sind nicht wunschlos glücklich, aber mit dem neuen Gesetz wird die fast 30 Jahre alte Betriebsverfassung in entscheidenden Punkten modernisiert.« Dennoch wurden keine grundlegenden *Strukturveränderungen* in Richtung einer wirklichen Mitbestimmung vorgenommen. Wieder einmal brachte die Politik gegenüber den Ansprüchen des Kapitals nicht den Mut auf, eine konsequente immaterielle Teilhabe der Arbeitnehmer am unternehmerischen Geschehen festzuschreiben. So gibt es nach der Novellierung nicht mehr oder weniger Mitbestimmung, allenfalls wurde das *Funktionieren der Mitbestimmung* nach klassischem Muster erleichtert (Wendeling-Schröder 2001: 228). Dies hat sicher die tägliche operative Arbeit der Betriebsräte einfacher gemacht. In den entscheidenden Fragen einer *wirtschaftlichen Mitbestimmung* hat das neue Gesetz allerdings keinerlei Weiterentwicklung gebracht. Nach wie vor bestimmen hier einseitig die Arbeitgeber gemäß ihrem »Investitionsmonopol« das unternehmerische Geschehen.

---

66 Für die *Arbeitgeber* übertrafen der Entwurf und letztlich auch das Gesetz selbst die schlimmsten Befürchtungen. Es sei zu bürokratisch, Kosten treibend und einseitig gewerkschaftsorientiert. Außerdem würden ausländische Investoren abgeschreckt. Vgl. Hundt, D., in: Handelsblatt vom 7. Dezember 2000, Stihl, H.-P., in: Handelsblatt vom 6. Dezember 2000.

3.3.1.4 Unternehmerische Mitbestimmung im Montan-Bereich

Bevor es 1952 zur betrieblichen Mitbestimmung in Form des Betriebsverfassungsgesetzes kam, war am 21. Mai 1951 das »Gesetz über die Mitbestimmung der Arbeitnehmer in den Aufsichtsräten und Vorständen der Unternehmen des Bergbaus und der Eisen und Stahl erzeugenden Industrie«; kurz: »*Montanmitbestimmungsgesetz*«, in Kraft getreten (Potthoff 1955, Hempel 1969, Müller 1991). 1960 unterlagen 147 Unternehmen und rund 963.000 Arbeitnehmer dem Montanmitbestimmungsgesetz (*IG-Metall-Bezirksleitung Hannover, Stahl-Nachrichten vom 21. Mai 2001*). Heute regelt das Gesetz nur noch für rund 30 Unternehmen[67] und ca. 120.000 Beschäftigte bei Kohle und Stahl die *unternehmerische Mitbestimmung*, die auch als »*wirtschaftliche oder qualifizierte Mitbestimmung*« von Arbeitnehmervertretern bezeichnet wird. Der dramatische Rückgang bei Unternehmen und Beschäftigten ist darauf zurückzuführen, dass die Montanmitbestimmung einerseits erhebliche Veränderungen dadurch erfuhr, »dass der gesetzlich definierte Anwendungsbereich schrumpfte und ihr Stellenwert im sozioökonomischen System der Bundesrepublik zurückging oder Unternehmen sich dem Gesetz durch heute gängige Restrukturierungen entzogen« (Lompe/Weis 2001: 2). Die *rechtliche Grundlage* der »unternehmerischen Mitbestimmung« entstammte ursprünglich § 70 Betriebsrätegesetz in Verbindung mit dem dazu erlassenen Ausführungsgesetz von 1922 (»Gesetz über die Entsendung von Betriebsratsmitgliedern«). »Die entsprechenden Regelungen sahen vor, dass sämtliche Unternehmen, die bereits einen Aufsichtsrat oder ein vergleichbares Organ hatten, bis zu zwei vom Betriebsrat oder Gesamtbetriebsrat (bei mehreren Betrieben, d. h. Orten der Leistungserstellung eines Unternehmens) gewählten Arbeitnehmervertretern Sitz und Stimme im jeweiligen Aufsichtsorgan einzuräumen hatten. Da auch diese Bestimmungen des Betriebsrätegesetzes während des Dritten Reiches aufgehoben wurden, kam es erst nach dem Zweiten Weltkrieg in der Bundesrepublik Deutschland zu einer weiteren Entwicklung der Mitbestimmung auf Unternehmensebene« (Oesterle 1996: 451f.). Um die Verabschiedung des Montanmitbestimmungsgesetzes gab es zwischen 1947 und 1951 harte *politische Auseinandersetzungen*. Schon ohne gesetzliche Grundlage waren am 1. März 1947 in den ersten vier entnazifizierten Eisen schaffenden Betrieben[68] paritätische Aufsichtsräte und ein Arbeitsdirektor im Vorstand eingeführt worden. »Als Adenauer (1876-1967) in einem Gesetz die paritäti-

---

67 1951 waren es bei Verabschiedung des Gesetzes insgesamt 108 Unternehmen aus dem Kohle- und Stahlbereich, die der Montanmitbestimmung unterlagen.

68 Es handelte sich hierbei um die vier folgenden Unternehmen: *Stahlwerke Bochum AG, Hüttenwerk Hörde AG, Hüttenwerk Oberhausen AG* und *Hüttenwerk Haspe AG* (Potthoff 1955: 8).

sche Mitbestimmung in der Montanindustrie ausschließen wollte, rief der DGB-Vorsitzende Hans Böckler (1875-1951) zur Gegenwehr auf. Am 29. und 30. November 1950 stimmten 95,87 v. H. der Belegschaften in der Eisen- und Stahlindustrie in einer Urabstimmung für einen Streik zum Erhalt der Montanmitbestimmung. Der Vorstand der IG Metall empfahl den Beschäftigten, ihre Einzelarbeitsverträge zu kündigen, um Forderungen nach Schadenersatz vorzubeugen. Ein *Generalstreik*, so war zu fürchten, wäre von der Besatzungsmacht niedergeschlagen worden. Böckler ließ sich nicht einschüchtern und ging ein hohes Risiko ein. Vor der Aussicht eines *drohenden Bürgerkrieges* gab Adenauer am 25. Januar 1951 nach. Der geplante Generalstreik ab 1. Februar wurde abgeblasen« (IG-Metall-Bezirksleitung 2001, Müller 1991). Jörg Wollenberg stellt allerdings bezüglich des Kampfes um die Montanmitbestimmung kritisch fest: Dass der Sieg bei der gesetzlichen Absicherung der Mitbestimmung in der Montanindustrie von 1951, von den Gewerkschaften als Mythos gepflegt, mit der Zustimmung zu Adenauers *Außenpolitik* und zur *Wiederbewaffnung* erkauft wurde, bleibt für viele Gewerkschafter bis heute ein Geheimnis, auch wenn Horst Thum dazu 1982 eine umfangreiche Studie vorlegte und der Historiker Arnulf Baring schon 1969 festgestellt hatte, dass die Sicherung der Montanmitbestimmung vom DGB-Vorsitzenden Böckler als Gegenleistung der Bundesregierung für die stillschweigende Unterstützung von Adenauers Außen- und Verteidigungspolitik durch die Gewerkschaften angesehen worden ist. Außerdem machten die Gewerkschaften der Bundesregierung gegenüber ein Zugeständnis, dass die Mitbestimmungsregelungen für den Montan-Bereich kein Präjudiz für die übrigen Bereiche der Wirtschaft darstellen würden. Die Gewerkschaften ließen sich hier auf den Satz ein: »*Die Regelung greift nicht über auf den übrigen Bereich der Wirtschaft*« (Kittner 2005: 601).

Die folgende schwere Niederlage bei der Verabschiedung des Betriebsverfassungsgesetzes vom Juli 1952 war damit vorprogrammiert (Wollenberg 2002: 5). Bereits 1956 musste das Gesetz durch ein »*Mitbestimmungsergänzungsgesetz*« (MitbestErgG) vom 7. Juni 1956 für Konzernobergesellschaften angepasst werden, wenn entweder diese Obergesellschaft selbst der Montanmitbestimmung unterliegt oder wenn der Montanumsatz des Gesamtkonzerns mehr als 50 v. H. beträgt. Dieses Gesetz brachte gegenüber dem Montanmitbestimmungsgesetz aus dem Jahre 1951 eine Reihe von Verschlechterungen mit sich. So erfolgt die *Wahl des Arbeitsdirektors* mit einfacher Mehrheit, d. h. die Arbeitnehmerbank hat kein Vetorecht. Ferner sind die Arbeitnehmervertreter in Aufsichtsräten der Muttergesellschaften von Abstimmungen über bestimmte Angelegenheiten der Tochtergesellschaften ausgeschlossen (Kittner/Köstler/Zachert 1995: 38). Im Jahr 1967 war eine weitere Anpassung notwendig, die am 27. April zu einem »*Mitbestimmungssicherungsgesetz*« führte und den 1956 festgelegten Referenzzeitraum, »innerhalb dessen ein Überwiegen des Montan-Umsatzes festgestellt werden muss, von zwei auf fünf Jahre verlängerte. Mit anderen Worten: Ein Unternehmen scheidet erst dann aus dem Anwendungsbereich des MitbestErgG aus, wenn in fünf aufeinander folgenden Geschäftsjahren der Montan-Umsatz nicht mehr überwiegt« (Kittner/Köstler/Zachert 1995: 38). Ulrich Borsdorf (1982: 274), der Biograph des ersten DGB-Vorsitzenden Hans Böckler (zum Leben und Werk von Böckler vgl. auch Lauschke 2004: 14ff.), charakterisierte die Montanmitbestimmung als die »isolierte Pragmatisierung einiger Grundgedanken der Wirtschaftsdemokratie für die Kräftekonstellation der Nachkriegszeit.« Dennoch hatte sie im Politischen eine weit über das Gesetz hinausreichende Bedeutung, die beispielsweise durch die Bemerkung des herausragenden SPD-Politikers Herbert Wehner (1906-1990) dokumentiert wird:

»Wer an der Montanmitbestimmung rührt, rührt an den Nerv der Demokratie«.

So ist dann auch das Gesetz zur Montanmitbestimmung von den Arbeitgeberverbänden und in der Politik vor allem von der FDP immer vehement bekämpft worden. Die Geschichte der Montanmitbestimmung, schrieben bereits 1982 Wolfgang Spieker und Heinrich Strohauer, bedeutet »30 Jahre Management gegen die Montan-Mitbestimmung«. Hieran hat sich bis heute nichts geändert. Aufgrund ihrer nur noch marginalen quantitativen Bedeutung in der Wirtschaft ist die Diskussion, selbst im Jahr ihres 50-jährigen Jubiläums, so gut wie verstummt. So wundert es nicht, wenn Helmut Martens (1990: 482) in den Gewerkschaftlichen Monatsheften behaupten kann: »Die Montanmitbestimmung blieb unvollendetes Programm und ist heute von diesem Blickwinkel aus wohl am treffendsten als eine ›altehrwürdige Ruine‹ zu bezeichnen.« Der sich aus dem Strukturwandel im Kohle- und Stahlbereich ergebende dramatische *Arbeitsplatzabbau* konnte natürlich nicht verhindert werden (Judith 1980, Bierwirth 1985, Bierwirth/König 1988, Schafmeister 1993). Denn die Mitbestimmung ist und bleibt in die *Bewegungsgesetze einer kapitalistischen Ordnung* auf Basis des *Profitprinzips* eingebettet. Sie hat aber – trotz aller Kritik – *betriebsbedingte Kündigungen* nicht zugelassen und über die Jahre hinweg eine durchaus auf Partizipation aufbauende Unternehmenskultur entwickelt. In der jüngsten empirischen Untersuchung an der TU Braunschweig zur Montanmitbestimmung kommt man zu interessanten differenzierten Ergebnissen.[69]

---

69 Dabei handelt es sich um Ergebnisse aus dem Projekt »Bilanzierung und Perspektiven der Montanmitbestimmung unter besonderer Berücksichtigung der Salzgitter AG, der PPS GmbH und der EKO Stahl GmbH«, das von der Hans-Böckler-Stiftung, der Salzgitter AG und der EKO Stahl GmbH gefördert und von Klaus Lompe, Antje Blöcker, Bernd Mar-

Die Autoren der Studie um Klaus Lompe haben sowohl die tatsächlichen Leistungsmerkmale bzw. -bedingungen als auch die Defizite der Montanmitbestimmung im Spiegelbild der verschiedenen Akteursgruppen untersucht und bewertet. Im Hinblick auf die allgemeinen Grundeinstellungen zur Montanmitbestimmung wird festgestellt, dass die Beteiligten sie nach wie vor als ein »sehr hohes Gut« ansehen. »In den Belegschaftsbefragungen wurde sie (...) von über 90 v. H. der Befragten als positiv bewertet. Auch in den Expertengesprächen stellte sich heraus, dass sie auf allen Hierarchieebenen ein sehr hohes Ansehen genießt. Die Interviews haben aber auch gezeigt, dass speziell im Bereich der *»Leitenden Angestellten«* die *jüngeren Führungskräfte* eine partiell distanziertere Haltung gegenüber der Mitbestimmung einnehmen als die lang gedienten Führungskräfte. Dieses Phänomen hat zu einem gewissen Teil mit den Auswirkungen einer zunehmenden *Ökonomisierung und Individualisierung der Gesellschaft* zu tun, die die Sozialisation und auch die Ausbildungsmuster dieser Akteure maßgeblich beeinflusst hat. Weder im Schul- noch im Hochschulsystem der gängigen ingenieur- und wirtschaftswissenschaftlichen Disziplinen spielen Phänomene wie Partizipation, Mitbestimmung und Chancengleichheit jene Rolle, die ihnen in den heute zahlreichen Wissensmanagementkonzepten zugestanden werden« (Lompe/Weis 2001: 5).

Abgesehen von dem Einflussbereich des Montanmitbestimmungsgesetzes wurde den Arbeitnehmern vom Gesetzgeber zu Beginn der Bundesrepublik keine *wirtschaftliche Mitbestimmung* zugesprochen. Zwar bestimmte das 1952 verabschiedete Betriebsverfassungsgesetz in den §§ 76 und 77 BetrVG, dass es auch außerhalb der Wirtschaftszweige Kohle und Stahl zu einer unternehmerischen Mitbestimmung kommen solle, dies aber nur auf Basis einer so genannten *Drittel-Parität*. Das heißt: Nur ein Drittel der jeweiligen Aufsichtsratsmandate entfallen auf die Arbeitnehmervertreter. Außerdem galt dies nur für Unternehmen, die in der Rechtsform einer Aktiengesellschaft (AG) oder einer Kommanditgesellschaft auf Aktien (KGaA) geführt wurden. Bei GmbHs und bergrechtlichen Gewerkschaften mit eigener Rechtspersönlichkeit sowie bei Erwerbs- und Wirtschaftsgenossenschaften muss zusätzlich eine Zahl von 500 Arbeitnehmern zur Konstituierung von Aufsichtsräten erreicht sein.[70] Dies gilt auch

---

quardt, Peter Rölke und Hinrich Weis bearbeitet wurde. Das Projekt startete im November 1999 und wurde Ende 2001 abgeschlossen.

70 Mit der Verabschiedung des *»Gesetzes über kleine Aktiengesellschaften«* (10. August 1994) – mit Ausnahme der Gesellschaften, die vor dem Inkrafttreten des Gesetzes erstmalig in das Handelsregister eingetragen waren – verschlechterte sich bei allen AGs und KGaAs noch einmal die Mitbestimmungsmöglichkeit, da nun auch hier die Beschäftigtenzahl von 500 Arbeitnehmern eingeführt wurde, was vorher mit Ausnahme von Familiengesellschaften bei AGs und KGaAs nicht der Fall gewesen war.

für Versicherungsvereine auf Gegenseitigkeit. Die Gesellschaftsform der *Einzelunternehmung* und auch sämtliche *Personengesellschaften* werden dagegen vom Gesetz nicht erfasst. Die Gewerkschaften haben bis heute bei der Bestellung der Aufsichtsräte weder ein Vorschlags- noch ein Entsendungsrecht. Die Aufsichtsräte werden in unmittelbarer Wahl aus der Belegschaft durch die Beschäftigten des Unternehmens bestimmt. Hinzu kommt, dass keine Mitbestimmungsmöglichkeit bei der Bestellung oder Abberufung der *Unternehmensleitung* besteht. Die Beurteilung dieser »Nicht-Mitbestimmung« ist deshalb eindeutig. Sie gilt auch nach dem 2004 eingeführten »*Drittelbeteiligungsgesetz*« weiter fort. Allenfalls liegt hier ein *Informations- und Mitberatungsorgan* aus Sicht der Arbeitnehmer vor. Von gleichberechtigter Mitbestimmung in *wirtschaftlichen Angelegenheiten* zwischen Kapital und Arbeit kann dagegen absolut keine Rede sein.

3.3.1.5 Unternehmerische Mitbestimmung von 1976

Die Gewerkschaften versuchten gleich nach der Verabschiedung des Betriebsverfassungsgesetzes und des Montanmitbestimmungsgesetzes, Verbesserungen zu erreichen. Im Jahr 1963 gab der DGB dazu neue Grundsätze heraus. Hier heißt es: »Die Gewerkschaften kämpfen um die *Ausweitung der Mitbestimmung* der Arbeitnehmer. Damit wollen sie eine Umgestaltung von Wirtschaft und Gesellschaft einleiten, die darauf abzielt, alle Bürger an der wirtschaftlichen, kulturellen und politischen Willensbildung gleichberechtigt teilnehmen zu lassen« (zitiert in: Schriftenreihe der Bundeszentrale für politische Bildung 1977: 322). Die *politischen Machtverhältnisse* unter der CDU/CSU/FDP-Regierung wie auch unter den politischen Bedingungen der Großen Koalition aus CDU/CSU/SPD von 1966 bis 1969 verhinderten allerdings unter massiver Einflussnahme der *Arbeitgeberverbände* eine *Weiterentwicklung der Mitbestimmung* in Wirtschaft und Gesellschaft. Erst mit der Wahl von Willy Brandt (1913-1992) zum ersten sozialdemokratischen Bundeskanzler und der Regierungsübernahme durch die SPD/FDP-Regierung im Jahr 1969 wurde der Boden für die mögliche Neugestaltung einer paritätischen unternehmensbezogenen Mitbestimmung geschaffen. »Die entscheidende Phase in der mitbestimmungspolitischen Auseinandersetzung begann mit der Regierungserklärung von Brandt vom 18. Januar 1973. In dieser Erklärung bekundete er den Willen der SPD/FDP-Regierung, die *paritätische Mitbestimmung* noch in dieser Legislaturperiode auf der Grundlage der Parität von Kapital und Arbeit zu verwirklichen: ›Den Ausbau der Mitbestimmung sehen wir als eine unserer Hauptaufgaben. Mitbestimmung gehört zur Substanz des Demokratisierungsprozesses unserer Gesellschaft. In ihr erkennen wir die geschichtliche Voraussetzung für jene Reformen, die in ihrer Summe den freiheitlichen Sozialstaat möglich machen«« (zitiert in Schriftenreihe der Bundeszentrale für politische Bildung 1977: 375). Unter dem massiven *Druck der Arbeitgeberverbände* rückte aber die FDP in einer für den Bundestag einmaligen Form von der gemeinsamen Regierungserklärung ab. Die Einführung einer paritätischen (wirtschaftlichen) Mitbestimmung wurde schließlich nach dem Rücktritt Brandts auf Grund der Guillaume-Affäre[71] und nach der 1974 von Helmut Schmidt übernommenen Kanzlerschaft durch eine neue Koalitionsvereinbarung zwischen SPD/FDP vom 9. September 1975 verworfen. Trotzdem trat nach heftigem Streit zwischen Regierung und Gewerkschaften am 1. Juli 1976 das neue *Mitbestimmungsgesetz* in Kraft.

Das Gesetz – heute noch gültig – regelt die unternehmerische Mitbestimmung in Unternehmen mit in der Regel mehr als 2 000 Arbeitnehmern. Alle Personengesellschaften und Einzelunternehmen – gleichgültig wie groß sie sind – wurden von der so genannten »76er« Mitbestimmungsregelung ausgenommen. Vom Gesetz werden nur *Kapitalgesellschaften* erfasst. Dazu zählen die AG, KGaA, die GmbH, die bergrechtliche Gewerkschaft, die Erwerbs- und Wirtschaftsgenossenschaft und ferner die Kommanditgesellschaft in Form einer GmbH u. Co. KG. Auch die herrschenden Unternehmen von Konzernen und Teilkonzernen, die in einer der genannten Rechtsformen betrieben werden, wurden nun, wenn die Konzernunternehmen insgesamt in der Regel mehr als 2000 Arbeitnehmer beschäftigen, dem Gesetz unterworfen. Die Mitbestimmung im Montanbereich nach dem Montan-Mitbestimmungsgesetz von 1951 und dem Mitbestimmungsergänzungsgesetz von 1956 sowie dem Mitbestimmungssicherungsgesetz von 1967 blieben unverändert erhalten. Ebenso die nach dem Betriebsverfassungsgesetz von 1952 bestehende Drittel-Parität. Entscheidend für die »76er« Mitbestimmung war natürlich die *Zusammensetzung des Aufsichtsrates*. Es wurde festgelegt, dass der zu bildende Aufsichtsrat nominell je zur Hälfte aus Arbeitnehmervertretern und Kapitalvertretern zu bestehen habe. Die Größe des Aufsichtsrates (12, 16 oder 20 Mitglieder) richtet sich nach der Zahl der im Unternehmen beschäftigten Arbeitnehmer. Auf der Arbeitnehmerseite fällt seit 1989 ein Sitz an die Vertretung der *»Leitenden Angestellten«* gemäß der Einrichtung eines *Sprecherausschussgesetzes (SprAuG)*. Darüber hinaus muss die »Bank der Arbeitnehmer« das zahlenmäßige Verhältnis von Arbeitern und Angestellten im Unternehmen widerspiegeln. Der Aufsichtsratsvorsitzende und sein Stellvertreter werden mit Zwei-Drittel-Mehrheit gewählt. Wird die Zwei-Drittel-Mehrheit nicht erreicht, so wählen die Aufsichtsratsmitglieder der Anteilseigner den *Aufsichtsratsvorsitzenden* und die der Arbeitnehmer den Stellvertreter. Dadurch wird sichergestellt,

---

71   Günter Guillaume war ein enttarnter DDR-Spion im Bundeskanzleramt.

dass der Vorsitzende des Aufsichtsrates immer von der *Kapitalseite* gestellt wird. Dies ist von entscheidender Bedeutung, da bei einer Pattsituation zwischen den nominell gleich starken Aufsichtsratsbänken der Aufsichtsratsvorsitzende den Stichentscheid durch sein *doppeltes Stimmrecht* herbeiführen kann. Im Gegensatz zur Montanmitbestimmung, bei der der »neutrale Mann« die Pattsituation auflösen muss, besitzt hier die Kapitalseite letztlich einseitig die Möglichkeit, Entscheidungen zu ihren Gunsten festzulegen. Von einer paritätischen, d. h. gleichberechtigten Mitbestimmung kann bei der »76er« Mitbestimmung demnach keine Rede sein. Auf einer Fachtagung des DGB im Jahr 1986 zum Thema »10 Jahre Mitbestimmungsgesetz 1976« wurde festgestellt, dass das Gesetz seinen Namen zu Unrecht trage. Es handele sich nur um eine *Scheinmitbestimmung*. Es ist auch letztlich wie bei der Drittel-Parität allenfalls ein *Informationsgesetz*, »das – richtig genutzt – eine Betriebspolitik im Interesse der Arbeitnehmer unterstützen kann, mehr aber nicht zu leisten vermag« (Schäfer 1986: 30).

Aber selbst gegen diese unternehmerische Form der Scheinmitbestimmung gingen die Arbeitgeberverbände nach der Verabschiedung des Gesetzes gerichtlich vor. Das *Bundesverfassungsgericht* entschied allerdings, dass das Gesetz mit dem Grundgesetz vereinbar sei.[72] Betrachtet man die *quantitative Bedeutung* des »76er« Mitbestimmungsgesetzes, d. h. wie viele Unternehmen und abhängig Beschäftigte vom Gesetz heute erfasst werden, so stellt man fest, dass dies im Jahr 2008 mal gerade 694 Unternehmen mit rund 5 Millionen Beschäftigten waren (Böckler impuls 8/2009: 6). Dies zeigt bei insgesamt rund 2 Millionen Unternehmen und 35 Millionen Arbeitnehmern in Deutschland ihre nur geringe Relevanz.[73]

»Betriebsratsverseucht«
(Unwort des Jahres 2009)

3.3.1.6 Mitbestimmung zwischen Ablehnung und Anerkennung

Mitbestimmung ist heute in der Bundesrepublik, im Gegensatz zum Ausland,[74] in

---

72 Dies hat noch einmal der damals an dem Urteil beteiligte Bundesverfassungsrichter Helmut Simon in einem Interview bekräftigt (Köstler 2004: 55ff.).
73 Seit 1977 ist die Zahl der Unternehmen, die der »76er« Mitbestimmung unterliegen, aber immerhin von 475 auf 694 gestiegen. Dies hängt jedoch überwiegend mit der Wiedervereinigung, aber auch mit Konzernumstrukturierungen und Tochtergründungen in Form von GmbHs zusammen. Vgl. Mitbestimmung, Heft 9/2003, S. 70.
74 Vgl. dazu beispielhaft die Regelungen in *Europa*: Wernicke C., Balanceakt für Kapital & Arbeit. Eine Zeit-Serie über Mitbestimmung und Unternehmenskultur, in: Die Zeit vom 29.10.1998, Gröteke, F., Am Ende entscheidet der Chef. Italienische Gewerkschaften pflegen die Distanz zum Management, in: Die Zeit vom 26.11.1998, Schmid, K.-P., Lieber Streit als Konsens. Mitsprache der Arbeitnehmer passt nicht in die soziale Tradition Frankreichs, in:

eine *gesetzlich* abgesicherte institutionalisierte Form eingebunden. Dabei ist Mitbestimmung in der Vergangenheit von den Gewerkschaften nicht nur eingefordert und ihr Ausbau immer wieder angemahnt worden, sie war und ist auch immer vom Kapital heftig bekämpft, abgelehnt und diskreditiert worden (dafür steht nicht nur das Unwort des Jahres 2009). Für die Kapitalseite bedeutet Mitbestimmung in erster Linie eine Beschneidung von *Macht* im Unternehmensgefüge; Mitbestimmung tangiert das *unternehmerische Herrschaftsprinzip*. Dies wird indessen von der Arbeitgeberseite nicht direkt ausgesprochen. Geschickt täuschte der ehemalige Präsident des Bundesverbandes der Deutschen Industrie (BDI), Olaf Henkel, über seine wirkliche Motivation hinweg, wenn er feststellt: »Tatsache aber ist, dass die deutsche Mitbestimmung in der Praxis zu zeitraubenden und kostenträchtigen Abstimmungs- und schwerfälligen Entscheidungsprozessen führt, oft mit enttäuschenden Ergebnissen; sie ist starr und inflexibel und passt in ihrer jetzigen Form nicht mehr in die Zeit« (Henkel 1999: 146). Sein Nachfolger beim BDI, Michael Rogowski, wird noch deutlicher: »Ich finde, dass die Mitbestimmung im Aufsichtsrat eingeschränkt werden sollte und Arbeitnehmer dort nicht vertreten sein müssen« (zitiert in IG Metall-Bezirksleitung Hannover 2001). Rogowski bezeichnet Mitbestimmung sogar als einen *»Fehler der Geschichte«*. Ebenso kritisiert der ehemalige Aufsichtsratsvorsitzende der Deutschen Bank, Rolf-E. Breuer, die Mitbestimmung im Aufsichtsrat aufs Heftigste (IG Metall-Bezirksleitung Hannover 2001). Die mitbestimmungsfeindliche Grundüberzeugung von Spitzenvertretern der Arbeitgeberverbände zeigte sich unverhohlen, als »der (ehemalige) Vorsitzende des Deutschen Industrie und Handelstages (DIHT), Hans Peter Stihl, auf die zaghaften Vorschläge zur 3. Novellierung des Betriebsverfassungsgesetzes 2001 durch die rot-grüne Bundesregierung im Vorfeld mit einer *Verfassungsklage* drohte. Hier fühlt man sich an das Jahr 1976 erinnert, als die damaligen Arbeitgeberverbände das Mitbestimmungsgesetz durch ein Urteil des Bundesverfassungsgerichtes zu verhindern suchten« (Meine 2000: 223). Auch der jüngste Versuch einer unternehmensbezogenen *Mitbestimmungskommission* (der nach 1970 zweiten »Biedenkopf-Kommission«) endete zwischen Kapital und Arbeit im heftigen Streit (Müller-Jentsch 2007: 104ff.). Die noch von Bundeskanzler Gerhard Schröder (SPD) eingesetzte neunköpfige Kommission, bestehend aus drei Wissenschaftlern und je-

---

Die Zeit vom 19.11.1998, Zank, W., Ein stiller Konsens. Weil Dänemarks Gewerkschaften stark sind, trumpfen sie nicht auf, in: Die Zeit vom 12.11.1998, Fischermann, T., Bastard kontra Schädling. Großbritanniens Gewerkschafter und Arbeitgeber verharren oft in Konfrontation, in: Die Zeit vom 5.11.1998, Kohler, T. C., Betriebliche Interessenvertretung in den *Vereinigten Staaten*: Ein Überblick, in: Arbeit und Recht, Heft 11/1998, S. 434ff.

weils drei Arbeitnehmer- und Arbeitgebervertretern[75], hatte den Auftrag, »ausgehend vom geltenden Recht, Vorschläge für eine moderne und *europataugliche Weiterentwicklung* der deutschen Unternehmensmitbestimmung zu entwickeln.«[76] Während die *Wissenschaftler* in der Kommission keinen Bedarf für eine grundlegende Änderung der bestehenden Unternehmensmitbestimmung sahen, auch nicht im Hinblick auf das immer wieder von der Kapitalseite vorgetragene Argument eines *Standortnachteils* für ausländische Investoren,[77] wollten die Arbeitgebervertreter dagegen die heute bestehende unternehmensbezogene Mitbestimmung quasi auf ein *Drittelbeteiligungsmodell* zurechtstutzen[78] – also selbst die lediglich nur numerische paritätische Mitbestimmung von 1976 abschaffen (vgl. dazu den folgenden Kasten). Die Wissenschaftler in der Kommission sprachen sich aber eindeutig für Mitbestimmung aus. Die Mitsprache der Arbeitnehmer habe sich bewährt, sie sei in Europa kein Exot und in Zukunft dürfte sie noch wichtiger werden. Ob die Wissenschaftler aber auch dann noch so positiv über Mitbestimmung geurteilt hätten, wenn die Forderung gelautet hätte, die Bedingungen des Montanmitbestimmungsgesetzes über die ganze Wirtschaft unabhängig von der Rechtsform ab einer Betriebsgröße von 500 Beschäftigten auszudehnen (vgl. dazu Kap. 3.3.1.10.2), muss wohl bezweifelt werden.

Es gibt aber auch fortschrittliche Unternehmer und Verbandsvertreter, die der Mitbestimmung im Grunde positiv gegenüber stehen. So urteilte der frühere Arbeitgeberpräsident Klaus Murmann: »Das Prinzip Mitbestimmung stand und steht für mich außer Streit, denn die prinzipielle Anerkennung der Mitbestimmung ist tief in unserer Gesellschaft verankert, ist sie doch Grundlage und Ergebnis einer bei uns seit langem praktizierten Sozialpartnerschaft« (Handelsblatt 1998: 25). Manche lernen in Sachen Mitbestimmung auch dazu, wie etwa der ehemalige Hauptgeschäftsführer des Arbeitgeberverbandes Gesamtmetall, Dieter Kirchner: »In meiner Verbandstätigkeit«, schreibt er, »habe ich eher die Problemfälle kennen gelernt. In der Kommission von

---

75 Für die Wissenschaft waren dies: Neben Kurt Biedenkopf der Direktor am Kölner Max-Planck-Institut für Gesellschaftsforschung Wolfgang Streeck und der ehemalige Bundesarbeitsgerichtspräsident Helmut Wißmann. Die Arbeitgeber wurden vertreten durch die Präsidenten von BDA Dieter Hundt und BDI Jürgen Thumann sowie durch den früheren Daimler-Chrysler-Vorstand Manfred Gentz. Die Gewerkschaftsvertreter waren der DGB-Vorsitzende Michael Sommer, der IG Metall-Vorsitzende Jürgen Peters und der RWE-Betriebsratsvorsitzende Günter Reppien.

76 Laut Schreiben des Kanzlers vom 21.07.2005 an die Kommissionsmitglieder.

77 Vgl. Kommission zur Modernisierung der deutschen Unternehmensmitbestimmung. Bericht der wissenschaftlichen Mitglieder der Kommission, Dezember 2006.

78 Vgl. BDA und BDI, Mitbestimmung modernisieren. Bericht der Kommission Mitbestimmung, Berlin 2004.

Was BDI und BDA in Sachen Mitbestimmung verschlechtern wollen

Unternehmensmitbestimmung: Die Montanmitbestimmung soll ganz abgeschafft werden. Die paritätische Besetzung der Aufsichtsräte soll auf eine Drittelbeteiligung beschränkt werden. Die externe Besetzung der Aufsichtsräte durch Gewerkschaftsvertreter soll ganz wegfallen. *Betriebliche Mitbestimmung: Völlig abgeschafft* werden sollen die Mitsprache beim Gesundheitsschutz, bei betriebliche Bildung, Gruppenarbeit, Modalitäten bei der Entgeltzahlung, bei Interessenausgleich und Sozialplan die Einschaltung von Beratern und der Nachteilsausgleich. *Eingeschränkt* werden sollen die Mitsprache bei der betrieblichen Entgeltgestaltung, bei der Wahl des Vergütungssystems, der Einführung von Leistungslohn, der Entgelthöhe bei Zielentgelt, der Lage der Arbeitszeit, bei Überstunden, bei Leistungs- und Verhaltenskontrollen. *Betriebsratswahl:* Betriebsratswahlen sollen nur noch gültig sein, wenn sich mindestens ein Drittel der wahlberechtigten Beschäftigten an der Wahl beteiligen. *Tarifverträge:* Vom Gesetz abweichende Betriebsratsstrukturen sollen durch Betriebsvereinbarung geregelt werden. Dadurch soll der gewerkschaftliche Einfluss durch Tarifverträge beseitigt werden. *Betriebsratsgremien* sollen verkleinert werden. Verschlechterung bei der Größe und Freistellung von Betriebsräten. *Übernahme:* Abschaffung des Übernahmeanspruchs der Jugend- und Auszubildendenvertreter. *Angriff auf die verfassungsgeschützte Tarifautonomie:* Betriebliche »Bündnisse für Arbeit« sollen ermöglicht, das »Günstigkeitsprinzip« erweitert werden: Damit können massive Einschnitte in Arbeitnehmerrechte damit gerechtfertigt werden, dass dadurch der Arbeitsplatz »erhalten« bleibe.

Bertelsmann und Böckler-Stiftung haben wir dagegen nach ›Best practise‹-Beispielen gesucht. Ich war überrascht, wie viele es davon gibt und was die bewegen können. Ich habe gelernt, dass Mitbestimmung eine Chance sein kann. Ich habe das auch öffentlich gesagt und manche Kritik aus meinem früheren Lager eingesteckt« (Kirchner 2001: 9).

Zu positiven Ergebnissen in Sachen Mitbestimmung kommt auch die gemeinsam von der Bertelsmann Stiftung und der Hans-Böckler-Stiftung eingesetzte *Mitbestimmungskommission* aus dem Jahr 1998. Demnach ist Mitbestimmung keinesfalls ein Hemmschuh im Sinne einer Behinderung von *ökonomischer Effizienz.* Dennoch sind die weitgehend als Kompromiss einzustufenden Ergebnisse der Kommission, die mit Gewerkschafts- und Arbeitgebervertretern besetzt war, aus zwei Gründen nicht unproblematisch. Erstens erfolgt im Rahmen einer Zukunftsbeschreibung von Mitbestimmung eine »eindeutige Präferenz für *freiwillige betriebliche Vereinbarungen* statt gesetzlicher Regelungen« (Müller-Jentsch 2001: 204) und zweitens wird Mitbestimmung auf einen *ökonomischen Standortvorteil* »im Sinne einer auf Konsens basierenden Modernisierung von Betrieb und Unternehmen reduziert« (Meine 2000: 222). Der Bezirksleiter der IG Metall Niedersachsen und Sachsen-Anhalt, Hartmut Meine bemerkt hierzu:

> »Dieses Ergebnis ist vor dem Hintergrund der historischen Erfahrungen der Gewerkschaften mit der Forderung nach Mitbestimmung nicht akzeptabel. Wesentliche Fortschritte bei der Mitbestimmung sind auch nur mühsam und teilweise unter Anwendung von Streiks und Demonstrationen gegen den Widerstand von Unternehmen und Politik erzielt worden. Bei der Forderung nach Mitbestimmung geht es um die Forderung nach Demokratisierung von Wirtschaft und Gesellschaft und nicht um Standortvorteile. Die Hoffnung, durch die gemeinsame Kommission der Hans-Böckler-Stiftung und der Bertelsmann Stiftung einige Kapitalvertreter auf den Grundgedanken der Mitbestimmung zu verpflichten, greift zu kurz. Denn die entscheidenden Kräfte im Unternehmerlager sind auch zu Beginn des 21. Jahrhunderts konsequente Gegner der Mitbestimmung« (Meine 2000: 223).

Auch der ehemalige Inhaber des Lehrstuhls für Mitbestimmung an der Ruhr-Universität Bochum, Walter Müller-Jentsch, stellt bezüglich des Ziels der »Demokratisierung der Wirtschaft« fest, dass der ansonsten viel gelobte und auch wichtige Kommissionsbericht nur noch »Spurenelemente nicht-ökonomischer Rechtfertigung der Mitbestimmung« enthält. »Er konzentriert seine Argumentation auf die *betriebswirtschaftlichen Funktionen* der Institutionen der Mitbestimmung. ›Anders als in den siebziger Jahren‹, konstatiert die Kommission, ›wird die Mitbestimmung heute nur noch selten mit der Notwendigkeit begründet, (…) demokratische Verhältnisse zu schaffen‹. ›Beteiligung an Entscheidungen‹ würde weniger als Eigenwert, sondern ›vornehmlich als Mittel zum Zweck der Steigerung der Effizienz von Betrieben und Unternehmen gefordert und verteidigt« (Müller-Jentsch 2001: 208). Mit einer solchen Argumentation ist man schnell auf einer *arbeitsplatzbezogenen freiwilligen Partizipationsebene*, die die Motivation und letztlich die Arbeitsproduktivität der Mitarbeiter steigern soll und heute zumindest in größeren Unternehmen schon deshalb notwendig sei, »weil (…) komplexe Organisationen einen erheblichen Konsensbedarf haben und ohne Partizipation nicht effektiv zu steuern sind. (…) Freilich besteht ein entscheidender Unterschied zur Mitbestimmung. Freiwillig gewährte Partizipation ist ein Instrument der Unternehmensführung und dient der Erhöhung organisatorischer Effizienz; sie kann *einseitig aufgekündigt* werden. Demgegenüber werden die Institutionen der Mitbestimmung von den Arbeitnehmern gebildet, gewählt und kontrolliert« (Müller-Jentsch 2001: 208). Außerdem reicht bereits heute die betriebliche (gesetzliche) Mitbestimmung – ganz zu schweigen von der unternehmerischen Mitbestimmung – qualitativ weit über jede Form einer ausschließlich im Sinne eines Human-Resources-Managements geforderten, individuellen (arbeitsplatzbezogenen) Partizipation hinaus.

Dass die Mitbestimmungsdiskussion tatsächlich nur noch unter ökonomischen Effizienzkriterien geführt wird, muss man aber auch den *Gewerkschaften* selbst vorwerfen, da sie ihre jeweiligen *Grundsatzprogramme* (zuletzt auf dem Dresdner Gewerkschaftstag 1996) angepasst und »in schrittweisen Revisionen den *Markt* als ein der wirtschaftlichen Planung überlegeneres, weil effizienteres Steuerungsinstrument anerkannt« haben (Müller-Jentsch 2001: 209). Diese Verengung auf die zwar wichtige, aber einseitig ökonomische Frage greift allerdings viel zu kurz. Mitbestimmung verdient nach dem Arbeitsrechtler Wolfgang Däubler (1973) *Verfassungsrang* (Art. 1 Grundgesetz: bezogen auf die »Würde des Menschen«) und nach Müller-Jentsch (2001: 209) »einen ordnungspolitischen Platz in der Konzeption der Sozialen Marktwirtschaft«. Diese fordert nicht die Unterordnung der Mitbestimmung unter ökonomische Effizienz und die uneingeschränkte Herrschaft der Märkte, sondern setzt, insbesondere beim vielseitigen immanenten Marktversagen, auf Staatsintervention zur sozialen Sicherung und Umverteilung von primären Markteinkommen (vgl. dazu das Kap. 4). Als gesellschaftliche und politische Dimension sollte deshalb eine Soziale Marktwirtschaft auch auf eine demokratische Teilnahme der Arbeitnehmer, also auf Mitbestimmung, aufbauen.

Die quantitative Ausprägung von gesetzlicher Mitbestimmung ist dagegen heute in Deutschland nur gering. Das zeigen eindeutig die *empirischen Befunde:* In den letzten Jahren sind die »*mitbestimmungsfreien Zonen*«, in denen es weder eine betriebliche Mitbestimmung durch einen Betriebsrat noch einen arbeitnehmermitbestimmten Aufsichtsrat, also eine unternehmerische Mitbestimmung in der privaten Wirtschaft gibt, sogar von 51 v. H. aller Arbeitnehmer Mitte der 1980er Jahre auf knapp über 60 v. H. Mitte der 1990er Jahre angewachsen (Bertelsmann Stiftung/Hans-Böckler-Stiftung 1998: 52f.). Betrachtet man nur die unternehmerische Mitbestimmung, so fallen in Deutschland lediglich rund 5 Millionen, d. h. gut 14 v. H. der abhängig Beschäftigten unter diese Mitbestimmungsform, die, wie schon ausgeführt, außer im Montanmitbestimmungsgesetz keine wirklich paritätische Mitbestimmung möglich macht. In einer Untersuchung zur *betrieblichen Mitbestimmung* stellte das Deutsche Institut für Wirtschaftsforschung (DIW) fest, dass im Jahre 2001 nur 17 v. H. aller Betriebe in Westdeutschland und 15 v. H. in Ostdeutschland einen *Betriebs- oder Personalrat* hatten. »In neun von zehn Betrieben mit über 300 Beschäftigten waren Betriebs- oder Personalräte vorhanden. In mittleren Betrieben hatten noch etwa drei von vier Beschäftigten eine solche Interessenvertretung, in Betrieben mit über 20 und unter 100 Beschäftigten allerdings nicht einmal mehr jeder zweite und in Betrieben mit fünf bis 20 Beschäftigten nur noch jeder zehnte« (Holst/Schupp 2003: 177). Zu ähnlichen Ergebnissen kommt die Studie über »Arbeitnehmerbeteiligung in mittelständischen Unternehmen« von Schlömer, Kay, Rudolf und Wassermann aus dem Jahr 2004. In einer jüngeren Studie der Ruhr-Universität Bochum aus dem Jahr 2006 wurde festgestellt, dass rund 40 v. H. aller Betriebe in Deutschland über mindestens ein Organ der betrieblichen Vertretungs- und Beteiligungspraxis verfügen – in gut der Hälfte der Fälle ist dies ein Betriebsrat. Auch wurde zum wiederholten Mal festgestellt, dass die Verbreitung von Mitbestimmung stark abhängig von der Betriebsgröße ist. Erst in Betrieben mit mehr als 500 Beschäftigten gibt es in 95 v. H. der Fälle einen Betriebsrat. In der Größenklasse 10 bis 19 Beschäftigte haben nur 7 v. H. der Betriebe eine Mitbestimmungsvertretung (Hauser-Ditz/Hertwig/Pries 2006). Gerade in den kleinen und mittleren Betrieben gelten die Eigentümer, die ihre Unternehmen selbst führen, obwohl sie noch nie mit einem Betriebsrat konfrontiert wurden, als die größten *Mitbestimmungsgegner*. Die Erklärung dafür liegt darin, dass die sozialen Beziehungen in solchen Unternehmen »entscheidend durch die omnipotente Präsenz des Eigentümers oder Geschäftsführers auf allen Ebenen des betrieblichen Geschehens geprägt ist. ›Ich kenne nur eine Organisation in meinem Betrieb, und das bin ich!‹, soll Bata, ein später groß gewordener Mittelständler gesagt haben. Zu diesem Führungsbild gehört einerseits die paternalistische Fürsorgepflicht gegenüber allen Mitgliedern der ›Betriebsfamilie‹, andererseits die Abwehr jeder konkurrierenden Organisation im Betrieb, also Betriebsräte und Gewerkschaften« (Wassermann 1999: 771).

Aber auch in den Unternehmen mit Betriebsrat fällt den Arbeitnehmervertretern das Verhandeln auf gleicher Augenhöhe mit dem Management immer schwerer. Auslagerungen, Fusionen und der Abbau von Hierarchiestufen sind hier die Ursachen. In nur noch einem Drittel der Betriebe haben es Betriebsräte mit dem *Entscheidungsmanagement* am Standort direkt zu tun. Zwei Drittel der Betriebsräte beklagen mittlerweile *betriebsfremde Entscheidungsstrukturen*, d. h. das Management, das die finalen Entscheidungen trifft, befindet sich überhaupt nicht mehr vor Ort. Betriebsferne Managementfunktionen und Entscheidungsstrukturen lassen dabei in den Augen der befragten Betriebsräte jene Verlässlichkeit vermissen, welche für eine kontinuierliche und durchsetzungsfähige Betriebsratsarbeit vonnöten ist (Behrens/Kartler 2006).

3.3.1.7 Mitbestimmung und Europa

Bei der Vielfalt an unterschiedlichen Regelungen in der Europäischen Union (EU) in Sachen Mitbestimmung, läge es nahe, so die Arbeitgeber, den Gedanken der »*zivilrechtlichen Verhandlungslösung*« für das ganze deutsche Mitbestimmungsrecht fruchtbar zu machen. Man sollte auch hier, so die Meinung, den Weg zu »freien Aushandlungen« für »maßgeschneiderte unternehmensspezifische« Lösungen möglich machen. Dieser Gedanke ist aus Interessensicht der Arbeitgeber nachvollziehbar, nicht aber aus Sicht der Arbeitnehmer, die zur Durchsetzung von Mitbestimmung feste gesetzliche Regeln brauchen. Diese sind auf europäischer Ebene, historisch bedingt, nicht so weitreichend wie die in Deutschland.[79] Dies gilt auch für die *Europäische Betriebsräte-Richtlinie* von 1994 und die ergänzende Richtlinie von 1996. Zwar ist es hierdurch in Konzernen mit mehreren europäischen Standorten zu einer verbesserten Koordination und Abstimmung betrieblicher Arbeitnehmerinteressen gekommen, eine notwendige *wirtschaftliche Mitbestimmung* ist aber auch hier ausgeschlossen worden. Gemessen an der deutschen Betriebsratsmitbestimmung gemäß Betriebsverfassungsgesetz, obwohl auch hier keine wirtschaftliche Mitbestimmung gegeben ist, sind die Rechte eines Europäischen Betriebsrats deutlich geringer. Es bestehen nur *Informations- und Konsultationsrechte*. Aber selbst hier liegen mangelhafte Ergebnisse vor (vgl. Tab. 16). Und auch die Zahl der Europäischen Betriebsräte ist in Deutschland mit nur einem Drittel aller möglichen Unternehmen mit mehreren europäischen Standorten, die einen Europäischen Betriebsrat konstituieren könnten, mehr als dürftig (Lücking/Trinczek/Whittall 2008).

Auch die Europäische Aktiengesellschaft, lat. Societas Europaea (SE), die nach 30 Jahren Streit nun in einem Kompromiss seit Oktober 2004 gesellschaftsrechtlich konstituiert werden kann, bietet eine Angriffsfläche zur Einschränkung unternehmerischer Mitbestimmung in Deutschland. Danach können sich Unternehmen künftig in der EU durch Fusion oder Umwandlung eine neue, länderübergreifend einheitliche Rechtsform geben. Deutsche Unternehmen, die eine SE gründen, sind dabei in der Entscheidung frei, ob sie noch das nach deutschem Recht *duale System* mit

---

79 Dennoch sitzen in 18 von 27 Staaten der EU Arbeitnehmervertreter in den höchsten Führungsorganen großer privater und staatlicher Unternehmen – das zeigt eine Untersuchung des Europäischen Gewerkschaftsinstituts (EGI) in Brüssel. Es ist auch hier eine substanzielle Partizipation der Arbeitnehmer in den Aufsichtsräten vorgesehen.

Tab. 16: Euro-Betriebsrat: Mangelhaft informiert

Thema	Nicht Thematisiert	Thematisiert, aber nutzlose Informationen	Hilfreiche Information, aber keine Anhörung	Hilfreiche Information und Anhörung
Wirtschaftliche und finanzielle Situation des Unternehmens	5,5 v. H.	7,0 v. H.	59,4 v. H.	28,1 v. H.
Unternehmensstrategie und Investitionen	9,3 v. H.	7,2 v. H.	56,2 v. H.	27,3 v. H.
Schließungen und Abbau	19,2 v. H.	9,1 v. H.	47,1 v. H.	24,5 v. H.
Fusionen, Übernahmen, Akquisitionen	24,3 v. H.	7,8 v. H.	53,1 v. H.	14,8 v. H.
Standortwechsel Verlagerungen der Produktion	37,8 v. H.	5,9 v. H.	40,8 v. H.	15,4 v. H.

Quelle: Waddington, J., WSI-Mitteilungen 10/2006

Vorstand oder Geschäftsführung und Aufsichtsrat wählen oder das einstufige angelsächsische Modell. In diesem sind die Funktionen der Unternehmensführung und -kontrolle im so genannten »Board of Directors« oder »Verwaltungsrat« gebündelt, der nicht auf dem deutschen Mitbestimmungsmodell basiert. Die operative und weitgehend strategische Unternehmensführung liegt hier in der Hand von geschäftsführenden Direktoren, die Mitglied des Verwaltungsrats sein können, aber nicht sein müssen. Arbeitnehmervertreter wirken im Verwaltungsrat nicht mit. Die SE ist als eine optionale Rechtsform möglich, die zu den bestehenden nationalen Regelungen ergänzend hinzutritt. Die *Arbeitnehmermitbestimmung* soll dabei in »uneingeschränkter Freiheit ausgehandelt« werden. Eine solche »freie« Lösung gilt vor einer »Auffangregelung«, die nur im Falle eines Scheiterns freier Verhandlungen zum Tragen kommt. Die Grundsatzentscheidung für die SE fällen aber die Leitungsorgane ohne direkte Interventionsmöglichkeit der Arbeitnehmervertreter. Anschließend muss die Unternehmensleitung Verhandlungen zur Beteiligung der Arbeitnehmer einleiten mit dem Ziel, eine Vereinbarung abzuschließen. Ohne Verhandlungen ist eine Eintragung der SE in das Handelsregister nicht möglich. Für Umfang und Inhalte der Arbeitnehmerbeteiligung macht die Richtlinie keine detaillierten inhaltlich-materiellen Vorgaben. Alle Einzelheiten sind frei verhandelbar mit grundsätzlich offenem Ausgang. Einigt man sich nicht, so ist letztlich eine sog. »Nulllösung« möglich. Für die Mitbestimmung der Arbeitnehmer gelten dann weiterhin die *nationalen Regelungen* und womöglich kommt es noch zur Umsetzung des Euro-Betriebsrates. »Die SE ist besonders für solche Unternehmen attraktiv, die für Regelungen der Mitbestimmung relevante Schwellenwerte erreichen. Einige Unternehmen, die sich der Schwelle von 2.000 Arbeitnehmern nähern und damit unter das Mitbestimmungsgesetz von 1976 fallen würden, versuchen, durch Umwandlung in eine SE den bisherigen Status einzufrieren. Ähnliches gilt für Unternehmen, die den Schwellenwert von 500 Arbeitnehmern erzielen, womit sie in den Geltungsbereich des Drittelbeteiligungsgesetzes von 2004 fallen würden« ((Keller/Werner 2009: 422). Bis Ende 2008 wurden in der EU 307 SE gegründet, davon 45 in Deutschland (Keller/Werner 2009: 416ff.). Die direkten Auswirkungen der SE auf die deutsche Mitbestimmung sind noch als gering einzustufen. Ob dies allerdings so bleibt, kann heute noch nicht abschließend beurteilt werden. Hier bedarf es mehr praktischer Erfahrungen.

3.3.1.8 Mitbestimmung und ökonomische Effizienz

Die aktuelle *wissenschaftliche Diskussion* über Mitbestimmung in Betrieb und Unternehmen dreht sich schwerpunktmäßig fast nur noch um die bereits erwähnten wirtschaftlichen Folgen – um *ökonomische Effizienz*. Dabei geht es um theoretische Untersuchungen und empirische Messungen anhand von Kennzahlen wie Gewinn, Arbeitsproduktivität, Lohnstückkosten, Beschäftigungsniveau oder Innovationsgrößen (Müller-Jentsch 2001: 204ff., Höpner 2004: 36f.). Diese einseitige Hinwendung auf die Frage, ob die Institutionen der Mitbestimmung ökonomisch effizient sind, ist zu kritisieren. Sie verkürzt die Sicht auf einen »ökonomischen Imperialismus« (Müller-Jentsch*)* und vernachlässigt damit alle sozial- und personalpolitischen Aspekte von Mitbestimmung im Sinne einer *»sozialen Effizienz«* (Müller-Jentsch 2001: 207). Vom rein theoretisch-ökonomischen Ergebnis her sind dabei die Antworten breit gestreut: Man diagnostiziert sowohl *positive ökonomische Effekte* in Form einer Einsparung von Transaktionskosten durch Mitbestimmungsinstitutionen sowie die von einer Partizipation ausgehende Steigerung der Motivation und Kooperation der Arbeitnehmer, Steigerungen bei Produktivität und Ertrag (Renaud 2008) wie auch *negative ökonomische Effekte*. Diese werden vehement von Vertretern eines marktradikalen *Neoliberalismus* behauptet. Mitbestimmung führe zu Bürokratisierung und beschränke Vertragsfreiheit und Wettbewerb. Insbesondere würden die Verfügungsrechte (Property Rights) der Kapitaleigner von Arbeitnehmern beschnitten, weil diese an unternehmerischen Entscheidungen teilnehmen und kein Risiko tragen würden. Andere Theorieansätze zu den ökonomischen Folgen von Mitbestimmung sprechen von gleichzeitig auftretenden Effizienz fördernden und Effizienz mindernden Effekten (Lindenthal/Sliwka 2003: 87ff.). Demnach kommt es durch Mitbestimmung auf der einen Seite zu einem Effizienz fördernden Informationsaustausch zwischen Unternehmensleitung und Belegschaft und auf der anderen Seite zu einer Monopolmacht des Faktors Arbeit, die Entscheidungen verzögere und betriebliche Erträge umverteile sowie Effizienz mindernd wirke.

Schließlich sind noch jene Theorien zu nennen, die divergierende Auswirkungen der Mitbestimmung nach unterschiedlichen Unternehmenstypen konstatieren. So können Unternehmen, die ihre Unternehmensstrategie auf eine Qualitätsproduktion ausrichten und deshalb auf qualifizierte und motivierte Arbeitnehmer setzen, von der Mitbestimmung eher Effizienz steigernde Wirkungen erwarten als Unternehmen, die einem harten Kostenwettbewerb ausgesetzt sind. Auch wird Mitbestimmung immer wieder im Fokus der Unternehmensgröße analysiert (Jirjahn 2003: 43ff.). Während in größeren Unternehmen Effizienz steigernde Effekte von Mitbestimmung zugestanden werden, wird dies in kleineren Unternehmen bis zu 100 Beschäftigten nicht gesehen. Hier sei die Arbeitsorganisation weniger komplex und die Arbeitsbeziehungen überschaubar und persönlicher und daher könne auf eine »kollektive Stimme« in Form eines Betriebsrates verzichtet werden (Müller-Jentsch 2001: 206).

Neben den theoretischen Untersuchungen über eine ökonomische Effizienz gibt es auch eine Reihe *empirischer Untersuchungen*. Diese versuchen in der Regel mit unterschiedlichen Kennzahlen (Gewinn, Arbeitsproduktivität u.a.) und ökonometrischer Regressionsanalysen, die Wirkungen von Mitbestimmung aufzuzeigen. Die Ergebnisse sind allerdings auch hier heterogen. »Es werden positive, negative und neutrale Effekte gemessen, die zudem in der Regel schwach ausgeprägt und von geringer statistischer Signifikanz sind. Ihre Evidenz wird dadurch relativiert, dass sich die modellierten Kausalzusammenhänge schwerlich von anderen Einflussfaktoren isolieren lassen. Somit liefert uns auch die empirische Forschung alle theoretisch denkbaren Antworten auf die Frage nach der ökonomischen Effizienz der Mitbestimmung« (Müller-Jentsch 2001: 207). Es steht aber nicht die ökonomische Effizienz bei der Mitbestimmung im Mittelpunkt, sondern die paritätische Partizipation in Form einer unmittelbaren oder mittelbaren Teilnahme der Arbeitnehmer am Zustandekommen von *Unternehmensentscheidungen* im Sinne einer qualifizierten Einflussnahme auf Organisations-, Planungs-, Entscheidungs-, Realisierungs- und Kontrollvorgänge in Unternehmen. Im Folgenden geht es deshalb um die in einem Unternehmen auf einzelwirtschaftlicher Ebene zu konstituierende Mitbestimmung, die auf *Demokratisierung* abzielt. Hierbei soll vor dem Hintergrund der heute gültigen gesetzlichen Mitbestimmung die Notwendigkeit ihrer weitergehenden konkreten Entwicklung aufgezeigt werden. Die Elemente einer *partizipativen Unternehmenskultur*, d. h. eine *offene Informations- und Kommunikationspolitik*, eine *partizipative Führung* und ein *permanenter Weiterbildungsprozess* sollen berücksichtigt und in ihrer praktischen Anwendung dargelegt werden. Eine solche partizipative Unternehmenskultur ist eine notwendige Bedingung für einen hier vertretenen *holistischen Mitbestimmungsansatz* in Betrieben und Unternehmen, den es gesetzlich abzusichern gilt.

3.3.1.9 Paritätische Mitbestimmung zwischen Kapital und Arbeit – Voraussetzungen

3.3.1.9.1 UNTERNEHMERISCHE INFORMATIONSPOLITIK

Um die Partizipation der Beschäftigten in der wirtschaftlichen Praxis mit Leben zu erfüllen, bedarf es einer weitgehenden und *offenen Informationspolitik*; die heute nur in wenigen Ausnahmefällen in den Unternehmen zu beobachten ist. Dabei kommt der Information nicht erst seit heute und nicht nur im Unternehmenszusammenhang eine ungeheure Bedeutung zu. »Die postindustrielle Gesellschaft ist eine *Informationsgesellschaft*. Es wird geschätzt, dass bereits ca. 50 v. H. des Bruttosozialprodukts durch Informationsaktivitäten erwirtschaftet werden« (Scholl 1992: 910). Der Organisationstheoretiker Scheer (1990) bezeichnet die Information neben den Produktionsfaktoren Arbeit, Betriebsmittel und Werkstoffe als einen eigenständigen *vierten Produktionsfaktor*. Für Schulte-Zurhausen lässt sich dies daraus ableiten,

- dass »Informationen die Grundlagen für Entscheidungen bilden und damit in allen Unternehmensbereichen benötigt werden;
- dass sämtliche Prozesse in einem Unternehmen durch Informationsbeziehungen miteinander verknüpft sind und eine reibungslose Abwicklung der Prozesse in starkem Maße von der Gestaltung der Informations- und Kommunikationssysteme abhängt;
- dass Informationen aus unterschiedlichen internen und externen Quellen beschafft werden müssen;
- dass die Sammlung, Verarbeitung, Speicherung und Übertragung von Informationen mit teilweise erheblichen Kosten verbunden ist« (Schulte-Zurhausen 1999: 67).

Insbesondere am letzten Punkt zeigt sich die *Ökonomisierung* von Informationen. In der Wettbewerbstheorie einer vollkommenen Konkurrenz[80] verfügen noch alle Wirt-

---

80 Zur Marktform der vollkommenen Konkurrenz vergleiche noch ausführlich den Punkt 4.1.1.2 »Neoklassische (statische) Wettbewerbstheorie«.

schaftssubjekte über *vollkommene Informationen*, so dass sich hieraus keinerlei Wettbewerbsvorteile ableiten lassen. Informationen können außerdem kostenlos beschafft werden, es entstehen keine *Transformationskosten*, und Informationen führen letztlich zu einer totalen Markttransparenz aller Marktteilnehmer. Die wirtschaftliche Realität steht allerdings in einem krassen Gegensatz zum Modell der vollkommenen Konkurrenz. Jedes Unternehmen, jedes Wirtschaftssubjekt, muss sich z.T. mühselig Informationen beschaffen und sitzt nicht selten *Desinformationen* auf. Hinzu kommt, dass die Beschaffung von Informationen mit Zeitaufwand und beträchtlichen Kosten, bei Desinformationen sogar mit Leerkosten verbunden ist. Für Unternehmen folgt hieraus uneingeschränkt, dass es überaus wichtig ist, mit Informationen wirtschaftlich umzugehen und eine adäquate *Informationspolitik* nach innen und außen zu betreiben. Sollen sich Mitarbeiter mit »ihrem« Unternehmen identifizieren, motiviert und produktiv ihre Arbeit verrichten, mitdenken und Geschäftsprozesse mitverantworten, soll es zu einer vertrauensvollen Zusammenarbeit im Unternehmen kommen, so ist es unerlässlich, dass die Beschäftigten über einen hinreichenden *Informationsstand* verfügen.

»Information schafft Zugehörigkeit –
Mangel an Information entfremdet«
(Gesamtmetall 1989: 36).

Informationen bilden im betrieblichen Alltag aber auch ein *Herrschaftsinstrument*. Durch subtile Zurückhaltung und Verfälschung von Informationen zur Selbstdarstellung und Absicherung individueller Pfründe werden sie gezielt gegen andere Mitarbeiter und ganze Abteilungen eingesetzt und wirken so auf den unternehmerischen Erfolg kontraproduktiv. Hierbei bedient man sich nicht selten auch des Instruments der *»Gerüchteküche«*, die gerade in den Unternehmen besonders gut funktioniert, wo keine offene Informationspolitik betrieben wird. Dabei sollte eigentlich jede Unternehmensleitung wissen, »dass es nur eine Möglichkeit gibt, die Gerüchteküche erkalten zu lassen, nämlich (durch) rechtzeitige, offene und umfassende Information« (Kübel 1990: 191).

3.3.1.9.1.1 Informationen reichen nicht – Wissen ist gefragt

Informationen als isolierte Erkenntnisse sind aber nicht hinreichend. Es fehlt noch etwas ganz Entscheidendes bei der Verarbeitung und Umwandlung von Informationen, nämlich die Herstellung eines *Zusammenhangs von mehreren Informationen*. Erst wenn dies gelingt, entsteht beim Verarbeiter von Informationen eine neue Erkenntnis – nämlich mehr *Wissen*. Dies gilt für die Gesellschaft als Ganzes, aber auch für die Unternehmen und Beschäftigten. »Das klingt sehr allgemein und ist im Grunde auch selbstverständlich. Doch wenn man betrachtet, in welchem Umfang heute die Medien gerade zur *Fragmentierung des Wissens* und Bewusstseins beitragen, wird deutlich, dass Zerstörung der zusammenhängenden Weltauffassung zu einem wesentlichen *Herrschaftsmittel* geworden ist. Man sehe sich nur einmal die Tagesschau unter dem Gesichtspunkt dieser Fragmentierungsstrategie an. Ohne erkennbare Struktur, ohne geschichtliche Hintergründe, ohne Rückverweise auf vergleichbare Ereignisse werden Informationen aneinandergereiht, die nichts erklären und Zusammenhänge zwischen der Situation des Fernsehzuschauers und der übrigen Welt buchstäblich auseinanderreißen. (...) Heute scheint es unzeitgemäß, das Wort *Dialektik* in den Mund zu nehmen. Dass diese Denkweise zu einem klappernden Gerüst, in dem tatsächlich alles mit allem irgendwie verbunden ist, heruntergebracht wurde, bezeichnet eine eigene Tragödie. Ist aber ›Zusammenhang‹ eigentümlicher Zweck des Lernens, dann ist *dialektisches Denken*, dass heißt die lebendige Bewegung in Widersprüchen, die sich weder aufheben noch umgehen lassen, von äußerster Aktualität. Die Spannung zwischen dem lernenden Ich und dem Übergang der Objektivität hat sich in gleichem Maße verschärft, wie das Subjekt den Traum von Autonomie und Freiheit verwirklicht glaubt. Diese *Scheinautonomie* und die entsprechende *Freiheitsillusion* durchschaubar zu machen und am Ende aufzuheben, ist deshalb der erste und wesentliche Akt eines *Lernprozesses*, der wirkliche Autonomie und Freiheit begründet. Nicht nur die Erosion der objektiven Verhältnisse macht es unmöglich, dass Zusammenhang ohne aktive Beteiligung der Lernsubjekte zustande kommt; auch die zersprungene Freiheit der großen Theorien legt uns nahe, über neue Verbindlichkeiten in der Herstellung von Zusammenhang nachzudenken« (Negt 2002: 61f.).

Wie soll dies aber in einer Welt geschehen, die fast nur noch aus *Oberflächlichkeit* und *Verdummung* besteht und in der die hoch konzentrierten und diversifizierten Mediengruppen heute Massenkultur, Kommunikation und Information bis zur Unkenntlichkeit miteinander verbunden haben (Ramonet 2003: 1)? Der vor kurzem verstorbene amerikanische Pädagoge Neil Postman schrieb in seinem 1985 berühmt gewordenen Buch »Wir amüsieren uns zu Tode«:

> »Wenn ein Volk sich von Trivialitäten ablenken lässt, wenn das kulturelle Leben neu bestimmt wird als eine endlose Reihe von Unterhaltungsveranstaltungen, als gigantischer Amüsierbetrieb, wenn der öffentliche Diskurs zum unterschiedslosen Geplapper wird, kurz, wenn aus Bürgern Zuschauer werden und ihre öffentlichen Angelegenheiten zur Varietee-Nummer herunterkommen, dann ist die Nation in Gefahr – das Absterben der Kultur wird zur realen Bedrohung.«

Dialektische Zusammenhänge aufzuzeigen, dies fällt allerdings schwer in einer Welt, in der Politik und Wirtschaft nicht einmal im Geringsten daran denken, das zusammenhängende *Wissen in der Gesellschaft* zu steigern. Würde dies geschehen, müsste sich Politik und Wirtschaft um wesentlich mehr gesellschaftliche Akzeptanz bemühen, als es heute der Fall ist. Überlagert und bestimmt wird die allgemeine gesellschaftliche Entwicklung durch eine neoliberale Globalisierung, die mittlerweile auch die »vierte Gewalt«, die *Medien*, erreicht und sie ihrer Funktion als Gegenmacht zur Politik und Wirtschaft mehr und mehr beraubt hat. Die mächtigen Mediengruppen wie News Corps, Viacom, AOL-Time Warner, General Electric, Microsoft, Disney, Bertelsmann, Yahoo, Google, Telefonica, die RTL-Gruppe und Trance Telecom sind selbst *Global Player* an den Weltmärkten geworden, die fast ausschließlich auf profitträchtige Unterhaltung, auf Werbung und oberflächliche Öffentlichkeitsarbeit setzen. Die Globalisierung hat dabei zu einer generellen Konfrontation von Markt und Staat, von Privatwirtschaft und öffentlichem Sektor, von Individuum und Gesellschaft, von Privatem und Öffentlichem, von Egoismus und Solidarität geführt. Bei den Menschen zeigt sich seit Jahren ein eindeutiger Trend zur *Entsolidarisierung* und zur *Individualisierung*. Nicht Solidarität, sondern das Ego wird betont und zur Schau gestellt. Auch die Voraussetzungen für die *Identitätsbildung* des Menschen haben sich damit verändert. Da die Bedeutung traditioneller Lebenszusammenhänge in den Hintergrund getreten ist, wird der Mensch mit seiner Identitätsentwicklung und seinen Bemühungen um biographische und vor allem berufsbiographische Kontinuität zunehmend auf sich selbst verwiesen. Dies führt immer mehr zu einer *Entfremdung* von der eigenen Person.

3.3.1.9.1.2 Fehlende zusammenhängende Wissensvermittlung
Bezogen auf unternehmerische Prozesse ergibt sich hieraus ein großes Problem. Wie soll die in Managementtheorien immer wieder eingeforderte *Identifikation und Solidarität des Mitarbeiters* mit »seinem« Unternehmen gelingen bzw. umgesetzt werden, wenn er selbst die eigene Identifikation in der Gesellschaft und im Arbeitsprozess durch Entfremdung und Oberflächlichkeit verloren hat, wenn er entsolidarisiert, wenn er individualisiert wurde? Wie soll dies gelingen, wenn der Mitarbeiter im Unternehmen von Informationen, von zusammenhängenden Informationen (Wissen) geradezu mit System, d. h. bewusst, abgeschnitten wird und überhaupt kein Wissen erhält? Die Antwort kann nur sein: Es gelingt nicht, eher kommt es zu einer Quadratur des Kreises. Wollen die Kapitaleigner und ihre Topmanager aber die Mitarbeiter und damit auch ihre Unternehmen weiterentwickeln, so geht kein Weg daran

vorbei, den Mitarbeitern auch *ein zusammenhängendes Wissen* über das ganze Unternehmen zukommen zu lassen und nicht nur bestimmte selektierte Informationen, die allenfalls ein fragmentiertes Wissen enthalten. Was soll man vom Management eines Unternehmens halten, in dem die Beschäftigten, die tagein, tagaus, nicht selten über Jahrzehnte Wert schöpfende Arbeit verrichten, nicht wissen, wie viel Umsatz und Gewinn pro Monat, Quartal und Jahr »ihr« Unternehmen erwirtschaftet hat oder welche strategische Ausrichtung es bezogen auf Produkte und Märkte verfolgt und welche Unternehmensziele dem Ganzen zugrunde liegen?

Bei der Bereitstellung von Informationen (Wissen) für Mitarbeiter nimmt heute die Organisationstheorie eine *Dreiteilung* vor:
- erstens Informationen, die zur jeweiligen engen *arbeitsplatzbezogenen* (funktionalen) Aufgabenerfüllung benötigt werden;
- zweitens für die Aufgabenerledigung *zusätzlich nützliche Informationen* sowie
- drittens *wünschenswerte, aufgabenunabhängige, allgemeine Unternehmensinformationen.*

Bei den arbeitsplatzbezogenen Informationen (Wissen) setzt die erste Ebene der Mitbestimmung an, indem sie sich auf die kleinste organisatorische Einheit in einem Unternehmen bezieht. Dies ist der Arbeitsplatz, der konkrete Ort der Arbeitsverrichtung durch einen Mitarbeiter. Auf diesen Arbeitsplatz wirkt Mitbestimmung nachhaltig ein und zurück. Hier zeigt sich bereits, inwieweit der einzelne Mitarbeiter an seinem individuellen Arbeitsplatz einen mitbestimmten Einfluss ausüben kann und wie er durch Mitsprache an Entscheidungsprozessen beteiligt wird. »Die überragende Bedeutung der Entscheidungspartizipation ergibt sich (dabei) daraus, dass sie *Eigen- bzw. Selbstmotivation der Mitarbeiter* bewirken kann« (Schanz 1993: 526). Dies ist von enormer Wichtigkeit. Ihr instrumenteller Wert besteht insbesondere darin,
- dass »das Verständnis gefördert wird, welches Verhalten zu welchen Gratifikationen führt. Wer an Entscheidungsprozessen beteiligt ist, vermag in der Regel besser zu erkennen, zu welchen Ergebnissen die individuellen Anstrengungen führen;
- dass die Beziehung zwischen individuellen Anstrengungen und erlangbaren Gratifikationen persönlich beeinflusst werden kann. Dies erhöht unter Umständen die Anreizwirkung;
- dass das Selbstwertgefühl steigen kann. Die Wertschätzung von Partizipationsmöglichkeiten hängt in diesem Zusammenhang davon ab, wie stark ›höher geordnete‹ Bedürfnisse – also etwa nach Unabhängigkeit, Kompetenz oder Selbstentfaltung – ausgeprägt sind« (Schanz 1993: 529).

Charakteristisch ist für die *arbeitsplatzbezogene Partizipation*, dass »aus funktionaler Sicht (...) an jedem Arbeitsplatz und in jedem Arbeitsvollzug ein schon von der Arbeitsaufgabe her umschriebenes *Mitwirkungspotential* für jeden Beteiligten« besteht (Fürstenberg 1973: 176). Hier ist allerdings die Frage zu stellen, wie weit dies Mitwirkungspotential des Einzelnen reicht. Soll es zu einer wirklichen Entscheidungspartizipation kommen oder nur lediglich zu einer *Delegation*? »Dabei werden durch Delegation die Entscheidungsbefugnisse zwischen Vorgesetzten und weisungsmäßig unterstellten Mitarbeitern im Voraus aufgeteilt, eine Form der Vorwegkoordination, die in der Regel im Rahmen von *Stellenbeschreibungen* erfolgt. Der Mitarbeiter erhält auf diese Weise einen fest umgrenzten Aufgabenbereich, innerhalb dessen er verpflichtet ist, selbstständig zu handeln und zu entscheiden. Konsequenterweise trägt er dann auch die Verantwortung für sein Tun und für sein Unterlassen.

Partizipation lässt dagegen eine derartige analytische Trennung nicht zu. Ihr charakteristisches Merkmal besteht vielmehr darin, dass Mitarbeiter Einfluss auf Verlauf und Ausgang von Entscheidungsprozessen nehmen können. Partizipation ist insofern eine gegenüber der Delegation weitergehende Entscheidungsbeteiligung« (Schanz 2003: 526f.), die allerdings in der wirtschaftlichen Praxis in der Regel nicht gegeben ist. Das Top-Management und die Führungskräfte lassen sich von Arbeitsplatzbesitzern in ihre Entscheidungsprozesse nicht hineinreden, verhalten sich bei Entscheidungen eher autoritär und versorgen ihre Mitarbeiter oft nur mit den notwendigsten *Informationen*. Zusätzliche Informationen, die über die eigentliche funktionale (arbeitsplatzbezogene) Erfüllung der Arbeit hinausgehen, werden dagegen nicht offengelegt, geschweige denn aufgabenunabhängige aber wünschenswerte allgemeine Unternehmensinformationen. In der Realität kommt es so allenfalls zu *Pseudo-Partizipationen*, die lediglich eine Verbesserung der zwischenmenschlichen Beziehungen anstreben, während die Bedürfnisse der Mitarbeiter und auch ihr Wissen bei den zu treffenden Entscheidungen unberücksichtigt bleiben. Zu solchen Pseudo-Partizipationsformen muss man auch die im Rahmen einer »vergemeinschaftenden Personalpolitik« viel gelobten Formen zur Gestaltung einer Arbeitsorganisation wie etwa *Job rotation, Job enrichment, Job enlargement* oder die Einführung *teilautonomer Arbeitsgruppen* zählen (Jung 1995: 206ff.). Sie stellen zwar alle mehr oder weniger *erweiterte Möglichkeiten* dar, am Arbeitsplatz den Handlungsspielraum für den Einzelnen zu erhöhen, bieten aber letztlich dennoch keine zusätzliche oder wirklich individuelle *Entscheidungspartizipation*, weil das Entscheidende fehlt: der Einfluss auf den Verlauf und den Ausgang von Entscheidungsprozessen.

Gemäß der oben angeführten Dreiteilung einer Bereitstellung von zusammenhängenden Informationen (Wissen) ist man in der Mehrzahl der Unternehmen der Auffassung, dass Mitarbeiter nur über solche Informationen verfügen müssen, die sich unmittelbar auf den Gegenstand, die enge Funktion der jeweiligen Aufgabendurchführung, beziehen.[81] Eine solche rein *aufgabenbezogene Informationspolitik* reicht aber bei weitem nicht aus. Dies gilt auf jeden Fall immer dann, wenn Unternehmen – zumindest in der theoretischen Forderung – vom Organisationsaufbau als *holistische (Geschäfts-)Prozesse* abgebildet werden sollen. Ein Prozess schließt dabei die Erstellung einer Leistung oder die Veränderung eines Objektes durch die Folge logisch zusammenhängender Aktivitäten ein. Jeder Prozess hat eine *Input-Quelle* (Sender oder Lieferanten) und mindestens ein *Output-Ergebnis* (Empfänger oder Kunde). Zwischen Input und Output liegt die *funktionale Aufgabenerfüllung* durch den Menschen. Hierbei kommt es natürlich bezogen auf das Prozessergebnis, dem Output, entscheidend auf die individuelle menschliche Leistung an. Diese wiederum wird durch die *Leistungsfähigkeit* (Eigenschaften und Grundfähigkeiten sowie erworbene Kenntnisse und Qualifikationen) sowie durch die *Leistungsbereitschaft* (physiologisch und psychologisch) determiniert. Daneben wirken auf die Leistungsbereitschaft die *Leistungsbedingungen* (ergonomische Arbeitsplatzgestaltung, allgemeine Umweltbedingungen und zureichende Sachmittel) direkt oder indirekt ein. Die Prozessketten sind dabei sowohl *horizontal* als auch *vertikal* ausgerichtet. Es bestehen nicht nur externe, sondern auch interne Sender-Empfänger-Beziehungen. Dabei ist die kleinste organisatorische Einheit, die Stelle, aber auch die Gruppe oder Abteilung, sowohl Sender oder Lieferant als auch Empfänger und Kunde. Die Bereitstellung der Information über das Zustandekommen der Input-Daten (welche Aufgaben in den vorgeschalteten Stellen erledigt wurden) und die weitere Verarbeitung der Output-Daten (welche Aufgaben hiermit in den nachfolgenden Stellen durchgeführt werden) wird allerdings in der Praxis zumeist nicht mehr für notwendig erachtet. Das hierdurch zustande kommende reine *aufgaben- und funktionsbezogene Denken*, ohne dass die Mitarbeiter die Auswirkungen auf die jeweilige vertikale und horizontale organisatorische Input-Output-Verknüpfung berücksichtigen, führt notwendigerweise nicht zu optimalen Unternehmensergebnissen. Wie soll schließlich ein Mitarbeiter wissen, der neben seiner reinen Auf-

---

81   Zu den mit der *Aufgabe zusammenhängenden Informationen* gehören auch »die so genannten ›ungeschriebenen Spielregeln‹ eines Unternehmens, in denen z. B. der Umgang mit Kollegen und Kunden, aber auch andere Aspekte, wie z. B. Kleidungsrichtlinien festgelegt sind (beim amerikanischen Büromaschinen- und Computerhersteller IBM ist es z. B. ein ›ungeschriebenes Gesetz‹, dass alle Führungs- und Verkaufskräfte während ihrer Arbeit, insbesondere aber bei Kundenkontakten, einen dunkelblauen Anzug tragen müssen)« (Jung 1995: 447).

gabenerledigung nicht auch über Input-Output-Zusammenhänge bezogen auf seine Organisationsstelle informiert worden ist, welche Folgen es für das Unternehmen haben kann, wenn er in der *Prozess- oder Geschäftskette* seine Aufgabe nicht ordnungsgemäß erfüllt? Hier liegt schließlich nur fragmentiertes Wissen vor. Erst wenn es zu einem zusammenhängenden Informationsaustausch kommt, können die Arbeitsprozesse und dadurch auch die Produktqualität verbessert werden. Außerdem werden im Leistungserstellungsprozess wesentlich weniger Fehler als zuvor gemacht.

Trotzdem sind viele Manager und Führungskräfte der Auffassung, dass Mitarbeiter an Informationen (Wissen), die über ihren engen funktionalen Aufgabenbereich hinausgehen, *kein Interesse* hätten. Dies ist nicht zutreffend. Es ist sogar das Gegenteil der Fall, wenn Mitarbeiter merken, dass eine *unzureichende Informationspraxis* zu den größten Defiziten im Unternehmensalltag gehört. »Auch der von vielen Führungskräften befürchtete *Autoritätsverlust* stellt sich in der Regel nicht ein, vielmehr wächst das Vertrauen und das Verständnis für betriebliche Probleme. So sind das Unverständnis für manche Entscheidung der Unternehmensleitung und die daraus resultierenden Motivationsdefizite oft auf die unzureichende Information der Mitarbeiter zurückzuführen« (Jung 1995: 448). Wenn der über die enge Aufgabenerfüllung hinausgehende zusätzliche Informationsaustausch unter den Mitarbeitern nicht zu Stande kommt, – womit die dritte Ebene der wünschenswerten Unternehmensinformationen noch gar nicht angesprochen ist – so können letztlich die Ergebnisse auch nur *suboptimal* sein.

3.3.1.9.1.3 Holistische Informationspolitik

Mit dem Austausch *aufgabenbezogener Informationen* ist es also nicht getan. Zu einer modernen holistischen, mitarbeiterorientierten Informationspolitik gehört eine umfassende Darlegung des *gesamten Unternehmens* und seiner Zielorientierungen. Mitarbeiter, aber auch die *Öffentlichkeit*, haben ein Interesse und einen Anspruch auf allgemeine Unternehmensinformationen. Hierbei ist zwischen Mitarbeitern und Öffentlichkeit, die auch aus Konkurrenzbetrieben besteht, zu unterscheiden. Im Wesentlichen geht es bei allgemeinen Unternehmensinformationen um *wirtschaftliche Daten* (Umsatz, Kosten, Gewinn etc.). Dies bezieht sich sowohl auf die jeweiligen Ist- als auch auf die unternehmerischen Prognosedaten. Diese werden in den meisten Unternehmen, die keinen *gesetzlichen Veröffentlichungspflichten* gemäß Publizitätsgesetz oder Handelsgesetzbuch (HGB) unterliegen oder an Börsen notiert sind, als *Betriebs- oder Geschäftsgeheimnisse* behandelt und so weder den Beschäftigten noch der Öffentlichkeit kundgetan. Die Mitarbeiter wollen aber wissen, wie es wirtschaftlich um »ihr« Unternehmen steht und dies nicht erst im schlimmsten aller Fälle, im Insolvenzfall, aus der Zeitung erfahren, wie es immer wieder vorkommt – übrigens nicht nur bei kleinen oder mittelgroßen Unternehmen. Ohne eine umfassende und offene *wirtschaftliche Informationspolitik* gibt es auch keine Identifikation und Motivation bei den Beschäftigten. Fragt man dagegen heute Mitarbeiter in den Unternehmen, so kennen sie weder den Umsatz, noch haben sie Informationen über andere wichtige wirtschaftliche Kennziffern. Auch in Kommunen, wo einzelne Unternehmen nicht selten ein bedeutender Wirtschaftsfaktor sind, kommt es vor, dass die dortigen Politiker so gut wie nichts über das »Innenleben« der ortsansässigen Unternehmen wissen und von wirtschaftlichen Schwierigkeiten immer wieder überrascht sind. Außerdem will die Öffentlichkeit z. B. über gefährliche Produktionsprozesse, nicht nur in Unternehmen der Atom- oder Chemiewirtschaft, und über das Umweltverhalten von Unternehmen informiert sein. Leider vernachlässigen die meisten Unternehmen auch hier eine aufklärende Informationspolitik. Im Gegenteil: Nicht selten wird die Öffentlichkeit sogar bewusst von den Unternehmensleitungen falsch informiert. Unternehmen agieren und existieren nun aber einmal in einer bestimmten Umwelt (Öffentlichkeit), sind mit dieser verknüpft und können ohne diese nicht bestehen. Insofern hat die Öffentlichkeit auch ein Anrecht auf allgemeine Unternehmensinformationen. Es sei denn, es käme hierdurch zu *Wettbewerbsverzerrungen* oder zur Weitergabe von wirklichen Geschäftsgeheimnissen, wie beispielsweise Erfindungen oder nicht allgemein zugänglichen Marktinformationen.

3.3.1.9.2 KOMMUNIKATION UND FÜHRUNG
3.3.1.9.2.1 Es mangelt an einer Streit- und Konfliktkultur

Um Informationen und Wissen im Unternehmen rational auszutauschen, ob mündlich oder schriftlich, müssen Menschen kommunizieren. Obwohl es sich hierbei um eine triviale Feststellung handelt, ist die Umsetzung in der Praxis eine der schwierigsten Aufgaben. Es sieht so aus, als hätten die Menschen das Kommunizieren verlernt. Oder warum sonst müssen Unternehmen heute Millionen von Euro für Kommunikations- und Rhetorikseminare ausgeben? Selbst an Hochschulen fällt es Studierenden schwer, sich zu artikulieren; sich in der Gruppe auch in Form eines Disputes auseinander zusetzen. Dies alles ist sicher auch eine Folge von Individualisierung, von Entsolidarisierung gesellschaftlicher und unternehmerischer Interaktionsprozesse. Was ist aber eigentlich Kommunikation? Allgemein wird darunter der *wechselseitige Austausch von Informationen (Wissen)* zwischen Menschen und/oder Maschinen verstanden. »Kommunikation ist immer dann erforderlich, wenn der Ort des Informationsanfalls und der Ort des Informationsbedarfes nicht identisch sind. Dies ist in Unternehmen die Regel. Die Nachrichten werden auf verschiedenen Wegen (Kommunikationskanälen) und mit verschiedenen Mitteln (Kommunikationsmedien) weitergeleitet und empfangen« (Schulte-Zurhausen 1999: 64). Jede Art der Kommunikation schließt dabei einen Sender und einen Empfänger ein. Geht die Botschaft nur vom Sender zum Empfänger, spricht man von einer *asymmetrischen Kommunikation* oder – bei einem Gespräch – von einem Monolog. Folgt auf die Botschaft des Senders dagegen eine Rückmeldung (Feedback), handelt es sich um eine *symmetrische Kommunikation* oder um einen Dialog (Jung 1995: 460f.).

Bei der Kommunikation ist nicht nur das Verbale oder Schriftliche wichtig, auch nonverbale Verhaltensweisen wie Mimik, Blickkontakt, Körperhaltung, ermutigende Gesten spielen hier eine große Rolle (Gramsbergen-Hoogland/van der Molen/Blom 1999: 16). Jede Nachricht ist nach Schulz von Thun (1990: 12ff.) *vierdimensional* aufgebaut.

- Sie besteht aus einem *Sachinhalt* (worüber wird informiert),
- dem *Beziehungsaspekt* (was ich von meinem Gesprächspartner halte und wie ich zu ihm stehe),
- einer *Selbstoffenbarung* (was ich von mir selbst kundgebe) und
- einem *Appellaspekt* (wozu ich meinen Kommunikationspartner veranlassen möchte).

Diese Vierdimensionalität muss in einer partizipativen Unternehmenskultur als symmetrisch oder dialogorientierte personelle Interaktion gelebt und über alle Hierarchieebenen *angstfrei* und ohne *Mobbing- und Bossingprozesse* umgesetzt werden. Dies bezieht sich sowohl auf die Ebene der vertikalen (hierarchischen) Kommunikation als auch auf die horizontale Kommunikation zwischen Stelleninhabern auf gleicher Organisationsebene. Unternehmen müssen dazu eine offene *Streit- und Konfliktkultur* sowie eine *Kultur der Zivilcourage* schaffen, wobei viele deutsche Unternehmen heute über eine solche konstruktive Kultur nicht einmal im Ansatz verfügen: »Konflikte werden totgeschwiegen oder aber emotional ausgetragen. Beides hat massive negative Konsequenzen: Falsche Harmonie, bei der Konflikte vertuscht und hinten angestellt werden, ziehen sehr viel Energie ab. Konflikte, bei denen nicht mehr Streit um die Sache, sondern Streit um die Person im Vordergrund stehen und die daher in rein emotionale Auseinandersetzungen ausarten, blockieren und lähmen ebenfalls alle Beteiligten. Entscheidend ist daher ein *Umgang mit Konflikten*, bei dem Konflikte thematisiert, analysiert und in einem konstruktiven, sachlichen und kooperativen Stil gelöst werden. Wichtig ist wiederum, dass das *Top-Management* mit den Beschäftigten die Spielregeln für eine Konfliktkultur definiert und danach selbst lebt. Durch adäquate Konfliktaustragung lassen sich Prozesse optimieren; es entsteht eine Energiezufuhr. In einer Streit- und Konfliktkultur werden Konflikte positiv gesehen: Sie sind Motor des Wandels und der Optimierung im Ablauf. Die sozial- und organisationspsychologische Forschung zeigt konsistent, dass sachliche Konflikte die Qualität von Entscheidungsprozessen und Entscheidungen erhöhen. Auch wenn Personen, die abweichende Positionen vertreten, in der Sache gar nicht recht haben sollten, so stimuliert doch alleine ihr *Widerspruch* bereits divergentes Denken und bewirkt eine Steigerung der Kreativität und der Entscheidungsqualität. In einer konstruktiven Konfliktkultur müssen daher auch Querdenken, Zivilcourage und konstruktiver Eigensinn gefordert und gefördert werden« (Frey/Schulz-Hardt 2000: 38f.). In zu vielen Unternehmen werden dagegen »*vorauseilender Gehorsam* und *angepasstes Denken* belohnt. Dies fördert unkritisches Entscheidungsverhalten: Bestehende Krisen verschärfen sich, Neuerungen haben keine Chance und (...) ›Groupthink‹-Neigungen werden forciert. Gefordert sind daher konstruktiver Eigensinn, der Mut zum Widersprechen, Zivilcourage nach oben und unten« (Frey/Schulz-Hardt 2000: 41).

3.3.1.9.2.2 Zu viel autoritäre Führung
In diesem Kontext muss Kommunikation auch als ein wesentliches Instrument der *Personalführung* verstanden werden, die allgemein als ein kommunikativer Prozess zur Einflussnahme auf die Mitarbeiter zum Zweck einer zielgerichteten Leistungserstellung definiert werden kann (Jung 1995: 402). »Führung bewegt Menschen. In Organisationen berührt sie jeden – Führende wie Geführte. John D. Rockefeller soll einmal gesagt haben, dass er für die Gabe des Umgangs mit Menschen mehr zahlen würde als für jede andere Gabe unter der Sonne. Und vermutlich hatte er dabei vor allem die *Führung von Menschen* im Sinn« (zitiert bei Weibler 2001: V). Führung von Mitarbeitern war und ist in der Tat eine der wichtigsten aber zugleich auch eine der schwierigsten Aufgaben in einem Unternehmen. Dies auch deshalb, weil Führung als Motivations- und Machtinstrument (Weibler 2001: 65ff.) immer auf fünf *psychologische Grundbedürfnisse* des Menschen zu achten und sie zu berücksichtigen hat:
- »Menschen haben das Bestreben, ein *Gefühl von Kompetenz* zu entwickeln.
- Menschen haben das Bestreben nach *Autonomie*, wollen also selbstbestimmt und selbstverantwortlich handeln.
- Menschen haben das Bestreben nach *sozialem Bezug* und *sozialer Eingebundenheit*; sie wollen mit anderen zusammen sein, die ihnen positive Unterstützung geben.
- Menschen möchten ein *Gefühl von Kontrolle* über ihre Umwelt haben, d. h. sie möchten Dinge beeinflussen, vorhersagen und erklären können.

- Menschen streben nach *Sinn*, d. h. sie möchten das Gefühl haben, dass das, was sie tun und erleben, für sie eine Bedeutung besitzt« (Frey/Schulz-Hardt 2000: 20).

Hieraus lassen sich allgemeine *Führungsprinzipien* ableiten. Diese sollten in Form einer *kooperativen* oder *partizipativen Führung*, die auf *Empowerment* (Ermächtigung) und Delegation setzt, angelegt sein (Hansen 1998: 42ff., Hentze 1991: 190ff.). Damit geht das Prinzip der Eigenverantwortung (Selbstkontrolle) einher, sowie eine weitreichende Selbstbestimmung und Leistungsorientierung mit der Toleranz, im Arbeitsprozess auch *Fehler* machen zu dürfen. Führung sollte außerdem durch *Zielvereinbarungen* (Management by Objectives) konstituiert werden, die letztlich zu *Handlungs- und Entscheidungsprozessen* führen, die nicht mehr autokratischer oder paternalistischer Natur sind, sondern die Mitarbeiter in die Unternehmensprozesse einbeziehen. Das gelingt aber nicht, wenn der Mitarbeiter sagt: »Sage mir, was ich tun soll« und die Führungskraft blinden Gehorsam erwartet; vielmehr geht es darum, dass sich zwei Erwachsene in einem kontinuierlichen Verbesserungsprozess begegnen. »Die Führungskraft ist nicht mehr der ›Besserwisser‹, der ›Macho‹, der ›Gottvater oder Boss‹, der sich keine Schwächen leisten darf und fürchtet, dass er – wenn er nicht alles besser weiß bzw. wenn er einen Fehler zugibt – seine Autorität verliert. Er ist vielmehr *Mentor*, *Coach* und *Trainer*, der bereit ist, andere groß werden zu lassen, der zuhören kann und die Fähigkeit besitzt, Fragen zu stellen, sowie auch ein hohes Maß an emotionaler Intelligenz aufweist« (Frey/Schulz-Hardt 2000: 17).

Dem steht in der Praxis immer noch überwiegend ein *autoritärer Führungsstil* gegenüber. Führungskräfte, die einen solchen Stil pflegen, reklamieren für sich umfassende Fachkompetenz und greifen in alle Bereiche direkt, indirekt und manipulativ ein. Dabei werden die persönlichen Ziele ohne Rücksicht auf die *Gemeinziele* durchgesetzt, und es wird suggeriert, dass die persönlichen Ziele dem Gemeinwohl dienen. Dazu gehört auch ein grundsätzliches *Misstrauen* gegenüber den Mitarbeitern. Haben Mitarbeiter eine andere Meinung und stehen dazu, so versucht die autoritäre Führungskraft häufig, den Mitarbeiter zu verleumden und auszugrenzen. Es wird dann oft behauptet, der Mitarbeiter sei unbeweglich und inkompetent. Die so Angegriffenen verstehen sich schnell als Opfer und je nach Mentalität ziehen sie sich zurück oder versuchen, sich durch Gegenangriffe zu wehren. Das provoziert weitere *Machtübergriffe der Vorgesetzten*, die Kompetenzen ihrer Opfer beschneiden und bereits delegierte Arbeiten wieder entziehen. Eine gute und vertrauensvolle Zusammenarbeit ist so nicht mehr möglich. Die Opfer versuchen, ihre fachliche und persönliche Identität wieder zu erlangen, aber wenn keine *einheitlich und unternehmensweit aufgestellten*

Führungsgrundsätze existieren, stehen am Ende meist die Entlassung, die Eigenkündigung oder verschiedene Krankheiten bei den Beschäftigten (Jesse 2003: 20).

Die amerikanischen Verhaltensforscher Vroom und Yetton (1973) definieren die höchste Stufe der *Mitarbeiter-Partizipation* wie folgt: Der Manager präsentiert das *Entscheidungsproblem* seinen Mitarbeitern auf einer Gruppensitzung. Gemeinsam werden in der Gruppe *Alternativen* entwickelt und bewertet sowie der Versuch einer Einigung unternommen. Der Manager übernimmt dabei die Funktion eines Moderators. Er versucht nicht, die Gruppe zur Übernahme der eigenen Lösung zu bewegen. Vielmehr ist er bereit, jede Lösung, die von der Gruppe als ganzes (mehrheitlich) getragen wird, zu akzeptieren und auch durchzusetzen. Per *Zielvereinbarung* erfolgt danach eine *Delegation* zur Arbeitsausführung. Delegieren heißt dabei: Übertragen von Aufgaben an geeignete Mitarbeiter, die genau abgegrenzte Befugnisse und Verantwortlichkeiten zur selbständigen Erledigung erhalten.

Individuelle Entscheidungspartizipationen am Arbeitsplatz sind dabei allerdings an *Mitarbeitervoraussetzungen* gebunden. Sie verlangen nach einer *Partizipationsfähigkeit* (Wissen) und *Partizipationsbereitschaft* (Motivation) der Mitarbeiter. Wenn hier Defizite bestehen, wird man auf die Instrumente der *Personalentwicklung* (Oechsler 1994: 373ff.) zurückgreifen müssen – insbesondere dann, wenn es in Unternehmen zu einer *Kulturanpassung* kommen soll, weil vorher durch autoritäres Führen eine erforderliche Partizipationskompetenz bei den Mitarbeitern nicht aufgebaut werden konnte. Hinzu kommt, dass die Führenden bereit sein müssen, auf ihre bisher ausgeübte alleinige Entscheidungsmacht, auf ihr Herrschaftswissen zu verzichten. »Zu den Voraussetzungen individuellen Partizipierens zählen auch situative Aspekte. Bedeutung kommt dabei insbesondere dem Ausmaß des *Konfliktpotentials* zu. Bekanntlich gibt es in der organisationalen Realität Situationen, die in den Augen der beteiligten Parteien *Null-Summen-Spiele* – eine Partei kann nur das gewinnen, was die andere verliert – sind. Im Unterschied dazu lassen ›*Win-Win-Situationen*‹ den Wert partizipativ-kooperativen Verhaltens erkennen« (Vroom/Yetton 1973: 530).

Jede Form der individuellen Mitarbeiterpartizipation und -delegation ist in einen Rahmen eingebunden und an Prämissen geknüpft. Der Rahmen für Mitarbeiterpartizipation wird durch die allgemeine und übergeordnete *Unternehmensführung* vorgegeben. Diese bezieht sich sowohl auf die klassischen Unternehmensfunktionen wie Beschaffung, Produktion und Absatz, als auch auf Finanzierungs- und Controllingaufgaben wie nicht zuletzt auf die Querschnittsfunktion der *Personalwirtschaft*. Daneben muss die Unternehmensführung das *Umfeld* eines Unternehmens mit in die Betrachtungen aufnehmen. Dazu gehören Lieferanten, Banken, Konkurrenten, Behörden, Verbände, die Öffentlichkeit und ganz wesentlich die Kunden. Träger der Unternehmensführung ist die höchste Leitungsebene, das Top-Management. Es besteht in Einzelunternehmen aus dem Unternehmer oder in Kapitalgesellschaften aus geschäftsführenden Gesellschaftern, angestellten Geschäftsführern oder Vorständen. In der Regel nehmen diese in Form von Kollegialsystemen die Unternehmensführung wahr und bestimmen damit die *Unternehmenspolitik* (Hill 1993: 4.366ff.). So legt das Top-Management u. a. auch die allgemeinen *Führungsgrundsätze* als einen wichtigen strategischen Unternehmensfaktor für jeden im Unternehmen fest und sanktioniert Verstöße gegen solche aufgestellten Grundsätze.

3.3.1.9.2.3 Paritätische Partizipation ist notwendig

In einem vorwärtsweisenden Unternehmensmodell, das auf paritätischer *Partizipation* aufbaut, sieht dies allerdings anders aus. Hier erfolgt keine *einseitige* Festlegung innerhalb der Führungs-Auseinandersetzung, sondern die Führungsgrundsätze werden einvernehmlich und im *Konsens* bestimmt. Jedoch nicht mit den Mitarbeitern auf individueller oder Gruppenebene, sondern mit den von der Belegschaft in demokratischen Wahlen nach dem Betriebsverfassungsgesetz bestimmten *Mitbestimmungsträgern*. Auch bei der Festlegung der *Unternehmensziele* und bei der Bestimmung der strategischen Instrumente zur Erreichung der Ziele sind die Mitbestimmungsträger uneingeschränkt im Stile eines *Co-Managements* einzubeziehen. Neben der Wahrnehmung ihrer *Schutzfunktion* im Interesse der abhängig Beschäftigten müssen sie auch eine *Gestaltungsfunktion* im Unternehmen übernehmen. Nur so ist eine qualifizierte (paritätische) Mitbestimmung umzusetzen. In Anlehnung an der von Vroom und Yetton entwickelten Partizipationsform der Führung bedeutet dies, dass die Top-Manager in gemeinsamen Sitzungen ein strategisches Entscheidungsproblem vorzubereiten und zu präsentieren haben. Gemeinsam werden dann mit der Mitbestimmungsseite mögliche Alternativen entwickelt und bewertet sowie der Versuch einer Einigung unternommen. Das Management und die Mitbestimmungsseite haben dabei eine hohe Verantwortung. Diese bezieht sich aber nicht nur – wie heute in den Unternehmen meist üblich – auf die *ökonomische Verantwortung* in Form einer maximalen Gewinnrealisierung für die Unternehmenseigner (Shareholder), sondern gleichberechtigt auch auf die *soziale Verantwortung* gegenüber den Mitarbeitern und nicht zuletzt auch auf die *ökologische Vorsorge* zum Schutz der Umwelt. In diesem Verantwortungs-Dreieck (Ökonomie, Soziales und Ökologie) hat sich eine partizipative Unternehmensführung zwischen Top-Management und Mitbestimmungsseite in demokratischer Form abzuspielen und wenn nötig, kompromissartig zu bewähren.

3.3.1.9.3 WEITERBILDUNG TUT NOT

3.3.1.9.3.1 Es geht aber nicht nur um Fachwissen

Um Wissens-, Kommunikations- und partizipative Führungsprozesse im Unternehmen in Gang zu setzen, bedarf es in Zukunft immer mehr einer *Lernqualität*, aber auch einer *Lerngeschwindigkeit*. Die Langsamen einer Branche werden hierbei im Wettbewerb die Verlierer sein. Unternehmen müssen sich deshalb zu *lernenden Organisationen* entwickeln. Betreiben Unternehmen nur eine zurückhaltende oder womöglich überhaupt keine Weiterbildung und Personalentwicklung, so wird sich dies auf die Zukunftsfähigkeit der Unternehmen fatal auswirken. Kurzfristiges *Kostendenken*, das heute in den meisten Unternehmen an erster Stelle steht, führt bereits mittelfristig zu kontraproduktiven Wirkungen. Um die hohen qualitativen Ansprüche an Mitarbeiter sicherzustellen und umzusetzen, bedarf es intelligenter *Personalentwicklungskonzepte* (Nagel 1990, Rückle/Mutafoff/Riekehof 1994, Drumm 2000: 365ff.). Diese müssen zu hinreichend gut ausgebildeten Mitarbeitern führen, die nicht nur – wie beschrieben – ihren zugewiesenen *Arbeitsplatz*, ihre darin angelegte Arbeitsfunktion beherrschen, sondern darüber hinaus auch in der Lage sind, die über die engen Aufgaben des Arbeitsplatzes hinausgehenden *Informationsprozesse* zu verarbeiten und in einen *holistischen* Unternehmenszusammenhang zu stellen. Dabei hat *Bildung (Weiterbildung)*[82] als wichtige Bedingung für das »Mitwissen« und die »Integration« der Beschäftigten aber nicht nur die Verpflichtung einer rein *beruflichen Förderung* des einzelnen Mitarbeiters, sie muss auch seine gesellschaftliche Integration und Harmonisierung herbeiführen. Dies lässt sich bruchlos auf die betriebliche Ebene übertragen. Bildung in Partnerschaftsbetrieben, die auf Partizipation zwischen Kapital und Arbeit setzen, wird über die fachliche Qualifizierung hinaus ausdrücklich als Erziehung zur kooperativen Zusammenarbeit verstanden. Dieser *Persönlichkeitsbildung* dienen auch andere personalpolitische Aktivitäten, weshalb Partnerschaft als pädagogischer Prozess beschrieben wird (Krell 1994: 192). Hierbei werden so genannte *Schlüsselqualifikationen* oder *Soft Skills*, wie Teamfähigkeit, Flexibilität, Organisationsstärke, Kreativität, Kommunikationsfähigkeit, Belastbarkeit usw. immer mehr gefordert und betont (Albrecht 2002: 21ff.). Es geht aber nicht allein um diese Schlüsselqualifikationen, zumal das heutige Bildungssystem fast ausschließlich *machtbezogene Qualifikationen* favorisiert und dadurch leistungsbewusste Mitläufer mit einer *lethargisch-affirmativen Grundhaltung* produziert, sondern darum, insgesamt *kritisch denkende Menschen* hervorzubringen. Es geht um die Ver-

---
82 Siehe dazu auch den nachfolgenden Exkurs: »Bildung und Qualifikation« und das Kap. 3.4 »Innovationsmanagement«.

mittlung eines *Orientierungswissens*, das zur Reflexion der Entwicklung allgemeiner gesellschaftlicher und ökonomischer Zusammenhänge befähigt, um zu begreifen, was in der Welt vor sich geht. Politische Gegenwartsbewältigung benötigt, so Oskar Negt, nicht nur *betriebswirtschaftlich* verwertbare Qualifikationen, sondern darüber hinaus eine Reihe von *gesellschaftlichen Schlüsselqualifikationen*, wie technologische, historische, ökonomische, ökologische sowie Identitäts- und Gerechtigkeitskompetenzen, die den Blick öffnen für Befreiungsphantasien und Arbeitsutopien (Negt 2002: 322f.).

Wie weit allerdings Unternehmen in der Praxis von diesem Anspruch, auch von einer »Partnerschaft«, wie Gertraude Krell sie betont, entfernt sind, belegt bereits die geringe Nutzung des in vielen Bundesländern bestehenden Rechtsanspruchs auf einen allgemeinen *Bildungsurlaub*. Viele Beschäftigte sehen sich geradezu einem Spießrutenlaufen ausgesetzt, wenn sie einen derartigen Anspruch formulieren, und viele verzichten deshalb darauf – nicht zuletzt aus Angst vor Repressalien. Trotzdem sehen rund 70 v. H. der Beschäftigten in Deutschland in Weiterbildung ein wichtiges Element, die eigene Beschäftigungsfähigkeit zu sichern und zu erhalten. Fast 40 v. H. der Unternehmen in Deutschland beklagen einen *Qualifikationsmangel der Bewerber*, vor allem in den naturwissenschaftlich-technischen Bereichen. Und die Bundesregierung will bis 2015 die Beteiligung an Weiterbildung auf 50 v. H. erhöhen (Hipp 2009: 362). Diese Ergebnisse stehen aber diametral zu den empirischen Befunden in Sachen Weiterbildung. »Nicht einmal 8 v. H. aller Beschäftigten in Deutschland nahmen 2005 (innerhalb der letzten vier Wochen vor dem Befragungszeitpunkt) an einer Weiterbildung teil, und lediglich etwas mehr als die Hälfte der deutschen Unternehmen bietet betriebliche Fortbildungsmöglichkeiten an. Damit liegt Deutschland sowohl in Bezug auf Teilnehmerzahlen als auch bei betrieblichen Angeboten in der Weiterbildung im europäischen Mittelfeld« (Hipp 2009: 362). Hinzu kommt noch, dass die Beteiligung an beruflicher Weiterbildung durch starke *qualifikatorische Segmentation* gekennzeichnet ist. Die bereits vor 30 Jahren in den Diskurs gebrachte *Polarisierungsthese*, nach der sich die qualifikatorischen Abstände zwischen Hoch- und Geringqualifizierten durch die berufliche Weiterbildungsteilnahme in Abhängigkeit unterschiedlicher Wirkungsfaktoren (z. B. Schulabschluss, Berufsstatus, Qualifikationsniveau) vergrößern, hat aktuell immer noch Bestand (Dobschiat/Seifert/Ahlene 2002: 25). Als Gründe für den Weiterbildungsattentismus sind drei Faktoren zu nennen: Erstens ist aufgrund der diffusen Nutzenverteilung die Finanzierungsverantwortung unklar. Zweitens wissen sowohl Beschäftigte als auch Betriebe nicht genug über zukünftige Qualifizierungsbedarfe und potenzielle Weiterbildungsangebote. Drittens kommt es auf individueller als auch betrieblicher Ebene zu Fehleinschätzungen über die Notwendigkeit von Weiterbildung. So gaben z. B. die Unternehmen an, dass die vorhandenen Fähigkeiten der Mitarbeiter dem Bedarf des Unternehmens entsprechen würden (79 v. H. der befragten Unternehmen). Des Weiteren seien die Kosten zu hoch (28 v. H.) und die Auslastung der Beschäftigten würde keine Weiterbildung ermöglichen (28 v. H.). Aus Sicht der *Beschäftigten* wird in weiterbildungsaktiven Unternehmen vielfach das nur mangelhafte Weiterbildungsangebot und die Fremdselektion durch den Arbeitgeber ohne jegliche Mitbestimmung beklagt (Mebes 2003: 98ff.). Es muss aber auch gegenüber den Mitarbeitern kritisch festgestellt werden, so die Untersuchungsergebnisse einer repräsentativen Umfrage durch die IG Metall, dass Arbeitnehmer zwar zu 91 v. H. den hohen Stellenwert von Aus- und Weiterbildung für den Erhalt des Arbeitsplatzes und ihr berufliches Fortkommen kennen, die *individuelle Bereitschaft zur Weiterbildung* aber trotzdem sehr unterschiedlich ausgeprägt ist. Diese »hält insgesamt nicht Schritt mit der Bedeutung, die der Qualifikation der Menschen in Gesellschaft und Wissenschaft für die Sicherung der Arbeitsplätze und des gesellschaftlichen Wohlstands zugeschrieben wird. Vor allem bei geringer Qualifizierten und Älteren gibt es deutliche Zurückhaltung gegenüber Weiterbildung« (IG Metall Vorstand 2001). Den Arbeitgebern muss dagegen vorgehalten werden, dass für sie eine weitergehende Qualifizierung von Mitarbeitern fast immer einen eindeutigen Bezug auf die im Betrieb zu erfüllenden *Aufgabenfunktionen* haben muss. »Eine Qualifikation, die im Betrieb nicht eingesetzt werden kann, ist für ihn (den Arbeitgeber) ohne Interesse. Im Ergebnis kann sie sich sogar kontraproduktiv auswirken: Findet der einzelne Arbeitnehmer bei einem Konkurrenten oder in einem anderen Bereich einen Arbeitsplatz, wo er die neuerworbenen Fähigkeiten gegen höheres Entgelt einzusetzen vermag, wird er möglicherweise von sich aus das Arbeitsverhältnis auflösen. Von daher besteht ein erhebliches Arbeitgeberinteresse daran, nur solche Weiterbildungsmaßnahmen anzubieten und zu finanzieren, die den Einsatz der Arbeitskräfte im eigenen Betrieb erleichtern« (Däubler 2000: 1.193). In der Regel versuchen die Arbeitgeber daher, Weiterbildungsinvestitionen mit einer arbeitsvertraglich bestimmten *Verbleibedauer* des Arbeitnehmers im Unternehmen zu verknüpfen; nicht selten mit viel zu langen Fristen und *Rückzahlungsforderungen* bei einem frühzeitigeren Verlassen des Unternehmens.

3.3.1.9.3.2 Weiterbildung muss gesetzlich und tariflich abgesichert werden
Ob es insgesamt in Zukunft zu verstärkten, auch allgemeinen Weiterbildungsprozessen in den Unternehmen kommt, kann man angesichts der gesammelten Erfahrun-

gen nicht mehr allein den so genannten *freien Marktkräften* oder der Entscheidung der *Arbeitgeber* überlassen. In anderen Ländern – etwa in Frankreich – macht die Politik mehr Vorgaben, wie Weiterbildung zu gestalten ist. Deshalb fordert die IG Metall, gemeinsam mit der Dienstleistungsgewerkschaft ver.di zu Recht ein verbindliches *Weiterbildungsgesetz.* »Wo wir keinen entsprechenden Tarifvertrag haben, brauchen wir einen verbindlichen Rahmen für Weiterbildung«, so Erwin Vitt, ehemals in der IG Metall für berufliche Bildung zuständiges geschäftsführendes Vorstandsmitglied: »Nur so sind die Ansprüche der Beschäftigten und die Qualität der Angebote abzusichern« (Direkt 2002: 4). Auch muss es zu viel mehr *Mitbestimmung* durch die Arbeitnehmer, notfalls durch gesetzliche Regelungen, kommen. Leider hat es auch die zum 1. August 2001 verabschiedete 3. Novelle zum Betriebsverfassungsgesetz versäumt, eine umfassende *paritätische Mitbestimmung* in Sachen »betriebsbezogener Weiterbildung« ins Gesetz aufzunehmen. Wichtig wäre insbesondere die Mitbestimmung bei der Festlegung des *Umfangs* an betriebsbezogenen Bildungsangeboten gewesen. Bis auf gestärkte Betriebsratsrechte in den vom Arbeitgeber veranlassten Fällen eines drohenden *Qualifikationsverlustes* bei Organisations- oder Betriebsveränderungen ist für die Arbeitnehmer aber nichts erreicht worden. Umfassende und gleichberechtigte Mitbestimmung bei Weiterbildung lehnen die Arbeitgeber weiter einhellig ab. Ihnen reichen offensichtlich bereits die »Mitbestimmungsrechte« bei der *dualen beruflichen Erstausbildung,* die in den §§ 96-98 BetrVG geregelt sind, obwohl auch hier der Betriebsrat nur ein Beratungs- und kein richtiges (paritätisches) Mitbestimmungsrecht hat.

Dies wurde noch einmal ausdrücklich vom Bundesarbeitsgericht betont. Der Betriebsrat könne nicht mitentscheiden, ob überhaupt betriebliche Bildungsmaßnahmen durchgeführt werden sollen, auch nicht durch ein *Einigungsstellenverfahren* (Däubler 2000: 1.190). Diese gerichtlich einseitige Interessenwahrung zugunsten der Arbeitgeber ist vor dem Hintergrund der Bedeutung von Aus- und Weiterbildung für den einzelnen Mitarbeiter wenig verständlich und zutiefst undemokratisch. Dennoch haben Arbeitgeber aus ökonomisch rationalen Gründen und auf Grund einer wachsenden Bedeutung der Weiterbildung für die Entwicklung ihrer Unternehmen in Einzelfällen freiwillige, nach dem gesetzlichen System aber nicht erzwingbare, *Betriebsvereinbarungen* abgeschlossen. Die Hans-Böckler-Stiftung hat durch eine Umfrage bei Betriebs- und Personalräten insgesamt aber nur 80 solcher Betriebsvereinbarungen ermittelt. Davon entfielen 59 auf den Vertretungsbereich des Betriebsverfassungsgesetzes (BetrVG) und 21 auf den des Bundespersonalvertretungsgesetzes (PersVG). Hinzu kamen allerdings noch 206 Vereinbarungen (161

BetrVG-Bereich, 49 PersVG-Bereich) zu zehn weiteren Handlungsfeldern wie Arbeitsorganisation, Arbeits- und Umweltschutz, Beschäftigungssicherung, Gruppenarbeit u. a., bei denen die Weiterbildung als ein Punkt unter vielen anderen auch geregelt wurde (Heidemann 1999).

Weiterbildung hat auch bei den *Flächentarifverträgen* »bisher nur eine untergeordnete Rolle gespielt. Zwar gab es in den 1980er und 90er Jahren in verschiedenen Wirtschaftszweigen Versuche zur *tariflichen Regelung* der betrieblichen Weiterbildung, doch konnte die von den Gewerkschaften gewünschte Verankerung von individuellen Freistellungsansprüchen im Flächentarif nicht durchgesetzt werden. (...) Auch der Versuch, in einigen Tarifverträgen eine gemeinsame kollektive Bedarfsfeststellung von Arbeitgeber und Betriebsrat zu verankern, führte in der Praxis nicht weiter; die Möglichkeiten dieser Verträge wurden in den Betrieben kaum genutzt, weil die komplexen Regelungen offenbar die betrieblichen Akteure überforderten« (Heidemann 2001: 58). Als innovativ kann vor diesem Hintergrund der im Juli 2000 in der *Metall- und Elektroindustrie Baden-Württembergs* abgeschlossene »*Tarifvertrag zur Qualifizierung*« angesehen werden. Dieser enthält

- den Anspruch auf ein regelmäßiges Personalgespräch über den Qualifizierungsbedarf, allerdings ohne konkrete Zeitansprüche auf Weiterbildung festzulegen, wohl aber das Recht auf Beteiligung der Beschäftigten an der Feststellung des Weiterbildungsbedarfs und der anschließenden individuellen Vereinbarung über die Weiterbildung;
- den Anspruch auf Freistellung von der Arbeit für persönliche Weiterbildung bis zu drei Jahren mit einem Rückkehrrecht auf einen dem alten mindestens gleichwertigen Arbeitsplatz. Dieser Anspruch ist allerdings an Bedingungen geknüpft: Er besteht nur nach einer Betriebszugehörigkeit von mindestens fünf Jahren und nur in Betrieben mit mehr als 50 Beschäftigten; außerdem muss die Weiterbildung selbst grundsätzlich für eine Tätigkeit im Betrieb geeignet sein. Die Finanzierung und alle Kosten dieser persönlichen Weiterbildung trägt der Arbeitnehmer aber allein (Heidemann 2001: 58f.).

Trotz dieses positiv zu wertenden ersten Tarifabschlusses muss dennoch kritisch festgestellt werden, dass das weite Feld der Weiterbildung in der Vergangenheit nur ein zweitrangiges betriebliches und auch tarifliches Betätigungsfeld der *Betriebsräte* und *Gewerkschaften* war. Ein wichtiger Grund dafür liegt für den Arbeitsrechtler Wolfgang Däubler (2000: 1.191) darin, »dass das effektive ›Mitreden‹ im Bereich Weiterbildung sehr viel Zeitaufwand und Sachkunde verlangt: Der Betriebsrat muss den effektiv bestehenden Weiterbildungsbedarf ermitteln und er muss sich um die Frage kümmern, welche Maßnahme im Einzelnen die angemessenste ist. Das Gespräch mit den Beschäftigten muss mit sehr viel Fingerspitzengefühl geführt werden. Mehr als Alltagswissen verlangt es auch, die Angebote im Weiterbildungsmarkt zu sichten und zu beurteilen.« Letztlich wird dies der Betriebsrat nur in Verbindung und konstruktiver Zusammenarbeit mit den im Unternehmen für Weiterbildung zuständigen Fachleuten umsetzen können. In kleinen und mittelgroßen Unternehmen, die nicht über eigene Fachleute verfügen, muss er wohl in Absprache mit der Unternehmensleitung auf externe Beratung zurückgreifen. Bei Aus- und Weiterbildungsfragen, d. h. bei der Festlegung des Bildungsbedarfes und der zeitlichen und persönlichen Verteilung von Weiterbildungsmaßnahmen sowie bei der Dotierung des monetär zur Verfügung gestellten Budgets im Unternehmen, müsste dem Betriebsrat für Verhandlungen mit den Arbeitgebern auf gleicher Augenhöhe unbedingt ein heute nicht gegebenes *paritätisches Mitbestimmungsrecht* eingeräumt werden, wobei im Fall von nicht überbrückbaren Meinungsverschiedenheiten mit dem Arbeitgeber die Einigungsstelle zu entscheiden hätte. Arbeitgeberverbände und Gewerkschaften sollten außerdem *tarifliche Rahmenregelungen* auf Ansprüche für Weiterbildung durchsetzen und die Qualifizierung mit der betrieblichen Personalplanung und -entwicklung (Aufstiegsmöglichkeiten) verknüpfen (Bosch/Kohl/Schneider 1995: 211ff., Klein-Schneider 2001). Der *Staat* könnte dafür mit einem allgemeinen *Weiterbildungsgesetz* den nötigen Rahmen schaffen und damit gleichzeitig nicht tarifgebundene Unternehmen ebenfalls zu einer betrieblichen Weiterbildung zwingen. Auch könnte der Staat über die Ausgabe von *Bildungsgutscheinen* monetäre Anreize schaffen. In Österreich werden solche Bildungsgutscheine in Höhe von 100 € kostenfrei ausgegeben. Sie können dann bei beliebigen Weiterbildungsträgern eingelöst werden. Zusätzlich muss aber auch bei den Arbeitnehmern stärker als bisher – dies gilt insbesondere für geringer Qualifizierte – für deren Qualifikationsbereitschaft geworben werden. Hierfür sind Modelle berufsbezogener Weiterbildung zu entwickeln und anzubieten. Ein besonderes Feld wird die *Weiterbildung älterer Arbeitnehmer* sein müssen. Hier sollten vor allem betriebsbezogene integrative Strategien mit spezifischen Angeboten, die auf das Erfahrungswissen und Lernverhalten älterer Mitarbeiter eingehen, entwickelt und bereitgestellt werden. Davon könnten dann auch jüngere Mitarbeiter in Form von positiven externen Effekten profitieren.

> »Wir müssen der Tatsache ins Auge sehen, dass uns in Sa-
> chen Mitbestimmung nach der historischen Errungenschaft
> der Montanmitbestimmung kein entscheidender Durchbruch
> mehr gelungen ist. Vieles was danach kam, war wichtig, aber
> alles war weniger.«
> (Ernst Breit)

3.3.1.10 Notwendige Mitbestimmungsnovellierungen

3.3.1.10.1 FÜR MEHR WIRTSCHAFTLICHE PARTIZIPATION

Auf Basis der beschriebenen Elemente einer partizipativen Unternehmenskultur (zusammenhängende Information (Wissen), Kommunikation und Führung sowie Weiterbildung und Personalentwicklung) gilt es im Folgenden, ein paritätisches *Mitbestimmungsmodell* zu entwickeln. Zuvor muss aber noch auf die heute bestehende Dichotomie zwischen der betrieblichen und unternehmerischen Mitbestimmung in Deutschland hingewiesen werden. Hierbei wird zwischen einem *Betrieb* und einer *Unternehmung* in Mitbestimmungsfragen unterschieden. Ein Betrieb gilt gemäß Betriebsverfassungsgesetz als »die organisatorische Einheit, innerhalb derer ein Arbeitgeber allein oder mit seinen Arbeitnehmern mit Hilfe von technischen und immateriellen Mitteln bestimmte arbeitstechnische Zwecke fortgesetzt verfolgt, die sich nicht in der Befriedigung von Eigenbedarf erschöpfen. (...) Danach liegt ein Betrieb vor, wenn die in einer Betriebsstätte vorhandenen materiellen Betriebsmittel für den oder für die verfolgten arbeitstechnischen Zwecke zusammengefasst, geordnet und gezielt eingesetzt werden und wenn der Einsatz der menschlichen Arbeitskraft von einem einheitlichen Leitungsapparat gesteuert wird. (...) Die Art des verfolgten Zweckes spielt keine Rolle. Entscheidend sind die arbeitstechnischen Zwecke. Darauf ob der Arbeitgeber wirtschaftliche Ziele verfolgt (Gewinn erzielen will), kommt es nicht an. (...) Der Betrieb kann mit dem Unternehmen, dem Rechtsträger identisch sein, wenn das Unternehmen nur einen Betrieb besitzt. Ein Unternehmen kann aber auch mehrere Betriebe umfassen« (Fitting/Auffarth/Kaiser/Heither 1990: 82). Ist dies der Fall, so hat das Unternehmen entsprechend der Anzahl der Betriebe mehrere autonome Betriebsratsgremien zu konstituieren und darüber hinaus nach § 47 Abs. 1 BetrVG einen *Gesamtbetriebsrat* einzurichten.

Die im Betriebsverfassungsgesetz vorgenommene Trennung zwischen Betrieb und Unternehmen hat weitreichende Konsequenzen. Sie impliziert ein künstliches Unterscheiden; letztlich zum *Schutz der Eigentumsgarantie* (Art. 14 GG) und der unternehmerischen privatrechtlichen Freiheitssphäre, um damit den *Mitbestimmungsausschluss der Betriebsräte* bei allen *wirtschaftlichen Angelegenheiten* zu begründen. Der Betriebswirt Werner Sundermann (1992: 1.344) führt im Kontext des Betriebsverfassungsgesetzes dazu aus: »Unter Betrieb ist die organisatorische Einheit zu verstehen, innerhalb derer ein Unternehmen mit seinen Mitarbeitern (...) bestimmte arbeitstechnische Zwecke fortgesetzt verfolgt. Das Unternehmen verfolgt dagegen einen (betriebs-) übergreifenden, zumeist wirtschaftlichen Zweck. Deshalb ist von der betrieblichen Mitbestimmung grundsätzlich ausgenommen der Bereich der wirtschaftlichen Entscheidungen des Arbeitgebers in seiner Rolle als Unternehmer.« Auch in der Betriebswirtschaftslehre ist nicht jeder Betrieb eine Unternehmung, aber jede Unternehmung nach vorherrschender Meinung ein Betrieb. Die Eigenschaften, die einen Betrieb zur Unternehmung machen, verlangen nach den *marktwirtschaftlichen Wesensmerkmalen* des Privateigentums an Produktionsmitteln sowie nach dem unternehmerischen Autonomieprinzip der Eigentümer, die ihr eingesetztes Kapital frei im Sinne einer Gewinnmaximierung verwerten und akkumulieren können. Demnach müssten auch die Unternehmensleitungen aus der Fülle des unternehmerischen Dispositions- und Entscheidungszusammenhangs frei ohne Arbeitnehmerpartizipation in Form von Mitbestimmung entscheiden können.

Dem kann man aber mit der 1968 von der großen Koalition aus SPD und CDU/CSU eingerichteten *Mitbestimmungs-Kommission*[83] entgegenhalten, dass Mitbestimmung *sachlich notwendig* ist und sich aus »dem besonderen *rechtlichen, wirtschaftlichen* und *sozialen Charakter des Arbeitsverhältnisses* ableitet wie durch den *unbestimmten Arbeitsvertrag*, die organisatorische Eingliederung des Arbeitnehmers in den Betrieb, die Verfügung über die Arbeitskraft des Arbeitnehmers und die damit verbundene, dem Arbeitsverhältnis eigene Autoritätsbeziehung. Außerdem lässt sich Mitbestimmung aus der Zugehörigkeit des Arbeitnehmers zum Unternehmen ableiten, die durch das Arbeitsverhältnis begründet wird und ihre konkrete Gestaltung durch den Beitrag erfährt, den der Arbeitnehmer im Rahmen der Organisation Unternehmen zur Verwirklichung des Zwecks der Organisation entsprechend der unternehmerischen Planung und unter einheitlicher Organisationsgewalt leistet« (Sachverständigenkommission 1970: 99).

Der künstlichen Trennung zur Ausschaltung von wirtschaftlicher Mitbestimmung im Betriebsverfassungsgesetz und der Übertragung auf die *unternehmensbezogene Mitbestimmung* steht aber noch mehr entgegen: nämlich, dass Kapital und Arbeit aufeinander angewiesen und ökonomisch interdependent zur Schaffung und Realisierung von Wertschöpfung (Lohn, Zins, Grundrente und Gewinn) miteinander verbunden

---

83   Ihr gehörten unter dem Vorsitz von Prof. Biedenkopf (Bochum) die Professoren Ballerstedt (Bonn), Gutenberg (Köln), Jürgensen (Hamburg), Krelle (Bonn), Mestmäcker (Bielefeld), Reinhardt (Marburg), Voigt (Bonn) und Willgerodt (Köln) sowie als ständige Berater Apel (DAG), Erdmann (BDA), Heintzeler (BASF AG), Kley (Siemens AG), Kunze (DGB) und Spieker (IGM) an.

STELLUNG UND ROLLE DER BESCHÄFTIGTEN IM UNTERNEHMEN 255

sind und dass die Arbeitskraft die »Quelle allen Wohlstands« ist, dass weiterhin allein menschliche Arbeit vergegenständlichtes Kapital erzeugen und es in der Produktion und Reproduktion wirksam werden lassen kann. Dies wurde bereits im ersten Kapitel herausgearbeitet und kein geringerer als Adam Smith, der geistige Vater der kapitalistischen Ordnung, schrieb bereits 1776 dazu:

> »Die jährliche Arbeit eines Volkes ist die Quelle, aus der es ursprünglich mit allen notwendigen und angenehmen Dingen des Lebens versorgt wird, die es im Jahr über verbraucht. Sie bestehen stets entweder aus dem Ertrag dieser Arbeit oder aus dem, was damit von anderen Ländern gekauft wird« (Smith 1776, 1978: 28).

Außerdem wird – wie ebenfalls bereits dargelegt – ein Unternehmen nicht durch den *Unternehmer* oder seinen bezahlten Manager abgebildet, sondern zusätzlich (komplementär) entscheidend durch die Summe der Beschäftigten. Die Gleichberechtigung von Arbeit und Kapital ist als naturgegeben zu betrachten, selbst wenn dies bis heute Unternehmer bzw. Kapitaleigner aus Interessengründen nicht akzeptieren wollen. Und auch das immer wieder vorgetragene Scheinargument eines *risikobeladenen Kapitalverwertungsprozesses*, den allein der Unternehmer zu tragen hätte, gilt allenfalls für den originären Geldkapitalvorschuss. Hinzu kommt, dass bei einer solchen einseitigen Betrachtung immer die beträchtlichen Risiken der Arbeitnehmer im Kapitalverwertungsprozess übersehen werden.

Soll der Arbeitnehmer im Unternehmen als gleichberechtigt mit dem Kapital angesehen werden und soll das Transformationsproblem der Ware Arbeitskraft gelöst werden, so ist ein umfassendes *Partizipationsmodell* notwendig. Die Arbeitnehmervertreter sind den Kapitaleignern oder ihren Managementvertretern im Unternehmen bezüglich der Entscheidungsprozesse rechtlich gleichzustellen. Dieser Anspruch ist nicht vergleichbar mit in jüngster Zeit vorgenommenen und gesetzlich fixierten Regeln einer Unternehmensführung und -kontrolle, der *Corporate Governance*, in Form des Transpublikationsgesetzes (TransPuG) und des Corporate-Governance-Kodex (Köstler/Müller 2000: 64ff.). Hier werden allenfalls marginale Verbesserungen mit Blick auf mehr *Unternehmenstransparenz* festgeschrieben, aber keine strukturelle Änderung hin zu mehr qualitativer Mitbestimmung für Arbeitnehmer realisiert. Im Gegenteil: Hier soll Mitbestimmung eher eingeschränkt werden.

3.3.1.10.2 EIN NEUES MITBESTIMMUNGSMODELL

Im Gegensatz zu einer mitbestimmungsfeindlichen Entwicklung und Kultur wird deshalb im Folgenden ein alternatives Modell entwickelt und vorgeschlagen. Ein *wirkliches* Mitbestimmungs- und Partizipationsmodell muss zunächst die heute bestehende

künstliche Trennung zwischen betrieblicher und unternehmerischer Mitbestimmung aufheben. Mitbestimmung im Sinne einer hier postulierten *Demokratisierung der Einzelwirtschaft* ist nicht teilbar. Zweitens sind die nebeneinander bestehenden unternehmerischen Mitbestimmungsgesetze (Montangesetz, Drittelparität, »76er« Mitbestimmung) abzuschaffen und durch ein *einheitliches neues Gesetz* zu ersetzen. Die in diesem Kontext entstehenden Kardinalfragen lauten:
- Ab welcher *Unternehmensgröße* und in welcher Rechts*form* soll neben den Mitbestimmungsorganen *Betriebsrat* und *Wirtschaftsausschuss* zusätzlich ein *Aufsichtsrat* als Mitbestimmungsorgan eingerichtet werden? Hier heißt die normative Antwort: in *allen* Unternehmen mit mehr als ständig 500 Beschäftigten (ohne Auszubildende), unabhängig von der Rechtsform und der Zugehörigkeit zu einer bestimmten Branche. Alle Unternehmen mit weniger als 500 Mitarbeitern unterliegen dagegen den ausschließlichen Rechtsbestimmungen des *Betriebsverfassungsgesetzes*, allerdings unter Berücksichtigung einer auch hier zu schaffenden Mitbestimmung in *wirtschaftlichen Angelegenheiten*.
- In Unternehmen mit mehr als 500 Mitarbeitern soll der *Aufsichtsrat* weitgehend nach dem heutigen Modell der *Montanmitbestimmung* festgelegt werden. Dies schließt eine paritätische (quantitative) Zusammensetzung zwischen Kapital und Arbeit im Aufsichtsrat ein, allerdings ergänzt um einen *staatlichen Vertreter* mit Beratungs-, Beobachtungs- und Informationsstatus, aber ohne Stimmrecht. Dies deshalb, weil Unternehmen auch eine *öffentliche Verantwortung* haben (man denke nur an die Wirkungen von Massenentlassungen) und ihre jeweilige Unternehmenspolitik, die in die Gesellschaft wirkt (z. B. durch Umweltschäden), aber auch, weil Unternehmen von staatlichen Leistungen (Infrastruktur, Subventionen) profitieren. Weiter soll, wie heute in der Montanmitbestimmung, die *»Pattauflösung«* bei möglichen Kampfabstimmungen durch ein weiteres, *neutrales Mitglied* erfolgen. Der »neutrale Mann« ist dabei einvernehmlich zwischen den Mitgliedern des Aufsichtsrats zu bestellen und abzuberufen. Beide Seiten können hierzu Wahlvorschläge machen. Geht es in einem Unternehmen um *Standortschließungen* oder *Verlagerungen*, so ist wie bei der Volkswagen AG im Aufsichtsrat eine Zweidrittelmehrheit notwendig.
- Die Wahl der Vertreter der Anteilseigner im Aufsichtsrat findet durch die Versammlung der Gesellschafter statt; die Wahl der Vertreter der Beschäftigten durch die Belegschaft und die im Unternehmen vertretenen Gewerkschaften.[84] An wel-

---

84 Bei den *persönlichen Aufsichtsratsmandaten* sei darauf hingewiesen, dass im Gegensatz zu heute ihre Anzahl von maximal zehn auf maximal drei Mandate zu beschränken ist und einzelne Aufsichtsratsmitglieder keinen Sitz in *konkurrierenden Unternehmen* erhalten dürfen.

che Personen die Mandate gehen, soll nicht wie bisher durch das Gesetz bestimmt werden, sondern den jeweiligen Wahlgremien autonom überlassen bleiben. Dagegen soll die quantitative Größe des Aufsichtsrats – gestaffelt nach Unternehmensgrößen – wie folgt festgelegt werden:
- Unternehmen von 500 bis 2.000 Beschäftigten 12 Mitglieder,
- von 2.001 bis 5.000 Beschäftigten 16 Mitglieder und
- von 5.001 und mehr Beschäftigten 22 Mitglieder.

Dem *Leitungsorgan* (Vorstand/Geschäftsführung) muss außerdem, wie im Montanmitbestimmungsgesetz, neben einem kaufmännischen und einem technischen Vorstandsmitglied ein gleichberechtigtes Mitglied als *Arbeitsdirektor* angehören. Die Berufung/Abberufung des Arbeitsdirektors auf Vorschlag der im Aufsichtsrat vertretenen Gewerkschaften sollte hier allerdings abweichend zur heutigen Montanmitbestimmung ausschließlich im Machtbereich der Arbeitnehmerbank im Aufsichtsrat liegen. Dafür bestimmt die Kapitalseite autonom über die beiden anderen Vertreter des Leitungsorgans. Der Geschäftsbereich des Arbeitsdirektors umfasst dabei nicht nur *Personal* und *Soziales*, sondern auch den *Umweltschutz* im Unternehmen, der nicht mehr losgelöst vom *Arbeitsschutz* gesehen und zielorientiert ausgesteuert werden kann. Umfasst das Leitungsorgan einschließlich des Arbeitsdirektors mehr als drei Mitglieder, so hat über jede weitere Berufung oder Abberufung eines Vorstands- oder Geschäftsführungsmitglieds der Aufsichtsrat zu entscheiden. Können die Parteien sich nicht einigen, entscheidet der neutrale Mann.

Mit dieser Rahmenfestlegung für eine wirkliche paritätische Unternehmensmitbestimmung ist es aber nicht getan. Hierzu gehört wesentlich auch die Aufhebung des so genannten *Letztentscheidungsrechts* der Kapitalanteilseignerversammlung gemäß § 111 Abs. 4. Aktiengesetz, durch das heute letztlich alle Entscheidungen des Aufsichtsrat vom Kapitaleigner wieder aufgehoben und für nichtig erklärt werden können. Im Gegensatz dazu muss der Aufsichtsrat mit Ausnahme von *unternehmerischen Satzungsänderungen*, von *Kapitalerhöhungen* und *Kapitalherabsetzungen* das Letztentscheidungsrecht haben.

Außerdem müssen die *Informations- und Kontrollrechte* des Aufsichtsrats gegenüber dem Vorstand/Geschäftsführung nachdrücklich gestärkt werden. Dazu muss gesetzlich bestimmt werden, dass der Aufsichtsrat in einem Geschäftsjahr sechs Mal zusammenkommt. Zu den Sitzungen ist spätestens zwei Wochen vorher mit Tagesordnung, d. h. konkreter Benennung der anstehenden Themen und der zu fassenden Beschlüsse, einzuladen. Den Tagesordnungspunkten sind als Grundlage für eine Entscheidungsfindung ausführliche und inhaltlich aufbereitete und nachvollziehbare Unterlagen beizufügen. Dazu gehört selbstverständlich auch die Zusendung und

Überlassung des *Wirtschaftsprüferberichtes* sowie die Teilnahme des Wirtschaftsprüfers an der jeweiligen Bilanz-Aufsichtsratssitzung. Abweichend vom heutigen Recht ist außerdem der Abschlussprüfer nicht von der Anteilseignerseite zu bestimmen und der Prüfungsauftrag nicht von Vorstand oder Geschäftsführung zu erteilen, die ja gerade geprüft werden sollen, sondern vom Aufsichtsrat. Außerdem sollte zur Vermeidung eines Prüfungsschlendrians mindestens alle drei Jahre der Wirtschaftsprüfer gewechselt werden. Wichtig ist auch, dass die *Vorstandsgehälter* nicht von einem Aufsichtsratspräsidium, sondern von allen Mitgliedern des Aufsichtsrates festgelegt werden.

Bei der Konstituierung des Aufsichtsrats gibt sich dieser eine *Geschäftsordnung*, die nicht durch die Satzung der Kapitaleigner beeinflusst sein darf, und legt einen *Leitfaden zur Effizienzprüfung des Aufsichtsrates* fest (Hans-Böckler-Stiftung 2003). Hierzu gehört auch die Festlegung der Rechte einzelner oder mehrerer Aufsichtsratsmitglieder. Auf jeden Fall muss hier bestimmt werden, dass ein einzelnes Aufsichtsratsmitglied die Möglichkeit haben muss, *außerordentliche Sitzungen* durch den Aufsichtsrats-Vorsitzenden, der alle zwei Jahre alternierend von der Kapital- und Arbeitnehmerbank gestellt wird, einberufen zu lassen und einzelne Tagesordnungspunkte durchzusetzen. Außerdem ist das Einholen von *Gutachten* oder die Einbeziehung von *Sachverständigen* zu ermöglichen, wenn dies von einem Drittel der Aufsichtsratsmitglieder gewünscht wird.

Durch die Festlegung einer *Geschäftsordnung für Vorstand oder Geschäftsführung* muss der Einfluss auf das Leitungsorgan durch den Aufsichtsrat in Zukunft wesentlich ausgeweitet und verbessert werden. Dabei sollte der Grundsatz gelten: Das Leitungsorgan führt die operativen Geschäfte und entwickelt die strategischen Planungen und legt diese aufbereitet mit entsprechenden nachvollziehbaren Unterlagen zur Beschlussfassung dem Aufsichtsrat vor. Dabei ist einmal im Geschäftsjahr nach schriftlicher Vorlage eine umfassende *Strategiediskussion* über die unternehmerische *Mittel- und Langfristplanung* im Aufsichtsrat zu führen. Der allgemeine Berichtsumfang des Leitungsorgans hat außerdem mindestens zu umfassen
- die beabsichtigte Geschäftspolitik und die sich daraus ergebende Unternehmensplanung (insbesondere die Finanz-, Investitions- und Personalplanung),
- den Gang der laufenden Geschäfte, insbesondere die Umsatz-, Kosten- und Ergebnisentwicklung sowie die Liquiditätslage und die Rentabilität des Unternehmens.
- Daneben legt die Geschäftsordnung des Leitungsorgans einen Mindestkatalog *zustimmungsbedürftiger Geschäfte* sowie dessen regelmäßige Überprüfung und Anpassung durch den Aufsichtsrat fest. Absolut unverzichtbar sind dabei
- Einzelprojekte, deren Summe einen bestimmten Prozentanteil (z. B. 5 v. H.) des gezeichneten Kapitals übersteigt,

- Stilllegungen von Betriebsteilen oder Abteilungen, Outsourcingmaßnahmen,
- rechtliche und organisatorische Unternehmensumwandlungen (z. B. in Cost- oder Profitcenter),
- Unternehmenskäufe oder -verkäufe.

Ähnlich wie bei Unternehmen mit mehr als 500 Mitarbeitern ist auch in den Unternehmen mit weniger Beschäftigten eine umfassende *Mitbestimmung* in *wirtschaftlichen Angelegenheiten* gesetzlich festzuschreiben. Die wirtschaftliche Mitbestimmung in Unternehmen bis zu 500 Beschäftigten soll hier durch einen *Wirtschaftsausschuss* erfolgen. Ein solcher Ausschuss ist schon heute zur Unterstützung des Betriebsrates gemäß § 106 Abs. 1 BetrVG in Unternehmen mit mehr als einhundert ständig beschäftigten Arbeitnehmern vorgesehen. In Unternehmen mit weniger als einhundert Beschäftigten kann der Wirtschaftsausschuss durch eine freiwillige Betriebsvereinbarung errichtet werden. Wo das auf Grund der Unternehmensgröße nicht möglich ist, muss der *Betriebsrat* die Aufgaben des Wirtschaftsausschusses übernehmen. Die dabei heute bestehenden Bestimmungen im Betriebsverfassungsgesetz reichen allerdings im Hinblick auf eine *paritätische Mitbestimmung* in wirtschaftlichen Angelegenheiten nicht aus. Den Mitbestimmungsträgern (Betriebsrat und Wirtschaftsausschuss) stehen zwar weitreichende *Unterrichtungs- und Beratungsrechte* zu, aber – auch nach der gerade erfolgten Novellierung des Betriebsverfassungsgesetzes – immer noch keine wirklichen Mitbestimmungsrechte. Zu den Unterrichtungs- und Beratungsrechten gehören neben den §§ 106 bis 113 BetrVG (Wirtschaftsausschuss, Interessenausgleich und Sozialplan) auch wirtschaftliche Fragestellungen, geregelt in den §§ 90, 91 BetrVG (Gestaltung von Arbeitsplatz, Arbeitsablauf und Arbeitsumgebung) sowie in §§ 92, 92a BetrVG (Personalplanung) und in den §§ 96 bis 98 BetrVG (Berufsausbildung). Der Unternehmer oder das Management sind dabei gemäß § 106 Abs. 2 BetrVG verpflichtet, den Wirtschaftsausschuss oder Betriebsrat *rechtzeitig* und *umfassend* über die wirtschaftlichen Angelegenheiten des Unternehmens unter Vorlage der erforderlichen Unterlagen zu unterrichten. Außerdem sind die sich aus den wirtschaftlichen Gegebenheiten ableitbaren *Auswirkungen auf die Personalplanung* darzustellen. Kommt dabei der Unternehmer seiner Pflicht zur Information nicht nach, so kann nach § 109 BetrVG der Betriebsrat die *Einigungsstelle* zur Klärung einschalten. Dies kann er auch dann, wenn die Informationen nicht rechtzeitig und umfassend gegeben werden (Hunold 2002: 409ff.). »Die Unterrichtung und Beratung ist nach der Rechtsprechung und der allgemeinen Meinung in der Literatur dann *rechtzeitig*, wenn sie nicht erst nach dem Entschluss des Unternehmers, eine Maßnahme durchzuführen, sondern schon so frühzeitig im Planungsstadium erfolgt, dass der Betriebsrat noch in betriebswirtschaftlich sinnvoller Weise auf die Planung des Unternehmens einwirken kann. *Umfassende Information* bedeutet einerseits, dass der Unternehmer unter Vorlage aller Unterlagen informiert, die er selbst zur Grundlage seiner Planung macht. Sie ist andererseits nur gewährleistet, wenn dem Wirtschaftsausschuss die in Aussicht genommenen Alternativen und die möglichen Auswirkungen auf die Beschäftigten dargestellt werden« (Neumann-Cosel von/Rupp 1996: 30).

Trotz dieser bestehenden Informationsrechte gibt es in der *Praxis* immer wieder erhebliche Kämpfe um die Einhaltung des Gesetzes. Die Unternehmensleitungen sperren sich einfach oder stellen nur unzureichende Daten zur Verfügung; häufig auch nicht rechtzeitig. Eine immer wieder gestellte Frage an die Mitbestimmungsträger lautet, wofür man denn eigentlich die angeforderten Informationen benötigen würde. Kommen die Geschäftsleitungen damit nicht weiter, berufen sie sich auf *Betriebs- und Geschäftsgeheimnisse*, die im § 79 BetrVG geregelt sind.»Die bloße Tatsache aber, dass eine Information gleichzeitig ein Betriebs- oder Geschäftsgeheimnis ist, enthebt den Unternehmer nicht der Informationspflicht gegenüber dem Wirtschaftsausschuss in diesen Fragen. Die Sperre fängt erst da an, wo das Betriebs- oder Geschäftsgeheimnis gefährdet würde. Dafür hat der Unternehmer die *Beweislast*. Er muss also einerseits begründen, warum es sich um ein Betriebs- oder Geschäftsgeheimnis handelt und wieso dieses ›Geheimnis‹ durch die Bekanntgabe im Ausschuss gefährdet sein würde. Der Unternehmer kann also Unterlagen deshalb nicht verweigern, weil ein Betriebsgeheimnis besteht, oder weil er die Befürchtung hat, die Sache könnte dadurch bekannt werden. Vielmehr müssen die beiden Faktoren zusammenfallen: Betriebsgeheimnis und konkrete Gründe für die Vermutung, es könnte durch Mitteilung an den Ausschuss gefährdet sein« (Siebert/Degen/Becker 1987: 484).

Neben der Einhaltung der gesetzlichen Bestimmungen gibt es aber heute auch erhebliche Defizite beim Abruf und der Verarbeitung von Informationen auf Seiten der *Mitbestimmungsträger*. So haben von Neuman-Cosel und Rupp (1986) in einer Untersuchung über die Arbeitsweise von Wirtschaftsausschüssen in der Berliner Metallindustrie unter anderem festgestellt, dass

- knapp drei Viertel der Wirtschaftsausschüsse lediglich viermal oder seltener pro Jahr tagen,
- nur gut die Hälfte sich regelmäßig auf Sitzungen vorbereitet,
- in lediglich 20 v. H. standardisierte Formulare verwendet werden, die ein Wiederauffinden und Vergleichen von Daten erleichtern und
- nur in 15 v. H. der Fälle schon einmal von der Möglichkeit der Teilnahme von Gewerkschaftsbeauftragten Gebrauch gemacht worden ist.

Vor diesem Hintergrund, so von Neumann-Cosel und Rupp (1986: 26), »ist es nicht erstaunlich, dass vielen Interessenvertretungen die *restriktive Informationspolitik* der Unternehmer im Wirtschaftsausschuss nicht recht bewusst ist. So fühlten sich 50 v. H. der Wirtschaftsausschuss-Sprecher immer oder doch meistens umfassend informiert; nur ein Drittel gab an, selten oder nie rechtzeitig informiert zu werden.« Dies ist allerdings nicht auf fehlendes Interesse der Mitbestimmungsträger an wirtschaftlichen Daten zurückzuführen, sondern vielmehr auf eine *fehlende Qualifikation* der Wirtschaftsausschuss-Mitglieder, was *betriebswirtschaftliches Wissen* anbelangt. Mitbestimmungsträger müssen daher in wirtschaftlichen Angelegenheiten umfassend geschult und qualifiziert werden. Aber auch das wird nicht ausreichen. Zusätzlich benötigen Betriebsräte und Wirtschaftsausschüsse, zumindest in Betrieben mit mehr als 500 Mitarbeitern, einen ständigen *Berater* mit einer fundierten betriebswirtschaftlichen Hochschulausbildung; in Betrieben unter 500 Beschäftigten ersatzweise einen unbürokratischen und autonomen Zugriff auf *externe Sachverständige*.

Der Wirtschaftsausschuss in Unternehmen mit weniger als 500 und mehr als 100 Beschäftigten ersetzt quasi den Aufsichtsrat in Unternehmen mit mehr als 500 Beschäftigten und sollte aus 5 betrieblichen Vertretern und der Geschäftsführung bestehen. Auch hier haben sich die jeweiligen Vertreter auf Augenhöhe zu begegnen und sich in wirtschaftlichen Angelegenheiten des Unternehmens zu beraten und zu entscheiden. Sollten sie hierbei keine einvernehmliche Entscheidung treffen können, so kann jede der beiden Seiten die Einigungsstelle gemäß § 76 Betriebsverfassungsgesetz zur endgültigen Entscheidung anrufen. Beratungsgegenstände im Wirtschaftsausschuss sind die organisatorische Struktur des Unternehmens, seine wirtschaftlichen Verflechtungen, die wirtschaftliche Lage und die Unternehmenspolitik in Form von Unternehmenszielen und -strategien. Zur permanenten Informationspflicht zählen dabei auch die Unterrichtung und die mitbestimmte Beratung über die folgenden geschäftlichen Unterlagen:

- die viertel-, halb- und jährlichen Gewinn- und Verlustrechnungen sowie die Bilanzen, einschließlich des jährlichen Wirtschaftsprüferberichtes;
- die monatlichen Liquiditätsrechnungen;
- die kurz-, mittel- und langfristigen Unternehmensplanungen mit ihren wesentlichen Teilplanungen (Absatz-, Produktions-, Investitions-, Personal- und Finanzplanung);
- die beabsichtigten oder geplanten Unternehmensstrategien im Hinblick auf Unternehmensübernahmen und Fusionen sowie

- geplante Ausgründungen von Unternehmensteilen in Form von Profit Centern oder durch ein Outsourcing.

Darüber hinaus muss der Betriebsrat die *Belegschaft* in wirtschaftlichen Angelegenheiten durch eine offene Informationspolitik unterrichten. Dazu reichen die heute gesetzlich vorgesehenen Maßnahmen gemäß § 110 Abs. 1 und 2 BetrVG in Form von in der Regel nichts sagenden schriftlichen Aushängen an Schwarzen Brettern oder mündlichen Kurzberichten über Belangloses, aber auch die mündliche Unterrichtung auf Grund von § 42 Abs. 1 und 2 BetrVG auf Betriebsversammlungen nicht aus. Ergänzend müsste mit den Arbeitnehmervertretern im Aufsichtsrat oder mit dem Wirtschaftsausschuss ein unternehmerisches *Kennziffernsystem*[85] entwickelt werden, das den wirtschaftlichen Erkenntnissen entspricht. In regelmäßigen Abständen müsste dies allen Mitarbeitern des Unternehmens in den wesentlichen Größen (Umsatz-, Rentabilitäts- und Beschäftigungsentwicklung u. a.) zugänglich gemacht werden. Hierbei hat der Betriebsrat mit der Unternehmensleitung die Aufgabe, die Beschäftigten bei fehlendem Sachverstand soweit zusammenhängend zu unterrichten, dass sie die Daten verstehen können. Mit Sicherheit ist hier vor dem Hintergrund der Versäumnisse in der Vergangenheit eine ausführliche Qualifizierung bei den meisten Mitarbeitern notwendig.

3.3.2 Faktor Arbeit und bröckelnde gewerkschaftliche Solidarität

Um die notwendige Mitbestimmungsnovellierung auch in der wirtschaftlichen Realität umzusetzen, bedarf es starker Gewerkschaften als *Gegenmacht* zum dominierenden Kapital.[86] Gewerkschaften und Betriebsräte als gesellschaftlich und ökonomisch

---

85 Bezüglich eines solchen *Kennziffernsystems* vergleiche ausführlich: von Neumann-Cosel/Rupp 1996, Hernstein Institut 1988, Hans-Böckler-Stiftung 1986, Boguslawski/Irrek 1984.

86 Zur politischen Ökonomie der Gewerkschaften in der ökonomischen Lehre der Klassik sowie in der Neoklassik und im heutigen Neoliberalismus vergleiche ausführlich: Schulten 2004: 28ff., 41ff. und 67ff. Hierbei gilt allgemein, dass die *klassischen Ökonomen* die Gewerkschaften als für den Faktor Arbeit nützlich und absolut notwendig eingestuft haben. Gerade die These von Adam Smith von der strukturellen Ungleichheit auf dem Arbeitsmarkt ist dabei in der einen oder anderen Form von mehreren Vertretern der Klassik übernommen worden. Auch Karl Marx und Friedrich Engels sehen die Gewerkschaften nicht im Widerspruch zur Funktionslogik einer kapitalistischen Ökonomie, sondern begreifen deren Existenz im Gegenteil als Ergebnis einer Entwicklung, die sich notwendig aus dem kapitalistischen Vergesellschaftungsprozess ergibt. So bedeutsam die Gewerkschaften nach Marx und Engels dabei auch für die Entwicklung der Löhne sind, so sehr bleibt ihr Einfluss allerdings auf Grund der kapitalistischen Bewegungs- und Akkumulationsgesetze begrenzt. In der *Neoklassik* wird dagegen auf Basis des zugrunde gelegten Modells einer vollkommenen Konkurrenz die Notwendigkeit von Gewerkschaften per definitionem ausgeschlossen. Dies entspricht dem gesellschaftlichen Grundverständnis der Neoklassik, das nur auf individuelle Konkurrenzbe-

wichtige Interessenvertreter der abhängig Beschäftigten kommen aber auf Grund von Globalisierung und Liberalisierung immer mehr unter Druck. Wie wichtig dabei gerade heute gewerkschaftliche und damit *Arbeitnehmersolidarität* ist, dürfte außer Frage stehen. Wie sieht es aber in der wirtschaftlichen Realität unter den gegebenen Verhältnissen wirklich aus? Reicht zukünftig ein auf *Freiwilligkeit* basierender gewerkschaftlicher Organisationsgrad zur Interessenwahrung der Arbeitnehmer und damit zur Stabilisierung ökonomischer und gesellschaftlicher Verhältnisse noch aus?

3.3.2.1 Arbeitnehmer benötigen starke Gewerkschaften

Soll es vor dem Hintergrund einer forcierten von der »Politik gemachten« (Karl Georg Zinn) Globalisierung und Liberalisierung nicht zu einer noch größeren Übermacht des Kapitals, der Unternehmer in den betrieblichen Prozessen und auch in der Tarifpolitik kommen, so sind unbedingt die Gewerkschaften und Betriebsräte gesellschaftlich zu stärken. Die dramatisch zunehmende Verschlechterung der Arbeitsbedingungen und Arbeitsentgelte durch eine ausschließlich marktdeterminierte »Entgrenzung von Unternehmen und Arbeit« (Sauer 2003: 260ff.) muss politisch gestoppt werden. Das ökonomisch grundsätzlich bestehende *Machtungleichgewicht an den Arbeitsmärkten* (Stobbe 1987: 253ff.) ist mittlerweile zu Gunsten der Arbeitgeber so weit ausgeprägt, dass man von einer Pervertierung der ökonomischen Verhältnisse sprechen muss. Die von der rot-grünen Bundesregierung 2001 verabschiedete *Agenda 2010* hat den negativen Prozess einer gesellschaftlichen Prekarisierung und Umverteilung von unten nach oben noch massiv verstärkt. Gewerkschaften wurden gegründet, »um die Risiken abzufedern, die aus dem Warencharakter von Arbeit für ihren Besitzer, den konkreten Menschen, entstehen. Dies gilt für die Bedingungen des Verkaufs, den Preis, den es zu erzielen gilt, um das Einkommen und damit die materielle Existenz zu sichern, und genauso auch für die Bedingungen der Nutzung von Arbeitskraft im Arbeitsprozess, um zu verhindern, dass lebendige Arbeit durch maßlosen Gebrauch geschädigt oder gar zerstört wird. Gewerkschaften haben zusammen mit anderen Teilen der Arbeiterbewegung also dazu beigetragen, dass Arbeitskraft ›dekommodifiziert‹ wird, d.h. dass sie eben nicht wie eine einfache Ware behandelt wird, sondern besonderen Schutz erhält. Dieser Schutz wurde und wird – und das macht die Gewerkschaften aus – in solidarischen Formen erkämpft. Das ist die Kernkompetenz der Gewerkschaften – und nichts anderes« (Sauer 2003: 258).

---

ziehungen setzt. Im *Neoliberalismus* stellen schließlich Gewerkschaften einen unberechtigten (überflüssigen) und störenden Machtkörper, ein »Kartell der Arbeitnehmer« dar, das es zu bekämpfen und zu eliminieren gilt.

3.3.2.2 Die Macht der Gewerkschaften ist bedroht

Diese Kernkompetenz ist von der Herrschaft der globalisierten und liberalisierten Märkte sowie von lang anhaltender Massenarbeitslosigkeit bedroht. Restaurative neoliberale Kräfte nutzen dies zur Schwächung der Gewerkschaften, die in den letzten Jahren mit hohen *Mitgliederverlusten* zu kämpfen hatten (Ebbinghaus 2003: 174ff.). 2008 waren in Deutschland insgesamt nur noch 20 v. H. aller abhängig Beschäftigten plus der registrierten Arbeitslosen in einer Gewerkschaft organisiert. Im DGB waren es sogar nur 16,8 v. H. (vgl. Tab. 17). Jüngere sowie angestellte Arbeitnehmer werden auf Grund einer allgemein in der Gesellschaft zu beobachtenden Entsolidarisierung und Individualisierung immer weniger erreicht und der Strukturwandel in Richtung einer Dienstleistungsgesellschaft tut ein Übriges.

Tab. 17: Gewerkschaftliche Mitgliederentwicklung und Organisationsgrad (in 1.000, Organisationsgrad in v. H. der abhängig Beschäftigten plus Arbeitslosen)

Jahr	DGB	DAG	DBB	CGB	Gesamt
1951	5.912 40,6 %	344 2,4 %	234 1,6 %	erst 1959 gegründet	6.490 44,6 %
1960	6.379 31,1 %	450 2,2 %	650 3,2 %	k.A.	7.479 36,5 %
1970	6.713 30,2 %	461 2,1 %	720 3,2 %	191 0,9 %	8.085 36,4 %
1980	7.883 31,8 %	495 2,0 %	821 3,3 %	297 1,2 %	9.496 38,3 %
1990	7.938 29,0 %	573 2,1 %	799 2,9 %	309 1,1 %	9.619 35,1 %
1991*	11.800 33,0 %	585 1,6 %	1.053 2,9 %	311 0,9 %	13.749 38,4 %
1995	9.355 26,9 %	507 1,5 %	1.079 3,1 %	304 0,9 %	11.245 32,4 %
2000	7.773 20,1 %	450 1,2 %	1.205 3,1 %	305 0,8 %	9.733 25,2 %
2006	6.586 16,8 %	-**	1.276 3,2 %	286 0,7 %	8.148 20,8 %
2008	6.372 16.,8 %	-**	1.281 3,3 %	275 0,7 %	7.929 20,3 %

* Ab 1991 Gesamtdeutschland; ** DAG in ver.di aufgegangen. Quelle: Statistisches Jahrbuch für die Bundesrepublik Deutschland, diverse Jahrgänge, eigene Berechnungen.

Auch eine Dauerkampagne gegen die Gewerkschaften in neoliberal ausgerichteten Massenmedien hat zu einem Imageverlust beigetragen und eine »neue Qualität« erreicht, wie Peter Kern (2003: 267) von der IG Metall betont: »Merz und Westerwelle sind dazu übergegangen, Personen zu attackieren. Die Institution Gewerkschaft als Feindbild erscheint ihnen zu unscharf. ›Abartig‹, ›Plage für unser Land‹, ›Sonnenkönige der Verkrustung‹, ›Totengräber des Wohlstandes in unserem Land‹ – das wird gemünzt auf Michael Sommer, Klaus Zwickel, Frank Bsirske, Jürgen Peters und Ursula Engelen-Kefer. Merz: ›Die Auseinandersetzung mit diesem Quintett müssen wir führen‹.« Birgit Mahnkopf (2003: 303) von der Fachhochschule für Wirtschaft in Berlin schreibt: »In Deutschland gehört es heute zum guten Ton, die Gewerkschaften zu beschimpfen. Wer sich über ›gewerkschaftliche Betonköpfe‹ mokiert, die ›ökonomisch notwendige Reformen‹ (in der Arbeitsmarkt- und Sozialpolitik) blockieren und zukunftsweisende ›Innovationen‹ (in der Tarifpolitik) ausbremsen, darf mit breiter Zustimmung rechnen. Kein Tag vergeht, an dem nicht irgendein(e) namhafte(r) Politiker(in), ein Vertreter der deutschen Wirtschaft, unzählige Journalisten und Wissenschaftler die Litanei von den hoffnungslos veralteten, gleichwohl noch immer viel zu einflussreichen Gewerkschaften anstimmen.« Noch haben die Gewerkschaften in der Tat eine relative Macht. Diese sollten sie aber auch kollektiv nutzen. Nicht nur für kommende *Tarifauseinandersetzungen*, um mehr Lohn und kürzere Arbeitszeiten durchzusetzen und um für den Erhalt des Sozialstaates zu kämpfen, sondern auch, um ihre Stärke (Macht) als Organisation zur Wahrnehmung von Arbeitnehmerinteressen zu erhalten und möglichst noch auszubauen. Widerspruch und Gegenwehr verspricht nur dann für die Ware Arbeitskraft Aussicht auf Erfolg, wenn sie kollektiv und solidarisch erfolgt. Das lehrt die gesamte Geschichte der Arbeiterbewegung (Borghoff 2002, Kittner 2005).

3.3.2.3 Das Problem des kollektiven Handelns

Gewerkschaften sind Institutionen im Kontext der Institutionenökonomik (Voigt 2002), die *kollektive- oder öffentliche Güter* bereitstellen. Hierbei gelten in Abgrenzung zu privaten Gütern zwei entscheidende Gütereigenschaften: Erstens das *Nicht-Ausschlussprinzip*, d.h. niemand kann wie bei privaten Gütern aufgrund des Privateigentums von ihrem Konsum ausgeschlossen werden, und zweitens die *Eigenschaft der Nicht-Rivalität*, d.h., dass ein Individuum sie nutzen kann, ohne dass dieser Konsum das Nutzenniveau anderer Individuen reduzieren würde.[87] Man stelle sich beispiels-

---

[87] Zur Theorie der öffentlichen Güter vergleiche auch den Exkurs: »Bildung und Qualifikation«.

weise einen Deich vor, der alle hinter dem Deich befindlichen Bürger vor den Fluten des Meeres schützt, gleichgültig, ob sie sich an den Kosten des Deichbaus beteiligt haben oder nicht. Die Nicht-Rivalität zeigt sich darin, dass das Schutzniveau für den Deich-Erbauer A sich nicht reduziert, obwohl auch der Nichtdeich-Erbauer B durch den Deich geschützt wird. Das strukturelle Problem bei der Produktion von Kollektivgütern kann dabei mit Hilfe des »*Gefangenendilemmas*« verdeutlicht werden (vgl. Abb. 5). Hierbei wird davon ausgegangen, dass alle Akteure über dieselben Handlungsoptionen, hier

Abb. 11: Gefangenendilemma als N-Personen-Spiel

	Kooperieren (K)	Nicht-Kooperieren (KN)
Kooperieren (K)	K – K	K – KN
Nicht-Kooperieren (NK)	NK – K	NK – KN

»Kooperieren« und »Nicht-Kooperieren«, verfügen und ein Individuum als Zeilenwähler in der Matrix alle anderen Akteure als Spaltenwähler gegenüber steht. Der größte Nutzen für alle wird aber nur dann erreicht, wenn es zur Produktion des *Kollektivgutes*, hier einem Deichbau, kommt, also ein Gleichgewicht KK (Kooperation) entsteht. Kooperieren bedeutet aber, sich an der Bereitstellung eines Kollektivgutes *freiwillig* zu beteiligen, während Nicht-Kooperieren für eine Nichtbeteiligung steht. Das Individuum hofft natürlich, dass sich alle anderen am Deichbau beteiligen (also kooperieren). Dann wäre nämlich seine (individuelle) Kooperation am Deichbau gar nicht mehr erforderlich und das Individuum könnte den Schutz des erbauten Deiches nutzen, ohne sich an den *Kosten* beteiligt zu haben. Das Problem bei dieser Option ist nur, dass alle anderen Akteure (potenziell Beteiligte) genauso denken und denselben Handlungsanreizen unterliegen wie das Individuum. Es ist also damit zu rechnen, dass es zu einer Nicht-Kooperation und damit auf Basis einer freiwilligen Beteiligung zu *keinem Deichbau* kommt. Es entstünde die Gleichgewichtssituation NK KN, also zweimal Nicht-Kooperation. Gleichwohl würden sich alle Bewohner (Akteure) besser stehen, wenn der Deich tatsächlich gebaut würde, es zur Kooperation und damit zum Gleichgewicht KK käme.

3.3.2.4 Gewerkschaftliche Trittbrettfahrer

Zur Lösung des Problems wird im Sinne einer Nutzen stiftenden Kooperation, hier der Bereitstellung des Kollektivgutes Deichbau, der *Staat (Politik)* ins Spiel gebracht. Dieser ist in der Lage, *Kollektivgüter* bereitzustellen, weil er die Möglichkeit hat, alle Bürger durch *Zwang* zu besteuern und damit die Finanzierung der Kollektivgüter zu sichern. Geht man davon aus, dass auch Gewerkschaften ein Kollektivgut in Form von höheren Löhnen und verbesserten Arbeitsbedingungen für die *Ware Arbeitskraft* bereitstellen, dessen Nutzen man auch dann erhält, ohne ein beitragszahlendes Gewerkschaftsmitglied zu sein, so entsteht das *»Trittbrettfahrerproblem«*. Alle Nicht-Mitglieder einer Gewerkschaft kommen auf Grund des Nicht-Ausschlussprinzips und der Nicht-Rivalität trotzdem in den Genuss der von den Gewerkschaften kollektiv durchgesetzten (erkämpften) Tariflohnerhöhungen, Arbeitszeitverkürzungen oder sonstiger verbesserter Arbeitsbedingungen.[88] Verhalten sich allerdings immer mehr abhängig Beschäftigte wie Trittbrettfahrer, treten also aus den Gewerkschaften aus oder erst gar nicht ein, so werden diese in den Auseinandersetzungen mit dem Kapital geschwächt und der realisierte Nutzen für *alle* Arbeitnehmer wird entsprechend geringer ausfallen oder sich sogar überhaupt nicht einstellen. Trotzdem werden Arbeitnehmer, die eine Verschlechterung des bereitgestellten Kollektivgüterbündels beobachten, nur dann etwas dagegen unternehmen, wenn sie in der Lage sind, das Problem des kollektiven Handelns zu überwinden.

3.3.2.5 Bisher nicht ausreichende Strategien

Hierbei gibt es aber nur drei Optionen. Die erste ist gegeben bei einer geringen Zahl potentieller Beteiligter. Es ist unmittelbar einsichtig, dass der Deichbau leichter im Kollektiv gelingt, wenn nur ein paar Beteiligte als Beitragende in Frage kommen, als wenn es Hunderte, Tausende oder noch mehr sind. Wenn sich einer von wenigen sperrt, können ihn die anderen viel leichter *sanktionieren*, als wenn beispielsweise tau-

---

[88] Würden die Arbeitgeber das öffentliche Gut den Nicht-Gewerkschaftsmitgliedern verweigern, so käme es in den Unternehmen mit hoher Wahrscheinlichkeit zu 100-prozentigen *gewerkschaftlichen Organisationsgraden*, woran die Arbeitgeber natürlich kein Interesse haben. Außerdem ist eine Verweigerung des von den Gewerkschaften erkämpften öffentlichen (kollektiven) Gutes aus personalwirtschaftlicher Sicht nicht umsetzbar.

send Nichtzahler von zehntausend Zahlenden sanktioniert werden müssten. Letzteres gilt für das gewerkschaftliche kollektive Handeln. Die Zahl der Beteiligten ist zu groß, als dass es hier zu einer Lösung des Problems kommen könnte. Im Gegenteil: Es besteht eine *asymmetrische Organisierbarkeit* von Interessen. Arbeitgeber, der Zahl nach wenige, haben deshalb in den Verhandlungen eindeutig Vorteile gegenüber der Masse von abhängig Beschäftigten und ihren Gewerkschaften. Dies gilt insbesondere vor dem Hintergrund von *Massenarbeitslosigkeit*, die die Verhandlungsmacht zusätzlich schwächt. Die aufgezeigte Nichtausschöpfung des verteilungsneutralen Spielraums in den Tarifauseinandersetzungen zeigt dies überdeutlich (vgl. Kap. 2.2.1). Kommt es zusätzlich noch zu einer Entsolidarisierung in den eigenen Reihen, wie bei der Auseinandersetzung um die Einführung der 35-Stunde-Woche in Ostdeutschland, so ist für die Gewerkschaften kein positives Verhandlungsergebnis – trotz eines Streiks – zu erzielen (Bontrup/Marquardt 2003b, 2003c).

Die zweite Option zur Überwindung des Problems eines kollektiven Handelns besteht darin, neben dem kollektiven Gut gleichzeitig noch ein *privates Gut mit Ausschlussprinzip* anzubieten, in dessen Genuss man aber nur kommt, wenn man sich an der Bereitstellung des Kollektivgutes beteiligt. Dies ist u. a. die von den Gewerkschaften seit Langem mit nur mäßigem Erfolg praktizierte Strategie gegen den Mitgliederschwund. Man versucht, durch ein Angebot »privater Güter« wie Versicherungs-, Beratungs- und sonstiger Individualleistungen, deren Nutzung ausschließlich den Mitgliedern vorbehalten ist, den Eintritt in die Gewerkschaften oder den Verbleib attraktiv zu machen und um damit eine Bereitschaft zu wecken, sich an den Kosten des Kollektivgutes »Gewerkschaften« zu beteiligen. Diese Strategie wird aber vor dem Hintergrund der Entwicklung an den Arbeitsmärkten nicht ausreichen, um den Mitgliederschwund zum Stoppen zu bringen bzw. um die Mitgliederzahlen wieder spürbar zu erhöhen.

3.3.2.6 Gewerkschaftliche Pflichtmitgliedschaft

Die ökonomischen Verhältnisse einer nicht beseitigten Massenarbeitslosigkeit, einer Zunahme des Prekariats und einer weiteren Segmentierung in Stamm- und Randbelegschaften sowie der Ausbau des Dienstleistungssektors lassen vielmehr eine noch steigende *Entsolidarisierung* der Arbeitnehmer erwarten. Hinzu kommt bei den Mitgliedern eine hohe Altersstruktur. Eine gute gewerkschaftliche Interessenvertretung wird so immer schwerer. Die Beschäftigten fühlen sich aber auch in den *Tarifverhandlungen*, in denen keine realen Einkommenssteigerungen und Arbeitszeitverkürzungen mehr durchgesetzt werden, nicht optimal vertreten. Wenden sich deshalb immer mehr abhängig Beschäftigte ab, so zehren die Gewerkschaften *finanziell* zunehmend aus. Damit wird letztlich auch ihr politisches Gewicht schwächer. Der Faktor Arbeit benötigt aber eine *Gegenmacht zum Kapital* und auch eine starke Stimme gegenüber der Politik. Nur dann ist die alte gewerkschaftliche Forderung nach einer »*Demokratisierung unternehmerischer Verhältnisse*« auch umzusetzen. Dazu bedarf es mehr *Mitbestimmung* und ein Festhalten am *System des Flächentarifvertrages*. Um aber diese beiden arbeitszentrierten Postulate künftig vor dem Hintergrund der oben beschriebenen Probleme und im Hinblick auf die Überwindung des Problems des kollektiven Handelns umzusetzen, wird über eine *Pflichtmitgliedschaft* der abhängig Beschäftigten in den Gewerkschaften als mögliche Option zu diskutieren sein – wie dies bei den Industrie- und Handelskammern sowie den Handwerkskammern[89] auf Arbeitgeberseite der Fall ist. Unter einer Pflichtmitgliedschaft können Arbeitnehmer nur dann ein Arbeitsverhältnis mit einem Unternehmen konstituieren, wenn sie Mitglied einer Gewerkschaft sind. Es kommt zu einem »*closed shop*«. Hierdurch würde der Bestand, die Existenz der Institution Gewerkschaft als dringend notwendige gesellschaftliche Kraft langfristig gesichert. Ebenso müsste aber auch auf der Arbeitgeberseite eine *Pflichtmitgliedschaft im Arbeitgeberverband* vorgeschrieben werden, um eine Unterminierung der verfassungsrechtlich garantierten *Tarifautonomie* durch Verbandsaustritt zu verhindern. Eine Pflichtmitgliedschaft setzt allerdings einen *gesetzgeberischen Akt* voraus. Dies verlangt eine beträchtliche politische Stärke, die die Gewerkschaften bei solidarischer Bündelung all ihrer Kräfte heute noch haben – morgen aber womöglich nicht mehr. Zur Durchsetzung benötigen sie neue Bündnispartner in Politik und im außerparlamentarischen Spektrum der sozialen Bewegungen sowie in der grenzüberschreitenden Kooperation mit anderen Gewerkschaften und Organisationen einer globalen Zivilgesellschaft (Mahnkopf 2003: 308). Dies würde freilich zugleich eine Ausweitung und Vertiefung der innergewerkschaftlichen Demokratie erfordern. Um den für eine solche Regelung nötigen Gegendruck zu erzeugen, muss es außerdem zu einer massiven *Mobilisierung der Gewerkschaftsmitglieder* kommen. Darüber hinaus müssten die Gewerkschaften für eine *informierte Gegenöffentlichkeit* in allen Fragen der Wirtschaftspolitik sorgen; sie brauchen, wie die globalisierungskritische Bewegung Attac, einen »*Think Tank*« zur Erarbeitung alternativer ökonomischer Konzepte im Interesse der abhängig Beschäftigten und damit letztlich auch im Interesse der gesamten Gesellschaft.

---

89 Diesbezüglich hat noch einmal das Bundesverfassungsgericht eine Rechtsbeschwerde gegen eine solche Pflichtmitgliedschaft in den Kammern zurückgewiesen. Diese Mitgliedschaft verstößt weder gegen Artikel 9 GG noch gegen Artikel 12 Abs. 1 GG. Vgl. BVerfG 1 BvR 541/57 sowie BVerfG 1 BvR 1806/98.

3.4 Innovationsmanagement

Neben der Implementierung einer demokratisch verfassten, auf materielle und immaterielle Partizipation setzenden Unternehmenskultur ist auf einzelwirtschaftlicher Ebene auch ein Umdenken in Sachen Innovationen erforderlich. Dabei muss der Fokus auf ein *mitarbeiterzentriertes Innovationsmanagement* gerichtet werden, das unter den zuvor aufgezeigten Elementen einer holistischen (immateriellen und materiellen) Partizipation von Arbeitnehmern einen konstruktiven Nährboden findet. In der Konzeption einer *Wirtschaftsdemokratie* spielt die Generierung und Verbreitung von Innovationen eine große Rolle. Dabei ist es seit Langem eine Binsenweisheit, dass letztlich nur die *Innovation* in der Lage ist, die Substanz eines Unternehmens in einem auf Wettbewerb und »*schöpferischer Zerstörung*« (Schumpeter) aufbauenden ökonomisch-gesellschaftlichen Prozess kreativ zu entwickeln (Arndt 1952, Schumpeter 1975).

Innovationen implizieren immer eine zeitliche Abfolge aus *Invention* (Erfindung), *Innovation* (Marktreife) und *Diffusion* (Marktverbreitung). »Auslöser des Prozesses ist in dieser Sichtweise (...) regelmäßig ein ›science push‹ bzw. ›technology push‹. Der Innovationsprozess ist insofern die Folge angebotsseitiger Aktivitäten, also insbesondere unternehmerischer Forschung und Entwicklung. Im Gegensatz zu der ›technology-push-Hypothese steht die ›demand-pull‹-Hypothese, welche die nachfrageseitigen Bedürfnisse als Auslöser des Innovationsprozesses ansieht. (...) Dabei hat sich die Erkenntnis durchgesetzt, dass beide Hypothesen ihre Berechtigung haben« (Eichner 2002: 74). Innovationen implizieren in diesem Kontext eine *Doppelfunktion*: Einerseits schaffen sie gesamtwirtschaftliche Wachstums- und damit Beschäftigungseffekte, andererseits sind sie auf einzelwirtschaftlicher Ebene das wesentliche Instrument zur unternehmerischen Vorteilsgenerierung in einem vorstoßenden und nachahmenden *dynamischen Wettbewerbsprozess* (vgl. dazu später noch das vierte Kapitel). Wollen sich Unternehmen gegenüber der Konkurrenz im binnenwirtschaftlichen wie auch im internationalen Wettbewerb behaupten, so geht letztlich kein Weg an Innovationen vorbei. Hierauf hat sich die gesamte *Unternehmenskultur* verstärkt auszurichten. Dazu sind nachhaltig eine intrinsische Motivationsstärkung der Beschäftigten und eine Identifizierung mit dem jeweiligen Unternehmen anzustreben. Gerade in Zeiten einer allgemein beklagten *Innovationslücke*[90] sollten die Unternehmen verstärkt versu-

---

90   Das Deutsche Institut für Wirtschaftsforschung (DIW) »hat zum vierten Mal die Innovationsfähigkeit Deutschlands im internationalen Vergleich ermittelt. Dabei wird die Fähigkeit eines Landes, Wissen zu schaffen und in neue marktfähige Produkte und Dienstleistungen (Innovationen) umzusetzen, mit einem Indikatorsystem bewertet, das sowohl einen

chen, ihre Beschäftigten in einen Innovationsprozess zu integrieren, um dadurch das *»Gold in den Köpfen«* der Mitarbeiter zu heben. Nicht zuletzt auch deshalb, weil heute der Innovationsprozess durch das *Top-Management* nur noch in 4 v. H. der Arbeitszeit beeinflusst wird (Berth 1994). Dabei wird gleichzeitig zur Lösung des beschriebenen arbeitsvertraglichen *»Transformationsproblems der Ware Arbeitskraft«* beigetragen und auch der *Mitbestimmungsgedanke* gestärkt.

Demgegenüber droht allerdings der in der öffentlichen Debatte viel strapazierte *Innovationsbegriff* (vgl. das nächste Kapitel) immer mehr zu einer modischen Worthülse zu verkommen (Staudt zitiert bei Klotz 2003: 5) und ein Blick in den Alltag unserer Unternehmen wirkt vielfach ernüchternd. Hier werden Innovationen oft aufgeschoben, verdrängt, behindert oder erst gar nicht in Betracht gezogen. Viele Unternehmen arbeiten rein repetitiv. »Mit der Folge, dass Deutschland im Wettbewerb um Innovationen und Wachstum, um Qualifikation und Arbeitsplätze im internationalen Maßstab zurückgefallen ist. Ein Vergleich mit erfolgreicheren Nationen lässt erkennen, dass die seit Jahren in Deutschland bestehende *Massenarbeitslosigkeit* auch eine Folge der in vielen Bereichen unserer Gesellschaft nachlassenden Innovationsdynamik ist. Hierbei spielen unter anderem jahrzehntelange Fehlsteuerungen in der deutschen *Bildungs-, Forschungs- und Technologiepolitik* eine Rolle. Hinzu kommen weit verbreitete und schwer wiegende Defizite in der Gestaltung der *Arbeit, Arbeitsorganisation und Unternehmenskultur,* die dazu beitragen, dass auf der Unternehmensebene vielfältige Chancen nicht genutzt und notwendige Veränderungsprozesse nur schwerfällig vollzogen werden. Um dem wachsenden Innovationsdruck in einer zunehmend *wissensbasierten Wirtschaft* erfolgreich standhalten zu können, sind grundlegende Änderungen in der Art und Weise, wie Unternehmen geführt werden, unumgänglich. Politische Maßnahmen mit dem Ziel einer nachhaltigen Verbesserung der Beschäftigungssituation müssen deshalb vor allem in den Unternehmen, also auf der Mikroebene, ansetzen« (Klotz 2003: 5).

---

zusammengefassten Gesamtindikator als auch ein detailliertes Stärken-Schwächen-Profil liefert. In der Gruppe von 17 weltweit führenden Industrieländern landet Deutschland erneut nur auf dem 8. Platz und bleibt damit Teil eines breiten Mittelfeldes. Relativ zu seinen wichtigsten Wettbewerbern kann sich Deutschland nicht verbessern. An der Spitze stehen Schweden, die USA, die Schweiz, Finnland und Dänemark. Deutschland ist besonders erfolgreich auf den internationalen Märkten für neue Produkte und Leistungen und bei der Vernetzung der Innovationsakteure. Die größten Schwächen liegen nach wie vor im Bildungssystem und bei den Finanzierungsbedingungen für Innovationen und Unternehmensgründungen. Die notwendige deutliche Verbesserung ist nicht in Sicht« (Belitz u. a. 2008: 716).

3.4.1 Begriffliche Bestimmungen und Abgrenzungen von Innovationen

Was ist aber überhaupt eine Innovation und was ihre Quelle? »In Anlehnung an den Nestor der Innovationsforschung, den Ökonomen Joseph A. Schumpeter, bedeutet Innovation, ›etwas Neues zu tun oder etwas, was bereits gemacht wird, auf eine neue Art zu machen.‹« Oder anders formuliert: »Zum einen die ›*Neuerung*‹ im Sinne einer bislang nicht existierenden, häufig kreativen Idee; zum zweiten die ›*Veränderung*‹ als Realisierung dieser Neuerung. Chronologisch betrachtet muss damit die Neuerung vor der Veränderung liegen. Von einer Innovation kann demzufolge erst gesprochen werden, wenn beide Aspekte, Neuerung und Veränderung, in genau dieser Reihenfolge aufgetreten sind« (Cisik 2000: 145). Die grundsätzliche ökonomische Bedeutung von Innovationen lässt sich in vier Gruppen differenzieren:

In »inkrementale Innovationen«, »radikale Innovationen« (Basisinnovationen), »Wandel eines Technologiesystems« und »Wechsel eines technisch-ökonomischen Paradigmas«. »*Inkrementale (zuwachsende) Innovationen* sind iterative Verbesserungsinnovationen. Sie treten mehr oder weniger kontinuierlich in allen Industrien sowie auch im Dienstleistungssektor auf und sind oft das Resultat von Erfindungen und Verbesserungsvorschlägen. (…) Obwohl der kumulierte Effekt dieser Innovationen vor allem für das *Produktivitätswachstum* und damit auch für die Realisierung von Effizienzsteigerungen sehr wichtig ist, gehen aus einer einzelwirtschaftlichen Verbesserungsinnovation keine bedeutenden Veränderungen hervor. Oft werden deswegen inkrementale Innovationen gar nicht als Innovationen wahrgenommen. *Radikale Innovationen* bzw. *Basisinnovationen* sind solche, welche Möglichkeiten für die Entstehung und die Entwicklung neuer Märkte eröffnen und Investitionsschübe auslösen. Sie treten diskontinuierlich sowie in wechselnden Branchen auf und sind meist, aber nicht ausnahmslos, das Ergebnis von gezielten Forschungs- und Entwicklungsanstrengungen. Es kann sich dabei durchaus um eine Kombination aus Produkt-, Prozess- und organisatorischen Innovationen handeln. (…) Auf der gesamtwirtschaftlichen Ebene sind sie jedoch nur dann spürbar, wenn ein ganzes Bündel von miteinander verknüpften radikalen Innovationen auftritt und etwa zur Entstehung einer neuen Industrie führt. Der *Wandel eines Technologiesystems* bezeichnet weitreichende technologische Veränderungen, von denen eine ganze Reihe von Branchen oder sogar die Gesamtwirtschaft betroffen ist. Auch die Entstehung völlig neuer Märkte und Industrien ist eine mögliche Folge. Ein solcher Systemwandel basiert auf einer Kombination von radikalen sowie inkrementalen Innovationen, die in Verbindung mit organisatorischen und das Management betreffenden Innovationen auftreten und nicht lediglich ein Unternehmen oder eine geringe Anzahl von Unternehmen erfassen. Der *Wech-*

sel eines *technisch-ökonomischen Paradigmas* bezeichnet die technologische Revolution im Sinne Schumpeters. Ein bestehendes technologisches Regime, d. h. die bezüglich bestimmter Aufgaben oder Probleme allgemein anerkannte und deswegen vorherrschende Art der Anwendung und des Einsatzes technischer und ökonomischer Mittel, wird abgelöst. Ein solcher Wandel erfasst nach und nach die gesamte Wirtschaft und führt zu einem nachhaltigen Strukturwandel. Neue Industrien, Produkte und Dienstleistungen entstehen, bestehende Industrien, Produkte und Dienstleistungen verschwinden« (Eichner 2002: 79f.).

Eine Innovation ist kein rein technischer Vorgang, sondern ein komplexer *sozialer Prozess*, in dem ökonomische Interessen, gesellschaftliche und betriebliche Kräfteverhältnisse, kulturelle Normen und Wertvorstellungen und andere ›weiche‹ Faktoren die entscheidende Rolle spielen. Die Quelle einer jeglichen Innovation ist immer der *Mensch*« (Cisik 2000: 23f.). Die Innovationsforscher Staudt und Kottmann (2001: 33) kommen zu dem Ergebnis: »In der Vernachlässigung dieser *Grundvoraussetzung* liegt die wesentliche Ursache für die expandierende Innovationsschwäche am Standort Deutschland.« Als größte Wachstumsbarriere in Unternehmen gilt eine *innovationsfeindliche Unternehmenskultur*, die eben den Menschen nicht in den Mittelpunkt rückt. An zweiter Stelle rangiert eine *mangelnde Managementkompetenz*. Auch dies scheint – was z. B. falsche Führungsprozesse anbelangt – in enger Beziehung zu einer hausgemachten Innovationsschwäche zu stehen, wie eine Reihe von Beratungsfirmen wie McKinsey, Mercer Consulting und Droge & Comp feststellen (Klotz 2003: 29).

Grenzt man Innovationen bezüglich ihrer ökonomischen (signifikanten) Gründe, aber auch im Hinblick auf Wirkungen, ab, so lassen sich mit Norbert Thom (1992) drei Innovationsarten, die *Prozess-, Produkt- und Sozialinnovation* unterscheiden (vgl. Abb. 12). »Unternehmen streben grundsätzlich aus drei Gründen *Prozessinnovationen* an: Wegen eines Übergangs auf neue Fertigungs- und Verfahrenstechniken, zur Substitution von menschlicher Arbeitskraft durch mechanisierte oder automatisierte technische Einrichtungen, zur Veränderung in der technisch organisierten Produktionsanordnung. Ziel ist dabei die Erreichung einer günstigeren Erlös-Kosten-Relation. Die gegebenenfalls erzielte erhebliche Verbilligung der Herstellung der Produkte verbessert die Stellung des Unternehmens im Wettbewerb« (Schaaff 1991: 190). Bei den *Produktinnovationen* handelt es sich im Gegensatz dazu um Neuerungen im Bereich der Endnachfrage. »Die Betonung des Endnachfragecharakters ist deshalb wichtig, weil nur so plausibel zwischen einer Prozess- und Produktinnovation unterschieden werden kann. Aus volkswirtschaftlicher Perspektive interessiert die Wirkung einer umgesetzten Neuerung. Ein neues Produkt kann nämlich einmal dazu dienen, die Produktion anderer Güter produktiver zu gestalten (Beispiel: neue Werkzeugmaschinen), auf der anderen Seite kann durch ein neues Produkt das Spektrum der käuflichen Endnachfragegüter erweitert (Beispiel: Video-Recorder) und somit zu einer Absorption von disponibler Kaufkraft beigetragen werden.« (...) Während Prozessinnovationen für den Unternehmer primär im Zuge des *Preiswettbewerbs* von Interesse sind, sind Produktinnovationen vornehmlich auf *Qualitätswettbewerb* und vor allem auf die Erschließung neuer Absatzmärkte ausgerichtet« (Schaaff 1991: 191f.). Produktinnovationen machen so in der Regel *Erweiterungsinvestitionen* notwendig. Bleiben solche Produktinnovationen aber aus oder sind sie zu schwach ausgeprägt und kommt es in der Wirtschaft überwiegend zu *Prozessinnovationen* mit entsprechenden Rationalisierungen, so sind mehrere gesamtwirtschaftliche Möglichkeiten der daraus entstehenden Produktivitätszuwächse gegeben. »Denkbar ist die Umsetzung in eine *Mehrproduktion in gleicher Zeit*, in *Einkommenssteigerung* und in *Arbeitszeitverkürzung*. Mehrproduktion in gleicher Zeit ermöglicht – die entsprechende mitwachsende Nachfrage vorausgesetzt – Einkommenssteigerungen. Fraglich bleibt allerdings, ob dies den Unternehmern (Gewinnempfängern) oder den Arbeitnehmern (Lohn- und Gehaltsempfängern) zugute kommt. Bleibt hingegen das Angebotsvolumen gleich, so wird eine Umsetzung der jetzt schnelleren Produktion in verkürzte Arbeitszeiten möglich« (Schaaff 1991: 190). Welcher dieser Wege letztlich eingeschlagen wird, ist u. a. abhängig von den sozioökonomischen *Machtstrukturen* und den jeweiligen Interessenlagen in einer Volkswirtschaft. Daher kann auch nicht pauschal gesagt werden, dass alle technikinvolvierten Innovationen zwangsläufig das wirtschaftliche Wachstum stimulieren (Reuter 2000a: 397ff.). Im Gegensatz zu Prozess- und Produktinnovationen spricht man von *Sozialinnovationen*, wenn es zu planmäßigen Verbesserungen für die Mitarbeiter kommt, z. B. durch eine Qualifikationserhöhung oder durch bewusst angelegte Partizipationsprozesse (z. B. Führungsstile), die zu einer Verbesserung im Beziehungsgefüge zwischen den Menschen führen. Auch eine materielle Teilhabe an den Gewinnen eines Unternehmens kann dabei als eine Sozialinnovation gesehen werden, genauso wie die Einführung eines mitarbeiterzentrierten Innovationsmanagements.

Innovationen, gleich welcher Art, sind immer ein *singulärer Prozess*. Hierbei werden insgesamt sechs Phasen unterschieden. Die *Intuition* als Ideengenerierung steht (1) am Anfang des Prozesses. »Wenn die Idee da ist, setzt (2) die Phase der *Reflexion* ein. Die ursprüngliche Idee wird überdacht, erweitert, reduziert, verfeinert, kurzum: modifiziert. Insbesondere diese Phase kann sehr viel Zeit in Anspruch nehmen. Von der ersten Eingebung bis zur konsequenten Weiterverfolgung einer Idee und deren Umsetzung können Jahre vergehen. Wenn die Idee konkretisiert ist, folgt (3) die Pha-

Abb. 12: Innovationsarten und -ziele

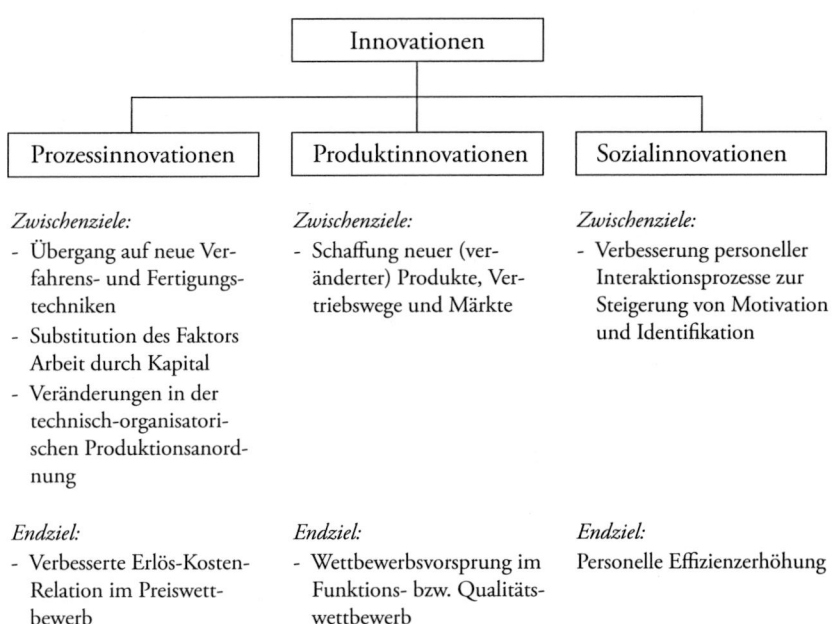

se der *Definition*, in der die mit der Idee verbundenen Zielvorstellungen definiert und präzisiert werden. In Unternehmen stellt diese Phase einen neuralgischen Abschnitt im Prozess dar, da hier grundsätzlich darüber entschieden wird, ob die Idee gefördert oder verworfen wird. Ist diese Entscheidung positiv ausgefallen, schließt sich (4) die Phase der *Konzeption* an, in der mit den Umsetzungsvorbereitungen begonnen wird. Je nach Art der Innovation, produkt-, verfahrens- oder sozialbezogen, können diese produktionstechnik-, arbeitsprozess- oder mitarbeiterorientierter Art sein. Sind alle vorbereitenden Maßnahmen inklusive der üblichen Pretests abgeschlossen, kann (5) die Phase der *Realisation* beginnen. Die Idee wird in die Praxis überführt, der Schritt von der Neuerung zur Veränderung wird vollzogen. Der Prozess endet vorläufig (6) mit der Phase der *Evaluation*, die sich – je nach Innovationsdimension – in einem entsprechenden zeitlichen Abstand anschließt.

Bei Produktinnovationen gibt es unmittelbar nach deren Implementierung Rückmeldungen; bei Verfahrensinnovationen, sofern sie sich primär auf technische Prozesse beziehen, ist es ähnlich. Sozialinnovationen dagegen lassen sich oft erst sehr spät nach ihrer Initiierung evaluieren« (Cisik 2000: 146ff.). Soll der Innovationsprozess erfolgreich sein, muss über alle Hierarchien die Kreativität der Mitarbeiter gefördert werden. Die Potentiale können jedoch ohne eine vernünftige Vermittlung von Werten, Führungsgrundsätzen und Unternehmenszielen nicht produktiv genutzt werden. Es muss zur Etablierung eines *Werteverständnisses* als Teil der gelebten Unternehmenskultur kommen.»Die notwendige Firmenphilosophie für erfolgreiches *Ideenmanagement* heißt deshalb kontinuierliche Reflexion über ständige Verbesserung und Innovation als Sollvorgabe. Eine solche Firmenphilosophie muss im Kern beinhalten, dass es nichts gibt, was man nicht noch verbessern könnte! Dies bezieht sich auf kleine Veränderungen und Verbesserungen ebenso wie auf große Innovationen« (Frey/Schutz-Hardt 2000: 16). Problematisch wird es in Unternehmen allerdings immer dann, wenn der potentielle Ideenfluss und die Innovationskraft einer Belegschaft von der *Unternehmensspitze* (Unternehmer, Führungskräfte) nicht gefördert, sondern behindert wird. »Die Vorbildfunktion, klare Innovationsziele, langfristiges Denken, Akzeptieren von Innovationsmisserfolgen und der Aufbau kreativitätsfördernder Organisationsstrukturen müssen in den Chefetagen mit Leben erfüllt werden. Ideen und Vorschläge für Verbesserungen bedürfen der persönlichen Aufmerksamkeit des Chefs« (Jacobi 1997: 58). Auch die immer wieder anzutreffenden Behinderungen durch *Führungskräfte*, die es nicht selten geradezu als lästig empfinden, über Neues nachdenken zu müssen, sind abzubauen. Gelingt dies, d. h. kommt es im Unternehmen zu einem allseits akzeptierten und penetrierten Ideen- bzw. Innovationsmanagement, so ist zwar noch keine hinreichende Bedingung, aber auf jeden Fall eine notwendige Voraussetzung für einen unternehmerischen Erfolg gegeben.

> Willst Du für ein Jahr vorausplanen, so baue Reis. Willst Du für ein Jahrzehnt vorausplanen, so pflanze Bäume. Willst Du aber für ein Jahrhundert planen, so bilde Menschen.«
> (Alte chinesische Weisheit)

Exkurs: Bildung und Qualifikation

1. Zum Bildungscharakter und seiner Bedeutung

Innovationen sind ohne *Bildungsinvestitionen* nicht möglich. Deshalb kommt der Bildung eine ungeheure Wichtigkeit für den Einzelnen, aber natürlich auch für die Gesellschaft als Ganzes zu. Bildung ist unter ökonomischen Aspekten grundsätzlich als ein *meritorisches Gut* einzustufen. Es hat sowohl den Charakter eines privaten Gutes als auch Merkmale eines öffentlichen Gutes.

»Um ein öffentliches Gut handelt es sich dann, wenn nicht der Besitzer von dem Gut profitiert, sondern positive externe Effekte der Allgemeinheit oder zumindest einigen anderen Personen zugute kommen. Beim meritorischen Gut hat der Besitzer besondere Vorteile, doch positive externe Effekte nutzen auch anderen. Wegen dieser externen Effekte ist es suboptimal, wenn nur der Besitzer des Gutes die Kosten desselben trägt. Denn er wird dann eine zu geringe Menge nachfragen, weil sein Nutzen unter dem gesamtgesellschaftlichen Nutzen liegt. Optimal wäre es, wenn jeder Nutznießer der externen Effekte sich entsprechend seinem Nutzengewinn an den Kosten beteiligen würde. Da sich die externen Effekte bei weiter Streuung jedoch nicht individuell zurechnen lassen, ist eine steuerfinanzierte Subventionierung des meritorischen Gutes in der Regel zu empfehlen« (Dilger 2000: 310).

Dafür trat Adam Smith bereits 1776 ein. Er erkannte nicht nur die wichtige Bedeutung von Bildung für den Einzelnen, sondern auch für die Gesellschaft und dass es eine *staatliche (öffentliche) Aufgabe* sei, insbesondere den gesellschaftlich unteren Schichten den Zugang zu Bildung zu ermöglichen.

»In einer entwickelten und kommerzialisierten Gesellschaft«, schrieb er, »sollte sich die Öffentlichkeit vielleicht mehr um die Erziehung des einfachen Volkes kümmern als um die der oberen Schicht. Vornehme und vermögende junge Leute sind meist achtzehn oder neunzehn Jahre alt, ehe sie sich einem Beruf zuwenden, in welchem sie sich auszuzeichnen hoffen. Zuvor steht ihnen die ganze Zeit zur Verfügung, um sich jene Kenntnisse anzueignen, zumindest die Voraussetzung dafür zu schaffen, die ihnen allgemeine Achtung einbringen oder sie für eine solche würdig machen. Ihre Eltern oder Erzieher sorgen in der Regel hinreichend dafür, dass sie eine gute Ausbildung erhalten, und sind meist auch bereit, die Kosten dafür zu tragen. (...) Es kommt noch hinzu, dass Angehörige der vermögenden Oberschicht nur selten von morgens bis abends von ihrer Arbeit voll in Anspruch genommen sind. Normalerweise haben sie reichlich Freizeit, um sich sowohl fachlich als auch schöngeistig weiterzubilden und die Kenntnisse oder Interessen aus der Zeit ihrer Ausbildung zu erweitern. Ganz anders verhält es sich mit den jungen Leuten aus der unteren Schicht. Sie haben nur wenig freie Zeit für ihre Ausbildung. Ihre Eltern können sie selbst während der Kindheit kaum unterhalten, und sobald sie arbeitsfähig sind, müssen sie sich eine Beschäftigung suchen, um ihren Lebensunterhalt selbst zu verdienen. In der Regel handelt es sich dabei um eine einfache und gleichförmige Tätigkeit, die wenig Mitdenken oder Verständnis erfordert. Gleichzeitig müssen sie lange und schwer arbeiten, so dass ihnen wenig Zeit und Muße und noch weniger Neigung bleibt, sich mit etwas anderem zu beschäftigen oder gar über etwas anderes nachzudenken. Zwar können einfache Leute in einem zivilisierten Gemeinwesen niemals so gut ausgebildet sein wie angesehene mit etwas Vermögen, doch lernen sie schon früh im Leben die elementaren Grundlagen der Erziehung, nämlich Lesen, Schreiben und Rechnen, dass selbst diejenigen unter ihnen, die den einfachsten Beschäftigungen nachgehen, zumeist Zeit genug haben, um die Grundfächer zu erlernen, ehe sie für solche Tätigkeiten verwendbar sind. Mit nur geringem Aufwand kann der Staat fast der gesamten Bevölkerung diese Schulausbildung erleichtern, sie dazu ermutigen, ja sogar dazu zwingen« (Smith 1776, 1978: 664f.).

Aufgrund der von Smith geforderten öffentlichen Ausbildung und dem heute tatsächlich erreichten Bildungsstandard, der immer noch stark *schichten- und einkommensabhängig* ist, darf es nicht sein, dass Bildung zunehmend wieder zu einem *privaten Gut* wird, bei dem Einkommen und Vermögen über die Nachfrage nach Bildungsgütern entscheidet.[91] Bildung ist eine *Investition* in den Menschen. Hierbei ist nicht nur eine individuelle, sondern zusätzlich eine gesellschaftliche *Bildungsrendite* zu betonen (Bontrup 2001b: 277ff.). Deshalb darf die Rendite auch nicht ausschließlich im ökonomischen Kontext gesehen werden, sondern Bildungsinvestitionen erfüllen ebenso umfassende *politische* und *gesellschaftliche Funktionen*, »und sie rechtfertigen sich letztlich aus sich selbst heraus.« Zu diesem Ergebnis kommt der bekannte US-amerikanische Ökonom John Kenneth Galbraith (1998: 82), wenn er feststellt, dass *Bildungsinvestitionen* sich nachhaltig auf den inneren *sozialen Frieden einer Gesellschaft* auswirken. Sie eröffnen den Angehörigen der unteren, sozial und wirtschaftlich benachteiligten Schichten die Möglichkeit des *sozialen Aufstiegs*. Außerdem ermöglicht Bildung den Menschen zum einen, *politisches Bewusstsein* zu entwickeln und politische Verantwortung zu übernehmen. Dies ist für den Bestand von Demokratien entscheidend wichtig. Und zum anderen ermöglicht Bildung, sich gesellschaftlich umfassend

---

91   Daher ist auch *Studiengebühren an Hochschulen* eine klare Absage zu erteilen. Sie führen dazu, dass Kinder aus bildungsfernen Schichten mit in der Regel nur geringem Einkommen und Vermögen von den Hochschulen noch mehr ferngehalten werden, als es heute schon der Fall ist. Studiengebühren erhöhen den Preis für ein Studium und senken damit die Nachfrage nach einer wissenschaftlichen Ausbildung. Bildung muss aus dem allgemeinen Steueraufkommen finanziert werden. Deshalb ist auch das immer wieder vorgebrachte Scheinargument, dass die nicht vermögenden Schichten die Hochschulausbildung von Kindern aus vermögenden Haushalten mitfinanzieren würden, ökonomisch schon auf Grund des steuerlichen Non-Affektationsprinzips (fehlende Zweckbindung von Steuereinnahmen bezogen auf Staatsausgaben) nicht haltbar. So werden schließlich auch andere öffentliche Leistungen von geringer Verdienenden mitfinanziert, ohne dass diese von ihnen in Anspruch genommen würden: Das fängt bei den Opernhäusern an und hört bei den Forschungsausgaben für Großunternehmen auf. Wer den Staat nur für das bezahlen will, wofür er eine unmittelbare Gegenleistung erhält, fordert den Gebührenstaat, den man eigentlich durch die Entwicklung zum modernen Verfassungs- und Steuerstaat überwunden glaubte. Außerdem müssten Studiengebühren nach dem Kostenverursachungsprinzip von Studiengängen erfolgen. Der Medizinstudienplatz kostet z. B. nun mal mehr als der für Wirtschaftswissenschaft. Auch wäre es eine Diskriminierung, Kindern aus einkommens- und vermögensschwachen Haushalten mit einem Stipendium doch noch den Zugang zu Hochschulen zu ermöglichen. Denn ein Stipendium verlangt von Studierenden immer besondere Zusatzleistungen und ist an Bedingungen geknüpft, die ein Studierender aus einer vermögenden Schicht nicht zu erbringen hat, um studieren zu können. Ganz zu schweigen von seinen eh schon besseren Reproduktionsbedingungen während des Studiums (u. a. keine Notwendigkeit von Arbeitstätigkeiten während der Studienzeit). Vgl. zu den Studiengebühren ausführlich: (Lieb 2004: 567ff.).

zu entfalten und durch eine geistige Horizonterweiterung das Leben auch *kulturell* zu genießen (Galbraith 1998: 81ff.). Bildung ist aber noch mehr: Sie ist das Medium, das Werte vermittelt, wobei akzeptierte (gesellschaftliche) Werte gleichzeitig *Moral* bilden, die sozusagen als Kitt die moderne Gesellschaft zusammenhalten. Die Theorie der Moral kann dabei wiederum als *Ethik* eingestuft werden. Bildung schließt auch *Partizipationen* ein, die dazu beitragen müssen, den Menschen zum aufrechten Gang zu verhelfen. Bildung hat nicht nur die Aufgabe, kompetente und leistungsbewusste Menschen zu erziehen, sondern auch ein *kritisches politisches* und *gesellschaftliches Bewusstsein* zu entwickeln. Bildung lässt sich deshalb nicht, wie heute häufig versucht wird, in eine *betriebswirtschaftlich orientierte Symbolik* pressen, wonach an Hochschulen und Schulen die Studierenden und Schüler zu *Kunden* werden, »als ob diese in ein Kaufhaus gehen, etwas einzahlen und dafür eine Ware bekommen. Was zahlen denn die Studenten ein? (...) Bildungs- und Ausbildungseinrichtungen, ob Universitäten oder Schulen, sind *keine Wirtschaftsbetriebe*, und es ist unmöglich, sie nach denselben Kriterien zu behandeln wie Verwaltungen und Industrie- oder Dienstleistungsunternehmen. Eine solche Gleichsetzung wäre ein fataler und, was für die politische Ökonomie des Gemeinwesens noch wichtiger ist, ein unvertretbarer kostspieliger Irrtum« (Negt 2002: 356f.).

2. Bildungschancen sind nicht gleich verteilt

Nach Auffassung des *Bundesarbeitsgerichtes* hat Bildung für das soziale und wirtschaftliche Schicksal eines Arbeitnehmers und für seinen beruflichen Werdegang eine hohe Bedeutung. Häufig entscheide die Teilnahme an Maßnahmen der betrieblichen Berufsausbildung darüber, ob der Einzelne seinen Arbeitsplatz behalten oder an einem beruflichen Aufstieg teilnehmen könne. Der Zweck der gesetzlichen Regelung im Betriebsverfassungsgesetz müsse daher auch ein »weites Verständnis des Begriffs der betrieblichen Berufsausbildung« enthalten (Däubler 2000: 1.190). Aber nicht nur für den einzelnen Arbeitnehmer sind Bildung, Berufsausbildung und Weiterbildung notwendige Voraussetzungen zur Reproduktion, sondern der wirtschaftliche Erfolg einer ganzen Volkswirtschaft und ihrer Unternehmen sowie der öffentlichen Verwaltungen wird zukünftig noch mehr als heute davon abhängen, wie die Institutionen bereit sind, in *Bildung zu investieren*. Eine zunehmende Verstärkung der Markt- und Kundenorientierung, immer kürzer werdende Produktlebenszyklen, eine fast dramatische Verkürzung der »Halbwertzeiten des Wissens«,[92] rascher technologischer und

---

92 Gerhard Bosch weist hierbei allerdings auf den »schlampigen Umgang« mit dem Begriff »*Halbwertzeit von Wissen*« hin. »Die Halbwertzeit von Wissen sinkt nicht generell. Den größ-

demographischer Wandel, immer größer werdende Herausforderungen an ein mitarbeiterbezogenes kreatives, vernetztes und innovatives Denken,[93] aber auch zukünftig auftretende Arbeitsangebotsverknappungen auf bestimmten Teilarbeitsmärkten – die sich heute schon bemerkbar machen – werden besondere Anstrengungen in Sachen *Wissensmanagement* verlangen. Vor diesem Hintergrund sind die Untersuchungsergebnisse der *PISA-Studien* zum Wissensstand deutscher Schüler im internationalen Vergleich, aber auch die Ergebnisse der *OECD-Untersuchung* über zu geringe Hochschulabgängerzahlen und Bildungsausgaben sicher erschreckend (Roitsch 2002: 451ff., Wicke 2002: 909ff., Stange 2004: 242ff.). In den bisherigen PISA-Studien wurde aber nicht nur festgestellt, dass die sprachlichen und mathematischen Fähigkeiten der in Deutschland ausgebildeten Jugendlichen unzureichend sind, sondern auch, dass es im internationalen Vergleich starke *soziale Segmentierungen* bis zu *Ausgrenzungen* gibt, die Anlass zu großer Sorge geben.

Deutschland ist schlecht gerüstet für die immer mehr aufkommende Wissensgesellschaft, die ein *lebenslanges Lernen* erfordert, wobei es auch einen zu geringen Anteil an Akademikern in der Bevölkerung gibt[94] und der Anteil der Ungelernten ständig zunimmt. Die PISA-Studien haben auch gezeigt, dass Deutschland in der *vorschulischen Ausbildung*, im Elementarbereich, enorme Defizite aufweist. »In der Auseinandersetzung mit den erfolgreichen PISA-Ländern wurde für viele erkennbar, dass ein als Bildungsbereich entwickelter Elementarbereich eine der Voraussetzungen für späteren Schulerfolg ist und darüber hinaus die sehr starke *soziale Selektivität* des deutschen Bildungssystems im Sinne einer empirisch beobachtbaren Verstärkung der vorhandenen *Bildungsungleichheiten* abmildern bzw. neutralisieren könnte. Hinzu kommt eine wei-

---

ten Teil des Allgemeinwissens (Mathematik, Sprache etc.) lernt man am besten sehr früh, und er hält das ganze Leben, sofern er genutzt wird. Dies gilt im Übrigen auch für soziale Kompetenzen. Auch berufliche Basisqualifikationen haben in den meisten Berufen eine lange, oft das ganze Erwerbsleben umfassende Halbwertzeit. Berufliches Spezialwissen hingegen erneuert sich zunehmend schneller; nur hier ist der Hinweis auf die abnehmende Halbwertzeit berechtigt. Der Ansturm auf unsere Bildungseinrichtungen zeigt, dass diese Unterschiede in der Bevölkerung auch sehr gut verstanden werden« (Bosch 2002: 693).

93 Vgl. dazu ausführlich den Punkt 3.4.4 »Mitarbeiterzentriertes Innovationsmanagement und staatliche Innovationsförderung«.

94 Laut OECD-Untersuchung liegt in Deutschland ein gravierender Mangel an Hochschulabgängern vor. Demnach beträgt die Hochschulabschluss-Quote in der Altersgruppe 25 bis 34 Jahre in Deutschland lediglich 19 v. H. Nur in Österreich wird mit 16,6 v. H. eine schlechtere Quote erzielt. Im Vergleich: Australien kommt auf eine Hochschulabschlussquote von 42 v. H., Großbritannien auf 37,4 v. H., Japan auf 32,8 v. H. und Spanien auf 30,3 v. H. Frankreich liegt noch bei 25 v. H., während Italien auch einen niedrigen Wert von 20,0 v. H. erzielt. Der OECD-Durchschnitt liegt bei 30,3 v. H. (vgl. Handelsblatt vom 17. September 2003).

tere, gesellschaftspolitisch höchst dringende Aufgabenstellung: Angesichts der bereits vorhandenen enormen Integrationsprobleme mit Migrantenkindern und -jugendlichen (...) und angesichts der absehbaren erforderlichen *Zuwanderung* kann nicht deutlich genug darauf hingewiesen werden, dass der Schlüssel für eine *aktive Integrationspolitik* in den aufzuwertenden *Kindertageseinrichtungen* liegt« (Sell 2002: 700). Eine Schweizer Studie belegt eindeutig den hohen volkswirtschaftlichen Nutzen von Kindertagesstätten. In der Studie heißt es: »Für jeden in Kindertagesstätten investierten Franken fließen rund vier Franken im Sinne einer volkswirtschaftlich quantifizierbaren Wertschöpfung an die Gesellschaft zurück – dabei ist zu berücksichtigen, dass bestimmte indirekte und intangible Nutzen aufgrund ihrer fehlenden Quantifizierbarkeit nicht in die Nutzenbestimmung eingehen können, sehr wohl aber enorme produktive Auswirkungen haben (z.B. die sozialisatorischen Effekte durch anregungsintensive Einrichtungen in anregungsarmen Stadtteilen oder Familien). (...) Der Ansatz (...) wurde in Deutschland im Auftrag der Gewerkschaft Erziehung und Wissenschaft (GEW) in einer Untersuchung am Beispiel von niedersächsischen und nordrhein-westfälischen Kindertagesstätten auf deutsche Verhältnisse übertragen. Die Studie kommt zu einer vergleichbaren Kosten-Nutzen-Relation wie die Schweizer-Studie: Eine durchschnittliche Investition von 5.200 € für einen Kindertagesstättenplatz pro Jahr führt zu einem durchschnittlichen Ertrag von 20.000 €« (Sell 2002: 701f.).

Trotz aller politischen Verlautbarungen – Bildung sei ein hohes und wichtiges gesellschaftliches Gut – muss jedoch für Deutschland konstatiert werden, dass das Ziel nicht erreicht worden ist, über eine massive Bildungsexpansion seit Anfang der 1970er Jahre mehr *Chancengleichheit* in die Gesellschaft zu tragen (Ehmann 2004: 214ff.). Die Unterschiede zwischen den sozialen Schichten sind, wenn man den Zugang zu höheren Bildungsabschlüssen betrachtet, nicht geringer geworden. Die sozialen Benachteiligungen sind über die Bildungsreformen nicht aufgehoben worden. Allerdings ist empirisch festzustellen, dass es immerhin zu *Mobilitätsschüben* gekommen ist. So konnten die *Mittelschichtkinder* den Abstand zu den *Oberschichtkindern* verringern, dafür »wuchs aber der Abstand der *Unterschicht*, die somit als Verlierer der Bildungsreformen bezeichnet werden kann« (Jobelius/Vössing 1999: 113). Die Schulen verringern die sozialen Unterschiede nicht, sondern vergrößern sie. Daran hat sich sechs Jahre nach dem PISA-Schock wenig geändert. Im Durchschnitt müssen Kinder aus unteren Schichten bessere Leistungen bringen, um ebenso gute Empfehlungen zu bekommen wie die anderen. Im Vergleich zu Facharbeitern ist die Chance, vom Lehrer für das Gymnasium empfohlen zu werden, für Kinder von Spitzenmanagern 3,3 mal höher (Hovestadt/Eggers 2007). Negativ auffallend ist auch die nur geringe Bildungsbeteiligung von *Ausländern.* Hier liegt, wie das Deutsche Institut für Wirtschaftsforschung (DIW) in einer Untersuchung feststellte, »kaum eine Annäherung an die Schul- und Berufsabschlüsse von Deutschen« vor. »Die Bildungsbeteiligung der 20- bis unter 25-jährigen Erwachsenen ausländischer Herkunft lag im Jahre 2001 weiterhin mit 14 v. H. weit unter der der Deutschen in dieser Altersklasse (41 v. H.). Seit 1997 ist der Abstand sogar größer geworden« (DIW-Wochenbericht 2003c: 588).

Das negative Ergebnis von Bildungsbeteiligung manifestiert sich auch im tertiären Bildungssektor an *Universitäten* und *Fachhochschulen.* Die in regelmäßigen Abständen vom Deutschen Studentenwerk (DSW) durchgeführten Untersuchungen zur »beruflichen Stellung der Eltern« von Studierenden an Hochschulen zeigen, dass, gemessen an der gesellschaftlichen Stellung nach dem Berufsstatus Arbeiter, Angestellte, Beamte und Selbständige, der *Anteil der Arbeiterkinder* an Universitäten und Fachhochschulen weit unterproportional ist. Dennoch war an Universitäten von 1953 bis 1996 ein Zuwachs von 4 auf 13 v. H. festzustellen. Vergleicht man allerdings die Anteilsentwicklung erst ab Anfang der 1970er Jahre, zu Beginn der Bildungsoffensive, so ist hier lediglich noch ein marginaler Zuwachs von einem Prozentpunkt von 12 auf 13 v. H. eingetreten. Zählt man die Fachhochschulen dazu, die erst ab Ende der 1960er Jahre als neuer Hochschultyp entstanden sind, so liegt der Anteil Arbeiterkinder insgesamt an deutschen Hochschulen bei rund 16 v. H., also auch nicht merklich höher (Bundesministerium für Bildung und Forschung 1998). In einer jüngsten Untersuchung stellte das DSW fest, dass immer weniger Studierende aus der *Mittelschicht* stammen. Dennoch ist hier die Chance auf eine Bildungsbeteiligung nach wie vor wesentlich höher als für Kinder aus niedriger Schicht. Von diesen nahm im Jahr 2000 etwa nur jedes zehnte ein Hochschulstudium auf, nahezu dreimal so viele (29 v. H.) stammten aus der »Herkunftsgruppe mittel«. Die höchste Bildungsbeteiligung haben Kinder der »Herkunftsgruppe hoch«. 81 v. H. studieren hier. »Das ist das Gegenteil von Chancengleichheit«, so Hans-Dieter Rinkens, der Präsident des DSW (Kühne 2004: 25). Deshalb verwundert es auch nicht, wenn die Bildungsforscher Jobelius und Vössing feststellen, dass sich die *ungleiche Bildungsverteilung* als wichtiges Reproduktionsinstrument sozialer Ungleichheit in der Bundesrepublik erweist (Jobelius/Vössing 1999: 113).

Dies gilt insbesondere für die Besetzung von *Führungspositionen in der Wirtschaft* – im so genannten Top-Management (zur Bezahlung des Managements vgl. ausführlich Kap. 3.4.3). Der Mythos von der Chancengleichheit ist hier eine absolute Mär. Zu diesem ernüchternden Urteil kommt der Soziologe Michael Hartmann, der sich seit Jahren wissenschaftlich mit dem Thema Top-Manager befasst. Nach einer Untersuchung von 6.000 Führungskräften hat Hartmann als Faustregel festgestellt: Wer aus einfachen Verhältnissen kommt, der schafft es höchstens bis zum Abteilungsleiter, auch wenn er Studium und Promotion vorweisen kann. Spitzenpositionen besetzen dagegen Manager, die selbst aus gehobenen Schichten stammen. Noch immer entscheidet die Herkunft über den Erfolg. Die »gute Kinderstube« ist zwar keine Garantie für einen besonders erfolgreichen Berufsweg, aber sie steigert ganz erheblich die Chancen. Wenn man Arbeiterkinder mit Kindern leitender Angestellter vergleicht, so haben erstere trotz gleicher Ausbildung eine zehnmal schlechtere Chance auf Top-Positionen. Die Bosse der Wirtschaft reproduzieren sich selbst (Hartmann 2002). Man besitzt eine gesellschaftliche Exklusivität. Soziale Durchlässigkeit ist hier so gut wie nicht gegeben. Man bleibt im »Club der Wirtschaftselite« unter sich (Hartmann 2004). In einer empirischen Untersuchung stellt Eugen Buß als erschreckendes Fazit fest: »Unter den wichtigsten Wirtschaftsführern in Deutschland überwiegen die Sprösslinge aus dem arrivierten Milieu. Arbeiter-, Bauern- und Handwerkersöhne sind unterproportional vertreten. Daher kann sich Deutschland nach wie vor nicht rühmen, eine offene Gesellschaft zu sein, die allen Heranwachsenden – unabhängig vom häuslichen Milieu – die gleichen Möglichkeiten für die Entfaltung von Talenten und für die Teilnahme am Wettbewerb um die Spitzenpositionen in der Wirtschaft gewährt« (Buß 2007: 17).

Auch *Frauen* haben in der Wirtschaft in Führungspositionen kaum Chancen. Nur 16 der 160 Aktiengesellschaften in den wichtigsten deutschen Börsenindizes beschäftigen derzeit mindestens eine Frau im Vorstand. Im DAX 30 arbeitet nur in einem Unternehmen überhaupt eine Frau im Vorstand. Je höher auf der Karriereleiter, umso dünner wird die Luft für Frauen. Das zeigt auch eine Literaturstudie zum Thema Chancengleichheit in Spitzenpositionen (Krell 2009). Bei einer sehr weiten Auslegung des Begriffs »Führungskraft« kommen Auswertungen auf einen Frauenanteil von maximal 31 v. H. in Deutschland – inklusive hochqualifizierter Fachkräfte. Unter den leitenden Angestellten sind es nur noch 10 v. H. Frauen. Geschäftsführerinnen gab es 2008 gerade 4 v. H. Und diese arbeiten überwiegend in kleinen Unternehmen, an denen sie oftmals noch selbst beteiligt waren. Auch finden sich weibliche Führungskräfte relativ häufig in frauentypischen Branchen wie dem Gesundheitswesen und dem Einzelhandel.

Aber nicht nur bei der Besetzung von Führungspositionen in der Wirtschaft, genauso wie in *Politik und Wissenschaft*, wenn auch hier unter anderen Bedingungen der Auswahl, gibt es keine Chancengleichheit. Die Bildungsreformen der 1960er und

70er Jahre müssen sich von der Selbsttäuschung befreien, »die ökonomischen Widersprüche und Ungleichheiten durch die Herstellung von Chancengleichheit im Bildungswesen überwinden oder zumindest ausgleichen zu können. Jugendlichen wurden zwar vermehrt gleiche Bildungschancen eröffnet, danach entließ man sie aber in eine Welt, in der sich an den ungleichen sozialen Positionen nichts geändert hatte. Je bedrohlicher die *Krise auf dem Arbeitsmarkt* wahrgenommen wurde, desto geringer war die Bereitschaft in bildungsfernen Schichten, den unbekannten Weg längerer Schul- und Universitätsbildung auf sich zu nehmen. Die Bruchstellen auf dem Arbeitsmarkt markierten auch die Bruchstellen im Bildungswesen« (Jobelius/Vössing 1999: 111). Dies lässt sich ähnlich auch aus den Erkenntnissen des ersten *»Armuts- und Reichtumsbericht der Bundesregierung«* ableiten. Dort heißt es:

> »Dass die Höhe des beruflichen Bildungsstandes eine erhebliche Rolle in Bezug auf die individuelle Lebenslage bzw. Armuts-/Reichtumsposition hat, ist belegbar. Dies bemisst sich an der Höhe der Erwerbseinkommen, an der erreichten beruflichen Position und an der Beschäftigungssicherheit gegenüber dem Zustand der Erwerbslosigkeit. (…) Bildung ist Zukunftsvorsorge, denn das Risiko des Arbeitsplatzverlustes ist an den Bildungs- und Berufsabschluss gekoppelt: Je geringer der berufliche Ausbildungsabschluss, desto höher die Gefahr der Arbeits- bzw. Dauerarbeitslosigkeit. Das weitaus größte Risiko tragen Männer und Frauen ohne beruflichen Ausbildungsabschluss. Noch immer sind zudem die durchschnittlichen Löhne von Männern über alle Qualifikationsniveaus hinweg höher als die der Frauen« (Bundesministerium für Arbeit und Sozialordnung 2001: 133ff.)

Allgemeine Bildungspolitik muss daher in Zukunft wesentlich enger, als dies in der Vergangenheit der Fall war, mit *Wirtschaftspolitik*, hier insbesondere mit Beschäftigungs-, Arbeitsmarkt-, Sozial- und Verteilungspolitik, verknüpft werden. »Mehrere staatliche Zielsetzungen, wie die Förderung des Wachstums, der Abbau der Arbeitslosigkeit, die Verbesserung der Lebensqualität und die Herstellung der Chancengleichheit, lassen sich aber nur durch einen Ausbau des lebenslangen Lernens erreichen. Der Staat kann dabei Lernen anregen, organisieren und finanzieren, aber ohne *Eigenverantwortung* geht es nicht« (Bosch 2002: 689). Auch muss es wohl zu einem veränderten bildungsdidaktischen und auch -methodischen Denken kommen, wenn die in einer Informations- und Wissensgesellschaft angelegten Veränderungsprozesse vom Menschen selbst, aber natürlich auch von den Unternehmen und Verwaltungen, zukünftig verarbeitet und umgesetzt werden sollen. »Die neuen multimedialen Informations- und Kommunikationstechniken werden zu vorherrschenden ›Kulturtechniken‹ in der Informationsgesellschaft. Das wird für die Bildung nicht nur neue Probleme aufwerfen, sondern auch neue Möglichkeiten des Lernens bieten. Mit dem Übergang in die *Informationsgesellschaft* und die neuen Formen der Bildung verändert sich auch die Rolle der Beteiligten in Lern- und Bildungsprozessen. Es geht nicht mehr vorrangig darum, Lehrstoff vorzutragen und Informationen zu vermitteln, sondern vor allem darum, die Lernenden zu unterstützen, sich mit den neuen Lerninstrumenten zurechtzufinden. Lehrende übernehmen die Rolle von ›Navigatoren‹, Betreuern und ›Moderatoren‹ in Lernprozessen« (Welsch 1999: 28ff.).

Wichtig ist bei allem, dass *Qualifizierungsanreize in der Wirtschaft* verankert werden. Dazu müssen in Produkt- und Arbeitsmärkte Regulierungen zur Förderung betrieblicher Qualifizierung eingebaut werden. Solche Regulierungen sind über Gebote oder Verbote sowie finanzielle Anreize möglich. Wichtig ist weiter, den Lernort Betrieb durch eine *Modernisierung der Arbeitsorganisation* zu entwickeln. Appelle zu lebenslangem Lernen werden unerhört bleiben, wenn dessen Notwendigkeit sich nicht aus *betrieblichen Alltagserfahrungen* ergibt. Außerdem müssen die beruflichen Arbeitsmärkte gestärkt werden. Diese bilden eine wichtige Orientierungsfunktion für Unternehmen und Beschäftigte. »Die Betriebe wissen, dass sie von Absolventen eines Berufes bestimmte Kompetenzen erwarten können und schneiden ihre Arbeitsplätze entsprechend zusammen. Für die Beschäftigten sind die Berufe ein Trampelpfad ins Dickicht der Zukunft, der sie für interne wie für externe Mobilität gleichermaßen gut ausrüstet« (Bosch 2002: 695).

3. Mehr Bildungsausgaben sind nötig

Um die notwendigen Bildungsprozesse auch praktisch in die Arbeitswelt umzusetzen, wird es auf jeden Fall in Zukunft sowohl größerer finanzieller staatlicher Anstrengungen als auch enormer Bemühungen der privaten Wirtschaft, aber auch eigener (individueller) Mühen bedürfen, die weit über das hinausgehen, was in der Vergangenheit in Bildung investiert worden ist. Zur Messung der Bildungsausgaben ermittelt das Statistische Bundesamt ein so genanntes *Bildungsbudget* (vgl. Tab. 18).[95] Dies ist im Zeitraum von 1995 bis 2006 (neueste Zahlen) von nominal 128,2 Mrd. € auf 142,9 Mrd. € gestiegen. Die Steigerungsrate lag bei 11,5 v.H. Dennoch ging der Anteil des Bildungsbudgets bezogen auf das Bruttoinlandsprodukt von 6,9 v.H. im

---

95 Zum *Bildungsbudget* zählt man die Ausgaben für den Elementarbereich (Kindergärten, außerschulische Jugenderziehung); die Schulen (Grund-, Haupt-, Sonder-, Realschulen, Gymnasien, Gesamtschulen, berufliche Schulen und Fachschulen); die Ausgaben für Hochschulen; die Weiterbildung (z.B. Volkshochschulen, Lehrerfortbildung); die Fördermaßnahmen (z.B. Ausbildungsförderung für Schüler und Studenten); und die Ausgaben für Maßnahmen der Bundesanstalt für Arbeit (Förderung der beruflichen Bildung einschließlich Trainingsmaßnahmen der beruflichen Rehabilitation und der Eingliederungsleistungen für Aussiedler).

Tab. 18: *Bildungsbudget nach durchführenden Institutionen von 1995 bis 2006*

Bildungsbudget (Ausgaben)	in Mrd. €			in v. H. des BIP		
	1995	2005	2006	1995	2005	2006
Elementarbereich	8,9	11,3	-*	0,5	0,5	
Schulen und schulnaher Bereich	67,7	76,2	-	3,7	3,4	
Darunter:						
Allgemeinbildende Schulen	45,5	50,1	-	2,5	2,2	
Berufliche Bildungsgänge	5,8	7,5	-	0,3	0,3	
Betriebl. Ausbildung i. dualen System	14,9	16,9	-	0,8	0,8	
Tertiärbereich (ohne FuE an Hochschulen)	13,1	15,4	-	0,7	0,7	
Sonstiges (keiner der obigen Stufen zugeordnet)	1,9	2,4	-	0,1	0,1	
Übrige Ausgaben (in internationaler Abgrenzung)	8,3	13,1	13,2	0,5	0,6	0,6
Betriebliche Weiterbildung	8,9	7,9	8,1	0,5	0,4	0,3
Ausgaben für weitere Bildungsangebote	6,7	4,8	4,7	0,4	0,2	0,2
Förderung von Teilnehmenden an Weiterbildung	5,3	1,3	0,9	0,3	0,1	0,0
Bildungsbudget insgesamt	128,2	141,6	142,9	6,9	6,3	6,2

Quelle: Statistisches Bundesamt, Bildungsfinanzbericht 2008, S. 77f.,
*keine differenzierten Angaben

Jahr 1995 auf 6,2 v. H. im Jahr 2006 zurück. »Selbst wenn man sich die letzten Jahre seit der PISA-Studie 2000 ansieht, stellt sich der Rückgang nicht anders dar; 2000 lagen die Ausgaben noch bei 6,7 v. H.« (Quaißer 2009: 1). Bei Berücksichtigung der Inflationsrate hat zwischen 1995 und 2008 keine wesentliche reale Erhöhung der Bildungsausgaben stattgefunden. Zwar bewirkte der 1998 vollzogene Regierungswechsel zu Rot-Grün eine nominale Aufstockung der Bildungsausgaben, eine wirklich notwendige Trendwende ist damit aber nicht eingeleitet worden. Im Gegenteil: Berücksichtigt man nur die *öffentlichen Ausgaben für Bildung* in Relation zum Bruttoinlandsprodukt, so ist der Anteil von 5,1 v. H. im Jahr 1997 auf 3,7 v. H. im Jahr 2008 zurückgegangen. Um im Jahr 2008 den Anteil von 1975 zu erreichen, hätten die Bildungsausgaben um 35,3 Mrd. € höher ausfallen müssen, als dies tatsächlich der Fall war (Quaißer 2009: 2). Auch das BAföG ist zu gering.[96] Seit der Wiederverein-

---

96 Das Bundesausbildungsförderungsgesetz (BAföG) regelt den Anspruch auf individuelle Förderung für alle Studierende und Schüler, denen die finanziellen Mittel für ihre Ausbildung

gung stiegen die Ausgaben hier lediglich von knapp 2 Mrd. € auf 2,2 Mrd. €. In der alten Bundesrepublik lagen die BAföG-Ausgaben 1980 schon bei knapp 1,9 Mrd. €. Unter der von Helmut Kohl (CDU) geführten CDU/FDP-Regierung wurden sie dann aber bis zur Wiedervereinigung drastisch auf gut 1,3 Mrd. € zurückgefahren und danach trotz stark steigender Studentenzahlen bis 1998 sogar auf 1,2 Mrd. € reduziert. Hier hat es dann zwar seit der Rot-Grünen Regierungsübernahme im Jahr 1998 einen Anstieg der Aufwendungen von 1,2 Mrd. € auf gut 2,2 Mrd. € im Jahr 2007 gegeben, dennoch haben Kinder aus sozial schwachen Familien immer noch eine viermal kleinere Chance, überhaupt das Abitur zu machen, und für Familien, deren Einkommen gerade so hoch ist, dass ihr Kind keine BAföG-Ansprüche mehr hat, stellt das Studium inzwischen eine große Belastung dar, die durch die Einführung von Studiengebühren noch zugenommen hat (Heine/Quast/Spangenberg 2008, Kiel 2008). Dennoch ist die Zahl der BAföG geförderten Studierenden und Schüler von 873.167 (davon 266.223 Schüler) im Jahr 1991 auf 806.085 (311.575) im Jahr 2007 zurückgegangen. Dabei lag der durchschnittliche Fördersatz pro Monat bei Studenten im Jahr 2007 bei 375 € und bei Schülern betrug er 301 € (Schmidt 2009). Daher verwundert es dann nicht, dass 68 v. H. aller Studierenden jobben – im Schnitt 7,5 Stunden in der Woche. Hierunter leidet natürlich das Studium und die Studiendauer verlängert sich (Der Tagesspiegel 2004: 25).

Auch ein *internationaler Vergleich* von Bildungsausgaben durch die OECD[97] dokumentiert bei aller Mess- und Abgrenzungsschwierigkeit zwischen den einzelnen Ländern, dass Deutschland nach wie vor schlecht da steht. »Insgesamt belief sich der Anteil der öffentlichen Bildungsausgaben am BIP 2005 in Deutschland

---

und den Lebensunterhalt fehlen, um eine Ausbildung entsprechend ihrer Neigungen und Fähigkeiten zu absolvieren. Neben dem Ziel der Chancengleichheit steht die Sicherstellung einer ausreichenden Anzahl beruflich qualifizierter Nachwuchskräfte bzw. die Aktivierung von Bildungsreserven im Vordergrund. Bei Einführung des BAföG im Jahr 1971 begründete die SPD/FDP-Bundesregierung unter Bundeskanzler Willy Brandt (SPD) dies mit den Worten: »Der soziale Rechtsstaat, der soziale Unterschiede durch eine differenzierte Sozialordnung auszugleichen hat, ist verpflichtet, durch Gewährung individueller Ausbildungsförderung auf eine berufliche Chancengleichheit hinzuwirken.« Dem lag das Sozialstaatsprinzip des Artikel 20 Abs. 1 Grundgesetz zugrunde. Die Vorläufer des BAföG-Gesetzes waren in der alten Bundesrepublik das 1957 eingeführte Honnefer und das Rhöndorfer Modell. Bei beiden Modellen bestand kein Rechtsanspruch auf eine Förderung. Hier wurden die Eignung der Studierenden und deren materielle Bedürftigkeit zum Maßstab gemacht.

97 Die OECD ermittelt regelmäßig die internationalen Bildungsausgaben. Allerdings unterscheidet sich die dort verwendete Abgrenzung in einigen Punkten von der zuvor dargestellten bundesdeutschen Ermittlung des Bildungsbudgets. Da das Erhebungskonzept in den letzten Jahren weiterentwickelt worden ist, ist ein Vergleich mit Vorjahren nur begrenzt möglich.

auf 4,5 v. H. und damit deutlich weniger als im OECD-Durchschnitt (5,4 v. H.). Um den OECD-Mittelwert zu erreichen, müsste Deutschland rund 22 Milliarden Euro mehr ausgeben – jährlich! Um mit Spitzenreitern wie Norwegen und Schweden (7 v. H.) gleichzuziehen, wären sogar bis zu 63 Milliarden Euro erforderlich – jährlich!« (Quaißer 2009: 5). Selbst wenn man diesen Wert für nicht erreichbar hält, so wären aber dennoch rund 30 Mrd. € jährlich an zusätzlichen Bildungsausgaben[98] dringend erforderlich. Einmalige Kosten wie etwa für neue Schulgebäude sind dabei ausgeklammert. Zu diesem Ergebnis kommt der Ökonom Roman Jaisch vom European Institute for Globalisation Research in einer Studie für die Hans-Böckler-Stiftung (Jaisch 2008).

Neben den allgemeinen öffentlichen Bildungsausgaben muss insbesondere die Wirtschaft ihre Anstrengungen in der *beruflichen Erstausbildung* (»Duales System«) deutlich erhöhen. Die 2005 verausgabten 16,9 Mrd. € für Kosten der betrieblichen Ausbildungsstätten, Ausbildungsvergütungen und Ausbilderkosten, denen noch die allerdings nur schwer quantifizierbaren Wertschöpfungen, die von den Auszubildenden erbracht werden, gegenübergestellt werden müssen (Bontrup/Pulte 2001: 97 ff.), reichen nicht aus. Die Arbeitgeber verletzen hier – insbesondere in den neuen Bundesländern – seit Jahren die historisch und auch rechtlich determinierte Aufgabenteilung im »Dualen System« zwischen Staat und Wirtschaft (Jeschek 2000). Das Bundesverfassungsgericht hat mit Blick auf diese Aufgabenverteilung eindeutig festgelegt, dass die Arbeitgeber verpflichtet sind, eine ausreichende Zahl an Ausbildungsplätzen bereitzustellen. Wörtlich führte das Gericht 1980 in seinem Urteil dazu aus:

> »Wenn der Staat in Anerkennung dieser Aufgabenteilung den Arbeitgebern die praxisbezogene Berufsausbildung der Jugendlichen überlässt, so muss er erwarten, dass die gesellschaftliche Gruppe der Arbeitgeber diese Aufgabe nach Maßgabe ihrer objektiven Möglichkeiten und damit so erfüllt, dass grundsätzlich alle ausbildungswilligen Jugendlichen die Chance erhalten, einen Ausbildungsplatz zu bekommen. Das gilt auch dann, wenn das freie Spiel der Kräfte zur Erfüllung der übernommenen Aufgabe nicht mehr ausreichen sollte« (BverfGE 55, 174,313).

Die Betonung des Rechts auf Ausbildung gerade in einer Situation des Versagens des »freien Spiels der Marktkräfte« legt es nahe, dass nach Auffassung des Gerichtes die staatlichen Stellen nicht nur das Recht, sondern dann sogar die Pflicht haben,

---

98 Die Bildungsausgaben müssten dabei in folgende Sektoren und Ausgabenhöhe fließen: Vorschule 8,91 Mrd. €, Allgemeinbildende Schulen 4,95 Mrd. €, Berufsbildung 0,67 Mrd. €, Hochschulen 6,18 Mrd. € und Weiterbildung 8,72 Mrd. €.

in den Ausbildungsmarkt zu intervenieren. Dies könnte z. B. mit einer *Ausbildungsplatzabgabe* in Form eines zentralen Berufsausbildungsfonds geschehen (Bontrup/ Pulte 2001: 96). Damit wären etwa 76 v. H. der Bevölkerung einverstanden. Wie bei den Gewerkschaften überwiegt hier die Meinung: »Wer nicht ausbildet, soll zahlen«! Das hat das von der IG Metall 1998 beauftragte Kölner Meinungsforschungsinstitut Result herausgefunden. Explizit gegen eine solche Maßnahme haben sich nur 2,9 v. H. der Bevölkerung ausgesprochen, während 21,1 v. H. indifferenter Meinung waren. Bei den Arbeitgebern sprachen sich immerhin 38 v. H. für eine Umlagefinanzierung aus, 2,2 v. H. waren dagegen. Fast 60 v. H. sind allerdings der Auffassung, die Unternehmen können selbst für genügend Lehrstellen sorgen (IG Metall Vorstand 1998: 2).

Dies geschieht aber offensichtlich nicht, wie die Fakten eindeutig bestätigen. Seit 1995 blieben die neu abgeschlossen Ausbildungsverträge in jedem Jahr weit hinter den nachgefragten Ausbildungsplätzen zurück (vgl. Tab. 19).

Tab. 19: Ausbildungsplatzlücke

Jahr	Nachgefragte Ausbildungsplätze	Neu abgeschlossene Ausbildungsverträge
1995	597.736	572.774
2000	645.335	621.693
2001	634.698	614.236
2002	595.610	572.227
2003	592.649	557.634
2004	617.556	572.980
2005	590.668	550.180
2006	625.606	576.153
2007	658.472	625.885
2008	630.728	616.259

Quelle: Institut der deutschen Wirtschaft (IW), Deutschland in Zahlen 2009, S. 104.

So war es mehr als überfällig und konsequent, dass der Bundestag gegen die Stimmen der Opposition aus CDU/CSU und FDP und nach heftigsten Protesten aus dem Arbeitgeberlager[99] im Mai 2004 eine *Ausbildungsplatzabgabe* beschlossen hat. Dabei sollte die Umlage greifen, wenn das Lehrstellenangebot Ende September die

---

99 Die *Arbeitgeber* schlugen zur Verhinderung des Gesetzes, quasi in letzter Minute, noch einen so genannten »Pakt für Ausbildung« vor. In Form eines »regionalen Bündnisses« sollten demnach die Kammern (IHKs und Handwerkskammern) verpflichtet werden, sich gemeinsam mit der jeweiligen Landesregierung um die Ausbildungsplatzbewerber zu kümmern.

Zahl der Bewerber nicht um mindestens 15 v. H. übersteigt. Betriebe ab zehn sozialversicherungspflichtig Beschäftigten, deren Lehrstellen weniger als sieben v. H. ihrer Mitarbeiterzahl ausmachen, sollten in einen Fonds einzahlen. Unternehmen, die dagegen über diese Quote hinaus ausbilden, hätten Fördermittel erhalten. Das geplante Gesetz scheiterte aber am Veto der CDU/FDP geführten Bundesländer im Bundesrat und wurde in den Vermittlungsausschuss abgeschoben. Es war aber im Grunde schon vorher an den Fehlkonstruktionen des Gesetzentwurfes der Bundesregierung und einer nur zögerlichen SPD gescheitert (Roitsch 2004: 862ff.). Obwohl lediglich rund 250.000 Unternehmen von dem völlig unzureichenden Gesetz betroffen gewesen wären, schlugen die Arbeitgeber zur Verhinderung des Gesetzes einen so genannten »*Pakt für Ausbildung*« vor. Dieser wurde schließlich im Juni 2004 nach wochenlangen Verhandlungen zwischen der Bundesregierung und der Wirtschaft mit einer Laufzeit von drei Jahren unterzeichnet. Demnach verpflichtet sich die Wirtschaft, im Jahresdurchschnitt 30.000 neue Lehrstellen zu schaffen und außerdem 25.000 Betriebspraktika für Jugendliche anzubieten, die nicht auf Anhieb eine Lehrstelle finden, wobei diese Praktika voll aus Steuergeldern finanziert werden. »Die Gesamtzahl an Ausbildungsplätzen erhöht sich dadurch aber nicht automatisch. Neue Lehrstellen sollen vor allem die Ausbildungsplätze kompensieren, die bei Betrieben aus wirtschaftlichen Gründen wegfallen. Eine Garantie für eine feste Zahl zusätzlicher Lehrstellen wäre ›getäuscht und getrickst‹, sagte der Hauptgeschäftsführer des Arbeitgeberverbands (BDA), Reinhard Göhner, der Berliner Zeitung« (2004: 1). Bundeskanzler Schröder sprach von »einem guten Tag für die jungen Leute in Deutschland« und Bundeswirtschafts- und Bundesarbeitsminister Clement äußerte sich überzeugt, dass der Pakt die Lehrstellenlücke schließen werde. »Mehr kann man nicht erreichen«, so seine Meinung (Der Tagesspiegel 2004: 1). Die *Gewerkschaften* lehnten diesen Vorschlag unter Protest als völlig unverbindlich ab. Freiwillige Vereinbarungen und Appelle an die Wirtschaft hätten lange genug gezeigt, dass damit die Ausbildungsmisere in Deutschland nicht gelöst werden könne. Außerdem sei die Zahl der fehlenden Lehrstellen in Deutschland weitaus größer als die im Pakt angebotenen Stellen. Die Gewerkschaften gehen von zurzeit rund 100.000 fehlenden Ausbildungsstellen aus. Die Schulabgänger, die keinen Ausbildungsplatz bekommen, finden sich in einem sog. »*Übergangssystem*« wieder. Hier werden Programme von beruflichen Schulen und der Bundesagentur für Arbeit aufgelegt, in denen sich Jugendliche weiterbilden können, aber keinen Berufsabschluss erwerben. In dieser fast ausweglosen Sackgasse landen mittlerweile gut 40 v. H. der Berufsbildungs-Interessierten (Baethge/Solga/Wieck 2007).

3.4.2 Innovationen und Management (Unternehmertypen)

Die Bildungspolitik weist in Deutschland insgesamt – wie aufgezeigt – erhebliche Defizite auf. Es ist besonders erschreckend, dass trotz aller Erkenntnisse über den Zusammenhang von Bildung und Innovationen auch die *staatlichen Bildungsbudgets* den Finanzministern geopfert werden. Hinzu kommt eine völlig verfehlte *Hochschulpolitik*, die einerseits auf Eliteförderung und andererseits auf Schmalspurabsolventen á la Bachelor (BA) setzt. Auch die Hochschulen sollen nach dem neoliberalen wirtschaftlichen Leitbild ausgerichtet und umgewandelt werden. »Schaut man genauer hin, so lässt sich beobachten, dass – wie auch in anderen Politikfeldern – in der Bildungspolitik die Kategorien der *Betriebswirtschaftslehre* in die politische Sprache und das gesellschaftliche Denken vorgedrungen sind« (Lieb 2004: 576f.). Demnach haben sich Hochschulen als Dienstleistungs*unternehmen* zu verstehen, die ihre Produkte – Ausbildung von Studierenden, Bereitstellung von Forschungsergebnissen – für kaufkräftige und meistbietende Nachfrager anzubieten haben. Was dabei auf der Strecke bleibt, ist bereits heute klar: eine unabhängige und kritische sowie allgemein nur der Gesellschaft als Ganzes verpflichtete Wissenschaft (Brunkhorst 2002: 237ff., Keller 2003: 1.119ff.).

Aber nicht nur die Politik versagt bei der gesellschaftlich notwendigen Ausbildung eines sowohl kritisch geisteswissenschaftlichen als auch naturwissenschaftlichen Innovationspotentials, indem sie nur unzureichende Bildungsressourcen bereit stellt. Auch in der Wirtschaft klaffen große Lücken zwischen Anspruch und Wirklichkeit. Dabei hängt das Innovationsverhalten von Unternehmen zunächst einmal maßgeblich von *Unternehmern und Top-Managern* ab. Schumpeter unterschied hier zwischen zwei wesentlichen Typen: dem *»dynamischen Unternehmer«* und dem *»Wirt«*. Ersterer steht für ein innovatives und letzterer für ein repetitives Verhalten im Wettbewerbsprozess. In einer heute weiter gehenden Ausdifferenzierung werden »Pionierunternehmer«, »spontan imitierende Unternehmer«, »unter Druck reagierende Unternehmertypen« und »immobile Unternehmer« unterschieden.

Beim *Pionierunternehmer* steht die Entdeckung von Neuem, bisher Unbekanntem im Vordergrund. Er stellt den Unternehmertyp dar, der einen neuen Markt schafft oder als »kreativer Unternehmer« ökonomisch signifikante Produkt-, Prozess- und Sozialinnovationen durchsetzt. Bezogen auf eine dynamische Produkt-Markt-Entwicklung kann man den Pionierunternehmer der »Experimentierungsphase« zuordnen. »Das Handeln des Pioniers ist kreativ, intuitiv sowie spontan. Er zeichnet sich durch ein hohes Maß an Risikobereitschaft aus und ist deswegen ›Unternehmer‹ im Sinne Schumpeters. Als Handlungsmotive sind in erster Linie das Streben nach Macht sowie der Erfolg um des Erfolges willen zu nennen. Das *Gewinnmotiv* ist für diesen Typus dagegen nicht zwingend von zentraler Bedeutung. Es äußert sich aber im Erfolgsstreben, sofern der Unternehmertypus den Gewinn als Erfolgsindikator betrachtet. In einer realen Wirtschaft wird dies in der Regel der Fall sein« (Eichner 2002: 83).

Der »*spontan imitierende Unternehmer*« wird dagegen die Neuerungen des Pioniers oder kreativen Unternehmers übernehmen oder nachahmen. Er »erkennt und nutzt die neuen Möglichkeiten unmittelbar nach deren Bekanntwerden und er sorgt durch sein Verhalten vor allem dafür, dass das neu eingeführte Produkt rasch in der Tiefe (Kreation und Vervollkommnung) und der Breite (Diffusion) des Marktes Anwendung findet. (...) Der ›spontan imitierende Unternehmer‹ ist kein ›Unternehmer‹ im Sinne von Schumpeter, er hat jedoch ähnliche Eigenschaften. Bei seinem Eintritt in den neuen Markt stellt sich der Markt trotz der Pioniertätigkeit noch als Neuland dar, so dass auch der ›spontan imitierende Unternehmer‹ eine gewisse Risiko- und Veränderungsbereitschaft zeigen muss. Er zeichnet sich darüber hinaus durch ein hohes Maß an Flexibilität, Initiative und Spontaneität aus« (Eichner 2002: 84).

Im Gegensatz dazu verhält sich der »*unter Druck reagierende Unternehmer*« (»*Reagierer*«). »Er übernimmt Neuerungen erst dann, wenn sie auf dem Markt bereits einen hohen Reife- und Verbreitungsgrad erreicht haben und er sich durch den Wettbewerb dazu gezwungen sieht. Im Unterschied zum ›spontan imitierenden Unternehmer‹ ist das Innovationsverhalten des ›Reagierers‹ damit defensiv, verteidigend. Er agiert und gestaltet nicht, sondern er reagiert und passt sich an unausweichliche Veränderungen auf dem Markt bzw. an seine Unternehmensumwelt an. Für ihn stellen sich, annähernd so wie in der Gleichgewichtstheorie unterstellt, Kosten, Nachfrage und Produkt als kaum veränderliche Gegebenheiten dar. Deswegen ist sein Handeln darauf gerichtet, in der als gegeben angesehenen Marktsituation das Beste für sich zu erreichen, d. h. er orientiert sich am Ziel einer möglichst hohen Effizienz seines unternehmerischen Tuns. Eigenes Experimentieren und das Einschlagen noch ungenügend gesicherter Wege liegen ihm fern, weil er nicht über die nötige Risikobereitschaft verfügt. Er bewegt sich vorzugsweise im Rahmen der bekannten Routinen, weswegen sein Handeln am ehesten dem des ›Wirts‹ im Sinne Schumpeters entspricht« (Eichner 2002: 84).

Nicht einmal repetitiv verhält sich der »*immobile Unternehmertyp*«. »Er steht Neuerungen sowie generell Veränderungen ablehnend gegenüber und aufgrund seiner fehlenden Anpassungsbereitschaft oder -fähigkeit muss er früher oder später aus dem Markt ausscheiden. Das Vorhandensein dieses Unternehmertypus vergrößert speziell in der Stagnations- und Rückbildungsphase (von Märkten, d. V.) den Handlungsspielraum für die übrigen Unternehmen bzw. Unternehmertypen und vor allem für ›initiative Unternehmer‹. Mit seinem Ausscheiden fällt dessen Marktanteil an die verbleibenden Unternehmen. Die Produktion letztgenannter kann dadurch bedingt erhalten oder sogar noch einmal gesteigert werden, obwohl die Grenzen der Marktentwicklung und des mengenmäßigen Wachstums der Produktion bereits erreicht sind. Weil der ›immobile Unternehmer‹ weder agiert noch reagiert, sondern sich vielmehr in eingefahrenen Bahnen bewegt, ist er letztlich nur in einer stationären Wirtschaft auf Dauer lebensfähig« (Eichner 2002: 84f.).

In einer Studie der Dresdner Bank aus dem Jahr 1999 wurde festgestellt, dass nur 26 v. H. der Unternehmer des *Mittelstands* den »kreativen Typen«, also den »Pionierunternehmern« oder zumindest den »spontan imitierenden Unternehmern«, zuzuordnen sind. Die Mehrzahl der Mittelständler arbeitet dagegen rein *repetitiv* als »reagierender Unternehmertyp« oder gehört sogar zu der Gruppe des »immobilen Unternehmertypen«. Innovationen sind hier jedenfalls kein erklärtes Unternehmensziel. Aber auch in *Großunternehmen* verbringt das zumeist angestellte und von Gesellschaftern (Shareholdern) eines Unternehmens bezahlte Top-Management die meiste Zeit mit Korrespondenz, Besprechungen und Datenüberprüfungen (Berth 1994). So ist es auch nicht erstaunlich, dass die Hochkreativen und Innovativen in den Führungsetagen eher eine kleine Minderheit darstellen. Häufiger trifft man auf konservative Bewahrer und Bedenkenträger ohne Innovations- und Risikobereitschaft, dafür aber auf ein Denken bis zur nächsten Vertragsverlängerung. Der ehemalige Deutschland-Chef von McKinsey, Herbert Henzler, geht dabei soweit, die *Unternehmer als Standortnachteil* zu beklagen, da ihnen zu 80 v. H. als Unternehmensstrategie nur noch Kosten- und Personalabbau und andere schnell wirksame Maßnahmen zur Produktivitätssteigerung einfielen. Nur 15 v. H. der Unternehmen würden auf neue Märkte und Vertriebswege setzen und lediglich 5 v. H. auf innovative Produktentwicklung und Technologien (Die Zeit 1996). Ähnlich kritisch über unternehmerisches Innovationsmanagement äußerte sich Tom Sommerlatte von der Unternehmensberatung Arthur D. Little International in Wiesbaden, wenn er ausführt, dass 90 v. H. der deutschen Unternehmen darunter leiden würden, dass sie zur Innovation nicht fähig seien (Die Welt 1997). Dies liege mit daran, dass Mitarbeiter weitgehend nur noch als »Kostenfaktoren« und nicht als kreative »Leistungsfaktoren« gesehen würden. Eine reine *Kostenfokussierung* behindert aber Innovationsprozesse. »Die erfolgreichsten Innovationstypen stellen stärker auf *Technologie- und Zeitführerschaft* ab, während Kostenführerschaft für sie eher eine untergeordnete Rolle spielt. Offensichtlich sind vor allem bei radikalen Innovationen der technische Vorsprung und die schnelle Präsenz am Markt von wesentlich höherer Bedeutung für den Erfolg als das Erreichen einer führenden Kostenposition im entstehenden Wettbewerb. Kosten scheinen erst einmal zweitrangig zu sein. Wettbewerbsvorteile werden in anderen Dimensionen geschaffen. Eine vorrangige Fokussierung auf die Kosten kann unter Umständen sogar dazu beitragen, dass aufgrund einer zeitweiligen Entlastung durch Kostensenkungen notwendige strukturelle Veränderungen noch weiter hinausgeschoben werden oder Innovationen gänzlich unterbleiben. Ein typisches Beispiel schildert Hans-Jürgen Warnecke, der vor seiner Zeit als Präsident der Fraunhofer-Gesellschaft unter anderem die Produktion der Rollei-Werke leitete. Dieser traditionsreiche Kamerahersteller kam wie zahlreiche andere Unternehmen in den späten 1960er Jahren erheblich unter Druck, als japanische Nachbauten zum halben Preis auf den Markt kamen. Darauf hin verlagerte Rollei die Produktion nach Singapur, wo die Arbeitskosten noch unter den japanischen lagen. Auf diese Weise konnte Rollei sich einige Jahre lang recht gut im Wettbewerb behaupten. Die Katastrophe, die letztlich auch zum Untergang des deutschen Unternehmens führte, brach herein, als die Japaner mit einer neuen Generation elektrisch gesteuerter Kameras auf dem Markt kamen – dem hatte Rollei nichts mehr entgegenzusetzen. Warnecke: ›Wir hatten nur Kosten und Preise im Blick und haben darüber die Investitionen in Neuentwicklungen vernachlässigt. (…) Wenn ein Unternehmen alt werden will, muss es durch ständige Innovation jung bleiben.‹ Dies gilt nicht nur auf der Ebene des Unternehmens, sondern auch auf der Makroebene. Insofern verstellen einige der derzeit im Mittelpunkt der öffentlichen Diskussion stehenden, auf die *Lohn- und Lohnnebenkosten* abzielenden Politik-Konzepte den Blick auf die wahren Ursachen der Probleme und tragen statt zu deren nachhaltiger Lösung eher zu Fehlsteuerungen bei« (Klotz 2003: 16f.).

3.4.3 Managergehälter

Nicht zuletzt wegen solcher Fehlleistungen und in letzter Zeit besonders wegen der Finanz- und Bankenkrise sind die Managergehälter in die Kritik geraten. Es gibt kaum noch jemanden oder eine gesellschaftliche Gruppe (Partei), die nicht über zu hohe Vergütungen von Managern klagen. Wurde anfangs zur Ablenkung von einer »populistischen Neid-Debatte« gesprochen, so ist dies spätestens nach dem Steuerskandal um den »Supermanager« der privatisierten Post, Klaus Zumwinkel, für die Herrschaftselite schwerer geworden, ihre Mystifikationen in Sachen Verteilung von Einkommen und Vermögen an Mann und Frau zu bringen. Die Menschen im Land nehmen immer mehr *Ungerechtigkeiten* wahr. Oben bereichert man sich maßlos mit Unterstützung der Politik durch Steuersenkungen für Unternehmer (Manager) und

Vermögende – und unten kommen alle Härten des kapitalistischen Verteilungskampfes an. Nicht nur in Form weiter bestehender Massenarbeitslosigkeit und eines expandierten Niedriglohnsektors mit prekären Beschäftigungsverhältnissen. Sondern auch durch massive reale Einkommensverluste bei den noch »normal« abhängig Beschäftigten. Der ehemalige US-amerikanische Arbeitsminister Robert Reich kommt zu dem ernüchternden Ergebnis, dass der weltweit eingeschlagene Kurs des Neoliberalismus einen »Superkapitalismus« möglich gemacht hat. Er schreibt:

> »Ein Blick auf den Superkapitalismus der USA zu Beginn des 21. Jahrhunderts vermittelt ihnen einen Eindruck davon, wie Deutschland in zehn Jahren aussehen wird. In den USA ist der Superkapitalismus am weitesten entwickelt. (...) Von allen Industrienationen weisen die USA die größte Ungleichverteilung von Einkommen und Wohlstand auf. (...) Im Vergleich zu ihren Mitarbeitern verdienen US-Vorstandsvorsitzende mehr denn je, doch die Vorstandsvorsitzenden anderer Länder holen auf« (Reich 2008: 9).

Dies gilt insbesondere für deutsche Manager. Die Schutzgemeinschaft der Kapitalanleger (SdK) hat dabei die im Jahr 2006 von den Aufsichtsräten noch einmal genehmigten Erhöhungen der Managervergütungen heftig kritisiert. Diese waren schon zwischen 2001 und 2004 um insgesamt 56 v. H. angehoben worden. Die Vorstände der 30 DAX-Unternehmen hätten im Jahr 2006 zusammen 560 Millionen € erhalten – 16,5 v. H. mehr als im Jahr 2005. Dabei seien Pensionsansprüche und mögliche Zuflüsse aus früheren Aktienoptionsprogrammen[100] nicht einmal eingerechnet, weil dafür die Unterlagen fehlen.[101] Trotz des am 3. August 2005 in Kraft getretenen »Vorstandsvergütungsoffenlegungsgesetzes« (VorstOG), nach dem ein individualisierter Ausweis der Vorstandsvergütungen zu erfolgen hat, liegt immer noch keine vollständige Transparenz vor. Wenn 75 v. H. der auf der Hauptversammlung vertretenden Aktionäre zustimmen, kann auch zukünftig die Transparenz umgangen werden. Dann gilt die bisherige Regelung: Ausweis nur des Gesamtaufwandes für den Vorstand. Außerdem gilt das Gesetz nur für Aktiengesellschaften. Alle anderen Kapitalgesellschaften (GmbH, KGaA) und Genossenschaften bleiben unverständlicherweise außen vor. Außerdem greift die aktuelle Debatte und Kritik an der Höhe von Managergehältern in deutschen Kapitalgesellschaften viel zu kurz. Auch die hohen Einkommen von Unternehmern in inhabergeführten Personengesellschaften und Einzelunternehmen

---

100 Wie dabei ein konkretes *Aktienoptionsprogramm* aussieht, zeigt der Lufthansa-Konzern. Vgl. dazu Ott, M., Die Aktienprogramme im Lufthansa-Konzern, in: Wagner, K.-R. (Hrsg.), Mitarbeiterbeteiligung. Visionen für eine Gesellschaft von Teilhabern, Wiesbaden 2002, S. 372-380.
101 Vgl. Hannoversche Allgemeine Zeitung vom 27. Juli 2007.

sind in der Regel mit nichts zu rechtfertigen. Ohne selbst Arbeit zu leisten, werden sogar die Kapitaleigner als Kuponschneider und Rentiers bedient; die Fremdkapitalgeber über Zinszahlungen und die Eigenkapitalgeber über nicht selten gigantische Gewinnausschüttungen. Nicht zu vergessen sind die Miet- und Pachtzahlungen an Grundeigentümer. Diese Formen der Überschussaneignung nur auf Grund von Kapitaleigentum – nicht selten sogar nur ererbtes Eigentum – kann bei einer Kritik an Managergehältern nicht außen vor bleiben. Im Kontext einer holistischen Einkommens- und Vermögensdebatte muss deshalb die *gesamte Verteilungsfrage* stehen.

3.4.3.1 Doppelte Moral und verheerende Entwicklung

Adam Smith zeigte schon 1776 in seinem epochalen Werk »Der Wohlstand der Nationen« den im Kapitalismus unauflösbaren Widerspruch auf: Was die Kapitaleigner von der arbeitsteilig geschaffenen Wertschöpfung an Gewinn, Zins, Miete und Pacht erhalten, können die Arbeiter nicht mehr an Lohn bekommen. Auch was Manager und Unternehmer sich an horrenden Einkommen (Unternehmerlohn) für den Einsatz ihrer Arbeitskraft einverleiben, steht natürlich den abhängig Beschäftigten ebenfalls nicht mehr als Verteilungsmasse zur Verfügung. Um möglichst viel vom »Verteilungskuchen« zu erhalten, predigen Unternehmer, Kapitaleigner und ihre Manager den Beschäftigten Wasser und trinken selbst Wein. Vor jeder Tarifrunde wird zur Mäßigung und Bescheidenheit bei den Arbeitsentgelten der abhängig Beschäftigten aufgerufen. Die Kapitaleigner selbst haben aber offensichtlich keine Probleme damit, sich schamlos zu bedienen. Dies kann man nur als *doppelte Moral* bezeichnen. Eine Sondererhebung des Deutschen Instituts für Wirtschaftsforschung (DIW) in Zusammenarbeit mit Infratest Sozialforschung kommt zu dem Ergebnis, »dass in Deutschland ein hohes Maß an *Ungerechtigkeitsempfinden* existiert; auch beim eigenen Einkommen hat insbesondere in Ostdeutschland die subjektive Entlohnungsungerechtigkeit ein hohes Niveau erreicht« (Liebig/Schupp 2004: 725). Dies Ungerechtigkeitsempfinden ist objektivierbar. Das zeigt ein Vergleich der Vorstandsbezüge aller 30 DAX-Unternehmen mit den Bruttolöhnen und -gehältern der abhängig Beschäftigten in den Jahren 2001 und 2005 und die Entlohnung der Vorstandsvorsitzenden der DAX-Unternehmen im Jahr 2006 (vgl. Tab. 20).[102]

2001 durchschnittlicher monatlicher Bruttolohn 2.134 €
     durchschnittliche monatliche Vorstandsbezüge (DAX) 97.000 €
     <u>entspricht 45 Bruttolöhnen</u>

---

102 Vgl. Institut für sozial-ökologische Wirtschaftsforschung München, Bilanz 2006, Fakten und Argumente zur wirtschaftlichen Situation, in: ISW-Wirtschaftsinfo 39, S. 17.

2005 durchschnittlicher monatlicher Bruttolohn 2.210 €
durchschnittliche monatliche Vorstandsbezüge (DAX) 142.000 €
entspricht 64 Bruttolöhnen

Tab. 20: Gesamtbezüge der jeweiligen Vorstandsvorsitzenden (2006, in 1.000 €)

DAX-Unternehmen			
RWE	16.563	Deutsche Börse	4.016
Deutsche Bank	13.212	ThyssenKrupp	3.986
SAP	9.030	Adidas	3.786
Linde	8.198	MAN	3.629
E.ON	6.395	Siemens	3.624
Metro	6.388	Volkswagen	3.526
Henkel	6.098	Bayer	3.467
BASF	6.061	Hypo Real Estate	3.450
Allianz	5.300	Deutsche Postbank	3.411
DaimlerChrysler	5.091	Deutsche Telekom	3.085
Continental	4.717	Fresenius Med. Care	2.856
Lufthansa	4.641	BMW	2.820
Commerzbank	4.476	TUI	2.676
Münchener Rück	4.474	Altana	2.510
Deutsche Post	4.238	Infineon Technologies	1.736

Quelle: Böckler Impuls, Heft 13/2007, S. 6

Wie ist es zu dieser extrem ungleichen Entwicklung gekommen? Sicher mit dazu beigetragen hat der Umstand, dass immer wieder in Wissenschaft, Politik und Medien so getan wird, als seien Manager und Unternehmer diejenigen, die über den Wert und die Zukunft eines Unternehmens durch ihre Arbeit so gut wie alleine entscheiden würden. Dass dies nicht so ist, wurde in den vorherigen Kapiteln vielfach aufgezeigt. Die neoliberale Grundstimmung eines heute völlig unreflektierten Markt- und Wettbewerbsdenkens in der Gesellschaft hat ohne Frage auch einen hohen Anteil an der blinden Managergläubigkeit. Hinreichend sind diese Erklärungen aber nicht. Entscheidend ist vielmehr die aus dem Neoliberalismus entstandene *Shareholder-Value-Orientierung*. Hieraus sind zwei extreme Wirkungsmechanismen hervorgegangen. Zum einen wurden die Managergehälter an die Entwicklung der Unternehmenswerte (Aktienkurse) gekoppelt. Und zum anderen entstand durch gesteigerte Renditefor-

derungen die vermeintliche Notwendigkeit einer Kostenminimierung, was letztlich
– wesentlich durch Entlassungen – zu massiven Personalkostenreduzierungen führte.
Die Kapitaleigner (Shareholder) waren seit Anfang der 1990er Jahre der Auffassung,
die Manager würden nicht mehr ihre Interessen nach einer Maximalverzinsung ihres
eingesetzten Kapitals vertreten, sondern seien vielmehr auf ihre eigenen Interessen
fixiert, auf hohe Einkommen und Macht, die nicht selten mit gesellschaftlichen Eitelkeiten gepaart sind. So forderten die Shareholder eine strikte Koppelung der Managervergütung an den Aktienkursen. Damit sollten Manager im Sinne der *Principal-Agent-Theorie*[103] angereizt und gleichzeitig kontrolliert werden.[104] Dies führte aber in Folge
zu einer fatalen allgemeinen Unternehmensentwicklung, die heute nur noch auf eine
kurzfristige Renditebefriedigung setzt. Alles wird dem Fetisch Unternehmenswert (Aktienkurs) in einer kurzfristigen Diktion geopfert, selbst dringend notwendige, aber in
der Regel *langfristig angelegte Innovationsprozesse*. Dabei sind Aktienkurse nicht einmal
ein geeignetes Instrument zur Messung eines Unternehmenserfolges, da lediglich ungefähr 30 v. H. der Dynamik der Aktienkurse sich auf unternehmensrelevante Daten
zurückführen lassen. Vor allem der längerfristige Einfluss von Spekulationen verzerrt
die Aussagekraft der Kurse. Daraus ergibt sich aber die Gefahr, dass Manager versuchen, durch spekulative Geschäfte die Kurse zu ihren Gunsten nach oben zu treiben.
Die jüngste Finanz- und Bankenkrise hat dies noch einmal deutlich aufgezeigt. Mit
riskanten (spekulativen) Kreditgeschäften wollten Bankmanager die Renditen und
Kurse nach oben treiben, um damit selbst ihre Einkommen zu maximieren. Durch
die Reduktion der Unternehmensentwicklung auf steigende Kurse und Renditen werden dagegen die berechtigten Interessen der *Stakeholder* nicht mehr berücksichtigt.
Beschäftigte werden entlassen, Kunden mit schlechten Produkten zu überzogenen
Preisen bedient, Lieferanten bei Einkaufspreisen und sonstigen Beschaffungskonditionen geknebelt und dem Staat werden Steuerzahlungen – teilweise durch Bilanz-

---

103 Die *Principal-Agent-Theorie* beleuchtet die Beziehung zwischen Principal (Kapitaleigner) und Agent (Vorstand). Angenommen wird hierbei, dass Principal und Agent in einem Vertragsverhältnis stehen, wobei der Principal den Vertrag dem Agenten anbietet. Basis dieses Vertrages sind die Aufgaben, die zu bearbeiten sind, und die Vergütung. Man nimmt an, dass sowohl der Principal als auch der Agent immer so handeln, dass sie ihre eigenen Vorteile ausnutzen. Da aber eine Informationsasymmetrie sowie ein Interessenkonflikt zwischen Principal und Agent zum Vorteil des Agenten vorliegen, muss der Principal den Agenten mit einem Anreizsystem auf seine Seite ziehen (Picot/Dietl/Franck 2005).
104 Dabei erweist sich diese Orientierung als völlig ineffektiv, was den angestrebten Zweck anbelangt. Dies zeigt Joachim Zimmermann, der in einer empirischen Untersuchung herausgefunden hat, dass zwischen der Vorstandsvergütung und der Entwicklung der Aktienkurse als Indikator der Unternehmensperformance keine Korrelation besteht (Zimmermann 2004).

manipulationen und Korruption – vorenthalten und die Öffentlichkeit in Sachen Informationen und Umweltschutz hinters Licht geführt. Insgesamt eine verheerende Entwicklung. Manager von Kapitalgesellschaften wären demgegenüber gut beraten, ihren Erfolg an der *längerfristigen Sicherung der Wettbewerbsfähigkeit* und der Stärkung der Motivation der Beschäftigten sowie weiteren sozialen und ökologischen Zielen auszurichten. Dazu gehört auch die Anerkennung der Sicherung von Arbeitsplätzen (Hickel 2004: 1.202ff.). Dies wird aber immer mehr durch den neoliberal geprägten *Finanzmarkt-Kapitalismus* unterminiert (vgl. dazu ausführlich die Kap. 4.4.6ff.)

3.4.3.2 Wie hoch dürfen Managervergütungen sein?

In diesem gesamten Kontext muss man Managervergütungen, aber auch Unternehmereinkommen sehen und beurteilen. Eine wissenschaftlich ableitbare bzw. gültige Formel für die »richtige« Höhe solcher Vergütungen gibt es nicht. Auch die Grenzproduktivitätstheorie, bei der der Einsatz einer zusätzlichen Arbeitskraft dann gewinnoptimal ist, wenn das Wertgrenzprodukt dem Lohnsatz des Arbeitnehmers entspricht, ist zwar als Theorie zur Bestimmung einer zusätzlichen Arbeitskräftenachfrage brauchbar, nicht aber zur Ableitung bzw. Bestimmung der Lohnhöhe eines einzelnen Beschäftigten oder eines Managers in der wirtschaftlichen Realität. Man kann eben nicht den individuellen Lohn oder das Managergehalt mit der darauf rückrechenbaren (zusätzlichen) Wertschöpfung eines ganzen Unternehmens gleichsetzen. Hierzu fehlen sämtliche Daten. Dies ginge nur bei einer Einpersonen-Unternehmung. Eine unternehmerische Leistung (Produktivität) ist aber immer eine arbeitsteilig von *allen Beschäftigten* erbrachte Leistung. Eine individualisierte Rechnung ist schlicht nicht möglich und damit eine sogenannte »leistungsgerechte Entlohnung« Einzelner nicht bestimmbar. Wie die große britische Ökonomin Joan Robinson bissig und zu Recht anmerkte, wird vielmehr die Formel »Entlohnung nach Leistung« auf den Kopf gestellt: Wer viel verdient, der leistet viel, und wenn er noch mehr verdient, dann ist das offensichtlich ein Zeichen für noch mehr Leistung.

Auch das deutsche Aktiengesetz hilft bei der Bestimmung von *Vorstandsbezügen* nicht weiter. Hier »hat der Aufsichtsrat bei der Festsetzung der Gesamtbezüge des einzelnen Vorstandsmitglieds (Gehalt, Gewinnbeteiligungen, Aufwandsentschädigungen, Versicherungsentgelte, Provisionen und Nebenleistungen jeder Art) dafür zu sorgen, dass die Gesamtbezüge in einem angemessenen Verhältnis zu den Aufgaben des Vorstandsmitglieds und zur Lage der Gesellschaft stehen (§ 87 Abs. 1 AktG). Nach dem deutschen *Corporate Governance Kodex* gehören zur Angemessenheit der Vergütung auch erfolgsabhängige Komponenten:

»Kriterien für die Angemessenheit der Vergütung bilden insbesondere die Aufgaben des jeweiligen Vorstandsmitgliedes, seine persönliche Leistung, die Leistung des Vorstands sowie die wirtschaftliche Lage, der Erfolg und die Zukunftsaussichten des Unternehmens unter Berücksichtigung seines Vergleichsumfelds« (Regierungskommission Deutscher Corporate Governance Kodex 2006).

Nur was heißt hier »in einem angemessenen Verhältnis« oder »persönliche Leistung«, »wirtschaftliche Lage« bzw. »Erfolg und die Zukunftsaussichten des Unternehmens unter Berücksichtigung seines Vergleichsumfelds«? Dies alles sind keine operationalen Indikationen für eine individuelle Bemessung von Vorstandsmitgliedern bzw. ihrer Einkommen. Auch in ihrem bereits in 5. Auflage erschienenen Buch zur Gehaltsfestsetzung von GmbH-Geschäftsführern kommen Heinz Evers, Christian Näser und Frank Grätz zu dem ernüchternden Ergebnis, dass es bei Geschäftsführern in GmbHs nur eine »relativ gerechte Vergütung« geben könnte, d. h. eine solche, die im Vergleich zur Vergütung bestimmter anderer Personen oder Personengruppen als angemessen empfunden wird. Als Personen-Vergleichsgruppen nennen sie die »unterstellten Mitarbeiter im eigenen Unternehmen«, hier in erster Linie die leitenden Angestellten, wobei sie die unterschiedlichen Stellenanforderungen und persönlichen Leistungen als Referenzgrößen benennen. Und zum zweiten nennen sie »Geschäftsführer in gleichartigen Gesellschaften« (Evers/Näser/Grätz 2001).

Die betriebliche Praxis hat – dies ist offensichtlich in Vergessenheit geraten – zur Bewertung von Managern auf höchster Ebene schon vor langer Zeit eine Formel entwickelt. Hierbei wurde im Jahr 1940 vom »Verband der Deutschen Seiden- und Samtindustrie« die sogenannte »Seifenformel« aufgestellt. Demnach sollte der jährliche »Unternehmerlohn« das 18-fache der Quadratwurzel eines Unternehmensumsatzes betragen.

$$\text{Unternehmerlohn} = 18 * \sqrt{\text{Umsatz}}$$

Dies würde bedeuten, dass ein Unternehmen mit einem jährlichen Umsatz von beispielsweise 100 Mio. € einen kalkulatorischen Unternehmerlohn in Höhe von 180.000 € an einen Manager zahlen müsste. Bei einem Umsatz von 1 Mrd. € würde sich ein Wert von knapp 570.000 € ergeben. Diese Formel wurde aber als zu undifferenziert verworfen, weil sie nur den Umsatz als Einflussgröße berücksichtigt. Mit reinen Umsatzsteigerungen könnten so die Manager ihre Gehälter maximieren, ohne die Unternehmen wirklich weiterentwickelt zu haben, und selbst bei Verlusten würden ihre Gehälter noch steigen.

Richtiger wäre als Bemessungsgröße die *Wertschöpfung* eines Unternehmens (vgl. zur Bestimmung Kap. 1.3.3). Diese zeigt den in einer Abrechnungsperiode erzielten Wertzuwachs eines Unternehmens in Höhe der Personalaufwendungen und des Mehrwerts (Gewinn, Zins, Miete/Pacht) an. Die Wertschöpfung berücksichtigt neben den Umsatzerlösen auch sämtliche Vorleistungen. Je höher hier der Umsatz und je geringer die Vorleistungen ausfallen, umso höher sind die Wertschöpfung und damit auch die Managervergütung. Geht man beispielsweise von einem Umsatz in Höhe von 100 Mio. €, einem Materialaufwand von 40 Mio. €, Abschreibungen von 7 Mio. € sowie sonstigen Fremdleistungen von 18 Mio. € aus, so beträgt die Wertschöpfung 35 Mio. €. Diese verteilt sich mit 26 Mio. € auf den Personalaufwand (dies entspricht einem Unternehmen mit etwa 750 Beschäftigten), einem Gewinn in Höhe von 8 Mio. € (macht eine Umsatzrendite von 8 v. H.) sowie Zinsaufwendungen von 800.000 € und Miet- und Pachtaufwendungen in Höhe von 200.000 €. Bei einer relativen Berechnung (Wertschöpfung je Beschäftigten) könnte man der Unternehmensleitung pro Kopf das 10-fache der durchschnittlichen Wertschöpfung eines Mitarbeiters als Vergütung zugestehen. In unserem Beispiel wären das dann 466.666 €.

Diese Berechnung macht deutlich, dass die heute gezahlten Managergehälter, auch vor dem Hintergrund der erbrachten »Leistungen«, in der Regel völlig überzogen sind. Werte, die maximal das 10-fache der in einem Unternehmen pro Beschäftigten erzielten Wertschöpfung übersteigen, sind unternehmerisch mit nichts zu rechtfertigen. Man muss solche Einkommen von Managern schlicht gesellschaftlich skandalisieren. Dies setzt aber im Gegensatz zu heute eine wesentlich verbesserte Transparenz der Einkommen voraus. *Staatliche Obergrenzen* für Managergehälter einzuführen, ist dagegen viel zu aufwendig und würde den Staat auch überfordern.[105] Solche Obergrenzen müssen in den Unternehmen unter Berücksichtigung einer ausgebauten Mitbestimmung der Arbeitnehmer festgelegt werden. Die oben angeführte Formel kann dabei eine Richtgröße sein.

Kurz vor der Bundestagswahl 2009 hat die »schwarz-rote« Bundesregierung in Sachen Managervergütungen noch ein »*Gesetz zur Angemessenheit der Vorstandsvergütungen*« im Bundestag verabschieden lassen. Damit sollen die Managerbezüge mehr an der langfristigen Unternehmensentwicklung orientiert werden, um das kurzfristige Gewinnstreben und Einkommensmaximieren ein Stück weit einzudämmen. Auch

---

105 Sinnvoll wären aber staatliche Begrenzungen bezüglich der *steuerlichen Abzugsfähigkeit* von Managergehältern. Nach Ansicht des DGB sollten Gesamtbezüge und Abfindungen ab einer Höhe von einer Million Euro nur noch hälftig als Betriebsausgaben bei der Körperschaftsteuer abgezogen werden können.

sieht das Gesetz vor, dass Manager bei offensichtlichen Fehlhandlungen zumindest für einen Teil der Schäden in Haftung genommen werden können (vgl. zu den Einzelheiten des Gesetzen den folgenden Kasten).

»Gesetz zur Angemessenheit der Vorstandsvergütungen«

Langfristige Anreize
- Die Managergehälter müssen eine nachhaltige Unternehmensentwicklung berücksichtigen.
- Die Gesamtvergütung eines Vorstands/Geschäftsführers muss in einem angemessenen Verhältnis zu seiner Leistung und zum Lohnniveau des Unternehmens stehen.
- Eine Vergütungsobergrenze wurde nicht festgelegt.

Aktienoptionen
- Aktienoptionen können zukünftig erst nach vier, statt – wie zuvor – nach zwei Jahren umgewandelt bzw. verkauft werden, um damit Gewinn zu machen.

Haftung
- In Managerversicherungen ist ein Selbstbehalt zwingend vorgeschrieben, der nicht niedriger als das Eineinhalbfache der jährlichen Festvergütung sein darf.

Aufsichtsrat
- Der gesamte Aufsichtsrat hat die Vorstandsvergütungen festzulegen und nicht wie vorher ein Aufsichtsratspräsidium.
- Zeigt das Unternehmen eine schlechte wirtschaftliche Entwicklung, so kann der Aufsichtsrat auch während der Vertragslaufzeit die Managergehälter kürzen.
- Ein direkter Wechsel aus dem Vorstand in den Aufsichtsrat verlangt mindestens eine zweijährige Wartezeit.
- Die Aufsichtsratsmitglieder haften persönlich und sind schadensersatzpflichtig, wenn sie zukünftig unangemessene Vorstandsvergütungen beschließen.

Das Gesetz zeigt zwar in die richtige Richtung. Ist aber leider in vielen Punkten nicht konkret und verbindlich genug. »Der Berg kreißte und gebar eine Maus«, könnte man auch sagen. Insbesondere was die Höhe der Bezahlung anbelangt, gab es viel Lärm um nichts. Das die Vorstandsbezüge in einem »angemessenen Verhältnis« zu den Leistungen des Vorstands stehen müssen, stand schon immer im § 87 Aktiengesetz. Dennoch sind die Bezüge der DAX-Vorstände in den letzten 20 Jahren um 650 v. H. gestiegen, während die Bruttoeinkommen der Durchschnittsverdiener lediglich um 41 v. H. zulegten (Schmid/Stuhler 2009: 25). Dies hätte die oben abgeleitete Wertschöpfungsberechnung und deren Begrenzung auf den 10-fachen Wert der realisierten Wertschöpfung eines Beschäftigten nicht ermöglicht und außerdem bei den Managerbezügen für eine operational bestimmbare und transparente Lösung gesorgt. Diese Chance wurde mit dem jetzt verabschiedeten Gesetz zunächst einmal vertan. Nur eins ist bei aller berechtigten Diskussion über völlig überzogene Managergehälter auch zu berücksichtigen: Käme es tatsächlich zu einer Begrenzung, so bedeutete dies lediglich, dass das hier eingesparte Geld den Kapitaleignern (Shareholdern) zufließen würde. Damit käme es aber nicht im Geringsten zu einer insgesamt *gerechteren funktionalen und personellen Einkommensverteilung*. Hierzu kommt es nur, wenn erstens die marktbezogene (tarifliche) Einkommensentwicklung endlich wieder mit den Produktivitätsfortschritten gleichgeschaltet wird (hier sind die Gewerkschaften mehr denn je gefordert) und zweitens der Staat über eine entsprechende *progressive Einkommensbesteuerung* eine sekundäre Verteilungsgerechtigkeit herstellt. Daneben müssten die durch Einkommen geschaffenen *Vermögensbestände* einer adäquaten Besteuerung durch Vermögen- und Erbschaftsteuern unterzogen werden (vgl. dazu ausführlich das Kap. 4.4.9.2.6).

3.4.4 Mitarbeiterzentriertes Innovationsmanagement und staatliche Innovationsförderung

Die bisher aufgezeigten Schwächen eines Innovationsmanagements, einschließlich der völlig überzogenen Bezahlung der Manager, die sich immer wieder fälschlich rühmen, die Innovatoren und Leistungsträger in den Unternehmen und der Gesellschaft zu sein, lassen für die Zukunft nichts Gutes erwarten, wenn es hier nicht zu einem Umdenken kommt. Eine wichtige Weichenstellung in Richtung notwendiger Veränderung wäre dabei die Umsetzung eines *mitarbeiterzentrierten Innovationsmanagements*. Hier kann man in der Praxis von erheblichen Defiziten ausgehen. Selbst die Betriebsräte werden nur unzureichend in Innovationsprozesse einbezogen. Dies ergab eine Untersuchung, wonach nur 32,6 v. H. der betrieblichen Mitbestimmungsträger

Abb. 13: Innovationsmanagement

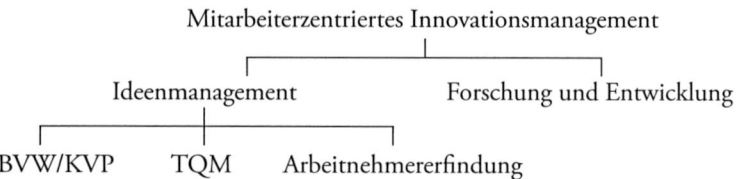

nicht nur grundsätzlich bei Innovationen durch das Management einbezogen werden, sondern sich auch selbst mit eigenen Vorschlägen einbringen, wobei diese Innovationsbeiträge dann auch seitens des Managements »überwiegend berücksichtigt« werden (Kriegesmann/Kley/Kublik 2010: 71ff).

Beim mitarbeiterzentrierten Ideenmanagement geht es aber nicht nur um innovationsbereite und -fähige Betriebsräte, sondern um *alle Beschäftigten* eines Unternehmens. Bei der konkreten Umsetzung sind hierbei – als Instrumente – auf einer qualitativ unteren, aber nicht zu vernachlässigenden Ebene das *Betriebliche Vorschlagswesen (BVW)* in Verbindung mit einem *kontinuierlichen Verbesserungsprozess (KVP)* und das *Total Quality Management (TQM)* zu unterscheiden. Dazu gehört auch die qualitativ höher stehende *Arbeitnehmererfindung* und schließlich das klassische *Forschungs- und Entwicklungsmanagement* (FuE-Management) (vgl. Abb. 13).

3.4.4.1 Betriebliches Vorschlagswesen

Qualitativ unterhalb der Arbeitnehmererfindung ist im Rahmen eines mitarbeiterzentrierten Innovationsmanagements das Betriebliche Vorschlagswesen (BVW) angesiedelt (Brinkmann/Heidack 1987), das nach Norbert Thom und Michael Etienne (1997: 564ff.) allgemein als »eine dauerhafte betriebliche Einrichtung zur Förderung, Begutachtung, Anerkennung und Verwirklichung von Verbesserungsvorschlägen der Mitglieder einer Unternehmung verstanden« werden kann. In Abgrenzung zur wesentlich schwierigeren und komplexeren *Arbeitnehmererfindung* handelt es sich bei diesen Verbesserungsvorschlägen um »einfache technische Neuerungen« (nicht qualifizierte Verbesserungsvorschläge gemäß § 20 Abs. 1 Arbeitnehmererfindungsgesetz ArbNErfG), aber auch um nichttechnische Verbesserungsvorschläge, die als geistigschöpferische Neuerung nicht dem Urheberrecht oder dem Geschmacksmusterrecht unterliegen. Die hier generierten Verbesserungsvorschläge lassen sich den *»inkrementalen Innovationen«* (vgl. Kap. 3.4.1) zuordnen. Sie basieren auf dem Grundsatz, dass niemand so viel sieht wie alle, niemand so viel hört wie alle, niemand so viel weiß wie alle, niemand so viel kann wie alle, kurzum: »*keiner so klug ist wie alle*«. Diese sicher triviale, aber dennoch richtige Feststellung von Gerd Höckel (1964) beschreibt dabei besonders vortrefflich die Notwendigkeit zur Initiierung und Implementierung eines mitarbeiterzentrierten Ideenmanagements. Das Problem ist nur, die im Unternehmen potenziell vorhandenen Ideen der Arbeitnehmer auch nutzbringend zu erschließen und umzusetzen. Damit beschäftigt sich das BVW, das in Deutschland eine fast 140-jährige Tradition hat. Zum ersten Mal wurde es in einem so genannten »General-Regulativ« vom 9. September 1872 bei der Firma Krupp in Essen erwähnt. In der Zwischenzeit ist das BVW in vielen privaten und öffentlichen Unternehmen branchenübergreifend ein fester Bestandteil der Unternehmenspolitik (Thom 1996, Brinkmann 1978 und 1992). Auch in staatlichen Verwaltungen und Hochschulen (Wagner 1998: 154ff.) wird es angewendet. In kleinen und mittleren Unternehmen (KMU) spielt es dagegen immer noch so gut wie keine Rolle. Dies wurde erneut in einer empirischen Untersuchung im Kammerbezirk der IHK zu Münster festgestellt (Bontrup/Wischerhoff/Springob 1999). 96 v. H. aller antwortenden Unternehmen des Verarbeitenden Gewerbes in der Betriebsgrößenklasse bis zu 50 Beschäftigten gaben an, über kein BVW zu verfügen. In der Betriebsgrößenklasse von 51 bis 200 Beschäftigten lag die Zahl immer noch extrem hoch bei 82 v. H. Erst ab einer Betriebsgrößenklasse von mehr als 500 Beschäftigten gaben nur noch 7 v. H. der Unternehmen an, über kein BVW zu verfügen. Diese schlechten Ergebnisse decken sich in etwa mit einer im Jahr 1984 vom Bayerischen Staatsministerium für Arbeit und Sozialordnung durchgeführten Studie in Bayern (Bringmann/Heidack 1987: 113).

Wurde das BVW anfangs als ein reines *Rationalisierungsinstrument* gesehen und daher von Betriebsräten und Gewerkschaften mehr abgelehnt als gefördert, so gilt es heute eindeutig als ein Instrument, das
- zu einer quasi permanenten Produkt- und Prozessinnovation in kleinen Schritten beiträgt,
- die Motivation und Entwicklung der Beschäftigten im Rahmen eines Personalentwicklungskonzeptes fördert,
- nicht zuletzt auch einen positiven Beitrag zu einer zielorientierten Unternehmens- und Innovationskultur liefert, die auf Partizipation zwischen Kapital und Arbeit zur Realisierung von vorgegebenen Unternehmenszielen setzt.

Nach Franz Ederer (1997: 887) kann ein *Verbesserungsvorschlag* jede Idee eines Mitarbeiters sein, »die eine Verbesserung gegenüber dem bestehenden Zustand aufzeigt, deren Einführung rentabel ist bzw. die zu einer Erhöhung der Sicherheit, Verringerung der Schäden für Gesundheit und Umwelt sowie zu einer Steigerung des Firmenansehens führt und die ohne die Anregung des Einreichers nicht durchgeführt worden wäre.« Hierbei wurde im »traditionellen bzw. klassischen« BVW nur ein solcher Verbesserungsvorschlag akzeptiert, der über das jeweilige Arbeitsgebiet des Beschäftigten, das zumeist in Stellenbeschreibungen definiert ist, hinausging. »Inzwischen beginnt man, von dieser Einschränkung Abstand zu nehmen, da gerade die Ideen, die das eigene Arbeitsgebiet betreffen, am wertvollsten sind. Sie kommen nämlich von den Mitarbeitern, die die Arbeitsabläufe und die dort herrschenden Bedingungen am besten kennen« (Ederer 1997: 921).

Zur *Aufbauorganisation* des BVW gehören die Festlegungen den *BVW-Beauftragten* betreffend, die zur *Bewertungskommission* und zu den *Gutachtern*. Bei einer ordnungsgemäßen Ablauforganisation muss sichergestellt werden, dass die Verbesserungsvorschläge schriftlich, möglichst auf Vordrucken, eingereicht werden. Die *Vorschlagsbearbeitung* soll ohne großen Aufwand und schnellstens vollzogen werden. Liegen lange Zeiträume zwischen dem Einreichen des Vorschlags und dem Beurteilungsergebnis vor, ob positiv oder negativ, so wird der Einreicher frustriert und für zukünftige Verbesserungsvorschläge demotiviert. Weiter gehört zur Ablauforganisation eine *Prämienregelung* für rechenbare und nicht rechenbare Nutzen aus Verbesserungsvorschlägen. Kommt es bei positiven Vorschlägen zur *Realisierung*, muss auch hier ein entsprechendes stringentes Management erfolgen. Nicht selten sind dabei Investitionen auszulösen. Und nicht zuletzt sollte zur Ablauforganisation des BVW auch eine kreative innerbetriebliche *Öffentlichkeitsarbeit* zählen (Bontrup 1996a: 550f.).

Das BVW ist in Deutschland in die *gesetzliche Mitbestimmung* des Betriebsverfassungsgesetzes (§ 87 Abs. 1 Punkt 12) sowie in das Bundespersonalvertretungsgesetz (§ 75 Abs. 3 Ziff. 12) eingebunden. Betriebs- und Personalräte besitzen demnach ein mitbestimmtes *Initiativrecht*, d. h., sie können vom Arbeitgeber die Einführung eines Vorschlagswesens verlangen und hierbei mitbestimmen. Weigert sich der Arbeitgeber, entscheidet ein *Einigungsstellenverfahren*. Bei der Einführung eines BVW sollten die Arbeitgeber- und Arbeitnehmerseite im Unternehmen verbindliche Vereinbarungen treffen. Daher empfiehlt sich die Abfassung einer »*Betriebsvereinbarung*«, wobei die folgenden *Grundsätze* als Rahmenbedingung unbedingt beachtet werden sollten:

- Die Geschäftsführung muss das BVW als ein wichtiges Wirtschaftlichkeits-, Innovations- und Führungsinstrument zur Realisierung der jeweiligen Unternehmensziele betrachten und permanent fördern.
- Die Beschäftigten müssen das BVW als Chance zur Einkommensverbesserung und zur Sicherung ihrer Arbeitsplätze erkennen.

- Durch das BVW müssen alle Mitarbeiter angeregt werden, über Verbesserungsmöglichkeiten im Unternehmen nachzudenken, um damit maßgeblich an der Steigerung der Wettbewerbsfähigkeit des Unternehmens mitzuwirken.
- Pflicht eines jeden Vorgesetzten ist es dabei, die ihm unterstellten Mitarbeiter anzuregen, Verbesserungsvorschläge einzureichen und sie dabei tatkräftig zu unterstützen.
- Das BVW hat die Aufgabe, die als positiv bewerteten Ideen der Beschäftigten nutzbar zu machen (Umsetzungsgebot) und angemessen zu honorieren (Honorierungsgebot).

Nach Yamada, dem ehemaligen Generaldirektor der Japan Human Relations Association, sollte das BVW von der Einführung bis zur vollständigen und erfolgreichen *Etablierung immer drei Phasen* durchlaufen, wobei von einer Zeitspanne von zwei bis drei Jahren auszugehen ist.

»In der ersten Stufe muss das Management alles unternehmen, um die Arbeiter zur Abgabe von – auch noch so einfachen – Vorschlägen bezüglich Verbesserung des Arbeitsplatzes zu ermuntern. Dabei beginnen die Arbeiter, über den Ablauf der eigenen Arbeit nachzudenken. In der zweiten Phase ist ein Management gut mit dem Training seiner Mitarbeiter beraten, um diesen das Entwickeln von Vorschlägen zu erleichtern. Damit die Qualität der Vorschläge besser wird, sollten sie lernen, Probleme zu analysieren. Das erfordert Training. Erst wenn sich die Arbeiter für das Vorschlagswesen interessieren und dementsprechend ausgebildet sind, sollte sich das Management im dritten Stadium mit dem wirtschaftlichen Aspekt der Vorschläge befassen« (Imai 1993: 147).

Nicht selten scheitert gerade in Deutschland die erfolgreiche Einführung eines BVW deshalb, weil das Management hier gleich mit *Stufe drei* beginnen will. Hiervon ist tunlichst abzusehen. Ein erfolgreiches BVW impliziert eben zunächst einmal einen *Investitionsprozess* – hier in den Menschen, in Human-Kapital.

Die *ökonomische Effizienz* (Rentabilität) des BVW ist betriebswirtschaftlich zu jeder Zeit nachgewiesen worden. Dies belegen auch in jüngerer Zeit die systematischen Auswertungen des Deutschen Instituts für Betriebswirtschaft e. V. (DIB). Demnach liegen die an die Mitarbeiter ausgezahlten Prämien weit unter den Werten der Ersparnisse für die Unternehmen. Im Jahr 2008 wurden laut DIB auf Basis einer Umfrage bei 277 Unternehmen und öffentlichen Körperschaften aus 18 Branchen insgesamt knapp 1,4 Mio. Verbesserungsvorschläge eingereicht. Der ausgewiesene rechenbare und nichtrechenbare Nutzen betrug 1,55 Mrd. €, während die Beschäftigten für ihre Verbesserungsvorschläge lediglich 162 Mio. € an Prämien, etwas über 10 v. H., erhielten. Der Prämiendurchschnitt je prämierten Verbesserungsvorschlag lag bei 190 € (DIB-Report 2008). Dieser weitgehend einseitige Vorteil für das Unternehmen bzw.

den Kapitaleigner müsste in Zukunft allerdings in einen größeren Vorteil für die Mitarbeiter umgewandelt werden. Die heute in den Unternehmen angewandten *Prämienregelungen* sollten auf eine paritätische Aufteilung des generierten Nutzens aus Verbesserungsvorschlägen ausgerichtet werden. Dies würde sicher auch zusätzliche Motivationen bei den Beschäftigten auslösen, sich am BVW zu beteiligen.

Die von Japan ausgehende »*Kaizen-Bewegung*« – übersetzt als Kai = Veränderung, Zen = zum besseren« – hat das BVW maßgeblich weiterentwickelt. Das Kaizen-Konzept ist dabei im Gegensatz zum traditionellen BVW nicht so sehr innovations- und ergebnisorientiert, sondern im eigentlichen Sinn *prozessorientiert*. Das heißt, dass der Weg, nämlich alle betrieblichen Prozesse kontinuierlich zu verbessern, das Ziel darstellt und sich dabei die Verbesserungen (Innovationen) von selbst ergeben. Die Kaizen-Botschaft setzt demnach auf die Idee eines *Kontinuierlichen Verbesserungsprozesses (KVP)*. Hierbei werden auch die allerkleinsten Hinweise auf einen unzureichenden Zustand im Unternehmen belohnt. Gegen die häufig beklagte Schwerfälligkeit und Bürokratie des klassischen BVW ist es in den letzten Jahren zu vielfältigen Veränderungen in Richtung eines »*dezentralisierten BVW*« gekommen – in der Literatur auch als »*Vorgesetztenmodell*« bezeichnet (Urban 1994: 47ff.). Das BVW wird hier nicht mehr wie früher als eine zentrale, mehr oder weniger passive Organisationseinheit gesehen, die darauf wartet, dass Verbesserungsvorschläge zur Beurteilung und womöglichen Prämierung eingereicht werden. Im Gegenteil: Das BVW bildet hier eine aktive Organisationseinheit im Unternehmen, die Zielvorgaben erarbeitet und zur Förderung und Beratung der Mitarbeiter im Sinne eines Managementprozesses ständig beiträgt. Primäres Ziel ist es, den Beschäftigten zu verdeutlichen, dass ihre Ideen ausdrücklich erwünscht sind und zum Erfolg des Unternehmens, aber auch zum eigenen Erfolg beitragen. »Die Hauptfunktion des BVW-Beauftragten, wie die Überprüfung, ob ein Verbesserungsvorschlag im Sinne des BVW vorliegt, die Beratung und Unterstützung der Mitarbeiter bei der Formulierung des Vorschlags sowie die Motivation zur Teilnahme am BVW, wird teilweise von den Vorgesetzten der Einreicher übernommen. Der Mitarbeiter muss sich nicht mehr an eine anonyme Institution wenden, sondern kann die Idee mit seinem ihm vertrauten Vorgesetzten besprechen. Der Vorschlag kann somit auch in seinem eigenen Interesse durch die Fachkompetenz des Vorgesetzten angereichert und verbessert werden« (Urban 1994: 47f.). Zu einem dezentralisierten BVW gehört außerdem eine *beschleunigte Vorschlagsbearbeitung* von maximal zwei bis drei Wochen, um die Motivation der Mitarbeiter zur Einreichung weiterer Vorschläge zu erhöhen. Dazu müssen allerdings die *Entscheidungsbefugnisse* weitgehend auf untere Betriebsebenen verlagert werden. Kleinere Verbesserungsvorschläge, die außerdem den eigenen Arbeitsbereich betreffen, sollten direkt vom jeweiligen Vorgesetzten vor Ort beurteilt und auch prämiert werden können. Auch gehört zu einem modernen (dezentralisierten) BVW die *permanente Schulung* sowohl der Führungskräfte als auch der Mitarbeiter, möglichst verknüpft mit Kreativitätsfördermaßnahmen. Gelingt den Unternehmen diese Umsetzung, so wird die wichtigste Ressource, über die Unternehmen verfügen, die Mitarbeiter, nutzbringend im Sinne eines Ideenmanagements zum Wohl des Unternehmens eingesetzt. Die daraus erwachsenden komparativen Vorteile im Wettbewerb zu anderen Unternehmen sind beträchtlich.

3.4.4.2 Total Quality Management

Neben dem BVW kann das Total Quality Management (TQM) als ein zweites wichtiges Instrument im Rahmen eines Ideen- bzw. Innovationsmanagements eingestuft werden. Nach DIN ISO 8402 ist Qualität allgemein die »Gesamtheit von Merkmalen einer Einheit bezüglich ihrer Eignung, festgelegte und vorausgesetzte Erfordernisse zu erfüllen.« Sinngemäß könnte man auch formulieren: Qualität ist, wenn Kunden zurückkommen und nicht das Produkt. 90 v. H. der Kunden, die mit der Qualität eines Produktes unzufrieden sind, werden es nicht mehr kaufen. Jeder dieser Kunden wird seinen Unmut mindestens 20 weiteren Personen mitteilen. Jeder Fehler über dem akzeptablen Durchschnitt der Marktführer verursacht einen Rückgang des Verkaufsvolumens um mindestens 3 bis 4 v. H. (Wittig 1994: 35). Da sich aber nur 4 v. H. der unzufriedenen Kunden über eine mangelhafte Qualität beschweren, gehen immer mehr Unternehmen zu einem *Beschwerdemanagement* über (Strauss 1996). Außerdem führt in der Fertigung jeder Fehler bei jedem Entwicklungs- und Herstellungsschritt zu Kostenerhöhungen um das Zehnfache (Wittig 1994: 11). Das klassische »Qualitätswesen«, das mehr auf Prüfung von Qualität ausgelegt war, reicht heute zur Erzielung einer allgemeinen unternehmerischen *»Qualitätskultur«* nicht mehr aus. So kam es ab den 1980er Jahren zur Entwicklung eines Total Quality Managements (TQM) (Uehlinger/von Allmen 1999). TQM ist »kein einheitliches, standardisiertes System, sondern es ist ein Baukasten aus Geisteshaltung, Qualitätsphilosophie, Strategien, Methoden und Techniken mit dem Ziel einer ständigen Qualitätsverbesserung. TQM integriert alle bekannten Qualitätskonzepte zu einem unternehmensweiten Qualitätsverständnis. Im Unterschied zum eingeschränkten Qualitätsbegriff, der sich meistens nur auf Produkte bzw. deren Qualitätsprüfung beschränkt, zielt der TQM-Ansatz auf die gesamte *Organisation eines Unternehmens,* d. h. auf Strukturen, Prozesse/Abläufe und Produkte aus der Sicht des Kunden. Der signifikanteste Unterschied zwischen den traditionellen QS-Systemen und dem TQM-Ansatz ist dabei die Einbeziehung aller Mitarbeiter und Führungskräfte« (Doleschal 1998: 94). Durch eine holistische, auf das ganze Unternehmen bezogene Arbeitsqualität soll Einfluss auf den Arbeitsplatz und die Arbeitsumgebung sowie auf die Arbeitsabläufe im Sinne einer *Prozessorientierung* genommen werden. Hierdurch sind für das Unternehmen die folgenden Wirkungen (Ergebnisse) realisierbar:

- Qualitätsverbesserungen (geringere Fehlerhäufigkeit, geringere Schrott-/Ausschussrate, weniger Nacharbeit, Vermeidung von Lieferengpässen, weniger Kundenbeschwerden,
- Produktivitätssteigerungen (höhere Produktionsmengen, geringere Durchlaufzeiten, weniger Ausfallzeiten),
- Kostensenkungen (Einsparung beim Materialeinsatz, geringerer Maschinenverschleiß, Verringerung der Gemeinkosten),
- Verbesserungen in der Arbeitssicherheit (Senkung der Unfallraten),
- Verbesserungen im Umweltschutz (Ersatz von Gefahrstoffen).

Aber auch die Mitarbeiter profitieren von einem TQM-Prozess. Bei ihnen kommt es zu einer erhöhten Motivation und Arbeitszufriedenheit mit der Folge eines guten Arbeitsklimas,

- einem besseren Informationsaustausch und damit zu einer effizienteren Zusammenarbeit sowie zu einer Förderung der Teamarbeit,
- Beteiligungen an betrieblichen Entscheidungsprozessen,
- einer Arbeitserleichterung mit humanisierten Arbeitsbedingungen,
- einer erhöhten Qualifikation bei den Beschäftigten sowie zu
- bereichsübergreifenden Produkt- und Prozesskenntnissen.

Um diese Ergebnisse zu erreichen, werden Qualitätszirkel eingesetzt. Hierunter versteht man unterschiedliche Kleingruppenkonzepte zur Erarbeitung von Lösungen für konkret auftauchende Probleme eines Arbeitsbereiches. Kleinere Gruppen von Mitarbeitern (maximal 10) der unteren Hierarchieebenen treffen sich, um selbst gewählte Themen (Probleme) regelmäßig (wöchentlich oder alle zwei bis vier Wochen für ein bis zwei Stunden) unter der Führung eines Moderators und mit Hilfe spezieller Problemlösungstechniken zu bearbeiten. Im Bedarfsfall können zur Unterstützung auch Experten hinzugezogen werden. Die Teilnahme ist freiwillig und die Zirkel finden während der Arbeitszeit oder außerhalb der Arbeitszeit mit entsprechender Bezahlung statt. Ziel des TQM ist, bei den Mitarbeitern ein allgemeines Qualitätsbewusstsein (subjektive Qualität) zu wecken, um die Kundenanforderungen optimal zu befriedigen. Hierbei geht es aber nicht nur um die reine Produktqualität (objektive Qualität), sondern darum, jedem Kunden, auch der nachgelagerten Abteilung im Unternehmen

(»unternehmensinterne Kunden«), die bestmögliche Qualität zu bieten. Durch das Aufzeigen und Verfolgen von Korrekturmaßnahmen, die wiederum in Verbesserungsvorschläge einfließen können, wird nach der kontinuierlichen Prozessverbesserung im Sinne eines KVP gestrebt. Qualität wird so letztlich nicht kontrolliert, sondern produziert. Qualitätszirkel und TQM haben dazu beigetragen, das im klassischen BVW übliche Denken des »Einzeleinreichers« in Richtung teamorientierter Gruppenvorschläge zu fokussieren. Hierbei ist im Unterschied zum traditionellen BVW ausdrücklich die Einbeziehung der Vorgesetzten erwünscht.

3.4.4.3 Arbeitnehmererfindung und FuE im Innovationsprozess

Die qualitativ höhere Stufe zur Generierung von mitarbeiterzentrierten Innovationen ist die *Arbeitnehmererfindung* (Schoden 1995). Diese durch das Arbeitnehmererfindungsgesetz (ArbNErfG)[106] geschützten und von Mitarbeitern gemachten technischen Neuerungen – inkl. qualifizierter technischer Verbesserungsvorschläge – oder entwickelten Gebrauchsmuster resultieren in der Praxis überwiegend aus organisierten funktionalen *Forschungs- und Entwicklungsaktivitäten* (FuE-Prozessen). Innovationen werden hier arbeitsteilig und teamorientiert von Mitarbeitern generiert. Rund 80 v. H. aller beim Deutschen Patentamt in München angemeldeten Erfindungen[107] basieren auf so genannten »Diensterfindungen« und sind damit auf kreative und schöpferische Leistungen der Beschäftigten zurückzuführen (Schoden 1995: 5). Für diese ist allgemein charakteristisch

- der hohe Neuigkeits- und Komplexitätsgrad des Handlungsergebnisses,
- die dynamische Entwicklung neuer Erkenntnisse (Stichwort: »Halbwertzeit des Wissens« nimmt ständig zu) und ihre permanente Berücksichtigung bei den jeweiligen FuE-Aktivitäten,
- der Risiko- und Ungewissheitsgrad von Innovationsprozessen (der Erfolg von FuE ist weitgehend nicht planbar), die ökonomischen oder marktbezogenen Umsetzungen von FuE-Ergebnissen (wirtschaftliche Verwertbarkeit in Richtung Innovation ex-ante nicht bestimmbar),
- das arbeitsteilige, in der Regel teamorientierte Zustandekommen der Erkenntnisse,

---

106 Das Arbeitnehmererfindungsgesetz trat am 1.10.1957 in Kraft und regelt Erfindungen von Arbeitnehmern in Betrieben und öffentlichen Verwaltungen. Vgl. (Bartenbach/Volz 1990). Das Gesetz wurde zuletzt im Jahr 2003 geändert.
107 Beim Deutschen Patent- und Markenamt wurden 2008 insgesamt 62.417 Patente angemeldet. Davon 13.177 von außerhalb Deutschlands. Zwischen 1995 bis 2008 lag die Zahl der jahresdurchschnittlich gemeldeten Patente bei 59.489 (vgl. Deutsches Institut der Wirtschaft (IW), Deutschland in Zahlen 2009: 99).

- die kreative und schöpferische Fähigkeit der im FuE-Bereich eingesetzten Arbeitnehmer.

Die in diesem Kontext in der Wirtschaft vollzogene Forschung ist überwiegend eine *zweckgerichtete Forschung*, im Gegensatz zur »reinen« *Grundlagenforschung* mit dem primären Ziel der Erweiterung des allgemeinen Wissensstandes. Ein Anspruch auf ökonomische Verwertbarkeit oder praktische Anwendung und Umsetzung der Forschungsergebnisse besteht bei der »reinen« Grundlagenforschung nicht. Die Ergebnisse sind quasi ein »öffentliches Gut«, weil hier in der Regel ein Ausschlussprinzip von den gewonnenen Erkenntnissen nicht vorliegt. Dieser Typus der Forschung findet daher auch überwiegend in *öffentlichen Einrichtungen* an Hochschulen sowie Bundes-, Landes- und kommunalen Forschungseinrichtungen statt. Führen privatwirtschaftlich ausgerichtete Unternehmen Grundlagenforschung durch, so ist diese in der Regel ebenfalls *öffentlich finanziert* oder subventioniert. Eine andere qualitative Ausrichtung hat die von der Wirtschaft selbst finanzierte *angewandte oder Zweckforschung* in Verbindung mit Entwicklungsaktivitäten. Diese sind auf das Ziel der praktischen (marktbezogenen) Verwertbarkeit, auf einen direkt und kurzfristig umsetzbaren Nutzen, der Gewinn verspricht, ausgerichtet. Die Ergebnisse stellen deshalb auch kein öffentliches sondern ein *privates Gut* mit Ausschlussprinzip dar.

Im Jahr 2008 wurden in Deutschland insgesamt knapp 57 Mrd. € für Forschung und Entwicklung verausgabt. Dies waren 2,28 v. H. bezogen auf das Bruttoinlandsprodukt und 691 € pro Kopf der Bevölkerung. Fast 93 v. H. aller FuE-Aufwendungen wurden 2005 durch die Wirtschaft finanziert. Der Anteil der staatlichen Mittelaufbringung ist dabei seit 1995 rückläufig. Im Jahr 2005 lag er noch bei 3,6 v. H. (vgl. Tab. 21).

Das Ausmaß an FuE-Aktivitäten in der Wirtschaft hängt von verschiedenen Faktoren ab. Dazu gehören der *Unternehmertyp*,[108] die *Unternehmensgröße*, die *Branche* und andere Bedingungen, wie die *technologische Basis* und die *Qualifikation der Beschäftigten* in den Unternehmen. Untersuchungen weisen jedoch darauf hin, dass FuE unabhängig von einer »kritischen Unternehmensgröße« ist (Staudt 1993: 1.118). Dennoch sind Arbeitnehmererfinder zu 80 v. H. in *Großunternehmen* mit mehr als 500 Mitarbeitern beschäftigt. Auch lässt sich eine eindeutige *Forschungskonzentration* auf die Branchen Maschinenbau, Elektrotechnik/Elektronik, Chemie/Pharmazie und Luft- und Raumfahrtindustrie beobachten, wobei übrigens die Luft- und Raumfahrtindustrie seit Jahren das meiste Geld der öffentlichen Forschungsförderung erhält – nicht

---

108 Vgl. dazu noch einmal den Punkt 3.4.2 »Innovationen und Management (Unternehmertypen«).

zuletzt auch vom Verteidigungsministerium zur *Rüstungsforschung* (VDI-Nachrichten 2003: 3). Die Qualifikation der Mitarbeiter in FuE-Abteilungen ist hoch. Dies zeigt auch der Tatbestand, dass fast 80 v. H. der betrieblichen Erfinder über einen *Hochschulabschluss* und gut 45 v. H. von ihnen zusätzlich über eine *Promotion* verfügen (Staudt/Bock/Mühlenmeyer/Kriegesmann 1992: 114ff.).

Nur erfolgreiche FuE führt natürlich zu »*marktaktiven*« Innovationen, die für Unternehmen im dynamischen Wettbewerbsprozess – aber auch für die gesamte Volkswirtschaft im Standortwettbewerb – von eminenter Bedeutung und Wichtigkeit sind. »Die Bedeutung aber allein an den Aufwendungen messen zu wollen, stellt sich, auch wenn ein empirischer Zusammenhang zwischen FuE-Aufwendungen und Unternehmenserfolg bzw. Patentanmeldungen oftmals nachgewiesen worden ist, als problematisch dar. Hohe Aufwendungen allein garantieren keine FuE-Erfolge, vor allem sagen sie nichts über die *Effizienz* aus. Den ständig steigenden Investitionen im FuE-Bereich stehen keine vergleichbaren Leistungssteigerungen gegenüber, was auf erhebliche *Managementdefizite* schließen lässt« (Staudt 1993: 1.190). So ist es auch nicht erstaunlich, dass in jüngerer Zeit der Effizienzsteigerung im FuE-Bereich größere Bedeutung zukommt. Die Leistungssteigerung korreliert dabei mit der Leistungsfähigkeit und -bereitschaft der in den FuE-Abteilungen beschäftigten Mitarbeiter. Man hat endlich erkannt, dass sie der Schlüssel für eine erhöhte Innovationsbereitschaft sind. Dazu müssen dann aber auch – wie bereits erwähnt – rationale Rahmenelemente für partizipative Unternehmenskulturen geschaffen werden. Speziell für den »innovationsaktiven« professionellen Arbeitnehmererfinder in FuE-Abteilungen sind darüber hinaus die in den Unternehmen häufig vorhandenen defizitären Kenntnisse im Hinblick auf das *Arbeitnehmererfindungsgesetz* zu beseitigen. Hier ist eine umfassende rechtliche Beratung zu implementieren – nicht zuletzt auch aus motivationalen Gründen. Dazu gehört außerdem ein rationaler Umgang mit dem gesetzlich verankerten Erfindervergütungsanspruch. Für den jungen und noch unerfahrenen Arbeitnehmererfinder müssen auch die noch bestehenden Eintrittsbarrieren, von der Erfindungsmeldung bis zur Patentanmeldung, beseitigt werden. Von Bedeutung sind dabei die immer wieder auftretenden Probleme mit Vorgesetzten, die auf schlechte Führung schließen lassen, sowie die betriebliche Unterstützung beim Abfassen der Erfindungsmeldung und der Suche nach einem geeigneten Ansprechpartner im Unternehmen (Staudt/Bock/Mühlenmeyer/Kriegesmann 1992: 128).

Auf gesamtwirtschaftlicher Ebene muss es zu einer langfristigen *Innovationspolitik* kommen, die sich mehr an ökologischem Wachstum orientiert. Allein schon deshalb, weil Deutschland gemessen an der Herstellung von forschungs- und wissensinten-

Tab. 21: FuE-Ausgaben in Deutschland

	1995	1997	1999	2001	2003	2005	2008
FuE-Ausgaben insgesamt in Mrd. €	29,96	33,42	39,68	43,76	46,52	48,41	56,78
Anteil am BIP in v. H.	1,63	1,76	1,99	2,09	2,17	2,14	2,28
Pro Kopf der Bevölkerung in €	366	407	482	530	563	587	691
Finanziert durch in v. H.:							
- Wirtschaft	90,3	88,0	90,4	92,9	93,7	92,8	k.A.
- Staat	7,5	8,3	6,7	4,1	3,8	3,6	k.A.
- sonstiges In- und Ausland	2,2	3,7	2,9	3,0	2,5	3,6	k.A.

Quelle: Institut der Deutschen Wirtschaft (IW), Deutschland in Zahlen 2009: 95.

siven Produkten[109] im Vergleich zu den USA in den letzten zehn Jahren an Boden verloren hat; zum Teil noch mehr als andere Länder. In Deutschland klafft eine *Innovationslücke*. Außerdem sind die komparativen Vorteile der deutschen Wirtschaft bei FuE-intensiven Produkten infolge höherer Importe weiter zurückgegangen. Das Deutsche Institut für Wirtschaftsforschung (DIW) stellt fest, dass es in Deutschland einen dringenden Handlungsbedarf in der *Bildungs- und Forschungspolitik* sowie in der Wirtschafts- und Technologiepolitik gibt (Schumacher/Legler/Gehrke 2003: 491ff.). Die Bundesregierung hat deshalb Anfang 2004 eine Initiative »*Partner für Innovation*« gestartet. Damit will sie die staatliche Technologie- und Innovationspolitik in den Blickpunkt der öffentlichen Aufmerksamkeit rücken. Von einer »Innovationspolitik aus einem Guss«, wie sie die Bundesregierung anstrebt, sind wir aber »noch ein beträchtliches Stück entfernt«, stellt der Technologieforscher Ulrich Dolata (2004: 628) fest. Dazu gehören mehr Investitionen und eine Spezialisierung der Anstrengungen in den Bereichen der Spitzentechnologien sowie eine konsequente und expansive Bil-

---

109 Solche Produkte werden *forschungsintensiven Sektoren* der Industrie zugeordnet, wo der Forschungs- und Entwicklungsanteil am Umsatz über 8,5 v. H. liegt. Auch dazu zählen die Bereiche der so genannten »hochwertigen Technologie«, wo der FuE-Anteil am Umsatz zwischen 3,5 und 8,5 v. H. beträgt. Beide Bereiche zusammen bilden den forschungsintensiven Sektor der Industrie. Aber auch im Dienstleistungssektor werden zunehmend überdurchschnittliche wissensbasierte Kenntnisse verlangt. Wesentlicher Indikator dabei ist insbesondere der Einsatz von Akademikern in solchen Dienstleistungsbranchen, wo hohe Anforderungen an die Qualifikation des Personals gestellt werden wie z. B. im Gesundheits-, Medien-, und Finanzdienstleistungsbereich.

dungspolitik.¹¹⁰ Außerdem müssen Wissenschaft und Forschung allgemein gestärkt werden. Hier müssen wesentlich mehr öffentliche, aber auch private Ressourcen für Human- und Sachkapital zur Verfügung gestellt werden als in der Vergangenheit. Insbesondere für die *mittelständische Wirtschaft*. Problematisch ist allerdings die auf Masse statt auf Klasse setzende Förderung technologieorientierter *Unternehmensgründungen*. Unzureichend sind auch die internationale Öffnung und die europäische Verzahnung der nationalen Förderprogramme. Hinzu kommt das Ressourcen verschlingende Ärgernis des Festhaltens an fragwürdigen nationalen Großprojekten wie z. B. dem Transrapid (Dolata 2004: 628). In Deutschland müssen *Innovationshemmnisse* abgebaut werden; der Staat sollte durch Förderung von Demonstrations- und Pilotprojekten – nicht zu verwechseln mit Großprojekten – zu einer schnelleren und intensiveren Diffusion beitragen. Ganz wichtig ist hierbei insgesamt eine grundsätzliche Umorientierung der Politik, von Unternehmen aber auch der öffentlichen Hand, »die sich zunehmend auf kurzfristige Erfolge ausgerichtet haben. Verlangt wird dagegen zukünftig eine Politik, die ihre Ziele, Instrumente und finanziellen Mittel in einem langfristig angelegen Konzept formuliert und verfolgt. Dazu gehört auch, dass insbesondere für Bereiche der Spitzentechnologie von vornherein europäische Lösungen angestrebt werden« (Schumacher/Legler/Gehrke 2003: 495). Und nicht zuletzt muss dieser gesamte Prozess offen und diskursiv gestaltet und gesteuert werden. In diesem Kontext darf der *Wissenschaftskomplex* allerdings nicht auf eine ausschließlich betriebswirtschaftliche (wettbewerbliche) Logik im Interesse der Wirtschaft ausgerichtet werden. Wissenschaft ist mehr. Sie hat das ganze gesellschaftliche Gebäude in einem kritisch reflektierenden Sinne im Fokus zu haben. Dazu gehört auch eine *Technik- und Innovationsfolgenabschätzung*.

---

110 Speziell zur Bildungspolitik vergleiche noch einmal den Exkurs »Bildung und Qualifikation«.

VIERTES KAPITEL

4. Wirtschaft und Staat im Sinne einer Wirtschaftsdemokratie

Im dritten Kapitel ging es um die *Rolle des Menschen in den Unternehmen*, um eine einzelwirtschaftliche und unternehmenskulturelle Betrachtung und die Notwendigkeit einer Umwälzung in Richtung einer auf *demokratische Strukturen* setzende Unternehmensverfassung. Zusammenfassend kann man sagen: Diese basiert auf einer *paritätischen Mitbestimmung* (immaterielle Partizipation) zwischen Kapital und Arbeit (Kap. 3.3.1 u. 3.3.1.9), einer *holistischen Informationspolitik* (Kap. 3.3.1.9.1) sowie einer *Kommunikationsdialektik* und partizipativen Führung (Kap. 3.3.1.9.2). Daneben sind *Weiterbildung und Personalentwicklung* (Kap. 3.3.1.9.3) sowie ein *Innovationsmanagement* (Kap. 3.4) bzw. ein *mitarbeiterzentriertes Ideenmanagement* (Kap. 3.4.4) notwendig und nicht zuletzt eine *materielle Partizipation* an den Unternehmensergebnissen, die oberhalb der tarifvertraglich festgelegten Arbeitsentgelte in Form von *Gewinnbeteiligungen* aufsetzt und in *Kapitalbeteiligungen* umgewandelt werden kann (Kap. 2.2.2). Von den einzelnen Bausteinen einer *demokratisch-partizipativen Unternehmenskultur* (vgl. *Abb. 14*) darf auf Grund der hohen Interdependenz der einzelnen Elemente keines fehlen. Es ist ein *holistischer Kulturansatz*.

Das unternehmenskulturelle »Sechseck« darf außerdem nicht als eine *personalwirtschaftlich verengte Managementtechnik* verstanden werden. Diese zielt ausschließlich und einseitig darauf ab, die *abhängig Beschäftigten* zu einer *höheren Effizienz* durch eine »Vermarktlichung des Subjekts« und zu einer personalen Akzeptanz gegenüber »organisationaler Führungsherrschaft« zu konditionieren, ohne die Beschäftigten wirklich immateriell und an den *monetären Effizienzergebnissen* zu beteiligen: »Wo Partizipation dem Selbstzweck grenzenloser Effizienzsteigerung unterworfen wird (...), lässt sich die Forderung nach ihr kaum mehr kritisch gegen diese sinnverkehrenden Verhältnisse wenden. (...) Dies zeigt sich auch am weitgehenden Verschwinden der Begriffe ›organisationale Demokratie‹ und ›Wirtschaftsdemokratie‹ (...) aus dem arbeitspolitischen Diskurs« (Moldaschl 2003, S. 221). Eine *demokratisch-partizipative Unternehmenskultur* baut deshalb nicht auf einer durch das unternehmerische Ma-

Abb. 14: Demokratisch-partizipative Unternehmenskultur

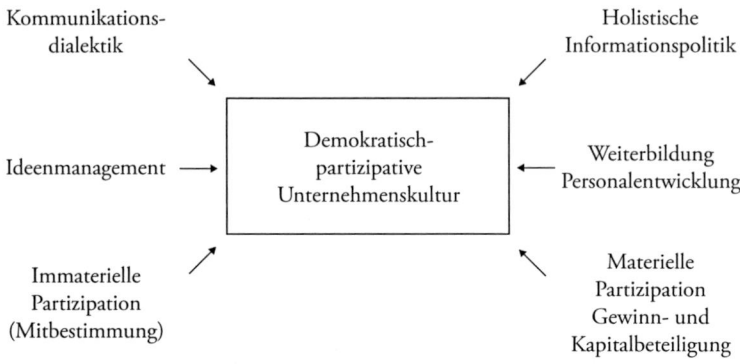

nagement von »*oben gewährten*« und »*nach unten*« »*abgeladenen*« Partizipation auf, sondern auf einem »*von unten*« gegenüber dem Management formulierten Beteiligungsanspruch der Beschäftigten. »Im Fall der Demokratie wird angenommen, dass die Macht der Entscheidungsinstanzen aus dem gemeinsamen Willen aller derjenigen hervorgeht, die den Entscheidungen unterworfen sind; *alle sollen das gleiche Recht haben*, sich an der Willensbildung zu beteiligen und einmal getroffene Entscheidungen durch die Bildung neuer Mehrheiten zu Gunsten anderer Entscheidungen rückgängig zu machen. Im Unterschied dazu zielt *Beteiligung* darauf ab, bestehende Asymmetrien im lohnabhängigen Arbeitsverhältnis zu korrigieren. Partizipation ist ein *machtbestimmter Austauschprozess* zwischen Management und abhängig Beschäftigten, dem ein mehr oder weniger stiller Zwang zum *hierarchischen Kompromiss* innewohnt: das Management muss elementare Gerechtigkeitsvorstellungen von Beschäftigtengruppen berücksichtigen und kollektive Vertretungsstrukturen anerkennen, die Arbeitnehmer tragen der Entscheidungsmacht der Kapitaleigner Rechnung und versuchen, deren Macht einzuschränken« (Demirovic 2006, S. 77).

Partizipation ist also deutlich weniger als Demokratie.

Im Folgenden wird es vor der Diskussion der bisher für eine Wirtschaftsdemokratie auf der *Mikroebene* abgeleiteten Notwendigkeiten um weitere *meso- und makroökonomische* Zusammenhänge und Alternativen gehen. Ohne eine solche adäquate Begleitung lässt sich die zuvor beschriebene partizipative und demokratisierte Unternehmenskultur und -verfassung nicht umsetzen.

»Denn Mitbestimmung und andere Formen demokratischer Partizipation und Kontrolle wirtschaftlicher Macht können nur dann zu einer Demokratisierung der unternehmerischen Entscheidungsbildung in einem gesamtwirtschaftlich und gesellschaftlich vernünftigen Sinne führen, wenn sie an bestimmte volkswirtschaftliche und ökologische, also gesamtgesellschaftliche Orientierungsdaten gebunden sind« (Vilmar 1999: 199).

Auf der Mesoebene, die als Ebene der *Märkte und Wirtschaftszweige* (Sektoren) zu sehen ist (vgl. Abb. 15), ist zunächst einmal grundsätzlich zu konstatieren, dass *Märkte* und das *Wettbewerbsprinzip* unverzichtbare Elemente einer Wirtschaftsdemokratie sind. Dies hebt auch Fritz Vilmar hervor, wenn er schreibt:

»Wirtschaftsdemokratie ist kein Gegenkonzept zur Marktwirtschaft. Sie hebt vielmehr die Errungenschaften der Marktwirtschaft in sich auf, wie eine moderne Stadtplanung und -architektur die Ästhetik alter Stadtkerne in sich bewahrt, ohne deren erstickende Enge und Beschränkung durch Festungsmauern beizubehalten. (...) Wirtschaftsdemokratie, das heißt primär gemeinwohl- statt profitorientierte Gestaltung der Wirtschaft, beinhaltet ein sozialstaatliches Transformationskonzept, das die Aufhebung der strukturellen kapitalistischen Instabilität, Disfunktionalitäten, Inhumanitäten und Oligarchien nicht verwirklichen zu können glaubt durch einige ›totale‹ revolutionäre Eingriffe (Totalsozialisierung; Totalplanung), sondern durch einen Prozess begrenzter, differenzierter Umgestaltung nach dem Prinzip der ›mixed economy‹« (Vilmar 1999: 197).

Märkte und Wettbewerb benötigen aber in einer wirtschaftsdemokratischen Ordnung eine strenge *staatliche Kontrolle*. Sie dürfen nicht im Duktus einer neoliberalen Politik sich selbst überlassen werden. Deshalb ist eine strenge staatliche *Wettbewerbspolitik* vonnöten, wozu neben *wettbewerbsrechtlichen Aspekten* auch eine dezidierte *Strukturpolitik* gehört. Außerdem ist der Einfluss von privatwirtschaftlichen Unternehmen durch *öffentliche Unternehmen* wie auch durch einen *Genossenschaftssektor* zu beschränken. Auch *Zerschlagungen* und *Vergesellschaftungen* von einzelnen Unternehmen sind dabei notwendige Bestandteile einer wirtschaftsdemokratischen Ordnungspolitik.

Abb. 15: Mesoebene der Wirtschaftsdemokratie

Neben der *Wettbewerbspolitik* (vgl. das folgende Kap. 4.1) gehören zur Mesoebene auch die schon beschriebene *staatliche Arbeitsmarktpolitik* (Kap. 2.1.4.5.6) sowie die *Tarifpolitik*, zu der sowohl die Lohnpolitik (vgl. Kap. 2.2) als auch die Arbeitszeitpolitik (Kap. 2.1.4.5.7) zählen. Hier entscheiden im Rahmen der *Tarifautonomie* die *Gewerkschaften* in Verbindung mit den *Arbeitgeberverbänden*.[111] Die tarifvertragliche Lohnpolitik bildet auch die Basis und die Brücke für eine *Gewinn- und Kapitalbeteiligung* bzw. für eine »expansive Einkommenspolitik« auf der einzelwirtschaftlichen (unternehmensbezogenen) Ebene (Kap. 2.2.2). Auf der Mesoebene sind zusätzlich die *Sozialpolitik* (Kap. 4.3) und die *Umweltpolitik* (Kap. 4.2) zu verorten. Beide müssen die rein markt- und wettbewerbsorientierten Ergebnisse berichtigen, da es ansonsten zu schwerwiegenden gesamtwirtschaftlichen Fehlallokationen und gesellschaftlichen Verwerfungen kommt.

4.1 Wettbewerbstheorie und -politik

Im Folgenden soll zunächst eine ausführliche Analyse und Beschreibung der für eine wirtschaftsdemokratische Ordnungspolitik so wichtigen *Markt- und Wettbewerbsebene* erfolgen. Hierbei wird sowohl auf unterschiedliche wettbewerbstheoretische Vorstellungen als auch auf immanente Schwächen des Wettbewerbsprinzips aufmerksam gemacht. Auch wird das Wettbewerbsprinzip im Kontext einer internationalen Wettbewerbsfähigkeit beurteilt; abschließend werden staatliche Maßnahmen einer Regulierungspolitik aufgezeigt.

4.1.1 Keine einheitliche Wettbewerbstheorie
4.1.1.1 Die klassische Position
Bis heute konnte sich die Wirtschaftswissenschaft nicht auf eine allgemein anerkannte *Wettbewerbstheorie* verständigen.[112] Die grundsätzliche Vorstellung von Wettbewerb geht auf die Begründer der klassischen Nationalökonomie vor etwa 250 Jahren zurück. Besonders Adam Smith hob hier die Idee vom Wettbewerb als »*unsichtbare Hand*« in marktwirtschaftlichen Ordnungen hervor. Durch Wettbewerb würden

---
111 Diesbezüglich sei zur Stärkung der Tarifautonomie noch einmal auf das Kap. 3.3.2 »Faktor Arbeit und bröckelnde gewerkschaftliche Solidarität« verwiesen.
112 Aufgrund der Problematik einer fehlenden, einheitlich anerkannten Definition von Wettbewerb hat die *Rechtsprechung* auf Basis von »Antikartellgesetzen« (in Deutschland durch das »Gesetz gegen Wettbewerbsbeschränkungen« GWB geregelt) nicht unerhebliche Probleme, Konzentrationsprozesse und wettbewerbswidrige Verhaltensweisen zu sanktionieren.

nicht nur die *unternehmerische Freiheit*, die wirtschaftliche (individuelle) Entfaltungsmöglichkeit sowie Leistungsanreiz und -kontrolle ständig gewährleistet sein, sondern auch eine im *gesamtwirtschaftlichen Interesse* gelegene Leistungserstellung umgesetzt werden. Der *Unternehmer-Egoismus* soll durch das Wettbewerbsprinzip in den Dienst der Gesamtheit gestellt werden. Dies beschrieb Adam Smith 1776 wie folgt:

> »Nicht vom Wohlwollen des Metzgers, Brauers und Bäckers erwarten wir das, was wir zum Essen brauchen, sondern davon, dass sie ihre eigenen Interessen wahrnehmen. Wir wenden uns nicht an ihre Menschen-, sondern an ihre Eigenliebe, und wir erwähnen nicht die eigenen Bedürfnisse, sondern sprechen von ihrem Vorteil« (Smith 1776, 1978: 17).

Der marktwirtschaftlich-kapitalistischen Ordnung liegt demnach vom Grundsatz ein *egoistisches* und kein *kooperatives (solidarisches) Menschenbild* zugrunde. Dirk Maxeiner und Michael Miersch (2001) beschreiben dies zynisch als »Das Mephisto-Prinzip. Warum es besser ist nicht gut zu sein.« Der Mensch ist aber entgegen dieser Provokation ein »gesellschaftliches Wesen oder – wie Aristoteles formuliert – ein ›politisches Tier‹ (zoon politikon). Die Auffassung von Individualität, die kritikwürdig ist, stammt nicht von dem Moralphilosophen Adam Smith, sondern vom *Manchesterkapitalismus* des 19. Jahrhundert, den manche Neoliberale heute gern wieder beleben wollen. Der rationale aber auch egoistische »homo oeconomicus«, der sich in der »Ellbogengesellschaft« durchzusetzen sucht, ist keine gelungene Persönlichkeit, sondern eine seelisch verarmte Kreatur. Ein weiser Rabbi hat den dialektischen Zusammenhang zwischen legitimer Sorge um das eigene Wohlergehen und der Solidarverpflichtung auf eine treffende Formel gebracht: ›Wenn ich nicht für mich bin, wer wird es dann sein? Wenn ich nur für mich bin – wer bin ich dann?‹ Zu einer gelungenen Persönlichkeit gehört solidarisches Empfinden und Verhalten notwendig hinzu« (Fetscher 2002: 196f.).

Auch wäre die Position ganz missverstanden, wenn Eigeninteressen und Egoismus als grundlegende gesellschaftliche Kategorien und der Wettbewerb isolierter und egoistisch handelnder Individuen als ein Prozess aufgefasst würden, in dem sich Gesellschaft erst konstituiert. Das Gegenteil ist der Fall: Vor jedem individuellen Handeln gibt es für Smith bereits eine Gesellschaft, die durch *Moral und ethische Gefühle* zusammengehalten wird und auf deren Grundlage »Egoismus« und »Eigeninteresse« erst ihre ökonomisch positiven Wirkungen entfalten können. Der soziale Zusammenhalt entsteht nicht vor dem individuellen Handeln, sondern das individuelle egoistische Handeln, Wettbewerb und Konkurrenz sind in einen gesellschaftlichen Zusammenhalt eingebettet. Diese Konzeption unterscheidet die Theorie der Klassik von der der *Neoklassik* oder des *radikalen Neoliberalismus* eines Friedrich A. von Hayek (1899-1992), für den Gesellschaft überhaupt erst durch die Konkurrenz isolierter Individuen entsteht.

Freier Wettbewerb ist für die Klassik der Prozess der Befreiung der Gesellschaft von *feudaler und klerikaler Vorherrschaft*. In diesem emanzipatorischen Rahmen bringt der individuelle wirtschaftliche Wettbewerb für Smith sinnvolle volkswirtschaftliche Wirkungen hervor. Wettbewerb sorgt nicht nur dafür, »dass das produziert wird, was die Konsumenten wünschen und was der Gesamtgesellschaft nützt, sondern (...) zudem (...) dass – über den Wettbewerb zwischen den Anbietern und zwischen den Nachfragern – das Wirtschaftsgeschehen immer zum stabilen Gleichgewicht von Angebot und Nachfrage wie auch zu einer Gleichgewichtssituation zwischen den verschiedenen Produktionszweigen tendiert. Im letzteren Fall ist dieses Gleichgewicht durch den *Ausgleich der Profitraten* charakterisiert, im ersteren dadurch, dass der Marktpreis mit dem ›natürlichen Preis‹, nämlich den Produktionskosten, zusammenfällt« (Abromeit 1977: 554).

Für die klassischen Ökonomen war die »freie Konkurrenz« ein *dynamischer Prozess*, in dem es nur temporäre Gleichgewichtslagen gibt. Unternehmerische Aktionen und Reaktionen führen zu sich permanent ändernden Marktkonstellationen. Wichtig sei hierbei nur, dass es zu keinen *Wettbewerbsbeschränkungen* kommt. Weder der Staat noch die Marktteilnehmer selbst dürften einer Öffnung der Märkte entgegenwirken. Allen müssten *ungehinderten Zugang zu den Märkten* haben. Trotz dieser grundsätzlich optimistischen Vorstellungen neigten die klassischen Ökonomen aber auch zur *Skepsis* gegenüber dem tatsächlich optimalen Funktionieren des Wettbewerbs. Der wettbewerblichen Selbststeuerung stand insbesondere Smith nicht unkritisch gegenüber; er erkannte durchaus den marktwirtschaftlichen Konstruktionsfehler, wonach eine *immanente Selbstzerstörung des Wettbewerbs* durch Monopole bzw. Monopolpreise droht.

> »Der Monopolist versorgt (...) den Markt ständig mangelhaft und befriedigt die effektive Nachfrage niemals ganz, so dass er seine Ware weit über dem natürlichen Preis verkaufen kann, wodurch seine Einkünfte, ob Lohn oder Gewinn, beträchtlich über die natürliche Höhe steigen« (Smith 1776, 1978: 54).

Um Monopole und Wettbewerb beschränkende Verhaltensweisen durch vertragliche oder formlose Zusammenarbeit rechtlich selbständiger Wirtschaftseinheiten zu verhindern, müsse der Wettbewerb von einem angemessenen *staatlichen Schutzrahmen* umgeben sein. Der Staat solle durch *Interventionen* dafür sorgen, dass *Machtpositionen*, auch wenn sie *marktleistungsbedingt* sind, erst gar nicht entstehen oder wenn sie entstanden sind, dass sie wieder beseitigt werden. Einer Errichtung von *Marktzugangsbarrieren* oder der Entstehung von Monopolen müsse der Staat jedenfalls vehement entgegenwirken. Der klassische Nationalökonom John Stuart Mill (1806-1873) forderte in diesem Kontext *staatliche Eingriffe*, »nicht um das Urteil der Individuen über ihre eigenen Interessen außer Kraft zu setzen, sondern um ihm Wirksamkeit zu verleihen« (zitiert bei Abromeit 1977: 555).

4.1.1.2 Neoklassische (statische) Wettbewerbstheorie

Mit der Ablösung der klassischen Ökonomie durch die Neoklassik gegen Ende des 19. Jahrhunderts, die laut Joan Robinson und John Eatwell »nicht so sehr eine Schwäche der reinen Theorie als eine Veränderung im politischen Klima (war), welche die Herrschaft der Klassik beendete« (Robinson/Eatwell 1974: 67f.), verengte sich der wissenschaftliche Blick einer Wettbewerbskonzeption zunächst auf eine *statische Preistheorie*. Standen bei den Klassikern noch *dynamische Wettbewerbsprozesse* und ihre Gefährdung im Mittelpunkt der Betrachtung, so wird nun Wettbewerb zu einer *statischen Zustandsbeschreibung* am Ende des Prozesses degradiert. »Dogmengeschichtlich bleibt die Preistheorie zunächst noch der klassischen Dichotomie von Monopol und freier Konkurrenz verhaftet. Die Entwicklung führt über Cournot, Walras, Edgeworth und Knight zum Modell der *vollständigen Konkurrenz*, das nun (...) den Gegensatz zum Monopol bildet.« (...) Diese statische Marktform »wird als das neue Leitbild angesehen, zumal maßgebliche Bedingungen des (paretianischen) Wohlfahrtsoptimums durch das Modell erfüllt werden« (Cox/Hübener 1981: 11). Hier kommt es aufgrund der realitätsfremden Prämissen eines »*vollkommenen Marktes*«[113] im Marktgleichgewicht zu einer *Nullgewinnsituation* bei den anbietenden Unternehmen. Allenfalls wird noch ein kalkulatorischer Unternehmerlohn für die Arbeitskraft des Eigentumunternehmers und bei Managementgesellschaften der Personalaufwand für die Leitungsorgane garantiert. Darüber hinausgehende Gewinne kommen in diesem idealtypischen Wettbewerbsmodell nicht vor.

---

113 Die »Vollkommenheit des Marktes« ist an die folgenden Prämissen geknüpft: *Homogenität der Güter*: Auf dem Markt wird nur ein Gut ausgetauscht, das weder Qualitätsunterschiede aufweist noch durch eine Produktdifferenzierung gekennzeichnet ist. *Fehlende Präferenzen*: Alle Wirtschaftssubjekte kennen keine Bevorzugungen zeitlicher, räumlicher oder persönlicher Art. *Vollständige Markttransparenz*: Alle Marktteilnehmer sind jederzeit vollständig und gleich über das Marktgeschehen informiert. *Fehlende Transaktionskosten*: Die Informationsbeschaffung verursacht keinerlei Kosten. *Unendlich hohe Reaktionsgeschwindigkeit*: Alle Marktteilnehmer reagieren ohne jede zeitliche Verzögerung auf Angebots- oder Nachfrageveränderungen.

Die Unternehmen sind zur Finanzierung von *Erweiterungsinvestitionen* auf die Ersparnisse der privaten Haushalte angewiesen, die sie sich als Fremdkapital an den Geld- und Kapitalmärkten über entsprechende (Preise) Zinssätze besorgen müssen. Das ganze Modell ist ausschließlich auf eine optimale Versorgung des Konsumenten (*Konsumentensouveränität*) in Form von niedrigen Preisen und einer quantitativ wie qualitativ maximalen Güterversorgung im weitesten Sinne ausgerichtet.

»In Analogie zum politischen System der Demokratie spricht man von ›Demokratie des Marktes‹, in welcher der Konsument mit seiner Kaufentscheidung, als ›Stimmzettel‹ quasi, zur Steuerung der Produktion berufen ist. Das Postulat der Konsumentensouveränität resultiert denknotwendig aus einem Wirtschaftssystem, in dem der Konsum alleiniger Zweck und die Wirtschaft bloß das Mittel ist« (Steiner 1999: 71).

Auch die marktwirtschaftliche Fundamentalthese von der *Herrschaft des Konsumenten* über die Produzenten geht auf Adam Smith zurück und determiniert bis heute die marktwirtschaftliche Ideologie. Für Smith ist Konsumenteninteresse ein Allgemeininteresse, während das Produzenteninteresse der Unternehmer lediglich als ein Partialinteresse eingestuft werden kann.

»Zweck und Ziel aller Produktion ist der Verbrauch«, so Smith, »und Interessen des Produzenten sollten nur soweit berücksichtigt werden, wie es zur Förderung der Interessen der Verbraucher nötig ist. Diese Maxime ist so vollkommen einleuchtend, dass es abgeschmackt wäre, sie beweisen zu wollen« (Smith 1776, 1978: 558).

Die marktwirtschaftliche Zielvorstellung, die Konsumbedürfnisse der Bevölkerung optimal zu befriedigen, steht dabei aber konträr (widersprüchlich) zum einzelwirtschaftlichen (betriebswirtschaftlichen) Unternehmensziel der *Gewinnmaximierung*. Unternehmen wollen Märkte (Konsumenten) nicht *bedarfsgerecht* versorgen oder wirtschaftliche Knappheiten mindern, sondern eher *künstliche Knappheiten* durch Anwendung subtiler Marketinginstrumente laufend neu schaffen, um Gewinne zu erzielen und um diese permanent zu steigern.

»Dass eine Unternehmung sich als Aufgabe die Versorgung des Marktes setzt, ist eine ganz unmögliche Vorstellung. (...) Von den Unternehmern (...) könnte man eher behaupten, dass sie es außerordentlich bedauern, wenn sie den Markt versorgen; denn je länger er nicht versorgt ist, desto länger die Aussicht auf Absatz und Gewinn. Nichts hört der Kaufmann so ungern wie dies: Ich habe keinen Bedarf, der Markt ist versorgt« (Rieger 1959: 44f.).

Der *Verbraucher* wird in der marktwirtschaftlichen Modellwelt völlig realitätsfremd zu einer *Gegenmacht zu den Produzenten* hochstilisiert, die in Wirklichkeit nicht existiert. »Im Gegenteil: Verbraucherinteressen werden heute nur so weit berücksichtigt, wie es zur Förderung der Erzeugerinteressen notwendig ist« (Martiny/Klein 1977: 35). In der Regel scheitert die Konsumentensouveränität schon an einer fehlenden *Markttransparenz* beim Verbraucher, die über die »Motivationsmacht« der Werbung[114] noch zusätzlich eingeschränkt und nicht, wie immer wieder fälschlich behauptet, verbessert wird.[115] Marktentscheidungen der Konsumenten werden nicht autonom und unbeeinflusst vorgenommen. Endverbraucher sind bei dem bestehenden Überangebot an Waren nicht in der Lage, auch nur annähernd den Überblick zu behalten, geschweige denn die Produkteigenschaften in technischer und funktionaler Güte zu beurteilen, um hieraus entsprechende Rückschlüsse auf einen Nutzen zu erhalten oder ein *Preis-Mengen-* oder ein *Preis-Qualitätsverhältnis* objektiv zu beurteilen. »Schließlich hat die Souveränität der Konsumenten an der *ungleichen Einkommensverteilung* und den damit einhergehenden einkommensrestringierten Verbrauchsmöglichkeiten bei nicht unbeträchtlichen Bevölkerungsschichten ihre Grenze« (Schaaff 1991: 243). Zusätzlich stoßen ohnmächtige Verbraucher immer mehr auf marktstarke und *marktbeherrschende Unternehmen*, denen man vielfach nicht einmal durch Kaufentsagung entgehen kann und die über ihre Preis- und Produktpolitik in diskriminierender Art und Weise die *Konsumentenrente* im Markt für sich abschöpfen. Der Verbraucher, der morgens im Real-Markt oder Media-Markt, mittags im Kaufhof und nachmittags bei Saturn Hansa eingekauft hat, stellt abends erschöpft fest, er hat immer die Metro AG beglückt.

4.1.1.3 Neoklassische (dynamische) Wettbewerbstheorie

Mit fast gleichzeitig erschienenen Arbeiten von Sraffa (1926), Chamberlin (1933), Robinson (1933), Frisch (1933) und v. Stackelberg (1934) wurden die als realitätsfremd eingestuften Prämissen der *vollständigen Konkurrenz* schon recht früh in Richtung *unvollkommener Märkte* aufgelöst und Wettbewerb zwischen freier Konkurrenz und Monopol im Feld einer *monopolistischen Konkurrenz* eingeordnet (Bartling 1988: 280ff.). Umso mehr erstaunt es, dass noch im Nachkriegsdeutschland, selbst bei der Konstituierung des Gesetzes gegen Wettbewerbsbeschränkungen (GWB) im Jahr 1958, die Marktform der vollständigen Konkurrenz als »wettbewerbspolitisches Leitbild« präferiert wurde. In der Begründung zum Gesetzentwurf des GWB hieß es:

---

114 »Suggestive Verbraucherwerbung verdunkelt den emotionalen wie rationalen Sinn von Konsumentscheidungen« (Steiner 1999: 128).

115 *Werbung* soll den Verbraucher bewusst manipulieren. Dabei informiert die Werbung allenfalls über die guten Produkteigenschaften, die schlechten werden natürlich verschwiegen, da sie der Absatzförderung zuwiderlaufen.

»Es darf als sichere wissenschaftliche Erkenntnis angesehen werden, dass die Marktverfassung des freien Wettbewerbs das Vorhandensein der Marktform des vollkommenen Wettbewerbs als wirtschaftliche Gegebenheit zur Voraussetzung hat, d. h. die Zahl der Marktteilnehmer auf beiden Marktseiten muss so groß sein, dass der Marktpreis für den Unternehmer eine von seinem Verhalten im wesentlichen unabhängige Größe ist« (Müller-Henneberg 1958: 1.059).

Das Ergebnis einer monopolistischen Konkurrenz, auch als »pervertierte Konkurrenz« bezeichnet, seien letztlich *Überschusskapazitäten* und *überhöhte Kosten, Gewinne* und *Preise*. Die sich nur marginal unterscheidenden Theorien der einzelnen Autoren einer monopolistischen Konkurrenz lösten in der wettbewerbspolitischen Debatte eher einen *Wettbewerbspessimismus* aus. Zur endgültigen Kritik an der Marktform der vollständigen Konkurrenz als einem wettbewerbspolitischen Leitbild kam es in dem von John Maurice Clark (1884-1963) im Jahr 1940 veröffentlichten Artikel »Toward a Concept of Workable Competition«.[116] Der Wettbewerb als »workable competition« stelle hinsichtlich seiner Leistungsfähigkeit in marktwirtschaftlichen Ordnungen die »second-best« Lösung im Hinblick auf die unrealistische vollständige Konkurrenz dar. Für Clark ist klar, »dass es ›vollkommenen Wettbewerb‹ nicht gibt und nicht geben kann, wahrscheinlich auch niemals gegeben hat.« Das *Wettbewerbsverhalten* (insbesondere das Preisverhalten) der Unternehmen ist in der Realität auf unvollkommenen Märkten eher durch eine Reihe von Faktoren gekennzeichnet, die zu den unterschiedlichsten, aber kaum exakt prognostizierbaren Marktkonstellationen führen können. Diese werden konkret u. a. durch das Ausmaß der Produktdifferenzierung, die Zahl und Größenverteilung der Anbieter, die allgemeine Preissetzungs- und Vertriebsmethode bis zur Kostenänderung bei einer Unternehmensgrößenänderung, Kostenänderung bei Auslastungsänderung und die Flexibilität der Produktionskapazität beeinflusst. Auch spielen Marktinformationen und die geographische Verteilung von Produktion und Verbrauch eine wesentliche Rolle. Wichtig ist für Clark dabei außerdem die Erkenntnis, dass eine sukzessive Beseitigung der *Marktunvollkommenheiten* in der Realität und daher eine Annäherung an das Modell der vollständigen Konkurrenz unmöglich ist, weshalb er *staatliche Interventionen* zur Beseitigung der Unvollkommenheiten kategorisch ablehnt. Vielmehr könnten sich die Unvollkommenheiten als durchaus nützlich und zweckmäßig erweisen, da auf einem ohnehin unvollkommenen Markt zusätzlich

---

116 In deutscher Übersetzung unter dem Titel: »Zum Begriff eines wirksamen Wettbewerbs« erschienen, in: Barnikel, H. H. (Hrsg.), Wettbewerb und Monopol, Darmstadt 1968, S. 148ff. und unter dem Titel: Zum Begriff eines funktionsfähigen Wettbewerbs, in: Herdzina, K. (Hrsg.), Wettbewerbstheorie, Köln 1975, S. 143ff.

auftretende Unvollkommenheiten einen eher kompensatorischen Effekt besäßen (»*Gegengiftthese*«).

Clark betonte später in seinem 1961 erschienenem Werk »Competition as a Dynamic Process« den *dynamischen Charakter* des Wettbewerbs als einen Prozess aus »*Vorstoß*« und »*Verfolgung*«. Funktionsfähiger Wettbewerb ist demnach durch eine Abfolge nie abgeschlossener Vorstoß- und Verfolgungsphasen gekennzeichnet. »Die Wirtschaftssubjekte versuchen dabei unter Verfolgung ihres Eigeninteresses (Gewinnstreben) durch den Einsatz wettbewerblicher Aktionsparameter (Preis, Qualität, neue Produkte, Rabatte, Konditionen, Menge, Service und Werbung), Vorzugsstellungen im dynamischen Wettbewerbsprozess zu erlangen (*initiative Wettbewerbshandlungen*), die aber temporär bleiben, da die Wettbewerbsvorsprünge durch nachahmende Unternehmen in der Verfolgungsphase wieder abgebaut werden (*imitatorische Wettbewerbshandlungen*). Der Wettbewerbsprozess zwingt dadurch die Wirtschaftssubjekte zu einem ökonomisch rationalen Verhalten und übt somit einen von den Beteiligten nicht kontrollierbaren Druck auf Preise, Kosten und Gewinne aus« (Schmidt/Schmidt 1997: 13).

Hatten schon die klassischen Nationalökonomen immer wieder den Wettbewerb als einen *dynamischen Prozess* interpretiert, so waren es zu Beginn der 1950er Jahre Joseph A. Schumpeter und Helmut Arndt, die die besondere Betonung des Prozesscharakters herausgearbeitet und damit für den heute in der Wettbewerbstheorie einzigen *Konsens* gesorgt haben, dass nämlich Wettbewerb in der wirtschaftlichen Realität immer als ein dynamischer Prozess zu verstehen ist (Schumpeter 1950: 134ff., Arndt 1952: 33ff.). Motor des Prozesses sind nach Schumpeter *bahnbrechende Pionierunternehmer*, die durch Innovationen einen technisch-wirtschaftlichen Fortschritt herbeiführen und so einen *Prozess der schöpferischen Zerstörung* initiieren. Dabei kommt es nach Arndt zu *prozessualen Monopolstellungen*, die Extraprofite ermöglichen. Diese würden aber durch einen nachahmenden Wettbewerb immer wieder aufgezehrt und es käme zu einer Isopolstellung, von der aus der Prozess von neuem beginnen könne. Diese den Wettbewerbsprozess auszeichnenden prozessualen Monopole und Isopole bedingen einander. Der *Timelag* zwischen der Aktion des vorstoßenden Unternehmens und der Reaktion der Nachahmer darf laut Theorie weder zu lang noch zu kurz sein. Ist er zu kurz, dann ist der Vorstoß zur Erzielung von Vorsprungsgewinnen ökonomisch nicht reizvoll und wird daher nicht stattfinden. Bei zu langem zeitlichem Abstand zwischen Vorstoß- und Verfolgungsphase fehlt der nachahmende Wettbewerb oder er ist nicht effektiv genug, wobei in beiden Fällen kein optimaler Wettbewerb besteht. Gelingt es keinem Unternehmen, sich vom Status der Gleichheit im Isopol

Abb. 16: Dynamischer Wettbewerbsprozess

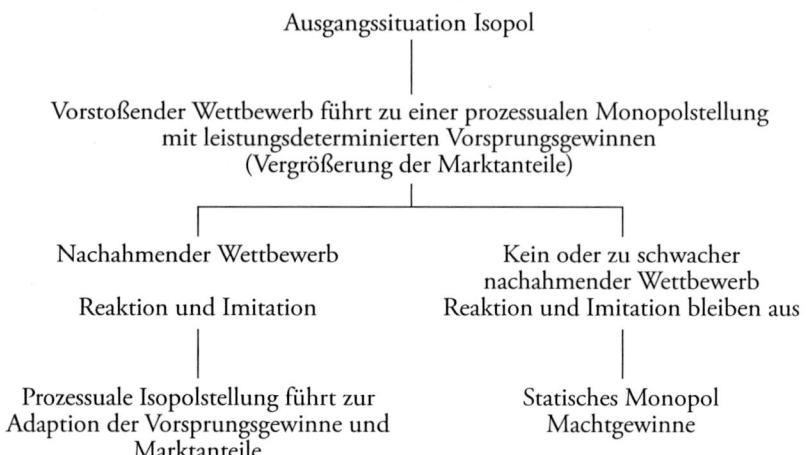

abzuheben und einen Vorsprung zu erringen, so können sich weder der vorstoßende noch der nachahmende Wettbewerb entwickeln. Das *prozessuale Isopol* würde hier zum langfristigen Gleichgewichtsisopol, in dem es keine endogene Marktentwicklung gibt.

Ist andererseits der Wettbewerb der Nachahmer nicht kräftig genug oder erst gar nicht vorhanden, so wird das prozessuale Monopol zu einem statischen Monopol, wobei die dynamische Entwicklung durch einen reaktiven Wettbewerb nicht mehr gegeben ist und es zu *erodierten Machtgewinnen* kommt (vgl. Abb. 16).

Mit der endgültigen Festlegung auf eine dynamische Wettbewerbstheorie wurden gleichzeitig die konträren Pole »wirtschaftliche Freiheit« und »wirtschaftliche Macht« als Synthese zu einer »*optimalen Wettbewerbsintensität*« zusammengefügt (Blum 1988: 162). Damit war der Weg frei für größere Unternehmenseinheiten durch Konzentrationsprozesse, als sie noch unter der Marktform einer vollständigen Konkurrenz als wettbewerbspolitisches Leitbild propagiert wurden. Das Konzept dafür lieferte der deutsche Ökonom Erhard Kantzenbach (1968) mit seiner Theorie der »*weiten Oligopole*«. Die Vorstellungen eines »funktionsfähigen Wettbewerbs« bauen hier auf den Überlegungen von Schumpeter und Clark auf. Wettbewerb habe folgende Funktionen zu erfüllen:

- Sicherung einer *marktleistungsgerechten Einkommensverteilung*, d. h. Schutz vor Ausbeutung durch Marktmacht;

- Steuerung der Zusammensetzung des Güter- und Dienstleistungsangebots gemäß den Käuferpräferenzen (*Konsumentensouveränität*);
- Lenkung der Produktionsfaktoren (Arbeit, Kapital und Boden) in ihre produktivsten Einsatzmöglichkeiten (*optimale Faktorallokation*);
- Anpassung von Produkten und Produktionskapazitäten an eine sich ständig ändernde Nachfragestruktur und Produktionstechnik (*Anpassungsflexibilität*) sowie
- Stimulierung des *technischen Fortschritts* in Gestalt neuer Produkte und Produktionsverfahren.

Die Entscheidung für diese Funktionen schließen nach Kantzenbach »*bewusste Werturteile*« im Rahmen einer »wirtschaftspolitischen Gewichtung« ein, denen man nicht ausweichen könne. Die Frage müsse lauten, welche *Marktstruktur* am besten in der Lage sei, die gewünschten Funktionen zu erfüllen. Hierbei schloss Kantzenbach die extremen Marktformen der *vollständigen Konkurrenz*, das *enge Oligopol* und das *Monopol* aus, die zu einem *suboptimalen Marktverhalten* der Akteure und daher auch zu nicht akzeptablen *Marktergebnissen* führten. Er sieht die »optimale Wettbewerbsintensität« vielmehr in der Marktform »*weiter Oligopole*« mit »*unvollkommener Produkthomogenität*« und »*Markttransparenz*«. Staatliche Wettbewerbspolitik müsse dafür sorgen, dass sich die Märkte in diese Richtung entwickelten. Dies bedeutete einen radikalen Paradigmenwechsel:

> »Mit dieser Theorie ist das liberale Wettbewerbskonzept auf den Kopf gestellt. Denn nicht die Funktionen des Wettbewerbs standen bei ihr im Mittelpunkt, sondern die Freiheit des (besitzenden) Individuums zu jeder beliebigen wirtschaftlichen Tätigkeit. Nun wird der Wettbewerb nicht nur instrumentalisiert, um andere Ziele zu erreichen, sondern darüber hinaus modifiziert, um sie erreichen zu können. In dem Maße, in dem Wettbewerb ursprünglich Freiheit meinte, bedeutet jede Modifizierung des Wettbewerbs in Richtung auf Einschränkung dieser Freiheit die Abschaffung des Wettbewerbs als Ziel und Grundlage der Wirtschaftsordnung; es ist, wenn der Primat der anderen gesamtwirtschaftlichen Ziele erst einmal feststeht, nicht einzusehen, weshalb Wettbewerb als ›politisches Datum‹ akzeptiert werden sollte, da es ja möglicherweise Organisationsformen der Wirtschaft gibt, die diese Ziele rascher erreichen« (Huffschmid 1972: 129f.).

In seiner wettbewerbspolitischen Diktion ist Kantzenbach zudem widersprüchlich. Weichen nämlich die Marktformen eines engen Oligopols oder Monopols von einer »*optimalen Wettbewerbsintensität*« zur Realisierung der oben genannten gesamtwirtschaftlichen Funktionen und damit im Sinne eines Optimums zugunsten der einzelnen Unternehmen ab, so hält er eine *Dekonzentration* oder *Zerschlagung der marktmächtigen Unternehmen* für nicht »durchführbar«, »weil sie eine Umstrukturierung der Wirtschaft in einem solchen Ausmaß verlangen würde, dass die reibungslose Aufrechterhaltung der Produktion infrage gestellt wäre, und sie wäre wirtschaftlich unerwünscht, weil sie den Verzicht auf überwiegende Kostenvorteile erfordern würde« (Kantzenbach 1968: 139). Demgegenüber ist anzumerken, dass diese überwiegenden Vorteile jedoch offensichtlich der Allgemeinheit in Form der Gesamtwirtschaft nicht zugute gekommen sind, »weil andernfalls der Zustand nicht überoptimal, also unerwünscht, wäre; es spricht indes nichts dagegen, einen wünschenswerten Gesamtzustand auch dann herzustellen, wenn dies auf Kosten der einzelnen Unternehmer geht. Wenn Kantzenbach dafür plädiert, dies nicht zu tun, kapituliert er nicht nur vor der *faktischen Macht der Unternehmer* (›undurchführbar‹), er lässt auch erkennen, dass er die Kostenvorteile der Unternehmer, *ihre Gewinne*, höher bewertet als das gesamtwirtschaftliche Optimum (›wirtschaftlich unerwünscht‹)« (Huffschmid 1972: 131). Liegen dagegen suboptimale Marktformen eines von der Anbieterstruktur »atomistischen Wettbewerbs« vor, so sind nach Kantzenbach *Konzentrationsprozesse* erwünscht, weil eben nur hierdurch eine Unternehmensgröße garantiert wird, die sowohl die Wettbewerbsintensität erhöht, als auch zu erwünschten Kostenvorteilen durch *economies of scale* führt.

Die Entwicklung dieser »neuen« dynamischen Wettbewerbstheorie macht es möglich, »die im konzentrierten Kapitalismus auftretenden Widersprüche zwischen ideologischer Legitimationsbasis des Gesamtsystems und den ökonomischen Realitäten sowie politischen Forderungen des Kapitals an das System durch den Einbau einer neuen theoretischen Grundlage zu lösen.« (...) »Das Wort ›Wettbewerb‹ wird nun für den Bereich der autonomen *Großunternehmen* instrumentalistisch uminterpretiert und bezeichnet jetzt ein staatlich zu überwachendes, je nach den Umständen zu förderndes oder zu beschränkendes Mittel zur Erreichung volkswirtschaftlich wünschenswerter Ziele, die Funktionen des Wettbewerbs genannt werden. Der Wettbewerb, einst koordinierender *Freiheitsmechanismus*, wird jetzt zum geplanten politischen Parameter der angeblich nicht mehr durch die Priorität unternehmerischer Gewinnmaximierung bestimmten Wirtschaftspolitik« (Huffschmid 1972: 132f.).

Auf diesen wettbewerbspolitischen Pfad schwenkt auch der *Sachverständigenrat (SVR)* in seinem Gutachten von 1971/72 ein. Bis dahin hatte der SVR immer wieder die Leistungsfähigkeit der marktwirtschaftlichen Ordnung betont und den Wettbewerb – ohne jegliche Analyse – ganz einfach als »*tragende Säule unserer Ordnung*« bezeichnet, die wirksam als staatliche Aufgabe zu erhalten und zu schützen sei. Dennoch räumte der SVR – nach seinem damals achtjährigen Bestehen – dem Wettbewerbsprinzip nur ganze achteinhalb Seiten in seinem Gutachten ein (Meißner 1980: 40). Erst im Gutachten von 1971/72 führt er unter dem Titel: »Für eine konsequente Wettbewerbspolitik« aus, dass es einen Gegensatz gebe zwischen der natürlichen Neigung von Anbietern und Nachfragern, den Wettbewerb zu beschränken, und der staatlichen Aufgabe, dieser Neigung institutionell entgegenzuwirken (SVR 1971/1972: Ziff. 379). Dabei wird die Vorstellung vom »vollkommenen Wettbewerb« zugunsten des Konzepts eines »funktionsfähigen Wettbewerbs«, das auf *Wachstum* setzt, aufgegeben. Wachstum erfordere private Investitionen, die ein »Investitionsrisiko« implizieren würden, so dass »*Abstriche beim Wettbewerbsgrad*« hingenommen werden müssten (SVR 1971/1972: Ziff. 383). Hinsichtlich der Bedeutung für die Erfüllung gesamtwirtschaftlicher Ziele sieht der SVR im fehlenden Wettbewerb (in vermachteten Bereichen) dennoch eine Gefährdung der *Preisstabilität* und der *Vollbeschäftigung*: »Der Schluss liegt nahe, dass Preisniveaustabilisierung ohne Gefährdung der Vollbeschäftigung um so schwerer erreicht werden kann, je höher der Grad der Vermachtung ist« (SVR 1971/1972: Ziff. 380).

Nach neueren theoretischen Betrachtungen wird der als dynamisch bezeichnete Wettbewerbsprozess auch in ein *Marktphasen-Konzept* oder eine *Produktmarkt-Entwicklung* (Produktlebenszyklen) eingebunden. Hierbei werden das Innovations- und Wettbewerbsverhalten in Abhängigkeit von unterschiedlichen *Unternehmer-/Top-Managertypen*[117] in den einzelnen, zeitlich aufeinander folgenden Marktphasen und die sich daraus ergebenen Wettbewerbswirkungen berücksichtigt (Eichner 2002: 56ff.). Es wird angenommen, dass in jeder Phase einer dynamischen Marktentwicklung ein anderer *Unternehmertyp* prägend ist.

Die erste Phase bildet die *Experimentierungsphase*, in welcher ein völlig neues »Produkt« geschaffen wird und ein entsprechender Markt entsteht. Hier ist die Nachfrage zunächst noch sehr gering. Diese Phase wird als Folge der Innovationen (Produkt-, Prozess- oder Sozialinnovationen) von den »dynamischen Unternehmern« bzw. den so genannten »Pionierunternehmertypen« beherrscht. Es kommt zu einem vorstoßenden bzw. initiativen Wettbewerb. Der neu geschaffene Markt ist dabei noch durch eine weitgehende *Intransparenz* gekennzeichnet. Die Unternehmen zeigen eine hohe Flexibilität und Risikobereitschaft. Mit immer neuen, vielfältigen und häufig umfassenden Innovationen versuchen sie, Vorsprünge hervorzubringen. Die Produktpalette solcher innovativer Unternehmen ist breit gefächert und das Personal hochqualifiziert. Auf Grund des signifikant Neuen und der noch nicht hergestellten Markttransparenz für Anbieter und Nachfrager sind die Wettbewerbsparameter auf *Funktionalität* und *Qualität* ausgerichtet. Entscheidend ist das Produkt, die Innovation, und

---

117 Vgl. dazu noch einmal Kap. 3.4.2 »Innovationen und Management (Unternehmertypen)«.

nicht der Preis und die Kosten. Die Anbieter müssen in der Experimentierungsphase aufgrund hoher Kosten (u. a. FuE-Kosten[118]) und einer noch schwachen Nachfrage sowie der damit einhergehenden geringen Produktion und Beschäftigung zunächst Verluste hinnehmen.

Dies ändert sich aber bereits in der *frühen Expansionsphase*, die die Experimentierungsphase zeitlich ablöst. Hier kommt es bei Erfolg zu einer Selbstzündung des Marktes, die schließlich zu einer sprunghaften Ausweitung der Nachfrage und damit des Gesamtvolumens der Produktion und Beschäftigung führt. Es kommt zu einer zunehmenden Diffusion der Neuerung. Der Initiativwettbewerb geht in einen Diffusionswettbewerb über. Die Unternehmen erzielen nun Gewinne, genauer Vorsprungs- oder Extragewinne auf Grund ihrer *prozessualen Monopolstellung*. Die Preise sind hoch und die Abschöpfung von Konsumentenrente bereitet keine Schwierigkeiten.

Ist dieser Marktzustand erreicht, geht die frühe Expansionsphase in die *späte Expansionsphase* über. Die hohen Preise und Gewinnmöglichkeiten locken den »spontan imitierenden Unternehmertyp« an. Er sorgt endgültig für eine *Diffusion* der Innovation und partizipiert auf Grund seines frühen Markteintritts an der prozessualen Monopolstellung, die zunächst sowohl für den Pionierunternehmer als auch für ihn noch ausgebaut wird. Nachfrage und Produktion sowie Beschäftigung steigen entsprechend. Aber auch die *Markttransparenz* nimmt zu. Durch die »spontan imitierenden Unternehmertypen« kommt es in kurzer Folge zu wesentlichen Verbesserungen des Produktes. Weitere zentrale Kennzeichen dieser Phase sind die Produktvariation und vor allem die zügige Weiterentwicklung der Herstellungsverfahren, so dass man hier bereits von einem *Selektionswettbewerb* sprechen kann.

Mit der *Ausreifungsphase* ist spätestens der Punkt erreicht, wo im Sinne der dynamischen Wettbewerbstheorie ein imitatorischer (nachahmender) Wettbewerb einsetzen muss. Hier schlägt die Stunde der *»unter Druck reagierenden Unternehmertypen«*. Sie spüren nun nachhaltig die Marktveränderungen und müssen sich in Anbetracht dieser Bedrohung adaptieren. Inzwischen hat sich das Marktwachstum bereits deutlich verlangsamt. Produkt- und Produktionstechnologie sind weitest gehend ausgereift. Stückkostendegressionen werden auf Grund von Massenproduktionseffekten realisiert. Die Innovationsaktivitäten der Anbieter stellen im Wesentlichen nur noch auf marginale Verbesserungen am Produkt und am Verfahren ab. Die Innovativität und Dynamik des Marktes sind deutlich reduziert. Das Marktgeschehen ist deswegen für die Marktteilnehmer überschaubar und das Ausmaß der Veränderungen und ihre

---

118 Vgl. Kap. 3.4.4.3 »Arbeitnehmererfindung und FuE im Innovationsprozess«.

Richtung sind kalkulierbar geworden. Es liegt demnach für Anbieter und Nachfrager Markttransparenz vor. Immer mehr kommen als zentrale Wettbewerbsparameter Preise und Kosten ins Spiel. Die Unternehmen versuchen, die bestehenden Marktverhältnisse zu konservieren, um auf diese Weise die eigene Marktposition längerfristig zu sichern. Es setzt ein *Verteidigungswettbewerb* ein. Die hohe Markttransparenz in der späten Phase der Marktentwicklung erlaubt es den Unternehmen darüber hinaus, zu einem *oligopolistischen Verhalten* oder zu einer Politik der festen Preisrelationen überzugehen (Bontrup 2001c: 470ff.). »Diese Politik ist mit *wettbewerbsbeschränkendem Verhalten* gleichzusetzen. Dadurch kann es in diesem Entwicklungsabschnitt durchaus zum Erliegen des Wettbewerbs, genauer gesagt: des Preiswettbewerbs, kommen« (Eichner 2002: 61). In der Regel ist diese Phase durch einen starken *Konzentrationsprozess* in Form von Fusionen (externes Unternehmenswachstum) gekennzeichnet.

Die letzte Phase der Produktmarkt-Entwicklung, die *Stagnations- und Rückbildungsphase*, beschreibt den Stillstand oder das Absterben des Marktes. Das Markt- und Nachfragepotenzial sind nun vollständig ausgeschöpft und die Gesamtproduktion lässt sich nicht mehr weiter ausdehnen. Das etablierte Produkt erhält Konkurrenz durch ein anderes, überlegenes Substitut und/oder ein Wandel in den Präferenzen der Nachfrager tritt auf, so dass sich der Markt zurückbildet. Es kommt zu *strukturellen Nachfrageveränderungen*. Die Nachfrage ist rückläufig, es entstehen bei den Anbietern Überkapazitäten mit entsprechenden Stückkostensteigerungen, die über Preiserhöhungen nicht mehr am Markt weitergegeben werden können. Als Wettbewerbsparameter zählen jetzt nur noch Preise und Kosten, wobei der Preiswettbewerb *ruinöse Formen* annimmt. Unternehmen realisieren beträchtliche Verluste und Grenzanbieter scheiden aus dem Markt aus. Produktionskapazitäten und Beschäftigung werden abgebaut. In dieser Marktphase ist in der Regel nur noch der *»immobile Unternehmertyp«* anzutreffen, der generell Veränderungen oder Neuerungen ablehnend gegenübersteht und dafür mit dem Marktausscheiden bestraft wird. Wettbewerbliche Prozesse im Sinne des Marktphasenkonzeptes werden allerdings nicht nur angebotsseitig von den Motiven und einem vom Unternehmertyp abhängigen Innovationsverhalten geprägt, sondern auch nachhaltig von den Motiven und Verhaltensweisen der *Nachfrager*. Kommt es hier zu strukturellen Veränderungen, bildet sich der Markt zurück und ein *Entwertungswettbewerb*, der mit Kapital- und Beschäftigungsvernichtung einhergeht, findet statt. Außerdem wird im Marktphasenkonzept Wettbewerb nicht ausschließlich als ein Preiswettbewerb aufgefasst. Die frühen Marktphasen sind vielmehr durch einen Funktions- und Qualitätswettbewerb geprägt, während erst die späten Phasen von Preisen und Kosten dominiert werden.

Diese durch das Marktphasenkonzept und die unterschiedlichen Unternehmertypen erreichte größere theoretische Bestimmung von Wettbewerb widerspricht, genauso wie das rein idealtypische dynamische Wettbewerbsmodell, aber immer noch der wirtschaftlichen Realität. Es wird weiter unterstellt, dass die Unternehmen quasi gleich (homogen) sind, dass es keine Unterschiede in der Größe der Finanzausstattung und der Möglichkeiten zum Markteintritt oder der bereits realisierten Marktmacht gibt. Genauso wie die Unternehmensstruktur nicht homogen ist, bleibt auch die Frage offen, was die kreativen (vorstoßenden) Unternehmen in der Experimentierungs- und Expansionsphase mit ihren dort erzielten Vorsprungs- oder Extragewinnen machen. Diese suchen geradezu nach einer *neuen Kapitalanlage*. Jörg Huffschmid (1975: 29) führt dazu aus:

> »Für die Kapitale, die einen ›besonderen Vorteil‹ besitzen, ist die materielle Konsequenz ihres vergleichsweise besseren Abschneidens (im Wettbewerb, d. V.) eine stärkere individuelle Akkumulationskraft im Vergleich zu anderen Kapitalen; da diese Akkumulationskraft unter dem Zwang der (...) Konkurrenz, unbedingt eingesetzt werden muss, bedeutet dies eine größere tatsächliche Akkumulation dieser Kapitale im Vergleich zu anderen und damit bessere Voraussetzungen zur weiteren Entwicklung der Produktivkräfte; und d. h. vor allem zur Erzielung eines zusätzlichen, weiteren Vorsprung verschaffenden Extraprofits.«

Dadurch kommt es quasi für diese Unternehmen zu einem *systematischen*, nicht mehr aufholbaren Vorsprung, d.h. zu einem fehlenden wirksamen nachahmenden Wettbewerb. Das Ergebnis ist letztlich *Marktmacht*, die dann wiederum gegen unliebsame Konkurrenz im Wettbewerbsprozess eingesetzt wird. Bezogen auf das zuvor beschriebene »Marktphasenmodell« bedeutet dies, dass die nicht so erfolgreichen (innovativen) Unternehmen sowie die Unternehmen, die über keine Marktmacht verfügen, sich fast ausschließlich in den Endphasen der Markt- und Produktentwicklung tummeln müssen. Für sie gilt im Überlebenskampf, sich in einem Preis- und Kostenwettbewerb zu behaupten. Demnach vollzieht sich in der Regel der Wettbewerbsprozess zwischen *ungleichen Unternehmen*. Nicht selten stehen sich Großunternehmen mit meist mehreren *Produkten*, die auf verschiedenen Märkten gehandelt werden, und kleine und mittelgroße Unternehmen (KMU),[119] die über eine wesentlich geringere

---

119 Als *Kleinunternehmen* werden gemäß dem Institut für Mittelstandsforschung (IfM) in Bonn solche Unternehmen eingestuft, die weniger als 1 Mio. Euro Umsatz und bis zu 9 Beschäftigte aufweisen. *Mittlere Unternehmen* sind solche mit 1 bis 50 Mio. Euro Umsatz und 10 bis 499 Beschäftigten. Neben dieser quantitativen Abgrenzung werden KMU auch über qualitative Kriterien definiert. Dazu zählt neben einer Personalunion zwischen Unternehmensleitung und Unternehmenseigentümer die selbständige wirtschaftliche Tätigkeit des Unternehmens, die insbesondere eine völlige oder weitgehende Konzernunabhängigkeit voraussetzt.

Produktpalette und nicht selten sogar als Einproduktunternehmen am Markt agieren, im Wettbewerb gegenüber. Abgesehen von der größeren *Finanzkraft* und den besseren *Forschungs- und Entwicklungsmöglichkeiten*, haben Großunternehmen im Wettbewerb schon allein dadurch einen Vorteil, dass sie ihre Innovationen auf einzelne Produkte ausrichten können und dass sie die daraus realisierten Vorteile auch auf anderen, nicht so erfolgreichen Produktmärkten im Wettbewerb gegen andere einsetzen können. Durch einen hohen Grad an *Diversifizierung* können Großunternehmen so in Form einer *Quersubventionierung* gegen unliebsame Konkurrenten auf bestimmten Teilmärkten gezielt vorgehen. Trifft ein Großunternehmen mit einer breit angelegten Produktpalette im Wettbewerb auf ein KMU mit womöglich nur einem Produkt (Einproduktunternehmen), dann dürfte der Ausgang des Wettbewerbsprozesses so gut wie vorgezeichnet sein. Sollte es dennoch zu einem Widerstand kommen, so endet dieser in der Regel entweder in der Vernichtung des KMU oder »wohlwollend« im Aufkauf. Letztlich differenziert sich dadurch die Unternehmensstruktur immer mehr in Richtung Großunternehmen: entweder durch ein Ausscheiden der KMU aus dem Markt als Grenzanbieter oder durch Aufkäufe. Es kommt zu *Konzentrationsprozessen* in Verbindung mit einer *Strukturdifferenzierung innerhalb des Gesamtkapitals*. Immer mächtigeren Großunternehmen auf den einzelnen Märkten steht die Masse der meist *markt-ohnmächtigen KMU* gegenüber.

Exkurs: Großunternehmen versus Mittelstand

Die sich immer mehr wettbewerbsimmanent aufbauende Konzentration und wirtschaftliche Machtausübung an den Märkten wird von der Politik, und zunehmend auch in der Wissenschaft, mit dem Tatbestand heruntergespielt versucht, dass nach wie vor kleinere und mittlere Unternehmen (KMU) das Rückgrat der deutschen Wirtschaft seien und es immer wieder – gerade in den letzten Jahren – zu vermehrten *Unternehmensneugründungen* gekommen sei. Die statistisch erfassten 7.711 Groß-

---

Nach der Definition der Europäischen Kommission ist diese Bedingung erfüllt, wenn die Kapitalbeteiligung eines Großunternehmens unter 25 v. H. liegt. Aber auch die formale Erfüllung der Konzernunabhängigkeit sagt unter Umständen noch wenig über den tatsächlichen Entscheidungsspielraum eines KMU aus. Dieser kann z. B. sehr gering sein, wenn die Firma von wenigen Großkunden abhängig ist, die Produkteigenschaften, Preise und sonstige Geschäftskonditionen maßgeblich bestimmen. Zur ausführlichen Definition und Abgrenzung von KMU auch aus personalwirtschaftlichen Überlegungen vergleiche: (Bontrup 1999c: 103ff).

unternehmen in Deutschland mit mehr als 50 Mio. € Jahresumsatz machten nach Umsatzgrößenklassen lediglich 0,3 v. H. und die 4.980 Großunternehmen mit 500 und mehr Beschäftigten nur einen Anteil von 0,2 v. H. aus. Demnach hätte der *Mittelstand* einen Anteil an allen erfassten Unternehmen von 99,7 v. H. beziehungsweise 99,8 v. H. Ein ganz anderes Bild ergibt sich aber bei den *Umsatz- und Beschäftigtenanteilen*, die auf Großunternehmen und KMU entfallen. Beim Umsatz realisierten die zuerst genannten 7.711 Großunternehmen im Jahr 2000 vom Gesamtumsatz aller Unternehmen (dies waren ca. 2,9 Millionen) einen Anteil von 56,8 v. H. In den als zweite genannten 4.980 Großunternehmen waren 21,6 v. H. aller Beschäftigten konzentriert. (SVR 2002/2003: 219f.). Insbesondere der Umsatzanteil zeigt also eine enorme Konzentration. Auch gibt es für die oft behauptete Aussage, der Mittelstand stelle – weil *arbeitsintensiver* in der Produktion – mehr Beschäftigte ein als die Großunternehmen, keinen hinreichenden empirischen Beleg. Der Sachverständigenrat (SVR) führt dies auf die hohe *Insolvenzwahrscheinlichkeit* kleinerer und mittlerer Unternehmensgrößen zurück. »Das heißt, der höheren Wahrscheinlichkeit, dass ein Arbeitsuchender bei einem kleineren Unternehmen eine Stelle findet, steht das höhere Risiko gegenüber, wieder schnell entlassen zu werden. Dies gilt insbesondere bei jungen Firmen. Empirische Untersuchungen über ausgewählte Gruppen neugegründeter Unternehmen deuten darauf hin, dass nur gut die Hälfte der neu gegründeten Unternehmen die ersten fünf Jahre überlebt« (SVR 2002/2003: 220). Die Entwicklung des *Insolvenzgeschehens* in den letzten Jahren belegt diese Situation eindeutig. Zwar hat die schlechte weltwirtschaftliche Lage zu einem überproportionalen Sterben auch von Großunternehmen geführt,[120] doch darf die beeindruckende Zahl von großen Insolvenzen nicht darüber hinwegtäuschen, dass das Insolvenzgeschehen vor allem *mittelständisch* geprägt ist. Weitaus weniger Großunternehmen als KMU werden insgesamt betroffen – nicht nur, weil ihre Anzahl geringer ist, sondern hauptsächlich aufgrund ihrer meist stabileren ökonomischen und finanziellen Positionen. Nach Angaben von Creditreform haben Unternehmen mit Umsätzen von bis zu 2,5 Mio. € einen Anteil von 84,1 v. H. und mit Umsätzen von bis zu 5 Mio. € einen Anteil von 91,7 v. H. an den Insolvenzen. Dagegen entfallen auf Unternehmen mit Umsätzen von über 50 Mio. € nur 0,6 v. H. Dennoch ist das wirtschaftliche und

---

120 Allein im Jahr 2002 erklärten die Herlitz AG, Fairchild Dornier, Babcock Borsig, Philipp Holzmann AG, Sachsenring Automobiltechnik AG sowie weitere Großunternehmen ihre Zahlungsunfähigkeit, und 2009 hat es eine Reihe von deutschen Traditionsfirmen erwischt: Hertie, Karstadt, Schiesser, Märklin, Rosenthal und Karman mussten Insolvenzantrag stellen, und Opel konnte nur mit massiven staatlichen Bürgschaften vorerst gerettet werden.

auch politische Gewicht der Großpleiten viel bedeutender. Auch nach der Zahl der Arbeitskräfte entfallen 88,6 v. H. der Insolvenzen auf Unternehmen mit 1 bis 20 Beschäftigte. Auf Unternehmen mit 1 bis 5 Beschäftigten entfällt mehr als die Hälfte der Unternehmenspleiten. Nicht alle Arbeitsplätze werden allerdings bei einer Insolvenz vernichtet. Ein Teil bleibt (zunächst) durch Verkauf von einzelnen Unternehmen oder Betrieben, durch ihre Sanierung und Weiterführung oder die Einrichtung von *Beschäftigungsgesellschaften* bestehen. Nach Schätzungen könnte dies für etwa die Hälfte der betroffenen Arbeitskräfte gelten (Verband der Vereine Creditreform 2002). Besonders in den unteren Unternehmensgrößenklassen sind die Existenzbedingungen infolge anhaltender Stagnation des Wirtschaftswachstums schlecht. Das trifft speziell auf junge Unternehmen zu, die in einem Firmenalter von 3 bis 4 Jahren an eine *Wachstumsschwelle* geraten, die aus eigener Kraft entweder wegen der schwierigen Marktlage oder wegen fehlender Investitionsmöglichkeiten häufig nicht überwunden werden kann. Inzwischen steigt die Insolvenzrate auch von Firmen, die länger als zehn Jahre bestehen. Gerade bei kleinen Unternehmen ohne finanziellen Rückhalt wirken sich krisenbedingte Nachfragerückgänge sehr rasch Existenz bedrohend aus. Kleine Unternehmen können nicht – wie u. a. der Holzmann-Konzern oder jüngst Opel – staatliche Hilfe erwarten; im Gegenteil, wenn ein Großunternehmen zahlungsunfähig wird, entsteht sogar eine *Kettenreaktion* (»Dominoeffekt«), die mit der Zahlungsunfähigkeit des letzten kleinen Unterauftragnehmers endet. Pleiten von Großunternehmen gehen durch alle Medien, der Mittelstand stirbt still und leise. Nach Angaben des *Statistischen Bundesamtes* nahmen die Unternehmensinsolvenzen in Deutschland in den neunziger Jahren, mit Ausnahme eines leichten Rückgangs im Jahre 1999, ständig zu und erreichten 2003 mit 39.320 Insolvenzen ihren historischen Höchststand. Der konjunkturelle Aufschwung von 2005 bis 2008 hat die Zahl der Insolvenzen auf 29.291 im Jahr 2008 wieder zurückgehen lassen (vgl. Tabelle 22). 2009 sind aber in Deutschland auf Grund der weltweiten Finanz- und Wirtschaftskrise die Insolvenzzahlen wieder auf 35.000 Unternehmen angestiegen. Besonders stark betroffen sind die Autozulieferer-Branche sowie Speditionsunternehmen.

Aber nicht nur die aktuelle Konjunktursituation trägt zum Anstieg der Insolvenzen bei. Hinzu kommen nicht absehbare Auswirkungen auf die etablierten Unternehmensnetze einer Vielzahl von KMU infolge der globalen Expansion großer Konzerne. Strukturelle Veränderungen in den Konzernen verändern meistens auch ihre Produktions-, Liefer- und Abnehmerbeziehungen. Die Anpassung daran gelingt den KMU, die als Zulieferer von den *Konzernen* abhängig sind, häufig schon deshalb

Tab. 22: Entwicklung der Unternehmensinsolvenzen 1991-2008

Jahr	Deutschland	Alte Bundesländer	Neue Bundesländer*
1991	8.837	8.445	392
1992	10.920	9.828	1.092
1993	15.148	12.821	2.327
1994	18.837	14.926	3.911
1995	22.344	16.470	5.874
1996	25.530	18.111	7.419
1997	27.474	19.348	8.126
1998	27.828	19.213	8.615
1999**	26.476	18.909	7.567
2000	28.235	20.188	8.047
2001	32.278	23.772	8.506
2002	37.579	28.732	8.847
2003	39.320	31.745	7.575
2004	39.213	31.917	7.296
2005	36.843	29.739	7.104
2006	34.137	24.621	5.736
2007	29.160	24.689	4.471
2008	29.291	28.899	4.392

Quelle: Statistisches Bundesamt, Wirtschaft und Statistik, Juli 2009
* *inkl. Ost-Berlin,* ***ab 1999 ohne Ost-Berlin.*

nicht, weil die Finanzmittel fehlen. Eine weitere Relativierung des Mittelstands als Bollwerk gegen die wirtschaftliche Dominanz und Macht der Großunternehmen beschreibt der Sachverständigenrat (SVR), wenn er feststellt, dass der *autonome Entscheidungsspielraum* vieler Unternehmen aus dem Mittelstand »dadurch – zum Teil stark – eingeschränkt ist, dass sie aufgrund von *Kapitalbeteiligungen* von anderen Unternehmen abhängig sind, weil nicht wenige Großunternehmen bestimmte Betriebsfunktionen in Tochterfirmen ausgliedern, die dann zum Mittelstand zählen. Bei einer ganzen Reihe von formal unabhängigen *Zulieferfirmen* – zum Beispiel in der Automobilindustrie – besteht darüber hinaus ein faktisches Abhängigkeitsverhältnis vom nicht selten einzigen Auftraggeber. Dies hat zur Folge, dass es vielen mittelständischen Unternehmen nur dann gut geht, wenn es den Großunternehmen gut geht, von denen sie abhängig sind« (SVR 2002/2003: 219).

Eine weitere Problemlage für die KMU resultiert aus der zunehmend restriktiven *Kreditvergabepolitik* der Banken – gerade in der aktuellen Finanz- und Bankenkrise manifestiert sich dies. Viele Großbanken trennen sich bereits von kleinen Firmenkunden und schränken ihren Kundenkreis auf lukrativere Großunternehmen ein. Für einen Teil der KMU werden Kredite teurer. Noch nicht genau abzuschätzen sind die Wirkungen, die sich aus der Abschaffung der *Gewährträgerhaftung* der öffentlich-rechtlichen Sparkasseninstitute ergeben.[121]

Auch das *Gründungsargument* von KMU als *potenzielle Gegenmacht* gegen die Vorherrschaft der Großunternehmen ist wenig überzeugend. Die Zahl der Existenzgründungen ist im Jahre 2002 um rund 3,8 v. H. (2001 um 8,9 v. H.) zurückgegangen und die Zahl der Arbeitsplätze, die durch Neugründungen geschaffen wurden, hat sich – jeweils zum Vorjahr – 2001 um 8 v. H. und 2002 um 2,7 v. H. verringert. So hat in Deutschland die *Selbständigenquote*, d. h. der Anteil der Selbständigen und mithelfenden Familienangehörigen an allen Erwerbstätigen, trotz einer von Seiten des Staates enormen finanziellen, werbemäßigen und ideologischen Unterstützung von 1991 bis 2008 nur von 9,1 v. H. auf 11,1 v. H., also um 2 Prozentpunkte, zugelegt.[122] Damit liegt Deutschland in Sachen Unternehmensgründungen zwar in der EU an der Spitze. »Allerdings werden in mehr als 70 v. H. aller Neugründungen – neben der Beschäftigung des Gründers – keine zusätzlichen Arbeitsplätze geschaffen, und zudem ist dieser Anteil der Selbständigen, die keine weiteren Arbeitnehmer beschäftigen, im Steigen begriffen. Hierbei dürfte es sich in nicht wenigen Fällen um Notgründungen handeln, die Ausfluss der *prekären Arbeitsmarktsituation* sind« (SVR 2002/2003: 221). Die meisten dieser »Gründerunternehmen« halten sich außerdem nicht lange am Markt oder sind, wie andere KMU im Gegensatz zu Großunternehmen, überproportional von *Insolvenz* betroffen. Kommt eine erfolgreiche Unternehmensgründung dennoch mit Substanz, d. h. mit einem entsprechenden Wachstum zustande, erfolgt in der Regel schnell ein *Aufkauf* durch ein Großunternehmen, weil die Finanzierungsdecke beim Gründungsunternehmen für ein weiteres Unternehmenswachstum zu dünn ist.[123] Hierbei gehen nicht selten wertvolle *Innovationen (Patente)* auf Großunternehmen über, womit ihre ohnehin schon dominante Marktstellung im Wettbewerbsprozess noch mehr ausgebaut wird.

---

121 Zur Bedeutung des Sparkassensektors für KMU vergleiche ausführlich das Memorandum 2007 der Arbeitsgruppe Alternative Wirtschaftspolitik, Köln 2007, S. 183-204.
122 2008 überstieg mit 12.500 Unternehmen die Zahl der Unternehmensliquidationen (411.900) seit langem wieder die Zahl der Neugründungen (399.400).
123 Das Deutsche Institut für Wirtschaftsforschung (DIW), (2003b: 569) stellt dazu fest: »Finanzierungsbeschränkungen stellen ein Haupthindernis für die Entwicklung junger Hightech-Unternehmen dar. Der Venture-Capital-Markt in Europa ist nur in begrenztem Umfang geeignet, dieses Hemmnis zu beseitigen.«

»Der Markt ist effizient, aber er besitzt
weder Hirn noch Herz«
(Paul Samuelson)

4.1.2 Zur unrealistischen Modellwelt des Wettbewerbs

So wie Privateigentum an den Produktionsmitteln eine Voraussetzung der Wettbewerbsordnung ist, »so ist die Wettbewerbsordnung eine Voraussetzung dafür, dass das Privateigentum an Produktionsmitteln nicht zu wirtschaftlichen und sozialen Missständen führt. Das Privateigentum an Produktionsmitteln bedarf der Kontrolle durch die Konkurrenz« (Eucken 1968: 275). Der *Wettbewerb* soll außerdem die *Folgen der unternehmerischen Entscheidungen*, aber auch der anderen Teilnehmer (Verbraucher) am Wirtschaftsleben, dem jeweiligen Kompetenzträger exakt zurechnen. Dies ist aber aufgrund eines vielfältigen *Markt- und Wettbewerbsversagens* nicht per se sichergestellt. Unternehmer versuchen, wo sie nur können, den wettbewerblichen Abhängigkeiten aus dem Wege zu gehen. Um ihre Gewinne zu maximieren, beschränken sie den Wettbewerb oder schalten ihn durch Absprachen (Kartellbildungen) völlig aus. Schon Adam Smith schrieb 1776:

> »Geschäftsleute des gleichen Gewerbes kommen selten, selbst zu Festen und zur Zerstreuung, zusammen, ohne dass das Gespräch in einer Verschwörung gegen die Öffentlichkeit endet oder irgendein Plan ausgeheckt wird, wie man die Preise erhöhen kann« (Smith 1776, 1978: 112).

Unternehmen trachten danach, Wettbewerb durch *Verhandlungs-, Behinderungs- und/ oder Konzentrationsstrategien* auszuschalten.

> »Die ›Neigung zum Monopol‹ entspringt dabei der Grundnatur des kapitalistischen Erwerbes selbst. Das Prinzip der Rendite vollendet sich im Monopolgewinn; so wie sich der andauernde Krieg der Konkurrenz in der Hoffnung eines jeden der Streitenden nach der Überwältigung der anderen erfüllt. Dem Verhältnis der freien Konkurrenz wohnt damit von allem Anfang an die Tendenz seiner Selbstaufhebung inne« (Hofmann 1987: 47).

Deshalb steht fest, dass der Monopolismus das »legitime Kind der freien Konkurrenz« ist und keineswegs (wie Walter Eucken (1940) es sah) der »Wechselbalg einer staatlichen Regulierungspolitik, die etwa einem spontanen Wettbewerbsverlangen der Privatwirtschaft zuwidergelaufen wäre. Kein Einzelwirtschafter will das Verhältnis der Konkurrenz, dem er unterworfen ist. Freier Wettbewerb mit allen Überraschungen, die er bietet, widerspricht einem allgemeinen und elementaren Bedürfnis erwerbswirtschaftlichen Handelns schon darin, dass er die Kalkulierbarkeit der Chancen sehr beschränkt. Der ungehinderte Wettbewerb stellt innerhalb einer Wirtschaft, die nach

Voraussehbarkeit des Erfolges verlangt, das Element der Unordnung dar – einer *Anarchie*, die in der Krise wie ein Hagelschlag über Gerechte und Ungerechte hereinbricht« (Hofmann 1987: 47). In einer Ordnung, wo Akkumulation Moses und die Propheten ist, gelingt dem Monopol, was alle anderen wollen. Ist das Monopol nicht erreichbar, greifen Unternehmen zum *Kartell*, zu Absprachen, um Macht[124] über andere auszuüben und sich auf Kosten anderer zu bereichern. Insofern ist Wettbewerb reine Ideologie in einer nicht vorhandenen wirtschaftlichen Realität.

Erstens kommt es hier zu einer *wettbewerbsimmanenten Machtentstehung*, die nach Anwendung verlangt und all die ausbeutet, die über keine Macht verfügen, die quasi zur ohnmächtigen Schicht gehören bzw. zu dieser degradiert wurden. Bei fehlendem Wettbewerb belohnt der Markt die marktbeherrschenden und sich untereinander absprechenden Unternehmen für die künstliche Verknappung der gesamten Angebotsmenge zu überhöhten Preisen. Der einzelne Anbieter wird damit ermuntert, weiterhin die Gesamtheit zu schädigen. Die mächtigen Unternehmen realisieren wesentlich höhere Ausbeutungsrentabilitäten. Aufgrund von wirtschaftlichen Machtstrukturen können die ausschließlichen originären Marktergebnisse keine akzeptablen Einkommens- und Vermögensverteilungen garantieren. Der Markt, der auf wirtschaftliche Entscheidungsfreiheit aller Wirtschaftssubjekte setzt, garantiert in Wirklichkeit nur *Freiheit für wenige*, da der individuelle Freiheitsbereich mit der Höhe des keinesfalls immer leistungsadäquat zustande gekommenen Einkommens und Kapitalvermögens abnimmt. Am Ende der Skala steht der über kein *Geld-, Immobilien- und/oder Produktivvermögen* verfügende Mensch (vgl. den folgenden Kasten Vermögensverteilung in Deutschland), der nichts als seine Arbeitskraft anzubieten bzw. zu verkaufen hat und daraus seine Reproduktion schöpft.

So kann das *Privateigentum an Produktionsmitteln* zu schweren gesellschaftlichen und ökonomischen Verwerfungen führen und der zugerechnete Erfolg oder auch Misserfolg weist dem einzelnen Wirtschaftssubjekt nicht mehr den Weg, der zu einem *gesamtwirtschaftlichen Optimum* führt. Daher ist in marktwirtschaftlich-kapitalistischen Ordnungssystemen ein übergeordnetes Regulativ in Form des *Staates* notwendig, nicht nur zur Herstellung eines »*sozial temperierten Kapitalismus*« (von Nell-Breuning), sondern auch, um den systemkonstitutiven Wettbewerb *vor sich selbst* zu schützen.

---

124 Für Helmut Arndt bedeutet *wirtschaftliche Macht* eine wirtschaftliche Überlegenheit. »Wer über wirtschaftliche Macht verfügt, ist in der Lage, die Handlungsfähigkeit anderer Wirtschafter einzuschränken, die eingeschränkte Handlungsfähigkeit anderer Wirtschafter auszunutzen und gegebenenfalls sogar die Willensentscheidungen anderer Wirtschafter im eigenen Interesse zu beeinflussen. Im Grenzfall entscheidet der Mächtige für den Schwachen« (Arndt 1981: 51).

> **Vermögensverteilung in Deutschland**
>
> Im Jahr 2007 verfügte die deutsche Bevölkerung ab 17 Jahren insgesamt über ein *Nettovermögen* (= Bruttovermögen minus aller Schulden) in Höhe von 6,6 Billionen Euro. Das Nettovermögen setzt sich dabei zusammen aus dem Immobilienbesitz, dem Geldvermögen, Versicherungen, dem Betriebsvermögen oder auch aus Vermögen in Form wertvoller Sammlungen. Die Verteilung des Vermögens ist dabei völlig ungleich. Rund zwei Drittel der Bevölkerung ab 17 Jahren verfügte 2007 über kein oder nur ein sehr geringes Geld- und Sachvermögen. Davon hatten 27 Prozent überhaupt keine Vermögenswerte oder waren sogar mehr oder weniger hoch verschuldet. Hingegen besitzen die vermögendsten zehn Prozent der Bevölkerung insgesamt einen Anteil am gesamten Nettovermögen von mehr als 60 Prozent. Die vermögendsten 20 Prozent der Bevölkerung kommen auf 80 Prozent des Nettovermögens. Die obersten ein Prozent, also die Allerreichsten in Deutschland, verfügen über knapp ein Viertel des Netto-Gesamtvermögens. Diese sehr ungleiche Vermögensverteilung zeigt sich auch in einem hohen Gini-Koeffizienten.* Dieser lag 2007 bei 0,799 und ist damit nicht weit vom Maximalwert von 1 entfernt (Vgl. DIW-Wochenbericht Nr. 4/2009).
>
> * Der Gini-Koeffizient ist ein statistisches Maß zur Darstellung von Ungleichheit. Er kann Werte zwischen 0 und 1 annehmen. Je näher der Wert bei 1 liegt, desto größer ist die Ungleichheit.

Zweitens muss der Staat die *Internalisierung externer Effekte* (Kosten und Erträge) garantieren, die im marktwirtschaftlichen Koordinierungsmechanismus zu Störungen führen, weil sie durch *Fehlsignale an die Marktteilnehmer* eine optimale Allokation der knappen Ressourcen verhindern und zu einer »Trittbrettfahrermentalität« führen. Ein Verhalten, das sich allein am individuellen (privaten) Optimum orientiert, wirkt gesamtwirtschaftlich kontraproduktiv, wenn besondere Kommunikations- und Interaktionsmöglichkeiten fehlen (»Gefangenen-Dilemma«). Hierdurch kommt es zu einem individuellen Entscheidungsversagen bei Unsicherheit. Häufig handeln Individuen als »Gefangene eines Entscheidungsdilemmas«, sie sind unsicher über das Verhalten des (der) anderen. Oder es droht die Gefahr einer *marktmäßigen Unterversorgung* durch die »Tyrannei der kleinen Entscheidungen«, nämlich dann, wenn die »Optionsnachfrage« nicht oder nur unzureichend berücksichtigt wird.

Drittens liegt ein weiterer Grund für staatliches Handeln im *individuellen Entscheidungsversagen bei subjektiver Unsicherheit*. Dies gilt insbesondere für *existenzielle Lebensrisiken* wie Krankheit, Alter, berufliche Qualifikation usw. In diesen Fällen sind Ressourcenbedarf und Zeitpunkt der Inanspruchnahme unsicher. Häufig ist es nicht möglich, Vorsorge zu treffen, weder durch individuelles Sparen noch – als freiwillige kollektive Lösung – mittels einer privaten (marktmäßigen) Versicherung. Als Restriktionen können wirken: eine zu kurze Sparperiode, relative Armut, geringe Risikoaversion, hohe Zeitpräferenzrate, unbekannte Wahrscheinlichkeiten, nicht monetär bewertbarer Schaden, Ungleichheit des Risikos etc. Dabei ist das Phänomen der *subjektiven Unsicherheit* die zentrale Erklärungshypothese für eine *staatliche Sozialpolitik*.

Viertens hat auf mikroökonomischer Ebene der Staat in marktwirtschaftlich-kapitalistischen Ordnungen für die *Bereitstellung von öffentlichen und meritorischen Gütern* zu sorgen, die der Markt auf Grund einer fehlenden Profitabilität nicht anbietet. Erstere liegen dann vor, wenn der Ausschluss von einem gemeinsam nutzbaren Gut technisch nicht möglich ist, während im Fall meritorischer Güter ein Ausschluss zwar technisch gegeben ist, aber der gesellschaftliche Nutzen höher als die individuelle Nutzenschätzung veranschlagt und deshalb auf den Ausschluss verzichtet wird.

Fünftens begründet sich eine staatliche Intervention in den privaten Wirtschaftsbereich aus makroökonomischer Sicht in Anbetracht der *inhärenten Instabilität marktwirtschaft-kapitalistischer Entwicklung*. Im Kern ist sie vor allem Folge der über den Wettbewerbsmechanismus bzw. dezentral ausgesteuerten *individuellen Investitionsentscheidungen*, die nicht nur unter Unsicherheit – unvollständige Information, unsichere Erwartungen – getroffen werden, sondern selbst Unsicherheit erzeugen (Produktion und Reproduktion endogener Unsicherheit). Nicht wettbewerbliche Prozesse implizieren immer *Ausbeutungsprofite*. Sie entstehen natürlich auch hier grundsätzlich in der *Produktion* (vgl. Kap. 1). Aber auf Grund eines fehlenden Wettbewerbs werden Kostensenkungen bzw. -vorteile nicht oder nicht in entsprechendem Umfang in *sinkenden Preisen* weitergegeben; Preise werden so kalkuliert und durchgesetzt, dass sie auch bei geringen Absatzmengen noch Gewinne abwerfen. Hohe und stabile Profite können zum anderen auch ohne eigene Produktionsleistung erzielt werden: durch *Finanzanlagen*, d. h. Beteiligung an anderen Unternehmen, die Gewährung langfristiger Kredite oder den Handel und die Spekulation mit Wertpapieren. Schließlich trägt auch *staatliche Politik* – z. B. durch Steuer- und Abschreibungsregelungen oder direkte Subventionen – dazu bei, dass begünstigte Unternehmen sich Gewinne ohne produktive Leistung – gelegentlich sogar als Stilllegungsprämie für das Unterlassen der Produktion – aneignen können. Eine andere an Dominanz immer mehr zunehmende Methode zur Durchsetzung von nicht berechtigten Gewinnansprüchen ist der Einsatz von *unternehmerischer Nachfragemacht* an den Beschaffungsmärkten (Bontrup/Marquardt 2008). Auf den Märkten stehen sich nicht nur Unternehmen und private Haushalte gegenüber, sondern Unternehmen auf der Anbieterseite stoßen regelmäßig auch auf Unternehmen auf der Nachfrageseite. Im Allgemeinen sind dabei die nachfragenden Unternehmen – im Gegensatz zu den nachfragenden Endverbrauchern – im Vorteil.

> »Ein nachfragendes Unternehmen kann normalerweise seine Lieferanten ohne Schwierigkeiten wechseln, während ein anbietendes Unternehmen oft Mühe hat, für einen verlorenen Kunden einen Ersatz zu finden. Denn nachfragende Unternehmen sind weitaus weniger häufig als Letztverbraucher und ihre Aufträge sind größer. Diese Schwierigkeit erhöht sich noch, wenn große Nachfrager, wie beispielsweise die Automobilkonzerne oder die großen Konzerne des Einzelhandels kleinen oder mittleren Fabrikanten gegenüberstehen. Nachfragende Konzerne u. dgl. haben fast stets die Möglichkeit, ihre Lieferanten zu wechseln, ohne dass ihnen hierdurch normalerweise Kosten entstehen; einem Lieferanten fällt es jedoch meist schwer, für einen verlorenen Abnehmer einen gleichwertigen Ersatz zu finden. Dies gilt umso mehr, je größer die Menge ist, die ein solcher Abnehmer bezieht. Einen Automobilkonzern oder eine Warenhauskette kann man als Kunden nicht verlieren, ohne dass sich dies in der Gewinn- und Verlustrechnung negativ auswirkt. Je mehr nun aber ein Lieferant auf den guten Willen eines Großkunden angewiesen ist, desto weniger kann er sich dagegen wehren, dass dieser die Fortsetzung der Geschäftsbeziehung von Preiszugeständnissen u. dgl. abhängig macht« (Arndt 1994: 105).

Die *Ausübung von Nachfragemacht* führt so zu nachhaltigen *Gewinnumverteilungen* zugunsten der nachfragenden Unternehmen. Die Folgen sind bei den Anbietern nicht selten Nullgewinnsituationen und bei den mächtigen Nachfragern Gewinnsteigerungen in Form von Extraprofiten, wenn sie die durch die niedrigen Einkaufspreise realisierten Kostensenkungen an ihren Absatzmärkten nicht in Preissenkungen weitergeben. Tun sie dies – oder zumindest teilweise – kommt es hierdurch wiederum zu nachhaltigen *Wettbewerbsverfälschungen*, weil die Unternehmen, die nicht über solche Einkaufsvorteile verfügen, im Preiswettbewerb nicht mithalten können. Die anbietenden, durch Nachfragemacht ausgebeuteten Unternehmen werden wiederum, wenn sie es können, ebenfalls versuchen, ihre Lieferanten zu Preisnachlässen zu bewegen, so dass es hier zu einer *Ausbeutungskettenreaktion* unter den Unternehmen kommt. Sind die Unternehmen zur Ausbeutung nicht in der Lage, versuchen sie in der Regel durch ein straffes *Kostenmanagement* (Lean Production, Lean Management), das fast immer durch Personalabbau zu Lasten der abhängig Beschäftigten geht, ihre schlechte Marktsituation zu verbessern. Werden Vorsprünge im Wettbewerb erzielt, bestehen diese nicht nur zeitweise und werden auch nicht zwingend durch die Konkurrenz nivelliert; sie können sich im Gegenteil verfestigen und zu einer *wachsenden Polarisierung* führen. Die in dieser Polarisierung *Benachteiligten* werden zwar versuchen, ihre Positionen zu verbessern, aber die Begünstigten haben in der Regel die Mittel, ihre einmal realisierten Vorsprünge aufrechtzuerhalten, zu verteidigen und noch auszubauen.

In diesem Prozess wird einerseits die Konkurrenz erbitterter und aggressiver, andererseits die Spaltung zwischen Siegern und Besiegten tiefer. Ab einem bestimmten Punkt beschränkt sich die Konkurrenz nicht mehr nur auf ökonomische Mittel. Die stärksten Unternehmen versuchen vielmehr, auch die *außerökonomische, staatliche und nichtstaatliche Gewalt* für ihre Interessen zu mobilisieren. Das reicht von der Einflussnahme auf den *staatlichen Gesetzgebungsprozess* über die Inanspruchnahme staatlichen Einflusses bei der *Erschließung ausländischer Märkte* bis zur *polizeilichen und militärischen Gewalt* gegen Angriffe auf Privilegien und zur Sicherung besonderer ökonomischer Interessen, z. B. an ausländischen Ölquellen. Diese nach innen und außen zunehmend offen auftretenden aggressiven Tendenzen einer auf Privateigentum und Konkurrenz basierenden Gesellschaft sind in der *marxistischen Imperialismustheorie* thematisiert worden.[125] Sie bleiben jedoch in der konventionellen Ökonomie als »nicht zur Wirtschaft gehörend« regelmäßig außer Betracht.

4.1.3 Empirische Fakten zur Marktmacht

Anhaltende angebots- und nachfragebedingte sowie internationale Marktanpassungen, die in den letzten zwanzig Jahren mit stark ausgeprägten *Konzentrationsprozessen* einhergingen, belegen die *wettbewerbsimmanente* Tendenz zur Marktvermachtung eindrucksvoll. Die Unternehmenskonzentration kann grundsätzlich auf verschiedene Weise zustandekommen. So wachsen einige Unternehmen in einer Branche aufgrund der Umwandlung von Gewinn in Realkapital (Akkumulation) schneller als ihre Wettbewerber (*internes Wachstum*), wobei dieses schnellere Wachstum nicht unbedingt auf besondere Leistungen (Innovationen) der Unternehmen zurückzuführen sein muss, sondern sich bereits als Ergebnis von bestehender *Marktmacht* und ihrer Ausübung

---

125 »Imperialismus ist eine Form expansiver zwischenstaatlicher Politik, bei der ein Staat über einen oder mehrere andere Staaten politische, militärische und kulturelle Macht und Herrschaft ausübt und durch Ausbeutung, ungleichen Tausch und Abhängigkeit Mehrwert, Rohstoffe und Arbeitskräfte sich aneignet. In der Abgrenzung vom Kolonialismus konstituiert sich der Imperialismus nicht mehr im Rahmen des Merkantilismus, sondern ist im Kontext der industriellen Revolution spätestens seit Mitte des 19. Jh.s zu sehen. Zur Erklärung des Imperialismus wurden verschiedene Imperialismustheorien entwickelt, die allerdings jeweils für sich genommen der Komplexität und Vielschichtigkeit des Imperialismus kaum gerecht werden« (Strübel 1986: 263).

auf der Absatz- und/oder Beschaffungsmarktseite darstellen kann. Hierauf ist im Rahmen der dynamischen Wettbewerbstheorie hingewiesen worden (vgl. Kap 4.1.1.3). Scheiden Unternehmen (Grenzanbieter) endgültig aus dem Markt aus, so liegen oft nicht wettbewerblich auf Leistung basierende Verdrängungsprozesse vor. Im Ergebnis verengt sich hierdurch aber der Markt, wodurch der Wettbewerb weiter ausgehöhlt wird. Von einem *externen Unternehmenswachstum* spricht man dagegen immer dann, wenn sich mehrere Unternehmen durch *Fusion* zusammenschließen. Hierbei teilt man die Fusionen nach Produktionsstufen in horizontale, vertikale und diagonale Zusammenschlüsse ein. *Horizontale Konzentration* entsteht durch den Zusammenschluss von Unternehmen der gleichen Produktionsstufe; z. B. wenn sich mehrere Automobilhersteller zusammenschließen. *Vertikale Fusionen* liegen vor, wenn sich Unternehmen auf vor- und/oder nachgelagerten Produktionsstufen zusammenfinden. Beispiel: Stahl- und Automobilunternehmen. Der Grund für dieses unterschiedliche externe Unternehmenswachstum ist in fast allen Fällen der gleiche: Es geht um die *Steigerung der Marktanteile* zur Eliminierung unerwünschten Wettbewerbs und gleichzeitig um Kostensenkung zur Erhöhung der Gewinne und der Rentabilitäten – in der Regel in erster Linie realisiert durch die Freisetzung von Mitarbeitern. Dies schließt natürlich nicht aus, dass die Kostensenkungen nicht auch (noch) für Preissenkungen im Absatzwettbewerb eingesetzt werden (müssen); dies aber nicht zur Befriedigung der Nachfrager mit niedrigen Produktpreisen, sondern zur weiteren Bekämpfung unliebsamer Konkurrenten auf der Marktnebenseite, um somit endgültig die Marktbeherrschung zu erlangen. Bei der *diagonalen Fusion* kommt es zu Zusammenschlüssen, bei denen die Unternehmen verschiedenen Produktionsstufen und Branchen angehören. So schließen sich beispielsweise Unternehmen aus der Stahl- und Automobilbranche mit Unternehmen der Nahrungsmittelindustrie und vielleicht noch zusätzlich mit Reedereien zusammen. Der wesentliche Grund für solche Fusionen liegt neben einer Risikostreuung des angelegten Kapitals über mehrere Branchen auch in der Gefahr einer potentiellen Überakkumulation. Zu einer solchen kommt es, wenn die realisierten Gewinne aus einer Branche in derselben Branche wieder in Realaktiva (Maschinen, Gebäude u. a.) angelegt, nicht mehr die gewünschten (angestrebten) Rentabilitäten gewährleisten. Die Gewinne werden dann entweder in *Finanzaktiva* (Wertpapiere, Aktien u. a.) gehalten oder in anderen Branchen investiert bzw. zum Aufkauf von Unternehmen benutzt.

Das weltweit grassierende Fusionsfieber, das der Zunahme der Wettbewerbsintensität geschuldet ist, ist auch in Deutschland zu beobachten. Seit Einführung der so genannten *vorbeugenden Fusionskontrolle* im Jahr 1973 wurden beim Bundeskartellamt bis zum Jahr 2008 insgesamt 40.667 Fusionen angezeigt und vollzogen. Das sind jahresdurchschnittlich fast 1.200 Zusammenschlüsse. Im selben Zeitraum wurden aber lediglich 177 oder jahresdurchschnittlich 5 Fusionen untersagt. Die folgende Tab. 23 zeigt die Fusionen differenziert nach Produktionsstufen in horizontale, vertikale und diagonale Zusammenschlüsse. Hierbei überwiegt mit einem Anteil von 80 v. H. an den gesamten Fusionen eindeutig der *horizontale Zusammenschluss*. Nähert man sich dem Problem der Fusionen differenziert, so stellt man fest, dass seit dem Beschluss des EU-Ministerrats vom Februar 1986, bis Ende 1992 einen gemeinsamen *Europäischen Binnenmarkt* herzustellen, es zu einer verstärkten Fusionswelle in Deutschland gekommen ist. Zusätzlich angeheizt wurde die Fusionsspirale noch durch die deutsche *Wiedervereinigung* und die 1992 in Maastricht beschlossene *Währungsunion*.

Tab. 23: Differenzierte Fusionsentwicklung seit 1973

Jahre	Summe Fusionen	Horizontal	Vertikal	Diagonal	Untersagte Fusionen
1973-1980	3.575	2.408	681	486	35
1981-1985	3.011	1.924	391	696	36
1986-1990	5.810	4.138	626	1.046	26
1991-1995*	8.358	7.147	261	950	18
1996-2000	7.684	6.686	284	714	24
2001-2005	6.483	5.640	159	684	22
2006-2008	5.746	4.554	273	919	16
Gesamt	40.667	32.497	2.675	5.495	177

* Ab 1991 Gesamtdeutschland; Quelle: Diverse Kartellamtsberichte; eigene Berechnungen

Im Zeitraum von 1973 bis 1985, also vor Verkündung des Binnenmarktes, kam es insgesamt zu 6.586 Fusionen, jahresdurchschnittlich gut 506 Fälle, während sich im Zeitraum von 1986 bis 1990, nach der EU-Entscheidung für einen Binnenmarkt (Wirtschaftsunion), aber noch vor der deutschen Wiedervereinigung, insgesamt 5.810 Unternehmen zusammengeschlossen haben, was jahresdurchschnittlich einer Zahl von 1.162 Fusionen oder einer Steigerungsrate von 129,6 v. H.(!) entspricht. Nach der Wiedervereinigung und der Festlegung einer Europäischen Währungsunion verschärfte sich dann noch einmal der Fusionsauftrieb. So lag die Zahl der Unternehmenszusammenschlüsse von 1991 bis 2000 insgesamt bei 16.042 oder jahresdurchschnittlich 1.604 Fusionen. Von 2001 bis 2008 fusionierten 14.167 Unternehmen. Dies entspricht einer jahresdurchschnittlichen Zahl von 1.771 Fusionen. Also noch einmal eine Steigerung. Ohne die 6. Novellierung des »Gesetzes gegen Wettbewerbsbeschränkungen« (GWB) zum 1. Januar 1999, mit der die Schwellenwerte für die

> **Neue Dimension der Kartellbekämpfung in Europa**
>
> »Das Bundeskartellamt ist (…) mit einer Durchsuchungsaktion dem Verdacht nachgegangen, dass sich Papierhersteller beim Einkauf von Altpapier abgestimmt haben, um die Einkaufspreise zu drücken. Dies bestätigt das Amt auf Anfrage, ohne nähere Angaben über die betroffenen Unternehmen zu machen. Die Ermittlungen des Bundeskartellamtes erstrecken sich auf neue Objekte in Bayern, Nordrhein-Westfalen und Baden-Württemberg. Die Europäische Kommission hat gleichzeitig in einem separaten Verfahren wegen des Verdachts wettbewerbswidriger Absprachen bei Papierherstellern in mehreren Mitgliedstaaten (einschließlich Deutschland) sowie Norwegen Nachprüfungen durchgeführt. Kartellamtspräsident Ulf Böge: ›Dies ist der erste Fall, in dem die europäischen Kartellbehörden ihre neuen Kooperationsmöglichkeiten im Rahmen des am 1. Mai 2004 gegründeten Netzwerks (ECN) nutzen: Zum einen wurde die Durchsuchungsaktion des Bundeskartellamtes durch zeitgleiche Ermittlungen der österreichischen Bundeswettbewerbsbehörde unterstützt. Zum zweiten können sowohl die Bundeswettbewerbsbehörde als auch die Europäische Kommission das außerhalb Deutschlands sichergestellte Beweismaterial – soweit es das deutsche Verfahren trifft – auf Basis der neuen europäischen Kartellverfahrensverordnung (VO 1/2003) zur Auswertung an das Bundeskartellamt weiterleiten. Die Möglichkeiten zur grenzüberschreitenden Bekämpfung von Wettbewerbsbeschränkungen werden auf diese Weise deutlich gestärkt.« (Olbertz, A., Pressemitteilungen Bundeskartellamt.bund.de).

kartellbehördliche Prüfung einer Fusion von 500 Mio. DM auf 1 Mrd. DM angehoben wurden, wären die erfassten Fusionen noch höher ausgefallen. Insgesamt belegen die Zahlen eindrucksvoll das völlige Versagen einer so genannten »vorbeugenden Fusionskontrolle« in Deutschland.

Neben den stark angestiegenen Fusionen existiert das *Problem der Kartelle*. Diese sind zwar gemäß § 1 GWB grundsätzlich verboten, es gibt aber auch eine Reihe legaler vom Bundeskartellamt genehmigter Kartelle. Das Gesetz zählt dazu in den §§ 2 bis 8 GWB einzelne Fallgruppen von Kartellen auf, die ausnahmsweise vom Verbot freigestellt werden können. Dies setzt aber in jedem Fall ein Verfahren der Kartellbehörden voraus (Baron 1999). Die illegal, im Dunkeln arbeitenden Kartelle werden nur selten von den Kartellbehörden aufgebracht. Ab und zu gelingt es aber der

12. Beschlussabteilung beim Bundeskartellamt, ein verbotenes Preis-, Gebiets- oder Quotenkartell zu enttarnen und in Folge mit einem Bußgeld zu belegen. Im Berichtszeitraum 2007/2008 ist dies sogar mehrmals gelungen. Dazu musste das Bundeskartellamt 35 Durchsuchungen in 175 Unternehmen und in 24 Privatwohnungen durchführen. Die vereinnahmten Bußgelder erreichten in den Jahren 2007 und 2008 mit 114 Mio. € und 317 Mio. € Spitzenwerte. Dennoch lag der Wert der insgesamt vereinnahmten Bußgelder von 1993 bis 2008 lediglich bei 776,5 Mio. €, allein 431 Mio. € in den Jahren 2007 und 2008 (Bundeskartellamt 2009: 32). Nur die Spitze des Eisberges illegaler Kartelle wird aber überhaupt dingfest gemacht. Die meisten Kartelle können zum Schaden der Volkswirtschaft im Verborgenen arbeiten.

Eine weitere *Indikation für Wirtschaftsmacht* lässt sich an der Zahl der 100 größten Unternehmen ablesen. Vergleicht man dazu die Wertschöpfungssumme der 100 größten Unternehmen mit der Wertschöpfung aller Unternehmen in Deutschland, so zeigt sich Folgendes: Im Zeitraum von 1978 bis 2006 betrug das jahresdurchschnittliche Wachstum der 100 größten Unternehmen 13,2 v. H. und das aller Unternehmen 8,3 v. H. Der Anteil der »100 Größten« an allen Unternehmen lag über den Zeitraum von 1978 bis 2006 bei knapp einem Fünftel (vgl. Tab. 24).

Tab. 24: Wertschöpfung der 100 größten Unternehmen

Jahr	Wertschöpfung »100 Größte« (in Mio. €)	Wertschöpfung alle Unternehmen (in Mio. €)	Anteil (in v. H.)
1978	87.387	451.103	19,4
1980	100.493	509.753	19,7
1982	106.659	549.480	19,4
1984	115.572	611.060	18,9
1986	129.682	677.083	19,2
1988	139.330	738.259	18,9
1990	156.693	856.813	18,3
1992	171.929	976.619	17,6
1994	208.512	1.063.017	19,6
1996	216.551	1.249.838	17,8
1998	245.392	1.313.220	18,6
2000	273.817	1.364.440	20,1
2002	240.390	1.433.700	16,8
2004	248.100	1.485.890	16,7
2006	280.872	1.558.980	18,0

Quelle: Bericht der Monopolkommission, BT-Drucksache 16/10140, S. 150.

Vergleicht man von den 100 größten Unternehmen die »10 Größten«, so lag im Jahr 2006 der Anteil der Wertschöpfung verglichen mit den »100 Größten« bei 78,6 v. H. und bezogen auf alle Unternehmen in Deutschland bei 12,9 v. H. (vgl. Tab. 25).

Tab. 25: Wertschöpfung der 10 größten Unternehmen in Deutschland im Jahr 2006

Unternehmen	Wertschöpfung »10 Größte« (in Mio. €)	Wertschöpfung »100 Größte« (in Mio. €)	Wertschöpfung alle Unternehmen (in Mio. €)	Anteil in v. H. »10 Größten« an »100 Größten«	Anteil in v. H. »10 Größten« an alle Unternehmen
Siemens AG	32.622	280.872	1.558.980	11,6	2,1
DaimlerChrysler AG	28.119	280.872	1.558.980	10,0	1,8
Deutsche Post AG	24.662	280.872	1.558.980	8,8	1,6
Deutsche Telekom AG	23.770	280.872	1.558.980	8,5	1,5
Deutsche Bank AG	20.312	280.872	1.558.980	7,2	1,3
Volkswagen AG	19.736	280.872	1.558.980	7,0	1,3
Robert Bosch GmbH	14.951	280.872	1.558.980	5,3	1,0
BASF AG	12.964	280.872	1.558.980	4,6	0,8
Deutsche Bahn AG	12.260	280.872	1.558.980	4,4	0,8
BMW AG	11.501	280.872	1.558.980	4,1	0,7
Insgesamt	200.897	280.872	1.558.980	78,6	12,9

Quelle: Monopolkommission: Hauptgutachten, BT-Drucksache 16/10140, S. 151, eigene Berechnungen

Gewiss kann aus diesen empirischen Daten nicht abgeleitet werden, dass das *Wettbewerbsprinzip* bereits völlig eliminiert ist, dennoch gilt: Mit jeder Fusion, mit jedem Ausscheiden eines Anbieters aus einem Markt verschwindet ein Stück Wettbewerb und es entsteht mehr *Marktmacht*. Hiergegen unternimmt die Politik so gut wie nichts. Wettbewerbspolitik findet nicht (mehr) statt. Es fehlt bei Politikern, aber auch in weiten Bereichen der Wirtschaftswissenschaft, in Sachen Wettbewerb eine kritische Sicht; dies auch deshalb, weil Wettbewerb immer mehr im Kontext einer *internationalen Wettbewerbsfähigkeit* von Unternehmen gesehen und für nicht mehr beeinflussbar gehalten wird.

4.1.4 Allgemeine Folgen wirtschaftlicher Macht
Konzentration und in Folge Marktmacht führen durch die Zerstörung von Wettbewerb zu überdurchschnittlichen *Gewinnen und Rentabilitäten* bei den Unternehmen. Ist der beschriebene dynamische Wettbewerbsprozess aufgrund einer fehlenden Aktions- und Reaktionsverbundenheit bereits zu schwach oder womöglich schon völlig

zum Erliegen gekommen, so sind entsprechend hohe machtpreisorientierte Gewinnaufschlagsätze im Rahmen eines »*Target return pricing*« möglich (Bontrup 2001c: 470ff.). Hierdurch kommt es nicht nur zu *Gewinnumverteilungen*, sondern auch zur Beeinflussung der *Konjunktur* sowie der langfristigen *Wachstumsentwicklung* in der Wirtschaft. Reagieren marktmächtige Unternehmen im Konjunkturabschwung auf Nachfrageeinbrüche nicht mit *Preissenkungen*, sind überproportionale Mengen- und Beschäftigungsrückgänge die Folge. Eine solche – unter dem Einfluss wachsender Konzentration zunehmend plausible und empirisch festzustellende – *Mengenreaktion* stützt die Vermutung einer *Zyklen verschärfenden Reaktion*. Werden sogar die Preise im konjunkturellen Abschwung erhöht, weil aufgrund des Nachfragerückgangs und der damit einhergehenden Unterauslastung der Plankapazität die Fixkosten pro Stück steigen und auf die Gewinnmarge drücken, entsteht die völlig anti-marktwirtschaftliche Situation, dass bei sinkender Nachfrage die Preise auf oligopolistischen Märkten steigen. Gesamtwirtschaftlich führt dies zu *stagflationären Tendenzen* (Müller/Bock 1980: 33ff.). Außerdem bewirkt eine monopolistische Preispolitik auf konzentrierten Märkten *Wachstumsschwäche*. Die durchgesetzten Machtpreise müssen dabei nicht einmal zu einem erhöhten Preisniveau führen. Machtpreise liegen bereits auch dann vor, wenn es den Unternehmen gelingt, die *Erträge gestiegener (Arbeits-)Produktivität nicht in sinkenden Güterpreisen weiterzugeben*. Das kann mit unveränderten oder sogar sinkenden Preisen vereinbar sein, solange der Preisrückgang geringer ist als die Produktivitätssteigerung. Unternehmen ohne Marktmacht wird dies nicht gelingen. Hier passen sich die Preise den gesunkenen Stückkosten an. Dadurch entwickelt sich zwischen dem konzentrierten und nicht konzentrierten Sektor eine *Profitratendifferenzierung* mit unterschiedlichen Folgen für Produktion und Beschäftigung. Die nur unzureichenden Gewinne oder gar Verlustsituationen im nichtkonzentrierten Bereich führen neben einer erhöhten *Insolvenzwahrscheinlichkeit* zu einer Investitionszurückhaltung. Dies sowie die aufgrund sinkender Beschäftigung nachlassende Konsumnachfrage begründen die insgesamt wachstumshemmenden und stagnationsfördernden Wirkungen, die vom nichtkonzentrierten Sektor ausgehen. Der konzentrierte Bereich schafft dabei keinen kompensatorischen Effekt, weil er seine erzielten Machtgewinne nicht gefährden will. Eine erhöhte Ausweitung der *Realinvestitionen*, die aufgrund der Gewinnsituation möglich wäre, findet in Anbetracht nur begrenzter Absatzchancen nicht statt. Vielmehr versuchen marktstarke Unternehmen entweder durch Rationalisierungen, die von nachhaltigen *Beschäftigungsverlusten* begleitet sind, oder durch Unternehmenskäufe, die den Konzentrationsgrad noch weiter erhöhen, ihre Gewinnsituation auszubauen. Damit kommt es insgesamt zu einem weitgehenden, realen *Investitionsattentismus* und einer Wachstumsschwäche bei gleichzeitiger alternativer Gewinnverwendung in *Finanzinvestitionen*. Entscheidend hierbei ist, dass die Finanzinvestition überwiegend auf eine kurzfristige Verwertung des vorgeschossenen Kapitals setzt und sich durch *spekulative Erwartungen* weitgehend vom stofflichen Charakter der Produktion und Investition entfernt.

Neben den wirtschaftlichen sind auch *politische Folgen* der Konzentration und Zusammenballung privater Wirtschaftsmacht zu beachten. Der politische Einfluss von Großunternehmen und Konzernen aufgrund ihrer faktischen Größe führt allein schon dazu, dass der *Staat* nicht selten beachtliche Summen an Steuergeldern zum Vorteil der Unternehmen bereitstellt. Sei es zur Sanierung, Forschungs- und Entwicklungsförderung, Industrieansiedlungspolitik oder auch nur zur Auslastung einmal aufgebauter, aber völlig überdimensionierter Produktionskapazitäten, was gerade im Bereich der öffentlichen Auftragsvergabe für die *Rüstungsindustrie* eine bedeutende Rolle spielt (Bontrup/Zdrowomyslaw 1988). Daneben verfügen Großunternehmen über weitreichende Einflussfaktoren, die vom *Verbandseinfluss* über gezielte Öffentlichkeitsarbeit der Konzerne bis zu einer intensiven Lobbytätigkeit reichen. Natürlich geschieht dies nicht immer im Gleichklang aller Konzerne, die auch ein widersprüchliches Bild aufgrund divergierender Interessen abgeben können. Auch gibt es gesellschaftliche Gruppen, die sich den Konzerninteressen widersetzen und dabei auch gewisse Erfolge verbuchen können. Gewerkschaften und andere Bewegungen (Umwelt-, Friedens-, Antiglobalisierungs- und Frauenbewegung) können als solche Gegenkräfte angesehen werden. Dennoch gibt es bestimmte Hauptmuster und wesentliche Faktoren, die die Politik und Entwicklung in Deutschland prägen, und die, wenn sie auch von einem breiten Spektrum der Zustimmung getragen werden, im Wesentlichen die Interessen und *Durchsetzungskraft der Großunternehmen* und Konzerne widerspiegeln. Dieses Grundmuster lässt sich mit dem Begriff der Modernisierung, genauer: der *Modernisierung für den Weltmarkt,* umschreiben. Dieser Entwicklungstyp wurde insbesondere in den letzten zwanzig Jahren im Sinne der marktmächtigen Unternehmen in Deutschland forciert betrieben und in Form staatlicher Wirtschaftspolitik nachhaltig gestützt. Die Hauptelemente dieser politisch flankierten Modernisierungskonzeption sind eine verstärkte *Forschungs- und Technologiepolitik,* die sich auf die Entwicklung und Vermarktung von *Spitzentechnologien* konzentriert, um die heimischen Großunternehmen in der internationalen Konkurrenz um Innovations- und Forschungsvorsprünge zu unterstützen. Hinzu kommt eine *Subventions- und Industrieansiedlungspolitik* – insbesondere vor dem Hintergrund der Wiedervereinigung –, die sich vielfach als groß angelegte Infrastrukturpolitik für international tätige Konzerne erweist. Daneben verschafften die *Europäische Wirtschafts- und Währungsunion* sowie der weltweit forcierte *Abbau von Zoll-, Handels- und Kapitalbeschränkungen* den international agierenden Großunternehmen und Konzernen den gewünschten Freiheitsgrad für ihren Expansionskurs. Unterstützt werden sie dabei von den jeweiligen nationalen Regierungen. Deren *Wirtschaftspolitik* setzt auf Gewinnsteuersenkungen, insbesondere für Großunternehmen, was katastrophale Auswirkungen auf die öffentlichen Haushalte in Form von Ausgabensenkungen und zunehmender Verschuldung hat. Weiter setzt man auf eine *neoliberale Arbeitsmarktpolitik*, die zum Abbau der Löhne, einschließlich der Lohnnebenkosten, und zu einer weitgehenden Flexibilisierung der Arbeitsbedingungen unter vielfach prekären Verhältnissen führt (vgl. dazu noch einmal das Kap. 2). Um die Steuersenkungen zu kompensieren, wird weiter ein nachhaltiger *Abbau der Sozialhaushalte* (Renten, Gesundheit, Sozialhilfe) betrieben. Dass dabei der Lohn- und Sozialabbau die Massenkaufkraft senkt, schadet zwar den abhängig Beschäftigten und der großen Zahl der kleinen und mittleren, binnenmarktabhängigen Unternehmen (KMU); für die großen, weltmarktorientierten und marktmächtigen Konzerne ist dies jedoch weit weniger relevant. Im Gegenteil: Für sie sind Löhne und Gehälter wie auch Sozialversicherungsausgaben nur noch Kosten, und die gilt es mit neoliberaler staatlicher Unterstützung zu senken. Hartz IV und Agenda 2010 stehen hierfür.

4.1.5 Globalisierung, internationaler Wettbewerb und Marktmacht
4.1.5.1. Globalisierung als kapitalistisches Bewegungsgesetz

In der öffentlichen Debatte gewinnt man nicht selten den Eindruck, Globalisierung und Liberalisierung der Märkte und in Folge mehr *internationaler Wettbewerb* seien wie eine *Naturkatastrophe* über die Menschheit gekommen oder gar ein völlig neues Phänomen, dem man sich nicht entziehen, sondern offensiv stellen müsse. Weder das eine noch das andere ist richtig. Globalisierung und Liberalisierung sind nichts anderes als die schlichte Folge *kapitalistischer Bewegungsgesetze*, die nach einer permanenten Gewinnexpansion verlangen. »Schon das Entstehen der kapitalistischen Produktionsweise war untrennbar mit der *Herausbildung des Weltmarkts* verbunden. ›Welthandel und Weltmarkt eröffnen im 16. Jahrhundert die moderne Lebensgeschichte des Kapitals‹, schreibt Karl Marx. In seiner weiteren Entwicklung werde sich dieser internationale Charakter weiter entfalten und es komme zu ›neuen weltmarktlichen Beziehungen, welche die große Industrie schafft,‹ denn der Weltmarkt bildet die Basis und Lebensatmosphäre der kapitalistischen Produktionsweise, schrieb der Ökonom und Philosoph aus Trier schon im Jahr 1865« (Mayer/Schmid 2003: 2).

Auf europäischer Ebene wurden zu diesem Zweck mit dem *EG-Vertrag* bzw. dem Weißbuch von 1985 sowie der darauf beruhenden »Einheitlichen Europäischen Akte« von 1987 die Errichtung eines gemeinsamen *Binnenmarktes* ab 1992 in Europa zur zentralen Aufgabe erklärt (Cecchini 1988). Dazu fordert der Vertrag die Herstellung der Freiheit des Waren-, Dienstleistungs-, Personen- sowie Kapitalverkehrs. Die Umsetzung dieser vier Grundfreiheiten setzt voraus, dass gemeinsame Wettbewerbsregeln aufgestellt und nationale Rechts- und Verwaltungsvorschriften harmonisiert werden. Der *Wirtschaftsunion* in Europa folgte zum 1. Januar 1999 die europäische *Währungsunion* – die Einführung des Euros. Mittlerweile gehören zur Europäischen Union 27 Länder. Die Verabschiedung einer *Europäischen Verfassung* scheiterte in einem jeweiligen Volksreferendum in Frankreich und den Niederlanden. Als Verfassungsersatz unterzeichneten aber dennoch am 13. Dezember 2009 die Regierungschefs der 27 EU-Mitgliedsländer den *»Vertrag über die Europäische Union«* und den *»Vertrag über die Arbeitsweise der Europäischen Union«*. Beide zusammen ersetzen als *»Vertrag von Lissabon«* ab 2010 den »Vertrag von Nizza«.

Hinsichtlich der Wirtschafts- und Sozialpolitik unterscheidet sich der »Vertrag von Lissabon« nicht wesentlich vom gescheiterten Verfassungsentwurf. Nach wie vor kommt es hier zu einer starken *neoliberalen Ausrichtung* und vertraglichen Festschreibung der *Wirtschafts- und Sozialpolitik*. Oberstes Gebot ist und bleibt ein *»freier und unverfälschter Wettbewerb«* und die *»Etablierung von Marktfreiheiten«* sowie die *»Garantie von Eigentumsrechten ohne soziale Bindungen«*. Eine wirtschaftliche »Stabilisierungspolitik« soll außerdem der »internationalen Wettbewerbsfähigkeit« dienen und Vorrang vor anderen Politikzielen haben. Nicht dass hier das Wort gegen Wettbewerb im Rahmen wohl definierter Regeln erhoben werden soll, wohl aber gegen einen Wettbewerb von europäischen (neoliberal intendierten) Regelungssystemen, die zu *Dumping* und einem Wettlauf nach unten führen bzw. die Starken noch stärker und die Schwachen noch schwächer machen. Auch ist im verabschiedeten Vertrag problematisch, dass die *Beschäftigungs- und Sozialpolitik* den »Grundzügen der Wirtschaftspolitik« untergeordnet wird und dass man sich zu einer einseitigen Orientierung auf das »vorrangige« Ziel der *Preisniveaustabilität* verständig hat. Ebenso wurde der ökonomisch kontraproduktive *»Europäische Stabilitäts- und Wachstumspakt«*[126] im »Vertrag von Lissabon« festgeschrieben.

Auf internationaler Ebene wurde schließlich das sich immer mehr durchsetzende *Prinzip des internationalen Freihandels* auf Güter- und Finanzmärkten auch auf sämt-

---

126 Vgl. dazu ausführlich das Kap. 4.4.8.3 »Schuldenbremsen‹ sollen die Staatsverschuldung stoppen«.

liche *Dienstleistungsmärkte* ausgedehnt. Dafür steht das 1995 eigens verabschiedete Abkommen namens *GATS* (General Agreement on Trade in Services) und die ebenfalls 1995 gegründete *WTO* (Welthandelsorganisation) als Nachfolge des zuvor gültigen GATT (General Agreement on Tarifs and Trade), das lediglich ein internationales Vertragswerk war. Mit der WTO wurde eine Institution geschaffen, die zukünftig als Basis für ein Welthandelsregime angesehen werden muss. Die Kompetenzen sind beträchtlich. Hierzu gehören:

- Der *internationale Agrarhandel*, der angesichts seines Stellenwerts für die Ernährungssicherheit eine exponierte Bedeutung hat.
- Das Abkommen über den *Schutz geistiger Eigentumsrechte* (TRIPS), das nicht nur Patente, sondern auch das Copyright, Warenzeichen, Design und geographische Namen (wie z. B. Cognac oder Champagner) schützen soll, um dadurch besser kommerziell verwertbar zu sein. Angesichts der enorm gewachsenen ökonomischen Bedeutung von Wissen und Information ist das TRIPS-Abkommen von großer Tragweite.
- Das bereits oben erwähnte *GATS-Abkommen* bildet die dritte Säule; es handelt sich um ein Rahmenabkommen für den internationalen Handel mit Dienstleistungen.
- Schließlich wurde die WTO durch die Etablierung eines sanktionsbewehrten *Streitschlichtungsverfahrens* mit einer völkerrechtlichen Verbindlichkeit ausgestattet, wie sie – mit Ausnahme des UN-Sicherheitsrats – keine andere internationale Organisation einsetzen kann. Das Streitschlichtungsverfahren, so der erste WTO-Generalsekretär, der Italiener Ruggiero, sei die »zentrale Säule des multilateralen Handelssystems und der originellste Beitrag der WTO zur Stabilität der Weltwirtschaft.« Entscheidungen des Gremiums berechtigen einen erfolgreichen Kläger, Schadenersatz zu verlangen oder Vergeltungsmaßnahmen in Form von Strafzöllen zu ergreifen.

Die besondere Brisanz der Internationalisierung liegt dabei sicher im GATS-Abkommen (Fritz/Scherrer 2002), das nach den Güter- und Finanzmärkten auch sämtliche *Dienstleistungsmärkte* liberalisieren und damit dem internationalen Wettbewerb aussetzen will.[127] Hierbei ist zu beachten, »dass Dienstleistungsmärkte weniger durch

---

127 Vgl. Gewerkschaft der Privatangestellten, Hans-Böckler-Stiftung, ver.di (Hrsg.), Dokumentation GATS-Konferenz, Berlin 2003, Fritz, T., Daseinsvorsorge unter Globalisierungsdruck. Wie EU und GATS öffentliche Dienste dem Markt ausliefern, Berliner Landesarbeitsgemeinschaft Umwelt und Entwicklung e.V. (BLUE), BLUE 21 Arbeitspapier, Berlin 2004, Fritz, T., Gemeinwirtschaftliche Auswirkungen einer Liberalisierung öffentlicher Dienstleistungen durch das GATS in den Sektoren Wasserversorgung und Verkehr (Schiene, ÖPNV), Studie im Auftrag der Arbeiterkammer Wien, März 2004.

klassische Handelshemmnisse wie Zölle geschützt werden, sondern vor allem durch innerstaatliche Regelungen wie Gesetze, Verordnungen, ökologische Normen oder soziale Standards. Ziel der GATS-Verhandlungen ist es aber, zur Erleichterung der grenzüberschreitenden Dienstleistungserbringung *innerstaatlichen Regelungen* ein Korsett verbindlicher Rahmenrichtlinien anzulegen. Gerade die öffentlichen Dienste müssen aufgrund der unklaren GATS-Definition von ›hoheitlichen‹ Aufgaben mit *verschärftem Wettbewerbsdruck* rechnen. Denn sobald sie in Konkurrenz zu privaten Anbietern erbracht werden, was vielfach schon der Fall ist, findet das Abkommen Anwendung. Das GATS zielt dabei unter anderem darauf ab, dass staatliche Unterstützungsmaßnahmen (Steuervergünstigungen, Subventionen etc.) für öffentliche oder im öffentlichen Auftrag erbrachte Dienste in gleichem Maße ausländischen Privatanbietern oder keinem Anbieter gewährt werden. Der Effekt dieser zunehmenden Konkurrenz besteht darin, dass die für *gemeinwohlorientierte Leistungen* verfügbaren öffentlichen Mittel weiter sinken werden. Erfahrungen mit bisherigen Liberalisierungen und Privatisierungen öffentlicher Dienste – Qualitätseinbußen, Preissteigerungen, erschwerter Zugang für Arme, Entlassungen, Lohnsenkungen, prekäre Beschäftigungsverhältnisse – bleiben bei den aktuellen Verhandlungen unberücksichtigt. Obwohl die WTO verpflichtet ist, die Auswirkungen des GATS zu untersuchen, ist es dazu bisher nicht gekommen. Eine Abschätzung der sozialen, ökologischen und entwicklungspolitischen Folgen fordern aber viele Entwicklungsländer, soziale Bewegungen, Gewerkschaften und nicht zuletzt die Enquete-Kommission ›Globalisierung der Weltwirtschaft‹ des deutschen Bundestags« (Fritz/Scherrer 2002: 7f.). Mittlerweile regt sich aber ein beträchtlicher, weltweiter Widerstand (siehe Attac[128]), insbesondere herbeigeführt durch die *Entwicklungsländer*, gegen die weiter fortschreitende Globalisierung und Liberalisierung im Sinne des »Prinzips eines internationalen Freihandels« (Skarpelis-Sperk 2003: 41ff.). »Dass internationaler Handel das Wirtschaftswachstum fördern und dass Wachstum zur Verbesserung des Lebensstandards beitragen kann, bestreitet kaum jemand. Die Behauptung aber, dass beides automatisch der Fall sei und daher das Patentrezept zur Verbesserung der Welt der ungebremste Freihandel sei, wurde in den letzten 25 Jahren zu oft widerlegt, als dass sie noch ernst genommen werden könnte. Dass sie dennoch unermüdlich wiederholt und verbreitet wird, ist Ausdruck der Macht derer, die als Stärkere in der Tat von der Marktöffnung in den

---

128 *Attac* ist ein weltweiter Zusammenschluss von Globalisierungskritikern. Attac wurde 1998 in Frankreich vor dem Hintergrund der Finanzkrisen in Asien (1997) gegründet. Ausführlich zu Attac vergleiche das »Blätter«-Gespräch mit Susan George in: Blätter für deutsche und internationale Politik, Heft 4/2002, S. 419ff.

Entwicklungsländern profitiert haben, ohne die eigenen Märkte zu öffnen« (Huffschmid 2003: 1.425). Die USA ebenso wie die EU und Japan denken jedoch nicht daran, ihre *Agrarmärkte* zu öffnen, im Gegenteil.»Sie drücken ihre durch Subventionen hochgetriebene Überschussproduktion mit Hilfe herunter subventionierter Preise auf die Weltmärkte und ruinieren damit die Länder des Südens. Die Subventionen für die Landwirtschaft in der EU und den USA liegen mit 350 Mrd. Dollar sechsmal so hoch wie die gesamte Entwicklungshilfe der reichen an die armen Länder« (Huffschmid 2003: 1.424).

4.1.5.2 Durch neoliberale Globalisierung mehr weltweites Elend

Durch eine forcierte Entwicklung der neoliberalen Globalisierung, die einhergeht mit Liberalisierung, Deregulierung und Privatisierung,[129] die nicht vom Himmel gefallen ist, sondern von der jeweils herrschenden Politik in den reichen Industrieländern im *Profitinteresse des weltweit agierenden Großkapitals* bewusst eingeleitet wurde (Zinn 2000c), ist es entgegen der Mitte der 1980er Jahre prophezeiten besseren Welt, die zu einem »globalen Dorf«, zu einer zunehmenden Konvergenz der wirtschaftlichen Entwicklung in den Ländern führen sollte, weder zu einem besseren Leben für die Benachteiligten dieser Welt noch zur Verbreitung von Demokratie, Menschenrechten und Frieden gekommen. »Ganz im Gegenteil: Die neoliberale Globalisierung befördert *soziale Ungleichheit* innerhalb und zwischen den Ländern und Regionen; sie ist mitKetteneffekten finanzieller und wirtschaftlicher Krisen verbunden und hat zur Verschärfung der *ökologischen Krise* (vgl. Kap. 4.2) beigetragen. Schlimmer noch, sie wird begleitet von gewalttätigen Konflikten und Kriegen« (Mahnkopf 2004: 47). Nach wie vor gibt es *Massenelend* auf der Erde. Die Zahl der Menschen, die mit weniger als einem US-Dollar am Tag auskommen müssen, ist zwischen 1987 und 1998

---

129 Verstärkt seit Beginn der 1990er Jahre ist es zu einer forcierten *Privatisierung* von zuvor als öffentliche oder meritorische Leistungen angebotenen Gütern gekommen. Dazu gehören der Verkauf staatlicher Unternehmen an private Investoren, die Verlagerung der Versorgung mit öffentlichen Dienstleistungen von öffentlichen auf private Unternehmen sowie die Übertragung der sozialen Sicherung von öffentlichen Systemen auf die Kapitalmärkte und Verwandlung von Gemeineigentum in private Eigentumsrechte. Als Argumente für eine Privatisierung werden eine größere Effizienz privater Anbieter nach innen und außen vorgetragen sowie eine bessere und billigere Versorgung mit Gütern und Dienstleistungen – letztlich alles Folgen von mehr Wettbewerb. Die Fakten sprechen dabei allerdings eine ganz andere Sprache. Demnach kommt es nach Privatisierungen zu Konzentrationsprozessen, Arbeitsplatzabbau, höheren Preisen bei einer schlechteren Marktversorgung und letztendlich zu einem Verlust öffentlicher Kontrolle von wichtigen gesellschaftlichen Bereichen der Daseinsvorsorge. Vgl. ausführlich zu den Ergebnissen von Privatisierungsprozessen (Huffschmid 2004: 159ff).

nur minimal gefallen, wenn auch ihr Anteil an der Weltbevölkerung gesunken ist (vgl. Tab. 26). Dabei gibt es markante *regionale Unterschiede*, die nicht mit den angeblichen Erfolgen der Globalisierung, wie dies die Weltbank betont, zu erklären sind. So weist die Region mit dem größten Globalisierungsschub (Osteuropa und Zentralasien) die größte absolute und relative *Zunahme der Armut* aus. Was jüngere Zahlen angeht, so schätzt man, gestützt auf die von der Weltbank produzierten ›World Development Indicators‹, für 2001 eine Zahl von rund 1,12 Milliarden Armen (21,3 v. H. der Weltbevölkerung).

Tab. 26: Zahl und Anteil der Menschen mit weniger als einem Dollar am Tag

Region	1987 in Mio.	in v. H.	1990 in Mio.	in v. H.	1998 in Mio.	in v. H.
Ostasien (mit China)	417,5	26,6	452,4	27,6	267,1	14,7
Osteuropa/Zentralasien	1,1	0,2	7,1	1,6	17,6	3,7
Lateinamerika	63,7	15,3	73,8	16,8	60,7	12,1
Mittlerer Osten/Nordafrika	9,3	4,3	5,7	2,4	6,0	2,1
Südasien	474,4	44,9	495,1	44,0	521,8	40,0
Subsaharisches Afrika	217,2	46,6	242,3	47,7	301,6	48,1
Welt insgesamt	1.183,2	28,3	1.276,4	28,1	1.174,9	23,4

Quelle: Weltbank, Global Economic Prospects and the Developing Countries, 2001

Der Blick auf die Regionen zeigt aber deutlich, dass von einem weltweiten Trend zum Abbau der Armut leider keine Rede sein kann, denn ohne die positive *Entwicklung in China* würde die absolute Zahl weiter steigen und der prozentuale Anteil stagnieren. Wenn nun die Weltbank Jahr für Jahr Erfolgsmeldungen im Kampf gegen die Armut verkündet, so wirkt das einigermaßen befremdlich, denn China ist bislang ganz gut ohne die neoliberalen Rezepte aus Washington gefahren (Goldberg 2004: 885).

Jüngst hat die *UN-Organisation* in einer Untersuchung feststellen müssen, dass die Zahl der *Hungernden* auf 1,02 Milliarden Menschen im Jahr 2009 angewachsen ist. Das sei der höchste Wert seit 1970. Noch im Jahr 2000 hatte sich die UN in ihrem Millenniumsprogramm zum Ziel gesetzt, die Zahl der hungernden Menschen bis 2015 zu halbieren. Nach dem Welthungerbericht der UN bekam aber 2009 jeder sechste Mensch auf der Erde nicht genug zum Essen. Davon sind in Asien 642 Millionen Menschen betroffen, im südlichen Afrika 265 Millionen und in Lateinamerika 53 Millionen. Auch 15 Millionen Menschen leiden in den Industrieländern an Hunger (HAZ vom 15. Oktober 2009; S. 4).

Die neoliberale Globalisierung hat die Reichen reicher und die Armen ärmer gemacht. »Die zwischen den reichsten und den ärmsten Ländern bestehende *Einkommensdifferenz*, die 1960 das 37fache betrug, beträgt heute das 74fache. *Vier Bürger der USA – Bill Gates, Paul Allen, Warren Buffet und Larry Ellyson – konzentrieren in ihren Händen ein Vermögen, das dem Bruttoinlandsprodukt von 42 armen Ländern mit 600 Millionen Einwohnern gleichkommt.* Das Vermögen der 385 reichsten Personen übersteigt das Jahreseinkommen der ärmsten 2,5 Milliarden Menschen, also fast der Hälfte der Weltbevölkerung. In ihrer heutigen neoliberalen Form wurde die Globalisierung zu einem furchtbaren Alptraum für Millionen von Menschen: für die Opfer der Massenarbeitslosigkeit, für die in ungeschützte Arbeitsverhältnisse Abgedrängten, die sozial Ausgegrenzten oder die Armen trotz Arbeit. Wer zählt die Opfer der neoliberalen Strukturanpassungspolitik, die im Süden zu ungeheurer Armut geführt hat und die sich im Norden als Zerstörung der sozialen Sicherungssysteme und Privatisierung der öffentlichen Dienstleistungen auswirkt?« (Mayer/Schmid 2003: 1).

4.1.5.3 Profiteure der Globalisierung

Die größten Profiteure der neoliberal betriebenen »Politik der Globalisierung und Liberalisierung« sind aber nicht abstrakte Länder, obwohl hier in Summe die reichen Industrieländer zu nennen sind, sondern die *international agierenden Konzerne* des Industrie-, Handels-, Dienstleistungs- und des Finanzkapitals. Diese Konzerne werden getrieben von der Entwicklung der Produktivkräfte und der Jagd nach Profit. »Wie schon im 15. Jahrhundert, ist die Erde auch heute wieder bereit für ein neues Zeitalter der Eroberung. Waren während der Renaissance die *Staaten* Hauptakteure der Expansion durch Eroberungen, so sind es heute *Unternehmen* und Interessenverbände, Unternehmensgruppen und Privatfinanciers, die ihren Anspruch auf die Weltherrschaft anmelden, ihre Raubzüge organisieren und immense Vermögen erbeuten. Noch nie wurde die Welt von so wenigen Herren beherrscht, und noch nie waren diese Herren so mächtig« (Ramonet 1998: 9). Die von Politikern auf Druck des Großkapitals ermöglichte und zu verantwortende globale und liberalisierte »eine« Welt verschafft den mächtigen, weltweit agierenden *multinationalen Konzernen*[130] den

---

130   Mit Ernst Piehl lässt sich der *multinationale Konzern* als eine Organisation definieren, »die erstens den Grenzen von Nationalstaaten überschreitenden Transfer von Waren, Kapital und Arbeit auf Dauer entwickelt, zweitens neben der grenzüberschreitenden Strategie der Beschaffung (Rohstoffe usw.), des Absatzes (Marketing u. ä.) insbesondere die Produktion auf mehrere Länder ausdehnt, und drittens trotz rechtlich-organisatorischer Selbständigkeit der Konzernteile und trotz nationaler Aneignung des größten Profitanteils unter einer ›multina-

Rahmen für ihre grenzenlose Profitgier im »Killer-Capitalismen« (US-Nachrichtenmagazin Newsweek). »In den liberalen Modellen erscheinen multinationale Konzerne als Monstren und Saurier, als entartete Spezies der kapitalistischen Unternehmung, Fremdkörper im kapitalistischen System, deren Größe und Macht es einzudämmen gelte oder die mit einem »*Code des guten Verhaltens*« auf den rechten Pfad kapitalistischer Entwicklung zu führen seien. Die apologetische Diskussion sieht multinationale Konzerne einerseits wesentlich nüchterner, andererseits ist sie dadurch gekennzeichnet, dass sie in einer total ahistorischen, von jeglichen Klasseninteressen abstrahierenden Weise und empirisch unbescholten die Vor- und Nachteile der Operationen multinationaler Konzerne abwägt, um per Saldo fast immer zu dem Ergebnis zu kommen, dass die positiven Effekte die negativen überwiegen würden« (Kreye 1974: 9).

Im Gegensatz zu diesen Positionen werden hier *multinationale Konzerne* nicht als ahistorische und schon gar nicht als eine Fehlentwicklung des kapitalistischen Systems gesehen, sondern als die dem heutigen Entwicklungsstand der Produktivkräfte – und der Durchsetzung der weltweit kapitalistischen Produktions- und Reproduktionsbedingungen auf dem globalisierten und liberalisierten Weltmarkt – entsprechende unternehmerische Organisationsform der Einzelkapitalien. Konkurrierten früher die Unternehmen lediglich auf lokaler, allenfalls regionaler Ebene gegeneinander, so entstand mit der technischen Revolution Anfang bis Mitte des 19. Jahrhunderts durch die Möglichkeit der Massenproduktion und Massenkonsumtion das *Großunternehmen,* das auch den nationalen Markt bedienen konnte. Hierdurch kam es zu einer ersten *Strukturdifferenzierung* innerhalb des Gesamtkapitals. Immer mehr standen sich Großunternehmen sowie mittelgroße und kleine Unternehmen (KMU) im Wettbewerb gegenüber. Konzentration war die Folge. Aufgrund aber nur begrenzter nationaler Beschaffungs- und Absatzmärkte (nationaler Sättigungsgrenzen in den Produktzyklen der Marktentwicklungen) konstituierten sich dann zu Beginn des 20. Jahrhunderts auch *multinationale Unternehmen,* die eine erweiterte internationale Kapitalakkumulation und Profitrealisierung möglich machten und anstrebten. Solche Unternehmen »besaßen ein Unternehmenszentrum, das national örtlich festgelegt war und in dem die strategischen Entscheidungen für den Gesamtkonzern mit all seinen internationalen Verflechtungen getroffen wurden. Der heutige multinationale Konzern ist zum *globalen Unternehmen* geworden: Instrumente von Rentabilität und Produktivität als Mittel zur Profitoptimierung können länderübergreifend eingesetzt

tionalen‹ Zentrale steht, die über Kernfragen der Kapitalstrategie – wie Investitionsplanung und Forschung – entscheidet, von denen Beschäftigte in mehreren Staaten abhängig sind« (Piehl 1973: 22).

Konzerninterne Verrechnungspreise multinationaler Konzerne

»Multinationale Konzerne beeinflussen durch monopolistisches Verhalten, etwa durch Preiserhöhungen oder Absatzbeschränkungen, die internationalen Handelsströme in ›unerwünschter‹ Weise. Die eleganteste Methode besteht in der Festlegung konzerninterner Verrechnungspreise, die nicht den Wettbewerbspreisen entsprechen. Eine amerikanische Muttergesellschaft liefert etwa Halbfabrikate an ihre deutsche Tochterfirma, die dort weiterverarbeitet werden, zu überhöhten Preisen. Man spricht in diesem Zusammenhang von Transferpreisen, da die von der deutschen Firma gezahlten Preise höher sind als die Kosten (einschließlich eines angemessenen Gewinns). Mit Hilfe von Verrechnungspreisen werden somit Gelder transferiert, die sich als (Zusatz-)Gewinne bei der amerikanischen Muttergesellschaft niederschlagen (Gewinnverlagerungen). Etwa um unterschiedliche Steuersätze in Deutschland und den USA auszunutzen. Damit wird indirekt in die Steuer- und Finanzpolitik von Staaten eingegriffen. Es ist unmittelbar einleuchtend, dass ein derartiges Verhalten sich auf den wertmäßigen Umfang des Außenhandels zwischen Deutschland und den USA auswirkt. Wäre die Zahlungsbilanz der BR Deutschland defizitär und gingen die wirtschaftspolitischen Bemühungen dahin, das Defizit durch vermehrte Deviseneinnahmen (Exporte) zu beseitigen, so würde durch diese Politik durch Setzung von Transferpreisen, die ja zu überhöhten Devisenabflüssen führt, durchkreuzt« (Henrichsmeyer/Gans/Evers 1993: 260).

werden. Das globale Unternehmen strebt durch ständige Produktivitätssteigerung und geographische Beweglichkeit den maximalen Profit an« (Biermann/Klönne 2001: 172). Heute wird fast die Hälfte des »freien Welthandels« zwischen den Kontinenten von den Konzernspitzen als administrierter *Intra-Konzernhandel* über *konzerninterne Verrechnungspreise* (Andresen 1999) gesteuert, kontrolliert und abgewickelt (Altvater 2003: 603).
Spiegelbildlich zum Abbau nationaler Handelsschranken und Deregulierungen kam es zur Zunahme an nationaler und internationaler Konkurrenz, verbunden mit teilweise harten Preiskämpfen, denen auch die multinationalen Konzerne zumindest temporär ausgesetzt sind. Auf die Wettbewerbszunahme reagierten die Unternehmen aber sofort in klassischer Art und Weise. Es kam sowohl zu einer nationalen – wie be-

reits aufgezeigt – als auch zu einer beispiellosen *grenzüberschreitenden Fusionswelle*, so der Economic Report 1999 des US-Präsidenten (zitiert bei Biermann/Klönne 2001: 174). Als unternehmerische Abwehrmaßnahme ging man mit Fusionen gegen den zugenommenen Wettbewerb vor, den bekanntermaßen das Kapital scheut wie der Teufel das Weihwasser. Der Zusammenschluss bzw. Kauf des amerikanischen Autobauers Chrysler durch Daimler Benz im Jahr 1998 zu einem Kaufpreis von 38 Mrd. Euro ist beispielsweise ein solcher grenzüberschreitender Fusionsfall (Wolf 2000: 87ff.). Aus der »Elefantenhochzeit« entstand ein internationaler »Global Player«, der bis 2002 zum siebtgrößten Unternehmen der Welt mit einem Umsatz von 141,4 Mrd. US-Dollar und über 365.000 Mitarbeitern aufstieg. Vom Kaufpreis her betrachtet war die Fusion noch eher ein kleiner Fisch, betrachtet man die Kaufpreise anderer grenzüberschreitender Großfusionen der letzten Jahre, wie die spektakuläre feindliche Übernahme von Mannesmann (D) durch die Vodafone Group (GB), Kaufpreis 190 Mrd. €; oder die Fusionen AOL (USA)/Time Warner (USA), Kaufpreis 157 Mrd. €; MCI Worldcom (USA)/Sprint (USA), 118 Mrd. €; Pfizer (USA)/Warner-Lambert (USA), 104 Mrd. €; oder die Fusion von Exxon (USA) und Mobil Oil (USA) zum Kaufpreis von 92 Mrd. €. Analysiert man die Unternehmenszusammenschlüsse in den 1990er Jahren insgesamt, so stellt man fest, dass das weltweite *Transaktionsvolumen bei Fusionen* von 473 Mrd. US-$ im Jahr 1990 auf 4.000 Mrd. US-$ im Jahr 2000 um das 8,4-fache kontinuierlich angestiegen ist (Bundeskartellamt 2001: 6). Allein im Jahr 1998 betrugen die Aufwendungen für Fusionen in den USA insgesamt rund 1,6 Billionen Dollar (was in etwa dem deutschen Bruttoinlandsprodukt entsprach); seit 1992 wuchs die Fusionsrate in den USA um jährlich 50 v. H. (Biermann/Klönne 2001: 175). »Zahlreiche Zusammenschlüsse waren in einen umfassenden *Umstrukturierungsprozess* der beteiligten Unternehmen eingebettet, der die Konzentration auf ein unternehmerisches *Kerngeschäft* zum Ziel hatte. Entsprechend dienten Zukäufe und Zusammenschlüsse der Stärkung dieses Kernbereichs, während periphere Unternehmensaktivitäten – allerdings oft von beachtlicher Größenordnung – veräußert wurden. Solche Umstrukturierungen mit dem Ziel der deutlicheren Spezialisierung bestimmten insbesondere in der Chemie- und Pharmaindustrie das Fusionsgeschehen. In Deutschland spielten zudem die Zusammenschlüsse in der Elektrizitätswirtschaft als Konsolidierung nach der Liberalisierung dieses Sektors eine große Rolle« (Bundeskartellamt 2001: 7). Grundsätzlich kostet jede Fusion nachhaltig *Arbeitsplätze*. Durch den Arbeitsplatzabbau kann in den Unternehmen mit einer entsprechenden Arbeitsverdichtung die *ökonomische Effizienz* (Produktivität) gesteigert werden, wobei aber nicht jede Fusion auch die Vorteile (Synergien und Produktivitätssteigerungen) erbringt, die zuvor großmundig vom Management versprochen worden sind. Nicht selten erleben die fusionierten Unternehmen ein Fiasko mit der Folge, dass weitere Arbeitsplätze in Gefahr geraten und abgebaut werden und massiv Kapital vernichtet wird. Dies war übrigens auch bei der Daimler-Chrysler Fusion der Fall, die schon nach kurzer Zeit wieder durch eine Defusion beendet wurde.

Mit dem Zusammenbruch der so genannten New Economy im Jahr 2000 ging kurzzeitig das »Fusionsfieber« zurück. Der Wert der abgeschlossenen Fusionen im Jahr 2001 sank von 3,4 Billionen US-Dollar auf knapp 1,7 Billionen US-Dollar. Auch in den Jahren 2002 bis 2005 konnte das wertmäßige Fusionsniveau von 2000 nicht erreicht werden. Ab 2006 stiegen dann die Werte aber wieder an, um 2008 im Zuge der weltweiten Finanzkrise wieder einzubrechen (vgl. Tab. 27). »Vor allem Finanzinvestoren, die Firmenkäufe überwiegend mit Schulden finanzieren, kamen kaum noch zum Zuge; ihr Geschäft brach von 700 Milliarden US-Dollar (2007) auf 200 Milliarden US-Dollar im Vorjahr ein. Nach der Pleite von Lehman Brothers waren Banken bei Krediten und Übernahmen sehr zugeknöpft« (Schmid/Schuhler 2009: 57).

Tab. 27: Fusionen (weltweit)

Jahr	Zahl der Fusionen	Wert der Fusionen in Mrd. US-Dollar
2000	38.768	3.397
2001	30.242	1.688
2002	26.602	1.204
2003	28.949	1.362
2004	31.698	1.863
2005	33.959	2.677
2006	38.764	3.603
2007	43.807	4.179
2008	37.660	2.885

Quelle: Schmid/Schuhler 2009: 57

Zu fragen ist, wenn es tatsächlich zu fusionsbedingten ökonomischen Effizienzsteigerungen kommt, wer denn diese als Gegenwert erhält und für wen sie erwirkt werden sollen. Werden die Produktivitätssteigerungen in Preissenkungen an die Märkte weitergegeben und/oder für nominale Lohnerhöhungen verwandt? Beides würde die Kaufkraft und damit die Nachfrage erhöhen und so, selbst bei einer unterstellten Sparquote der Wirtschaftssubjekte, die gesamtwirtschaftliche Nachfrage multiplikativ steigern und letztlich auch zu mehr Beschäftigung – wenn auch in anderen Wirtschaftsbereichen – führen. Der damit verbundene wirtschaftliche *Strukturwandel* ließ auch die Gewinne proportional mit den Produktivitätssteigerungen wachsen. Ein solches Szenario könnte man gesamtwirtschaftlich positiv interpretieren, wären da nicht andere, d. h. *einseitige Kapitalinteressen* im Spiel. Dem Kapital geht es bei Fusionen natürlich nicht darum, die *Allgemeinheit* (Nachfrager) mit niedrigeren Preisen oder die nach einer Fusion in den Unternehmen verbleibenden Beschäftigten mit höheren Löhnen oder besseren Arbeitsbedingungen zu beglücken, sondern es geht nur darum, die Gewinne, die Rentabilität des eingesetzten Kapitals für die jeweiligen Gesellschafter (Shareholder) zu steigern.

Der gigantische *weltweite Konzentrationsprozess* hat die Zusammensetzung des Kapitals nicht nur in den USA, sondern auch in Deutschland, Frankreich, Großbritannien und Japan umstrukturiert.

> »In diesen fünf Staaten, die Anfang des Jahrhunderts die Weltwirtschaft beherrschten, sind auch heute noch zu fast 90 v. H. der 200 größten multinationalen Konzerne der Welt ansässig. Diese 200 Megaunternehmen decken die Gesamtheit aller menschlichen Aktivitäten ab, von der Industrie zu Banken, vom Groß- zum Detailhandel, von der extensiven Landwirtschaft bis zur letzten – legalen oder illegalen – Nische in der Finanzdienstleistungsbranche. (...) Für die ›Großen‹ im Banken- und Versicherungswesen ist der Unterschied zwischen ›sauberem‹ und ›schmutzigem‹ Geld praktisch schon lange verwischt. Bei den ökonomischen Umstrukturierungsprozessen gehen diese Akteure nicht besonders vornehm vor, sondern eher wie gefräßige Raubtiere auf der Jagd nach der immer fetteren Beute.« (Clairmont 1999: 11).

Was folgt hieraus letztlich für die noch bestehenden internationalen wettbewerblichen Prozesse? Im Laufe der Zeit werden sich auch die internationalen Märkte immer mehr verengen (vermachten) und so wird die momentane Wettbewerbszunahme wieder erlahmen. Schließlich kommt es zur Herausbildung *enger internationaler Oligopole*, die als supranationale Giganten die Weltmärkte beherrschen, sofern sie es nicht heute bereits tun. »Am Ende dieses Prozesses stehen Monstren, denen Mitarbeiter, Zulieferer, Mittelstand und Kunden ausgeliefert sind. Letztere haben dann auch den Preis zu zahlen. Es entsteht das Schnittmuster einer vernetzten Weltökonomie, in der nur noch wenige Mega-Konzerne die Geschicke lenken« (Mayer/Schmid 2003: 37). An dieser Entwicklung zur Gigantonomie beteiligen sich auch staatliche Unternehmen. Bezeichnend ist hier die Aussage des Deutsche-Bahn-Chefs, Rüdiger Grube, der sich mit seinem hoch verschuldeten Staatsunternehmen Deutsche Bahn AG zum Aufkauf des privaten britischen Bus- und Bahnkonzerns Arriva für fast 3 Mrd. € aufgrund des internationalen Wettbewerbs im Verkehrsgewerbe gezwungen sieht – übrigens mit Unterstützung der Bahngewerkschafter und der schwarz-gelben Bundesregierung unter scharfer Kritik der Opposition und der Wettbewerbs- und Verkehrsexperten.

Auf die Frage: »Die Bahn ist doch schon einer der größten Verkehrskonzerne der Welt«, antwortete Grube u. a.: »Die Arriva-Übernahme verbessert unsere Position auf einen Schlag enorm. Am Ende der Liberalisierung in Europa werden fünf oder sechs große Konzerne übrigbleiben. Mein Ziel ist, dass die Deutsche Bahn dabei ist.«[131]

Die weltweit agierenden Konzerne erzielen komfortable *Gewinne*, die weitgehend schlicht und ergreifend auf einer *Ausnutzung von Marktmacht* zurückzuführen sind. Ihre Marktmacht setzen die Welt-Oligopolisten aber nicht nur auf ihren Absatzmärkten ein. Auch an den *Beschaffungsmärkten* bekommen die hier meist national agierenden Zulieferbetriebe die Macht (Nachfragemacht) der multinationalen Konzerne brutal zu spüren. Es kommt zu *Gewinnumverteilungen*. Der bei den national aufgestellten Zulieferern produzierte Gewinn wird durch die nachfragenden Welt-Oligopolisten abgeschöpft. Die Zulieferer werden zukünftig noch mehr einem verschärften Wettbewerbsdruck ausgesetzt sein, dem sie durch verstärkte *Rationalisierungsprozesse* mit entsprechenden Personalentlassungen begegnen. Viele werden als *Grenzanbieter* die Märkte verlassen müssen. Andere versuchen, ebenfalls durch Fusionen und Kooperationen zu überleben. Was hier letztlich auf der Strecke bleibt, sind Wettbewerb und Beschäftigung. Gerade in international agierenden Konzernen ist es heute bereits an der Tagesordnung, einen *konzerninternen* Standort-Wettbewerb zur Allokation von knappen Ressourcen auszurufen. Die Unternehmen mit der besten Performance im Konzern, festgemacht an den niedrigsten Lohnstückkosten, Steuervorteilen, Marktnähe u. a., erhalten von der Mutter noch konzerninterne Produktionsaufträge und Investitionen, während die anderen leer ausgehen und im extremen Fall geschlossen werden. Das Konzern-Management ist hier in der günstigen Situation, die jeweiligen örtlichen Geschäftsführungen und Belegschaften sowie ihre Mitbestimmungsträger (Betriebsräte, Gewerkschaften) gegeneinander ausspielen zu können. So kommt es zu Lohnkürzungen, Entlassungen und einer Verschlechterung der Arbeitsbedingungen, die auf der anderen Seite *Gewinnsteigerungen* im Konzern nach sich ziehen.

Der verschärfte internationale Wettbewerb hat in nahezu allen Märkten zu zunehmenden *Austrittsmöglichkeiten des Kapitals* aus anspruchsvollen nationalen Regelsystemen, die heute die industriellen Beziehungen auf nationaler Ebene bestimmen, geführt (Streeck 1996: 53). Ganze Nationen oder die sie vertretende staatliche Politik sind durch multinationale Konzerne erpressbar geworden. Man droht mit der Verlagerung von Betriebsteilen oder gar mit der Schließung ganzer Produktionsstandorte. Dies reicht bereits aus, um nationale Regierungen zu veranlassen, für die international

---

131 Vgl. Hannoversche Allgemeine Zeitung vom 23. April 2010, S. 11.

agierenden Konzerne ein angenehmes *Investitionsklima* zu schaffen. Dazu gehören infrastrukturelle und steuerliche Erleichterungen und die Deregulierung der Arbeitsmärkte sowie die Zurückdrängung staatlicher Sozialpolitik. Mit der Umsetzung einer solchen angebotsorientierten neoliberalen Politik erhoffen sich dann die Regierungen in einer nicht mehr zu überbietenden Naivität die Ansiedlung ausländischen Kapitals. Was ist aber das Ergebnis einer solchen Politik, wenn alle Länder so um Investoren buhlen? Man kennt die Ergebnisse aus der Regionalökonomie unter dem Stichwort *»Bürgermeisterkonkurrenz«*. Am Ende verlieren alle Nationalstaaten und die multinationalen Konzerne gewinnen noch mehr an Einfluss, Macht und Profit. Der Sozialwissenschaftler Ulrich Beck (2001) stellt dazu fest:

> »Wenige Unternehmen entscheiden noch über die in der Weltgesellschaft gültigen Normen, über gut und böse, richtig und falsch, ›overdogs‹ und ›underdogs‹ in der neuen ›Gemeinschaft der Staaten‹ – sie konstituieren die ›weltkapitalistische Planwirtschaft‹.«

Die Wirtschaftswissenschaftlerin Gretchen Binus sieht »in der heutigen Tendenz zum ›Supermonopol‹ einen ›gravierenden Einschnitt in der Entwicklung des Kapitalismus (…) zumal der Druck mächtiger internationaler Konzerne mit diesen neuen Machtkonstellationen fühlbarer wird. Sie drängen verstärkt Politik, Staaten und Staatengemeinschaften unter ihr Diktat.‹ Die Vision des früheren britischen Gewerkschaftsführers und ehemaligen Technologieministers Frank Cousins ist heute Realität. In einem Fernsehinterview erklärte er bereits 1971, dass ›die Zeit nicht mehr fern sei, wo mit großen Gesellschaften auf derselben Basis verhandelt werden müsse wie mit ausländischen Staaten‹« (Mayer/Schmid 2003: 38).

Mit der Liberalisierung der *Finanzmärkte* wurde die wirtschaftliche Macht der multinationalen Konzerne zusätzlich gestärkt. »Zum einen eröffnen sich diesen Unternehmen in ihrer Finanzierung (…) zusätzliche Wettbewerbsvorteile gegenüber national gebundenen Unternehmen. Hieß es früher noch optimistisch ›Nicht die Großen fressen die Kleinen, sondern die Schnellen die Langsamen‹, wird nun gerade durch und über die Finanzierungsseite Größe für sich schon zu einem wesentlichen Erfolgsfaktor. Größe erlaubt – und erzwingt zum Teil auch – die Nutzung vielfältiger Finanzierungsformen, wie etwa die Bemühungen europäischer Unternehmen um eine Börsennotierung in den USA und generell die Zunahme von Megafusionen zeigen. Mindestens ebenso wichtig ist aber ein weiterer Effekt der monetären Globalisierung. Die wachsende Macht der Finanzmärkte bedeutet eine massive Machtverschiebung auf makro- und mikroökonomischer Ebene. Deutlicher Ausdruck ist das Vordringen des *Shareholder-Value-Konzeptes*, das heißt des unbedingten und ausschließlichen Abstellens der Unternehmenspolitik auf das Kapitalinteresse« (Nowotny 2000: 258f.). Die unternehmerische Realwirtschaft konkurriert mit den Renditen an den ungeheuer flexibel reagierenden internationalen Finanzmärkten. Das Management muss den Shareholdern aus der Anlage von *Realinvestitionen* zumindest solche Renditen bieten, die mit denen auf den Finanzmärkten vergleichbar sind, denn ansonsten »würden die Aktionäre ihre Aktien verkaufen – und das wäre schlecht für die Börsenkapitalisierung des Unternehmens. Wenn die Börsenkapitalisierung zu niedrig ist, dann drohen *feindliche Übernahmen,* dann droht vielleicht sogar die Zerschlagung eines Unternehmens. Also tut das Management alles, um die Rendite zu steigern. Davon hängen schließlich auch die Tantiemen oder die Prämien ab. Die Ideologie des *Shareholder Value* hat zur Folge, dass langfristige Bindungen ans Unternehmen eher kontraproduktiv sind und es wie ein Selbstbedienungsladen für möglichst hohe Gehälter behandelt wird. Die Beispiele von Enron bis Worldcom, von Ahold bis zur Telekom verdeutlichen, wie sehr durch die kurzfristige Sichtweise und die Vernachlässigung *langfristiger Perspektiven* Unternehmen und mit ihnen Arbeitsplätze gefährdet werden. Wer sich auf ein langfristiges Projekt, etwa den Erwerb eines kreditfinanzierten Eigenheims oder die Gründung einer Familie mit Kindern, einlässt, gerät mit der Volatilität und Kurzfristigkeit der Finanzmärkte in Konflikt. Ohne Regulation der Finanzmärkte ist klar, wer als Sieger aus dem Konflikt hervorgeht: die Akteure auf den Finanzmärkten« (Altvater 2003: 607f.). Die »Gruppe von Lissabon« (1997: 137ff.), ein Zusammenschluss von Wissenschaftlern unterschiedlicher Fachgebiete, stellt mit Blick auf die weltweit grassierende *Wettbewerbsideologie* fest, dass es zu einem Wirtschaftskrieg zwischen den USA, Europäern und Japanern zu Lasten der sozial schwächsten Menschen in ihren Ländern gekommen ist. Überall finden *Deregulierung* und ein *Abbau des Sozialstaats* bei zunehmender *Massenarbeitslosigkeit* statt. »Ein zweites Resultat der Wettbewerbsideologie ist, dass der *Wert der Wettbewerbsfähigkeit,* wenn jeder gegen jeden konkurriert, am Ende verloren geht. (…) ›Wir können nicht‹, argumentiert Samuel Brittan, ›jeder gegen jeden wettbewerbsfähig sein‹. (…) Der dritte Effekt der Wettbewerbsideologie ist *Einseitigkeit.* Sie nimmt nur eine Dimension der Human- und Sozialgeschichte wahr – den Geist des Wettbewerbs. Dieser Geist der Konkurrenz und der Aggression ist ein kräftiger Motor für Handlungen, Motivation und Innovation. Er läuft jedoch nicht unabhängig von anderen Antriebskräften, wie dem Geist der Kooperation und der Solidarität. (…) Ein viertes Ergebnis der Wettbewerbsideologie ist der *Reduktionismus und der sektiererische Fundamentalismus.* Die Ideologie ist nicht nur einseitig – sie sieht auch noch schlecht. Sie nimmt die wenigen Dinge, die sie erkennt, nicht im richtigen Maßstab wahr. (…) Die Wettbewerbsideologie übersieht, dass der Markt nicht alles ist, was die wirtschaftliche Entwicklung sowie die soziale Wohlfahrt der Menschen und Länder bedingt. (...) Wettbewerb zwischen Unternehmen kann alleine nicht effizient mit den langfristigen globalen Problemen umgehen. Der Markt kann keine akzeptable Zukunftssicherung garantieren: Er ist von Natur aus kurzsichtig.«

Nun allerdings zu glauben, Politiker würden weltweit mit einer entsprechenden *Wettbewerbs- und Antikartellpolitik* gegen den Konzentrationsprozess, gegen die marktbeherrschenden und multinationalen Konzerne vorgehen, ist weit gefehlt. Im Gegenteil: Politik unterstützt geradezu durch verbale Verlautbarungen, siehe dazu nur den Fall der Übernahme des deutsch-französischen Pharma-Unternehmens Aventis durch Sanofi (Hawranek 2004: 108ff.), und auch durch handfeste Taten in unverantwortlicher Manier Unternehmensfusionen (Bontrup 2004b: 266ff.). Schließlich seien die international agierenden *nationalen Großunternehmen* nur bei einer bestimmten *Betriebsgröße* noch wettbewerbsfähig und vor möglichen feindlichen Übernahmen geschützt. Unternehmen müssten heute global denken und handeln, wollten sie morgen überleben. So hielt es auch der ehemalige deutsche Bundesfinanzminister Hans Eichel (SPD) für opportun, dass die drei großen deutschen Privatbanken (Deutsche Bank, Dresdner Bank und Commerzbank) fusionieren, damit es nicht zu einer internationalen feindlichen Übernahme kommt (Financial Times Deutschland 2003). Und der ausgeschiedene Bundeswirtschaftsminister Wolfgang Clement (ehemals SPD) wollte die bereits viel zu hohe *Pressekonzentration* in Deutschland durch eine Novelle des Kartellrechts noch zusätzlich verstärken. Angesichts rückläufiger Leserzahlen und der Abwanderung von Anzeigen in das Internet sollten die deutschen Presseunternehmen einen »größeren Gestaltungsspielraum« erhalten, meinte Clement ernstlich. Wie bereits dem Fernsehen drohe sonst auch den Zeitungen die Übernahme durch ausländische Unternehmen. Nach der Novellierung müsste der Kauf kleiner Verlage mit einem Jahresumsatz von bis zu 2 Mill. € nicht mehr beim Bundeskartellamt angemeldet werden. Auch größere Verlage könnten fusionieren, wenn sie rückläufige Erlöse nachweisen und die Unabhängigkeit der jeweiligen Redaktionen gewährleistet würden (HAZ 2004c: 11). In einem solchen Politikerdenken manifestiert sich zum einen der bereits erdrückend gewordene Gigantismus von Unternehmensgrößen und zum anderen die politische Kapitulation vor dem Konzentrationsprozess selbst und vor dem immer mächtiger werdenden Kapital. Welche Macht wächst da zusammen? Der frühere Kartellamtspräsident Wolfgang Kartte formuliert es so: »Wir laufen Gefahr, uns dem Regiment einer immer kleiner werdenden Zahl privater Machtzentren und ihrer weltweit agierenden Manager auszuliefern«.

Und Ernst Ulrich von Weizsäcker, Vorsitzender der Enquete-Kommission des Deutschen Bundestages zur Globalisierung, stellte fest, dass heute internationale Konzerne weitgehend diktieren, wie sich der jeweilige Nationalstaat gegenüber den Multis zu benehmen habe. Er warnte nachdrücklich vor der wachsenden, unkontrollierten Macht der Multis.

4.1.5.4 Für eine staatliche Wettbewerbs- und Regulierungspolitik

Grundlage für die politischen Schlussfolgerungen und Empfehlungen, die aus den vorhergehenden Darlegungen folgen, ist die doppelte Überzeugung, dass erstens unkontrollierte *private wie staatliche Macht* zum Missbrauch verleitet und daher verhindert werden muss, und zweitens, dass *unkontrollierter Wettbewerb* aus sich heraus keine optimale ökonomische und soziale Entwicklung gewährleistet, sondern sich durch Konzentrationsprozesse selbst zerstört. Wettbewerb bedarf eines *politischen und gesellschaftlichen Rahmens*, in dem nicht nur wettbewerbliches Verhalten der Unternehmen erzwungen, sondern auch Entscheidungen über die Hauptrichtungen der ökonomischen Entwicklung – z. B. der Energieversorgung, der Verkehrsinfrastruktur, der Ausbildungs- und Gesundheitssysteme – auf der Grundlage *demokratischer Diskussions- und Willensbildungsprozesse* getroffen werden, die sich nicht nach *rein ökonomischen Profit-Kriterien*, sondern nach *gesellschaftlichen Präferenzen* richten. Um diese Entscheidungen über den Rahmen und die Grundrichtungen ökonomischer Entwicklung umzusetzen, steht ein ganzes Bündel von *Regulierungsinstrumenten* zur Verfügung: zum Beispiel eine *Struktur-, Regional- und Industriepolitik*, die Arbeit *öffentlicher Regulierungsbehörden* (z. B. für Telekommunikation und, wie jetzt eingerichtet, für die Energiewirtschaft) oder auch der Einsatz *öffentlicher (kommunaler oder zentralstaatlicher) Unternehmen*. Auch ein *genossenschaftlicher Sektor* ist in diesem Kontext zu erwähnen (Bierbaum 2008/Blome-Dress 2008/Dellheim 2008/ Flieger 2008/Herbert 2008/Schuhler 2010). Hierdurch entsteht Konkurrenz zu den rein privatwirtschaftlichen Unternehmen. Diese werden gezwungen, ihre Preise den öffentlichen und genossenschaftlichen Unternehmen anzupassen, und somit in ihrer Zielorientierung nach maximalen Profiten beschnitten. Auch eine staatliche Förderung der »solidarischen Ökonomie« im Non-Profit-Sektor, die ohne eine Selbstausbeutung der Beteiligten auskommt, sollte als Konkurrenzbereich zu rein privatwirtschaftlichen Unternehmen ausgebaut werden (Altvater/Sekler 2007, Giegold/Embshoff 2009).

Unter den Regulierungsinstrumenten spielt die *Wettbewerbspolitik* (Heuß: 1988: 690ff.) zweifellos eine besonders wichtige Rolle: Ihre Aufgabe ist es, wettbewerbliches

Verhalten von Unternehmen zu erzwingen und zu überwachen sowie Konzentrationsstrukturen zu verhindern, in der private Macht zum Schaden der Verbraucher und Arbeitnehmer, also der großen Mehrheit der Gesellschaft, missbraucht werden kann. *Kartellverbote*, Verbote marktbeherrschender Stellungen und Kontrolle von Fusionen sind potenziell wichtige Instrumente der Wettbewerbspolitik, die aber heute völlig unzureichend entwickelt sind und drastisch verschärft werden müssen. Hinzu kommen muss das Instrument der *Unternehmensentflechtung* bzw. *Zerschlagung* und auch die *Vergesellschaftung von Unternehmen*, wenn nachgewiesen ist, dass privatwirtschaftliche Unternehmen ihre Marktmacht gegen die Interessen anderer Wirtschaftsteilnehmer und/oder gegen den Staat missbräuchlich einsetzen.

Zur empirischen Überprüfung *nicht wettbewerblicher Gewinnakkumulationen* muss dringend die *Datenbasis über Gewinne*, nach Branchen und Unternehmensgrößen differenziert, sowohl in absoluten als auch in Form von Rentabilitäten (Umsatzrendite, Eigen- und Gesamtkapitalrendite) vom Statistischen Bundesamt zur Verfügung gestellt werden. Dies ist leider bis heute nicht der Fall. Der Staat muss hierfür ein Gesetz erlassen, das eine lückenlose Gewinnüberprüfung möglich macht. Zum heute vorliegenden Gewinndatenmaterial stellte schon Karl Georg Zinn (1978: 143) fest: »Die Datenlage über die langfristige Entwicklung der Kapitalrentabilitäten in den kapitalistischen Ländern ist (...) so unzureichend, dass wohl erst noch umfangreiche Forschungen in dieser Richtung unternommen werden müssen, ehe sich genauere empirische Aussagen über die Profitratenentwicklung machen lassen. Symptomatisch für diese schlechte Datensituation ist es etwa, wenn sich in dem umfangreichen Band zur historischen Wirtschaftsstatistik der europäischen Länder, (...) zur Profit- und Rentabilitätsentwicklung überhaupt keine Angaben finden. Der Profit, also der Dreh- und Angelpunkt des Kapitalismus, ist empirisch kaum wahrnehmbar.«

Vor dem Hintergrund einer zunehmenden neoliberalen Globalisierung und Liberalisierung ist es weiter geboten, ein *Europäisches Kartellamt* in Verbindung mit einer *EU-Monopolkommission* zu etablieren. Daneben hat jeder europäische Mitgliedsstaat eine nationale Kartellbehörde und eine Monopolkommission zur Unterstützung zu unterhalten. Kartellämter wie auch die Monopolkommissionen sind zur Feststellung und Bewertung von Tatsachen staatlicherseits hinreichend zu unterstützen. Dabei sind zur *Marktmachtkontrolle* die heute bestehenden Marktanteilsgrenzen für potenzielle Fusionisten im europäischen Kontext zu vereinheitlichen, wobei die für Eingriffe der Fusionskontrolle relevanten Höchstgrenzen von Branche zu Branche unterschiedlich sein können. Branchenbezogene Größenvorteile *zuneh-*

mender *Skalenerträge* sind nach Überprüfung durch die EU-Monopolkommission adäquat zu berücksichtigen. Fusionswillige Unternehmen müssen den *gesamtwirtschaftlichen Vorteil* der angestrebten Fusion/Übernahme begründen. Dazu gehören u. a. Preis-, Innovations- und Beschäftigungseffekte wie auch die quantitative und qualitative Versorgung der Märkte. Bei Fusionen oder Übernahmen sind insbesondere die Interessen der Beschäftigten zu wahren. Dies kann z. B. dadurch geschehen, dass verbindliche *Garantien für Arbeitsplätze* und *Arbeitsbedingungen* vorgeschrieben werden. Die Transparenz der Fusionsverfahren ist gegenüber der *Öffentlichkeit* deutlich zu erhöhen und in einschlägigen Zeitungen darzulegen. Außerdem ist ein Gesetz zu erlassen, das eine exakte *Unternehmensfirmierung* vorschreibt. Tochterunternehmen haben demnach den Firmennamen der Mutter zu tragen. Dies würde in der Bevölkerung ein heute nicht vorhandenes Bewusstsein für die immer größer werdende *Konzentration* und die sich daraus ableitende privatwirtschaftliche Macht schaffen.

Für den Abbau bestehender und zur Vermeidung zukünftiger, missbräuchlicher, privater Machtanwendung ist es außerdem wesentlich, dass die wettbewerbspolitische Praxis stärker zwischen Großunternehmen sowie kleineren und mittleren Unternehmen (KMU) differenzieren muss: Staatliche Unterstützung in Forschung und Entwicklung, Industrieansiedlung und Sanierung u. a. sollte sich weitgehend auf eine *Mittelstandsförderung* beschränken. Außerdem sind kleine und mittlere Unternehmen nach Prüfung durch das Kartellamt vor Wettbewerb durch *Kooperations- und Kartellvereinbarungen* temporär zu schützen. Für Großunternehmen gilt das gerade nicht. Hier ist es vielmehr sinnvoll, fehlenden Wettbewerbsdruck durch *staatliche Auflagen* zu simulieren. Die Einschränkung der *unternehmerischen Freiheit von Großunternehmen* muss auf mehreren Ebenen vollzogen werden, um die Folgen der Marktmacht gegenüber den unterschiedlichen wettbewerblichen Anspruchsgruppen, Konsumenten, (kleineren) Wettbewerbern und Mitarbeitern abzufedern. So wäre etwa die engere zeitliche Beschränkung des *Patentschutzes für Großunternehmen* ebenso denkbar wie eine Regulierung der Endkundenpreise, z. B. in Form *staatlicher Preiskontrollen* durch Einsichtnahme in Unterlagen des internen Rechnungswesens, und ein verstärkter Schutz kleinerer Lieferanten vor Ausnutzung durch die *Nachfragemacht* von Großunternehmen, die niedrige Einkaufspreise erpressen wollen. Zuwiderhandlungen müssen vor dem Hintergrund der volkswirtschaftlichen Schäden, anders als heute im Kartellrecht, nicht als Ordnungswidrigkeit, sondern als eine *strafbare Handlung* geahndet und wie in den USA mit Gefängnisstrafen sanktioniert werden. Darüber hinaus müssen striktere und gesetzlich verbindliche *Corporate-Governance-Regelun-*

gen dazu beitragen, eine Vermachtung *innerhalb* der Großunternehmen zu verhindern. Hier kommt die auf einzelwirtschaftlicher Ebene beschriebene *Demokratisierung* durch eine *paritätische Mitbestimmung* der Beschäftigten ins Spiel (vgl. Kap. 3.3.1.10.1). Auch ist an das Verbot von Aktienausstiegsoptionen für Manager im Fall des Misserfolgs zu denken. Insbesondere müssen *Eigenkapitalbeteiligungen des Managements* langfristig angelegt sein, um Anreize zu bieten, den Unternehmensbestand, im Zweifel auch auf Kosten kurzfristiger Gewinn- oder Kursziele, zu sichern. Und sie müssen darüber hinaus so ausgestaltet sein, dass das Management nicht nur im Gewinnfall profitiert, sondern auch an den Verlusten beteiligt wird, selbst wenn die Verantwortlichen das Unternehmen verlassen.

Abgerundet werden müsste der wirtschaftspolitische Maßnahmenkatalog – nicht nur vor dem Hintergrund der schwersten *Finanz- und Weltwirtschaftskrise* seit achtzig Jahren (vgl. dazu ausführlich Kap. 4.4.7) – durch gezielte *Kapitalmarktgesetze* und eine *verschärfte Bankenkontrolle*. In diesem Kontext sind *Spekulationsgewinne* deutlich zu besteuern (»Tobin-Tax«) und es ist eine *Finanztransaktionssteuer* zur allgemeinen Reduktion von Finanztransaktionen an den Kapitalmärkten einzuführen. Für *Großaktionäre* (ab 10 v. H. des Aktienbesitzes in einer Hand) sowie für institutionelle Investoren (Fonds) ist eine zeitlich beschränkte Verkaufssperrung ihrer Anlagen dringend notwendig. Zusätzlich sollte eine stärkere Beschränkung der Kapitalbeteiligung (oder des Stimmrechtes) institutioneller Anleger an einzelnen Unternehmen eingeführt werden, was teilweise zur Risikobegrenzung bereits der Fall ist. Außerdem bedarf es einer *Re-Regulierung des Bankensektors*, die darauf zielt, die Banken auf ihre originären Funktionen als Intermediär zwischen Kreditnehmer und Kreditgeber auszurichten. Die »systemische Relevanz« und die Marktmacht einzelner Institute sind zu reduzieren und die persönliche Haftung von Vorständen und Aufsichtsräten zu verstärken. Eigenkapitalanforderungen sind zu erhöhen und gleichzeitig Förderbanken zur Vermeidung von Kreditklemmen zu stärken. Und nicht zuletzt ist eine Europäische Finanzaufsicht für die Mitgliedsländer wirksam zu etablieren.

Die *Anforderungen an die Politik* zur Korrektur der bisher aufgelaufenen Fehlentwicklungen in Sachen Markt, Wettbewerb und Konzentration sind demnach vielfältig. Wettbewerb darf kein *Selbstzweck* sein, dass zeigt die weltweite Realität. Er führt letztlich nur zu zufälligen Ergebnissen, die weder prognostizierbar, noch theoretisch eindeutig positiv zu bewerten und schon gar nicht demokratisch legitimiert sind. Wettbewerb benötigt die starke *staatliche Hand* der Kontrolle. Dies wusste 1776 schon der geistige Vater der marktwirtschaftlichen Ordnung, Adam Smith.

> »Die Energieversorgung und die Mobilität müssen klimaschonend werden. Wir benötigen somit dringend eine CO_2-freie, sichere und bezahlbare Energieversorgung, zudem innovative Antriebsstoffe und -techniken. Deutschland kann diese Techniken erforschen und der Welt anbieten. Der Klimaschutz schafft Wachstum und Arbeitsplätze.«
> *(Claudia Kemfert)*

4.2 Bis heute wird die Natur nicht gebührend beachtet

Das marktwirtschaftlich-kapitalistische System hat neben den Markt- und Wettbewerbsproblemen bis heute ein weiteres großes Problem nicht gelöst. Die *Natur* wird nicht gebührend in das Preissystem privatwirtschaftlicher Unternehmen internalisiert. Es findet keine *verursachergerechte Sanktionierung* statt. Dies gilt sowohl in den einzelnen Ländern als auch zwischen den Ländern der Erde. Insbesondere leben hier die reichen Industrieländer auf Kosten der armen Entwicklungs- und Schwellenländer, die pro Kopf der Bevölkerung auf Grund ihrer nur geringen Produktion und Konsumtion wesentlich weniger an Rohstoffen verbrauchen und Umweltschäden verursachen. Bereits 1972 mahnte der Bericht des Clubs of Rome die »Grenzen des Wachstums« an. Heute ist alles noch viel schlimmer geworden. Der Naturverbrauch pro Kopf und die Umweltschäden sind dramatisch gestiegen. Harald Welzer (2008: 31ff.) sieht – auch vor dem Hintergrund einer *wachsenden Erdbevölkerung* von heute knapp 7 auf womöglich 10 bis 12 Milliarden Menschen – »*Klimakriege*« auf die Menschheit zukommen. Selbst wenn dies übertrieben klingen mag, [132] so führen jedenfalls ein weiterer *extensiver Naturgebrauch* und ein *ungezügelter Energiehunger* zu einer kaum noch verkraftbaren Umweltzerstörung und einem weiter zunehmenden, gefährlichen *weltweiten Klimawandel* (Wallacher/Scharpenseel 2009).[133] »Knapper werdende Ressourcen verursachen *Verteilungskämpfe*, vergrößern die Unterschiede zwischen Nord

---

132 Schon heute werden aber Kriege um das knappe Rohöl geführt. Vergleiche dazu: »Der Irak-Krieg – Vorbote für das Zeitalter der Ressourcenkriege? in: Hennicke/Müller 2005: 83ff.
133 Auf Grund des *Klimawandels* werden nach jüngsten Berechnungen des Deutschen Instituts für Wirtschaftsforschung (DIW) in den kommenden 50 Jahren kumulierte Kosten in Höhe von 800 Mrd. € auf die deutsche Volkswirtschaft zukommen. »Dabei werden wirtschafts- und bevölkerungsstarke Bundesländer wie Bayern und Baden-Württemberg in absoluten Größen die höchsten wirtschaftlichen Schäden durch den Klimawandel erleiden. Die errechenbaren gesamten Kosten des Klimawandels (…) liegen für Baden-Württemberg bei 129 Mrd. €, gefolgt von Bayern mit 113 Mrd. € und Niedersachsen mit 89 Mrd. €. Aber auch und gerade wirtschaftsschwache Bundesländer leiden – gemessen an der Wirtschaftskraft – in besonderem Maße unter den Klimaveränderungen« (Kemfert, C. 2008: 137).

und Süd und können Unfrieden und Gewalt auslösen. Die Energiefrage hat letztlich einen erheblichen Einfluss auf die Qualität und Ausgestaltung der Demokratie« (Hennicke/Müller 2005: 12). Von der Umweltkrise sind insbesondere die *ärmsten Länder* der Erde betroffen, obwohl sie die Krise überwiegend nicht verursacht haben. Sie können sich bei Verknappung *steigende Energiepreise* nicht leisten. Aber auch in den reichen Ländern spricht man bereits von einer »*Energiearmut*«. Auch hier können immer mehr neoliberal prekarisierte Menschen dringend benötigte Energie nur noch dann nachfragen, wenn sie sich beim Kauf anderer Güter einschränken (Schlüns 2008: 95ff.).

Das *Energie- und Umweltproblem* wird größer werden. Ein »Weiter so« kann es auf jeden Fall nicht mehr geben. Die massenhafte Nutzung fossiler, kohlenstoffhaltiger Energieträger zur Befriedigung der globalen Energienachfrage kann nicht der Weg der Zukunft sein (Altvater 2005: 141ff.). Dies bedeutet, wir müssen zu einer verstärkten *Entkopplung* von Wirtschaftswachstum und Ressourcenverbrauch kommen. Ein »*grüner New Deal*« mit verstärkten Investitionen in Umwelttechnologien und einem ökologischen Umbau der Infrastruktur könnten hier eine Brücke zwischen qualitativem Wachstum und gleichzeitiger Bekämpfung der Klima- und Energiekrise bilden (Höhn 2009: 9ff.). Die *großtechnische Nutzung* von Kohle, Kernenergie und Erdgas kann dabei aber nicht weiter als Leitbild dienen. Soll das Klima nicht weiter geschädigt werden, müssen alle Länder der Erde massiv auf den Ausbau *regenerativer Energien* und auf eine *dezentrale (kommunalisierte) Energieversorgung* sowie auf mehr *Energieeffizienz* setzen. Zu diesen Maßnahmen sind besonders die *reichen Industrieländer* aufgerufen.

Leider ist diesbezüglich der *UN-Klimagipfel im Dezember 2009 in Kopenhagen* kläglich gescheitert (Passadakis/Müller 2009: 26ff.). Die Staaten der Welt konnten sich nur auf eine *unverbindliche Erklärung* verständigen, wie man das so wichtige »*Zwei-Grad-Ziel*« der maximal noch möglichen Erderwärmung vermeiden will. Zwar versprachen die Industrie- den Entwicklungsländern Finanzhilfen für den Klimaschutz von zunächst 10, später 100 Mrd. US-Dollar pro Jahr. Doch sind keine Zielvorgaben zur Senkung der gefährlichen Treibhausgase im sogenannten »Copenhagen-Accord« festgelegt worden. Umweltschützer nannten das Ergebnis des »Gipfels« eine Schande, Farce und ein Desaster. Die großen Verlierer seien das Klima und die Bevölkerung der ärmsten Länder der Erde, erklärten Organisationen wie Greenpeace und BUND. Es handele sich um eine Bankrotterklärung der Staats- und Regierungschefs (HAZ vom 21.12.2009). Nun soll es auf der nächsten Weltklimakonferenz in Mexiko Ende 2010 zu einem verbindlichen Abschluss kommen.

In Europa auf der EU-Ebene hat man dagegen mittlerweile reagiert und auch die Bundesregierung handelt. Der *EU-Gipfel* Anfang März 2007 hatte für die Mitgliedsstaaten *rechtlich bindend* beschlossen – unabhängig von weiteren internationalen Vereinbarungen –, die *Ziele hinsichtlich des Klimaschutzes* weiter anzuheben (vgl. Kap. 4.2.2), und die Bundesregierung hat in Folge der EU-Beschlüsse ein »*Integriertes Energie- und Klimapaket*« aufgelegt (vgl. Kap. 4.2.3). Dies reicht aber nicht: Auch ist die Frage zu beantworten, ob *Märkte und Wettbewerb* sowie *profitorientierte Unternehmen* in der Lage sind, für eine Lösung des *Energie- und* Umweltproblems zu sorgen, oder ob hier nicht der *Staat* viel mehr als heute lenkend und kontrollierend eingreifen muss oder ob eine *vergesellschaftete (demokratisierte) Energiewirtschaft* nicht der richtigere Ordnungsrahmen ist? Zurzeit sieht es danach aus, dass man politisch für die Umwelt- und Energieproblematik noch eine *markt- und wettbewerbsorientierte Lösung* mit profitorientierten Energieunternehmen sucht. So fordert jedenfalls die *EU-Kommission* einen wettbewerbsorientierten und europaweit einheitlichen Binnenmarkt für die Energieversorgung. Und auch die im Rahmen des 1997 beschlossenen und 2005 in Kraft getretenen *Kyoto-Protokolls* eingegangenen Verpflichtungen zur Eindämmung der weltweiten *Treibhausgase* sollen in den *EU-Mitgliedsstaaten* in einem *marktwirtschaftlichen Ordnungsrahmen* umgesetzt werden.

4.2.1 Europaweiter Zertifikatehandel nicht zielführend

Dazu wurde in der EU ein *Emissionszertifikatehandel* geschaffen. Zum einen wird dabei ein verbindliches Volumen mittels *Obergrenzen für entsprechende Emissionen* fixiert; zum anderen ein *Markt für Emissionszertifikate* aufgebaut, der letztlich mittels einzelwirtschaftlicher Koordination dieselben Effizienzvorteile wie eine Ökosteuer hervorbringen soll. Von der Idee her gibt dabei die EU-Kommission eine *Deckelung* der zulässigen CO_2-Verschmutzung vor. Die Zuteilung der Verschmutzungsrechte soll aber am Ende nicht über eine staatliche Zuweisung erfolgen, sondern dem *Marktprozess* überlassen bleiben. Dazu werden Zertifikate, die ein Recht auf eine bestimmte Menge an CO_2-Verschmutzung beinhalten, letztlich versteigert und über eine Börse gehandelt. Kurzum: Der 2005 gestartete europäische Handel mit Treibhausgasemissionen soll einen *marktwirtschaftlichen Suchprozess* für kostengünstigen Klimaschutz ermöglichen. Anstatt den einzelnen Betreiber auf starre Emissionsgrenzen zu verpflichten, wird den profitorientierten Unternehmen eine wirtschaftliche Flexibilität ermöglicht.

Allerdings sind die Vorzüge des Verfahrens sowohl auf der grundsätzlichen als auch der praktischen Ebene umstritten. Elmar Altvater (2008: 5ff.) lehnt den Zertifikatehandel prinzipiell ab, weil es sich um eine »*Privatisierung der Atmosphäre*« handelt, an der zu viele Akteure mitverdienten, als dass sie ein ernsthaftes Interesse haben könnten, die Emissionen zu verringern. Wenn überhaupt, dann müsse der Handel zumindest aus den *Finanzmärkten* und dem Umfeld des *Spekulierens* herausgelöst werden. Hinzu komme neben der Praxis, geschenkte Zertifikate einfach Gewinn steigernd einzupreisen (s.u.), dass sowohl dem *Lobbyismus* als auch der *Korruption* Tür und Tor geöffnet wird. Ersteres betrifft die zahlreichen Ausnahmeregelungen. Letzteres betrifft insbesondere die Möglichkeit, sich im Rahmen des »Clean-Development-Mechanism« des Kyoto-Protokolls Anpflanzungen in politisch weniger stabilen Ländern Afrikas und Lateinamerikas auf die CO_2-Emissionen anrechnen zu lassen (auch wenn die Bäume später gerodet werden). Überdies sei es eben nicht das primäre Anliegen des Instrumentes, zu einer *fossilfreien Ökonomie* überzugehen, sondern nur den *Missstand durch Umverteilung der Verschmutzung elegant zu verwalten*, allenfalls zu moderieren. Auch Schlemmermeier und Schwintowski (2007: 199ff.) lehnen den Zertifikatehandel als *ineffizientes Instrument* ab. Wegen der *geringen Nachfrageelastizität* beim Strom dürften sich die Zertifikatepreise vollständig in den Strompreisen niederschlagen, so dass am Ende die Nachfrager und damit die Steuerzahler fast komplett für die Kosten der CO_2-Reduktion aufkämen. Verminderte man hingegen den CO_2-Ausstoß alternativ durch einen steuerfinanzierten Ausbau der regenerativen Energien, ließen sich deutlich mehr Emissionen zu wesentlich niedrigeren Kosten für die Gesellschaft einsparen. In diesem Kontext stelle sich übrigens auch die Frage, inwieweit der Emissionshandel rechtswidrig ist. Dabei sei es nicht nur so, dass die kostenlose Zuteilung von Zertifikaten unter dem Aspekt der staatlichen Beihilfe auf seine Rechtmäßigkeit hin untersucht werden müsste, sondern auch, dass Bedenken bestünden, da ein EU-Staat nicht zu Maßnahmen gezwungen werden könne, deren Erfolg auf anderem Wege wesentlich günstiger zu erreichen ist. Problematisch ist überdies die *Anreizwirkung für Investitionen*, da sie über die zukünftigen Zertifikatepreise vermittelt wird, wobei sich diese Preise in einem fluktuierenden, börslich strukturierten, und damit auch der *Spekulation* ausgesetzten, System bestimmen werden. Die Alternative, eine schrittweise anzuhebende *Steuer auf Treibhausgase* zu erheben, hätte in Bezug auf die Erzeugungstechnologien langfristig sicherlich wesentlich klarere Signale gesetzt.

In der praktischen Umsetzung wurde mit der Richtlinie 2003/87/EG vom 13. Oktober 2003 dennoch der Rahmen für ein europäisches Handelssystem für Treibhausgasemissionszertifikate in der EU gesetzt. Nationale Zuteilungspläne legen eine Obergrenze für die zulässigen Emissionen pro Anlage fest. Die Pläne werden von den Mitgliedsstaaten entwickelt und von der EU-Kommission gebilligt. Unternehmen, die ihre Quoten überschreiten, können Berechtigungen von anderen Firmen erwerben, die ihre Emissionen verringert haben und daher über überschüssige Zertifikate verfügen. Die Emissionshandelsrichtlinie soll helfen, im Zeitraum von 2008 bis 2012 den Ausstoß von Treibhausgasen in der EU um insgesamt 8 v. H. gegenüber 1990 zu vermindern. In Deutschland erfolgte die Umsetzung der EU-Emissionshandelsrichtlinie im Rahmen

- des Treibhausgas-Emissionshandelsgesetzes (TEHG) vom 15. Juli 2004,
- des Zuteilungsgesetzes 2005-2007 (ZuG 2007) vom 31. August 2004,
- der Zuteilungsverordnung 2005 bis 2007 (ZuV 2007) vom 01. September 2004 sowie
- der Emissionshandels-Kostenverordnung (EHKostV) vom 01. September 2004.

Rund 50 v. H. aller deutschen CO_2-Emissionen werden durch dieses Handelssystem erfasst; nicht erfasste Emittenten speziell aus den Privathaushalten und dem Verkehr unterliegen anderen Regelungen. In der ersten Handelsperiode, die vom 01. Januar 2005 bis zum 31. Dezember 2007 lief, war durch die EU-Richtlinie vorgegeben, dass die Zertifikate zu mindestens 95 v. H. *kostenlos verteilt* werden. Im zweiten Handelszeitraum von 2008 bis 2012 war geplant, den Anlagenbetreibern mindestens 90 v. H. der Emissionszertifikate kostenlos zur Verfügung zu stellen. Trotz der größtenteils *kostenlosen Zuteilung* beinhaltete der erste deutsche *Nationale Allokationsplan* (NAP 1) bzw. das ZuG 2007 eine Vielzahl von kombinierbaren *Sonder- und Ausnahmeregelungen*. In der Vielfalt kamen die Bemühungen der Lobbygruppen zum Tragen, die Auswirkungen des Emissionshandels auf die Energieträgerstruktur zu verringern und entsprechende Anreizwirkungen außer Kraft zu setzen. Insgesamt entstand ein komplexes Regelwerk. Von den Anlagenbetreibern wurden Zuteilungsanträge mit insgesamt 58 Regelkombinationen gestellt.[134] Zur Durchführung des Handels musste jeweils ein *nationales Register* eingerichtet werden; in Deutschland wird es durch die Deutsche Emissionshandelsstelle im Umweltbundesamt verwaltet. Bei Verstößen gegen die in Umsetzung der Emissionshandelsrichtlinie ergangenen nationalen Vorschriften hatten die Mitgliedsstaaten wirksame, verhältnismäßige und abschreckende Sanktionen in ihren nationalen Regelungen vorzusehen (Elspas/Salsje/Stewing 2006).

In der *ersten Handelsperiode von 2005 bis 2007* wurden in das System des Emissionszertifikatehandels europaweit über 11.400 Anlagen einbezogen. In Deutschland nahmen 1.849 Anlagen am Emissionshandel teil; davon sind 1.234 Anlagen – also

---

134 Vgl. Deutsche Emissionshandelsstelle (DEHSt), Emissionshandel in Deutschland: Verteilung der Emissionsberechtigungen für die erste Handelsperiode 2005-2007, Berlin, Februar 2005, S. 14.

gut zwei Drittel – der *Energiewirtschaft* zuzurechnen. Der Rest der in den Emissionshandel einbezogenen Anlagen verteilt sich auf die emissionsintensiven Industrien Keramik (207), Papier (123), Glas (89), Kalk- und Zement (116), Eisen/Stahl (39) sowie Raffinerien und Zellstoff (41). Vom Verschmutzungsvolumen her entfielen 1.170 Mio. der 1.485 Mio. Emissionsberechtigungen, also fast 79 v. H., auf die Energiewirtschaft.

Mit Beginn der *zweiten Handelsperiode von 2008 bis 2012* wurden in Deutschland 1.665 Anlagen dem Emissionshandelssystem unterstellt. Knapp die Hälfte aller Anlagen (798) erhielt eine Zuteilung nach der sog. Kleinemittentenregel, d. h. die Kohlendioxidemissionen dieser Anlagen überschreiten 25.000 t p.a. nicht. Infolgedessen werden ihnen die Zertifikate kostenlos zugeteilt. Die Summe der Emissionsberechtigungen der Kleinemittenten machen allerdings nur etwas mehr als 2 v. H. der gesamten Emissionsberechtigungen in Höhe von 451,86 Mio. pro Jahr aus. Die 80 Anlagen mit der größten Zuteilung (also ca. 5 v. H. aller Anlagen) beanspruchen demgegenüber mit 257 Mio. Emissionsberechtigungen beinahe 60 v. H. des gesamten Bedarfs.[135] Wesentliche Elemente des Zuteilungsgesetzes 2012 bzw. des *Nationalen Allokationsplanes II* sind das fixierte Emissionsbudget in Höhe von 973,6 Mt CO_2-Äquivalente/Jahr bzw. das Gesamtbudget in Höhe von 451,86 Mio. Emissionsberechtigungen. Davon werden Verschmutzungsrechte in Höhe von 40 Mio. t CO_2/Jahr versteigert sowie 23 Mio. als Reserve zurückbehalten. Insgesamt wird der von der EU-Richtlinie vorgegebene Rahmen, 10 v. H. der gesamten Emissionsrechte zu versteigern, in Deutschland also nicht voll ausgeschöpft. Die Veräußerungen von Emissionsberechtigungen sowie die *Zuteilung nach Benchmarks* führen im Ergebnis aber dazu, dass *Anlagen der Energieerzeugung* in der zweiten Handelsperiode 2008-2012 deutlich weniger mit kostenlosen Berechtigungen für Schadstoffausstoß ausgestattet wurden als in der ersten Handelsphase. Dennoch liegen die *kostenlosen Zuteilungen* immer noch bei etwa 65 v. H. der durchschnittlichen Emissionen der Jahre 2005 und 2006. Zwar beklagt RWE als einer der größten CO_2-Emittenten Europas, dass für das Unternehmen durch die aktuelle Verschärfung rund 1 bis 1,5 Mrd. € pro Jahr an zusätzlichen Belastungen hinzukämen.[136] Dabei wird aber geflissentlich verschwiegen, dass ein Großteil der Zertifikate weiterhin kostenlos zugeteilt wurde und dass die Unternehmen die Zertifikate bereits jetzt im Sinne einer *Opportunitätskosten-*

---

135 Vgl. Deutsche Emissionshandelsstelle (DEHSt), Emissionshandel: Die Zuteilung von Emissionsberechtigungen in der Handelsperiode 2008-2012, Berlin, Mai 2008, S. 3 f.
136 Vgl. o. V., Großmann bringt RWE in Stellung, Handelsblatt, 18.4.2008, S.1.

rechnung in die Stromtarife einpreisen.[137] Infolgedessen entstehen für die *deutschen Stromkonzerne* auch in der zweiten Handelsperiode nach einer Schätzung des Marktforschungsinstituts Point Carbon keine Zusatzkosten, sondern letztlich *Zusatzgewinne* in Höhe von 14 bis 34 Mrd. €.[138]

Die Konzessionen in der Gesetzgebung zeigen, dass trotz dieser ordnungspolitisch skandalösen *Mitnahmegewinne*[139] das interessengeleitete Argument weiterhin fortlebt, dass eine großzügige oder bedarfsgerechte Zuteilung von Emissionsrechten notwendig zum *Erhalt der Wettbewerbsfähigkeit von EVUs* sowie *energieintensiven Unternehmen* sei. Dabei wird in der Umsetzung mit vielfältigen Sonderregelungen die Anreiz- und Allokationswirkung des Emissionshandels überfrachtet und der Klimaschutz unnötig verteuert. Angesichts der bisherigen Ausgestaltung des Emissionshandelssystems konnte also der Markt – nach Ansicht des *Sachverständigenrats für Umweltfragen* – nur unvollkommen seiner Rolle als Informationssystem in der Praxis nachkommen und Klima schonende Innovationen anregen.[140] Vor diesem Hintergrund hebt der Sachverständigenrat die positive Rolle der europäischen Politik im Hinblick auf die Ausgestaltung des zweiten Nationalen Allokationsplans hervor. Denn nur durch Intervention der europäischen Ebene – die Kommission hatte den ersten Entwurf eines Allokationsplans der Bundesregierung abgelehnt – konnte größtenteils eine vom Energieträger unabhängige Gleichbehandlung der Emittenten durchgesetzt werden. Nur so sei es gelungen, »die Glaubwürdigkeit des Emissionshandels als Instrument der europäischen Klimaschutzpolitik wiederherzustellen.«[141]

---

137 Zwischenzeitlich hatte das Bundeskartellamt diese Praxis in einem vorläufigen Bescheid zwar als »missbräuchlich« gekennzeichnet und RWE abgemahnt; das Verfahren wurde jedoch mit der Auflage eingestellt, 46 Mio. MWh an Industriekunden versteigern zu müssen. (Vgl. o. V., RWE muss Strom versteigern, Handelsblatt, 28.09.2007, S. 22.) Abgesehen davon, dass bei einer solchen Versteigerung keine nennenswerte Lösung vom Börsenpreis zu erwarten ist, war dabei aber auch die Argumentation des Kartellamtes umstritten. Ockenfels und von Weizsäcker etwa hatten die Einpreisung als durchaus wettbewerbskonform bezeichnet.
138 Vgl. o. V., CO_2-Handel für Versorger ein Milliardengeschäft, Handelsblatt, 08.04.2008, S. 6.
139 Diese sog. »windfall profits« entstehen dadurch, dass die Unternehmen ihre Opportunitätskosten einpreisen. Die Emissionsberechtigung ermöglicht dem Besitzer, dieses entweder in der Produktion einzusetzen oder am Markt zu veräußern. Durch die entgangenen Verkaufserlöse entstehen Opportunitätskosten, die die Anlagenbetreiber in ihre Kosten- und Preisgestaltung einbeziehen.
140 Vgl. Sachverständigenrat für Umweltfragen, Die nationale Umsetzung des europäischen Emissionshandels: Marktwirtschaftlicher Klimaschutz oder Fortsetzung der energiepolitischen Subventionspolitik mit anderen Mitteln?, o.O., Stellungnahme vom April 2006.
141 Sachverständigenrat für Umweltfragen, Umweltgutachten 2008. Umweltschutz im Zeichen des Klimawandels, Berlin 2009, Tz. 174.

Trotz der *Umsetzungsmängel* und der dargelegten *grundsätzlichen Bedenken* wird das EU-Zertifikatesystem mit den Obergrenzen sowie dem Kauf und Verkauf von Emissionsrechten nach wie vor überwiegend als richtiges Instrument der Klimapolitik angesehen. Diese positive Einschätzung resultiert vor allem auch daraus, dass das EU-Handelssystem Möglichkeiten der globalen Ausweitung birgt.[142] Würde der Mechanismus auf weitere Staaten – wie insbesondere die USA, wo es mittlerweile entsprechende Bemühungen auf bundesstaatlicher Ebene gibt[143] und wo der neu gewählte Präsident Obama die Einführung eines zentralen Treibhausgashandelssystems angekündigt hat – oder gar auf Kontinente übertragen bzw. mit ihnen verbunden, könnten möglicherweise weitaus ambitioniertere klimapolitische Ziele in Angriff genommen werden. In diesen Fällen würden Argumente der internationalen Wettbewerbsverzerrung, die in diesem Kontext immer wieder erhoben werden, jedenfalls weniger greifen.[144]

4.2.2 Jetzt soll mehr für den Klimaschutz getan werden

Bislang haben die meisten EU-Mitgliedsstaaten die avisierten CO_2-Reduzierungsziele nicht erreicht; letztendlich auch wegen der verhaltenen Resonanz der Nicht-EU-Staaten. England, Schweden und Deutschland sind in dieser Hinsicht anerkennenswerte Ausnahmen. Der EU-Rat ist angesichts neuerer wissenschaftlicher Erkenntnisse bezüglich des Klimawandels inzwischen einen weiteren Schritt vorangegangen. Auf dem richtungsweisenden EU-Gipfel Anfang März 2007 hat er für die Mitgliedsstaaten rechtlich bindend beschlossen, *unabhängig von weiteren internationalen Vereinbarungen* die Ziele hinsichtlich des Klimaschutzes zu erweitern sowie die Abhängigkeit der EU von importierten Kraftstoffen zu verringern. Politiken zu Energie und Klimawandel sollen verstärkt Hand in Hand gehen. »Sofortiges entschlossenes Handeln« in Bezug auf befürchtete Klimaänderungen wird durch die sog. *20/20/20-Zielsetzung* des EU-Rates bis 2020 dokumentiert. Die Ziele beinhalten im Einzelnen:
- Die EU verpflichtet sich bindend dazu, unilateral *Treibhausgase* gegenüber 1990

---

142 Verschiedene Varianten der direkten und indirekten Verknüpfung des EU-Emissionshandelssystems im globalen Rahmen werden beispielsweise diskutiert in: Flachsland, C, Edenhofer, O., Jakob, M. Steckel, J., Developing the Internationale Carbon Market. Linking Options for the EU ETS, Potsdam May 2008.
143 Vgl. beispielsweise zu den Grundlagen und Funktionsweise dieser Modelle: Edenhofer, O., Flachsland, C., Marschinski, R., Wege zu einem globalen CO_2-Markt. Eine ökonomische Analyse. Gutachten für den Planungsstab des Auswärtigen Amts, Potsdam-Institut für Klimafolgenforschung, Potsdam Mai 2007, S. 31 ff.
144 Vgl. beispielsweise Verband der Industriellen Energie- und Kraftwirtschaft (VIK), VIK-Stellungnahme zur Auktionierung von CO_2-Emissionsrechten vom 05.06.2007, Essen/Berlin, S. 6.

um mindestens *20 v. H.* bis zum Jahr 2020 *zu reduzieren* (sollten andere Industrieländer diesem Beispiel folgen, beabsichtigen die EU-Staaten sogar, eine Verminderung um 30 v. H. umzusetzen). Die 20-prozentige Vorgabe entspricht einer Steigerung um den Faktor 1,5 in der Periode 2013-2020 gegenüber dem gleich langen Kyoto-Zeitraum 2005-2012! Mit anderen Worten: Während es zunächst für Deutschland um eine 21-prozentige Minderung in zwanzig Jahren ging, soll – ausgehend vom mittlerweile erreichten Niveau – eine weitere 18-prozentige Reduktion innerhalb von acht Jahren erfolgen. In einem zweiten Schritt sollen die Industrieländer bis 2050 gemeinsam zusätzlich ihre Emissionen um 60 v. H. bis 80 v. H. gegenüber dem Ausstoß von 1990 verringern.
- Der Anteil *erneuerbarer Energien* soll innerhalb der EU-Staaten bis 2020 auf *20 v. H. des Primärenergieverbrauchs* erhöht werden.
- Drittens wird eine *20-prozentige Verringerung des Primärenergieverbrauchs* gegenüber Projektionen bis 2020 angestrebt (Erhöhung der *Energieeffizienz*).

Diese Zielsetzungen – auch als Weg zu einer »neuen industriellen Revolution« bezeichnet – wurden durch die Europäische Kommission im Rahmen des *»grünen Pakets«* Ende Januar 2008 weiter konkretisiert. Das umfangreiche Maßnahmenbündel besteht aus den Legislativvorschlägen zur Revision der Richtlinie für den Handel mit Emissionszertifikaten für die Zeit ab 2013 (also der 3. Handelsperiode), einer Rahmenrichtlinie Erneuerbare Energiequellen mit entsprechenden nationalen Zielvorgaben (vgl. Tab. 28) sowie einer Richtlinie zur Förderung der Kohledioxidabscheidung und -speicherung.

Diese Ziele sollen zudem durch die Entwicklung einer *gemeinsamen Energieaußenpolitik*,[145] durch welche die Interessen der EU-Mitgliedsstaaten aktiv im internationalen Kontext gegenüber großen Lieferanten, Verbraucher- und Transitländern verfolgt werden, sowie durch die Entwicklung eines europäischen *strategischen Plans für Energietechnologien* ergänzt werden. Beim Gipfeltreffen des *Europäischen Rates* am 11./12. Dezember 2008 konnten sich die europäischen Staats- und Regierungschefs auf einen Kompromiss bezüglich des »grünen Energie- und Klimapaketes« einigen. Bereits vorher war am 8. Dezember im Energieministerrat die Richtlinie zur Förderung von Erneuerbaren Energien (EE) angenommen worden. Jeder EU-Mitgliedsstaat ist nach dieser EE-Richtlinie zur Verwirklichung des Ziels, den Gesamtanteil regenerativer Energien in der EU bis 2020 auf 20 % anzuheben, aufgefordert,

---

145 Hinsichtlich sicherer, nachhaltiger und wettbewerbsfähiger europäischer Energienetze hat die EU-Kommission am 13.11.2008 ein weiteres umfangreiches Legislativprogramm auf den Weg gebracht.

den Anteil Erneuerbarer Energien am Energiemix – abhängig vom derzeit erreichten Stand sowie den Zubaumöglichkeiten – deutlich zu steigern. Im Rahmen eines breiter angelegten Kompromisses verständigten sich die Mitgliedsstaaten darauf, bis 2010 detaillierte, auf Richtwerten basierende, nationale Aktionspläne für Erneuerbare Energien auszuarbeiten und diese der Kommission zur Prüfung vorzulegen. Dabei können die Mitgliedsstaaten ihre Systeme zur Förderung regenerativer Energien mit denen anderer EU-Staaten zusammenlegen. Des Weiteren wurde ihnen erlaubt, unter bestimmten Bedingungen Erneuerbare Energien aus Drittstaaten – wie beispielsweise aus großen Solaranlagen in Nordafrika – zu importieren. Ausgeschlossen sind jedoch »virtuelle Importe«, d. h. Investitionen in regenerative Energien in Drittländern ohne Strombezug in den investierenden EU-Mitgliedsstaat. Alle zwei Jahre müssen die Mitgliedsstaaten *Fortschrittsberichte* über ihre EE-Implementierungsstrategie und -erfolge anfertigen.

Tab 28: Vorschläge der EU-Kommission für die EU-27-Länder zur Emissionsänderung und dem Ausbau Erneuerbaren Energien bis 2020

EU-Staat	Emissionsveränderungen im Vergleich zu 2005	EE-Anteil bis 2020	EU-Staat	Emissionsveränderungen im Vergleich zu 2005	EE-Anteil bis 2020
Belgien	- 15 %	13%			
Bulgarien	+ 20 %	16%	Malta	+ 5 %	10%
Dänemark	- 20 %	30%	Niederlande	- 16 %	14%
Deutschland	- 14 %	18%	Österreich	- 16 %	34%
Estland	+ 11 %	25%	Polen	+ 14 %	15%
Finnland	- 16 %	38%	Portugal	+ 1 %	31%
Frankreich	- 14 %	23%	Rumänien	+ 19 %	24%
Griechenland	- 4 %	18%	Schweden	- 17 %	49%
Großbritanien	- 16 %	15%	Slowakei	+ 13 %	14%
Irland	- 20 %	16%	Slowenien	+ 4 %	25%
Italien	- 13 %	17%	Spanien	- 10 %	20%
Lettland	+ 17 %	42%	Tschechien	+ 9 %	13%
Litauen	+ 15 %	23%	Ungarn	+ 10 %	13%
Luxemburg	- 20 %	11%	Zypern	- 5 %	13%

Quelle: Council of The European Union, Elements of the final compromise, 17122/1/08 REV 1, Brüssel 11.12.2008, S. 17.

Damit eine Einigung über das Abkommen erzielt werden konnte, wurde das ursprünglich vorgesehene *finanzielle Bestrafungssystem* verworfen. Stattdessen hat sich die EU-Kommission vorbehalten, Vertragsverletzungsverfahren gegen diejenigen Staaten einleiten zu können, die keine »angemessenen Maßnahmen« im Segment der Erneuerbaren Energien vornehmen und ihre nationalen 2020-Zwischenzielsetzungen nicht einhalten. Im Jahre 2014 wird die Kommission einen alle EU-Staaten umfassenden *Fortschrittsbericht* erstellen. In diesem Kontext wurde ausdrücklich ausgeschlossen, dass dieser Report Änderungen der nationalen Ziele und Förderinstrumente sowie des EU-Gesamtzieles beinhaltet (sog. »Revisionsklausel«). Das Abkommen wurde gleichermaßen von den Unternehmen des Sektors als auch von Umweltorganisationen positiv aufgenommen. Weitaus kontroverser wurden andere Bestandteile des »grünen« Paketes diskutiert und konnten erst auf dem Europäischen Ratsgipfel geregelt werden. Bis zuletzt waren Elemente des Legislativvorschlags für den Handel mit Emissionszertifikaten sowie die Finanzierungssumme für Demonstrationsprojekte mit CCS-Technologien (Carbon Capture and Storage, also das Abtrennen und Speichern von Kohlendioxid) strittig.

Bereits im Vorfeld des Gipfels waren sich die Regierungen der Mitgliedsstaaten darin einig, den Emissionshandel ab der 3. *Handelsperiode* (ab 2013) als EU-weites Zuteilungssystem zu führen, d. h. national unterschiedliche Zuteilungspläne nicht mehr zu erlauben. Das Grundprinzip für die Zuteilung der Emissionsberechtigungen sollte zudem die Versteigerung der Zertifikate sein. Überaus kontrovers wurden jedoch die Ausnahmeregelungen diskutiert. Vor allem die Bundesregierung hat sich dafür eingesetzt, energieintensive, stark im internationalen Wettbewerb stehende Branchen von der Versteigerung (übergangsweise) auszunehmen. Im Endeffekt ist die EU-Richtlinie zum Emissionshandel 2013-2020 durch ein dreigliedriges Ergebnis geprägt.[146]

- Elektrizitätsunternehmen müssen 100 v. H. ihrer Zertifikate ab 2013 ersteigern.
- Für energieintensive Wirtschaftsbereiche, bei denen die Gefahr der Verlagerung besteht, kann bis 2020 eine zu 100 v. H. freie Zuteilung erfolgen. Die EU-Kommission hat bis zum 31.12.2009 eine entsprechende Sektorenrichtlinie vorgelegt.
- Ausnahmeregelungen nach Artikel 10 c der Richtlinie wurden für Unternehmen anderer Industriesektoren erlaubt; teilweise erfolgt eine kostenlose Benchmarking-Zuteilung, beginnend in 2013 mit 80 v. H. der nach dem Benchmark zustehenden Berechtigungen, die dann linear auf 30 v. H. im Jahr 2020 sowie auf Null v. H. im Jahr 2027 abschmelzen.

Ebenfalls Gültigkeit hat die Auktionierung von Zertifikaten für Wärme und Kälte aus Anlagen hocheffizienter Kraft-Wärme-Kopplung (KWK). Von ursprünglich 30 v. H. steigt der Anteil der zu ersteigernden Berechtigungen auf 70 v. H. im Jahr 2020 sowie 100 v. H. im Jahr 2027 (Traube 2008). Mit dieser Regelung konterkariert die EU allerdings ihre und die Ziele der Bundesregierung zum Ausbau hocheffizienter und damit

---

146 Vgl. Council of the European Union, Energy and climate change – Elements of the final compromise, 17122/1/08, Brüssel vom 11.12.2008.

klimaschonender KWK-Anlagen (siehe unten). Zudem wurde ein komplizierter Solidaritätsmechanismus zwischen ost- und mitteleuropäischen Staaten sowie westlichen und südlichen Staaten vereinbart, der 12 v. H. der Zertifikategesamtmenge einbezieht. Für die *Finanzierung von CCS-Technologien* in Form von 12 Demonstrationsprojekten steht der Geldwert von 200 Mio. Emissionszertifikaten zur Verfügung. Für den Bau neuer hocheffizienter sowie CCS-fähiger Kraftwerke können Mitgliedsstaaten aus diesen Versteigerungseinnahmen bis zu 15 v. H. der Investitionskosten fördern.

Die EU-Initiativen beinhalten bislang auch die Möglichkeit, bei der Erzeugung von Strom auf *atomare Anlagen* zurückzugreifen. Hintergrund ist, dass 9 der 27 EU-Staaten – darunter die beiden Atommächte Frankreich und Großbritannien – die Nukleartechnologie auch zukünftig in ihrem Energiemix nutzen möchten. 11 EU-Staaten haben nukleare Erzeugungsanlagen bislang überhaupt nicht eingesetzt und verfügen auch nicht über entsprechende Kraftwerke. Deutschland hat Anfang dieses Jahrzehnts beschlossen, aus der Kernenergie auszusteigen. Belgien, die Niederlande, Schweden, Slowenien und Spanien haben ebenfalls entsprechende Ausstiegsbeschlüsse gefasst; der entsprechende Ausstiegsbeschluss in Italien scheint mit dem letzten Regierungswechsel wieder zurückgenommen zu werden. Innerhalb der EU ergibt sich somit ein sehr heterogenes Bild in Bezug auf die Atomkraft. Mit den Kompromissen von Ende Dezember 2008 haben die EU-27-Staaten aber immerhin sichergestellt, mit einer schlüssigen Verhandlungsposition nach Kopenhagen fahren zu können. Dort wurde Ende 2009 das *Kyoto-Nachfolgeabkommen* verhandelt. Leider scheiterte aber der »Kopenhagen-Gipfel« an nationalen Egoismen.

4.2.3 Das Integrierte Energie- und Klimapaket der Bundesregierung

Das Integrierte Energie- und Klimaprogramm (IEKP) der Bundesregierung dient dazu, die im März 2007 getroffenen Richtungsentscheidungen des EU-Rats der Staats- und Regierungschef zum Klimaschutz in nationale Maßnahmen umzusetzen. Dabei bekennt sich die Bundesregierung wie die beiden Vorgänger-Regierungen zu einer Führungsrolle im Klimaschutz. In den so genannten *»Meseberger Beschlüssen«* vom 24. August 2007 wurden Eckpunkte für ein integriertes Energie- und Klimaprogramm fixiert. Wesentliche Aspekte des IEKP sind:

- CO_2-*Emissionen* sollen hierzulande gegenüber 1990 bis 2020 um 40 v. H. zurückgeführt werden.[147]

---

147 Allerdings relativiert sich der Ehrgeiz dieses Vorhabens dadurch, dass das Referenzjahr 1990 in eine Phase fällt, in der gerade in Ostdeutschland noch stark mit veralteten »Dreckschleudern« produziert wurde.

- Die *Erneuerbaren Energien (EE)* sollen massiv bei der *Stromerzeugung* zulegen; geplant ist, ihren Anteil bis 2020 von 12 v. H. in 2006 auf dann 25 v. H. bis 30 v. H. zu erhöhen.
- Ebenfalls wird eine Verdoppelung des Anteils von Strom aus *Kraft-Wärme-Kopplung* (KWK) auf 25 v. H. bis 2020 avisiert.
- Der Anteil der *EE am Wärmeverbrauch* soll von 6 v. H. in 2006 auf 14 v. H. bis 2020 erhöht werden.
- Im Vergleich zu 1990 soll die *Energieproduktivität* bis 2020 verdoppelt werden. Deshalb sind Förderprogramme für Klimaschutz und Energieeffizienz außerhalb von Gebäuden, die Förderung energieeffizienter Produkte sowie die Weiterentwicklung und Verstetigung des bestehenden Gebäudesanierungsprogramms für die Sanierung von Wohnhäusern vorgesehen.
- Neben der gezielten Einbeziehung des *Flug- und Schiffsverkehrs* in den Emissionshandel sollen darüber hinaus Anreize gegeben werden, die CO_2*-Emissionen des Verkehrs* zu mindern.

Um das Integrierte Energie- und Klimapaket der Bundesregierung umzusetzen, waren für acht Maßnahmebereiche insgesamt 20 Rechtsetzungsvorhaben in Form von Gesetzen und Verordnungen notwendig. Im Detail handelt es sich um folgende *Maßnahmepakete*:

- *Steigerung des EE-Anteils*: Mit der umfassenden Novellierung des EEG – aus gut 20 sind 66 Paragraphen geworden – besteht ein erfolgreiches Markteinführungsinstrument in angepasster Form fort. Um im Jahre 2020 einen EE-Anteil von 30 v. H. an der Stromerzeugung zu erreichen, wurden die Fördersätze neu justiert.
- *EE-Steigerung im Wärmesektor*: Mit dem im Januar 2009 in Kraft getretenen EE-WärmeG soll ein wirksames Element etabliert werden, welches den beschleunigten Ausbau von EE in allen Segmenten des Wärmemarktes gewährleisten könnte. Das EEWärmeG verpflichtet private, gewerbliche und industrielle Nutzer von neuen Gebäuden, EE zur Deckung des Wärmeenergiebedarfs anteilig einzusetzen. Alternativ kann Wärme aus KWK-Anlagen, Nah- oder Fernwärmenetzen sowie Abwärme zum Einsatz gebracht werden.
- *Verdopplung der KWK auf 25 v. H.*: Mit der Novelle des KWK-Gesetzes sind diverse Schwachstellen des bislang geltenden Gesetzes beseitigt und mit der vorrangigen Einspeiseregelung ein Rahmen geschaffen worden, um KWK-Anlagen und Wärmeinseln deutlich auszubauen. Der bereits bestehende Fördermechanismus wurde angepasst und erweitert; für die Förderung neuer bzw. modernisierter KWK-Anlagen, die bis 2014 den Dauerbetrieb aufnehmen, sowie neuer bzw. modernisierter

Wärmenetze, die bis Ende 2020 in Dauerbetrieb gehen, ist ein Volumen von bis zu 750 Mio. € p.a. vorgesehen.
- *Reduktion des Stromverbrauchs* um 11 v. H.: Verstärkte Berücksichtigung der Energieeffizienz in Unternehmen, öffentlichen Einrichtungen usw.
- *Verbrauchsreduktion in Gebäuden und Produktionsprozessen*: Verschärfung der Energieeinspeiseverordnung, Novelle der Heizkostenverordnung, Weiterentwicklung des Gebäudesanierungsprogramms usw.
- *Erneuerung des Kraftwerksparks*: v.a. Förderung der Forschungsaktivitäten im Bereich der CO_2-Abtrennung und -Speicherung bei Kohlekraftwerken (CCS-Technologien) sowie Schaffung eines diesbezüglichen Rechtsrahmen.
- *Effizienzsteigerung im Verkehr* und Steigerung des Anteils der *Biokraftstoffe*.
- *Reduktion fluorierter Treibhausgase*: Erlass einer Chemikalien-Klimaschutzverordnung sowie Entwicklung und Markteinführung von Kälteanlagen mit natürlichen Kältemitteln.

Berechnungen des *Sachverständigenrates für Umweltfragen* ergaben, dass mittels des IEKP in der Tat eine Verringerung der Kohlendioxidemission von rund 36 v.H. bis 2020 erreicht werden könnte.[148] Damit würde das angestrebte Reduktionsziel der Bundesregierung von 40 v.H. zwar um rund ein Zehntel verfehlt. Dennoch kann dem Hauptautor der Leitstudien Erneuerbarer Energien für das Bundesumweltministerium, Nitsch, nur zugestimmt werden, dass abgeleitet aus den CO_2-Verminderungszielen seitens der Politik verhältnismäßig klare Zielvorgaben für Effizienzsteigerungen, den *Ausbau der Kraft-Wärme-Kopplung* und der *Erneuerbaren Energien* sowie den zu erreichenden Emissionsminderungen im Individualverkehr vorliegen. Wird die im letzten Jahrzehnt aufgebaute energiepolitische Handlungsdynamik im Bereich der Klima-, Umwelt- und Energiepolitik beibehalten, sind die derzeitigen Voraussetzungen laut Verfasser der Leitstudie 2008 relativ gut, um die von der Bundesregierung gesetzten klimapolitischen Ziele zeitgerecht zu erreichen. Dabei sind der Ausbau der regenerativen Energien, die Effizienzsteigerungen im Wärmebereich sowie die Ausweitung der Kraft-Wärme-Kopplung die zentralen Gestaltungsparameter.

Die Möglichkeit, die Zielstellungen der Bundesregierung zu erreichen, unterstreichen auch die von Nitsch dargestellten Szenarien. Aufbauend auf einem sog. »Leitsze-

---

148 Vgl. Fraunhofer Institut für System- und Innovationsforschung (ISI) in Zusammenarbeit mit dem Öko-Institut Berlin, dem Forschungszentrum Jülich, Programmgruppe STE sowie Ziesing, H.-J., Wirtschaftliche Bewertung von Maßnahmen des Integrierten Energie- und Klimaprogramms (IEKP). Zusammenfassung des Zwischenberichts, Karlsruhe/Berlin/Jülich den 29.10.2007.

nario 2008« werden zusätzliche Teilstrategien wie »Substantieller Ausbau Erneuerbarer Energien«, »Deutlich erhöhte Nutzungseffizienz in allen Sektoren« und »Erhöhte Umwandlungseffizienz durch einen verstärkten Ausbau der Kraft-Wärme-Kopplung und den Ersatz von Altkraftwerken durch effizientere Kraftwerke« im Hinblick auf gegenseitige, strukturelle und zeitliche Wechselwirkungen untersucht. Dabei zeigt sich, dass es verschiedene Etappen des Umbaus des Energieversorgungssystems geben wird. Vor allem die Periode bis 2012 entscheidet aber nach Meinung von Nitsch darüber, »ob überhaupt rechtzeitig das Fenster für einen Erfolg versprechenden Weg in eine nachhaltige Energieversorgung geöffnet wird.«[149] Bis etwa 2020 wird es notwendig sein, den Ausbauprozess für die meisten technologischen Optionen im *Bereich regenerativer Energien* durch eine geschickte Umwelt- und Energiepolitik zu flankieren. »Während dieses Zeitabschnitts wird sich entscheiden, ob die stimulierte Ausbaudynamik der Erneuerbaren Energien zu selbsttragenden Märkten führt und längerfristig stabil bleibt und ob sich die zu ihrem weiteren Ausbau erforderlichen Exportmärkte erfolgreich etablieren.«[150]

Nitsch sieht indessen auch, dass verschiedene *Akteure in der Energiewirtschaft* Strategien verfolgen, die den Zielsetzungen der Politik widersprechen bzw. die Erfüllung dieser Ziele zumindest erschweren. Hierzu zählt er einerseits die verstärkt geforderte Rücknahme des »Ausstiegs« aus der *Atomenergie* von Seiten der CDU/CSU und FDP und das Bemühen, Stromkontingente von neueren auf ältere Reaktoren zu übertragen, um deren bevorstehende Stilllegung zu vermeiden. Andererseits setzen die Investitionsstrategien der großen *Stromversorgungsunternehmen* derzeit stark auf den *Neubau großer Kohlekraftwerke* und zu wenig auf eine ausgewogene Mischung von Gas und Kohle sowie den verstärkten *Ausbau der Kraft-Wärme-Kopplung*. Im Leitszenario 2008 nimmt Nitsch an, dass 28 GW fossile Altkraftwerke zwischen 2005 und 2020 stillgelegt werden. Diese Anlagen können grundsätzlich durch neue fossile Kraftwerke mit 29 GW ersetzt werden. Aus klimapolitischen Gründen gilt allerdings, dass der Zubau in Kohlekraftwerke 9 GW nicht überschreiten sollte. Folglich müssten 20 GW durch Gaskraftwerke ersetzt werden. Von den 29 GW werden im Leitszenario mindestens 12 GW in KWK ersetzt, also etwas weniger als die Hälfte. Davon sind wiederum 3 GW Blockheizkraftwerke.

Nur bei Einhaltung dieser Rahmenbedingungen könnten jedoch die klimapolitischen Ziele der Bundesregierung erreicht werden. Mit dem Beschluss auf dem EU-

---

149 Vgl. Bundesministerium für Umwelt, Naturschutz und Reaktorsicherheit, »Leitstudie 2008«, S. 10.
150 Ebd., S. 33.

Ratsgipfel im Dezember 2008, den KWK-Wärmeteil in den Emissionshandel einzubeziehen (s. o.), wird die KWK-Ausbaustrategie in Deutschland allerdings bereits konterkariert. Aus Sicht der Unternehmen dürfte der diesbezügliche Ausbau trotz der verbesserten Förderung qua KWK-Gesetz deutlich weniger lukrativ sein. Angesichts obiger Widerstände und gegenläufiger Strategien der Unternehmen muss Nitsch im Rahmen seiner Studie einräumen, dass es sich bei seinem Leitszenario 2008 lediglich um *einen möglichen* Umstrukturierungspfad der Energieversorgung handelt. Der anvisierte Umbau des Energiesystems ist folglich keineswegs gesichert, sondern bedarf permanenter Beobachtung und eventuell weiter gehender staatlicher Interventionen und Regulierungen.

4.2.4 Energieversorgungsunternehmen sind der größte Hemmschuh

Die Praxis hat in der Vergangenheit immer wieder gezeigt, dass die größten Behinderer einer *rationalen Energiepolitik* die *Unternehmen der Energiewirtschaft* und ihre *Unterstützer aus der Politik* waren.[151] Hier ging es nicht um den Schutz der Umwelt oder um Energieeffizienzen, sondern um maximale Profite, Unternehmensgrößen bzw. Unternehmenskonzentration sowie um den Verdrängungsprozess von alternativen, ökologisch orientierten Anbietern. Dies lässt sich überdeutlich und exemplarisch anhand der deutschen Elektrizitätsunternehmen zeigen.

4.2.4.1 Das alte System hat versagt

Ab 1998 wurde in der gesamten *Europäischen Union*, und damit auch in Deutschland, ein grundsätzlich verändertes Ordnungssystem an den Strommärkten eingeführt. Die Strommärkte wurden *liberalisiert* und *Wettbewerb* sollte einkehren. Dies war ein tota-

---

151 In Deutschland gilt nicht das staatliche *Primat der Energiepolitik* gegenüber der privatwirtschaftlichen *Energiewirtschaft*. Zumindest haben die *Lobbyisten der Energiewirtschaft* schon immer ihre Profitinteressen in Energiefragen durchgesetzt. »Dass Politiker und Lobbyisten auf den Gehaltslisten von Energieunternehmen stehen, war in der Geschichte des RWE selbstverständlich. Den guten Kontakt vor Ort stellen dabei auch Hunderte von Landräten, Bürgermeister und andere hauptamtliche Kommunalbeamte her, die in den ›Beirat RWE Energie AG‹ berufen wurden. In dieser Tradition stehen auch Gehaltszahlungen an den CDU-Landtagsabgeordneten H. J. Arentz durch die RWE-Tochter-Rheinbraun und die Vergünstigungen von RWE an den ehemaligen CDU-Generalsekretär Laurenz Meyer. Auch der Wechsel von Spitzenbeamten und Ministern in führende Managementpositionen der Energiewirtschaft ist rechtlich nicht zu beanstanden, aber Ausdruck einer Angleichung, wenn nicht sogar Verschmelzung von Leitzielen von Politik und Wirtschaft. Die Frage muss erlaubt sein, ob bei solchen Personaltransfers die Vermischung von Eigeninteresse und Entscheidungskompetenz und die Gleichsetzung von öffentlichen und wirtschaftlichen Interessen vermieden werden kann« (Hennicke/Müller 2005: 111f.).

ler Paradigmenwechsel. Bis dahin galt allgemein die Vorstellung, dass die Produktion von Strom in Kraftwerken und die Verteilung über Netze nicht über Wettbewerb ausgesteuert werden können. Man unterstellte in Wissenschaft und Politik für beide Bereiche Subadditivitäten[152] und daher ein »natürliches Monopol«. So gab es im alten System vor 1998 *Gebietsmonopole*, die über Demarkationsverträge juristisch abgesichert waren. Nachfrager, ob Unternehmen oder private Haushalte (auch der Staat als Stromnachfrager), die ihren Sitz in den jeweiligen Gebieten der *Strommonopolisten* hatten, – alle waren gezwungen, ihren Strom dort zu beziehen. Für die Benutzung der öffentlichen Wege und Plätze zur Verlegung der Stromnetze zahlen bis heute die Stromanbieter den jeweils zuständigen Gemeinden und Städten eine *Konzessionsabgabe*. Die Höhe dieser Zahlungen regelt eine bundesweit zur Anwendung kommende Konzessionsabgabenverordnung.

Da aber Monopole keine Wettbewerbspreise bieten, sondern nur Preise, die weit über diesen liegen, und Monopole außerdem in der Lage sind, Mengen und Qualitäten den Nachfragern vorzuenthalten, war klar, dass die Strommonopolisten *staatlich kontrolliert* werden mussten. Dies auch deshalb, weil Monopole künstlich geschaffene *Überkapazitäten* mit entsprechenden Leerkosten ohne Leistungsäquivalente über die Preise den Nachfragern aufbürden können. So unterlagen alle Stromanbieter im *Tarifkundenbereich* (private Haushalte) einer staatlichen Preisaufsicht mit konkreten Vorschriften einer Preiskalkulation. Diese basierte auf der Grundlage einer »kostenorientierten Entgeltkalkulation« mit Profitbeaufschlagung in Form eines so genannten »K-Bogens«, der vom Bund-Länder-Ausschuss Energiepreise entwickelt worden war und eine große Affinität mit der »Verordnung PR Nr. 30/53 über die Preise bei öffentlichen Aufträgen (VPöA) hatte (Ebisch/Gottschalk 1994). Diese hat auch heute noch beim Vorliegen nicht wettbewerblicher Bedingungen bei der *Vergabe öffentlicher Aufträge* als »Ersatz-Preisbildung« Gültigkeit. Außerdem wurden die Strompreise im *Sonderkundenbereich* (Unternehmen und Großkunden) durch das Bundeskartellamt einer missbräuchlichen Preiskontrolle gemäß dem Gesetz gegen Wettbewerbsbeschränkungen (GWB) unterzogen. Diese Kontrollen waren aber sämtlich unzureichend. Das Bundeskartellamt bekam die Stromgiganten und ihre völlig überzogene Preisbildung nie in den Griff. Und im Tarifkundenbereich konnten nicht nur als Reservekapazitäten deklarierte Überkapazitäten abgerechnet werden, sondern auch kalkulatorische Kostenarten, denen keine effektiven (pagatorischen) Aufwendungen

---

152 Subadditivitäten liegen dabei immer dann vor, wenn ein Großunternehmen die Nachfrage nach einem Gut kostengünstiger bedienen kann als mehrere kleine im Wettbewerb stehende Unternehmen (Triole 1995: 41ff.).

gegenüberstanden. Es kam also zu verdeckten Gewinnabrechnungen und zudem noch zu Gewinnbeaufschlagungen auf kalkulatorische Kostenarten, u. a. in Form einer kalkulatorischen Verzinsung des eingesetzten Eigenkapitals, die einem Zinseszins-Effekt gleichkamen. Hier konnten so *Gewinne auf Gewinne* beaufschlagt und in den Strompreisen verrechnet werden (Bontrup/Troost 1988).

Das *System der Gebietsmonopolisten* und die nur unzureichende staatliche Kontrolle hatten einen völlig vermachteten *dreigliedrigen Strommarkt* entstehen lassen, der auf der ersten Ebene von neun vertikalintegrierten Verbundunternehmen beherrscht wurde[153] und allen Unternehmen *hohe Profite* sicherte. Preis- und Absatzsteigerungen im Sinne einer Gewinnmaximierung bestimmten die grundsätzliche Geschäftspolitik sämtlicher privaten, öffentlichen und gemischtwirtschaftlichen Stromanbieter. Auch die *Stadtwerke* waren auf hohe Gewinnrealisierungen ausgerichtet. Diese Strategie wurde hier schon deshalb praktiziert, weil die Kommunen mit den Profiten ihrer Stadtwerke die meist hohen Verluste ihres *öffentlichen Nahverkehrs* bis heute finanzieren und durch den Zusammenschluss der Gewinn und Verlust bringenden Unternehmen in Form einer Dachgesellschaft (Holding) auf die Energieprofite keine Steuern zahlen. Peter Hennicke und Michael Müller stellten zu Recht fest: »Der Zwang zur Aufbesserung der öffentlichen Haushalte aus Gewinnabführungen, Konzessionen und Steuern, aber auch bewusste Prioritätensetzung für privatwirtschaftliche Unternehmensziele gehen dabei Hand in Hand« (Hennicke/Müller 2005: 112).

Die Stromproduzenten bedienten sich zusätzlich des Instruments der *Preisdiskriminierung* nach Kundengruppen zur Abschöpfung von Konsumentenrenten im Rahmen einer Cournotschen Monopolpreissetzung (Arndt 1973: 116ff.). Hierdurch hatten und haben heute noch private Haushalte wesentlich höhere Preise in Relation zu den verursachten Kosten je Kilowattstunde zu zahlen als unternehmerische Großabnehmer oder so genannte Sondervertragskunden. Die höchsten Preise mussten und müssen die Gewerbekunden aufbringen. Immer noch geht es danach, wer viel Strom benötigt, aber kaum Strom einsparen und nicht selber mit Eigenproduktion von Strom drohen kann, zahlt die höchsten Preise. Durch diese diskriminierende Preispolitik wurde die Eigenstromerzeugung der Industrie und zusätzlich durch schlechte Stromeinspeisebedingungen für regenerative Energieträger aus Wind, Bio-

---

153 Dies waren die Unternehmen: RWE, PreußenElektra, Bayernwerk, VEAG, Badenwerke, EVS, VEW, HEW und BEWAG. Hinzu kamen auf der zweiten Ebene größere *Regionalversorger*, an denen die neun Großen ebenfalls mehrheitsbeteiligt waren. Auf der dritten Marktstufe operierten als Gebietsmonopolisten *kommunal ausgerichtete Stadtwerke*, zumeist im Eigentum der Kommunen als öffentliche Unternehmen geführt.

masse und Solarzellen die Stromproduktion alternativer Anbieter in den meisten Fällen bereits im Keim erstickt. Zusätzlich spalteten die Gebietsmonopolisten zur Gewinnmaximierung den Strommarkt in einen *Licht- und Kraftmarkt* sowie in einen *Wärmemarkt* auf. Um am Wärmemarkt, also zu Heizzwecken, mit Strom gegenüber anderen Energieträgern wie Öl und Gas konkurrenzfähig zu sein, wurden stark abgesenkte Sonderpreise (Rabatte) gewährt. Und nicht zuletzt stand – und steht bis heute – der *zweigliedrige Stromtarif* gegen jede ökologische Vernunft. Die Aufspaltung der Strompreise in einen hohen Grund- bzw. Leistungspreis und einen niedrigen Arbeitspreis verleitet geradezu zum Mehrverbrauch. Jedenfalls animiert der verbrauchsunabhängige Grundpreis nicht zum Energiesparen, weil es hier zu keinen proportionalen Kosten- bzw. Preisentlastungen kommt. Außerdem werden dadurch Investitionen in energiesparende Technologien künstlich unwirtschaftlich und der Strom kommt in Bereichen zur Anwendung, in denen er ohne gespaltene Strompreise gar nicht konkurrenzfähig wäre (Warmwasser, Heizen, Kochen, Prozesswärme). Zusätzlich wird die Anwendung wichtiger *regenerativer Energieträger* und Anbieter behindert.

4.2.4.4.2 Auch das neue System versagt
Mit der Liberalisierung ab 1998 – also der *Aufhebung der Gebietsmonopole* – sollte dann alles besser werden. Dazu ist das noch aus dem Jahr 1935 stammende Energiewirtschaftsgesetz (EnWG) 1998 zum ersten Mal novelliert worden. Im Nachgang zur europäischen Wirtschafts- und Währungsunion wurde mit der »Richtlinie Elektrizität 96/92/EG« sowie der »Beschleunigungsrichtlinie 2003/54/EG« und dem jüngst vorgelegten Vorschlag der EU-Kommission für eine »Richtlinie des Europäischen Parlaments und des Rates zur Änderung der Richtlinie 2003/54/EG über gemeinsame Vorschriften für den Elektrizitätsbinnenmarkt« der endgültige Paradigmenwechsel in Richtung *Wettbewerb* und für einen *grenzüberschreitenden europäischen (einheitlichen) Binnenmarkt für Strom* eingeleitet. Ohne einen wettbewerbsorientierten und effizienten Strommarkt, so die EU-Kommission, würden die Bürger in der EU stark *überhöhte Preise* zahlen müssen und es käme nicht zu einer Bekämpfung des *Klimawandels*. Außerdem könne nur ein Wettbewerbsmarkt für die *Stromversorgungssicherheit* Europas sorgen, da nur er die richtigen *Investitionssignale bzw. -anreize* aussenden würde. Alles dies, von den Protagonisten der »wettbewerblichen Marktöffnung« erhofft, ist aber so gut wie nicht eingetreten. Zwar wurden die Gebietsmonopole abgeschafft und die Stromnachfrager können heute auch den *Stromanbieter frei wählen*, was übrigens 2007 nur rund 12 v. H. der Stromkunden auf Grund einer *preisunelastischen Stromnachfrage* machten (Kemfert/Traber 2008: 180), dennoch gibt es seit

der Liberalisierung nicht weniger Marktmacht, keine niedrigeren Preise und Profite sowie keine wesentlich verbesserte Hinwendung zu regenerativ produzierten Stromangeboten und keine hinreichende umweltorientierte Investitionen in Kraftwerke und Netze.

Bis heute existiert außerdem der *zweigliedrige Stromtarif* und weiter wird von den Stromunternehmen eine *Preisdiskriminierung* praktiziert. Ebenso ist Strom immer noch zu Heizzwecken im Markt. Die Initiierung eines politisch gewollten Wettbewerbs an den Strommärkten war bislang noch keine Erfolgsgeschichte. Nicht zuletzt deshalb, weil in Deutschland bei völlig ungleichen Startbedingungen der einzelnen Unternehmen lediglich ein *Pseudowettbewerb* ausgelöst wurde:

»Die schlagartige Öffnung des Wettbewerbs zwischen den Goliaths der Verbundmonopole und der Vielzahl von Davids (Stadtwerke) verstärkte die Vorteile für die Großen« (Hennicke/Müller 2005: 132).

Hinzu kam, mit Blick auf einen *diskriminierungsfreien Netzzugang*, eine mehrmals angepasste *»Verbändevereinbarung«*, die zwischen den Stromanbietern und -nachfragern sowohl die Höhe der Abrechnung der Netzentgelte als auch die technischen Rahmenbedingungen zur Sicherung der Versorgung mit Strom regeln sollte. Integrierte Netzbetreiber, die zugleich Stromproduzenten sind, zeigten jedoch wenig Interesse, über faire Durchleitungsgebühren Mitkonkurrenten der Stromerzeugung den bis dato selbst beherrschten Markt für Wettbewerb zu öffnen. Dies wurde u. a. mehrfach von der *Monopolkommission*[154] kritisiert – und schließlich wurde auch politisch reagiert.

So ist der deutsche »Sonderweg« des »verhandelten Netzzugangs« – auf massiven *Druck der EU-Kommission* – durch die zweite Novellierung des Energiewirtschaftsgesetzes (EnWG) in 2005 beendet worden, und es wurde, wie in anderen EU-Ländern bereits zu Beginn der Liberalisierung 1998, eine *staatliche Bundesnetzagentur* für die Bereiche Strom und Gas eingerichtet. Am 6. November 2007 trat dann die »Verordnung über die Anreizregulierung der Energieversorgungsnetze« (ARegV 2007) in Kraft.[155] Diese Verordnung soll zukünftig der Bundesnetzagentur als Instrument zur *Durchsetzung von Wettbewerb* auf den Strom- und Gasmärkten in Deutschland dienen. Durch die falsche Weichenstellung eines »verhandelten Netzzugangs« und eine nicht gegebene Startgleichheit für alle Stromanbieter wurden die Machtdisparitäten aber sehr schnell durch *Konzentrationsprozesse* akzentuiert und bremsten den erhofften Wettbewerb

---

154 Vgl. Monopolkommission, Fünfzehntes Hauptgutachten 2002/2003, Bundestagsdrucksache 15/3610, sowie Monopolkommission, Strom und Gas 2007: Wettbewerbsdefizite und zögerliche Regulierung, Sondergutachten gemäß § 62 Abs. 1 EnWG, o.O., 2007.
155 Vgl. Kap. 4.2.4.6 »Die Bundesnetzagentur erhöht den Druck«.

von Anfang an aus. Aus den vormals neun Verbundmonopolisten entstanden vier mit nicht weniger Marktmacht ausgestattete *Verbundoligopolisten*: E.ON, RWE, Vattenfall und EnWG. Eigentlich liegt sogar auf Grund der Marktanteilsgrößen mit E.ON und RWE ein *dyopolistischer Markt* vor. Den vier Stromriesen (»Big-4«) gehören heute allein in Deutschland über 80 v. H. der *Stromproduktionskapazitäten* und zudem sämtliche *Hochspannungs-Übertragungsnetze* sowie auch viele *Verteilernetze* zu den Endkunden im Bereich der Mittel- und Niedrigspannung. Nimmt man noch die Stromlieferungen an die Stadtwerke dazu, so haben sogar 90 v. H. der Elektrizitätsleistungen ihren Ursprung bei den »Big-4«. Damit beherrschen sie in Deutschland eindeutig bei den Kraftwerken und Netzen den Strommarkt. Zu diesem Ergebnis ist auch im Hinblick auf Beteiligungen der »Big-4« an Regionalversorgern und Stadtwerken der *Kartellsenat des Bundesgerichtshofes (BGH)* in einem Urteil gekommen. Laut BGH halten allein E.ON und RWE an 204 Strom verteilenden und herstellenden EVUs eine Beteiligung mit dem eindeutigen Ziel, ihre Absatzgebiete zu sichern und Wettbewerb zu verhindern.

4.2.4.3 Ergebnisse der Liberalisierung

Durch die Liberalisierung des Strommarkts im Jahr 1998 haben sich die *Verteilungskonflikte zwischen Kapital und Arbeit* erhöht. Es wurden massiv *Arbeitsplätze* abgebaut bzw. oftmals zu schlechteren Konditionen ausgelagert (Stichwort: Outsourcing). Von 1992 bis 2006 verringerte sich die Zahl der sozialversicherungspflichtigen Beschäftigten (hier ist allerdings ein Wiedervereinigungseffekt zu berücksichtigen) von rund 290.000 auf gut 207.000. Mithin gingen fast drei von zehn Arbeitsplätzen innerhalb von 13 Jahren in der Elektrizitätswirtschaft verloren. Seit der Öffnung der Strommärkte im Jahre 1998 wurden rund 43.000 Arbeitsplätze vernichtet, was einem Rückgang von 17,4 v. H. entspricht. Vorrangig traf es dabei Stromanbieter mit über 500 Beschäftigten. Bei den Stadtwerken mit bis zu 500 Beschäftigten war demgegenüber erstaunlicherweise ein Zuwachs an Arbeitsplätzen festzustellen.

Trotz des insgesamt zu verzeichnenden Beschäftigungsabbaus stieg aber (auch auf Grund des Einspeisens von kostenlos zugeteilten CO_2-Zertifikaten) die erwirtschaftete *Wertschöpfung* kontinuierlich. Von 1998 bis 2006 um fast 33 v. H. Die *Arbeitsproduktivität* (als wertschöpfungsbezogene Stundenproduktivität) wuchs seit der Liberalisierung um 62,5 v. H. Der *Personalaufwand* stieg dagegen zwischen 1998 und 2006 nur um insgesamt 1,8 v. H., während die *Gewinne* nach Ertragsteuern im selben Zeitraum um 118 v. H. zulegten. Der Anteil und die Entwicklung des Personalaufwands an der Branchen-Wertschöpfung – die Lohnquote – zeigt insgesamt eine enorme *Umverteilung zu Lasten der Beschäftigten*. So fiel seit der Liberalisierung von 1998 bis 2006 die

Lohnquote extrem von 55,9 v. H. auf rund 45,8 v. H. Dies waren 10,1 Prozentpunkte. Demgegenüber stieg der Gewinnanteil nach Ertragsteuern an der Wertschöpfung von 17,6 v. H. auf 28,8 v. H., also um 11,2 Prozentpunkte (Bontrup/Marquardt/Voß 2008). Allein die »Big-4« erzielten von 2002 bis 2007 einen EBIT (»Earnings before interest and taxes = Gewinn vor Zinsen und Ertragsteuern) in Höhe von fast 90 Mrd. Euro. Dabei hat sich das EBIT-Ergebnis zwischen 2002 und 2007 mehr als verdreifacht. Zu ähnlichen Ergebnissen kommt in einer Studie Uwe Leprich (2007, 2008), der im Auftrag der Bundestagsfraktion Bündnis 90/Die Grünen die vier großen Energieversorger in Deutschland unter die Lupe genommen hat.

Neben den Beschäftigten waren auch die *Stromnachfrager die Verlierer*. Auf 1998 zunächst vollzogene *Preissenkungen* (wegen bestehender Überkapazitäten) folgten nach dem Abbau wieder Preiserhöhungen, die insbesondere in den letzten Jahren heftige öffentliche Kritik auslösten. »Im europäischen Vergleich (EU-27 und Norwegen) liegt Deutschland mit seinem Strompreis für Haushalte an zehnter Stelle und damit weit über dem Durchschnitt. Teilweise lassen sich die Preisdifferenzen durch große Unterschiede im Erzeugungsmix der Länder erklären. So ist die überwiegend auf *Kernenergie* basierende französische Stromerzeugung auf der Kostenseite weitgehend unabhängig von Brennstoffpreissteigerungen und dem Einfluss des Emissionshandels. Andererseits weisen aber auch Länder mit vergleichbaren Erzeugungsstrukturen, wie etwa Spanien und das Vereinigte Königreich, weit geringere Strompreise auf« (Kemfert/Traber 2008: 180). Trotz einer auch in Deutschland eingeführten *Strombörse* (EEX in Leipzig), an der der jeweilige *Grenzanbieter* mit den gerade noch benötigten Kraftwerkskapazitäten, die immer die höchsten Grenzkosten implizieren, den Strompreis für den Großhandel determiniert, haben neben den Endkundenpreisen für Strom ebenso die Großhandelspreise zugelegt. Dies belastet insbesondere die *kommunalen Stadtwerke ohne Eigenerzeugungskapazitäten* im »Wettbewerb« gegen die »Big-4«. Zwar ging in der Vergangenheit auch ein Teil der Preissteigerungen auf *staatliche Steuerungseffekte* (sog. »Ökosteuern« und die jüngste Mehrwertsteuererhöhung) wie auch auf stark *steigende Rohstoffpreise* bei Öl, Gas und der Kraftwerkskohle zurück. Dennoch sind vor dem Hintergrund der Produktivitätsentwicklungen in der Strombranche (von 1998 bis 2006 um 62,5 v. H.) und weitgehend abgeschriebener Atom- und Kohlekraftwerke – die über 80 v. H. des Stroms liefern – die Preise in der Elektrizitätswirtschaft eindeutig zu hoch. Läge hier wirklich Wettbewerb vor, so hätten die *Strompreise* weitgehend mit dem Anstieg der Produktivitätsentwicklung sinken müssen. Sie sind aber von 1998 bis 2007 lediglich um 5 v. H. gesunken; und das bei einem Produktivitätszuwachs, der sich – fortgeschrieben bis 2007 – auf über 70 v. H. beläuft (Bontrup/Marquardt 2009).

4.2.4.4 Investitionsentwicklung verschlafen

Angesichts eines geänderten Investitionsparadigmas im liberalisierten Markt wurden außerdem aus einem reichlich vorhandenen Cash Flow (Gewinne und Abschreibungen) nicht hinreichende *Investitionen in Kraftwerke und Netze* zu einer nachhaltigen Versorgungssicherheit im Sinne einer ökologischen Stromversorgung im Inland getätigt. Die aktuell geführte Debatte um eine sogenannte *»Stromlücke«* ist aber völlig überzogen. Sie soll nur den *Atomkraftbefürwortern* propagandistisch »Wasser auf die Mühlen« leiten. Zu kritisieren ist vielmehr die Cash Flow Verwendung durch die Elektrizitätsunternehmen. Hier standen nicht ökologieorientierte Sachinvestitionen im Vordergrund; denn abgesehen von *Gewinnausschüttungen an die Anteilseigner* beteiligten sich die Stromanbieter – insbesondere die »Big-4« – lieber im In- und Ausland an anderen Energieunternehmen oder kauften diese gleich ganz zur Ausschaltung des Wettbewerbs auf. Das Ergebnis ist auch hier auf *europäischer Ebene* ein enormer *Konzentrationsprozess*, der nur eins im Schilde führt: die Ausschaltung von Wettbewerb. *Sieben Energieversorger* prägen und beherrschen mittlerweile die europäischen Elektrizitätsmärkte. 2006 hatten sie einen Marktanteil am Energieabsatz von 72 v. H.: Darüber hinaus verfügten sie über rund die Hälfte aller Kraftwerkskapazitäten (Bontrup/Marquardt 2009).

So ist E.ON in 30 Ländern aktiv. Selbst wenn hier nicht alles an Beteiligungen und Aufkäufen gelang – siehe den gescheiterten Versuch eines Aufkaufs des spanischen Energieversorgers Endesa –, so konnte der größte deutsche Stromanbieter zu den bereits vielfältig bestehenden Beteiligungen jetzt auch noch auf dem *spanischen Markt* Beteiligungen in Höhe von knapp 12 Mrd. Euro verkünden. E.ON hatte im April 2007 nach mehr als einjährigem Bieterstreit sein Kaufangebot für Endesa zurückgezogen. Den Zuschlag bekamen die italienische Enel und die spanische Acciona mit einem Gebot über 43 Mrd. Euro. In Spanien übernimmt E.ON nun von Enel die Stromtochter Viesgo sowie Endesa-Kraftwerke mit einer Leistung von drei Gigawatt und in Italien erwirbt E.ON 80 v. H. der Landesgesellschaft von Endesa mit einer Erzeugungskapazität von 7,2 Gigawatt sowie in Frankreich 65 v. H. der Anteile an Endesa France/SNET, die über Kraftwerke mit einer Leistung von rund 2,5 Gigawatt verfügt. RWE plant den Kauf von British Energy. Dazu wurde ein Kaufangebot im Wert von 13,7 Mrd. Euro vorgelegt. Nicht zuletzt ist man bei RWE auch deshalb am britischen Strommarkt interessiert, weil die Labour-Regierung in London den Bau *neuer Atomkraftwerke* angekündigt hat.[156] Auch beabsichtigt RWE, in den *niederländischen Strommarkt* einzusteigen.

---

156 Vgl. Hannoversche Allgemeine Zeitung vom 29. März 2008 und vom 12. April 2008.

Dazu will man den größten Stromanbieter der Niederlande aufkaufen. Man kann also sagen: Die großen deutschen Stromanbieter haben die Gunst der Liberalisierung genutzt und sich zunehmend europäisch ausgerichtet. Fragt sich nur, was deutsche Elektrizitätsversorger außerhalb Deutschlands zu suchen haben und mit welchem Geld sie die gigantischen Zukäufe haben bezahlen können. Die Antworten können hier nur lauten: zu suchen haben sie im Ausland nichts und bezahlt haben sie ihre Aufkäufe mit Gewinnen aus völlig überhöhten Strompreisen.

4.2.4.5 Wettbewerbsparadoxien

Der von allen Seiten in Politik und Wissenschaft – im Gegensatz zu den Energieversorgern – gewollte Wettbewerb konnte offensichtlich an den Elektrizitätsmärkten bis heute nicht umgesetzt werden bzw. hat zu kontraproduktiven Entwicklungen geführt. Aber selbst wenn wir einmal unterstellen, es käme durch Wettbewerb zu Strompreissenkungen, was wäre dann? Hierdurch würden mehrere *Paradoxien* ausgelöst. Wettbewerbspreise verlangen nämlich das Ausscheiden der Konkurrenten (Grenzanbietern) aus dem Markt. Nur die Bedrohung auf der Marktnebenseite – den Markt womöglich verlassen zu müssen – diszipliniert die Anbieter bei Stückkosten, Gewinnverrechnungen und Preissetzungen. Wer soll aber am Strommarkt – wo eines der wichtigsten volkswirtschaftlichen Güter (Elektrizität ist ein Basisgut) gehandelt wird – im Wettbewerbsprozess ausscheiden? Wäre damit noch die *Versorgungssicherheit in allen Bereichen* – auch räumlich gesehen – gewährleistet und würde nicht bei der heute schon bestehenden hohen Marktkonzentration noch *weitere Konzentration* und damit Marktmacht sowie die Möglichkeit zu weiteren Preis- und Gewinnsteigerungen freigesetzt? Die Wahrscheinlichkeit dafür ist jedenfalls sehr hoch. Verlierer wären auf jeden Fall nicht die »Big-4«, sondern die für eine dezentrale (kommunalisierte) Energieversorgung wichtigen Stadtwerke. Dies wird auch nicht durch die erhofften (potenziellen) Preissenkungen und den daraus resultierenden *Kaufkraftgewinnen* beim Endkunden oder durch *Kosteneinsparungen* bei Strom nachfragenden Unternehmen aufgewogen. Hieraus dennoch ein »Konjunkturprogramm« zu konstruieren und positive gesamtwirtschaftliche Beschäftigungseffekte abzuleiten, ist eher neoliberale Propaganda als auch nur annähernd realistisch. Denn was steht hinter den Strompreissenkungen bzw. wie kommen sie zu Stande? Durch *Gewinnsenkungen* wohl kaum. Die Unternehmen werden vielmehr, wie schon oben ausgeführt, ihre *Beschäftigten* bluten lassen. Es wird zu noch mehr *Entlassungen*, also zu noch mehr Arbeitslosen, zu *Einkommenskürzungen* sowie *verschlechterten Arbeitsbedingungen* bei den verbliebenen Beschäftigten in den Elektrizitätsunternehmen kommen. Aber auch die *Lieferanten* an den Beschaffungsmärkten werden den Druck über Nachfragemachtanwendung der Energieversorger zu spüren bekommen. Hierdurch wird man die Vorleistungskosten absenken, um dadurch die eigene Profitposition aufrechtzuerhalten. Wie soll sich da insgesamt ein positiver gesamtwirtschaftlicher Beschäftigungseffekt ergeben?

Elektrizität muss für Privatkunden und für die Wirtschaft aber dennoch bezahlbar bleiben. Es darf nicht zu einer »*Zweiklassengesellschaft*« oder zu einer »*Energiearmut*« kommen. Auch untere Einkommensschichten müssen Strom, Gas und Wasser bezahlen können (Schlüns 2008: 95ff.). Niedrige Strompreise, die allgemein aber über Wettbewerb und nicht zu Lasten der Gewinne, sondern einseitig zu Lasten der Beschäftigten in den Stromunternehmen und ihrer Lieferanten herbeigeführt werden, sind allerdings in einer gesamtwirtschaftlichen Betrachtung nicht zielführend. Niedrige Strompreise stehen auch im *Widerspruch zum Umweltschutz*. Sie senken nicht, sondern erhöhen den Ressourcenverbrauch und machen einen forcierten, benötigten Einsatz regenerativer Energien unwirtschaftlich.»So wird die Entlastung der Haushaltskasse mit einer stärkeren Umweltbelastung und einer größeren Abhängigkeit von zukünftigen Preissteigerungen erkauft« (Hennicke/Müller 2005: 145).

4.2.4.6 Die Bundesnetzagentur erhöht den Druck

Außerdem ist noch die offene Frage zu beantworten, wie es denn überhaupt zu einem bis heute nicht vorhandenen Wettbewerb in der Elektrizitätswirtschaft kommen soll? Auch die ab 2009 gültige und verschärfte *Anreizregulierungsverordnung für die Energieversorgungsnetze (AregV)*,[157] die von der Bundesnetzagentur auf Einhaltung kontrolliert wird,[158] wird hier nicht zu den erhofften *wettbewerblichen Ergebnissen* führen. Dennoch: Die Anreizregulierung sieht zum ersten Mal eine verpflichtende (gesetzliche) *Weitergabe von Produktivitätssteigerungen* in den Strompreisen vor. Bis Ende 2018 ist so eine kumulierte Minderung der Netzentgelte – die heute ca. 25 v. H. am

---

157 Vor der ab 2009 gültigen Anreizregulierung mussten sich die Netzbetreiber von 2006 bis Ende 2008 die Netzentgelte in zwei Genehmigungsrunden von der Regulierungsbehörde gestatten lassen. Dabei handelte es sich um eine *Kostenregulierung*, bei der – inklusive kalkulatorischer Gewinnbestandteile – nur Kosten in dem Umfang in die Entgelte eingepreist werden durften, in dem sie sich auch in einem wettbewerblichen Markt einstellen. In der ersten Genehmigungsrunde der Jahre 2006 und 2007 kam es dabei zu einer durchschnittlichen Senkung der Netzentgelte von ca. 13 v. H. gegenüber den ursprünglichen Anträgen der Netzbetreiber. Vereinzelt betrugen die Kürzungen sogar 20 v. H. In der zweiten Genehmigungsrunde von 2008 ergab sich gegenüber der ersten Runde nochmals eine durchschnittliche Kürzung von 5 v. H. (vgl. Bundesnetzagentur, Jahresbericht 2008, S. 150).

158 Dabei sind zunächst zwei fünfjährige Regulierungsperioden – von Anfang 2009 bis Ende 2013 und von Anfang 2014 bis Ende 2018 – vorgesehen.

gesamten Strompreis ausmachen – um gut 18 v. H. vorgesehen. Hierdurch dürfte es schon zu einem *Rationalisierungsdruck* auf alle Netzunternehmen kommen – insbesondere auf die Betreiber der Verteilernetze ohne eigene Kraftwerkskapazitäten (Stadtwerke).[159] Erste Vorboten der Anreizregulierung sind bereits erkennbar. So zeigt beispielsweise der gerade vorgelegte Wirtschaftsplan der Stadtwerke Hannover (der zehntgrößte Stromanbieter Deutschlands mit eigenem Netz und Kraftwerke) einen *Gewinnrückgang*, der mit bröckelnden Erträgen aus dem Netzbetrieb begründet wird. Die Gewinneinbußen halten sich hier aber dennoch in Grenzen. Der Gewinn von 103 Mio. € im Jahr 2008 verringerte sich 2009 auf – immer noch – 96 Mio. €. Dies entspricht einer Gewinnreduktion um 6,8 v. H.[160] Es wäre ökonomisch aber völlig naiv zu glauben, die Anreizregulierung würde hier langfristig und nachhaltig die Preise zu Lasten der Profite senken. In der wirtschaftlichen Realität wird es vielmehr, wie bereits ausgeführt, zu Lasten der Arbeitseinkommen und/oder womöglich zu Lasten der Vorleistungsstrukturen in den Stromunternehmen gehen. Insgesamt werden die Beschäftigten noch mehr als bisher die Verlierer sein. Weitere Entlassungen sind zu erwarten und damit neue gesamtwirtschaftliche Kosten an Arbeitslosigkeit, und die verbleibende Belegschaft wird sich auf vielfältige Verschlechterungen beim Arbeitsentgelt und bei der Arbeitszeit sowie bei sonstigen Arbeitsbedingungen einstellen müssen. Auch im Bereich der unternehmerischen und betrieblichen *Mitbestimmung* sind Verschlechterungen für die Beschäftigten zu erwarten. Und wird der Preisdruck bei den Energieversorgern an den Absatzmärkten über abgesenkte Einkaufspreise zusätzlich in die Beschaffungsmärkte kanalisiert (hier kommt es bei den Elektrizitätsunternehmen zur Anwendung reichlich vorhandener Nachfragemacht), sind in aller Regel auch die Beschäftigten – dann bei den *Zulieferern* – die Verlierer. Auch hier gibt das Kapital den Druck über Entlassungen und Arbeitseinkommenssenkungen an die Beschäftigten weiter. Reicht dies alles nicht aus, kann es auch zu Lasten des Gewinns bei den Stromanbietern gehen. Dies wird sich aber in Grenzen halten.

Dafür sorgt auch die maximale *Verzinsung des eingesetzten Eigenkapitals* vor Ertragsteuern, die in der Anreizregulierung durch die Bundesnetzagentur zur Bestimmung der Preisobergrenze bei den Netzentgelten festgelegt wurde. Für Altanlagen sollte demnach der Eigenkapitalzinssatz 6,37 v. H. und für Neuanlagen 7,82 V.H. betragen.[161] Auf Druck der Stromversorger hat die Bundesnetzagentur die Werte noch

---
159 So auch das Fazit einer Studie von Jochen Diekmann, Uwe Leprich, Hans-Joachim Ziesing, Regulierung der Stromnetze in Deutschland, Düsseldorf 2007, S. 112.
160 Vgl. Hannoversche Allgemeine Zeitung vom 17.01.2009, S. 17.
161 Vgl. Bundesnetzagentur, Beschlusskammer 4 BK4-08-068.

einmal beträchtlich nach oben verbessert. Für die Dauer der ersten Regulierungsperiode von 2009 bis 2013 wurde jetzt für Neuanlagen ein Eigenkapitalzinssatz in Höhe von 9,29 v. H. und für Altanlagen in Höhe von 7,56 v. H., jeweils vor Steuern, festgelegt.[162] Dies entspricht etwa im Durchschnitt der gegebenen technischen Netzstruktur einer Verzinsung des eingesetzten Eigenkapitals vor Steuern von rund 8 v. H. Da die 8 v. H. Eigenkapitalrentabilität völlig risikolos gewährt werden, kann man sogar von einer komfortablen Verzinsung sprechen. Die Gewinne der Stromunternehmen werden jedenfalls unter einer solchen Anreizregulierung bei den Stromnetzen nicht wesentlich gekürzt werden, jedenfalls nicht in erster Linie. Preise bestehen immer aus Stückgewinnen und Stückkosten, letztere über die Wertschöpfungsstufen betrachtet aus Lohnstückkosten und Umweltgebrauch. Da liegt es nahe, dass die Beschäftigten und die Umwelt, nicht aber die Kapitaleigner die Zeche zu zahlen haben.

4.2.4.7 Netzenteignungen sind vom Tisch

Auch *staatliche Netzenteignungen* sind nicht mehr zu befürchten. Darauf haben sich die 27 EU-Länder bzw. ihre zuständigen Energieminister am 10. Oktober 2008 in erster Lesung des 3. Binnenmarktpaketes im Europäischen Rat nach langen Auseinandersetzungen und Verhandlungen geeinigt. Damit setzten sich Deutschland und acht weitere EU-Länder durch, die gegen die Pflicht zum Verkauf der Netze waren. Gefahr drohte noch vom *Europäischen Parlament*. Dieses war erst mit der Entscheidung nicht einverstanden und bestand auf einer eindeutigen *eigentumsrechtlichen Entflechtung* (Ownership unbundling) von Kraftwerken und Netzen. Kurz vor der Europawahl im Sommer 2009 stimmte dann aber auch das Europäische Parlament zu. Von der Entflechtungsforderung wären nur die *Hochspannungs-Übertragungsnetze* betroffen gewesen. Die *Verteilernetze* im Mittel- und Niedrigspannungsbereich – im Wesentlichen für das Durchleiten zentral erzeugten Stroms an die Endkunden verantwortlich – sollten dagegen nicht entflochten werden. Dies war und ist für die *Stadtwerke*, die neben eigenen Kraftwerken auch über solche Verteilernetze verfügen, extrem wichtig. Käme es auch hier zu einer eigentumsrechtlichen Entflechtung, so wäre ihre Wettbewerbsfähigkeit gegenüber den »Big-4« überhaupt nicht mehr gegeben.

Die Hochspannungs-Übertragungsnetze gehören in Deutschland nämlich ausschließlich E.ON, RWE, EnBW und Vattenfall, also den »Big-4«. Diese sollen zukünftig die Wahl haben, ob sie das Eigentum an ihren Netzen behalten oder sich von ihnen trennen wollen. E.ON und Vattenfall haben auf Grund von *kartellrechtlichen*

---

162 Vgl. Beschluss BK 4-08-068 der Bundesnetzagentur vom 07.07.2008.

Verfahren und drohenden Strafen, die in der Vergangenheit von Seiten der EU-Kommission eingeleitet wurden, Bereitschaft signalisiert, einen Verkauf in Erwägung zu ziehen. Dies gilt explizit nicht für RWE und EnBW. Es liegen nun drei mögliche Optionen für die EU-Länder vor: Entweder sie zwingen die Stromunternehmen zum Verkauf ihrer Netze, wie von der EU-Kommission ursprünglich gewünscht, oder die Regierungen können die Unternehmen verpflichten, ihre Netze einem komplett unabhängigen Treuhänder zu überantworten, und wenn dies auch nicht gewünscht ist, können die Regierungen den Stromunternehmen auch gestatten, ihre Netze in den Händen einer Tochtergesellschaft zu belassen. Deren Unabhängigkeit gegenüber dem Mutterkonzern muss jedoch im Gegensatz zu heute, einem *legal unbundling* in Form einer buchhalterischen und informatorischen sowie bei großen Stromunternehmen auch in Form einer *gesellschaftsrechtlichen Entflechtung* gestärkt werden (sog. »Dritter Weg«). Insgesamt ist es damit zu einer kaum merklichen Veränderung des bisherigen Zustands bezüglich einer Trennung von Stromerzeugung (Kraftwerke) und Netzen gekommen. Die EU-Kommission ist erbärmlich gegenüber der *Macht der Stromgiganten* und der Kritik von 8 EU-Regierungen – allen voran die Bundesregierung mit massiver Unterstützung von Frankreich – eingebrochen. Eine weitere »konzerninterne Optimierung« in Form einer »gesellschaftsrechtlichen Entflechtung« zwischen Kraftwerken und Netzen, die jetzt den »radikaleren« Varianten gleichgestellt wurde, wird auch in Zukunft nicht zu mehr Wettbewerb an den Strommärkten führen. Die Hochspannungs-Übertragungsnetze sind *Engpassfaktor* für einen funktionierenden Wettbewerb. Uwe Leprich stellt diesbezüglich zu Recht fest: »Eine an kurzfristigen Renditezielen orientierte Konzernholding wird immer alle Möglichkeiten nutzen, das Netz zur Absatzsicherung ihrer eigenen Erzeugungsanlagen strategisch zu nutzen. Diesem inhärenten Optimierungsanreiz könnte allenfalls mit einer sehr umfassenden und aufwendigen ex-post-Kontrolle seitens des Staates begegnet werden, die jedoch den unvermeidlichen Informationsvorsprung der Netzbetreiber nicht aufheben und damit das Diskriminierungspotenzial nie gänzlich neutralisieren könnte.«[163]

4.2.4.8 Bei den Kraftwerken passiert nichts

Das Bundeskartellamt mahnt zu Recht im Kontext einer vertikalen Entflechtung zwischen Netzen und Kraftwerken auch eine *horizontale Entflechtung* auf der Stromerzeugungsebene bzw. Kraftwerksebene an. Diese ist aus Sicht des Bundesverbandes Neuer

---

163 Leprich, U., Stellungnahme zum 3. EU-Energie-Paket, in: Deutscher Bundestag, 16. Wahlperiode, Ausschuss für Wirtschaft und Technologie, Ausschuss-Drucksache 16(9)985 vom 9. April 2008, S. 3.

Energieanbieter e. V. sogar noch vordringlicher als die eigentumsrechtliche Entflechtung der Netze. Nur die Netze zu entflechten, reiche für den deutschen Strommarkt zur Herstellung von Wettbewerb nicht aus, so das Bundeskartellamt. Hier läge bei den Kraftwerken ein marktbeherrschendes Erzeugerdyopol von E.ON und RWE vor, wo große Industrieunternehmen und Energiehändler sowie Stadtwerke ihren Strombedarf decken. Hinzu käme noch die vielfältige Beteiligung des Erzeugerdyopols an den Stadtwerken. Hierdurch würde die wichtige unabhängige Position der Stadtwerke im Wettbewerb gegen die »Big-4« eindeutig unterminiert. Zudem sei die hochgradige Verflechtung der marktbeherrschenden Kraftwerksbetreiber und Vorlieferanten mit der Stadtwerkeebene dazu geeignet, die jeweils relevanten Strommärkte gegenüber alternativen Lieferanten von Strom weiter abzuschotten. Daher müsse im Gesetz gegen Wettbewerbsbeschränkungen (GWB) eine Befugnis für das Bundeskartellamt aufgenommen werden, die auch eine *Zerschlagung der Stromerzeugungsebene* (der Verbundunternehmen durch horizontale Entflechtung im Bereich der Kraftwerke) ermöglicht.[164] Dies hätte aber schwerwiegende gesamtwirtschaftliche Nachteile zur Folge. Die schon erwähnten Subadditivitäten und damit die economies of scale gingen verloren.

4.2.4.9 Alternativen sind gefragt

Nach den aufgezeigten Misserfolgen in Sachen liberalisierter und auf Wettbewerb orientierter Strommärkte stellt sich die Frage, ob das *Wettbewerbsprinzip* hier überhaupt taugt? Selbst wenn es auch zu einer eigentumsrechtlichen Trennung von Netz und Kraftwerk bei den integrierten Verbundunternehmen der Stromwirtschaft (»Big-4«) käme und die Kraftwerksstufe zerschlagen würde, was wäre damit erreicht? Die Netze und Kraftwerke müssten von den heutigen Eigentümern verkauft werden. Es entstünden so zunächst ökonomisch kontraproduktive, kleinteiligere Einheiten, die aber in Kürze durch neue Konzentrationsprozesse wieder eliminiert würden. Aus Wettbewerb folgt immanent Konzentration. Außerdem bleiben *Netze* – unabhängig von der Eigentumsfrage – *natürliche Monopole* und müssten einer *staatlichen Preiskontrolle* unterzogen werden (siehe Anreizregulierung). Würden die Netze von Privaten aufgekauft, so landen sie womöglich bei Finanzanlegern (»Heuschrecken«), die nur an *kurzfristiger Profitmaximierung* zu Lasten einer nachhaltigen, ökologieorientierten

---

164 Vgl. Stellungnahme des Bundeskartellamtes zum Vorschlag der EU-Kommission für ein drittes Binnenmarktpaket Strom und Gas, Bonn 2008, in: Deutscher Bundestag, 16. Wahlperiode, Ausschuss für Wirtschaft und Technologie, Ausschuss-Drucksache 16(9)985 vom 9. April 2008.

investiven Politik interessiert sind und von denen wohl keine hinreichende Modernisierung der Netze erwartet werden kann. Aber auch dann, wenn die Netze nicht bei Finanzanlegern landen sollten, werden andere europäische Stromanbieter sich sicherlich trotz der »nur« 8-prozentigen Eigenkapitalverzinsung für die deutschen Netze interessieren. Damit würden auf einem einheitlichen europäischen Binnenmarkt für Strom wohl noch *größere Energiegiganten* entstehen, als sie schon realiter vorhanden sind, und die deutsche Versorgungssicherheit mit Strom würde vom *Ausland bzw. ausländischen Unternehmen* abhängig werden. Wie gefährlich dies ist, zeigt anschaulich der Streit um die Netzdurchleitung beim Gas von Russland nach Europa. Dies alles kann daher wohl kaum ein erklärtes politisches Ziel sein.

Unter diesen gesamten Aspekten ist gesamtgesellschaftlich nur die *Übernahme der Stromwirtschaft in öffentliches Eigentum* als ein richtiger Weg zu bezeichnen. Dies forderte Fritz Napthali (1928: 73) schon gegen Ende der 1920er Jahre im Kontext einer Debatte um »*Wirtschaftsdemokratie*« auch für die Strombranche, als er ausführte:

> »Und diese neuartigen Waren (Strom, Wasser, Verkehrsmittel, Eisenbahn- und Telegraphennetz) fügten sich schlecht dem Gesetze des freien kapitalistischen Marktes. (...) Schneller als in anderen Wirtschaftszweigen erfolgte hier der Untergang kleiner Konkurrenten, die Bildung großer Monopole, und als letzte Konsequenz jeder kapitalistischen Konzentration: die Verwandlung von privaten in öffentliche Monopole.«

Gegen eine *Verstaatlichung der Elektrizitätswirtschaft* werden aber in der Regel zwei Argumente ins Feld geführt. Erstens wird *rechtlich* polemisiert. Hier werden Verfassungsbedenken vorgebracht, zumindest langwierige rechtliche Streitauseinandersetzungen vor den Gerichten. Zu diesem Ergebnis kommt u.a. auch die Monopolkommission.[165] Diese Argumentation ist aber nicht haltbar. Womöglich langjährige Gerichtsverfahren könnten zwar ein Problem werden. Aber dann auch für die Stromanbieter – allein auf Grund des *öffentlichen Drucks,* sich einer vernünftigen gesellschaftlichen Wohlfahrtslösung zu verweigern. Und schließlich sehen Art. 14 Abs. 3 GG und Art. 15 GG eindeutig auch eine »*Enteignung von Produktionsmitteln*« zum »*Wohle der Gesellschaft*« vor. Das weitere regelt danach ein zu erlassenes Entschädigungsgesetz. Diese *Entschädigung* könnte, wenn es die Politik nur will oder der gesellschaftliche Druck auf die Politik für eine Verstaatlichung dies einfordert,[166] in Höhe

---

165 Vgl. Sondergutachten Monopolkommission »Strom und Gas 2007 – Wettbewerbsdefizite und mögliche Regulierung« vom November 2007, S. 229ff.
166 Dies scheint durchaus der Fall zu sein. Laut einer Forsa-Erhebung sprechen sich immerhin 77 v. H. der Deutschen für eine *Beteiligung des Staates* an der Strom- und Gaswirtschaft aus, vgl. »Süddeutsche Zeitung« vom 30. Oktober 2008.

der in den Unternehmensbilanzen für die Netze und Kraftwerke vorliegenden *Restbuchwerte* vorgenommen werden. Dann wäre zweitens auch die immer wieder aufgeworfene Frage nach der *Finanzierung durch den Staat* gelöst. Er erhält für sein hergegebenes Geld (Steuermittel, Verschuldung) einen adäquaten Gegenwert. Es käme lediglich zu einem *Vermögenstausch*, der sich über die zukünftigen Strompreise (Abschreibungen und Gewinne) refinanzieren würde. Will man aus politischen (ideologischen) Gründen aber keine vollständige staatliche Übernahme der Elektrizitätswirtschaft, so wäre auch ein *gemischtwirtschaftliches Modell* denkbar, bei dem der Staat beispielsweise eine Anteilsmehrheit von 75,1 v. H. hält (wie gerade bei der geplanten Teilprivatisierung der Bahn AG beschlossen).

Wie soll aber bei einer *Verstaatlichung der Elektrizitätswirtschaft* die wichtige *Preiskalkulation* aussehen? Dies ließe sich durch eine »kostenorientierte« Preisfindung ermitteln. Diese hätte alle *aufwandsgleichen Kosten* (ohne kalkulatorische Opportunitätskosten) abzubilden, die gleichzeitig einer rationalen Energiepolitik genügen würden; das heißt: die für eine Versorgungssicherheit mit Strom, einen ökologischen (nachhaltigen) Umgang mit den Ressourcen und für eine gesamtwirtschaftliche Effizienz sorgt, die mehr ist als nur eine *Politik niedriger Strompreise*. Auch *Gewinne* wären hier zu verrechnen. Aber nur in der Höhe, dass sie die langfristigen Investitionen in moderne (ökologieorientierte) Netz- und Kraftwerkskapazitäten sichern. Der Staat muss die zum Aufkauf der Netze und Kraftwerke eingesetzten Steuermittel nicht – wie dies Private von ihrem eingesetzten Kapital erwarten – einer möglichst maximalen Verzinsung (Profitrate) zuführen. Deshalb kann die Elektrizitätswirtschaft als ein *staatlicher Regiebetrieb* quasi in Form einer Non-Profit-Organisation gemanagt werden. Und es gäbe noch ein Ergebnis: Aufwendige und kostenintensive Regulierungsbehörden, die als externe staatliche Stellen eh nur wenig ausrichten können – weil ihnen schlicht und ergreifend das unternehmerische Insiderwissen fehlt, genauso wie dies für die zeitlich befristete zusätzlich durch § 29 GWB eingeführte Missbrauchskontrolle durch das Bundeskartellamt gilt – sind in einem solchen System ebenso obsolet.

Nur eine Verstaatlichung der Strombranche wird aber nicht ausreichend sein. Dies lehren viele Beispiele. Hier sei nur auf die Geschäftspolitik der sich immer noch im 100-prozentigem Eigentum des Staates befindenden *Deutschen Bahn AG* verwiesen (Engartner 2008). Entscheidend wird daher sein, ob es gelingt, die verstaatlichten Stromunternehmen durch eine *interne Demokratisierung* in eine *vergesellschaftete Elektrizitätswirtschaft* zu überführen. Dazu gehört in den Unternehmen neben einer *rechtlichen Gleichstellung von Arbeit und Kapital* (wobei das Kapital vom Staat repräsentiert wird)[167] zusätzlich eine Beteiligung der Stromnachfrager (durch Vertreter der Verbraucherverbände und des Verbandes der industriellen Kraftwerksbetreiber (VIK)) sowie eine Vertretung für die *Umwelt* (durch Umweltschutzverbände) an den unternehmerischen Entscheidungsprozessen auf höchster Leitungsebene in den Vorständen/Geschäftsführungen und Aufsichtsräten. Ohne eine Beseitigung des heute einseitig zu Gunsten des privaten und öffentlichen Kapitals bestehenden *Investitionsmonopols* zur Generierung maximaler Profitraten wird es keine gesellschaftlich rationalen Veränderungen in der Elektrizitätswirtschaft geben.

> »Kaum jemand bezweifelt, dass sich der Sozialstaat in einer tiefen Krise befindet. Aber es ist nicht, wie daraus kurzschlüssig gefolgert wird, die Krise des Sozialstaates, welche seine Fortexistenz gefährdet, sondern diejenige des bestehenden privat-kapitalistischen Wirtschaftssystems, das schon seit längerer Zeit kein ausreichendes Wachstum (anhaltende Konjunkturschwäche) und keinen hohen Beschäftigungsstand (strukturelle Arbeitslosigkeit) mehr zu gewährleisten vermag.«
> *(Christoph Butterwegge)*

4.3 Das Sozialstaatsprinzip wird in Frage gestellt

4.3.1 Herausbildung zum Sozialstaat

Neben der Umweltproblematik, die sich nicht rein markt- und wettbewerblich lösen lässt, bedarf es auf der meso-ökonomischen Ebene der Wirtschaftsdemokratie auch einer *staatlichen Sozialpolitik* zur Rektifizierung primärer – immer ungerechter und fehlallokativer – Markt- und Wettbewerbsergebnisse. Dabei muss die verfassungsrechtliche Festschreibung der Bundesrepublik als *»Sozialer Bundesstaat«* in einem langen historischen Kontext gesehen werden. In der Frühphase des Kapitalismus war der abhängige Lohnarbeiter dem unternehmerischen Kapitalisten (heute Investor genannt!) hoffnungslos unterlegen, der ihm Lohn, Arbeitszeit und Arbeitsbedingungen diktieren konnte, nicht zuletzt mit der Hilfe des Staates in Form eines *Koalitionsverbotes*, das den Arbeitern den Zusammenschluss untersagte, um durch Gewerkschaften eine *Gegenmacht* zum Kapital zu schaffen. »Die frühen Lohnarbeiter verfügen nur über die negativen Attribute liberaler Freiheit, vor allem frei von Produktionsmitteln zu sein und auch nicht besonders viele Rechte zu besitzen. Diejenigen, die nichts

---

167 Vgl. dazu ausführlich das Kap. 3.3.10.8.2 »Ein neues Mitbestimmungsmodell«.

als ihre Arbeitskraft auf dem Markte anzubieten haben und anders als die zünftigen Handwerker nicht in der Lage sind, den Preis ihrer Arbeit zu kontrollieren, können sich nicht als Teil der Gesellschaft verstehen; sie ›kampieren inmitten der abendländischen Gesellschaft (...), ohne darin Platz zu finden‹« (Altvater/Mahnkopf 2002: 32). Friedrich Engels (1845, 1976: 356) hat dies mit seiner empirischen Untersuchung über die »Lage der arbeitenden Klasse in England 1844« aufgezeigt.

> »Eine Klasse, die alle Nachteile der sozialen Ordnung zu tragen hat, ohne ihre Vorteile zu genießen, eine Klasse, der diese soziale Ordnung nur feindselig erscheint, von der verlangt man noch, dass sie diese Ordnung respektieren soll? Das ist wahrlich zu viel.«

Der Kapitalismus konnte sich aber nur entwickeln und seine *Produktivkräfte* entfalten, weil Lohnarbeit im Laufe der Zeit zu einem planbaren und relativ sicheren Leben der abhängig Beschäftigten geführt hat. Hierzu war eine entsprechende und nachhaltige *Umverteilung* von der gesamtwirtschaftlichen Gewinn- zur Lohnquote notwendig. Nur so konnte die *Teilhabe der Lohnarbeiter* am jeweils historischen Konsumniveau, ihre politische und kulturelle Partizipation und daher auch ihre Teilhabe an öffentlichen Dienstleistungen und am »sozialen Eigentum« erfolgen. Der Staat des 19. Jahrhunderts musste dazu allerdings einen Rollenwechsel vollziehen: vom »Polizisten« (Verbündeten) des Kapitals zum *sozialen Vermittler* zwischen Arbeit und Kapital, »der einerseits das Privateigentum schützt und andererseits eine von der originären Marktverteilung der Ressourcen abweichende Verteilung durchsetzt. Als *Wohlfahrts- oder Sozialstaat* wird der moderne Nationalstaat zum Verwalter des Konflikts zwischen den Klassen – auf der Basis jener Vermittlungsinstanzen, die das Lohnverhältnis institutionalisieren. Dies sind einerseits die *Netze sozialer Absicherung* im Fall von Alter, Krankheit, Arbeitslosigkeit, Erwerbsunfähigkeit, die auf die typischen Lebensbedingungen von vermögenslosen Lohnarbeitern zugeschnitten sind, und andererseits all jene Regelungen des Arbeitsrechts, die die Position der Lohnarbeiter gegenüber den Unternehmen stärken, indem sie das Angebot an Lohnarbeit (durch Arbeitsverbote, Arbeitszeitbeschränkungen, Arbeitsschutzvorschriften, die Etablierung des Tarifrechts) verknappen. Auf diese Weise wird das *Prinzip der Verteilungsgerechtigkeit* zu einer die Politik leitenden Norm. Sie findet im System des Wohlfahrtsstaats ihren institutionellen und daher förmlichen Ausdruck« (Altvater/Mahnkopf 2002: 36).

Bis sich ein *Wohlfahrts- und Sozialstaat* mit all seinen Institutionen, Regulierungen und Verfahren herausbilden konnte, der die marktliche Steuerung von Arbeitsmarkt, Einkommensverteilung und Lebensbedingungen korrigiert und ergänzt und der dem

Staat und den gesellschaftlichen Gruppen im Wirtschaftsprozess eine aktive Rolle zuweist (Bäcker/Bispinck/Hofemann/Naegele 2000: 36), verging eine lange Zeit. Ende des 19. Jahrhunderts wurde mit der vom ersten deutschen Reichskanzler Otto Fürst von Bismarck (1815-1898) ins Leben gerufenen *Sozialversicherung* zumindest der fragmentarische *Anfang eines Sozialstaats* im gerade 1871 konstituierten Deutschen Reich gemacht.

> »Die Einführung (…) war kein administrativer Akt, sondern eine weitreichende politische Entscheidung der herrschenden Klasse in Deutschland. Sie hatte aus den Erfahrungen mit der Pariser Kommune von 1871 gelernt. Mit dem Konzept von ›Zuckerbrot und Peitsche‹ sollte das bestehende Gesellschaftssystem überlebensfähig gemacht werden« (Deppe 2000: 12).

Richtig etablieren konnte sich ein Sozialstaat in Deutschland aber erst nach dem Zweiten Weltkrieg, obwohl schon in der *Weimarer Reichsverfassung* die soziale Sicherung erstmals als *Staatsziel* aufgenommen wurde. Während der Weimarer Zeit (1918 bis 1933) kam es aufgrund der *instabilen ökonomischen Verhältnisse* (Inflation, Weltwirtschaftskrise), aber auch vor dem Hintergrund *politischer Zerrissenheit*, noch zu keiner großartigen gesetzlichen Verankerung sozialer Belange, mit der Folge, dass auf dem Höhepunkt der Weltwirtschaftskrise 1932/33 für die arbeitslosen Massen kein wesentliches soziales Netz vorhanden war. »Insgesamt blieb – aus heutiger Sicht betrachtet – das Leistungsniveau kärglich und das Leistungsspektrum auf wenige Risiken und Bevölkerungsgruppen beschränkt. (…) Auch die in der Weimarer Republik eingeführte Arbeitslosenversicherung[168] bestand die Bewährungsprobe nicht, vor die sie in der Weltwirtschaftskrise gestellt wurde« (Bäcker/Bispinck/Hofemann/Naegele 2000: 27). Das Fehlen eines stabilen Sozialstaats während der Weimarer Zeit hat sicher mit dazu beigetragen, dass in Deutschland die Nationalsozialisten die Macht an sich reißen konnten. Keynes hatte mit seinem 1936 erschienenen Werk auf die kapitalismusimmanente Schwäche hingewiesen.[169]

---

168 Die *Arbeitslosenversicherung* wurde als »Faulheitsprämie« diffamiert, obwohl sie nur relativ kurze Zeit mit geringsten Hungerbeträgen gewährt wurde und 1931 z. B. überhaupt nur 43 v. H. aller Arbeitslosen in ihren Genuss kamen. Beitragserhöhungen von 3 auf bis zu 4 v. H. des Monatslohns zur Arbeitslosenversicherung wurden von den *Gewerkschaften* vorgeschlagen. Die *Unternehmerverbände*, die die Hälfte der Versicherungsbeiträge zu tragen hatten, lehnten dies aber ab. Sie wollten rigide Leistungssenkungen durch umfassende Bedürftigkeitsprüfungen bei Verheirateten, Jugendlichen, Alten, Saisonarbeitern usw., denn so konnte gleichzeitig die – ohnehin minimale – Lohn stabilisierende Funktion der Arbeitslosenversicherung für alle Beschäftigten ausgehebelt werden (Rossmann 1982: 62).
169 Vgl. dazu ausführlich das Kap. 4.4.4 »Vom Ordoliberalismus zum »Bastard-Keynesianismus«.

»Die hervorstechenden Fehler der wirtschaftlichen Gesellschaft, in der wir leben, sind ihr Versagen, für Vollbeschäftigung Vorkehrung zu treffen, und ihre willkürliche und unbillige Verteilung des Reichtums und der Einkommen.«

Kritische Ökonomen wie Robert Friedlaender-Prechtl, Heinrich Dräger, Wilhelm Lautenbach und Wladimir Woytinsky legten noch vor Ausbruch der Weltwirtschaftskrise 1929 wirtschaftspolitische Alternativen zur damals orthodoxen (liberalen) ökonomischen Mehrheitsmeinung *Brünigscher Deflationspolitik* vor (Zinn 2002b: 165ff.). Da sie sich aber damit nicht durchsetzen konnten, kam es zur *deutschen* Katastrophe, die in den Zweiten Weltkrieg mündete, an dessen Ende über 50 Millionen Tote zu beklagen waren. Die Repräsentanten des Kapitals, die Rechtsparteien und Reichspräsident Paul von Hindenburg (1847-1934)[170] hatten 1933, auf dem Höhepunkt der Krise, keine Probleme damit, die politische Macht in die Hände eines verbrecherischen Nazi-Regimes zu legen (Hörster-Philipps 1979: 38ff.).

4.3.2 Ausbau und Krise des Sozialstaats

Der Nachkriegssozialstaat konnte sich im Gegensatz zur Weimarer Republik in der Bundesrepublik vor dem Hintergrund der verfassungsrechtlichen Absicherung in den Artikeln 20 und 28 des Grundgesetzes und aufgrund eines noch *arbeitsintensiven Wachstums*, das zu einer kurzen Phase von *Vollbeschäftigung* führte (die Jahre des so genannten deutschen »Wirtschaftswunders«), nicht nur etablieren, sondern es kam auch zu einem qualitativen und quantitativen Ausbau an Sozialleistungen; insbesondere unter der Kanzlerschaft von Willy Brandt (SPD) von 1969 bis 1974. »Besonders zu erwähnen sind der Ausbau der Versorgungsstandards im *Gesundheitswesen* und die Betonung von Prophylaxe und Rehabilitation, die Bereitstellung eines breiten Spektrums professioneller sozialer Dienste und Einrichtungen, die Einleitung einer aktiven *Arbeitsmarkt- und Qualifizierungspolitik*, die Forcierung einer sich an Chancengleichheit orientierenden *Bildungspolitik*, die Ansätze zur *Humanisierung der Arbeitswelt* sowie die Einführung des *Familienlastenausgleichs*. Die bestehenden Sozialversicherungszweige wurden in Bezug auf ihren Deckungsgrad, die Art der geschützten Risiken, den erfassten Personenkreis und die Höhe des Leistungsniveaus weiterentwickelt, und durch die Einführung der *dynamischen Rente* kam das Prinzip der Lebensstandardsicherung zum Durchbruch. Insgesamt verstärkte sich die Dominanz des Sozialversicherungsprinzips im System der sozialen Sicherung. Auf der anderen Seite wurde durch

---

170 Hindenburg war als Kandidat der Rechten am 26. April 1925 zum Reichspräsidenten und am 10. April 1932 wiedergewählt worden. Durch die Berufung von Hitler zum Reichskanzler im Januar 1933 übertrug Hindenburg die Macht auf die Nationalsozialisten.

die *Sozialhilfe* eine Form der Grundsicherung geschaffen, die zwar von der Sozialversicherung abgeschottet blieb, die traditionellen Elemente der Armenfürsorge allerdings stark einschränkte und die Bedeutung individueller sozialer Hilfen unterstrich« (Bäcker/Bispinck/Hofemann/Naegele 2000: 26ff.). Dennoch blieb bei der Neuordnung der politischen und ökonomischen Konstituierung der Bundesrepublik das *Sozialstaatsgebot* inhaltlich unbestimmt – es legte nicht fest, »welche sozialpolitischen Leistungen in welcher Höhe und Reichweite erforderlich sind – aber in seiner *Rechtsprechung* hat das Bundesverfassungsgericht das Sozialstaatsprinzip mehrfach als Verpflichtung des Staates interpretiert, für einen Ausgleich der sozialen Gegensätze und für eine gerechte Sozialordnung zu sorgen und die Existenzgrundlagen der Bürger zu sichern und zu fördern« (Bäcker/Bispinck/Hofemann/Naegele 2000: 36f.).

Nach dem Nachkriegsaufbau und der Herausbildung eines Sozialstaates geriet dieser aber durch die schwere Wirtschaftskrise in der Bundesrepublik von 1974/75 unter Druck. Das reale Bruttoinlandsprodukt stieg 1974, auch in Folge der Ölpreiskrise 1973, nur noch um 0,4 v. H. und im Jahr 1975 ging es um 0,9 v. H. zurück, während die Arbeitslosigkeit auf die damals magische Höhe von über einer Million stieg. Mit der Krise setzte eine *verschärfte Rechtsopposition* in der Wirtschafts- und Sozialpolitik ein. »1976 zog die CDU/CSU mit der Parole ›Freiheit statt Sozialismus‹ in den Wahlkampf. Der Soziologe Helmut Schelsky (1912-1984) monierte in einer Publikation die Bevormundung des Menschen durch einen bürokratischen ›Versorgungsstaat‹, welcher zur ›Wohlfahrtsdiktatur‹ bzw. ›Herrschaft der Funktionäre‹ entartet sei und die persönlichen Entfaltungsmöglichkeiten aller Bürger beschneide, was die *Selbstheilungskräfte des Marktes* lähme. Die neoliberale These, wonach der Sozialstaat die Freiheit des einzelnen und die demokratische Regierungsform gefährdet, verband Friedrich August von Hayek (1899-1992) mit einem Angriff auf die als ›Fata Morgana‹ apostrophierte und damit kurzerhand ins ›*Reich der Wahnvorstellungen*‹ verwiesene soziale Gerechtigkeit. (…) In der politischen und Fachöffentlichkeit mehrten sich zur selben Zeit bereits die Kassandrarufe mit Blick auf angeblich erreichte oder überschrittene ›Grenzen des Sozialstaates‹, nicht nur von neokonservativer bzw. wirtschaftsliberaler, vielmehr auch von *sozialdemokratischer Seite*. (…) Durch erste, noch relativ moderate Leistungskürzungen und schärfere Anspruchsvoraussetzungen sollten die öffentlichen Finanzen konsolidiert und die privaten Investitionen stimuliert werden. Das *Haushaltsstrukturgesetz* 1975 markierte eine historische Zäsur: Während die Nachkriegsperiode der sozialpolitischen Expansion zu Ende ging, begann eine Phase der Stagnation und Regression. Das so genannte *Krankenversicherungs-Kostendämpfungsgesetz* ließ die Stoßrichtung der ›Sparmaßnahmen‹ 1977 schon viel deutlicher erkennen: Die steigenden Kosten des Gesundheitswesens wurden nicht durch Verringerung der Einnahmen von Ärzten, Apothekern und Pharmakonzernen gesenkt, sondern umverteilt, d. h. den Patient(inn)en und Versicherten aufgebürdet« (Butterwegge 2001: 39).

Mit der *Wirtschaftskrise 1981/82* und der Regierungsübernahme durch Helmut Kohl (CDU) endete die knapp 13 Jahre währende sozial-liberale Koalition aus SPD und FDP, die letztlich an den gegensätzlichen Vorstellungen zur *Sozialpolitik* scheiterte. Die FDP erhob gegenüber den Sozialdemokraten »unannehmbare Forderungen nach spürbarer Verbesserung der Kapitalerträge und Verbilligung des Faktors Arbeit durch Senkungen der Sozialleistungsquote« (Butterwegge 2001: 43). Dem lag ein Memorandum des FDP-Wirtschaftsministers Otto Graf Lambsdorff zugrunde,[171] der die Eckpunkte eines künftigen politischen Koordinatensystems beschrieb und das Startsignal für die Kohl-Ära gab. »Hier wird ›Reform‹ erstmals zu einem *Abbaubegriff* umdefiniert, der Sozialstaat zur Disposition gestellt. Alle Politikbereiche, einschließlich der Bekämpfung von Arbeitslosigkeit, werden an die Regeln und Gesetze marktwirtschaftlichen Handelns gebunden« (Negt 2002: 127). Obwohl es bereits unter der Kanzlerschaft von Helmut Schmidt (SPD) Einschnitte ins soziale Netz gegeben hatte, wurde nun der Kurs quantitativ verschärft. Mit der Parole *»Leistung muss sich wieder lohnen«* zog die neue Bundesregierung gegen Sozialleistungen und einen angeblich *überbordenden Sozialstaat* zu Felde. Es kam zu deutlichen Leistungskürzungen bei gleichzeitiger Privatisierung der sozialen Risiken durch Selbstbeteiligung an den Kosten. Ob in der Kranken- oder Rentenversicherung, bei der Kriegsopferversorgung, Sozialhilfe, BAföG, Wohngeld, Kindergeld: Überall wurde der Rotstift angesetzt (Arbeitsgruppe Alternative Wirtschaftspolitik 1983: 106ff.).

Auch in den *Massenmedien* fand ein Paradigmenwechsel statt: »Hatten sie den deutschen Sozialstaat früher als Modellfall gelobt, galt er nunmehr als historisches Auslaufmodell. Selbst manipulative Methoden benutzen Journalisten, wenn es gilt, sozialen Missbrauch zu skandalisieren und in einer Art zu präsentieren, die den Wohlfahrtsstaat als ›Selbstbedienungsladen‹ für ›Arbeitsunwillige‹, ›Abzocker‹ und ›Sozialschmarotzer‹ erscheinen lässt: ›Trotz politischer Unterschiede herrscht in den Medien eine große Übereinstimmung in der symbolischen Verortung des Sozialstaats als Problemfall.‹ Statt über seine Leistungen und Leistungslücken zu berichten, denunzieren ihn die meisten Publizisten als bloße Last, der sich die Politik entledigen müsse, um die internationale Konkurrenzfähigkeit der Bundesrepublik Deutschland zu erhalten oder wiederherzustellen« (Butterwegge 2001: 45f.).

---

171 Vgl. »Konzept für eine Politik zur Überwindung der Wachstumsschwäche und zur Bekämpfung der Arbeitslosigkeit«. Memorandum des Bundeswirtschaftsministers Otto Graf Lambsdorff vom 9. September 1982, dokumentiert in: (Bölling 1982: 121ff.).

122 Jahre Sozialgeschichte und -gesetze

17. November 1881: Reichskanzler Bismarck verliest vor dem Reichstag eine Botschaft Kaiser Wilhelms I., in welcher der Aufbau einer gesetzlichen Sozialversicherung in Aussicht gestellt wird.

15. Juni 1883: Das Krankenversicherungsgesetz für Arbeiter wird verkündet. Kernstück ist die Einführung des Versicherungszwangs. Die Beiträge sollen je zur Hälfte von den Arbeitgebern und den Arbeitnehmern gezahlt werden.

6. Juli 1884: Das Unfallversicherungsgesetz tritt in Kraft.

22. Juni 1889: Die Invaliditäts- und Altersversicherung für Arbeiter wird eingeführt.

19. Juli 1911: Die Reichsversicherungsordnung (RVO) fasst die sozialversicherungsrechtlichen Bestimmungen zusammen.

16. Juli 1927: Das Gesetz über Arbeitsvermittlung und Arbeitslosenversicherung begründet einen Rechtsanspruch auf Arbeitslosenunterstützung.

24. Mai 1949: Das Grundgesetz (Artikel 20, Abs. 1) definiert die Bundesrepublik Deutschland als Sozialstaat.

22. Februar 1951: Die Selbstverwaltung in der Sozialversicherung, die 1933 von den Nationalsozialisten abgeschafft worden war, wird wieder eingeführt.

23. Februar 1957: Adenauers Rentenreform führt die Bruttolohnbezogene Anpassung der Renten an die Einkommensentwicklung ein (Rentendynamisierung). Zur Finanzierung wird das Umlageverfahren festgelegt.

1. Juni 1962: Das Bundessozialhilfegesetz löst das Reichsfürsorgegesetz von 1924 ab.

1. Januar 1970: Arbeiter und Angestellte erhalten bei Arbeitsunfähigkeit durch Krankheit sechs Wochen lang das volle Arbeitsentgelt vom Arbeitgeber (Lohnfortzahlungsgesetz).

16. Oktober 1972: Die Rentenversicherung wird auf Selbständige und Hausfrauen ausgeweitet. Die flexible Altersgrenze und die Rente nach Mindesteinkommen werden eingeführt.

1. Januar 1976: Das Krankenversicherungs-Weiterentwicklungsgesetz tritt in Kraft.

1. Januar 1989: Das erste größere Gesundheitsreformgesetz tritt in Kraft.

3. Oktober 1990: Das gesamte Spektrum der sozialen Sicherungssysteme wird auf die neuen Bundesländer ausgedehnt.

1. Januar 1992: In einer Neuordnung der Rentenversicherung wird die bruttolohnbezogene Rentenformel auf die Nettolohnentwicklung umgestellt und das Renteneintrittsalter von 65 Jahren zur Regel erhoben.

1. Januar 1995: Unter dem maßgeblichen Einfluss des damaligen Bundesarbeitsministers Blüm tritt das Pflegeversicherungsgesetz als fünfte eigenständige Säule des sozialen Sicherungssystems in Kraft.

16. Dezember 1997: Die Bundesregierung unter Bundeskanzler Kohl legt ihren Rentenreformentwurf für 1999 vor, dessen Kernelement die Einführung eines demographischen Faktors zur Senkung des Rentenniveaus ist. Erstmals steigt der Beitragssatz zur Rentenversicherung 1997 über 20 v. H.

19. Dezember 1998: Die neugewählte rot-grüne Koalition setzt den demographischen Faktor aus.

26. Juni 2001: Mit dem Altersvermögensgesetz wird die so genannte Riester-Rente zur privaten ergänzenden Vorsorge im Alter eingeführt.

14. März 2003: Bundeskanzler Schröder legt seine Agenda 2010 vor, in der seine Vorschläge zum Um- und Abbau des Sozialstaats zusammengefasst sind.

Endgültig wurde dem Sozialstaat mit dem Zusammenbruch des realexistierenden Sozialismus gegen Ende der 1980er Jahre der Krieg erklärt. Durch den Wegfall der *Systemkonkurrenz* gewann das Kapital vollends die Oberhand. Musste bisher im Westen, aufgrund der Systemalternative, noch Rücksicht auf die sozialen Belange genommen werden, so wurde nun alles Soziale als kontraproduktiver, die private Wirtschaft schwächender Faktor dargestellt (Butterwegge 2003c: 8). So hatte die Kohl-Regierung keine Probleme damit, die sich aus dem Zusammenbruch der Sowjetunion ergebende deutsche *Wiedervereinigung* maßgeblich aus den Sozialkassen und nicht, wie es richtig gewesen wäre, aus allgemeinen Steuermitteln zu finanzieren. Hierdurch wurden nicht alle Gesellschaftsschichten zur Finanzierung der Wiedervereinigung herangezogen, sondern überwiegend die *abhängig Beschäftigten*, während Beamte und Selbständige völlig befreit wurden (Hickel/Priewe 1994: 161). Im Gegenteil: Insbesondere Unternehmer wurden mit *Steuergeschenken* und *Abschreibungserleichterungen* überschüttet, um sie zu Investitionen zu animieren. Dafür musste sich der Staat, neben den Belastungen aus dem Aufbau einer öffentlichen Infrastruktur, massiv über Kredite verschulden. Die *Staatsverschuldung* stieg extrem an (vgl. dazu ausführlich das Kap. 4.4.8).

Die Liste der Kürzungen, mit denen die CDU/CSU/FDP-Regierungen in den 1990er Jahren in die sozialen Leistungsgesetze eingriffen, ist lang und kaum überschaubar. »Sie senkte erstens das Leistungsniveau aller Versicherungszweige, vor allem der gesetzlichen Kranken- und Rentenversicherung, was Privatkassen und Versicherungskonzernen viele Besserverdienende in die Arme trieb. So wurde das finanzielle Fundament des von Beiträgen abhängigen Sicherungssystems untergraben und die nächste ›Sparrunde‹ vorprogrammiert. Zweitens verstärkte die Bundesregierung ihren Druck auf Arbeitslose und Sozialhilfebezieher, damit diese schlechter bezahlte und tarifrechtlich ungeschützte Beschäftigungsverhältnisse akzeptieren, was wiederum mit niedrigeren Löhnen und Gehältern die Einnahmen der Sozialversicherungen verringerte. Gleichwohl wurde der Sozialstaat nicht nur zum Auslöser jener Beschäftigungskrise erklärt, deren Hauptleidtragender er war, und zum Sündenbock für die verfehlte Regierungspolitik gemacht, sondern geriet zugleich in einen Teufelskreis sinkender Beiträge und Leistungsgarantien« (Butterwegge 2001: 50). Als besonders dreist muss hier die 1996 durchgeführte Kürzung der *Lohnfortzahlung im Krankheitsfall* (von 100 auf 80 v. H.) und des sich nach sechs Wochen anschließenden Krankengeldes (von 80 auf 70 v. H. des Bruttoeinkommens) eingestuft werden (Bontrup 1996b: 405ff.). Massive Proteste und Streiks der Arbeitnehmer verhinderten hier zumindest die Umsetzung der Gesetzesbestimmungen im Tarifvertragsrecht. »Sozialpolitik im Sinne der Minderung sozialer Risiken und Schließung von Lücken sozialstaatlicher Absicherung fand am *Ende der Kohl-Ära* längst nicht mehr statt. Sozialpolitik war zum wichtigen Schauplatz einer Wirtschafts- und Finanzpolitik geworden, die im Zeichen neoliberaler ›Standortsicherung‹ vor allem den verteilungspolitischen Begehrlichkeiten der privaten Wirtschaft und der Besitzenden zu dienen hatte. Das Gebot der ›*Sozialpflichtigkeit des Eigentums*‹ war in sein Gegenteil verkehrt. Die sozialen Sicherungssysteme und diejenigen, die auf sie angewiesen sind, wurden mit dem Kurs auf Entlastung der Wirtschaft bei *Steuern*, *Abgaben* und *Arbeitskosten* gleichsam der Akkumulation privaten Reichtums an der Spitze der Einkommens- und Vermögenshierarchie und den *spekulativen Finanzmärkten* tributpflichtig gemacht. Das Ausbleiben der versprochenen konjunktur- und beschäftigungspolitischen Segnungen der Umverteilung von unten nach oben beantwortete Schwarz-Gelb stets mit höherer Dosierung der gleichen Rezeptur. Die Finanzprobleme der Sozialversicherung spitzten sich in Folge einer neuen Rekorderwerbslosigkeit und der Ausbreitung sozialversicherungsfreier (›geringfügiger‹) Beschäftigungsverhältnisse zu. Für zusätzliche Einnahmeausfälle sorgte eine unzureichende Lohn- und Gehaltsentwicklung, die teils dem ›natürlichen‹ Druck der Erwerbslosigkeit, teils aber auch politisch forcierter Lohnzurückhaltung geschuldet war. Zudem trug die Sozialversicherung, vor allem die *Rentenversicherung* (vgl. dazu ausführlich das Kap. 4.3.3), einseitig die sozialen Folgekosten der deutschen Vereinigung« (Kreutz 2003: 464). Kurz nach der Abwahl und dem Ende der Kohl-Ära 1998 zog der Soziologe Heinz Niedrig eine vernichtende sozialpolitische Bilanz der CDU/CSU/FDP-Regierungen, die 1982 den Bürgern gegenüber mit dem Versprechen einer »geistig-moralischen Erneuerung« und mit der Parole »Mut zur Zukunft« angetreten waren:

> »Noch nie waren die Schlangen Hilfesuchender vor den Sozialämtern so lang und die Belastung ihrer Mitarbeiter so unbeschreiblich groß wie heute, noch nie waren so viele Kinder und Jugendliche in unserem Land arm wie heute, noch nie lebten so viele Bürger wie heute in der Subkultur Armut, und noch nie hatten so viele Menschen keine Hoffnung, keine Perspektiven, keine Visionen und keinen Glauben an die Selbstheilungskräfte der Wirtschaft und an eine problemlösende Politik« (Niedrig 1998: 299).

Nicht zuletzt infolge der völlig verfehlten und ungerechten Politik des *Sozialabbaus*, – allein im Geschäftsbereich des Bundesarbeits- und Bundessozialministers Norbert Blüm (CDU) sind rund 98 Milliarden DM an Sozialleistungen während der Kohl-Ära abgebaut worden –,[172] wurde im September 1998 eine rot-grüne Bundesregierung, als Koalition aus SPD und Bündnis90/Die Grünen, mit Gerhard Schröder (SPD) als Bundeskanzler gewählt. Der überraschend hoch ausgefallene Erfolg bei den Wahlen,[173] die bei der SPD unter dem Slogan »*Innovation und Gerechtigkeit*« standen, war mit der Erwartung verbunden, nach der neoliberalen Entfesselung der Marktkräfte durch die Kohl-Regierung würde wieder das *Primat der Politik* durchgesetzt. Getreu diesem Wählerauftrag stand der Koalitionsvertrag vom Herbst 1998 unter der zu-

---

172 Antwort der Bundesregierung auf die Große Anfrage der SPD – Zwischenbilanz zum Abbau von sozialen Leistungen, in: Bundestagsdrucksache 13/9099, S. 8.
173 Von insgesamt 669 Bundestagsmandaten erhielt die SPD 298 (44,5 v. H.), die CDU/CSU 245 (36,6 v. H.), Grüne 47 (7,0 v. H.), FDP 43 (6,4 v. H.) und die PDS 36 (5,4 v. H.). Vgl. Blätter für deutsche und internationale Politik, Heft 2/1999, S. 253.

kunftsweisenden Triade: »*Arbeit, Umwelt, soziale Gerechtigkeit*«. Schon kurz nach dem Regierungswechsel wurden einige sozialpolitische Maßnahmen der Kohl-Regierung zurückgenommen. Dazu zählten die Wiederherstellung des Kündigungsschutzes auch in Kleinbetrieben, die Rückkehr zur vollen gesetzlich garantierten Lohnfortzahlung im Krankheitsfall sowie im Gesundheitssektor die Senkung der Zuzahlungsbeträge für Medikamente. Auch wurde ein Sofortprogramm zum Abbau der Jugendarbeitslosigkeit (»JUMP«) mit einem Budget von 2 Mrd. DM aufgelegt. Von einer Umlage für Betriebe, die nicht ausbilden, war hingegen keine Rede mehr, obwohl der SPD-Jugendparteitag 1996 in Köln eine solche Regelung als »strategische Weichenstellung für den Bundestagswahlkampf« beschlossen hatte. Auch wurde die 1997 von der alten schwarz-gelben Regierung beschlossene Anhebung des allgemeinen Rentenalters auf 65 Jahre ausdrücklich nicht zurückgenommen. Um die in den 1990er Jahren ausgeuferten geringfügigen Beschäftigungsverhältnisse (630-DM-Jobs) einzudämmen,[174] wovon in erster Linie die Unternehmer profitierten, weil sie Arbeitskosten aufgrund nicht zu zahlender Sozialversicherungsbeiträge sparen und zudem flexibel über ihre Arbeitskraft verfügen konnten,[175] landete die Schröder-Regierung bereits kurz nach der Wahl ihren *ersten Flop*, wie die Arbeitsgruppe Alternative Wirtschaftspolitik feststellte. »Die 630-DM-Jobs sind nicht in erster Linie ein sozialversicherungsrechtliches Problem, sondern ein *Arbeitsmarktproblem* – erst hieraus entwickeln sie sich zu einem Problem für die Sozialkassen und die soziale Sicherung. Alle diejenigen, die von Rot-Grün eine sozialstaatlich effiziente Regelung erwartet haben, müssen bitter enttäuscht sein; mit dem vorliegenden Plan wird kein einziges der zuvor anvisierten Ziele erreicht werden können: Soziale Sicherungslücken werden nicht geschlossen, die soziale Absicherung von Frauen wird nicht verbessert, eine Umwandlung in sozialversicherte Teilzeit- oder gar Vollzeitarbeitsplätze wird nicht bewirkt, und der weiteren Aufsplittung von Arbeitsverhältnissen wird kein Riegel vorgeschoben. Im Gegenteil: Durch die Angleichung des Schwellenwertes in den neuen Ländern – bisher 530 DM – an den des Westens wird dort das prekäre Arbeitsmarktsegment zunächst sogar um rund 20

---

174 Von 1987 bis 1997 hatte die Zahl der geringfügig Beschäftigten um 74 v.H. zugenommen, so dass etwa 5 v.H. des gesamten Arbeitsvolumens unter diesen Bedingungen verausgabt wurden.

175 Auch für einen Teil der Beschäftigten waren solche geringfügige Beschäftigungsverhältnisse attraktiv: Konnten beispielsweise Ansprüche an die Krankenversicherung über Familienmitglieder erworben werden, stellten sich 630 DM vielen als *Nettozuverdienst* dar. Problematisch wird es aber für diejenigen, denen »normale« Familienverhältnisse keinen Zugang zum »Normalarbeitsverhältnis« erlauben. Frauenarbeit ist gerade durch die Zunahme der geringfügigen Beschäftigung vielfach auf den Status des Zuverdienstes beschränkt geblieben, wodurch es alleinstehenden Frauen of sehr schwer fällt, Existenz sichernde Beschäftigung zu finden.

v. H. ausgeweitet. Statt Probleme zu lösen, werden neue geschaffen – auf dem Arbeitsmarkt, aber auch im Steuerrecht, wo erstmals eine Einkommensart völlig von der Besteuerung freigestellt werden soll. Die (...) einzig saubere Lösung wäre die grundsätzliche Sozialversicherungspflicht oberhalb einer undynamisierten Bagatellgrenze von 200 DM mit Individualbesteuerung und unter Beibehaltung der so genannten Geringverdienergrenze, der zufolge der Arbeitgeber bis zu einem Bruttoentgelt von 630 DM auch den Arbeitnehmeranteil am Sozialbeitrag zu tragen hat. Für diesen Fall stünden auch der Angleichung des Ost- an den West-Schwellenwert keine Bedenken entgegen« (Arbeitsgruppe Alternative Wirtschaftspolitik 1999: 38).

Nach diesem ersten Flop und dem schwerwiegenden Rücktritt von Bundesfinanzminister Oskar Lafontaine (SPD)[176] im Frühjahr 1999 schwenkte die Bundesregierung dann auf allen Feldern der Wirtschafts- und Sozialpolitik um. Lafontaine und seine beiden Staatssekretäre Heiner Flassbeck und Claus Noé hatten sich noch gegen den *neoliberalen Mainstream* gewandt. Zur Bekämpfung der Massenarbeitslosigkeit präferierten sie eine Stärkung der *Binnenkonjunktur* und der Massenkaufkraft durch *Senkung der Steuern für Geringverdiener* und eine *expansive Geldpolitik* der Europäischen Zentralbank sowie eine *neue Weltfinanzordnung* zur Eindämmung der Dominanz internationaler Finanzmärkte und spekulativer Finanzgeschäfte. Nach dem Rückzug von Lafontaine, der zu wenig Rückhalt innerhalb der eigenen Partei, aber auch bei den Gewerkschaften und in den Medien fand, kam es dann zu einer radikalen politischen *Kurskorrektur* gegenüber den zuvor im Koalitionsvertrag formulierten Vorstellungen einer zukünftigen Wirtschaftspolitik. Der damalige Kanzleramtschef Bodo Hombach (SPD) formulierte den Paradigmenwechsel in seinem Buch »Aufbruch. Die Politik der Neuen Mitte«, wie folgt:

> »Wir brauchen Gleichheit beim Start, nicht im Ergebnis, eine Politik der zweiten Chance. Das Stichwort ist der aktivierende Staat. Wir müssen Instrumente in die Hand nehmen, die Selbsthilfe, Eigeninitiative und Unternehmertum fördern« (Hombach 1998: 12).

Die Wirtschaft sollte noch mehr als bisher in den Vordergrund gerückt werden und die Oberhoheit bei der Definition moderner Politik erhalten. »Das Datum dieses neuerlichen *Politikwechsels* lässt sich ziemlich präzise bestimmen«, schreibt Rudolf Hickel (2000: 907):

---

176 Gleichzeitig trat Lafontaine als SPD-Parteivorsitzender zurück. An den weltweiten Börsen kam es dadurch zu massiven Kurssteigerungen. Lafontaine, der mit seinen wirtschaftspolitischen Forderungen das internationale Kapital angriff, wurde in einer britischen Zeitung als der »gefährlichste Mann Europas« bezeichnet.

»Die Einschränkung der Steuervorteile im Rahmen der Rückstellungsbildung in der Versicherungs- und Energiewirtschaft löste heftige Proteste der Wirtschaft gegen die Bundesregierung aus. Die Zusage des Bundeskanzlers im März 1999, künftig solche Belastungen nicht mehr zuzumuten bzw. rückgängig zu machen, beendete den ersten Versuch einer rot-grünen Wirtschafts- und Finanzpolitik. (...) Überall entdeckte nun Rot-Grün ›Reformstau‹ und schritt zur ›Modernisierung‹, wie von den Unternehmensverbänden gefordert. Eilfertig wurden sozialer Schutz, die tarifliche Gestaltung der Arbeitsverhältnisse sowie die gesamtwirtschaftliche Verantwortung für Beschäftigung und Umwelt in Modernisierungsbremsen uminterpretiert. (...) Die Koalitionäre loben ihren Mut, soziale Grausamkeiten entschieden durchzusetzen. Mit pathetischem Stolz wird eine Politik angepriesen, die endlich auch jene Hemmungen der Vorgänger beim Umbau der Wirtschaft zu Lasten sozialer Sicherung zu überwinden vermag. Endlich die ›sozialen Besitzstände‹ der sozial Schutzwürdigen zu knacken, das nennt man in Berlin heute einen ›Beitrag zur Nachhaltigkeit‹«.

Daniel Kreutz, 1990 bis 2000 Abgeordneter der Grünen im Landtag von Nordrhein-Westfalen, kommt in einer Analyse der Sozialpolitik von Rot-Grün zu dem Ergebnis:

»Rot-Grün hat das düstere Szenario des Jahres 1998 nicht aufgehellt, sondern – teils in bislang beispielloser Weise – weiter verfinstert. Die bekannten Axiome neoliberaler Standortpolitik (Senkung der Steuer- und Abgabenbelastung der Wirtschaft, Senkung der Arbeitskosten etc.) blieben unverändert Leitlinien der Regierungspolitik. Während 1999 das ›größte Sparpaket in der Geschichte der Bundesrepublik‹ (Eichel) allein die Erwerbslosen mit gut einem Drittel des Sparvolumens von ca. 15 Mrd. Euro belastete, brachte die Unternehmenssteuerreform 2000 den Arbeitgebern und insbesondere den großen Kapitalgesellschaften einen beispiellosen Entlastungsschub, der auch die Haushalte von Ländern und Kommunen in bislang unbekanntem Ausmaß unter Druck bringt und dort neue ›Sachzwänge‹ für die Streichung sozialer Leistungen schafft« (Kreutz 2003: 465).

Mit dem unrühmlichen *Schröder/Blair-Papier* (1999) wurde dann endgültig der so genannte »*aktivierende Sozialstaat*«[177] ausgerufen, der das Sicherheitsnetz aus Ansprüchen in ein »Sprungbrett« in die »Eigenverantwortung« nach dem Motto »*Fördern und Fordern*« umwandeln will. In Wirklichkeit denkt man aber an *Leistungsentzug*. Die Entwicklung der *Armutsquoten* (vgl. Tab. 29) ist dabei das Spiegelbild dieser Entwicklung (Butterwegge 2009).

Parallel zur »sozialpolitischen Kälte« verfolgte die Schröder-Regierung mit dem »*Bündnis für Arbeit, Ausbildung und Wettbewerb*« von Anfang an eine Fokussierung auf eine angeblich notwendige *Verbesserung der internationalen Wettbewerbsfähigkeit* und vor allem auf eine *Sanierung der öffentlichen Haushalte*, die durch Einsparpolitik in den Sozialhaushalten zur Senkung der Lohnnebenkosten und durch eine Ausweitung

---

177 Zur Kritik an der Konzeption des so genannten »*aktivierenden Sozialstaats*« vergleiche ausführlich: Arbeitsgruppe Alternative Wirtschaftspolitik 2001: 219ff.

*Tab. 29: Armutsquoten in Deutschland**

Jahr	Westdeutschland	Ostdeutschland	Deutschland
1992	10,3	11,0	10,5
1995	12,9	9,1	12,1
2000	13,0	13,2	13,0
2005	12,0	15,0	13,0
2007	13,0	20,0	15,0

* Die Armutsgrenze beträgt 50 v. H. des gesamtdeutschen Mittelwerts des jährlichen Nettoäquivalenzeinkommens. Der Schwellenwert, ab dem eine Person 2007 als armutsgefährdet gilt, lag bei einem Einkommen von weniger als 913 € monatlich. Für eine Familie mit zwei Kindern unter 14 Jahre belief sich der Grenzwert auf 1.917 € im Monat. Quelle: Arbeitsgruppe Alternative Wirtschaftspolitik 2003: 311, DIW-Wochenbericht 28/2005: 431, Statistisches Bundesamt.

des Niedriglohnsektors zur Expansion von Dienstleistungsbeschäftigung umgesetzt werden sollte. »Es beschleicht einen der Eindruck«, stellt die Bundesverfassungsrichterin Christine Hohmann-Dennhardt fest, dass dabei nicht nur der *Sozialstaat* Stück für Stück auf der Strecke bleibt, sondern auch das verloren geht, was eine Gemeinschaft zusammenhält, »wenn im Eifer der Reformen zur ›Entlastung der Wirtschaft‹ denen, die wenig haben, genommen wird, um es denen zu geben, die schon haben, oder wenn Freiheit sich am Kapital ausrichtet und zur Legitimation der Freisetzung von Menschen gereicht, die nur noch als *störende Kostenfaktoren* wahrgenommen werden.« Und sie fährt fort in ihrer Kritik, wenn sie schreibt:

> »Wen wundert eine solche dem Gemeinwesen schadende Entwicklung, wenn das Ziel heutiger Manager nicht mehr vorrangig ist, das ihnen anvertraute Unternehmen so zu führen, dass alle, die darin arbeiten, an einem Strang ziehen, damit es Rendite und seinen Arbeitnehmern ein Auskommen bringt, sondern ihr Erfolg und Gehalt daran gemessen wird, wie geschickt sie das Unternehmen auf den Börsenmärkten platzieren und auf die Shareholder verteilen, um es dann im richtigen Moment profitabel zu verkaufen, und stolz dabei sind, sich damit wieder tausender Arbeitnehmer entledigt zu haben. Der arbeitende Mensch spielt bei diesem Monopoly keine Rolle mehr. So gemeinte und angemaßte Freiheit verträgt sich nicht nur nicht mit der vom Grundgesetz geforderten Sozialstaatlichkeit, sie tut auch so, als stünden die Grundrechte nur denen zu, die auf der ökonomischen Sonnenseite das Sagen haben. Dies aber spricht den Grundrechten Hohn, stehen sie doch unter dem Vorzeichen der Würde jedes einzelnen Menschen und sollen verhindern, dass Menschen zur Manövriermasse anderer werden. Grundrechtsschutz bedeutet deshalb auch, sich diesen gesellschaftlichen Tendenzen entgegenzustellen. Wie sagte Johannes Rau zu Recht in seiner letzten Berliner Rede: ›Es ist ein Irrtum zu glauben, dass man Menschen zu besserer oder mehr Leistung motivieren kann, wenn sie ständig Angst haben müssen, ihren Arbeitsplatz zu verlieren oder im Alter in Not zu geraten. Jeder Mensch braucht eine gewisse Grundsicherheit, damit er den Kopf frei hat, auch für Anstrengung und Erfolg im Beruf‹« (Hohmann-Dennhardt 2004: 6)

Die *Gewerkschaften* haben dies immer betont und dafür auch leidenschaftlich gekämpft. Trotzdem vereinbarten sie im »Bündnis für Arbeit« moderate Lohn- und Gehaltsforderungen, die aber nicht, wie immer wieder neoliberal behauptet wird, auch zu mehr Beschäftigung führten. Nachdem dies die Gewerkschaften erkannten, die Wirtschaft zu keiner einzigen verbindlichen wirtschaftspolitischen Absprache für mehr Wachstum und Beschäftigung bereit war und sich das Klima zwischen Bundesregierung und Gewerkschaften aufgrund einer zunehmend neoliberalen Wirtschaftspolitik verschlechterte, wurde am 3. März 2003 das »Bündnis« für endgültig gescheitert erklärt. Die Positionen seien »meilenweit« voneinander entfernt. Die Arbeitgeber hätten nur auf ihren alten sattsam bekannten Forderungen beharrt, kritisierte der damalige Vorsitzende der IG Metall, Klaus Zwickel: weniger Kündigungsschutz, weiche Tarifverträge, längere Arbeitszeiten, niedrigere Einkommen und weniger Steuern und Abgaben für Unternehmen (IG Metall Vorstand 2003b: 1).

Die Antwort auf das Scheitern des »Bündnisses« gab Bundeskanzler Schröder mit der Regierungserklärung zur *Agenda 2010* am 14. März 2003. Hier ließ er endgültig die Katze aus dem Sack, was im Nachhinein betrachtet zu einem tiefen Riss in der SPD mit massenhaften Parteiaustritten führte und ein Zerwürfnis mit dem DGB zur Folge hatte.[178] Deutschland stünde, so Schröder, vor »einer der größten Veränderungen der Sozialgeschichte«. Zuvor war es schon von der Bundesregierung zu einer nicht zu verantwortenden Dramatisierung von *Renten- und Krankenversicherungsproblemen* gekommen, deren »Kollaps« kurz bevor stehe. Hierdurch wurde in der Bevölkerung das Klima eines »*Kriegs der Generationen*« geschürt, eine unheilvolle und völlig überflüssige Diskussion um »*Generationengerechtigkeit*«, die zum Teil einschneidende Kürzungen lebenswichtiger Sozialleistungen für Millionen von Menschen leichter durchsetzbar machte (Heise 2003: 1.290ff.). Der Vorsitzende der Jungen Union, Philip Mißfelder, war sogar der Auffassung, dass man älteren Mitbürgern ab 80 Jahren bestimmte medizinische Leistungen, z. B. Hüftgelenkoperationen, verweigern sollte. Er wurde dabei von Tageszeitungen unterstützt, die Leserbriefe aus der Bevölkerung veröffentlichten. Einerseits wurden die angeblich zu hohen Lohnnebenkosten[179] als Hemmschuh für die Volkswirtschaft gegeißelt, durch die die deutsche Volkswirtschaft auf dem Weltmarkt zurückfalle, und andererseits der Missbrauch von sozialen Leistun-

---

178 Nach der »Agenda 2010« verlor die SPD sämtliche Landtags- und Bundestagswahlen. Bei der Bundestagswahl im September 2009 fuhr sie mit 23 % der abgegebenen Stimmen seit 1949 das mit Abstand schlechteste Wahlergebnis ein.

179 Zur Richtigstellung vergleiche noch einmal den Exkurs »Die Mär von den zu hohen Lohnnebenkosten«.

gen angeprangert. Zuerst gab es eine *Asyldiskussion* und danach wurde eine zukünftige »Vergreisung« und »Verarmung« Deutschlands und die damit einhergehenden Probleme für die Renten-, Kranken- und Pflegeversicherung ins Visier genommen. »Dabei musste die *Demographie* erneut als Mittel der *Demagogie* herhalten:[180] Hatte man im Rahmen der Asyldiskussion die Angst vor einer ›Überflutung‹, ›Übervölkerung‹ bzw. ›Überfremdung‹ geschürt, so wird im Rahmen der Diskussion über die Krise des Sozialstaates die Angst vor der ›Entvölkerung‹ bzw. ›Vergreisung‹ Deutschlands benutzt, um den Betroffenen Leistungskürzungen plausibel zu machen. Oft beschwören dieselben Personen, denen das Boot seinerzeit als zu voll erschienen war, das Schreckbild einer menschenleeren Bundesrepublik herauf, in der niemand mehr die Renten der alten Leute aufbringt. Statt seriöser Berechnungen, die mit möglichen Änderungen der Altersstruktur verbundene Entlastungen, etwa bei der Kriegsopferversorgung, bei der Kinder- und Jugendhilfe wie im Bildungsbereich (z. B. Bau und Unterhaltung von Schulen), berücksichtigen müssten, dominieren Katastrophenmeldungen, apokalyptische Visionen und Horrorszenarien« (Butterwegge 2001: 47f.).

Alle sozialpolitischen Abbaumaßnahmen wurden mit einem *Sparzwang* begründet. Wir könnten schließlich nicht auf Kosten der kommenden Generationen leben, so Bundesfinanzminister Hans Eichel (SPD). »Dies wäre gegenüber unseren Kindern und der Zukunft unseres Landes verantwortungslos. Wir müssen verhindern, dass künftige Generationen für die Schulden arbeiten und Steuern zahlen müssen, die die jetzige Generation aufhäuft« (Eichel 1999: 397). Gläubiger und Schuldner verteilen sich jedoch gleichmäßig über die Generationen. Die Ökonomen Jan Priewe und Thomas H. W. Sauer bemängeln denn auch, dass es Mode geworden sei, rot-grüne *Austeritätspolitik* mit der Forderung nach *intergenerativer Gerechtigkeit* und dem Verweis darauf zu legitimieren, »dass wachsende Staatsschulden für die schon Erwachsenen heute finanzielle Vorteile mit sich brächten, hingegen die Nachgeborenen später um so härter träfen: ›Tatsächlich stehen jedoch den Zahlern in jeder Periode auch Empfänger in der gleichen Periode gegenüber, so dass es sich zunächst einmal um *intragenerative Umverteilungsvorgänge* handelt.« Norbert Reuter bemerkt dazu, »dass sich eine staatliche Konsolidierungspolitik nach Art des rot-grünen ›Sparpakets‹ weder auf das Argument größerer Generationengerechtigkeit stützen, noch den aufgrund einer Vernachlässigung der öffentlichen Infrastruktur für die Mehrheit der Bevölkerung drohenden Nachteilen entgehen kann. Während eine kollektive fiskalische Belastung zukünftiger Generationen nicht existiert und auch von einer

---

180 Vgl. dazu noch ausführlich den späteren Punkt 4.3.3.3 »Demagogie statt Demografie«.

Verdrängung privatwirtschaftlicher Initiative durch öffentliche Verschuldung keine Rede sein kann (vgl. Kap. 4.4.8.3), zeichnet sich die Gefahr einer kollektiven realwirtschaftlichen Belastung kommender Generationen als Folge des finanziellen Unvermögens des Staates ab, eine ausreichende öffentliche Zukunftsvorsorge zu leisten« (Butterwegge 2001: 197f.).

Im Jahr 2005 wurde dann die rot-grüne Bundesregierung auf Grund ihrer *unsozialen Politik* vorzeitig abgewählt. Dennoch rettete sich die SPD in eine *Große Regierungskoalition* mit der CDU/CSU, die zweite nach 1949, unter der Führung der ersten Kanzlerin Angela Merkel (CDU).[181] Im Koalitionsvertrag »Gemeinsam für Deutschland – mit Mut und Menschlichkeit« wurde aber nichts anderes beschlossen als *Neoliberalismus as usual*. Weiter wurde das Lied von zu hohen Lohnnebenkosten, von zu viel Staat und demografischer Last gesungen. Die sozialen Sicherungssysteme müssten durch Leistungskürzungen stabilisiert werden. Eine Erhöhung der Beitragssätze in den Sozialversicherungen sei weder den Arbeitgebern noch den Erwerbstätigen zuzumuten. Dies würde Arbeitsplätze kosten. So kam es in logischer Folge eines weiter praktizierten neoliberalen politischen Denkens von 2005 bis 2009 zu mehrmaligen *Senkungen der Sozialbeiträge* für die Arbeitgeber, die insgesamt um zwei Prozentpunkte zurückgingen. In Summe bedeutete dies allein für 2008 eine Einsparung von so genannten Lohnnebenkosten für die Unternehmer in Höhe von 31 Mrd. € (Schuhler 2009: 6).

4.3.3 Von Riesters Rentenreform zur Rürup- und Herzogreform

Im Folgenden sollen vor der Darstellung der Herausbildung und Entwicklung des Sozialstaatsprinzips und den Angriffen auf die beiden größten Sozialversicherungszweige (*Rente und Gesundheit*) der Sozialabbau seit der Herrschaft des neoliberalen Regimes, also etwa ab Mitte der 1970er Jahre, aufgezeigt und dazu Alternativen entwickelt werden.

4.3.3.1 Entsolidarisierung und (Teil-)Privatisierung der Rente

Nicht nur zum Abbau von Staatsverschuldung sondern auch in der *Rentenfrage* wird demagogisch das Argument der *Generationengerechtigkeit* bemüht. In Deutschland

---

181 Die Wahlergebnisse brachten die folgende Sitzverteilung im 16. Deutschen Bundestag: CDU/CSU 226 Sitze (36,2 v. H.), SPD 222 Sitze (36,1 v. H.), FDP 61 Sitze (9,9 v. H.), Linke/PDS 54 Sitze (8,8 v. H.) und Bündnis90/Die Grünen 51 Sitze (8,3 v. H.). Zu den Wahlergebnissen vergleiche ausführlich: Blätter für deutsche und internationale Politik, Heft 1/2006, S. 124-127.

stiege erfreulicherweise die Lebenserwartung. Aber es würden immer weniger Kinder geboren, so dass allein schon aus diesem Grund die Zahl der Erwerbspersonen in Zukunft abnehmen würde. Immer weniger Beitragszahler müssten für die steigenden Ausgaben der sozialen Sicherungssysteme sorgen. Während im Jahr 2001 drei Beitragszahler für einen Rentner aufkamen, würden es im Jahr 2030 aufgrund des »demographischen Fallbeils« (Lorz 2003) weniger als zwei Beitragszahler sein. Schon heute stiegen die Beitragssätze und würden damit die *Lohnnebenkosten der Unternehmer* erhöhen und die *Nettoentgelte der Arbeitnehmer* senken. So begründete der ehemalige Bundesarbeits- und Sozialminister, Walter Riester (SPD),[182] die Notwendigkeit einer *»Rentenstrukturreform«*.

Nach zunächst heftigen Auseinandersetzungen mit den *Gewerkschaften*, die aber am Ende, wenn auch »schmerzhaft«, nach einem Spitzengespräch mit Kanzler Schröder in Hannover zustimmten, beschloss am 26. Januar 2001 die rot-grüne Regierungskoalition die von Riester ausgearbeitete Rentenreform als ein »Jahrhundertwerk«.[183] Der Politikwissenschaftler Christoph Butterwegge kommentiert das Werk zusammenfassend wie folgt:

> »Die rot-grüne Rentenreform ist Folge der Bereitschaft zur (Teil)Privatisierung sozialer Sicherung, zur einseitigen Begünstigung der Unternehmer und zur Einschränkung der Leistungen im Sinne einer Minimalabsicherung großer Teile der Bevölkerung gegenüber elementaren Lebensrisiken. Schon die vorübergehende Abkopplung der Rentenerhöhung vom Anstieg der Nettolöhne und -gehälter signalisierte, dass die rot-grüne Bundesregierung der intragenerationellen die intergenerationelle Umverteilung vorzieht. Fondslösungen und private Zusatzversicherungen (»mehr Eigenvorsorge«) entlasten höchstens die Arbeitgeber« (Butterwegge 2001: 201).

Mit anderen Worten: Es geht nicht nur um *Gerechtigkeit* zwischen den Generationen, sondern vor allem um die *Verteilung innerhalb einer Generation* zwischen *Arm und Reich*. Aus Interessensicht verständlich war jedenfalls, dass neben den Arbeitgebern die *Finanzbranche* zu den größten Befürwortern der Riester-Rente zählte. So freute sich denn auch eine Großbank (die Commerzbank) ganz besonders und stellte unumwunden fest: *»Die Rentenreform ist ein Segen für die Finanzbranche.«*

Was sind die wesentlichen Punkte der jüngsten Rentenreformen ab 2001? Hier muss man zunächst zeitlich ein Stück zurückgehen und auch den Ursprung der Rentenfrage erwähnen: die Einführung der dynamischen Rente im Jahr 1957, wodurch eine *Bruttoanpassung der Altersbezüge* vorgenommen wurde. Bemessungsgrundla-

---

182 Zuvor war Riester 2. Vorsitzender der IG Metall.
183 Endgültig wurde die Rentenreform unter dem Namen »Altersvermögensgesetz« von Bundestag und Bundesrat am 11. Mai 2001 verabschiedet.

ge war die Veränderung der Bruttolohn- und -gehaltsumme je durchschnittlich beschäftigten Arbeitnehmer im Vorjahr. Damit war intendiert, dass die Rentner an der wirtschaftlichen Entwicklung gemäß einer *produktivitätsorientierten Lohnentwicklung* teilhaben sollten.[184] Ab 1992 wurde diese bruttolohnbezogene Adaption auf eine niedrigere *Nettolohnniveauanpassung*[185] umgestellt. Die Rentenreform von 2001 legte dann fest, dass die Rentenanpassung der Nettolohnentwicklung ab 2002 nur noch »abgebremst« folgt und dass eine *Teilprivatisierung* mit der so genannten »Riester-Rente« eingeführt wird. Damit wurde die vor gut 100 Jahren von Bismarck eingeführte *paritätische Finanzierung* von Arbeitgebern und Arbeitnehmern zu Gunsten der Arbeitgeber aufgehoben. Unabhängig davon, ob der »Riester-Vorsorgebeitrag« vom Arbeitnehmer tatsächlich geleistet wird (hier wird eine »freiwillige Zahlung« unterstellt), wurde dieser eingeführt. Er begann im Jahr 2002 mit 0,5 v. H. des Bruttoarbeitsentgelts, erhöhte sich jährlich um weitere 0,5 v. H., bis er im Jahr 2009 den Satz von 4 v. H. erreichte. Im Ergebnis bedeutet dies, dass die Arbeitgeber 11 v. H. (Hälfte des den in Modellrechnungen angestrebten maximalen Beitragssatzes von 22 v. H.),[186] die Arbeitnehmer aber 15 v. H. (11 plus 4 v. H. private Vorsorge) zur Finanzierung der Renten über Beitragssätze aufzubringen haben, um den heutigen Rentenwert zu halten (vgl. Abb. 17). Und um die *staatliche Förderung*[187] der »Riester-Rente«, die dem Staat in der Endstufe jährlich 13 Mrd. € kosten wird, gegen zu finanzieren, wurde das Nettoeinkommen einfach neu definiert: Vom Nettoeinkommen wird jetzt der Beitrag zur »Riester-Rente« (4 v. H. des Bruttoeinkommens im Jahr 2008) für die Rentenberechnung abgezogen. Dieser Abzug (»Riester-Faktor«) wird vorgenommen, obwohl die meisten Arbeitnehmer überhaupt nicht bei der privaten Vorsorge mitmachen bzw. auf Grund ihres nur geringen Einkommens mitmachen können. Allein durch diese neue Definition kam es von 2002 bis 2008 dazu, dass die Renten selbst nominal so

---

184 Vgl. dazu noch einmal ausführlich das Kap. 2.2 »Produktivitätsorientierte Lohnpolitik und Umverteilung«.
185 Zuwächse der Bruttoarbeitsentgelte nach Abzug von direkten Steuern und Sozialabgaben.
186 Durch die Rentenkürzung, so Riester, würde dann aber der *Beitragssatz* bis zum Jahr 2020 auf maximal 20 v. H. und bis zum Jahr 2030 auf höchstens 22 v. H. ansteigen.
187 Die zur *sozialen Abfederung* gewährte *staatliche Förderung* der Riester-Rente ist ein Fall von ökonomisch nicht zu verantwortender *Subventionierung*, da von dieser Förderung insbesondere die *Besserverdienenden* profitieren, die auf eine solche Förderung überhaupt nicht angewiesen sind, während die *Geringverdiener*, sollten sie sich überhaupt eine private »Riester-Rente« leisten können, auch mit Förderung heute weniger Geld für Konsumzwecke zur Verfügung haben und damit die wirtschaftliche Entwicklung schwächen. Außerdem werden mit der »Riester-Rente« die *Finanzbranche* subventioniert und Ersparnis über verschiedene Anlageformen an die hochspekulativen *Finanzmärkte* gespült (vgl. dazu ausfuhrlich das Kap. 4.4.7).

Abb. 17: Entwicklung der Rentenversicherung

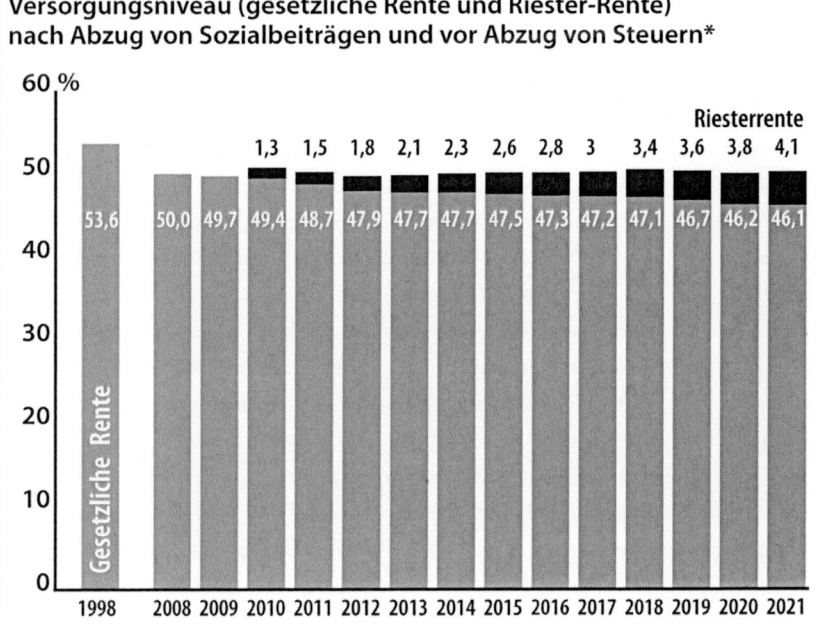

gut wie nicht zugelegt haben. Mit dem Geld, das dadurch frei wurde, konnte ein großer Teil der *staatlichen Förderung* für die »Riester-Rente« finanziert werden. Das Mitglied des Sachverständigenrats (SVR), Peter Bofinger, bemerkt dazu: »Wie gut, dass diese Logik kaum jemand versteht. Sonst hätte man sich schon fragen können, wieso gerade die Generation, die für die geburtenstarken Jahrgänge gesorgt und auch den Wiederaufbau Deutschlands zu Wege gebracht hat, noch im Rentenalter dazu beitragen muss, dass ihre schon erwachsenen Kinder später einmal die Riester-Rente beziehen können?« (Bofinger 2005: 161).

Darüber hinaus wurde 2001 beschlossen, ab dem Jahr 2011 einen *konstanten Faktor* von 0,3 v. H. in die Renten-Anpassungsformel einzufügen, der den Anstieg der

Renten zusätzlich begrenzt wird. Zur kurzfristigen Stabilisierung der Beitragssätze beschloss dann, nach Vorlage der rot-grünen Schröder-Regierung, der Bundestag 2003, die Rentenanpassung der 20 Millionen Rentner für 2004 auszusetzen.[188] Diese Nullrunde[189] entlastete die Rentenkasse um etwa eine Milliarde €. Außerdem müssen die Beiträge zur *Pflegeversicherung* von 1,7 v. H. von April 2004 an allein von den Rentnern entrichtet werden.[190] Bisher zahlten die Rentenversicherer die Hälfte dazu. Dadurch wurde noch einmal rund eine Milliarde € eingespart. Darüber hinaus ist die *Schwankungsreserve* der Rentenkassen, die saisonale Einnahmeschwankungen auffangen soll, von 50 v. H. einer Monatsausgabe oder rund 7,85 Mrd. € auf nur noch 20 v. H. ab 2005 abgeschmolzen worden. Dies ermöglichte Einsparungen von mehr als 4,7 Mrd. €. Alle Neu-Rentner, die nach dem 31. März 2004 in den Ruhestand gehen, erhalten außerdem ihre Bezüge nicht mehr zu Monatsanfang, sondern erst am Monatsende (so genannte »*nachschüssige Zahlung*«). Auch wurde beschlossen, *Ausbildungszeiten* bei der Rente ab dem Rentenjahrgang 2005 nicht mehr anzuerkennen. Schul- und Hochschulausbildung werden demnach bei der Ermittlung der Rentenhöhe gestrichen. Bisher bekam jeder Arbeitnehmer für seine Ausbildungszeit ab dem 17. Lebensjahr pauschal drei Beitragsjahre angerechnet. Ursprünglich waren dies sogar sieben Jahre, die aber bereits während der Kohl-Regierung auf drei Jahre abgesenkt wurden. Die folgende Tab. 30 zeigt die Entwicklung der Rentenfinanzen seit 2000.

Vergleicht man den Anstieg der gesamten Ausgaben der Rentenversicherung von 2000 bis 2008 mit der Entwicklung der *gesamtwirtschaftlichen Wertschöpfung* (Volkseinkommen) im selben Zeitraum, so stellt man fest, dass die Rentenausgaben mit

---

188 Außerdem ist auf Grund eines Urteils des *Bundesverfassungsgerichts* die so genannte »*nachgelagerte Rentenbesteuerung*« von der rot-grünen Bundesregierung Ende 2003 beschlossen worden. Die Bundesverfassungsrichter hatten die unterschiedliche Besteuerung der Beamtenpensionen und der gesetzlichen Renten moniert und eine Gesetzesveränderung bis 2005 verlangt. Pensionen müssen derzeit voll versteuert werden, bei Renten ist nur ein Teil steuerpflichtig. Die Umstellung bedeutet für viele Arbeitnehmer erst einmal eine Steuerentlastung. Von 2006 an werden dann die Beiträge zur gesetzlichen Rentenversicherung schrittweise bis 2025 von der Besteuerung freigestellt. Der Arbeitgeberanteil von 50 v. H. ist schon heute steuerfrei. Die im Gegenzug geplante Besteuerung der Renten wird drei Viertel der Ruheständler laut Finanzministerium zunächst gar nicht belasten. Erst ab 18.900 Euro jährlich beginnt die Steuerpflicht. Der Besteuerungsanteil steigt bis 2020 auf 80 v. H. Die volle Besteuerung der Renten ist für 2040 angepeilt. Für die Übergangszeit kommen dabei auf den Staat Steuerausfälle in Milliardenhöhe zu.
189 Auch in den Jahren 2005 und 2006 folgten bei der Rentenanpassung lediglich Nullrunden.
190 Ab dem 2. Halbjahr 2008 wurde der *Pflegeversicherungssatz* von 1,7 v. H. auf 1,95 v. H. erhöht.

Tab. 30: Entwicklung der Rentenversicherung (in Mrd. €)

Jahr	Einnahmen Insgesamt	davon: Beiträge	Zahlungen des Bundes	Ausgaben Insgesamt	davon: Renten	Krankenversicherung der Rentner	Saldo Einnahmen und Ausgaben
2000	211,1	150,7	58,9	210,6	178,6	13,4	0,5
2001	216,9	152,0	63,1	217,5	184,7	13,8	- 0,6
2002	221,6	152,8	67,0	225,7	191,1	14,5	- 4,1
2003	229,4	156,5	71,4	231,4	196,0	15,2	- 2,0
2004	231,7	156,5	71,7	233,0	198,6	14,2	- 1,3
2005	229,4	156,3	71,9	233,4	199,9	13,4	- 4,0
2006	241,2	168,1	71,8	233,7	200,5	13,0	7,5
2007	236,6	162,2	72,9	235,5	201,6	13,7	1,1
2008	242,2	167,6	72,9	238,5	204,2	14,0	3,7
Delta*	*14,7 %*	*11,2 %*	*23,8 %*	*13,2 %*	*14,3 %*	*4,5 %*	
W**	23,3 %						
L	11,4 %						
G	54,2 %						

* Prozentuale Steigerung von 2000 bis 2008; ** W = Gesamtwirtschaftliche Wertschöpfung (Volkseinkommen), L = Arbeitnehmerentgelt, G = Unternehmens- und Vermögenseinkommen, prozentuale Steigerungen von 2000 bis 2008. Quelle: Diverse Monatsberichte der Deutschen Bundesbank, eigene Berechnungen

10,1 Prozentpunkten geringer ausgefallen sind. Bei einem Vergleich mit den *Unternehmens- und Vermögenseinkommen* innerhalb des Volkseinkommens beträgt die Differenz sogar 41 Prozentpunkte. Man hätte demnach voll auf die *Zuzahlungen des Bundes aus Steuermitteln* und damit auf entsprechende Staatsausgaben verzichten können. Dafür hätten dann die *Mehrwertbezieher* (Gewinn, Zinsen, Mieten und Pachten) um diese Beträge auf ihre enormen Mehrwertzuwächse von 54,2 v. H. nur zum Teil verzichten müssen und es hätte nicht eine so große Umverteilung von unten nach oben stattgefunden. Dies zeigt einmal mehr, dass auch die Rentenfrage nur eine Verteilungsfrage ist.

4.3.3.2 Nach der Reform ist vor der Reform

Auch die Große Koalition aus CDU/CSU und SPD führte ab 2005 den eingeschlagenen neoliberalen Kurs fort. Den *Arbeitgeberverbänden* ging die Riester-Reform mit ihren erheblichen Kürzungen des Netto-Standardrentenniveaus zur Stabilisierung des Beitragssatzes bis zum Jahr 2030 auf 22 v.H. noch nicht weit genug. Deshalb war schon 2003 die »Jahrhundertreform« noch einmal durch den von der Bundesregierung beauftragten, ehemaligen Vorsitzenden des Sachverständigenrats (SVR) und Darmstädter Finanzwissenschaftler und Rentenexperten Bert Rürup überprüft worden.[191] Die nach ihm benannte »Rürup-Kommission« kam dabei zu dem Ergebnis, dass bei Fortführung der »Riester-Rente« im Gegensatz zur Annahme der Beitragssatz auf über 24 v.H. ansteigen würde. Daher empfahl die »Rürup-Kommission«, gegenüber der »Riester-Rente« *weitere Verschlechterungen bei der Altersrente* vorzunehmen, nur so könnte der Beitragssatz wirklich auf 22 v.H. bis zum Jahr 2030 stabilisiert werden (Rürup 2004: 15ff.).

Rürup machte keinen Hehl daraus, dass die Rentner von morgen deutlich länger einzahlen müssen, um eine Absicherung auf dem Niveau der heutigen *Sozialhilfe* zu erhalten – und dass es für viele der heutigen Arbeitslosen kaum möglich sein wird, genug Beitragsjahre zu erreichen. Heutige Rentner müssen in Zukunft mit langsamer steigenden Renten, aber auch mit *Nullrunden* rechnen. Können dies vielleicht noch gutbetuchte Rentner verkraften, so wird es insbesondere die schon heute in Armut lebenden gut 16 v.H. der Rentner hart treffen (Hamann/Niejahr 2003: 19). Noch härtere Einschnitte bei der Rente verlangte die *»Herzog-Kommission«*, die von der CDU als Gegenkommission zur »Rürup-Kommission« der rot-grünen Regierungskoalition aufgestellt wurde. Die nach dem ehemaligen Bundespräsidenten Roman Herzog (CDU) (»Durch Deutschland muss ein Ruck gehen«) benannte Kommission will zwar das umlagefinanzierte Rentensystem beibehalten, die mit der Riester-Reform eingeführten *kapitalgedeckten Elemente* aber weiter ausbauen. Es sollen jedoch keine Rentenbeiträge auf Kapitaleinkünfte und Mieten erhoben werden. Eine abschlagsfreie Rente soll es erst nach 45 Beitragsjahren oder dem 67. Lebensjahr geben. Eine so genannte »Basisrente«, die 15 v.H. über dem Sozialhilfesatz liegt, soll laut Herzog-Kommission Altersarmut vermeiden. Die Kindererziehungszeiten sollen bei der Berechnung der Rentenanwartschaften verdoppelt, dafür aber der jährliche Renten-

---

191 Rürup wechselte zum 1. April 2009, wenige Wochen nach seinem 65. Geburtstag, auf den Posten des Chef-Ökonomen beim »unabhängigen Finanzoptimierer« (Eigenwerbung) AWD. AWD verkauft Finanzprodukte, mit Schwerpunkt Policen für die private Altersvorsorge. Die Homepage von AWD preist Riester- und Rürup-Renten. Der »Spiegel« (23. März 2009) schreibt dazu: »Rürups individuelles Rentenmodell, so könnte man jetzt sagen, beruhte darauf, ein Schlaraffenland für eine Branche zu schaffen, für die er hinterher tätig sein würde. Ein Altersjob als kleines Dankeschön. Das ist besser als Umlageverfahren oder Kapitaldeckung. Das ist traumhaft«. Übrigens fand auch Bela Anda (SPD), der ehemalige Pressesprecher der rot-grünen Bundesregierung unter Schröder, 2005 bei AWD als Pressesprecher Unterschlupf.

anstieg durch einen *Demografiefaktor* spürbar begrenzt werden. Die *Standardeckrente* werde dadurch von heute 48 v. H. auf gut 37 v. H. der Brutto-Durchschnittseinkommen sinken. Dafür könnte dann allerdings der Beitragssatz langfristig bei 21 v. H. stabilisiert werden. Bei der *Pflegeversicherung* schlägt die »Herzog-Kommission« ebenfalls ein kapitalgedecktes Prämienmodell vor. Während des Übergangs soll ein Kapitalstock aufgebaut werden, der über einen auf 3,2 Prozentpunkte fast verdoppelten Beitragssatz finanziert wird. An der gemeinsamen Finanzierung durch Arbeitgeber und Arbeitnehmer wird festgehalten. Empfohlen wird der Wegfall eines gesetzlichen *Feiertages* oder der Verzicht auf einen bezahlten *Urlaubstag*. Aus Gründen der »Generationengerechtigkeit« soll der Pflegebeitrag der Rentner erhöht werden. Eltern erhalten pro Kind zehn Euro Zuschuss im Monat. Auch die *Arbeitslosenversicherung* will die »Herzog-Kommission« novellieren. Das Arbeitslosengeld soll im ersten Monat um 25 v. H. gesenkt werden. Sonderprogramme für Jugendliche werden gestrichen, ebenso die Mittel für Arbeitsbeschaffungsmaßnahmen (ABM). Altersteilzeit fällt weg. Leistungen zur Qualifizierung, für Mobilitätshilfen und Eingliederungszuschüsse sollten nach Herzog halbiert werden. Am Ende der Debatte setzten sich aber die Renten-Vorschläge der »Rürup-Kommission« durch. So wurde mit der weiteren »Rentenreform 2005« der von Rürup vorgeschlagene »*Nachhaltigkeitsfaktor*« in die Rentenanpassungsformel eingebaut. Dadurch wird die Entwicklung des zahlenmäßigen Verhältnisses von Leistungsbeziehern und versicherungspflichtig Beschäftigten anpassungsmindernd berücksichtigt. Sinkt – wie aus demografischen Gründen zu erwarten – die Anzahl der Erwerbstätigen und Beitragszahlenden, fallen die Rentenerhöhungen niedriger aus. Außerdem wurde das *Renteneintrittsalter* – auch auf Vorschlag von Rürup – und auf Betreiben von Müntefering (SPD) auf 67 Jahre erhöht. Die deutsche Bundesbank fordert jetzt sogar ein Renteneintrittsalter mit 68,5 Jahren. Selbst die Rente mit 67 wird aber schon massiv das *Armutsrisiko* im Alter erhöhen und ist vor dem Hintergrund der bestehenden Massenarbeitslosigkeit kontraproduktiv. Das Institut für Arbeitsmarkt und Berufsforschung hat im Jahr 2006 berechnet, dass zwischen 1,2 und 3 Millionen zusätzliche Arbeitsplätze geschaffen werden müssten, nur um die Arbeitslosigkeit konstant zu halten (IAB 2006: 5). Die Bundesregierung gibt sogar zu, dass die Rente ab 67 im Jahr 2030 lediglich 0,5 Beitragspunkte spart (Bundestags-Drucksache 16/3794: 56f.). Die Rente ab 67 dient einzig dem Zweck, die Rentenansprüche der Bevölkerungsmehrheit, die dieses Alter berufstätig nicht erreichen kann, zu senken.

In Folge dieser »Rentenreformen« wird insgesamt bis 2020 die gesetzliche Rente für einen Modellrentner mit 45 Jahren Beitragszahlung aus dem Durchschnittsverdienst kontinuierlich auf nur noch 46 v. H. des durchschnittlichen Arbeitseinkommens sinken (nach Abzug von Sozialbeiträgen und vor direkten Steuerzahlungen).[192] 1998 waren es noch 53,6 v. H. (vgl. Abb. 17).[193] Mit einem heutigen Einkommen von 1.000 € erzielt man nach 45 Versicherungsjahren noch einen Rentenanspruch von gerade einmal etwa 400 €. Damit wird die Rente zur finanziellen Sicherung eines als ausreichend erachteten Lebensstandards im Alter zukünftig nicht mehr ausreichen. Es droht eine massive Ausweitung heute schon bestehender *Altersarmut*.[194] Außerdem, so sagt der Sozialexperte Winfried Schmähl, langjähriger Vorsitzender des Sozialbeirats der Bundesregierung, wird die Reform dazu führen, dass die *Einkommensunterschiede im Alter* deutlich zunehmen werden (Die Zeit 2003: 19).

Tab. 31: So viel Rentner erhalten eine Rente (Angaben in v. H., 2005)

	bis 900 €	901 - 1.200 €	1.201 - 1.500 €	mehr als 1.500 €
Alte Bundesländer				
Männer	40,5	26,8	22,1	10,6
Frauen	90,7	7,1	1,9	0,3
Neue Bundesländer				
Männer	37,0	39,3	18,3	5,4
Frauen	87,7	10,2	2,0	0,2

Quelle: Deutsche Rentenversicherung in Zahlen, Berlin 2006

Per Saldo ist die Rentenpolitik ein einziges sozialpolitisches Fiasko. Allgemein kann man sagen, dass von der Privatisierung heute noch solidarisch per *Umlageverfahren* finanzierter Sozialsysteme nur die Unternehmer durch höhere Gewinne und die oberen Einkommensschichten profitieren, deren *Risiko-Kosten-Relation* sich verbessert. »Deren Risikoprämien sind niedriger, weil ihr Risiko dasselbe ist wie bei niedrigen Einkommen, die Prämien jedoch niedriger als beim Zwang zur Solidarität ausfallen und diese Schichten in solidarischen Umlageverfahren naturgemäß Nettozahler sind« (Leibinger 2006, 50). Schon seit 2003 bis einschließlich 2008 verminderte

---

192 Die Bundesregierung hat dabei festgelegt, dass diese 46 v. H. bis 2020 nicht unterschritten werden dürfen (»Niveausicherungsklausel«).
193 Die durchschnittliche monatliche *Altersrente* (nach Abzug der Sozialbeiträge und vor direkten Steuern) bei 45 anrechnungsfähigen Versicherungsjahren lag 2007 bei 1.182,15 € in den alten Bundesländern und 1.039,65 € in den neuen Bundesländern.
194 Deshalb liefen auch die Städte und Gemeinden Sturm gegen das neue Rentenkonzept, denn sie sind es, die dann die dürftigen Renten bis zum Sozialhilfeniveau aufstocken müssen (Nickel 2000: 1.328f.).

sich die Realrente um fast 9,9 v. H. Im Juli 2009 gab es nach sechs realen Rentensenkungen erstmals wieder eine *nominale Rentenerhöhung*. Im Westen um 2,41 v. H. und im Osten um 3,38 v. H. Geht man 2009 und 2010 von einer nur geringen Inflationsrate aus, so wird es wohl auch bis Mitte 2010 zu einer realen Rentenerhöhung kommen. Damit es aber überhaupt zu dieser Erhöhung kommen konnte, musste der so genannte »Riester-Faktor« für zwei Jahre ausgesetzt werden. Ohne diese Manipulation wären die nominalen Rentenerhöhungen jeweils um 0,65 Prozentpunkte geringer ausgefallen. Ausgesetzt bedeutet aber nicht gestrichen. Der für 2008 und 2009 ausgesetzte »Riester-Faktor« soll in den Jahren 2012 und 2013 nachgeholt werden. Kommt es demnach gemäß der Rentenformel ab 2012 zu Rentenerhöhungen, dann werden die unterbliebenen Kürzungen gegengerechnet. Der »Nachholfaktor« darf dabei allerdings maximal die Hälfte der anstehenden Rentenerhöhung abgreifen. Damit werden dann aber wohl den 20 Millionen Rentnern auf Jahre hinaus weitere *Nullrunden* ins Haus stehen. Auch die *Finanzmarktkrise* schlägt bei der Rente zu. Als Folge drohte 2010 eine Kürzung der nominalen gesetzlichen Altersbezüge um mehr als 2 v. H. Dies wäre die erste Kürzung seit Einführung der dynamischen Rente im Jahr 1957 gewesen. Der Hauptgrund liegt in der starken Ausweitung der *Kurzarbeit* im Jahr 2009. Dadurch wird die Brutto- und Nettolohnsumme, maßgeblich für die Rentenanpassung, sinken. Um aber eine nominale Rentenkürzung kurz vor der Bundestagswahl 2009 zu vermeiden, führte die schwarz-rote Bundesregierung eine so genannte »*Schutzklausel*« ein, die verhindern soll, dass die Altersbezüge in konjunkturell schwachen Zeiten sinken. Ein langfristiger Schutz dürfte dies aber wohl kaum sein.

4.3.3.3 Demagogie statt Demografie

Die mit dem demografischen Wandel und der Senkung der Lohnnebenkosten begründete »Rentenreform« von Riester wurde in populistischer Form der Bevölkerung verkauft, obwohl sie einer wissenschaftlichen Überprüfung nicht stand hält (Bäcker 2003: 16, Kühn 2004: 742ff., Reuter 2004a und 2004b: 264ff., Bosbach 2004: 96ff., Reuter/Schlecht 2007). Die aus dem demografischen Wandel (Bevölkerungsaufbau) abgeleitete *demografische Zeitbombe* scheint zunächst durchaus logisch zu sein. Heute kommen noch knapp vier Erwerbstätige auf einen über 65-Jährigen. In 50 Jahren werden es bei Fortschreibung der vergangenen Bevölkerungsentwicklung (gemäß Trendextrapolation!) nur noch zwei sein. Was besagen aber solche Zahlenvergleiche? Gerd Bosbach, Mathematiker und Statistiker an der Fachhochschule Koblenz, nennt 1:50-Jahres-Prognosen schlicht und ergreifend »moderne Kaffeesatz-

leserei.«[195] »Zwangsläufig hätte man 1950 bei einer Schätzung für das Jahr 2000 u. a. folgende Einflussfaktoren übersehen müssen:
- Entwicklung und Verbreitung der Antibabypille;
- Anwerbung und Zuzug von ausländischen Arbeitskräften und ihren Familien;
- Trend zur Kleinfamilie und Single-Dasein;
- Öffnung der Grenzen im Osten mit dem Zuzug von etwa 2,5 Millionen Aussiedlern aus den osteuropäischen Ländern nach Deutschland.

Auch die besten Berechnungsprogramme hätten nichts genutzt, denn auch diese können nur existierende, bekannte Trends fortschreiben. Strukturbrüche sind nicht vorhersagbar – das Problem jeder Langfristprognose! Noch deutlicher wird die Problematik, wenn wir annehmen, im Jahre 1900 sei eine 50-Jahres-Prognose gewagt worden. Es wären schlicht zwei Weltkriege übersehen worden! Wenn zutreffende 50-Jahres-Prognosen also in der Vergangenheit unmöglich waren, warum sollen sie in unserer schnelllebigen Zeit plötzlich wie Naturgesetze gelten?« (Bosbach 2004: 98). Diese Einsicht teilen übrigens auch die Experten des Statistischen Bundesamtes, was allerdings in der Öffentlichkeit nicht wahrgenommen und auch von den Medien nicht vermittelt wird (Bosbach 2004: 98). Vielen erscheint es eben sofort einsichtig, dass es nicht gut gehen kann, wenn die Menschen immer länger leben und immer weniger Kinder bekommen, dann gibt es unausweichliche Sachzwänge. Für Franz Müntefering (SPD) ist deshalb klar: »Wir Sozialdemokraten haben in der Vergangenheit die drohende Überalterung unserer Gesellschaft verschlafen. Jetzt sind wir aufgewacht. Unsere Antwort heißt: Agenda 2010! Die Demografie macht den Umbau unserer Sozialsysteme notwendig.«[196] Ex-Kanzler Gerhard Schröder (SPD) sieht es genauso:

> »Und wir müssen anerkennen und aussprechen, dass die Altersentwicklung unserer Gesellschaft, wenn wir jetzt nichts ändern, schon zu unseren Lebzeiten dazu führen würde, dass unsere vorbildlichen Systeme der Gesundheitsversorgung und der Alterssicherung nicht mehr bezahlbar wären. Was wir heute beweisen müssen, ist der Mut, Neues zu wagen. Dabei werden wir uns von manchem, was uns lieb – und leider auch: teuer – geworden ist, verabschieden müssen.«[197]

---

195 Bei der Wahl des *Prognosezeitraums* fällt auf, »dass mit dem Datum 2050 die für die Prognose ungünstigste 10-Jahres-Stufe ausgewählt wurde. Wären die Berechnungen bis 2060 geführt worden, wären die heute geburtenstarken Jahrgänge der 30- bis 40-Jährigen – 2050 noch in nennenswerter Zahl Rentner – überwiegend verstorben. Das Zahlenverhältnis würde sich wieder zu Gunsten der Erwerbsfähigen verändern. Und für 2040 zeigen die Zahlen des Statistischen Bundesamtes ebenfalls eine günstigere Situation als für 2050. War die Auswahl des Jahres mit der höchsten ›Dramatik‹ Zufall?« (Bosbach, 2004: 102).
196 Franz Müntefering im Sommer 2003 auf einer Betriebsrätekonferenz.
197 Gerhard Schröder auf dem SPD-Sonderparteitag am 1. Juni 2003 in Bochum.

Um die zunehmende Privatisierung von Alters- und Gesundheitsrisiken politisch zu rechtfertigen, benutzte auch Bundesgesundheitsministerin Ulla Schmidt (SPD) während der ersten Lesung zur Gesundheitsreform im Deutschen Bundestag am 9. September 2003 in unverantwortlicher Art und Weise und ohne jegliche wissenschaftliche Fundierung das Horrorbild der demografischen Zeitbombe: »Diese Solidarität unter veränderten ökonomischen Bedingungen in einer globalisierten Welt ist unsere Aufgabe. Dass wir alle glücklicherweise immer älter werden und die Lebenserwartung steigt, auf der anderen Seite aber zu wenig Kinder geboren werden, ist die größte Herausforderung des 21. Jahrhunderts.« (Beifall bei der SPD und dem Bündnis 90/Die Grünen).

4.3.3.3.1 AUF DEN GESAMTQUOTIENTEN KOMMT ES AN

Wissenschaftlich unhaltbar ist die beim Thema Demografie unterstellte Betrachtung eines *Altenquotienten* (meistens als Anteil der Rentner, die auf 100 Erwerbstätige (15- bis unter 65-Jährige) kommen), der insbesondere in den Medien durch Grafiken populistisch dargestellt und in falscher Interpretation und völlig überzogen dem Volk als Mahnung dramatisch vorgehalten wird. Zunächst einmal sagt der Altenquotient kaum etwas über die tatsächliche Belastung der Gesellschaft aus. Er stellt ausschließlich auf ein Teilproblem ab. »Zum einen ist bei weitem nicht jeder Erwerbs*fähige* auch erwerbs*tätig*, was gerade in Zeiten der Massenarbeitslosigkeit zu großen zahlenmäßigen Unterschieden zwischen Erwerbsfähigen und Erwerbstätigen führt. Heute sind aufgrund der Massenarbeitslosigkeit nur gut 69 v. H. der 15- bis 65-Jährigen beschäftigt. Somit stehen tatsächlich gegenwärtig nur 2,7 Erwerbstätige einer Person im Rentenalter gegenüber – bereits ein erheblicher Unterschied zu dem immer wieder genannten Verhältnis von 4 : 1. Von einer zukünftigen Verdoppelung der ›Alterslast‹ kann mit Blick auf die bereits heute bestehenden Verhältnisse demnach nicht gesprochen werden« (Arbeitsgruppe Alternative Wirtschaftspolitik 2004: 73). Außerdem wird beim Altenquotienten so getan, als ob die Gesellschaft nur aus alten Menschen bestehen würde, die von der erwerbstätigen Bevölkerung versorgt werden müssen. Dass Kinder und Jugendliche neben Essen, Kleidung und Wohnen – oft von den Eltern finanziert – auch *gesellschaftliche Ausgaben* erfordern, z. B. für Kindergärten, Schulen, Gesundheit, einschließlich Personal, wird nicht beachtet. In einer alternden Gesellschaft sind demzufolge neben mehr Alten gleichzeitig *weniger Junge* zu versorgen. »Bei seriösen Betrachtungen darf deshalb nicht nur der Altenquotient, sondern muss auch der *Jugendquotient* dargestellt werden. Die Summe beider, der so genannte *Gesamtquotient,* ist nur eine aussagekräftige Größe über die von den Erwerbsfähigen zu versorgende Menschen. (...) Während der Altenquotient zukünftig um 77 v. H. steigt, ergibt sich für den Gesamtquotienten nur ein Plus von 37 v. H. Die Dramatik hat sich allein bei Einbeziehung der jungen Generation in die Betrachtung schon halbiert. Auch hier lohnt ein Blick in die Vergangenheit. 1970 gab es auf 100 Erwerbstätige 60 Junge und 40 Ältere, also eine Gesamtzahl von 100. D. h. auch bei Eintreffen der Prognose des Statistischen Bundesamtes wächst die Zahl der zu Versorgenden bis 2050 nur um 12 v. H. gegenüber 1970!« (Bosbach 2004: 100). Das ehemalige Mitglied des Sachverständigenrats (SVR) und Rentenexperte Hans-Jürgen Krupp (2004: 10) fordert deshalb auch, damit aufzuhören, die »Details des Jahres 2030 und danach regeln zu wollen. Es glaubt ohnehin keiner, dass dies möglich ist. Auch spätere Generationen werden Entscheidungen zur Renten- und Beitragshöhe treffen.«

Altenquotient + Jugendquotient = Gesamtquotient

Bei einer weiteren ex-post-Analyse der demografischen Entwicklung stellt man außerdem fest, dass hier wesentliche Veränderungen nicht neu sind. »Vor 100 Jahren kamen auf einen über 65-Jährigen noch zwölf Erwerbstätige. 1950 betrug das Verhältnis von Jung und Alt noch sieben zu eins. Wir haben also bereits einen dramatischen demografischen Wandel hinter uns. Nur gemerkt hat es anscheinend niemand. In Anbetracht von gut laufender Wirtschaft in der Nachkriegszeit, niedrigen Arbeitslosenzahlen und bis in die 1970er Jahre erfolgtem Ausbau der Sozialsysteme gab es auch keinen Anlass, um sich mit Demografie zu beschäftigen« (Ver.di 2003a: 2). Bei entsprechender Erwerbstätigkeit (*Abbau der Arbeitslosigkeit* und erhöhter *Frauenerwerbsquoten*) in Verbindung mit einer kontrollierten und geregelten *Zuwanderung* sowie *Produktivitätsentwicklung* gibt es auch in Zukunft keinen Grund zur Panikmache. »Alle seriösen Berechnungen zeigen, dass sich die Folgen des demografischen Wandels für Einnahmen und Ausgaben der gesetzlichen Renten-, Kranken- und Pflegeversicherung in Grenzen halten. Weder besteht ein Anlass zur Dramatisierung dieser Entwicklung noch ein Zwang zur Leistungskürzung.[198]

---

198 Dies zeigt auch die langfristige ex-post-Entwicklung der Beitragssätze in der gesetzlichen Rentenversicherung. So lag der Beitragssatz 1957 bei 14 v. H. (für Arbeitnehmer und Arbeitgeber zusammen). Bis 1970 stieg der Satz auf 17 v. H. und bis 1980 auf 18 v. H. Seitdem ist es, trotz Massenarbeitslosigkeit und einem Nichtausschöpfen des verteilungsneutralen Spielraums bis 2009 noch zu einem Anstieg auf 19,9 v. H. gekommen. Also alles in allem eine wenig dramatische Entwicklung, die auf Grund von Produktivitätsentwicklungen weder die Lohnstückkosten der Unternehmen noch die Arbeitnehmer bei absolut steigenden Bruttoeinkommen über Gebühr belastet haben.

4.3.3.3.2 PRODUKTIVITÄT UND VERTEILUNG ENTSCHEIDEND

Parallel zu den Veränderungen des Altersaufbaus der Bevölkerung wachsen nämlich die *(Arbeits-)Produktivität* und das *Volkseinkommen«* (Butterwegge 2001: 200). Karl Georg Zinn kommt diesbezüglich zu dem Ergebnis: »Das heute erreichte Niveau sozialstaatlicher Leistungen basiert auf den *Produktivitätssteigerungen der Vergangenheit*, und die künftig weiter steigende Leistungsfähigkeit der wohlhabenden Volkswirtschaften ermöglicht bei sachgerechter Organisation von Produktion und Verteilung zumindest die Aufrechterhaltung des erreichten Sozialniveaus« (Zinn 1999: 80f.). Selbst abnehmende *Bevölkerungszahlen* können bei vorliegenden registrierten Arbeitslosenzahlen in Höhe von rund 4 Millionen und einer nicht optimal ausgenutzten Erwerbsquote bei den Frauen – auch unter Berücksichtigung einer Zuwanderungspolitik – leicht kompensiert werden. Wenn die Bundesregierung wie beispielsweise in Frankreich zusätzlich auf eine konsequente *Familienförderung und -politik* setzen würde, könnte auch die nur geringe Geburtenrate in Deutschland von 1,34 auf die Höhe in Frankreich von 1,89 geborenen Kindern pro Frau angehoben werden (Mönninger 2003: 21).

Dies wollten die neoliberal ausgerichtete und unternehmerfixierte Schröder-Regierung von 1998 bis 2005 und auch die danach regierende schwarz-rote Große Koalition aber nicht. Sie haben die Renten massiv gekürzt und wollten zugleich vielmehr, dass die heute abhängig Beschäftigten bei Entlastung der Unternehmer und des Kapitals für ihre Altersvorsorge zukünftig selbst (privat) aufzukommen haben. Der volkswirtschaftliche Grundtatbestand bei der Rentenfinanzierung macht dies deutlich. Dieser Grundsatz besagt, dass es letztlich völlig egal ist, ob das Rentensystem vollständig auf *Kapitaldeckung* oder vollständig auf einer *Umlagefinanzierung* beruht. Dies ändert im Kern nichts daran, das X-Erwerbstätige für Y-Rentner aufkommen müssen. Menschen außerhalb der Erwerbstätigkeit sind immer in einem realwirtschaftlichen Umlageverfahren zu alimentieren. Diese ökonomische Binsenweisheit hat bereits vor 50 Jahren der Ökonom Gerhard Mackenroth (1952) nachgewiesen. In der damaligen Debatte über die zukünftige Finanzierung der Rente stellte er Folgendes klar:

> »Nun gilt der einfache und klare Satz, dass aller Sozialaufwand immer aus dem Volkseinkommen der laufenden Periode gedeckt werden muss. Es gibt keine andere Quelle und hat nie eine andere Quelle gegeben, aus der Sozialaufwand fließen könnte, es gibt keine Ansammlung von Fonds, keine Übertragung von Einkommensteilen von Periode zu Periode, kein ›Sparen‹ im privatwirtschaftlichen Sinne – es gibt einfach gar nichts anderes als das laufende Volkseinkommen als Quelle für den Sozialaufwand. Das ist auch nicht eine besondere Tücke oder Ungunst unserer Zeit, die von der Hand in den Mund lebt, sondern das ist immer so gewesen und kann nie anders sein« (Mackenroth 1952: 41).

Und schon Adam Smith (1776, 1974, 3) betonte in diesem Kontext die einzig Neuwert schaffende Arbeit, mit der alles bezahlt werden muss:

> »Die jährliche Arbeit eines Volkes ist die Quelle, aus der es mit allen notwendigen und angenehmen Dingen des Lebens versorgt wird, die es im Jahr über verbraucht. (...) Zwei Faktoren bestimmen in jedem Land die Pro-Kopf-Versorgung: Erstens die Produktivität der Arbeit als Ergebnis von Geschicklichkeit, Sachkenntnis und Erfahrung, und zweitens das Verhältnis der produktiv Erwerbstätigen zur übrigen Bevölkerung. Von beiden Umständen muss es jeweils abhängen, ob in einem Land das Warenangebot im Jahr über reichlich oder knapp ausfällt, gleichgültig, wie groß ein Land ist oder welchen Boden und welches Klima es hat.«

Diese ökonomische (arbeitswertmäßige) Gesetzmäßigkeit lässt sich formalisieren: Demnach sind das Bruttoinlandsprodukt einer Volkswirtschaft (BIP) pro Kopf abhängig von der Entwicklung der *Produktivität, Arbeitszeit, Arbeitslosigkeit, dem Erwerbsverhalten* und dem jeweiligen *Belastungsquotienten* (d. h. der Relation der Bevölkerungszahl im nichterwerbsfähigen Alter zur Bevölkerung im erwerbsfähigen Alter). In Wachstumsraten ausgedrückt gilt hierbei:

$$W_{Y/B} = W_{AP} + W_{AZ} - W_{ALQ} + W_{EQ} - W_{BQ}$$

Y/B = BIP je Kopf der Bevölkerung
AP = Stundenproduktivität (BIP je Stunde Arbeitszeit)
AZ = durchschnittliche jährliche Arbeitszeit je Erwerbstätigen
ALQ = tatsächliche Arbeitslosenquote
EQ = Erwerbsquote (Anteil der Erwerbspersonen [Erwerbstätige plus Erwerbslose] an der Bevölkerung im erwerbsfähigen Alter)
BQ = Verhältnis der Bevölkerung unter 15 und über 64 Jahre an der Bevölkerung im erwerbsfähigen Alter
W = Wachstumsrate der jeweiligen Größe

Das Pro-Kopf-Einkommen steigt dabei, wenn die Summe aus ($W_{AP} + W_{AZ} - W_{ALQ} + W_{EQ}$) größer als W_{BQ} ist. Die entscheidenden Größen für die Bewältigung einer demografischen Veränderung sind demnach die *Produktivitätsentwicklung*, eine *Reduzierung der Arbeitslosigkeit* und eine *wachsende Erwerbsbeteiligung*.

Bei der Rentenfinanzierung hat es dennoch immer schon den Hang zur *Privatisierung* gegeben. So wies bereits 1955 der Vater des »*Generationenvertrages*«, Wilfried Schreiber (1955, 17) vom Bund Katholischer Unternehmer (BKU) – der im Auftrag von Konrad Adenauer mit seiner Ausarbeitung die Grundlagen des deutschen Rentensystems legte – auf die *kommerziellen Einflüsse* bei der Rentenfrage hin.

»Hinter der Forderung, ›zurück zum Versicherungsprinzip‹, steckt sehr oft auch noch mehr, nämlich die Forderung nach weiterer sklavischer Anlehnung an die Verfahrensweise der privaten Versicherungswirtschaft. Es fehlt offenbar gerade einem großen Kreis unserer Sachverständigen die Vorstellungskraft, sich von dem privatwirtschaftlichen Vorbild zu lösen, es fehlt ihnen die Einsicht in die grundverschiedenen Voraussetzungen, mit denen eine privatkapitalistische Versicherungsunternehmung einerseits und eine öffentlich-rechtlich fundierte Einrichtung der Volkssolidarität andererseits zu rechnen haben. Nur so ist zu erklären, dass gerade unter Sachverständigen die Ansicht verbreitet ist, eine Rentenversicherung der Arbeitnehmer bedürfe, um ›gesund‹ zu sein, der Ansammlung eines ›Deckungskapitals‹.«

Selbst wenn man als Prämisse unterstellt, alle könnten fürs Alter durch ein *individuelles Sparen* vorsorgen – was realiter den meisten Arbeitnehmern auf Grund ihrer nur geringen Einkommen aus Arbeit schon nicht gelingt –, so bliebe dieses Sparen aus makroökonomischer Sicht lediglich ein Nullsummenspiel. Denn wenn alle sparen, hat keiner mehr. So wie sich nur jemand verschulden kann, wenn er einen Gläubiger findet, kann auch nur der Geld anlegen und ein Vermögen bilden (Sparen), der einen Schuldner bzw. Investor findet. Die Erträgnisse aus den akkumulierten Vermögen (wie Zinsen und Dividenden), die den Sparern zufließen, müssen von den ökonomisch Aktiven erwirschaftet werden und sind Teile des laufenden Volkseinkommens. »Als volkswirtschaftliche Lösungsstrategie für das Problem der Versorgung einer alternden Bevölkerung ist eine von fast allen betriebene *kapitalgedeckte Altersvorsorge* deshalb schlicht unsinnig. Ein Verhalten, das für den Einzelnen sinnvoll ist, kann eben für die Gesamtheit oder die Volkswirtschaft sinnlos oder gar schädlich sein« (hier gilt die »einzelwirtschaftliche Rationalitätsfalle«, d. V.). »Eine allgemeine kapitalgedeckte Privatvorsorge zur Abmilderung der wirtschaftlichen Folgen des demografischen Alterungsprozesses ist wirkungslos (…). Volkswirtschaftlich bringt sie keinen Wohlstandszuwachs gegenüber einem beitragsfinanzierten Rentensystem. Sie bewirkt freilich eine *Umverteilung des Volkseinkommens* zu Gunsten der Gewinne und zu Lasten der Löhne sowie krass auseinander klaffende Alterseinkommen« (Welzk 2006, 719ff.).

Hierzu ergänzend schreibt die Arbeitsgruppe Alternative Wirtschaftspolitik (2001: 75f.), »dass sich zwar unter den Bedingungen globalisierter Wirtschaften aus dem *Kapitaldeckungsverfahren* die grundsätzliche Möglichkeit einer zeitlichen und/ oder räumlichen Entkopplung von Produktion und Verbrauch ergibt, da über einen erhöhten Außenbeitrag heute Ansprüche gegenüber dem *Ausland* erworben werden, die erst morgen eingelöst zu werden brauchen. Allerdings handelt es sich hierbei um keine dauerhafte Abkopplung. Eine Volkswirtschaft kann und wird nicht dauerhaft von anderen alimentiert werden. Langfristig bleibt für die Rentenproblematik entscheidend, welchen Umfang an Gütern und Dienstleistungen eine Volkswirtschaft heute und in Zukunft hervorbringen kann.« Hieraus folgt, dass die Rentenfrage – wie bereits angedeutet – letztlich nichts anderes ist als eine *gesamtwirtschaftliche Verteilungsfrage* des jeweils pro Jahr realisierten Volkseinkommens. Da sich dies bekanntlich unter Berücksichtigung von Querverteilungsproblemen zwischen Kapital und Arbeit funktional auf eine Lohn- und Gewinnquote aufteilt, stellt sich lediglich die Frage, ob bei unterstellter demografischer Zunahme der Rentner in Relation zu den Erwerbstätigen die zukünftige Rentenfinanzierung zu einer Erhöhung oder Senkung der *Lohnquote* führt oder führen soll. Die Frage ist politisch mit der »Riester-Rente« entschieden worden. Hier kommt es zu einer einseitigen *Entlastung der Arbeitgeber* und so ceteris paribus zu einem *Anstieg der Gewinnquote*, weil zur beschlossenen Kompensation der Absenkung des Rentenniveaus die Arbeitnehmer die Rentenlücke aus Lohn oder Gehalt in Form von Sparbeiträgen bis zu 4 Prozentpunkten selbst zu leisten haben. Die Rechnung wird am Ende aber nicht aufgehen. Bei *zunehmender Gewinnsumme* und einem rentenbedingten Zwangssparen aus der Lohnsumme steigt letztlich das gesamtwirtschaftliche *Sparen* zu Lasten des Konsums. Dies auch dann, wenn eine Reihe von privaten Haushalten ihre Sparoptionen lediglich umschichten, da ein Großteil der Haushalte über keinerlei zusätzliche Sparmöglichkeiten verfügt. Diese Haushalte müssen allerdings, da sie heute nicht auf Anteile ihres eh nur knappen Lohn- oder Gehaltseinkommen für eine private Rentenzusatzversorgung verzichten können, im Alter später mit einer Versorgungslücke rechnen. Wie dem auch sei, es fällt letztlich Konsumnachfrage aus. Bei sich dabei abschwächender Binnennachfrage kann wohl kaum davon ausgegangen werden, dass es zu einem kompensatorischen Anstieg der Investitionsnachfrage kommt. Eher ist insgesamt mit einer *deflatorischen Lücke* zu rechnen (Wagner/Kirner/Leinert/Meinhardt 1998: 838).

4.3.3.4 Rente und gesamtwirtschaftliche Wirkungen
Bei allen Rentendebatten kommen die *gesamtwirtschaftlichen Wirkungen* viel zu kurz. Veränderungen an bestimmten Größen haben nämlich weitreichende Folgewirkungen. Zunächst sei noch einmal an den bereits aufgezeigten ökonomischen Grundtatbestand hingewiesen (siehe »Mackenroth-Theorem«), dass jede Volkswirtschaft alte, nicht mehr erwerbstätige Menschen, zu alimentieren hat und dass deren Zahl sich nicht durch einen Wechsel in der Finanzierung (Umlage- und/oder Kapitaldeckungsverfahren) ändert. Außerdem gilt uneingeschränkt, dass jeder ökonomische Ertrag in einer Volkswirtschaft letztlich nichts anderes ist als *Wertschöpfung aus Arbeit*. Wer

auch sonst sollte wohl die Rendite des Kapitals und der Kuponschneider sowie die Alimentierung der Nichtarbeitenden bezahlen, wenn nicht die arbeitende Generation. Deshalb ist die *Finanzierungsform* der Altersrente nicht wichtig, weil in jedem Fall die Rente nur durch menschliche *Arbeit* erwirtschaftet werden kann. Hinter Gewinnen, Zinsen und sonstigen Erträgen (Mieten/Pachten) muss letztlich immer reale Arbeit stehen.

Das von Riester eingeführte *Kapitaldeckungsverfahren* reduziert sich deshalb auf einen gesellschaftlich entscheidenden Schritt in Richtung *Entsolidarisierung* und *Umverteilung der Arbeitserträge* von den Löhnen zu den Gewinnen. Es gibt, außer für die Anbieter privater Versicherungen und die Manager von potentiell riesigen Investment-Fonds keine überzeugenden Gründe,[199] die für ein Umstellen der gesetzlichen Altersversicherung auf private Altersversicherungen sprechen (wer sie will, kann sie als Zusatzversicherung freiwillig immer abschließen), und zudem sogar noch weniger überzeugende Gründe, die für eine Umstellung der gesetzlichen Altersversicherung sprechen. Daher hätten auch die *Gewerkschaften* der Riester-Rente niemals zustimmen dürfen. Sie würden die Interessen der abhängig Beschäftigten in der Rentenpolitik besser vertreten, wenn sie dafür sorgen würden, dass die Arbeitseinkommen mit der allgemeinen Wirtschaftsentwicklung Schritt halten. Dann wäre es auch nicht zu einer schrumpfenden Lohnquote mit all ihren negativen makroökonomischen Folgen gekommen (Ganßmann 2000: 147).

Vollbeschäftigung und die Ausschöpfung des verteilungsneutralen Spielraums in den Tarifverhandlungen ist die beste Rentenpolitik.

Diese beiden gesamtwirtschaftlich wichtigen Ziele sind aber in Deutschland in den letzten fünfunddreißig Jahren verfehlt worden. Dies gilt insbesondere für die *Arbeitslosigkeit*. »Ein Abbau der Arbeitslosigkeit würde bedeuten, dass sich das Verhältnis Erwerbstätige zu Nichterwerbstätigen trotz anhaltender Alterung der Gesellschaft von heute 1,4 : 1 auf 1,6 : 1 zunächst verbessern würde. Erst 2025 würde das Verhältnis unter das des Jahres 2002 fallen. Im Jahr 2030 läge es dann bei 1,3 : 1

---

199 So verkündete beispielsweise der Vorstandsvorsitzende und ehemalige Mehrheitsaktionär des Finanzdienstleisters AWD, Carsten Maschmeyer, auf der Bilanzpressekonferenz zum Halbjahr 2003, es sei ganz wichtig, dass die Politik die Weichen in Richtung auf mehr »*Eigenverantwortung*« stelle. Die Zeiten der »*solidarischen Finanzierung*«, auch mit öffentlichen Geldern, seien vorbei (HAZ 2003a: 4). Ebenso werde die betriebliche Altersversorgung an Bedeutung gewinnen. »Uns ist es egal, was wir verkaufen«, sagte Maschmeyer. »Wir werden auf jeden Fall einer der *Hauptnutznießer der Rentenreform* sein« (HAZ 2004c: 11).

und würde sich bis 2050 nur noch unwesentlich auf 1,2 : 1 verschlechtern. Danach würde sich die Lage kontinuierlich entschärfen, da dann die geburtenschwachen Jahrgänge ins Rentenalter kommen werden. Der Bevölkerungspilz, der sich aus der Bevölkerungstanne herausgebildet hat, wird dann zunehmend die Form einer schlanken Bevölkerungssäule annehmen« (Arbeitsgruppe Alternative Wirtschaftspolitik 2004: 74f.). Aber selbst eine *Erhöhung der Beitragsbemessungsgrenze* bei nur noch unterproportional zu dem eingezahlten Beitrag steigenden Renten und die *Einbeziehung aller Erwerbstätigen* in eine solidarisch finanzierte Rentenversicherung sowie die Berücksichtigung aller *volkswirtschaftlichen Erträge*, also auch Gewinn-, Zins-, Miet- und Pachteinkünfte, ließ die heute hochstilisierten und dramatisierten Rentenprobleme sich in Luft auflösen *(Ehrenberg 2000: 5)*. Dies verlangt aber danach, die *Herrschafts- und Verteilungsfrage* zu stellen und Verteilung nicht nach ausschließlichen Kapitalinteressen, sondern nach dem Interesse der gesamten Gesellschaft vorzunehmen.

Die Rentenfinanzen sind – was den *Arbeitsmarkt* anbelangt – nicht nur von irgendeiner Arbeit abhängig, sondern von Arbeit, die möglichst hoch bezahlt wird, da hier von der *Einnahmenseite* die Höhe der Bruttolohnsumme als entscheidend gilt. Damit kommt die *Verteilung* der nur durch Arbeit geschaffenen Wertschöpfung auf Lohn und Gewinn ein zweites Mal ins Spiel. Werden immer mehr gut bezahlte Arbeitsplätze, getragen von einem *Normalarbeitsverhältnis*, durch immer mehr schlecht bezahlte *prekäre Beschäftigungsverhältnisse* ausgetauscht (Hauer 2004: 1.475 ff.) – überwiegend im *expandierenden Dienstleistungssektor* –, so entzieht man der Rentenversicherung die Finanzierungsbasis, da die Lohnquote sinkt. Da man zusätzlich auf eine neoliberal orientierte *Politik der Lohnnebenkostensenkung* zur angeblichen Bekämpfung der Massenarbeitslosigkeit setzt, sinkt die Lohnquote zu Gunsten der Gewinnquote und damit die Einnahmenbasis der Rentenversicherung noch einmal. Die Politik ist dann ganz erstaunt, dass die *Beitragssätze* zur Rentenversicherung ansteigen. Außerdem sind – gesamtwirtschaftlich betrachtet – mehrere weitere Wirkungen bei einer Rentenreform zu beachten. Zunächst einmal bewirkt die Umverteilung des Volkseinkommens zu den Gewinnen eine negative multiplikative Wirkung auf das größte Aggregat in der gesamtwirtschaftlichen Nachfrage, den *privaten Verbrauch*, da die marginale Konsumquote aus Lohneinkünften grundsätzlich größer ist als die aus Gewinneinkünften. Hierdurch erhöht sich die *gesamtwirtschaftliche Sparquote*, und unter sonst gleichen Bedingungen gehen das Wirtschaftswachstum und damit die Beschäftigung zurück. Es kommt zu mehr Arbeitslosigkeit. Dass es durch das Steigen der Gewinneinkünfte zu einer Kompensation des rückläufigen privaten Verbrauchs durch *zusätzliche Investitionen* kommt, ist dagegen mehr als unwahrscheinlich, da, wie bereits an anderer Stelle ausgeführt, die neoliberale G-I-B- Formel[200] nichts als Propaganda zur Umverteilung zu Gunsten der Gewinnquote ist. Neben dem Konsumausfall bei den Beschäftigten – sieht man von dem steigenden Unternehmerkonsum ab – fällt zusätzlich durch das *abgesenkte Rentenniveau* auch der zukünftige Konsum bei den Rentnern geringer aus und schwächt so außerdem Wachstum und Beschäftigung. Schließlich erhöht sich durch die private vierprozentige Vorsorge der Arbeitnehmer im Riester-System die Ersparnis ein zweites Mal und vergrößert noch einmal die deflatorische Lücke. Die private Konsumnachfrage wird so abermals geschwächt. Gestärkt wird dagegen die heute bereits vorliegende Machtfülle des *Finanzkapitals*, das das geparkte Geld an den internationalen Finanzmärkten mit Gewinn anlegen soll. »Je mehr die gesetzlichen Renten abgebaut und die Alterssicherungssysteme privatisiert werden, desto stärker werden auch die auf den Kapitalmärkten angelegten Mittel zunehmen – zur Freude der Finanzunternehmen, die diese Mittel verwalten und daraus ihren Gewinn machen« (Huffschmid/Köppen/Rhode 2007: 21). Gleichzeitig steigt an den Finanzmärkten die Gefahr von *spekulativen Blasen*, deren Platzen dann negativ auf die reale wirtschaftliche Entwicklung (Wachstum und Beschäftigung) zurückwirkt. Unwahrscheinlich ist dagegen, dass Unternehmen das gesparte Rentengeld zur Finanzierung von Wachstum und Beschäftigung generierenden Realinvestitionen nachfragen. Auf jeden Fall gilt der Tatbestand, dass dem Kapitaldeckungsverfahren eine komplette *Umlagefinanzierung* gesamtwirtschaftlich weit überlegen ist. Sie ist nicht nur *solidarisch*, sondern sie sorgt auch dafür, »dass dem unmittelbaren Konsum entzogene Rentenversicherungsbeiträge in derselben Periode über die Rentenzahlungen in Konsumausgaben zurückfließen« (Arbeitsgruppe Alternative Wirtschaftspolitik 2000: 11). Zu beachten ist auch der gesamtwirtschaftliche Aspekt, dass durch die private Rentenvorsorge das *Angebot an Geldkapital* ansteigt, was bei unterstellter gleich bleibender Nachfrage zu einer *Senkung der Zinsen* führt, die wiederum die Renditeaussichten und damit auch die Rentenzahlungen aus dem angehäuften Kapitalstock eher gering werden lässt. Auch kann bei abgesenkten Zinsen nicht per se davon ausgegangen werden, dass es hierdurch zu einer Belebung der Wirtschaft kommt, da Unternehmen reale Investitionsentscheidungen nun einmal überwiegend von erwarteten zukünftigen Aufträgen und daraus ableitbaren Gewinnen abhängig machen (Bontrup 2000b: 661f.).

---

200 Vgl. Kap. 2.1.4.2 »Die neoliberale G-I-B-Formel oder die Gewinnhypothese«

»Gesundheit ist ein hohes Gut, aber sie ist keine Ware. Ärzte
sind keine Anbieter. Und Patienten sind keine Kunden.«
(Johannes Rau)

4.3.4 Zur angeblichen Gesundheitsreform

Neben der Rentenreform wurde im Zuge der von Bundeskanzler Gerhard Schröder (SPD) initiierten Agenda 2010 auch eine *Novellierung des Gesundheitswesens* mit Zustimmung der CDU/CSU-Faktion im Deutschen Bundestag Ende 2003 verabschiedet. Das deutsche Gesundheitswesen sei »krank«. Dies wird in erster Linie daran festgemacht, dass die Beitragssätze der gesetzlichen Krankenversicherungen (GKV) den bisher als Schallmauer eingestuften Satz von 15 v. H. im Sommer 2003 auf breiter Front zu durchbrechen drohten. Nur durch Ad-hoc-Maßnahmen in Form von »Vorschaltgesetzen« konnten die eigenen Fehler der rot-grünen Bundesregierung – wie u. a. die *Aufhebung des Arzneimittelbudgets* – kaschiert werden. Insbesondere die Arbeitgeber betrachteten die Beitragssatzsteigerungen in den Jahren 2002 und 2003 – obwohl zum größten Teil *konjunkturbedingt* – vor dem Hintergrund einer hysterisch und ideologisch geführten Debatte um angeblich zu hohe Lohnnebenkosten als eine nicht mehr akzeptable (finanzierbare) Größe. Dem stimmten Politik, Wissenschaft und Medien weitgehend zu. Die Arbeitnehmer empfanden die Beitragssatzentwicklung im Hinblick auf ihre Nettoentgeltsituation ebenfalls als belastend, obwohl es hier auch Untersuchungen gibt, die zeigen, dass höhere Beiträge bei einer verbesserten *Versorgungsqualität und -quantität* in Kauf genommen werden (Greiffenhagen 1998). Um weiter Stimmung gegen das bestehende Gesundheitswesen zu machen, wurden wissenschaftlich nicht zu verantwortende, *langfristige Beitragssatzerhöhungen* prognostiziert. Diese Hochrechnungen – bestückt mit mehr als unsicheren und wenig seriösen Prämissen – malten das Horror-Gespenst eines Beitragssatzes von bis zu 26 v. H. für das Jahr 2030 an die Wand (Breyer/Ulrich 2000, Hof 2001). An Gründen wurden in erster Linie der »*demografische Wandel*«, das »*Altern der Gesellschaft*«, der »*medizinisch-technische Fortschritt*« und die so genannte »*Anspruchsinflation der Versicherten*« genannt, die nicht wenige Versicherte nach Entrichtung ihres Beitragssatzes veranlassen würde Gesundheitsleistungen praktisch unbegrenzt in Anspruch zu nehmen. Es würde quasi mit Gesundheitsgütern »geaast«, es käme wie bei allen Versicherungsleistungen zum Problem des »*Moral Hazard*«, bei dem der Umfang der Leistung eines Vertragspartners auch von der Mitwirkung des Kontrahenten abhängt, etwa durch Beachtung von Sorgfaltspflichten oder durch Risikominimierungen.

Tab. 32: Beitragssätze zur gesetzlichen Krankenversicherung

Jahr	Beitragssätze (in v. H. des Bruttoarbeitslohns)
2000	13,5
2001	13,6
2002	14,0
2003	14,3
2004	14,3
2005	14,2
2006	14,1
2007	14,8
2008	14,9
2009	15,5 (ab 1.7.2009: 14,9)

Quelle: VDAK

Vor diesem gesamten Hintergrund seien deshalb tiefgreifende »Einschnitte« ins Gesundheitswesen, d. h. ein »Ausgabenrückbau« und eine möglichst »marktwirtschaftliche Aussteuerung« am Gesundheitsmarkt unumgänglich. So kam es schließlich zur »Gesundheitsreform 2003«, zu deren Ziel erklärt wurde, bis zu 23 Mrd. € im Jahr 2007 einzusparen, davon im Jahr 2004 etwa 10 Mrd. €, um so den durchschnittlichen Beitragssatz von 14,3 v. H. (2003) auf rund 13 v. H. bis 2007 zu senken.[201] Man sprach vom »größten Reformwerk der jüngsten Sozialgeschichte« (Horst Seehofer (CSU)). Aber gleichzeitig wurde – wenn auch nur nebulös – betont, dass das Reform-Werk wohl nur eine »Reichweite« bis 2010 habe. Danach müsse es noch einmal zu einer entsprechenden »Strukturreform«, zu einer »Weiterentwicklung«, wie die CDU-Vorsitzende Angela Merkel betonte, an den Gesundheitsmärkten kommen. Dennoch war Bundeskanzler Schröder (SPD) mit dem Ergebnis der Reform zufrieden, »das sich sehen lassen kann. Es gibt eine sorgsam ausgewogene Balance«, so seine Meinung, »die alle Beteiligten im Gesundheitswesen in die Verantwortung nimmt.« Vom linken Flügel der SPD kamen aber ganz andere Beurteilungen. Die Reform sei »sozial völlig unausgewogen«, da von den 10 Mrd. € Einsparungen im Jahr 2004 allein die Mitglieder, Kranken und Arbeitnehmer etwa 8,5 Mrd. € aufbringen müssten, während die Leistungsanbieter

---

201 Dies gelang aber nicht, wie Tab. 32 zeigt. Im Jahr 2007 betrug nämlich der Beitragssatz 14,8 v. H.

wie Ärzte, Pharmaindustrie und -handel u. a. weitgehend verschont und die Arbeitergeber sogar nachhaltig durch die Aufhebung der paritätischen Finanzierung entlastet würden.

Während der Ärztekammerpräsident Jörg-Dietrich Hoppe die Reform als »erhebliche Verbesserung« begrüßte, äußerte sich der Vorsitzende des Klinikärzteverbandes Marburger Bund, Frank Ulrich Montgomery, enttäuscht über den »Pakt gegen die Schwachen«. Von einer »Schmerzlinderung statt Therapie« sprachen die Betriebskrankenkassen. Der AOK-Bundesverband sah eine Chance für sinkende Beiträge nur dann, wenn die Konjunktur anspringe, und Arbeitgeberpräsident Dieter Hundt rügte, dass die Arbeitgeber noch zu wenig und zu spät entlastet würden. Er forderte, wie FDP-Chef Guido Westerwelle, weitere radikale Ausgabenkürzungen und eine Aussteuerung der Gesundheitsmärkte durch mehr *Wettbewerb* und in Abhängigkeit vom Einkommen – also eine noch größere *Entsolidarisierung* und *Privatisierung* von gesundheitlichen Risiken. Nicht zuletzt sprach die Vereinigung der Apotheker davon, dass ihr Berufsstand bis »ins Mark getroffen« sei, und die Pharmabranche führte »schmerzhafte Belastungen« ins Feld. Der DGB und die Sozialverbände machten Front gegen diese Art der Reform. Sie enthält in der Tat einseitige Belastungen für Versicherte, Kranke und Arbeitnehmer. Begleitet von negativen gesamtwirtschaftlichen Wirkungen untergräbt sie endgültig das *Solidaritätsprinzip*, nach dem jeder in einer Gesellschaft eine bestmögliche Versorgung mit Gesundheitsgütern erhalten sollte, unabhängig vom sozialen Status und den finanziellen Ressourcen des Einzelnen. Ganz entscheidend bei der Reform ist: »Die paritätische Finanzierung wird weiter ausgehöhlt, die Versicherten werden mit zweistelligen Milliardenbeträgen zusätzlich belastet. Das ist genau jene ›*Privatisierungsorgie*‹, gegen die sich der ehemalige Gesundheitsminister der CSU, Horst Seehofer, aus wahlkampftaktischen Gründen vor der Bundestagswahl 2002 gewandt hatte und die er jetzt offensichtlich mit aller Macht durchgepaukt hat.« So kommentierte Horst Schmitthenner, damaliges geschäftsführendes Vorstandsmitglied der IG Metall und zuständig für Sozialpolitik, die Gesundheitsreform der Bundesregierung und speziell das Auftreten von Seehofer.

Abgesehen von den negativen *sozialen Folgen* dieser Gesundheitsreform sind auch die *ökonomischen Ergebnisse* als verheerend einzustufen; vor allem im Zusammenhang mit dem Vorziehen der dritten Stufe der Steuerreform auf das Jahr 2004, wodurch Steuerentlastungen zur Konjunkturbelebung führen sollten.[202] Nachfragebelebungen

---

202 Vgl. dazu den Punkt 4.4.9.2.3 »Noch mehr Steuersenkungen und Reformen für Reiche und Vermögende«.

durch mehr Binnennachfrage waren hier von Anfang an nicht zu erwarten. Insbesondere bei den unteren und mittleren Einkommen kamen neben den anderen Belastungen zur Gegenfinanzierung der Steuerreform (Arbeitskreis Konjunktur 2003: 457ff.) nun auch noch die Belastungen an den Gesundheitsmärkten hinzu. Damit wurden endgültig die möglichen Wachstumsimpulse nicht nur aufgehoben, sondern sogar weitgehend überkompensiert. Gleichzeitig musste der damalige Finanzminister Hans Eichel (SPD), zumindest bis zum Jahr 2007, mit höheren Ausgaben rechnen, weil er mit einer schnelleren Verschiebung der Gesundheitsausgaben zu Lasten der Versicherten auf 53 v. H. (Aufhebung der paritätischen Finanzierung) bereits ab 2004 gerechnet hatte.

4.3.4.1 Nicht die Ausgaben sind das entscheidende Problem

Alle bisherigen Reformen im Gesundheitswesen wurden von der *Ausgabenseite* dominiert. Seit es 1976 durch die damalige sozial-liberale Bundesregierung unter Helmut Schmidt (SPD) mit dem »Krankenversicherungs-Weiterentwicklungsgesetz« zur ersten größeren staatlichen Intervention kam, basieren die Reformen auf einer *einnahmenorientierten Ausgabenpolitik*. Immer dann, wenn sich die Ausgabenzuwächse deutlich von den Einnahmenzuwächsen der Kassen entfernten – häufig genug aus rein *konjunkturellen Gründen* –, griff der Staat mit *Ausgabensenkungen* zu Lasten der Versicherten, Arbeitnehmer und Kranken ein, um die erforderliche *Beitragssatzanhebung* der Kassen insbesondere zu Gunsten der *Arbeitgeber* in Grenzen zu halten. Dies hatte aber immer nur temporäre Erfolge. Es wäre allerdings falsch, dies einer *»überbordenden Ausgabenentwicklung«* anzulasten, sondern vielmehr den rückläufigen Einnahmen. Eine so genannte *Kostenexplosion* hat es im deutschen Gesundheitswesen allenfalls im Zeitraum von 1970 bis 1975 gegeben. Hier stiegen die gesamten Gesundheitsausgaben der öffentlichen Haushalte, Krankenversicherungen, Rentenversicherungen, Arbeitgeber und Privaten bezogen auf das Bruttoinlandsprodukt (BIP) von 10,1 v. H. auf 12,8 v. H. Der Anstieg ging dabei auf politisch bewusst herbeigeführte und auch notwendige Verbesserungen in der Gesundheitsversorgung durch die sozial-liberale Regierung unter Willy Brandt (SPD) zurück. In den folgenden Jahrzehnten der alten Bundesrepublik war nur noch eine marginale Steigerung der relativen Gesundheitsausgaben, bezogen auf das BIP, um einen halben Prozentpunkt auf 13,4 v. H. zu beobachten. Mit der Wiedervereinigung gingen die Gesamtausgaben bezogen auf das BIP auf gut 10 v. H. zurück und haben sich bis heute hier eingependelt (Bäcker/Naegele/Bispinck/Hofemann/Neubauer 2008: 124).

Auch ein Vergleich der Ausgabenentwicklung in der gesetzlichen Krankenversicherung (GKV) zeigt, dass sich die Relation der Leistungsausgaben der GKV zum BIP lediglich von 3,5 v. H. im Jahre 1970 auf 5,5 v. H. im Jahre 1990 in den alten Bundesländern erhöht hat (Meinhardt/Schulz 2003: 107). Nach der Wiedervereinigung gab es einen leichten Anstieg auf 6,1 v. H. Hier pendelt die Relation der Gesundheitsausgaben der GKV zum BIP um 6 v. H. (1995: 6,7 v. H.; 2008: 6,5 v. H.) (vgl. Tab. 33).

Tab. 33: Ausgaben der GKV in Relation zum Bruttoinlandsprodukt

Jahr	GKV-Ausgaben in Mrd. €	BIP in jeweiligen Preisen in Mrd. €	Relation in v. H.
1970	12,6	360,6	3,5
1980	45,9	788,5	5,8
1985	58,3	984,4	5,9
1990*	72,5	1.306,7	5,5
1991	93,6	1.534,6	6,1
1995	124,0	1.848,5	6,7
2000	133,7	2.062,5	6,5
2005	143,8	2.243,2	6,4
2008	161,1	2.492,0	6,5

* Bis 1990 alte Bundesrepublik. Quelle: Institut der deutschen Wirtschaft. Deutschland in Zahlen, diverse Jahrgänge, eigene Berechnungen.

Von Kostenexplosionen, richtiger: *Ausgabenexplosionen*, weil in den Ausgaben neben den *Kosten* auch die *Gewinne* der Leistungsanbieter enthalten sind, kann demnach empirisch keine Rede sein (Braun/Kühn/Reiners 1998). Übrigens gibt es bis heute keine differenzierte Statistik, die in den Ausgaben getrennt die Entwicklung der Gesundheitskosten und die Gewinne der Leistungsanbieter im Gesundheitswesen ausweist. Die Gewinne sind eine »Black Box«. Dennoch ist allgemein die Ausgabenentwicklung in der GKV der zentrale Bezugspunkt der gesundheitspolitischen Diskussionen und Auseinandersetzungen. Anlass für diese Perspektivverengung ist die Entwicklung der paritätisch von Arbeitgebern und Arbeitnehmern finanzierte *Entwicklung der Beitragssätze*, die in der alten Bundesrepublik von 8,2 v. H. des beitragspflichtigen Bruttoeinkommens im Jahre 1970 auf 12,6 v. H. im Jahre 1990 im Durchschnitt angestiegen sind und in Gesamtdeutschland heute bei 14,9 v. H. liegen (vgl. Tab. 32).

4.3.4.2 Die Einnahmen in der GKV sind zurückgeblieben

Der Anstieg der Beitragssätze, der bei einer nur einigermaßen richtigen Wirtschaftspolitik sicher vermeidbar gewesen wäre, aber dennoch ökonomisch nicht bedrohlich ist, hat seinen Grund eindeutig auf der Einnahmen- und nicht auf der Ausgabenseite (Deppe 2000: 216ff.). Hierfür gibt es zwei wesentliche Gründe: Erstens die seit langem bestehende *Massenarbeitslosigkeit*. Zweitens die *Nichtausnutzung des verteilungsneutralen Spielraums* in den Tarifverhandlungen und einer daraus folgenden Umverteilung von der Lohn- zur Gewinnquote. Beides höhlt in der GKV, wie bei der Rente, die Bemessungsgrundlage aus. »Zudem wird ein steigender Anteil der Bruttolohn- und Gehaltssumme der Versicherungspflicht entzogen, weil die Einkommensgrenzen für geringfügige *sozialversicherungsfreie Beschäftigungsverhältnisse* erhöht und die Beitragsbemessungsgrenzen nicht adäquat an die Lohn- und Gehaltsentwicklung angepasst werden« (Schratzenstaller 2003: 16). Die beste Gesundheitspolitik ist demnach, wie bei der Rentenfrage, *Vollbeschäftigungspolitik* sowie eine jährliche *Anpassung der Löhne und Gehälter an die Produktivitäts- und Inflationsentwicklung*. Dies widerspricht – wie bereits mehrfach aufgezeigt – dem heute vorherrschenden ökonomisch-politischen Mainstream, der einseitig auf eine Marktherrschaft und die von Wettbewerb geprägte neoliberale Wirtschaftspolitik setzt. Notwendig wäre dagegen ein nachhaltiger Paradigmenwechsel in Richtung einer kompensatorischen staatlichen Finanz- und Steuerpolitik.[203]

Die heute geführte Diskussion über die Finanzierung der Gesundheitsleistungen blendet dagegen diese Sicht einer Wirtschaftspolitik völlig aus. Selbst von der durch den Arbeitsmarkt geprägten Schwäche der Einnahmenseite will der neoliberale Mainstream nichts wissen. Im Gegenteil: Hier pocht man auf marktwirtschaftliche Lösungen zur Stabilisierung der Beitragssätze. Dabei ist wissenschaftlich hinlänglich bewiesen, dass die *Selbstheilungskräfte des Marktes* eben nicht für eine optimale Allokation auf den Gesundheitsmärkten sorgen (Hajen/Paetow/Schumacher 2000). Daneben will der neoliberale Mainstream die medizinische Versorgung durch eine drastische Beschneidung der Ausgaben in Form von *Leistungskürzungen, Unterscheidung in Grund- und Wahlleistungen, Zuzahlungen der Patienten* sowie einer *Aufhebung der paritätischen Finanzierung* immer mehr vom jeweiligen Einkommen und Vermögen der Versicherten abhängig machen und sie damit entsolidarisieren. Dies führt letztlich zu einem noch größeren und nachhaltigeren Ausbau der bereits bestehenden *Zweiklassenmedizin*. Insbesondere gibt es keinen ökonomischen Grund, die eh schon

---

203 Vgl. dazu die Punkte 4.4ff. »Staatliche Makropolitik im Sinne einer Wirtschaftsdemokratie«.

ausgehöhlte *paritätische Finanzierung der GKV* durch eine weitere Umverteilung zu Gunsten der Arbeitgeber zu pervertieren. Trotzdem werden aus dem Arbeitgeber- und Politiklager immer umfangreichere Bedrohungsthesen in Richtung GKV formuliert. Diese münden fast ausnahmslos in der Klage, dass die in den Lohnnebenkosten enthaltenen Arbeitgeberbeiträge zur Krankenversicherung viel zu hoch seien. Hierdurch würde die »Deutschland AG« in ihrer internationalen Wettbewerbfähigkeit bedroht, es käme zu Wachstumsausfällen, Kapitalflucht und damit zu Arbeitsplatzverlusten. Hierzu ist festzustellen, dass die Bundesrepublik Deutschland bei extrem hohen positiven *Außenbeiträgen* (Saldo Waren und Dienstleistungen), allein im Jahr 2008 lag der Außenbeitrag bei 157,1 Mrd. €, alles andere als nicht wettbewerbsfähig ist. Dies wurde selbst vom mehrheitlich neoliberal geprägten Sachverständigenrat (SVR) im Jahresgutachten 2004/2005 mit dem Titel »Erfolge im Ausland – Herausforderungen im Inland« herausgestellt und betont. Eher gefährden wir mit unserer aggressiven Außenwirtschaft die Entwicklung anderer Länder. Denn was wir exportieren, müssen andere importieren und damit finanzieren. Außerdem sind die Lohnnebenkosten unter Berücksichtigung der Produktivität – wie hinlänglich aufgezeigt wurde – nicht zu hoch. Die in Deutschland nachhinkende Lohnentwicklung ist vielmehr ein wesentlicher Grund für die schwache und von allen Wirtschaftsexperten beklagte *Binnennachfrage*. Außerdem ist bei der angeblich nicht mehr zu verantwortenden Kostenbelastung durch Gesundheitsausgaben die geradezu marginale Belastung einer *unternehmerischen Gesamtkostenfunktion* zu beachten. Hierauf hat der Sozialexperte Hagen Kühn anhand von empirischen Berechnungen für das Verarbeitende Gewerbe aufmerksam gemacht. Demnach liegt die aktuelle Beitragsbelastung der Unternehmen durch die GKV exakt bei 1,004 v. H. im Jahr. »Eine zehnprozentige Erhöhung des Beitragssatzes, z. B. von 13,5 v. H. auf 14,85 v. H. (1,35 Prozentpunkte sind dabei deutlich mehr als die Hälfte der Beitragssatzsteigerung von 1980 bis 2000), würde bei voller Überwälzung auf den Preis ein Produkt, das 1.000 Euro kostet, um 1 Promille auf 1.001 Euro verteuern« (Kühn 2001: 6). Bereits nur allergeringste Produktivitätssteigerungen führen hier schon zu einer Überkompensation. Auch eine Alternativrechnung für die gesamte deutsche Wirtschaft auf Basis empirischer Daten der Deutschen Bundesbank zeigt, dass es im umgekehrten Fall einer Beitragssatzsenkung um sogar 3 Prozentpunkte auf insgesamt durchschnittlich 12 v. H. nur zu einer marginalen Kostenentlastung der Unternehmen in Höhe von 0,2 v. H. käme (siehe dazu die Berechnung im folgenden Kasten).

Demnach kann durch die Gesundheitsreform weder von einer *Wettbewerbsgefährdung* der deutschen Wirtschaft bei den bestehenden Beitragssätzen noch von einem

Gesamte Aufwendungen der deutschen Wirtschaft im Jahr 2006	**4001,5 Mrd. €**
davon Personalaufwendungen inkl. Sozialabgaben	668,0 Mrd. €
Prozentanteil an den Gesamtaufwendungen	16,7 v. H.
Personalaufwand ohne Sozialabgaben (Beaufschlagungsbasis)	556,6 Mrd. €
Bei einem durchschnittlichen Beitragssatz von 15 v. H. für Gesundheitsausgaben (davon 50 v. H. = 7,5 v. H. Arbeitgeberanteil) impliziert dies eine Kostenbelastung von insgesamt	41.7 Mrd. €
Bezogen auf die Gesamtaufwendungen ergibt dies den relativen Wert von	1,04 v. H.
Eine Beitragssatzabsenkung um 3 Prozentpunkte auf 12 v. H. (Arbeitgeber um 1,5 Prozentpunkte auf 6 v. H.) entspricht einer absoluten Kostenentlastung von	8,3 Mrd. €
Bezogen auf die unternehmerischen Gesamtaufwendungen impliziert dies eine relative Kostenentlastung in Höhe von	0,2 v. H.

Wettbewerbsvorteil bei den erhofften Beitragssatzsenkungen die Rede sein. Dennoch wird zur Stabilisierung des Beitragssatzes die »Stärkung der Eigenverantwortung« gefordert, durch die man sich mehr »Wettbewerb im Gesundheitswesen« und eine »Entlastung der Solidargemeinschaft« verspricht. Hinzu kommt nun auch noch eine verstärkte Aufhebung der paritätischen Finanzierung in der GKV.

4.3.4.3 Enttäuschende Reformvorschläge

Das Ziel der Gesundheitspolitik ist eine *Rückführung der Beitragssätze*, zumindest auf 13 v. H., um die angeblich zu hohen Lohnnebenkosten zu senken und so dem immer weiter sich ausbildenden *Unternehmerstaat* – im naiven Glauben an eine dann eintretende wirtschaftliche Prosperität – noch mehr Geschenke zu machen. Dazu sollen u. a. durch Umverteilungen von unten nach oben auch die Gesundheitsausgaben weiter gesenkt werden. Dies wollen insbesondere die CDU/CSU und FDP sowie natürlich die Arbeitgeberverbände. Die Versicherten, Kranken und Beschäftigten wurden deshalb mit den letzten so genannten »Gesundheitsreformen« einseitig belastet (zu den einzelnen Maßnahmen siehe die folgenden Auflistungen). Es kommt zu erheblichen Mehraufwendungen in Form von *privaten Zuzahlungen* und *Leistungseinschränkungen*. Neben der Einführung einer *Praxis- und einer erhöhten Klinikgebühr* von 10 Euro pro Quartal werden die *Zuzahlungen für Medikamente* erhöht.

Diese Regelung der Zuzahlung gilt auch für alle Sachleistungen wie z. B. Massagen. Als Obergrenze wurden 2 v. H. des Bruttoeinkommens festgelegt (chronisch Kranke 1 v. H.; Kinder und Jugendliche bis zum 18. Lebensjahr sind generell von Zuzahlungen befreit und es gibt Bonusregelungen für Vorsorge und Prävention). Das *Sterbe- und Entbindungsgeld* sowie die *Zuschüsse für Brillen* wurden mit wenigen Ausnahmen gestrichen oder privatisiert. Besonders schwerwiegend und belastend ist der *Wegfall des Zahnersatzes* ab 2005 aus dem Leistungskatalog der gesetzlichen Krankenversicherung. Diesbezüglich stellt der ehemalige Präsident des Sozialverbands (VdK), Walter Hirrlinger, fest: »Jetzt wird man an den Zähnen erkennen können, wie viel Geld jemand im Portemonnaie hat.« Im Jahr 1991 belief sich das Zuzahlungsvolumen für GKV-Leistungen auf umgerechnet 3,3 Mrd. €, das entsprach 4,4 v. H. der GKV-Leistungsausgaben. 2002 waren es 9,8 Mrd. € oder 7,3 v. H. der Ausgaben (Arbeitsgruppe Alternative Wirtschaftspolitik 2008: 217). Als noch schwerwiegender ist die Eliminierung der paritätischen Finanzierung des *Krankengeldes* von Arbeitnehmern und Arbeitgebern ab dem 1. Juli 2005 zu bewerten. Die Ausgaben der Krankenkassen für das Krankengeld machen etwa ein Prozent des Krankenkassenbeitrages aus. Deshalb wurde der Versicherungsbeitrag der Arbeitnehmer um 0,9 v. H. angehoben und in gleicher Höhe der Beitragssatz der Arbeitgeber gesenkt. Mit einer solchen Politik, wird »das Argument ad absurdum geführt, eine Senkung der Beiträge verbessere auch die finanzielle Situation der Versicherten. Die Auslagerung des Krankengeldes wird die Mitverantwortung der Arbeitgeber in der paritätischen Finanzierung paradoxerweise in einem Leistungsbereich beenden, der in vielen Fällen durch *Belastungen am Arbeitsplatz* erst notwendig wird« (Schmucker 2003: 29f.). Auch die *Rentner* mit einem zusätzlichen Einkommen müssen höhere Beiträge zahlen. Auf Versorgungsbezüge und Alterseinkünfte aus selbständiger Tätigkeit gilt der volle Beitragssatz.

Ökonomisch führen Ausgabenverschiebungen bei den privaten Haushalten zu einer größeren Belastung, so dass es ceteris paribus bei gleich hohem verfügbaren Einkommen an anderer Stelle zu einem *Nachfrageausfall* kommt; es sei denn die Haushalte greifen ihre Ersparnisse an. Dies wird in den meisten Fällen auf Grund mangelnder Rücklagen nicht möglich sein. Zwar werden auch die Beschäftigten durch ein marginales Absenken der Beitragssätze entlastet, dennoch wird unter dem Strich für die Arbeitnehmer eine höhere Endbelastung zu verbuchen sein. Die wesentlichen *Profiteure* sind dagegen die *Arbeitgeber* über einen ebenfalls abgesenkten Beitragssatz.

Die Gesundheitsreform auf einen Blick – Zuzahlungen

Zuzahlungen	Was ändert sich?	Ausnahmen
Beim Arztbesuch	Praxisgebühr von zehn Euro pro Quartal beim Arzt und Zahnarzt. Zehn Euro pro Quartal bedeutet: Unabhängig, wie oft man und zu wie vielen Ärzten man (mit Überweisung) geht: Man zahlt insgesamt nicht mehr als zehn Euro Praxisgebühr innerhalb eines Quartals.	Ausnahme: Wer von einem Arzt zu einem anderen Arzt überwiesen wird, zahlt dort keine Praxisgebühr mehr, wenn der zweite Arztbesuch in dasselbe Quartal fällt. Vorsorge: Kontrollbesuche beim Zahnarzt, Vorsorge- und Früherkennungstermine und Schutzimpfungen sind von der Praxisgebühr ausgenommen.
Im Krankenhaus	Zuzahlung von zehn Euro pro Tag, aber begrenzt auf maximal 28 Tage pro Kalenderjahr.	
Bei Arzneimitteln und Verbandmitteln	Zuzahlung von zehn v. H. des Preises, jedoch mindestens fünf Euro und maximal zehn Euro pro Arzneimittel. In jedem Fall nicht mehr als die Kosten des Mittels.	
Bei Heilmitteln und häuslicher Krankenpflege	Zuzahlung von zehn v. H. der Kosten des Mittels zuzüglich zehn Euro je Verordnung (bei häuslicher Krankenpflege auf 28 Tage pro Kalenderjahr begrenzt).	
Bei Hilfsmitteln	Zuzahlung von zehn v. H. für jedes Hilfsmittel (z. B. Hörgerät, Rollstuhl) jedoch mindestens fünf Euro und maximal zehn Euro. In jedem Fall nicht mehr als die Kosten des Mittels.	Ausnahme: Hilfsmittel, die zum Verbrauch bestimmt sind (z. B. Windeln bei Inkontinenz). Zuzahlung von zehn v. H. je Verbrauchseinheit, aber maximal zehn Euro pro Monat.
Bei einer Soziotherapie, bei Inanspruchnahme einer Haushaltshilfe	Zuzahlung von zehn v. H. der Kosten je Kalendertag, jedoch mindestens fünf Euro und höchstens zehn Euro.	
Bei der stationären Vorsorge und Rehabilitation	Zuzahlung von zehn Euro pro Tag, bei Anschlussheilbehandlungen begrenzt auf 28 Tage.	
Bei einer medizinischen Rehabilitation für Mütter und Väter	Zuzahlung von zehn Euro pro Tag.	

Die Gesundheitsreform auf einen Blick – Leistungen

Leistungen	Was ändert sich?	Ausnahmen
Das Krankengeld nach sechswöchiger Krankheit	Wird ab dem 1.7.2005 aus der paritätischen Finanzierung herausgenommen. Die Arbeitnehmer müssen die Finanzierung dann zu 100 v. H. selbst übernehmen	
Sterbegeld, Entbindungsgeld	Werden aus dem Leistungskatalog der gesetzlichen Krankenversicherung herausgenommen.	
Sterilisation	Sofern Sterilisation der persönlichen Lebensplanung dient, muss diese Leistung künftig vom Versicherten selbst finanziert werden.	
Künstliche Befruchtung	Reduzierung von vier auf drei Versuche, die von der LKK zu jeweils 50 v. H. bezahlt werden. Altersbegrenzung zwischen 25 und 40 Jahre (Frauen) bzw. 50 Jahre (Männer).	
Sehhilfen/Brillen	Grundsätzlich darf sich die LKK daran nicht mehr beteiligen.	Ein Leistungsanspruch besteht auch weiterhin für Kinder und Jugendliche bis zum vollendeten 18. Lebensjahr sowie für schwer sehbeeinträchtigte Menschen.
Fahrtkosten	Kosten von Fahrten zur ambulanten Behandlung werden grundsätzlich nicht mehr übernommen.	Ausnahme: Wenn es zwingende medizinische Gründe gibt.
Mutterschaftsgeld, Empfängnisverhütung, Schwangerschaftsabbruch, Krankengeld bei Erkrankung eines Kindes	Werden zukünftig über Steuern finanziert. Für den Versicherten ändert sich nichts, da diese Leistungen auch weiterhin über die LKK abgerechnet werden	

Leistungen	Was ändert sich?	Ausnahmen
Arzneimittel	1. Nicht verschreibungspflichtige Arzneimittel werden grundsätzlich nicht mehr übernommen. 2. Arzneimittel, die überwiegend der Verbesserung der privaten Lebensführung dienen, werden nicht mehr übernommen.	Ausnahmen zu Nr.1: Verordnungen für Kinder bis zum zwölften Lebensjahr, für Jugendliche mit Entwicklungsstörungen und bei der Behandlung schwerwiegender Erkrankungen, wenn solche Arzneimittel zum Therapiestandard gehören.
Beim Zahnarzt	Der Zahnersatz bleibt im Gesamtleistungskatalog der GKV. Erst ab 2005 gilt: Die Versicherten können wählen, diese Leistung gesetzlich oder privat abzusichern. Mitversicherte Familienangehörige zahlen keinen Beitrag. Es werden »befundbezogene Festzuschüsse« eingeführt. Kosten oberhalb dieser Festzuschüsse tragen die Versicherten selbst.	

Ist heute im Rahmen der gesetzlichen Krankenversicherung das *Solidaritätsprinzip* in einer Reihe von Regelungen noch verankert, so kommt es mit dieser Reform zu einer weiteren nachhaltigen *Privatisierung von Gesundheitsleistungen*. Anstatt das bewährte System in Richtung eines bedarfsgerechten einheitlichen Leistungskatalogs unter Berücksichtigung des medizinisch-technischen Fortschritts für alle Menschen ohne Diskriminierungen auszubauen und die schon lange nicht mehr vorhandene paritätische Finanzierung durch eine Rückführung der bereits aufgebauten Patientenzuzahlungen zu heilen, geht die Politik den genau umgekehrten Weg einer weiteren und einseitigen Belastung der Versicherten, Patienten und Arbeitnehmer bei gleichzeitig noch mehr Entlastungen für die Arbeitgeber. Hier wird ein völlig falsches Signal mit Blick auf die Forderung von gesundheitlicher *Prävention* vor *Kuration* und *Rehabilitation* vor *Pflege* gegeben, weil gerade Arbeitgeber durch einen vorbeugenden Gesundheitsschutz in ihren Unternehmen gefordert werden müssten. Um hier ökonomische Anreize zu setzen, müsste man eher die Beitragssätze für die Unternehmen *erhöhen,* statt sie zu senken. Ein weiterer Baustein der rot-grünen Gesundheitsreform war zur Abschaffung der seit langem vorliegenden *Verschiebebahnhöfe* in der GKV, d. h. zur indirekten Finanzierung von z. B. familien- oder rentenpolitischen Maßnahmen aus dem GKV-Etat, die Erhöhung der *Tabaksteuer* in den Jahren 2004 und 2005 in drei Stufen um insgesamt einen Euro je Packung. Versteckt darin enthalten waren auch geplante allgemeine Preiserhöhungen der Zigarettenindustrie. Die Politik erhoffte sich aus dieser Maßnahme ein jährliches zusätzliches Gesamtsteuervolumen von rund 4,5 Mrd. €. Neben dem grundsätzlich problematischen Verstoß gegen das *Non-Affektationsprinzip*, demzufolge zweckgebundene einzelne staatliche Steuern nicht für einen bestimmten Ausgabenbereich erhoben werden dürfen, schafft diese Zweckbindung außerdem eine nicht akzeptable Abhängigkeit von Einnahmen im Gesundheitssektor vom jeweiligen konjunkturellen Verlauf der Tabakindustrie. Richtig wäre dagegen eine breiter angelegte Finanzierung aus dem allgemeinen Steueraufkommen. Dies schließt allerdings zur Eindämmung des Tabakkonsums eine Erhöhung der Tabaksteuersätze nicht aus. Im Gegensatz zum Abzocken der Versicherten, Patienten und Arbeitnehmer werden die *Leistungsanbieter* an den Gesundheitsmärkten mit Einkommens- oder Gewinnreduzierungen direkt kaum zur Rechenschaft gezogen, allenfalls durch Nachfrageausfälle, weil für viele Menschen nach der »Reform« Gesundheitsgüter zu teuer geworden sind. Die *ärztlichen Honorare*, die sich über ein kompliziertes Punktsystem zusammensetzen, wurden auf feste Preise je Leistung umgestellt und die Einkommen der Kassenärzte in den neuen Bundesländern wurden bis Ende 2008 an das Westniveau angeglichen. Zuvor betrugen die Einkommen in den neuen Ländern rund 96 v. H. des Niveaus der alten Länder. Hier wird unter der Hand das umgesetzt, was vor kurzem noch durch ein *Urteil des Bundesverfassungsgerichts* den Beamten in Ostdeutschland verweigert wurde, nämlich die Angleichung der Ost- an die Westbezüge und damit die im Grundgesetz Art. 72 Abs. 2 geforderte räumliche und regionale Angleichung der Lebensverhältnisse. Dafür hatte übrigens auch die IG Metall im Frühjahr 2003 einen erbitterten Arbeitskampf geführt, als es um eine bis 2009 gestreckte Angleichung der Arbeitszeit durch die Einführung der 35-Stunden-Woche in den ostdeutschen Unternehmen der Metall- und Elektroindustrie ging. Dagegen wären durchaus Ausgabensenkungen durch Gewinnreduzierungen bei den niedergelassenen Ärzten sowie den Chefärzten[204] in den

---

204 Nach einer Untersuchung der Kienbaum-Vergütungsberatung kassierten knapp zwei Drittel aller *Chefärzte* in Deutschland im Jahr 2002 ein Jahresgehalt von über 200.000 Euro. Darin enthalten sind nicht einmal die privaten Zusatzeinkünfte. 13 v. H. der Chefärzte lagen sogar über 400.000 Euro, während am »unteren« Ende 6 v. H. mit weniger als 100.000 Euro »auskommen« mussten.

Krankenhäusern möglich. Hierbei wird regelmäßig vergessen, dass Ausgabensteigerungen bei der GKV zu einem erheblichen Teil nur auf *Gewinn- und Einkommenssteigerungen* der Anbieter von Gesundheitsleistungen zurückzuführen sind. Gewinne werden in den offiziellen statistischen Veröffentlichungen immer noch nicht ausgewiesen. Nur durch mühselige Untersuchungen lassen sich hier Aussagen treffen. Rudimentäre Gewinn-Daten liegen zumindest über *Zahnärzte* bis zum Jahr 2000 vor, während insbesondere die Datenlage über den *Pharmasektor* weitgehend eine »Black Box« darstellt. So hat sich die Einnahmenstruktur der Zahnärzte seit Beginn der 1980er Jahre immer mehr zu den *Privateinnahmen* verschoben. 1997 lag der Anteil bereits bei 35 v. H. Hierin manifestiert sich eine eindeutige Marktöffnung weg vom Solidaritäts- zum individuellen Einkommensprinzip. Die jetzt beschlossene vollständige private Zahlung des Zahnersatzes wird diese Relation noch vergrößern, wobei bisher von dieser Privatisierungstendenz und Entsolidarisierung die absolute Gewinnsituation der Zahnärzte eindeutig profitiert hat. So lag das durchschnittliche Bruttoeinkommen nach Abzug aller Aufwendungen einer Zahnarztpraxis im Jahr 2000 (neuere Daten stehen nicht zur Verfügung!) bei fast 95.000 €. Auch die gemessenen *Umsatz- und Kapitalrenditen* liegen weit über dem Durchschnitt der privaten Wirtschaft und anderer freier Berufe mit Ausnahme der Wirtschafts- und Buchprüfer (Bontrup 2002d: 32ff.).

Tab. 34: Ausgaben gesetzliche Krankenversicherung (in Mrd. €)

Jahr	Ausgaben Gesamt	davon: Kranken-Haus	Arznei-mittel	Ärztliche Behandlung	Zahnärztliche Behandlung	Heil- u. Hilfsmittel	Kranken-Geld	Verwaltungs-ausgaben
2002	143,0	46,3	23,4	23,4	11,4	9,3	7,6	8,0
2003	145,1	46,8	24,2	24,3	11,8	9,4	7,0	8,2
2004	140,3	47,6	21,8	22,9	11,2	8,3	6,4	8,2
2005	143,8	48,9	25,4	23,1	9,9	8,3	5,9	8,3
2006	148,3	50,3	25,8	23,9	10,4	8,3	5,7	8,3
2007	154,3	50,8	27,8	24,8	10,7	8,7	6,0	8,4
2008	161,1	52,7	29,2	26,0	11,0	9,0	6,6	8,7
Delta*	12,7 %	13,8 %	24,8 %	11,1 %	-3,5 %	-3,2 %	-13,2 %	8,8 %

* Prozentuale Veränderung von 2002 bis 2008
Quelle: Monatsbericht der Deutschen Bundesbank April 2009, eigene Berechnungen

Die seit Anfang der 1990er Jahre eingeführten *prospektiven Vergütungsformen* bei den Ärzten in Gestalt von Budgets und Pauschalen, die eigentlich dazu führen sollten, dass es nicht zu einer *angebotsinduzierten Nachfrage* (Hajen/Paetow/Schumacher 2000: 16) kommt, haben vielfach das Gegenteil einer *Mengenrationierung* bewirkt. Wenn der Aufwand pro Fall höher als die Pauschale ist oder die erforderlichen Leistungen nicht innerhalb des Budgets finanziert werden können und Verluste drohen oder auch nur nicht auskömmliche Gewinne zu erwarten sind, schränken die Ärzte ihr Behandlungsangebot quantitativ und qualitativ ein. Das macht sich dann in den »Mikrobeziehungen« zwischen Arzt und Patient bemerkbar. So gaben 27 v. H. der (repräsentativen) Versicherten einer Ersatzkasse an, ihnen sei im vorausgegangenen Quartal in der ambulanten Behandlung eine Leistung vorenthalten worden, meist mit dem Hinweis auf *Budgetgrenzen* (Arbeitsgruppe Alternative Wirtschaftspolitik 2008: 220). Auch in den *Krankenhäusern* wird das Versorgungsgeschehen unter dem Diktat der Pauschalentgelte zunehmend von ökonomischen Kalkülen überformt (Kühn/Klinke 2006). Dies hat die Krankenhauslandschaft bereits drastisch in Richtung *Profitorientierung* und einer *Dominanz der Ökonomie* gegenüber der Medizin verändert. Es wird nur noch die erbrachte Leistung bezahlt, unabhängig von den entstandenen Kosten und Gewinnen. Auch Vorhalteleistungen werden nicht mehr für alle Krankenhäuser finanziert. Da privatisierte Krankenhäuser aber Gewinne machen wollen, senken sie die Kosten. Somit kommt es immer häufiger zu medizinisch nicht zu vertretbaren Verweildauerkürzungen und zu Kapazitäts- und Personalabbau in den Krankenhäusern. Hier wäre vielmehr ein Ausbau der Arbeitsplätze analog zum demografisch steigenden Bedarf an Gesundheitsleistungen notwendig. Schon heute ist die *Personaldecke* in den Krankenhäusern viel zu gering. Ärzte und Pflegepersonal müssen gegenüber den Patienten in unverantwortlicher Art und Weise Mehrarbeit leisten. Die fortschreitende und politisch gewollte *Privatisierung* von Krankenhäusern und Pflegeeinrichtungen wird diesen unheilvollen Trend von Kapazitäts- und Personalabbau auf der einen und zu leistende Mehrarbeit bei verschlechterten Arbeitsbedingungen auf der anderen Seite nicht umkehren, sondern, so ist zu befürchten, eher verschärfen. Dies wird außerdem die heute schon unzureichende tarifliche Entlohnung der im Gesundheitswesen Beschäftigten (im ambulanten medizinischen Bereich existieren bis heute so gut wie keine Tarifverträge!) nicht verbessern. Hierauf ging die rot-grüne Gesundheitsreform mit keinem Wort ein. Anstatt die *Marktmacht* der ärztlichen Anbieter durch eine Rückführung der Monopolposition der *Kassen(zahn)ärztlichen Vereinigungen* und anderer *Anbieterverbände* zu beschränken, anstatt für die Wiedereinführung eines variablen Budgets (abhängig von der Entwicklung des *Bruttoarbeitnehmereinkommens*) zu plädieren und das Zulassen von *differenzierten Verträgen* zwischen Kassen und einzelnen Leistungsanbietern auf breiter Front zu ermöglichen, sah der ausgehandelte politische Kompromiss lediglich vor, nur den letzten Punkt (differenzierte Verträge) in speziellen Kooperationsformen zwischen Ärzten und Kliniken umzusetzen – und zwar in der so genannten *»integrierten Versorgung«*. Zu begrüßen ist dabei die damit zusammenhängende Öffnung der Kliniken für die ambulante Versorgung, wenn auch nur für »hochqualifizierte Leistungen«. Außerdem ist die Einrichtung von geplanten *Gesundheitszentren*, wo freiberufliche Ärzte neben angestellten Medizinern verschiedener Fachgebiete zusammen arbeiten und für den Patienten eine Versorgung aus einer Hand bieten, sicher ein richtiger Weg. Positiv ist auch die nun vorgeschriebene *Ärztefortbildung* und die auf Verlangen des Patienten zu erstellende *Kosten- und Leistungsinformation*. Dagegen bietet das vorgesehene *Qualitätsinstitut*, geführt in Selbstverwaltung von Ärzten und Kassen unter einem Mitspracherecht des Bundesgesundheitsministeriums, wohl kaum eine objektive Basis zur Beurteilung von medizinischen Leistungen bzw. Fehlleistungen. Hinzu kommt, dass es eine wünschenswerte Kosten-Nutzenanalyse von Arzneimitteln nicht geben wird. Einsparungen wären demgegenüber insbesondere im *Pharmasektor* möglich, der allein im Jahr 2008 gut 29,2 Mrd. € von den Krankenkassen überwiesen bekam. »An die Kernprobleme der Arzneimittelversorgung traute sich die Bundesgesundheitsministerin (Ulla Schmidt, SPD) aber nicht einmal ansatzweise heran. Der Pharmasektor ist nach wie vor massiv durch *Marktmacht* geprägt. Es gibt in Deutschland – anders als in den meisten europäischen Staaten – keine wirksame *Preiskontrolle*. (…) Was fehlt, ist eine Möglichkeit, die Erstattungsfähigkeit von Arzneimitteln durch die Kassen auch von Wirtschaftlichkeits-, Preis- und Bedarfskriterien abhängig zu machen, sowie die Umsetzung der *Positivlistenregelung* und eine verpflichtende qualitätsorientierte herstellerunabhängige pharmakologische *Weiterbildung der Ärzte«* (Arbeitsgruppe Alternative Wirtschaftspolitik 2002: 134). Die *Festbetragsregelung*, die sich am Pharmamarkt als eine erstaunlich wirksame Preisbremse erwiesen hat, kann dennoch durch *Scheininnovationen* umgangen werden. Es gibt kaum einen Sektor des Gesundheitswesens, in dem Über-, Unter- und Fehlversorgung so verbreitet sind wie auf dem *Arzneimittelmarkt*. Aber der Politik ist nicht einmal die Umsetzung der schon im Jahr 2000 vorgeschlagenen *Positivliste* gelungen, die es in fast allen europäischen Nachbarstaaten gibt und die dort einen beachtlichen Beitrag zur Qualitätssicherung und Ausgabenreduzierung erbringt. Rund vier Mrd. € hätte die Liste wohl an Einsparungen gebracht. Die Positivliste wird aber seit mehr als einem Jahrzehnt von der Pharmaindustrie vehement und mit Erfolg bekämpft. Rot-Grün hatte einen bereits ausgearbeiteten Gesetzentwurf auf

Druck der Pharmalobby zu Beginn der Verhandlungen mit der CDU/CSU über eine Gesundheitsreform zurückgezogen. Zur Nichtumsetzung von Positivliste und Kosten-Nutzen-Analyse für Medikamente stellt die pharmakritische Vereinigung »Coordination gegen Bayer-Gefahren« (CBG) fest: »*Es ist beschämend zu sehen, dass die Gesundheit der Bevölkerung einen niedrigeren Stellenwert besitzt als die Profitinteressen der Pharmaindustrie.*« Die Schutzräume und die Marktmacht der Pharmaindustrie wurden mit der rot-grünen Gesundheitsreform nicht einmal im Ansatz auch nur angegangen. Der monetäre Beitrag der Pharmabranche beschränkte sich lediglich auf eine Mrd. € in Form einer Erhöhung der *Herstellerrabatte*, die den Krankenkassen als Zwangsabschläge in Höhe von 16 v. H. im Jahr 2004 zu gewähren waren. Danach sollte eine neue Festbetragsregelung kommen, die dann auch für *patentgeschützte Medikamente* gelten sollte. Darauf warten wir allerdings noch bis heute. Wie immer diese auch aussehen würde, unter dem Strich gäbe es keine wettbewerbliche, sondern eine völlig auf vermachteten und patentrechtlich geschützten Märkten sich vollziehende Preisbildung, die weiter die Möglichkeit einer *Monopolrentenabschöpfung* durch die Pharmaindustrie und deren nachfolgenden Händlern (Großhandel und Apotheken) bietet. Wenn auch die Preisbindung für rezeptfreie Mittel fällt – weil sie künftig von den Patienten voll selbst bezahlt werden müssen – und *Re-Importe* günstiger abgegeben werden sollen, so gereicht dies eher auf Grund eines asymmetrischen Informationsstandes zwischen Patienten und Anbietern von Gesundheitsgütern zum Vorteil als denn zum Nachteil der Pharmabranche. Es wird wohl kaum einen Patienten geben, der sich im Krankheitsfall – wie die Gesundheitskommission es unterstellt – zunächst einmal eine umfassende Markttransparenz verschafft, bis der Patient die günstigste Apotheke mit den niedrigsten Preisen für die jeweils benötigten Gesundheitsgüter gefunden hat. Aber selbst wenn der Patient sich diese Transparenz verschafft, wird er feststellen müssen, dass nicht selten der Anbieter von Pharmaprodukten über ein *räumliches Monopol* oder in der Regel zumindest über ein enges Oligopol verfügt, das leicht Preisabsprachen vor Ort ermöglicht. Hieran hat auch der erlaubte *Medikamentenhandel übers Internet* und die *Abschaffung des Filialverbots bei Apotheken* (künftig sind bis zu drei Filialen erlaubt; fremde Apotheken dürfen allerdings nicht übernommen oder aufgekauft werden) nichts Entscheidendes geändert. Mit dem einseitigen und sich nur auf die *Nachfrageseite* beziehenden *gespaltenen Kassenwettbewerb* sind falsche Wege der Ausgabensenkungen gegangen worden. Dieser versucht seit 1998 das Solidaritäts- mit dem Wettbewerbsprinzip im Gesundheitswesen zu versöhnen. »An eine Rückkehr zum ständisch organisierten ›gegliederten Kassensystem‹ mit kaum durchlässiger Mitgliederzuweisung ist aber ebenfalls nicht zu denken. Daher drängt sich der Gedanke an die Einführung einer *Einheitsversicherung* für alle Versicherungspflichtigen oder auch für alle Arbeitnehmer auf« (Arbeitsgruppe Alternative Wirtschaftspolitik 2002: 139). Diese stand aber bei den bisherigen Gesundheitsreformen nicht auf der Tagesordnung. Dennoch gibt es mittlerweile Stimmen, die eine *Bürgerversicherung* fordern. Danach müssten nicht nur die Arbeitnehmer, sondern alle Bürger – also auch Beamte und Selbständige – Beiträge zur sozialen Absicherung im Krankheitsfall zahlen. Herangezogen würden auch Miet- und Pachteinnahmen sowie Zins- und Aktiengewinne. Ein solches Modell hielt die Bundesgesundheitsministerin Ulla Schmidt (SPD) für eine »wichtige Alternative«. Ähnlich äußerte sich Horst Seehofer (CSU). Bundesaußenminister Fischer (Bündnis90/Die Grünen) war sich sogar sicher, »dass die Bürgerversicherung auch die Entscheidungsphase erreichen wird.« Das Problem war nur, dass die CDU und die FDP nicht mitmachten. Anstatt diesen grundlegenden »Systemwechsel« umzusetzen, der auch richtigerweise ein massives Zurückdrängen der *privaten Krankenversicherung* (PKV) zur Folge hätte, wurde lediglich vereinbart, dass die Krankenkassen freiwillig Versicherten in der GKV Tarife mit Beitragsrückzahlungen oder Selbstbehalten anbieten können. Damit wollte man gut Verdienende in der GKV halten und ein Abwandern zur PKV verhindern.

> »Durch Wahltarife wie Beitragsrückerstattung wird das Solidarprinzip der Krankenversicherung (aber) durchbrochen. Die ›Jungen‹, ›Gesunden‹, ›Gutverdienenden‹ und ›Kinderlosen‹ können sich die niedrigsten Beiträge erlauben, während Familien, chronisch Kranke, ältere Menschen, die auf Vollleistungen der GKV zwingend angewiesen sind und das finanzielle Risiko der Selbstbeteiligung nicht tragen können, gerade deswegen hohe Beiträge zahlen müssen« (Bäcker/Bispinck/Hofemann/Naegele 2000: 139).

4.3.4.4 Von Kopfprämien zum Gesundheitsfonds

Von einer nicht tragfähigen gesellschaftlichen Belastung durch Gesundheitsleistungen kann in Deutschland nicht gesprochen werden. Der Anteil der Gesundheitsausgaben am BIP ist seit Jahrzehnten relativ konstant. Hält man dagegen die *gestiegenen Beitragssätze in der GKV* für zu hoch, so sollte man sich in erster Linie um eine *Vollbeschäftigungspolitik* und um die *Ausschöpfung des verteilungsneutralen Spielraums* in den Tarifverhandlungen bemühen. Dies würde die *Einnahmenseite* stärken und damit die Beitragssätze senken. Niemand würde über eine Krise im Gesundheitswesen klagen, auch nicht bei den anderen Sozialversicherungen. Da aber offensichtlich das marktwirtschaftlich-kapitalistische System zu einer solchen krisenfreien, zumindest Vollbeschäftigung, garantierenden Wirtschaft, aus sich heraus nicht fähig ist, muss der *Staat* intervenieren und sich permanent verschulden (vgl. Kap. 4.4.8). Dies sei aber zukünftig nicht mehr möglich.

Anstatt dann aber die Krisenlasten den Schwachen und abhängig Beschäftigten aufzubürden, wäre es nicht nur *sozial*, sondern auch *ökonomisch* sinnvoller, den Ausbau eines solidarisch und paritätisch finanzierten Gesundheitswesens zu forcieren. Dazu müsste dringend das Modell einer *Bürgerversicherung* umgesetzt werden, auch wenn FDP-Chef Westerwelle das Modell in demagogischer und populistischer Art und Weise für »*Sozialismus in Scheibchen*« hält. Durch eine Bürgerversicherung würde die Ausdehnung der Versicherungspflicht auf Selbstständige, freie Berufe und Beamte und unter Einbeziehung weiterer Einkommensarten wie Zins-, Miet- und Pachteinkünfte, Gewinne aus Aktienverkäufen sowie Dividendenzahlungen erfolgen.

> »Entgegen einem verbreiteten Missverständnis bedeutet dies nicht, dass Arbeitgeberbeiträge entfallen: ›Für in abhängiger Beschäftigung erwirtschaftete Lohneinkommen könnte in einer Bürgerversicherung weiterhin die paritätische Beitragszahlung durch Arbeitnehmer und Arbeitgeber gelten. Auf alle anderen Einkommensarten würde der volle Beitragssatz erhoben« (Butterwegge 2004: 78f.).

Die solidarische Einbeziehung aller Einkunftsarten in eine Bürgerversicherung im Gesundheitswesen lässt sich schon allein damit begründen, dass schließlich auch andere Konsumgüter nicht nur aus einem Teil der Einkünfte, sondern aus sämtlichen Einkünften finanziert werden (Meinhardt/Schulz 2003: 109). Warum nicht auch Gesundheitsgüter? Innerhalb der Bürgerversicherung darf es weder *Beitragsbemessungsgrenzen- noch Versicherungspflichtgrenzen* geben, die es privilegierten Personengruppen erlauben, sich ihrer Verantwortung für sozial Benachteiligte zu entziehen und in exklusive Sicherungssysteme auszuweichen. Das jetzige System limitiert bis zu dieser Grenze die Einkommensproportionalität der Beitragszahlungen.

> »Für darüber hinausgehende Einkommensanteile begrenzt sie aber die absolute Belastung des Einzelnen. Insofern ist die Beitragsbemessungsgrenze ein Residual des Äquivalenzprinzips in der GKV. Bei entsprechend hohen Einkommen kommt es sogar zu regressiven Verteilungswirkungen durch die Beitragsbemessungsgrenze, d. h. der effektive Beitragssatz sinkt mit steigendem Einkommen jenseits der Beitragsbemessungsgrenze« (WidO 2001: 43).

Eine strikte Absage muss dagegen der Einführung einer so genannten *Kopfprämie* erteilt werden, die von der »*Rürup-Kommission*« in die Diskussion eingebracht wurde. Demnach soll jeder Bürger, ob erwerbstätig oder nicht, eine *einheitliche absolute Kopfpauschale* zahlen. Die Höhe des Einkommens spielt dabei keine Rolle mehr. Konkretisiert worden ist das Kopfprämien-Modell durch die »*Herzog-Kommission*«. Hier werden neben den bereits angeführten Reformvorschlägen zur Rentenversicherung auch Vorschläge zur Gesundheitsreform unterbreitet. Demnach soll nicht nur der Zahnersatz, sondern die *komplette Zahnbehandlung* aus der gesetzlichen Krankenversicherung herausgelöst werden. Hierfür müsse jeder eine *private Vorsorge* treffen. Die Finanzierung der Beitragssätze sei auf eine *einkommensunabhängige Zahlung* umzustellen. Alle Arbeitnehmer sollen 264 Euro in die Krankenversicherung und 66 Euro in die Pflegeversicherung einzahlen. Für die *Ehefrau gilt* noch mal dasselbe. Die paritätische Finanzierung der gesetzlichen Krankenversicherung soll aufgegeben und der *Arbeitgeberbeitrag bei 6,5 v. H.* festgeschrieben (»eingefroren«) sowie davon steuerfrei 5,4 v. H. dem Lohn zugeschlagen werden. Im Gegenzug sollen die Unternehmen die *Krankengeldbeiträge*, die die rot-grüne Bundesregierung allein den Arbeitnehmern aufgelastet hat, vollständig finanzieren. Die »Herzog-Kommission« empfiehlt außerdem den Umstieg auf ein *Prämienmodell* mit stark individuellen Beitragssätzen.

Die Einheitsprämie für alle Versicherten bedeutet, dass der Anteil für Gesundheitsausgaben bei sinkendem Einkommen überproportional ansteigt. Die 264 Euro sind für den Bezieher von 1.000 Euro 26 v. H., für den Bezieher von 2.000 Euro 13 v. H. und für den Bezieher von 4.000 Euro 6,5 v. H. Mit anderen Worten: Je mehr jemand verdient, umso weniger wird er belastet. Das ist Solidarität auf den Kopf gestellt. Dem Schwächeren wird mehr aufgehalst als dem Stärkeren. »Das wäre«, so Norbert Blüm (2003: 5), ehemaliger Bundesminister für Arbeit und Sozialordnung (CDU), »nicht nur ein sozialpolitischer Skandal, sondern eine Kulturrevolution.«

Um eine *Überlastung Älterer* zu vermeiden, soll ein Kapitalstock aus Beiträgen der Versicherten aufgebaut werden. Für niedrige Einkommen ist zudem ein *Sozialausgleich* von jährlich rund 27 Mrd. € aus der Staatskasse vorgesehen. »Selbst wenn niemand mehr als 16 v. H. zahlen soll, zahlt der 1.000 Euro-Rentner immer noch das Doppelte als der Bezieher von 4.000 Euro. Zählt man noch den Arbeitgeberbeitrag von 5,4 v. H. hinzu, der an die Arbeitnehmer ausgezahlt werden soll, vergrößert sich die Ungerechtigkeit. Und der 4.000 Euro-Bezieher zahlt nur noch 1,2 v. H. seines Einkommens an die Krankenversicherung« (Blüm 2003: 5).

Nach zunächst heftigen Auseinandersetzungen zwischen CDU und CSU, die zum Rücktritt des sozial- und gesundheitspolitischen Sprechers der CDU/CSU-Bundestagsfraktion, Horst Seehofer (CSU), führten, verabschiedeten schließlich Ende 2004 beide Unionsparteien auf ihren jeweiligen Parteitagen mit überwältigender Mehrheit ein bezogen auf die »Herzog-Kommission« modifiziertes »Kopfprämienmodell«, das man semantisch in ein so genanntes *»Gesundheitsprämien-Modell«* umgetauft hatte. Demnach sollte für jeden Krankenversicherten unabhängig von Einkommen oder Familienstand eine *Gesamt-Gesundheitsprämie* in Höhe von 169 Euro an die jeweilige Krankenkasse abgeführt werden. Dabei hätte die persönliche Gesundheitsprämie für jeden Erwachsenen durchschnittlich 109 Euro betragen. Dennoch sollte aber der Versicherte höchstens 7 v. H. seines jeweiligen individuellen Bruttoeinkommens bezahlen. Ein Versicherter mit einem Bruttoeinkommen von 1.000 Euro monatlich hätte also 70 Euro zahlen müssen. Die Differenz zur vollen persönlichen Gesundheitsprämie von 109 Euro, also 39 Euro, sollte die Finanzverwaltung direkt der Krankenkasse erstatten. Bei Verheirateten sollte die Obergrenze von 7 v. H. des Haushaltseinkommens gelten. Demnach würde sich bis zu einem monatlichen Bruttoeinkommen von 1.550 Euro für die Arbeitnehmer nichts verändern. Die Arbeitgeber sollten einen zukünftig festgeschriebenen (»eingefrorenen«) Satz von 6,5 v. H. des beitragspflichtigen Bruttoeinkommens in ein sogenanntes *Sondervermögen* zahlen. Hieraus würden dann 60 Euro pro Versichertem an die Krankenkasse als *Arbeitgeberprämie* fließen. Die persönliche Gesundheitsprämie von 109 Euro und 60 Euro Arbeitgeberprämie ergeben zusammen die Gesamt-Gesundheitsprämie von 169 Euro pro Versicherten, die die Krankenkasse erhält. *Kinder* werden nach diesem Modell beitragsfrei gestellt, die Aufwendungen für sie werden voll aus *Steuermitteln* finanziert. CDU/CSU wollten zur Umsetzung des *»Gesundheitsprämien-Modells«* den Spitzensteuersatz nicht wie seinerzeit vorgesehen von 42 v. H. auf 36 v. H., sondern »nur« auf 39 v. H. absenken.

Ergebnis der Gesundheitsprämie wäre eine Entlastung der Einkommensbezieher mit mehr als 1.550 Euro Bruttoeinkommen im Monat: Sie hätten *einkommensunabhängig* die Prämie von 109 Euro zu bezahlen. Erzielte ein Arbeitnehmer ein Bruttoeinkommen von 5.000 Euro monatlich, so brauchte er wie der Arbeitnehmer mit einem Einkommen von 1.550 Euro nur den absolut gleichen Betrag in Höhe von 109 Euro zu zahlen. Der Arbeitnehmer mit 5.000 Euro Bruttoeinkommen wäre also mit knapp 2,2 v. H. seines Einkommens für die Krankenkasse belastet, der Arbeitnehmer mit einem Bruttoeinkommen von 1.550 Euro pro Monat mit einem Prozentsatz von 7 v. H. Dies nannten CDU/CSU ernstlich ein »solidarisches Gesundheitsprämienmodell«.

Mehr *Volksverdummung* ist nicht möglich. Ebenso wären, wie könnte es anders sein, die Arbeitgeber durch den festgeschriebenen Beitragssatz kräftig entlastet worden. Anstatt die unteren Einkommen zu entlasten, sollten die höheren Einkommen und die Unternehmen von der Gesundheitsprämie profitieren. Durch die geplanten, teilweise steuerfinanzierten Gesundheitsausgaben besteht darüber hinaus immer die Gefahr einer *Umschichtung* von den direkten Einkommenssteuern zu den indirekten Verbrauchssteuern und damit eine überproportionale Belastung der unteren Einkommen, die nicht nur sozial ungerecht, sondern auch gesamtwirtschaftlich kontraproduktiv wäre. Außerdem erfolgt selbst bei einer Erhöhung eines linear-progressiven Steuersatztarifs von 36 v. H. auf 39 v. H. immer auch eine Belastung der niedrigen Einkommen mit mehr Steuern, so dass letztlich selbst die Einkommensbezieher mit weniger als 1.550 Euro Monatsbruttoeinkommen gegenüber heute schlechter gestellt würden. Eine *Steuerfinanzierung* von Gesundheitsausgaben unterliegt allein schon aus Gründen von konjunkturellen Steuermindereinnahmen zusätzlich immer der Gefahr einer weiteren *Privatisierung von Gesundheitsrisiken* durch noch höhere Zuzahlungen und/oder Streichungen aus dem Leistungskatalog. Anstatt den Gesundheitsmarkt, einen der wenigen zukünftigen *Wachstumsmärkte*, gesellschaftlich sinnvoll und solidarisch auszubauen, geht es der Politik und dem Kapital um immer mehr *Individualisierung* und *Privatisierung*. Dies wird aber die benötigten Wachstumseffekte nicht generieren. Darum scheint es aber offensichtlich bei der vorherrschenden Politik auch nicht zu gehen, sondern vor allem um eine weitere neoliberal intendierte *Umverteilung* von unten nach oben. Auch im Gesundheitswesen. Die vorgelegte »Reform« der CDU/CSU/FDP hätte diesen unheilvollen Trend verstärkt.

Durch die vorgezogene Bundestagswahl im Herbst 2005 und den Wahlausgang kam es dann aber nicht zu einer Umsetzung des »Kopfprämienmodells«. Die schwarzrote Koalition aus CDU/CSU und SPD führte stattdessen nach längeren politischen Auseinandersetzungen einen so genannten *»Gesundheitsfonds«* als Kompromiss zwischen »Bürgerversicherung« und »Kopfprämie« ein. So ist seit dem 1. Januar 2009 der »Gesundheitsfonds« in Kraft. Er startete mit der größten Beitragserhöhung aller Zeiten auf den von der Bundesregierung festgelegten Einheits-Kassenbeitrag von 15,5 v. H.[205] Davon finanzieren die Arbeitnehmer 8,2 v. H. und die Arbeitgeber 7,3 v. H. bezogen auf den Bruttolohn. Es bleibt also weiter bei einer nicht paritätischen Finanzierung. Zusätzlich führt der Bund jetzt Zuschüsse aus *Steuermitteln* (2009: 7,2 Mrd. €) an den Gesundheitsfonds ab. Dieser finanziert mit seinen Einnahmen 95 v. H. der Ausgaben der ca. 200 Krankenkassen in Deutschland. 2009 waren dies rund 167 Mrd. €. Die fehlenden 5 v. H. können von den Versicherten über *Zusatzbeiträge* extra abverlangt werden. Demnach kann eine Krankenkasse je nach individueller wirtschaftlicher Lage bis zu maximal 1 v. H. eines Bruttoverdienstes als Zuschlag von den Versicherten erheben oder auch Boni zahlen. Dies soll *den Wettbewerb unter den Kassen* fördern. Auch hier halten sich die *Arbeitgeber* schadlos, da sie nur an der Finanzierung der 95 Prozent der Kassenausgaben über den Gesundheitsfonds beteiligt

---

205 Zum 1. Juli 2009 wurde der Beitragssatz aber auf 14,9 v. H. gesenkt. Dies war eine Maßnahme zur Ankurbelung der Konjunktur im Rahmen des zweiten Konjunkturpakets 2009 vor dem Hintergrund der Finanzmarktkrise. Die Absenkung kostete den Staat rund 3 Mrd. €.

sind. Die Krankenkassen selbst haben aber nach wie vor kaum Möglichkeiten, auf die *Leistungsanbieter* an den Gesundheitsmärkten Druck auszuüben. 2009 erhielten die Kassen etwa 200 € pro Versicherten im Monat aus dem Fonds. Für Versicherte, die an einer von achtzig ausgewählten »Volkskrankheiten« leiden, erhalten die Krankenkassen einen *Zuschlag*, z. B. für einen Dialysepatienten 4.300 € im Jahr. Damit sollte der Wettbewerb um die »guten Risiken« beendet werden. Das Gegenteil ist aber eingetreten. Die Krankenkassen gehen jetzt auf die Suche nach *schweren Krankheiten* ihrer Versicherten, weil die bares Geld einbringen. So wird dann auch schon einmal eine »depressive Verstimmung« als Diagnose auf dem Papier in eine »Depression« umgewandelt (Wirtschaftswoche vom 6.4.2009).

Sieht man von solchen Konstruktionsfehlern einmal großzügig ab, dann bleibt beim »Gesundheitsfonds« unterm Strich als Fazit, dass dieser die Finanzierung der GKV nicht auf eine nachhaltige Grundlage stellt[206] und darüber hinaus Arbeitgeber völlig unnötig entlastet und die Versicherten belastet. Er beseitigt nicht die Versicherungspflichts- und Beitragsbemessungsgrenze und zieht auch keine anderen Einkunftsarten heran. Damit werden die sozialen Schichten mit dem günstigsten Krankheitsrisiko und den höchsten Einkommen weiterhin nicht in den Solidarausgleich einbezogen, und die bisher schon bestehende Entwicklung zur sozialen Ungleichheit wird in die Zukunft verlängert.

Mit der neuen schwarz-gelben Bundesregierung aus CDU/CSU und FDP kommt es aber noch schlimmer. Im Koalitionsvertrag für die 17. Legislaturperiode (2009 bis 2013) des Deutschen Bundestages wurde ein »*Systemwechsel*« in der Krankenversicherung angekündigt. Wettbewerb auf allen Ebenen heißt das »Zauberwort«. Es sollte jetzt doch zu einer *einkommensunabhängigen Kopfpauschale* bei gleichzeitigem Einfrieren des Arbeitgeberanteils (zur Entlastung der »Lohnnebenkosten« für Unternehmer, vgl. Exkurs: Die Mär von den zu hohen Lohnnebenkosten) kommen; der Wettbewerb der Krankenkassen sollte weiter intensiviert und gleichzeitig die Wirksamkeit des Risikostrukturausgleichs als flankierendes Steuerungsinstrument geschwächt werden (Gerlinger/Urban 2010: 55ff.).

Zwar ist es nicht ganz so schlimm gekommen, jedoch hat sich die schwarz-gelbe Bundesregierung Mitte 2010, nachdem die CSU ihren totalen Widerstand gegen eine

---

206 So klaffte bereits 2009 auf Grund der schweren Wirtschaftskrise im Gesundheitsfonds ein Einnahmedefizit von 2,1 Mrd. €. Noch schlimmer kommt es, wenn die Arbeitslosenzahlen ansteigen und die Lohnentwicklung hinter den Produktivitätsraten zurückbleibt. Experten des Bundesversicherungsamts, des Spitzenverbands der gesetzlichen Krankenversicherung, erwarten für 2010 ein Minus von 4 Mrd. €, und für 2011 geht man von einem Defizit in Höhe von 11 Mrd. € aus.

»Kopfprämie« aufgegeben hatte, auf einen Einstieg in ein *einkommensunabhängiges Prämienmodell* geeinigt. Über die Höhe der Prämie, die zusätzlich zum Beitragssatz erhoben werden kann, entscheidet jede Krankenkasse zukünftig selbst. Anders als zuvor darf sie allerdings nicht mehr einen prozentualen Beitrag erheben, sondern nur noch eine absolute Pauschale. Der gesetzlich versicherte gutbezahlte Akademiker in einem Unternehmen bezahlt also genauso viel wie eine Kassiererin im Supermarkt. Um einen Ausgleich zwischen Arm und Reich zu schaffen, soll es einen Sozialausgleich aus Steuermitteln geben. Die technische Abwicklung sollen Arbeitgeber und Rentenversicherungsträger übernehmen. Im Ergebnis werden mit der pauschalen Zusatzprämie in den kommenden Jahren – gemessen am Einkommen – viele Geringverdiener stärker belastet als die Bezieher von mittleren und höheren Einkommen. Der Sozialausgleich wird nur bei sehr geringen Einkommen greifen. Ein Rechenbeispiel: Verdient jemand 1.000 € im Monat, bekommt er erst dann Hilfe vom Staat, wenn der errechnete durchschnittliche Zusatzbeitrag mehr als 20 € im Monat beträgt. Liegt der Zusatzbeitrag darunter, also etwa bei 10 €, muss er in voller Höhe selbst bezahlt werden. Im Jahr sind das in diesem Fall 120 €. Neben der Einführung einer einkommensunabhängigen Zusatzprämie wurde der für alle Krankenkassen verbindliche Beitragssatz wieder auf 15,5 v. H. erhöht, nachdem er wegen des Konjunktureinbruchs 2009 für ein Jahr um 5 v. H. auf 14,9 v. H. gesenkt worden war. Von den 15,5 v. H. entfallen auf die Arbeitnehmer 8,2 v. H. und 7,3 v. H. auf die Arbeitgeber. Der Beitragssatz für die Arbeitgeber wurde dabei eingefroren, d. h. dass zukünftige Steigerungen im Gesundheitswesen voll auf die Versicherten und Arbeitnehmer entfallen. Die privilegierten Privatversicherten blieben wieder einmal außen vor. Sie haben mit dieser vorläufig letzten »Gesundheitsreform« nichts zu tun. Und auch der Beitrag der Leistungsanbieter fiel mit einem Einsparvolumen von insgesamt 3,5 Mrd. € mehr als dürftig aus. Äußerst glimpflich kommt damit wieder einmal insbesondere die Pharmaindustrie davon.

4.3.5 Zur Zukunft des Sozialstaates
4.3.5.1 Der Staat ist unterfinanziert

Der Sozialstaat in Deutschland ist seit der Wirtschaftskrise 1974/75 unter zunehmenden Druck geraten. Zwar wurde er schon immer mehr oder weniger von denjenigen kritisiert und in Frage gestellt, die keiner staatlichen Absicherung und Einkommensumverteilung bedürfen, um in Wohlstand und Sicherheit zu leben, und insbesondere die Unternehmer hatten schon immer etwas gegen die Einschränkung des *Warencharakters der Arbeitskraft* und gegen eine *Regulierung des Arbeitsmarktes*. So sind beispielsweise Kündigungsschutzgesetze jedem Unternehmer ein Graus und auch Mitbestimmung im Unternehmen lehnen sie ab.[207]

Dennoch wurde im Nachkriegsdeutschland ein Sozialstaat auf- und zunächst auch ausgebaut. Geringere Wachstumsraten, ansteigende Arbeitslosigkeit und Staatsverschuldung, zu einem Großteil durch eine *neoliberale Wirtschaftspolitik* verschuldet (hierauf wird in den folgenden Kapiteln noch ausführlich einzugehen sein), sowie eine weltweit forcierte und ebenfalls neoliberal ausgesteuerte Globalisierung und Liberalisierung haben die nationalen Wirtschafts- und Sozialräume immer mehr dem *Wettbewerb* um die günstigsten Verwertungsbedingungen des Kapitals unterworfen (Flassbeck 1999: 1.450). An der Umsetzung dieses kapitalfreundlichen Kurses war die jeweils herrschende deutsche Politik massiv beteiligt. Übrigens viel mehr als andere EU-Staaten. Deutschland gehört heute nicht mehr zu den großzügigsten europäischen Staaten in Sachen *Sozialpolitik*, sondern ist im Vergleich mit den 14 alten EU-Staaten, insbesondere nach dem Regierungswechsel von Helmut Schmidt (SPD) auf Helmut Kohl (CDU) im Herbst 1982, weit zurückgefallen und belegt in der Zwischenzeit höchstens noch im unteren Mittelfeld Platz acht oder neun (Butterwegge 2003b: 54). Hinzu kam in Deutschland die *Wiedervereinigung*.[208]

> »Durch das Verlagern von Teilen der finanziellen Vereinigungsfolgen in den Bereich der Sozialversicherung wurde das System der solidarischen Absicherung über Gebühr beansprucht und damit in *Misskredit* gebracht. In keiner Versicherung ist es möglich, nach Eintritt des Schadens Mitglied der Versicherungsgemeinschaft zu werden. Nachdem der gesetzlichen Sozialversicherung dieses aber zugemutet wurde und sie in finanzielle Engpässe gekommen ist, wird das System der sozialen Absicherung in Frage gestellt. Dies heißt aber, den Sachverhalt auf den Kopf zu stellen« (DIW-Wochenbericht 1997b: 729).

Wesentlich für die Krise des Sozialstaats ist aber die allgemeine Wirtschaftskrise des entwickelten Kapitalismus, die langfristig betrachtet insbesondere eine *Krise des Arbeitsmarktes* ist. Diese hat letztlich den Sozialstaat unterspült. Massenarbeitslosigkeit, eine Zunahme prekärer Beschäftigungsverhältnisse zu Lasten von Normalarbeitsverhältnissen und eine strikte Lohn- und Leistungsbezogenheit (Äquivalenzprinzip) sowie Barrieren gegen soziale Egalisierungstendenzen (Beitragsbemessungsgrenzen; Versicherungspflichtgrenze; Freistellung prekärer Beschäftigung von der Sozialversicherungs- und Steuerpflicht) haben zu *Finanzierungsproblemen* geführt. Diese sollen in neoliberaler Manier durch ein Zurechtstutzen des Sozialstaats gelöst werden.

---

207 Vgl. insbesondere zur Mitbestimmung noch einmal das Kap. 3.3.1.6 »Mitbestimmung zwischen Ablehnung und Anerkennung«.
208 Vgl. dazu ausführlich den Exkurs: »Ostdeutschland – eine regionale Dependenzökonomie«.

Dazu sei die *Staatsquote* durch Steuerentlastungen, insbesondere bei den Gewinn- und Vermögenssteuern, zu senken und durch Staatsausgabenkürzungen im Sozialbereich (inkl. der Sozialversicherungshaushalte) zu finanzieren. Die Staatsquote müsse unter 40 v. H. gedrückt werden, so die CDU/CSU im Bundestagswahlkampf 2002. Dem stimmt der ehemalige Präsident des Bundesverbandes der Deutschen Industrie (BDI), Michael Rogowski, ebenso zu wie der ehemalige »Superminister« Wolfgang Clement (SPD) (Roth 2003: 475). Auch die SPD will eine »entschlossene Konsolidierung der Staatsfinanzen und mutige Steuerentlastungen« durchsetzen. Die Abgabenquote müsse deshalb mittel- bis langfristig unter 40 v. H. sinken,[209] sonst drohe »die ›Soziale Marktwirtschaft‹ in eine ›Soziale Staatswirtschaft‹ überzugehen« (Bundesministerium für Wirtschaft und Technologie 2000: 10). Mit der von Gerhard Schröder (SPD) und Bündnis 90/Die Grünen eingeleiteten *Agenda 2010* wurde ab 2003 dieser Kurs umgesetzt und der bisher schärfste Sozialabbau seit dem Zweiten Weltkrieg in der Bundesrepublik praktiziert. Die FDP, schon immer eine Partei, die gegen den Sozialstaat wetterte, ging darüber noch weit hinaus und forderte in ihrem Wahlprogramm 2002, die Staatsquote mittelfristig auf ein Drittel des Sozialprodukts zu kürzen. Auch im 2009 abgeschlossenen Koalitionsvertrag »Wachstum, Bildung, Zusammenhalt« zwischen CDU/CSU und FDP steht geschrieben, dass das Ausgabenwachstum der Staatsausgaben künftig unter dem Wachstum des realen Bruttoinlandsprodukts zu liegen hätte. Also auch hier fordert man, allerdings ohne eine exakte Zahl zu nennen, eine drastische Rückführung der Staatsquote. Und vor dem Hintergrund der durch die Finanz- und Weltwirtschaftskrise (vgl. Kap. 4.4.7) gigantisch angestiegenen Staatsverschuldung verlangt der BDI-Präsident Hans-Peter Keitel von der Bundesregierung ein staatliches Sparprogramm im Bereich der Sozialsysteme (HAZ vom 2.11.2009: 2).

Was drückt aber überhaupt die *Staatsquote* aus? Für neoliberale Ökonomen und Politiker kann man an dieser Quote den Weg in die »*sozialistische Knechtschaft*« ablesen. Gingen nämlich 50 Cent von einem Euro durch den Staatsapparat, so würde dies eine unerträgliche Beschneidung der privaten Wirtschaft bzw. des Kapitals bedeuten. Ob aber letztlich eine Staatsquote zu hoch sei, so der Sachverständigenrat (SVR), könne ökonomisch nur schwer gesagt werden, da der Staat »durchaus wichtige Aufgaben« zu erfüllen habe. »Gleichwohl gibt es«, so der SVR weiter, »überzeugende Anhaltspunkte dafür, dass eine Staatsquote von nahezu 50 v. H. zu hoch ist und wachstums- und beschäftigungshemmende Wirkungen hervorruft« (SVR-Gutachten 2002/2003: 228).

---

209 Vgl. Finanzpolitische Leitplanken der Bundesregierung, November 2000 und »Unsere Steuerpolitik«, Bundesministerium der Finanzen 2002.

Abgesehen davon, dass hier ohne jegliche wissenschaftliche Beweisführung einfach unterstellt wird, der *Markt* bringe grundsätzlich höhere Wachstums- und Beschäftigungseffekte hervor und könne effizienter und kostengünstiger produzieren, als dies durch staatliche Aktivitäten der Fall sei,[210] liegt die *echte Staatsquote*, die die *Ausgaben der Sozialleistungen* richtigerweise nicht berücksichtigt, auf einem wesentlich niedrigeren Niveau (vgl. Tab. 35). Denn wieso werden die *Ausgaben der Sozialversicherung* zu den Staatsausgaben gerechnet? Von den Arbeitgebern hört man doch immer, die Sozialversicherungsbeiträge seien *Lohnnebenkosten*.[211] »Seit wann sind Lohnkosten, die in der Wirtschaft anfallen, plötzlich Staatsausgaben? Warum rechnet man dann nicht gleich *alle* Lohnkosten zu den Staatsausgaben? Sozialversicherungsbeiträge fließen nicht an den Staat, sondern an Krankenkassen, Rentenversicherungsträger und Arbeitsämter. Arbeitslosengeld, Arztkosten und Renten werden nicht vom Staat bezahlt. Die Lohnarbeiter bezahlen sie sich selbst, über die entsprechenden Verwaltungen der Sozialversicherungen. (…) Nur die *staatlichen Zuschüsse* zur Sozialversicherung können als Staatsausgaben gerechnet werden« (Roth 2003: 475f.). Und auch die *Zinszahlungen* für aufgenommene Staatskredite fließen an den Bankensektor zurück, genauso wie *Subventionszahlungen* an Unternehmen. Nur etwa ein Drittel der gesamten Staatsausgaben wird vom Staat selbst, in der Schreibweise der Volkswirtschaftlichen Gesamtrechnung (VGR) als so genannter *Staatsverbrauch*, konsumiert. Aber auch hier handelt es sich überwiegend um für die Bürger und Unternehmen unmittelbar nützliche, zumeist um so genannte staatliche Konsumausgaben für Personal an Schulen und Hochschulen sowie für Verwaltung, Polizei und Justiz. Die Verteilung der gesamten Staatsausgaben nach Ausgabenbereichen für 2008 zeigt die Tab. 35. Demnach entfielen von allen Staatsausgaben nur 44,9 v. H. auf Ausgaben für die »Soziale Sicherheit«.

Staatsausgaben müssen durch Staatseinnahmen finanziert werden. Reichen hier die Einnahmen über Steuern und Abgaben nicht aus, muss sich der Staat verschulden oder er muss die Einnahmen erhöhen und/oder die Ausgaben senken. Dies lässt sich formal anhand der *Bilanzgleichung des Staates* zeigen. Demnach gilt:

---

210 Untersucht man die in den letzten Jahren massiv betriebenen *Privatisierungen* von zuvor öffentlichen Unternehmen oder auch nur von öffentlichen Leistungen, so stellt man in der Regel eher das Gegenteil fest. Privatisierung war häufig mit Qualitätsverschlechterungen und höheren Sicherheitsproblemen für die Verbraucher, aber auch mit Preissteigerungen sowie mit einem nachhaltigen Beschäftigungsabbau verbunden. Aus zuvor zumindest staatlich kontrollierten öffentlichen Monopolen wurden nicht mehr kontrollierte private Monopole. Siehe dazu nur die Entwicklung in der Elektrizitätswirtschaft. Eine Bilanz der Privatisierung in Deutschland zieht das hervorragende Buch von Werner Rügemer (2008): »Privatisierung in Deutschland. Eine Bilanz von der Treuhand zu Public Private Partnership«.

211 Vgl. dazu noch einmal den Exkurs: »Die Mär von den zu hohen Lohnnebenkosten«.

Tab. 35: Ausgaben des Staates nach Ausgabenbereichen 2008

Staatliche Ausgabenbereiche	in Mrd. €	in v. H.
Allgemeine öffentliche Verwaltung	149,91	13,7
Bildungswesen	99,77	9,1
Freizeitgestaltung, Sport, Kultur, Religion	15,11	1,4
Gesundheitswesen	155,24	14,2
Öffentliche Ordnung und Sicherheit	38,46	3,5
Soziale Sicherheit	491,32	44,9
Umweltschutz	12,06	1,1
Verteidigung	26,57	2,4
Wirtschaftliche Angelegenheit	86,51	7,9
Wohnungswesen, kommunale Gemeinschaftsdienste	19,43	1,8
Gesamtausgaben	1.094,38	100,0

Quelle: Statistisches Bundesamt

(1) $E = A$
(2) $E = T + SVB + sE$
(3) $A = SVL + I_{br} + sA + Z + L_A + D$

E = Staatseinnahmen, A= Staatsausgaben, T = Steuern, SVB = Sozialversicherungsbeiträge, sE = sonstige Einnahmen, SVL Sozialleistungen, I_{br} = Bruttoinvestitionen, sA = sonstige Staatsausgaben, Z = Zinsen, L_A = Arbeitnehmerentgelte, D = Neuverschuldung (Finanzierungssaldo)

Um die Staatsquote[212] und ihre Komponenten zu ermitteln, werden die Staatsausgaben[213] durch das nominale Bruttoinlandsprodukt (Y) dividiert. So ergeben sich die folgenden Quoten:

(4) $\dfrac{A}{Y} = \dfrac{SVL}{Y} + \dfrac{I_{br}}{Y} + \dfrac{sA}{Y} + \dfrac{Z}{Y} + \dfrac{L_A}{Y} + \dfrac{D}{Y}$

A/Y = Staatsquote, SVL/Y = Sozialquote, I_{br}/Y = Investitionsquote, sA/Y = Sonstige Staatsausgabenquote, Z/Y = Zinslastquote, L_A/Y = Personalkostenquote, D/Y Finanzierungssaldo (E/Y – A/Y = D/Y)

Bei den *Staatseinnahmen* sind neben den Steuereinnahmen die Sozialbeiträge die größten Posten. Auch hier werden durch die Division des Bruttoinlandsproduktes die *Steuerquote* und die *Sozialabgabenquote* ermittelt:

---

212 Zur Definitionsproblematik von Staatsquoten vgl. ausführlich Bontrup (2004a: 70ff.).
213 Zu den Staatsausgaben werden alle Ausgaben der Gebietskörperschaften (Bund, Länder, Gemeinden) und die öffentlichen Sondervermögen (Lastenausgleichsfonds, ERP-Sondervermögen, EU-Anteile) plus die Ausgaben der Sozialversicherungen gezählt.

5) $\dfrac{T}{Y}$ = Steuerquote

(6) $\dfrac{SVL}{Y}$ = Sozialabgabenquote

Die Entwicklung der Staatseinnahmen und -ausgaben sowie die entsprechenden Quoten seit der Wiedervereinigung von 1992 bis 2008 zeigt die Tab. 37. Demnach überstiegen die Ausgaben des Staates die Einnahmen bei weitem. Es kam somit zu einem Ausbau der *Staatsverschuldung* (vgl. dazu ausführlich das Kap. 4.4.8). Die staatliche Schuldenstandsquote stieg von 1992 bis 2008 von 43,1 v. H. auf 65,2 v. H. Im Jahr 2005 lag die Quote sogar bei 67,8 v. H. Die gesamtwirtschaftliche *Steuerquote*, die 2004 mit 21,8 v. H. ihren historischen Tiefstand erreichte, ist bis 2008 wieder auf 23,8 v. H. angestiegen. Die *Sozialabgabenquote* ist seit der Wiedervereinigung sogar von 17,2 v. H. auf 16,4 v. H. in 2008 zurückgegangen, so dass es in Summe zu keinem Anstieg der *Steuer- und Abgabenquote* gekommen ist. Vergleicht man die Gesamtquote in Höhe von 39,5 v. H. (2007) im internationalen Vergleich, so nimmt Deutschland lediglich einen Mittelplatz ein (vgl. Tab. 36)

Bei den *Staatsausgaben* ist zwischen einer *unechten und echten Staatsquote*, wie bereits angedeutet, zu unterscheiden. Die echte Staatsquote, die von 1992 bis 2008 von 47,9 v. H. auf 43,9 v. H. zurückgegangen ist (vgl. Tab. 37), muss um die *Sozialleistungsquote* bereinigt werden, um zur echten Staatsquote zu gelangen.

Echte Staatsquote = Unechte Staatsquote - Sozialleistungsquote

Tab. 36: Steuer- und Abgabenquoten im internationalen Vergleich 2007, in v. H. des Bruttoinlandsprodukts

Land	Steuerquote	Sozialabgabenquote	Gesamtquote
Schweden	35,6	12,6	48,2
Frankreich	27,4	16,2	43,6
Italien	28,5	14,8	43,3
Österreich	27,8	14,1	41,9
Deutschland	23,8	16,5	40,3
Großbritannien	29,8	6,8	36,6
Tschechien	20,3	16,1	36,4
Slowakei	17,9	11,9	29,8
USA	21,6	6,7	28,3

Quelle: OECD, Revenue Statistics 2008

Tab. 37: Staatliche Einnahmen und Ausgaben in der Volkswirtschaftlichen Gesamtrechnung* (in Mrd. €)

Jahr	1992	1995	2000	2002	2004	2005	2006	2007	2008
Staatseinnahmen	748,3	844,6	967,0	952,5	957,7	976,2	1.016,4	1.065,9	1.091,1
Darunter									
Steuern**	383,5	422,2	511,7	477,5	481,3	493,2	530,5	576,3	593,2
Sozialbeiträge	283,6	338,7	378,4	390,7	396,5	396,5	399,9	399,9	407,8
Einnahmenquote	45,4 %	45,5 %	46,9 %	44,4 %	43,3 %	43,5 %	43,8 %	44,0 %	43,8 %
Steuerquote	23,3 %	22,8 %	24,8 %	22,3 %	21,8 %	22,0 %	22,9 %	23,8 %	23,8 %
Sozialabgabenquote	17,2 %	18,3 %	18,3 %	18,2 %	17,9 %	17,7 %	17,2 %	16,5 %	16,4 %
Steuer- u. Abgabenquote	40,5 %	41,1 %	43,1 %	40,5 %	39,7 %	39,7 %	40,1 %	40,3 %	40,2 %
Staatsausgaben	789,4	901,7	990,7	1.030,8	1.041,2	1.050,5	1.052,3	1.070,1	1.094,4
Unechte Staatsquote	47,9 %	48,8 %	48,0 %	48,1 %	47,1 %	46,8 %	45,3 %	44,2 %	43,9 %
Sozialleistungen***	377,4	461,4	532,7	579,8	592,0	597,2	597,9	596,7	606,9
Sozialleistungsquote	22,9 %	25,0 %	25,8 %	27,1 %	26,7 %	26,6 %	25,7 %	24,7 %	24,3 %
Echte Staatsquote	25,0 %	23,8 %	22,2 %	21,0 %	20,4 %	20,2 %	19,6 %	19,5 %	19,6 %
Bruttoinvestitionen	47,0	41,2	36,8	36,1	31,7	31,0	32,6	35,6	38,0
Sonstige Ausgaben	164,1	171,6	190,0	183,5	185,5	191,3	189,0	202,4	209,0
Zinsen	52,5	66,0	65,1	62,7	62,4	62,3	65,3	67,4	69,0
Arbeitnehmerentgelte	148,4	161,5	166,1	168,7	169,6	168,7	167,5	168,0	171,5
Finanzierungssaldo	-41,1	-59,7	-23,7	-78,3	-83,5	-74,3	-35,9	-4,2	-3,3
Defizitquote	-2,5 %	-3,3 %	-1,1 %	-3,7 %	-3,8 %	-3,3 %	-1,5 %	-0,2 %	-0,1 %
Schuldenstandsquote	43,1 %	57,1 %	59,2 %	60,3 %	65,6 %	67,8 %	67,6 %	65,1 %	65,2 %
Investitionsquote	2,9 %	2,2 %	1,8 %	1,7 %	1,4 %	1,4 %	1,4 %	1,5 %	1,5 %
Zinslastquote	3,2 %	3,6 %	3,2 %	2,9 %	2,8 %	2,8 %	2,8 %	2,8 %	2,8 %
Personalkostenquote	9,0 %	8,7 %	8,1 %	7,9 %	7,7 %	7,5 %	7,2 %	6,9 %	6,9 %

* Gebietskörperschaften und Sozialversicherung; ** Direkte und Indirekte; *** Monetäre Sozialleistungen und soziale Sachleistungen;
Quelle: Diverse Monatsberichte der Deutschen Bundesbank; eigene Berechnungen

Hier gibt es – bedingt durch die Wiedervereinigung – von 1992 bis 2002 einen Anstieg der Sozialleistungsquote von 22,9 v. H. auf 27,1 v. H. und danach bis 2008 wieder einen Rückgang auf 24,3 v. H. Dadurch ist es insgesamt bei der *echten Staatsquote* zwischen 1992 und 2008 zu einer Reduzierung von 25,0 v. H. auf 19,6 v. H. gekommen. Aber auch bei der unechten Staatsquote mit 43,9 v. H. liegt Deutschland deutlich unter dem Durchschnitt der Länder des Euroraums mit 46,3 v. H.»Konkret gibt der deutsche Staat damit rund 60 Milliarden Euro jährlich weniger aus bei einer dem Durchschnitt der Mitgliedsländer des Euroraums entsprechenden Staatsquote. Bemerkenswert ist die Tatsache, dass die deutsche (unechte) Staatsquote um zwei Prozentpunkte niedriger ist als die des Vereinigten Königreichs. (…) Insgesamt betrachtet haben wir somit eher einen zu schlanken als einen zu fetten Staat. Dies ist vor allem das Resultat der (…) Abmagerungskur, die ihm zunächst von der rot-grünen und dann von der Großen Koalition verpasst wurde« (Bofinger 2009: 155).

Erschreckend ist beim Staatsabbau, bei der gesellschaftlichen »Entstaatlichung«, auch der Rückgang der *öffentlichen Investitionen*. Die Investitionsausgaben des Staates, die 1970 bezogen auf das Bruttoinlandsprodukt noch bei 4,8 v. H. lagen und 1980 bei 3,7 v. H., sind bis 1992 auf 2,9 v. H. geschrumpft und lagen 2008 (trotz Wiedervereinigung) nur noch bei 1,5 v. H. Auch hier schneidet Deutschland im internationalen Vergleich schlecht ab, wie die Tab. 38 zeigt.

Tab. 38: Öffentliche Investitionen in Deutschland

Länder	Öffentliche Investitionen in v. H. des BIP
Tschechien	4,7
Polen	4,6
Spanien	3,9
Ungarn	3,6
Frankreich	3,4
Niederlande	3,3
Schweden	3,1
EU 27	2,6
Eurozone	2,6
Finnland	2,4
Italien	2,4
Großbritannien	1,9
Deutschland	1,5
Österreich	1,0

Quelle: Europäische Kommission

Dass der deutsche Staat alles andere als üppig mit finanziellen Mitteln ausgestattet ist, belegt auch die *Entwicklung der Personalausgaben für die Staatsbediensteten.* »In der öffentlichen Diskussion herrscht der Eindruck, dass es bei uns viel zu viele Beamte und öffentliche Arbeiter und Angestellte gibt, die deshalb den ganzen Tag kaum etwas Vernünftiges zu tun haben. Ein Blick auf die Entwicklung des Personalstandes von Bund, Ländern und Gemeinden zeigt jedoch, dass sich dort in den beiden letzten Jahrzehnten eine Menge verändert hat. Von 1991 bis 2007 sind 1,8 Millionen Vollzeitarbeitsplätze im öffentlichen Dienst gestrichen worden. Das entspricht einem Personalabbau von 42 Prozent; bei den Gemeinden und Gemeindeverbänden ist sogar jeder zweite Arbeitsplatz entfallen. Die zusätzlichen rund 250.000 Teilzeitjobs sind hierfür nur ein sehr kleiner Ausgleich« (Bofinger 2009: 157f.). Der drastische Personalabbau im öffentlichen Dienst spiegelt sich dann auch im *Rückgang der Personalkostenquote* (Arbeitnehmerentgelte in Relation zum BIP) wider. 1992 lag die Quote noch bei 9,0 v. H. und 2008 nur noch bei 6,9 v. H. (vgl. Tab. 37). »Kein anderes vergleichbares Land gibt so wenig Geld für sein Personal im öffentlichen Dienst aus« (Bofinger 2009: 158).

4.3.5.2 Um- und Ausbau des Sozialstaats

Soll in Zukunft das gesellschaftliche (soziale) Gefüge in Deutschland, das nachhaltige Rückwirkungen auf die Wirtschaft ausübt,[214] nicht noch weiter auseinanderbrechen (Bundesministerium für Arbeit und Sozialordnung 2001: 18ff.), so ist nicht ein *Abbau*, sondern ein *Um- und Ausbaus des Sozialstaates* erforderlich. Denn soziale Demokratie ist mehr als die Summe seiner monetären Sozialtransfers.

> »Soziale Teilhabe, die Chance in der Gemeinschaft Anerkennung und soziale Zugehörigkeit zu finden, gehören zur Lebensqualität eines sozialen Staates. Freiheit und das ›gute Leben‹ (Aristoteles, d. V.) setzen materielle Bedingungen voraus. Aber sie lassen sich nicht realisieren ohne ein intaktes System gesellschaftlicher Integration, das dem Einzelnen die Chance gibt, Anerkennung und Respekt zu erwerben« (Kindsmüller 2003: 38).

Daher ist als erster Schritt ein *Umbau des Sozialstaats* notwendig, weil die Finanzierung auf eine breitere als auf die heute fast ausschließlich *arbeitszentrierte Basis* gestellt werden muss. Das Sozialeinkommen muss von der Erwerbsarbeit entkoppelt werden. Hierbei geht es nicht um zu hohe Lohnnebenkosten, die in Wirklichkeit, wie aufgezeigt, eine Mär sind, sondern es geht um eine gerechte (solidarische) Finan-

---

214 Das System ist selbst unter Ausblendung aller sozialen Aspekte auch auf die Güter- und Dienstleistungsnachfrage des *Arbeitslosen* und *Sozialhilfeempfängers* angewiesen.

zierung von Gesundheit, Alter und von schwachen, nicht so leistungsfähigen Menschen in einer grundsätzlich auf *Wettbewerb* aufbauenden Gesellschaft. Dazu gehört auch die *Absicherung bei Arbeitslosigkeit,* die eben nicht vom Menschen durch Faulheit, sondern von einem immanent instabilen marktwirtschaftlich-kapitalistischen System verursacht wird, wodurch sich eine *neoliberale Privatisierung des Arbeitsrisikos* verbietet. Risiken dagegen nur beim Kapital zu sehen, was offensichtlich als eine Selbstverständlichkeit hingenommen wird, ist obszön und verwerflich. Die *Freiheit des einzelnen Menschen* in einer Gesellschaft ist und bleibt nun einmal an materielle Voraussetzungen geknüpft. Je prekärer und unsicherer die ökonomischen Verhältnisse sind, umso wichtiger ist es, sich vor existentieller materieller Not geschützt zu wissen. Außerdem sind die *Startbedingungen nach der Geburt* für die Menschen nicht gleich. Weder von den genetischen Anlagen, den geistigen Fähigkeiten und gesundheitlichen Möglichkeiten, noch von den ökonomischen Bedingungen. Die Geburt ist aber für den Einzelnen nichts verdienstvolles, sondern vom *Zufall* bestimmt. Schlechtere Startbedingungen können auch nicht vollends durch *Bildung* kompensiert werden, das haben die Ausführungen im Exkurs »Bildung und Qualifikation« gezeigt.

Aber nicht nur ein Umbau, sondern auch ein *Ausbau des Sozialstaats* wird notwendig sein, weil nun einmal die Menschen immer älter werden und somit auch längere Rentenbezüge und mehr gesundheitliche Leistungen beanspruchen werden. Der Sozialstaat muss dazu *alle* heranziehen bzw. die *Finanzierung* auf die gesamte *volkswirtschaftliche Wertschöpfung* beziehen, also neben Löhnen und Gehältern auch Gewinneinkünfte, Zinsen sowie Mieten und Pachten berücksichtigen. Dies ist rein ökonomisch betrachtet nicht nur notwendig, sondern auch *verteilungsgerecht,* da letztlich alle Wertschöpfung, wie bereits mehrfach ausgeführt wurde, aus menschlicher Arbeit stammt. Sollte die verantwortliche Politik zu einer solchen grundsätzlichen radikalen (an die Wurzel gehende) Trendwende aber nicht bereit sein, so lässt sich mit Karl Georg Zinn (2003: 8) die Frage stellen: *»Wann wird Sozialabbau verfassungswidrig«?* Dies ist vor dem Hintergrund der Ausweitung von nicht mehr die Existenz sichernden Beschäftigungsverhältnissen und massiver Absenkungen von Sozialtransfers nicht nur eine

> »sozialethische Frage nach dem *menschenwürdigen Existenzminimum,* sondern es geht im Bereich des deutschen Grundgesetzes auch um das spezielle *verfassungsrechtliche Problem,* wie weit der Sozialstaat noch demontiert werden darf bzw. kann, ohne dass damit die grundgesetzliche *Sozialstaatsgarantie* schwer verletzt wird. Der Selbstgerechtigkeit der Bessergestellten, die den Sozialstaat nicht brauchen, sich aber anmaßen, ihn neu zu definieren und unter dem Etikett des ›Umbaus‹ nur Abbruch

meinen, muss Widerstand entgegengesetzt werden. Wenn das höchste deutsche Gericht wegen irgendwelcher steuerrechtlicher Sachverhalte (etwa wegen der [Un-] Gleichbehandlung bei Vermögens- und Erbschaftssteuern) angerufen wurde und gelegentlich bestimmte Gesetzesregelungen als verfassungswidrig kippte, so könnte und sollte die Wächterfunktion dieser Institution erst recht zugunsten der Sozialstaatlichkeit in Anspruch genommen werden. Der bar jeder Leistungsbezogenheit wachsende Überreichtum an der Spitze der Vermögenspyramide bei gleichzeitigem Anstieg der sozialen Armut ist schlicht sozialstaatswidrig und somit eine Art Verfassungsbruch« (Zinn 2003: 8).

Tab. 39: Die westlichen Industrienationen im Ranking sozialer Gerechtigkeit (gewichtete z-Werte)

Land	Armut (5)	Bildung (4)	Arbeitsmarkt (3)	Sozialstaat (2)	Einkommensverteilung (1)	Gewichteter Durchschnitt
Dänemark	8,55	6,99	2,85	1,13	1,80	4,26
Norwegen	5,21	7,68	4,38	- 0,06	0,80	3,60
Schweden	3,14	4,58	2,72	2,55	1,47	2,89
Finnland	7,60	1,58	0,41	1,51	1,52	2,52
Österreich	4,89	3,21	1,57	1,57	1,26	2,50
Frankreich	3,62	1,99	-1,72	2,09	0,24	1,24
Schweiz	- 0,20	2,11	3,82	- 1,22	0,47	0,99
Niederlande	3,46	- 2,28	0,66	0,70	0,83	0,68
Belgien	4,10	- 1,48	- 2,74	0,42	0,39	0,14
Kanada	- 3,54	1,79	1,78	- 2,38	0,06	- 0,46
Deutschland	- 0,36	- 3,12	- 0,78	1,62	0,13	- 0,50
Australien	1,07	- 3,02	0,52	- 2,84	- 0,46	- 0,95
Großbritannien	- 2,91	- 2,42	1,29	- 0,70	- 0,64	- 1,08
Irland	1,55	- 3,22	- 3,75	- 2,59	- 0,94	-1,79
USA	- 11,66	1,46	3,46	- 2,36	- 1,46	- 2,11
Italien	- 7,84	-1,79	- 4,80	2,63	- 1,48	- 2,66
Portugal	- 9,75	- 1,21	0,09	- 2,23	- 1,76	- 2,98
Griechenland	- 2,43	- 8,42	- 3,49	0,33	- 1,25	- 3,05
Spanien	- 4,50	- 4,42	- 6,26	- 0,15	- 0,97	- 3,26

Die Werte in Klammern geben die Faktoren an, mit denen die jeweiligen Indikatoren gewichtet und multipliziert wurden. Die Multiplikatoren (5 – 1) ergeben sich aus der Präferenzhierarchie der Gerechtigkeitsziele. Quelle: Merkel 2001: 631.

Zukünftig müssen gesellschaftliche Gerechtigkeitsziele die *Gleichheit von Lebenschancen* in den Mittelpunkt stellen. Dazu gehört nicht nur der Zugang zu den gesellschaftlichen Grundgütern wie die Würde und Selbstachtung des Einzelnen, die gleiche politische Teilhabe, Schutz und Sicherung der zivilen und politischen Rechte, sondern auch die Pflege und der Schutz der Gesundheit sowie Bildung, Weiterbildung und Arbeit. Dies bedeutet die unbedingte *Vermeidung von Armut* und ihre soziale Vererbung (Butterwegge 2009). Dazu ist allen Bürgern im Rahmen einer Gleichheit der Lebenschancen die Möglichkeit zur Teilhabe an Erwerbsarbeit mit einem entsprechenden Einkommen, das nicht durch staatliche Sozialtransfers subventioniert werden muss, zu ermöglichen. Außerdem hat der Sozialstaat die Aufgabe und Pflicht zur Förderung des bestmöglichen Systems von Bildung und Ausbildung. Diese dürfen nicht von der individuellen Einkommens- und Vermögenssituation abhängig sein. Ein Sozialstaat schließt zusätzlich die soziale, individuell aktivierende Sicherung eines Lebens in Würde und die Begrenzung der Vermögens- und Einkommensspreizung durch eine entsprechende Wirtschaftspolitik ein (Merkel 2003: 627ff.).

Deutschland nimmt dabei innerhalb einer empirischen *Gerechtigkeitsbilanz* unter neunzehn OECD-Staaten nur den elften Platz ein (vgl. Tab. 39). Insbesondere im Hinblick auf die Kennziffern *Bildung*, *Arbeitsmarkt* und *Armut* schneidet Deutschland schlecht ab, während bei den »sozialkonsumtiven Ausgaben« für eine soziale ex-post-Sicherung (Renten, Gesundheit, Arbeitslosen- und Sozialentgelt u.a.) noch eine Position im oberen Drittel des Länder-Rankings[215] erreicht wird. Aber auch diese Position wird sich in den nächsten Jahren mit den eingeleiteten und womöglich noch geplanten Abbaumaßnahmen am deutschen Sozialstaat verschlechtern; es sei denn, es wird ein grundsätzlich *neuer wirtschaftspolitischer Kurs* eingeschlagen.

4.4. Staatliche Makropolitik im Sinne einer Wirtschaftsdemokratie

Nachdem die wesentlichen Elemente der Mesoebene im Hinblick auf eine Wirtschaftsdemokratie analysiert und beschrieben wurden,[216] geht es abschließend um die *Makroebene und -politik*. Welche Rolle soll hier der Staat spielen? Die des neolibera-

---

215 Zur Methode und den einzelnen Indikatoren des Gerechtigkeitsrankings vergleiche ausführlich (Merkel 2001).
216 Vgl. Kap. 4.1 Wettbewerbstheorie und -politik, Kap. 2.1 und 2.2 Arbeitsmarkt- und Tarifpolitik, Kap. 4.2 Umweltpolitik und Kap. 4.3 Sozialpolitik.

len, für die Wirtschaft nur *Rahmenbedingungen* setzenden »*Nachtwächterstaates*« oder die eines starken *keynesianischen Staates*, der in die Märkte interveniert? In beiden Fällen, wie auch im Hinblick auf alle aufgezeigten Politikfelder der Mikro- und der Mesoebene, gilt dabei: Einen *neutralen Staat gibt es nicht*.

In *parlamentarischen Demokratien* ist der Staat – durch vom Volk gewählte Parteien und Politiker (Abgeordnete) – immer ein auf Zeit gemäß der jeweiligen Wahlperiode bestimmter *Interessenstaat*,[217] der entweder mehr die *Kapitalinteressen* vertritt oder mehr die *Interessen der abhängig Beschäftigten und Schwächeren* in der Gesellschaft zum Tragen kommen lässt. Außerdem muss jeder Staat eine grundsätzliche Entscheidung über die gewünschte *Wirtschaftsordnung* treffen und innerhalb dieser Ordnung die makroökonomische *Prozesspolitik* festlegen, die wiederum zur Stabilisierung der wirtschaftlichen Ordnung beitragen soll. Im Folgenden soll es deshalb zunächst um *Ordnungspolitik* gehen und danach um die realiter *praktizierte Prozesspolitik, die implizit* auch die jeweils vorliegenden wirtschaftspolitischen Staatsinteressen aufzeigt.

4.4.1 Vom »Sozialistischen Zeitgeist« zur »Sozialen Marktwirtschaft«

Nach dem Ende des Zweiten Weltkriegs waren in Deutschland zunächst alle Parteien von der Funktionsweise der kapitalistischen (marktwirtschaftlichen) Ordnung enttäuscht. Man suchte nach *alternativen wirtschaftlichen Ordnungsformen*, nach einem »*Dritten Weg*« zwischen »zügellosem Kapitalismus« und »autoritärem Sozialismus«. Die sich aus den Rechtsparteien der Weimarer Republik neugegründete *CDU* formulierte in ihrem »*Ahlener Parteiprogramm*« vom 3. Februar 1947:[218] »Das kapitalistische Wirtschaftssystem ist den staatlichen und sozialen Lebensverhältnissen des

---

217 Daher ist im staatlichen Überbau eine *interne Parteiendemokratie* enorm wichtig. Im Gegensatz zu heute müssten in den Parteien die weitgehend vorliegenden *oligarchischen Führungsstrukturen* aufgebrochen werden. Außerdem sind mehr basisdemokratische *Volksentscheide* (auch auf Bundesebene) und mehr *Transparenz des gesamten öffentlichen Sektors* in Form einer Haushalts-, Beschäftigungs- und Sozialberichterstattung notwendig. Zur Verhinderung einer unternehmerischen Unterminierung des staatlichen Sektors durch *Lobbysysteme* und *Korruption* (Roth 2006/Tillack 2009/Klages 2009), die bereits zu einer »Selbstentmündigung der Parlamente« (Hensche 2009) geführt haben, sind *Parteienspenden* zu verbieten. Die Finanzierung der Parteien ist ausschließlich durch staatliche Gelder und Mitgliederbeiträge sicherzustellen. Grundsätzlich muss es – wie bei der Trennung von Kirche und Staat – auch hier zu einer *strikten Trennung von Staat und privater Wirtschaft* kommen. Der Staat hat der Wirtschaft uneingeschränkt den Handlungsrahmen zu setzen und die Wirtschaft zu kontrollieren. Er ist nicht der Diener der Wirtschaft, sondern die Wirtschaft hat der ganzen Gesellschaft zu dienen.

218 Das *Grundsatzprogramm* wurde noch einmal veröffentlicht in: Blätter für deutsche und internationale Politik, Heft 1/1968, S. 36ff.

deutschen Volkes nicht gerecht geworden. (...) Die zu dem engen Kreis der Vertreter der Großbanken und der großen industriellen Unternehmungen gehörigen Personen hatten (...) eine zu große politische Macht.« Daraus folgt verallgemeinernd: »Unternehmungen monopolartigen Charakters, Unternehmungen, die eine bestimmte Größe überschreiten müssen, verleihen eine *wirtschaftliche* und damit *politische Macht*, die die Freiheit im Staate gefährden kann.« (...) Die Gebietskörperschaften und »die im Betrieb tätigen Arbeitnehmer« sollen an diesen Unternehmen beteiligt werden. Die Kohlenbergwerke sind wegen des »von ihnen geförderten, für das gesamte Volk lebenswichtigen Urprodukts« zu vergesellschaften, des Weiteren gegebenenfalls die Eisen schaffende Großindustrie. Allgemein sollte die unternehmerische Initiative zwar ihren »erforderlichen Spielraum« behalten, allerdings mit der Grenze versehen, diese nicht politisch missbrauchen zu können.

Von diesen deutlichen Vorstellungen eines wirtschaftlichen Ordnungsgefüges verabschiedete sich die CDU aber bereits mit den *»Düsseldorfer Leitsätzen«* im Jahr 1949, als sich der »Adenauer-Flügel« der Partei mit dem grundsätzlichen Konzept einer Trennung von Staat und Privatwirtschaft durch die Herstellung einer *vollständigen Konkurrenz*[219] in der Wirtschaft durchsetzte. Man müsse die Wirtschaftseinheiten, sprich: die Unternehmen, nur so klein halten, dass sie eben keinen *Machteinfluss auf die Politik* ausüben könnten. Die Marktform der vollständigen Konkurrenz sei dazu bestens geeignet. So verwundert es nicht, dass zum Schutz des Wettbewerbs am 1. Januar 1958 das *Gesetz gegen Wettbewerbsbeschränkungen* (GWB), kurz, aber irreführend, »Kartellgesetz« genannt, als das *»Grundgesetz der Sozialen Marktwirtschaft«* verabschiedet wurde (Erlinghausen 1988: 698ff.).[220] Das Gesetz war allerdings durch die *Lobbyisten* der Wirtschaft und ihnen nahestehende Wissenschaftler und Politiker in einem »siebenjährigen Krieg« so verwässert worden (Huffschmid 1972: 143ff.), dass es u. a. eine Reihe von *Kartellausnahmen* zuließ und auf eine *Kontrolle von Fusionen* völlig verzichtete. Insbesondere die Fusionskontrolle wurde erst mit der 2. Gesetzesnovelle 1973 ins Gesetz aufgenommen. Selbst marktbeherrschende Unternehmen unterlagen nur einer schwachen *Missbrauchsaufsicht*. Gänzlich vom GWB befreit wurden bestimmte Wirtschaftszweige wie die *Kredit- und Versicherungswirtschaft*, die *Energie-, Verkehrs- sowie die Land- und Forstwirtschaft*.

---

219 Zur Marktform der *vollständigen Konkurrenz* vergleiche noch einmal den Punkt 4.1.1.2 »Neoklassische (statische) Wettbewerbstheorie«.

220 Walter Eucken formulierte dies so: *»Die Kernfrage sollte (...) immer als Kernfrage behandelt werden. Es geschieht, indem die Herstellung eines funktionsfähigen Preissystems vollständiger Konkurrenz zum wesentlichen Kriterium jeder wirtschaftspolitischen Maßnahme gemacht wird« (Eucken 1953: 11f.).*

Auch die *SPD* zielte nach dem Zweiten Weltkrieg in ihren »politischen Leitsätzen« vom Mai 1946 auf eine neue Wirtschaftsverfassung: »Die Sozialdemokratie erstrebt eine *sozialistische Wirtschaft* durch planmäßige Lenkung und gemeinwirtschaftliche Gestaltung. Die Sozialisierung hat zu beginnen bei den Bodenschätzen und den Grundstoffindustrien. Alle Betriebe des Bergbaues, der Eisen- und Stahlerzeugung und -bearbeitung bis zum Halbzeug, der größte Teil der chemischen Industrie und die synthetischen Industrien, die Großbetriebe überhaupt, ›sind in das *Eigentum der Allgemeinheit* zu überführen.‹ Die Form der Planung wird im Einzelnen nicht ausgeführt, aber eine Wirtschaft sowjetischen Typs soll es nicht sein. Vielmehr kann davon ausgegangen werden, dass die hessischen ›Sozialgemeinschaften‹, die 1947 als Prototypen einer neuen Wirtschaftsordnung in die Debatte gebracht wurden, auch Vorbild für eine nationale Planung sein sollten. Ähnlich wie im ›Ahlener Programm‹ der CDU war an ein ›Macht verteilendes Prinzip‹ gedacht, vervollständigt um die *Gewerkschaften* und um *Konsumentenverbände*, aber es ging hierbei nicht einfach um die *Kontrolle der politischen Macht der Großunternehmen*, sondern um diejenigen Planungsinstanzen, die die unternehmerische Souveränität ablösen sollten: Einen ›Spielraum für unternehmerische Initiative‹ im Sinne eines privatwirtschaftlichen Unternehmertums sollte es nicht mehr geben – mit Ausnahme allenfalls der kleinen Betriebe« (Chawla/Schui 2003: 25). Das Verhältnis von *Wirtschaft und Staat* war damit anders gelöst als im »Ahlener Programm« und auch anders als im *Konzept der Sozialen Marktwirtschaft*.

Spätestens mit dem *»Godesberger Programm«* von 1959 verlässt dann allerdings die SPD ihre *sozialistische Linie*. »Es setzt sich die allgemeine Anerkenntnis ›*freier Unternehmerinitiative*‹ durch. Dies aber mit wesentlichen Einschränkungen, die sich aus zwei Forderungen herleiten: Die kapitalistische Wirtschaft ist durch ›*staatliche Lenkungsmaßnahmen*‹ zu stabilisieren und die *wirtschaftliche Macht* zu kontrollieren. Ziel der Wirtschaftspolitik ist, die ›zweite industrielle Revolution‹ zu nutzen, um ›die Not und das Elend zu beseitigen, die noch immer viele Menschen bedrücken.‹ Da die ›Marktwirtschaft aus sich heraus keine gerechte *Einkommens- und Vermögensverteilung*‹ gewährleistet, ist es in der Verantwortung des Staates, dass das Wachstum der Arbeitsproduktivität allgemeine Wohlfahrt schafft. (…) *Gemeineigentum* sieht das Programm ebenfalls vor; dies aber wird vorrangig nicht mit besseren Möglichkeiten der Lenkung begründet, sondern mit der *Kontrolle wirtschaftlicher Macht*. ›Mit ihrer durch Kartelle und Verbände noch gesteigerten Macht gewinnen die führenden Männer der Großwirtschaft einen Einfluss auf Staat und Politik, der mit demokratischen Grundsätzen nicht vereinbar ist. Sie *usurpieren Staatsgewalt*. *Wirtschaftliche Macht wird zu politischer Macht*.‹ Daher: ›Wo mit anderen Mitteln eine gesunde Ordnung der wirtschaftlichen Machtverhältnisse nicht gewährleistet werden kann, ist Gemeineigentum zweckmäßig und notwendig.‹ (…) Diese Sorge, dass *wirtschaftliche Macht* die demokratische Souveränität beseitigen, sich den Staat unterordnen könnte, erinnert an das Ahlener Programm der CDU« (Chawla/Schui 2003: 25f.).

Auch bei den *Gewerkschaften* herrschte nach dem Zweiten Weltkrieg ein »*Sozialistischer Zeitgeist*«. Entsprechend fielen die Forderungen des Deutschen Gewerkschaftsbundes (DGB) aus. Wie bereits im Kapitel zur »Mitbestimmung« ausgeführt,[221] sprach sich auch der DGB für eine Sozialisierung der großen Unternehmen in Form einer *Vergesellschaftung* aus. Diese sollte vor allem die Schlüsselindustrien, insbesondere den Bergbau, die Eisen- und Stahlindustrie, die Großchemie, die Energiewirtschaft, die wichtigsten Verkehrseinrichtungen und die Kreditinstitute betreffen. Der DGB forderte eine *staatliche Wirtschaftsplanung* sowie eine *Mitbestimmung* der organisierten Arbeitnehmer in allen personellen, wirtschaftlichen und sozialen Fragen.

Der Umsetzung des »Sozialistischen Zeitgeistes« wurde aber ein Riegel vorgeschoben, nachdem CDU/CSU, FDP sowie die Deutsche Partei (DP) am 14. August 1949 die erste Wahl zum Deutschen Bundestag gewannen. Dennoch fiel die Entscheidung für eine Wirtschaftsordnung nicht in Richtung einer »*reinen Marktwirtschaft*«, sondern in Richtung der von Alfred Müller-Armack (1901-1978) entwickelten Ordnungsidee einer »*Sozialen Marktwirtschaft*«, die davon ausgeht, dass die »beiden Alternativen, zwischen denen die Wirtschaftspolitik sich bisher bewegte, die rein ›liberale Marktwirtschaft‹ und die ›Wirtschaftslenkung‹ (…), innerlich verbraucht« sind und eine »*neue dritte Form*« als »wirtschaftspolitische Synthese« zu entwickeln ist (Müller-Armack 1966: 109f. und 244). Diese Ordnung sollte als »neuartige Synthese von Sicherheit und Freiheit« dazu befähigen, »mehr Sozialismus mit mehr Freiheit zu verbinden« (Müller-Armack 1974: 46).

4.4.2 Wirtschaftsordnung und Verfassung

Verfassungsrechtlich wurde ein solcher allgemeiner Ordnungsgedanke im *Grundgesetz* der Bundesrepublik Deutschland aber nicht aufgenommen. Das Grundgesetz enthält keine ausdrückliche Bestimmung über die *Wirtschaftsordnung* (Schlütter 1976: 11ff., Papier 2007: 3ff.). Nach einem Urteil des Bundesverfassungsgerichts garantiert das Grundgesetz »weder die wirtschaftspolitische Neutralität der Regierungs- und Gesetzgebungsgewalt noch eine nur mit marktkonformen Mitteln zu steuernde ›Soziale Marktwirtschaft‹. Die ›*wirtschaftspolitische Neutralität*‹ des Grundgesetzes besteht ledig-

---

221 Vgl. hier noch einmal ausführlich das Kap. 3.3.1.

lich darin, dass sich der Verfassungsgeber nicht ausdrücklich für ein bestimmtes Wirtschaftssystem entschieden hat. Dies ermöglicht dem Gesetzgeber, die ihm jeweils sachgemäß erscheinende Wirtschaftspolitik zu verfolgen, sofern er dabei das Grundgesetz beachtet. Die gegenwärtige Wirtschafts- und Sozialordnung ist zwar eine nach dem Grundgesetz mögliche Ordnung, keineswegs aber die allein mögliche« (BVerfGE 4: 18f.). Dennoch ist sie an *Grundfreiheiten*, insbesondere an das *Recht auf freie Entfaltung der Persönlichkeit* (Art. 2 GG), die *Koalitionsfreiheit* (Art. 9 GG), die *freie Berufs- und Arbeitsplatzwahl* (Art. 12 GG) sowie an die *Garantie des Privateigentums in Verbindung mit der Sozialklausel der Eigentumsgarantie* sowie der *Sozialisierungsklausel* (Art. 14 und 15 GG), aber auch an die generelle *Sozialstaatsklausel* (Art. 20 und 28 GG) gebunden. Auf Grund dieser *grundrechtlich verbürgten Freiheiten* ergibt sich für die wirtschaftliche Betätigung in der Bundesrepublik Deutschland jene Wirtschaftsordnung sicher nicht: »Eine Wirtschaftsordnung, die eine Koordination der Volkswirtschaft prinzipiell im Wege der *Zentralverwaltungswirtschaft* und in einem System imperativer und zentralisierter Staatsplanung bewerkstelligen wollte. Das Grundgesetz ist also nicht in dem Sinne »neutral«, so der ehemalige Präsident des Bundesverfassungsgerichts, Hans-Jürgen Papier, dass die vorgefundene und gewachsene Wirtschaftsordnung prinzipiell in eine *Zentralverwaltungs- oder Zentralplanwirtschaft* umstrukturiert werden könnte. (…) Mit anderen Worten: Der Grundrechtskatalog der Verfassung gewährt dem Einzelnen als Rechtsperson einen bestimmenden Anteil an der Sozial- und Wirtschaftsgestaltung. Der Einzelne soll am sozialen und wirtschaftlichen Leben nicht nur zur ›Abstimmung der Feinproportionen‹ als ›öffentlicher Planvollstrecker‹, sondern eigenverantwortlich, autonom und (auch) mit privatnütziger Zielsetzung an der Gestaltung der Rechts-, Gesellschafts- und Wirtschaftsordnung mitwirken. Die Eigentumsgarantie und die anderen Grundrechte des privatautonomen Handelns und der privatautonomen Teilhabe an der Gestaltung der Wirtschaft schließen deshalb eine *absolute Herrschaft des politischen Systems über die Wirtschaft* aus« (Papier 2007: 5).

Nicht aber eine *»relative Herrschaft«*. Dafür sprechen das *Prinzip der Sozialstaatlichkeit* sowie die ausdrückliche Betonung der *Sozialbindung des Privateigentums*, das auch dem *Wohle der Allgemeinheit* zu dienen hat. Eine reine Marktwirtschaft oder eine ausschließliche *»Herrschaft der Märkte«* durch einen *zügellosen Wettbewerb* verbieten sich somit. »Damit wird eine ordnungspolitische Mischform aus wirtschaftlicher Freiheit und wirtschaftspolitischen Gestaltungsmöglichkeiten des Staates im Interesse des Gemeinwohls begründet. Die Abwägung zwischen individueller Freiheit und sozialer Bindung gilt auch im wirtschaftlichen Bereich. (…) Das Grundgesetz lässt es zu, im Interesse des Gemeinwohls, Grund und Boden, Naturschätze und Produktionsmittel (durch Gesetz und gegen Entschädigung) in ›Gemeineigentum oder in andere Formen der Gemeinwirtschaft‹ überzuführen« (Blum 1988: 157). »Der besondere Charakter der Bundesrepublik als ›*Sozialer Bundesstaat*‹ begrenzt auch die wirtschaftspolitischen Kompetenzen der Entscheidungsgremien auf Bundesebene zugunsten der *Länder und Gemeinden*. (...) Bereits auf Bundesebene sind Träger der Wirtschaftspolitik der *Bundestag* und der von Vertretern der Länder besetzte *Bundesrat*. Im Rahmen der der Exekutive zugewiesenen Aufgaben bestimmt der *Bundeskanzler die Richtlinien der Politik* und damit auch der Wirtschaftspolitik. (...) Besondere Kompetenzen als Träger der Wirtschaftspolitik erhält gemäß Bundesbankgesetz die *Bundesbank*. Sie hat, unabhängig – wenn auch an den Rahmen der Wirtschaftspolitik der Bundesregierung gebunden – für *Geldwertstabilität*[222] und *Geldversorgung* die Verantwortung zu tragen« (Blum 1988: 157). Auch im Grundgesetz ist seit 1967 mit dem *Stabilitäts- und Wachstumsgesetz* eine *Finanzpolitik* verankert, die die Aufgabe hat, in den privaten Wirtschaftskreislauf immer dann einzugreifen, wenn das *gesamtwirtschaftliche Gleichgewicht* (definiert als Gleichrangigkeit von *Geldwertstabilität*, stetigem und angemessenem *Wirtschaftswachstum, hohem Beschäftigungsstand* und *ausgeglichener Zahlungsbilanz*) gestört ist. Durch eine möglichst *antizyklische Politik* sollen die marktwirtschaftlich immanent auftretende Konjunktur (Krise) und ein womöglich nachlassender Wachstumsprozess ausgesteuert werden.

4.4.3 Vom Liberalismus zum Ordoliberalismus

Zu den Kritikern einer unkontrollierten »freien« marktwirtschaftlichen Ordnung zählte nach dem Zweiten Weltkrieg auch die deutsche ordoliberale »*Freiburger Schule*«. Zu dieser gehörten Ökonomen wie Alfred Müller-Armack (1901-1978), Walter Eucken (1891-1950), Alexander Rüstow (1885-1963), Wilhelm Röpke (1899-1966) und Ludwig Erhardt (1897-1977). In einem von Eucken im Jahr 1946 verfassten Gutachten, das erst 1999 veröffentlicht wurde, warnte er vor einer vermeintlichen »freien« Marktwirtschaft:

> »Also ›Freie Wirtschaft‹? Auch diese Frage haben wir aufgrund historischer Erfahrung mit Nein zu beantworten. Gründe: Bei dem Wort ›Freie Wirtschaft‹ erinnern sich viele Menschen an die schwere Wirtschaftskrise 1929/32, die in einigen großen Industrieländern Millionen aus der Arbeit warf, die zu einem Zusammenbruch der weltwirtschaftlichen Beziehungen führte, in deren Verlauf die Produktion in vielen

---

222 Mit der *Europäischen Währungsunion* zum 1. Januar 1999 ist diese Kompetenz, insbesondere die Verantwortung für die *Geldpolitik*, auf die Europäische Zentralbank (EZB) mit Sitz in Frankfurt a. M. übergegangen. Damit wurde die nationale geldpolitische Verantwortung abgegeben und auf die europäische Ebene mit nicht unbeträchtlichen Problemen verlagert.

Industrie- und Agrarländern rasch zusammenschrumpfte und aus der sich schwerwiegende politische Fragen ergaben. Sollen wir wieder eine solche Wirtschaftsordnung herstellen? – Sicherlich: Nein. Woran krankte die ›Freie Wirtschaft‹? Die sogenannte freie Wirtschaft war eine vermachtete Wirtschaft. (...) Die Bildung zahlreicher Monopole, Teilmonopole und Oligopole war die Folge der freien Wirtschaft. (...) Und als die Wirtschaft immer mehr von solchen Machtgebilden durchsetzt wurde, musste sie krisenanfällig und unstabil werden; Arbeitslosigkeit musste entstehen und soziale Kämpfe brachen aus. Diese Machtgruppen haben auch den internationalen Handel schwer beeinträchtigt, indem die großen Konzerne, Kartelle, Pools und Trusts ihren Machtbereich über die nationalen Grenzen ausdehnten, dabei oft in Konflikt miteinander gerieten oder – bei Abkommen untereinander – die Märkte erstarren ließen. (...) Die wirtschaftlichen Machtgruppen gewannen politischen Einfluß, wurden auch zu politischen Machtfaktoren und untergruben dadurch die freie staatliche Verfassung« (Eucken 1946, 1999: 13ff.).

Wilhelm Röpke schrieb 1958:

»Die Gesellschaft als Ganzes kann nicht auf dem *Gesetz von Angebot und Nachfrage* aufgebaut werden (...). Mit anderen Worten, fuhr er fort: »Die Marktwirtschaft ist nicht alles« (zitiert bei Reuter 2002a: 682). Ähnlich ablehnend äußerte er sich über die »Selbstheilungskräfte des Marktes«, indem er deutlich machte, dass eine »extreme Kommerzialisierung, Mobilisierung und Rivalisierung (...) das unfehlbare Rezept (ist), eine freie Wirtschaft durch moralisch blinde Übertreibung ihres Prinzips zu zerstören und schließlich eine Malaise zu schaffen, von der man das Schlimmste befürchten muss« (Röpke 1958: 173f.).

Ordoliberale Ökonomen fordern deshalb einen starken in den Markt *intervenierenden Staat* zur Aufrechterhaltung des Wettbewerbsprinzips. So stellte Alfred Müller-Armack, der geistige Vater der *Sozialen Marktwirtschaft*, unmissverständlich klar:

»Das Zutrauen in die Selbstheilungskräfte der Wirtschaft hat sich den Wirtschaftskrisen gegenüber nicht behaupten lassen (...). Die Fehler und Unterlassungen der liberalen Marktwirtschaft liegen so letztlich in der Enge der ökonomischen Weltanschauung beschlossen, die der Liberalismus vertrat. Sie veranlasste ihn, den instrumentalen Charakter der von ihm ausgeschalteten Ordnung zu verkennen und die Marktwirtschaft als autonome Welt zu nehmen« (Müller-Armack 1946, 1976: 107).

Müller-Armack beschrieb deshalb die *Rolle des Staates* in einem System der Kooperation zwischen »ökonomischem Wettbewerb« und »sozialem Ausgleich« wie folgt:

»Der Staat hat die unbestrittene Aufgabe, über den Staatshaushalt und die öffentlichen Versicherungen die aus dem Marktprozess resultierenden Einkommensströme umzuleiten und soziale Leistungen (...) zu ermöglichen. Das alles gehört zum Wesen dieser Ordnung, und es wäre eine Farce, nur den unbeeinflussten Marktprozess zu sehen, ohne seine vielfältige Einbettung in unsere staatliche Ordnung zu beachten« (Müller-Armack 1976: 38).

Trotz aller Kritik an staatlich unkontrollierten Märkten und deren Ergebnissen darf aber nicht übersehen werden, dass die Ordoliberalen in einem *funktionsfähigen Wettbewerb* bereits ein *hinreichendes Instrument* für eine auch »sozial« ausgerichtete marktwirtschaftliche Ordnung sahen. Auch auf den *Arbeitsmärkten* müsse dazu Wettbewerb herrschen, und *soziale Gerechtigkeit* ließe sich ebenso durch Wettbewerb auch hier am Besten herstellen. Wettbewerb, wenn er nicht durch Monopole und marktbeherrschende Oligopole oder Kartelle behindert wird, steuere schließlich auf allen Märkten (Güter-, Kapital- und Arbeitsmärkten) nach *Leistung und Knappheit* die Einkommen und Vermögen optimal aus. »Zu einem Problem der Gerechtigkeit«, so Walter Eucken (1959: 181), »im wirtschaftlichen Sinne wird die *Einkommensverteilung* (...) erst dann, wenn sich die Höhe des Einkommens nicht nach Maßgabe der Knappheitsrelationen, sondern auf Grund von *Marktmachtstellungen* bestimmt.« Der Markt soll deshalb durch Wettbewerb zum Vorteil für alle sorgen. Er zwinge die dezentralen unternehmerischen Entscheidungsinstanzen zur *Innovation* und *Rationalisierung* (technischer Fortschritt) und somit zur *Produktivitätssteigerung* im Sinne einer gesamtwirtschaftlichen Wohlfahrt. Die durch Wettbewerb über *Effizienzprozesse* möglich werdenden *Kostensenkungen* sollen dann in *Preissenkungen* umgewandelt werden, um damit möglichst vielen Menschen die Nachfrage der angebotenen Güter und somit *»Wohlstand für alle«* (Ludwig Erhardt) zu ermöglichen. Dies ist aber, wie bereits ausführlich im Kapitel 4.1 aufgezeigt wurde, mehr marktwirtschaftliche Ideologie als wirtschaftliche Realität und sagt auch noch nichts über ein *gesamtwirtschaftliches Vollbeschäftigungsgleichgewicht* aus, dessen Realisierung allein durch Wettbewerb nicht gesichert ist.

> »Die Vorstellung, dass wir ohne weiteres die gesamtwirtschaftliche Nachfrage vernachlässigen können, ist grundlegend für die ricardianische Ökonomie, die wiederum dem zugrunde liegt, was uns für mehr als ein Jahrhundert gelehrt worden ist. (...) Dass sie der Freiheit der wirtschaftlichen Betätigung des einzelnen Kapitalisten eine Rechtfertigung bot, sicherte ihr die Unterstützung der dominanten gesellschaftlichen Gruppen hinter der Obrigkeit.«
> *(John Maynard Keynes)*

4.4.4 Vom Ordoliberalismus zum »Bastard-Keynesianismus«

Der *ordnungstheoretischen Diskussion* folgte mit der ersten *Wirtschaftskrise von 1966/67* in Westdeutschland eine *prozesspolitische Auseinandersetzung* im Sinne einer *keynesianischen staatlichen Interventionspolitik*. Diese hatte der bedeutende englische Ökonom

John Maynard Keynes (1883-1946) bei seiner fundierten Kapitalismusanalyse vor dem Hintergrund der Weltwirtschaftskrise von 1929-1933 bereits in den 1930er Jahren entwickelt.[223] Bis dahin dominierte der *klassische Liberalismus* als Gegenpart zur feudalen Ordnung eines merkantilen Wirtschaftssystems. Die Wirtschaftspolitik des Liberalismus basierte auf einem »*Laissez-Faire*«, auf einem »freien Spiel der Marktkräfte« durch die »unsichtbare Hand« (Adam Smith) des Wettbewerbs, der letztlich immer über einen *flexiblen Preismechanismus* zum Ausgleich von Angebot und Nachfrage auf dem Markt führen müsse. Hierbei schaffe gemäß dem »*Sayschen Theorem*« des französischen Ökonomen Baptiste Say (1767-1832) sich jedes Angebot gleichsam seine eigene Nachfrage.[224] Wenn es dennoch Absatzkrisen gebe, handele es sich nach Say lediglich um partielle Störungen. Der flexible *Preismechanismus* sorge immer wieder für ein neues Gleichgewicht zwischen Angebot und Nachfrage.

Dies gelte nicht nur auf einzelnen Märkten, sondern auch in *makroökonomischer Beziehung*. Hier sorge der *Zinsmechanismus* (i) für einen Ausgleich der Ersparnis (S) als dem Angebot mit den Investitionen (I) als der Nachfrage. Der *Staat* habe sich daher herauszuhalten und seine Funktionen hätten sich auf das Nötigste zur Durchsetzung niedriger Steuern und Abgaben zu beschränken. Gemäß der privatwirtschaftlichen Entwicklung müsse die öffentliche Hand ihre Einnahmen den Ausgaben anpassen (*ausgeglichene Budgetpolitik*). Ein *Sozialstaat* kam hier nicht vor und auch eine *aktive staatliche Konjunktur- und Wachstumspolitik* war nicht vorgesehen, nicht einmal eine staatliche Durchsetzung und Kontrolle zur Aufrechterhaltung des systemkonstitutiven Wettbewerbsprinzips.

Mit diesen liberalen wirtschaftspolitischen Vorstellungen versuchte man zunächst, auch die von den USA ausgehende *Weltwirtschaftskrise* von 1929-1933 als eine kapitalistisch immanente *Überproduktionskrise* zu bekämpfen und verschärfte damit den Krisenverlauf *prozyklisch*. In Deutschland steht dafür die fatale Wirtschaftspolitik von Reichskanzler Heinrich Brüning (1885-1970), der selbst noch auf dem Höhepunkt der Krise die Staatsausgaben den wegbrechenden Staatseinnahmen durch seine *Sparpolitik* im Sinne einer ausgeglichenen staatlichen Budgetpolitik anpasste; am Ende der Krise standen der deutsche Faschismus und der Zweite Weltkrieg. In den USA setzte dagegen Präsident Franklin D. Roosevelt (1882-1945) auf den *New Deal*, auf

---

223 Vgl. Keynes, J. M., Allgemeine Theorie der Beschäftigung, des Zinses und des Geldes, 4. deutsche Aufl., Berlin 1955.

224 Güter würden auf Märkten, so Say, nur in der Absicht angeboten, um mit deren Erlös andere Güter nachzufragen. Say unterstellt quasi ein ständiges Gleichgewicht, das allenfalls durch kurzfristige Friktionen gestört ist. Das Hauptwerk von Say »Traite d'economie politique« (»Abhandlung über die Politische-Ökonomie«) erschien zum ersten Mal 1803 in Paris.

keynesianisch inspirierte antizyklische Interventionen mit einem umfassenden Staatsausgaben- und Beschäftigungsprogramm sowie einer expansiven Geldpolitik.

In seiner Schrift »The End of Laissez-faire« hatte Keynes 1926 schon die Frage untersucht, welche Rolle der *Staat* bei der Stabilisierung der Wirtschaft und bei der Sicherung der *Vollbeschäftigung* spielen sollte. Er negierte hier die klassisch-liberale Zuversicht in die *Selbststeuerungsfähigkeit des Marktes und Wettbewerbs*. Der Volkswirt Gerhard Willke von der Fachhochschule Nürtingen stellt dazu fest:

> »Keynes denunziert die Vorstellung von der ›besten aller möglichen Welten‹ als Wunschdenken: Wir hätten vielleicht gerne, dass die Wirtschaft so funktioniert; aber anzunehmen, sie funktioniere so, hieße doch ›unsere Schwierigkeiten wegzudefinieren‹. Vor dem Hintergrund vielfältiger Störungen des Wirtschaftsprozesses einerseits und fundamentaler Kritik am Kapitalismus andererseits sucht Keynes nach einer neuen, besseren Balance im Zusammenspiel zwischen Unternehmen, Markt und Staat. Er sieht deutlich, dass die Bedingungen für ein laissez-faire – also für den Selbstlauf des Marktes ohne staatliche Interventionen – nicht länger gegeben sind, und er zieht daraus die Konsequenz: ›Ich bringe den Staat ins Spiel; die laissez-faire-Doktrin gebe ich auf‹. Dieser Staat ist kein ›Nachtwächterstaat‹ mehr wie bei den Klassikern, sondern der Hüter der Gesamtnachfrage, der die Investitionen in Regie nimmt« (Willke 2002: 17).

Ohne staatliche Interventionen könne es keinen stabilen Kapitalismus als »Bollwerk« gegen den sich seit 1917 in Russland revolutionär durchgesetzten autoritären »Staats-Kommunismus« mit seiner zentralen staatlichen Planwirtschaft geben. Die sich selbst nach dem »Laissez-Faire«-Prinzip überlassene marktwirtschaftliche Ordnung tendiere zu einem *»Unterbeschäftigungsgleichgewicht«*, bei dem keine immanenten Marktkräfte in Richtung Vollbeschäftigung wirken würden.

Hatten die liberalen Klassiker der Ökonomie vor Keynes dies aber noch durch einen sich immer wieder ergebenden Ausgleich von Spar- und Investitionskapital interpretiert, die beide abhängig vom Zinssatz (i) seien (S (i) = I (i)), so verwarf Keynes diese Gleichgewichtsbedingung. Für ihn galt:

Die gesamtwirtschaftliche Ersparnis (S) ist nicht abhängig vom Zins (i), sondern vom *Einkommen (Y)*, und die Investitionen hängen zwar vom Zinssatz (i), aber mehr von ihrer *erwarteten Rentabilität (r)* ab. Demnach gilt für Keynes das Gleichgewicht:

$$I(r, i) = S(Y).$$

Dies muss aber kein *Vollbeschäftigungsgleichgewicht* sein, so Keynes, da die Bedingung I (r, i) = S (Y) nur ex post erfüllt ist, nicht aber auch zwingend *ex ante*; als geplante Größen. Hier können (I) und (S) voneinander abweichen, was realiter sogar die Regel ist. »Wie unterschiedlich der Zusammenhang zwischen Sparen und Investieren von den Klassikern einerseits und Keynes andererseits gesehen wird, zeigt das Beispiel einer *Erhöhung der Ersparnis*. Bei den Klassikern führt (S↑) zu einem zusätzlichen Angebot auf dem Kapitalmarkt, also zu (i↓). Niedrige Zinsen induzieren (I↑) und dämpfen gleichzeitig das Sparen: (S↓). Somit kommt es zu einem neuen Gleichgewicht bei (I↑) und Y↑). Eine Erhöhung von (S↑) wird deswegen in der Klassik positiv gesehen, denn immer gilt dort: S(i) = I(i). Bei Keynes bedeutet (S↑) primär: (C↓); das heißt die Konsumnachfrage fällt aus, die Produktion und Beschäftigung sinken. Warum sollten Unternehmen bei sinkendem Volkseinkommen (Y↓) mehr investieren? Schaut man nicht auf den Kapitalmarkt (wie die Klassik), sondern auf den *Einkommenskreislauf*, dann gehen die Investitionen zurück, somit auch (Y↓) und in der Folge wiederum (S↓), weil gilt: S = S (Y). Zwar stellt sich auch hier ein neues Gleichgewicht ein, aber es handelt sich um ein *Gleichgewicht bei Unterbeschäftigung* und Unterauslastung der vorhandenen Kapazitäten« (Willke 2002: 49). Staatliche *Fiskal- und Geldpolitik* zur Stabilisierung des Marktsystems seien deshalb unausweichlich notwendige Instrumente zur Stabilisierung einer immanent marktwirtschaftlich instabilen Ordnung. Mit einer kreditfinanzierten antizyklischen Staatsnachfrage (deficit spending) und mit einer gleichzeitig praktizierten expansiven Geldpolitik zur Senkung der Zinsen müsse der Staat die sich im *Unterbeschäftigungsgleichgewicht* in der Privatwirtschaft auftuende Nachfragelücke (»deflatorische Lücke«) schließen. Sonst drohe eine langfristige, das System destabilisierende Arbeitslosigkeit.

Bei den Klassikern werden alle Märkte – Arbeitsmarkt, Gütermarkt und Kapitalmarkt – durch die zugehörigen *Preise* im Gleichgewicht gehalten. Ein solches Vertrauen in den *Preismechanismus* hatte Keynes nicht. Die *Arbeitsnachfrage der Unternehmen* hängt bei ihm nur beiläufig vom *Reallohn*, entscheidend aber vom *Produktionsniveau* ab; die Güternachfrage nur unwesentlich von den Preisen, dafür aber vom Einkommen und der marginalen Konsumquote (c). Demnach gilt für die Konsumnachfrage (C): (C = c Y). Dies alles bedeutet im keynesianischen System aber nicht, dass Keynes davon ausging, die *Beschäftigung* in einem Unternehmen unterliege nicht dem Postulat der *Profitabilität*. Auch er unterstellte, dass das »Wertgrenzprodukt der Arbeit« größer ausfallen müsse als der ausgezahlte Lohn.[225] »Er fügte dieser notwendigen klassischen Bedingung allerdings seine eigene, *hinreichende* Bedingung hinzu: Ein hohes Beschäftigungsniveau kann nur realisiert werden, wenn *genügend effektive Nachfrage* vorhanden ist. Sicher: Rentabilität ist notwendig. Aber was bestimmt die Rentabilität?

---

225 Vgl. dazu noch einmal den Punkt 1.3.3 »Arbeit, Lohn und Gewinn heute«.

Eben nicht nur der Lohnsatz, das heißt die Kosten, sondern auch die Erträge – also die Nachfrage« (Willke 2002: 45f.). Dies hat der ehemalige Staatssekretär im Bundesfinanzministerium, Heiner Flassbeck (2003: 956), noch einmal treffend im gesamtwirtschaftlichen Zusammenhang formuliert:

> »Wo auch immer etwas gekürzt und gestrichen wird, am Ende ist es die Lage der Unternehmen, die sich dabei verschlechtert. (…) Das ist der entscheidende Unterschied zwischen einer einzelwirtschaftlichen und einer gesamtwirtschaftlichen Betrachtung: Gesamtwirtschaftlich sind die Kosten des einen immer die Erträge des anderen und umgekehrt. Ein Unternehmer, der den Gürtel enger schnallt, malträtiert nicht nur sich selbst, sondern im gleichen Augenblick auch alle seine Unternehmerkollegen. Das gleiche gilt selbstverständlich auch für alle anderen Arten der Kostensenkung, sei es die Senkung der Löhne, den Abbau der so genannten Lohnnebenkosten, staatliche Subventionskürzungen oder den Sozialabbau. Immer sinken die Gewinne der Unternehmen, wenn das Sparen erfolgreich ist, weil die Nachfrage abnimmt.«

Die kritische Größe im gesamtwirtschaftlichen Geschehen sind nach Keynes nicht die Löhne, sondern die *Investitionen*. Sie erhöhen den volkswirtschaftlichen Kapitalstock und damit das Produktionspotenzial und ermöglichen somit eine Steigerung von Produktion und Konsum. Sie schaffen also die Voraussetzung für *Wachstum*. »Die Schwäche der Investitionsneigung war immer schon der Kern des ökonomischen Problems«, schrieb Keynes (1936, 2000: 347). Die Investitionsnachfrage (I) ist dabei entscheidend von den *Ertragserwartungen der Investoren* abhängig, von der erwarteten *Rentabilität* (»Grenzleistungsfähigkeit des Kapitals«) bzw. der Rendite einer Investition (r). Aber auch die *(Markt-)Zinssatzentwicklungen* (i) spielen eine implizite Rolle.

$$I = I\,(r,\,i)$$

Der Investor unterliegt hier immer zwei *Entscheidungskalkülen*: Erstens einer *Portfolio-Entscheidung* zwischen der *Anlage in Realinvestitionen* (neu zu produzierende Kapitalgüter) oder in *verzinsliche Wertpapiere* (Finanzanlage in schon vorhandene Kapitalgüter). Hierbei ist eine Realinvestition nur dann lohnend, wenn gilt: (r > i), die Rendite der Realinvestition (r) ist größer als die mit Wertpapieren erreichbare Rendite (i). Zweitens kommt eine *Finanzierungsentscheidung* zum Tragen. Hier vergleicht der Investor die für einen Investitionskredit zu zahlenden Zinsen (i) mit der durch die Realinvestition erreichbare Rendite (r). Investiert wird dabei nur, wenn auch hier gilt: (r > i). Investitionsentscheidungen werden demnach im Wesentlichen bestimmt durch ein Zusammenspiel von Rentabilitätserwartungen in der Zukunft unter Unsicherheit und der Entwicklung der Marktzinsen. Ist nun das *Zinsniveau* in einer Volkswirtschaft zu hoch (i > r), so dass darunter die profitorientierte reale Investitionsneigung leidet, so müssen im keynesianischen System die Zinsen durch eine *expansive Geldpolitik* (»Easy money policy«) gesenkt werden. Keynes nennt in diesem Zusammenhang die *Offenmarktpolitik der Zentralbank*.[226] Durch Käufe und Verkäufe von Wertpapieren kann so der Zinssatz gesenkt oder erhöht werden. Dies liegt in der *inversen Zins-Kursrelation* begründet. Werden Wertpapiere gekauft, steigen die Kurse und es sinken die Zinsen et vice versa.

Dies funktioniert aber nur bis zu einem Niedrigzinsbereich, der so genannten *»Liquiditätsfalle«*. In dieser »Falle« wird bei relativ niedrigem Zinsniveau die Geldnachfrage stark zinselastisch. Die Neigung zur Geldhaltung ist in dieser Situation bei den Wirtschaftssubjekten so stark ausgeprägt, dass jede zusätzliche Geldmenge bei einem extrem niedrigen Zinssatz von der *Spekulationskasse* absorbiert wird und es somit zu keiner zusätzlichen Wertpapiernachfrage kommt. Somit bleibt der Preis des Geldes, der Zins, selbst bei einem erweiterten Geldangebot durch die Zentralbank, also bei einer *expansiven Geldpolitik*, quasi unverändert. Der Marktzins sinkt nicht mehr. Eine expansive Geldpolitik kann somit im Bereich der »Liquiditätsfalle« keinen Zinseffekt mehr bewirken. Ist aber der Marktzins in Relation zur erwarteten Rentabilität einer Realinvestition immer noch zu hoch (i > r), dann kann selbst eine expansive Geldpolitik *keine* konjunkturellen Anreize in Form von zusätzlichen privaten zinselastischen Investitionen mehr bieten. Ist andererseits die Zinselastizität der Investitionen nur gering, so können monetäre Zinsänderungen ebenso kaum güterwirtschaftliche Einkommenseffekte erzielen. Es kommt insgesamt zu einer *»Investitionsfalle«*. Insofern ist die Geldpolitik nur bedingt zur Krisenbekämpfung tauglich. Trotzdem hat sie im Zusammenhang mit einer staatlichen Finanzpolitik eine entscheidende Rolle. Sie darf auf keinen Fall *entgegengesetzt* zur Finanzpolitik zum Einsatz kommen. Dadurch würden sich möglicherweise beide Instrumente zur Ankurbelung der Konjunktur neutralisieren oder gegenseitig aufheben. »Man kann einen Berg eben nicht gleichzeitig rauf und runter laufen« (John K. Galbraith).

Ist aber die private Investitionsneigung trotz einer *expansiven Geldpolitik* und damit

---

226 Die *Offenmarktpolitik* ist ein geldpolitisches Mittel zur Unterstützung der staatlichen Währungs- und Konjunkturpolitik. Durch An- und Verkauf von Geldmarktpapieren durch die Notenbank wird die umlaufende Geldmenge beeinflusst. Wertpapierkäufe der Notenbank vermehren die dem Wirtschaftskreislauf zur Verfügung stehenden liquiden Mittel. Die Geschäftsbanken werden hierdurch in die Lage versetzt, ihr Kreditvolumen auszudehnen. Das vermehrte Angebot an Liquidität führt tendenziell zu sinkenden Zinssätzen. Bei Wertpapierverkäufen treten die umgekehrten Wirkungen ein. Das Geld- und Kreditvolumen wird vermindert. Die Zinsen steigen.

sinkender Zinsen weiterhin zu schwach, um einen wirtschaftlichen Aufschwung anzustoßen, dann bleibt zur Schließung der *deflatorischen Lücke* (S > I) nur eine zusätzliche *staatliche Nachfrage* übrig, um die Gesamtnachfrage in Richtung Vollbeschäftigungsniveau zu lenken. Um aber nicht die Staatsausgaben durch *Steuererhöhungen* gegen zu finanzieren und somit den multiplikativen Nachfrage- und Wachstumseffekt zu beschränken, soll ein *deficit spending* stattfinden; d. h. die zusätzlichen Staatsausgaben (Δ G) sollen durch Kredite *(Staatsverschuldung)* finanziert werden. Hierbei kommt es zu *multiplikativen Wirkungen* der zusätzlichen Ausgaben. Diese ergeben sich aus einer Ableitung des Multiplikators, bei dem das gesamtwirtschaftliche Angebot (Y) der gesamtwirtschaftlichen Nachfrage (D) gleichgesetzt wird. Die Nachfrage setzt sich dabei in einer geschlossenen Volkswirtschaft (ohne Exporte und Importe), aber mit staatlicher Aktivität, aus einer autonomen (C_a) und einer vom Einkommen abhängigen Konsumkomponente (cY), einer autonomen (I_a) sowie einer rendite(-zins)abhängigen Investitionsnachfrage (rY) und den als autonom angenommenen Staatsausgaben (G) zusammen.

Das im Produktionsprozess entstandene Markteinkommen (Y) wird zur Finanzierung der Staatsausgaben um einkommensabhängige Steuerzahlungen (T = tY) vermindert und um staatliche Transferzahlungen bzw. Subventionen (Z_a) an die privaten Haushalte und Unternehmen erhöht. Deshalb verändert sich das Markteinkommen zum verfügbaren Einkommen (Y_v).

(1) $D = C_a + C(Y) + I + G = C_a + c(Y - tY + Z_a) + I_a + rY + G_a$

Im Gleichgewicht ist (D = Y), also

(2) $Y = C_a + c(Y - tY + Z_a) + I_a + rY + G_a$

Nach (Y) aufgelöst ergibt sich

(3) $Y = \dfrac{1}{1 - c + ct - r}(C_a + I_a + G_a) + \dfrac{1}{1 - c + ct - r} Z_a$ [227]

Fasst man ($C_a + I_a + G_a + cZ_a$) zusammen und schreibt für $1/1 - c + ct - r = k$, dann ergibt sich der Einkommenszuwachs als das k-fache von Δ ($C_a + I_a + G_a + cZ_a$), also

---

227 Zur ausführlichen Ableitung – auch unter den Bedingungen einer offenen Volkswirtschaft – vergleiche (Bontrup 2004a: 635ff.).

$\Delta Y = k \Delta (C_a + I_a + G_a + cZ_a)$. Bei einer unterstellten marginalen Konsumquote (c = 0,8) und einem proportionalen Steuersatz (t = 0,4) sowie einer rendite(-zins)abhängigen Investitionsneigung von (r = 0,2) errechnet man einen *Multiplikatorwert* (k) in Höhe von 3,125.

Würde also die Bundesregierung beispielsweise ein *Beschäftigungs- oder Zukunftsinvestitionsprogramm* mit einem Volumen von 20 Milliarden Euro auflegen, dann könnte sie bei (k) = 3,125 mit einem insgesamt zusätzlichen Bruttoinlandsprodukt in Höhe von 62,5 Milliarden Euro rechnen. So wie es durch den Multiplikator bei zusätzlichen Staatsausgaben (Δ G) zu einem positiven Effekt auf das Wachstum kommt, so kommt es natürlich bei rückläufigen Staatsausgaben (- Δ G), also bei einem *Sparhaushalt*, auch zu negativen Wachstumswirkungen. Würden dagegen die zusätzlichen Staatsausgaben durch eine gleich große *Steuererhöhung*, als autonome Steuer unabhängig vom Einkommen, z. B. durch eine *Vermögensteuer*, finanziert, so entspräche der Effekt auf das Sozialprodukt der zusätzlichen steuerfinanzierten Staatsausgabe. Der Multiplikator ist demnach gleich eins. Das absolute staatliche Haushaltsbudget (A – T) bleibt unverändert. Es tritt keine *Verschuldung* auf. Dies erklärt sich aus dem »*Haavelmo-Theorem*«.[228] Da der Staatsausgabenmultiplikator [dY/dA = 1/(1 – c)] *größer* ist als der Steuermultiplikator [dY/dT = – c/(1- c)] gilt in Kombination:

(1) $dY = \dfrac{\partial Y}{\partial A} dA + \dfrac{\partial Y}{\partial T} = dT$

(2) $dY = \left(\dfrac{1}{1-c}\right) dA \left(\dfrac{c}{1-c}\right) dT = dA$

Ökonomisch liegt dies darin begründet, dass die privaten Haushalte einen Teil des durch die zusätzlichen Steuern entzogenen Einkommens gespart hätten, während der Staat die zusätzlichen Steuereinnahmen *voll* in Nachfrage über zusätzliche Staatsausgaben umwandeln kann.

Leider wurde Keynes nach seinem Tod 1946 auf diese Form eines kurzfristigen »*Bastard-Keynesianismus*« (Joan Robinson (1903-1983), einer *antizyklischen staatlichen Verschuldungspolitik* reduziert, wozu Harald Mattfeldt feststellt, »(…) die vermeintlich mechanistische Zusammenhangs- und Gleichgewichtshydraulik seiner Argumenta-

---

[228] Benannt nach dem norwegischen Nobelpreisträger für Wirtschaftswissenschaften Trypre Magnus Haavelmo (1911–1999).

tion (…) in den Lehrbüchern und im Studium der Wirtschaftswissenschaften (…) hat seit Jahrzehnten ganze Generationen von theoretischen wie praktischen Ökonomen davon abgehalten, sich mit den Implikationen und Reformpotenzialen des Keynesschen Werkes auseinanderzusetzen« (Mattfeldt 1985: 9). Hier sind neben der antizyklischen auch die *linkskeynesianische Variante* von Keynes zu beachten. Er verlangt eben auch eine dezidierte *Umverteilungspolitik von oben nach unten*, »nämlich eine Steuerpolitik, die dem Staat mehr Einnahmen verschafft und die niedrigen Einkommen aufbessert. Dies sollte die gesamtwirtschaftliche Nachfrage erhöhen; belastet werden sollten dagegen die Gewinneinkommen. Dies ist im Keynesianismus ein wichtiger Punkt, da die sich unter kapitalistischen Bedingungen ergebende originäre (marktdeterminierte) Verteilung von Einkommen und Vermögen eine entscheidende und wesentliche Ursache für die – in Relation zum hochproduktiven Angebot – zu niedrige gesamtwirtschaftliche *Konsumneigung* (Binnennachfrage) darstellt. Dies gilt vor allem dann, wenn es die Gewerkschaften in den Tarifverhandlungen nicht schaffen, was bei Massenarbeitslosigkeit der Fall ist, zumindest den *verteilungsneutralen Spielraum* auszuschöpfen oder gar eine expansive (umverteilende) Lohnpolitik durch eine mögliche Gewinn- und/oder Kapitalbeteiligung durchzusetzen.[229] Hier kann der Staat durch eine *progressive Einkommens- und Vermögensbesteuerung* eingreifen, indem er Einkommen und Vermögen bei wohlhabenden Schichten abschöpft und sie über *Transferzahlungen* den unteren Schichten zukommen lässt. Obwohl Steuermultiplikator [$dY/dT = c/(1-c)$] und Transfermultiplikator gleich groß sind [$dY/dZ = c/(1-c)$], steigt dennoch in Summe die Konsumnachfrage an, wenn die marginale Konsumneigung der die zusätzliche Steuer aufbringenden Wirtschaftssubjekte kleiner ist als die der Transferempfänger, die zur Erzielung eines maximalen Wachstumseffektes von der zusätzlichen Steuererhebung gänzlich befreit sein sollten.

Eine solche *Umverteilungspolitik* hatte Keynes mit »dem Argument befürwortet, dies hebe die Gesamtnachfrage und damit Produktion und Beschäftigung.[230] Damit stellte Keynes über die Einkommensverteilung gleichzeitig »die *Machtverhältnisse* in der kapitalistischen Gesellschaft in Frage. Der *Bastard-Keynesianismus* dagegen akzeptiert die gesellschaftlichen Machtverhältnisse und zementiert folglich die Einkommensverteilung. Er setzt einzig allein auf niedrige Zinsen und Staatsverschuldung. Auf diese Weise führt er zu ständig *steigender Verschuldung des Staates und der privaten Haushalte*« (Schui 2009: 204f.).

---

229 Vgl. dazu noch einmal den Punkt 2.2 »Produktivitätsorientierte Lohnpolitik und Umverteilung«.
230 Keynes ist – auch aus diesem Grund – »sozialistischer Umtriebe« bezichtigt worden.

Mit dem Verteilungsargument lässt sich auch begründen, warum die keynesianische Schule *Nominallohnsenkungen* (oder reale Tariferhöhungen unterhalb der Produktivitätsrate, d. V.) ablehnt: Sofern sie nicht vollständig in *Preissenkungen* weitergegeben werden, führen sinkende Nominallöhne zu Gewinnsteigerungen; daraus folgt eine Umverteilung von den *Lohneinkommen* zu den *Gewinneinkommen* und demnach eine Absenkung der durchschnittlichen Konsumneigung. Lohnsenkungen würden somit (...) nicht zu einer Beseitigung der Arbeitslosigkeit, sondern im Gegenteil zu ihrer Erhöhung führen« (Willke 2002: 54). Hierauf wurde bereits ausführlich unter Punkt 2.1.4.1 »Neoklassische Mindestlohnarbeitslosigkeit« eingegangen.

Keynes ausgiebiges Werk umfasst neben dem *Linkskeynesianismus* aber auch eine intensive Beschäftigung mit der *Rolle des Geldes als Vermögenswert*, mit dem spekuliert wird. Rudolf Hickel weist in einem Gastbeitrag im »Weserkurier« (4. Juli 2010) hierauf zu Recht hin, wenn er scshreibt: »Vor allem hat er (Keynes; d. Verf.) die Triebkräfte zum sich heute erst voll durchsetzenden, hochgradig instabilen finanzmarktgetriebenen Wirtschaftssystem erfasst. Von ihm stammt der Begriff ›*Turbokapitalismus*‹. (...) Spekulationen über die Erwartungen auf Renditen von Vermögenswerten bestimmen heute das wirtschaftliche Geschehen. (...) Keynes beleuchtet nicht nur den Einfluss der ›menschlichen Natur‹ auf ökonomische Entscheidungen. In der Untersuchung bezieht er die gesamtwirtschaftlichen Wirkungen von *überbordenden Spekulationen* ein. (...) Über verschiedene Übertragungskanäle wird am Ende auch die Produktionswirtschaft belastet. In diesem Kasinokapitalismus gerät der Einsatz von Kapital für Sachinvestitionen zum Abfallprodukt beim riskanten Einsatz am Spieltisch. Durch diese Dominanz der Finanzmärkte droht der ›Unternehmergeist‹ durch Spekulanten erstickt zu werden.«

Und das Werk von Keyens bietet auch eine *Langfristanalyse des* Kapitalismus. Hierauf hat Norbert Reuter (2000) mit seiner Habilitationsschrift dankenswerterweise noch einmal aufmerksam gemacht. Keynes analysierte und prognostizierte demnach drei Phasen nach dem Zweiten Weltkrieg. In der ersten Phase *(Wachstumsphase)* besteht ein erheblicher Bedarf an Investitionen, um die hohe Nachfrage (bedingt vor allem durch Nachkriegswiederaufbau und Mangelwirtschaft) bedienen zu können. Die Investitionsbedarfe sind hier größer als die Summe der gesamtwirtschaftlichen Ersparnis ($I > S$). In der zweiten Phase *(Stagnationsphase)* entspricht dann das Investitionsvolumen weitgehend der Ersparnis ($I = S$). Es wird aber schon auf der einen Seite relativ zum Einkommen weniger konsumiert und dadurch mehr gespart. Die Folge sind Wachstumsabschwächungen (Marktsättigungen). Und auf der anderen Seite nehmen der Kapitalbedarf auf Grund einer Verengung renditeträchtiger Investitionsgelegenheiten und damit auch die reale Investitionsbereitschaft ab. In der dritten Phase (von Keynes als »*goldenes Zeitalter*« bezeichnet) kommt es schließlich im Vergleich zum Investitionsvolumen (auf Vollbeschäftigungsniveau) zu einem höheren Sparniveau (I < S). In Folge eines hohen Sättigungsgrades auf den Märkten gehen der Konsum und die Investitionen immer mehr zurück. Die private Ersparnis steigt. Die Wirtschaftspolitik muss jetzt, wie Keynes ausdrücklich betont, dem Sparen entgegenwirken, sonst droht *langfristige Arbeitslosigkeit,* zumal gleichzeitig der technologische Fortschritt immer mehr voranschreitet. »Es wird notwendig sein, sinnvollen Konsum zu fördern, Sparen zu missbilligen – und einen Teil des unerwünschten Überangebots durch vermehrte Freizeit zu absorbieren, mehr Urlaub (welch ein wunderbar angenehmer Weg ist, Geld loszuwerden) und *kürzere Arbeitszeiten.*«[231] Weder die linkskeynesianische Politik noch der »Langfrist-Keynes« setzten sich aber nach dem Zweiten Weltkrieg als herrschende Doktrin durch. Als Ausnahme sind, wenn auch hier nicht vollkommen, die *skandinavischen Länder* zu nennen – mit ihrem »egalitären Gesellschaftsmodell«, mit einem hohen Maß an *Sozialstaat und Staatsinterventionen* in den Marktmechanismus durch steuerliche Einkommens- und Vermögensumverteilung von oben nach unten (Brödner/Heintze/Oehlke/Peter/Zinn 2009).

4.4.5 Vom »Bastard-Keynesianismus« zum Neoliberalismus

Dennoch konnte sich nach dem Zweiten Weltkrieg zumindest ein »Bastard-Keynesianismus« – mehr oder weniger – in der gesamten »westlichen Welt« etablieren. Mit der ersten Nachkriegskrise von 1966/67 wurde dann auch in Westdeutschland die Anwendung eines keynesianischen »deficit-spendings« praktiziert und 1967 sogar das antizyklische System im heute noch gültigen deutschen *Stabilitäts- und Wachstumsgesetz* verankert. Auch an den *Arbeitsmärkten*, die auf Grund starken Nachkriegswachstums zur Vollbeschäftigung führten, setzte sich zwischen Kapital und Arbeit ein »*sozialpartnerschaftlicher Typus*« in fast allen hochentwickelten Industrieländern durch.[232] Verschiedene Formen der Mitbestimmung (in der Bundesrepublik u. a. betriebliche und

---

231 Keynes, J. M., zitiert bei Reuter (2007: 162).
232 Durch die Existenz starker *Gewerkschaften* nach dem Zweiten Weltkrieg und durch die *Systemkonkurrenz zum realexistierenden Sozialismus* war es in der Bundesrepublik Deutschland zu der allgemein politischen Erkenntnis gekommen, dass ein Akkumulationstyp, der sowohl auf Keynesianismus als auch auf den Ausbau eines Sozialstaats setzt, am besten zum Erhalt der inneren Stabilität (des inneren sozialen Friedens) und der ökonomischen Entwicklung beiträgt. Der Grundkonsens basierte auf dem stillschweigenden Einvernehmen zwischen Kapital und Arbeit, dass beide Seiten an der Entwicklung der Wertschöpfung – trotz teilweise hart geführter Tarifauseinandersetzungen – teilhaben sollten.

unternehmensbezogene Formen) kamen zum Tragen. Die realen Löhne und Gehälter stiegen auf Grund der etablierten Vollbeschäftigung sogar stärker als die Produktivität, wodurch die Lohnquoten zu Lasten der Gewinnquoten zulegten. Es kam zu Arbeitszeitverkürzungen, verbesserten Arbeitsbedingungen; der Sozialstaat wurde in allen Ländern mehr oder weniger ausgebaut. Man konnte von einem »regulierten« und »sozialtemperierten« Kapitalismus mit einer ausgeprägten *Mittelstandsgesellschaft* sprechen.

Wichtig für die Stabilisierung der marktwirtschaftlich-kapitalistischen Ordnung war auch das 1944 in *Bretton Woods*, unter maßgeblicher Beeinflussung von Keynes, vereinbarte weltweite System *fester Wechselkurse* mit engen Schwankungsbandbreiten von +/- 1 v. H. um einen politisch festgelegten Leitkurs. Dies stabilisierte die wichtigen *Wechselkursbewegungen* der einzelnen Volkswirtschaften und sorgte für relativ *ausgeglichene Leistungsbilanzen*. Außerdem wurden umfangreiche *staatliche Finanzmarktkontrollen* festgelegt.

> »Die inländischen *Finanzmärkte* waren strikt reguliert. Beispielsweise stellte die Immobilienfinanzierung in faktisch allen Ländern ein spezifisches und weitgehend reguliertes Segment des Finanzmarktes dar. In einer Reihe von Ländern gab es Zinsobergrenzen (etwa in den USA) oder eine direkte Steuerung des Kreditvolumens der Banken durch die Zentralbank (etwa in Japan). Nicht-Bank-Finanzintermediäre wie Investmentfonds etc. waren nicht existent oder unbedeutend. Anleihe- und Aktienmärkte spielten zwar in angelsächsischen Bankensystemen eine größere Rolle als in Kontinentaleuropa und Japan, hatten jedoch auch dort einen insgesamt untergeordneten Status« (Herr 2009: 635f.).

Der auf einem antizyklischen keynesianischen und wohlfahrtsstaatlichen System basierende Kapitalismus kam aber spätestens Mitte der 1970er Jahre in eine schwere Krise. Noch 1971 hatte der US-amerikanische Präsident Richard Nixon (1913-1994) festgestellt: »*Jetzt sind wir alle Keynesianer geworden*«. Kurz danach, am 15. August 1971, kündigte die Nixon-Regierung in Anbetracht des zunehmenden Drucks ausländischer Dollarforderungen[233] die in Bretton Woods 1944 garantierte Einlösungsgarantie des US-Dollars gegen Gold auf[234] und im Dezember 1971 erfolgte in der *Washingtoner Währungsvereinbarung* eine Neufestsetzung von multilateral ausgehandelten Wechselkursen und eine Neufestsetzung des Goldpreises in Dollar. Zweiter Punkt der Vereinbarung war die Erweiterung der Bandbreite der Wechselkurse auf +/- 2,25 v. H. In Folge der sich aber dennoch immer mehr zuspitzenden Dollarkrise wurde endgültig im Februar 1973 das *System fester Wechselkurse* durch ein *System weit-*

---

233 Bereits 1970 war ein großer Dollarüberschuss entstanden. Einer Goldmenge im Wert von 11 Mrd. US-Dollar standen kurzfristige Auslandsforderungen von ca. 46 Mrd. US-Dollar gegenüber.
234 1944 war eine Goldparität von 35 US-Dollar je Feinunze Gold festgelegt worden.

gehend flexibler Kurse abgelöst. Die meisten der damals einflussreichen Ökonomen, insbesondere der Monetarist und neoliberale US-Ökonom Milton Friedman (1912- 2006),[235] der schon 1953 die Einführung flexibler Wechselkurse gefordert hatte, plädierten dafür, weil sie in festen Wechselkursen eine *unnötige staatliche Regulierung* der internationalen Märkte (des Freihandels) und – durch die Emanzipation der Währungen vom US-Dollar – auch die Möglichkeit einer *eigenständigeren Geldpolitik* sahen. Denn die Notenbanken waren nun nicht mehr so wie früher unter dem Regime fester Wechselkurse zu Interventionen am Devisenmarkt und damit zu möglicherweise unerwünschten inflationär wirkenden Geldschöpfungen gezwungen. So löste sich das Bretton-Woods-System fahrlässig auf, ohne ernsthaft eine Reform zu erwägen.

> »Damit begann ein Prozess, der die Funktion des Geldes als – auch – eines internationalen Regulierungsinstruments aufhob und dieses stattdessen immer mehr zur Spekulationsware an den nun sich rasch ausweitenden internationalen Finanzmärkten machte« (Fülberth 2005: 261).

Der US-Dollar wertete nach der Wechselkursfreigabe stark ab. Die D-Mark stieg verglichen mit dem Leitkurs von 1972 um 41 v. H. Im Jahr 1973 kumulierten aber noch weitere Ereignisse. Neben der Einführung flexibler Wechselkurse, die in allen Abwertungsländern steigende Importpreise und damit *Inflationsschübe* auslösten, kam es im Herbst 1973 durch die Organisation der Erdöl exportierenden Staaten (OPEC) zusätzlich zu einem starken *Anstieg der Erdölpreise* (der sich 1979 wiederholte) und somit – zumindest in den Abwertungsländern – zu *inflationären Effekten*. Auch die Bundesrepublik war davon betroffen, obwohl sich die D-Mark gegenüber dem US-Dollar nach Aufhebung der festen Kurse stark verteuerte und die Importpreise sanken. Hier heizten neben den Erdölpreissteigerungen aber die hohen nominalen *Lohnerhöhungen*, die die Gewerkschaften letztmalig oberhalb der Produktivitäts- plus Inflationsraten durchsetzen konnten und die im Nachhinein über die Preise abgewälzt wurden, die Inflationsraten an. Die Aufwertung der D-Mark bereitete dennoch der *deutschen Exportindustrie* keine großen Probleme. Der Preis- und Kostenanstieg wurde nur teil-

---

235 1962 stellte Friedman der Öffentlichkeit in den USA sein Buch *»Kapitalismus und Freiheit«* vor. Im Vorwort seines 1971 in Deutschland erschienenen Buches schreibt er: »Wenn ich heute das Buch noch einmal schreiben würde, kämen einige Probleme deutlicher zur Sprache (…) Andere Dinge wären weniger bedeutend. Dennoch hat nichts im letzten Jahrzehnt meine Meinung darüber geändert, dass die Bewahrung der individuellen Freiheit das Hauptziel aller sozialen Einrichtungen ist; dass staatliche Eingriffe in die private Sphäre die größte Bedrohung für diese Freiheit sind; dass freie Märkte für Güter und Ideen die entscheidende Vorbedingung für die individuelle Freiheit bleiben. Ja, gerade die Ereignisse der letzten zehn Jahre haben mein Vertrauen in diese Maximen gestärkt« (Friedman 1971: 13).

weise ans Ausland weitergegeben, so dass die Gewinnmargen der Exporteure zurückgingen. Die Inflationsraten der Abnehmerländer waren außerdem höher als der eigene Währungswertschwund. In der trotz D-Mark-Aufwertung nicht rückläufigen ausländischen Nachfrage erblickte aber dennoch die *Deutsche Bundesbank* »den Ausdruck einer weltweiten Beschleunigung der Inflation«, worauf sie mit einer stark *restriktiven Geldpolitik* reagierte; durch die in Folge steigenden Zinssätze wurde die schwere Wirtschaftskrise in der Bundesrepublik von 1974/75 verstärkt. Angesichts der Wucht des Konjunkturabschwungs kam es dann aber zu einer Revision des Restriktionskurses – allerdings zu spät (Pohl 1978: 237ff.).

Gleichzeitig markiert die damals schwere Krise von 1974/75 den *Wendepunkt in der deutschen Wirtschaftspolitik,* wozu Rudolf Hickel (2001: 20) bemerkt:

> »Am Anfang stand eine radikale Änderung des geldpolitischen Konzepts der Deutschen Bundesbank im Juni 1973. Die geldpolitische Strategie wurde nach der Theorie des Monetarismus ausgerichtet. Was heißt das? Der Geldpolitik wurde untersagt, auch die wirtschaftliche Wachstumsentwicklung und Beschäftigung monetär zu stärken. Seitdem zählt ausschließlich die Aufgabe, die Inflation zu vermeiden – egal um welchen Preis für die Beschäftigung. Während das ›Stabilitäts- und Wachstumsgesetz von 1967 die Gleichrangigkeit von Geldwertstabilität, stetigem Wirtschaftswachstum und hohen Beschäftigungsstand betonte, steht seit diesem geldpolitischen Kurswechsel die Geldpolitik zum Abbau der Arbeitslosigkeit nicht mehr zur Verfügung. Im Gegenteil: Wenn es die Entwicklung des Binnen- bzw. Außenwertes der DM verlangte, wurde eine restriktive Geldpolitik propagiert, die die dadurch entstehende Arbeitslosigkeit in Kauf nimmt. Zur Logik des Monetarismus, der auf die eigene optimale Stabilisierungsfähigkeit der Wettbewerbswirtschaft setzt, gehört allerdings auch die Aufforderung an den Staat, auf aktive Beschäftigungspolitik und ausreichende soziale Absicherung gegen das Risiko der Arbeitslosigkeit zu verzichten.«

Ideologisch ermöglicht wurde dieser *Paradigmenwechsel* dadurch, dass sich das antizyklische keynesianische System in der Krise von 1974/75 neben dem entstandenen *Inflationsproblem,* das jetzt in Wirtschaftswissenschaft und Politik als das fast ausschließliche Problem angesehen wurde, mit einem gleichzeitigen konjunkturellen Abschwung, mit *Stagnation* und *Arbeitslosigkeit,* konfrontiert sah. Die so entstandene *Stagflation* (Stagnation und Arbeitslosigkeit bei gleichzeitiger Inflation) ließ sich nicht bzw. nur mangelhaft über ein keynesianisches »deficit spending« bekämpfen.[236] Das

---

[236] »Die Kombination von stagnierendem Wirtschaftswachstum und anziehender Inflation – also *Stagflation* – erwies sich als das *Waterloo der keynesianischen Konjunkturpolitik*: Die Inflation hätte mit restriktiven und die stagnationsbedingte Arbeitslosigkeit mit expansiven Maßnahmen bekämpft werden müssen – ein unlösbares Dilemma. Für einen ›Zweifrontenkrieg‹ war das Arsenal keynesianischer Konjunkturpolitik nicht geschaffen. Das altbewährte Hausmittel, eine Krise durch *deficit spending* zu überwinden, erwies sich jetzt als ›nutzlos und kontraproduktiv. Der Keynesianismus verlor an Ansehen« (Willke 2002: 164).

gleichzeitige Auftreten von *Stagnation* mit einhergehender Arbeitslosigkeit und *Inflation* zerstörte auch den auf dem *Phillips-Theorem*[237] basierenden *Trade-off*, die wirtschaftspolitische Alternative, zwischen einer Arbeitslosenquote und Inflationsrate auswählen zu können. Der spätere Bundeskanzler Helmut Schmidt (SPD) interpretierte diesen Trade-off 1972 noch so: »Für die Deutschen ist eine Inflationsrate von 5 v. H. zuträglicher als eine Arbeitslosenquote von 5 v. H.«

Mit der *Ölpreiskrise* von 1973 verschärfte sich die Stagflation insbesondere zu Lasten der überwiegenden Zahl der *abhängig Beschäftigten*, die Reallohnkürzungen hinnehmen mussten und von Arbeitslosigkeit bedroht waren. »Angesichts der hohen Inflationsraten waren die *Realzinsen* niedrig, teilweise sogar negativ, was die Verschuldung sehr günstig machte. (...) Gleichzeitig verschärfte sich der *Interessenkonflikt* zwischen Geldvermögensbesitzern und dem Rest der Gesellschaft, zwischen Bankkapital und industriellem Kapital« (Sablowski/Rupp 2001: 51).

Auch auf Grund einer vermehrten *Staatsverschuldung* (vgl. dazu ausführlich das Kap. 4.4.8.), deren Tilgung einen nachhaltigen starken Wachstumstrend braucht, der aber ab etwa Mitte der 1970er Jahre immer schwächer wurde,[238] oder im Aufschwung Steuererhöhungen benötigt – wozu die Regierungen nicht bereit waren –, geriet der »Bastard-Keynesianismus« immer mehr unter Druck. Hinzu kam ein enormer *Anstieg der Arbeitslosenzahlen*, die nach zusätzlichen kreditfinanzierten Staatsausgaben

---

237 Benannt nach dem englischen Ökonomen *Alban William Phillips*, der 1958 mit einer Untersuchung über die Beziehung zwischen Arbeitslosenquote und Lohnsteigerungen in Großbritannien über einen Zeitraum von 1862 bis 1957 feststellte, dass bei Vollbeschäftigung stärkere Lohnerhöhungen von den Gewerkschaften durchgesetzt wurden als bei Arbeitslosigkeit. Daraus wurde die *Phillips-Kurve* abgeleitet, die einen funktionalen Zusammenhang zwischen Arbeitslosenquote und veränderten Geldlohnsätzen beschreibt. Die amerikanischen Ökonomen Paul A. Samuelson und Robert Solow, beide Nobelpreisträger der Wirtschaftswissenschaften, haben aufbauend auf den Ergebnissen von Phillips im Jahr 1960 für die USA den Nachweis erbringen können, dass steigende Löhne mit einem steigenden Preisniveau einhergehen; und da hohe Lohnsteigerungen mit Vollbeschäftigung positiv korrelierten, konnten sie einen Zusammenhang zwischen Vollbeschäftigung und steigendem Preisniveau herstellen. Eine absolute Geldwertstabilität war demnach in den USA nur bei einer Arbeitslosenquote von 5 bis 6 v. H. erreichbar. Gleichzeitig stiegen die Nominallöhne um 3 v. H. Stiegen die Löhne um mehr als 3 v. H., kam es zu Preisniveauerhöhungen, die eine Reallohnsenkung zur Folge hatten und damit zu einer Abnahme der Arbeitslosenquote führten. Aus diesen Ergebnissen wurde wirtschaftspolitisch ein *Trade-off*, eine Wahlmöglichkeit zwischen Arbeitslosigkeit und Geldwertstabilität abgeleitet, so dass Wirtschaftspolitiker zwischen bestimmten Kombinationen von Inflation und Arbeitslosigkeit wählen können.
238 Die jahresdurchschnittliche Wachstumsrate des realen Bruttoinlandsprodukts lag in den Jahren 1950 bis 1959 bei 8,2 v. H. und im Zeitraum von 1960 bis 1970 betrug sie noch durchschnittlich 4,4 v. H.

verlangten und gleichzeitig zumindest *verteilungsneutralen realen Lohnsteigerungen* ein Ende bereiteten. Es kam immer mehr zu einer *Umverteilung von unten nach oben* (vgl. Kap. 2.2), wozu allgemein Ota Šik[239] bemerkt:

>»Interessenbezogen und zukunftsblind durchgesetzte Verteilungsprozesse des Volkseinkommens führen zu makroökonomischen zyklischen Störungen in Form von Wirtschaftskrisen und Inflationen, zu privater Überkonsumtion bei öffentlicher Armut, zu nicht leistungsgerechten Einkommensbildungen. Massenarbeitslosigkeit, ungenügende Befriedigung der Bedürfnisse von Empfängern unterdurchschnittlicher Einkommen, konsumtive Verschwendungen, Umweltpervertierungen, wachsende Gefährdung der Lebensbedingungen, vertiefte Antagonismen zwischen Arm und Reich, Süd und Nord, sind die bedrohlichen Ergebnisse dieser Entwicklung« (Šik 1979: 13f.).

Nach dem Rücktritt von Willy Brandt[240] auf Grund der Guillaume-Affäre (Bracher/Jäger/Link 1986: 117ff.) und nach der Regierungsübernahme durch Helmut Schmidt (SPD) im Jahr 1974 begann auch in der Bundesrepublik, unterstützt durch die Wirtschaftsverbände und ihnen nahestehender Wirtschaftswissenschaftler, allen voran der *Sachverständigenrat (SVR),* der, wenn auch noch zaghafte, neoliberal intendierte wirtschaftliche und gesellschaftliche Umbau. »Der endgültige Niedergang des Systems der Nachkriegsordnung wurde dann mit dem Wahlsieg von *Margret Thatcher* in Großbritannien im Jahr 1979 und mit der Präsidentschaft *Ronald Reagans* in den USA ab 1981 eingeläutet. Beide initiierten eine *neoliberale Revolution,* die zeitversetzt

---

239 Ota Šik (1919-2004) war ehemaliger Leiter der staatlichen Wirtschaftsreformkommission der ČSSR und, nach der Zerschlagung des »*Prager Frühlings*« durch die militärische Intervention der Sowjetunion, Professor an der Wirtschaftshochschule in St. Gallen (Schweiz).

240 »Brandts Rücktritt stellte eine scharfe Zäsur in der *sozial-liberalen Ära* dar. Er war jedoch weniger Ursache als Symptom dafür, dass die großen innenpolitischen Perspektiven von 1969 nicht mehr gefragt waren. Die haushoch gewonnene Bundestagswahl 1972 stellte sich nicht als Auftrag, sondern als nachträgliche Legitimierung der vorausgegangenen Legislaturperiode heraus. Das Jahr 1973 brachte einen *Stimmungsumschwung in der Bevölkerung* zutage. Ein *neuer Konservatismus* wurde plötzlich öffentlich diskutiert und gewann – auch unter Jugendlichen – an Boden. Die Demoskopen stellten eine ›Tendenzwende‹ fest. Der Begriff ›Reformen‹ war 1972 noch ein ›positiv besetztes Sprachsymbol, das zwar inhaltlich nicht ausgefüllt war, mit dem sich aber weite Kreise der Bevölkerung identifizierten.‹ Jetzt wurden plötzlich ›Reformen mit Inflation und wirtschaftlicher Unsicherheit gleichgesetzt.‹ Die Reformbereitschaft wich einer breiten ›Stabilitätsorientierung‹. Auch die journalistischen Seismographen registrierten den Stimmungsumschwung. Zundel schrieb wenige Wochen vor Brandts Rücktritt: ›Von Emanzipation zu sprechen, heißt meist, Missmut und Verdrossenheit zu provozieren. Von der einstigen Reformgesellschaft ist nur die verbissene Entschlossenheit geblieben, Reformen trotz aller Widrigkeiten wenigstens zu versuchen. Demokratisierung aber? (…) Es wird wohl lange dauern, ehe eine Bundesregierung es wieder unternehmen wird, ihre politische Arbeit unter das aufklärerisch-optimistische Motto zu stellen: ›*Wir wollen mehr Demokratie wagen*‹« (Bracher/Jäger/Link 1986: 125f.). Bis heute jedenfalls warten wir vergebens.

auf andere Länder überschwappte« (Herr 2009: 636)[241] – auf Deutschland 1982 mit der Regierungsübernahme durch die schwarz-gelbe Kohlregierung (und deren *konservative »geistig moralische Wende«*) und insbesondere ab 1998 unter der rot-grünen Schröder-Regierung sowie 2003 in Folge der »Agenda 2010« (Zinn 2009: 167ff.). Verstärkt wurde der sich schon zuvor international ausbreitende neoliberale Marktradikalismus noch mit dem *Zusammenbruch der staatlich zentralen Planwirtschaft* in der Sowjetunion ab 1990, der nicht zuletzt auf den von Ronald Reagan forcierten Antikommunismus[242] und den darauf aufbauenden *konventionellen und atomaren Hochrüstungskurs*[243] in den 1980er Jahren zurückzuführen ist. Die Auflösung der Sowjetunion in mehrere Einzelstaaten führte zum einen zu einer schweren wirtschaftlichen Destabilisierung des nun autonomen Russland[244] und zum anderen zu einer von den USA immer angestrebten weltweiten politisch-ökonomischen sowie militärischen Hegemonie; aus ihr zogen die Amerikaner bereits in den 1990er Jahren beträchtliche ökonomische Vorteile, was das Wirtschaftswachstum und den Abbau ihrer zuvor hohen Arbeitslosigkeit angeht. Sicher haben dazu auch binnenwirtschaftliche Triebkräfte, ein hoher, in steigendem Maße *kreditfinanzierter privater Verbrauch* bei niedriger Sparquote und eine expansive – auch *beschäftigungsfördernde Geldpolitik* – beigetragen; wichtiger und bedeutsamer waren aber die weltwirtschaftlichen Entwicklungen, insbesondere die *Finanzkrisen* in Asien, Lateinamerika und Russland.

>»Diese Krisen, die ihrerseits vor allem durch den massiven Zufluss kurzfristigen ausländischen Kapitals in attraktive Schwellenländer und den plötzlichen und ebenso massiven Abzug dieses Kapitals verursacht waren, führten dazu, dass das Anlage suchende Kapital angesichts der allgemeinen Verunsicherung Zuflucht im sicheren Hafen der Dollaranlagen in den USA suchte. Das Vertrauen in die Stabilität des Dollars konnte sich dabei zwar nicht auf wirtschaftliche Tatsachen stützen; im Gegenteil, die hohen Leistungsbilanzdefizite hätten wohl gegen jede andere Währung eine massive Spekulationswelle ausgelöst. Das Vertrauen der maßgeblichen Finanzleger der Welt dürfte vielmehr vor allem auf die politische und militärische Vormacht der USA in der Welt zurückzuführen sein, die dem Dollar eine einzigartige Rolle in der Weltwirtschaft verschafft. Nur diese Stellung kann erklären, weshalb entgegen konventioneller Theorie das Leistungsbilanzdefizit der USA nicht zur Abwertung des Dollars

---

241 Siehe dazu auch Hickel (1981: 286ff.).
242 Die Sowjetunion wurde dabei von Reagan als das »Reich des Bösen« bezeichnet.
243 Dieser *Hochrüstungskurs* hat die USA und die damalige Sowjetunion zusammen rund 20 Billionen US-Dollar mit ökonomisch kontraproduktiven Wirkungen im Hinblick auf zivile Wohlfahrtsentwicklungen gekostet.
244 Das reale Bruttoinlandsprodukt in Russland war von 1990 bis 1998 mit Ausnahme des Jahres 1997, hier wurde ein reales Wachstum in Höhe von 0,9 v. H. erzielt, in jedem Jahr stark rückläufig. Erst ab 1999 wurden positive Wachstumsraten realisiert (DIW-Wochenbericht 2002: 89ff.).

führte. Sie erklärt gleichzeitig, weshalb die Entwicklung in umgekehrter Richtung verlief: Die massive Kapitalflucht aus aller Welt hat den Dollar als sichere Fluchtwährung massiv aufgewertet – und wegen der damit verbundenen Exporthemmnisse zu einer weiteren Ausweitung der Handelsbilanzdefizite geführt. Die Finanzkrisen in der Welt der 1990er Jahre erwiesen sich als Glücksfall für die USA« (Huffschmid 2000: 1.261f.).

Zusammenfassend könnte man sagen: Das marktwirtschaftlich-kapitalistische System hatte offensichtlich im »*Wettstreit der Systeme*« gesiegt. Damit ist aber noch lange nicht das »*Ende der Geschichte*«, das der US-Politologe Francis Fukuyama ausrief, erreicht. Die Systemfrage, meinte Fukuyama, stelle sich nicht mehr. Richtig ist dagegen: Jetzt hat der Kapitalismus keinen »Feind« mehr, außer sich selbst, so 1994 Wolfgang Thierse, der ehemalige Bundestagspräsident. »Vieles, was wir beklagen – Egoismus, Vereinzelung, Bürokratisierung –, sind Triebkräfte oder gar Wesensmerkmale der marktwirtschaftlichen Gesellschaft. Die Kritik an diesen Symptomen müßte folgerichtig zu einer neuen Kapitalismuskritik werden. Das aber passt (noch) nicht in die Zeit des westlichen Triumphalismus. Die Erkenntnis, dass die Marktwirtschaft den Systemwettstreit gar nicht gewonnen hat, sondern dass sie bloß übriggeblieben ist, muss sich erst noch Bahn brechen.«[245]

»Was den Osten betrifft, bin ich (…)
mit meinem Latein ziemlich am Ende.«
(Peter Bofinger)

Exkurs: Ostdeutschland – eine regionale Dependenzökonomie

Mit dem Zusammenbruch der Sowjetunion wurde auch die Teilung Deutschlands beendet. Es kam zur *Wiedervereinigung*. Zwanzig Jahre nach dem Mauerfall 1989 ist die marktwirtschaftliche Transformation der ehemaligen DDR (Ostdeutschland) als abgeschlossen zu betrachten. Ebenso die Integration der ostdeutschen Wirtschaft in das bundesdeutsche und europäische Wirtschaftsgefüge. Spätestens mit der von Wolfgang Thierse veröffentlichten These: »*Der Osten steht auf der Kippe*« wurde eine schonungslose Diskussion über den sozio-ökonomischen Zustand der fünf neuen Bundesländer ausgelöst. Wissenschaftliche Veröffentlichungen und Arbeitsergebnisse aus einem Ge-

---

245 Thierse, W., Die Aufgaben der Politik, in: Fried. Krupp AG, Hoesch-Krupp (Hrsg.), Gesellschaft im Widerspruch. Erfahrungen und Perspektiven, Essen 1994, S. 237.

sprächskreis – bekannt als »Gruppe um Klaus von Dohnanyi« (2004: 54ff.) – bestätigen die Thierse-These oder kommen zu noch schlimmeren Ergebnissen (Priewe 2002a, 2002c, Mai/Steinitz 2004, Arbeitsgruppe Alternative Wirtschaftspolitik 2004, Busch/Kühn/Steinitz 2009). Im zwanzigsten Jahr der Wiedervereinigung kann mit Blick auf Ostdeutschland von einer *Transfer-* bzw. *Dependenzökonomie* bzw. durchaus sogar von einem *»ostdeutschen »Mezzogiorno«* (Werner Sinn) gesprochen werden. Nicht »blühende Landschaften« (Helmut Kohl) oder zumindest ein *Konvergenzprozess* zwischen West und Ost sind eingetreten, sondern es bestehen immer noch *gravierende Unterschiede* zwischen den alten und neuen Bundesländern.

Die Hoffnung auf eine schnelle Angleichung hat sich als völlige Illusion erwiesen. Alle ökonomischen Indikatoren bestätigen dies (vgl. Tab. 40). Die *Bevölkerung* in den neuen Bundesländern ist stark rückläufig. Von 16,4 Mio. Einwohnern im Jahr 1989 ist die Zahl der in Ostdeutschland lebenden Menschen auf 14,4 im Jahr 2007 zurückgegangen. Bis 2020 wird mit einem weiteren Rückgang auf 13,2 Mio. gerechnet. Jeder fünfte Einwohner der ehemaligen DDR wäre dann in Ostdeutschland »abgebaut« worden. Die Zahl der *Erwerbstätigen* ging ebenfalls von gut 9,7 Mio. im Jahr 1989 auf 7,4 Mio. im Jahr 2008, um fast 24 v. H., zurück. Besonders extrem war der Rückgang der Erwerbstätigen im *produzierenden Gewerbe*. Hier waren 2007 noch 25,3 v. H. der Beschäftigten des Niveaus von 1989 tätig. In Westdeutschland beträgt die Vergleichszahl 74,2 v. H. (DGB: Arbeitsmarkt aktuell, 06/2009).

Die *Erwerbstätigenquote*, die 1989 in den neuen Bundesländern mit 88,0 v. H. weit über der in den neuen Bundesländern mit 63,0 v. H. lag, ist 2007 mit 67,5 v. H. unter die in den alten Bundesländern in Höhe von 73,1 v. H. abgerutscht. Die *Arbeitslosenquote* war fast über den gesamten Zeitraum seit der Wiedervereinigung hinweg doppelt so hoch wie in den alten Bundesländern. Der Anteil Ostdeutschlands am gesamtdeutschen *Bruttoinlandsprodukt* stagniert seit über zehn Jahren unverändert bei rund 11,5 v. H. und liegt damit auch gegenwärtig nicht über dem vergleichbaren DDR-Anteil von 1989. »Trotz relativ hoher Zuwachsraten im *Verarbeitenden Gewerbe*, in der *Forschung und Entwicklung*, im *Export* und speziell im Osteuropaexport liegen auch hier die entsprechenden Indikatoren noch unter oder nur wenig über dem Stand vor der Vereinigung« (Busch/Kühn/Steinitz 2009: 16). Auch andere Indikatoren wie *Investitionen in Ausrüstungen* und die Höhe des *Kapitalstocks* je Einwohner sowie die *Arbeitsproduktivität* je Erwerbstätigen liegen mehr oder weniger weit unter den Werten der alten Bundesländer (vgl. Tab. 40). In Folge der nur geringeren Produktivität sind auch die *Einkommensunterschiede* in West und Ost immer noch sehr hoch. »So betrug im Oktober 2006 der durchschnittliche Bruttoverdienst je Stunde im Westen

Tab. 40: Wirtschaftsindikatoren Ostdeutschland
Anteil der neuen Bundesländer in v. H. (Deutschland = 100)

	1989	1991	1995	2007
Bevölkerung	19,2	19,0	18,1	16,0
Erwerbstätige	22,7	17,6	16,1	14,4
Arbeitslose	k.A.	31,7	26,9	27,3
Arbeitslosenquote neue Bundesländer	k.A.	10,2	14,8	16,8
Arbeitslosenquote alte Bundesländer	7,9	6,2	9,1	8,4
Erwerbstätigenquote neue Bundesländer	88,0	72,4	61,3	67,5
Erwerbstätigenquote alte Bundesländer	63,0	66,6	67,6	73,1
Bruttoinlandsprodukt	11,6	7,0	11,3	11,5
Bruttoinlandsprodukt je Einwohner*	54,9	33,3	60,4	67,2
Bruttowertschöpfung Verarbeitendes Gewerbe	11,3	3,6	5,6	9,5
Export	7,5	2,6	2,9	5,7***
Investitionen in Ausrüstungen*	k.A.	57,5	98,8	55,2***
Kapitalstock je Einwohner*	k.A.	34,8	48,0	70,7***
Kapitalstock je Erwerbstätigen*	k.A.	36,5	52,6	81,4***
Arbeitsproduktivität**		44,2	34,9	66,2	76,4
Bruttolohn je abhängig Beschäftigten	k.A.	51,0	74,4	77,3

* Neue Bundesländer im Vergleich zu alte Bundesländer = 100; ** BIP je Erwerbstätigen; *** Werte für das Jahr 2006, Quelle: Daten Statistisches Bundesamt, eigene Berechnungen.

17,22 €, im Osten waren es 13,51 €. Im längerfristigen Vergleich ist der Verdienstabstand zwischen Ost und West nahezu gleich geblieben. (...) Die *Tarifbindung* im Osten ist geringer als im Westen, so dass häufiger unter Tarif gezahlt wird und vielerorts auch nur *Niedriglöhne* (vgl. Kap. 2.1.4.5.2 »Arbeit soll nur noch billig werden«) (DGB: Arbeitsmarkt aktuell, 06/2009: S. 7).

In Anbetracht dieser gesamten wirtschaftlichen Indikationen kann man den Bericht der ehemaligen Bundesregierung (CDU/CSU/SPD) zum »Stand der Deutschen Einheit 2007«[246] nur als *realitätsfern* einstufen. Hier werden unhaltbare Aussagen in folgender Art und Weise gemacht: »Die neuen Bundesländer befinden sich auf einem guten wirtschaftlichen Entwicklungspfad. (...) Der Aufholprozess gewinnt im 2. Jahr-

---

246 Vgl. Bundesministerium für Verkehr, Bau und Stadtentwicklung, Berlin 2007, S. 1.

zehnt der deutschen Einheit wieder an Fahrt. (…) Ostdeutschland hat sich zum Land der Chancen entwickelt. (…) Getragen wird dieser erfreuliche Verlauf unter anderem von einer starken Expansion der Investitionstätigkeit der Unternehmen in Ostdeutschland.« Dabei soll keineswegs verschwiegen werden, »dass ein Kern wettbewerbsfähiger Unternehmen und Regionen entstanden ist, die mit ihren Produkten auf den nationalen Märkten erfolgreich sind und gute Zukunftschancen besitzen« (DIW-Wochenbericht 2004b: 274). Hier sind »*industrielle Inseln*« oder »*Leuchtturmregionen*« zu nennen, die sich auf Städte wie Dresden, Jena, Wismar, Potsdam und Leipzig konzentrieren. »Diese kontrastieren aber mit Erscheinungen von Stagnation, Verödung und Verfall in peripheren Regionen, sodass insgesamt keine selbst tragende regionale Entwicklung in den neuen Bundesländern zustande kommt« (Arbeitsgruppe Alternative Wirtschaftspolitik 2009: 226).

Die ostdeutsche Wirtschaft der ehemaligen DDR stand, obwohl sie im Vergleich zu anderen Ländern wie Polen oder Ungarn wirtschaftlich nicht schlechter, teilweise sogar besser war (Wenzel 2000), von Anfang an unter den Belastungen der fundamentalen *politischen Fehlentscheidungen bei der Wiedervereinigung* (Schui 1991, Hickel/Priewe 1991, Hickel/Priewe 1994). Dazu gehört neben einer zweifelhaften Politik durch die *Treuhandanstalt (THA)*, der es um schnelle Sanierung und Filetierung der Produktionsstrukturen ging, insbesondere der »*monetäre Urknall*« oder die »*Schocktherapie*« durch die *Einführung der D-Mark*. Über Nacht war damit die ostdeutsche Wirtschaft nicht mehr wettbewerbsfähig und es kam zu einem fast völligen Zusammenbruch der Produktion. »In den Jahren 1990 und 1991 ging die gesamtwirtschaftliche Leistung der neuen Bundesländer gegenüber dem Stand von 1989 um mehr als 30 v. H. und die Industrieproduktion um mehr als 60 v. H. zurück« (Busch/Kühn/Steinitz 2009: 15). Tausende Unternehmen wurden in Ostdeutschland geschlossen. Die *Produktivität* der ostdeutschen Unternehmen konnte und kann auf dem neuen gesamtdeutschen und internationalen Markt zum großen Teil nicht mithalten.

Bis heute haben sich die neuen Bundesländer von den Anfangsfehlern nicht erholt und leiden zusätzlich unter beträchtlichen *strukturellen Defiziten*. Dazu gehören:
- zu viele kleine Unternehmen (90 v. H. erzielen einen Umsatz unter 1 Mio. €);
- vielfach wettbewerblich suboptimale Betriebsgrößen;
- zu geringe Forschungs- und Entwicklungsquoten;
- viele Unternehmen sind verlängerte Werkbänke westdeutscher oder ausländischer Unternehmen und damit völlig abhängig von deren Geschäftspolitik;
- es gibt zu wenig innovative Unternehmen, zu viel repetitive Prozesse;
- zu geringe Wertschöpfungstiefen;

- gegenüber Westdeutschland eine allgemein zu geringe Produktivität, aber auch niedrigere Einkommen;
- zu geringe Exportquoten;
- ein zu hoher Strukturanteil der seit langem kränkelnden Bauwirtschaft;
- eine mangelnde Kreditvergabe durch den Bankensektor;
- mangelnde öffentliche Auftragsvergaben.

Dies alles schlägt sich letztlich in zu *geringen Wachstumsraten* und einer dramatischen Unterbeschäftigung, in Massenarbeitslosigkeit, nieder. Hieraus wiederum resultieren hohe *Einnahmeausfälle in den öffentlichen Haushalten* der Länder und Kommunen. Die Defizite sind hier strukturell hoch: Die *Steuereinnahmen* liegen in Ostdeutschland bei nur 84 v. H. des Westniveaus (Vesper 2004: 373ff.). Zur Kompensation waren und sind nach wie vor gigantische *öffentliche Transferleistungen* notwendig. Die öffentlichen West-Ost-Finanztransfers (netto) liegen seit Mitte der 1990er Jahre bei jährlich rund 80 Mrd. €.

Im Sommer 2001 wurde in Anbetracht der anhaltenden, wirtschaftlich desolaten Situation in Ostdeutschland der *Solidarpakt II* verabschiedet. Demnach stellt der Bund bis 2019 noch einmal insgesamt 156 Mrd. € zur Verfügung. In einem so genannten Korb 1 sind 105 Mrd. € für die Beseitigung der noch vorhandenen *Infrastrukturlücken* vorgesehen. Die weiteren 51 Mrd. € (Korb 2) dienen der Finanzierung der im Vergleich zu den westdeutschen Ländern überproportional notwendigen Investitionen und Leistungen durch den Bund, insbesondere der *regionalen Wirtschaftsförderung*. Im Umfang von rund 3 Mrd. € übernimmt der Bund außerdem noch *Altschulden* der ostdeutschen Kommunen. Während die finanziellen Mittel aus Korb 1 als feststehend (definitiv vereinbart) bezeichnet werden können, gilt für Korb 2 noch eine jährliche Überprüfung und womögliche Neuverhandlung vor dem jeweiligen Hintergrund der Kassenlage beim Bund. Mittlerweile mehren sich die politischen Stimmen, die eine *Korrektur der Aufbaupolitik Ost* einfordern. Im Wesentlichen ginge es darum, die knappen Mittel dort einzusetzen, wo der größte gesamtwirtschaftliche Wachstumserfolg erzielt werden könne. Deshalb sei die Aufbaupolitik in Richtung *Clusterbildung* und *Wachstumskerne* nur noch auf die Regionen und Wirtschaftsbranchen zu konzentrieren, in denen auch zukünftig hohe Entwicklungs- und Beschäftigungspotentiale zu erwarten seien. Die Folge einer solchen Politik wäre allerdings, dass die Regionen und Branchen, die man nicht dazu zählt, wesentlich weniger Mittel als bisher erhalten würden. Sie hätten überhaupt keine Chance mehr und würden völlig untergehen. Ein anderer Vorschlag geht in Richtung einer *Sonderwirtschaftszone Ost*. Obwohl diese faktisch als Niedriglohnregion mit längeren Arbeitszeiten bereits existiert,[247] soll es zusätzlich noch zu einer Gewährung von *Steuerpräferenzen* (z. B. abgesenkter Mehrwertsteuersätze) kommen. Niedriglöhne und längere Arbeitszeiten haben aber bekanntlich nicht zu mehr Beschäftigung geführt, sondern das Gegenteil ist eingetreten. Weitere Absenkungen hätten kontraproduktive, zusätzliche negative Wirkungen. »Als Niedriglohnregion hat Ostdeutschland keine Chance« (Priewe 2002a: 19). Die Lohn- und Arbeitszeitpolitik muss auch hier an der Produktivitätsentwicklung ausgerichtet werden (Bontrup/Marquardt 2003b: 591ff.). Noch längere Arbeitszeiten und unter die Produktivitätsraten abgesenkte Löhne würden zwar weiter die Lohnstückkosten reduzieren und kurzfristig zu marginalen Renditeverbesserungen bei den Unternehmen beitragen, ohne dass aber die Mehrgewinne zu mehr Investitionen und zu mehr Beschäftigung führen würden, wie es die *G-I-B-Formel* behauptet.[248] Außerdem käme es bei abgesenkten Steuersätzen zu beträchtlichen weiteren *Mindereinnahmen in den öffentlichen Haushalten* Ostdeutschlands. Diese sind heute schon als äußerst angespannt einzustufen (Busch/Kühn/Steinitz 2009: 96ff.). Nachhaltig kontraproduktive Wirkung hatte auch die Umsetzung der *Agenda 2010*. Das neoliberale Wirtschaftsprogramm der Schröder-Regierung und ebenso der nachfolgenden Großen Koalition hat weitere einschneidende, negative Einflüsse auf Wachstum und Beschäftigung verursacht. Die damit einhergehende zusätzliche *Umverteilung* von der Lohn- zur Gewinnquote hat die bereits heute zu geringe Massenkaufkraft und Binnennachfrage, und mit einem Timelag auch die Investitionsnachfrage, noch mehr geschwächt und somit negative Wachstums- und Beschäftigungseffekte ausgelöst. Dies gilt für Westdeutschland, aber insbesondere für *Ostdeutschland* aufgrund der hier vorliegenden wesentlich höheren Arbeitslosenzahlen und der niedrigeren Einkommens- und Vermögensstrukturen. Hinzu kommt der Ausfall an staatlicher Förderung für arbeitsmarktpolitische Maßnahmen wie die Sonderanpassungsmaßnahmen (SAM) und die drastische Verringerung der Arbeitsbeschaffungsmarktmittel (ABM).

Bei aller negativen Entwicklung in Ostdeutschland gibt es aber auch *Profiteure* der Wiedervereinigung: Das sind auf *einzelwirtschaftlicher Ebene* in erster Linie die *Großunternehmen* aus Westdeutschland (Großindustrie, Banken, Versicherungskonzerne

---

247 Dazu stellen die sechs führenden deutschen Wirtschaftsforschungsinstitute fest: »Ein Standortvorteil sind die im Vergleich zum früheren Bundesgebiet *längeren Arbeitszeiten und niedrigeren Arbeitskosten*. Die Löhne haben sich in den vergangenen Jahren immer mehr den am Markt erzielten Erträgen der Unternehmen angepasst, und in manchen Teilen der Wirtschaft sind sie von einem früher gravierenden Standortnachteil zu einem Vorteil geworden« (DIW-Wochenbericht 2004b: 275).
248 Vgl. Kap. 2.1.4.2 »Die neoliberale G-I-B-Formel oder die Gewinnhypothese«

und Handelsketten), die durch die Wiedervereinigung hohe Umsatz- und Gewinnzuwächse erzielen konnten. Der *Lieferüberschuss* von West nach Ost, etwa 100 Mrd. € jährlich, der durch die Übernahme eines großen Teils des ostdeutschen Markts und der ostdeutschen Exporte nach Osteuropa möglich wurde, brachte dem Westen auch auf *makroökonomischer Ebene* Vorteile. Hier wurden *höhere Wachstums- und Beschäftigungsraten* wie auch höhere *Steuereinnahmen* realisiert. »Damit konnten im Westen über 1,5 Millionen Arbeitsplätze sowie Steuer- und Beitragseinnahmen von jährlich über 40 Milliarden oder kumulativ von 1991 bis 2003 von fast 600 Mrd. € entstehen, die den Finanztransfers gegen gerechnet werden müssen« (Busch/Mai/Steinitz 2004: 8). Falsch ist deshalb die in letzter Zeit immer wieder zu hörende Behauptung, dass zwei Drittel des sonst möglichen Wachstums in Westdeutschland auf dem Altar des ökonomischen Vereinigungsprozesses »geopfert« würden und der Osten den Westen »auszehren« oder »herunterziehen« würde.[249] Dazu stellt das Institut für Wirtschaftsforschung in Halle (IWH) fest: »Eine Transfersumme von 4 v. H. des BIP ist keine Größenordnung, die Westdeutschland wirtschaftlich herunterzieht.« Ergebnis der bisher nur unzureichenden Entwicklung in Ostdeutschland waren dennoch *Netto-Finanztransfers* in Höhe von kumuliert etwa eine Billion € und eine zusätzliche *öffentliche Verschuldung* von rund 830 Mrd. €, wobei die öffentliche Verschuldung ein peinliches Indiz für den neoliberalen Mainstream in Form eines *Marktversagens* in Ostdeutschland darstellt. Die angeblich *selbstregulierenden Marktkräfte* reichen offensichtlich nicht aus, um einen Wachstumspfad mit Vollbeschäftigung zu generieren; genauso wenig wie in Westdeutschland.

Insgesamt ist eine Trendwende unter der Prämisse einer weiter praktizierten *neoliberalen Wirtschaftspolitik* nicht in Sicht. In den neuen Bundesländern wird es demnach in absehbarer Zeit kaum zu einer Entkrampfung der fiskalischen, sozio-ökonomischen und politischen Situation kommen (Bock/Fiedler 2001). Es besteht mithin kein Zweifel, dass Ostdeutschland so auch weiterhin eine *abhängige Transferökonomie* bleiben wird.

>»Wenn Deutschland insgesamt wirtschaftlich nicht wieder an Dynamik gewinnt, wird auch der Osten keine ausreichenden Wachstumsimpulse erhalten« (DIW-Wochenbericht 2004b: 275).

Soll der Osten aber letztlich nicht zu einem endgültigen »*Mezzogiorno*« werden, das wirtschaftlich und sozial vom Westen abgekoppelt bleibt, so verlangt dies nach einer

---

249 Vgl. dazu u. a. den populistischen Spiegelartikel »Tabuzone Ost«, in: Der Spiegel, Heft 15/2004.

grundlegenden (radikalen) *wirtschaftspolitischen Wende* – weg von dem unheilvollen neoliberalen Paradigma wirtschaftspolitischen Denkens. Deshalb kann man auch nicht wie die herrschende Politik auf eine Entwicklung *endogener Marktkräfte* hoffen, sondern der *Staat* ist hier mit einer entsprechenden *Finanz- und Steuerpolitik* gefordert. Ostdeutschland braucht weiter massive *steuerfinanzierte* öffentliche Unterstützung. Dazu gehören weitere *Investitionen* in Infrastruktur, Bildung, Forschung und Entwicklung wie auch die Etablierung eines *öffentlichen Beschäftigungssektors* sowie *öffentlicher Unternehmen* als Surrogat für private Unternehmen, die sich offensichtlich in Ostdeutschland nicht ausreichend engagieren wollen.[250]

4.4.6 Finanzmarktgetriebener Shareholder-Kapitalismus

Ohne einen »Systemfeind« musste ab Anfang der 1990er Jahre das weltweit agierende Kapital *keine sozialen Rücksichten* mehr nehmen – auch in Anbetracht einer neoliberal praktizierten *Europäischen Wirtschafts- und Währungsunion*. Der »sozialtemperierte Kapitalismus« (von Nell-Breuning) war damit endgültig out, er wurde ins Gegenteil, in einen *finanzmarktgetriebenen* »*Raubtierkapitalismus*« (Helmut Schmidt), verwandelt. Dies musste aber theoretisch und politisch-ideologisch durch *marktradikale Konzepte* abgesichert und befördert werden. Neben dem *Shareholder-value-Prinzip* (siehe weiter unten) wurden Vorstellungen *effizienter Finanzmärkte* (Fama 1970: 383ff.) und der Ansatz *rationaler Erwartungen* entwickelt (Lucas 1981), wobei letztere trotz zuvor vielfältiger Widerlegungen[251] wieder von der Annahme ausgehen, dass Märkte sich selbst regulierende stabile Systeme seien. In diesen Kontext reiht sich auch der »*Washington Consensus*« ein, der von dem US-Ökonomen John Williamson 1989 als Hintergrundpapier für eine Konferenz am Institut for International Economics in Washington D.C. formuliert wurde. Allgemein gilt hier der Staat mal wieder, wie bei den Liberalen im 19. Jahrhundert, als »Störenfried« und der *Sozialstaat* im Besonderen nur noch als »Kostgänger« der privaten Wirtschaft. Die Gewerkschaften, wie könnte es anders sein, werden als wettbewerbsfeindliches »Tarifkartell« gesehen. Die Macht der Gewerkschaften müsse daher beschnitten werden. Und der Staat soll allenfalls auf Rahmen setzende Funktionen restringiert werden (liberaler »Nachwächterstaat«). Marktinterventionen werden als kontraproduktiv gegeißelt. Der Glaube an die so genannten »*Selbstheilungskräfte des Marktes*«, ob auf Güter-, Arbeits- oder Finanzmärkten, wurde auch hier wiederbelebt.

---

250 Vgl. Punkt 2.1.4.5.6 »Ausbau des öffentlichen Beschäftigungssektors als Alternative zu Hartz IV«.
251 Vgl. dazu noch einmal das Wettbewerbskapitel 4.1.

»Konkret handelt es sich bei den ›Empfehlungen‹ um eine Politik der Haushaltsdisziplin, eine wettbewerbsorientierte Reform öffentlicher Auf- und Ausgaben, um Steuersenkung, Inflationsbekämpfung, kompetitive Wechselkurse, eine Handelsliberalisierung, die Förderung ausländischer Direktinvestitionen, die Privatisierung öffentlicher Unternehmen, die Deregulierung der Wirtschafts- und Sozialsysteme und die Sicherung von Eigentumsrechten. Im Kern zielen die aufgeführten Prinzipien – zuweilen wird auch von den ›Zehn Geboten‹ neoliberaler Entwicklungs- und Entschuldungspolitik gesprochen – darauf, mutmaßliche Modernisierungsblockaden zu überwinden und die verschuldeten Ökonomien für ausländische Kapitalzuflüsse attraktiv zu machen« (Bieling 2006: 235f.).

Zur Verbreitung dieser neoliberalen Ideologie haben sich in Deutschland in den letzten 20 Jahren mächtige *»Think Tanks«* gebildet. Dazu gehören neben Unternehmerverbänden die rechts-liberalen Parteien (bis zur SPD und den Grünen), die meisten Medien sowie Institutionen von der Bertelsmann-Stiftung, über die »Initiative Neue Soziale Marktwirtschaft« oder Initiativen namens »Bürgerkonvent«, »Deutschland packt's an« oder »Konvent für Deutschland« – alle von der privaten Wirtschaft finanziert – bis zu Vertretern aus dem Wissenschaftsbereich, insbesondere der Wirtschaftswissenschaft (Klages, J. 2009). Es gab und gibt aber auch wissenschaftlich fundierte *Gegenstimmen*. Hier sind insbesondere die 1975 gegründete linkskeynesianische *Arbeitsgruppe Alternative Wirtschaftspolitik*, die seitdem jährlich ein wirtschaftspolitisches »Memorandum« als »Gegengutachten« zum mehrheitlich neoliberal ausgerichteten Sachverständigenrat (SVR), den so genannten »Fünf Weisen«, veröffentlicht, und die 1996 ins Leben gerufene *EuroMemo-Gruppe* zu nennen. Anfangs kamen diese Gegenstimmen in den Medien noch zu Wort. Je mehr aber auch an den *Hochschulen* – die heute mit massiver Unterstützung durch das *»Centrum für Hochschulentwicklung« (CHE)*[252] zu *»Unternehmens-Hochschulen«* (Keupp 2007: 1.189ff./Lieb 2009: 89ff.) ausgerichtet wurden – der neoliberale Marktradikalismus in Lehre und Forschung an den wirtschaftswissenschaftlichen Fachbereichen die Hegemonie übernahm, wurde auch die kritische (linke) Ökonomik umso seltener in den Medien berücksichtigt.

»Die neoliberalistischen Falken unter den professionellen Ökonomen sorgten dafür, dass die wenigen Dissidenten isoliert, desavouiert und schließlich aus dem Lehr- und Forschungsbetrieb auf dem Weg der natürlichen Fluktuation herausgehalten wurden. Die Hardliner des Marktradikalismus mögen nicht überall in der Mehrheit gewesen sein, aber ihren zielstrebigen Aktivitäten war Erfolg beschieden, weil – wie in allen gesellschaftlichen Bereichen – auch in der Wissenschaft Konformismus und Mitläufermentalität nun mal zur emotionalen Normalausstattung des Menschen gehören. Es fehlte der dezidierte Widerstand gegen den Durchmarsch des neoliberalen Anti-Pluralismus« (Zinn 2008: 16).

---

252 Das CHE ist ein Zusammenschluss der Bertelsmann-Stiftung und der Hochschulrektorenkonferenz (HRK),

So konnte sich letztlich auch in Deutschland ein neoliberales, von unten nach oben umverteilendes Regime etablieren, das auf der Unternehmensebene zu einer reinen Ausrichtung auf eine *Shareholder-value-Strategie* (Rappaport 1986)[253] hinauslief, die nach einer einseitigen maximalen Befriedigung von Profitinteressen verlangt. Dadurch entstand insgesamt in den Unternehmen eine *Umkehrung kapitalistischer Logik*. War bisher der *Gewinn Residuum* bei der Verteilung der arbeitsteilig generierten unternehmerischen Wertschöpfung, und galten Lohn, Zins, Miete/Pacht als *vorab* zu zahlende *kontraktbestimmte Einkommen*, so gilt dies heute unter der *Ägide des Finanzmarktkapitalismus* nicht mehr. Um die von den Finanzinvestoren an den Kapitalmärkten verlangten *Profitraten* zu realisieren, werden die Kontrakteinkommen zu Restgrößen degradiert und der unternehmerische Gewinn zu einer ex-ante bestimmten (festgelegten) Größe gemacht. Zins-, Miet- und Pachteinkünfte sind dabei allerdings von den Managern in den produzierenden Unternehmen nur wenig beeinflussbar und machen in der Regel an der unternehmerischen Wertschöpfung auch nur einen kleinen Teil aus. Was bleibt, sind die *Arbeitsentgelte* (die Lohnsumme) innerhalb der Wertschöpfung. Diese mit aller Härte zu minimieren, ist vordringliche Aufgabe des Managements. Hierbei greift man auf den gesamten Instrumentenkasten eines *destruktiven Personalmanagements* zurück: Lohnkürzungen direkt und indirekt durch Arbeitszeitverlängerungen ohne Lohnausgleich, Verschlechterung der Arbeitsbedingungen und schließlich Personalabbau – nicht selten verbunden mit Massenentlassungen.

Die Shareholder-value-Strategie lässt sich anhand der *unternehmerischen Wertschöpfungsverteilung* veranschaulichen (vgl. Abb. 18). Unter Einbindung eines Unternehmens in die *Absatzmärkte* (Stakeholder sind hier die *Kunden*) und die *Beschaffungsmärkte* (Stakeholder sind hier die *Lieferanten*) resultiert aus den Umsatzerlösen und den Vorleistungen die *verteilbare Wertschöpfung*. Shareholder-value bedeutet dabei im Ergebnis, die *Lohnquote* zu Gunsten der *Gewinnquote* zu senken.

Während beim *Stakeholder-Konzept* alle internen und externen Adressaten und ihre Ansprüche und Interessen mehr oder weniger gleich stark berücksichtigt werden, steht beim *Shareholder-value-Konzept* ausschließlich der *Gewinn der Eigenkapitalgeber (Shareholder), die Rentabilität des Eigenkapitals* vor und nach Steuern, gegen die Ansprüche und Interessen der *anderen Stakeholder* im Vordergrund. Vermittelt über die Produktivität[254] soll am Ende des Produktions- und Verwertungsprozesses eine

---

253 Zum Shareholder-Value-Prinzip vergleiche auch das Kap. 4.1.5.3 »Profiteure der Globalisierung«.
254 Als Produktivität wird in der Regel eine wertmäßige Ertragsgröße (wie z. B. Umsatz, Gesamtleistung oder Wertschöpfung) in Relation zu einer Aufwandswertgröße (wie z. B. Material-

Abb. 18: Unternehmerische Wertschöpfungsverteilung

Umsatzerlöse - Vorleistungen = Wertschöpfung	Absatzmärkte (Stakeholder: Kunden)			
	Beschaffungsmärkte (Stakeholder: Lieferanten)			
	Personalaufwand	Zinsen	Miete/Pacht	Gewinn
	Beschäftigte	Fremdkapitalgeber	Grundeigentümer	Eigenkapitalgeber
	Lohnquote	Mehrwert-(Gewinnquote)		

maximale *Rentabilität* des von den Eigentümern eingesetzten Eigenkapitals stehen.[255] Unter Berücksichtigung der *Arbeitsproduktivität*, der *Verteilungsrelation* zwischen Kapital und Arbeit (Lohn- und Gewinnquote[256]) – Zinsen, Mieten und Pachten sind dabei aus Sicht des Unternehmens Aufwandsgrößen – und der Bezugsgröße *Kapitalintensität* lässt sich die *Profitrate* bestimmen: Die Arbeitsproduktivität ergibt sich dabei aus der Summe der Wertschöpfung in Relation zum Arbeitsvolumen:

$$\textit{Arbeitsproduktivität} = \frac{\textit{Wertschöpfung in Euro}}{\textit{Arbeitsvolumen}}$$

Für die Kapitalproduktivität gilt entsprechend:

$$\textit{Kapitalproduktivität} = \frac{\textit{Wertschöpfung in Euro}}{\textit{Gesamtkapital in Euro}}$$

Die *Verteilungsrelation* zwischen Kapital und Arbeit zeigt die *Lohnquote*, die sich immer zu eins mit der *Gewinnquote*, genauer mit der Mehrwertquote (Gewinn v. St., Zinsen, Miete und Pacht in Relation zur Wertschöpfung), ergänzt:

---

oder Personalaufwand) gesetzt. Alternativ wird auch die Produktivität durch eine Wertgröße in Relation zu einer Mengengröße wie z. B. Arbeitskräfte oder Arbeitsstunden ausgewiesen. Wirtschaftlichkeit nach dem Wirtschaftlichkeitsprinzip (Minimum- und Maximumprinzip) ist dabei immer dann gegeben, wenn eine bestimmte Leistung mit dem geringstmöglichen Einsatz an Faktoreinsatzmengen oder mit gegebenen Mitteln die bestmögliche (maximale) Leistung erzielt wurde.

255 Neben der Eigenkapitalrentabilität, die den erwirtschafteten Gewinn in Relation zum eingesetzten Eigenkapital zeigt, weist die Gesamtkapitalrentabilität den Erfolg des insgesamt eingesetzten Kapitals (Eigen- plus Fremdkapital) aus. Demnach gilt hier der Quotient: (Gewinn + Fremdkapitalzinsen)/Gesamtkapital.

256 Zum Gewinn zählt hier der gesamte Mehrwert, also neben dem Gewinn vor Steuern auch Zinsen, Miete und Pacht.

$$\text{Lohnquote} = \frac{\text{Personalaufwendungen}}{\text{Wertschöpfung}} * 100$$

$$\text{Gewinnquote} = \frac{\text{Gewinn [Mehrwert]}}{\text{Wertschöpfung}} = * 100$$

Die Kapitalintensität gibt die Relation zwischen Kapital- und Arbeitsinput wieder:

$$\text{Kapitalintensität} = \frac{\text{Gesamtkapital in Euro}}{\text{Arbeitsvolumen}} = \frac{\frac{\text{Gesamtkapital}}{\text{Wertschöpfung}}}{\frac{\text{Arb.vol}}{\text{Wertschöpfung}}} = \frac{\text{Arbeitsproduktivität}}{\text{Kapitalproduktivität}}$$

Hieraus ergeben sich dann insgesamt für die *Profitrate*, bezogen auf das Gesamtkapital, die folgenden Zusammenhänge:

$$\text{Profitrate} = \frac{\text{Gewinn}}{\text{Gesamtkapital}} = * 100 \quad \frac{\frac{\text{Wertschöpfung}}{\text{Arb.vol}} * \frac{\text{Gewinn}}{\text{Wertschöpfung}}}{\frac{\text{Gesamtkapital}}{\text{Arb.vol}}} * 100$$

$$\text{Profitrate} = \frac{\text{Arbeitsproduktivität}}{\text{Kapitalintensität}} * (1 - \text{Lohnquote}) * 100$$

[=Kapitalproduktivität]   [=Gewinnquote]

Überführt in Wachstumsraten resultiert so (für kleine Änderungen) mit w_i als Wachstumsrate von i:

$$W_{\text{Profitrate}} \approx W_{\text{Arb.Produktivität}} - W_{\text{Kap.Intensität}} + W_{\text{Gewinnquote}}$$

[$=W_{\text{Kap.Produktivität}}$]   [$W_{\text{Gewinnquote}}$]

Im Ergebnis zeigt sich, dass die *Profitrate* nicht sinkt, solange die *Gewinnquote* zusammen mit der *Arbeitsproduktivität* stärker steigt als die *Kapitalintensität*. Umgekehrt ist eine konstante Profitrate bei einem Anstieg der Arbeitsproduktivität, die kleiner als das Wachstum der Kapitalintensität ausfällt (also bei fallender Kapitalproduktivität), nur dann möglich, wenn die Gewinnquote steigt und mithin die Lohnquote fällt. Auf der anderen Seite ermöglicht aber auch eine steigende Kapitalproduktivität eine fallende Gewinn- und damit steigende Lohnquote, ohne dass dadurch die Profitrate sinkt. Soll dagegen die Profitrate, wie im *Shareholder-value-Konzept* vorgesehen, zulegen, so muss bei einer zumindest konstanten Lohn- bzw. Gewinnquote – also bei einer *Verteilungsneutralität* zwischen Kapital und Arbeit – die Kapitalproduktivität steigen. Dies geht bei unveränderter Kapitalintensität aber nur bei einer Erhöhung der Arbeitsproduktivität. Letztlich läuft damit alles auf den »*Faktor*« *Arbeit* hinaus. Entweder es wird – auch durch Entlassungen – *rationalisiert* oder es wird ohne Lohnausgleich länger gearbeitet oder die Löhne und Gehälter werden bei gleicher Arbeitszeit gekürzt. Es muss also, bei als konstant unterstellten Zins-, Miet- und Pachtzahlungen, zu einer *Umverteilung* von der Lohnquote zur Gewinnquote kommen. *Genau dies ist letztlich die neoliberale Zielorientierung: Umverteilung von unten nach oben, damit die Profitrate steigt!*

Die empirischen Ergebnisse können sich aus *Sicht der Shareholder* sehen lassen. Hartmut Görgens stellt diesbezüglich in seinen Untersuchungen fest:

> »Sowohl die *Brutto-Kapitalrendite* als auch die *Netto-Kapitalrendite* (nach Gewinnsteuern, d. V.) waren im Jahr 2006 mit 20 v. H. bzw. 15,8 v. H. deutlich höher als zu den Vollbeschäftigungszeiten Anfang der 70er Jahre mit 15 v. H. bzw. 10 v. H. Sie sind heute auch größer als zu Zeiten des Wiedervereinigungsbooms 1990/91 mit 15,6 v. H. bzw. 11,3 v. H., als die Wirtschaft in Westdeutschland in beiden Jahren jährlich um 5,3 v. H. bzw. 5,1 v. H. expandierte und sich die Zahl der Beschäftigten um 1,4 Mio. ausweitete. (…) Seit Anfang der 90er Jahre bis heute übertrafen die Kapitalrenditen den Durchschnitt der 70er und 80er Jahre. Trotzdem war das Wirtschaftswachstum mit jahresdurchschnittlich 1,4 v. H. deutlich schwächer als in den 70er und 80er Jahren mit 2,8 v. H. und 2,3 v. H. (…) Auch lag die Kapitalrendite seit 1991 bis heute deutlich über der Kapitalrendite der oft gelobten Jahre 1985 bis 1989 (die unmittelbaren Jahre vor dem Wiedervereinigungsboom), in denen bei einem jahresdurchschnittlichen Wachstum von 2,8 v. H. die Zahl der beschäftigten Arbeitnehmer um 1,9 Mio. zunahm. (…) Daraus lassen sich zwei Schlussfolgerungen ziehen: 1. Wegen der glänzenden Entwicklung von Gewinnen und Kapitalrendite können die Löhne in Deutschland nicht zu hoch sein. Die Lohnentwicklung hat offensichtlich die Gewinne nicht beschnitten, sondern begünstigt. (…) 2. Die blendende Gewinn- und Renditelage hat keine Beschäftigungserfolge mit sich gebracht. Das Arbeitsvolumen (Zahl der insgesamt in Deutschland geleisteten Arbeitsstunden) ist seit 1991 fast jedes Jahr geschrumpft. Demgegenüber hat sich die Beschäftigung in früheren gewinnschwächeren Jahren besser entwickelt« (Görgens 2007: 301ff.).

Insgesamt ist die *Umverteilung zu Gunsten der Kapitaleinkünfte* gesamtgesellschaftlich betrachtet kontraproduktiv. Sie hat in Deutschland – und auch weltweit (mit Ausnahme weniger Länder) – zu einem *niedrigen Wirtschaftswachstum, hoher Arbeitslosigkeit* und einer immer mehr *zunehmenden sozialen Polarisierung* geführt.

> »Diese drei Elemente sind in einer Art doppeltem Teufelskreis miteinander verbunden und verstärken sich gegenseitig: Wenn das Wachstum nicht ausreicht, die Arbeitsplatzvernichtung durch steigende Produktivität zu kompensieren und die neu auf den Arbeits-

markt kommenden Personen zu absorbieren, dann steigt die Arbeitslosigkeit. Das führt zum einen (*erster Teufelskreis*) über die sinkenden Einkommen und Verbrauchsausgaben der Arbeitslosen zu einer weiteren Schwächung des privaten Verbrauchs und damit des Wirtschaftswachstums. Zum anderen schwächt hohe und steigende Arbeitslosigkeit die Gewerkschaften und macht es immer schwerer, Lohnabschlüsse durchzusetzen, die zum Leben reichen und die Kaufkraft der Beschäftigten stärken. Der seit drei Jahrzehnten zu beobachtende Rückgang der Lohnquote hat den mit Abstand größten Bestandteil der gesamtwirtschaftlichen Nachfrage, den privaten Verbrauch massiv gebremst (*zweiter Teufelskreis*) und ist die Hauptursache für die soziale Spaltung, die durch Privatisierung und Sozialabbau vertieft wird« (Huffschmid 2006a: 92).

4.4.7 Zur schwersten Finanz- und Weltwirtschaftskrise seit 80 Jahren
4.4.7.1 Auslöser der Krise – geplatzte Kredite

Die neoliberale Rechnung ist offensichtlich nicht aufgegangen. Die seit den 1970er Jahren weltweit immer mehr betriebene *Umverteilung von unten nach* oben wurde zunehmend zum Problem. Nicht nur was die ansteigenden Arbeitslosenzahlen und die immer mehr zunehmende Verarmung vieler Millionen Menschen anbelangt, auch die Staatsverschuldung (vgl. Kap. 4.4.8) nahm zu und nicht zuletzt hatte die Umverteilung auch auf die *Finanzmärkte* massive Auswirkungen. Davon zeugten bereits die *Finanzkrisen* gegen Ende der 1980er und 1990er Jahre. Diese blieben aber noch weitgehend ein *regional begrenztes Problem*. So brach »Anfang der 1980er Jahre die Schuldenkrise in Mexiko und anderen lateinamerikanischen Ländern aus. 1987 kam es bis dahin zum größten Kurseinbruch an der New Yorker Aktienbörse seit dem Zweiten Weltkrieg. Es folgte die Krise des Europäischen Währungssystems 1992/93. Dann ging es immer schneller: Mexiko 1994/95, Asienkrise 1997/98, Russland 1998, Brasilien 1998/99« (Huffschmid 1999: 13). Und schließlich der große Börsencrash in Folge des *Zusammenbruchs der sog. New Economy* im Jahr 2000,[257] deren zuvor ausgelöster Börsenboom auf überall neu etablierten Märkten der *Informations- und Kommunikationstechnologie* und der *Biotechnologie* u.a. auf zahlreichen Unternehmensgründungen basierte.

> »Dazu kamen Hunderte von ›Start-ups‹, die im Wesentlichen aus einem Marketing-Gag oder aus schierem Bluff bestanden, in der allgemeinen Goldgräberstimmung gleichwohl phantastische Marktbewertungen erreichten. Große Konzerne wurden vom *Fusionsfieber* erfasst, verbanden sich mit anderen großen Konzernen, kauften Konkurrenten auf, um Märkte zu besetzen. Es war die Zeit der *Investmentbanker*, als graue Eminenzen hinter den Börsen. Sie bereiteten Übernahmen vor und organisierten Abwehrschlachten gegen Übernahmen. Die Zahl der Fusionen und der dabei umgeschlagenen Aktienwerte stieg in den USA und in Europa auf historische Rekordhö-

---

257 Das Platzen der sog. *New Economy-Blase* (Internet-Blase) von 2000 bis 2002 hat rund sieben Billionen US-Dollar gekostet.

hen. Hinter vielen Zusammenschlüssen steckte weder eine technologische noch eine ökonomische Rationalität. Sie waren getrieben von *Konkurrenzdruck*, der *Besessenheit*, größer sein zu müssen als die anderen, nicht zuletzt von *Gier* und *Größenwahn der Vorstände*, die sich als Herrscher der Welt verstanden und sich oft auch so benahmen« (Huffschmid 2002: 12).

Nach dem *Zusammenbruch der New Economy* folgte in Deutschland von 2001 bis 2005 eine fünfjährige wirtschaftliche *Stagnationsphase* (jahresdurchschnittliches reales BIP-Wachstum 0,6 v. H.). Der danach in Deutschland einsetzende kurze *Zwischenboom* von 2006 bis 2008 (jahresdurchschnittliches reales BIP-Wachstum 2,3 v. H.) wurde dann aber wieder gegen Ende 2008 durch den seit 80 Jahren schwersten Zusammenbruch des weltweiten kapitalistischen Finanzsystems beendet. *Auslöser* – nicht *Ursache* – war der Zusammenbruch einer *Immobilienblase* (auf dem »Subprime-Markt«) in den USA bereits im Sommer 2007.[258] Daraus entwickelte sich schließlich – nachdem die US-Regierung Bush und die US-Notenbank Fed sich im September 2008 weigerten, die bedeutende *Investmentbank Lehman Brothers* zu retten –, eine *Kredit- und Bankenkrise*, die sich mehr und mehr *international* ausbreitete. »Drittklassige«, quasi nicht solvente, Schuldner hatten in den USA ohne jegliches Eigenkapital verbilligte Kredite erhalten und massiv Immobilien nachfragen können. Es existierten *Kreditverträge* von über rund 12 Billionen US-Dollar. Die *Niedrigzins-Politik der US-Notenbank* – der Leitzins lag 2004 bei nur einem Prozent – schaffte zusätzlich einen Anreiz, zur Steigerung der *Eigenkapitalrenditen* fremdfinanzierte (Finanz-)Investitionen zu tätigen. Ist der Fremdkapitalzins dabei kleiner als die Gesamtkapitalrendite (Gewinn plus Fremdkapitalzinsen bezogen auf das Eigen- und Fremdkapital), so erhöht sich bei *steigendem Verschuldungsgrad* die Eigenkapitalrentabilität (»Leverage-Effekt«). Solange die Nachfrage nach Häusern stieg, stiegen auch deren Preise bzw. Werte. Die Welt war hier noch in Ordnung. Schließlich entstand aber eine immer größere *Bewertungsblase*, die dann platzen musste, als erste Zweifel über die scheinbar unaufhaltsam steigenden Immobilienpreise bei Anlegern aufkamen und diese ihre Kapitalanlagen abzogen. Die Preise (Werte) der Häuser verfielen ab 2007 und deckten nicht mehr die aufgenommenen Schulden, die neben den Zinsen zurückzuzahlen waren; wobei viele

---

258 Die erste Wirkung war 2007 auch schon in Deutschland zu spüren. Ende Juli 2007 meldete die IKB Deutsche Industriebank AG, Düsseldorf eine Existenz bedrohende Schieflage an. Und im August 2007 war die später erloschene öffentlich-rechtliche Sachsen LB faktisch pleite. Nur durch eine erhöhte Kreditlinie der Sparkassenorganisation sowie durch eine spätere Übernahme durch die Landesbank Baden-Württemberg (LBBW), die dann auch in große Schwierigkeiten kam, konnte die Sachsen LB vor einer förmlichen Insolvenz gerettet werden. Dazu trug auch eine Bürgschaft des Landes Sachsen über 2,75 Milliarden € bei.

»drittklassige« Schuldner dies aber nicht mehr konnten. Ende Dezember 2008 wiesen 8,3 Millionen oder rund 20 v. H. aller Hypothekarverträge einen Schuldbetrag auf, der über dem Wert des Wohneigentums lag. Zudem verfiel in den USA der Marktwert des Wohneigentums innerhalb eines Jahres um 2,4 Billionen US-Dollar. Danach erfasste die Krise alle Segmente des Hypothekensektors. Neben den *Konsumentenkrediten* (Kreditkartenschulden, Automobil- und Ausbildungskredite) wurden auch Teile der *Unternehmenskredite* notleidend (Bischoff 2009: 121). In Wirklichkeit platzte also eine viel größere Kreditblase, wie der Vorsitzende der US-Notenbank (Fed), Ben Bernanke (2009), feststellte: »Obgleich das Debakel auf dem Subprime-Markt die Krise auslöste, waren die Entwicklungen auf dem US-amerikanischen Markt für Hypothekenkredite nur ein Aspekt eines sehr viel größeren und sehr viel umfassenderen Kreditbooms.«

Chronologie der Zusammenbrüche

April 2007: Das erste prominente Opfer wurde der US-Hypothekenfinanzierer New Century Financial. Verlust: rund 450 Millionen US-Dollar.

Juni 2007: Die Düsseldorfer IKB Industriebank räumt als erstes deutsches Kreditinstitut Verluste ein. Die Hauptanteilseignerin, die staatliche KfW-Bank, stellt 8,1 Mrd. € zur Verfügung.

August 2007: Die in Schieflage geratene SachsenLB wird an die Landesbank Baden-Württemberg (LBBW) verkauft.

Januar 2008: Die von der Pleite bedrohte US-Bank Countrywide wird für vier Milliarden € von der Bank of America übernommen.

März 2008: Die fünftgrößte US-Investmentbank Bear Stearns bricht zusammen und wird von der US-Bank JP Morgan Chase übernommen.

Juli 2008: Die Hypothekenbank- und Bausparbank IndyMac wird geschlossen.

September 2008: Die beiden größten Baufinanzierer in den USA Fannie Mae und Freddie Mac werden wegen drohenden Bankrotts verstaatlicht.

September 2008: Die US-Investmentbank Lehman Brothers ist pleite, Merrill Lynch wird verkauft.

September 2008: Beinahezusammenbruch der deutschen Hypo Real Estate; Notfallkredite in Höhe von weit über 100 Mrd. € müssen von der deutschen Bundesregierung bereitgestellt werden. Im Oktober 2009 erfolgt die Verstaatlichung der Bank.

Quelle: Zusammengestellt vom Bereich Wirtschaftspolitik ver.di (Bundesvorstand)

Die Banken und Finanzinvestoren in den USA wussten dabei aber genau, dass die zuvor vergebenen Kredite hoch *risikobeladen* waren. Daher *diversifizierten* sie ihr Risiko, indem sie die »faulen« Kredite mit »guten« Krediten mischten und zu handelbaren Wertpapieren »verbrieften«, so dass diese weltweit von anderen Banken und Anlegern gekauft werden konnten und als »toxische« Papiere in den Bankbilanzen wieder auftauchten. Diese Papiere (»faule Kredite«) begründen bis heute einen hohen Abschreibungsbedarf und damit *Verluste*, die das Eigenkapital der Banken stark vermindern und womöglich zur Insolvenz führen. Davon betroffen sind in Deutschland mehr oder weniger insbesondere die *staatlichen Landesbanken*, die offenbar besonders auf solche »toxischen« Papiere hereingefallen sind (Schrooten 2009: 666ff. u. 2009a: 390ff.). Insbesondere ist die *Hypo Real Estate (HRE)* zu nennen. Sie musste zunächst massiv mit Staatskrediten und Bürgschaften gestützt werden und wurde schließlich im Oktober 2009 als erste deutsche Bank in der Geschichte der Bundesrepublik voll *verstaatlicht*. Auch die private Commerzbank/Dresdner Bank musste auf staatliche Rettungspakte zurückgreifen. Insgesamt war Deutschland gezwungen, zur Bankenrettung 28 v. H. des Bruttoinlandsprodukts einzusetzen. Relativ am meisten musste Großbritannien mit 54 v. H. noch viel »tiefer in die Tasche greifen« (vgl. Tab. 41).[259]

Tab. 41: Rettungspakete für Banken –
Volumen staatlicher Bankenrettungsprogramme* (in v. H. des Bruttoinlandsprodukts)

Großbritannien	54,0	Australien	10,4
Niederlande	44,6	Schweiz	8,7
Deutschland	28,1	Spanien	2,8
USA	22,3	Japan	2,7
Frankreich	18,9	Italien	0,6

* Kapitalhilfen, Käufe von Vermögenswerten sowie staatliche Garantien.
Quelle: BIZ, Bloomberg, FAZ vom 4. September 2009

---

[259] Damit allgemein die Bankmanager in Deutschland ihr Versagen aus den Bilanzen entfernen können, dürfen sie seit Juli 2009 ihre »toxischen Papiere« in einer »*Bad Bank*« (Schäfer/Zimmermann 2009: 198ff.), für die der Staat haftet, auslagern. Damit soll erreicht werden – so die herrschende Politik –, dass die Banken auf Grund eines dann nicht abgeschmolzenen Eigenkapitals wieder vermehrt neue Kredite vergeben können. Für mögliche Verluste der in die »Bad Bank« ausgelagerten »toxischen« Papiere haftet die »Good Bank«, vorausgesetzt sie erzielt zukünftig Gewinne. Fährt sie jedoch Verluste ein oder wird gar insolvent, sind die Steuerzahler gekniffen.

Die Bundesregierung musste insgesamt zur Abwehr der Bankenkrise fast 500 Mrd. €
an Bürgschaften und Kapitalhilfen, außerdem 100 Mrd. € an Krediten und Bürgschaften für Unternehmen der produzierenden Wirtschaft bereitstellen sowie 80 Mrd. € für zwei Konjunkturpakete[260] verausgaben. Im November 2009 wurde noch ein drittes Konjunkturpaket als sogenanntes »Wachstumsbeschleunigungsgesetz« mit Steuerentlastungen in Höhe von 8,5 Mrd. € von der neu gewählten schwarz-gelben Bundesregierung beschlossen. Zu erheblichen öffentlichen Diskussionen kam es dabei über eine Umsatzsteuerbegünstigung für Beherbergungsleistungen, die die FDP aber dennoch durchsetzte. Trotzdem ging die Wirtschaft im realen Bruttoinlandsprodukt 2009 um fast 5 v. H. zurück. Ein Wert, der seit 1949 noch nie realisiert wurde. Durch den Rückgang der wirtschaftlichen Tätigkeit stieg die Arbeitslosigkeit – wenn auch nicht so stark wie ursprünglich angenommen. Viele Menschen wurden außerdem in Kurzarbeit geschickt und der Staat hatte enorme Steuer- und Abgabenausfälle, die neben zusätzlichen krisenbedingten Staatsausgaben die Staatsverschuldung weiter massiv in die Höhe trieben. So ist auf Basis der mittelfristigen Finanzplanung des Bundesministeriums der Finanzen (Stand August 2009) von 2009 bis 2013 mit einer insgesamt um 510 Mrd. € ansteigenden Staatsverschuldung bei Bund, Ländern und Gemeinden zu rechnen.

4.4.7.2 Verursacher der Krise –
neoliberale Umverteilung und entfesselte Finanzmärkte

Infolge der seit den 1970er Jahren immer mehr betriebenen weltweiten Umverteilung von unten nach oben hatten sich die *Finanzmärkte* aufgebläht und in Verbindung mit einer *deregulierten Finanzwirtschaft*, die zu einer vermehrten eigenständigen Geldschöpfung des Finanzsektors geführt hat – am Geldmonopol der Notenbanken vorbei –, ein *hochspekulatives Klima* geschaffen. »In einem Produktionssystem, wo der ganze Zusammenhang des Reproduktionsprozesses auf dem Kredit beruht, wenn da der Kredit plötzlich aufhört und nur noch bare Zahlung gilt, muss augenscheinlich eine Krise eintreten, ein gewaltsamer Andrang nach Zahlungsmitteln. Auf den ersten Blick stellt sich daher die ganze Krise nur als *Kreditkrise* und Geldkrise dar« (Marx 1974b: 507). Auf den zweiten Blick liegt einer Kreditkrise aber ein zu großes *disproportionales Verhältnis zwischen der Produktions- und Finanzmarktsphäre* zugrunde.

---

260   Im November 2008 beschloss die Große Koalition (CDU/CSU/SPD) ihr erstes Konjunkturpaket unter dem Slogan »Schutzschirm für Arbeitsplätze« in der Größenordnung von rund 50 Mrd. €. Die Kosten wurden jedoch nur mit ca. 30 Mrd. € veranschlagt. Im Januar 2009 folgte ein zweites Konjunkturpaket in Höhe von rund 50 Mrd. € unter dem Titel »Pakt für Beschäftigung und Stabilität«.

»Dieses Ungleichgewicht entwickelte sich vor dem Hintergrund der Umverteilung von unten nach oben,»die zu hohen Gewinnen geführt hat, denen wegen der nachhinkenden Massenkaufkraft nicht in gleichem Umfang rentable Investitionsmöglichkeiten gegenüberstehen. Diese überschüssige Liquidität geht an die Finanzmärkte, deren Charakter sich dadurch ändert: Von nachfragegetriebenen Märkten, an denen liquide Mittel für Investitionen gesucht werden, werden sie zu angebotsgetriebenen Märkten, an denen Anlagemöglichkeiten für vorhandene liquide Mittel gesucht werden« (Huffschmid 2006a: 95).

Außerdem bestimmen an den Finanzmärkten in zunehmendem Maße die »*Institutionellen Investoren*« (Investment-Banken, Versicherungskonzerne, Investment- und Pensionsfonds) die Bewegungen. Sie sammeln das Geld der Sparer und sonstigen Finanzanleger ein und legen es mit größerer *Finanzmacht* ausgestattet als die einzelnen Sparer – in der Regel hochspekulativ international an den von staatlichen Kontrollen entfesselten Finanzmärkten – an (Huffschmid 2009: 19). Betrug das weltweite Finanzvermögen 1980 noch 12 Billionen US-Dollar, so lag der Wert 2007 bei rund 196 Billionen US-Dollar. Dies entspricht in 27 Jahren einer Steigerung von weit über 1.500 Prozent! Das weltweite Bruttosozialprodukt konnte da nicht mithalten. Von 1980 bis 2007 legte es nur um 450 % zu. Betrug das Verhältnis zwischen Bruttosozialprodukt und Finanzvermögen 1980 noch 1 zu 1,2, so war die Relation 2007 auf 1 zu 3,6 angestiegen. Selbst aufgrund eines bereits durch die Finanzkrise um 16 Billionen zurückgegangenen (entwerteten) Finanzvermögens betrug das Verhältnis 2008 immer noch 1 zu 3,0 (vgl. Tab. 42).

Tab. 42: Entwicklung von Bruttosozialprodukt und Finanzvermögen (in Billionen US-Dollar)

Jahr	1980	1990	2000	2005	2006	2007	2008*
Bruttosozialprodukt	10	22	32	45	49	55	60
Finanzvermögen	12	43	94	142	167	196	180
Verhältnis	1,2	2,0	2,9	3,1	3,4	3,6	3,0

Quelle: McKinsey, Mapping Global Markets, Oktober 2008, * Schätzung

Im Jahr 2008 hätte die Weltbevölkerung demnach drei Jahre arbeiten müssen, um Güter und Dienstleistungen im Gegenwert des kumulierten Finanzvermögens zu produzieren. Man wollte aber nicht durch Arbeit, d. h. über eine realwirtschaftliche Produktion, durch den Einsatz von Mensch und Sachkapital, eine nachhaltige Wertschöpfung generieren, sondern das Anlageziel des durch *Umverteilung* und *Geldschöp-*

fung geschaffenen und konzentrierten Geldes war die kurzfristige Erzielung von zumeist zweistelligen Renditen (Profitraten) durch *Spekulation* unter Berücksichtigung eines *Leverage-Effektes* an den liberalisierten globalen Finanzmärkten. Alles was sich dazu eignete, wurde zum Handelsobjekt dieses Geldes: Aktien, Währungen, Immobilien, Rohstoffe und ganze oder teilweise aufgekaufte Unternehmen.

> »Spekulanten mögen unschädlich sein als Seifenblasen auf einem steten Strom der Unternehmenslust. Aber die Lage wird ernst«, stellte Keynes fest, »wenn die Unternehmenslust die Seifenblase auf einem Strudel der Spekulation wird«(Keynes 1936 (2006) 135).

Überhand nehmende Spekulationen und die hieraus kurzfristig gezahlten Renditen sind letztlich nicht durch in der produzierenden Realwirtschaft geschaffene Produktivitäten gedeckt. So können sich die spekulativen Finanzmärkte gegenüber der gesamtwirtschaftlichen Entwicklung nur relativ entkoppeln; völlig lösen können sie sich nicht. Die *Quelle allen Mehrwerts* (Profits, Zinsen sowie Miet- und Pachteinkommen) liegt letztlich in der *Wertschöpfung durch menschliche Arbeit*.[261] An den Finanzmärkten werden Werte verteilt, aber keine realen Werte geschaffen. Und noch etwas Entscheidendes kommt hinzu: Hinter jedem ersparten Überschuss oder auch einer über Kredite geschaffenen Geldschöpfung, also hinter jeder Forderung, müssen *Schulden* bzw. Verbindlichkeiten stehen. Wenn ein Euro gespart oder fiktiv geschöpft wird, muss dieser Euro einen Schuldner finden, der dafür Zinsen zahlt. Der Saldo aus Ersparnis und Schulden in einer geschlossenen Volkswirtschaft ohne Auslandsaktivitäten ist immer gleich Null.[262] Wenn aber zu viel Ersparnis und durch Geldschöpfung geschaffenes Geld nach *profitablen (spekulativen) Anlagen* (auch im Ausland) sucht, treibt das die *Vermögenswerte in unrealistische Höhen*. Wobei sich der Effekt noch verstärkt, wenn die *Manager in den Finanzinstitutionen* an den Anlagen kurzfristig verdienen bzw. wenn sie damit ihre Einkommen (Boni) steigern (maximieren) können. Den Gläubigern mit ihren aufgeblähten Finanzvermögen müssen außerdem hinreichende *solvente Kreditnehmer* (gute Schuldner) gegenüberstehen. Dies ist aber völlig unrealistisch, zumal es zuvor zu einer größeren Umverteilung von unten nach oben gekommen ist. Dadurch werden schließlich Banken und Finanzinvestoren bei der *Kreditvergabe* immer *risikobereiter* und *spekulativer*. Es kommt realiter sogar zu Anlagebetrug,

---

261 Vgl. dazu noch einmal ausführlich das Kap. 1 »Arbeit unter marktwirtschaftlich-kapitalistischen Verhältnissen«.

262 Es sei denn, eine offene Volkswirtschaft erzielt *Exportüberschüsse* und das Ausland übernimmt dadurch die Schuldnerposition. Dies ist aber langfristig für alle Länder keine Lösung. Allenfalls kurzfristig für wenige, so auch für Deutschland, die damit auf Kosten der Länder mit negativen Leistungsbilanzen leben und somit auch einen Export an Arbeitslosigkeit betreiben.

Bilanzfälschungen, Korruption der Analysten und Aufsichtsinstanzen. Der *Kredit* pervertiert am Ende zur *Handelsware* in Form von völlig intransparenten *Verbriefungen*. Ein massiver Verstoß gegen die *Vertrauensregel* im Bankensektor! Alles dies konnte beim Platzen der US-amerikanischen Finanzmarktblase, der so genannten Subprime-Kredite, studiert werden. Und noch etwas war zu beobachten, schreibt der Soziologe Christoph Deutschmann in: Die *finanziellen Instinkte* der gutsituierten Mittelstandsbürger und die heute gegebene *Psychologie des Geldes* (Werner 2009: 81ff.).

> »Geld ist nicht bloß ›Indikator‹ der sozialen Position eines Individuums, sondern begründet diese Position selbst unmittelbar, indem es – in seiner Eigenschaft als ›Vermögen‹ – umfassende Zugriffsrechte auf den gesellschaftlichen Reichtum eröffnet. Wer Geldvermögen hat, übt sozialen Einfluss nicht kraft seiner Reputation oder seines gesellschaftlichen Ranges aus, sondern verfügt über ein generalisiertes Machtpotenzial, das scheinbar gänzlich ohne soziale Vermittlungen auskommt. Vermögen heißt Können, und das im Geld objektivierte Können (und die sich dahinter verbergenden Verfügungsrechte über Arbeitswerte anderer, d. V.) lässt den Vermögensbesitzer leicht den Unterschied zwischen seinen in der Regel sehr begrenzten persönlichen Fähigkeiten und dem Potenzial des Geldes vergessen. So wird das Geld zum Vehikel einer narzisstischen Selbstüberhöhung nach dem Motto: Was mein Geld kann, das kann und bin ich. Dem Vermögensbesitzer erscheint sein Geld als eine natürliche Erweiterung und Verlängerung seines Egos. Deshalb kann er, wenn die Börse abstürzt oder das Finanzamt sich meldet, dies nur als Beschädigung des innersten Kerns seiner Persönlichkeit empfinden. Solche Selbstinszenierungen scheinen besondere Resonanz bei sozialen Aufsteigern zu finden, die ihr Geld als ›sauer durch eigene Arbeit verdient‹ wahrnehmen« (Deutschmann 2008: 11).

Es waren aber nicht die normalen (kleinen) Sparer, die die schwerste Finanz- und Weltwirtschaftskrise auslösten, sondern die neben den *Banken* durch die Aufblähung an den Finanzmärkten immer mehr in Erscheinung getretenen *institutionellen Investoren* (Investment- und Pensionsfonds, Hedge-Fonds, Private-Equity-Fonds und auch Versicherungskonzerne), die das Geld der Sparer und Finanzanleger sammeln und anlegen. Dabei entstand bei den institutionellen Investoren eine entsprechende *Finanzmacht*, die sich noch durch eine weitgehende *Liberalisierung der internationalen Kapitalmärkte* (vgl. dazu auch den Kasten Deregulierungen an den Finanzmärkten: S. 523f.) erhöhte, weil die sukzessive Abschaffung staatlicher Kapitalverkehrskontrollen ab Mitte der 1970er Jahre dem international vagabundierendem Kapital eine stark erweiterte Dimension der Mobilität verschaffte. Hinzu kamen neue *Informations- und Kommunikationstechnologien*, wodurch die Möglichkeit schneller Kapitalverlagerungen, aber auch die Instabilität durch ein »Anlegerherdenverhalten« zunahmen. Die gesteigerte Finanzmacht der institutionellen Anleger erhöhte außerdem im Sinne einer Shareholder-value-Orientierung den *Einfluss auf das Management in der »Real-*

wirtschaft« und führte hier zu einem Paradigmenwechsel in der Unternehmenskultur. Und nicht zuletzt nehmen Finanzinvestoren Einfluss auf *demokratisch gewählte Regierungen* und unterminieren diese im Interesse ihrer einseitigen verschärften Profitpolitik durch Forderungen nach niedrigen Steuern und Sozialbeiträgen, einer Lockerung des Kündigungsschutzes und der Mitbestimmung sowie einer Entmachtung der Gewerkschaften. Eine besondere Rolle spielt in diesem Kontext auch die *Privatisierung öffentlicher Güter,* die den Anlage suchenden Finanzinvestoren attraktive Verwertungsmöglichkeiten bietet. Besonders die *Privatisierung bzw. Teilprivatisierung der Rentensysteme*[263] (in Deutschland durch die »Riester- und Rüruprente« in Form einer Teilumstellung vom Umlage- auf das Kapitaldeckungssystem) ist hier neben *Privatisierungen öffentlicher Unternehmen* zu nennen. Zynisch begründet wird dies mit leeren Staatskassen, weil der Staat durch *Steuersenkungen* den Vermögenden u. a. das Geld gegeben hat, mit dem sie jetzt die öffentlichen Güter und Unternehmen aufkaufen, die der Staat nicht mehr finanzieren bzw. unterhalten kann, weil er die Steuern gesenkt hat.[264] Mit der Privatisierung und der Kommerzialisierung der ehemals öffentlichen Leistungen verschlechtert sich zugleich die Versorgung derer, die zuvor auf ihren kostenlosen oder subventionierten Bezug angewiesen waren und sich den Kauf zu gewinnbringenden Preisen nicht mehr leisten können.

4.4.7.3 Aus neoliberalen »Brandstiftern« wurden bastard-keynesianische »Feuerwehrleute«

Es war nach ökonomischen Gesetzmäßigkeiten nur eine Frage der Zeit, bis es zum Zusammenbruch, zum großen Crash, kam. Als die ersten faulen Immobilienkredite in den USA nicht mehr bedient werden konnten und am 15. September 2008 die *Investmentbank Lehman Brothers* zahlungsunfähig wurde, war spätestens der Punkt erreicht. Die liberalisierten Märkte, insbesondere die »entstaatlichten« Finanzmärkte, hatten erbärmlich versagt. Kein Politiker traute sich noch, nach den so genannten bzw. angeblichen *»Selbstheilungskräften des Marktes«* zu rufen. Die Krise, die fast zur Kernschmelze des kapitalistischen Systems geführt hätte, machte die »neoliberalen Brandstifter« über Nacht zu »bastard-keynesianischen Feuerwehrleuten«. Die marktradikale Lehre und die daraus folgenden wirtschaftspolitischen Empfehlungen wur-

---

263 So haben sich weltweit die in Pensionsfonds für die Alterssicherung angelegten Gelder von 1992 bis 2006 von knapp 5 Billionen US-Dollar auf nahezu 23 Billionen US-Dollar mehr als vervierfacht. Je mehr die gesetzlichen Renten abgebaut werden, desto mehr Gelder fließen in die Finanzmärkte.

264 Vgl. dazu ausführlich das Kap. 4.4.9.

den über Bord geworfen. Der Staat sollte jetzt als »Retter« des zuvor so gepriesenen weltweit liberalisierten Markt- und Wettbewerbssystems auftreten. *Konjunkturpakete* wurden weltweit in einer noch nie da gewesenen Größenordnung zu Lasten weiterer Staatsverschuldung aufgelegt (vgl. Tab. 43).

Tab. 43: Konjunkturpakete in ausgewählten Ländern 2008 bis 2010 (in v. H. des Bruttoinlandsprodukts)

Japan	5,0	Großbritannien	1,5
USA	4,8	Frankreich	1,3
China	4,4	Indien	0,5
Deutschland	3,4	Italien	0,3
Kanada	2,7	Italien	0,6

Quelle: Coface Deutschland AG, Handbuch Länderrisiken 2009, Mainz 2009

Die *Geldpolitik* begleitete den antizyklischen Kurs mit drastischen *Zinssenkungen*. Selbst ordnungspolitisch völlig verpönte *Verstaatlichungen von Banken* wurden von Neoliberalen vorgenommen. Dies alles war, kurzfristig betrachtet, ohne Alternative. Und dennoch wurde von den Neoliberalen mystifizierend die wahre *Ursache der Krise* ausgeblendet und allenfalls auf *auslösende* und *verstärkende Faktoren* abgeschoben. Insbesondere die »bösen« US-Amerikaner hätten maßlos über ihre Verhältnisse gelebt. In der Tat haben die USA die Rolle des *weltweit größten Schuldners* angenommen. Wenn man dies kritisiert, dann muss man aber seriöserweise auch die Frage beantworten, wie denn die wirtschaftliche Entwicklung der letzten zwanzig bis dreißig Jahre verlaufen wäre, wenn sie es nicht getan hätten.

4.4.7.4 Aus der Krise nichts gelernt

Aus den *Ursachen* der schweren Finanz- und Weltwirtschaftskrise muss man für die Zukunft Lehren ziehen. Die neoliberalen Kräfte – breit verankert in Politik, Wirtschaft, Wissenschaft und Medien[265] – tun aber alles, um von den *Ursachen der Krise* abzulenken. Was diskutiert und kritisiert wird, sind lediglich *Krisenauslöser* und *Krisenverstärker* wie die aufgezeigte *US-amerikanische Immobilienkrise,* die dadurch

---

265 An dieser Stelle sei insbesondere der weitgehende und bis heute anhaltende »kollektive Realitätsverlust« der *Medien* – wenn es auch ein paar Ausnahmen gibt – erwähnt. Eine Studie über die Berichterstattung zur Finanz- und Weltwirtschaftskrise zeigt hier überdeutlich das Medienversagen auf der ganzen Linie (Arlt/Storz 2010).

entstandene Kredit- und Bankenkrise sowie eine zu lockere *Geldpolitik der US-amerikanischen Notenbank* (Fed). Letztere war schlicht notwendig, um die Kreditnachfrage – gerade im Immobilienbereich – anzureizen, damit auf der anderen Seite die durch die Umverteilung gigantisch angestiegenen und völlig disproportional verteilten Vermögensbestände der Reichen eine ökonomische Verwertung (Verzinsung) finden konnten. Auch die in der Kritik stehende *Deregulierung der internationalen Finanzmärkte* und *pervertierte Bonisysteme für Manager* sind keine Krisenursachen, sondern lediglich *Krisenverstärker* gewesen. Ohne den durch die Umverteilung von unten nach oben erst möglich gemachten *»wuchernden Finanzsektor«* (Lucas Zeise), der letztlich die Überschussliquidität in drittklassigen Krediten hoch spekulativ anlegen musste, wäre es nicht zu der jetzt ablaufenden weltweiten Wirtschaftskrise bzw. dem vorherigen Zusammenbruch des Immobilienmarktes in den USA, aber auch in Spanien gekommen.

So kurieren die Neoliberalen nur an den *Symptomen* und werfen »Nebelkerzen im Finanzkasino« (Wieslaw Jurczenko). Dies kritisiert – in Bezug auf die Banken u. a.[266] – auch Hannes Rehm, Vorsitzender des deutschen staatlichen Bankenrettungsfonds SoFFin. Er wirft insbesondere dem Finanzgewerbe vor, keine Lehren aus der Krise gezogen zu haben. Diese habe aber gezeigt, dass *unregulierte Märkte* zu ungeheuren Verlusten bis hin zur *Selbstzerstörung* führen. Der *Staat* habe gerade im Finanzwesen eine wichtige Gestaltungsaufgabe, dies sei jedoch im weltweiten Wettbewerb der Finanzplätze aus dem Blick geraten. »Alles, was wir jetzt erleben, ist nicht über uns gekommen, sondern ist gewollt gewesen – von der Politik, den Banken, der Wirtschaft«. Auch in Deutschland habe die Politik mit den *Finanzmarktförderungsgesetzen* (siehe den folgenden Kasten »Deregulierungen an den Finanzmärkten«) die Interessen der Finanzinstitute bedient. Die *Deregulierung* habe ein enormes Wachstum der Finanzmärkte, insbesondere der Terminmärkte, zur Folge gehabt, *ohne echten Mehrwert* zu erzeugen. Es habe sich dabei um ein »globales Nullsummenspiel bei explodierten Umsätzen« gehandelt. Zentraler Punkt der jetzt notwendigen Reformen sei eine »Rückführung der Komplexität. Bestimmte Geschäfte dürften künftig nicht mehr möglich sein.«[267] Offensichtlich stellen sich aber dennoch die nach wie vor herrschenden neoliberalen Kräfte eine Fortschreibung ihrer Politik vor; insbesondere ihrer *zerstörerischen Umverteilungspolitik*.

---

266 Zur nicht eingeleiteten Bankenregulierung vergleiche auch Lucas Zeise: Bankenregulierung? Fehlanzeige!, in: Blätter für deutsche und internationale Politik, Heft 2/2010.
267 Vgl. Rehm, H., zitiert bei: Scheuermann, A., Bankenretter attackiert die Branche, in: Hannoversche Allgemeine Zeitung vom 21.08.2009, S. 11.

Deregulierungen an den Finanzmärkten

Aufgrund der internationalen Abkommen von Bretton Woods existierten nach dem Zweiten Weltkrieg zunächst strenge Kapitalverkehrskontrollen. Die Kontrollen wurden ab Mitte der 1970er Jahre schrittweise abgeschafft und durch eine weitgehende Liberalisierung der Kapitalmärkte ersetzt. Hierdurch entstand eine neue Dimension an internationaler Kapitalmobilität. In Deutschland waren 1981 unter dem damaligen SPD-Kanzler Helmut Schmidt die restlichen, noch bestehenden Beschränkungen gefallen. Bis 1994 wurden dann die Kontrollen in allen 30 OECD-Ländern für den grenzüberschreitenden Kapitalfluss aufgehoben. Fortan ging es politisch nur noch um das staatliche Fördern von Finanzinvestoren. Dabei war zunächst die Regierung Kohl besonders aktiv. Mit der *»Börsengesetznovelle«* von 1989 wurde die Spekulation mit Wertpapieren und Edelmetallen erleichtert. Im so genannten Terminhandel konnte nun auch auf den zukünftigen Preis von Gold oder Schweinehälften gewettet werden. Weiter ging es unter Kohl mit drei *»Finanzmarktförderungsgesetzen«* zwischen 1990 und 1998. Die Förderung reichte von der Streichung der Börsenumsatzsteuer über die Zulassung von reinen Geldmarktfonds bis hin zur Erlaubnis, dass auch Investmentgesellschaften mit Termingeschäften spekulieren dürfen. Die Regierung Schröder legte dann im vierten »Finanzmarktförderungsgesetz« nach: Die Anforderungen für den börslichen Handel wurden gelockert, die Anlagemöglichkeiten für Finanzinvestoren erweitert und der Handel mit Derivaten auch im Immobiliengeschäft erlaubt. Hinzu kam mit der Steuerreform 2000 ein unglaubliches Steuergeschenk für die Finanzbranche: Auf Gewinne aus dem Verkauf von Unternehmen oder Unternehmensteilen ist seitdem kein Cent Steuern mehr zu zahlen. Zur Förderung des deutschen *Verbriefungsmarktes* hat die rot-grüne Bundesregierung außerdem eine Reihe von Maßnahmen ergriffen. Um es Kreditinstituten zu erleichtern, Kreditforderungen zu verbriefen, wurden Zweckgesellschaften, die von Kreditinstituten Kreditforderungen übernehmen und verbriefen, gewerbesteuerrechtlich den Banken gleichgestellt und 2003 zu allem Überfluss auch noch von der Gewerbesteuer befreit. Die Banken gliederten in diesen Zweckgesellschaften risikoreiche Kredite und Kreditgeschäfte aus ihren offiziellen Bilanzen aus. Ab 2004 wurden dann durch die rot-grüne Schröder-Regierung auch Hedge-Fonds durch das *»Investment-*

modernisierungsgesetz« in Deutschland zugelassen. Gleichzeitig wurden für Private-Equity-Fonds Gewinne steuerfrei gestellt. Die Besteuerung erfolgt erst bei Gewinnausschüttung an die Kapitaleigner. Sitzen die im Ausland, schaut der deutsche Staat in die Röhre. Ähnliche Steuerprivilegien erhielten die deutschen *Immobilienfonds REITs*, die 2007 zugelassen wurden. Noch im August 2008 – die weltweite Finanzkrise war längst ausgebrochen – trat das *»Gesetz für Modernisierung der Rahmenbedingungen für Kapitalbeteiligungen«* in Kraft. Damit gibt es weitere Steuerprivilegien für Finanzinvestoren. Unter anderem werden Private-Equity-Fonds bei Einhaltung bestimmter Voraussetzungen als rein vermögensverwaltend eingestuft. Auch Verluste können nun noch besser Steuer mindernd eingesetzt werden.

So wird sich nicht viel verändern. »Dem aufkommenden Ruf nach Regulierung der Finanzmärkte – etwa in Gestalt der G 20-Runde von London – mochten (und konnten) sich anfangs auch die Banken nicht verschließen. Inzwischen aber, da es endlich in die Details gehen müsste, will dann doch keiner der Finanzakteure mehr zustimmen. Regulierung der Anreizsysteme? Die Boni-Kultur könne man nicht beschränken, der Markt erlaube das nicht, die Talente liefen sonst davon. Höhere Eigenkapitalanforderungen? Wir Banken sind leider noch nicht soweit, mangels Kapital, versteht sich. Zudem würde die Kreditvergabe bei allzu zügiger Umsetzung verschärfter Eigenkapitalanforderungen auf der Stelle eingeschränkt. Deshalb, so der Basler Bankenausschuss, müsse man hier doch großzügigere Übergangsfristen gewähren. Kurzum: Der kranke Patient diktiert die Bedingungen für seine Therapie. Und wie reagiert die Politik? Kaum oder zumindest nicht wirklich sichtbar. Man werde das Thema bei den kommenden G 20-Treffen weiter diskutieren – und es werde dauern. Konkreteres war von den politischen Akteuren bisher nicht zu hören« (Jurczenko 2010: 9). Am Ende wird es nur zu ein paar wenigen, aber nicht entscheidenden und hinreichenden, international vereinbarten *Kontrollen an den Finanzmärkten* kommen. Die *Bankenaufsicht* wird ein wenig verschärft und konzentriert werden und bei den *Managergehältern* wird sich die Transparenz unbedeutend erhöhen, ohne die Gehälter und Bonizahlungen wirklich zu beschränken. Im Gegensatz dazu wäre dringend eine wirkliche *Neuordnung des Finanzsektors* notwendig.

Dazu sollten erstens »die *Verbriefung von und der Handel mit Kreditpaketen* grundsätzlich verboten werden. Es handelt sich bei diesen Praktiken um eine Umgehung der Eigenkapitalvorschriften für Banken und um eine unüberschaubare Steigerung der Risiken im Finanzsektor. Ausnahmen von diesem Verbot bedürfen der ausdrücklichen Genehmigung und der dauernden Überwachung durch die Aussichtsbehörden. Zweitens sollte die *Kreditvergabe an Finanzinvestoren zur Finanzierung von Beteiligungen oder Übernahmen* entweder verboten oder durch den Zwang zu einer sehr hohen Eigenkapitalunterlegung so verteuert werden, dass diese Kredite weder für Banken noch für Finanzinvestoren attraktiv sind. In der Vergangenheit hatten die mit einem großen Kredithebel ausgeführten Transaktionen zu dramatischen, spekulativen Exzessen geführt. Finanzinvestoren aller Art sollten ihre Investitionen ausschließlich mit dem Kapital finanzieren, das ihnen die Geldbesitzer zur Verfügung stellen. Drittens sollten die *falschen Gehaltsanreize* – wie Aktienoptionen – beseitigt werden, die Unternehmensführungen dazu verleiten, ihr Interesse und ihre Politik vorwiegend auf die schnelle Steigerung von Aktienkursen statt auf eine langfristige strategische Entwicklung und Stärkung ihrer Unternehmen zu richten (vgl. dazu auch Kap. 3.4.3 Managergehälter). Viertens hat die weitgehend unbeaufsichtigte Tätigkeit von *Hedgefonds* maßgeblich zu den Turbulenzen auf den Finanzmärkten und zur Krise beigetragen; sie sollten daher nicht weiter zugelassen werden« (Huffschmid 2008: 9). Außerdem müssen die *Banken wieder auf ihre Grundfunktionen zurückgeführt werden*, nämlich die Wirtschaft mit Krediten zu versorgen und das Vermögen der Haushalte und Unternehmen zu verwalten. Das Kredit- und Wertpapiergeschäft in einer Bank sind streng zu trennen. Ein europäisches *»Basel-III-Paket«* sollte überdies die durch Basel II fehlgeschlagenen Bestimmungen berichtigen. Dazu gehört insbesondere eine Modifizierung des Standardsatzes von 8 v. H. Eigenkapitalabdeckung bei vergebenen Krediten. Dieser Satz sollte auf 20 v. H. erhöht werden, mit Aufschlägen für Kredite an besonders riskante Kreditnehmer (wie Finanzinvestoren) oder Abschläge für Kredite an besonders solide Schuldner (wie Staaten).

Genauso wichtig ist eine *Entschleunigung der Kapitalmärkte*. Dazu sollte der Handel mit Wertpapieren in der Regel nicht mit Krediten finanziert werden, so dass auch kein Handel mit Kreditausfallversicherungen (CDS) erforderlich ist. Spürbare *Steuern auf Finanztransaktionen* (Vgl. Hickel, 2010a) würden daneben die schnelle Spekulation unattraktiv machen.

> »Eine Lehre aus der Krise ist auch, dass die sehr große Zahl und die *Komplexität der Zertifikate*, der ›strukturierten Produkte‹ und der ›Finanzinnovationen‹ für die Käufer und den größten Teil der Verkäufer unverständlich sind und ausschließlich die Funktion besitzen, letztere mit zusätzlichen Gewinnen zu versorgen. Die auf den Kapitalmärkten angebotenen Anlagemöglichkeiten sollten daher radikal verringert und so standardisiert werden, dass sie für alle verständlich sind. Ähnliches gilt auch für *De-*

rivate. Der ökonomisch sinnvolle Zweck der Absicherung gegen Preis- und Wechselkursschwankungen bedarf keiner komplexen Konstruktionen und kann durch einfache Futures oder Forwards erfüllt werden. Was darüber hinausgeht, ist funktionslose Spekulation und sollte in geordneten Finanzmärkten keinen Platz haben« (Huffschmid 2008: 10).

Außerdem sind die *privaten Ratingagenturen* zu verbieten und durch eine europäische staatliche Agentur zu ersetzen.

Anstatt aber das »Finanzkasino« zu schließen, zockt man längst wieder. Die vermögenden Spekulanten haben trotz eingetretener Kapitalvernichtung immer noch reichlich vorhandene *Überschussliquidität* und sind längst wieder auf weltweiter Suche nach rentierlicher spekulativer Anlage. Dies zeigen u. a. die *steigenden Aktienkurse*. Um diese Überschussliquidität, konzentriert in den Händen weniger, aus dem spekulativen Kapitalmarkt zu nehmen, wären als Alternative ein *Linkskeynesianismus* und ein *»Langfrist-Keynes«* notwendig. Diese könnten durch *Umverteilung von oben nach unten* die überschüssige, zum Großteil funktionslose Liquidität der Vermögenden abschöpfen und sie somit den realwirtschaftlichen Kreisläufen zuführen. Der *Tarifpolitik* kommt dabei eine wesentliche Rolle zu. Die realen Löhne und Gehälter müssen mindestens produktivitätsorientiert steigen. Zusätzlich sind die abhängig Beschäftigten an den Gewinnen und am Kapital der sie beschäftigenden Unternehmen zu beteiligen (vgl. Kap. 2.2.2 »Expansive Einkommenspolitik«). Der Staat müsste einen allgemein verbindlichen *gesetzlichen Mindestlohn* einführen, und der öffentliche Sektor wie auch die private Wirtschaft müssten die *Arbeitszeit bei vollem Lohnausgleich verkürzen*, ansonsten wird es in Deutschland keine Vollbeschäftigung mehr geben, und all die negativen sozialen und ökonomischen Folgen der Massenarbeitslosigkeit halten an.[268] Durch *staatliche Finanzpolitik* ist außerdem eine *höhere Steuer- und Staatsquote* umzusetzen (vgl. Kap. 4.3.5.1 »Der Staat ist unterfinanziert«), damit mehr öffentlicher Konsum und öffentliche Investitionen in Richtung Bildung und ökologischem Umbau sowie in mehr öffentliche Beschäftigung fließen können. Und nicht zuletzt muss endlich die Wirtschaft *demokratisiert* und das *»Investitionsmonopol des Kapitals«* durch eine gleichberechtigte paritätische Mitbestimmung der Beschäftigten in den Unternehmen aufgehoben (vgl. Kap. 3.3.1.10 »Notwendige Mitbestimmungsnovellierungen«) und zusätzlich eine drastische *Beschneidung unternehmerischer Marktmacht* an den Güter-, Dienstleistungs- und Finanzmärkten eingeleitet werden (vgl. Kap. 4.1.5.4 »Für eine staatliche Wettbewerbs- und Regulierungspolitik«).

---

268 Vgl. noch einmal die Kap. 2.1.4.5.4 »Mindestlöhne«, 2.1.4.5.6 »Ausbau eines öffentlichen Beschäftigungssektors« und 2.1.4.5.7 »Arbeitszeitverkürzung«.

4.4.8 Staatsverschuldung ist kapitalismusimmanent
4.4.8.1 Fakten

Die herrschende Politik ist aber zu alledem nicht bereit. Vor allem nicht zu einer *Steuerpolitik*[269], die die gigantischen (kurzfristig aber notwendigen) krisenbedingten Zunahmen an *Staatsverschuldungen* durch eine *Belastung der Vermögenden* wieder zurückführt bzw. die Überschussliquidität, das »Übersparen«, endgültig abschöpft. Im Gegenteil: Mit »*Schuldenbremsen*« (vgl. Kap. 4.4.8.3) wollen viele Neoliberale lieber die Staatsausgaben und die Steuern noch mehr senken, um damit den *Sozialstaat* abzubauen (Bontrup 2009b: 337ff.). Die Krisenlasten will man so den Umverteilungsverlierern von schon vor der Krise aufbürden. Sie werden somit zu *doppelten Verlierern* einer menschenverachtenden und ökonomisch gefährlichen neoliberalen Politik gemacht. Mit der jetzt ablaufenden schweren Wirtschaftskrise und einem »bastardkeynesianischen« Intervenieren des Staates wird die *kapitalismusimmanente Staatsverschuldung* auf Basis der bereits bis 2008 aufgelaufenen Staatsschulden in Höhe von 1.541,7 Mrd. € (vgl. Tab. 44) noch einmal kräftig zulegen. Für die Jahre 2009 bis 2013 geht das Bundesministerium der Finanzen laut Monatsbericht August 2009 von zusätzlichen Staatsschulden in Höhe von insgesamt 510 Mrd. € aus, so dass Ende 2013 mit kumulierten Schulden von 2.051,7 Mrd. € zu rechnen ist. Bei einem unterstellten jahresdurchschnittlichen realen Wachstum des Bruttoinlandsprodukts von 2009 bis 2013 in Höhe von 1,5 v. H. (nominales jährliches Wachstum 3 v. H.) würde die *Schuldenstandsquote* von 66 v. H. (2008) auf 73 v. H. im Jahr 2013 anwachsen. Will man die Krise aber nicht *prozyklisch verschärfen* und zumindest das hier unterstellte bescheidene Wachstum erreichen, gibt es hierzu kurzfristig keine Alternative. Denn:

> »Die Staatsverschuldung ist nicht in erster Linie das Ergebnis einer ›falschen Politik‹, sondern einer ›falschen Ökonomie‹. Sie wuchs im Prozess der ökonomischen Entwicklung, die alle in der Logik des Kapitals angelegten Widersprüche zur Entfaltung brachte. In der Staatsverschuldung entladen sich diese Widersprüche und werden durch sie mühselig abgemildert. (…) Die Staatsverschuldung zeigt an, dass in der Ökonomie Kräfte vorherrschen, die nicht beherrscht werden können und die den Staatskredit als Puffer brauchen.« (Roth 1998: 155ff.).

Nur über eine *kreditfinanzierte staatliche Nachfrage* lassen sich Konjunkturschwankungen glätten. Wie wichtig eine solche *antizyklische staatliche Fiskalpolitik* ist, hat einmal mehr die jüngste Finanz- und Wirtschaftskrise gezeigt. Ohne das weltweite staatliche Intervenieren wäre der Zusammenbruch der Wirtschaft noch viel schlimmer ausgefallen. Trotzdem wird in der vorherrschenden neoklassisch/neoliberalen Wirtschafts-

---
269 Vgl. dazu ausführlich das Kap. 4.4.9.

wissenschaft, aber auch in Politik und Medien, mit der Staatsschuld versucht, den Keynesianismus zu diskreditieren. Dieser würde zu einer »Ausuferung des Staatsapparates«, gemessen an der Staatsquote[270], führen. So sei es schließlich zu einer aufgelaufenen (kumulierten) Staatsschuld von mittlerweile über 1,5 Billionen € (Stand 2008) gekommen (vgl. Tab. 44). Diese gigantische (absolute) Zahl relativiert sich aber auf »nur« 66 v. H. (Schuldenstandsquote), wenn man sie auf das jährlich erwirtschaftete nominale Bruttoinlandsprodukt, also auf eine Leistungsreferenzgröße, bezieht. Japan kam übrigens 2008 auf eine Quote von 190 v. H. und die USA auf knapp 71 v. H.

Tab. 44: Staatsverschuldung (Schuldenstand am Jahresende in Mrd. €)

Jahr	Gesamt	Bund	Länder	Gemeinden	Schuldenstandsquote* – v. H. –
1950	10,5	3,7	6,5	0,3	21,0
1960	27,0	13,8	7,5	5,7	17,4
1970	64,4	29,6	14,2	20,6	18,6
1975	131,1	58,8	34,3	38,0	24,8
1980	239,7	120,5	70,5	48,7	31,7
1985	388,7	204,0	126,5	58,2	41,7
1989	474,9	254,4	158,4	62,1	41,8
1990[1)]	538,6	306,3	168,1	64,2	41,2
1991	598,8	348,1	180,2	70,5	40,4
1995	1.019,2	658,4	261,6	99,2	57,0
2000	1.211,2	774,6	338,1	98,5	60,2
2001	1.223,7	759,9	364,6	99,2	59,6
2002	1.277,3	784,3	392,2	100,8	60,3
2003	1.358,1	826,5	423,7	107,9	63,8
2004	1.430,6	869,4	448,7	112,5	65,6
2005	1.489,0	901,6	471,4	116,0	67,8
2006	1.533,8	933,5	481,9	118,4	67,6
2007	1.540,4	940,1	484,4	115,9	65,1
2008	1.541,7	950,4	477,4	113,9	65,9

Ab 1990 Gesamtdeutschland, * Gesamtverschuldung in Relation zum Bruttoinlandsprodukt in jeweiligen Preisen, Quelle: SVR Jahresgutachten 2009/2010, S. 542, Deutsche Bundesbank, diverse Monatsberichte, eigene Berechnungen.

---

270 Zur Messung und Höhe der deutschen Staatsquote – auch im internationalen Vergleich – siehe noch einmal das Kap. 4.3.5.1 »Der Staat ist unterfinanziert«.

Der Staat und seine Verschuldung im Wirtschaftskreislauf

Die Steuereinnahmen und sonstigen Staatseinnahmen (Abgaben) werden vom Staat zur Wahrnehmung seiner Aufgaben und zur Belebung der Wirtschaft in den Wirtschaftskreislauf durch entsprechende Staatsausgaben (Staatsverbrauch, Investitionen, Einkommens- und Vermögensübertragungen an Unternehmen und private Haushalte) zurückgegeben. Somit geht nichts verloren. Halten dabei die Staatseinnahmen durch Steuern und Abgaben/Gebühren mit den Staatsausgaben nicht Schritt, muss sich der Staat verschulden. Manifest wird diese staatliche Verschuldung als Bruttokreditaufnahme, die nach Abzug der Tilgungszahlungen für Altschulden zur *Nettokreditaufnahme* (Nettoneuverschuldung) führt. Unter Berücksichtigung von Rücklagenveränderungen und den Einnahmen aus der Ausgabe von Münzgeld sowie den Bundesbankgewinnen ergibt sich letztlich die jährliche Zunahme der Staatsverschuldung als sog. *Finanzierungssaldo*. Bruttokreditaufnahme - Tilgungen = Nettokreditaufnahme (Nettoneuverschuldung) +/- Rücklagenbewegung + Münzeinnahmen und Bundesbankgewinn = Finanzierungssaldo (Überschuß oder Defizit)

Auch die jährliche *Finanzierungsquote* (Nettoneuverschuldung des Staates in Relation zum Bruttoinlandsprodukt)[271] war seit dem Bestehen der Bundesrepublik Deutschland mit wenigen Ausnahmejahren immer negativ. D.h. völlig unabhängig von den jeweils *regierenden Parteien* konnten die staatlichen Einnahmen (Steuern, Abgaben und die Einnahmen aus staatlichen Unternehmens- und Vermögenseinkünften) die Ausgaben nicht decken.

Eine *absolute Grenze der staatlichen Verschuldung*, über die in der Wirtschaftswissenschaft schon seit 200 Jahren ein heftiger Disput geführt wird (Hickel 1980/Simmert/ Wagner 1981/SVR 2005/2006: 296ff.), oder auch ein *Verschuldungsoptimum* existieren dabei nicht. Im Gegenteil:

> »Ein Verschuldungsoptimum ist solange unterschritten, wie zusätzliche kreditfinanzierte Ausgaben insgesamt oder in spezieller Form (z.B. öffentliche Investitionen) (1) zu einer besseren Auslastung des Produktionspotentials führen, (2) das volkswirtschaftliche Produktionspotenzial ausweiten oder verbessern, (3) eine weitere Annäherung an die gewünschte Verteilung erwarten lassen« (Brümmerhoff 1996: 383).

---

271 Vgl. Tab. 45: »Finanzierungssaldo des Staates«.

Auch ist eine ausschließliche Betrachtung *absoluter Größen* im Zusammenhang mit der Staatsverschuldung und ihrer Finanzierung irreführend. Entscheidend sind *relative Größen*, nämlich die Zunahme der Staatsverschuldung im Vergleich zur Veränderung des Wirtschaftswachstums. Hierauf hat bereits 1944 der bekannte US-amerikanische Ökonom *Evsey David Domar* (1914–1997) hingewiesen. In einer wachsenden Volkswirtschaft, stellte er fest, ist nicht die Tatsache einer wachsenden nominellen Verschuldung von Bedeutung, sondern das Wachstum der Verschuldung in Relation zum Wachstum der Wirtschaft. Solange die Wachstumsrate des nominalen Bruttoinlandsprodukts (BIP) größer oder gleich dem nominalen Zinssatz für die Aufnahme einer öffentlichen Verschuldung ist, bleibt die Verschuldungsquote unverändert oder sinkt sogar, obwohl die nominelle, absolute Verschuldung beständig wächst. Übersteigt allerdings der Zinssatz für die *Neuverschuldung* die Wachstumsrate des BIP, was realiter für Deutschland seit 1991 der Fall ist, so ist der Wert des *Primärsaldos* (= Saldo aus staatlichen Einnahmen und Ausgaben ohne Zinszahlungen) entscheidend.[272] Dieser Saldo stabilisiert dann eine gegebene oder eine als politisch inakzeptabel hoch befundene Schuldenquote auf einen Zielwert.

Für die tatsächlichen Gestaltungsspielräume der Finanzpolitik rückt so die *Primärdefizitquote*, die die Neuverschuldungsquote erfasst, die nach Abzug der staatlichen Zinszahlungen verbleibt, in den Mittelpunkt: Wenn also die Verzinsung der öffentlichen Schulden gerade der BIP-Wachstumsrate entspricht, dann muss der Primärhaushalt ausgeglichen sein. Wenn der Zinssatz größer sein sollte als die Wachstumsrate des BIP, so muss ein Primärüberschuss erwirtschaftet werden (Heise 2002b). Daraus folgt letztlich der ökonomische Lehrsatz, dass Wirtschaftswachstum und niedrige Zinssätze die Garanten sind, um der *Schuldenfalle* zu entgehen. Deshalb vertritt auch seit sechzig Jahren kein seriöser Volkswirt mehr die Meinung, dass eine Volkswirtschaft, die auf eine Rezession zusteuert, einen *ausgeglichenen Staatshaushalt* haben sollte, stellt der US-amerikanische Nobelpreisträger für Wirtschaftswissenschaft *Joseph Stiglitz* (2002: 126) fest. In der Tat würde der Konjunkturabschwung länger andauern und tiefer

---

272 Ergänzt wird der *Primärsaldo* durch den *Sekundärsaldo* (i * D_{t-1}, der Verzinsung der Staatsschulden). Hieraus leitet sich die gesamte dynamische Budgetgleichung des Staates ab: Δd = p + (i − g) * d_{t-1}. Veränderungen der Schuldenquote Δd werden demnach von drei Faktoren bestimmt: dem Quotienten aus Primärsaldo und BIP (p), der Staatsschuldenquote der Vergangenheit (d_{t-1}) und der Zins-Wachstumsdifferenz (i − g). Bei gegebener Ausgangsverschuldung und konstantem Primärsaldo hängt damit die Entwicklung der Schuldenquote und damit der finanzpolitische Spielraum des Staates allein von der *Zins-Wachstums-Differenz* ab.

Tab. 45: Finanzierungssaldo des Staates

Jahr	Bund	Länder	Gemeinden	Soz.Vers.	Staat	in v. H. des BIP
1992	-24,8	-11,0	-3,3	-1,6	-40,7	-2,5
1993	-35,5	-16,9	-1,5	+3,0	-50,9	-3,0
1994	-19,3	-21,2	-2,4	+2,0	-40,9	-2,3
1995	-26,3	-21,2	-3,9	-7,7	-59,1	-3,2
1996	-34,8	-20,7	-0,6	-6,4	-62,5	-3,3
1997	-30,5	-21,7	+0,1	+1,5	-50,6	-2,6
1998	-35,8	-14,2	+4,3	+3,0	-42,7	-2,2
1999	-30,6	-9,5	+5,3	+5,3	-29,3	-1,5
2000*	+28,0	-7,0	+5,4	+0,6	+27,0	+1,3
2001	-27,5	-27,3	-1,1	-3,8	-59,6	-2,8
2002	-36,0	-30,6	-5,0	-6,8	-78,3	-3,7
2003	-39,6	-32,7	-7,2	-7,7	-87,2	-4,0
2004	-52,0	-27,9	-2,4	-1,2	-83,5	-3,8
2005	-47,4	-22,5	-0,2	-3,9	-74,0	-3,3
2006	-34,5	-11,3	+3,0	+5,0	-37,8	-1,6
2007	-18,9	+4,6	+8,3	+10,9	+4,9	+0,2
2008	-14,1	+1,2	+5,8	+8,2	+1,1	0,0

Quelle: Statistisches Bundesamt 2010. * Inklusive UMTS-Erlöse

ausfallen, die Sockelarbeitslosigkeit in der langen Frist steigen und sich die Schere von Arm und Reich weiter öffnen. »Denn wenn im konjunkturellen Abschwung ein Investitionszyklus sein Ende findet, dann kommt es darauf an, die nun *fehlende Investitionsnachfrage*, so gut es geht, durch Konsumnachfrage oder staatliche Investitionen zu ersetzen. Folglich sind gerade jetzt Lohnerhöhungen und ein Anwachsen der Staatsausgaben angemessen – um nichts in der Welt aber eine Minderung der Ausgaben, weil die Steuereinnahmen sinken. Noch in den 1980er Jahren hießen Ausgaben, die nicht mit den Einnahmen variieren, in der Fachliteratur ›automatische Stabilisatoren‹ (= *konjunkturelle Defizite;* siehe die Erklärung in dem folgenden Kasten, d. V.): Denn es wird eine Art Kettenreaktion verhindert, wenn bei Zunahme der Arbeitslosigkeit die Konsumausgaben weniger markant sinken als die Erwerbseinkommen, das Sinken der Nachfrage und damit der Beschäftigung also abgebremst wird« (Schui 2002: 399f.).

Strukturelle und konjunkturelle Staatsdefizite

»In der Literatur wird zwischen *aktiver* und *passiver* Verschuldung oder auch zwischen *strukturellen* und *konjunkturellen* Defiziten unterschieden. Die passive Verschuldung speist sich aus dem ›*Spielen der automatischen Stabilisatoren*‹, d. h. aus dem automatischen, durch keine diskretionäre Maßnahme ausgelösten Auseinanderfallen von rückläufigen Steuereinnahmen und steigenden Staatsausgaben (gesetzlichen Transfers) im konjunkturellen Abschwung. Die Automatik dieses Prozesses ermöglicht es, von den Intentionen des staatlichen Akteurs abzusehen. Aktive Verschuldung hingegen setzt ein intentionales, diskretionäres Verhalten des Staates voraus. Das ›Spielen der automatischen Stabilisatoren‹ führt zu konjunkturellen Defiziten im Abschwung und zu spiegelbildlichen Überschüssen im Aufschwung. Bereinigt man den öffentlichen Haushaltssaldo um diese konjunkturellen (automatischen) Einflüsse, so erhält man einen Saldo – Defizit oder Überschuss –, der als anhaltend, intentional und aktiv beeinflusst angenommen werden kann: das strukturelle Defizit bzw. der strukturelle Überschuss. Das gesamtwirtschaftliche Defizit (bzw. der Überschuss) ergibt sich aus der Summe von strukturellem und konjunkturellem Saldo. Solange angenommen werden kann, dass das strukturelle Defizit keinen Einfluss auf die Auslastung der Ressourcen hat, wie es die Rationale-Erwartungs-Neoklassik sogar kurzfristig, wie die weniger rigide walrasianische Theorie aber zumindest langfristig unterstellt –, bewegen sich strukturelles und gesamtwirtschaftliches Defizit in die gleiche Richtung, ein Abbau des strukturellen Defizits impliziert einen Rückgang des gesamtwirtschaftlichen Defizits. Sobald aber das strukturelle Defizit zu einer Veränderung der Auslastung der Ressourcen führen kann – wie vom Postkeynesianismus angenommen –, kann ein steigendes strukturelles Defizit zu keinem sinkenden gesamtwirtschaftlichen Defizit oder umgekehrt ein sinkendes strukturelles Defizit zu einem steigenden gesamtwirtschaftlichen Defizit führen – dies ist das so genannte ›*Schuldenparadoxon*‹« (Heise 2002b: 300).

Wie wirksam die *automatischen Stabilisatoren* allerdings sind, hängt von der Höhe der *Lohnersatzleistungen* und vom Vorhandensein eines *Sozialstaates* ab (vgl. Kap. 4.3). Wird hier, wie mit der *Agenda 2010* und den *Hartz-Gesetzen*, das Sozialentgelt zurückgefahren, um die *Gewinne* der Unternehmen zu stabilisieren oder gar zu steigern

– auf nichts anderes läuft letztlich die Senkung der sogenannten *Lohnnebenkosten* hinaus[273] –, so werden die Stabilisatoren geschwächt und der Konjunkturabschwung, die *Wirtschaftkrise*, ist stärker ausgeprägt. Es folgen noch niedrigere Steuer- und Abgabeneinnahmen, erneute Ausgabenkürzungen und so fort. Die Krise findet kein Ende.

4.4.8.2 Mehr Polemik als Sachargumentation

Besonders wird in letzter Zeit gegen die Staatsverschuldung mit steigenden *Zinslasten* argumentiert, da die verausgabten Zinsen der Politik für investive und konsumtive Staatsausgaben nicht mehr zur Verfügung stünden und somit der politische Handlungsspielraum eingeengt würde. Gemessen werden die Zinsaufwendungen dabei in Relation zum Bruttoinlandsprodukt. Erst wenn die absoluten Zinsaufwendungen rascher steigen als das Bruttoinlandsprodukt, steigt auch die relative Zinslast (*Zins-Lastquote*) (Kromphardt 1987: 170f.).

w Y – w i < Null → Zinslastquote↑

w Y = Wachstumsrate Bruttoinlandsprodukt; w i = Zinsaufwendungen; Zinslastquote = Zinsaufwand : Bruttoinlandsprodukt

Bezieht man die Zinsen auf die Staatsausgaben, so zeigt die (*Zins-Ausgabenquote*) an, welcher Anteil der Staatsausgaben für den Schuldendienst gebunden ist. Und die *Zins-Steuerquote* bringt zum Ausdruck, in welchem Ausmaß die Zinsbelastung durch Steuereinnahmen gedeckt ist. Seit 2000 ist eine leichte Entlastung der relativen Zinslastquoten eingetreten (vgl. Tab. 46). Allerdings musste der Staat im Jahr 2008 über 69 Mrd. € Zinsen zahlen oder 11,6 v. H. der Steuereinnahmen für Zinsen aufwenden.

Zinslasten sind aber ein ganz normaler Vorgang. Auch *Private* (Haushalte und Unternehmen) müssen für ihre Verbindlichkeiten Zinsen entrichten, die auch hier für andere Ausgaben nicht mehr zur Verfügung stehen und für Opportunitätskosten sorgen. Will der Staat heute z. B. die *Umwelt* sanieren, was auch *zukünftigen Generationen* zum Vorteil gereicht, und die Ausgaben dafür nicht aus heute erhobenen *Steuern* finanzieren, so muss er sich verschulden. Deshalb sind auch mit dem Hinweis auf eine kollektive Belastung kommender Generationen drastische Sparmaßnahmen zum Abbau der Staatsverschuldung immer kritisch zu hinterfragen. Der Finanz-

---

273 Vgl. dazu noch einmal den Exkurs: »Die Mär von den zu hohen Lohnnebenkosten«.

Tab. 46: Staatliche Zinslastquoten (in v. H.)

Jahr	Zins-Lastquote	Zins-Ausgabenquote	Zins-Steuerquote
2000	3,2	7,0	13,0
2001	3,1	6,4	13,5
2002	2,9	6,1	13,1
2003	3,0	6,1	13,3
2004	2,8	6,0	13,0
2005	2,8	5,9	12,6
2006	2,8	6,2	12,3
2007	2,8	6,3	11,7
2008	2,8	6,3	11,6

Quelle: Deutsche Bundesbank, Monatsbericht Dezember 2009, S. 54*, eigene Berechnungen

wissenschaftler *Lorenz von Stein* (1815-1890) betonte schon 1878: »*Ein Staat ohne Staatsschuld tut entweder zu wenig für seine Zukunft oder er fordert zu viel von seiner Gegenwart.*«[274]

Auch ist zu beachten, dass ein Staat ohne Staatsverschuldung von seinen Bürgern verlangt, *Investitionsvorhaben* sofort mit Steuergeldern zu finanzieren. »So wie jedes Unternehmen Anschaffungen und andere Investitionen über einen längeren Zeitraum *abschreibt* und entsprechend finanziert, müsste das auch beim Staat selbstverständlich sein. Die sofortige Finanzierung von Investitionen durch Steuern belastet die die Steuern zahlende Generation viel zu stark. Sie ist nicht gerecht« (Köhler 2000: 105). Auch die Behauptung gegen Staatsverschuldung »dass der Staat sich bei *vermögenden Staatsbürgern* verschuldet, fällige Zinsen aber aus dem allgemeinen Steueraufkommen begleicht und so einer staatlich initiierten *Umverteilung von unten nach oben* Vorschub leistet, ist in ihrer Kausalität nicht richtig. Denn: »Zinseinkommen entstehen dadurch, dass einzelne Haushalte in der Lage sind, *Ersparnisse* zu bilden. Aus der Staatsverschuldung folgt somit kein *Gerechtigkeitsproblem*, das nicht mit Blick auf die vorhandenen *Einkommens- und Vermögensdisparitäten* bereits bestanden hätte. Für den einzelnen Geldvermögensbesitzer ist es letztlich unerheblich, ob er gegenüber dem Staat oder einzelnen Privaten im In- oder Ausland eine Gläubigerposition einnimmt: ›Dass die Kreditzeichner sich unter den mannigfachen Anlagealternativen auf

---

274 Zitiert bei Müller, M., Schulden und Schulden, in: Frankfurter Rundschau vom 18. Oktober 2002, S. 2.

dem Kapitalmarkt ›zufällig‹ für ein Staatspapier entschieden haben, ist nicht kausal für ihr Zinseinkommen; denn hätte sich der Staat für *Steuerfinanzierung* entschieden, so hätten sie eine alternative Anlageform wählen müssen und dafür ebenfalls ein Zinseinkommen bezogen. Das dem Gläubiger zufließende Zinseinkommen ist in jedem Fall von Dritten aufzubringen« (Arbeitsgruppe Alternative Wirtschaftspolitik 2001: 264).

Entscheidend bei der Staatsverschuldung ist etwas ganz anderes, etwas grundsätzliches, und zwar ihre *wirtschaftliche Kreislaufwirksamkeit*. Ohne Staatsverschuldung wären nämlich die gigantischen *Finanzierungsüberschüsse der privaten Haushalte* überhaupt nicht möglich.

»Denn wenn niemand *Schulden* macht, kann auch niemand *Überschüsse* erwirtschaften. Das Defizit des einen ist notwendigerweise der Überschuss des anderen: Wenn in einer Volkswirtschaft niemand mehr Geld ausgibt, als er einnimmt, kann auch niemand mehr Geld einnehmen, als er ausgibt!« (Krämer 2001: 821).

Auch belasten wir mit unseren Staatsschulden nicht automatisch unsere Kinder. »Denn die Kinder, die unsere *Schulden* erben, erben auch unser *Vermögen*. Staatsverschuldung impliziert demnach nicht einen *Intergenerationen-*, sondern allenfalls einen *Intragenerationenkonflikt*. Eine hohe Staatsverschuldung heißt außerdem nichts anderes, als dass die übrigen Teilnehmer des Wirtschaftslebens – Firmen, Ausland und private Haushalte – einen exakt gleich großen Überschuss besitzen. Die Summe aller Schulden ist per definitionem immer genauso groß wie die Summe aller *Guthaben*. Wenn die Schulden wachsen, wachsen die Guthaben im Gleichschritt mit. Das beträchtliche Netto-Vermögen der deutschen Privathaushalte wäre ohne einen Partner, der dieses Vermögen *schuldet*, undenkbar. Deshalb ist es wenig sinnvoll, die eine Seite der Münze zu bewundern und die andere zu verachten. Wenn wir in der Presse lesen, die deutsche Staatsverschuldung betrage pro Bürger mehr als 2.500 €, so kann man das auch umdrehen und sagen: Jeder Bürger hat beim deutschen Staat ein Guthaben von im Mittel mehr als 2.500 €. Wenn wir das *Ausland* einmal ignorieren, kann der Staat so viel Schulden machen, wie er will – netto ist die Belastung immer Null.[275] Es ist ein *Nullsummenspiel*. Wenn Frau Meier ihrem Gatten 250 € für einen neuen Rasenmäher leiht, bleibt das Geld in der Familie. Niemand würde sagen, Familie Meier habe 250 € Schulden. Ebenso kann auch ein Staat als ganzer

---

275   Aber auch unter *Berücksichtigung des Auslands* ist es empirisch so, dass in Summe nicht die deutsche Volkswirtschaft im Ausland, sondern das Ausland in Deutschland hoch verschuldet ist. Vgl. dazu die Tab. 47.

keine Schulden machen:[276] Was wir aus der einen Tasche herausnehmen, stecken wir in die andere hinein. Netto gleicht sich alles aus« (Krämer 2001: 821). So weisen die privaten Haushalte traditionell in Deutschland, im Unterschied zu den Unternehmen und den öffentlichen Haushalten, einen *Finanzierungsüberschuss* auf. Dieser Finanzierungsüberschuss spiegelt die Tatsache wider, dass der Verbrauch der privaten Haushalte ständig unter ihrem verfügbaren Einkommen liegt. Mit diesem Überschuss, der der jährlichen *Netto-Vermögensbildung* der *privaten Haushalte* entspricht, finanzieren sie das Defizit des Unternehmenssektors[277] (Nichtfinanzielle Unternehmen) wie das der öffentlichen Haushalte (Staat) und auch die Verschuldung des Auslands. Wie der Tab. 47 zu entnehmen ist, betrug der Finanzierungsüberschuss zwischen 1991 und 2008, also die jährliche Netto-Vermögensbildung der privaten Haushalte (dazu zählen in der statistischen Abgrenzung auch alle Einzelunternehmer) jahresdurchschnittlich 93,6 Mrd. €.

Hinzu kam im selben Zeitraum ein Finanzierungsüberschuss der *Finanzinstitute* (Banken, Versicherungen, Finanzdienstleister) in Höhe von 14,9 Mrd. €. Defizitär waren zwischen 1991 und 2008 dagegen die Finanzierungssalden der *Nichtfinanziellen Kapitalgesellschaften* (alle Personen-, Kapital- und Genossenschaftsunternehmen, die nicht zum Finanziellen Sektor gehören) mit jahresdurchschnittlich - 28,9 Mrd. € und die der *öffentlichen Haushalte* mit - 45,5 Mrd. €. Bis zur *deutschen Wiedervereinigung* übertraf die Netto-Vermögensbildung der privaten Haushalte und der Finanzinstitute sogar in aller Regel die Absorptionsfähigkeit dieser beiden Sektoren, so dass Nettokredite in z.T. dreistelliger Milliardenhöhe an die *übrige Welt (Ausland)* in Form von Kapitalexporten vergeben wurden. Im Zuge des erhöhten Finanzierungsbedarfs infolge der deutschen Wiedervereinigung hatte sich die Fließrichtung der Nettokredite zwischen Deutschland und dem Ausland zeitweise umgekehrt. Seit 2002 liegt aber

---

276 Staatsschulden sind nicht mit den Schulden eines *privaten Haushaltes* oder eines *Unternehmens* zu vergleichen. Denn die öffentliche Verschuldung ist eine Kreditsumme, die wir – Bürger und Institutionen wie Banken und Versicherungen – uns selbst schulden. Die Staatsschuld ist immer die *Schuld eines Volkes an sich selbst*. Außerdem muss eine öffentliche Schuld nicht unbedingt zurückgezahlt werden; das Staatsvolk als Schuldner hat theoretisch eine ewige Lebensdauer. Auch würde eine Tilgung der Staatsschulden einer Volkswirtschaft keinen Reichtumsvorteil bringen. Die Steuern müssten im Falle der Tilgung erhöht werden, um die Rückkaufbeträge aufzubringen. Der Staat gäbe die Mehreinnahmen also an die Wirtschaftssubjekte zurück, die sie ihm gerade durch höhere Steuern abgeliefert haben: Ein bloßer Transferprozess fände statt.
277 Dabei fällt bei einer zuweilen populistisch geführten Debatte in den *Medien* auf, dass nur die öffentlichen Schulden eine gesellschaftliche Bedrohung darstellen – nicht aber die Verschuldung der Unternehmen.

Tab. 47: Gesamtwirtschaftliche Vermögensbildung nach Sektoren und ihre Finanzierung von 1991 bis 2008 (Finanzierungssalden in Mrd. €ᵃ⁾)

Jahr	Private Haushalte[b]	Nichtfinanzielle Unternehmen	Finanzinstitute	Staat[c]	Ausland
1991	76,4	- 66,9	11,2	- 43,8	+ 23,1
1992	79,0	- 62,9	6,0	- 40,7	+ 18,6
1993	72,5	- 46,1	6,8	- 50,9	+ 17,8
1994	51,8	- 49,5	10,2	- 40,9	+ 28,4
1995	56,8	- 30,2	8,3	- 58,8	+ 24,0
1996	61,7	- 14,8	3,2	- 62,5	+ 12,3
1997	62,8	- 26,8	6,0	- 50,6	+ 8,6
1998	68,0	- 34,0	- 4,7	- 42,7	+ 13,4
1999	69,4	- 70,3	6,2	- 29,3	+ 24,0
2000[d]	75,4	- 137,1	8,0	27,1	+ 26,7
2001	97,3	- 41,4	2,8	- 59,6	+ 0,9
2002	101,3	3,4	19,6	- 78,3	- 45,9
2003	125,1	- 10,2	17,1	- 87,3	- 44,8
2004	133,4	32,7	23,9	- 83,5	- 106,5
2005	144,7	23,3	25,4	- 74,3	- 119,1
2006	139,3	8,1	34,1	- 35,9	- 145,6
2007	135,6	9,0	44,1	- 4,2	- 184,5
2008	135,5	- 6,6	39,6	- 3,3	- 165,2
Summe	**1.685,8**	**-520,3**	**267,8**	**- 819,5**	**- 613,8**
JD	*93,6*	*- 28,9*	*14,9*	*- 45,5*	*- 34,1*

a) Ersparnis – Sachvermögensbildung (Nettoinvestitionen) = Finanzierungssaldo. Der Ausgleich der sektoralen Finanzierungssalden erfolgt über Kapitalimporte und Kapitalexporte mit dem Ausland (Kapitalimport = Positivsaldo); Kapitalexport = Negativsaldo); b) Einschl. private Organisationen ohne Erwerbszweck; c) Gebietskörperschaften plus Sozialversicherungen; d) Im Jahr 2000 einschließlich der Verkäufe von UMTS-Lizenzen durch den Staat an nichtfinanzielle Unternehmen (sog. nichtproduzierte Vermögensgüter), Quelle: Deutsche Bundesbank, Datenstand: Mai 2009

wieder eine *positive Leistungsbilanz* vor, so dass es im Saldo mit der übrigen Welt zu Kapitalexporten kommt. Dabei haben sogar in Summe die hohen Leistungsbilanzüberschüsse seit 2002 die Defizite zwischen 1991 und 2001 mit jahresdurchschnittlich 34,1 Mrd. € überkompensiert (vgl. Tab. 47).

Exkurs: Auch das Ausland trat für die vermögenden Deutschen als Schuldner auf

Deutschland ist in der Vermögensrechnung bezüglich des Auslands ein *Gläubigerland*. Auch hiervon profitieren im Wesentlichen nur die Kapitaleigner. Die Reallöhne waren – wie bereits mehrfach aufgezeigt – niedrig, dies hat die *preisliche Wettbewerbsfähigkeit* gegenüber dem Ausland verbessert. Davon haben die ausländischen Importeure in Form günstiger Preise profitiert, aber auch die Bezieher von Besitzeinkommen. Gleichzeitig entstand hierdurch in Deutschland eine *gespaltene Konjunktur*. Die Binnenwirtschaft lahmte auf Grund der Umverteilung. Der *private Konsum*, das größte Aggregat in der gesamtwirtschaftlichen Nachfragefunktion, fiel wachstumsmäßig fast vollständig aus. Die Konsumnachfrage stieg in Deutschland von 2001 bis 2008 real nur um 3 v. H., während die Wirtschaftsleistung, das reale Bruttoinlandsprodukt, um 10 v. H. wuchs. Selbst im letzten konjunkturellen Aufschwung von 2006 bis 2008 lagen die Wachstumsraten des privaten Konsums weit unter den realen Wachstumsraten des Bruttoinlandsprodukts.

Zusätzlich wurden die privaten Haushalte zu weiterem *Sparen* ermuntert, da angeblich die *Alterssicherung* nicht mehr sicher sei (vgl. Kap. 4.3.3 »Von Riesters Rentenreform zur Rürup- und Herzogreform«). Zur privaten Vorsorge waren aber nur die besser verdienenden Haushalte in der Lage. Die so insgesamt entstandenen Ersparnisse suchten nach Anlagen. Deutschland hat eine relativ stabile gesamtwirtschaftliche *Sparquote* von fast 11 v. H., bezogen auf das verfügbare Einkommen. Dabei sind die Ersparnisse völlig ungleich verteilt. Viele private Haushalte haben nicht nur keine Ersparnisse, sondern sind hoch verschuldet. Da der *Staat* gleichzeitig seinen Haushalt konsolidierte, also weniger Kredite nachfragte, blieben als Abnehmer der Ersparnisse nur der Unternehmenssektor und das Ausland übrig. Die produzierenden Unternehmen insgesamt brauchten in der Vergangenheit dagegen nicht so viele Kredite, da ihre *Ertragslage* gut und ihre Expansionsmöglichkeiten durch die viel zu geringe Binnennachfrage beschränkt war. Von 2002 bis 2008 erzielten die Unternehmen in Deutschland sogar einen *Finanzierungsüberschuss* in Höhe von 59,7 Mrd. € (vgl. Tab. 47). So ist es im Ergebnis logisch, dass in den letzten zwanzig Jahren das insgesamt nur geringe Wirtschaftswachstum fast ausschließlich aus dem *Außenbeitrag* kam (vgl. Tab. 48). Dieser stieg in Relation zum Bruttoinlandsprodukt seit 2001 von 2,0 v. H. auf 6,2 v. H. im Jahr 2008. Ebenfalls seit 2001 wurde das Wachstum zu zwei Dritteln vom Exportüberschuss getragen (Arbeitsgruppe Alternative Wirtschaftspolitik 2009: 66ff.). 1991 bis 2008 hat es einen *Kapitalexport* ins Ausland in Höhe von fast 614

Mrd. Euro gegeben. Oder man kann auch sagen: In Folge der *deutschen Leistungsbilanzüberschüsse* musste sich das Ausland bei uns hoch verschulden.

Tab. 48: Außenhandel von 1991 bis 2008 (in Mrd. €)

Jahr	Außenbeitrag* – in Mrd. € –	in v. H. des BIP
1991	- 6,09	-0,4
1992	- 7,48	- 0,5
1993	- 0,46	- 0,03
1994	2,59	0,1
1995	8,67	0,5
1996	16,87	0,9
1997	23,91	1,2
1998	26,82	1,4
1999	17,44	0,9
2000	7,25	0,4
2001	42,51	2,0
2002	97,72	4,6
2003	85,93	4,0
2004	112,93	5,1
2005	118,88	5,3
2006	132,46	5,7
2007	171,70	7,1
2008	155,69	6,2

* Außenbeitrag (Exporte abzüglich Importe von Waren und Dienstleistungen) in der Abgrenzung der Volkswirtschaftlichen Gesamtrechnung, Quelle: Statistisches Bundesamt, Fachserie 18/Reihe 1.1. S. 39, eigene Berechnungen.

Deutschland profitierte hier (insbesondere die Exportwirtschaft) von der *Einführung des Euros*. Mit der D-Mark wären die hohen Leistungsbilanzüberschüsse nicht möglich gewesen. Es hätte eine massive *Aufwertung* gegeben, die die Wettbewerbsvorteile beim Export durch die einheitliche Euro-Währung – ohne entsprechende Aufwertung – wieder wettgemacht hätte. So aber lag das kumulierte *Leistungsbilanzdefizit der EU26* (ohne Deutschland) im Zeitraum von 2001 bis 2008 bei fast 900 Mrd. €. Deutschland wies dagegen im selben Zeitraum einen kumulierten Leistungsbilanzüberschuss in Höhe von rund 700 Mrd. € auf. »Die wirtschaftlichen und sozialen

Kosten des Wegfalls der Wechselkurse für die schwächeren Mitgliedsstaaten wurde systematisch unterschätzt. Griechenland, Spanien und Portugal sind bereits mit Leistungsbilanzdefiziten in die Währungsunion gegangen. Seit ihrem Beginn gibt es für Griechenland und die anderen schwächeren Mitgliedsstaaten keine Möglichkeit mehr, ihre Wettbewerbsfähigkeit durch eine *Währungsabwertung* zu erhöhen. Die Folge: Griechenlands Konkurrenzfähigkeit nahm drastisch ab und die Leistungsbilanz geriet immer rascher ins Minus. Die deutsche Exportwirtschaft hat von der kräftigen Binnennachfrage in Griechenland und den anderen südlichen Eurostaaten profitiert. In Griechenland und Portugal boomte nach der Währungsunion die Nachfrage. Griechische Konsumenten importierten deutsche Autos, Pharmazeutika und Produkte der Lebensmittelindustrie, die Industrie Maschinen und Apparate. Aber Haushalte und Industrie mussten sich dafür verschulden. Davon profitierten die Banken bzw. die dort ihr überschüssiges Geld anlegen. Von 2005 bis 2008 erhielten so deutsche Anleger jährlich zwei Milliarden Euro Zinsen aus Griechenland« (Köppen 2010: 4).

Möglich war dies – neben der Einführung des Euros auch in realwirtschaftlich schwachen Ländern – aufgrund einer in Relation zur Produktivitätssteigerung zu *geringen Lohnentwicklung* in Deutschland.

»Die nominalen Lohnstückkosten lagen 2007 (vor Beginn der Finanz- und Wirtschaftskrise) nur um 1,8 v. H. über dem Niveau von 1998 (vgl. dazu auch Tab. 10 in Kap. 2). Diese schwache Lohnentwicklung wiederum ist zum einen auf die Arbeitsmarktreformen, insbesondere seit 2000, und die Einführung von Hartz-IV zurückzuführen,[278] und zum anderen auf die unzureichende wirtschaftspolitische Reaktion (...) zu Beginn des Jahrzehnts, die eine nur verhaltene wirtschaftliche Entwicklung und entsprechend einen *Anstieg der Arbeitslosigkeit* zur Folge hatte. Die schwache Lohnentwicklung bewirkte zwar hohe Exportzuwächse, zugleich aber einen gedämpften Konsum und darüber hinaus eine relativ *schwache Investitionsentwicklung* mit der Folge, dass die expansive Politik der EZB wegen der vergleichsweise hohen Realzinsen (Deutschland hatte niedrige Inflationsraten, d. V.) bei weitem nicht so stimulierend auf die deutsche Wirtschaft wirkte wie auf den übrigen Euroraum« (Horn/Tober/van Treeck/Truger 2010: 1f).

Die Verschuldung des Auslands aufgrund der Leistungsbilanzdefizite hat aber die Position (nicht nur von Griechenland) an den internationalen Kapitalmärkten im Zuge der weltweiten Finanz- und Wirtschaftskrise dramatisch verschlechtert.

Neben den Leistungsbilanzdefiziten kam eine relative hohe *Staatsverschuldung* hinzu. Im Fall Griechenland lag das Haushaltsdefizit in Relation zum Bruttoinlandsprodukt 2009 bei 13,6 v. H.

---

278 Vgl. dazu noch einmal Kap. 2.1.4.5.3 »Zu den Ergebnissen der Hartz-Kommission«.

Globale Ungleichgewichte in den Leistungsbilanzen

In der Vergangenheit haben sich immer stärkere Ungleichgewichte in der Weltwirtschaft herausgebildet. Länder wie Deutschland, China und Japan verzeichnen seit langem riesige Leistungsbilanzüberschüsse. Das heißt, sie exportieren viel mehr Waren und Dienstleistungen, als sie im Gegenzug aus dem Ausland importieren. *Sie leben damit unter ihren Verhältnissen.* Das funktioniert nur, wenn andere Länder umgekehrt mehr importieren als exportieren, also *über ihren Verhältnissen leben.* Dies betrifft insbesondere die USA mit einem Leistungsbilanzdefizit von knapp 700 Mrd. US-Dollar im Jahr 2008. Kein Land der Erde hat dabei eine solch hohe Auslandsverschuldung aufgebaut, wie die USA. Aber auch Länder wie Griechenland, Portugal, Spanien, Großbritannien, Italien und Australien weisen hohe Leistungsbilanzdefizite und damit Auslandsverschuldungen auf. Dauerhaft mehr Importe als Exporte bedeutet: Es sammeln sich immer mehr Schulden gegenüber dem Ausland an.

Die größte staatliche Schuldenaufnahme – noch vor Griechenland – wies 2009 in Europa aber Irland mit -14,3 v. H. auf. Gefolgt von Spanien mit -11,2 v. H., Portugal mit -9,4, Frankreich mit -7,5 v. H., Belgien -6,0 v. H. und Italien mit -5,3 v. H. Im Durchschnitt kamen die Euro-Länder 2009 auf ein staatliches Defizit in Höhe von -6,3 v. H. und die EU27 auf -6,8 v. H. Deutschland lag 2009 bei -3,3 v. H. und die USA bei -11,3 v. H. sowie die Japaner bei einem staatlichen Defizit von -8,0 v. H. Schon im Januar 2009 musste Griechenland in Folge der hohen Schuldenaufnahme fast doppelt so hohe Zinsen (5,5 v. H.) für die Auflage einer 10-jährigen Staatsanleihe zahlen wie Deutschland (3,0 v. H.). Nachdem massive *Spekulationen* von Hedge- und Investmentfonds seit Anfang 2010 auf einen *Staatsbankrott von Griechenland* den Euro unter Druck setzten, und Finanzinvestoren vom griechischen Staat Zinsen bis zu 16 v. H. für Staatsanleihen verlangten – wenn sie Griechenland überhaupt noch Geld liehen –, entschloss sich nach einer zunächst zögerlichen Haltung die EU in Verbindung mit dem Internationalen Währungsfonds (IWF) für ein *griechisches Rettungspaket* per Kreditzahlungen in Höhe von 110 Mrd. €, die mit 5 v. H. Zinsen zurückzuzahlen sind. 22 Mrd. € kommen davon aus Deutschland. Hier soll die staatliche KfW-Bank die mit öffentlicher Garantie versehenen Kredite an Griechenland vergeben. Gleichzeitig verlangt man von Griechenland ein *drastisches Sparprogramm,* insbesondere durch Lohnkürzungen im öffentlichen Dienst, aber auch Rentenkürzungen und Steuererhöhungen (u. a. eine Mehrwertsteuererhöhung auf 23 v. H.). Damit will man die Konkurrenzfähigkeit der griechischen Wirtschaft – auch ohne die seit Einführung des Euros nicht mehr mögliche Abwertung einer eigenen Währung – wiederherstellen. Die »*interne Abwertung*« durch das Griechenland auferlegte Sparprogramm ist nicht nur sozial und gesellschaftlich unverantwortlich, sondern auch ökonomisch kontraproduktiv und zum Scheitern verurteilt, weil hiermit die griechische Binnenwirtschaft in eine *Rezession* gezwungen, also kaputt gespart wird. Hierdurch werden u. a. die Steuereinnahmen weiter schrumpfen und in Folge die Staatsschulden noch mehr steigen, die eigentlich bis 2014 um 11 Prozentpunkte laut Forderung des IWF und der Eurogruppen-Finanzminister abgebaut werden sollen. Dies kommt der Quadratur des Kreises gleich.

Sicher gibt es in Griechenland hausgemachte Probleme. Dazu gehören verkrustete Strukturen im Staatsapparat und Korruption. Der Staat hat nicht dafür gesorgt, die Steuereinnahmen auf das europäische Durchschnittsniveau zu heben. Für Großverdiener und Vermögende ist die Besteuerung nur minimal. Unentschuldbar ist auch die statistische Manipulation, mit der die tatsächliche Staatsverschuldung vertuscht wurde. Dennoch ist die hohe Staatsverschuldung nicht der Grund für die gegenwärtige Krise Griechenlands, wie auch die Staatsverschuldungen anderer Länder zeigen. Vielmehr gehören die *Spekulation* und die daraus resultierenden Wucherzinsen auf die Anklagebank. Solange diese an den Kapitalmärkten (vgl. Kap. 4.4.7.4) nicht beseitigt und ihre Quelle, die Umverteilung von unten nach oben, nicht verstopft wird, wird es auch immer wieder zu Angriffen gegen einzelne EU-Länder und auch gegen die Gemeinschaftswährung, den Euro, kommen. Insofern ist das im Mai 2010 von den Regierungschefs der Euro-Mitgliedsstaaten beschlossene Maßnahmenpaket zur Sicherung der finanziellen Stabilität der Eurozone[279] auch nur ein Kampf gegen *Symptome* und nicht gegen *Ursachen*. Dies gilt auch für den Fall, dass die Europäische Zentralbank (EZB) *direkt Staatsanleihen* von wirtschaftlich schwächelnden Euro-Ländern

---

279 Die Gesamthöhe des Maßnahmenpakets beträgt 500 Mrd. €. Davon werden 60 Mrd. € von der EU-Kommission am Kapitalmarkt aufgenommen und direkt als Kredite an diejenigen Eurostaaten weiter gegeben, die sich in finanziellen Schwierigkeiten befinden. Neben den direkten Krediten der EU-Kommission haben sich die Euro-Staaten zum Aufbau einer *Zweckgesellschaft* verpflichtet, die weitere Kredite von 440 Mrd. Euro an Länder in finanziellen Schwierigkeiten vergeben kann, wenn die 60 Mrd. € nicht reichen. Dafür sollen alle Eurostaaten garantieren. Auf Deutschland entfällt eine Garantiesumme von mindestens 123 Mrd. € – entsprechend dem 28-Prozentanteil Deutschlands an der Europäischen Zentralbank (EZB).

aufkauft, um so den Regierungen günstige Gelder zu beschaffen, die ihnen die staatliche Haushaltskonsolidierung erleichtern würden. Die Ursache bekämpft dagegen, wenn auch nur ex post, ein *Gläubiger- bzw. ein Forderungsverzicht* (vgl. Hickel 2010). Dies haben eindeutig die Schuldenkrisen in Ländern wie Russland oder Argentinien gezeigt, die schon in der Vergangenheit durch Forderungsverzichte der Gläubiger (sog. »hair cut«) vorm »Staatsbankrott« gerettet wurden. Entsprechend hätte auch für Griechenland ein Umschuldungsprogramm mit der Festlegung von Forderungsverzichten der Gläubiger festgelegt werden müssen. Wer sind hier die Gläubiger? Nach Angaben der Bank für Internationalen Zahlungsausgleich betrugen Ende 2009 die griechischen Auslandsschulden 236,2 Mrd. US-Dollar. Die Gläubiger konzentrieren sich mit 79 v. H. auf Europa. Die deutschen Banken sind hier mit 31,4 Mrd. US-Dollar beteiligt[280] und auf Frankreich konzentrieren sich 52,6 Mrd. US-Dollar. Auch die Schweiz gehört zu den namhaften Gläubigerländern. Forderungsverluste würden aber auch griechische Banken und Finanzmagnaten wie den griechischen Großgläubiger Spiros Latsis treffen, die alle in der Vergangenheit von hohen Renditen auf Staatsschulden profitiert haben. Außerdem würde ein Forderungsverzicht der Gläubiger den Spekulationen mit Kreditversicherungen die Geschäftsbasis entziehen.

4.4.8.3 »Schuldenbremsen« sollen die Staatsverschuldung stoppen

Mit »Schuldenbremsen« soll die Staatsverschuldung eingedämmt werden. Schon 1949 wurde in der Bundesrepublik im Grundgesetz Artikel 115 eine *relative Verschuldungsgrenze* derart festgelegt, dass die Höhe der Nettokreditaufnahme des Bundes grundsätzlich auf die Summe der im Haushaltsplan veranschlagten *Ausgaben für Investitionen* begrenzt ist. Es sei denn, es wird eine Störung des *gesamtwirtschaftlichen Gleichgewichts* festgestellt. Dazu gehören die Größen des sogenannten »Magischen Vierecks« (*hoher Beschäftigungsstand, Preisniveaustabilität, stetiges und angemessenes Wirtschaftswachstum* und *außenwirtschaftliches Gleichgewicht*). Da seit Mitte der 1970er Jahre gleich mehrere Größen, insbesondere die Forderung nach einem hohen Beschäftigungsstand, verletzt wurden, blieb der Politik überhaupt keine Alternative, als sich jährlich oberhalb der Summe der staatlich getätigten Neuinvestitionen zu verschulden. Mit dem *Maastricht-Vertrag* vom 7. Februar 1992 und dem am 17. Juni 1997 zusätzlich für die EU in Amsterdam beschlossenen *Stabilitäts- und Wachstumspakt* (SWP),[281] der die

---

280 Dazu gehören die Hypo Real Estate, die Commerzbank, die Postbank, einige Landesbanken und auch mit 3,5 Mrd. € die Allianzgruppe.
281 Der SWP kam insbesondere auf Drängen der Kohl-Regierung mit großer Unterstützung der Niederlande und der skandinavischen Länder zustande.

Staatsverschuldung in Form einer »Europäischen Schuldenbremse« eindämmen soll, kamen die deutschen Regierungen aber immer mehr unter Druck, im Duktus einer neoliberalen-angebotsorientierten Politik für ausgeglichene Staatshaushalte zu sorgen. Der Maastricht Vertrag sah zunächst als *Konvergenzkriterien* für die *Einführung des Euro* zum 1. Januar 1999 u. a. zwei staatliche Verschuldungskennziffern vor. Zum einen eine bis zu 3 v. H. Netto-Neuverschuldung des Staatshaushalts (Gebietskörperschaften plus Sozialversicherungshaushalte) und zum andern einen kumulierten Schuldenstand von 60 v. H. jeweils bezogen auf das nominale Bruttoinlandsprodukt (BIP). Die von der EU festgelegten Werte sind dabei rein *willkürlich* gewählt worden und lassen sich demnach wissenschaftlich nicht begründen.[282] Rechnerisch orientieren sie sich an der politischen Vorgabe für eine maximale Staatsschuld in Höhe von 60 v. H. des BIP und einem als Prämisse unterstellten, langfristigen nominalen Wachstum des Bruttoinlandsproduktes von jährlich 5 v. H. (3 v. H. reales Wirtschaftswachstum plus 2 v. H. von der Europäischen Zentralbank (EZB) tolerierte Inflationsrate). Unter diesen gesetzten Bedingungen wird bei einem Defizit von 3 v. H. Netto-Neuverschuldung die 60-Prozent-Marke im mittelfristigen Trend nicht überschritten. Wird von einem Euro-Teilnehmerland die 3 Prozent-Marke Netto-Neuverschuldung nicht eingehalten, so drohen beträchtliche Sanktionen.[283]

Mit dem *Stabilitäts- und Wachstumspakt* (SWP) wurde 1997 der Maastricht Vertrag von 1992 hinsichtlich der Verschuldung konkretisiert und gleichzeitig *verschärft*, d. h. die Verschuldungsspielräume wurden weiter eingeschränkt.[284] Demnach sollen

---

282 Dies stellt auch der Sachverständigenrat (SVR) fest (SVR-Gutachten 2001/2002, Ziffer 28). Gleichwohl macht er sich dafür stark, dass an dem »Pakt« nicht gerüttelt werden dürfe, weil er schon zu erstaunlichen Konsolidierungsbemühungen geführt habe und weitere Bemühungen notwendig seien.
283 Nur wenn ein Land eine Rezession mit einem negativen Wirtschaftswachstum von mindesten -2 v. H. durchläuft, kommt es nicht zu einer Sanktionierung. Hat die Rezession eines Teilnehmerlandes eine Größenordnung von -0,75 v. H. bis -2 v. H. erreicht, so muss die Sanktion im Falle der Überschreitung der 3 Prozent-Marke mehrheitlich durch die Länder der so genannten Euro-Zone beschlossen werden. Ansonsten werden zinslose Einlagen bei der EZB fällig, die nach zweijähriger Dauer des über der Obergrenze von 3 v. H. Netto-Neuverschuldung liegenden Defizits in eine entsprechende Geldstrafe umgewandelt werden können. Die unverzinsliche Einlage bei der EZB beträgt dabei 0,2 v. H., zusätzlich einer variablen Komponente in Höhe des Übersteigens der 3 Prozent-Marke jeweils bezogen auf das Bruttoinlandsprodukt.
284 Zu den Befürwortern eines verschärften SWP zählen u. a. die Ökonomen Peffekoven und Feldmann. Vgl. Peffekoven 2004: 7ff., Feldmann 2000: 197ff. Dagegen befürworten Bofinger 2004: 14ff., von Hagen 2004: 11ff. und Welfens 2004: 18ff. eine Auflockerung und Modifizierung des SWP, damit er im konjunkturellen Abschwung nicht zu einer Wachstumsbremse wird.

sich die Mitgliedsländer an einem »nahezu ausgeglichenen Haushalt« (»*Null-Defizit-Grenze*«) orientieren, worunter man innerhalb der EU ein maximales Defizit von 0,5 v. H. versteht (Welzmüller 2003: 459). Die Theorie eines gleichsam »ausgeglichenen Budgets entspricht dabei der klassischen (vorkeynesianischen) Vorstellung einer staatlichen Finanzpolitik, die jede Form der Staatsverschuldung in jedem Zeitpunkt zu vermeiden sucht. (…) Diese Konzeption erfuhr harte Kritik aus zwei Richtungen. Zunächst argumentierten Finanzwissenschaftler, dass staatliche Investitionen, etwa in die Infrastruktur, sehr wohl mit Kredit finanziert werden können und sogar sollten. Später kam die keynesianische Kritik hinzu: Ein permanent ausgeglichenes Budget impliziert *Parallelpolitik* – bei zyklischer Instabilität des Wachstumsprozesses verstärkt diese Fiskalpolitik prozyklisch die Schwankungen« (Priewe 2002b: 277). Trotzdem beharrt die EU-Kommission – übrigens im Unterschied zu den Regierungen in den USA, England oder Japan – selbst in einer Krisensituation auf einer Politik des »ausgeglichenen Haushalts« mit der Begründung, so ließen sich der *Außenwert des Euro* stabilisieren und Wirtschaftswachstum schaffen. Das Staatsdefizit konkurriere ansonsten der privaten Wirtschaft den *Kredit* weg. Es stiege der Zins, die Investitionen würden sinken.[285] Staatsverschuldung entfache allenfalls ein »Strohfeuer«, letztlich stiegen nur die Preise. Die internationalen Anleger misstrauen so dem Euro. *Abwertung* sei das Ergebnis. »Dies wird verknüpft mit Mutmaßungen der neuen Institutionen-Ökonomik: Die Geldinstitutionen würden nicht ernst genommen. ›Vertrauensverlust‹ breite sich aus, weil sich die europäischen Einrichtungen, die mit dem Geldwesen zu tun haben, nicht an die eigenen Regeln hielten« (Schui 2002: 398). Die EU fordert so eine »nachhaltige und unnachgiebige Haushaltsdisziplin« von den Mitgliedsländern selbst in Phasen des *konjunkturellen Abschwungs*.[286] Ende 2003 wurden

---

285 Dies wird mit der sogenannten »*Crowding-out-Hypothese*« begründet, die aber weder theoretisch noch empirisch belegt ist, weil die Staatsverschuldung lediglich eine »Lückenbüßerfunktion« einnimmt. Sie absorbiert bei der Vermögensbildung die Finanzierungsüberschüsse der privaten Haushalte. Das Kapitalangebot ist demnach größer als die private Nachfrage nach Kapitalmarktmitteln. Deshalb steigt auch der Kapitalmarktzins infolge der Kreditaufnahme durch den Staat nicht. Vielmehr tragen die kreditfinanzierten Staatsausgaben zur Stärkung der binnenwirtschaftlichen Aktivität bei. Die These vom Crowding-out wird auch empirisch widerlegt. Während sich seit Anfang der 1990er Jahre die Staatsverschuldung in Deutschland bis heute verdreifachte, ist die Umlaufrendite auf festverzinsliche Wertpapiere von 6,5 v. H. im Jahr 1995 bis 2005 auf 3,1 v. H. gesunken und danach nur leicht wieder angestiegen (Arbeitsgruppe Alternative Wirtschaftspolitik 2008: 174f.).

286 Die rot-grüne *Bundesregierung* hatte sich dieser Konsolidierungspolitik mit dem »*Deutschen Stabilitätsprogramm*« vom Dezember 2001 und ihrer Festschreibung am Sparprogramm im Jahreswirtschaftsbericht 2002 angepasst. Demnach sollte der Bundeshaushalt im Jahr 2006 zum Budgetausgleich gebracht werden. Dies Ziel wurde aber nicht erreicht (vgl. Tab. 45).

insbesondere Deutschland und Frankreich, die zwei Jahre hintereinander gegen die Defizit-Grenze von 3 v. H. verstoßen haben, aufgefordert, bis spätestens 2005 ihre nationalen Haushalte soweit zu konsolidieren, dass die Nettoneuverschuldung mindestens unter 3 v. H. sinkt. Ansonsten sähe man den SWP als gefährdet, ja sogar als politisch gescheitert an (Stark 2003, Müller-Thederan 2003, Döring 2003, Klau 2003). Mittlerweile sind aufgrund der Weltwirtschaftskrise alle Länder im »Euro-Land« weit über die Verschuldungsgrenze hinausgeschossen. »Trotz niedriger Neuverschuldung des Euroraumes in den Jahren 2006 bis 2008 wuchs der Schuldenstand im Verhältnis zum BIP des Euroraumes weiter. Da der Euroraum insgesamt näher an den 100 v. H. liegt als an den 60 v. H., dürfte es – in der herrschenden Diktion – nicht durchsetzbar sein, die Mitgliedstaaten auf den vereinbarten Wert festzunageln. Deutschland ist hier keine Ausnahme, der Schuldenstand des »Musterschülers« liegt nicht erst seit der Finanzkrise über dem Referenzwert von 60 v. H.« (Fisahn 2010: 22, siehe auch Tab. 44). Auch wenn alle Länder die europäischen Referenzwerte brechen, oder gerade deshalb, wird die EU-Kommission nachdrücklich auf eine *Konsolidierung der Staatsfinanzen* in den nächsten Jahren drängen. Dabei hat sie aber nicht höhere Steuern, sondern ein Absenken der Staatsausgaben, insbesondere im sozialen Bereich, im Fokus. Eine aktive (diskretionäre) Finanzpolitik oder auch eine nachhaltige Finanzpolitik (staatliche Zinszahlungen steigen nicht schneller als das Sozialprodukt) sind damit aber ausgeschlossen. Insofern ist der SWP »dumm«, wie der ehemalige EU-Kommissionspräsident, Romano Prodi, bemerkte (zitiert bei Heise 2002c: 1.420ff.)[287] ; und Larry Elliot (2002: 4), Leitartikler des britischen »Guardian«, sieht im »Stabilitätspakt den Mick Jagger der Ökonomie. Er ist weit über sein Haltbarkeitsdatum hinaus und springt immer noch auf der Bühne umher als dämonischer Überrest des goldenen Zeitalters

---

Im Gegenteil: Auf Grund einer restriktiven Fiskalpolitik kam es von 2001 bis 2005 zu einer *wirtschaftlichen Stagnation*. Dass dann von 2006 bis 2008 ein Aufschwung einsetzte, war lediglich ein normales konjunkturelles Phänomen. Nach einer Zeit nachfragebedingter Investitionszurückhaltung müssen Unternehmen auch bei schwacher Gesamtnachfrage ihre Produktionsanlagen modernisieren, um überhaupt im Geschäft bleiben zu können. Wenn diese Ersatz- und Modernisierungswelle abgeschlossen und wenn es in der Zwischenzeit nicht zu einem deutlichen Anstieg des privaten Verbrauchs und der staatlichen Nachfrage gekommen ist, werden die privaten Investitionen erneut einbrechen. Ihr Rückgang wird umso stärker sein, je weiter die Umverteilung von unten nach oben fortschreitet, die öffentlichen Ausgaben eingeschränkt und der Sozialabbau fortgesetzt werden.

287 Jim O'Neill, Chefvolkswirt der US-Investmentbank Goldman Sachs, stellte 2004 zum *SWP* fest: »Die strikte Defizitgrenze von drei Prozent des BIP ist lächerlich. Für den zweitwichtigsten Wirtschaftsblock der Welt ist es verrückt, sich selbst solche Fesseln anzulegen. Euroland muss flexibel auf unvorhersehbare Ereignisse reagieren können.« Die Zeit, Nr. 35 vom 19. August 2004.

des Monetarismus. (...) Der Stabilitäts- und Wachstumspakt ist deflationistisch, anachronistisch und sollte zum alten Eisen geworfen werden. Es ist allerdings offen, ob er schnell das Zeitliche segnet oder einen langen, qualvollen Tod stirbt. Zur Zeit stehen die Wetten leider für letzteres besser und Europas Arbeitslose zahlen den Preis«.

Will man dennoch keine ersatzlose Streichung des SWP »mit dem Ziel einer wahrlich wünschenswerten Koordinierung der Finanzpolitik der Nationalstaaten der EU und einer besseren Abstimmung mit anderen Bereichen der Makropolitik (Geld- und Lohnpolitik) in Form eines *EU-Makrodialogs*« (Heise 2002c: 1.423), so ist zur Aufrechterhaltung einer keynesianisch orientierten staatlichen Handlungsmöglichkeit auf jeden Fall eine im Vergleich zu heute wesentlich flexiblere Anwendung und eine *Revision des SWP* notwendig. Dazu können mit Rudolf Welzmüller die folgenden Elemente und wirtschaftspolitischen (normativen) Regelvorgaben gezählt werden (Welzmüller 2003: 462ff.):

- Erstens müssen die *automatischen Stabilisatoren* im konjunkturellen Abschwung voll wirken können. Hierdurch sollen prozyklische Wirkungen der öffentlichen Haushalte vermieden werden. Gehen die Steuereinnahmen im Abschwung zurück und kommt es zu vermehrten Ausgaben bei der Sozialversicherung und Sozialhilfe, dann ist dieses konjunkturelle Defizit hinzunehmen und über staatliche Kredite zu finanzieren.
- Zweitens muss die Regel gelten, dass *öffentliche Investitionen* stets über Kredite finanziert werden können, wie es auch im Artikel 115 Abs. 1 GG festgeschrieben war. »Denn Investitionen dienen dazu, die Produktionsmittel der Volkswirtschaft zu erhalten, zu vermehren oder zu verbessern. Sie wirken auf diese Weise in die Zukunft hinein. Folglich nutzen sie auch der nachfolgenden Generation und sollen deshalb von dieser auch mitfinanziert werden. Die ›*Goldene Regel*‹ der Haushaltsfinanzierung besagt, dass die Kreditaufnahme im Umfang der Investitionsausgaben unbedenklich und sinnvoll ist. Dies ist nach wie vor zutreffend, da Investitionen einen *Produktivitätseffekt* haben: Der Ausbau der Infrastruktur verbessert die allgemeinen Voraussetzungen für Produktion und Dienstleistungen und erhöht so die allgemeine wirtschaftliche Leistungsfähigkeit einer Volkswirtschaft. Das verbessert die Wachstumsmöglichkeiten der Zukunft. Investitionen stiften auch einen Nutzen, der über eine lange Zeitperiode verteilt wirkt: Wer heute eine S-Bahnstrecke baut, der begünstigt auch die Kinder und Enkelkinder der gegenwärtig Lebenden. Deshalb ist es ökonomisch gerechtfertigt, die Investitionen über Kredit zu finanzieren und die Finanzierungslast auf mehrere Generationen zu verteilen. Investitionen, die die gesamtwirtschaftliche Nachfrage beleben und auf diese Weise Impulse

zur Produktions- und Einkommenssteigerung geben, führen wiederum zu Steuereinnahmen für die öffentlichen Haushalte. Damit finanzieren sie sich in gewissem Umfange selbst (Multiplikatorwirkung)« (Welzmüller 2003: 463).
- Die dritte wirtschaftspolitische Regelvorgabe für einen novellierten SWP sollte die Vorgabe einer Zielmarke für das zu *konsolidierende strukturelle (konjunkturbereinigte) Defizit* sein (vgl. dazu noch einmal die Erklärung in dem oben angeführten Kasten »Strukturelle und konjunkturelle Staatsdefizite«). Demnach würde das Konsolidierungsziel erreicht sein, wenn das strukturelle Defizit 1,4 v. H. nicht überschreitet. »Diese Zielgröße ist übernommen aus dem Konzept der ›minimal benchmark‹ (European Commission 2003): Bei diesem durchschnittlichen Defizitwert für den Euro-Wirtschaftsraum ist gewährleistet, dass im *normalen* konjunkturellen Abschwung auch bei vollem *Wirken der automatischen Stabilisatoren* das durchschnittliche Gesamtdefizit (strukturell plus konjunkturbedingtes) aller Mitgliedsländer nicht über 3 v. H. liegen wird. Nur in Fällen lang anhaltender und tiefer Konjunkturkrisen (wie bei der gerade ablaufenden Finanz- und Weltwirtschaftskrise) würde das Gesamtdefizit höher sein – und gemäß Regelelement eins (s.o.) auch akzeptiert werden. Mit der Bezugnahme auf den EU-Durchschnitt wird zugleich dem oben formulierten Gedanken Rechnung getragen, dass sich mittel- und langfristig die Justierung der makroökonomischen Größen am Wirtschaftsraum der EU bzw. der Währungsunion ausrichten muss« (Welzmüller 2003: 463f.).
- Viertens sollte die in der jetzigen Fassung des SWP vorgesehene *Sonderregelung*, dass der Referenzwert von 3 v. H. ausnahmsweise und vorübergehend überschritten werden darf, »wenn dies auf ein außergewöhnliches Ereignis, das sich der Kontrolle des betreffenden Mitgliedstaates entzieht und die staatliche Finanzanlage erheblich beeinträchtigt«, in der Praxis auch berücksichtigt und umgesetzt werden. Eine solche Sondersituation liegt beispielsweise mit der *deutschen Wiedervereinigung* vor. Deutschland muss seit zwei Jahrzehnten etwa 70 bis 80 Mrd. € jährlich an Lasten der Einheit tragen. Dies entspricht rund 4 v. H. des westdeutschen nominalen Bruttoinlandsproduktes (BIP) (SVR-Gutachten 2002/2003: Ziff. 342). Trotzdem wird dieser Tatbestand aber von der EU bis heute in keiner Weise in Ansatz gebracht. »Die Situation in Westdeutschland könnte nämlich besser sein, als sie sich zurzeit darstellt – ohne gleichzeitig durch Entzug der Finanzmittel den Transformationsprozess in Ostdeutschland zu gefährden –, wenn zumindest für einige Zeit die Vereinigungslasten nicht auf die Haushaltsdefizitkriterien nach dem EU-Stabilitäts- und Wachstumspakt angerechnet würden. Oder anders: wenn jener Teil der

Einigungslasten, der kreditfinanziert wird, nicht auf die Konsolidierungserfordernisse des SWP durchschlüge. Dann müssten westdeutsche Kommunen und Länder nicht weiter eine prozyklische, die Wachstumsschwäche verschärfende Haushaltspolitik betreiben, wie es in den 1990er Jahren geschah« (Heise 2002a: 270).

Die in Europa respektive in Deutschland unter der Kuratel des SWP stehende und eingeschlagene Richtung der Finanzpolitik muss vor dem oben geschilderten Zusammenhang in Frage gestellt werden. An die Stelle des finanzpolitischen Leitbildes ausgeglichener Haushalte sollte vielmehr eine Finanzpolitik treten, die nicht nur in einer Rezession konjunkturbedingte Defizite in Kauf nimmt, sondern dies auch bei einem nur schwachen Wirtschaftswachstum zulässt, welches das bestehende Produktionspotenzial nicht voll auslastet. Dennoch sollte *langfristig* der Schuldenstand *überzyklisch* stabilisiert werden, d. h. eine weitere Fortsetzung der Tendenz steigender Schuldenquoten vermieden werden. Der SWP kann dabei in novellierter Form durchaus als ein positives Signal interpretiert werden. Als besonders prekär und völlig verfehlt muss allerdings eine Konsolidierungspolitik eingestuft werden, die fast ausschließlich bei den Staatsausgaben ansetzt, während gleichzeitig eine Finanzpolitik der *Steuersenkungen* betrieben wird.[288]

Darauf läuft aber die im Juni 2009 mit einer Zweidrittelmehrheit im Deutschen Bundestag beschlossene, neben dem europäischen SWP zusätzliche »*Schuldenbremse*« für Deutschland hinaus, die im Grundgesetz (Artikel 109 Abs. 3 GG und Art. 115 Abs. 2 GG) verankert wurde – einzigartig innerhalb der EU.[289] Demnach darf sich der Bund ab 2016 nur noch im strukturellen Defizit mit 0,35 v. H. des BIP verschulden und die Bundesländer mit ihren Kommunen dürfen ab 2020 überhaupt keine Schulden mehr machen. In der Übergangsperiode gilt für den Bund bis 2016, dass er frei in der Gestaltung ist, aber ab 2016 das Ziel einer jährlichen Nettoneuverschuldung von höchstens 0,35 v. H. erreichen muss. Für die Bundesländer gilt vom 1. Januar 2011 bis zum 31. Dezember 2019 auch eine grundsätzlich freie Anpassungsmöglichkeit zum Abbau der Neuverschuldung. Zur Unterstützung erhalten die hochverschuldeten Länder so genannte jährliche Konsolidierungshilfen: Bremen 300 Mio. €, das Saarland 260 Mio. €, Berlin, Sachsen-Anhalt und Schleswig-Holstein je 80 Mio. €. Diese Hilfen in Höhe von 800 Mio. € jährlich werden je zur Hälfte vom

---

288 Vgl. dazu ausführlich den nächsten Punkt 4.4.9 »Völlig verfehlte Steuerpolitik – Alternativen sind notwendig«

289 Zumindest dann, wenn sich die neoliberalen Kräfte weiter durchsetzen, die entgegen ökonomischer Theorie und Empirie immer wieder fälschlich behaupten, dass sich Steuersenkungen über mehr Wirtschaftswachstum quasi selbst finanzieren würden.

Bund und den Ländern (aus ihrem Umsatzsteueranteil) getragen. Voraussetzung für die Gewährung der Konsolidierungshilfe und damit der Solidarität der Geberländer und des Bundes ist, dass die Empfängerländer tatsächlich ihre jährliche Neuverschuldung auf Null bringen. Überwacht werden die Konsolidierungshilfen durch einen bei der Bundesregierung angesiedelten und einzurichtenden »Stabilitätsrat«. Kommt es allerdings zu einem *starken Konjunktureinbruch*, so darf der Bund zur Vermeidung eines prozyklischen Verhaltens die jährliche Verschuldung auch bis zu 1,5 v. H. des BIP erhöhen. Damit die Mehrverschuldung aber im konjunkturellen Aufschwung sofort wieder abgebaut wird, müssen die Mehrausgaben auf ein Kontrollkonto verbucht werden. Außerdem ist als Ausnahme von der deutschen »Schuldenbremse« der Fall von *Naturkatastrophen* (wie beim europäischen SWP) vorgesehen.

Kommt es zu einer Umsetzung der deutschen »Schuldenbremse«, dann ist gemäß Finanzplanungsrat bei einer strukturellen Defizitquote des Bundes von rund 1,6 v. H. zum BIP und bei einer durchschnittlich unterstellten nominalen Wachstumsrate des BIPs in Höhe von 3,25 v. H. alleine beim Bund bis 2016 ein Konsolidierungsbedarf in Höhe von 37 Mrd. € notwendig. Fällt das hier hoch angesetzte Wachstum niedriger aus, steigt der Konsolidierungsbedarf noch. Der Sachverständigenrat (SVR) stellt dazu unumwunden fest:

> »Ohne harte Einschnitte bei den öffentlichen Ausgaben oder ohne Erhöhungen von Steuern oder anderen Abgaben kann eine Konsolidierung des Bundeshaushaltes nicht gelingen. (...) Mit Ausgabenkürzungen wird der Konsolidierungsbedarf des Bundes kaum zu realisieren sein. Die neue Bundesregierung kann und sollte 2011 mit Ausgabenkürzungen beginnen. Aber gegen Ende der neuen oder spätestens zu Beginn der darauf folgenden Legislaturperiode werden sich Steuererhöhungen schwerlich vermeiden lassen« (Sachverständigenrat 2009: 2).

4.4.9 Völlig verfehlte Steuerpolitik – Alternativen sind notwendig
4.4.9.1 Zur Steuersystematik

Während die öffentliche Verschuldung wegen der Finanz- und Weltwirtschaftskrise neue Rekordhöhen erreicht, hält die zur Zeit herrschende Politik trotzdem an dem Ziel fest, die Steuern zu senken, selbst wenn man kurzfristig in Anbetracht der Haushaltssituationen davon Abstand genommen hat. Steuersenkungen bleiben aber, obwohl mittlerweile der Steueranteil nur noch bei 23,8 v. H. (Stand 2008) liegt, bei den Neoliberalen auf der Agenda. Man hört dennoch nicht auf zu behaupten, mit allgemeinen Steuersenkungen, vor allem zugunsten der Unternehmenswirtschaft, könnte man die Wirtschaft ankurbeln, also Wachstum und Beschäftigung schaffen. Steuersenkungen seien aber auch deshalb notwendig, um die so genannten *Leistungsträger* von demotivierenden Steuerlasten zu befreien und sie nicht außer Landes zu treiben. »Ideologisch ist diese Strategie darauf ausgerichtet, den kapitalistischen Marktkräften einen größeren Spielraum zu schaffen. Da von der *Dynamik der Selbststabilisierung der Konkurrenzwirtschaft* ausgegangen wird, wird auf gesamtwirtschaftliche Steuerung zunehmend verzichtet. Der Zuwachs an Staatsausgaben wird zugunsten privatwirtschaftlicher Verwendung der volkswirtschaftlichen Ressourcen deutlich unterhalb des Wirtschaftswachstums gehalten. Der durch diese *Einsparpolitik* gewonnene Finanzierungsspielraum gilt neben der Senkung der gesamtwirtschaftlichen Steuerquote dem Abbau der Nettokreditaufnahme« (Arbeitsgruppe Alternative Wirtschaftspolitik 2003: 105). Im Folgenden soll dies anhand einer in der Vergangenheit *völlig verfehlten Steuerpolitik* aufgezeigt und dazu *Alternativen* entwickelt werden. Zum besseren Verständnis der komplexen Materie wird vorab eine kurze Systematik der unterschiedlichen Steuerarten (vgl. die folgende Abb. 19) vorgenommen.

Bei Steuern muss zunächst zwischen der Steuererhebung auf das Einkommen von *natürlichen Personen* (Einkommensteuer) und der Besteuerung von Kapitalunternehmen als *juristische Personen* (Körperschaftsteuer) unterschieden werden. Da aber genau wie bei Einzelunternehmen und Personengesellschaften hinter den Kapitalunternehmen immer natürliche Personen als Eigentümer stehen, werden Steuern letztlich auch immer von natürlichen Personen getragen. Insofern ist die Körperschaftsteuer nur eine besondere Art der Einkommensteuer für juristische Personen. Sie ist auch eine Personensteuer, die nicht vom Einkommen abgezogen werden kann. Bei der *Einkommensteuer* gilt das Einkommen als Indikator der *Leistungsfähigkeit* des jeweiligen Wirtschaftssubjektes. Sie ist eine *subjektbezogene Steuer*, wobei die Definition des Einkommens schwierig ist, weil Einnahmen in verschiedenster Form und aus mehreren Quellen anfallen und unter unterschiedlichen Bedingungen erzielt werden können. Dennoch gilt: In der Einkommensteuer lässt sich wie kaum in einer anderen Steuer das Prinzip der *Steuergerechtigkeit* verwirklichen, jeden Bürger nach *Maßgabe seiner finanziellen und wirtschaftlichen Leistungsfähigkeit* mit Steuern zu belasten. Bei der Einkommensteuer wird die *Lohnsteuer* der abhängig Beschäftigten als Quellenabzugssteuer (hier wird die Steuer vom Arbeitgeber direkt an der Steuerquelle einbehalten und an das zuständige Finanzamt abgeführt) und die *veranlagte Einkommensteuer* unterschieden. Veranlagung ist das Verfahren, in dem die zu zahlende Einkommensteuer festgesetzt wird. Hierzu muss der Steuerpflichtige ab einem bestimmten Einkommen oder wenn er Einkünfte aus mehreren Einkunftsarten[290] be-

---

290   Im deutschen Steuerrecht werden folgende sieben *Einkunftsarten* unterschieden: (1) Einkünfte aus Land- und Forstwirtschaft, (2) Einkünfte aus Gewerbebetrieb, (3) Einkünfte aus selb-

Abb. 19: Steuersystematik

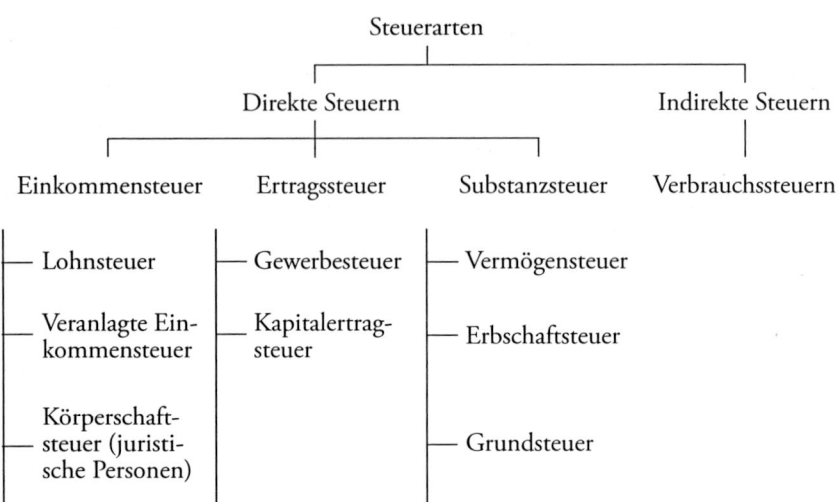

zieht, eine Steuererklärung abgeben. Auf der Grundlage dieser Angaben setzt das Finanzamt dann durch Bescheid die Steuer fest.

Bei der besonderen Art der Einkommensteuer, der *Körperschaftsteuer*, wird dagegen der Gewinn von Kapitalunternehmen als juristische Person besteuert. Anders als bei Einzelunternehmen und Personengesellschaften, wo der Gewinn den Anteilseignern im Rahmen ihrer Einkommensteuer voll zugerechnet und dort versteuert wird, erfolgt hier nach deutschem Steuerrecht eine gesonderte Besteuerung der Kapitalgesellschaften. Wurde dabei früher eine unterschiedlich hohe Besteuerung auf thesaurierte und ausgeschüttete Gewinne vorgenommen (Brümmerhoff 1996: 334ff.), so galt ab 2001 nur noch ein einheitlicher Steuersatz von 25 v. H. Dieser wurde dann noch einmal (ab Januar 2008) durch die große Koalition aus CDU/CSU und SPD auf 15 v. H. abgesenkt. Um hier bei der Einkommensteuer eine Doppelbesteuerung[291] zu vermeiden, wurde ein so genanntes »*Halbeinkünfteverfahren*« eingeführt.[292] Neben

---

ständiger Arbeit, (4) Einkünfte aus nichtselbständiger Arbeit, (5) Einkünfte aus Vermietung und Verpachtung, (6) Einkünfte aus Kapitalvermögen und (7) sonstige Einkünfte.

291 Zu einer solchen *Doppelbesteuerung* kommt es immer dann, wenn Gewinne an die Anteilseigner ausgeschüttet werden und diese Gewinne als Dividenden bei der Einkommensteuer noch einmal besteuert werden. Ist der Anteilseigner selbst eine Körperschaft, unterliegt auch hier der ausgeschüttete Gewinn erneut einer Besteuerung durch die hier erhobene Körperschaftsteuer.

292 Vgl. speziell dazu das spätere Kap. 4.4.9.3 »Skizze eines notwendigen Umbaus des Steuersystems«.

der Einkommen- und Körperschaftsteuer erfolgt in der Steuersystematik eine weitere Besteuerung Ertrag bringender Objekte oder aus diesen fließender Erträge. Dazu ist die als Objektsteuer ausgestaltete *Kapitalertragsteuer* zu zählen, die Erträge aus Zinsen, Mieten, Pachten, Dividenden, Erträge aus GmbH- und Genossenschaftsanteilen nach Abzug eines Sparerfreibetrages besteuert. Daneben existieren *Substanzsteuern* (Vermögensteuer, Erbschaftsteuer, Grundsteuer), die das akkumulierte Vermögen von Wirtschaftssubjekten einer Besteuerung unterziehen. Außerdem sind neben diesen direkten Steuern auf Einkommen, Erträge und Vermögen die *indirekten Verbrauchsteuern* (z. B. Umsatzsteuer, Mineralöl- und Energiesteuer) zu berücksichtigen.

Bei der Einkommensteuer werden die Einkommen jeweils als *Nettogrößen* behandelt, d. h. es wird nur ein Teil des gesamten Einkommens versteuert. So werden vom Einkommen z. B. Werbungskosten, Sonderausgaben, außergewöhnliche Belastungen und unter bestimmten Voraussetzungen auch Verluste abgezogen. Erst danach ergibt sich das *zu versteuernde Einkommen*, auf das nach Abzug eines Einkommensgrundfreibetrages (zurzeit 8.004 €) der jeweilige *Einkommensteuertarif* angewendet wird. Nach diesem Tarif richtet sich dann die vom Steuerpflichtigen aus seinem Einkommen zu

Abb. 20: Vereinfachte Darstellung des Einkommensteuertarifverlaufs

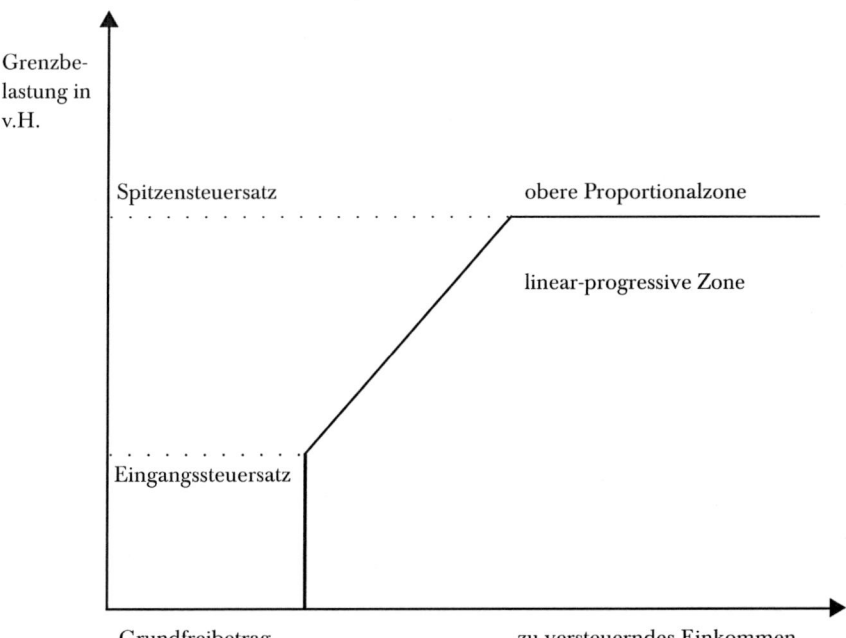

tragende Einkommensteuer. Sobald das zu versteuernde Einkommen den Grundbetrag übersteigt, wird jeder weitere Euro mit einem steigenden *Grenzsteuersatz* besteuert (so genannter linear-progressiver Tarif). Der Grenzsteuersatz ist dabei der Satz, der zur Besteuerung eines weiteren Einkommenseuros zum Tragen kommt. Der niedrigste Grenzsteuersatz (Eingangssteuersatz) beträgt zurzeit 14 v. H. Im Anschluss steigt der Grenzsteuersatz mit zunehmenden Einkommen bis auf 42 v. H. (bzw. 45 v. H. Reichensteuer ab einem zu versteuernden Einkommen von 250.401 €). Alle Einkommensteile, die oberhalb der Spitzeneinkünfte liegen, werden dann nur noch gleichbleibend mit dem so genannten »Spitzensteuersatz« besteuert (»obere Proportionalzone«). Die steuerliche Grenzbelastung bleibt somit in der oberen Proportionalzone konstant (vgl. dazu die Abb. 20). Von der Grenzsteuerbelastung zu unterscheiden ist die im Verhältnis zum gesamten Einkommen sich ergebende *Durchschnittsbelastung* tatsächlich zu zahlender Steuerbeträge. Diese liegen in der Regel weit unter dem Spitzensteuersatz.

4.4.9.2 Zu den jüngsten Steuerreformen
4.4.9.2.1 VON WAIGEL ZU LAFONTAINE
An steuerpolitischen Vorschlägen hat es seit Ende der 1990er Jahre die von der Regierung Kohl gewollte, aber nicht mehr realisierte, sowie die nach der Abwahl von Kohl gescheiterte rot-grüne Steuerreform I und die dann tatsächlich umgesetzte *rot-grüne Steuerreform II* gegeben. Die noch vor Schröders Regierungsübernahme im Jahr 1998 von der Kohl-Regierung unter Finanzminister Waigel geplante Steuerreform[293] zielte – als Beitrag zur neoliberalen Angebotspolitik der Kohl-Regierung – insbesondere auf eine *Einkommensteuersenkung für Reiche, Vermögende und Unternehmen*. Insgesamt sollte der Nettosteuereffekt bei knapp 44 Mrd. DM liegen (Bruttoentlastung rund 82 Mrd. DM minus Abbau von Steuervergünstigungen ca. 38 Mrd. DM). Die Nettoentlastung hätte insgesamt bei den Lohnsteuern 42,7 v. H. und bei den Gewinnsteuern 57,3 v. H. betragen (DIW-Wochenbericht 1997a: 242). Die als »Jahrhundertwerk« propagierte Reform sah eine Senkung des Spitzensteuersatzes bei der *Einkommensteuer* um 14 Prozentpunkte von 53 v. H. auf 39 v. H. vor, während der Eingangssteuersatz von 25,9 v. H. auf 15,0 v. H. zurückgeführt werden sollte. Für den ermäßigten Spitzensteuersatz der *Einkünfte aus Gewerbebetrieben* war anstatt von 47 v. H. nur noch ein Wert von 35 v. H. vorgesehen. Bei der *Körperschaftsteuer* sollte für Kapitalgesellschaften außerdem der Spitzensteuersatz für einbehaltene (thesaurierte) Gewinne auf 35 v. H. (statt 45 v. H.) und bei den ausgeschütteten Gewinnen auf 25 v. H. (statt 30

---
293 Vgl. Vorschläge der Steuerreform-Kommission vom 22. Januar 1997 (»Petersberger Steuervorschläge«).

v. H.) gesenkt werden. Unter Berücksichtigung einer verbreiterten Steuerbemessungsgrundlage (Streichung von Steuervergünstigungen), die insbesondere die abhängig Beschäftigten – nicht zuletzt auch durch eine geplante *Mehrwertsteuererhöhung* um einen Prozentpunkt – hätte tragen müssen,[294] wäre der seit Anfang der 1980er Jahre nahezu kontinuierliche Trend einer Entlastung bei den *Gewinnsteuern* im Verhältnis zu den Lohnsteuern fortgeschrieben worden (DIW-Wochenbericht 1997a: 243). Das Deutsche Institut für Wirtschaftsforschung (DIW) kommentierte die Steuerreform der Kohl-Regierung in einer kritischen Zusammenfassung wie folgt:

> »Insgesamt fällt die ökonomische Bilanz des Reformpaketes ernüchternd aus. Von einer deutlichen Senkung der Steuerlast kann wohl kaum gesprochen werden. Die gesamtwirtschaftliche Steuerquote sinkt um weniger als einen Prozentpunkt. Höherverdienende werden – auch nach dem Abbau von Steuervergünstigungen – durch das Reformpaket stärker begünstigt als die unteren und vor allem die mittleren Einkommensbezieher. Dieser Effekt wird verschärft, wenn zur Deckung der Einnahmelücke die Mehrwertsteuer noch stärker erhöht oder die staatlichen Ausgaben noch weiter gekürzt werden« (DIW-Wochenbericht 1997a: 257).

Aufgrund der *sozialen Schieflage* der von Kohl und Waigel vorgelegten Steuerreform lehnte die Mehrheit der SPD-geführten Länder im Sommer 1998 diese Reform im Bundesrat nach heftigsten politischen Auseinandersetzungen endgültig ab. Die Regierung warf der Opposition mit massiver Unterstützung der Massenmedien monatelang eine *Blockadepolitik* vor.

Nach dem Regierungswechsel im Oktober 1998 wurde dann durch den neuen Finanzminister Oskar Lafontaine (2002) der Entwurf für ein *Steuerentlastungsgesetz* für die Jahre 1999, 2000 und 2002 vorgelegt.[295] Dieser Entwurf war ausdrücklich auf die Schaffung von mehr *sozialer Gerechtigkeit*, die *Stärkung der Binnennachfrage*, die *Sicherstellung und Stabilisierung der Staatseinnahmen* und auf mehr *Steuertransparenz* durch den Abbau von kaum noch überschaubaren Steuervorteilen insbesondere für Unternehmen und Vermögende gerichtet (Hickel 1999b: 168ff.). Die Steuerreform von Lafontaine sah drei Stufen vor. In der ersten Stufe sollten ab Anfang 1999 der Grundfreibetrag um 700 DM auf 13.000 DM erhöht und der Eingangssteuersatz der Einkommensteuer von 25,9 v. H. auf 23,9 v. H. sowie der Spitzensteuersatz für

---

294 So waren unter anderem die Streichung der Zuschläge für Sonntags-, Feiertags- und Nachtarbeit, die Aufhebung der Kilometerpauschale für Fahrten zwischen Wohnung und Arbeitsstätte bei Entfernungen unterhalb von 15 km, die Senkung des Arbeitnehmerpauschbetrages von 2.000 DM auf 1.300 DM und die Halbierung des Sparerfreibetrages von 6.000 DM auf 3.000 DM geplant.

295 Vgl. »Entwurf eines Steuerentlastungsgesetzes 1999/2000/2002«, Bundestagsdrucksache 14/23 vom 7./8.12.1998.

gewerbliche Einkünfte (von 47 v. H. auf 45 v. H.) und der Körperschaftsteuersatz für thesaurierte Gewinne (von 45 v. H. auf 40 v. H.) gesenkt werden. Der Satz für ausgeschüttete Gewinne sollte unverändert weiter bei 30 v. H. liegen. Zugleich war geplant, die *Steuervergünstigungen* und *Steuersubventionen* drastisch zu streichen.

Die Maßnahmen zielten auf die Beseitigung der Steuerfreiheit für verschiedene Einnahmen, die Versteuerung von spekulativen Veräußerungsgewinnen, auf die Einengung der unternehmerischen Gestaltungsmöglichkeiten bei der Gewinnermittlung durch Abschreibungen und Rückstellungen sowie auf die Abschaffung einer Reihe von Sonderregelungen für die einzelnen Einkunftsarten. Darunter fielen auch die Begrenzung des Verlustausgleiches zwischen verschiedenen Einkunftsarten sowie die Kappung der Steuervorteile beim Ehegattensplitting. In der zweiten Stufe vom Jahre 2000 an sollten der Grundfreibetrag weiter auf 13.500 DM heraufgesetzt und die Steuersätze neuerlich gesenkt werden, und zwar der Eingangssteuersatz auf 22,9 v. H. und der Spitzensteuersatz der Einkommensteuer von 53 v. H. auf 51 v. H., für gewerbliche Einkünfte von 45 v. H. auf 43 v. H. Die mit diesen Steuersatzsenkungen verbundenen Mindereinnahmen sollten wiederum durch die Streichung von *Steuervergünstigungen* finanziert werden. Mit der dritten Stufe ab dem 1. Januar 2002 sollte dann ein weiteres Mal der Grundfreibetrag um 500 DM auf 14.000 DM erhöht und die Steuersätze nochmals gesenkt werden. Der Eingangssteuersatz der Einkommensteuer sollte dann

Tab. 49: Die geplante Steuerreform von Lafontaine 1999 bis 2002 (in Mrd. DM)

	1999	2000	2001	2002
A. Entlastungen durch Tarifsenkungen und Kindergeld				
1. Senkung der Einkommensteuer	2,3	16,0	16,4	45,3
2. Senkung der Körperschaftsteuer	1,4	2,9	3,8	3,9
3. Erhöhung des Kindergeldes	6,4	5,8	5,8	7,7
Summe Entlastung	10,1	24,7	26,0	56,9
B. Steuermehreinnahmen durch die Verbreiterung der Bemessungsgrundlagen				
1. Objektivierung der unternehmerischen Gestaltungsmöglichkeiten bei der Gewinn-/Einkunftsermittlung	5,6	11,7	12,4	25,9
2. Abbau von Steuervorteilen bei außerordentlichen Einkünften bzw. Besteuerung bisher steuerfreier Einkünfte	1,8	4,5	7,5	7,4
3. Abbau der Steuervorteile bei Kapitalvermögen/-erträgen	0,7	3,1	4,4	4,9
4. Sonstiges	2,1	3,0	3,4	3,4
Summe Belastung	10,2	22,3	27,7	41,6
C. Nettoeffekt	+ 0,1	- 2,4	+ 1,6	-15,3

Quelle: Zitiert bei Hickel, R., Ein »bescheidener« Entwurf? Der rot-grüne Einstieg in eine andere Steuerpolitik, in: Blätter für deutsche und internationale Politik, Heft 2/1999, S.170.

19,9 v. H. und der Spitzensteuersatz 48,5 v. H. betragen. Insgesamt stand bei der rot-grünen Steuerreform I keine Nettoentlastung der Steuerzahler im Vordergrund.

»Dies ist der grundsätzliche Unterschied zur rot-grünen Steuerreform II unter Lafontaines Nachfolger Hans Eichel. Die Senkung der Steuertarife sollte durch den Abbau von Steuervorteilen weitgehend gegenfinanziert werden. Im Unterschied zur Waigel-Reform sollten aber nicht die Masse der Beschäftigten, sondern vor allem Unternehmer und Besserverdienende durch Streichung sie betreffender Steuervergünstigungen herangezogen werden. Insbesondere die Tatsache, dass Lafontaine Steuerprivilegien in der Wirtschaft sowie bei den einkommensstarken Haushalten abbauen wollte, führte zu erheblichem Protest aus der Wirtschaft. Mit Phantasierechnungen wurde auf angeblich exorbitante zusätzliche Belastungen der Wirtschaft verwiesen, und man schreckte auch nicht vor persönlichen Diffamierungen des Finanzministers zurück. Wie man heute weiß, mit Erfolg« (ver.di Bundesvorstand Berlin 2002a: 22).

Aus finanzwissenschaftlicher Sicht kam dagegen das Deutsche Institut für Wirtschaftsforschung (DIW) zu einer weitgehend positiven Bewertung der von Lafontaine geplanten Steuerreform. »Unter *Allokationsaspekten* ist die geplante Steuerreform positiv zu beurteilen. Dies gilt insbesondere für die Beseitigung von spezifischen Vergünstigungen, die die Steuerbasis zunehmend ausgehöhlt hatten und von allen Seiten kritisiert worden sind. Die Verbreiterung der Bemessungsgrundlage gibt Spielraum für eine durchgreifende Senkung der Steuersätze. *Verteilungspolitisch* betrachtet kann das Steuerpaket mit seinen drei Stufen durchaus als ausgewogen bezeichnet werden. (…) Betrachtet man die zu erwartenden konjunkturellen Wirkungen, (…) so fragt sich, ob die Reform – insbesondere was die zeitliche Staffelung der Maßnahmen angeht – richtig dosiert ist. (…) Insgesamt ist zu befürchten, dass per Saldo die Impulse für Wachstum und Beschäftigung bis zum Jahre 2000 gering bleiben« (DIW-Wochenbericht 1998b: 851). »Dennoch tut die Bundesregierung gut daran«, konstatierte der Finanzwissenschaftler Rudolf Hickel (1999b: 178), »sich nicht vom eingeschlagenen Kurs abbringen zu lassen. Denn das vorliegende Steuerpaket weist in die richtige Richtung, auch wenn einige Unstimmigkeiten noch beseitigt werden müssen. Jetzt kommt es darauf an, sich dem massiven Druck partikularer Interessenvertreter und den Angriffen der konservativ-angebotsorientierten Wirtschaftswissenschaft zu widersetzen, um das zwischen den Zielen ausbalancierte Gesamtkonzept auch durchzusetzen.« Dazu kam es aber nicht mehr.

4.4.9.2.2 VON LAFONTAINE ZU EICHEL

Nach dem Rücktritt von Lafontaine im Frühjahr 1999 gab der nachfolgende Finanzminister Hans Eichel dem Druck der Wirtschaft nach. Es kam zu einer totalen *steuerpolitischen Wende*, die, wie schon unter Waigel, auf einer einseitigen, *angebotsorientierten Steuerentlastung* – insbesondere für Reiche, Vermögende und für Unternehmen – zur angeblichen *Schaffung von Wachstum und Beschäftigung* setzte. Der Staat sei ein Störenfried im wirtschaftlichen Kreislauf und müsse deshalb zurückgedrängt werden.»Insofern war es Programm, Steuerausfälle im Zuge von Steuersatzkürzungen nicht durch eine Gegenfinanzierung auszugleichen. Eine stärkere Belastung von oberen Einkommensklassen und Unternehmen wurde ausdrücklich zurückgewiesen, die *Schrumpfung der Staatseinnahmen* damit gewissermaßen zum Programm erklärt. Die ursprünglichen Ziele von Lafontaine, nämlich Schaffung von mehr sozialer Gerechtigkeit, Stärkung der Binnennachfrage und Sicherstellung und Stabilisierung der Staatseinnahmen, spielten nun allenfalls noch eine rhetorische Rolle.

Das neu aufgelegte steuerliche Reformpaket unter Finanzminister Eichel passierte im August 2000 den Bundesrat – bezeichnenderweise mit Unterstützung einer Reihe von Länderregierungen mit CDU- und/oder FDP-Beteiligung. Damit wurde eine *steuerliche Nettoentlastung* beschlossen, die bis zum Jahr 2005 auf jährlich insgesamt 56 Mrd. Euro gegenüber 1998 ansteigen sollte. Ab dem Jahr 2005 standen damit dem Staat, (...) Jahr für Jahr Mittel in dieser Größenordnung nicht mehr für Sozialausgaben, Investitionen, Personal etc. zur Verfügung. Im Bereich der privaten Haushalte resultieren diese Steuerausfälle aus (jeweils gegenüber 1998)
- einer Absenkung des *Eingangssteuersatzes* von 25,9 v. H. auf 15 v. H. (in fünf Stufen bis 2005);[296]
- der Anhebung des *Grundfreibetrags*,[297] bis zu dem zu versteuernde Einkommen frei bleiben, von 6.322 €/12.644 € (Ledige/Verheiratete) auf 7.664 €/15.329 € (in sechs Stufen), d. h. ab 2005 werden Einkommen erst ab einer Höhe von 7.664 €/15.329 € mit dem dann gültigen Eingangssteuersatz von nur noch 15 v. H. besteuert, und

---

296 Der *Eingangssteuersatz* betrug im Jahr 1998 noch 25,9 v. H. Bis zum Jahr 2009 ist er um 11,9 Prozentpunkte auf 14 v. H. gesenkt worden. Im Jahr 1999 lag er noch bei 23,9 v. H. und im Jahr 2001 bei 19,9 v. H. Von 17 v. H. im Jahr 2004 ging es dann weiter zurück auf 15 v. H. im Jahr 2005. Seit 2009 beträgt der Eingangssteuersatz 14 v. H.

297 Von 1949 bis 1958 lag der *Spitzensteuersatz* in der Bundesrepublik noch bei 63 v. H. 1958 wurde er auf 53 v. H. reduziert und im Jahr 1975 wieder auf 56 v. H. erhöht. Ab 1990 erfolgte dann wieder eine Absenkung auf 53 v. H. Zu Beginn der Steuerreform durch die Schröder-Regierung wurde der Spitzensteuersatz im Jahr 2000 zunächst in einer ersten Stufe auf 51 v. H. gesenkt und dann ab 2001 in einer zweiten Stufe auf 48,5 v. H. Die dritte Stufe brachte noch einmal eine Absenkung ab 2003 und für 2004 auf 47 v. H., um dann in einer nochmaligen Absenkung ab 2005 den Wert von 42 v. H. zu erreichen.

- einer Reduzierung des *Spitzensteuersatzes* von 53 v. H.[298] auf nur noch 42 v. H. (in vier Stufen bis 2005), wobei die Höhe, ab der Einkommensteile mit diesem Satz besteuert werden, sich von 61.376 €/122.753 € auf 52.151 €/104.303 € reduziert« (Ver.di Bundesvorstand Berlin 2002a: 22f.).

Verteilungspolitisch führte das Steuersenkungsprogramm zu einer nur marginalen Steuerentlastung bei den unteren und mittleren Einkommen – zumal ein Großteil der Steuerentlastungen durch die *Streichung von Steuervergünstigungen* (u. a. Kürzungen beim Kilometergeld, Eigenheimzulage) und *Verbrauchsteuererhöhungen* (Mineralöl-, Energie- und Tabaksteuern u. a.) sowie über bereits erfolgte oder noch geplante *Abgabensteigerungen* (siehe die so genannte »Gesundheitsreform«; vgl. Kap. 4.3.4.4) und Kürzungen aufgrund der *Hartz-Gesetze* (insbesondere Kürzungen beim Arbeitslosengeld und Zusammenlegung von Arbeitslosenhilfe und Sozialhilfe; vgl. Kap. 2.1.4.5.3) wieder aufgezehrt oder sogar überkompensiert wurden, während die Zugewinne im oberen Einkommensbereich nicht nur deutlich, sondern auch anhaltend sind. Neben der Senkung der Einkommensteuer wurde von Eichel auch die *Körperschaftsteuer* für Kapitalgesellschaften gesenkt. In der Begründung wurde dabei die »Stärkung der Wettbewerbsfähigkeit und Investitionskraft durch Senkung der Steuerbelastung« und die »Stärkung der Innenfinanzierung und Eigenkapitalbasis durch Begünstigung der im Unternehmen belassenen Gewinne« ausdrücklich als Ziel der Reform hervorgehoben. Daher wurde der gespaltene Körperschaftsteuersatz für ausgeschüttete und einbehaltene (thesaurierte) Gewinne *vereinheitlicht* und insgesamt von 45 v. H. auf 25 v. H. drastisch abgesenkt. Außerdem wurde festgelegt, dass die in der Vergangenheit mit einem höheren Steuersatz versehenen thesaurierten Gewinne mit einer Übergangszeit von 15 Jahren aufgelöst und ausgeschüttet werden können und dabei die Differenz zwischen der zunächst bezahlten höheren Thesaurierungssteuer und der niedrigeren Ausschüttungssteuer vom Fiskus zurückerstattet werden. *Einbehaltene Gewinne* der Kapitalgesellschaften, die mit 25 v. H. besteuert werden, haben damit einen Vorteil, während die einbehaltenen Gewinne von Personengesellschaften mit dem – in der Regel – höheren persönlichen Einkommensteuersatz der Inhaber zu versteuern sind. Dies ist eine klare Verletzung des Grundsatzes, wonach Unternehmen mit gleichem Gewinn steuerlich gleich behandelt werden müssen. So kommt es zu *Wettbewerbsverzerrungen*, wenn auch hierbei beachtet werden muss, dass Personengesellschaften mit

---

298 Der steuerliche *Grundfreibetrag* lag 1998 bei 6.322 €. 1999 stieg er auf 6.681 € und im Jahr 2000 auf 6.902 €. Bis zum Jahr 2003 wurde er auf 7.426 € angehoben. Im Jahr 2004 gab es keine Veränderung, während der Grundfreibetrag abschließend im Jahr 2005 auf 7.665 € stieg. Seit dem 1. Januar 2010 liegt der Freibetrag bei 8.004 €.

niedrigen Gewerbeeinkünften die Gewerbesteuer mit ihrer Einkommensteuerschuld verrechnen können. Die Ungleichbehandlung durch die Körperschaftsteuerreform betrifft noch weitere Bereiche, nämlich die Besteuerung der *ausgeschütteten Gewinne*, die jeweils vom Einkommensteuersatz der Teilhaber abhängt. Bis zu einem persönlichen Einkommensteuersatz von 40 v. H. werden Dividenden von Kapitalgesellschaften – aufgrund der Abschaffung des so genannten *Anrechnungsverfahrens* und der Einführung des *Halbeinkünfteverfahrens* – höher besteuert als entnommene Gewinne von Personengesellschaften. Liegt der Einkommensteuersatz der Teilhaber über 40 v. H., sind Dividenden von Kapitalgesellschaften gegenüber entnommenen Gewinnen begünstigt. Handelt es sich bei dem Anteilseigner um eine Kapitalgesellschaft, bleiben die Dividendenausschüttungen zwischen den Kapitalgesellschaften steuerfrei. Außerdem sind seit 2002 die Dividendenausschüttungen zwischen Kapitalgesellschaften bei Beteiligungen von über 10 v. H. auch von der Gewerbesteuer befreit worden. Bei Personengesellschaften müssen dagegen sämtliche Gewinnausschüttungen mit dem jeweils gültigen persönlichen Grenzsteuersatz des Gesellschafters im Rahmen seiner Einkommensteuer versteuert werden. Für Kapitalgesellschaften wurden außerdem die Voraussetzungen zur Bildung steuerlicher Organschaften bei Körperschaft- und Gewerbesteuer erleichtert: Seit 2001 muss zwischen den beteiligten Unternehmen nur mehr eine Minderheitsbeteiligung vorliegen, damit *konzerninterne Gewinne und Verluste* verrechnet werden können; die gewerbesteuerliche Organschaft wurde 2002 an die körperschaftsteuerliche Organschaft entsprechend angepasst.

Geradezu skandalös bei den *Steuergeschenken an den Unternehmenssektor* war die von der Schröder-Regierung durchgesetzte völlige *Steuerbefreiung* für Gewinne aus dem Verkauf von Beteiligungsanteilen *(Veräußerungsgewinnen)*, die eine Kapitalgesellschaft an einer anderen hält. Da es hierdurch auch zu einer Benachteiligung der Personengesellschaften kam, wurde diesen im Nachhinein gestattet, einmalig den halben persönlichen durchschnittlichen Einkommensteuersatz bei einer *Betriebsveräußerung und -aufgabe* in Anspruch zu nehmen, wenn der Unternehmer (Inhaber) über 55 Jahre ist; dabei gilt ein Freibetrag von 51.130 €. Trotz einer Verbreiterung der Bemessungsgrundlage (Streichung von Steuervorteilen) wie der Einführung eines Wertaufholungsgebots, einer Einschränkung der Teilwertabschreibung, einer Einschränkung von Verlustvorträgen und -rückträgen sowie der Senkung der degressiven Abschreibungssätze kam es zu einem in der bundesdeutschen Finanzgeschichte noch nie gekannten *Rückgang der Körperschaftsteuer*, die im Jahr 2000 noch 23,6 Mrd. € an Steuereinnahmen einbrachte, ein Jahr später aber nicht nur auf Null zurückging, sondern die Finanzämter überdies nötigte, den Unternehmen sogar 426

Millionen Euro zurückzuerstatten. Erst 2007 wurde wieder das Niveau von 2000 erreicht (vgl. Tab. 52).

4.4.9.2.3 NOCH MEHR STEUERSENKUNGEN UND REFORMEN FÜR REICHE UND VERMÖGENDE

Die von der Bundesregierung ab dem Jahr 2000 eingeleitete allgemeine Steuerreform (2. Stufe ab 2003) wurde dann aber wegen der *Flutkatastrophe in Ostdeutschland* im August 2002 um ein Jahr auf 2004 verschoben. Dies betraf insbesondere die geplante Absenkung des *Einkommensteuertarifs*. So blieb es im Jahr 2003 beim Spitzensteuersatz von 48,5 v. H. statt der vorgesehenen 47 v. H. und beim Eingangssteuersatz von 19,9 v. H. statt der geplanten 17 v. H. Ebenso erhöhte sich der Grundfreibetrag nicht von 7.235 auf 7.426 €. Um auch die Kapitalgesellschaften in die Finanzierung der Flutkatastrophe mit einzubeziehen, wurde für das Jahr 2003 einmalig der Körperschaftsteuersatz von 25 v. H. auf 26,5 v. H. wieder erhöht. Insgesamt lag das Steueraufkommen aus diesen verschobenen Maßnahmen bei rund 7,1 Mrd. €. Um die seit 2001 anhaltende Wachstumsschwäche in Deutschland zu beheben und die von den Wirtschaftsforschungsinstituten und dem Sachverständigenrat (SVR) für das Jahr 2004 prognostizierte Konjunkturbelebung zu unterstützen, wurde Ende 2003 nach monatelangem Taktieren und heftigsten politischen Auseinandersetzungen zwischen Regierung (SPD/Bündnis '90/Die Grünen) und Opposition (CDU/CSU/FDP) ein Kompromiss zum teilweisen *Vorziehen der dritten Stufe der Steuerreform* nach 2004 und weitere so genannte Reformschritte zur angeblichen *Belebung an den Arbeitsmärkten* aus der Agenda 2010 beschlossen (vgl. die folgende Tab. 50).

Insgesamt kam es so zu einer Steuersenkung in Höhe von 15 Mrd. € (davon 8,9 Mrd. € durch das Vorziehen von 2005 auf 2004 und 6,1 Mrd. € durch die bereits beschlossenen Maßnahmen an Steuererleichterungen gegenüber 2003). Zur Gegenfinanzierung wurden *Subventionen* gekürzt, die insbesondere die Arbeitnehmer zu tragen hatten; der Bund erhoffte sich durch den *Verkauf von Staatseigentum* Privatisierungserlöse in Höhe von 5,3 Mrd. €. Der Rest von etwa 30 v. H. sollte durch *Kredite* finanziert werden.

Bezüglich der *Einkommensteuer* wurden die 2003 gültigen Sätze (Eingangssteuersatz 19,9 v. H.; Spitzensteuersatz 48,5 v. H.) auf 16 v. H. und 45 v. H. gesenkt. Gleichzeitig wurde der erst für 2005 geplante Grundfreibetrag auf 7.664 € erhöht. Demnach erzielte ein lediger Steuerzahler mit einem Bruttojahreseinkommen von 14.000 € in 2004 eine Steuerersparnis von 191 € jährlich. Bei einem Bruttoeinkommen von 50.000 € belief sich die Steuersenkung auf 711 €. Dagegen erzielte der Spit-

Tab. 50: *Vorgezogene Steuerreform 2005 und sonstige Reformmaßnahmen aus der Agenda 2010*

Maßnahme	Bisher	2004 und folgende Jahre
Eingangssteuersatz	19,9 v. H.	16,0 v. H.; ab 2005 15,0 v. H.
Spitzensteuersatz	48,5 v. H.	45,0 v. H.; ab 2005 42,0 v. H.
Eigenheimzulage		1.200 € p.a. plus 800 € pro Kind
Pendlerpauschale	Für die ersten 10 km 36 Cent/km; ab Kilometer 11 dann 40 Cent/km	30 Cent pro km
Mindeststeuer	Verlustvorträge Unbegrenzt	Mindestens 40 v. H. des Gewinns werden versteuert. Demnach können bis zu 60 v. H. des Gewinns mit Verlusten aus Vorjahren verrechnet werden.
Tabaksteuer		In drei Schritten über 18 Monate 1,2 Cent/Zigarette
Steueramnestie		Straffrei, pauschale Nachbesteuerung in Höhe von 25 v. H. bzw. 35 v. H.
Gemeindesteuer		Senkung der Gewerbesteuerumlage von 28 auf 20 v. H.
Arbeitslosengeld Arbeitslosenhilfe Sozialhilfe		Arbeitslosengeld I bis maximal 12 Monate ab 2006. Zusammenlegung der Arbeitslosenhilfe und Sozialhilfe zu Arbeitslosengeld II ab 2005
Kündigungsschutz	Ab fünf Mitarbeiter	Ab zehn Mitarbeiter
Zumutbarkeitsregeln für Langzeitarbeitslose		Jede Arbeit gilt als zumutbar, auch wenn sie unter dem ortsüblichen Lohn liegt
Tarifautonomie		Keine Veränderung
Meisterbrief		Nur noch für 41 definierte statt 94 Handwerksberufe

Quelle: eigene Zusammenstellung

zenverdiener mit einem Einkommen von 500.000 € eine Steuerersparnis in Höhe von 15.000 € und der Euro-Einkommensmillionär konnte sich über eine Steuersenkung von 31.000 € freuen. Dies konnte, wie vorausgesehen, die Konjunktur allenfalls marginal beleben. Die Entlastungen der unteren Einkommen wurden zumeist durch Belastungen aus der Gesundheitsreform und dem Streichen von Steuervergünstigungen kompensiert und für viele Einkommensempfänger sogar überkompensiert. Bei den höheren Einkommen landeten dagegen die Steuergeschenke überwiegend auf den Sparkonten. Zu den abgebauten *Steuervergünstigungen (Subventionen)* gehörten der Arbeitnehmer-Pauschbetrag, der Sparerfreibetrag, der Sonderabgabenabzug für Lebensversicherungen, die Freibeträge für Belegschaftsrabatte und Übergangsgelder sowie die Absetzbarkeit von Spesen. Gekürzt wurden außerdem die Beihilfen für den öffentlichen Nahverkehr, allerdings nur einmal um 2 v. H. Verschont blieben die *Landwirte*, denen der Agrardiesel subventioniert wird. Weitere Ausnahmen blieben Parteispenden und Nacht- und Sonntagszuschläge. Ebenso wurden die Abschreibungsmöglichkeiten bei den Unternehmen verändert. Sie können Anschaffungen im ersten Jahr künftig nicht mehr halbjahresweise, sondern nur noch anteilig auf die verbleibenden Monate eines Jahres abschreiben.

Eine weitere Subventionskürzung betraf die *Eigenheimzulage*, mit der im Jahr 2003 mit insgesamt 11,5 Mrd. € der private Wohnungsbau gefördert wurde. Hier kam es zu einer Kürzung um 30 v. H. Ausbauten und Erweiterungen beim Hausbau wurden ganz aus der Förderung gestrichen. Die Grundförderung liegt künftig acht Jahre lang noch bei maximal 1.200 € pro Jahr, für jedes Kind gibt es 800 € zusätzlich pro Jahr. Als Einkommensgrenzen wurden, über je zwei Jahre betrachtet, 70.000 € für Alleinstehende und 140.000 € für Ehepaare plus 30.000 € pro Kind festgelegt. Die *Pendlerpauschale* sank auf 30 Cent pro Kilometer zum Arbeitsplatz, unabhängig vom Beförderungsmittel. Zuvor konnten zwischen Wohnung und Arbeitsstelle die Aufwendungen öffentlicher Verkehrsmittel und mit dem Auto für die ersten zehn Kilometer 36 Cent/km und 40 Cent für jeden weiteren Kilometer abgesetzt werden.

Bei den *Unternehmensgewinnen* wurde durch eine *Mindeststeuer* die bisher komfortable *Verlustverrechnung* auf 60 v. H. begrenzt. Demnach können jetzt nicht mehr unbegrenzt Verluste aus Vorjahren gegen Gewinne aufgerechnet werden. Lebens- und Krankenversicherungen können Verluste – trotz der skandalösen Abschaffung der Besteuerung von Veräußerungsgewinnen aus Beteiligungen ab 2001 – weiter steuerlich geltend machen. Dafür müssen sie aber entsprechende Gewinne auch wieder versteuern. Diese *Lex Versicherungen* soll die Branche, die während des Börsenbooms riesige steuerfreie Gewinne aus Aktienbeteiligungen erzielte, nach der Baisse vor Großpleiten bewahren. Bezogen auf die indirekten Steuern wurde ab dem 1. März 2004 die *Tabaksteuer* über 18 Monate in drei Schritten um jeweils 1,2 Cent pro Zigarette erhöht. Auch wurde in dem Steuerpaket eine *Amnestie für Steuerhinterzieher* ab dem 1. Januar 2004 beschlossen. Wer demnach seine bisher hinterzogenen Steuern dem Finanzamt offen legte, ging befristet bis März 2005 straffrei aus und musste den hinterzogenen Betrag lediglich mit 25 v. H. und ab 2005 mit 35 v. H. nach versteuern. Die Amnestie galt für Schwarzgelder, die zwischen 1993 und 2003 ins Ausland oder auf anderem Weg illegal zur Seite geschafft worden waren. Das Bundesfinanzministerium ging von ca. 300 Mrd. € aus. Ausgenommen von der Amnestie ist die *Geldwäsche* aus kriminellen Geschäften (Altvater/Mahnkopf 2002b: 215ff.). Bundesfinanzminister Eichel versprach sich von diesem in der deutschen Steuergeschichte bisher einmaligen Vorgang Mehreinnahmen von 5 Mrd. €. Am Ende waren es aber nur knapp eine Milliarde €. Jeder ehrliche Steuerzahler musste sich durch diese Steueramnestie vor den Kopf gestoßen und durch einen staatlichen Rechtsakt zum Dummen erklärt fühlen. Die Bundesrepublik Deutschland verkommt so zu einer »Bananenrepublik«.

Damit überhaupt die abgespeckte dritte Stufe der Steuerreform vorgezogen werden konnte, verlangten CDU/CSU/FDP weitere Zugeständnisse bei den bereits von der Regierung beschlossenen *Arbeitsmarktreformen*. So wurde der *Kündigungsschutz* weiter, als von der Regierung geplant, eingeschränkt. Ab dem 1. Januar 2004 unterliegen Kleinbetriebe erst ab dem *elften Mitarbeiter* dem Kündigungsschutzgesetz. Bisher galt diese Grenze ab dem sechsten Mitarbeiter. Diese Änderung gilt aber nur für Neueinstellungen. Bereits beschäftigte Arbeitnehmer behalten den bestehenden Kündigungsschutz. Außerdem wurde die *Sozialauswahl* bei betriebsbedingten Kündigungen künftig auf vier Kriterien beschränkt: (1) die Dauer der Betriebszugehörigkeit, (2) das Lebensalter, (3) die Unterhaltspflichten (z. B. gegenüber Kindern) und (4) die Schwerbehinderung des Arbeitnehmers. Schließlich wird das Urteil des Europäischen Gerichtshofs umgesetzt, wonach *Bereitschaftsdienste*, etwa im Krankenhaus, bei der Feuerwehr usw., künftig als Arbeitszeit gelten. Die Tarifparteien erhielten die Frist, diese Vereinbarung bis Ende des Jahres 2005 in die Tarifverträge einzuarbeiten.

Beim *Arbeitslosengeld* wurden die von der Bundesregierung bereits beschlossenen Verschlechterungen mit einer marginalen zeitlichen Verschiebung umgesetzt. Demnach wurde die Bezugsdauer des Arbeitslosengeldes I von 32 auf zwölf, maximal 18 Monate für Arbeitslose, die älter als 55 Jahre sind, verkürzt – allerdings erst ab 2006. Das Arbeitslosengeld II, das Langzeitarbeitslose künftig nach 12 Monaten Arbeitslosigkeit statt der höheren Arbeitslosenhilfe und – zum Teil – statt der bisherigen Sozialhilfe erhalten, wurde zum 1. Januar 2005 eingeführt. Die monatliche Regelleistung betrug 345 € im Westen und 331 € im Osten. Hinzu kommt die Erstattung von Wohnungs- und Heizkosten. Die Empfänger sind kranken- und rentenversichert. Wer nach Ablauf des Arbeitslosengeldes I in das Arbeitslosengeld II rutscht, bekommt zwei Jahre lang einen Zuschlag. Das *Vermögen* des Betroffenen und das Einkommen seines Lebenspartners werden bei der Berechnung des Arbeitslosengeldes II berücksichtigt. Wer eigenes Einkommen zum Arbeitslosengeld II hinzuverdient, darf einen Teil davon behalten: Bei Einkünften bis zu 400 € monatlich 15 v. H., bei zwischen 400 und 900 € zusätzlich 30 v. H., danach bis 1.500 € weitere 15 v. H. Den Empfängern von Arbeitslosengeld II ist jede legale Arbeit zumutbar (sog. *Zumutbarkeitsregeln*). Eine untere Lohngrenze gibt es nicht, abgesehen von sittenwidrigen Löhnen. Lehnt ein Arbeitsloser eine zumutbare Arbeit ab, wird ihm das Arbeitslosengeld II um bis zu 30 v. H. gekürzt. Bei Jugendlichen bis zu 25 Jahren wird die Leistung ganz gestrichen, sie haben im Gegenzug aber einen Ausbildungs- oder Beschäftigungsanspruch. Die alte *Sozialhilfe* gilt künftig nur noch für Personen, die wegen Krankheit oder Behinderung nicht erwerbsfähig sind. Der neue Regelsatz beträgt auch hier ab dem 1. Januar 2005 monatlich im Westen 345 € und im Osten 331 €. Er schließt auch die bisherigen einmaligen Leistungen wie Kleidung und Hausrat ein. Pflegebedürftige Menschen sollen künftig statt Sachleistungen ein persönliches Budget bekommen, mit dem sie bestimmte Betreuungsleistungen selbst einkaufen können.

Bei dem Versuch, die *Tarifautonomie* abzuschaffen, scheiterten die Union und FDP mit ihrer Forderung nach gesetzlichen Vorgaben für Öffnungsklauseln bei den Tarifverträgen. In einer Protokollnotiz wurden allerdings die Tarifpartner aufgefordert, sich freiwillig auf betriebliche Regelungen zu verständigen. Abschließend wurde noch im Handwerk der *Meisterbrief* neu geregelt. In Zukunft gibt es statt für bisher 94 nur noch für 41 Berufe den Meisterzwang. Gesellen können sich nach sechsjähriger Berufserfahrung, davon vier Jahre in leitender Stellung, selbständig machen.

Bundeskanzler Schröder kommentierte das »Reformpaket« mit den Worten:

> »Das ist das Signal, auf das die Menschen in Deutschland gewartet haben« (HAZ 2003d: 3). Die CDU-Vorsitzende Merkel feierte den »Reformkompromiss« als eigenen Erfolg. »Das Resultat ist ein gutes Ergebnis für die CDU, aber auch ein gutes Ergebnis für unser Land.« Der CSU-Vorsitzende Stoiber sah »ein positives Signal an die Wirtschaft« und der FDP-Vorsitzende Westerwelle hielt die Kompromisse für »einen soliden Schritt in die richtige Richtung«, während die Grünen-Fraktionsvorsitzende Sager eine zwiespältige Bilanz zog und von »bitteren Pillen« sprach (HAZ 2003d: 1).

Entgegen diesen politischen Interpretationen ist die tatsächliche Wirkung des so genannten Reformkompromisses auf das *Wirtschaftswachstum* negativ einzustufen. So rechneten die meisten Ökonomen für das Jahr 2004 höchsten »mit einem zusätzlichen Wachstum von nicht mehr als 0,2 Prozent« (Ruhr Nachrichten 2003: 5). In Folge hatten die Arbeitsmärkte mit diesem »Aufschwung« nichts zu tun. Mehr Beschäftigung war mit den »Reformen« nicht verbunden. Im Gegenteil: Es wurden in einer unsozialen Art und Weise die *Arbeitslosen bekämpft; nicht aber die Arbeitslosigkeit*. Hinzu kam, dass von den Steuersenkungen überwiegend die Spitzenverdiener profitierten. Zwar bringen heute 10 v. H. der Steuerzahler etwas mehr als die Hälfte der Lohn- und Einkommensteuer auf. Dies liegt aber vor allem daran, dass knapp 30 v. H. der 35 Millionen Steuerpflichtigen weniger als 10.000 Euro im Jahr zu versteuern haben. Deshalb zahlen sie fast keine Steuern. Die »oberen zehn Prozent« verfügen dagegen über 35 v. H. des Einkommens aller Steuerzahler. 110.000 € pro Jahr sind das im Durchschnitt. Und darauf müssen eben höhere Steuern gezahlt werden – im Durchschnitt 30 v. H. Netto bleiben immer noch 77.000 € im Jahr übrig – mehr als genug. Außerdem ergibt der Blick nur auf die Einkommensteuer ein schiefes Bild. Über die Hälfte des Steueraufkommens kommt aus Steuern, bei denen die unteren Einkommensschichten sogar stärker belastet sind. Von der *Umsatzsteuer über die Energie- und Stromsteuer bis hin zur Tabaksteuer*. Beschäftigte mit niedrigem Einkommen zahlen so über ihren Verbrauch noch einmal Steuern auf ihr komplettes Nettoeinkommen. Nicht so Besserverdienende und Reiche. Sie geben nur einen Teil ihres Einkommens aus und sparen den Rest. Hinzu kommt noch, dass viele Einkommen bei der Steuer gar nicht auftauchen. Gerade Unternehmer und Freiberufler haben erhebliche Möglichkeiten, die Steuern im Rahmen von Bilanzierungsvorschriften klein zu rechnen. Durch *Unterbewertungen des Vermögens* und *Überbewertungen des Kapitals* entstehen stille Reserven, die einer Besteuerung vorenthalten werden. Auch *Aufwendungen der privaten Lebensführung* werden als Steuer mindernde Betriebsausgaben abgezogen, von Einrichtungsgegenständen, über das große Auto bis zu Bewirtungskosten. Mit jeder weiteren Steuersenkung und jeder Steuervereinfachung kommt es zu weiteren Vorteilen für die *Besserverdienenden und Reichen*. So ziehen sie sich immer mehr aus der *Finanzierung* der wichtigen öffentlichen Infrastruktur und Dienstleistungen sowie von staatlichen Sozialtransfers zurück. Das Prinzip der Besteuerung nach der *ökonomischen Leistungsfähigkeit*[299] und damit eine gerechte Steuerlastverteilung wird damit in schnellen Schritten immer mehr aufgelöst.

---

299 Nach dem *Leistungsfähigkeitsprinzip* (ability to pay principle) ist es ohne Bedeutung für die Steuerlastverteilung, wem die Leistungen des Staates zufließen. Steuern sind kein spezifisches Entgelt für diese Leistungen, sondern *Zwangsabgaben*. Jeder soll nach seiner Leistungsfähigkeit an der Aufbringung des Steueraufkommens beteiligt werden.

4.4.9.2.4 ES HÄTTE NOCH SCHLIMMER KOMMEN KÖNNEN

Wären die heute schon viel zu weit abgesenkten Steuern noch weiter gesenkt worden, und zwar – wie das der ehemalige Bundesverfassungsrichter Paul Kirchhof vorschlug – auf den einheitlichen Steuersatz von 25 v. H. bei gleichzeitiger Abschaffung fast aller Steuerausnahmen, so wären das *Sozialstaatsprinzip in Deutschland* endgültig in Frage gestellt und angesichts der aufgebauten Staatsverschuldung jedwede staatliche Konjunkturpolitik zukünftig verbaut gewesen. Derselbe Fall wäre eingetreten, wenn das von dem Steuerexperten der CDU, Friedrich Merz, vorgelegte und auf dem Bundesparteitag der CDU Ende 2003 einstimmig verabschiedete Steuerreformkonzept mit drei Grenzsteuersätzen Wirklichkeit geworden wäre. Ebenso trifft dies auf die Steuerkonzepte der CSU (»Konzept 21) sowie auf den FDP-Gesetzentwurf »Neue Einkommensteuer« zu (Bach/Haan/Rudolph/Steiner 2004: 201ff.). Dabei ist der Vorschlag von Merz, weder – wie populistisch behauptet – ein *»Steuervereinfachungsprogramm«*, noch könnte er die Wirtschaft beleben. Die von Merz geplanten drei Einkommensteuertarife – von 12 v. H. ab einem zu versteuernden Einkommen von 8.000 bis 16.000 €, von 24 v. H. für ein Einkommen von 16.001 bis 40.000 € und darüber hinaus von 36 v. H. bei Steuergrundfreibeträgen pro Person (auch bezogen auf Kinder) je Privathaushalt in Höhe von 8.000 € – würden insgesamt zu einem Steuerausfall in Höhe von rund 45 Mrd. € führen. Zwar würde ein Haushalt mit zwei Erwachsenen und zwei Kindern erst ab einem Einkommen von 32.000 € (4 mal 8.000 €) Einkommensteuern entrichten, dafür sich aber auch durch den Abbau von steuerentlastenden Ausnahmen einige steuerliche Erhöhungen gefallen lassen müssen. Denn nicht der *Steuertarif* entscheidet über die gesamte Neuverteilung der Steuerlast, sondern auch der Abbau von *steuerentlastenden Ausnahmen*. Dazu stellt der Sachverständigenrat (SVR) in seinem Gutachten 2003/2004 zu Recht fest: *»Die Diskussion über den Tarifverlauf der Einkommensteuer ist eher kontraproduktiv, weil sie von den eigentlichen Problemen der Einkommens- und Unternehmensbesteuerung ablenkt.«* So erstaunt es dann auch nicht, dass die Vorschläge von Merz, was den Abbau von Steuervergünstigungen anbelangt, insbesondere die *abhängig Beschäftigten* treffen. Hier sollte es zu einer Aufhebung der Sonderbehandlung bei Nacht-, Feiertags- und Sonntagszuschlägen (10,5 Mrd. €), einer Streichung der Entfernungspauschale (5 Mrd. €), einer kompletten Streichung des Arbeitnehmer-Pauschbetrages (2 Mrd. €) sowie zu einer Streichung des Sparerfreibetrags (2,5 Mrd. €) kommen. Zum Abbau von Steuersubventionen für *Unternehmen* war dagegen im Merz-Konzept nur wenig erkennbar. Lediglich eine Vereinheitlichung und Reduzierung der Abschreibungen war hier offensichtlich geplant. Dagegen wurde das Instrument, Vorträge von Verlusten auf Gewinne, die den

Unternehmen steuerfreie Gewinne gestatten, nicht angetastet. Es gab auch keinen Hinweis auf die durch Rot-Grün zu Recht geplante Mindestbesteuerung der Unternehmen (hier sollten etwa nur die Hälfte früherer Verluste mit heutigen Gewinnen verrechenbar sein).

Die Qualität der Merz-Vorschläge zeigt sich schließlich auch in der Auslassung wichtiger Reformen. Mit keinem Wort wird die vom Bundesverfassungsgericht angemahnte Anpassung der *Erbschaft- und Schenkungsteuer* angesprochen und die derzeit nur ausgesetzte *Vermögensteuer* wird von Merz endgültig begraben. Schließlich findet sich kein Hinweis auf die wachsende *Steuerkriminalität*. Dafür forderte Merz aber die Abschaffung der zeitlich befristeten Besteuerung von Spekulationsgewinnen aus Aktien und Immobilienverkäufen sowie ein Ende der Abgeltungssteuer auf Vermögenseinkünfte. Diese sollten nach den jeweils individuellen Einkommensverhältnissen entsprechend besteuert werden. Der Merz-Vorschlag, die *Gewerbesteuer* zu streichen, löste allerdings heftigste Proteste aus, vor allem bei den Kommunen. Bereits bei der Präsentation der Vorschläge auf der CDU-Pressekonferenz wurde diese Idee einkassiert und stattdessen eine auf die »Wirtschaftskraft der Gemeinden« abzielende kommunale Steuer vorgeschlagen. Fasst man alles zusammen, so lässt sich mit Rudolf Hickel folgendes zu den Merz-Vorschlägen konstatieren:

»(1) Die Vereinfachung erweist sich als Illusion. Der Stufentarif ist nicht einfacher als der derzeit für die Einkommensteuer geltende Formeltarif. Wieder einmal zeigt sich, während für die Lohn- und Gehaltsbezieher heute schon die Lohnsteuer recht einfach ist, steigt die Kompliziertheit und damit mangelnde Transparenz mit Einkommen aus Unternehmen und Vermögen aus unterschiedlichsten Quellen. (2) Das Gesamtkonzept erhöht am Ende die Steuerlast für die große Mehrheit der erwerbstätigen Bevölkerung. Die Belastungen durch den Abbau von Steuervorteilen schlagen durch, während die Vermögensbesitzer und Unternehmen von der Tarifsenkung im Verhältnis zur vergleichsweise geringen Reduzierung von Steuervorteilen profitieren. (3) Nach den sehr vorläufigen Berechnungen zum Merz-Modell liegen die Entlastungen durch die Tarifsenkung mit 5 bis 10 Mrd. Euro über den Belastungen durch den Abbau von Steuervorteilen. Dabei sind höhere Defizite aus dieser Steuerreform durchaus realistisch. Damit würde der Staat zu weiteren Einsparungen bei seinen Ausgaben für die Infrastruktur und die Dienstleistungsproduktion gezwungen. Die gesamtwirtschaftliche Binnennachfrage würde erneut belastet. Denn die Konsum- und Investitionsimpulse infolge dieser Steuerreform werden ziemlich schwach ausfallen« (Hickel 2004b: 160ff.).

Auch die steuerpolitischen Vorstellungen von Kirchhof, der CSU und FDP führen zu erheblichen Ausfällen bei der Einkommens- und Ertragsbesteuerung. Sie müssten durch drastische *Ausgabenkürzungen* oder die Anhebung von indirekten Verbrauchsteuern und Abgaben gegenfinanziert werden, so das Deutsche Institut für

Tab. 51: Einkommensteuerrecht 2005 und weitere Reformvorschläge (Quelle: DIW-Wochenbericht 16/2004, S. 201)

Regelungsbereich	Recht ab 2005	CDU	CSU – Konzept 21	FDP	Kirchhof
Einkommensteuertarif	Linear-progressiver Tarif mit zwei Progressionszonen; 7.664 € Grundfreibetrag; bis 12.739 €: 15-23,97 v. H.; bis 52.151 €: 23,97-42 v. H.; darüber: 42 v. H.	Stufentarif mit drei Grenzsteuersätzen. Bis 16.000 €: 12 v. H.; bis 40.000 €: 24 v. H.; darüber: 36 v. H.	Linear-progressiver Tarif mit zwei Progressionszonen; 8.000 € Grundfreibetrag; bis 13.000 €: 13-21 v. H.; bis 52.500 €: 21 – 39 v. H.; darüber: 39 v. H.	Stufentarif mit drei Grenzsteuersätzen; 7.700 € Grundfreibetrag; bis 15.000 €: 15 v. H.; bis 40.000 €: 25 v. H.; darüber: 35 v. H.	Steuersatz 25 v. H., faktisch Stufentarif mit drei Grenzsteuersätzen durch gestaffelten Sozialausgleich; 8.000 € Grundfreibetrag; bis 13.000 €: 15 v. H.; bis 18.000 €: 20 v. H.; darüber: 25 v. H.
Ehegatten	Ehegattensplitting	Ehegattensplitting	Ehegattensplitting	Verdoppelung der Einkommensgrenzen des Stufentarifs	Übertragung von Grundfreibetrag, Sozialausgleichsbeträgen und Vereinfachungspauschale
Kinder	Kindergeld 154 € mtl./ 1.848 € p.a. oder Kinderfreibetrag 5.808 € (Günstigerprüfung)	Kindergeld 154 € mtl./ 1.848 € p.a. oder Grundfreibetrag 8.000 € (Günstigerprüfung)	Kindergeld 154 € mtl. oder Grundfreibetrag 8.000 € (Günstigerprüfung)	Kindergeld 200 € mtl./ 2.400 € p.a. oder Grundfreibetrag 7.700 € (Günstigerprüfung)	Kindergeld 167 € mtl./ 2.000 € p.a. (entspricht Grundfreibetrag 8.000 € bei Steuersatz 25 v. H.)
Einkunftsarten	Sieben: Land-und Forstwirtschaft, Gewerbebetrieb, Selbständige Arbeit, nichtselbständige Arbeit, Kapitalvermögen, Vermietung und Verpachtung	Reduzierung auf vier: Einkünfte aus unternehmerischer Tätigkeit, Einkünfte aus nichtselbständiger Arbeit, Einkünfte aus Kapitalvermögen, sonstige Einkünfte	Reduzierung auf vier: Einkünfte aus selbständiger Tätigkeit, Einkünfte aus nichtselbständiger Arbeit, Einkünfte aus Kapitalvermögen, Einkünfte aus Zukunftssicherung und sonstige Einkünfte		Wegfall der Einkunftsarten; steuerpflichtig sind »Einkünfte aus Erwerbshandeln«; Regeln zur Einkommensermittlung und zu einzelnen Einkunftsarten (Gewinn, Arbeitslohn, Kapitaleinnahmen; Leistungen der persönlichen Zukunftssicherung, Veräußerungserlöse)

Wirtschaftsforschung (DIW), das daneben auch die Verteilungs-, Wachstums- und Beschäftigungseffekte untersucht hat. Das Ergebnis ist ernüchternd: »Die zu erwartenden Arbeitsangebotseffekte fallen in Relation zu den Entlastungen gering aus; größere ›Selbstfinanzierungseffekte‹ durch steigende Beschäftigung und stärkeres Wachstum sind nicht zu erwarten« (Bach/Haan/Rudolph/Steiner 2004: 1985).

4.4.9.2.5 SCHWARZ-ROTE UND SCHWARZ-GELBE STEUERPOLITIK – NOCH MEHR STEUERGESCHENKE FÜR UNTERNEHMER

Zwar kam es nicht so schlimm, wie zuvor beschrieben, aber auch die große Koalition aus CDU/CSU und SPD setzte den steuerpolitischen Kurs der rot-grünen Bundesregierung ab 2005 fort. 2007 wurde die *Mehrwertsteuer* um 3 Prozentpunkte von 16 v. H. auf 19 v. H. angehoben. Der ermäßigte Steuersatz wurde mit 7 v. H. beibehalten. Im Mittelpunkt der Steuerentlastungsmaßnahmen stand ein weiter deutlich niedrigerer Steuersatz auf *Gewinne der Kapitalgesellschaften*. So wurde ab 2008 der durchschnittliche Körperschaftsteuersatz (inkl. Solidaritätszuschlag und Gewerbesteuer) von 38,65 v. H. auf 28,83 v. H. gesenkt. Während hier die *Gewerbesteuer* (bei einem unterstellten Hebesatz von 400) auch künftig ca. 12-13 v. H. beträgt, sinkt der direkte Körperschaftsteuersatz von 25 v. H. auf 15 v. H. bei einem Solidaritätszuschlag auf die Körperschaftsteuerschuld von 0,825 v. H. Um die *einkommensteuerpflichtigen Unternehmen* entsprechend den Kapitalgesellschaften zu entlasten, werden die einbehaltenen Gewinne (Gewinnthesaurierung bzw. auch als Investitionsrücklage) mit einem Einkommensteuersatz von 28,83 v. H. zuzüglich des Solidaritätszuschlags versteuert. Weiter kam es zur Einführung einer dualen Einkommensteuer. Diese konzentriert sich auf die Besteuerung der Kapitaleinkünfte aus Dividenden, Zinsen und auf private Veräußerungsgeschäfte mit einem einheitlichen Steuersatz von 25 v. H. (*Abgeltungssteuer*). Die anderen Einkunftsarten unterliegen dagegen bei der *Einkommensteuer* mit einer Progressionszone einem Spitzensteuersatz von 42. v. H., plus einer *Reichensteuer* von 3 Prozentpunkten ab einem zu versteuernden Einkommen von 250.401 €. Bei der Gewerbesteuer wurde für alle Steuerpflichtigen (d. h. für körperschaft- bzw. einkommensteuerpflichtige Unternehmen) die Steuermesszahl von 5 auf 3,5 v. H. gesenkt und die bisherige Messzahlstaffelung abgeschafft. Im Zuge der Gegenfinanzierung der Steuerausfälle ist die Gewerbesteuer bei der Ermittlung der Einkommen- bzw. Körperschaftsteuerschuld künftig nicht mehr als Betriebsausgabe abzugsfähig. Um jedoch die sich daraus ergebenden Nachteile für Unternehmen, die der Einkommensteuerpflicht unterliegen, zu reduzieren, wurde der Anrechnungsfaktor bei der Einkommensteuer vom 1,8-fachen auf das 3,8-fache der Steuermesszahl bei der Ermittlung der Gewerbesteuer erhöht (zur Ermittlung der Gewerbesteuer wird der jeweils geltende Hebesatz auf die Steuermesszahl bezogen; vgl. auch den Exkurs: »Die Gemeindefinanzen stärken«). Damit wird wie bisher der Großteil der Gewerbesteuer über die Verrechnung bei der Einkommensteuer neutralisiert. Durch die Steuerreform der großen Koalition kam es zu weiteren Steuerausfällen von rund 10 Mrd. € jährlich.

Auch die 2009 neu gewählte schwarz-gelbe Bundesregierung setzt weiter auf Steuersenkungen. Zum einen übernahm Schwarz-Gelb die noch durch die große Koalition beschlossenen steuerpolitischen Maßnahmen mit einem Entlastungsvolumen von 14 Mrd. € (unter anderem durch die Erhöhung des Grundfreibetrages bei der Einkommensteuer auf 8.004 € (Ledige) bzw. 15.668 € für Verheiratete ab 2010 und die Senkung des Eingangssteuersatzes von 15 v. H. auf 14 v. H. ab 2009 sowie die steuerliche Absetzbarkeit der Beiträge zur Krankenversicherung). Außerdem trat ab dem 1. Januar 2010 ein steuerpolitisches Sonderprogramm (»*Wachstumsbeschleunigungsgesetz*«) mit einem steuerlichen Entlastungsvolumen von insgesamt 8,5 Mrd. € in Kraft.[300] Den Großteil davon, nämlich 4,6 Mrd. €, machen die *Erhöhung des Kindergeldes* um 20 € pro Monat und des Kinderfreibetrages auf 7.008 € aus. Auf die Unternehmen entfallen insgesamt 2,3 Mrd. € durch die Lockerung der Zinsabzugsbeschränkung (Zinsschranke), einem verbesserten Verlustabzug beim Mantelkauf (Sanierungs- und Konzernklausel), eine Befreiung von Grunderwerbsteuer bei Grundstückskäufen innerhalb eines Konzerns, die Steuersatzsenkung der Erbschaft- und Schenkungsteuer für Geschwister und Geschwisterkinder sowie Verbesserungen bei der Betriebsfortführung durch die Erben. Weitere 1,4 Mrd. € machen die Senkung des Mehrwertsteuersatzes von 19 auf 7 v. H. für Beherbergungsdienstleistungen von Hotels und Gasthäusern aus. Außerdem will die FDP ab 2012 *weitere Steuerentlastungen* – trotz stark gestiegener Staatsverschuldung in Anbetracht der Finanz- und Wirtschaftskrise – in einem Volumen von 16 Mrd. € durchsetzen. Auch will die FDP einen *5-Stufen-Einkommensteuertarif* (siehe Kasten) einführen.

Die dabei von der FDP angestrebte Abflachung des sogenannten »Mittelstandbauches« bzw. der »*kalten Progression*«[301] wird durch den Stufen-Tarif aber nicht er-

---

300 Die 8,5 Mrd. € belasten den Bund mit 4,6 Mrd. €, die Länder mit 2,3 Mrd. € und die Gemeinden mit 1,6 Mrd. €.
301 Mit »*kalter Progression*« ist eine schleichende Steuererhöhung gemeint: Wenn eine Lohnerhöhung durch steigende Preise aufgefressen wird, rutschen die Beschäftigten dennoch auf der Steuerkurve nach oben. Durch die höheren Steuern können sie sich im Ergebnis sogar weniger leisten als vorher. Durch die Steuerreformen der Vergangenheit, von denen zwar vor allem Reiche und Besserverdienende profitiert haben, wurde der Effekt der »kalten Progression«

Steuerkonzept der FDP vom 13. April 2010

Der Vorschlag der FDP zur Reform der Einkommensteuer sieht die Einführung eines 5-Stufen-Tarifs vor

	Zu versteuerndes Einkommen in €	FDP-Steuersatz in v. H.	Unterschied zum gültigen Tarif 2010
Grundfreibetrag	bis 8.004	0	0
1.Tarifstufe	bis 12.500	14	- 8,2
2.Tarifstufe	bis 35.000	25	- 8,8
3.Tarifstufe	bis 53.000	35	- 7,0
4.Tarifstufe	bis 250.730	42	0
5.Tarifstufe	über 250.730	45	0

Außerdem fordert die FDP Steuervereinfachungen.

reicht. Zwar werden durchaus weniger Einkommen von einer »kalten Progression« bedroht, dafür dieser aber auch deutlich stärker ausgesetzt. Ursache sind die abrupten Anstiege des Steuersatzes in den Tarifstufen. Außerdem ist die Aussage falsch, die FDP entlaste nur zu versteuernde Einkommen bis zu einer Höhe von 53.000 €. Vielmehr wird ab diesem Einkommen der maximale absolute Entlastungsbetrag in Höhe von 1.534 € erreicht. Dieser Betrag kommt aber auch allen höheren Einkommen zugute.

Insgesamt ist es bereits seit 2000 durch die beschriebenen Steuerreformen zu enormen *Steuerausfällen* gekommen. Auch wenn die Einbrüche bei der Körperschaftsteuer am spektakulärsten waren (vgl. Tab. 52), so erreichte das gesamte Lohn- und Gewinnsteueraufkommen seit der rot-grünen Steuerreform II im Jahr 2000 erst im Jahr 2006 mit 220,9 Mrd. € wieder das Niveau von 2000. Der dann einsetzende Anstieg ist dem *konjunkturellen Aufschwung* (2006-2008) geschuldet. 2009 kam es aber auf Grund der *Finanz- und Wirtschaftskrise* (vgl. Kap. 4.4.7) wieder zu einem erneuten starken Ein-

---

aber aufgehoben. Steuerliche Mehrbelastungen für Gering- und Normalverdiener sind ausgeblieben. Außerdem ist nicht die »kalte Progression« das Problem, sondern die zu *geringen Lohnsteigerungen*. Die Forderung muss daher nicht lauten »weniger Steuern für mehr netto vom brutto«, sondern »mehr brutto für mehr netto«.

bruch. Wie stark der Rückgang des Lohn- und Gewinnsteueraufkommens war, zeigt ein Vergleich mit der *Entwicklung des Volkseinkommens*. So stieg das Volkseinkommen von 2000 bis 2005 um 11,2 v.H., während das Steueraufkommen um 11,6 v.H. zurückging. Mit der Steuerreform II stieg zunächst bis 2003 der *Lohnsteueranteil* an den gesamten Lohn- und Gewinnsteuern von 61,9 v.H. auf 71,3 v.H. stark an. Danach kam es aber auch bis 2005 zu einem relativen Rückgang der Lohnsteuerbelastung, allerdings nur bis zu dem Niveau von 2000. Der ab 2006 einsetzende Anteilsrückgang der Lohnsteuern ist mehr dem konjunkturellen Aufschwung mit stark ansteigenden Gewinnen auf der einen Seite und einer in Relation zum Volkseinkommen zurückbleibenden Lohnentwicklung auf der anderen Seite geschuldet (vgl. Tab. 52).

Tab. 52: Entwicklung von Lohn-, Einkommen- und Gewinnsteuern (in Mio. €)

Jahr	Steuern (1 bis 5)	Lohnsteuer (1)	Veranlagte Einkommensteuer (2)	Kapitalertragsteuer (3)	Körperschaftsteuer (4)	Gewerbesteuer (5)	Lohnsteueranteil in v.H. (1 : 1 – 5)
1970	31.610	17.939	8.181	1.033	4.457	5.485	56,8
1975	66.156	36.399	14.317	1.148	5.141	9.151	55,0
1980	102.739	57.039	18.813	2.135	10.901	13.851	55,5
1985	125.266	75.482	14.607	3.173	16.277	15.727	60,3
1990	150.230	90.801	18.672	5.538	15.385	19.836	60,4
1991[a)]	173.891	109.506	21.235	5.819	16.216	21.115	63,0
1995	197.673	144.543	7.157	15.196	9.273	21.504	73,1
1996[b)]	185.849	128.476	5.939	13.015	15.061	23.458	69,1
2000	219.497	135.733	12.225	20.849	23.575	27.025	61,9
2001	195.350	132.626	8.771	29.845	- 426	24.534	67,9
2002	188.586	132.190	7.541	22.502	2.864	23.489	70,1
2003	186.705	133.090	4.568	16.633	8.275	24.139	71,3
2004	187.477	123.896	5.394	16.691	13.123	28.373	66,1
2005	194.090	118.919	9.766	16.943	16.333	32.129	61,3
2006	220.984	122.612	17.567	19.537	22.898	38.370	55,5
2007	244.815	131.774	25.027	24.969	22.929	40.116	53,8
2008	261.520	141.895	32.685	30.035	15.868	41.037	54,3

a) Ab 1991 Gesamtdeutschland; b) Ab 1996 nach Abzug des Kindergeldes. Quelle: Diverse Monatsberichte der Deutschen Bundesbank; eigene Berechnungen

Addiert man den *gesamten Steuerausfall* auf Grund der Steuergesetzesänderungen seit 1998 von 2000 bis 2013, so ergibt sich ein Wert von 490,35 Mrd. €. Davon entfallen auf den *Bund* 197,67 Mrd. €, auf die *Länder* 236,68 Mrd. € und auf die *Gemeinden* 56,00 Mrd. €. Fragt man nach der *politischen Verantwortung*, so haben im Zeitraum von 2000 bis 2013 von den 490,35 Mrd. € Steuersenkungen *Rot-Grün* (von 2000 bis 2005) insgesamt 530,53 Mrd. €, Schwarz-Rot (große Koalition von 2005 bis 2009) +71,8 Mrd. €[302] und Schwarz-Gelb (2009 bis 2013) 31,62 Mrd. € zu verantworten (Eicker-Wolf, Truger 2010).

Tab. 53: Steuerreformbedingte Ausfälle von 2000 bis 2013 (in Mrd. €)

Gebietskörperschaften/Politische Verantwortung	Jahre 2000 bis 2013
Bund	- 197,67
Länder	- 236,68
Gemeinden	- 56,00
Gesamt	- 490,35
Rot-Grün (1998-2005)	530,53
Schwarz-Rot (große Koalition; 2005-2009)	+ 71,80
Schwarz-Gelb (2009-)	- 31,62
Gesamt	- 490,35

Quelle: Eicker-Wolf, Truger 2010

Die mit den Steuerentlastungen behaupteten marktoptimistischen Hoffnungen im Hinblick auf eine *Wachstums- und Beschäftigungsbelebung* haben sich dagegen nicht erfüllt. Im Gegenteil: Sie sind gescheitert. Die Steuerpolitik, verbunden mit einer Umverteilung von unten nach oben, hat zu einer *hausgemachten Wachstumsschwäche* geführt, die letztlich den Gebietskörperschaften immer mehr Steuermittel zur Finanzierung dringender Aufgaben bei der öffentlichen Daseinsfürsorge entzogen hat. Das Wegbrechen bei den Steuereinnahmen führte sowohl beim Bund als auch bei den Ländern und insbesondere bei den Kommunen zu einem andauernden drastischen *Sparkurs*. So sind die *öffentlichen Investitionen*, die einmal bei fast 5 v. H. des BIP lagen, auf heute nur noch 1,5 v. H. gesunken. Der EU27-Durchschnitt liegt bei 2,6 v. H. Ebenso wurde beim *öffentlichen Personal* eingespart. Seit Mitte der 1990er Jahre stagnieren die Personalausgaben absolut – was nur mit er-

---

302 Der Pluswert ergibt sich hier aus der Mehrwertsteuererhöhung 2007 von 16 auf 19 v. H.

heblichem Personalabbau möglich war (vgl. Kap. 4.3.5.1 »Der Staat ist unterfinanziert«). Insofern trägt die Politik auch eine Mitschuld an der *Beschäftigungsmisere* – der Staat als Arbeitgeber fällt für die nachrückenden Generationen weitgehend aus. Auf der anderen Seite haben die durch die Steuersenkungen zusätzlich bereitgestellten Finanzmittel bei den Besserverdienenden und Vermögenden aufgrund der dort vorliegenden niedrigen marginalen Konsumquote nicht zu einer Steigerung der Binnennachfrage, sondern zu einem *Anstieg der gesamtwirtschaftlichen Sparquote* geführt. Daher konnten auch die weitreichenden Steuergeschenke an die Unternehmer keine Wirkung zeigen, da es nun einmal nur bei positiven Wachstumsraten des Konsums auch zu einer Belebung der Investitionsnachfrage kommt. Ist dies aber nicht der Fall, werden die Steuergeschenke lediglich von den Unternehmen als *Extraprofite* mitgenommen und in *Finanzaktiva* gehalten bzw. an den *Finanzmärkten* angelegt (vgl. dazu noch einmal Kap. 4.4.6). Sie verpuffen, anstatt Wachstum und Beschäftigung zu schaffen.

> »Wenn nicht sofort gehandelt wird, dann droht bereits im nächsten Jahr ein beispielloser Kahlschlag bei den kommunalen Dienstleistungen. Von der Kinderbetreuung bis zur Seniorenarbeit, von der freien Kulturszene bis zum Kulturangebot auf Spitzenniveau müssen dann Leistungen in Frage gestellt werden.«
> *(Petra Roth, Präsidentin des Deutschen Städtetages und Oberbürgermeisterin von Frankfurt/Main im November 2003)*

Exkurs: Die Gemeindefinanzen stärken

Die Steuersenkungen machen sich insbesondere in den Kommunen negativ bemerkbar. Hier wird die *»öffentliche Armut im privaten Reichtum«* (J. K. Galbraith) durch Ausgabenkürzungen aufgrund der durchgeführten Steuersenkungen insbesondere für Einkommens- und Vermögensstarke deutlich. Bereits bis Mitte der 1990er Jahre erwirtschafteten die kommunalen Haushalte ein durchschnittliches Minus von 7 Mrd. € jährlich. Steuersenkungen auf der einen Seite, von Bund und Ländern auf die Kommunen abgewälzte Aufgaben, die zu einer Verletzung des *Konnexitätsprinzips* geführt haben, sowie zusätzliche Ausgaben für soziale Leistungen auf der anderen Seite haben die Gemeinden und Städte immer mehr in eine finanzielle Schieflage gebracht. »Deshalb wurde ab Mitte der 1990er Jahre ein konsequenter *Konsolidierungskurs* verfolgt, der primär zu *Lasten der öffentlichen Investitionen*, aber auch der *Personalausgaben* ging und in den Jahren 1998 bis 2000 die Erwirtschaftung jährlicher *Überschüsse* von ca. 2 Mrd. € ermöglichte. Im Jahr 2001 wiesen die Kommunen dann wieder ein *Defizit* von 1,1 Mrd. € auf; 2002 musste sogar ein Minus von 5,0 Mrd. € hingenommen werden« (Arbeitsgruppe Alternative Wirtschaftspolitik 2003: 140). 2003 belief sich das Defizit auf 7,2 Mrd. € und auch 2004 (2,4 Mrd. €) sowie 2005 (0,2 Mrd. €) wurde ein Defizit realisiert. Erst mit dem *konjunkturellen Aufschwung* von 2006 bis 2008 wurden wieder Überschüsse in den Kommunalhaushalten erzielt (vgl. Tab. 45 in Kap. 4.4.8.1). Mit der schweren *Finanz- und Wirtschaftskrise* kamen aber ab 2009 die Defizite zurück. In der Abgrenzung der Finanzstatistik ergab sich für 2009 ein kassenmäßiges Finanzierungsdefizit in Höhe von 7,1 Mrd. €. Für 2010 und 2011 sind jeweils zweistellige Milliardendefizite zu erwarten.

Damit sind die Städte und Gemeinden nicht mehr in der Lage, ihrem Auftrag der lokalen Selbstverwaltung nachzukommen. Schließlich wird ihre verfassungsrechtliche Garantie der *kommunalen Souveränität* (Art. 28 Abs. 2 GG) verletzt. Eine Reihe öffentlicher oder meritorischer Güter und Dienstleistungen können auf kommunaler Ebene den Bürgern nicht mehr bereitgestellt werden. Viele Kommunen – insbesondere in Ostdeutschland – bauen ihre *Personalbestände* ab, was entsprechende Rückwirkungen hat auf Qualität und Umfang der öffentlichen Leistungen und eine weitere Verschlechterung der Beschäftigungssituation bewirkt. Um die *Einnahmen* zu verbessern, werden die *Gebühren* zum Teil drastisch angehoben, etwa für Kinderbetreuung oder für den öffentlichen Personennahverkehr. Außerdem kommt es zu *Privatisierungen* von zuvor öffentlich erbrachten Leistungen (u. a. bei Hallen- und Freibädern, Bibliotheken) oder zu Teil- und sogar zu *Totalschließungen*. Dies ist mit Angebotseinschränkungen und in der Regel mit erheblichen Qualitätsverschlechterungen sowie gleichzeitigen Preis- und Gebührenerhöhungen verbunden. Alle diese destruktiven Maßnahmen treffen insbesondere die privaten Haushalte mit geringen oder mittleren Einkommen, weil es hier zu *regressiven Einkommenswirkungen* kommt, die verteilungspolitisch problematisch sind. Um dem wachsenden Finanzierungsdruck zu entkommen, gingen Gemeinden auf Grund einer Lücke im amerikanischen Steuerrecht, die aber mittlerweile geschlossen wurde, sogar zu einem riskanten, so genannten *Cross-Border-Leasing-Geschäft* über, indem sie kommunale Anlagen im Rahmen eines Leasingverfahrens privatisierten, um hieraus kurzfristig Erlöse zu realisieren (Rügemer 2004). Oder Kommunen veräußern hoch *profitable Eigenbetriebe* auf dem Gebiet der Strom-, Gas- und Wasserversorgung und entziehen sich damit selbst eine dauerhafte Finanzierungsquelle. Neben diesen Maßnahmen wurden gleichzeitig »die *kommunalen Investitionsausgaben* im Zeitraum von 1991 bis 2001 um ein Drittel zurückgefahren. (…) Setzt sich diese Entwicklung fort, können die enorme *kommunale*

Investitionsbedarf und die Schließung der nach wie vor bestehenden *Infrastrukturlücke in Ostdeutschland* nicht bewältigt werden. Da im Rahmen des *nationalen Stabilitätspaktes*,[303] der den Bund, die Länder und die Kommunen umfasst, eine Begrenzung des kommunalen Ausgabenwachstums auf jährlich 1 v. H. vereinbart wurde, ist angesichts der steigenden laufenden Ausgaben der Gemeinden ein weiterer Abbau der Investitionsausgaben zu erwarten« (Arbeitsgruppe Alternative Wirtschaftspolitik 2003: 145).

Die finanzielle Not der Gemeinden, darüber ist man sich bei aller Zerstrittenheit über eine Gemeindefinanzreform einig (Junkernheinrich 2003: 555), veranlasste die Bundesregierung im Mai 2002, eine *Kommission zur Reform der Gemeindefinanzen* einzusetzen, die bis Mitte 2003 nicht nur Vorschläge zur Verbesserung der kommunalen Einnahmenseite machen, sondern auch Möglichkeiten zur Stabilisierung von Einsparungen durch Ausgabenkürzungen eruieren sollte. Hinsichtlich der Einnahmenseite, die auf der einen Seite nur durch einen kleinen Anteil der Gemeindesteuern am Bruttoinlandsprodukt, auf der anderen Seite stark schwankenden Anteilen ausgesetzt ist, (vgl. die Tab. 54), sollte es zu der Erarbeitung von Alternativen kommen – insbesondere für die als kommunale Steuer unter dem *Äquivalenzgesichtspunkt* betrachtete und gerechtfertigte *Gewerbesteuer*. Schließlich beanspruchen gewerbliche Unternehmen die kommunale Infrastruktur und verursachen Ausgaben der Gemeinden, die mit Steuern der örtlichen Unternehmen finanziert werden sollen.

Bis 1980 basierte die Gewerbesteuer noch auf drei Säulen: der *Lohnsumme*, dem *Gewerbekapital* und dem *Gewerbeertrag*. 1980 wurde die Lohnsummensteuer abgeschafft und 1997 die Gewerbekapitalsteuer, so dass die Gewerbesteuer heute lediglich auf der Besteuerung des *Gewerbeertrages* beruht. Innerhalb des Steuerrechts erfolgt hier eine Besteuerung der »Einkünfte aus Gewerbebetrieb«, die zusätzlich der Einkommen- und Körperschaftsteuer unterliegen. Selbständige, freie Berufe, die Wohnungswirtschaft und land- und forstwirtschaftliche Betriebe sind von der Gewerbesteuer nicht betroffen, die zum Teil im Rahmen der *Gewerbesteuerumlage* auf Grund der Finanzreform von 1969 an Bund und Länder fließt. Durch die Umlage ist die Gewerbesteuer nach der Einkommensteuerumlage[304] nur noch die zweitgrößte Einnahmequelle der Kommunen.

303 Der *nationale Stabilitätspakt* wurde am 21. März 2002 im Finanzplanungsrat beschlossen. Er verpflichtet Bund und Länder zur innerstaatlichen Umsetzung des *EU-Stabilitäts- und Wachstumspakts*. Der Pakt orientiert sich am Verfahren der Haushaltsüberwachung der EU-Mitgliedsstaaten. Künftig ist also mit »Blauen Briefen« an die Bundesländer und Kommunen zu rechnen, die die Haushaltsdisziplin verletzen.

304 Das Aufkommen aus Lohn- und veranlagter Einkommensteuer wird ab 1980 im Verhältnis 42,5 : 42,5 : 15 auf Bund, Länder und Kommunen verteilt. Hierdurch haben Kommunen

Tab. 54: Entwicklung der Gemeindesteuern (in Mio. €)

Jahr	Gemeindesteuern (1) bis (3)	Gewerbesteuer (1)	Grundsteuer (2)	Sonstige Gemeindesteuern (3)	Anteil Gemeindesteuer am BIP in v. H.
1970	8.016	6.195	1.372	449	2,28
1975	13.458	10.684	2.122	652	2,51
1980**	18.147	14.296	2.968	883	2,37
1985	20.258	15.727	3.766	765	2,12
1990	24.869	19.836	4.460	573	1,95
1991*	26.792	21.115	5.073	604	1,78
1992	29.098	22.930	5.513	655	1,77
1993	28.297	21.627	5.963	707	1,67
1994	29.755	22.541	6.475	739	1,67
1995	29.260	21.504	7.027	729	1,59
1996	31.692	23.458	7.486	748	1,69
1997	33.548	24.849	7.927	772	1,75
1998	34.904	25.824	8.297	783	1,78
1999	36.520	27.060	8.636	824	1,81
2000	36.658	27.025	8.849	784	1,78
2001	34.400	24.534	9.076	790	1,63
2002	33.446	23.489	9.261	696	1,56
2003	34.471	24.146	9.658	667	1,59
2004	38.982	28.373	9.939	670	1,76
2005	42.941	32.129	10.247	565	1,91
2006	49.319	38.370	10.399	550	2,12
2007	51.401	40.116	10.713	572	2,12
2008	52.468	41.037	10.807	624	2,10

* Ab 1991 Gesamtdeutschland; ** Die Lohnsummensteuer wurde 1980 abgeschafft.
Quelle: Diverse Monatsberichte der Deutschen Bundesbank

Ausgangsposition bei der Berechnung der Gewerbesteuer ist der *Gewinn aus Gewerbebetrieb* gemäß Einkommensteuerrecht bei Personengesellschaften oder Körperschaftsteuerrecht bei Kapitalgesellschaften, der durch *Hinzurechnungen* und

---

nicht nur ein Interesse an Industrieansiedlungen, sondern auch an steigenden Einwohnerzahlen in den Gemeinden und Städten, zumal hier das so genannte »Wohnsitzprinzip« gilt. Demnach sind die Einkommensteuern am Wohnsitz und nicht am Sitz der Betriebsstätte zu zahlen.

Kürzungen korrigiert wird. Hinzurechnungen sind insbesondere 50 v. H. der *Zinsen für Dauerschulden* (Laufzeit über ein Jahr), wodurch tendenziell mittels Eigen- oder Fremdkapital erzielte Erträge gleich besteuert werden sollen. Gekürzt wird z. B. 1,2 v. H. vom Einheitswert der Betriebsgrundstücke, um den Einheitswert des Grundstücks nicht zusätzlich zur erhobenen *Grundsteuer* (vgl. zur monetären Entwicklung der Grundsteuer Tab. 54) ein weiteres Mal zu belasten. Daneben kommt es bei den Kürzungen zu Ungleichbehandlungen und damit zu *Wettbewerbsverzerrungen*. So können die willkürlich festgelegten Geschäftsführergehälter bei Kapitalgesellschaften abgesetzt werden, während bei Personengesellschaften nur ein Unternehmerfreibetrag eingeräumt wird. Der letztlich ermittelte *Gewerbeertrag* wird dann mit einer *Steuermesszahl*, die bundeseinheitlich festgelegt wird, als rechnerische Zwischengröße zum *Gewerbesteuer-Messbetrag* multipliziert. Dieser Messbetrag entscheidet auch über die Anrechnung der Gewerbesteuer bei der Einkommensbesteuerung. Zurzeit kann hier der 3,8-fache Gewerbesteuer-Messbetrag im Rahmen der Einkommensbesteuerung pauschal angerechnet werden. Mit dem Steuermessbetrag wird der von den Kommunen autonom festgelegte *Hebesatz* multipliziert, woraus sich die jeweilige *Gewerbesteuerbelastung* ergibt. Dabei kommt es noch zum Ansatz von *Freibeträgen* für kleine und mittlere Unternehmen. Hierdurch konzentriert sich die Gewerbesteuer auf wenige, ertragsstarke Großunternehmen: Laut Gewerbesteuerstatistik 1995 wurde für 1,1 Millionen der 2,1 Millionen Gewerbebetriebe überhaupt kein Steuermessbetrag festgestellt, da der Gewerbeertrag unterhalb des Freibetrags lag. Mehr als 80 v. H. der Gewerbesteuereinnahmen entfielen auf 5 v. H. der Gewerbebetriebe. Die Finanzausstattung der Kommunen ist damit sowohl von der allgemeinen *konjunkturellen Entwicklung* als auch vom *Industrialisierungsgrad* sowie von der *Ertragskraft der Gewerbebetriebe* abhängig. Zudem hängen viele Kommunen von nur ein paar Unternehmen ab, so dass sie ihre Standortpolitik in der Regel auf Großunternehmen ausrichten, während der Bedarf der kleinen und mittleren Betriebe weniger berücksichtigt wird.

Nicht zuletzt deshalb sollte die *Kommission zur Reform der Gemeindefinanzen* die Gewerbesteuer dahingehend novellieren, dass es zu einer Verstetigung und Stabilisierung der kommunalen Einnahmen und einer geringeren Abhängigkeit von Unternehmensgrößen kommt. Nach einer knapp einjährigen Beratungszeit konnte sich die Kommission aber nicht auf ein gemeinsames Konzept einigen. »Sie unterbreitete zwei alternative Reformvorschläge: ein am Vorschlag des Bundesverbandes der Deutschen Industrie (BDI) und des Verbands der Chemischen Industrie (VCI) orientiertes Modell eines *kommunalen Zuschlags zur Einkommen- und Körperschaft-*

steuer – ein Reformansatz, der auch vom Sachverständigenrat (SVR) unterstützt wurde – sowie eine insbesondere vom *Deutschen Städtetag* favorisierte Lösung, bei der sowohl die Bemessungsgrundlage der Gewerbesteuer durch die vollständige Einbeziehung von *Zinsen, Mieten, Pachten und Leasingraten* erweitert werden sollte als auch der Kreis der *Steuerpflichtigen* durch Einbeziehung der freiberuflich Tätigen im Sinne des § 18 EStG« (SVR-Gutachten 2003/2004: Ziff. 529). Die rot-grüne Bundesregierung legte dann am 8. September 2003 einen Reformvorschlag vor, der die Gewerbesteuer zur *»Gemeindewirtschaftssteuer«* umbenannte und Elemente aus beiden Kommissionsvorschlägen enthielt. So sollte der Kreis der Steuerpflichtigen um die freien Berufe erweitert werden, nicht aber die Bemessungsgrundlage um die gewinnunabhängigen Elemente wie Zinsen, Mieten und Pachten. Dafür sollten aber die langfristigen Schuldzinsen, die an Gesellschafter oder ihnen nahe stehende Personen gezahlt werden, entweder vollständig (nicht mehr nur zu 50 v. H.) in die Bemessungsgrundlage der Gemeindewirtschaftssteuer eingehen oder teilweise, wenn die Zinsen beim Empfänger dieser Steuer unterliegen. Trotz heftiger Proteste der Städte und Gemeinden, die mit dem Gesetzesentwurf der Regierung aufgrund eines zu gering erhöhten Steuervolumens von rund 2,1 Mrd. € nicht einverstanden waren, wurde der Entwurf am 17. Oktober 2003 vom Bundestag verabschiedet, dann aber durch die CDU/CSU/FDP geführten Länder im Bundesrat zu Fall gebracht. Um aber dennoch den Kommunen in ihrer schwierigen finanziellen Lage kurzfristig zu helfen, wurde bei den so genannten *»Reformgesprächen zur Agenda 2010«* zwischen Regierung und Opposition kurz vor Weihnachten 2003 beschlossen, den Anteil an der Gewerbesteuer, den die Kommunen an Bund und Länder bisher abgeben mussten, von rund 28 v. H. auf 20 v. H. zu senken. Dies entspricht mit gut 2,5 Mrd. € in etwa der geplanten Entlastung aus der *verhinderten Gemeindewirtschaftssteuerreform*. Gleichzeitig ist hiermit aber ein Steuerausfall beim Bund und den Ländern verbunden.

In Zukunft wird diese steuerliche Besserstellung der Kommunen nicht ausreichend sein. Aber nicht nur deshalb bedarf es einer grundlegenden Novellierung der Gewerbesteuer. Wie schon erwähnt, ist die jetzige Form der Besteuerung hochgradig *konjunkturabhängig*, weil sie sich hauptsächlich auf den Gewerbeertrag bezieht und dieser in rezessiven Phasen zurückgeht. Entsprechend sinken die Einnahmen der Kommunen, so dass sie *prozyklisch* mit Ausgabensenkungen reagieren müssen, anstatt durch eine verstetigte Ausgabenpolitik die konjunkturelle Entwicklung zu glätten. Außerdem bezieht die Gewerbesteuer nicht alle in den Kommunen unternehmerisch Tätigen wie freie Berufe, Selbständige, die Wohnungswirtschaft sowie die Land- und

Forstwirtschaft ein. Dies verstößt gegen das *Äquivalenzprinzip* der Besteuerung, außerdem gegen das *Prinzip der steuerlichen Gleichbehandlung* sowie gegen das *Leistungsfähigkeitsprinzip* (Brümmerhoff 1996: 238ff.). Deshalb wird hier mit der Arbeitsgruppe Alternative Wirtschaftspolitik zur zukünftigen Finanzierung der öffentlichen Daseinsfürsorge in den Städten und Gemeinden eine *kommunale Wertschöpfungssteuer* vorgeschlagen (Arbeitsgruppe Alternative Wirtschaftspolitik 2003: 146ff., Oberhauser 2004: 565ff.). Gegenüber der heutigen Gewerbesteuer bezieht sie alle in einer Kommune unternehmerisch Tätigen in den Kreis der Steuerpflichtigen ein und erweitert die Bemessungsgrundlage des Gewerbeertrages, der heute im Wesentlichen aus dem Gewinn der Unternehmen besteht, auf die *Wertschöpfung* und damit um die gewinnunabhängigen Größen wie Zinsen, Mieten, Pachten (Leasingraten) sowie auch um die Lohn- und Gehaltssumme der Unternehmen in Form einer Wiedereinführung der 1980 abgeschafften Lohnsummensteuer. Dadurch könnte der derzeit bei der Gewerbesteuer durchschnittlich erhobene Steuersatz von 16 v. H. deutlich niedriger angesetzt und damit die finanzielle und politische Abhängigkeit der Kommunen von wenigen gewinnstarken Gewerbesteuerzahlern verringert werden. Das kommunale Heberecht sollte dabei erhalten bleiben, um – wie im Grundgesetz vorgeschrieben – eine gewisse kommunale *Finanzautonomie* sicherzustellen. Die jeweilige, zur Finanzierung der kommunalen Aufgaben zu besteuernde unternehmerische Wertschöpfung ist deshalb ein guter Indikator, weil sie, anders als der Gewinn, der durch eine Reihe von bilanziellen Gestaltungsmöglichkeiten vermindert werden kann, am besten die kommunale Wirtschaftskraft aller *ertragbringenden Objekte* in einem Unternehmen abbildet. Für Ertragsteuern (Wertschöpfungssteuern) ist es völlig unerheblich, wem (privaten Haushalten oder Unternehmen) die Erträge zufließen und wer Eigentümer der Objekte ist. Gegenstand einer Ertragsteuer (Wertschöpfungssteuer) können daher auch die Arbeitskräfte oder die ihnen zufließenden Erträge in Form von Lohn- und Gehaltszahlungen sein oder Zinsen als Erträge für Fremdkapitalgeber sowie Mieten, Pachten oder Leasingraten, die als Grundertragsteuer bezeichnet werden können. Ein großer Vorteil der Wertschöpfungssteuer, neben der Realisierung von Steueräquivalenz, der Besteuerung nach Leistungsfähigkeit und Gleichmäßigkeit, ist dabei ihre nur geringe *Konjunkturabhängigkeit,* da hier die Bemessungsgrundlage – mit Ausnahme des Gewinns – ausschließlich Komponenten enthält, die nur geringfügig mit der Konjunktur schwanken. Dies zwingt die Unternehmen außerdem, im konjunkturellen Aufschwung entsprechende Rücklagen für Krisenzeiten vorzunehmen und nicht, wie heute, aus den Unternehmen ständig realisierte Gewinne zu entnehmen.

> »Eine der bekanntesten frühen Erwähnungen der Vermögensteuer findet sich in der Bibel. Dort heißt es: ›Es begab sich aber zu der Zeit, dass ein Gebot von dem Kaiser Augustus ausging, dass alle Welt geschätzt wird.‹ Dies dürfte bereits eine Art Veranlagung zur Vermögensbesteuerung gewesen sein.«
>
> *(Joachim Wieland)*

4.4.9.2.6 VERMÖGENSPOLITIK UND VERMÖGENSBESTEUERUNG

Trotz steigender Staatsverschuldung, wachsender Arbeitslosigkeit und beispielloser Kahlschläge bei kommunalen Diensten und öffentlichen Gütern sowie einer völlig disproportionalen Vermögensverteilung in Deutschland weigert sich die Bundesregierung, *Vermögenspolitik* zu betreiben. Genauer gesagt, sie betreibt Vermögenspolitik mit nur einem einzigen Instrument und in eine einzige Richtung, nämlich in die Richtung der *Privatisierung von Staatsvermögen*. Die beiden anderen Instrumente einer Vermögenspolitik kommen dagegen nicht zur Anwendung. Dazu zählt neben der *Sozialisierung von Privateigentum* auch die Erhebung einer *Vermögen- und Erbschaftsteuer*. Die Vermögensteuer wurde 1997 unter der Regierung Kohl ausgesetzt und die Erbschaftsteuer ist so niedrig angesetzt, dass selbst nach der Reform des Bewertungsverfahrens von 1997 die *Grund- und Immobilienvermögen* nach wie vor nur mit etwa der Hälfte ihres tatsächlichen Marktwertes besteuert werden. Noch im Bundestagswahlkampf 1998 forderte die SPD unter dem Slogan »Innovation und Gerechtigkeit« eine Reaktivierung der Vermögensteuer – die übrigens nach Joachim Wieland von der Universität Frankfurt a. M., der als einer der renommiertesten Steuerrechtler in Deutschland gilt, zu den ältesten Steuern der Welt zählt[305] – in Höhe von 1 v. H. bei einem Freibetrag von einer Million DM für eine zweiköpfige Familie. *Betriebsvermögen* sollte nicht besteuert werden. Der »grüne« Koalitionspartner wollte dagegen sowohl das Privat- als auch das Betriebsvermögen mit 1 v. H. der Besteuerung unterziehen, allerdings nur mit einem Freibetrag von 400.000 DM. Außerdem verlangten die Grünen für eine befristete Zeit eine zusätzliche *Vermögensabgabe* in Höhe von etwa 2,5 v. H. auf Vermögensbestände über 2 Mio. DM. Nach dem Wahlerfolg wurde 1999 eine *Sachverständigenkommission* einberufen, die die Grundlage für

---

305 Die *Geschichte* zeigt, dass die Vermögensbesteuerung in Deutschland seit dem Ende des 19. Jahrhunderts die wirtschaftliche Leistungsfähigkeit belasten sollte, die auf dem Vermögensbesitz beruhte und deshalb von der Einkommensteuer nicht erfasst wurde. Zur Geschichte der Vermögensbesteuerung vergleiche ausführlich: Wieland, J., Rechtliche Rahmenbedingungen für eine Wiedereinführung der Vermögensteuer, Institut für Steuerrecht an der Johann Wolfgang Goethe Universität Frankfurt a. M. 2003, S. 3ff.

eine wirtschafts- und steuerpolitisch sinnvolle Vermögensbesteuerung schaffen sollte. Trotzdem passierte nichts, außer dass ein paar Linke in der SPD, wie die Abgeordneten Detlev von Larcher und Andrea Nahles, sich für die Wiedereinführung der Vermögensteuer einsetzten.

Zuvor hatte es noch aus zwei Bundesländern, vom SPD-Ministerpräsidenten Reinhart Klimmt (Saarland) und dem SPD-Innenminister Richard Dewes (Thüringen), die Forderung nach einer Reaktivierung der Vermögensteuer gegeben. Sehr schnell baute sich dann aber unter den Spitzenpolitikern der Regierungskoalition, allen voran Bundeskanzler Schröder, eine *Anti-Vermögensteuer-Front* auf. Man wollte die so genannte gesellschaftliche »Neue Mitte« nicht durch Vermögensteuerpläne abschrecken. Endgültig erledigt hatte sich das Thema, mit einer adäquaten Vermögensteuer und erhöhten Erbschaftsteuersätzen für mehr soziale Gerechtigkeit zu sorgen, nach dem politischen *Rückzug von Lafontaine als Finanzminister und Parteivorsitzender der SPD* (Schratzenstaller 1999: 1.427ff.). In Anbetracht der schlechten Prognosen für die Bundestagswahl 2002 und die Landtagswahlen in Niedersachsen 2003 versuchten noch einmal die SPD-Ministerpräsidenten Gabriel (Niedersachsen) und Steinbrück (NRW) konkrete Pläne für eine Vermögensteuer zur Finanzierung von Bildung und Innovationen vorzulegen. Aber auch dieser Vorstoß scheiterte am Veto des Bundeskanzlers Schröder. Dafür legte Schröder allen Ernstes nach der nur knapp gewonnenen Bundestagswahl im Dezember 2002[306] einen Entwurf für eine *Abgeltungsteuer auf Zinserträge* in Höhe von 25 v. H. und ein *Amnestiegesetz für Steuerflüchtige* vor. Demnach sollten Zinserträge nicht mehr mit dem jeweilig individuellen Grenzsteuersatz, sondern nur noch pauschal mit 25 v. H. besteuert werden. Zwar wurde die Abgeltungsteuer erst später von der großen Koalition aus CDU/CSU und SPD eingeführt, dafür kam aber – wie schon unter Punkt 4.4.9.2.3 »Noch mehr Steuersenkungen und Reformen für Reiche und Vermögende« aufgezeigt – das Amnestiegesetz für Steuerhinterziehung. Anstatt zur Bekämpfung von Steuerhinterziehung flächendeckende *Kontrollmitteilungen* von Kreditinstituten einzusetzen, machte die Bundesregierung Steuerhinterziehern lieber Steuergeschenke und erhöhte weiter die Staatsverschuldung, kürzte bei Arbeitslosen und strich den Sozialstaat zusammen. Wer dagegen Steuergerechtigkeit forderte, gehörte zu den Ewiggestrigen und Neidern, die immer noch nicht die veränderten und von der Politik geschaffenen neoliberalen Funktions-

---

306 Von den insgesamt 603 Sitzen im deutschen Bundestag entfielen auf SPD/Bündnis 90/Die Grünen 306 Sitze (davon 4 Überhangmandate) und auf CDU/CSU/FDP 295 (davon 1 Überhangmandat). Die PDS erreichte 2 Mandate. Vergleiche ausführlich zu den Wahlergebnissen Blätter für deutsche und internationale Politik, Heft 1/2003, S. 125ff.

bedingungen globalisierter und liberalisierter marktwirtschaftlich-kapitalistischer Systeme anerkennen wollen. Stattdessen gelte es heute, die Reichen und Vermögenden auf Grund ihres Investitionsmonopols bei Laune zu halten.

Niedrige Steuersätze würden die Kapitaleigner zu Investitionen anregen und somit letztlich auch für dringend benötigte Beschäftigung sorgen. Wie schon bei der G-I-B-Formel, wo es um niedrige Löhne und hohe Gewinne geht, sollte auch hier bei den Steuern gemäß dem »Pferdeäpfeltheorem« (J. K. Galbraith) etwas für die Arbeitnehmer als Restgröße abfallen. Bei so viel neoliberaler Verblendung und »Fürsorge« wundert es dann auch nicht mehr, dass eine *Grundwertekommission beim Parteivorstand der SPD* in einem Positionspapier ernsthaft formulierte:

> »Wenn Sozialdemokraten eine Steuerpolitik verfolgen, die die Einkommens- und Vermögensungleichheit vertieft, so kann dies unter Umständen gleichwohl gesamtwirtschaftlich sinnvoll und damit auch sozial gerecht sein.«[307]

Mit der gleichen Dreistigkeit, aber fern jeglicher wirtschaftlicher Realität, schwadronierte Außenminister Fischer (Bündnis 90/Die Grünen):

> »Nehmt's den Reichen, gebt's den Armen – das erinnert mich an jemanden, der aus einem versiegenden Brunnen schöpfen will.«

Fischer meinte mit dem »versiegenden Brunnen« das sich auf rund 3 Billionen € belaufende Netto-Geldvermögen, das bei einer völlig disproportionalen Verteilung »den Deutschen« gehört.

Vor dem Hintergrund einer mittlerweile in Deutschland zu beobachtenden *öffentlichen Armut* (Staatsverschuldung) auf der einen Seite und einem zunehmenden *privaten Reichtum* auf der anderen Seite sowie der absoluten und relativen Höhe und Entwicklung von *Substanzsteuern*[308] (vgl. Tab. 54), wozu neben der *Vermögensteuer* auch die *Erbschaft- und Schenkungsteuer* sowie die *Grundsteuer* zählen, gibt es überhaupt kein Argument gegen eine drastische Erhöhung dieser Steuerarten. Seit der Aussetzung der Vermögensteuer 1997 hat der Staat bereits bei konservativer Rechnung auf mindestens 60 Mrd. € allein bei dieser Steuerart verzichtet.

---

307 Zitiert bei: Schratzenstaller, M., Der Streit um die Vermögensteuer, a.a.O., S. 1.429f.
308 Von *Substanzsteuern* spricht man deshalb, weil hier das Vermögen unabhängig von den Vermögenserträgen belastet wird und so ein Zwang zur Auflösung des Vermögens ausgelöst werden kann, wenn die reale Verzinsung des Vermögens kleiner ist als der erhobene reale Vermögenssteuersatz. Dies ist aber eher eine theoretische Betrachtung und Möglichkeit. Bei der Vermögensteuer war der Steuersatz, historisch betrachtet, regelmäßig so bemessen, dass er aus den *Vermögenserträgen* beglichen werden konnte; in Notzeiten war in der Finanzwissenschaft jedoch auch eine Substanzbesteuerung selbstverständlich.

Tab. 54: Entwicklung der Substanzsteuern (in Mio. €)

Jahr	Substanzsteuern (1) bis (3)	Vermögensteuer (1)	Erbschaftsteuer (2)	Grundsteuer (3)	Anteil Substanzsteuer am BIP in v. H.
1970	3.109	1.471	267	1.371	0,88
1975	4.100	1.707	271	2.122	0,76
1980	5.873	2.385	520	2.968	0,77
1985	6.731	2.192	773	3.766	0,70
1990	9.244	3.238	1.545	4.461	0,73
1991[1]	9.861	3.440	1.348	5.073	0,66
1992	10.513	3.451	1.549	5.513	0,65
1993	10.988	3.469	1.556	5.963	0,66
1994	11.642	3.388	1.779	6.475	0,67
1995	12.857	4.016	1.814	7.027	0,71
1996	14.179	4.620	2.073	7.486	0,77
1997	10.460	898	2.076	7.927	0,56
1998	11.299	543	2.459	8.297	0,58
1999	12.229	537	3.056	8.636	0,62
2000	12.264	433	2.982	8.849	0,60
2001	12.435	290	3.069	9.076	0,60
2002	12.521	239	3.021	9.261	0,59
2003	13.261	230	3.373	9.658	0,62
2004	14.223	-	4.284	9.939	0,64
2005	14.344	-	4.097	10.247	0,64
2006	14.162	-	3.763	10.399	0,61
2007	14.916	-	4.203	10.713	0,61
2008	15.578	-	4.771	10.807	0,63

Quelle: Diverse Monatsberichte der Deutschen Bundesbank; eigene Berechnungen; Vermögen- und Erbschaftsteuer sind reine Ländersteuern, während die Grundsteuer eine Gemeindesteuer ist.

Die *Vermögensteuer* ist ein wichtiges fiskalisches Instrument der *Umverteilung* auf Basis des steuerrechtlichen *Prinzips der Leistungsfähigkeit*. Dennoch wird immer wieder gegen die Vermögensteuer, insbesondere seit dem Urteil des Bundesverfassungsgerichts von 1995, in falscher Weise argumentiert.[309] Nach dem Urteil dürfe Vermögen

---

309 Bei dem Beschluss des Zweiten Senats des Bundesverfassungsgerichts vom 22. Juni 1995 ging es aber überhaupt nicht um eine *Verfassungswidrigkeit*, also um die Vermögensteuer selbst,

neben Einkommen nur dann noch besteuert werden, wenn die Bürger mindestens die Hälfte ihrer Einkünfte in der Tasche behielten (so genannter »*Halbteilungsgrundsatz*«). Diese fixe Idee mit dem »Halbteilungsgrundsatz« des ehemaligen Verfassungsrichters Paul Kirchhof, der auch am liebsten – wie erwähnt – die allgemeine Einkommens- und Ertragsbesteuerung auf einen Satz von 25 v. H. reduzieren möchte, wurde aber bereits ein halbes Jahr später durch ein Urteil des *Ersten Senats des Bundesverfassungsgerichts* kassiert. Auch die Finanzgerichte erkennen den »Halbteilungsgrundsatz« nicht an. Der Bundesfinanzhof hat 1999 in einem Urteil sogar ausdrücklich eine Begrenzung der zulässigen Steuerbelastung im Sinne einer konkreten und quantifizierbaren Vorgabe abgelehnt. In einem Gutachten kommt auch Wieland (2003) zu dem Ergebnis, dass der Vermögensteuer keine *verfassungsrechtlichen Hindernisse* im Wege stehen. Scharfe Kritik übt er dagegen an Kirchhofs Meinung, die in der Wissenschaft umstritten ist. Wieland hält es für unstrittig, dass das Vermögen in Form einer Substanzsteuer angetastet werden darf:

> »Während der Vermögenslose darauf angewiesen ist, sein Einkommen zur Befriedigung der eigenen Bedürfnisse einzusetzen, kann der Vermögende seine Bedürfnisse zum Teil direkt aus dem Vermögen befriedigen, ist also bei gleichem Einkommen wirtschaftlich leistungsfähiger.«

Trotz sicher vorhandener *Bewertungs- und Vollzugsprobleme* ist die Vermögensteuer verwaltungstechnisch kein bürokratisches Monstrum, wie von den Gegnern behauptet. Eine völlig unbürokratische Bewertungsmethode von Grund- und Immobilienvermögen könnte dabei durchaus die der *Selbsteinschätzung* sein. Die Steuerpflichtigen müssten demnach bei der Steuererklärung ihr eigenes Vermögen schätzen. Die Finanzämter würden dies anschließend per Stichproben überprüfen. Ein Rechtsstaat darf außerdem vor *offenem Rechtsungehorsam seiner Bürger* nicht zurückweichen, sondern muss ihm mit entsprechenden Kontrollen entgegen wirken. Das Deutsche Institut für Wirtschaftsforschung (DIW) hat in einem Gutachten (Bach/Bartholmai 2002) die fiskalischen Einnahmen einer Vermögensteuer und einer reformierten Erbschaftsteuer errechnet. Das Aufkommen ist dabei abhängig vom *Steuersatz*, von der Höhe der *Freibeträge* und von der Bewertung des *Grund- und Immobilienvermögens*. Bei einem Freibetrag von

---

sondern lediglich um die Art ihrer Erhebung in Abgrenzung zur Besteuerung von Immobilien und Grundbesitz. Demnach wurde der Gesetzgeber verpflichtet, § 10 Nr. 1 des Vermögensteuergesetzes vom 17. April 1974, zuletzt geändert durch Gesetz vom 14. Dezember 1994 (BGBl. I, S. 2.325), so neu zu regeln, dass nicht länger einheitswertgebundener Grundbesitz, dessen Bewertung der Wertentwicklung seit 1964/74 nicht mehr angepasst worden war, und das zu Gegenwartswerten erfasste Vermögen mit dem selben Steuersatz zu belasten. Das bisherige Vermögensteuerrecht war längstens bis zum 31. Dezember 1996 anwendbar.

500.000 € pro Familie mit zwei Kindern und einem Steuersatz von 1 v. H. erbringt die Vermögensteuer knapp 16 Mrd. € und bei einem Steuersatz von 1,5 v. H. knapp 24 Mrd. € pro Jahr. Hinzu kämen zusätzliche Einnahmen aus einer nur leicht modifizierten Erbschaftsteuer von fast 3,6 Mrd. €, wenn man eine realitätsnahe Bewertung von Grundstücken und Häusern unterstellt, die trotz einer 1997 erfolgten Anpassung heute immer noch etwa nur der Hälfte der tatsächlichen Marktwerte entspricht. Dabei wurde auch ein Freibetrag unterstellt, so dass ein normales Einfamilienhaus steuerfrei bleibt.

Ein besonderer Einwand gegen die Vermögensteuer betrifft das *Betriebsvermögen*, das bis zur Aussetzung der Vermögensteuer 1997 mit drei unterschiedlichen Steuersätzen belastet wurde: mit 0,6 v. H. für Aktiengesellschaften und GmbHs; mit 0,5 v. H. für Investivvermögen von Privatpersonen und mit 1 v. H. für das übrige Vermögen von Privatpersonen. Dabei könnte bei der Vermögensteuer zukünftig auf eine Besteuerung der *Kapitalgesellschaften* verzichtet werden, weil hier deren Wert bereits über die Anteilseigner für die Vermögensteuer erfasst wird. Das *Betriebsvermögen von Privatpersonen*, also von selbständigen Unternehmern, muss dagegen aus Gleichheitsgründen und einer ansonsten bestehenden Verschiebemöglichkeit vom Privat- in das Betriebsvermögen steuerpflichtig sein. Dieser grundsätzliche Ansatz zum Betriebsvermögen ist in den jeweils oben angeführten Werten berücksichtigt worden. Nach Berechnungen wäre das Steueraufkommen mit ca. 0,7 Mrd. € aber nur relativ gering.

Auch bei der *Erbschaftsteuer* schont der deutsche Fiskus im internationalen Vergleich die Erben, stellte das Zentrum für Europäische Wirtschaftsforschung (ZEW) fest. Im Vergleich zu 14 anderen untersuchten Industrieländern ist die Belastung in Deutschland dank günstiger Bewertungsvorschriften (vgl. Tab. 55), vorteilhafter Steuervergünstigen bei der Übertragung von Betriebsvermögen[310] und hoher Freibeträge für Ehegatten und Kinder nur gering.[311] Hinzu kommen hohe Schwellenwerte, ab denen die jeweiligen Höchststeuersätze nach Steuerklassen I bis III gestaffelt[312] von

---

310 Bei der Vererbung von Betrieben gelten gesonderte Bedingungen. Hier liegt ein Freibetrag von 256.000 € vor. Vererbt ein Unternehmer seinen Betrieb an seine Kinder, können sie jeweils zum persönlichen Freibetrag von 205.000 € zusätzlich den Betrag von 256.000 € geltend machen. Zudem gibt es einen Bewertungsabschlag von 40 v. H. auf den Wert des Betriebes, wenn die Nachfolger das erworbene Betriebsvermögen mindestens fünf Jahre halten.
311 Steuerfrei bleibt z. B. der Erwerb des Ehegatten in Höhe von 500.000 €.
312 Zur *Steuerklasse I* zählen: der Ehegatte, die Kinder und Stiefkinder, die Abkömmlinge der Kinder und Stiefkinder und die Eltern und Voreltern bei Erwerben von Todes wegen. Zur *Steuerklasse II* werden gezählt: die Eltern und Voreltern, soweit sie nicht nur Steuerklasse I gehören, die Geschwister, die Abkömmlinge ersten Grades von Geschwistern, die Stiefeltern, die Schwiegerkinder, die Schwiegereltern und der geschiedene Ehegatte. Die *Steuerklasse III* umfasst alle übrigen Erwerber und Zweckzuwendungen.

gegenwärtig über 26 Mio. € überhaupt zum Tragen kommen. Mit der letzten *Reform der Erbschaftsteuer* zum 1. Januar 2010 ist es noch einmal in der *Steuerklasse II* zu beträchtlichen Reduzierungen gekommen. Personen der Steuerklasse II sind Eltern und Großeltern bei Schenkungen; die Geschwister, Nichten und Neffen, Schwiegerkinder und Schwiegereltern, Stiefeltern und der geschiedene Ehegatte. Tabelle 55 zeigt die Höhe des jeweiligen Steuersatzes in Prozent je Steuerklasse, abhängig von dem Wert des Erbes auf Basis der Erbschaftssteuern ab dem 1. Januar 2010.

Tab. 55: Aktuelle Erbschaftsbesteuerung

Wert bis Euro	Steuerklasse I Steuersatz in v. H.	Steuerklasse II bis 2009 Steuersatz in v. H.	Steuerklasse II ab 2010 Steuersatz in v. H.	Steuerklasse III Steuersatz in v. H.
75.000	7	30	15	30
300.000	11	30	20	30
600.000	15	30	25	30
6.000.000	19	30	30	30
13.000.000	23	50	35	50
26.000.000	27	50	40	50
über 26 Mio.	30	50	43	50

In den Steuerklassen I und III wurden ab 2010 keine Veränderungen vorgenommen.

Ungünstiger, so das ZEW, schneidet Deutschland allerdings im internationalen Vergleich beim *Vererben von Betriebsvermögen* ab. Bei der Übertragung eines mittelständischen Unternehmens belege Deutschland bei Einzelunternehmen und bei Kapitalgesellschaften den siebten von 14 Plätzen. Steuerfrei bleibe die Übertragung eines Unternehmens an ein Kind in Irland, Luxemburg und in Großbritannien, während in Deutschland durchschnittlich 3,77 v. H. Erbschaftsteuer anfällt.[313] Am schlechtesten schneiden Japan (29,79 v. H.) und die USA (35,91 v. H.) ab. Angesichts der

---

313 Schlagzeilen bis zu einer empörten Äußerung des Bundeskanzlers (siehe nächste Seite) machte Ende 2003 der *Müller-Fall*. Der Molkereiunternehmer Theobald Müller (»Müller-Milch«) verlegte seinen Wohnsitz in die Schweiz, um bei der Übertragung seines Unternehmens auf seine neun Kinder die Erbschaftsteuerzahlung von 90 Mio. € bei einem Unternehmenswert von 500 Mio. € zu umgehen. Jedes der neun Müller-Kinder würde ein Vermögen von über 55 Mill. € erben und nach Bezahlung der Erbschaftsteuer davon 45 Mio. € behalten. Dies akzeptierte die Familie Müller nicht, obwohl man die Steuerzahlung bis zu 10 Jahre stunden oder die Zahlung über 10 Jahre hätte strecken können. Der Fall machte nicht zuletzt auch deshalb Schlagzeilen, weil das Unternehmen Müller zuvor noch vom Staat 50 Mill. € Subventionen kassiert hatte.

Bedeutung, die dem ererbten, d. h. ohne *eigene Leistungen* erworbenen, Vermögen zukommt, sollte es eigentlich eine Selbstverständlichkeit sein, eine solche Steuer als *Umverteilungsinstrument* auf einem international vergleichbaren Standard zu besitzen.

»All diejenigen, die in unüberbietbarer Dreistigkeit sagen: ›Wir kassieren zwar für ein neu zu errichtendes Werk Subventionen in Höhe von 50 Millionen Euro, aber die in Deutschland fällige Erbschaftsteuer zahlen wir nicht und gehen stattdessen in die Schweiz‹, zeigen das Gegenteil von Verantwortung. Das ist das Gegenteil von Patriotismus; auch das muss einmal deutlich gesagt werden.« (Bundeskanzler Gerhard Schröder, SPD-Parteitag Bochum, 17. November 2003)

Dabei könnte die Erbschaftsteuer dazu beitragen, »dass die Ausgangspositionen der Wirtschaftssubjekte im Wettbewerb nicht zu unterschiedlich und die Einkommenserzielungschancen damit nicht zu sehr verzerrt sind« (Brümmerhoff 1996: 471). In Deutschland werden in den nächsten zehn bis fünfzehn Jahren etwa 250 Mrd. € jährlich vererbt. Wenn man auf diese Summe nur durchschnittlich 4 v. H. Erbschaftsteuer erheben würde, könnte der Staat anstatt heute rund gut 4 Mrd. € etwa 10 Mrd. € jährlich vereinnahmen. Damit wäre dem einzelnen Erben kein Unrecht getan, der Gesellschaft aber sehr geholfen.

Insgesamt würde im *internationalen Vergleich* durch eine Wiedereinführung der Vermögensbesteuerung in Deutschland nur der Durchschnittswert aller OECD-Staaten erreicht. Heute liegt der Anteil der Steuern auf Vermögen und Erbschaften bezogen auf das Bruttoinlandsprodukt in Deutschland bei rund 0,6 v. H. (vgl. Tab. 54). Selbst bei einem Vermögensteuersatz von 1,5 v. H. (24 Mrd. €) und der Erhöhung der Erbschaftsteuer um rund 6 Mrd. € auf 10 Mrd. € würde der Wert aller Substanzsteuern, also einschließlich unveränderter Grundsteuer, bezogen auf 2008 lediglich auf 1,8 v. H. des Bruttoinlandsproduktes ansteigen. Dies wäre immer noch deutlich unterhalb des Wertes von 3,1 v. H. in den USA. Wirtschaftlich vergleichbare Länder wie Japan mit 2,9 v. H., Kanada mit 3,9 v. H., Großbritannien mit 4,6 v. H., Frankreich mit 3,6 v. H., die Schweiz mit 2,9 v. H. oder Spanien mit 3,3 v. H. lägen ebenfalls noch weit über dem deutschen Wert (vgl. DGB, Klartext vom 29.11.2009).

4.4.9.2.7 INDIREKTE STEUERN (VERBRAUCHSTEUERN)

Während direkte Steuern das Einkommen und Vermögen der Wirtschaftssubjekte belasten, die bei der Gewinnermittlung nicht abgezogen werden können, gehören zu den *indirekten Steuern* alle diejenigen, die der Staat bei den Produzenten erhebt und die bei der Gewinnermittlung abzugsfähig sind. Indirekte Steuern belasten die Produktion und die Umsätze von Waren und Dienstleistungen, den Einsatz der Produktionsfaktoren sowie die Einfuhr von Waren und Dienstleistungen. Indirekte Steuern werden in *Produktionssteuern* (dazu zählen neben den Verbrauchsteuern auch die Grund- und Gewerbesteuern sowie die Grunderwerbsteuer), in die nicht abzugsfähige *Umsatzsteuer* und in *Einfuhrabgaben* (Einfuhrumsatzsteuer) unterteilt. Die Entwicklung der wichtigsten indirekten Steuern und Verbrauchsteuern zeigt dabei die folgende Tab. 56. Demnach sind bei den indirekten Steuern die Steuern auf Umsatz (Mehrwert- und Einfuhrumsatzsteuer) die ergiebigste Geldquelle für den Staat; sie erbringen auch von allen Steuerarten das höchste Aufkommen. Die Umsatzsteuer könnte allerdings laut einem Bericht des *Bundesrechnungshofes* noch höher ausfallen.

> »Dem Fiskus entgehen nämlich durch nationale und internationale Betrugsdelikte im Bereich der Umsatzsteuer jährlich zweistellige Milliardenbeträge. Darüber hinaus lässt es das System der Umsatzsteuer zu, sich durch steuerliche Gestaltungen auf Kosten der Allgemeinheit ungerechtfertigte Vorteile zu verschaffen« (Bundesrechnungshof 2003: 4).

Zur Differenzierung zwischen direkten und indirekten Steuern wird danach unterschieden, »wer die Steuern zahlt, und ferner wird das Kriterium der steuerlichen Abzugsfähigkeit (als Betriebsausgaben oder Werbungskosten) bei der Gewinnermittlung in der Einkommen- und Körperschaftsteuer zugrunde gelegt. Die Frage der *Überwälzbarkeit* oder sonstiger Wirkungen der Steuern wird damit zwar nicht direkt angesprochen, letzten Endes wird aber davon ausgegangen, dass *indirekte Steuern im Preis weitergewälzt werden können*, direkte Steuern hingegen nicht« (Brümmerhoff 1996: 25). Diese Überwälzung (formale Inzidenz) ist gesetzlich gewollt. Ob sie ökonomisch gelingt, hängt von den jeweiligen *Marktverhältnissen* auf der Marktnebenseite, dem Anbieterwettbewerb, und der Marktgegenseite, der Nachfrage und ihrer Preiselastizität, ab. Wird beispielsweise die Mineralölsteuer erhöht, so kann damit vom Gesetzgeber eine aus ökologischen Gründen gewollte Einschränkung der Nachfrage nach Mineralölprodukten über eine durch die Steuererhöhung ausgelöste Preiserhöhung intendiert sein. Ob dies aber so auch umgesetzt werden kann, hängt sicher mit der Möglichkeit der Unternehmen zusammen, die Verbrauchsteuererhöhung auch wirklich mit Preiserhöhungen überzuwälzen. Darüber entscheidet sowohl der Wettbewerb auf der Marktnebenseite, als auch die Nachfrageseite. Ist der Wettbewerb nur noch schwach ausgeprägt und gelingt es der Nachfrage nicht, den Verbrauch wesentlich einzuschränken, weil *keine Substitutionsmöglichkeiten* bestehen oder eine weitgehend *preisunelastische Nachfrage* vorliegt, so dürfte eine Überwälzung keine größeren Probleme bereiten. Dies kann aber unter anderen, also stark wettbewerblichen Verhältnissen und einer mehr preiselastischen Nachfrage ganz anders aussehen.

So hat die vorletzte Mehrwertsteuererhöhung 1997[314] von 15 v. H. auf 16 v. H. zu einem Anstieg des Preisindexes für die Lebenshaltungskosten um ca. 0,6 bis 0,8 Prozentpunkte geführt, womit keine vollständige Überwälzung möglich war. Einen Teil mussten offensichtlich damit die Unternehmen tragen, womit es zu einer Kostenerhöhung kam und damit ceteris paribus zu einer *Gewinnreduktion*. Diese hat die Unternehmen aber unterschiedlich getroffen, so dass sie zu einer weiteren *Strukturdifferenzierung innerhalb des Gesamtkapitals* beigetragen hat, wenn man davon ausgeht, dass Großunternehmen weniger Probleme mit der Überwälzung hatten als kleine und mittelgroße Unternehmen (vgl. dazu auch noch einmal den Exkurs »Großunternehmen versus Mittelstand«).

In Deutschland ist etwa ab Mitte der 1980er Jahre zu beobachten, dass der Anteil der indirekten Steuern am gesamten Steueraufkommen stark ansteigt, obwohl der Anteil am Bruttoinlandsprodukt (BIP) relativ konstant ausfällt (vgl. Tab. 56). Mehrmalige Erhöhungen von Mineralöl-, Tabak- und Energiesteuer, u. a. die Einführung einer Stromsteuer sowie Mehrwertsteueranhebungen (zuletzt 2007 von 16 v. H. auf 19 v. H.) auf der einen Seite und Einkommensteuerreformen mit *Steuersenkungen bei den direkten Steuern* auf der anderen Seite sind dafür verantwortlich. Erstmals ist dabei im Jahr 2001 der Anteil der indirekten Steuern (50,9 v. H.) über den Anteil der direkten Steuern (49,1 v. H.) gestiegen (Arbeitsgruppe Alternative Wirtschaftspolitik 2004: 134). Dabei ist es verteilungspolitisch zu inakzeptablen Ergebnissen gekommen, weil indirekte Steuern im Gegensatz zu einkommensabhängigen direkten Steuern zu unterschiedlichen Belastungen bei verschiedenen Einkommens- und sozialen Gruppen führen.

> »Durch die Besteuerung des privaten Konsums wird das Prinzip der Lastverteilung nach der ökonomisch-individuellen Leistungsfähigkeit endgültig verdrängt: Je mehr jemand an Einkommen erzielt und je geringer der Anteil des privaten Konsums ausfällt, um so geringer ist dessen Steuerlast. Wer ökonomisch in der Lage ist zu sparen, der kann sich dieser Steuerlast entziehen. Die Geldvermögensbildung wird bei den privaten Haushalten steuerlich bevorteilt« (Hickel 1998: 117).

---

314   Eine allgemeine *Umsatzbesteuerung* in Deutschland wurde 1918 als so genannte Allphasenbruttoumsatzsteuer, bei der die Bruttoumsätze auf allen Wirtschaftsstufen besteuert wurden, mit einem Satz von 0,5 v. H. eingeführt. Bis 1951 stieg dieser Satz schrittweise bis auf 4 v. H. an. Im Jahr 1968 wurden dann die Mehrwertsteuer mit einem Normalsatz von 10 v. H. und ein ermäßigter Satz für einige Güter des Grundbedarfs der Lebenshaltung von 5 v. H. eingeführt. Noch im selben Jahr kam es zur Anhebung beider Sätze; weitere Erhöhungen folgten 1978, 1979, 1983, 1993, 1997 und 2007. Gegenwärtig beträgt der Normalsatz der Mehrwertsteuer 19 v. H. und der ermäßigte Satz 7 v. H. Die Mehrwertsteuer ist so konstruiert, dass sie nach dem Willen des Gesetzgebers durch einen Vorsteuerabzug auf Lieferungen über alle Wirtschaftsstufen an die Endverbraucher überwälzt werden soll. Ob diese Inzidenz allerdings gelingt, hängt – wie oben ausgeführt – von den jeweiligen Marktverhältnissen ab.

Tab. 56: Entwicklung indirekter Steuern (in Mio. €)

Jahr	Gesamt	Umsatzsteuer**	Mineralöl-steuer	Stromsteuer	Kraftfahr-zeugsteuer	Branntweinsteuer	Versicherungsteuer	Sonstige Verbrauchsteuern	Anteil am BIP
1970	32.716	19.493	5.886	-	1.958	1.740	315	3.324	9,1
1975	43.656	27.652	8.754	-	2.711	2.248	586	1.705	7,9
1980	67.254	47.779	10.917	-	3.367	2.632	910	1.649	8,5
1985	78.567	56.153	12.537	-	3.758	2.765	1.266	2.088	8,0
1990	105.187	75.459	17.701	-	4.250	2.855	2.267	2.655	7,4
1991*	130.657	91.865	24.167	-	5.630	3.730	2.997	2.268	8,2
1995	173.351	119.960	33.177	-	7.059	3.383	7.211	2.561	8,7
2000	201.094	140.872	37.826	3.356	7.015	2.995	7.243	1.787	9,8
2001	205.284	138.935	40.690	4.322	8.376	2.972	7.427	2.562	9,7
2002	205.912	138.195	42.193	5.097	7.592	2.960	8.327	1.548	9,6
2003	206.567	136.996	43.188	6.531	7.336	2.204	8.870	1.442	9,5
2004	205.923	137.366	41.782	6.597	7.740	2.195	8.751	1.492	9,2
2005	207.307	139.713	40.101	6.462	8.674	2.142	8.750	1.465	9,2
2006	214.177	146.688	39.916	6.273	8.937	2.160	8.775	1.428	9,2
2007***	237.622	169.636	38.955	6.355	8.898	1.959	10.331	1.488	9,8
2008	244.414	175.989	39.248	6.261	8.842	2.126	10.478	1.470	9,8

* *Gesamtdeutschland*, ** inkl. Einfuhrumsatzsteuer, *** *Mehrwertsteuererhöhung von 16 v. H. auf 19 v. H.* Quelle: diverse Monatsberichte der Deutschen Bundesbank; eigene Berechnungen

Man kann daher bei indirekten Steuern von einer *regressiven Wirkung* bezogen auf hohe Einkommen mit entsprechend niedriger Konsumquote und hoher Sparquote sprechen. Nach neueren empirischen Untersuchungen ist diesbezüglich aber eine differenzierte Betrachtung notwendig. Zu dem Ergebnis kommt das Deutsche Institut für Wirtschaftsforschung (DIW) bei der ökonometrischen Analyse einer Mehrwertsteuererhöhung um 1 v.H. (DIW-Wochenbericht 1996: 625ff.). Demnach werden die privaten Haushalte mit mittlerem Einkommen relativ am stärksten belastet. Ab einem monatlichen Einkommen von rund 2.500 € setzt dann aber bereits die regressive Wirkung ein. Die Haushalte mit niedrigem Einkommen profitieren dagegen auf Grund des ermäßigten Mehrwertsteuersatzes von 7 v.H. »Deshalb wirkt die Mehrwertsteuer nicht durchgängig regressiv. Vielmehr nimmt ihr Anteil am ausgabefähigen Einkommen von geringen zu mittleren Einkünften zu, und erst dann setzt eine regressive Wirkung ein. Dieser ›bogenförmige‹ Verlauf zeigt sich sowohl für West- als auch für Ostdeutschland« (DIW-Wochenbericht 1996: 628). Im Ergebnis bedeutet dies, dass nach dem ›bogenförmigen‹ Verlauf durch eine Umschichtung der Steuern von der Einkommen- zur Mehrwertsteuer (oder zu Verbrauchsteuern, d.V.) die Einkommensstarken relativ entlastet würden und damit das auf gerechte Steuerlastverteilung ausgerichtete Leistungsfähigkeitsprinzip außer Kraft gesetzt würde. Steuerpolitische Vorschläge, die darauf hinauslaufen, die allgemeine Steuerlast über den privaten Endverbrauch mit indirekten Steuern zur Entlastung der einkommensabhängigen direkten Steuern voranzutreiben, sind daher abzulehnen.

> »Was am meisten zählt, ist die Tatsache, dass Umverteilung mit den Instrumenten der Steuerpolitik zugunsten der Gewinne nicht durch die Schaffung neuer Arbeitsplätze belohnt wird. Die Beschäftigungsentwicklung hat sich längst von den staatlich gepflegten Gewinnen entkoppelt. Eine grundlegende Reform des Steuersystems ist also dringend erforderlich.«
> *(Rudolf Hickel)*

4.4.9.3 Skizze eines notwendigen Umbaus des Steuersystems

Ein modernes Steuersystem muss am *Prinzip einer kompensatorischen Steuerpolitik* ausgerichtet werden. Ein Sozialstaat wie die Bundesrepublik Deutschland braucht hinreichende Finanzmittel, um seinen Aufgaben im Interesse der Gesellschaft nachkommen zu können, ohne sich langfristig verschulden zu müssen. Damit Märkte funktionieren und ihre vielzitierte Effizienz entfalten, muss der Staat die dazu erforderliche *Infrastruktur* (materiell und immateriell durch Rechtsstaatlichkeit) bereit- und sicherstellen. Daneben hat der Staat trotz allen neoliberalen Gefasels über die angeblichen Selbstheilungskräfte der Wirtschaft die Aufgabe, dem immanenten Marktversagen seine *Stabilisierungsfunktion* als Interventionsstaat entgegenzusetzen; dies gilt insbesondere in Zeiten von Massenarbeitslosigkeit zur Finanzierung eines öffentlichen Beschäftigungssektors.[315] Außerdem muss der Staat die *originären Verteilungsergebnisse des Marktes* auf ökonomisch adäquate und sozial gerechte Ergebnisse zurechtstutzen und auch für eine *Internalisierung externer Effekte* im Umweltbereich sorgen (vgl. dazu noch einmal ausführlich Kap. 4.2). Dabei ist zu beachten, dass gerade in hoch entwickelten marktwirtschaftlich-kapitalistischen Ordnungssystemen, die einem gravierenden *Strukturwandel* im Hinblick auf *Produktions- und Produktivitätsentwicklungen* sowie einer immer größer werdenden privatwirtschaftlichen *Konzentration und Marktvermachtung* unterliegen, Märkte durch eine zielgerichtete staatliche Politik (Intervention) flankiert und im gesamtgesellschaftlichen Interesse ausgesteuert werden müssen. Gemäß diesen umfassenden Aufgaben des Staates ist das notwendige, *quantitative Ausmaß der Besteuerung* zu bestimmen. Dies ist aber seit langem in Deutschland nicht mehr der Fall. Vielmehr – und in den letzten Jahren verstärkt – ist die Besteuerung auf Druck des neoliberalen Mainstreams in Richtung *Marktradikalität* und einer daraus abgeleiteten *Steuersenkungspolitik*, insbesondere für Unternehmen sowie einkommens- und vermögensstarke private Haushalte, ausgerichtet worden. Noch radikalere Steuerkonzepte sind (waren) – wie aufgezeigt – geplant. Würden diese umgesetzt, so wäre die Funktionsfähigkeit des Staates in Frage gestellt. Mit Sicherheit käme es aber zu weiteren drastischen Kürzungen in den Sozialetats. Personen und Familien mit niedrigeren Einkommen, die in aller Regel durch Kürzungen staatlicher Leistungen besonders getroffen sind, wären die Leidtragenden. Steuersenkungen mit der Folge von Leistungskürzungen weisen *unsoziale Verteilungswirkungen* auf, selbst dann, wenn die Bezieher niedriger Einkommen steuerlich entlastet werden. Werden die Steuerausfälle – wie weitgehend geschehen – durch Erhöhungen von Verbrauchsteuern und der Mehrwertsteuer kompensiert, sind ebenfalls unsoziale Verteilungswirkungen die Folge. Personen mit niedrigem Einkommen sind die Verlierer einer solchen Umstrukturierung des Steuersystems. Denn während trotz aller Steuerschlupflöcher bei der Einkommensteuer im Durchschnitt hohe Einkommen prozentual deutlich stärker belastet werden als niedrige Einkommen, gilt dies für indirekte Steuern nicht. Es besteht daher insgesamt ein dringender steuerrechtlicher Korrekturbedarf. Nicht nur weil die Steuereinnahmen unzureichend sind und das

---

315 Vgl. dazu noch einmal den Punkt 2.1.4.5.6 »Ausbau eines öffentlichen Beschäftigungssektors als Alternative zu Hartz IV«.

Steuerrecht im Laufe der Zeit völlig *intransparent* und nicht einmal für Experten noch durchschaubar ist, sondern weil das Steuerrecht nicht mehr dem finanzwirtschaftlichen Prinzip einer Besteuerung nach der *Leistungsfähigkeit* entspricht. Mit wachsendem Einkommen und Vermögen steigen die Möglichkeiten, vom bestehenden Steuersystem zu profitieren. Hinzu kommt eine unerträglich gewordene *Steuerhinterziehung* und Wirtschaftskriminalität, die von der Bundesregierung nur rudimentär bekämpft wird. Die jährlichen Einnahmeausfälle aus Steuerhinterziehung schätzt die Deutsche Steuergewerkschaft auf mindestens 70 Mrd. €. Durch ein von der Bundesregierung beschlossenes *Amnestiegesetz* (»Gesetz zur Förderung der Steuerehrlichkeit«) wurde der Steuerkriminelle noch belohnt und durch einen *Personalabbau in den Finanzämtern* werden weiter kontraproduktive Anreize zur Hinterziehung gesetzt. Wie sich dagegen eine bereits geringe Steigerung von *Betriebsprüfungen* auswirkt, zeigen die Zahlen von Steuernachforderungen. Deren Höhe lag 1980 mit bundesweit ca. 9.000 eingesetzten Betriebsprüfern bei knapp 3,5 Mrd. €; 2002 konnte der Fiskus mit 10.600 Betriebsprüfern gut 12 Mrd. € nachträglich vereinnahmen (Eißel 2004: 76). Zudem verfügen marktbeherrschende Unternehmen mit ihrer Preispolitik über ein Instrument, nicht nur die Kosten-, sondern auch die *Gewinnsteuern* immer mehr zu überwälzen; und multinationale Konzerne verschieben nach Belieben ihre Gewinne und zahlen so gut wie überhaupt keine Steuern mehr. Darüber hinaus ist es zu einem *Steuersenkungswettlauf* der einzelnen Nationen zum ausschließlichen Vorteil der Kapitaleigner und zum großen Nachteil der abhängig Beschäftigten und sozial schwachen Menschen gekommen. Daher müssen Steuerprinzipien in der gesamten EU – gerade auch vor dem Hintergrund der EU-Osterweiterung – zur politischen Leitlinie werden. Unternehmen dürfen nicht die Möglichkeit haben, ganze Nationen zu erpressen, indem sie günstigste Besteuerungen verlangen. Dies bedeutet im Umkehrschluss nicht, dass alle Länder die exakt gleichen Steuersätze und Bemessungsgrundlagen haben müssen. Es bedeutet aber, dass die Steuerpolitik innerhalb der EU – im Gegensatz zum heute vorherrschenden unheilvollen *Steuersenkungswettlauf* – weitgehend zu harmonisieren ist.

Wie eine *Reform der Steuerpolitik* auszusehen hat, wurde bereits anhand einer Rekommunalisierung der Gemeindefinanzen (Kommunale Wertschöpfungsteuer) sowie anhand einer Reaktivierung der Vermögensteuer und dem Ausbau einer Erbschaftsteuer aufgezeigt. Hier soll abschließend noch in Anlehnung an die Steuerkonzeptionen der Arbeitsgruppe Alternative Wirtschaftspolitik (2004: 143ff.) und der Vereinigten Dienstleistungsgewerkschaft ver.di sowie Attac Deutschland (Attac/ver.di (2004), Hickel 2004c: 851ff.) eine Skizze zur Novellierung von *Einkommen- und Unternehmen-*

steuern vorgestellt werden. Hierzu zählt als erstes die Forderung und Notwendigkeit einer *synthetischen*, d. h. umfassenden und gleichmäßigen Besteuerung des gesamten Einkommens aus Gewinnen, Kapitaleinkünften sowie Arbeitseinkommen und Versorgungseinkünften (Renten, Pensionen etc.). Die heute bestehenden sieben steuerrechtlichen *Einkunftsarten* können dabei auf vier reduziert werden. Dazu zählen (1) Einkünfte aus unternehmerischer und freiberuflicher Tätigkeit sowie aus Vermietung und Verpachtung. Hierzu gehören alle Einkünfte aus selbständiger Tätigkeit, also die bisherigen Einkünfte aus Land- und Forstwirtschaft, aus Gewerbebetrieb, aus selbständiger Arbeit (vor allem Freiberufler) sowie die Einkünfte aus Vermietung und Verpachtung. (2) Einkünfte aus nichtselbständiger Arbeit. Darunter fallen wie bisher die Arbeitseinkommen einschließlich der geringfügigen Beschäftigung und (3) Einkünfte aus Kapitalvermögen. Hierunter werden sämtliche Einkünfte aus Kapitalanlagen, also Zinsen, Dividenden und andere Gewinnausschüttungen von Kapitalgesellschaften sowie die Gewinne aus der Veräußerung der betreffenden Kapitalanlagen subsumiert. Als Einkunftsart (4) sollen alle Versorgungseinkünfte (Renten, Pensionen, betriebliche Altersvorsorge sowie Abgeordnetenpensionen) nachgelagert besteuert werden. Eine wie bisher bestehende *Verrechnungsmöglichkeit von Erträgen und Verlusten* zwischen den einzelnen Einkunftsarten soll dabei ebenso wenig möglich sein wie das Vor- und Zurücktragen von Verlusten innerhalb der Einkunftsarten. Einkünfte aus Kapitalvermögen werden mit dem jeweiligen individuellen Steuersatz des Steuerpflichtigen belastet. *Abgeltungssteuern* – wie von der Schröder-Regierung – vorgesehen und von der großen Koalition aus CDU/CSU und SPD eingeführt, darf es nicht geben.

Im Unternehmenssektor soll für Kapitalgesellschaften das bis zum Jahr 2000 gültige *Vollanrechnungsverfahren* für Dividenden und andere Gewinnausschüttungen wieder eingeführt werden. Dafür wird das so genannte *Halbeinkünfteverfahren* abgeschafft, wonach Ausschüttungen (Dividenden) definitiv neben dem Körperschaftsteuersatz von 15 v. H. bei der Einkommensteuer nur noch zur Hälfte steuerpflichtig sind. Das Halbeinkünfteverfahren senkt die Steuereinnahmen und wirkt zugunsten der hohen und zum Nachteil der unteren und mittleren Einkommen. Dividenden und Gewinnausschüttungen müssen voll einkommensteuerpflichtig sein, die Ausschüttungsbelastung mit Körperschaftsteuer wird zur Vermeidung einer *Doppelbesteuerung* von der Einkommensteuerbelastung abgezogen.

Einkünfte aus *Vermietung und Verpachtung* gehen in den Einkünften aus unternehmerischer Tätigkeit auf. Die Einkünfteermittlung für private Vermietung orientiert sich dabei anhand einer vereinfachten steuerrechtlichen Überschussrechnung. Dies gilt auch für Kleinunternehmen mit einem Jahresumsatz bis zu 100.000 €. Beseitigt werden allerdings die erheblichen Begünstigungen von Immobilien wie degressive Abschreibung bei Neubauten, Sofortabzug diverser Bauzeit-Werbungskosten und Finanzierungsaufwendungen, sofort abzugsfähiger Erhaltungsaufwand für größere Ersatz-, Instandsetzungs- und Modernisierungsmaßnahmen. Nach den Informationen der Einkommensteuerstatistik von 1998 entstanden dadurch Verluste von 35 Mrd. €, die ganz überwiegend mit positiven Einkünften verrechnet wurden.

Richtig war die Abschaffung der *Eigenheimzulage*, weil es bereits heute eher ein Überangebot an Wohnungen gibt, das längerfristig durch die demografische Entwicklung noch zunehmen wird. Um aber durchaus bestehende regionale oder kommunale Ungleichgewichte zu kompensieren, soll ein Teil der hier freigesetzten Mittel für raumordnungspolitische, städtebauliche sowie ökologische Stadtentwicklung wieder reaktiviert werden.

Vollanrechnungsverfahren	
Unternehmen (juristische Person)	*Gesellschafter* (natürliche Person)*
Gewinn vor KSt (Bruttoausschüttung) ./. KSt (Tarifbelastung) = verwendbares EK + KST-Minderung bzw. ./. KSt-Erhöhung zur Herstellung der Ausschüttungsbelastung = Barausschüttung ./. KapErtSt (vor Barausschüttung) = Nettoausschüttung	Dividende (Nettoausschüttung) + KapErtSt-Gutschrift = Barausschüttung + KSt-Gutschrift = zu versteuerndes Einkommen (= Bruttoausschüttung)* persönlicher Est-Tarif = tarifliche Est ./. anrechenbare KapErtSt ./. anrechenbare KSt = Steuererstattung/-nachzahlung
Halbeinkünfteverfahren	
Unternehmen (juristische Person)	*Gesellschafter* (natürliche Person)*
Gewinn vor KSt (Bruttoausschüttung) ./. KSt (Tarifbelastung) = Barausschüttung ./. KapErtSt (vor Barausschüttung) = Nettoausschüttung	Dividende (Nettoausschüttung) + KapErtSt-Gutschrift = Barausschüttung : 2 (hälftige Steuerbefreiung) = zu versteuerndes Einkommen (= Bruttoausschüttung)* persönlicher Est-Tarif = = tarifliche Est ./. anrechenbare KapErtSt = Steuererstattung/-nachzahlung

*Endgültige Belastung des Gewinns beim Gesellschafter entspricht dessen persönlichen ESt-Satz (Nettoausschüttung + Steuererstattung-/Nachzahlung = Gewinn)

Die Besteuerung der *Einkünfte aus nichtselbständiger Arbeit* ist heute die einzige Steuerart, die die Anforderungen an eine gerechte und einfache Besteuerung erfüllt. Dies liegt daran, dass hier die Steuern an der *Einkommensquelle* vom Arbeitgeber direkt an die Finanzbehörden abgeführt werden und auch keine Überwälzungsmöglichkeit besteht. Das Lohnsteueraufkommen ist dabei nach dem Umsatzsteueraufkommen die ergiebigste staatliche Steuerquelle. Die *Lohnsteuer* machte 2008 bei einem gesamten Steueraufkommen von 561 Mrd. € 25,3 v. H. aus. Addiert man zu den Lohnsteuern die Verbrauchsteuern, so erhält man die sogenannten *Masssensteuern*. Ihr Anteil am gesamten Steueraufkommen lag 2008 bei 72,9 v. H., während die *Gewinn-, Kapital- und Vermögensteuern* nur auf einen Anteil von 24,1 v. H. kamen (vgl. Tab. 57).

Tab. 57: Verteilung des gesamten Steueraufkommens 2008 auf Steuerarten

Steuerart	Steueraufkommen in Mrd. €	Anteil in v. H.
Umsatzsteuer	176	31,4
Sonstige Verbrauchsteuern	91	16,2
Lohnsteuer	142	25,3
Gewinn- und Kapitalsteuern	63	11,2
Körperschaftsteuer	16	2,9
Gewerbesteuer	41	7,3
Vermögensteuern*	15	2,7
Solidaritätszuschlag	13	2,3
EU-Zölle	4	0,7

Zu den Vermögensteuern zählen die Erbschaftsteuer und die Grundsteuer. Quelle: Monatsbericht der Deutschen Bundesbank April 2010, eigene Berechnungen

Um *kleinere und mittlere Einkommen* stärker zu entlasten und höhere Einkommen zu belasten, muss es bei der *Einkommensteuer* bei einem *linear-progressiven Steuertarif* bleiben. Der Eingangssteuersatz soll 14 v. H. betragen, wird aber erst ab einem Grundfreibetrag von 8.500 € erhoben. Dabei bleiben für Alleinstehende rund 11.600 € brutto im Jahr steuerfrei. Die Steuerbelastung soll dann ab den 8.501sten Euro für jeden weiteren Euro linear-progressiv auf einen Höchststeuersatz von 50 v. H. ab einem zu versteuernden Einkommen von 60.000 € steigen.[316] Ab dem 60.000sten Euro wird

---

316 Das Spitzeneinkommen, ab dem der Spitzensteuersatz greift, ist auch deshalb relativ niedrig angesetzt, weil das zu versteuernde Einkommen künftig aufgrund der vom Bundesverfas-

jeder weitere Euro konstant mit 50 v. H. besteuert. Das sind immer noch sechs Prozentpunkte weniger als im Jahr 1989. Bei einem zu *versteuernden Jahreseinkommen* von 60.000 € liegt dann die Steuerbelastung insgesamt – also beim Durchschnittssteuersatz – bei 27,9 v. H. Für besonders hohe private Einkommen (»Reichensteuer«) sollten zwei weitere Stufen greifen: Ab einem zu versteuernden Einkommen von jährlich 125.000 € wird für jeden weiteren verdienten Euro eine Steuer von 53 v. H. fällig. Um auch unverschämt hohen Managergehältern (vgl. Kap. 3.4.3) Herr zu werden, sollen diese oberhalb von 2 Mio. € mit 80 v. H. besteuert werden.

Für jedes Kind (bis zum 18. Lebensjahr) soll ein Grundfreibetrag von 6.000 € gewährt werden. Dadurch wäre für jedes Kind eine identische, einkommensunabhängige steuerliche Entlastung sichergestellt; für jedes weitere Kind stiege wegen des progressiven Tarifs die steuerliche Entlastung. »Im Gegenzug würden das *Kindergeld und die Kinderfreibeträge* abgeschafft. Eine solche Ausgestaltung des *Familienleistungsausgleichs* vermiede das derzeitige Problem einer mit steigendem Einkommen höheren steuerlichen Entlastung durch die Kinderfreibeträge, von der die hohen Einkommen (für die der Freibetrag günstiger ist als das Kindergeld) profitieren. Niedrige Einkommen, bei denen der Grundfreibetrag nicht oder nur zu einer geringen steuerlichen Entlastung führt, erhalten (nach einer *Günstigerprüfung* durch das Finanzamt) weiterhin ein Kindergeld, das der steuerlichen Entlastung des Grundfreibetrags entspricht« (Arbeitsgruppe Alternative Wirtschaftspolitik 2004: 146f.). In diesem Kontext würde eine Familie mit zwei Kindern bis zu einem Bruttojahreseinkommen von 24.000 € keine Steuern mehr zahlen.

Zusätzlich soll, ohne den Einzelnachweis für Werbungskosten erbringen zu müssen, ein *Arbeitnehmerpauschbetrag* von 1.000 € gewährt werden. Eine weitere Erhöhung wäre nicht sinnvoll, um Mitnahmeeffekte zu begrenzen und weil darüber hinausgehende höhere Aufwendungen nach wie vor abgesetzt werden können, wenn sie im Einzelnen erklärt werden. An die Stelle der heutigen *Entfernungspauschale* soll eine *Pendlerzulage* von 20 Cent je Entfernungskilometer zur Arbeitsstätte (für Hin- und Rückfahrt) gelten. Diese Pendlerpauschale wird dabei von der Steuerschuld abgezogen. Unabhängig von der Steuerprogression erhalten dann im Gegensatz zu heute alle Pendler den gleichen Betrag je gefahrenen Kilometer. Die begrenzte Steuerfreiheit der Entgeltzuschläge für *Sonn- und Feiertags-, Nacht- und Schichtarbeit* sollen beibehalten werden. Abgeschafft wird dagegen die Steuerbegünstigung von *Minijobs* durch die Pauschalbesteuerung in Höhe von 2 v. H.

sungsgericht geforderten und politisch beschlossenen »*nachgelagerten Besteuerung*« der Alterseinkünfte voll um die Rentenversicherungsbeiträge reduziert wird.

»Diese Privilegierung insbesondere von geringfügigen Nebenbeschäftigungen ist aus Gründen der Steuergerechtigkeit abzulehnen und arbeitsmarktpolitisch schädlich, weil dadurch existenzsichernde und voll steuer- und sozialabgabenpflichtige Beschäftigungsverhältnisse aufgespalten und verdrängt werden (Substitutionseffekt)« (Attac/Ver.di 2004: 9).

Das *Ehegattensplitting* wird abgeschafft.[317] Es stellt eine antiquierte, international kaum noch anzutreffende Regelung dar, die private Haushalte mit höheren Einkommen bevorzugt und die traditionelle Hausfrauenehe fördert. Das daraus zu erwartende Steuermehraufkommen liegt bei rund 22 Mrd. Euro und könnte gezielt für eine Förderung der Kinderbetreuung eingesetzt werden. Als Ausgleich erhält jeder nicht erwerbstätige Partner einen Freibetrag von 8.000 €. Um Senkungen des Nettoeinkommens für ältere Paare zu vermeiden, soll aber das Ehegattensplitting für alle heute über 50-Jährige bestehen bleiben, weil die in der Regel über 50 Jahre alten betroffenen Frauen auf den Arbeitsmärkten nur noch geringe Chancen haben.

Unternehmensgewinne müssen zukünftig wieder angemessen, d. h. nach dem *Leistungsfähigkeitsprinzip*, besteuert werden. Im Gegensatz zur Besteuerung des Faktors Arbeit mit Lohnsteuern sind die *Gewinnsteuern* drastisch zurückgegangen und haben an Bedeutung verloren.

»Berücksichtigt man nur die Besteuerung der Kapitalgesellschaften durch Körperschaftsteuer und die der Personengesellschaften bzw. Familienbetriebe durch die veranlagte Einkommensteuer, dann ergibt sich folgende Entwicklung: Zu Beginn der Ära Kohl 1983 hatten beide Unternehmenssteuern zusammen noch einen kassenmäßigen Anteil von 14,3 v. H. am Gesamtsteueraufkommen, beim Regierungswechsel zu Rot-Grün 1998 waren beide Steuern um die Hälfte auf einen Anteil von 6,7 v. H. abgeschmolzen. 2001, d. h. nach drei Jahren rot-grüner Regierung, erreichte der Anteil einen bisherigen historischen Tiefstand von nur noch 1,8 v. H., weil bei der Körperschaftsteuer sogar 426 Mill. Euro zurückgezahlt wurden. Bis 2003 stieg der Anteil dann wieder leicht auf 3,2 v. H. an. Dennoch ist das Kapital mit dieser Entwicklung immer noch nicht zufrieden, sondern klagt – wie bei einem Phantomschmerz – weiter über die hohe Steuerlast« (Eißel 2004: 71).

Bei einer Trennung von *Körperschaftsteuer* für Kapitalgesellschaften und *Einkommensteuer* auf Gewinne von Einzelunternehmern sowie Personengesellschaften soll es auch zukünftig bleiben.

---

317 Das Ehegattensplitting funktioniert wie folgt: Das gesamte zu versteuernde Einkommen von Mann und Frau wird zusammengezählt, und für die Steuer wird unterstellt, dass beide gleich viel verdienen. Hat zum Beispiel nur einer der beiden Ehegatten ein Einkommen von 100.000 € zu versteuern, werden beide so behandelt, als ob sie jeweils 50.000 € zu versteuern hätten. Wegen der Steuerprogression müssen für zweimal 50.000 € weniger Steuern gezahlt werden als für einmal 100.000 €. Verdienen beide tatsächlich 50.000 €, ist der Steuerspareffekt gleich null.

- Der *Körperschaftsteuersatz* beträgt aber nicht wie heute 15 v. H., sondern einheitlich 35 v. H. auf einbehaltene und ausgeschüttete Gewinne.
- Für *kleine und mittelgroße Unternehmen* in der Rechtsform einer Kapitalgesellschaft bis zu 100 Beschäftigte soll der Körperschaftsteuersatz dagegen auf einbehaltene und ausgeschüttete Gewinne bei 25 v. H. liegen.
- Bei Ausschüttungen wird statt des »Halbeinkünfteverfahren« das *»Vollanrechungsverfahren«* wieder eingeführt.
- Die *Gewinn- und Verlustverrechnungsmöglichkeiten* zwischen rechtlich selbständigen Unternehmen, insbesondere die mit ausländischen Unternehmen bei Ausnutzung von Steueroasen, werden dahingehend eingeschränkt, dass dies nur noch für solche Unternehmen möglich ist, die auch faktisch eine wirtschaftliche Einheit bilden. Gewinne, die in Deutschland erwirtschaftet werden, werden auch in Deutschland besteuert. Des Weiteren wird die Gewinnverlagerung in Niedrigsteuerländer über die Gestaltung von *konzerninternen Verrechnungspreisen* durch veränderte Vorschriften und zusätzlich eingestellte und spezialisierte Betriebsprüfer verschärft.
- Im Gegensatz zu heute werden auch die Gewinne aus der *Veräußerung von Beteiligungen* wieder einer vollen Besteuerung unterzogen.
- *Unterbewertungen des Vermögens* werden nicht mehr erlaubt. Hier ist eine zeitnahe Bewertung zu Marktpreisen vorzunehmen.
- *Überbewertungen des Kapitals*, insbesondere die heute viel zu großzügige Gewährung von Rückstellungen, werden drastisch um die Hälfte zurückgebaut. Die kumulierte Rückstellungssumme aller Unternehmen lag 2001 bei 437,5 Mrd. €. Die Rückstellungsquote, Rückstellungen in Relation zur Bilanzsumme, ist von 10,3 v. H. im Jahr 1970 (nur westdeutsche Unternehmen) auf 15,8 v. H. im Jahr 2001 kontinuierlich angestiegen (Deutsche Bundesbank 2003a: 59).
- *Abschreibungen* sind nur noch gemäß ihrer tatsächlichen Wertminderungen vorzunehmen. Dies dürfte auch zu einer beträchtlichen Erhöhung der Nutzungsdauern führen. Die erhöhte degressive Abschreibung, der keine echte Wertminderung zu Grunde liegt, wird abgeschafft.
- Für *Kleinunternehmer* bis zu einem Jahresumsatz von 100.000 € kann der Gewinn nach der vereinfachten Einnahmenüberschussrechnung (§ 4 Abs. 3 EStG) ermittelt werden.
- Bei den heute absetzbaren Betriebsausgaben sind Kürzungen vorzunehmen. Dies gilt insbesondere für alle *verdeckten Gewinnausschüttungen*. Dazu gehören sämtliche Vorstands- und Geschäftsführergehälter inkl. Tantiemen größer als 300.000 €

pro Jahr. Die Bezüge für ehemalige Topmanager und ihre Hinterbliebenen sind, wenn dies die Unternehmen zahlen wollen, voll aus versteuerten Gewinnen zu leisten und können nicht mehr als Personalaufwendungen verbucht werden. Dies gilt auch für sämtliche Abfindungszahlungen an abhängig Beschäftigte, d. h. auch hier sind solche Zahlungen nicht mehr steuerlich abzugsfähig.

Die noch bestehenden Möglichkeiten des Abzugs *privat veranlasster Aufwendungen* von unternehmerischen Gewinnen werden weiter eingeschränkt. Zwar sind gesetzliche Abzugsbeschränkungen für Aufwendungen, die auch den Bereich der privaten Lebensführung betreffen, bereits im geltenden Recht verankert, häufig ist aber in der Praxis der eindeutige Nachweis der Zuordnung von Aufwendungen zur Privatsphäre nicht ohne weitere Nachprüfung zu erbringen. Um hier mit dem gängigen Motto »Frechheit siegt« zu brechen, werden verstärkte Dokumentationspflichten für alle gemischten Kosten wie z. B. PKWs, Bewirtungen und Repräsentationsaufwendungen eingeführt. Gemischte Kosten dürfen zudem nur noch bis zu einer Höhe eines angemessenen Schlüssels in Abhängigkeit vom Umsatz und der Zahl der Beschäftigten abgezogen werden. Zudem werden absolute Höchstbeträge für gemischte Aufwendungen eingeführt.

Auch die Einkünfte aus *Kapitalvermögen* (Zinsen, Dividenden, etc.) sind zukünftig effektiver zu erfassen und mit dem jeweilig individuellen Einkommensteuersatz zeitlich unbefristet zu belasten. Der *Sparerfreibetrag* soll dabei zum Schutz von Kleinsparern in Höhe von 1.500 € angehoben und erhalten bleiben. Wichtig bei der Besteuerung von Kapitalvermögen ist die uneingeschränkte Berücksichtigung einer Besteuerung von Gewinnen aus *Veräußerungen* und *Spekulationen*. Dazu zählen Kapitalbeteiligungen an Unternehmen, Wertpapiere, Aktien, Immobilien, Grundstücke etc. Um hier eine lückenlose Erfassung und eine *Quellenbesteuerung* sicherzustellen, muss mit Kontrollmitteilungen der Banken und Finanzdienstleistern gearbeitet werden. Das *Bankgeheimnis* ist, wie bereits erwähnt, auch deshalb aufzuheben. Um der *Steuerflucht ins Ausland* einen Riegel vorzuschieben, sind auf EU-Ebene entsprechende Gesetze zu erlassen. Ist dies politisch nicht möglich, so hat der deutsche Bürger im Fall der Steuerflucht und Steuerhinterziehung mit drakonischen rechtlichen Schritten zu rechnen. Dies kann bei besonders schweren Fällen bis zu einem *Entzug der Staatsangehörigkeit* reichen.

Ebenso muss es zu einer (Wieder-)Einführung von *Kapitalverkehrsteuern* auf nationaler (Börsenumsatzsteuer)[318] sowie auf internationaler Ebene (Devisentrans-

---

318 In Deutschland ist 1991 die Börsenumsatzsteuer durch die Kohl-Regierung abgeschafft worden. In anderen EU-Ländern wie Belgien, Finnland, Großbritannien, Irland und Portugal kommt sie bis heute zur Anwendung.

aktionsteuer) kommen. Beide Steuern werden unter dem Begriff einer *Finanztransaktionsteuer* zusammengefasst (Hickel 2010a). Sie soll auf alle Käufe und Verkäufe von Wertpapieren und Währungen aller Art erhoben werden, insbesondere auch auf spekulative Finanzprodukte wie Derivate. Nur Neuemissionen, die meistens zur Finanzierung neuer Investitionen getätigt werden, sind ausgenommen. Nach einer Studie des Instituts für Wirtschaftsforschung (WIFO) in Wien wären mit einem Steuersatz von gerade einmal 0,01 v. H. in Deutschland Steuereinnahmen von rund 10 Mrd. € möglich. Der beabsichtigte Rückgang der Transaktionen ist dabei bereits berücksichtigt. Bedenkt man, dass Brot und Milch, wenn auch mit einem ermäßigten Mehrwertsteuersatz belegt sind und der Umsatz an Börsen und das Spekulieren nicht, so ist dies eine tiefe steuerrechtliche Ungleichbehandlung und soziale Ungerechtigkeit. Die *Steuererhebung* soll für alle Steuerpflichtigen einfach ausgestaltet werden und gleichzeitig eine Besteuerung möglichst an der *Steuerquelle* sowie eine effektive Durchsetzung der Besteuerung gewährleisten. Steuerhinterziehung ist strafrechtlich ohne Wenn und Aber zu ahnden. Die heute mögliche *Selbstanzeige* bei Steuerhinterziehung ist ersatzlos zu streichen.[319] Schätzungen gehen davon aus, dass Deutsche über 300 Milliarden Euro im Ausland als »Schwarzgeld« angelegt haben. Dem Fiskus entgehen so jährlich mehrere Milliarden Euro an Steuern allein auf die Zinserträge der Steuerflüchtlinge. Um dieses Missstands Herr zu werden, muss das *steuerliche Bankgeheimnis* (§ 30a Abgabenordnung) aufgehoben werden, damit über *Kontrollmitteilungen zwischen Banken und Finanzämtern* eine korrekte Besteuerung sichergestellt wird. Außerdem erhält jeder Bürger eine Steuernummer, die er sein ganzes Leben behält. Dies ist endlich 2009 umgesetzt worden. Diese Nummer muss jeder Bürger beim Arbeitgeber, aber auch bei der Eröffnung von Konten bei Banken und Finanzdienstleistern oder Versorgungseinrichtungen (Rentenversicherungen etc.) angeben. Diese führen im Wege der automatischen elektronischen Datenübermittlung die *Quellensteuern* an die jeweils zuständigen Finanzbehörden ab und melden nach Ablauf des Jahres den Finanzbehörden sämtliche steuerpflichtigen Einkünfte des Zahlungsempfängers. Die Finanzbehörden stellen auf dieser Basis dem Steuerpflichtigen einen jährlichen Steuererklärungs-Entwurf zu. Um dem Problem der *Steuerflucht ins Ausland* zu begegnen, ist mit diesem Verfahren schon viel erreicht. Denn Finanztransfers ins Ausland hinterlassen letztlich Spuren im inländischen Bankensystem, selbst wenn zur Verschleierung auf Bargeldtransfers zurückgegriffen wird. Zusätzlich sind aber dennoch auf *internatio-*

---

319 2010 kam es in Deutschland zu über 25.000 solcher Selbstanzeigen von Steuerkriminellen, weil Datenträger aus Banken an die Öffentlichkeit gelangten bzw. Finanzämtern zum Kauf angeboten wurden.

naler Ebene (EU, OECD) rechtliche Vereinbarungen zur Erfassung und Besteuerung von Kapitalanlagen und deren Erträge abzuschließen. Auf EU-Ebene gibt es nicht mehr den geringsten Grund, dies nicht sofort und umfassend in die Tat umzusetzen. Zu begrüßen ist in diesem Zusammenhang die Vereinbarung zwischen der EU und der Schweiz, die ab dem 1. Januar 2005 eine grenzüberschreitende Zinsbesteuerung durchführt. Die Schweiz erhebt seitdem Steuern auf Zinseinnahmen von EU-Bürgern und führt diese in die jeweiligen Heimatländer ab – allerdings ohne die Namen der Steuerpflichtigen zu nennen. Außerdem gilt die Steuer nur für reine Zinseinnahmen aus traditionellen Anleihen und Sparbüchern. Dividenden und Derivate fallen eben so wenig darunter wie viele Fonds. Das Bankgeheimnis bleibt bestehen, d. h. es gibt keine Kontrollmitteilungen. Dies kann nur als der erste Schritt gewertet werden. Die Schweiz bleibt mit geschätzten 3.500 Milliarden Franken an Vermögenswerten in ihren Banktresoren – wie es der ehemalige Bundesfinanzminister Eichel formulierte – ein »Hafen für allerlei flüchtiges Kapital« (HAZ 2004b: 13).

FÜNFTES KAPITEL

5. Zusammenfassung und Skizze einer Wirtschaftsdemokratie

Nach der langen Tour durch wirtschaftstheoretische und -politische Paradigmen, ihre Interpretationen und Bewertungen soll abschließend eine Zusammenfassung noch einmal den Blick in Richtung einer dringend zu verändernden Wirtschaftspolitik schärfen und gleichzeitig das Bild einer demokratisierten Wirtschaft skizzieren.

Wie schon im Vorwort zur ersten Auflage des Buches vermerkt, muss bei allen ökonomischen Überlegungen immer der *Mensch im Mittelpunkt* stehen. So ist es auch nur logisch, dass im ersten Kapitel des Buches die menschliche Arbeit in den Fokus der wirtschaftswissenschaftlichen Betrachtungen gestellt wurde. Hier gab es aber innerhalb der theoretischen Ökonomie seit Ende des 19. Jahrhunderts einen tiefgreifenden Paradigmenwechsel: In der Arbeitswertlehre der klassischen Ökonomie (von Petty über Smith bis Marx) galt nur die *menschliche Arbeit in Verbindung mit Naturgebrauch* als Neuwert schaffend. Kapital ist hier nichts anderes als ein aus dem Neuwert abgeleitetes (derivatives) Überschussprodukt, das den Eigentümern des Kapitals kraft Gesetz zufließt (vgl. Kap. 1.3.2). Mit der *subjektiven Wertlehre* innerhalb der neoklassischen Theorie wurde dagegen jedem Produktionsfaktor (Arbeit, Boden und Kapital) ein eigener Wert in Form der jeweiligen Grenzproduktivität zugeordnet (vgl. Kap. 1.3.3). Dazu schreibt Joan Robinson (1974: 67f):

> »Die unbewusste Voreingenommenheit hinter dem neoklassischen System lag hauptsächlich darin, dass es die Profite auf die gleiche Stufe des moralischen Ansehens hob wie die Löhne (...) Die nüchterne Haltung der Klassiker, die die Ausbeutung als Quelle des nationalen Wohlstandes anerkannten, wurde aufgegeben (...) die augenfällige Rationalität des Systems bei der Verteilung des Produkts auf die Produktionsfaktoren verschleiert dabei die willkürliche Verteilung der Faktoren auf die Menschen.«

Um in Anbetracht des *Privateigentums an Produktionsmitteln* den Unternehmergewinn theoretisch und gesellschaftlich zu rechtfertigen, wurden *Unternehmerfunktionen* definiert, die gleichzeitig der Zerlegung und Zuordnung des Überschussproduktes aus Arbeit dienen sollten. Für das eigene Einbringen der unternehmerischen

Arbeitskraft steht hier der *kalkulatorische Unternehmerlohn*, für das ins Unternehmen eingebrachte Fremdkapital der Zins und für gemietete und gepachtete Gegenstände die Grundrente. Der Haftung für das eingesetzte Eigenkapital wurde eine *Risikoprämie* (kalkulatorische Wagnisse) gegenübergestellt und außerdem für die alternative Verwendungsmöglichkeit des Eigenkapitals als *Opportunitätskosten* die kalkulatorischen Eigenkapitalzinsen. Kapital und Boden geben als Produktionsfaktoren zwar während des Produktionsprozesses einen Wert im Rahmen ihrer jeweiligen Nutzung in Form von Abschreibungen ab, sie schaffen aber nur durch den Einsatz von lebendiger Arbeit einen entsprechenden Neuwert oder Mehrwert (Zins, Miete, Pacht und einen Gewinn). Denn Geld oder in Kapital umgewandeltes Geld »arbeitet« nicht, es erwirtschaftet auch keine Rendite. Vielmehr stellen diese vermeintlich selbständigen Dinge nur unterschiedliche Erscheinungsformen des Mehrwerts, also menschlicher Mehrarbeit, dar. Die Arbeit (Arbeitskraft) ist hier als Inbegriff der physischen und geistigen Fähigkeiten zu begreifen, die in der Leiblichkeit, der lebendigen Persönlichkeit eines Menschen existieren und die er in Bewegung setzt, sooft er Gebrauchswerte irgendeiner Art herstellt.

Dabei produziert die Arbeitskraft mehr an Wert, als zu ihrem Unterhalt, zu ihrer *Reproduktion*, erforderlich ist. Der Wert der Arbeit (= Wert des Arbeitsproduktes) übersteigt somit den Wert der Arbeitskraft (= Arbeitslohn als jeweiliger Marktpreis der Arbeitskraft). Die Bezahlung der Arbeit ist demnach nicht wertgleich (äquivalent) mit dem Wert bzw. Ertrag der Arbeit, der am *Markt in der Zirkulationssphäre* über den Verkauf des Arbeitsproduktes erzielt wird. Nur durch das *Privateigentum an den Produktionsmitteln* kommt es hier dem Kapital gegenüber zu einer Zuweisung des ökonomischen Überschussproduktes (der menschlichen Mehrarbeit). Dieser kapitalistisch immanente Grundtatbestand – vermittelt über den Kapitalverwertungs- und Akkumulationsprozess – ist das eigentliche Problem. Er impliziert im Ergebnis eine *widersprüchliche Verteilung* und eine *einzelwirtschaftliche Rationalitätsfalle* mit gesamtwirtschaftlichen Krisenprozessen. Kapitalistische Krisen sind letztlich immer *Verteilungskrisen*. Daher ist entscheidend: Wer erhält welchen Anteil an der arbeitsteilig geschaffenen Wertschöpfung? Diese Frage ist auch im Kontext mit der Forderung nach einer *Wirtschaftsdemokratie* entscheidend. Denn ohne ein völlig verändertes Verteilungsmodell der Wertschöpfung ist eine *demokratisierte Wirtschaft* nicht denkbar. Hier reicht es nicht mehr, die abhängig Beschäftigten auf einen gezahlten Lohn innerhalb der Wertschöpfung zu reduzieren. Dann bleiben sie, wie es Oswald von Nell-Breuning formulierte, für immer »Habenichtse«. Außerdem wird eine Reihe anderer *ökonomischer, sozialer* und *ökologischer Probleme* nicht gelöst.

Wie kann demnach aber ein neues (holistisches) demokratisiertes Verteilungsmodell aussehen? Dies deutet auf eine komplexe Lösung hin, die in der Tat nur durch eine mehrstufig notwendige Einordnung von Wirtschaftsdemokratie auf unterschiedlichen, interdependent verbundenen Ebenen umsetzbar ist. Dazu gehören in der Wirtschaft die Mikro-, Markt- oder Meso- sowie die Makroebene.

Die *Mikroebene* ist die unternehmensbezogene Ebene. Sie stellt sozusagen den Unterbau in der wirtschaftlichen Sphäre dar. Hier spielt das *Machtverhältnis zwischen Kapital und Arbeit* in den Unternehmen die entscheidende Rolle bei der Schaffung der arbeitsteilig generierten Wertschöpfung. Das 3. Kapitel im Buch ist diesem Problemkomplex gewidmet. Dabei wird ausführlich gezeigt, wie sich unter dem kapitalistisch immanenten Tatbestand eines kapitalzentrierten *»Investitionsmonopols«* (Erich Preiser) die *Stellung und Rolle der Beschäftigten* – auch unter unterschiedlichen personalwirtschaftlichen Paradigmen (vgl. Kap. 3.2) – als ein nicht demokratisiertes Verhältnis, sondern als ein einseitig vom *Kapital* determiniertes Macht- und Herrschaftsverhältnis darstellt. Vor diesem Hintergrund wurde eine *demokratisch-partizipative Unternehmenskultur* als Alternative entwickelt, die wesentlich aus sechs Kulturelementen besteht (vgl. Kap. 3.3). Die Basis ist dabei eine *paritätische Mitbestimmung* zwischen Kapital und Arbeit zur Aufhebung des auf der Mikroebene entscheidenden Investitionsmonopols. Dies ist deshalb notwendig, weil diejenigen, die darüber entscheiden, *wie*, *wann* und *wo* in einem Unternehmen investiert wird, das Sagen haben. Im Kap. 3.3.1.10.2 wurde deshalb ein *Mitbestimmungsmodell* auf Basis des heute gegebenen Montanmitbestimmungsgesetzes entwickelt. Neben der paritätischen Mitbestimmung, die das jeweils kollektive (funktionale) Verhältnis zwischen Kapital und Arbeit aussteuert, müssen aber ebenso auf der Mikroebene in den vielfältigen *individuellen und gruppenbezogenen personellen Austauschprozessen* verbesserte demokratische und partizipative Strukturen in Form einer *Kommunikationsdialektik* und einer *holistischen Informationspolitik*, vermittelt durch einen *partizipativen Führungsstil*, zum Tragen kommen. Zur Hebung von Innovationspotenzialen (vgl. Kap. 3.4) ist darüber hinaus ein *mitarbeiterzentriertes Ideenmanagement* (vgl. 3.4.4) notwendig; und zur *Personalentwicklung* in den Unternehmen muss auf eine intensive *Weiterbildung* (vgl. Kap. 3.3.1.9.3) und in der Gesellschaft als Ganzes verstärkt auf allgemeine *Bildung* gesetzt werden (vgl. den Exkurs: »Bildung und Qualifikation«). Diese Formen der immateriellen Partizipation sind durch eine *materielle Partizipation* zu komplettieren.

Hier besteht eine Verbindungslinie von der Mikroebene zur *marktbezogenen Mesoebene*, auf der im Rahmen einer Tarifautonomie zwischen Gewerkschaften und Arbeitgeberverbänden *Flächentarifverträge* auszuhandeln sind, die zu einer vollen Ausschöpfung des verteilungsneutralen Spielraums führen müssen. Die Produktivität ist dabei sowohl für *Lohnerhöhungen* (vgl. Kap. 2.2) als auch für *Arbeitszeitverkürzungen* (vgl. Kap. 2.1.4.5.7) zu nutzen. Unternehmensbezogene *echte* Gewinn- und Kapitalbeteiligungen sind dabei im Sinne einer expansiven Einkommenspolitik als »*On-Top-Modelle*« zu verstehen, die zusätzlich als Gewinnverwendung zum tarifvertraglich vereinbarten (festen) Arbeitsentgelt gewährt werden (vgl. Kap. 2.2.2). Im Gegensatz zu heute führt dies zu einer wesentlich größeren Nivellierung der Wertschöpfungen und gleichzeitig zur Möglichkeit einer *Vermögensbildung in Arbeitnehmerhand*. Da der Flächentarifvertrag als Basis für eine produktivitätsorientierte Verteilung der generierten Wertschöpfung zwischen Arbeits- und Kapitaleinkommen unter dem neoliberalen Regime aber immer mehr aufgeweicht und die Gewerkschaften vor dem Hintergrund bestehender Massenarbeitslosigkeit zunehmend geschwächt wurden, sind auf der Mesoebene einer wirtschaftsdemokratischen Konzeption im Zuge einer Arbeitsmarkt- und Tarifpolitik drei weitere Maßnahmen dringend notwendig: a) die Einführung eines *gesetzlichen Mindestlohns* (vgl. Kap. 2.1.4.5.4), b) die Einrichtung eines *öffentlichen Beschäftigungssektors* (vgl. 2.1.4.5.6) und c) zur Stärkung der Gewerkschaften in Anbetracht des Problems eines kollektiven Verhandelns in Tarifverträgen die Einführung einer *Pflichtmitgliedschaft* aller abhängig Beschäftigten in einer Gewerkschaft und gleichzeitig die Pflicht aller Unternehmen, dem jeweils zuständigen Unternehmensverband beizutreten. Nur so kann in Anbetracht der durch das neoliberale Regime herbeigeführten und bestehenden Verhältnisse auf Arbeitnehmerseite die »Trittbrettfahrermentalität« und auf der Arbeitgeberseite die »Verbandsflucht« gestoppt werden (vgl. Kap. 3.3.2).

Auf der Mesoebene einer Wirtschaftsdemokratie ist neben der Arbeitsmarkt- und Tarifpolitik die *Wettbewerbspolitik* zu verordnen. Die in der *Produktion* von Gütern und Diensten in den Unternehmen entstehende Wertschöpfung muss an den Märkten *realisiert* werden. Hier spielen die *Wettbewerbsverhältnisse* eine entscheidende Rolle. Es wäre naiv, Märkte oder das Wettbewerbsprinzip als ökonomische Steuerungsgröße abschaffen zu wollen. Dies wurde ausführlich im Kap. 4.1 dargelegt. Es wäre aber genauso naiv, Märkte und den Wettbewerb sich selbst zu überlassen, wie dies im neoliberalen Dogma angelegt ist. Auf die *wettbewerbsimmanenten Probleme* und Gefahren von *Marktmacht* (vgl. die Kap. 4.1.2, 4.1.3 und 4.1.4) ist deshalb – auch im Kontext eines *internationalen Wettbewerbs* (vgl. Kap. 4.1.5) – deutlich hingewiesen worden. Damit das Wettbewerbsprinzip an den Märkten nicht kontraproduktiv wird, muss es zu einer *strengen staatlichen Wettbewerbs- und Regulierungspolitik* kommen – nicht zuletzt an den Kapitalmärkten (vgl. Kap. 4.1.5.4). Zur Gegenmachtbildung für privatwirtschaftliche Unternehmen gehört aber auch der *Ausbau von öffentlichen*

Unternehmen und eines Genossenschaftssektors und nicht zuletzt – zur Vermeidung von Überproduktionskrisen – eine *staatliche Struktur-, Regional- und Industriepolitik* mit einer branchenbezogenen Investitionslenkung in den Schlüsselindustrien.

Wettbewerb versagt grundsätzlich bei der *Internalisierung der Natur in die Ökonomie* (vgl. Kap. 4.2). Deshalb muss auch hier der Staat durch eine entsprechende *Umweltpolitik* in die Märkte intervenieren. Der größte Hemmschuh sind dabei die privatwirtschaftlich aufgestellten Energieversorgungsunternehmen (vgl. Kap. 4.2 4). Exemplarisch an der Elektrizitätswirtschaft ist aufgezeigt worden, dass das Wettbewerbsprinzip hier für keine optimalen Ergebnisse sorgt (weder für ökonomische noch für ökologische) und daher die Marktform eines »*natürlichen Monopols*« in Verbindung mit einer *Verstaatlichung der Energieversorger* unter demokratisierten internen Unternehmensstrukturen (wie oben beschrieben) die bessere gesellschaftliche Alternative ist. Neben der ökologischen Frage ist auch die soziale Frage, das gesellschaftliche *Sozialstaatsprinzip* (vgl. Kap. 4.3), nicht durch ein Wettbewerbsprinzip zu lösen. Im Gegenteil: Die an den Märkten durch Wettbewerb zustande gekommene primäre Verteilung der Wertschöpfung muss durch eine entsprechende *Sozialpolitik* berichtigt werden. Wie eine solche Sozialpolitik nicht beschaffen sein und wie sie stattdessen als heute richtig und zukunftsweisend gestaltet werden sollte, wurde anhand der *Altersversorgung* (Rente) im Kap. 4.3.3 und der *Gesundheitsversorgung* (Kap. 4.3.4) ausführlich aufgezeigt.

Wirtschaftsdemokratie tangiert aber auch die *Makroebene und -politik*. Hier geht es neben grundsätzlichen Fragen nach einer ökonomischen *Ordnungs- und Verfassungspolitik* – die nach dem Zweiten Weltkrieg in Ostdeutschland zu einer zentralen Planwirtschaft und in Westdeutschland zur »*Sozialen Marktwirtschaft*« als jeweilige Ordnungsformen führten (vgl. Kap. 4.4.1)[320] – um eine *gesamtwirtschaftliche Prozesspolitik* in Form einer *Finanz- und Geldpolitik*. Letztere entzieht sich dabei seit der Euro-Einführung einer nationalstaatlichen Steuerungsmöglichkeit. Die Geldpolitik der Deutschen Bundesbank war aber auch zuvor in Deutschland unabhängig von

---

320 Auch nach der *Wiedervereinigung* (vgl. den Exkurs: Ostdeutschland – eine regionale Dependenzökonomie) wurde trotz aller »wirtschaftspolitischen Neutralität« des Grundgesetzes eine *staatliche Planwirtschaft* als Ordnungsform verfassungsrechtlich strikt ausgeschlossen. Eine *absolute Herrschaft* des Staates über die private Wirtschaft sei verfassungsrechtlich nicht möglich. Dies mag juristisch zutreffen. Dennoch fordert aber die Verfassung eine *relative staatliche Herrschaft* über die Wirtschaft. Dafür sprechen eindeutig das *Sozialstaatsprinzip* und die *Sozialbindung des Eigentums*, die nach Artikel 15 GG bis zur *Vergesellschaftung von Eigentum*, wenn auch mit entsprechender Entschädigung, reichen können (vgl. Kap. 4.4.2). Die FDP sieht allerdings hierin eine potenzielle Bedrohung der freiheitlichen marktwirtschaftlichen Wirtschaftsordnung in Deutschland und forderte 2006 im Deutschen Bundestag den Verfassungsartikel 15 GG ersatzlos zu streichen (BT-Drucksache 16/3301 v. 08.11.2006).

der jeweils herrschenden Politik, die sich schon immer auf eine *Finanzpolitik*, also eine Steuer-, Staatsausgaben- und Staatsverschuldungspolitik beschränken musste. Diesbezüglich ist in Westdeutschland ein bemerkenswerter Paradigmenwechsel seit dem Zweiten Weltkrieg vollzogen worden. Kam es zunächst zu einer *ordnungspolitischen Debatte* – hin zu einem Ordoliberalismus im Duktus einer »Sozialen Marktwirtschaft« – so wurde nach der Wirtschaftskrise 1966/67 im Stabilitäts- und Wachstumsgesetz von 1967 ein *»Bastard-Keynesianismus«* (Joan Robinson) festgeschrieben. Der Staat sollte antizyklisch mit einem deficit-spending die Konjunktur glätten (vgl. Kap. 4.4.4). Dies führte aber, auch durch einen kräftigen Anstieg der Arbeitslosigkeit, seit der schweren Wirtschaftskrise 1974/75 zu einem fast kontinuierlichen *Anstieg der Staatsverschuldung* (vgl. Kap. 4.4.8). Diese erhielt seit der Wiedervereinigung noch zusätzlich einen Auftrieb – nicht zuletzt wegen hoher Arbeitslosigkeit in Ostdeutschland (vgl. den Exkurs: Ostdeutschland – eine regionale Dependenzökonomie). Mit der weltweiten Wirtschaftskrise 1974/75 kam es aber insgesamt zu einem weiteren, rückwärtsgerichteten Paradigmenwechsel vom »Bastard-Keynesianismus« zum *Neoliberalismus* (vgl. Kap. 4.4.5). Jetzt sollten nur noch das Marktprinzip und der Wettbewerb herrschen. Es sollte von unten nach oben umverteilt und bisher Öffentliches privatisiert werden. »Privat vor Staat« heißt die neoliberale Losung. Der Sozialstaat sei als »Kostgänger« der privaten Wirtschaft zu beschneiden und Wirtschaftspolitik auf eine *Stabilisierung der Preise* zu beschränken, dies sei die beste Konjunkturpolitik. Die Finanzpolitik müsse die Staatsausgaben (Sozialausgaben) senken, um so entsprechend niedrige Steuern (vgl. Kap. 4.4.9) zu garantieren. Diese neoliberale (marktradikale) Politik (Irrlehre) führte ab den 1990er Jahren vor dem Hintergrund immer mehr deregulierter Finanzmärkte zu einem *finanzmarktgetriebenen Shareholder-Kapitalismus* (vgl. Kap. 4.4.6), der schließlich ab 2008/2009 die schwerste *Finanz- und Weltwirtschaftskrise* seit achtzig Jahren initiierte (vgl. Kap. 4.4.7) und neoliberale »Brandstifter« wieder zu bastard-keynesianischen »Feuerwehrleuten« machte (4.4.7.3). Mittlerweile ist auf Grund der Krise sogar das *Eurosystem* schwer unter Druck geraten.

Notwendig im Sinne einer Wirtschaftsdemokratie ist deshalb eine ganz andere Makropolitik. Diese muss auf europäischer Ebene in Form eines *»Makrodialoges«* (Arne Heise) koordiniert werden. Eine antizyklische Geldpolitik der EZB ist dazu mit einer *linkskeynesianischen Finanzpolitik* zu verbinden, die neben einer kurzfristigen antizyklischen Konjunkturpolitik auch auf eine höhere Steuer- und Staatsquote (vgl. Kap. 4.3.5.1) zur Umverteilung von oben nach unten durch eine entsprechende Steuerpolitik setzt (vgl. Kap. 4.4.9.3). Dann werden kontraproduktive »Schuldenbremsen« überflüssig (vgl. Kap. 4.4.8.3). Und nicht zuletzt sind, wie es auch schon Keynes forderte, *kollektive Arbeitszeitverkürzungen* zur Schließung der Produktions-Produktivitätslücke dringend notwendig. Sollten dies die Gewerkschaften nicht gegen die einseitigen Profitinteressen des Kapitals in den Tarifverhandlungen auf der Mesoebene durchsetzen können, so muss auch hier der Staat, wie bei der Forderung nach einem allgemeinen gesetzlichen Mindestlohn, einschreiten bzw. intervenieren. So wichtig abschließend auch zur *Stabilisierung und Neuordnung der Finanzmärkte* deren staatliche Kontrolle ist (vgl. Kap. 4.4.7.4), so sollte dennoch ihre Grenze nicht außer Acht bleiben. »Sie ist darin begründet, dass die Triebkräfte für den finanzmarktgetriebenen Kapitalismus weder in der unersättlichen Gier und Spekulationssucht der Menschen noch in der exzessiven Kreditvergabe der Banken liegen. Sie liegen vielmehr zum einen in der jahrzehntelangen *Umverteilung von Einkommen und Vermögen von unten nach oben*. Diese hat an der Spitze der Gesellschaft eine ständig wachsende Ansammlung von Finanzvermögen geschaffen, das nicht in den reproduktiven Kreislauf zurückgeschleust wird, weil es unten an Kaufkraft fehlt (vgl. Kap. 4.4.7.2). Diese Ansammlung wird zum anderen zusätzlich durch die *Privatisierung der Rentensysteme* vorangetrieben: Rentenversicherungsbeiträge, die im solidarischen Umlagesystem direkt an Rentnerinnen und Rentner ausgezahlt wurden, wandern in der Folge der Umstellung auf kapitalgedeckte Systeme langfristig in private Pensionsfonds auf den Kapitalmärkten« (Huffschmid 2008: 11).

Alle zuvor skizzierten Wirtschaftsebenen und ihre Politikfelder werden vom *staatlichen Überbau* festgelegt. Hier muss uneingeschränkt das *Primat der Politik* gelten. Der Staat hat der Wirtschaft den Handlungsrahmen zu setzen und die Wirtschaft zu kontrollieren und auszusteuern. Das jeweilige »wie« der Politikausrichtung ist dabei aber abhängig von der jeweils gewählten *herrschenden Politik*, die wiederum durch unterschiedliche Interessen vertretende *Parteien* zum Ausdruck kommt. Einen *neutralen Staat* gibt es dabei in parlamentarischen Demokratien nicht. Deshalb ist es wichtig, dass es innerhalb der Parteien demokratische Strukturen und keine oligarchischen Führungszirkel gibt. Außerdem dürfen Parteien nicht von Spenden aus der Wirtschaft oder von Privatpersonen abhängig sein. Die *Parteienfinanzierung* ist ausschließlich durch staatliche Gelder und Mitgliedsbeiträge sicherzustellen. Alternativ könnten private Spenden in einen neutralen Topf eingezahlt und nach einer Wahl die Spenden gemäß den errungenen Stimmen von den jeweiligen Parteien entnommen werden. Außerdem sind zur Demokratisierung des Staates im Hinblick auf alle politischen Fragen *basisdemokratische Volksentscheide* (auch auf Bundesebene) einzuführen, die bei einem Erfolg vom Parlament verabschiedet und von den Verwaltungen entsprechend umgesetzt werden müssen und nicht wie heute nach Belieben gebilligt oder zurückgewiesen werden können.

Literaturverzeichnis

Abendroth, W. (1956): Das KPD-Verbotsurteil des Bundesverfassungsgerichts 1956, in: Antagonistische Gesellschaft und politische Demokratie, Neuwied.
Abendroth, W. (1967): Antagonistische Gesellschaft und politische Demokratie, Neuwied.
Abendroth, W. (1985): Einführung in die Geschichte der Arbeiterbewegung, Heilbronn.
Abromeit, H. (1977): Wettbewerb, in: Eynern von, G./Böhret, C. (Hrsg.), Wörterbuch zur politischen Ökonomie, 2. Aufl., Opladen.
Adorno, T. W. (1971): Minima, Moralia. Reflexionen aus dem beschädigten Leben, Frankfurt a. M.
Afheldt, H. (1994): Wohlstand für Niemand, München.
Agartz, V. (1953): Expansive Lohnpolitik, in: WWI-Mitteilungen, Heft 12.
Albrecht, A. (2002): »Soft Skills« und der Führungsnachwuchs, in: Hochschullehrerbund (Hrsg.), Die neue Hochschule, Heft 3.
Altvater, E. (1976): Arbeitsmarkt und Krise, in: Bolle, M. (Hrsg.), Arbeitsmarkttheorie und Arbeitsmarktpolitik, Opladen.
Altvater, E. (1999): Wirtschaftspolitik im Globalisierungsdilemma, in: Blätter für deutsche und internationale Politik, Heft 9.
Altvater, E. (2003): Kapital und Arbeit im Zeitalter der Globalisierung, in: Gewerkschaftliche Monatshefte, Heft 10-11.
Altvater, E. (2005): Das Ende des Kapitalismus wie wir ihn kennen, hier das Kapitel »Der externe Schock: Das Ölzeitalter geht zu Ende«, Münster.
Altvater, E., (2008): Für ein neues Energieregime. Mit Emissionshandel gegen Treibhauseffekte?, in: Widerspruch. Beiträge zu sozialistischer Politik, Heft 54.
Altvater, E./Brunnengräber, A. (2008): Ablasshandel gegen Klimawandel? Marktbasierte Instrumente in der globalen Klimapolitik und ihre Alternativen, in: Reader des wissenschaftlichen Beirats von Attac, Hamburg.
Altvater, E./Sekler, N. (Hrsg.), (2007): Solidarische Ökonomie.
Altvater, E./Mahnkopf, B. (2002a): Grenzen der Globalisierung: Ökonomie, Politik, Ökologie in der Weltgesellschaft, 3. Aufl., Münster.
Altvater, E./Mahnkopf, B. (2002b): Globalisierung der Unsicherheit. Arbeit im Schatten, Schmutziges Geld und informelle Politik, Münster.
Amin, S. (2004): Der kapitalistische Genozid, in: Blätter für deutsche und internationale Politik, Heft 7.
Andresen, U. (1999): Konzernverrechnungspreise für multinationale Unternehmen, Wiesbaden.
Arbeitsgruppe Alternative Wirtschaftspolitik (1982): Memorandum 1982. Qualitatives Wachstum statt Gewinnförderung – Alternativen der Wirtschaftspolitik, Köln.
Arbeitsgruppe Alternative Wirtschaftspolitik (1983): Memorandum 1983, Qualitatives Wachstum, Arbeitszeitverkürzung, Vergesellschaftung – Alternativen zu Unternehmerstaat und Krisenpolitik, Köln.
Arbeitsgruppe Alternative Wirtschaftspolitik (1996): Memorandum 1996, Standortdebatte und Europäische Währungsunion, Köln.
Arbeitsgruppe Alternative Wirtschaftspolitik (1999): Memorandum 1999, Mehr Konsequenz beim Kurswechsel – Vorrang für Beschäftigung, Umwelt und Gerechtigkeit, Köln.
Arbeitsgruppe Alternative Wirtschaftspolitik (2000): Sondermemorandum: Gegen erfundene Sachzwänge: Für den Erhalt der solidarischen Rentenversicherung, Bremen.

Arbeitsgruppe Alternative Wirtschaftspolitik (2001): Memorandum 2001, Modernisierung durch Investitions- und Beschäftigungsoffensive, Köln.
Arbeitsgruppe Alternative Wirtschaftspolitik (2002a): Sondermemorandum: Gegen weiteren Kahlschlag bei der Arbeitsförderung – Hartz-Konzepte lösen Misere auf dem Arbeitsmarkt nicht. Sozialstaatliche Alternativen für mehr Beschäftigung, in: Memo-Forum. Zirkular der Arbeitsgruppe Alternative Wirtschaftspolitik, Nr. 29.
Arbeitsgruppe Alternative Wirtschaftspolitik (2002b): Memorandum 2002. Blauer Brief für falsche Wirtschaftspolitik – Kurswechsel für Arbeit und Gerechtigkeit, Köln.
Arbeitsgruppe Alternative Wirtschaftspolitik (2003): Memorandum 2003, Krise im Schatten des Krieges – Mehr Steuern für mehr Beschäftigung statt Abbruch des Sozialstaates, Köln.
Arbeitsgruppe Alternative Wirtschaftspolitik (2004): Memorandum 2004. Beschäftigung, Solidarität und Gerechtigkeit – Reform statt Gegenreform, Köln.
Arbeitsgruppe Alternative Wirtschaftspolitik (2008): Memorandum 2008. Neuverteilung von Einkommen, Arbeit und Macht. Alternativen zur Bedienung der Oberschicht, Köln.
Arbeitsgruppe Alternative Wirtschaftspolitik (2009): Memorandum 2009. Von der Krise in den Absturz? Stabilisierung, Umbau, Demokratisierung, Köln
Arbeitskreis Konjunktur (2003): Effekte des Vorziehens der dritten Stufe der Steuerreform auf 2004, in: DIW-Wochenbericht Nr. 27-28.
Arlt, H.-J./Storz, W. (2010): Wirtschaftsjournalismus in der Krise. Zum massenmedialen Umgang mit der Finanzmarktpolitik, Frankfurt a. M.
Arndt, H. (1952): Schöpferischer Wettbewerb und klassenlose Gesellschaft, Berlin.
Arndt, H. (1973): Markt und Macht, Tübingen.
Arndt, H. (1981): Macht und Wettbewerb, in: Cox; Jens; Markert (Hrsg.), Handbuch des Wettbewerbs, München.
Arndt, H. (1994): Lehrbuch der Wirtschaftsentwicklung. Die Evolutorische Wirtschaftstheorie in ihrer Bedeutung für die Wirtschafts- und Finanzpolitik, 2. Aufl., Berlin.
Aschmann, S. (1998): Mehrdimensionale Beteiligung der Mitarbeiter am Gesamtunternehmen, Dissertation, München und Mering.
Attac/ver.di (2004): Konzept für eine »Solidarische Einfachsteuer« (SES). Gerechte Steuern – Öffentliche Finanzen stärken, Frankfurt a. M./Berlin.
Bach, S./Bartholmai, B. (2002): Perspektiven der Vermögensbesteuerung in Deutschland, Edition der Hans-Böckler-Stiftung. Studie im gemeinsamen Auftrag von der Hans-Böckler-Stiftung, ver.di und der IG Metall, Düsseldorf.
Bach, S./Haan, P./Rudolph, H.-J/Steiner, V. (2004): Reformkonzepte zur Einkommens- und Ertragsbesteuerung: Erhebliche Aufkommens- und Verteilungswirkungen, aber relativ geringe Effekte auf das Arbeitsangebot, in: DIW-Wochenbericht Nr. 16.
Baethge, M./Solga, H./Wieck, M. (2007): Berufsbildung im Umbruch. Signale eines überfälligen Aufbruchs, Berlin.
Barnikel, H.-H. (1978): Wettbewerb und Monopol, Darmstadt.
Baron, M. (1999): Das neue Kartellgesetz, Köln.
Bartenbach, K./Volz, F.-E. (1990): Gesetz über Arbeitnehmererfindungen, Kommentar, 2. Aufl., Köln u. a.
Bartling, H. (1988): Monopolistische Konkurrenz, in: Handwörterbuch der Wirtschaftswissenschaften, Bd. 5, Stuttgart, Tübingen, Göttingen.
Bäcker, G. (2003): Demografie oder Demagogie, in: Metall, Das Monatsmagazin Nr. 12.
Bäcker, G. (2007): Niedriglöhne und Kombilöhne: Auf dem Weg zu einer anderen Gesellschaft, in: Werden. Jahrbuch für die Gewerkschaften, Berlin.

Bäcker, G./Hanesch, W. (1997): Kombilohn kein Schlüssel zum Abbau der Arbeitslosigkeit, in: WSI-Mitteilungen, Heft 10.
Bäcker, G./Bispinck, R./Hofemann, K./Naegele, G. (2000): Sozialpolitik und soziale Lage in Deutschland, Bd. 1, 3. Aufl., Wiesbaden.
BDA (1998): Bundesverband Deutscher Arbeitgeberverbände, Sozialpolitik für mehr Wettbewerbsfähigkeit und Beschäftigung, Köln.
Beck, U. (1996): Kapitalismus ohne Arbeit, in: Der Spiegel, Nr. 20 vom 13. Mai.
Beck, U. (2001): Die Macht der Ohnmacht, in: Der Stern vom 1. Februar.
Becker, I./Hauser, R. (1997): Einkommensverteilung und Armut. Deutschland auf dem Weg zur Vierfünftel-Gesellschaft?, Frankfurt a. M./New York.
Behrens, M./Kädtler, J. (2006): Die Rolle des Managements bei der betrieblichen Restrukturierung, in: WSI-Mitteilungen, Heft 11.
Belitz, H./Clemens, M./Schmidt-Ehmcke, J./Schneider, S./Werwatz, A. (2008): Rückstand bei der Bildung gefährdet Deutschlands Innovationsfähigkeit, in: DIW-Wochenbericht Nr. 46.
Bellmann, L., Möller, I. (2005): Produktivität, Fluktuation und Gewinnbeteiligung, in: Bellmann, L., Hübler, O., Meyer, W., Stephan G. (Hrsg.), Institutionen, Löhne und Beschäftigung, Institut für Arbeitsmarkt- und Berufsforschung der Bundesagentur für Arbeit.
Bernanke, B. (2009): The Crisis and the Policy response, www.federalreserve.gov.
Bertelsmann Stiftung und Hans-Böckler-Stiftung (1998): Mitbestimmung und neue Unternehmenskulturen – Bilanz und Perspektiven, Gütersloh.
Berth, R. (1994): Aufbruch zur Überlegenheit, Düsseldorf/Wien/New York/Moskau.
Berthold, N. (1998): Eine Brücke zur Beschäftigung. Der Kombilohn führt ökonomisch in die Irre. Arbeitsmarkt und Sozialstaat müssen besser miteinander verzahnt werden, in: FAZ vom 5. September.
Bieling, H-J. (2006): Washington Consensus, in: Urban, H.-J. (Hrsg.), ABC zum Neoliberalismus. Von »Agenda 2010« bis »Zumutbarkeit«, Hamburg.
Bieling, H-J. (2008): Liberalisierung und Privatisierung in Deutschland: Versuch einer Zwischenbilanz, in: WSI-Mitteilungen, Heft 10.
Bierbaum H. (2008): Renaissance der Genossenschaften? Alternative zu finanzmarktgetriebener Unternehmenspolitik, in: Forum Wissenschaft, (Hrsg.) BdWi, Heft 3.
Bierbaum, H./Schmidt, N. (1986): Wirtschaftsdemokratie und Vergesellschaftung, in: Heseler, H./Hickel, R. (Hrsg.), Wirtschaftsdemokratie gegen Wirtschaftskrise. Über die Neuordnung ökonomischer Machtverhältnisse, Hamburg.
Biermann, W./Klönne, A. (2001): Globale Spiele. Imperialismus heute – Das letzte Stadium des Kapitalismus?, Köln.
Biermann, W./Klönne, A. (2005): Kapital-Verbrechen. Zur Kriminalgeschichte des Kapitalismus, Köln.
Bierwirth, W. (1985): Das Ende der Stahlzeit, Frankfurt a. M.
Bierwirth, W./König, O. (1988): Schmelzpunkte, Essen.
Bischoff, J. (2009): Die Finanzkrise – und Alternativen, in: Z – Zeitschrift Marxistische Erneuerung, Heft 78/Juni.
Bispinck, R. (2002): WSI-Tarifarchiv, Tarifpolitischer Halbjahresbericht – Eine Zwischenbilanz der Lohn- und Gehaltsrunde 2002, in: WSI-Mitteilungen, Heft 7.
Bispinck, R. (2003): Flächentarifvertrag – Mindeststandards – Niedrigeinkommen, in: WSI-Mitteilungen, Heft 7.
Bispinck, R. (2004): Kontrollierte Dezentralisierung der Tarifpolitik – Eine schwierige Balance, in: WSI-Mitteilungen, Heft 5.

Bispinck, R. (2007): Bezahlung nach Erfolg und Gewinn – Verbreitung und tarifliche Regulierung, in: WSI Tarif-Handbuch 2007, Frankfurt a. M.
Bispinck, R./Schulten, T. (2003): Verbetrieblichung der Tarifpolitik – Aktuelle Tendenzen und Einschätzungen aus Sicht von Betriebs- und Personalräten, in: WSI-Mitteilungen Heft 3.
Bitter, W. (1999): Der kündigungsrechtliche Dauerbrenner: Unternehmerfreiheit ohne Ende?, in: Der Betrieb, Heft 23.
Blaich, F. (1988): Merkantilismus, in: Handwörterbuch der Wirtschaftswissenschaft, Bd. 5, Stuttgart u. a.
Blake, R.R./Mouton, J. S. (1963): The Managerial Grid, Houston.
Bleicher, K. (1992): Unternehmenskultur, in: Gaugler, E./Weber, E. (Hrsg.), Handwörterbuch des Personalwesens, 2. Aufl., Stuttgart u. a.
Bleicher, A./Fischer, J./Gensior, S./Steiner, R. (2002): Auswirkungen von Outsourcing auf Beschäftigung und Arbeitsbeziehungen, in: WSI-Mitteilungen, Heft 7.
Blome-Dress, J. (2008): Genossenschaftswissenschaft und -praxis. Eine Wissenschaft in der Krise, in: Forum Wissenschaft, (Hrsg.) BdWi, Heft 3.
Blum, R. (1988): Soziale Marktwirtschaft, in: Handbuch der Wirtschaftswissenschaft, Bd. 5, Stuttgart, Tübingen, Göttingen.
Blüm, N. (2003): Entfesselter Kapitalismus, in: Vorstand der IG Metall (Hrsg.), Metall. Das Monatsmagazin, Heft 11.
BMWI (2000): Bundesministerium für Wirtschaft, Wirtschaft in Zahlen 1999, Bonn.
Bock, K./Fiedler, W. (2001): Umbruch in Ostdeutschland. Politik, Utopie und Biographie im Übergang, Wiesbaden.
Bofinger, P. (2003): Deflationsgefahr nicht unterschätzen! in: WSI-Mitteilungen, Heft 6.
Bofinger, P. (2004): Grundlinien für eine Reform des Stabilitäts- und Wachstumspakts, in: Wirtschaftsdienst, Heft 1.
Bofinger, P. (2008): Das Jahrzehnt der Entstaatlichung, in: WSI-Mitteilungen, Heft 7.
Bofinger, P. (2009): Ist der Markt noch zu retten? Warum wir jetzt einen starken Staat brauchen, Berlin.
Boguslawski, G.-U./Irrek, B. (1984): Datenhandbuch. Ein Leitfaden zum Umgang mit Informationen für die betriebliche Interessenvertretung, Hans-Böckler-Stiftung, Düsseldorf.
Bontrup, H.-J. (1983): Nachfragemacht von Unternehmen, Köln.
Bontrup, H.-J./Troost, A. (1988): Preisbildung in der Elektrizitätswirtschaft. Ein Beitrag zur Diskussion um die Novellierung der Stromtarife, Bremen.
Bontrup, H.-J./Zdrowomyslaw, N. (1988): Die deutsche Rüstungsindustrie. Vom Kaiserreich bis zur Bundesrepublik. Ein Handbuch, Heilbronn.
Bontrup, H.-J. (1989): Kartellrechtsnovelle und Nachfragemacht des Handels, in: WSI-Mitteilungen, Heft 7.
Bontrup, H.-J. (1996a): Betriebliches Vorschlagswesen – Zur Abfassung einer Betriebsvereinbarung, in: Die Betriebswirtschaft (DBW), Heft 4.
Bontrup, H.-J. (1996b): Veränderungen im Entgeltfortzahlungsgesetz – Erhöhung der Wettbewerbsfähigkeit oder Umverteilung?, in: Arbeit und Arbeitsrecht, Heft 12.
Bontrup, H.-J. (1998a): Zum Arbeitsentgelt – ein nicht endender volks- und betriebswirtschaftlicher Diskurs, in: Bontrup, H.-J./Hansen, K. (Hrsg.), Problemfelder eines zukunftsorientierten Personalmanagements, Köln.
Bontrup, H.-J. (1998b): Zur Diskussion zu hoher Lohnnebenkosten, in: Gewerkschaftliche Monatshefte, Heft 12.

Bontrup, H.-J./Dammann, K. (1999a): Gewinne, Beschäftigungsabbau und Sozialstaatsprinzip, in: Sozialer Fortschritt, Heft 5.
Bontrup, H.-J./Springob, K./Wischerhoff, P. (1999b): Betriebliches Vorschlagswesen – Mit dem betrieblichen Vorschlagswesen zum Ideen- und Innovationsmanagement. Verbreitungsgrad im Mittelstand. Eine branchenübergreifende Studie, Münster/Recklinghausen.
Bontrup, H.-J. (1999c): Personalwirtschaftliche Überlegungen zur Definition eines mittelständischen Unternehmens, in: Betrieb und Wirtschaft (BuW), Heft 3.
Bontrup, H.-J. (2000a): Lohn und Gewinn, Volks- und betriebswirtschaftliche Grundzüge, München/Wien.
Bontrup, H.-J. (2000b): Riesters Rentenpläne – unsozial und ökonomisch kontraproduktiv, in: Gewerkschaftliche Monatshefte, Heft 11.
Bontrup, H.-J. (2000c): Zur säkularen Entwicklung der Kapitalrentabilität, in: WSI-Mitteilungen, Heft 11.
Bontrup, H.-J./Pulte, P. (2001a): Handbuch Ausbildung. Berufsausbildung im dualen System, München/Wien.
Bontrup, H.-J. (2001b): Ökonomische Relevanz von Bildung, in: Wirtschaftswissenschaftliches Studium (WiSt), Heft 5.
Bontrup, H.-J. (2001c): Target return pricing, in: Das Wirtschaftsstudium (WISU), Heft 4.
Bontrup, H.-J. (2001d): In der Lohnpolitik muss umgedacht werden, in: Gewerkschaftliche Monatshefte, Heft 7.
Bontrup, H.-J./Marquardt, R.-M. (2001e): Preisbildung bei öffentlichen Aufträgen (I), in: Betrieb und Wirtschaft (BuW), Heft 15.
Bontrup, H.-J./Marquardt, R.-M. (2001e): Preisbildung bei öffentlichen Aufträgen (II), in: Betrieb und Wirtschaft (BuW), Heft 16.
Bontrup, H.-J./Springob, K. (2002a): Gewinn- und Kapitalbeteiligung. Eine mikro- und makroökonomische Analyse, Wiesbaden.
Bontrup, H.-J./Frey, M. (2002b): Ältere Arbeitnehmer versus Jugendwahn, in: Arbeit und Arbeitsrecht (AuA), Heft 9.
Bontrup, H.-J. (2002c): Solidarische Finanzierung von Gesundheitsausgaben, in: Paetow, H./ Fiedler, M./Leonhardt, M. (Hrsg.), Therapien für ein krankes Gesundheitswesen, Hamburg.
Bontrup, H.-J. (2002d): Zwischen Goldgrube und Jammertal, in: G+G Gesundheit und Gesellschaft, Heft 12.
Bontrup, H.-J./Marquardt, R.-M. (2002e): Zur Anwendungsproblematik von Kostenelementeklauseln bei öffentlichen Aufträgen, in: Betriebswirtschaftliche Forschung und Praxis (BFuP), Heft 3.
Bontrup, H.-J./Marquardt, R.-M. (2003a): Hartz und die vulgär neoliberale Ideologie des Arbeitsmarktes, in: Gewerkschaftliche Monatshefte, Heft 2.
Bontrup, H.-J./Marquardt, R.-M. (2003b): 35-Stunden-Woche in der ostdeutschen Industrie – eine ökonomische Nachlese, in: Wirtschaftsdienst, Heft 9.
Bontrup, H.-J./Marquardt, R.-M. (2003c): Gewerkschaft als Buhmann, in: Ossietzky, Zweiwochenschrift für Politik/Kultur/Wirtschaft, Heft 14.
Bontrup, H.-J. (2004a): Volkswirtschaftslehre, Grundlagen der Mikro- und Makroökonomie, 2. Aufl., München/Wien.
Bontrup, H.-J. (2004b): Fusionsgier, in: Blätter für deutsche und internationale Politik, Heft 3.
Bontrup, H.-J. (2005): Alternative Arbeitszeitverkürzung, in: Blätter für deutsche und internationale Politik, Heft 3.

Bontrup, H.-J., (2007): Wettbewerb und Markt sind zu wenig, in: Aus Politik und Zeitgeschichte. Beilage zur Wochenzeitung Das Parlament, Nr. 13. Vom 26. März.
Bontrup, H.-J./Niggemeyer, L./Melz, J. (2007): Arbeitfairteilen. Massenarbeitslosigkeit überwinden!, Hamburg.
Bontrup, H.-J./Marquardt, R.-M. (2008): Nachfragemacht in Deutschland. Ursachen, Auswirkungen und wirtschaftspolitische Handlungsoptionen, Münster.
Bontrup, H.-J. (2008): Lohn und Gewinn, Volks- und betriebswirtschaftliche Grundzüge, 2. Aufl., München/Wien.
Bontrup, H.-J./Marquardt, R.-M./Voß, W. (2008): Liberalisierung in der Elektrizitätswirtschaft: Zuspitzung der Verteilungskonflikte, in: WSI-Mitteilungen, Heft 4.
Bontrup, H.-J./Marquardt, R.-M. (2009): Kritisches Handbuch der deutschen Elektrizitätswirtschaft. Branchenentwicklung – Unternehmensstrategien – Arbeitsbeziehungen, Berlin.
Bontrup, H.-J. (2009a): Gewinn- und Kapitalbeteiligungen. Instrumente für eine gerechtere Verteilung der Wertschöpfung und gegen das Investitionsmonopol des Kapitals, in: Lorenz, F./Schneider, G. (Hrsg.), Raus aus der Krise! Mitbestimmung neu denken, Hamburg.
Bontrup, H.-J. (2009b): Ökonomisches Nirwana – Die Schuldenbremse führt zu weiterer gesellschaftlicher Spaltung, in: WSI-Mitteilungen, Heft 6.
Bontrup, H.-J. (2009c): Demografiewandel benötigt keine Privatisierung – sondern Verteilungssolidarität, in: Arbeit: Zeitschrift für Arbeitsforschung, Arbeitsgestaltung und Arbeitspolitik, Heft 1.
Bölling, K. (1982): Die letzten 30 Tage des Kanzlers Helmut Schmidt. Ein Tagebuch, Reinbek bei Hamburg.
Böhm, S./Herrmann, C./Trinczek, R. (2002): Löst Vertrauensarbeitszeit das Problem der Vereinbarkeit von Familie und Beruf, in: WSI-Mitteilungen, Heft 8.
Borghoff, H. (2002): Die Bürde des Menschen ist unantastbar. 200 Jahre Geschichte der deutschen Arbeiter- und Gewerkschaftsbewegung, Köln.
Borsdorf, U. (1982): Hans Böckler. Arbeit und Leben eines Gewerkschafters von 1875 bis 1945, Köln.
Bosbach, G. (2004): Demografische Entwicklung nicht dramatisieren!, in: Gewerkschaftliche Monatshefte, Heft 2.
Bosch, G./Kohl, H./Schneider, W. (1995): Handbuch Personalplanung. Ein praktischer Ratgeber, Köln.
Bosch, G. (1999): Niedriglöhne oder Innovation. Überlegungen zur Zukunft der Arbeit, in: WSI-Mitteilungen, Heft 12.
Bosch, G. (2002): Employability, lebenslanges Lernen und die Rolle des Staats, in: Gewerkschaftliche Monatshefte, Heft 12.
Bosch, G.,/Kalina, T./Weinkopf, C. (2008): Niedriglohnbeschäftigte auf der Verliererseite, in: WSI-Mitteilungen, Heft 8.
Bosshart, D. (1997): Die Zukunft des Konsums. Wie leben wir morgen?, Düsseldorf, München.
Bracher, K. D./Jäger, W./Link, W. (1986): Geschichte der Bundesrepublik Deutschland, Bd. 5/I, Stuttgart.
Braun, B./Kühn, H./Reiners, H. (1998): Das Märchen von der Kostenexplosion. Populäre Irrtümer zur Gesundheitspolitik, Frankfurt a. M.
Brenner, O. (1966): Gewerkschaftliche Dynamik in unserer Zeit, Frankfurt a. M.
Brenner, O. (1972): Aus einem Referat im Juni 1961, in: Brenner, O., Aus Reden und Aufsätzen, Frankfurt a. M.
Brenke, K. (2002): Sind die Arbeitslosen arbeitsunwillig? in: DIW-Wochenbericht Nr. 22.

Breyer, F./Ulrich, V. (2000): Demographischer Wandel, medizinischer Fortschritt und der Anstieg der Gesundheitsausgaben, in: DIW-Wochenbericht Nr. 24.

Brinkmann, E. (1978): Das Verbesserungswesen in Wirtschaft und Verwaltung – Standortbeschreibung und Ansätze zur Weiterentwicklung, in: Grochla, E., Brinkmann, E., Thom, N., (Hrsg.), Stand und Entwicklung des Vorschlagswesens in Wirtschaft und Verwaltung, Dortmund.

Brinkmann, E. (1992): Das betriebliche Vorschlagswesen – Leitfaden für Arbeitgeber und Arbeitnehmer, Freiburg/Berlin.

Brinkmann, E., Heidack, C. (1987): Unternehmenssicherung durch Ideenmanagement, Bd. 1: Mehr Innovationen durch Verbesserungsvorschläge, 2. Aufl., Freiburg i. Br.

Brinkmann, U./Dörre, K./Röbenack, S. (2006): Prekäre Arbeit – Ursachen, Ausmaß, soziale Folgen und subjektive Verarbeitungsformen unsicherer Beschäftigungsverhältnisse, Bonn.

Brödner, P./Carl, F./Heintze, C./Oehlke, P./Peter, G./Zinn, K. G. (2009): Das nordische Modell – eine Alternative? in: Supplement der Zeitschrift Sozialismus Heft 5.

Brunkhorst, H. (2002): Die Universität der Demokratie, in: Blätter für deutsche und internationale Politik, Heft 2.

Brück, T. (2004): Lohnkosten im internationalen Vergleich, in: DIW-Wochenbericht Nr. 14.

Brümmerhoff, D. (1996): Finanzwissenschaft, 7. Aufl. München/Wien.

Bundesanstalt für Arbeit (2004): Strukturanalyse 2003, Sondernummer der Amtlichen Nachrichten der Bundesanstalt für Arbeit, Nürnberg.

Bundeskartellamt (2001): Unsere Tätigkeit in den Jahren 1999 und 2000, Bonn.

Bundeskartellamt (2009): Tätigkeitsbericht für die Jahre 2007/2008, in: BT-Drucksache 16/13500.

Bundesministerium für Arbeit und Sozialordnung (2001): Lebenslagen in Deutschland. Der erste Armuts- und Reichtumsbericht der Bundesregierung, Bonn.

Bundesministerium für Bildung und Forschung (1998): Das soziale Bild der Studentenschaft in der Bundesrepublik, Bonn.

Bundesministerium für Bildung und Forschung (1999): Innovationsförderung. Hilfen für Forschung und Entwicklung, Bonn.

Bundesministerium für Wirtschaft und Technologie (2000): Wirtschaftsbericht 2000, Berlin.

Bundesrechnungshof (2003): Bericht nach § 99 BHO. Steuerausfälle bei der Umsatzsteuer durch Steuerbetrug und Steuervermeidung, ohne Ortsangabe.

Busch, U. (2005): Schlaraffenland – eine linke Utopie? Kritik des Konzeptes eines bedingungslosen Grundeinkommens, in: Utopie kreativ, Heft 181.

Busch, W./Mai, K./Steinnitz, K. (2004): »Aufbau Ost« – Positionen zur gegenwärtigen Debatte um die Zukunft Ostdeutschlands, unveröffentlichtes Manuskript, Berlin.

Busch, U./Kühn, W./Steinitz, K. (2009): Entwicklung und Schrumpfung in Ostdeutschland. Aktuelle Probleme im 20. Jahr der Einheit, Hamburg.

Buß, E. (2007): Die deutschen Spitzenmanager. Wie sie wurden, was sie sind. Herkunft, Wertvorstellungen, Erfolgsregeln, München, Wien.

Butterwegge, C. (2001): Wohlfahrtsstaat im Wandel. Probleme, Perspektiven der Sozialpolitik, 3. Aufl., Opladen.

Butterwegge, C./Klundt, M., (Hrsg.) (2002): Kinderarmut und Generationengerechtigkeit. Familien- und Sozialpolitik im demografischen Wandel, Opladen.

Butterwegge, C. (2003a): Kinderarmut und was man dagegen tun kann, in: Blätter für deutsche und internationale Politik, Heft 8.

Butterwegge, C. (2003b): Krise, Umbau und Zukunft des Sozialstaates, in: spw – Zeitschrift für sozialistische Politik und Wirtschaft, Heft 132.

Butterwegge, C. (2003c): Soziale Gerechtigkeit als Standortrisiko?, in: Z. Zeitschrift Marxistische Erneuerung, Nr. 56.
Butterwegge, C. (2004): Allgemein, einheitlich, solidarisch. Anforderungen an die Bürgerversicherung, in: Blätter für deutsche und internationale Politik, Heft 1.
Butterwegge, C. (2006): Krise und Zukunft des Sozialstaates, 3. Aufl., Wiesbaden.
Butterwegge, C. (2009): Armut in einem reichen Land. Wie das Problem verharmlost und verdrängt wird, Frankfurt a. M./New York.
Butterwegge, C./Lösch, B./Ptak, R. (2007): Kritik des Neoliberalismus, Wiesbaden.
Bühner, R. (1996): Betriebswirtschaftliche Organisationslehre, 8. Aufl., München/Wien.
Cecchini, P. (1988): Europa '92. Der Vorteil des Binnenmarktes, Baden-Baden.
Chawla, T./Schui, H. (2003): Das Verlassen sozialdemokratischer Tradition. Der Wandel in der Wirtschaftsprogrammatik der SPD nach 1945, in: spw – Zeitschrift für sozialistische Politik und Wirtschaft, Heft 132.
Cisik, A. (2000): Innovationsmanagement bei der 3M Deutschland GmbH, in: Frey, D./Schulz-Hardt (Hrsg.), Vom Vorschlagswesen zum Ideenmanagement, Göttingen u. a.
Clairmont, F. F. (1999): Die Macht der Großkonzerne wächst. Riesenspielzeug Weltwirtschaft, in: Le Monde diplomatique, Dezember.
Clark, J. B. (1889): The Distribution of Wealth. A Theory of Wages, Interest and Profits, New York/London.
Clark, J. M. (1968): Toward a Concept of Workable Competition, in: AER, Vol. 30 (1940). In deutscher Übersetzung unter dem Titel: Zum Begriff eines wirksamen Wettbewerbs, in: Clark, J. M. (1975), Zum Begriff eines funktionsfähigen Wettbewerbs, in: Herdzina, K. (Hrsg.), Wettbewerbstheorie, Köln.
Conrad, O. (1934): Die Todsünde der Nationalökonomie, Leipzig und Wien.
Cox, H./Hübener, H. (1981): Wettbewerb. Eine Einführung in die Wettbewerbstheorie und Wettbewerbspolitik, in: Cox; Jens; Markert (Hrsg.), Handbuch des Wettbewerbs, München.
Czichon, E. (1995): Die Bank und die Macht. Hermann Josef Abs, die Deutsche Bank und die Politik, Köln.
Czichon, E. (2001): Deutsche Bank – Macht – Politik. Faschismus, Krieg und Bundesrepublik, Köln.
Däubler, W. (1973): Das Grundrecht auf Mitbestimmung und seine Realisierung durch tarifvertragliche Begründung von Beteiligungsrechten, Frankfurt a. M.
Däubler, W. (2000): Betriebliche Weiterbildung als Mitbestimmungsproblem, in: Betriebs-Berater, Heft 23.
Deckwirth, C. (2008): Privatisierung kommunal. Stand der Liberalisierung und Privatisierung in der Bundesrepublik Deutschland, in: spw – Zeitschrift für sozialistische Politik und Wirtschaft, Heft 6.
Deckwirth, C. (2008): Die Europäische Union als Triebkraft der Privatisierung, in: WSI-Mitteilungen, Heft 10.
Dellmann, J. (2008): Insellösungen? Genossenschaften brauchen Rahmen, in: Forum Wissenschaft, (Hrsg.) BdWi, Heft 3.
Demirovic, A. (2006): Wirtschaftsdemokratie und Gewerkschaften, in: Widerspruch, Heft 50.
Demirovic, A. (2006a): Demokratie, Wirtschaftsdemokratie und Mitbestimmung. Zum aktuellen Diskussionsstand und den Perspektiven, in: Bontrup, H.-J., Müller, J. u. a., Wirtschaftsdemokratie. Alternative zum Shareholder-Kapitalismus, Hamburg.
Demirovic, A. (2007): Demokratie in der Wirtschaft. Positionen, Probleme, Perspektiven, Münster.

Demirovic, A. (2008): Mitbestimmung und die Perspektiven der Wirtschaftsdemokratie, in: WSI-Mitteilungen, Heft 7.
Deppe, F./Fülberth, G./Harrer, H.-J. (1978): Geschichte der deutschen Gewerkschaftsbewegung, 2. Aufl., Köln.
Deppe, F. (2003): Gewerkschaften unter Druck. Autonomie und außerparlamentarische Bewegung, in: Supplement der Zeitschrift Sozialismus 9.
Deppe, H.-U. (2000): Zur sozialen Anatomie des Gesundheitssystems, Frankfurt a. M.
Der Mobbing-Report (2002): Eine Repräsentativstudie für die Bundesrepublik Deutschland, Berlin.
Der Spiegel (2004): Heft 15.
Der Stern (1998): vom 3. Dezember.
Der Tagesspiegel (2004): vom 17. Juni.
Detje, R. (2008): IG Metall-Offensive zur Erneuerung der Gewerkschaftsarbeit. Von Organizing zu einer Politik der Demokratisierung, in: Hälker, J. (Hrsg.), Organizing. Neue Wege gewerkschaftlicher Organisation, Supplement der Zeitschrift Sozialismus, Heft 9.
Deutsche Bundesbank (1999): Monatsbericht Januar.
Deutsche Bundesbank (2000): Monatsbericht April.
Deutsche Bundesbank (2001): Monatsbericht April.
Deutsche Bundesbank (2002): Monatsbericht Juni.
Deutsche Bundesbank (2003a): Monatsbericht April.
Deutsche Bundesbank (2003b): Monatsbericht Oktober.
Deutsche Bundesbank (2004): Monatsbericht Mai.
Deutsches Institut für Betriebswirtschaft e.V. (1993): Führungsinstrument Vorschlagswesen, 3. Aufl., Berlin.
Deutsches Institut für Wirtschaftsforschung (1997): Auswertung von Statistiken über die Vermögensverteilung in Deutschland. Gutachten im Auftrag der Friedrich-Ebert-Stiftung, Berlin.
Deutsches Institut für Wirtschaftsforschung (2002): Gutachten: Perspektiven der Vermögensbesteuerung in Deutschland, Berlin.
Deutschmann, C. (2008): Der kollektive »Buddenbrooks-Effekt«. Die Finanzmärkte und die Mittelschichten, in: Working Paper 08/05 des Max-Plank-Institut für Gesellschaftsforschung, Köln.
Die Gruppe von Lissabon (1997): Grenzen des Wettbewerbs. Die Globalisierung der Wirtschaft und die Zukunft der Menschheit, München.
Die Quelle (1952): Nr. 8.
Die Tageszeitung (2004): vom 28. Juni.
Die Welt (1997): vom 1. November.
Die Zeit (1996): vom 2. August.
Die Zeit (2003): vom 28. August.
Dietrich, R. (1914): Betriebs-Wissenschaft, München/Leipzig.
Dilger, A. (2000): Eine ökonomische Argumentation gegen Studiengebühren, in: Wirtschaftswissenschaftliches Studium (WiSt), Heft 6.
Direkt (2002): Der Info-Dienst der IG Metall, Heft 21.
DIW-Wochenbericht (1996): Nr. 32. Auswirkungen der Einführung eines Bürgergeldes.
DIW-Wochenbericht (1996): Nr. 38-39. Mehrwertsteuererhöhung trifft die Haushalte unterschiedlicher Einkommenshöhe annähernd gleichmäßig.
DIW-Wochenbericht (1997a): Nr. 15. Steuerreform 1998/99: Kein Durchbruch bei der Bekämpfung der Arbeitslosigkeit.

DIW-Wochenbericht (1997b): Nr. 40. Verteilungsfolgen belasten Sozialversicherung.

DIW-Wochenbericht (1998a): Nr. 27. Tendenzen der Wirtschaftsentwicklung 1998/99: Weltwirtschaft im Zeichen der Währungskrisen in Asien.

DIW-Wochenbericht (1998b): Nr. 47/48. Zur geplanten Einkommensteuerreform 2002: Nachberechnungen notwendig.

DIW-Wochenbericht (2002): Nr. 6. Russlands Wirtschaft auf riskantem Kurs.

DIW-Wochenbericht (2003a): Nr. 1/2. Grundlinien der Wirtschaftsentwicklung 2003/2004.

DIW-Wochenbericht (2003b): Nr. 38. Nachhaltiges wirtschaftliches Wachstum durch Innovationen: Die Rolle von kleinen und mittleren Unternehmen.

DIW-Wochenbericht (2003c): Nr. 39. Treibhausgas-Emissionen nehmen weltweit zu – Keine Umkehr in Sicht.

DIW-Wochenbericht (2004a): Nr. 1/2. Grundlinien der Wirtschaftsentwicklung 2004/2005.

DIW-Wochenbericht (2004b): Nr. 18. Die Lage der Weltwirtschaft und der deutschen Wirtschaft im Frühjahr 2004.

Dobschiat, R./Seifert, H./Ahlene, E. (2002): Betrieblich-berufliche Weiterbildung von Geringqualifizierten – Ein Politikfeld mit wachsendem Handlungsbedarf, in: WSI-Mitteilungen, Heft 1.

Dohnanyi von, K. (2004): Wahrheitslücken, in: Der Spiegel, Nr. 17.

Dolata, U. (2004): Innovationspolitik in der Offensive?, in: Blätter für deutsche und internationale Politik, Heft 5.

Doleschal, R. (1998): Theorie und Praxis aktueller Managementkonzepte zur Modernisierung der Arbeitsorganisation, in: Bontrup, Heinz-J./Hansen, K. (Hrsg.), Problemfelder eines zukunftsorientierten Personalmanagements, Köln.

Döring, C. (2003): Totengräber des Paktes, in: Börsen-Zeitung vom 26. November.

Dörre, K. (2002): Kampf um Beteiligung, Arbeit, Partizipation und industrielle Beziehungen im flexiblen Kapitalismus, Wiesbaden.

Dörre, K. (2009): »Bringing (Anti-)Capitalism back in!« – Neue Landnahme und ökosozialer New Deal, in: spw – Zeitschrift für sozialistische Politik und Wirtschaft, Heft 173.

Dörre, K./Lessenich, S./Rosa H. (2009a): Soziologie, Kapitalismus, Kritik, Eine Debatte, Frankfurt a. M.

Domar, E. D. (1944): The ›burden of debt‹ and National Income, in: American Economic Review 34.

Dresdner Bank (1999): Impulse, Mittelstand in Deutschland, Köln.

Drumm, H. J. (2000): Personalwirtschaft, 4. Aufl., Berlin/Heidelberg/New York.

Ebbinghaus, B. (2003): Die Mitgliederentwicklung deutscher Gewerkschaften im historischen und internationalen Vergleich, in: Schroeder, W./Weßels, B. (Hrsg.), Die Gewerkschaften in Politik und Gesellschaft der Bundesrepublik Deutschland, Wiesbaden.

Ebisch, H./Gottschalk, J. (1994): Preise und Preisprüfungen, Kommentar, 6. Aufl., München.

Ederer, F. (1997): Das Betriebliche Vorschlagswesen, in: Betrieb und Wirtschaft (BuW), Heft 23 und 24.

Feldmann, H. (2000): Warum der Stabilitätspakt reformiert werden muss, in: Jahrbücher für Wirtschaftswissenschaften, Bd. 51, Nr. 3.

Eichel, H. (1999): Deutschland erneuern – Zukunftsprogramm 2000. Erklärung der Bundesregierung, abgegeben in der 47. Sitzung des Deutschen Bundestages, in: Presse- und Informationsamt der Bundesregierung (Hrsg.), Bulletin 39.

Eichner, S. L. (2002): Wettbewerb, Industrieentwicklung und Industriepolitik, Berlin.

Eicker-Wolf, K./Truger, A. (2010): Entwicklung und Perspektiven der Kommunalfinanzen in Hessen, Studie im Auftrag von ver.di Hessen, Frankfurt a. M.

Eisenkopf, A. (1998): Mehr Wettbewerb durch 6. GWB-Novelle?, in: Wirtschaftsdienst, Heft 10.

Eißel, D. (2004): Steuergerechtigkeit oder der Marsch in den Lohnsteuerstaat, in: Gewerkschaftliche Monatshefte, Heft 2.

Ehrenberg, H. (2000): Zitiert in: IG Metall, direkt. Der Info-Dienst der IG Metall, Nr. 22.

Ehmann, C. (2004): Bildungsfinanzierung oder: Der Selbstbedienungsladen der Mittelschicht, in: WSI-Mitteilungen, Heft 4.

Elliot, L. (2002): A ghoulish remnant, in: The Guardian from January 1st.

Elspas, M./Salsje, P./Stewing, C. (2006): Emissionshandel. Ein Praxishandbuch, Köln.

Emmerich, V. (1999): Kartellrecht, 8. Aufl., München.

Endres, R. (1952): Staat und Gesellschaft. Eine Darstellung ihrer Entwicklung von der Urzeit bis zur Gegenwart, 2. Aufl., Wien.

Engartner, T. (2007): Privatisierung und Liberalisierung – Strategien zur Selbstentmachtung des öffentlichen Sektors, in: Butterwegge, C./Lösch, B./Ptak, R. (2007), Kritik des Neoliberalismus, Wiesbaden.

Engartner, T. (2008): Die Privatisierung der deutschen Bahn. Über die Implementierung marktorientierter Verkehrspolitik, Wiesbaden.

Engels, F. (1973): Herrn Eugen Dührings Umwälzung der Wissenschaft (Anti-Dühring), in: Marx Engels Werke, Bd. 20, Berlin.

Engels, F. (1976): Die Lage der arbeitenden Klasse in England, in: Marx Engels Werke, Bd. 2, Berlin.

Erlinghagen, P. (1988): Wettbewerbsbeschränkungen, Recht gegen, in: Handbuch der Wirtschaftswissenschaft, Bd. 5, Stuttgart/Tübingen/Göttingen.

Esser, A./Wolmerath, M. (1997): Mobbing – der Ratgeber für Betroffene und ihre Interessenvertretung, Köln.

Etxezarreta, M./Grahl, J./Huffschmid, J./Mazier J. (2002): EuroMemo 2002, Hamburg.

EU-Kommission (2001): Generaldirektion Beschäftigung und Soziales, Unterschiede beim Beschäftigungswachstum im Dienstleistungssektor, Brüssel.

Eucken, W. (1940): Grundlagen der Nationalökonomie, Jena.

Eucken, W. (1953): Wettbewerb, Monopol und Unternehmer, Bad Nauheim.

Eucken, W. (1959): Grundsätze der Wirtschaftspolitik, 4. Aufl. (1968), Tübingen/Zürich.

Eucken, W. (1999): Ordnungspolitik, Herausgegeben von Oswalt, W., Münster/Hamburg/London.

Evers, H./Näser, C./Grätz, F. (2001): Die Gehaltsfestsetzung bei GmbH-Geschäftsführen, 5. Aufl., Köln.

Fangmann, H. D. (2002): Die marktwirtschaftliche Ordnung – Verfassungsprobleme eines Auftrags, in: Frankfurter Allgemeine Zeitung vom 3. Dezember.

Fama, E. (1970): Efficient Capital Markets. A Review of Theory and Empirical Work, in: Journal of Finance 2.

Fehl, U./Oberender, P. (1976): Grundlagen der Mikroökonomie, München.

Feldmann, H. (2000): Warum der Stabilitätspakt reformiert werden muss, in: Jahrbücher für Wirtschaftswissenschaften, Bd. 51, Nr. 3.

Fetscher, I. (2002): Solidarität und Individualisierung, in: Gewerkschaftliche Monatshefte, Heft 4-5.

Fiedler, F. F. (1967): A Theory of Leadership Effectiveness, New York.

Financial Times Deutschland (2003a): vom 18. September.

Financial Times Deutschland (2003b): vom 24. November.

Fischer, G. (1955): Partnerschaft im Betrieb, Heidelberg.

LITERATURVERZEICHNIS 623

Fischer, G. (1949): Mensch und Arbeit im Betrieb, 2. Aufl., Stuttgart.
Fischer, U./Breisig, T. (2000): Ideenmanagement. Förderung der Mitarbeiterkreativität als Erfolgsfaktor im Unternehmen, Frankfurt a. M.
Fitting, K./Auffarth, F./Kaiser, H./Heither, F. (1990): Betriebsverfassungsgesetz. Handkommentar, 16. Aufl., München.
Flassbeck, H. (1999): Markt und Gerechtigkeit. Über die Zukunft der sozialen Demokratie, in: Blätter für deutsche und internationale Politik, Heft 12.
Flassbeck, H./Spiecker, F. (2000): Reallohn und Arbeitslosigkeit: es gibt keine Wahl, in: WSI-Mitteilungen, Heft 11.
Flassbeck, H. (2003a): Wie Deutschland wirtschaftlich ruiniert wurde. Ein Bericht aus dem Jahre 2010, in: Blätter für deutsche und internationale Politik, Heft 8.
Flassbeck, H. (2003b): Arbeitszeitverlängerung für Arbeitslose, in: Wirtschaft und Markt, Heft 11.
Flassbeck, H. (2008): Die Panik im Finanzkasino und ihre Folgen, in: Blätter für deutsche und internationale Politik, Heft 11/2008.
Flieger, B. (2008): Stadtteilgenossenschaften. Neue Kooperationen, Stärkung lokaler Ökonomie, in: Forum Wissenschaft, (Hrsg.) BdWi, Heft 3.
Ford, H. (1923): Mein Leben und Werk, Leipzig.
Forrester, V. (1998): Der Terror der Ökonomie, München.
Frey, D./Schulz-Hardt, S. (2000): Zentrale Führungsprinzipien und Center-of-Excellence-Kulturen als notwendige Bedingung für ein funktionierendes Ideenmanagement, in: Frey, D./Schulz-Hardt, S. (Hrsg.), Vom Vorschlagswesen zum Ideenmanagement, Göttingen, Bern u. a.
Frick, J. R./Grabka, M. M. (2009): Gestiegene Vermögensungleichheit in Deutschland, in: DIW-Wochenbericht, Nr. 4.
Friedman, M. (1971): Kapitalismus und Freiheit, Stuttgart (erstmals 1962 in Chicago unter dem Titel »Capitalism and Freedom« erschienen).
Fritz, T./Scherrer, C. (2002): GATS: Zu wessen Diensten?, Hamburg.
Fritz, T. (2004a): Daseinsvorsorge unter Globalisierungsdruck. Wie EU und GATS öffentliche Dienste dem Markt ausliefern, Berliner Landesarbeitsgemeinschaft Umwelt und Entwicklung e. V. (BLUE), BLUE 21 Arbeitspapier, Berlin.
Fritz, T. (2004b): Gemeinwirtschaftliche Auswirkungen einer Liberalisierung öffentlicher Dienstleistungen durch das GATS in den Sektoren Wasserversorgung und Verkehr (Schiene, ÖPNV), Studie im Auftrag der Arbeiterkammer Wien, Wien.
Fröhlich, N. (2003): Die Marxsche Werttheorie: Darstellung und gegenwärtige Bedeutung, Manuskript, Regensburg.
Fröhlich, N. (2009): Die Aktualität der Arbeitswerttheorie. Theoretische und empirische Aspekte, Marburg.
Fülberth, G. (2005): G Strich – Kleine Geschichte des Kapitalismus, Köln.
Fürstenberg, F. (1973): Die Bedeutung der Mitbestimmung am Arbeitsplatz für die industrielle Demokratie, in: Vilmar, F. (Hrsg.), Menschenwürde im Betrieb, Reinbek bei Hamburg.
Galbraith, J. K. (1992): Die Herrschaft der Bankrotteure. Der wirtschaftliche Niedergang Amerikas, Hamburg.
Galbraith, J. K. (1998): Die solidarische Gesellschaft, Hamburg.
Ganßmann, H. (2000): Politische Ökonomie des Sozialstaats, Münster.
Gasse, P./Neugebauer, W./Teichmüller, F. (2003): Forum: Gewerkschaften, in: Gewerkschaftliche Monatshefte, Heft 8-9.
Gaugler, E. (2002): Die Anfänge der Mitarbeiterbeteiligung im 19. Jahrhundert, in: Wagner, K.-R. (Hrsg.), Mitarbeiterbeteiligung. Visionen für eine Gesellschaft von Teilhabern, Wiesbaden.

Gerntke, A./Klute, J./Troost, A./Trube A. (2002): Hart(z) am Rande der Seriosität?. Die Hartz-Kommission als neues Modell der Politikberatung und -gestaltung? Kommentare und Kritiken, Münster/Hamburg/London.

Gerster, R. (1973): Ausbeutung. Agonie eines wirtschaftswissenschaftlichen Begriffs, Dissertation, Zürich.

Gesamtmetall (1989): Mensch und Arbeit. Gemeinsame Interessen von Mitarbeitern und Unternehmen in einer sich wandelnden Arbeitswelt, Köln.

Giegold, S./Embshoff, D. (Hrsg.), (2009): Solidarische Ökonomie im globalisierten Kapitalismus, Hamburg.

Gilman, N. P./Katscher, L. (1891): Die Teilung des Geschäftsgewinns zwischen Unternehmen und Angestellten, Leipzig.

Glasstetter, W. (1998): Recht auf Arbeit – Plausibilität versus Umsetzbarkeit, in: Das Wirtschaftsstudium (WISU), Heft 4.

Goldberg, J. (2004): Globalisierung und Armut, in: Blätter für deutsche und internationale Politik, Heft 7.

Goldberg, J./Semmler, B. (1980): Der starke Mann des Kapitals. Die wirtschafts- und sozialpolitischen Vorstellungen des F. J. Strauß, Köln.

Gorz, A. (2000): Eine ganz andere Weltzivilisation denken, in: Blätter für deutsche und internationale Politik, Heft 5.

Goeschel, A. (2007): Export-Terror gegen den Sozialstaat: Wirtschaftskonzept des politischen Systems zerstört, in: Gesundheitspolitik, Management, Ökonomie, Heft 3.

Görgens, H. (2007): Sind die Löhne in Deutschland zu hoch? Zahl, Fakten, Argumente, Marburg.

Gramsbergen-Hoogland, Y. H./van der Molen, H. T./Blom, H. (1999): Kommunikationstraining für Studium und Praxis, Köln.

Greiffenhagen, M. (1998): Soziale Sicherheit und politische Legitimität, in: Blätter für deutsche und internationale Politik, Heft 10.

Groh, M. (2000): Shareholder Value und Aktienrecht, in: Der Betrieb, Heft 43/2000.

Groß, H./Seifert, H./Sieglen, G. (2007): Formen und Ausmaß verstärkter Arbeitszeitflexibilisierung, in: WSI-Mitteilungen, Heft 4.

Grunert, G. (2003): Lohnniveau und Beschäftigung, in: WSI-Mitteilungen, Heft 6.

Guilhot, N. (2000): Weltbank und IWF: »Die Weltsanier vom Dienst«, in: Le Monde diplomatique, Nr. 9.

Gutenberg, E. (1976): Grundlagen der Betriebswirtschaftslehre, Bd. 1: Die Produktion, 22. Aufl., Berlin/Heidelberg/New York.

Habermas, J. (1998): Die postnationale Konstellation und die Zukunft der Demokratie, in: Blätter für deutsche und internationale Politik, Heft 7.

Hajen, L./Paetow, H./Schumacher, H. (2000): Gesundheitsökonomie. Strukturen-Methoden-Praxisbeispiele, Stuttgart/Berlin/Köln.

Hagen von, J. (2004): Stabilität und Wachstum in Euroland: Plädoyer für einen Stabilitätsrat, in: Wirtschaftsdienst, Heft 1.

Hamann, G./Niejahr, E. (2003): Arme Rentner – anno 2020, in: Die Zeit vom 28. August.

Hammer, M./Champy, J. (1994): Business Reengineering, Die Radikalkur für das Unternehmen. So erneuern Sie Ihre Firma, 4. Aufl., Frankfurt a. M./New York.

Handelsblatt (1998): vom 30. September.

Handelsblatt (2003a): vom 17. September.

Handelsblatt (2003b): vom 19/20. Dezember.

Hans-Böckler-Stiftung (1986): Arbeitnehmerbezogene Unternehmensrechnung, Studien 14 zur Mitbestimmungstheorie und Mitbestimmungspraxis, Düsseldorf.
Hans-Böckler-Stiftung (2003): Die Effizienzprüfung des Aufsichtsrats. Ein Leitfaden zur Evaluation, Düsseldorf.
Hans-Böckler-Stiftung, ver.di (2003): Dokumentation GATS-Konferenz, Berlin.
Hansen, K. (1998): Führung im Unternehmen, in: Bontrup, H.-J./Hansen, K. (Hrsg.), Problemfelder eines zukunftsorientierten Personalmanagements, Köln.
Hardach, G. (1979): Zur politischen Ökonomie der Weimarer Republik, in: Kühnl, R./Hardach, G. (Hrsg.), Die Zerstörung der Weimarer Republik, 2. Aufl., Köln.
Harlander, N./Heidack, C./Köpfler, F./Müller, K.-D. (1994): Personalwirtschaft, 3. Aufl., Landsberg/Lech.
Hartmann, M. (2002): Der Mythos von den Leistungseliten, Spitzenkarrieren und soziale Herkunft in Wirtschaft, Politik, Justiz und Wissenschaft, Frankfurt a. M.
Hartmann, M. (2004): Eliten in Deutschland. Rekrutierungswege und Karrierepfade, in: Aus Politik und Zeitgeschichte, Beilage zur Wochenzeitung: Das Parlament, Heft 10.
Hartmann, R. S. (1958): Die Partnerschaft von Kapital und Arbeit, Dissertation, Opladen/Köln.
Hauer, D. (2004): Normale Arbeit anno 2004. Der Trend zu Prekarisierung und Niedriglohn, in: Blätter für deutsche und internationale Politik, Heft 12.
Hauser, R. (2001): Die Rentenreform ist beschlossen – soll man sich darüber freuen?, in: WSI-Mitteilungen, Heft 6.
Hauser-Ditz, A./Hertwig, M./Pries, L. (2006): Betriebsräte und andere Vertretungsorgane im Vergleich, in: WSI-Mitteilungen, Heft 9.
Hawranek, D. (2004): Warten auf Vasella. Paris drängte das deutsch-französische Pharma-Unternehmen Aventis zur Fusion mit Sanofi, in: Der Spiegel, Nr. 19.
Heidemann, W. (1999): Betriebliche Weiterbildung. Analyse und Handlungsempfehlungen, Düsseldorf.
Heidemann, W. (2001): Bausteine für lebenslanges Lernen, in: Mitbestimmung, Heft 10.
Heine, C./Quast, H./Spangenberg, H. (2008): Studiengebühren aus Sicht von Studienberechtigten. Finanzierung und Auswirkungen auf Studienpläne und -strategien, Düsseldorf.
Heise, A. (2002a): Raus aus der Spar-Zwangsjacke, in: Blätter für deutsche und internationale Politik, Heft 3.
Heise, A. (2002b): Zur ökonomischen Sinnhaftigkeit von ›Null-Defiziten‹, in: Wirtschaft und Gesellschaft, Heft 3.
Heise, A. (2002c): Der dumme Pakt, in: Blätter für deutsche und internationale Politik, Heft 12.
Heise, A. (2003): Teile und herrsche, in: Blätter für deutsche und internationale Politik, Heft 11.
Hempel, G. (1969): Die deutsche Montanindustrie, 2. Aufl., Essen.
Henkel, H. O. (1999): Wettbewerb und Mitbestimmung, in: Gewerkschaftliche Monatshefte, Heft 3.
Hennicke, P./Müller, M. (2005): Weltmacht Energie. Herausforderung für Demokratie und Wohlstand, Stuttgart.
Henrichsmeyer, W./Gans, O./Evers, I. (1993): Einführung in die Volkswirtschaftslehre, 10. Aufl., Stuttgart.
Hensche, D. (2002): Schröder, Hartz und die Realität, in: Blätter für deutsche und internationale Politik, Heft 8.
Hensche, D. (2003): Wozu noch Gewerkschaften?, in: Blätter für deutsche und internationale Politik, Heft 8.

Hensche, D. (2009): Die Selbstentmündigung der Parlamente, in: Blätter für deutsche und internationale Politik, Heft 8.
Hensche, D. (2010): Es gibt nur eine Wirtschaft, in: Frankfurter Rundschau vom 24. März.
Hentze, J. (1991): Personalwirtschaftslehre 2, 5. Aufl., Bern/Stuttgart.
Herbert, G. (2008): Demokratie praktizieren. Auch in der Wirtschaft, in: Forum Wissenschaft, (Hrsg.) BdWi, Heft 3.
Hermann, C. (2008): Kampf um die Arbeitszeit. Ein Überblick, in: Prokla. Zeitschrift für kritische Sozialwissenschaft, Heft 150.
Hernstein Institut (1988): Aufsichtsrats-Informationssystem, Wiesbaden.
Herr, H. (2009): Vom regulierten Kapitalismus zur Instabilität, in: WSI-Mitteilungen, Heft 12.
Herzberg, F./Mausner, B./Snyderman, B. (1959): The Motivation to Work, 2. Aufl., New York.
Heuß, E. (1988): Wettbewerb, in: Handwörterbuch der Wirtschaftswissenschaft, Bd. 8, Stuttgart, Tübingen, Göttingen.
Hickel, R. (1979): Die Demokratisierung des Unternehmens – Die Neomarxistische Konzeption, in: Internationale Stiftung Humanum (Hrsg.), Neomarxismus und Pluralistische Wirtschaftsordnung, Bonn.
Hickel, R. (1980): Das Staatsschuldenproblem, Ausgewählte Lesestücke zum Studium der politischen Ökonomie, Frankfurt a. M., Berlin.
Hickel, R. (1981): Reagans »amerikanischer Traum« – ein Alptraum für Europa, in: Blätter für deutsche und internationale Politik, Heft 3.
Hickel, R./Mattfeld, H. (1983): Millionen Arbeitslose!, Reinbek bei Hamburg.
Hickel, R. (1987): Ein neuer Typ der Akkumulation?, Anatomie des ökonomischen Strukturwandels – Kritik der Marktorthodoxie, Hamburg.
Hickel, R./Priewe, J. (1991): Der Preis der Einheit. Bilanz und Perspektiven der ostdeutschen Vereinigung, Frankfurt a. M.
Hickel, R./Priewe, J. (1994): Nach dem Fehlstart. Ökonomische Perspektiven der deutschen Einigung, Frankfurt a. M.
Hickel, R. (1998): Standort-Wahn und Euro-Angst. Die sieben Irrtümer der deutschen Wirtschaftspolitik, Reinbek bei Hamburg.
Hickel, R. (1999a): Angebotsdoktrin in der Krise: Gründe für die Revitalisierung der Keynesschen Makroökonomik, in: Helmedag, F./Reuter, N., Der Wohlstand der Personen. Festschrift zum 60. Geburtstag von Karl Georg Zinn, Marburg.
Hickel, R. (1999b): Ein »bescheidener« Entwurf? Der rot-grüne Einstieg in eine andere Steuerpolitik, in: Blätter für deutsche und internationale Politik, Heft 2.
Hickel, R. (1999c): Zukunftsgestaltung oder Aderlaß, in: Blätter für deutsche und internationale Politik, Heft 12.
Hickel, R. (2000): Halbzeit eines Systemwechsels, in: Blätter für deutsche und internationale Politik, Heft 8.
Hickel, R. (2001a): Die neue Allmacht der Ökonomie, in: Hickel, R./Strickstrock, F. (Hrsg.), Brauchen wir eine andere Wirtschaft, Reinbek bei Hamburg.
Hickel, R. (2001b): Die Risikospirale – was bleibt von der New Economy?, Frankfurt a. M.
Hickel, R. (2003a): Trübe Aussichten, in: Blätter für deutsche und internationale Politik, Heft 12.
Hickel, R. (2003b): Steuerreformvorschläge von Friedrich Merz – Eine erste Einschätzung, unveröffentlichtes Manuskript, Bremen.
Hickel, R. (2004a): Der geniale Provokateur aus Harvard, in: www.memo.uni-bremen.de.
Hickel, R. (2004b): Merz, Kirchhof und Co. Die Republik im Steuersenkungsrausch, in: Blätter für deutsche und internationale Politik, Heft 2.

Hickel, R. (2004c): Die Solidarische Einfachsteuer. Wie Attac und ver.di der Expertokratie Paroli bieten, in: Blätter für deutsche und internationale Politik, Heft 7.

Hickel, R. (2004d): Sind die Manager ihr Geld wert?, in: Blätter für deutsche und internationale Politik, Heft 10.

Hickel, R. (2007): Mindestlöhne sind keine Jobkiller, in: Frankfurter Rundschau vom 19. Juni.

Hickel, R. (2008): Kürzer arbeiten – besser für die Volkswirtschaft. Gesamtwirtschaftliche Gründe für Arbeitszeitverkürzung, in: Zimpelmann, B./Endl, H.-L. (Hrsg.), Zeit ist Geld. Ökonomische, ökologische und soziale Grundlagen von Arbeitszeitverkürzung, Hamburg.

Hickel, R. (2010): Haarschnitt für die Geldgeber, in: Tageszeitung vom 6. Mai.

Hickel, R. (2010a): Stellungnahme zur »Öffentlichen Anhörung zur Finanztransaktionssteuer« am 17.5.2010 vor dem Finanzausschuss des deutschen Bundestages.

Hill, W. (1993): Unternehmenspolitik, in: Handwörterbuch der Betriebswirtschaft (HBW), Teilband 3, 5. Aufl., Stuttgart u. a.

Hilferding, R. (1974): Das Finanzkapital, Bd. I u. II, 3. Aufl., Frankfurt a. M.

Himmelmann, G. (1977): Kapitalismus, in: Eynern von, G./Böhret, C. (Hrsg.), Wörterbuch zur politischen Ökonomie, 2. Aufl., Opladen.

Hirschel, D. (2009): Die Bilanz der Privatisierung, in: WSI-Mitteilungen, Heft 5.

Hobsbawm, E. (2003): Die Entstehung der Arbeiterklasse (1870-1914), in: derselbe, Ungewöhnliche Menschen, München.

Höckel, G. (1964): Keiner ist so klug wie alle, Düsseldorf.

Höhn, B. (2009): Ein grüner New Deal, in: Blätter für deutsche und internationale Politik, Heft 2.

Hörster-Philipps, U. (1979): Großkapital, Weimarer Republik und Faschismus, in: Kühnl, R./Hardach G. (Hrsg.), Die Zerstörung der Weimarer Republik, 2. Aufl., Köln.

Hof, B. (2001): Auswirkungen und Konsequenzen der demographischen Entwicklung für die gesetzliche Kranken- und Pflegeversicherung, PKV-Dokumentation 24, Köln.

Hohmann-Dennhardt, C. (2004): Soziale Rechte sind keine Almosen, in: Frankfurter Rundschau vom 12. Juni.

Holtrup, A./Spitzley, H. (2008): Kürzer arbeiten – besser für alle. »Kurze Vollzeit« und »Vollbeschäftigung neuen Typs« – ökonomische Grundlagen und soziale Chancen, in: Zimpelmann, B./Endl, H.-L. (Hrsg.), Zeit ist Geld. Ökonomische, ökologische und soziale Grundlagen von Arbeitszeitverkürzung, Hamburg.

Hommelhoff, P./Mecke, T. (1992): Mitbestimmung, unternehmerische, in: Frese, E. (Hrsg.), Handwörterbuch der Organisation, 3. Aufl., Stuttgart u. a.

Höpner, M. (2004): Kein Börsenabschlag für mitbestimmte Unternehmen, in: Hans-Böckler-Stiftung, Bertelsmann Stiftung (Hrsg.), Mitbestimmung für die Zukunft, Ergebnisse und Fazit aus der Arbeit des »Forum Mitbestimmung und Unternehmen« 1999-2003, Gütersloh.

Hofmann, W. (1971a): Sozialökonomische Studientexte Bd. 1, Wert- und Preislehre, 2. Aufl., Berlin.

Hofmann, W. (1971b): Sozialökonomische Studientexte Bd. 2, Einkommenstheorie, 2. Aufl., Berlin.

Hofmann, W. (1977): Grundelemente der Wirtschaftsgesellschaft, 10. Aufl., Reinbek bei Hamburg.

Hofmann, W. (1987): Monopol, Stagnation und Inflation, Mit einer Einführung von Herbert Schui, Heilbronn.

Hofmann, W. (1988): Industriesoziologie für Arbeiter. Klassenverhältnis und Arbeitsverfassung, Heilbronn.

Holler, M. J. (2000): Gewinne, Beschäftigungsabbau und Wettbewerbsrecht. Eine ökonomische Analyse, in: Sonderdruck aus: Ökonomische Analyse des Arbeitsrechts. Beiträge zum VII. Travemünder Symposium zur ökonomischen Analyse des Rechts (22.- 25. März 2000).

Holst, E./Schupp, J. (2003): Sicherheit des Arbeitsplatzes häufig mit Interessenvertretung im Betrieb verbunden, in: DIW-Wochenbericht Nr. 11.

Hombach, B. (1998): Aufbruch. Die Politik der Neuen Mitte, München/Düsseldorf.

Hopfenbeck, W. (1991): Allgemeine Betriebswirtschafts- und Managementlehre, 4. Aufl., Landsberg a. Lech.

Hoppmann, E. (1968): Zum Problem einer wirtschaftspolitisch praktikablen Definition des Wettbewerbs, in: Grundlagen der Wettbewerbspolitik. Schriften des Vereins für Socialpolitik, Bd. 48, Berlin.

Horn, G./Tober, S./van Treeck T./Truger, A. (2010): Euroraum vor der Zerreißprobe?, in: IMK Report, Nr. 48 (April).

Hornigk, von, P. W. (1684): Österreich über alles, wann es nur will, ohne Ortsangabe.

Hovestadt, G./Eggers, N. (2007): Soziale Ungleichheit in der allgemein bildenden Schule, Düsseldorf.

Huffschmid, J. (1967): Karl Schillers konzertierte Aktion. Zur ökonomischen Formierung der Gesellschaft, in: Blätter für deutsche und internationale Politik, Heft 5.

Huffschmid, J. (1972): Die Politik des Kapitals, 8. Aufl., Frankfurt a. M.

Huffschmid, J. (1975): Begründung und Bedeutung des Monopolbegriffs, in: Haug, F. (Hrsg.), Theorie des Monopols, Das Argument, Bd. 6, Berlin.

Huffschmid, J./Schui, H. (1976): Gesellschaft im Konkurs? Handbuch zur Wirtschaftskrise 1973-1976 in der BRD, Köln.

Huffschmid, J. (1979): Marktwirtschaft in der Bundesrepublik. Geschichte, Probleme und Perspektiven, in: Albrecht, U./Deppe, F./Huffschmid u. a., Geschichte der Bundesrepublik, Köln.

Huffschmid, J. (1994): Kein Ausweg aus der Weltmarktfalle?, in: Blätter für deutsche und internationale Politik, Heft 6.

Huffschmid, J. (1995): Eine Steuer gegen die Währungsspekulation, in: Blätter für deutsche und internationale Politik, Heft 8.

Huffschmid, J. (1999): Politische Ökonomie der Finanzmärkte, Hamburg.

Huffschmid, J. (2000): New Economy in den USA, in: Blätter für deutsche und internationale Politik, Heft 10.

Huffschmid, J. (2001): Die Zähmung der Konzerne. Wirtschaftsmacht braucht demokratische Gegenmacht, in: Hickel, R./Strickstrock, F. (Hrsg.), Brauchen wir eine andere Wirtschaft?, Hamburg.

Huffschmid, J. (2002): Politische Ökonomie der Finanzmärkte, 2. Aufl., Hamburg.

Huffschmid, J. (2003): Optionen nach Cancun, in: Blätter für deutsche und internationale Politik, Heft 12.

Huffschmid, J. (2004): Ein starker und demokratischer öffentlicher Sektor statt des Vorrangs für Privatisierung und Deregulierung, in: Etxezarreta, M./Grahl, J./Huffschmid, J./Mazier, J. u. a., EuroMemo 2003, Hamburg.

Huffschmid, J. (2006): Deutsche Wirtschaftspolitik gegen den Rest der Welt, in: Blätter für deutsche und internationale Politik, Heft 7.

Huffschmid, J. (2006a): Ungleichheit, Unsicherheit, Krisen – die Kosten entfesselter Finanzmärkte, in: Bischoff, J./Huffschmid, J./Nick, H./Reuter, N./Steinitz, K./Zinn, K. G., In der Stagnationsfalle. Perspektiven kapitalistischer Entwicklung, Hamburg.

Huffschmid, J. (2008): Die Rückkehr des Staates, in: Blätter für deutsche und internationale Politik, Heft 11/2008.
Huffschmid, J. (2009): Hinter der Bühne. Kapitalmarktgetriebener Kapitalismus und Krise, in: Pfeiffer, H. (Hrsg.), Land in Sicht? Die Krise, die Aussichten und die Linke, Köln.
Hundt, D. (2000): zitiert in: Handelsblatt vom 7. Dezember.
Hunold, W. (2002): Offenes Zusammenwirken, in: Arbeit und Arbeitsrecht (AuA), Heft 9.
IG Metall-Bezirksleitung Hannover (2001): Stahl-Nachrichten vom 21. Mai.
IG Metall Vorstand (1998): direkt. Der Info-Dienst der IG Metall, Nr. 4.
IG Metall Vorstand (2001): Zukunftsreport. Zuspitzungen und Diskussionsanreize, in: Beilage zu direkt. Der Info-Dienst der IG Metall, Heft 20.
IG Metall Vorstand (2002): IG Metall Zukunftsreport 2001, Frankfurt a. M.
IG Metall Vorstand (2003a): Basel II: Risiken für Arbeitsplätze in kleinen und mittleren Betrieben verhindern, Frankfurt a. M.
IG Metall Vorstand (2003b): direkt. Der Info-Dienst der IG Metall, Nr. 4.
IG Metall Vorstand (2003c): Monatsmagazin 7-8.
Imai, M. (1993): Kaizen. Der Schlüssel zum Erfolg der Japaner im Wettbewerb, 11. Aufl., München.
IAB (2003): Institut für Arbeitsmarkt- und Berufsforschung der Bundesagentur für Arbeit, Kurzbericht Nr. 10 vom 21. Juli.
IAB (2006): Institut für Arbeitsmarkt- und Berufsforschung der Bundesagentur für Arbeit, Kurzbericht Nr. 16 vom 12. Oktober.
ISO (2004): Studie Arbeitszeit 2003, in: Frankfurter Rundschau, Dokumentation vom 21. Juni,
ISW (2007): Institut für sozial-ökologische Wirtschaftsforschung München, Bilanz 2006, München 2007.
Jacobi, J.-M. (1997): Kontinuierlich verbessern. Jeder kann kreativ sein: Das neue BVW, 2. Aufl., Stuttgart.
Jaques, E. (1951): The changing culture of factory, London.
Jeschek, W. (2000): Lehrstellen bleiben knapp, in: DIW-Wochenbericht Nr. 42.
Jesse, B. (2003): Die Zukunft gehört dem kooperativen Führungsstil, in: VDI-Nachrichten vom 8. August.
Jirjahn, U. (2003): Produktivitätswirkungen betrieblicher Mitbestimmung – Welchen Einfluss haben Betriebsgröße und Tarifbindung? in: Albach, H., Personalmanagement 2003, ZfB-Ergänzungsheft 4.
Jobelius, S./Vössing, K. (1999): Mut zur Kapitalbildung. Die Notwendigkeit einer kulturellen und sozialen Reform des Bildungswesens, in: Jobelius, S./Rünker, R./Vössing, K. (Hrsg.), Bildungs-Offensive. Reformperspektiven für das 21. Jahrhundert, Hamburg.
Jobelius, S./Stache, S. (2008): Staatswirtschaft 3.0 – Mit öffentlichen Unternehmen Gutes tun, in: spw – Zeitschrift für sozialistische Politik und Wirtschaft, Heft 6.
Jochimsen, R. (2000): Globaler Wettbewerb und weltwirtschaftliche Ordnungspolitik, Bonn.
Judith, R. (1980): Die Krise der Stahlindustrie – Krise einer Region. Das Beispiel Saarland, Köln.
Judith, R./Kübel, F./Loderer, E./Schröder, H./Vetter, H. O. (1979): Montanmitbestimmung, Dokumente ihrer Entstehung. Zusammengestellt und eingeleitet von Jürgen Peters, Köln.
Jung, H. (1995): Personalwirtschaft, München/Wien.
Junkernheinrich, M. (2003): Gemeindefinanzreform in der Politikverflechtungsfalle, in: Wirtschaftsdienst, Heft 9.
Jurczenko, W. (2010): Nebelkerzen im Finanzkasino, in: Blätter für deutsche und internationale Politik, Heft 4.

Kalecki, M. (1976): Politische Aspekte der Vollbeschäftigung, in: Werksauswahl, Neuwied (ursprünglich in englischer Sprache 1943).
Kantzenbach, E. (1968): Die Funktionsfähigkeit des Wettbewerbs, 2. Aufl., Göttingen.
Kasteleiner, R. H. (1974): Partnerschaft und humane Arbeitswelt im Unternehmen von morgen, Düsseldorf.
Keller, B. (1998): Die zweite Novellierung des Betriebsverfassungsgesetzes: Cui bono?, in: Keller, B./Seifert, H. (Hrsg.), Deregulierung am Arbeitsmarkt. Eine empirische Zwischenbilanz, Hamburg.
Keller, A. (2003): Von Bologna nach Berlin. Perspektiven eines Europäischen Hochschulraums, in: Blätter für deutsche und internationale Politik, Heft 9.
Kemfert, C. (2008): Kosten des Klimawandels ungleich verteilt: Wirtschaftsschwache Bundesländer trifft es am härtesten, in: DIW-Wochenbericht, Nr. 12.
Kemfert, C. (2009): Kopenhagen, Climate-Gate und die Amerikaner, in DIW-Wochenbericht, Nr. 51/52
Kemfert, C./Traber, T. (2008): Strommarkt: Engpässe im Netz behindern den Wettbewerb, in: DIW-Wochenbericht, Nr. 15.
Kern, P. (2003): Die Tricks von Merz und Westerwelle, in: Gewerkschaftliche Monatshefte, Heft 5.
Kern, H./Schumann, M. (1985): Das Ende der Arbeitsteilung? Rationalisierung in der industriellen Produktion, 2. Aufl., München.
Kersting, W. (2003): Gerechtigkeit: Die Selbstverewigung des egalitaristischen Sozialstaats, in: Lessenich, S. (Hrsg.), Wohlfahrtsstaatliche Grundbegriffe. Historische und aktuelle Diskurse, Frankfurt a. M., New York.
Keynes, J. M. (1936): The General Theory of Employment, Interest and Money, London, in deutscher Übersetzung, 10. Aufl., Berlin 2006.
Keynes, J. M. (1955): Vom Gelde, Berlin.
Keynes, J. M. (2003): The End of Laissez-Faire, in: The Collected Writings of John Maynard Keynes, Moggridge, D. (Hrsg.), Bd. IX, London 1971. In deutscher Übersetzung: Keynes, J. M., Das Ende des Laissez-Faire. Ideen zur Verbindung von Privat- und Gemeinwirtschaft. Noch einmal abgedruckt in: Schui, H./Paetow, H. (Hrsg.), Keynes heute. Festschrift für Harald Mattfeldt, Hamburg.
Keupp, H. (2007): Unternehmen Universität. Vom Elfenbeinturm zum Eventmarketing, in: Blätter für deutsche und internationale Politik, Heft 10.
Kiel, S. (2008): Abschreckung. Die Instrumente: Studiengebühren und -kosten, in: BdWi (Hrsg.), Forum Wissenschaft, Nr. 4.
Kilger; W. (1980): Einführung in die Kostenrechnung, 2. Aufl., München.
Kindsmüller, W. (2003): Was heißt soziale Gerechtigkeit heute?, in: spw – Zeitschrift für sozialistische Politik und Wirtschaft, Heft 131.
Kittner, M. (2005): Arbeitskampf. Geschichte, Recht, Gegenwart, München.
Kittner, M./Köstler, R./Zachert, U. (1995): Aufsichtsratspraxis, 5. Aufl., Köln.
Kirchner, D. (2001): Rundruf, in: Mitbestimmung, Heft 10.
Kirner, E./Meinhardt, V. (1997): Allgemeine Arbeitszeitverkürzung und ihre Auswirkung auf Einkommen und soziale Sicherung, Düsseldorf.
Klages, J. (2009): Meinung, Macht und Gegenmacht. Die Akteure im politischen Feld, Hamburg.
Klau, T. (2003): Eichels Sieg in Brüssel spaltet die EU, in: Financial Times Deutschland vom 26. November.

Klauder, W. (2003): Sind die Einwände gegen eine antizyklische Finanzpolitik stichhaltig?, in: Wirtschaftsdienst, Heft 9.
Kleinknecht, A./Naastepad, C. W. M. (2002): Schattenseiten des niederländischen Beschäftigungswunders, in: WSI-Mitteilungen, Heft 6.
Klein-Schneider, H. (2001): Personalplanung. Analyse und Handlungsempfehlungen, Düsseldorf.
Klitzke, U., Betz, H., Möreke, M. (2000): Vom Klassenkampf zum Co-Management?, Perspektiven gewerkschaftlicher Betriebspolitik, Hamburg.
Klotz, U. (2003): Innovation der Innovationspolitik. »Innovationen werden von Menschen gemacht«, in: IG Metall, Wirtschaft – Technologie – Umwelt, Frankfurt a. M.
Kluge, N. (2001): »Wilde Ehen«. Mitbestimmungspraxis und -bedarf in der New Economy, in: Gewerkschaftliche Monatshefte, Heft 4.
Knödler, W. (1969): Hilfswerte der Ertragsaufteilung auf die Produktionsfaktoren, Dissertation, München.
Kommission der Europäischen Gemeinschaften (1997): Der PEPPER-Bericht, in: Soziales Europa, Beiheft 3/1991, Europäische Parlament, Bericht über den Bericht der Kommission über die Förderung der Gewinn- und Betriebsergebnisbeteiligung (einschließlich Kapitalbeteiligung) der Arbeitnehmer in den Mitgliedstaaten – PEPPER II – 1996, Sitzungsdokumente vom 30. September.
Kommission für Zukunftsfragen der Freistaaten Bayern und Sachsen (1996): Erwerbstätigkeit und Arbeitslosigkeit in Deutschland. Entwicklung, Ursachen und Maßnahmen, Teil I, Bonn.
Köhler, C. (2000): Beschlüsse zu einer fehlentwicklungsfreien wirtschaftlichen Entwicklung in der EWWU, Berlin.
Köppen, M. (2010): Der Euro hat noch eine Zukunft, in: Wirtschaftspolitische Informationen des Vorstands der IG Metall, Nr. 3 vom 12. Mai.
Körner, M. (2009): Das französische Modell der Mitarbeiterbeteiligung, in: BetriebsBerater, Special Heft 1.
Köstler, R. (2004): Vor 25 Jahren. Bundesverfassungsgericht stärkt Mitbestimmung, in: Mitbestimmung, Heft 4.
Köstler, R./Müller, M. (2000): Das TransPuG. Was sich für die Arbeit der Aufsichtsräte ändert, in: Mitbestimmung, Heft 9.
Kowalski, R. (2000): Bilanz und Perspektiven des Aufbau Ost, in: Blätter für deutsche und internationale Politik, Heft 8.
Kowalski, R. (2003): Stiefkind Ost, in: Blätter für deutsche und internationale Politik, Heft 2.
Kramer, J. W. (1997): Produktivgenossenschaften – geschichtliche Entwicklung, rechtliche Grenzen und Möglichkeiten, in: Heckmann, F./Spoo, E. (Hrsg.), Wirtschaft von unten. Selbsthilfe und Kooperation, Heilbronn.
Krämer, W. (2001): Zur schlimmen Staatsverschuldung, in: Das Wirtschaftsstudium, Heft 6.
Krell, G. (1994): Vergemeinschaftende Personalpolitik, München, Mering.
Krell, G. (1996): Orientierungsversuche einer Lehre vom Personal, in: Weber, W. (Hrsg.), Grundlagen der Personalwirtschaft. Theorien und Konzepte, Wiesbaden.
Krell, G. (2009): Führungspositionen, in: Projektgruppe GiB (Hrsg.): Geschlechterungleichheiten im Betrieb.
Krelle, W./Schunck, J./Siebke, J. (1968): Überbetriebliche Ertragsbeteiligung der Arbeitnehmer, Band I und II, Tübingen.
Kreutz, D. (2003): Neue Mitte im Wettbewerbsstaat, in: Blätter zur deutschen und internationalen Politik, Heft 4.

Kreye, O. (1974): Multinationale Konzerne. Entwicklungstendenzen im kapitalistischen System, München.
Kriegesmann, B./Kley, T./Kublik, S. (2010): Innovationstreiber betriebliche Mitbestimmung?, in: WSI-Mitteilungen, Heft 2.
Kromphardt, J. (1987): Arbeitslosigkeit und Inflation, Göttingen.
Kromphardt, J. (1999): Lohnsenkungswettbewerb in der EWU – Deflationsgefahr oder Beschäftigungsimpuls?, in: Wirtschaftsdienst, Heft 2.
Kromphardt, J. (2009): Arbeitszeitverkürzung, in: spw – Zeitschrift für sozialistische Politik und Wirtschaft, Heft 173.
Krugman, P. (2001): Schmalspur-Ökonomie. Die 27 populärsten Irrtümer über Wirtschaft, München.
Krupp, H.-J. (2004): Einfach und transparent, in: Frankfurter Rundschau vom 12. Januar.
Kuda, E./Strauß, J. (2002): Arbeitnehmer als Unternehmer?, Hamburg.
Kupsch, P. U./Marr, R. (1990): Personalwirtschaft, in: Heinen, E., Industriebetriebslehre. Entscheidungen im Industriebetrieb, 8. Aufl., Wiesbaden.
Kübel, R. (1990): Ressource Mensch. Erfolg durch Individualität, München.
Kühn, H. (2001): Finanzierbarkeit der gesetzlichen Krankenversicherung und das Instrument der Budgetierung, Berlin.
Kühn, H. (2004): Demographischer Wandel und demographischer Schwindel, in: Blätter für deutsche und internationale Politik, Heft 6.
Kühne, A. (2004): Der gläserne Student, in: Der Tagesspiegel vom 17. Juni.
Külp, B. (1994), Verteilung, Theorie und Politik, 3. Aufl., Stuttgart/New York.
Lafontaine, O. (2002): Die Wut wächst. Politik braucht Prinzipien, München.
Lang, K./Meine, H./Ohl, K. (1997): Arbeit, Entgelt, Leistung. Handbuch Tarifarbeit im Betrieb, 2. Aufl., Köln.
Lang, K./Ohl, K. (1993): Lean production. Herausforderungen und Handlungsmöglichkeiten, Köln.
Lauschke, K. (2004): Das überarbeitete Herz, in: Die Mitbestimmung, Heft 5.
Lehmbruch, G. (1979): Wandlungen der Interessenpolitik im liberalen Korporatismus, in: Alemann, U. v./Heinze, R. G., Verbände und Staat, Opladen.
Lehndorff, S. (2002): Auf dem Holzweg in die Dienstleistungsgesellschaft? – gute Dienstleistungsarbeit als Politikum, in: WSI-Mitteilungen, Heft 9.
Lehndorff, S. (2004): Wie lang sind die Arbeitszeiten in Deutschland? Fakten und Argumente zur aktuellen Debatte über Arbeitszeitverlängerungen, in: IAT-Report 7/2003.
Leibiger, J. (2006): Die Zukunft des Wohlfahrtsstaates im Lichte der Generationenbilanz, in: Intervention. Zeitschrift für Ökonomie, Heft 1.
Leibiger, J. (2010): Reclaim the Budget – Staatsfinanzen reformieren. Einführung in eine alternative Finanzpolitik, Köln.
Leif, T./Speth, R. (2004): Die stille Macht. Lobbyismus in Deutschland, Wiesbaden.
Lieb, W. (2004): Studium als Privatinvestment. Argumente wider die Gebührenapologeten, in: Blätter für deutsche und internationale Politik, Heft 5.
Lieb, W. (2009): Humboldts Begräbnis. Zehn Jahre Bologna-Prozess, in: Blätter für deutsche und internationale Politik, Heft 6.
Liebig, S., Schupp, J. (2004): Entlohnungsgerechtigkeit in Deutschland? Hohes Ungerechtigkeitsempfinden bei Managergehältern, in: DIW-Wochenbericht, Nr. 47.
Lepage, H. (1979): Der Kapitalismus von morgen, Frankfurt a. M./New-York.
Leprich, U. (2007): Die vier großen deutschen Energieunternehmen unter der Lupe, Saarbrücken.

Leprich, U. (2008): Stromwatch 2: Die vier deutschen Energiekonzerne, (Kurzstudie), Saarbrücken.
Likert, R. (1972): Neue Ansätze der Unternehmensführung, Bern/Stuttgart.
Lindenthal, S./Sliwka, D. (2003): Mitbestimmung, Verfügungsrechte und Investitionsanreize, in: Albach, H., Personalmanagement 2003, ZfB-Ergänzungsheft 4.
Littmann, K. (1976): Definition und Entwicklung der Staatsquote, Göttingen.
Locke, J. (1966): Über die Regierung, in der Übersetzung von H. Wilmanns, Halle 1906, Wiederauflage, Reinbek bei Hamburg.
Lompe, K./Weis, H. (2001): Gelebte Montanmitbestimmung. Ergebnisse empirischer Untersuchungen in drei Unternehmen, Manuskript, TU Braunschweig, Institut für Sozialwissenschaften, Braunschweig.
Lucas, R. E. Jr. (1981): Studies in Business Cycle, London.
Lücking, S./Trinczek, R./Whittall, M. (2008): Europäische Betriebsräte: Was lehrt der deutsche Fall für die Revision der EU-Richtlinie? in: WSI-Mitteilungen, Heft 5.
Lorz, S. (2003): Die deutsche Wirtschaft unter dem demographischen Fallbeil, in: Börsenzeitung vom 20. Februar.
Mackenroth, G. (1952): Die Reform der Sozialpolitik durch einen deutschen Sozialplan, Berlin.
Mahnkopf, B. (2003): Vom Sozialpartner zur Nicht-Regierungsorganisation?, in: Gewerkschaftliche Monatshefte, Heft 5.
Mahnkopf, B. (2004): Neoliberale Globalisierung und globaler Krieg, in: Blätter für deutsche und internationale Politik, Heft 1.
Mai, K./Steinitz, K. (2004): Ostdeutschland auf der Kippe. Eine gesamtdeutsche Bilanz nach 13 Jahren, in: Supplement der Zeitschrift Sozialismus, Heft 1.
Man, H. (1927): Der Kampf um die Arbeitsfreude. Eine Untersuchung aufgrund der Aussagen von 78 Industriearbeitern und Angestellten, Jena.
Mandel, E. (1974): Die deutsche Wirtschaftskrise. Lehren der Rezession 1966/67, 11. Aufl., Frankfurt a. M.
Mandel, E., Wolf, W. (1976): Weltwirtschaftsrezession und BRD-Krise 1974/75, Frankfurt a. M.
Mandeville, B. (1806): The Fable of the Bees, London 1714, in deutscher Übersetzung »Fabel von den Bienen«, 13. Aufl., Berlin.
Marr, R./Stitzel, M. (1979): Personalwirtschaft – ein konfliktorientierter Ansatz, München.
Marshall, A. (1892): Elements of Economics of Industry, London.
Martens, H. (1990), Mitbestimmung und Demokratisierung, in: Gewerkschaftliche Monatshefte, Heft 8.
Martin, H.-P./Schumann, H. (1997): Die Globalisierungsfalle. Der Angriff auf Demokratie und Wohlstand, 13. Aufl., Reinbek bei Hamburg.
Martiny, A./Klein, O. (1977): Marktmacht und Manipulation. Sind die Verbraucher Objekt oder Subjekt unserer Wirtschaftsordnung?, Frankfurt a. M./Köln.
Marx, A. (1968): Aspekte des betrieblichen Personalwesens, Personalbeurteilung, Personaleinsatz, in: Kosiol, E./Sundhoff, E., Betriebswirtschaft und Marktpolitik, Festschrift für R. Seyffert, Köln/Opladen.
Marx, K. (1960): Lohn, Preis, Profit, in: Marx-Engels ausgewählte Schriften, Bd. 1, Berlin.
Marx, K. (1974a): Das Kapital, Bd. 1, Hamburg 1867, in Neuauflage Berlin.
Marx, K. (1974b): Das Kapital, Bd. 3, Hamburg 1894, in Neuauflage Berlin.
Marx, K. (1974c): Ökonomisch-philosophische Manuskripte aus dem Jahre 1844, in: Marx Engels Werke, Ergänzungsband, Schriften, Manuskripte, Briefe bis 1844, Erster Teil, Berlin.

Massarrat, M. (2009): Krisenlösung Vollbeschäftigung, in: Blätter für deutsche und internationale Politik, Heft 6.
Mattfeldt, H. (1985): Keynes, Kommentierte Werkauswahl, Hamburg.
Matthöfer, H. (1980): Humanisierung der Arbeit und Produktivität in der Industriegesellschaft, Köln.
Mayer, L., Schmid, F. (2003): Macht der Multis. Globalisierung, Multis, Monopole, ISW-Forschungshefte 1, München.
Maxeiner, D./Miersch, M. (2001): Das Mephisto-Prinzip. Warum es besser ist nicht gut zu sein, Frankfurt a. M.
Mc Gregor, D. (1960): The human Side of Enterprise, New York.
Mc Gregor, D. (1973): Der Mensch im Unternehmen, 3. Aufl., Düsseldorf, Wien.
Mebes, M. (2003): Betriebliche Weiterbildung im Kontext investiver Arbeitszeitpolitik, Diplom-Arbeit am Fachbereich Wirtschaftsrecht der Fachhochschule Gelsenkirchen, Gelsenkirchen/Recklinghausen.
Meier, H. (2003): In der Nachfolge der NSDAP?, in: Blätter für deutsche und internationale Politik, Heft 4.
Meine, H. (2000): Das doppelte »K«: Konflikt und Kooperation in der gewerkschaftlichen Interessenvertretung, in: Klitzke, U./Betz, H./Möreke, M. (Hrsg.), Vom Klassenkampf zum Co-Management? Perspektiven gewerkschaftlicher Betriebspolitik, Hamburg.
Meinel, G./Heyn, J./Helms, S. (2002): Teilzeit- und Befristungsgesetz. Kommentar, München.
Meinhardt, V./Schulz, E. (2003): Kostenexplosion im Gesundheitswesen?, in: DIW-Wochenbericht Nr. 7.
Meister, R. (1997): Das Sozialstaatsprinzip des Grundgesetzes, in: Blätter für deutsche und internationale Politik, Heft 5.
Meißner, D. (1997): Zur bleibenden Aktualität des Genossenschaftsgedankens, in: Heckmann, F./Spoo, E. (Hrsg.), Wirtschaft von unten. Selbsthilfe und Kooperation, Heilbronn.
Meißner, W. (1980): Die Lehre der Fünf Weisen. Eine Auseinandersetzung mit den Jahresgutachten des Sachverständigenrates zur Begutachtung der gesamtwirtschaftlichen Entwicklung, Köln.
Merkel, W. (2001): Soziale Gerechtigkeit und die drei Welten des Wohlstandskapitalismus, in: Berliner Journal für Soziologie, Heft 2.
Merkel, W. (2003): Soziale Gerechtigkeit, Sozialdemokratie und Gewerkschaften im 21. Jahrhundert, in: Gewerkschaftliche Monatshefte, Heft 10-11.
Mertens, D./Kühl, J. (1988): Arbeitsmarkt I: Arbeitsmarktpolitik, in: Handwörterbuch der Wirtschaftswissenschaft, Erster Band, Stuttgart/New York.
Mill, J. St. (1924): Principles of Political Economy with Some of Their Applications to Social Philosophy, London 1848, hier zitiert aus der deutschen Übersetzung: Mill, J. St., Grundsätze der politischen Ökonomie mit einigen ihrer Anwendungen auf die Sozialphilosophie, 2. Aufl., Jena.
Monopolkommission (1998/1999): Dreizehntes Hauptgutachten der Monopolkommission, Bonn.
Mönninger, M. (2003) : Allons, les enfants. Frankreich hat die höchste Geburtenrate in der EU, weil Politik und Gesellschaft familienfreundlich sind, in: Die Zeit vom 28. August.
More, T. (1516): Utopia, Basel 1981.
Musgrave, R. A. (1959): Finanztheorie, Tübingen.
Müller, A. (2004): Die Reformlüge: 40 Denkfehler, Mythen und Legenden, mit denen Politik und Wirtschaft Deutschland ruinieren, München.

Müller, A. (2006): Machtwahn. Wie eine mittelmäßige Führungselite uns zugrunde richtet, München.
Müller, A. (2009): Meinungsmache. Wie Wirtschaft, Politik und Medien uns das Denken abgewöhnen, München.
Müller, G. (1991): Strukturwandel und Arbeitnehmerrechte. Die wirtschaftliche Mitbestimmung in der Eisen- und Stahlindustrie 1945-1975, Essen.
Müller, J. (2006): Ambivalente Subjektivierung als Chance: Wirtschaftsdemokratie aus der Akteursperspektive, in: Bontrup, H.-J./Müller, J. u. a., Wirtschaftsdemokratie. Alternative zum Shareholder-Kapitalismus, Hamburg.
Müller, M. (2002): Schulden und Schulden, in: Frankfurter Rundschau vom 18. Oktober.
Müller, U. (2006): Initiative Neue Soziale Marktwirtschaft, in: Urban, H.-J., ABC zum Neoliberalismus. Von »Agenda 2010« bis »Zumutbarkeit«, Hamburg.
Müller, U./Bock, H. (1980): Stagflation. Ansätze in Theorie, Empirie und Therapie, Königstein/Ts.
Müller-Armack, A. (1946): Wirtschaftslenkung und Marktwirtschaft, in: Wirtschaftsordnung und Wirtschaftspolitik, Bern/Stuttgart.
Müller-Armack, A. (1966): Wirtschaftsordnung und Wirtschaftspolitik. Studien und Konzepte zur Sozialen Marktwirtschaft und zur Europäischen Integration, Freiburg i. Br.
Müller-Armack, A. (1974): Genealogie der Sozialen Marktwirtschaft. Frühschriften und weiterführende Konzepte. Bern/Stuttgart.
Müller-Armack, A. (1976): Wirtschaftsordnung und Wirtschaftspolitik, Bern.
Müller-Henneberg, H./Schwarz, G. (1958): Gesetz gegen Wettbewerbsbeschränkungen, Kommentar, Köln/Berlin.
Müller-Jentsch, W. (2001): Mitbestimmung: Wirtschaftlicher Erfolgsfaktor oder Bürgerrecht?, in: Gewerkschaftliche Monatshefte, Heft 4.
Müller-Jentsch, W. (2007): Streitfall Mitbestimmung, in: Blätter für deutsche und internationale Politik, Heft 2.
Müller-Thederan, J. (2003): Stabilitätspakt in der Vertrauenskrise, in: VWD-Finanz- und Wirtschaftsspiegel vom 26. November.
Munz, E. (2006): Mehr Balance durch selbst gesteuerte Arbeitszeiten?, in: WSI-Mitteilungen, Heft 9.
Nagel, K. (1990): Weiterbildung als strategischer Erfolgsfaktor, Landsberg/Lech.
Naphtali, F. (1928): Wirtschaftsdemokratie. Ihr Wesen, Weg und Ziel, Berlin.
Negt, O. (1999): Was künftig gelernt werden sollte. Schlüsselqualifikationen für die Zukunft, in: Jobelius, S./Rünker, R./Vössing, K. (Hrsg.), Bildungs-Offensive. Reformperspektiven für das 21. Jahrhundert, Hamburg.
Negt, O. (2002): Arbeit und menschliche Würde, 2. Aufl., Göttingen.
Negt, O. (2010): Das Mandat der Gewerkschaften. Warum Krisenzeiten nur selten Erkenntniszeiten sind, in: Blätter für deutsche und internationale Politik, Heft 5.
Nell-Breuning von, O. (1960): Kapitalismus und gerechter Lohn, Freiburg i. Br.
Neumann-Cosel von, R./Rupp, R. (1986): Der Wirtschaftsausschuss in der Mitbestimmung. Veröffentlichungen der Fachhochschule für Wirtschaft Berlin, Berlin.
Neumann-Cosel von, R./Rupp, R. (1996): Handbuch für den Wirtschaftsausschuss, 3. Aufl., Köln.
Nickel, T. (2000): Die Last des langen Lebens. Renten im Reformlabyrinth, in: Blätter für deutsche und internationale Politik, Heft 11.
Nicklisch, H. (1922): Wirtschaftliche Betriebslehre, 6. Aufl., Stuttgart.

Nicklisch, H. (1932): Die Betriebswirtschaft, 7. Aufl., Stuttgart.
Nicklisch, H. (1934): Die geistige Haltung der Betriebswirtschaftler, in: Der praktische Betriebswirt, Heft 5.
Niedrig, H. (1998): Wachstumsbranche Sozialhilfe: über 6 Millionen Hilfeempfänger, in: Theorie und Praxis der Sozialen Arbeit 8.
Niess, F. (1979): Geschichte der Arbeitslosigkeit. Ökonomische Ursachen und politische Kämpfe: ein Kapitel deutscher Sozialgeschichte, Köln.
Nowotny, E. (2000): Der Machtfaktor multinationaler Unternehmen und ihre Funktion im globalen Wettbewerb, in: Jochimsen, R. (Hrsg.), Globaler Wettbewerb und weltwirtschaftliche Ordnungspolitik, Bonn.
Oberhauser, A. (2003): Zielgerichtete Reform der Gemeindesteuern durch eine kommunale Wertschöpfungsteuer, in: Wirtschaftsdienst, Heft 9.
Oechsler, W. A. (1994): Personal und Arbeit. Einführung in die Personalwirtschaft unter Einbeziehung des Arbeitsrechts, 5. Aufl., München/Wien.
Oesterle, M.-J. (1996): Entwicklung und Stand der unternehmerischen Mitbestimmung in Deutschland, in: Wirtschaftswissenschaftliches Studium (WiSt), Heft 9.
Offe, C. (1977): Sozialökonomie des Arbeitsmarktes und die Lage »benachteiligter« Gruppen von Arbeitnehmern, in: Offe, C. (Hrsg.), Opfer des Arbeitsmarktes. Zur Theorie der strukturierten Arbeitslosigkeit, Neuwied/Darmstadt.
Opielka, M. (2006): Gerechtigkeit durch Sozialpolitik, in: Utopie kreativ, Heft 186.
Ordelheide, D. (1998): Wettbewerb der Rechnungslegungssysteme IAS, US-GAPP und HGB – Plädoyer für eine Reform des deutschen Bilanzrechts –, in: Clemens, B./Coenenberg, A. G. (Hrsg.), Controlling und Rechnungswesen im internationalen Wettbewerb, Stuttgart.
Oschmiansky, F./Ebach, M. (2009): Vom AFG 1969 zur Instrumentenreform 2009: der Wandel des arbeitsmarktpolitischen Instrumentariums, in: Bothfeld, S./Sesselmeier, W./Bogedan, C. (Hrsg.), Arbeitsmarktpolitik in der sozialen Marktwirtschaft – Vom Arbeitsförderungsgesetz zu Sozialgesetzbuch II und III, Köln.
Osthold, P. (1926): Der Kampf um die Seele unseres Arbeiters, Düsseldorf.
Ott, M. (2002): Die Aktienprogramme im Lufthansa Konzern, in: Wagner, K.-R. (Hrsg.), Mitarbeiterbeteiligung. Visionen für eine Gesellschaft von Teilhabern, Wiesbaden.
Panse, W./Stegmann, W. (1996): Kostenfaktor Angst, Landsberg a. Lech.
Papier, H.-J. (2007): Wirtschaftsordnung und Grundgesetz, in: Aus Politik und Zeitgeschichte. Beilage zur Wochenzeitung Das Parlament, Nr. 13 vom 26. März.
Pascal, R. T./Athos, A. G. (1982): The Art of Japanese Management, New York 1981, deutsch: Geheimnis und Kunst des japanischen Managements, München.
Peters, J. (1979): Montanmitbestimmung, Dokumente ihrer Entstehung, Köln.
Peters, J. (1994): Modellwechsel. Die IG Metall und die Viertagewoche bei VW, Göttingen.
Peters, J. (2003): »Gute Arbeit« als Zukunftsaufgabe, in: Mitbestimmung, Heft 7.
Peters, Th. J./Waterman, R. H. (1984): In Search of Excellence, Lessons of American's Best-run Companies, New York 1982 (Deutsch: Auf der Suche nach Spitzenleistungen, 10. Aufl., Landsberg a. Lech).
Peffekoven, R. (2004): Statt Reform des Paktes ist seine strikte Anwendung geboten, in: Wirtschaftsdienst, Heft 1.
Pfarr, H. (2000): Soziale Sicherheit und Flexibilität: Brauchen wir ein »Neues Normalarbeitsverhältnis«?, in: WSI-Mitteilungen, Heft 5.
Pfeiffer, H. (1998): Handelsherr Deutschland. Der »Weltmarkt des Exportweltmeisters heißt Euro-Land, in: Blätter für deutsche und internationale Politik, Heft 5.

Pfeiffer, H. (2003): Reklame-Rummel. Die private Altersvorsorge hält nicht, was die Politik verspricht, in: spw – Zeitschrift für sozialistische Politik und Wirtschaft, Heft 131.

Pickshaus, K. (2002): Das Phänomen des »Arbeitens ohne Ende«. Eine Herausforderung für eine gewerkschaftliche Arbeitspolitik, in: Pickshaus, K./Peters, K./Glißmann, W., »Der Arbeit wieder ein Maß geben«. Neue Managementkonzepte und Anforderungen an eine gewerkschaftliche Arbeitspolitik, Supplement der Zeitschrift Sozialismus 2.

Picot, A./Dietl, H./Franck, E. (2005): Organisation – Eine ökonomische Perspektive, 4. Aufl., Stuttgart.

Piehl, E. (1973): Multinationale Konzerne und internationale Gewerkschaftsbewegung, Nördlingen.

Piltz, K. H. (1974): Das Nein zur Vermögenspolitik, Reinbek bei Hamburg.

Plener, E. (1874): Über die Beteiligung der Arbeitnehmer am Unternehmergewinn. Gutachten auf Veranlassung des Vereins für Socialpolitik, Schriften Band 6, Wien und Leipzig.

Pohl, R. (1978): Bundesbankpolitik in der Krise – Krise der Bundesbankpolitik? in: Markmann, H./Simmert, D. B., Krise der Wirtschaftspolitik, Köln.

Polanyi, K. (1979): Ökonomie und Gesellschaft, Frankfurt a. M.

Pongratz, H./Voß, G. (2003): Arbeitskraftunternehmer. Erwerbsorientierungen in entgrenzten Arbeitsformen, Düsseldorf.

Potthoff, E. (1946): zitiert in: Protokoll der Gewerkschaftskonferenz Hannover.

Potthoff, E. (1949): zitiert in: Protokoll vom Gründungsprotokoll des DGB, München

Potthoff, E. (1955): Zur Geschichte der Montan-Mitbestimmung, Düsseldorf.

Potthoff, E./Blume, O./Duvernell, H. (1962): Zwischenbilanz der Mitbestimmung, Tübingen.

Prangenberg, A. (2003): Jeder Betrieb rechnet anders, in: Mitbestimmung, Heft 6.

Priewe, J. (1988): Krisenzyklen und Stagnationstendenzen in der Bundesrepublik Deutschland, Köln.

Priewe J. (1991): Von der Mitbestimmung zur Wirtschaftsdemokratie – Überlegungen zur Mitbestimmungsdebatte anlässlich eines Gesetzentwurfes der »Grünen«, in: Memo-Forum, Zirkular der »Arbeitsgruppe Alternative Wirtschaftspolitik«, Nr. 17, Bremen.

Priewe, J./Havighorst, F. (1999): Auf dem Weg zur Teilhabergesellschaft?, Investivlöhne, Gewinn- und Kapitalbeteiligungen der Arbeitnehmer in Westeuropa und den USA – eine vergleichende Bestandsaufnahme, Bonn.

Priewe, J. (2002a): unter Mitarbeit von Scheuplein, C. und Schuldt, K., Ostdeutschland 2010 – Perspektiven der Investitionstätigkeit, Düsseldorf.

Priewe, J. (2002b): Fiskalpolitik in der Europäischen Währungsunion – im Dilemma zwischen Konsolidierung und Stabilisierung, in: WSI-Mitteilungen, Heft 5.

Priewe, J. (2002c): Zwischen Abkopplung und Aufholen – das Schwache ostdeutsche Wachstumspotenzial, in: WSI-Mitteilungen, Heft 12.

Protokoll (1949) vom Gründungskongress des DGB vom 12. bis 14. Oktober 1949 in München.

Pulte, P. (1999): Individualarbeitsrecht, Köln.

Putzhammer, H. (2001): Frischer Wind für alte Forderungen, in: Mitbestimmung, Heft 3.

Quaißer, G. (2009): Ausgaben für Bildung: Die Politik muss ihr Versprechen erfüllen, in: GEW Transparent. Wirtschaftspolitik & Bildungsfinanzierung, Ausgabe 1.

Ramonet, I. (1998): Die neuen Herren der Welt. Internationale Politik an der Jahrtausendwende, Zürich.

Ramonet, I. (2003): Kontrolle ist besser, in: Le Monde diplomatique, Nr. 10.

Rappaport, A. (1999): Creating Shareholder Value, (1986), in deutscher Übersetzung »Shareholder Value«, 2. Aufl., München.

Reich, R. (2008): Superkapitalismus – Wie die Wirtschaft unsere Demokratie untergräbt, Frankfurt/New York.
Renaud, S. (2008): Arbeitnehmermitbestimmung im Strukturwandel, Marburg.
Reuter; N. (2000a): Ökonomik der »Langen Frist«. Zur Evolution der Wachstumsgrundlagen in Industriegesellschaften, Marburg.
Reuter, N. (2000b): Das »Modell Niederlande« oder: Von kurzfristigen Erfolgen und langfristigen Gefahren, in: Wirtschaft und Gesellschaft, Heft 3.
Reuter, N. (2002a): Die »Initiative Neue Soziale Marktwirtschaft« – weder neu noch sozial, in: Gewerkschaftliche Monatshefte, Heft 12.
Reuter, N. (2002b): Kommentar zur »Initiative Neue Soziale Marktwirtschaft« und zum Konzept »Neue Soziale Marktwirtschaft« der Union, in: ifo Schnelldienst, Nr. 16.
Reuter, N. (2004a): Die fetten Jahre sind nicht vorbei. Die Konsequenzen des demographischen Wandels, in: Sonderdrucke Forschung und Lehre, Nr. 5.
Reuter N. (2004b): Demografische Entwicklung contra Sozialstaat? Eine ökonomische Potenzialanalyse, in: Intervention. Zeitschrift für Ökonomie, Heft 2.
Reuter, N. (2007): Wachstumseuphorie und Verteilungsrealität. Wirtschaftspolitische Leitbilder zwischen Gestern und Morgen. Mit Texten zum Thema von John Maynard Keynes und Wassily W. Leontief, 2. Aufl., Marburg
Reuter, N./Schlecht, M. (2007): Erzwingt die demografische Entwicklung die Rente mit 70? in: WSI-Mitteilungen, Heft 2.
Ricardo, D. (1821): Grundsätze der Volkswirtschaft und Besteuerung, 3. Aufl., Leipzig (zuerst 1817 in London erschienen).
Rieger, W. (1959): Einführung in die Privatwirtschaftslehre, 2. Aufl., Nürnberg-Erlangen.
Rifkin, J. (1998): Das Ende der Arbeit und ihre Zukunft, Frankfurt a. M.
Robinson J. (1949): Das Problem der Vollbeschäftigung, Köln
Robinson J./Eatwell, J. (1974): Einführung in die Volkswirtschaftslehre, München.
Roitsch, J. (2002): Reflexe und Ignoranzen. Politische Reaktionen auf die Pisa-Studie, in: Blätter für deutsche und internationale Politik, Heft 4.
Roitsch, J. (2004): Lehrstück Ausbildungsplatzabgabe, in: Blätter für deutsche und internationale Politik, Heft 7.
Röpke, W. (1958): Jenseits von Angebot und Nachfrage, Erlenbach/Zürich/Stuttgart.
Röpke, W. (1994): Die Lehre von der Wirtschaft, 13. Aufl., Bern/Stuttgart/Wien.
Roßmann, W. (1982): Brünings Notverordnungen 1930/31, die Bonner »Sparpolitik« 1981/82 und die Haltung der Gewerkschaften. Wiederholt sich die Geschichte?, in: Blätter für deutsche und internationale Politik, Heft 1.
Roth, J. (2006): Der Deutschland Clan. Das skrupellose Netzwerk aus Politikern, Top-Managern und Justiz, Frankfurt a. M.
Roth, R. (1998): Das Kartenhaus. Staatsverschuldung in Deutschland, Frankfurt a. M.
Roth, R. (2003): Arbeitslosigkeit in Deutschland. Nebensache Mensch, Frankfurt a. M.
Rückle, H./Mutafoff, A./Riekehof, R. (1994): Personalentwicklung. Werte- und zielorientierte Auswahl und Förderung von Mitarbeitern, Düsseldorf/Wien.
Rügemer, W. (2004): Cross Border Leasing. Ein Lehrstück zur globalen Enteignung der Städte, Münster.
Rügemer, W. (2008): Privatisierung in Deutschland. Eine Bilanz. Von der Treuhand zu Public Private Partnership, Münster.
Rünker, R. (2006): Vollbeschäftigung bleibt unser Ziel, in: spw – Zeitschrift für sozialistische Politik und Wirtschaft, Heft 154.

Rürup, B. (2004): Die Empfehlungen der Nachhaltigkeitskommission, in: Gewerkschaftliche Monatshefte, Heft 1.
Sablowski, T./Rupp, J. (2001): Die neue Ökonomie des Shareholder Value. Corporate Governance im Wandel, in: Prokla 122, Zeitschrift für kritische Sozialwissenschaft, Heft 1.
Sachverständigenkommission (1970): Mitbestimmung im Unternehmen. Bericht der Sachverständigenkommission zur Auswertung der bisherigen Erfahrungen bei der Mitbestimmung, Stuttgart/Berlin u. a.
Sachverständigenrat Bildung (1998) bei der Hans-Böckler-Stiftung (Hrsg.), Diskussionspapiere Nr. 1, Oktober.
Sauer, D. (2003): Die neue Unmittelbarkeit des Marktes. Arbeitspolitik im Dilemma, in: Gewerkschaftliche Monatshefte, Heft 5.
Schaaff, H. (1991): Kritik der eindimensionalen Wirtschaftstheorie: Zur Begründung einer ökologischen Glücksökonomie, (Dissertation), Frankfurt a. M.
Schafmeister, H. (1993): Unternehmenspolitik in der Stahlindustrie (Dissertation), Frankfurt a. M.
Schäfer, C. (2003): Mit einer ungleichen Verteilung in eine schlechtere Zukunft – Die Verteilungsentwicklung in 2002 und den Vorjahren, in: WSI-Mitteilungen, Heft 11.
Schäfer, C. (2006): Bedingungsloses Grundeinkommen – Absurde Utopie oder reale Möglichkeit, in: Schäfer, C, Seifert, H. (Hrsg.), Kein bisschen leise: 60 Jahre WSI, Hamburg.
Schäfer, C. (2008): Anhaltende Verteilungsdramatik – WSI-Verteilungsbericht 2008, in: WSI-Mitteilungen, Heft 11 u. 12.
Schäfer, C. (2009): Aus der Krise in die Krise? WSI-Verteilungsbericht 2009, Heft 12.
Schäfer, D. (2003): Eigenkapitalvereinbarung nach Basel II: Keine Einschränkung für den Mittelstand, in: DIW-Wochenbericht Nr. 11.
Schäfer, H. (1986): Das Mitbestimmungsgesetz ›76 trägt seinen Namen völlig zu Unrecht, in: Nachrichten zur Wirtschafts- und Sozialpolitik, Heft 8.
Schäfer, D./Zimmermann, K. F. (2009): Bad Bank: Staat soll toxische Papiere zum Null-Wert übernehmen, in: DIW-Wochenbericht, Nr. 13.
Schanz, G. (1983): Immaterielle Mitarbeiterbeteiligung – Ergebnisse einer Erhebung, in: Personalwirtschaft, Heft 12.
Schanz, G. (1992): Wissenschaftsprogramm der Betriebswirtschaftslehre, in: Bea v. F. X./Dichtl, E./Schweitzer, M. (Hrsg.), Allgemeine Betriebswirtschaftslehre, Bd. 1, Grundfragen, Stuttgart/Jena.
Schanz, G. (1993): Personalwirtschaftslehre, 2. Aufl., München.
Scharf, D. (1981): Eigenkapitalbeteiligung der Arbeitnehmer über eine Gewinnbeteiligung, (Dissertation), Frankfurt a. M.
Scheer, A.-W. (1990): CIM (Computer Integrated Manufacturing). Der computergesteuerte Industriebetrieb, 4. Aufl., Berlin u. a.
Schein, E. H. (1985): Organzational culture and leadership, San Francisco/Washington/London.
Schintke, J. (2004): Hohe Dynamik im Außenhandel Deutschlands bei nur verhaltener Wirtschaftsentwicklung im Inland, in: DIW-Wochenbericht Nr. 19.
Schlecht, M. (2006): Grundsicherung, in: Urban, H.-J. (Hrsg.), ABC zum Neoliberalismus, Hamburg.
Schlemmermeier, B./Schwintowski, H.-P. (2007): Das deutsche Handelssystem für Emissionszertifikate: Rechtswidrig?, in: Hänlein, A./Roßnagel, A. (Hrsg.), Wirtschaftsverfassung in Deutschland und Europa. Festschrift für Bernhard Nagel, Kassel.
Schlömer, N./Kay, R./Rudolph, W./Wassermann, W. (2008): Arbeitnehmerbeteiligung in mittelständischen Unternehmen, in: WSI-Mitteilungen, Heft 5.

Schlüns, J. (2008): Die ökologische Zweiklassengesellschaft, in: Blätter für deutsche und internationale Politik, Heft 3.
Schlütter, R. (1976): Grundgesetz und Wirtschaftsordnung, in: Gutmann, G./Klein, W./Paraskewopoulos, S./Winter, H., Die Wirtschaftsverfassung der Bundesrepublik Deutschland, Stuttgart/New York.
Schmalenbach, E. (1931): Dynamische Bilanz, 5. Aufl., Leipzig.
Schmid, F./Schuhler, C. (2009): Bilanz der Großen Koalition 2005 bis 2009, isw-Wirtschaftsinfo 42, München.
Schmidt, I./Schmidt, A. (1997): Europäische Wettbewerbspolitik, München.
Schmidt, N. (2009): Bundesausbildungsförderung von den Anfängen bis 2007, in: Statistisches Bundesamt (Hrsg.), Wirtschaft und Statistik, Heft 2.
Schmucker, R. (2003): Regimewechsel im Gesundheitswesen, in: spw – Zeitschrift für sozialistische Politik und Wirtschaft, Heft 131.
Schneider, H. J./Zander, E. (1993): Erfolgs- und Kapitalbeteiligung der Mitarbeiter in Klein- und Mittelbetrieben, 4. Aufl., Freiburg i. Br.
Schneider, H. J. (1999): Betriebliche Partnerschaft und Mitarbeiterbeteiligung, in: Wunderer, R. (Hrsg.), Mitarbeiter als Mitunternehmer, Grundlagen, Förderinstrumente, Praxisbeispiele, Neuwied.
Schneider, M. (1989): Kleine Geschichte der Gewerkschaften. Ihre Entwicklung in Deutschland von den Anfängen bis heute, Bonn.
Schoden, M. (1995): Betriebliche Arbeitnehmererfindungen und betriebliches Vorschlagswesen, Köln.
Scholl, W. (1992): Informationspathologien, in: Handbuch der Organisation, 3. Aufl., Stuttgart u. a.
Scholz, A./Stuth, R. (2009): Das Maß der Guten Arbeit, in: Schröder, L., Urban, H-J. (Hrsg.), Gute Arbeit. Handlungsfelder für Betriebe, Politik und Gewerkschaften, Frankfurt a. M.
Schönwälder, T. (2003): Begriffliche Konzeption und empirische Entwicklung der Lohnnebenkosten in der Bundesrepublik Deutschland – eine kritische Betrachtung, Düsseldorf.
Schratzenstaller, M. (1999): Der Streit um die Vermögensteuer, in: Blätter für deutsche und internationale Politik, Heft 12.
Schratzenstaller, M. (2003): Wer bezahlt die Rechnung? Zur Finanzierung des Sozialstaats aus finanzwirtschaftlicher Sicht, in: spw – Zeitschrift für sozialistische Politik und Wirtschaft, Heft 131.
Schriftenreihe der Bundeszentrale für politische Bildung (1977): Gewerkschaften und Mitbestimmung, Bonn.
Schrooten, M. (2009): Landesbanken: Zukunft ungewiss, in: Wirtschaftsdienst, Heft 10.
Schrooten, M. (2009a): Landesbanken: Rettung allein reicht nicht, in: DIW-Wochenbericht Nr. 24.
Schröder, C. (2003): Personalzusatzkosten in der deutschen Wirtschaft, in: Institut der deutschen Wirtschaft Köln, IW-Trends, Vierteljahreshefte zur empirischen Wirtschaftsforschung, Heft 2.
Schröder, G. (2000): Mitarbeiterbeteiligung als Element der Teilhabegesellschaft, in: Gewerkschaftliche Monatshefte, Heft 6.
Schröder, G./Blair, T. (1999): Der Weg nach vorne für Europas Sozialdemokraten. Ein Vorschlag, in: Arlt, H.-J./Nehls, S. (Hrsg.), Bündnis für Arbeit. Konstruktion – Kritik – Karriere, Opladen/Wiesbaden.
Schuhler, C. (2003): Die Demontage des Sozialstaats. Agenda 2010, Hartz, Rürup und die Folgen, in: ISW-Report Nr. 54, München.

Schuhler, C. (2009): Die Große Koalition hat versagt, in: ISW-Wirtschaftsinfo Nr. 42, München.
Schuhler, C. (2010): Wirtschaftsdemokratie und Vergesellschaftung. Zu einer solidarischen Gesellschaft jenseits des Kapitalismus, ISW Report Nr. 79.
Schui, H. (1991): Die ökonomische Vereinigung Deutschlands. Bilanz und Perspektiven, Heilbronn.
Schui, H./Spoo E. (1996): Geld ist genug da, Reichtum in Deutschland, Heilbronn.
Schui, H./Ptak, R./Blankenburg S./Backmann, G./Kotzur, D. (1997): Wollt ihr den totalen Markt? Der Neoliberalismus und die extreme Rechte, München.
Schui, H. (2002): Stabilitätspakt auf der Kippe, in: Blätter für deutsche und internationale Politik, Heft 4.
Schui, H./Paetow H. (2003): Keynes heute. Festschrift für Harald Mattfeldt, Hamburg
Schui, H. (2009): Gerechtere Verteilung wagen!, Hamburg
Schui, H. (2009a): Was ist Ursache der Krise?, in: Becher, J./Ebert, W./Marquardt, J. (Hrsg.), Es geht nur anders! Denkanstöße für politische Alternativen, Köln.
Schuler, G. (2002): Michael Lezius: Porträt. Der Pionier und Visionär der Mitarbeiterbeteiligung wird 60 Jahre, in: Wagner, K.-R. (Hrsg.), Mitarbeiterbeteiligung. Visionen für eine Gesellschaft von Teilhabern, Wiesbaden.
Schumacher, D./Legler, H./Gehrke, B. (2003): Gute Position Deutschlands bei forschungs- und wissensintensiven Produkten gefährdet, in: DIW-Wochenbericht Nr. 31.
Schumpeter, J. A. (1975): Kapitalismus, Sozialismus und Demokratie, 4. Aufl., München.
Schulte-Zurhausen, M. (1999): Organisation, 2. Aufl., München.
Schulten, T./Mühlhaupt, B. (2003): Nullrunden in den Niederlanden, in: Mitbestimmung, Heft 12.
Schulten, T. (2002): Theorie und Praxis gewerkschaftlicher Lohnpolitik in Europa, in: WSI-Mitteilungen, Heft 5.
Schulten, T. (2004): Solidarische Lohnpolitik in Europa. Zur Politischen Ökonomie der Gewerkschaften, (Dissertation), Hamburg.
Schultz, R. (1992): Erfolgsbeteiligung der Arbeitnehmer, in: Handwörterbuch des Personalwesens, 2. Aufl., Stuttgart u. a.
Schulz von Thun, F. (1990): Miteinander Reden, Bd. 1, Hamburg.
Sell, S. (2002): Zukunftsfaktor Kinder. Eine nationale Initiative als gesellschaftspolitisches Reformprojekt, in: Gewerkschaftliche Monatshefte, Heft 12.
Segbers, F. (2009): Hartz IV und die Menschenrechte. Fünf Jahre »Fördern und Fordern«, in: Blätter für deutsche und internationale Politik, Heft 2.
Siebert, G./Degen, B./Becker, K. (1987): Betriebsverfassungsgesetz. Kommentar für die Praxis, 6. Aufl., Frankfurt a. M.
Siebert, H. (2002): ohne Titel, zitiert in: Frankfurter Allgemeine Zeitung vom 3.12.
Siebke, J. (1980): Verteilung, in: Vahlens Kompendium der Wirtschaftstheorie und Wirtschaftspolitik, Bd. 1, München.
Šik, O. (1979): Humane Wirtschaftsdemokratie. Ein Dritter Weg, Hamburg.
Simmert, D. B., Wagner, K.-D., (Hrsg.), (1981): Staatsverschuldung kontrovers, Bonn.
Simon, W. (1976): Macht und Herrschaft der Unternehmerverbände, Köln.
Sinn, H.-W. (1997): Kapitalbeteiligung und Lohndifferenzierung: ein Vorschlag zur Lösung der Beschäftigungskrise, in: Mitteilungen aus der Arbeitsmarkt- und Berufsforschung, Heft 4.
Sinn, H.-W. (2001): Reform der Sozialhilfe, in: ifo Standpunkt Nr. 21 vom 18. Januar.
Sinn, H.-W. (2003a): Ist Deutschland noch zu retten?, München.
Sinn, H.-W. (2003b): Wieder 42 Stunden arbeiten: um das deutsche Lohnkostenproblem zu beheben, muss die Wochenarbeitszeit angehoben werden, in: FAZ vom 23. Juli.

Skarpelis-Sperk, S. (2003): Nach Cancun ist vor Hongkong, in: spw – Zeitschrift für sozialistische Politik und Wirtschaft, Heft 134.
Smith, A. (1978): Der Wohlstand der Nationen, München (zuerst in London 1776 erschienen).
Solten, H. (1995): Wettbewerbstheorie und -politik, München/Wien.
Spieker, W./Strohauer, H. (1982): 30 Jahre Management gegen die Montan-Mitbestimmung, Köln.
Springer, R. (1999): Rückkehr zum Taylorismus, Frankfurt a. M./New York.
Staehle, W. H. (1975): Die Stellung des Menschen in neueren betriebswirtschaftlichen Theoriesystemen, in: ZfB – Zeitschrift für Betriebswirtschaft, Heft 6.
Stange, E.-M. (2004): Zwischen Pisa und Elite. Zur aktuellen Verfassung der Bildungspolitik, in: Gewerkschaftliche Monatshefte, Heft 4.
Statistisches Bundesamt (1999): Statistisches Jahrbuch der Bundesrepublik Deutschland, Wiesbaden.
Stark, J. (2003): Rettet den Stabilitätspakt, in: Capital vom 27. November.
Staudt, E./Bock, J./Mühlenmeyer, P./Kriegesmann, B. (1992): Der Arbeitnehmererfinder im betrieblichen Innovationsprozess, in: Zeitschrift für betriebswirtschaftliche Forschung, Heft 2.
Staudt, E. (1993): Forschung und Entwicklung, in: Handwörterbuch der Betriebswirtschaftslehre, 5. Aufl., Stuttgart u. a.
Staudt, E./Kottmann, M. (2001): Deutschland gegen die Innovationen aus, Frankfurt a. M.
Stauss, B. (1996): Beschwerdemanagement: Fehler vermeiden – Leistung verbessern – Kunden binden, München/Wien.
Staute, J. (1997): Das Ende der Unternehmenskultur, Frankfurt a. M./New York.
Sterkel, G./Schulten, T./Wiedemuth (2006): Mindestlöhne gegen Lohndumping. Rahmenbedingungen – Erfahrungen – Strategien, Hamburg.
Stiglitz, J. (2002): Die Schatten der Globalisierung, Hamburg.
Straubhaar, T. (2007): ohne Titel, zitiert in: Die Tageszeitung vom 30. April/1. Mai.
Steiner, H. (1999): Der Kurzschluss der Marktwirtschaft, Instrumentalisierung und Emanzipation des Konsumenten, Berlin.
Steinfeld, F. (2003): Systemwechsel in der Arbeitsmarktpolitik, in: Sozialismus, Heft 9.
Stobbe, A. (1987): Volkswirtschaftslehre III, Makroökonomik, 2. Aufl., Berlin/Heidelberg/New York.
Stracke, S., Martins, E., Peters, B. K., Nerdinger, F. W. (2007): Mitarbeiterbeteiligung und Investivlohn, Düsseldorf.
Strauss-Fehlberg, G. (1978): Die Forderung nach Humanisierung der Arbeitswelt. Eine Analyse aus der Sicht der Tarifvertragsparteien, Köln.
Streeck, W. (1996): Industrielle Beziehungen in einer internationalisierten Wirtschaft, in: Friedrich Ebert Stiftung (Hrsg.), Globalisierung der Wirtschaft, Standortwettbewerb und Mitbestimmung, Bonn.
Strotmann, H. (2003): Vielfach ohne Arbeitnehmer, in: Mitbestimmung, Heft 6.
Strübel, M. (1986): Imperialismus, in: Meyer, T./Klär, K.-H./Miller, S./Novy, K./Timmermann, H. (Hrsg.), Lexikon des Sozialismus, Köln.
Sundermann, W. (1992): Mitbestimmung, betriebliche, in: Frese, E. (Hrsg.), Handwörterbuch der Organisation, 3. Aufl., Stuttgart u. a.
Sachverständigenrat (SVR), Jahresgutachten (1971/1972).
Sachverständigenrat (SVR), Jahresgutachten (1972/1973).
Sachverständigenrat (SVR), Jahresgutachten (1973/1974).
Sachverständigenrat (SVR), Jahresgutachten (1976/1977).

Sachverständigenrat (SVR), Jahresgutachten (1996/1997).
Sachverständigenrat (SVR), Jahresgutachten (2002/2003).
Sachverständigenrat (SVR), Jahresgutachten (2003/2004).
Sachverständigenrat (SVR), Jahresgutachten (2005/2006).
Sachverständigenrat (SVR), Jahresgutachten (2006/2007).
Sachverständigenrat (SVR), Jahresgutachten (2009/2010).
Sachverständigenrat (2009): Mitteilung für die Presse vom 8. Oktober.
Thom, N. (1992): Innovationsmanagement, in: Die Orientierung, Heft 100.
Thom, N. (1996): Betriebliches Vorschlagswesen. Ein Instrument der Betriebsführung und des Verbesserungsmanagements, 5. Aufl., Bern/Berlin, u. a.
Thom, N., Etienne, M. (1997): Betriebliches Vorschlagswesen: Vom klassischen Modell zum modernen Ideen-Management, in: Das Wirtschaftsstudium (WISU), Heft 6.
Thömmes, J. (1996): Blinde Flecken in der Beurteilungspraxis? Eine systemtheoretisch-empirische Untersuchung zu Methoden der Potenzialbeurteilung in Wirtschaftsorganisationen, München/Mering.
Thünen von, H. (1850): Der naturgemäße Arbeitslohn und dessen Verhältnis zum Zinsfuß und zur Landrente, Rostock.
Tietz, J. (2004): Unternehmen Jugendwahn, in: Der Spiegel, Nr. 17.
Tillack, H.-M. (2009): Die korrupte Republik. Über die einträgliche Kungelei von Politik, Bürokratie und Wirtschaft, Hamburg.
Tofaute, H. (1998): Arbeitnehmerbeteiligung am Produktivkapital, in: WSI-Mitteilungen, Heft 8.
Traube, K. (2008): EU-Richtlinie zum Emissionshandel 2013-2020 – Auswirkungen auf die Kraft-Wärme-Kopplung, Dezember.
Traeger, D. H. (1994): Grundgedanken der Lean Production, Stuttgart.
Triole, J. (1995): Industrieökonomik, München, Wien.
Uehlinger, K./von Allmen, W. (1999): Das Handbuch der Erfolgskompetenz, TQM live. Ganzheitliche Unternehmensführung durch Total Quality Management, Kilchberg.
Urban C. (1994): Das Vorschlagswesen und seine Weiterentwicklung zum europäischen KAIZEN – Das Vorgesetztenmodell –, 2. Aufl., Konstanz.
Ver.di Bundesvorstand Berlin (2002a): Finanzpolitik für Arbeit und Gerechtigkeit. Einnahmen stärken statt Ausgaben kürzen, Berlin.
Ver.di Bundesvorstand Berlin (2002b): Staatsfinanzen stärken. Zukunftsaufgaben zwischen öffentlicher Armut und privatem Reichtum, Berlin.
Ver.di Bundesvorstand Berlin (2003a): Mythos Demografie, Berlin.
Ver.di Bundesvorstand Berlin (2003b): Lohnnebenkosten senken?, Berlin.
Verband der Vereine Creditreform (2002): Insolvenzen, Neugründungen, Lösungen im Jahr 2002, Neuss.
VDI-Nachrichten (2003a): vom 3. August.
VDI-Nachrichten (2003b): vom 8. August.
Vesper, D. (1986): Ziele, Aufgaben und Bedeutung öffentlicher Unternehmen in der Bundesrepublik Deutschland, in: Heseler, H./Hickel, R., Wirtschaftsdemokratie gegen Wirtschaftskrise. Über die Neuordnung ökonomischer Machtverhältnisse, Hamburg.
Vesper, D. (2004): Länder- und Kommunalhaushalte in Ostdeutschland: Trotz Konsolidierungsbemühungen hohe Finanzierungsdefizite, in: DIW-Wochenbericht Nr. 26.
Vilmar, F. (1973): Menschenwürde im Betrieb, Reinbek bei Hamburg.
Vilmar, F. (1976): Notwendig: Systematische Arbeitszeitverkürzung, in: Bolle, M. (Hrsg.), Arbeitsmarkttheorie und Arbeitsmarktpolitik, Opladen.

Vilmar, F. (1983): Eine gemeinsame Aktion für Arbeitszeitverkürzung, in: Kutsch, T/Vilmar, F. (Hrsg.), Arbeitszeitverkürzung. Ein Weg zur Vollbeschäftigung?, Opladen.

Vilmar, F. (1999): Wirtschaftsdemokratie – Zielbegriff einer alternativen Wirtschaftspolitik, in: Helmedag, F./Reuter, N., Der Wohlstand der Personen. Festschrift für Karl Georg Zinn, Marburg.

Vobruba, G. (2003): Politik in der Beschäftigungsfalle, in: Blätter für deutsche und internationale Politik, Heft 6.

Voigt, S. (2002): Institutionenökonomik, München.

Voß, E./Wilke, P./Maack, K. (2003): Mitarbeiter am Unternehmen beteiligen. Modelle, Wirkungen, Praxisbeispiele, Wiesbaden.

Voß, G./Pongratz, H. (1998): Der Arbeitskraftunternehmer, in: Kölner Zeitschrift für Soziologie und Sozialpsychologie, Heft 1.

Voß, G./Pongratz, H. (2003): Arbeitskraftunternehmer. Erwerbsorientierungen in entgrenzten Arbeitsformen. Forschung aus der Hans-Böckler-Stiftung, Bd. 47, Berlin.

Vring von der, T. (2009): Bilanz der Lohnzurückhaltung 2000-2007 im volkswirtschaftlichen Kreislauf Deutschlands, in: WSI-Mitteilungen, Heft 6.

Vroom, V. H./Yetton, P. W. (1973): Leadership and Decision-Making, Pittsburg.

Wagner, K. (1998): Das Vorschlagswesen an Hochschulen – ein multifunktionales Instrument, in: Zeitschrift für Vorschlagswesen, Heft 4.

Wagner, G./Kirner, E./Leinert, J./Meinhardt, V. (1998): Kapitaldeckung: Kein Wunder für die Altersvorsorge, in: DIW-Wochenbericht Nr. 46.

Wallacher, J./Scharpenseel (2009): Klimawandel und globale Armut, Stuttgart.

Wassermann, W. (1999): Kampf den mitbestimmungsfreien Zonen? in: WSI-Mitteilungen, Heft 11.

WidO (2001): Wissenschaftliches Institut der AOK (Hrsg.), Finanzierung und Leistungen der Gesetzlichen Krankenversicherung, Bonn.

Weber, M. (1924): Wirtschaftsgeschichte, München/Leipzig.

Weibler, J. (2001): Personalführung, München.

Weiß, T. (1998): »Turbokapitalismus«. Zu derzeitigen weltwirtschaftlichen Problemen, in: WSI-Mitteilungen, Heft 12.

Weitzman, M. (1984): The Share Economy, Cambridge/Mass.

Weitzman, M. (1987): Steady State Unemployment under Profit Sharing, in: Economic Journal, Vol. 7.

Weizsäcker von, C. C. (1999): Logik der Globalisierung, Göttingen.

Welfens, P. J. J. (2004): Eine kluge Reform des Stabilitätspaktes ist notwendig, in: Wirtschaftsdienst, Heft 1.

Welsch, J. (1999): Welche Bildung braucht die Informationsgesellschaft?, in: Aus Politik und Zeitgeschichte, B 35 -36.

Welsch, J. (2003): Totgesagte leben länger. Zur antizipatorischen Rolle der Neuen Arbeit, in: Blätter für deutsche und internationale Politik, Heft 8.

Welteke, M. (1976): Theorie und Praxis der Sozialen Marktwirtschaft, Frankfurt a. M./New York.

Welzer, H. (2008): Klimakriege, in: Blätter für deutsche und internationale Politik, Heft 5.

Welzk, S. (2006): Die »Alterskatastrophe« und der Absturz der Renten, in: Blätter für deutsche und internationale Politik, Heft 6.

Welzk, S. (2008): Kombi- contra Mindestlohn, in: Blätter für deutsche und internationale Politik, Heft 3.

Welzmüller, R. (2001): Lohnpolitik, IG Metall Vorstand Frankfurt (Hrsg.), Abteilung Wirtschaft-Technologie-Umwelt, Frankfurt a. M.

Welzmüller, R. (2003): Für eine Revision des Stabilitäts- und Wachstumspakts, in: WSI-Mitteilungen, Heft 8.
Wendeling-Schröder, U. (2001): Arbeitsrechtliche Aspekte der Novellierung des Betriebsverfassungsgesetzes, in: Gewerkschaftliche Monatshefte, Heft 4.
Werner, H. (2009): Anmerkungen zur Psychologie der Krise, in: Z – Zeitschrift Marxistische Erneuerung, Nr. 7/Juni.
Wernicke C. (1998): Balanceakt für Kapital & Arbeit. Eine Zeit-Serie über Mitbestimmung und Unternehmenskultur, in: Die Zeit vom 29. Oktober.
Wetzel, D. (2004): Die EU reißt Schranken ein. Die Europa AG könnte das Ende der Mitbestimmung in vielen deutschen Aufsichtsräten bedeuten, in: Die Welt vom 29. Juli.
Wey, C. (2004): Flächentarifsystem fördert Innovationswettbewerb, in: DIW-Wochenbericht Nr. 13.
Wicke, R. (2002): Bildung zwischen Picht und Pisa, in: Blätter für deutsche und internationale Politik, Heft 8.
Wieland, J. (2003): Rechtliche Rahmenbedingungen für eine Wiedereinführung der Vermögensteuer, Institut für Steuerrecht Johann Wolfgang Goethe-Universität Frankfurt a. M.
Wiemeyer, J. (1988): Grundeinkommen ohne Arbeit?, in: Aus Politik und Zeitgeschichte, Beilage zur Wochenzeitung Das Parlament, Heft 38.
Willke, G. (2002): John Maynard Keynes, Frankfurt a.M./New York.
Wilke, P. (2002): Finanzielle Mitarbeiterbeteiligung in Westeuropa: Rahmenbedingungen und Entwicklungstrends in ausgewählten Ländern im Lichte neuerer Forschungsergebnisse, in: Wagner, K.-R. (Hrsg.), Mitarbeiterbeteiligung. Visionen für eine Gesellschaft von Teilhabern, Wiesbaden.
Wischerhoff, P. (2001): Die Unternehmenskultur im Bankenwesen. Eine empirische Untersuchung am Beispiel einer Genossenschaftsbank, (Dissertation), Universität Duisburg, Frankfurt a. M.
WissenTransfer (2003): Wissenschaftliche Vereinigung für Kapitalismusanalyse und Gesellschaftspolitik, Radikalumbau des Arbeitsmarktes. »Moderne Dienstleistungen am Arbeitsmarkt« – Die Folgen der »Hartz-Reform«, Hamburg.
Wittig, K.-J. (1994): Qualitätsmanagement in der Praxis, Stuttgart.
Wollenberg, J. (2002): Mitbestimmung – Bilanz und Kritik. 9. Salzgitter-Forum – 15./16. Februar 2002, Salzgitter.
Wolf, W. (2000): Fusionsfieber, Oder: Das große Fressen, Köln.
Womack, J. P./Jones, D. T./Roos, D. (1992): Die zweite Revolution in der Autoindustrie. Konsequenzen aus der weltweiten Studie des Massachusetts Institute of Technology, Frankfurt a. M./New York.
Wunderer, R. (1999): Mitarbeiter als Mitunternehmer. Grundlagen, Förderinstrumente, Praxisbeispiele, Neuwied.
Zameck von, W. (1996): Finanzwissenschaft: Grundlagen der Stabilisierungspolitik, München/ Wien.
Zank, W. (1998): Ein stiller Konsens. Weil Dänemarks Gewerkschaften stark sind, trumpfen sie nicht auf, in: Die Zeit vom 12. November.
Zdrowomyslaw, N./Dürig, W. (1999): Managementwissen für Klein- und Mittelunternehmen. Handwerk und Unternehmensführung, München/Wien.
Zdrowomyslaw, N. (2001): Jahresabschluss und Jahresabschlussanalyse, München/Wien.
Zeise, L. (2008): Genug geriestert: in: Financial Times Deutschland vom 22. Januar.
Zeise, L., (2009): Ende der Party. Die Explosion im Finanzsektor und die Krise der Weltwirtschaft, Köln.

Zeise, L., (2010): Bankenregulierung? Fehlanzeige!, in: Blatter für deutsche und internationale Politik, Heft 2.
Zimmermann, J. (2004): Sind Managergehälter wirklich zu hoch?, in: Wirtschaftsdienst, Heft 6.
Zinn, K. G. (1972): Arbeitswerttheorie. Kapitel zur positiven Wirtschaftstheorie von Karl Marx, Herne/Berlin.
Zinn, K. G. (1978): Der Niedergang des Profits, Köln.
Zinn, K. G. (1987): Politische Ökonomie. Apologien und Kritiken des Kapitalismus, Opladen.
Zinn, K. G. (1999): Sozialstaat in der Krise. Zur Rettung eines Jahrhundertprojekts, Berlin.
Zinn, K. G. (2002a): Zukunftswissen. Die nächsten zehn Jahre im Blick der politischen Ökonomie, Hamburg.
Zinn, K. G. (2002b): Wie Reichtum Armut schafft. Verschwendung, Arbeitslosigkeit und Mangel, 2. Aufl., Köln.
Zinn, K. G. (2002c): »Die Globalisierung ist politisch gemacht«, in: Junge Welt vom 29.6.
Zinn, K. G. (2003): Realitäten und Visionen von Arbeit und Arbeitsmarktpolitik, in: Sozialismus, Heft 7-8.
Zinn, K. G. (2006): Wie Reichtum Armut schafft. Verschwendung, Arbeitslosigkeit und Mangel, 4. Aufl., Köln.
Zinn, K. G. (2008): Zwischenbilanz: Beschleunigte Talfahrt der Realwirtschaft. Die langfristige Wachstumsabschwächung wurde spekulativ überdeckt, in: Supplement der Zeitschrift Sozialismus, Heft 12.
Zinn K. G. (2009): Agenda 2010 – Aufschwung für wen? in: Becker, J./Ebert, W./Marquardt, J. (Hrsg.), Es geht nur anders! Denkanstöße für politische Alternativen, Köln.
Zürn, P. (1985): Vom Geist und Stil des Hauses, Unternehmenskultur in Deutschland, 2. Aufl., Landsberg/Lech.
Zweiter Fortschrittsbericht (2003): Wirtschaftswissenschaftlicher Forschungsinstitute über die wirtschaftliche Entwicklung in Ostdeutschland. Kurzfassung, in: IWH, Wirtschaft im Wandel, Nr. 15.
Zwickel, K. (2001): zitiert in: IG Metall (Hrsg.), direkt. Der Info-Dienst der IG Metall, Nr. 13.

Anhang:
Verzeichnis der Abbildungen und Tabellen

Abbildungen

Abb. 1:	Verteilung des Arbeitsertrages (Wert der Arbeit)	40
Abb. 2:	Kapitalverwertungs- und Akkumulationsprozess	42
Abb. 3:	Wertgrenzprodukt und Ausbeutung	46
Abb. 4:	Grenzproduktivitätstheorie und Beschäftigungseffekte	62
Abb. 5:	Mindestlöhne	88
Abb. 6:	Durchschnittliche, jährliche Veränderung von Wirtschaftswachstum, Produktivität und Arbeitsvolumen	101
Abb. 7:	Allgemeine Formen der Mitarbeiterbeteiligung	148
Abb. 8:	Echte versus unechte Gewinnbeteiligungen	156
Abb. 9:	Gewinnausgangs- und Verteilungsbasis	160
Abb. 10:	Mitgliedergruppen der Unternehmung	183
Abb. 11:	Gefangenendilemma als N-Personen-Spiel	266
Abb. 12:	Innovationsarten und -ziele	275
Abb. 13:	Innovationsmanagement	304
Abb. 14:	Demokratisch-partizipative Unternehmenskultur	318
Abb. 15:	Mesoebene der Wirtschaftsdemokratie	319
Abb. 16:	Dynamischer Wettbewerbsprozess	328
Abb. 17:	Entwicklung der Rentenversicherung	423
Abb. 18:	Unternehmerische Wertschöpfungsverteilung	509
Abb. 19:	Steuersystematik	552
Abb. 20:	Vereinfachte Darstellung des Einkommensteuertarifverlaufs	553

Tabellen

Tab. 1:	Entwicklung der registrierten Arbeitslosigkeit	55
Tab. 2:	Gesamtfiskalische Kosten der Arbeitslosigkeit in Deutschland	60
Tab. 3:	Mindeststundenlöhne in Europa und den USA 2009	87
Tab. 4:	Wirtschaftswachstum, Produktivität, Arbeitsvolumen und Arbeitslosigkeit	102
Tab. 5:	Tarifliche Wochen- und Jahresarbeitszeit 2009 nach Branchen (West/Ost)	110
Tab. 6:	Beschäftigungswirkungen einer jährlichen Wochenarbeitszeitverkürzung	117
Tab. 7:	Tarifbindung der abhängig Beschäftigten 2009	121
Tab. 8:	Verteilungsverluste beim Arbeitnehmerentgelt	124
Tab. 9:	Entwicklung des produktivitätsorientierten Verteilungsspielraums und der Arbeitslosigkeit	135
Tab. 10:	Entwicklung der Lohnstückkosten im internationalen Vergleich	135
Tab. 11:	Struktur der Arbeitskosten im Jahr 2006	140
Tab. 12:	Lohnnebenkosten im Produzierenden Gewerbe Westdeutschland	141
Tab. 13:	Lohnnebenkosten im Produzierenden Gewerbe Ostdeutschland	142
Tab. 14:	Entwicklung der Beiträge zur Sozialversicherung	145
Tab. 15:	Erwerbstätige nach Einkommensarten	201
Tab. 16:	Euro-Betriebsrat: Mangelhaft informiert	230
Tab. 17:	Gewerkschaftliche Mitgliederentwicklung und Organisationsgrad	264
Tab. 18:	Bildungsbudget nach durchführenden Institutionen von 1995 bis 2006	286
Tab. 19:	Ausbildungsplatzlücke	289
Tab. 20:	Gesamtbezüge der jeweiligen Vorstandsvorsitzenden	297
Tab. 21:	FuE-Ausgaben in Deutschland	314
Tab. 22:	Entwicklung der Unternehmensinsolvenzen 1991-2008	338
Tab. 23:	Differenzierte Fusionsentwicklung seit 1973	347
Tab. 24:	Wertschöpfung der 100 größten Unternehmen	349
Tab. 25:	Wertschöpfung der 10 größten Unternehmen in Deutschland 2006	350
Tab. 26:	Zahl und Anteil der Menschen mit weniger als einem Dollar am Tag	358
Tab. 27:	Fusionen (weltweit)	363
Tab 28:	Vorschläge der EU-Kommission für die EU-27-Länder zur Emissionsänderung und dem Ausbau Erneuerbaren Energien bis 2020	382

Tab. 29:	Armutsquoten in Deutschland	417
Tab. 30:	Entwicklung der Rentenversicherung	425
Tab. 31:	So viel Rentner erhalten eine Rente	428
Tab. 32:	Beitragssätze zur gesetzlichen Krankenversicherung	441
Tab. 33:	Ausgaben der GKV in Relation zum Bruttoinlandsprodukt	444
Tab. 34:	Ausgaben gesetzliche Krankenversicherung	453
Tab. 35:	Ausgaben des Staates nach Ausgabenbereichen 2008	467
Tab. 36:	Steuer- und Abgabenquoten im internationalen Vergleich	468
Tab. 37:	Staatliche Einnahmen und Ausgaben in der Volkswirtschaftlichen Gesamtrechnung	469
Tab. 38:	Öffentliche Investitionen in Deutschland	470
Tab. 39:	Die westlichen Industrienationen im Ranking sozialer Gerechtigkeit	473
Tab. 40:	Wirtschaftsindikatoren Ostdeutschland	501
Tab. 41:	Rettungspakete für Banken – Volumen staatlicher Bankenrettungsprogramme	515
Tab. 42:	Entwicklung von Bruttosozialprodukt und Finanzvermögen	517
Tab. 43:	Konjunkturpakete in ausgewählten Ländern 2008 bis 2010	521
Tab. 44:	Staatsverschuldung	528
Tab. 45:	Finanzierungssaldo des Staates	531
Tab. 46:	Staatliche Zinslastquoten	534
Tab. 47:	Gesamtwirtschaftliche Vermögensbildung nach Sektoren und ihre Finanzierung von 1991 bis 2008	537
Tab. 48:	Außenhandel von 1991 bis 2008	539
Tab. 49:	Die geplante Steuerreform von Lafontaine 1999 bis 2002	556
Tab. 50:	Vorgezogene Steuerreform 2005 und sonstige Reformmaßnahmen aus der Agenda 2010	562
Tab. 51:	Einkommensteuerrecht 2005 und weitere Reformvorschläge	569
Tab. 52:	Entwicklung von Lohn-, Einkommen- und Gewinnsteuern	573
Tab. 53:	Steuerreformbedingte Ausfälle von 2000 bis 2013	574
Tab. 54:	Entwicklung der Gemeindesteuern	578
Tab. 54:	Entwicklung der Substanzsteuern	585
Tab. 55:	Aktuelle Erbschaftsbesteuerung	588
Tab. 56:	Entwicklung indirekter Steuern	592
Tab. 57:	Verteilung des gesamten Steueraufkommens 2008 auf Steuerarten	598

Jürgen Leibiger

Bankrotteure bitten zur Kasse

Mythen und Realitäten der Staatsverschuldung

274 Seiten; € 16,90 [D]
ISBN 978-3-89438-466-1

Die öffentlichen Schulden gelten als Beweis dafür, dass »wir über unsere Verhältnisse leben«. Es ist das vorletzte Wort einer Wirtschaftspolitik zugunsten von Bankrotteuren; das letzte Wort heißt: »Wir müssen sparen.« Aber wer ist eigentlich »wir«? Und wie sind denn »unsere Verhältnisse«? Gibt es da nicht Gläubiger, die an den Staatsschulden jährlich Milliarden verdienen? Wer ist das, und warum sind diese Ausgaben sakrosankt, nicht aber die für Erziehung, Gesundheit, Kultur, Verkehr und andere öffentliche Güter? Was ist überhaupt ein Staatsbankrott? Muss es hingenommen werden, dass die Bankrotteure zur Kasse bitten und – wie der ausführliche historische Rückblick zeigt – am Ende immer den einfachen Leuten in die Tasche gegriffen wird? Jürgen Leibiger befasst sich mit den Mythen und Realitäten der Staatsverschuldung in Deutschland und damit, dass die Suche nach Alternativen zur gegenwärtigen Bankrottpolitik alternativlos ist.

PapyRossa Verlag

Luxemburger Str. 202 | 50937 Köln | Tel. (0221) 44 85 45 | Fax 44 43 05
mail@papyrossa.de – www.papyrossa.de

Jürgen Leibiger

Reclaim the Budget
Staatsfinanzen reformieren
Einführung in eine
alternative Finanzpolitik

478 Seiten; € 28,00 [D]
ISBN 978-3-89438-427-2

Der »Donner der Weltgeschichte« – so Josef A. Schumpeter – sei nirgendwo so deutlich zu hören wie in der Finanzgeschichte. Das mag übertrieben sein, aber zweifellos stehen auch die öffentlichen Finanzen, heute immerhin 44 % des deutschen Bruttoinlandsprodukts, im Zentrum sozialer und politischer Auseinandersetzungen. Dabei geht es um die Zukunft des Staates und das öffentliche Eigentum, die Gestaltung des föderalen Systems, eine gerechte Steuer- und Abgabenpolitik, die Bereitstellung öffentlicher Güter, eine stabilitätsorientierte Fiskalpolitik, die Staatsverschuldung oder um finanzpolitische Herausforderungen der demografischen Wende. Ausgehend von einer systematischen Darstellung und Kritik der Staatsfinanzen, der Haushalte von Bund, Ländern, Gemeinden und Sozialversicherungen sowie ihrer Ziel-, Macht- und Entscheidungsstrukturen entwirft Jürgen Leibiger die Grundrisse einer kritischen Finanzwissenschaft. Zugleich führt er in eine alternative, sozial-ökologische Finanzpolitik ein, deren Motto lautet: »Reclaim the Bugdet – Fordert die Budgethoheit«.

PapyRossa Verlag
Luxemburger Str. 202 | 50937 Köln | Tel. (0221) 44 85 45 | Fax 44 43 05
mail@papyrossa.de – www.papyrossa. de

Philipp Gabsch

Die Zukunft der deutschen Finanzpolitik
Strukturen, Paradigmenvergleiche, Alternativen

290 Seiten; € 20,00 [D]
ISBN 978-3-89438-463-0

Welche neuen Möglichkeiten bieten die finanzpolitischen Ansätze der »Arbeitsgruppe Alternative Wirtschaftspolitik«? Und worin besteht ihre Originalität? Gibt es über die aktuellen Probleme hinaus Konzepte für eine Neuordnung der Finanzwirtschaft? Philipp Gabsch veranschaulicht ausgewählte Bereiche der Finanzgeschichte sowie der Finanzsoziologie. Vor einem theoretischen Hintergrund keynesianischer Provenienz dominiert in seiner Arbeit ein Wechsel zwischen empirischen und soziologischen Aspekten. Sie untersucht die derzeitigen Eckpfeiler der Finanzpolitik, bewertet deren Stellung innerhalb der Finanzwissenschaft und zeigt alternative Ansätze auf. Abschließend vergleicht Gabsch seine Ergebnisse mit den Überlegungen von Joseph Stiglitz für eine Neuordnung der Weltwirtschaft.

PapyRossa Hochschulschriften
Die kritische Wissenschaftsreihe

PapyRossa Verlag
Luxemburger Str. 202 | 50937 Köln | Tel. (0221) 44 85 45 | Fax 44 43 05
mail@papyrossa.de – www.papyrossa.de